IRAN
A MODERN HISTORY

伊朗
五百年

【美】阿巴斯·阿马纳特 著　　冀开运 邢文海 李昕 译

人民日报出版社
北京

图书在版编目（CIP）数据

伊朗五百年 / （美）阿巴斯·阿马纳特著；冀开运，

邢文海，李昕译著 . — 北京：人民日报出版社，2022.6

　　书名原文：Iran: A Modern History

　　ISBN 978-7-5115-6896-0

　　Ⅰ . ①伊… Ⅱ . ①阿… ②冀… ③邢… ④李… Ⅲ .

①伊朗 - 历史 - 研究 Ⅳ . ① K373

中国版本图书馆 CIP 数据核字 (2021) 第 087795 号

中文版权 © 2022 读客文化股份有限公司
经授权，读客文化股份有限公司拥有本书的中文（简体）版权
著作权合同登记 图字号：01-2021-1005
审图号：GS（2021）5712 号

书　　　名	伊朗五百年
	YILANG WUBAINIAN
作　　　者	（美）阿巴斯·阿马纳特
译　　　者	冀开运　　邢文海　　李昕
责 任 编 辑	林　薇
策 划 编 辑	丁　虹　　沈　骏
封 面 设 计	王　晓
出 版 发 行	人民日报出版社
出版社地址	北京金台西路 2 号
邮 政 编 码	100733
发 行 热 线	（010）65369527 65369512 65369509 65369510
邮 购 热 线	（010）65369530
编 辑 热 线	（010）65369526
网　　　址	www.peopledailypress.com
经　　　销	新华书店
印　　　刷	河北中科印刷科技发展有限公司
开　　　本	710mm x 1000mm 1/16
字　　　数	973 千
印　　　张	64
版次印次	2022 年 6 月第 1 版　2025 年 7 月第 3 次印刷
书　　　号	ISBN 978-7-5115-6896-0
定　　　价	178.00 元

如有印刷、装订质量问题，请致电 010-87681002（免费更换，邮寄到付）

彩图0.1　这幅《所罗门的宫廷》是典型的表现王权结构的波斯风格画作。在波斯语通俗故事中，所罗门经常与贾姆希德联系在一起

伊斯玛仪·纳卡什·巴斯希（Isma'il Naqqash bashi）所画，伊斯法罕，约1870年代。由作者收集整理。

彩图1.1　沙赫伊斯玛仪一世，由一位不知名的威尼斯艺术家所画
原画现藏于意大利佛罗伦萨乌菲兹美术馆。

彩图1.2　这幅挂毯完成于伊斯兰历946年／公元1539—1540年，织造地点可能是大不里士，这幅阿尔达比勒挂毯是塔赫玛斯普向其祖先萨菲·丁·阿尔达比利陵墓进献的一对地毯中的一幅。哈菲兹著名的诗句下面有织造大师马克苏德·卡尚尼（Maqsud Kashani）的签名，卡尚尼还注明了织造日期。这一设计可能与礼拜大厅相呼应，萨法维苏菲教团通常在大厅内举行仪式

编号No.272-1893，由伦敦维多利亚和阿尔伯特博物馆提供。

彩图1.3　伊斯法罕四十柱宫的壁画描绘了塔赫玛斯普为款待胡马雍而举办的宴会，该壁画绘制于17世纪下半叶。国王与他的客人被齐兹尔巴什部落首领簇拥着，旁边是舞者和美酒，充满了节日的氛围，这幅画传达了莫卧儿王朝与萨法维王朝之间的亲密关系

由作者拍摄，2002年3月。

彩图2.1　伊斯法罕的国王清真寺大门的纪念墙。蓝色的陶瓷砖上刻着："胜利之父，萨法维家族侯赛尼-穆萨维（Hosaini-Musawi）的后裔阿巴斯。"

由作者拍摄，2002年3月。

彩图2.2　国王清真寺的主庭院

帕斯卡·科斯特的建筑绘画作品，1841年。《从庭院看皇家宫殿和国王清真寺》（*Place Royale et mosquée Masjid-i-Shah, Vue de la cour*），《现代遗迹：波斯的测量、设计与描述》（*Moniments modernes de la Perse mesures, dessines er decrit*）（巴黎，1867年）。

彩图2.3　莫卧儿王朝的皇帝贾汉吉尔（左）款待阿巴斯一世

这幅画的创作大概是为了纪念使者汗·阿拉姆（Khan 'Alam，站在阿巴斯左边）出使萨法维宫廷。画中的诗歌强调了两国的兄弟情谊，该画还将莫卧儿人的世系追溯至帖木儿。贾汉吉尔还亲自在画中补充道，"我兄弟阿巴斯的画像"。

作者是莫卧儿画家毕尚达斯（Bishandas）。©Freer Gallery of Art and Artuur M. Sackler Gallery, Smithsonian Institution, Washington, DC: Purchase-Charles Lang Freer Endowment, F1942.16a.

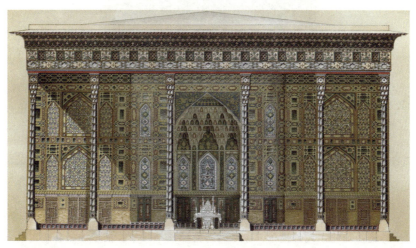

彩图3.1　四十柱宫接待大厅是17世纪中期萨法维建筑的典范

壁画描绘了萨法维王朝的战争与和平，表现了一个半世纪以来的王朝的延续。

帕斯卡·科斯特，《花园、凉亭与四十柱宫（1840年）》，《现代遗迹：波斯的测量、设计与描述》（巴黎，1867年）。

彩图3.2　四十柱宫接待大厅的内门是萨法维王朝晚期的典型装饰艺术由耶鲁大学美术馆提供。

彩图3.3　1736年3月8日，纳迪尔·沙赫在穆甘平原上举行加冕仪式。纳迪尔·沙赫戴着纳迪尔式的帽子，旁边站着他的三个儿子，陆军首领和帝国代表簇拥在他们身边。背景中的大炮宣告着这一欢庆的时刻

穆罕默德·马赫迪·阿斯塔拉巴迪于1757年创作的插图手稿，收录于《征服者纳迪尔》（*Jahangushay-e Naderi*），（德黑兰：索鲁什／尼格尔出版社，波斯历1370年／公元1991年），插图No.8，该书作者是一位未知的艺术家。

彩图3.4　纳迪尔骑马的英姿，背景是燃烧的德里，卡尔纳尔之战正在激烈地进行

该画有可能是由印度波斯裔艺术家穆罕默德·阿里·乔巴达尔创作。©Francis Bartlett Donation of 1912 and Picture Fund, Museum of Fine Arts, Boaton, access no. 14646.

彩图3.5　卡里姆·汗·赞德与奥斯曼帝国特使维比·伊芬迪（Vehbi Efendi）会谈

维比·伊芬迪曾于1775年访问设拉子，为奥斯曼帝国伊拉克总督未能友好对待伊朗朝圣者而道歉。他是在赞德军队占领巴士拉的时候来到这里的，所以他的奉承恰到好处。而这一切应当归功于贾法里家族的族长阿博勒–哈桑·穆斯塔菲（Abol-Hasan Mostowfi）

由大卫收藏馆收藏，哥本哈根，No. 21/999.

彩图4.1　考哈尔-泰姬·巴尼·阿巴斯（Cowhar-Taj Bani 'Abbasi）正与手上的鹦鹉一同跳舞，有着耀眼外表的她是该时期女性艺人的典型代表

未知艺术家，布面油画，由萨达巴德艺术博物馆（原内加勒斯坦博物馆）收藏，德黑兰。出版于《恺加绘画：18世纪和19世纪绘画目录》（*Qajar Paintings: A Catalogue of 18th and 19th Century Paintings*），（德黑兰，1971年），彩图18。

　　彩图4.2　自1812年起，法特赫·阿里·沙赫的宫廷被逐步绘制在德黑兰内加勒斯坦宫的大厅墙壁上。太阳王座上的众王之王被王子总督、政府首脑和军事将领们簇拥着，两侧站立着宫廷仆从、恺加部落汗、平民政要以及邻近的阿富汗、库尔德、格鲁吉亚和土库曼王子（曾在波斯宫廷避难），此外还有奥斯曼帝国、英国和法国的使节以及迈索尔统治者蒂普·苏丹、阿拉伯半岛中部瓦哈比首长国和信德王国的代表。相互较劲的英、法两国代表团传达了帝国相互制衡的信息；恺加的宿敌俄国则缺席其中

　　阿卜杜拉·汗·纳卡什-巴希（Abdollah Khan Naqqash-bashi）于1815年绘制完壁画，此后由一位不知名的欧洲艺术家进行雕刻。

　　不透明水彩画，转载于《皇家波斯绘画：恺加时代（1785—1925年）》（*Royal Persian Paintings: The Qajar Epoch*, 1785—1925），由雷拉·迪巴和玛丽亚姆·埃赫蒂亚编，（伦敦，I.B. Tauris，1999年）。

彩图4.3 这些具有恺加时代便携式绘画风格的卡尔巴拉悲剧图景取材于19世纪晚期设拉子的莫希尔·穆尔克剧院的彩色瓷砖壁画。这些受欢迎的画作以末日审判为背景，成为巡回说书人的视觉辅助工具

阿巴斯·博卢基法绘画作品，1975年，由费雷斯特·库萨尔提供。

彩图5.1 位于德黑兰戈莱斯坦建筑群的风塔（Badgir）是恺加皇室建筑的范例，由纳赛尔·丁·沙赫重建

由马哈茂德·汗·卡尚尼绘制，布面油画，创作年代不详，戈莱斯坦宫博物馆及图书馆，德黑兰。

彩图5.2　从戈莱斯坦建筑群的内部可以看到太阳殿及其钟楼

由马哈茂德·汗·卡尚尼绘制，布面油画，创作于伊斯兰历1285年／公元1868年，戈莱斯坦宫博物馆及图书馆，德黑兰。

彩图5.3　阿卜杜勒·阿齐姆圣陵通往德黑兰的道路

H. 布鲁格斯，《普鲁士公使的波斯之旅，1860—1861年》（*Reise der K. Preussischen Gesandtschaft nach Persein, 1860 und 1861*），两卷本，（莱比锡，1862—1863年），第2卷，卷首。

彩图5.4　1871年，德黑兰巴博·胡马雍大街

这条大道是最早出现的欧式大道之一，毗邻皇家城堡，并设有灯柱、人行道和现代商店。

由马哈茂德·汗·卡尚尼绘制，布面油画，创作于伊斯兰历1288年／公元1871年。戈莱斯坦宫博物馆及图书馆，德黑兰。

彩图5.5　《一千零一夜》中的纳扎特·扎曼（Nazhat al-Zaman）的婚礼

这幅恺加时期的画作描绘了女舞者、一个混合乐队、明亮的街道以及新婚夫妇的洞房花烛夜。

戈莱斯坦宫博物馆及图书馆，Ms. 2240，第1卷。

彩图5.6 大不里士发生的一场斗殴

佩剑的高加索人恐吓警察局长，使人群陷入了恐慌。

萨尼·默克，水彩画，伊斯兰历1268年／公元1852年，由纳赛尔·丁·沙赫下令创作。

戈莱斯坦宫博物馆及图书馆，No. 2706。

彩图5.7 一位年轻的恺加王子和他的随从

卡通般的人物形象诠释了恺加贵族间复杂的主仆关系。

萨尼·默克，水彩画，伊斯兰历1260年／公元1844年，由纳赛尔·丁·沙赫下令创作。

戈莱斯坦宫博物馆及图书馆，No. 8671。

彩图5.8　1858年的油画《埃斯坦萨克》（*Estensakh*）表明了作者马哈茂德·汗·卡尚尼对光影和新主题的前卫实验。该画描绘了身处简陋环境中的作家及其抄写员，相较于过往辉煌的皇家场景而言，这是一种令人耳目一新的创作
布面油画，戈莱斯坦宫博物馆及图书馆。

彩图5.9　纳赛尔时代的皇家合奏团由演奏波斯扬琴的索尔·莫克（Sorur al-Molk）领衔

乐团包括当时的著名音乐家、歌唱家和舞蹈家，有塔尔演奏家米尔扎·阿里·阿克巴·法拉哈尼（Mirza 'Ali Akbar Farahani，位于中间）——他的家族对波斯传统音乐的分类做出了重要贡献，还有卡曼贾演奏大师穆萨·汗·卡尚尼（Musa Khan Kashani，前排左二）。

由穆罕默德·查法里·卡迈勒·莫克创作，戈莱斯坦宫博物馆及图书馆。

彩图6.1 1906年末，第一届国民议会的代表们（在各省代表到来之前）与首相和部分高级官员一起，出现在德黑兰军事学院前

在搬到巴哈里斯坦大宅前，该学院是国民议会的所在地。

当代照片，德黑兰，约1909年。由作者收集整理。

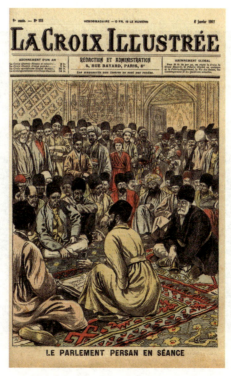

彩图6.2 一本法语周刊描绘了第一届国民议会的预备会议的场景

《十字架插图》（*La Croix Illustree*），第315期，1907年1月6日，第1页。

La cour du château de l'assemblée nationale à Téhéran, lorsqu'un orateur (Baha-al-vaezine) parle pour les assistants

عکس مجلس مقدس شورای ملی ایران

彩图6.3　立宪派的支持者在议会外聆听巴哈·维泽（Baha'al-Wa'ezin）的讲话，他是少数几位响应国民议会及其委员会的宗教人士之一

当代照片，德黑兰，约1909年。由作者收集整理。

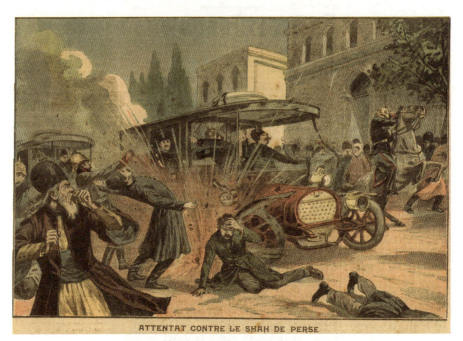

ATTENTAT CONTRE LE SHAH DE PERSE

彩图6.4　一本法语周刊描绘了这场针对穆罕默德·阿里·沙赫的暗杀

《小期刊》（Le Petit Journal），插图文学增刊，第997期，1908年3月15日，第88页。

彩图6.5　来自大不里士（右）、巴赫蒂亚里（中）和拉什特（左）的民族主义战士。标语上写着："国民议会万岁！国民军队万岁！"

当代照片，德黑兰，1909年。由作者收集整理。

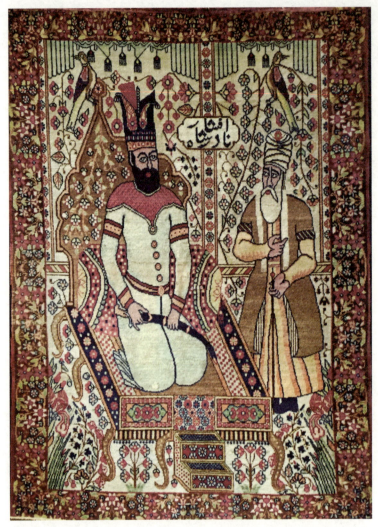

彩图7.1　随着巴列维民族主义的兴起，纳迪尔·沙赫的救世主形象以及礼萨·汗的先驱形象取代了人们所熟悉的恺加统治者的形象

为了满足市场需求，这张地毯的设计师（或编织者）用纳迪尔·沙赫的头像替换了法特赫·阿里·沙赫的头像，但没有改变国王的躯体和周围的环境。然而，无处不在的首相还是以他惯常的姿势出现。尽管纳迪尔在1739年的印度战役中夺走了莫卧儿帝国传说中的孔雀王座，但在这张地毯描绘的场景中，他坐着的王座是由法特赫·阿里·沙赫在半个世纪后委托制造的。原来的孔雀王座在纳迪尔遭暗杀时被毁。

地毯图案，来自拉瓦尔（克尔曼），大约1928年。由作者收集整理。

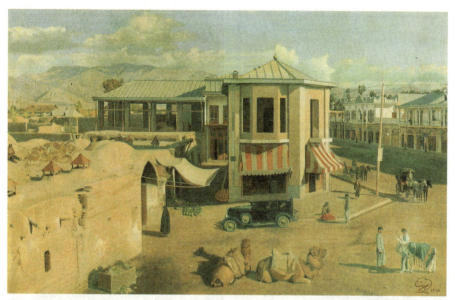

彩图8.1 1938年，在德黑兰巴扎附近的戈鲁巴达克（Galubandak）路口，反映了首都在建筑风格和交通方式上的变化。路口往右是新建的布扎乔梅赫里大道

伊斯玛仪·阿什蒂亚尼，波斯历1317年／公元1938年，《伊朗首都：德黑兰》（*Iran dar Negare-ha: Tehran*），（德黑兰：尼格尔出版社，1989年）。

彩图9.1 1949年，为纪念伊朗在二战中的贡献而发行的系列邮票

这些邮票展示了"波斯走廊"（右上和下中）、霍拉姆沙赫尔港（下右）和维列斯克（Veresk）铁路桥（下左）。

作者个人收藏。

彩图9.2 　根据著名的《列王纪》传说而创作的盟军宣传册，以波斯微缩画的形式呈现

在宣传单中，希特勒被描绘为暴君查哈克（左图），肩膀上的两条蛇象征着墨索里尼和日本首相东条英机。戈培尔成了一个邪恶的厨子，手里还拿着一把滴着血的刀。铁匠卡维赫来到查哈克的朝堂，要求释放他的儿子们，他们被当作两条蛇的食物，而被抓了来。画的上方写着："他咒着抗议国王的暴行：'国王，我是寻求公正的卡维赫。有些做法是合适的，有些则过分了，但你的做法就是自寻死路。'"同盟国领导人（右图）——罗斯福、斯大林和丘吉尔——代表了"三个来自众王之王宫殿的勇士"，他们前来帮助领导反暴君革命的卡维赫。他挥舞着象征伊朗的卡维之旗（Kaviyani），也就是他的皮围裙。这些宣传册被送到咖啡馆说书人那里，作为宣传反纳粹思想的道具。

这些宣传册大约于1942年前后出版，文字部分显然是受到了波斯文学研究者亚瑟·约翰·阿伯里和莫伊塔巴·米诺维的影响，图画部分由埃及绘画艺术家基蒙·埃文·马伦戈创作。

由耶鲁大学斯特林纪念图书馆手稿和档案部提供。

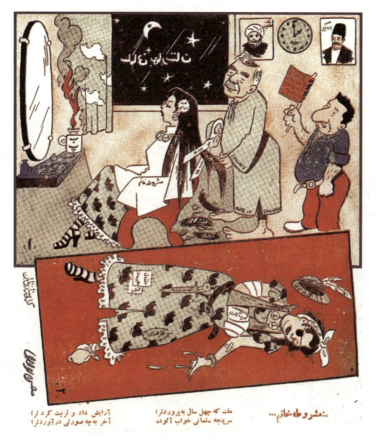

彩图9.3　在第十五届国民议会期间，象征宪法的"Mashruteh"女士被首相穆罕默德·沙伊德（Mohammad Saed，1881—1973）任意打扮和丑化

在发生了针对国王的刺杀事件后，议会通过紧急立法，授予政府宣布戒严令、进行新闻审查和逮捕政治异见者的权力。1949年的制宪会议也给予政府新的特权。讽刺杂志《陶菲克》（*Towlfiq*）刊登的这幅卡通插画将沙伊德描绘成一个在巴哈里斯坦美发沙龙工作的美发师，是个英国产物，职责是镇压伊朗国内的民权活动，改变伊朗贫穷和饥饿的现状，助长"帝国主义"的力量。墙上的两幅画像是著名的宪政主义者贾汉吉尔·苏尔·伊斯拉菲（Jahangir Sur Esrafil）和马利克·莫特卡莱明。理发师工作台上喷火的壶被贴上了"BP"（英国石油）的标签，暗指英伊石油公司也参与了对"Mashruteh"女士的丑化，她最终倒在了沙龙的地板上。

哈桑·陶菲克，《陶菲克》，第1期，波斯历1328年5月21日／1949年8月12日。由穆罕默德·塔瓦科利·塔尔齐提供。

彩图9.4 "吞噬世界的沙赫的夜间狂欢"

亲图德党杂志《挑战者》上的这幅可耻的诽谤卡通画描绘了法特赫·阿里·沙赫寻欢作乐的宫廷景象，沙赫的一只眼还在盯着摩萨台的恺加时代先祖以及他与美国的贷款谈判。该杂志借此控诉摩萨台取悦美英两国，而民族阵线成员则被描绘成倡优和交际花。

《挑战者》，第1期，波斯历1329年12月17日／1951年3月8日。由穆罕默德·塔瓦科利·塔尔齐提供。

彩图10.1　1962年4月，巴列维国王与美国总统肯尼迪及国防部长罗伯特·麦克纳马拉在白宫举行会面。尽管肯尼迪心存疑惑，但出于冷战的考虑，他仍然接受巴列维作为伊朗的独裁者，而巴列维主宰着伊朗的土地改革和其他现代化措施

JFKWHP-1962-04-13-A。马萨诸塞州波士顿市，约翰·F.肯尼迪总统图书馆及博物馆藏。

彩图10.2　扫盲队开办的露天学校反映了国家想快速改变乡村和部落地区现状的决心

R.塔维迪第编，《国王的土地》，第129页。

彩图10.3 每年在伊朗参议院前举行的庆祝白色革命的活动，成了对巴列维统治的阶段性效忠的展示

1968年，有2800名女性志愿者被招募进扫盲队。展示牌上写着白色革命的标语。

R.塔拉维第编，《国王的土地》，第172页。

彩图12.1　1970年，设拉子艺术节海报，灵感来自波斯波利斯遗迹
由戈巴德·希瓦设计。瓦利·马卢吉提供。

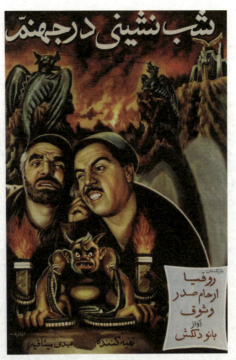

彩图12.2　1957年电影《地狱宴会》（*Shabneshini dar Jahanam*）的海报，这部电影是狄更斯《圣诞颂歌》（*A Christmas Carol*）的波斯改编版

M.梅拉比，《百年来的伊朗广告和电影海报》，第68页。

彩图13.1　1979年10月，巴黎近郊，霍梅尼被热心的听众环绕

《太阳的图案》，1989年。

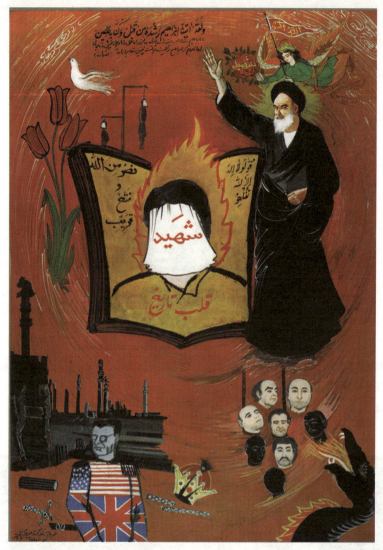

彩图13.2 流行海报描绘了革命胜利的景象

霍梅尼被描绘成亚伯拉罕式的先知，革命的烈士们被当作无名的"历史的中心"，海报还将巴列维国王和巴列维统治精英定义为叛国者。当革命还在进行中时（左图），国王便卷着165万亿美元流亡了。他的大臣则被贴上"大地上的腐败者"的标签，后遭到处决。波斯波利斯成了君主制毁灭的背景，巴列维王朝的政治家们穿着英美国旗（右图），被砍下了脑袋，等着被来自地狱的恶龙吞噬。

由库罗什·希什格兰设计，《艺术革命：57年革命的57张海报》，第37页。

彩图14.1　菲兹耶清真寺重建于恺加时代，后面是马苏玛（Ma'sumeh）圣陵，右侧是完工于1958年的大清真寺

伊朗，德黑兰，梅尔新闻社，http://www.mehrnews.com/news/3578630。

彩图15.1　"为了挽救革命这艘船，扔掉所有能够得着的重物"

早在1979年7月，"左"倾的《铁匠》杂志就讽刺了伊斯兰主义者对权力的垄断。新闻自由、工人、库尔德人、阿拉伯人和空军学员都成了牺牲品。

《铁匠》，第13期，波斯历1358年4月26日／公历1979年7月18日。西亚沃什·兰贾巴尔·达米收藏。

彩图17.1　这幅《地下音乐》（*Musighi dar Khafa*）由伊曼·马利克绘制

该画描绘了1978年秋天穆罕默德·礼萨·卢特菲和穆罕默德·礼萨·沙贾里安（后排右起第2和第3人）以及他们的乐团在卢特菲位于德黑兰家中的地下室里排练革命歌曲的场景。

由伊曼·马利克收藏。

彩图17.2　2009年6月15日，总统大选舞弊案导致数十万抗议者在德黑兰自由广场举行大规模集会

前　言

　　研究任何国家或地区将近500年的历史都会是一项艰巨的任务。当这项任务是研究近现代伊朗史时，这就更令人望而生畏了。我花了将近20年时间来研究这段复杂的历史，这一时期的伊朗经历了5个王朝的更替、至少3次革命、3次内战、4次外国占领，以及伊斯兰共和国新政府的成立。但愿我已经进行了连贯的历史叙述，将过去的历史事件串联成了有意义的主题，正如每一个绳结都被编入了波斯地毯中。但历史学家们总是这样告诫读者：历史总是有许多随机的扭曲和转折，很少循着一个有序的设定。正如这本书所描述的那样，近距离来看这段历史，总有一种杂乱无序之感；但回过头来，伊朗近现代的历史用许多清晰的路线揭示了一种模式。

　　我在本书中尝试追溯伊朗现代性的根源，更准确地说，是近500年时段内的现代性。对许多读者来说，500多年前兴起的那场强有力的救世主运动，似乎与人们通常理解的任何现代性概念都相去甚远。而事实上，国家的崛起与宗教信条的强化之间存在着一定的关系。萨法维帝国坚持什叶派教义，宗教教义影响下的国家崛起与几个世纪之后现代民族国家的诞生也有关系。伊朗在19世纪和20世纪与欧洲广泛接触，在各个领域采用西方现代技术，只是增强了伊朗自身的认同感，巩固了伊朗历史具有连续性的特有模式。尽管在边疆地区遭受了领土损失，固有的物质劣势也依然存在，但在帝国主义扩张的高峰时代，伊朗是极少数能保持主权和大部分领土完整的非西方国家。伊朗的确是做到了，可以说，部分原因是伊朗实施了并仍在坚持实行具有伊朗特色的现代化，但这个过程并不是没有挫折和失误。

在这本书中，总体上我遵循着王朝的历史分期。朝代的变化本身就是重要的历史证明，而且它们还是社会政治、经济和文化变迁的象征。我同样认为，对于一些英雄人物和精英阶层的着力刻画是不可避免的，因为这些人物往往是重要历史事件的见证者，有时甚至是灾难性历史转折的代名词。了解萨法维王朝的伊斯玛仪一世（Isma'il I）和阿巴斯一世（'Abbas I）的人格特征，就能理解为什么他们对现代伊朗的塑造至关重要，正如阿加·穆罕默德·汗·恺加（Aqa Mohammad Khan Qajar）、礼萨·沙赫·巴列维（Reza Shah Pahlavi）和阿亚图拉霍梅尼（Ayatollah Khomeini）那样。无论是偏向政治的、传记式的叙事，还是倾向于对社会经济和文化发展的描述，我总是想在两者之间寻找到一种平衡。同样，我尽可能地将伊朗历史投射到一个更大的区域中去看。这是为了能够深入地剖析伊朗的历史，避免陷入一种例外主义的眼光，而忽略了伊朗与周边国家、与全球历史演变趋势之间的紧密联系。当然，我也反对完全用全球化的叙事去讲述伊朗的过去。我们不能忽视伊朗与周边地区之间存在的共有模式；同样，我们也不能否认那些将伊朗从南亚、中亚以及安纳托利亚（Anatolia，今土耳其的亚洲部分）、美索不达米亚、阿拉伯中分离出来的地理、宗教和政治文化因素。

本书主要由四个部分组成：第一部分（1501—1797）涵盖了近代早期，从萨法维帝国的兴起和成型直到18世纪末；第二部分（1797—1911）涵盖了漫长的19世纪，从恺加王朝的巩固到与欧洲列强的接触，再到20世纪之交的立宪革命；第三部分（1914—1977）涵盖了第一次世界大战时期，直至巴列维时代的终结；第四部分（1977—1989）致力于阐述伊斯兰革命第一阶段的完成。在最后一部分，我会对1989年后的历史做简短的观察，希望能够拉近这段历史同我们所处的时代的距离。考虑到立宪革命与伊斯兰革命中间的那几十年的重要性，我试图在近代与现代之间取得叙事的平衡，尽管在实际写作过程中，我用了约三分之二的篇幅来解读20世纪的历史。

关注长时段的主题有助于确定本书的篇幅和结构。在保留基本叙事的同时，我努力围绕这些主题并阐明论点。波斯诗人鲁米（Rumi）的著名诗句经常在我心中回荡："心爱的秘密最好在别人的故事中讲述。"读者将会注意到这些众所周知，并且较为棘手的主题，例如人类居住环境与自然资源的彼此制约、定居者中心与游牧民族边缘之间的共生关系、国家与城市精英（包括教士机构）之间的相互作用、统治者与官僚之间的对立合作、宗教社会运动长期以来的反复以及文化艺术的传承发展。在19世纪和20世纪，随着欧洲帝国势力的入侵，伊朗自身的贫困落后、在改革与发展中面临的困境、现代化强国的理想与夹缝之下生存的国际现实、不断发展的民族认同概念以及对国家经济资源的掌控不足，这些问题日益凸显。最终，自然资源的出口帮助伊朗巩固和推进了现代化进程。然而，随着时间的推移，用独裁改变伊朗的幻想失去了民意的支持，引发了人民对一个快速消失的世界的怀念，并培养了具有强大伊斯兰暗流的革命倾向。

许多话题和历史人物并没有出现在这本书中，或者只是顺带地提到了，而有些话题和人物所占的篇幅可能要大一些。书中对男性的描述远远超过女性。就算时间允许，把一部彻底的父权制历史进行重写，也是一项艰巨且难以实现的任务。那些被边缘化的、被政治权力所压制的人，往往是主流叙事中沉默的大多数，他们的故事也往往被宗教经典的编纂者一笔带过。尽管如此，我还是尝试着搜集了这些弱势人群的声音，并将其融入我所讲述的故事当中。

回顾过往，日常生活、大众文化、性别与民族、公共与私人、生态与环境，以及文化认同的复杂性可能受到了更多关注。然而，我希望我至少可以表现出对一个社会和一种文化的历史一瞥，比以往对伊朗历史千篇一律的叙述更为深刻和丰富。例如，参考诗歌和文学的发展，可以丰富我们对集体记忆的理解，而这些往往会被官方记载所忽视或否认。这些是集体记忆的历史轮廓，它将萨法维王朝与恺加王朝、立宪革命与巴列维王朝、战后的民族运动与当代的历史线索串联了起来。

这本书无可避免地存在着我自己的一些看法，对于那些试图平衡历史客观性和历史学家主体性的学者来说，这并不陌生。所谓"有态度的历史"，并非以不公正的方式或非历史的判断去审问过去，而是提出关键性的问题，用惯有的智慧加以界定和辨析，或许能获得一些意想不到的答案。在伊朗，有一代人的童年恰逢一个迅猛西方化的时代，他们目睹了人们对西方化的激烈反应。当时正值巴列维王朝的末期，伊斯兰革命悄然兴起，这不可避免地引发我对一系列错综复杂问题的关注，这些问题对于伊朗（以及中东其他地区）的发展依然至关重要，包括备受挫折的追求民主和宽容的过程、民族主义面貌的悄然转变、独裁政权的兴起和衰落、对意识形态的幻灭，当然，还有与西方列强的斗争以及全球化浪潮。多年以后，蓦然回首，对这段历史的最好总结也许正如诗人芙茹弗·法洛克扎德（Forough Farrokhzad）所说的那样："在回忆的花园中一次悲伤的漫步。"

　　根据本书写作的客观要求，我只能保留为数不多的尾注。同样，如果要直接引用文献作为依据，事实上也超出了这本书的范围。书的最后附有参考书目，基本上解决了引用问题。为了维持叙述的流畅性，直接引用也保持在最低限度。地图和插图旨在丰富文本并增强论点。

　　音译标准是参照《国际中东研究杂志》（*the International Journal of Middle East Studies*）的音译系统，但有一些重要的修改。首先，在今天的波斯语中，元音e和o的发音与英语字母的发音相似。因此，我在翻译过程中用e、o取代了在《国际中东研究杂志》系统中根据阿拉伯语字母拼读出的元音字母i和u；所以，"穆罕默德"会拼读为"Mohammad"，而不是"Muhammad"（除非是阿拉伯语或阿拉伯语书名）；"穆智台希德"会拼读为"mojtahed"，而不是"mujtahid"。如果一些地名和专业术语已经约定俗成，那么它们就按照波斯语原本的发音来进行翻译处理，例如"伊斯法罕"就翻译为"Isfahan"，而不是"Esfehan"。同样，波斯语定语"ezafeh"更为接近其真实的语音语调。它不再笨拙地表现为-i，而是作为-e，因此翻译时会称"Bagh-e Shah"，而不是"Bagh-i Shah"。在一些情况下，我会首选专有名称的波斯语发音，因为这些发音已被熟知。因此，"阿塞拜疆"会被翻译成"Azarbaijan"，而不是"Azerbaijan"或"Adharbaijan"；"厄尔布尔士"会被翻译为"Alborz"，而不是"Elburz"。"伊朗"与"波斯"这两个名词的提法问题，本书会始终尽可能使用"伊朗"而非"波斯"，但会沿用约定俗成的"波斯文化"和"波斯语言文学"的提法，而不会称其为"伊朗语言文学"等，除非后者是专门的名词。最后，除了在极少数情况下，本书并没有使用变音符号。当一个长音a因缺少变音符号而导致混淆时，本书会用"ā"来代替，例如在"'Abd al-'Āli al-karaki"中。除非另有说明，否则本书所有的翻译、散文和诗歌都是按照这些规范将波斯语翻译为英语的。

多年来，许多朋友和同事曾帮助我研究和编写本书。感谢海尼·韦勒（Haynie Wheeler）帮我修改书稿。我还要感谢侯赛因·阿玛纳特（Hossein Amanat）、梅尔达德·阿玛纳特（Mehrdad Amanat）、阿塞夫·阿什拉夫（Assef Ashraf）、穆赫辛·阿什提亚尼（Mohsen Ashtiyani）、奥利弗·巴斯特（Oliver Bast）、侯昌·车哈比（Houchang Chehabi）、琼·科尔（Joan Cole）、罗伯塔·多尔蒂（Roberta Dougherty）、乔安娜·D. 格罗特（Joanna De Groot）、凯文·格莱德希尔（Kevin Gledhill）、约翰·格尼（John Gurney）、乌利齐·马扎洛夫（Ulrich Marzolph）、马赫纳兹·莫扎米（Mahnaz Moazzami）、凯特·曼巴奇（Kaite Manbachi）、萨瓦什·拉贾巴里·迪米（Siavush Ranjbar-Daemi）、凯什瓦尔·里兹维（Kishwar Rizvi）、赛义德·桑贾比（Saeed Sanjabi）、穆罕默德·塔瓦科利·塔尔齐（Mohamad Tavakoli-Tarqi）和法莱顿·瓦赫曼（Fereydun Vahman）。我也要感谢安德鲁·卡内基研究计划（the Andrew Carnegie Fellows Program）为我在撰写本书时提供的经费资助。我要感谢我的母亲贝沙拉特（Besharat）和我的其他家人。我以我的父亲穆萨·阿马纳特（Mousa Amanat）为荣，是他最先培养了我对历史的兴趣。同样要感谢我的妻子玛利亚姆（Maryam）多年来持续不断的支持和鼓励。

绪　论

20世纪中叶，伊朗作为中东国家而为世人熟知。然而早在此前，伊朗就已经拥有将近2500年的历史，并且被西方世界称为"波斯"。伊朗位于亚洲西部的一片古老的土地上，它的东面是印度次大陆、中亚，再往东就是中国；西面是美索不达米亚和地中海世界；北面是俄罗斯；往南越过波斯湾，就可以到达阿拉伯半岛。欧亚大陆有两条主要的贸易路线：一条是穿过伊朗北部和中部的丝绸之路，另一条是从印度到波斯湾的香料之路。数百年来，伊朗位于两条贸易线的交叉路口，是一个文化昌盛、商业繁荣和人才济济的区域帝国，同样也是与周边邻国互通有无的沃土。从公元前2000年印欧的游牧部落首次进入伊朗高原开始直到20世纪，不论是通过暴力征服，还是以和平的方式，伊朗接纳了众多不同种族、文化和语言的族群，成为多元族群的共同家园。尽管在过去的2500年里，伊朗长期处于政治上的不稳定状态，但鲜明的本土特色依旧使伊朗保留了它的文化，并被周边国家、地区所公认。自16世纪早期萨法维王朝诞生以来，伊朗一直保持着不曾间断的政治认同。

公元7世纪中叶，萨珊帝国（Sasanian Empire，公元224—651）被信仰伊斯兰教的阿拉伯军队所征服。然而在此前，伊朗（或者更准确地说，波斯帝国）曾设法比西方世界的诸多对手统治得更为长久。这些对手依次是希腊人、罗马人，然后就是古典时代晚期的拜占庭帝国（Byzantine Empire,

公元395—1453）。经历了多次毁灭性的战争打击、游牧民族的周期性入侵、外来民族的压迫与欺凌、宗教信仰与认同的转变以及国内不断的政治动荡，伊朗也许是世界历史上遭受侵略最多、最容易爆发革命的国家之一，这是一个经久不衰、值得探讨的话题。从伊斯兰文明征服到萨法维王朝崛起的数百年间，伊朗主要是作为文化实体，而非统一的政治实体存活下来的。这在一定程度上是由于地理和生态因素，当然，也是波斯语的流行和波斯文化自身的生命力造就的。在公元9世纪初，伊朗虽然采用了阿拉伯字母，但其文化核心依然保留了很多重要的文化范式、神话传说和历史记忆。

11世纪兴起并长期存在于穆斯林文化核心的波斯-伊斯兰复兴，帮助塑造了伊朗的文化认同。然而，古典优雅的波斯语需要与伊朗境内境外的各种语言、各种地域文化风俗以及各种民族共存。"波斯世界"，正如研究伊斯兰文明的历史学家马歇尔·霍奇森（Marshall Hodgson）所定义的，包括伊斯兰世界的东部，即从中亚、中国新疆地区（波斯语称之为"Khotan"）到南亚，还包括从高加索地区到安纳托利亚，以及从南巴尔干半岛到美索不达米亚的广大区域。

历史深处的记忆

波斯人，以及在此之前的米底（Medes）人，是古希腊人最早熟知的域外民族。早在公元前6世纪，在阿契美尼德帝国（Achaemenid Empire，公元前550—前330）的缔造者居鲁士大帝（Cyrus the Great）征服小亚细亚时，波斯人就作为强大的外来者而在希腊人的心目中占据了一席之地。两个多世纪以来，在对波斯人的想象中，希腊人总是夹杂着一种对帝国权力的敬畏和恐惧。这是因为波斯帝国是建立在众王之王[1]（Shahan-shah）统治基础上的中央集权国家，这与希腊脆弱的城邦政治形成了鲜明对比。这个国家被认为是一个庞大的洲际帝国，拥有惊人的财富和经济实力，有四海通行的货币，有高效的行政

---

[1] 源于古代近东地区的帝国统治者的称号，实际是一种尊号。——本书脚注如无特殊说明，均为编者注

管理、军队和通信系统（依靠的是在长途运输道路上乘快马传递信息的邮差，而非赤脚跑步的信使）。这个国家的信仰体系也完全不同于希腊那些争吵不休的奥林匹斯诸神。希罗多德（Herodotus）本身是波斯帝国的希腊臣民，生活在小亚细亚地区，他着手撰写《历史》（The Histories），其主要目的就是回答一个问题：他那个时代唯一的"超级大国"，即居鲁士和大流士（Darius）统治下的波斯帝国，是如何遭到希腊人的抵抗，并最终在希波战争（公元前500—前449）中被看似脆弱的希腊人所击败的。他极具逢迎的答案是杂糅了真相与虚构的产物，极大地影响了古代的历史意识，甚至塑造了近现代西方世界对伊朗的矛盾心理。

希腊人把波斯人称为"野蛮人"（barbaros）。这个词最初的意思是指"异族人"，更具体地说，是指喃喃自语、不知所云的人。这大概是因为希腊人不懂伊朗语，无论是古波斯语还是阿拉姆语（Aramaic）。这个词暗示了希腊人以及后来的罗马人自觉高波斯人一等的优越感。可以说，这种居高临下的态度是一种可以预见的反应，因为希腊人害怕会在现实生活中屈服于波斯人及其所创造的丰富的物质生活。埃斯库罗斯（Aeschylus）的《波斯人》（The Persians）是古希腊现存最早的历史悲剧，作者是一名参与过希波战争的士兵。《波斯人》通过想象战争中波斯全军覆没的消息对波斯统治者和宫廷带来的沉重打击，来庆祝希腊的胜利——这算是一个聪明的策略，彻底反映了希腊人从波斯霸权的威胁之下全身而退的喜悦心情。

雅典帕特农神庙是罕见的、象征希腊团结时刻的建筑，这座神殿正是为了庆祝对波斯战争的胜利而建造的。帕特农神庙供奉着雅典娜的巨型神像，在雅典娜手持的著名盾牌上面，波斯人被描绘成穿着阴柔服装的野蛮人，他们被具有男子气概、象征胜利的希腊人所征服。受此影响，西方的艺术似乎很早以前就选择将波斯描绘成东方卓越的象征：阴性、柔美且富有异国情调。因此，波斯帝国成为雄心勃勃的亚历山大征服世界的主要目标，也就不足为奇了。

这位马其顿冒险家被伊朗琐罗亚斯德教（Zoroastrianism，伊斯兰教兴起前伊朗的主要宗教）的教徒们称为"魔鬼亚历山大"。毫无疑问，他利用了那些在小亚细亚的希腊人心中澎湃的反波斯情绪，将其作为在波斯统治两个多世纪后重新收复希腊土地的借口。公元前330年，当亚历山大征服阿契美尼德王朝时，他太过急切，不仅要求臣民穿波斯服装，学习波斯宫廷礼仪，而且还试图创造一个普遍的希腊−波斯混合政体。这让他手下的一些将领感到失望，而且也违背了他的老师亚里士多德的忠告，因为这位希腊哲学家一直把波斯视为专制国家。根据亚历山大的愿景，与其想尽办法把希腊式的高谈阔论照搬过来，依靠希腊式的理念建立政权，延续波斯以往的统治模式要更为实际。尽管如此，希腊的征服仍使希腊文化融入了伊朗的方方面面，这个过程持续了数百年的时间，直到伊斯兰时代的来临。

近现代历史所引发的共鸣，使得后启蒙时代的欧洲仍在庆祝对波斯帝国的胜利；直到19世纪帝国主义扩张时期，欧洲仍把这一胜利视作西方文明的历史转折点。对于"重新发现"波斯的现代欧洲人来说，这些历史记忆是鲜活的，并且通过检索古典文献以及后来在近东和伊朗的考古发现得到了极大的强化。

《希伯来圣经》（*Hebrew Bible*）中关于波斯的记载则更为友善，尤其对居鲁士大帝称赞有加。他从巴比伦人手中拯救了以色列人，并准许以色列人重回家园，因而被赞誉为"受膏者"（the anointed one，即弥赛亚）。此后，在阿契美尼德王朝的统治之下，以色列人重建了他们在耶路撒冷的圣殿。居鲁士大帝是《希伯来圣经》中唯一被承认为主的"弥赛亚"和他的"牧人"（《以赛亚书》第44～45页）的历史人物，也是少数因其宽容和怜悯而受到赞扬的统治者之一。此外，《以斯帖记》中记载，当时的波斯帝国统治者十分宠爱一位犹太王妃，她曾将那些犹太教徒从屠刀下拯救出来，粉碎了大臣要消灭波斯境内的犹太人的邪恶阴谋。这在很大程度上是一个拼凑出来的故事，目的是让犹太人在反犹主义甚嚣尘上时仍相信末日救赎，但也表明了以色列人用对波斯统治者的友好态度和忠诚，来换取阿契美尼德王室对他们的庇护。

《希伯来圣经》对波斯人的态度之所以较为正面，也可能是因为以色列人在他们所信仰的全知全能的上帝与波斯智慧之主阿胡拉·马兹达（Ahura Mazda）之间找到了许多相似之处。阿胡拉·马兹达是伊朗早期宗教乃至后来的琐罗亚斯德教所信仰的造物主。与巴比伦所供奉的神祇不同，阿胡拉·马兹达是富有同情心和远见卓识的神，是正义的化身、邪恶的天敌。在《但以理书》中所看到的这种亲和力早已化作遥远的历史记忆，虽然它可能是此后数个世纪杂糅而成的产物，但却预言了一位公正而强大的波斯帝国统治者会在末日来临之际拯救信仰上帝的苍生，并消灭世间的恶魔。这一预言可能是受到了伊朗琐罗亚斯德教末日救赎学说的影响。

作为一个政治共同体

在古希腊和古希伯来文献的记载中，古代伊朗被视为异域，这个国家按照自己的体系来运行。从这个角度而言，伊朗似乎已经被认为是一个政治共同体，是一个拥有中央集权制度和宗教占主导地位的地缘政治实体。正如人们通常认为的那样，"伊朗"这个称谓来源于伊朗语"Aryanum"一词，是指雅利安人的土地。大约在4000年前，游牧的印欧部落定居在了伊朗高原，并且以他们的名字来命名这片土地。在我们这个时代，纯粹意义上的雅利安人早已不复存在。但从词源上来说，这隐含着一层善意的认同。正如杰出的法国语言学家埃米尔·本维尼斯特（Émile Benveniste）所认为的那样，"伊朗"一词及其来源本质上意味着"我们是近亲"或"我们是表亲"。这是一种亲缘认同的暗示，暗示着"我们（是一类人）"。这些游牧民族希望通过这些暗示，把自己同高原上的土著居民及其他印欧部落区分开来。

10世纪，伟大的波斯史诗《列王纪》（Shahnameh）中就强调了这种亲缘认同。在这部史诗中，"伊朗"作为一个政治共同体，与"阿尼兰"（aniran，中古波斯语的说法），即"非伊朗人""外国人"，形成了对比和区别。同其他古老的国家一样，伊朗人也使用了类似的亲缘认同来称呼自己的祖国。因而，"伊朗"成为伊朗人用来表示他们的土地和国家的唯一称谓，并作为一种文化认同，在伊斯兰时期持续存在，在13世纪，这种认同由伊尔汗王朝的波斯大臣们全面复兴。

　　然而，古希腊人及其之后的西方文化继承者们选择继续沿用此前阿契美尼德帝国时期的称谓来称呼伊朗。古希腊语中的"Persica"（或"Perses"）以及古希伯来语中的"Paras"被英语化以后，就成为"Persia"（波斯），这个词主要是指伊朗高原的心脏地带——法尔斯（Fars）地区（包括今天伊朗的法尔斯省）。阿契美尼德王朝正是从法尔斯开始崛起，最终主宰整个伊朗高原和周边地区。此后的几百年间，"波斯"是外部世界对这个国家的称谓，也指代其人民、语言和文化，而伊朗人一贯使用"伊朗"来称呼他们的国家。但直到1935年，伊朗政府才采用"伊朗"这个名称代替"波斯"，来作为国家的正式国号。这一选择虽然统一了国家的命名，却消除了"波斯"一词背后蕴含的历史与文化记忆。

　　同大多数文明古国一样，波斯政治文化的权力基础主要建立在父权制模式之上。这种模式在皇室、区域、地方、部落和家庭层面都有所体现。教士权威会与王权统治机构相结合，但有时也与之分离，他们要求追随者遵守对宗教经典文本的合法解释，无论是琐罗亚斯德教法还是伊斯兰教法。在近现代大部分时间里，乌莱玛（ulama，即宗教学者），或者更具体地说是伊斯兰教法学家（faqih，也被称为"法基赫"），仍然是一个与国家权力相辅相成的半独立群体。

　　然而，即使是教士机构，甚至是国家政权，偶尔也会受到来自先知范式的挑战。这是波斯三维权威中的第三种力量。几个世纪以来，有过许多这样的人物——从公元3世纪的摩尼（Mani）、6世纪萨珊王朝的马兹达克（Mazdak），到12世纪的伊斯玛仪派领袖哈桑·萨巴赫（Hasan Sabbah）、14世纪的努克塔维先知马哈茂德·帕西坎尼（Mahmud Pasikhani），以及19世纪的"巴布"萨义德·阿里·穆罕默德（Sayyed 'Ali Mohammad），他们呼吁通过道德重建，甚至是末日革命，来改革宗教规范，并最终重塑主流的社会政治秩序。这三种权力来源的相互作用，凸显了伊朗历史的叙述模式：暴力的反抗、你争我夺的历史记忆、宗教矛盾、不同性别和社会阶层之间的规范，还有文化的繁荣与流动性。无论是人为设计还是纯属意外，这个令人痛苦和不安的复杂故事一直持续了几个世纪。

波斯政治文化中最古老的概念——"沙赫"（shah），对政治权威的形成至关重要，这一称号直到近现代都还在被伊朗的国王所使用。在其他印欧语系语言中，没有该词的词源等同词。"沙赫"一词源于古波斯语"xshay"，意思是"一个人应该以自己的荣耀与功德（来统治）"，这意味着天生的荣耀与功德是获得权力资格的标准。在希腊语中，这个词可以被翻译为"basiliocus"，最初是指波斯国王（希腊语"Basilus Basilcus"即指"众王之王"），"沙赫"一词也暗示君权是独立于任何僧侣和其他世俗合法机构的。这可以从一幅描绘了公元3世纪萨珊国王从神的手中获得权杖场面的浮雕中得到很好的解释。国王直接从神，而不是从琐罗亚斯德教的祭司那里获得神圣的授权。欧洲语言中的国王（Rex）和梵语中的统治者（Raj）本质上是指宗教领袖，他们沿着宗教的"正确"道路来领导人民。而沙赫拥有王权的"神授权力"（farrah），这种从国王的仪表所散发出来的"神授权力"是神所赋予的正义"品质"（gohar），但如果他失去了"统治"（honar）的艺术，这种"神授权力"就会被神所剥夺。沙赫如果被剥夺了权力，最终将被起义者、试图改朝换代的竞争者或外国侵略者所废黜。

因此，至少从理论上而言，保留王权的神授偶尔可以当作一种抵制暴政的缓冲机制。《列王纪》中的神话原型贾姆希德（Jamshid）就是个典型范例，他时刻提醒历代的统治者：一个失去了神授权力的专制统治者将不会被拥戴（彩图0.1）。一开始，贾姆希德是城市的建立者、新工艺的教导者、波斯诺鲁孜节（Nowruz）的创立者，还是一个伟大帝国的缔造者，但是傲慢和自命不凡使他失去了神授的权力，随之而来的就是在各个层面上的失败。从亚里士多德到孟德斯鸠，西方观察家们只是急于指出波斯式专制主义的种种缺陷，也许是因为他们自己身处的社会正处于专制统治者的威胁之中，但这并不符合波斯王权的实际。

波斯人的政府理论已经设想了某些制衡措施，以限制粗暴蛮横、肆无忌惮的权力。一种被称为"公平循环"的政府治理模式被认为是理想的政府运作指南。这一模式在波斯政府的公文中备受推崇，因为它提醒统治者有责任和义务来主持"正义"。从本质上而言，沙赫为了维护社会平衡，就必须尊重各个区域的臣民，给予他们适当的保护和奖励：驻扎军队和派驻国家行政机构（divan），以保护这些臣民免受外来的侵扰与压迫（图0.1）。这种循环模式认为，一旦臣民遭受了压迫和掠夺，他们就不能生产和繁盛，结果就是土地变得贫瘠，国家变得衰弱，统治者的权力基础最终将面临崩溃，国王也终将被废黜和处决。这种循环的权力模式，无疑是受到了农业循环发展过程中不稳定性的启发，而很少与权力运作的现实情况相对应。

图0.1　这幅19世纪的法语漫画以萨迪（Sa'di）《蔷薇园》（Golestan）里的一个故事为题材，来阐述"公平循环"的理念。这幅漫画描绘了恺加国王的一次狩猎之旅，国王保护他的臣民的财产不受随从的侵犯

19世纪明信片，由作者收集整理。

现实更像是一盘无限复杂的棋局，而沙赫经常处于"将死"[1]的位置。古典时代晚期，国际象棋游戏首次从印度被引入，并在波斯地区逐渐流行。这款

---

[1] 指国际象棋中的输棋。

游戏的政治象征意义是不容忽视的。在伊朗历史的长河中，几乎没有一个沙赫既能够保持政治和社会间的"平衡"，又强大到不会被孤立至"将死"的程度。国际象棋就像是波斯政治文化中的"攻"与"守"，其棋盘就好比政治舞台。"仕"（farzin，波斯语意为"圣人"，后来也指宰相，即vazir），之后在欧洲版中被称为"王后"。仕或王后的流动性、灵活性（可以从纵横捭阖的前线位置回归到后方）与沙赫孤家寡人的脆弱性恰好相反，这生动地说明了担任政府首脑一职的宰相实际会成为沙赫的隐患。

为了维系政权统治，如履薄冰的沙赫往往要与精明能干的宰相维持着貌合神离的合作关系，这是伊朗政治史上反复出现的主题，对大臣们而言，往往意味着致命的结局。此外，政府内部的脆弱联盟及权力操纵，使得各政府部门无法承受来自皇家主人的发难。从长远来看，政府不是一个能摆脱王权染指的独立之地，而是依附于沙赫的奴仆，囿于沙赫的个人意愿。

伟大的波斯诗人哈菲兹（Hafez）曾在诗歌中用国际象棋来比喻举棋不定者的矛盾心理，向我们解释了王权制度，以及王权制度对宰相娴熟谋略的游离不定的依赖心理：

> 我们放上一个兵，以等车移动走子。
> 在举棋不定者的棋盘上，国王将无路可走。

残局的出现意味着出身卑微的兵仍然有机会变成仕（或王后），并改变游戏的结局，但这将取决于象征外部力量的车以何种方式移动走子。否则，国王注定前途无望，因为他即将被"将死"。

中央与边陲

即使统治者或他的大臣们克服了波斯政府模式中的结构性缺陷，仍会有边陲势力处在国家直接统治的范围之外。作为部落首领的汗常常利用伊朗疆域的地形之便，在边陲地区抵制中央政府的全面控制。波斯中央政府通常会采取权宜之计，授予这些在哈菲兹诗句中被形容为"车"的边陲政权半自治的地位，而非直接统治，因为那样花费巨大且效率低下。通过对边疆统治阶层及其机构的监督和对部落联盟内部各方势力的制衡，国家用劝说和惩罚并用的手段实现了对这些地区的有效控制。

伊朗的地理环境决定了它的行政体系，从前现代时期到20世纪初，一直如此。欧洲语言里的"省长"（satrap）和"省政府"（satrapy）均源于古波斯语，意为边疆领土的保护者。在阿契美尼德王朝时期，省长及省政府相当于"众王之王"的半自治的代理人。与此相对，萨珊帝国时期的省级行政机构名称"乌斯坦"（ustan），也成了整个地区及此后主权国家的标准后缀（例如乌兹别克斯坦的后缀——斯坦，stan），范围涵盖了从巴尔干、高加索到中亚、南亚的波斯世界。

中央与边陲之间的微妙整合是"众王之王"思想的核心。作为波斯政治文化中的重要概念，"众王之王"这一称号除了是对虚荣感的满足外，更是对权力金字塔的一种承认，特别是在20世纪。根据权力金字塔，帝国的"众王之王"地位高于各个省"守护者之王"，即帕迪沙（padshah，意为最高的汗或王）。"众王之王"原本是古波斯帝国时期的称号，它在波斯史诗和宫廷诗歌中复兴，从10世纪开始，成为波斯的王朝统治者的正式称谓。且自萨法维（Safavi，1501—1736）时期起，这个称谓的使用更加规律。

通过设立地方代理人来有效控制遥远的边疆地区，这种模式拓宽了多民族体制构想的管理边界。早在13世纪，"伊朗的戍卫领地"（Mamalik-e Mahruseh-e Iran）就成为伊朗的官方称谓，这意味着自治权的分散以及对文化、种族多样性的承认。"戍卫领地"意味着在边界上存在着王朝权力的竞争者。会有人因此认为，在"伊朗"这个概念里，既包含着复杂性，也包含着中央国家存在的必然性。这是一种清晰而现实的认知。

对主权的界定则是通过另一个清晰的术语来表达的。在萨珊王朝时期，"伊朗沙赫尔（的领地）"（Iranshahr）成为伊朗的正式名称，这个名称强调了伊朗是一个具有明确地域范围且在国家掌控下的政治实体。"沙赫尔"

（shahr）这个词在波斯语中的标准解释是"一座有城墙的城市"，在词源上则表示一个"国王权威所及的领域"。实际上，"沙赫尔"是指城市与城市相结合形成的中央集权国家，是一个接近希腊城邦的概念。从历史意义上讲，它指的是萨珊王朝时期伊朗的10个行省，是中央政府的派出机构。

20世纪前，"伊朗沙赫尔（的领地）"与其边陲地区之间的互动构成了伊朗政治的中心主题。即使是在伊斯兰古典时期，当伊朗面临四分五裂的局面或被并入更大的伊斯兰帝国时，这种互动也会成为塑造政治权威的决定性力量。当中央政权摇摇欲坠，并在压力下走向崩溃的时候，就会被一种新的、更具活力的边陲势力所取代，这成了一种周期性的历史现象。从10世纪第一个来自中亚的突厥王朝到达伊朗高原起，在整整1000年的时间里，几乎所有崛起的伊朗王朝都起源于游牧的边陲地区，或是得到了边陲势力的支持。

作为地理空间的"伊朗沙赫尔"

"戍卫领地"内部微妙的互动关系，在伊朗高原的地理空间里找到了一个自然的、堪称理想的施展场所。在西亚，海拔高耸的伊朗高原是一座天然的四角堡垒，同时也是有围墙的缤纷花园。正如萨珊时代的波斯神话所描述的那样，"伊朗沙赫尔"的北部和西部山脊耸立，其国境边缘则是碧水连天。当我们审视伊朗内陆复杂的地形、多样的气候、有限的降水量、稀疏的植被以及簇聚的人类群落时，这种自然环境的特殊性会在与西南方的美索不达米亚平原、东北方的中亚大草原的对比中表现得更为明显。这些环境因素共同将伊朗塑造成了一个国家。地理环境既没有构成沟通外部世界的阻碍，也无法击退来自中亚或阿拉伯地区的游牧部落征服者。同样，这种地理环境也没有阻止来自四面八方的贸易商队。

看似高不可攀的扎格罗斯（Zagros）山脉耸立在今天的伊朗境内。这条山脉呈西北—东南走向，将伊朗高原的心脏地带与美索不达米亚平原及其周边地区分隔开来，在历史上，充当着伊朗历代王朝的天然防线。而事实上，公元7世纪笃信伊斯兰教的阿拉伯军队曾顺利通过扎格罗斯山脉的关隘，近代的奥斯曼军队也从这里侵入（还包括1980—1983年伊拉克的入侵）。高海拔的厄尔布尔士（Alburz）山脉是阿尔卑斯—喜马拉雅山系带的一部分，从伊朗西北部延伸到呼罗珊（Khorasan）北部，最终与阿富汗的兴都库什（Hindu Kush）山脉相接。

然而，伊朗地缘战略中薄弱的一环就是连接中亚大草原的通道。自11世纪以来，突厥和蒙古部落的征服者总是周而复始地向这里袭来。这些游牧民族的入侵一直持续到18世纪末。值得注意的是，这对伊朗历史进程和民族构成的方方面面都产生了深刻影响，阿塞拜疆土耳其语和其他突厥语方言在伊朗北部的流行只是例证之一。然而，高加索山脉和厄尔布尔士山脉沿阿塞拜疆和里海延伸，不仅是一道难以逾越的山脉屏障，事实证明，它也是抵御北方威胁的强有力的防御设施。直到19世纪，这道天然屏障才被俄国的现代化军队所跨越。同样，在15世纪葡萄牙人到来之前，更准确地说，直到19世纪英国海军入侵以前，波斯湾沿岸也从未对伊朗内部构成过严重的战略威胁。

通过波斯湾连接的同印度、东南亚、东非，以及此后西欧的海上贸易路线，成为中亚—中国北部陆路贸易路线以及西北方地中海—黑海航线的替代品。自古以来，波斯湾就是伊朗南部海上贸易的重要通道，由此可以到达印度次大陆的西部海岸，也能抵达阿拉伯半岛南部的也门地区。波斯湾沿岸森林植被的缺乏，对伊朗海军在波斯湾沿岸地区占据优势地位意味着一种阻碍。在欧洲海上力量到来之前，波斯湾贸易主要依靠来自阿曼和信德地区（Sindhi，位于今巴基斯坦境内）的海员。

由于处在地球的干旱地带，除了里海沿岸的狭长地带外，伊朗低海拔地区普遍缺乏足够的降雨。在伊朗高原内部，适合人类的栖息之所仅仅是一个受到限制的狭窄生存空间。今天，在伊朗636 296平方英里[1]的领土内，接近一半是山脉和沙漠。其余50%的国土中，只有不到15%的土地适宜耕作，还有15%是潜在可用耕地，10%为森林和林地，还有大约10%为牧区草场。山地人口稀少，无论是在山地周围还是在高原。伊朗中部的沙漠将呼罗珊及东南部省份与伊朗的

---

[1] 1平方英里等于2.59平方千米。

西部相分离，它们往往点缀着串联贸易商路的农业绿洲和小镇，并将绿洲、小镇与山麓及沙漠边缘的大城市连接在一起。对于任何一个中央政府而言，控制这些沙漠以及高山地区，都是巨大的挑战。

伊朗的陆地景观中有两个维度——水平的沙漠和垂直的山脉，它们往往受到气候的限制。可利用水资源的稀缺十分明显，而这可能是影响伊朗高原可持续生活最为重要的一个因素。平原地区的年降水量不超过12英寸[1]，沙漠地区和波斯湾海岸每年平均降水量只有5英寸左右，而里海沿岸地区的年降水量则达40至60英寸。高山上的大雪融水（至少在最近全球气候变暖之前）是平原灌溉的主要水源。伊朗四季分明，诺鲁孜节预言了春天的脚步，而古老的麦赫尔甘节（Mehregan）则宣告秋季即将来临。尽管伊朗高原中央的平原地带都是可预测的季节性气候，但在一年中的任何时候，整个高原的气温都有可能高达40摄氏度。这些因素进一步限制了人类选择栖息之所的空间。无论是游牧的牧民、耕地的农民还是城市的居民，都主要集中居住在低海拔山坡、山麓地带以及邻近沙漠边缘的肥沃平原，周边山脊的降水量足够支撑灌溉种植、旱作农业和在高海拔地区的季节性放牧。

与埃及、美索不达米亚及其他地方的河谷地带相比，历史上伊朗河谷地区在该国粮食生产中发挥的作用相对较小，而一种极大依赖地下水循环的水利奇迹则贡献不菲。坎儿井（qanat或kariz）这项波斯发明作为可持续的供水系统，从日本到摩洛哥都得到了广泛使用。坎儿井是伊朗中部平原（在深井和河坝技术运用之前）所使用的一种巧妙的输水系统。这条地下运河长达30英里[2]，将许多水源丰富的山坡与干旱的平原连接在一起，灌溉了农田，并维持着城镇和村庄居民的生存（图0.2）。然而，它在任何特定地区实际上都只能维持有限的人口用水需求。在含水层较浅的地区，牲畜运水代替了坎儿井（图0.3）。因此，水资源的可获得性在很大程度上决定了整个伊朗陆地景观中近3万个村庄的地理位置分布，荒漠的极度干旱与可控环境下的茂密植被形成了鲜明的对比。

---

[1] 1英寸等于2.54厘米。
[2] 1英里等于1.609千米。

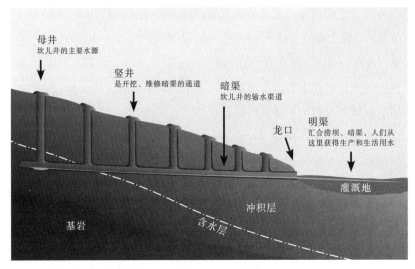

图0.2　坎井系统的横截面，山姆·贝利制作

https://commons. wikimedia.org/wiki/File:Qanat_cross_section.svg.

图0.3　1822年波斯农耕工具及灌溉方式示意图

F. 莎伯勒编，《世界的缩影：波斯》（*The World in Miniature: Persia*），第3卷，（伦敦，未注明出版日期），第159页。

此外，水资源的分布特点可以解释为何灌溉平原边缘的战略要道能够孕育出众多伊朗大城市，而位于平原腹地的土地肥沃的村庄可以为城市提供食物。通过一系列商贸路线，这些城市连接着伊朗高原内外，而这些路线又串联起众多小市镇、村庄和绿洲。在这个连接城市、农村和牧场的网络中，有机个体可以维持相当程度的生存空间，同时也与整体保持着微妙的相互依存关系。以大都市为核心的伊斯法罕（Isfahan）地区就是一个典型的例子。伊斯法罕的腹地拥有灌溉良好的村庄和农田网络，同时，贸易网络四通八达、畅通无阻，以畜牧为主的巴赫蒂亚里（Bakhtiyari）也位于伊斯法罕附近。这清楚地表明，城市、农村、游牧地区是一个彼此依赖的良性生态系统。

尽管城市对农村有着行政管理、商业贸易的功能和文化上的影响力，但城市人口仅占总人口的一小部分。到20世纪，伊朗总人口数为900万至1000万，但城市人口不超过总人口数的10%。相比之下，农村人口（其中大部分是常住人口，在19世纪末以前占总人口数的50%左右）是最为脆弱和贫困的群体。尽管农村人口不受农奴制的人身约束，在村庄内部有相当程度的自治，并且也有迁徙到其他地区的自由，但建立在农业分成制下的古代政权允许在外地主控制农业生产工具并占有相当大比例的收成（通常是五分之三），这导致农民充其量只能维持基本的生存，最坏的情况则是饿死。随着波斯贵族（dehqan）阶层——与英国士绅最为相似——在伊斯兰早期时代逐渐消亡（更确切地说是日益贫困潦倒），伊朗村庄周围的土地往往成为城市精英和部落首领间彼此争夺的羔羊。通过顽强的抵抗，农民从一个村庄迁徙到另一个村庄的情况并不少见，但农民和牧民的生存方式没有真正改变。

在20世纪之交，部落牧民可能比农民更容易迁徙流动，而且不那么从属于城市，这部分人口可能占伊朗总人口的40%。他们通常在农耕地区以外过着游牧或半定居的生活，严酷的生存环境很大程度上决定了这种依赖放牧的生活方式。然而，尤其是在季节性迁移期间，游牧人口会在农耕区附近开辟牧场，这往往会导致游牧民与定居人口的冲突和贸易中断。游牧部落联盟由小型的、具有亲缘关系的共同体所组成，参与的分支部落拥有共同的语言和种族身份。虽然在一些部落联盟中，部落成员的起源不尽相同，例如法尔斯省的哈姆塞

（Khamseh，意为"由五个部落所组成"）部落联盟。

部落控制下的广大领土实际上不受国家直接的管辖和约束，政府总是从部落精英中挑选或册封部落首领。有时，出于国内安全和边防的实际需要，强势的政府也会把现有部落进行拆分，组成新部落或并入其他部落之中。在17世纪和18世纪，先前生活在西北部的众多库尔德部落（Kurdish tribes）沿伊朗东北边界定居，阻止了乌兹别克人和土库曼人的袭击。部落将城市视为销售牲畜及牲畜产品、补充供应品的场所，而城市也便于他们在与对手的冲突中寻找盟友，或是在内部权力斗争中占据上风。然而，游牧部落灵活的体系既没有削弱他们的父权制色彩，也没有削弱他们的军事力量。

至少从萨法维王朝中期开始，分布在伊朗北部边疆的主要是突厥语系部落或库尔德人，土库曼人分布在东北部，而南部边疆的部落主要是阿拉伯人和俾路支（Baluch）人。内陆地区的主要部落则大多拥有雅利安血统，但是也有突厥语系的部落联盟，比如法尔斯省的卡什卡伊（Qashqa'i）人。然而，松散的部落联盟很少有明确的政治忠诚理念，特别是当国内发生危机或者处于战争时。在20世纪，军队开始实行征兵制，但在那之前，部落一直是伊朗军事战斗力量的重要支柱，在萨法维王朝以及此后王朝的军队中存在种族不同的部落战斗军团，已经是司空见惯的现象了。例如，在18世纪中叶，纳迪尔·沙赫（Nader Shah）的军队就包括了许多由土耳其人、库尔德人、阿富汗人、土库曼人和卢尔人组成的特遣队。

正如西方文献中经常描述的那样，这些"非正规军"的部落战士几乎总是骑在马上的。这是因为自17世纪以来他们装备了越来越多的火器，主要是轻型步枪，这是伊朗部落骑兵最爱的武器。重整军备，配备新式枪炮，显然有助于增加部落部队的战斗力和兵种的多样性，但这些并没有改变他们的作战战术。即便到了19世纪初，色诺芬（Xenophon）在公元前4世纪就记载下来的古波斯进攻-防御战术仍然是伊朗部落战士面对现代军队攻击时的首选。国家召集的部落骑兵队伍必须每年参加季节性的军事远征，以换取部分税款的豁免。然而，面对现代欧洲军队，伊朗部落已不再有军事优势。到20世纪初，部落几乎完全处于中央集权的辖制之下。

波斯的城市及居民

　　封闭的绿洲是伊朗高原上的典型城市形态。这种绿洲城市是在周边地区
耕作养殖、贸易互通和军事驻防等现实需要的驱动下发展起来的。这些驱动
因素的组合解释了这些城市生存与发展的立足点，以及在自然灾害或人为灾
难之后仍能焕发新生的根源。商贸路线把这些绿洲城市串联在了一起，城市
的经济自主权、都市化的文化风格、显耀的政治地位和种族多样性也得以维
持。绿洲城市通常有多个城门，城墙被厚厚的泥土墙、护城河、沟渠以及其他
防御工事所围绕。这些工事不仅可以防止非法通行，还可以防御敌对势力——
无论是土匪、劫掠成性的牧民还是军队。作为一个空间有限且布局拥挤的地
方，绿洲城市通常被分为很多个城区，市中心主要有两类建筑物：一类是城
堡（arg），或者说是政府机构和住宅区；另一类是集市（bazaar，常被音译为
"巴扎"），也就是商贸中心和手工业基地。清真寺往往坐落在行政和商业中
心，因为它代表了伊斯兰教的道德权威。而且，每个社区还建有其他的清真
寺，这基本反映了城市区域布局的自给自足。清真寺不仅仅是宗教礼拜的神圣
场所，同时也是进行社交或举行抗议活动的聚集地。

　　父权制是城市社会组织建立的普遍依据，这一点与乡村居民和游牧民极
为相似。大多数城市社区都由大家族和富甲一方、具有社会威望与影响力的
长老们所操控，这些人被统称为"贤达"（a'yan）。他们不仅能够在自己的
社区事务中发挥影响，甚至可以在城市及其周边保有政治和经济影响力，因
而，他们也构成了地方机构，甚至是中央政府的统治支柱。与中东其他地区
一样，伊朗城市贵族拥有多种多样的出身和社会地位。但与欧洲贵族不同的
是，他们与社会其他人的区分，并不总以高贵血统或世袭特权为依据。他们
大部分是城市大地主、部落首领、政府机构的官员、大商人或宗教机构里的
富裕阶层，在社会理念和政治倾向上趋于保守，这些贤达人士自认为是维护
城市稳定的中流砥柱。当然，在社会环境需要的情况下，他们也会成为不稳
定因子。

　　大多数伊朗城市的历史，特别是在动荡时期和中央政府衰弱时期，都是

从城市贤达的角度来书写的，内容无非是他们对既得利益的争夺、在政治上受到的庇护和对经济市场的控制。有时，一个王朝的垮台或一个王朝的崛起，并不意味着出现了一个能够压倒一切的、强有力的部落首领，而是可以归因于贵族的支持。18世纪末，恺加王朝（Qajar dynasty）的崛起就是一个例子。这些贤达人士对城市居民，尤其是被称为"路提斯"（Lutis）的都市治安管理员产生了实质性的影响，路提斯有时会使城市街道变成相邻街区之间发生暴力冲突的场所。

城市的中心是由城墙加固的城堡。市政府所在地设有市长的办公行署，下设各部门负责人及其办公行署，还布有戍守军营。城堡通常位于能够俯瞰城市的山坡或更高的位置上，象征着政府高傲专横的姿态以及对城市居民的防备心理。然而，城堡不可能与世隔绝，里面除了有士兵、奴仆、办事员以外，还有成群的商人、医生、工匠、市政官僚、乡镇地方官员、税吏等与城市管理密切相关的人员。市政机构与平民相互联系的渠道众多，且一般不容易被切断。在这种情况下，政府无法绝对地控制局面。政府的事务，至少在涉及城市贤达人士的情况下，一般需要通过谈判协商、劝说和象征性惩罚来解决，而非纯粹地依靠强制性措施。

公共广场（maydan）的形态及多功能性体现了政府与城市居民间的交流，在典型的波斯式城镇中心，往往有这样一个广阔空间，连接着城堡、集市、清真寺和城市主干街道。"maydan"（意为"中心的空间"），这个古老的波斯城市建筑概念在整个伊斯兰世界及其以外的地方得到了广泛的使用，相当于罗马圆形广场和英国下议院。政府通常会在公共广场上举行军事检阅和马球赛事（一种旨在展示沙赫和其他皇室成员健康体魄和骑行技能的波斯传统游戏），庆祝民族和宗教节日的公开表演、处决叛乱分子及鞭笞囤积居奇的奸商等，也都会在广场上进行。对于普通民众来说，公共广场是可以用于庆祝、抗议和哀悼的聚集地，也可以用来迎接和送别商队；可以在此交易货物和驮畜，甚至安营扎寨（图0.4）。

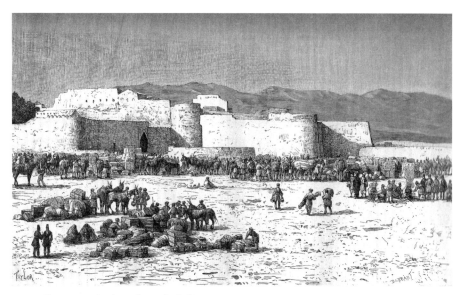

图0.4　伊斯法罕城门外的商队

J. 迪厄拉富瓦（J. Dieulafoy），《波斯，迦勒底和苏西亚纳》（"La Perse, la Chaldee et la Susiane"），《新航海日记》（*Le tour du monde*），（巴黎，1881—1882年），第180页。

广场的公共职能得以凸显，得益于与另一个波斯城市主要公共场所——集市的密切联系。在古波斯语中，"bazaar"一词意为"一个用以汇集人流和销售家畜的聚集地"，可与希腊语"agora"（同样为"集市"的意思）相对应。后来，"bazaar"进入葡萄牙语，成为欧洲的词汇。集市通常位于城堡的另一端，是城市的商业、金融和制造中心。这里遍布商铺、批发铺、商队旅店、仓库、手工作坊和小型工厂，形成了一个商业网络。巴扎通常是一个有屋顶的半封闭结构，行会和相关从业人员沿着主干道和周边小巷分布。这种在狭小空间内的共存可能不会引发商人间的恶性竞争，巴扎的存在也确实鼓励了行业内部的团结，并且在危机来临时能够一致对外。在具有特定领导地位的商业行会的组织下，巴扎里的贸易商和制造商彼此联合，成为整个社会中最有凝聚力的板块之一。

大商人（tojjar）掌控了巴扎的贸易和财富，同时也影响了巴扎内群体的政治倾向和政治忠诚。他们是本土民众中保持着强烈资本主义精神的资产阶级的代言人，但与他们的欧洲同行相反，他们在私人生活中往往内敛而含蓄，在谈及伊斯兰道德时往往表现出虔诚的态度。然而在危机来临时，他们会毫不犹豫地煽动市场抗议，并经常性地反对政府干预市场。凭借雄厚的经济实力和行业凝聚力，纵观整个伊朗现代历史，巴扎在政治生活中扮演着至关重要的角色。巴扎商人对市场有很高的操控度，他们也可以通过支持乌莱玛及其他"受压迫群体"、贿赂官员、举行抗议活动和罢工，来展现自身巨大的影响力，而后者往往会成为一种威力惊人的武器。

贸易商队（源于波斯语中的"军队后勤补给"）是典型的波斯运输方式，作为巴扎的一条长长的手臂，能够将荒野之地纳入城市的市场体系中。装载货物的交通工具通常是一种被称为呼罗珊骆驼（一种阿拉伯骆驼与中亚骆驼的杂交物种）的双驼峰骆驼。这是陆上货物运输中最实用和最高效的方法。骆驼以缓慢而稳定的速度沿着贸易商队的路线前行，凭借着沿路商队旅馆的星罗棋布，商队的运输线路得以贯穿整个伊朗高原。纵横交错的商贸线路还是一张信息传播网，商队和朝圣者将从遥远地方带来的信息重新糅合进事实和虚构，正因如此，前现代时期的市镇居民的信息来源往往会超越其所处的城市或村镇的地理边界。

文化与记忆

除了本土的社会政治典章外，伊朗人还有与众不同的文化记忆和宗教信仰。在民族主义的现代意识形态出现以前，这种文化记忆就使伊朗人产生了一定程度的群体身份认同。也许最明显的体现就是波斯语，这种语言不仅是持久且适应性强的沟通媒介，而且是文学繁荣的源泉所在，同时还是保留了诸多共同记忆和文化符号的宝库。波斯语属于印度-伊朗语族（印欧语系的一个分支），在3000年的历史中，波斯语从阿契美尼德王朝时期的古波斯语逐渐演变为古典时代晚期的中古波斯语（即巴列维语，Pahlavi），最终变成现今伊朗人所使用的现代波斯语（即法尔斯语，Farsi）。现代波斯语与阿富汗人、中亚的塔吉克人所使用的达里语（dari），只存在细微的差异。据推测，现代波斯语起源于萨珊时期的宫廷用语，在公元9世纪初作为一种文学媒介得以保存，在接下来的几个世纪里，它才逐渐发展成为波斯世界的通用语言，除了伊朗本土外，还得到了从印度到中亚的广泛使用。

波斯语发展最为显著的特点就在于它选取了一套成功的字母系统，并且从语言传统极为丰富的西亚和中亚地区借鉴了许多词汇和语法规则。古波斯语中大量吸纳了被征服国家的词汇、表意文字和语法，其中包括了阿拉姆语以及埃兰语（Elamites）、古巴比伦语、亚述语（Assyrians）和古希腊语等，但它的字母系统主要是在古巴比伦语的基础上改进的。中古波斯语在发展出了一套独有的巴列维字母系统的同时，也从美索不达米亚地区的阿拉姆语中借用了一些字母，而阿拉姆语本身就是萨珊帝国的官方语言之一。

而影响更为深远的是，伊斯兰时期的中古波斯语不仅采用了更为通用和准确的阿拉伯字母，放弃了混乱的巴列维字母（这套字母本身就是阿拉姆语字母的改编版本），而且还开始大量依赖阿拉伯语词汇，用以激发其文学和概念创作上的潜力。《古兰经》（Qur'an）和圣训（hadith）深刻地影响了波斯宗教思想，阿拉伯诗学也对塑造古典波斯诗歌起到了促进作用。在后来的几个世纪里，特别是在13世纪蒙古征服伊朗之后，波斯语吸收了各种突厥语、蒙古语的词汇和概念。这些语言以及阿拉伯语，都是当今波斯语不可分割的组成部分，也成为波斯文化中的内生性元素。

在今天伊朗复杂的语言版图上，还存在着一系列区域性语言，它们与波斯语一样为人们所使用，并且与波斯语互学互鉴。伊朗西部至少有两种库尔德语，这个现象值得注意，阿塞拜疆地区的土耳其语（以及其他突厥语的变体，如伊朗东北部的土库曼方言）、东南部的俾路支语、胡齐斯坦和波斯湾沿岸的阿拉伯语方言，还有来自里海沿岸以及伊朗北部、中部和南部等地数量众多的方言——其中有许多是伊斯兰教传入前的语言文化遗存。此外还有亚美尼亚语和叙利亚语、东南部琐罗亚斯德教社团举行礼拜所使用的巴列维语，以及伊朗犹太社团所使用的犹太–波斯语等。

伊朗语言环境的多样性以及对阿拉伯语、土耳其语的适应性，使得波斯语成了文化多样性的载体。自公元9世纪至今，波斯语在1000多年的时间里，创造出了一种充满生机与活力的文学传统：史诗，抒情和神秘主义诗歌，历史、伦理和政治题材的作品，神秘主义论著，通俗冒险故事，以及风靡此后几个世纪的爱情戏剧和宗教悲剧等。随着在口语和书面语日益广泛的使用，波斯语变得更加标准化。到中世纪末期，波斯语不仅在使用人口数量上，而且在知识生产方面，可以同阿拉伯语一较高下。不仅如此，波斯语也可与印度次大陆的梵语、在中亚地区（甚至在安纳托利亚半岛）占据统治地位的突厥语相竞争。

作为口头语言和书面文字的主体，在伊斯兰时代早期开始兴起之时，波斯语的文化内涵就让这种语言的辐射力远远超出了宫廷文化的小圈子。尽管在15世纪的帖木儿时期，大部分人口，特别是在伊朗边缘地区的人口，是用他们自己的方言或是民族语言进行交谈和一系列创作的。无论是苏菲派在道堂（khaniqahs）中礼拜时所念诵的经文，由流浪说书艺人讲述和演绎的《列王纪》以及其他伊斯兰教传入前的英雄史诗、散文，还是在清真寺讲坛上讲述的布道和哀歌，这些边地人口在波斯文化多样性的基础上共同拥有一种集体的意识。

在16世纪伊斯兰教什叶派成为伊朗的国家信仰以前，《列王纪》和与之相关的文化环境已对波斯人的意识产生了持久性的影响。例如，伊朗有两位备受尊敬的诗人堪称国家瑰宝，一位是13世纪的道德家和抒情诗人萨迪，一位是14世纪伟大的诗人哈菲兹，他们都出生于设拉子（Shiraz），并且都与讲经布道有关。他们一位是布道的宣教者，另一位是以吟诵《古兰经》为生的人（被称为hafez，就如同他的名字一样）。抒情的加扎勒（ghazal）流派逐渐成为波斯诗歌中最受人喜爱的一种表现类型，这种类型的诗歌多姿多彩、饱含深情，往往暗含一些神秘的潜台词，并通过波斯音乐等媒介放大了情感表达的效果。值得注意的是，日常讲道的生活似乎并没有干扰诗人在夜晚的创作，他们在加扎勒诗歌中表达了令人难以置信的自由，有时甚至是放荡不羁的世界观。他们的读者也沉浸在这种看似不可调和的二元性之中。

诗歌在波斯人的集体记忆中占据着显著的地位，也许是前现代时期伊朗最重要的艺术表现形式。观众容易被骈体且押韵的诗歌吸引，因为这样的诗歌便于记忆和口头背诵，创作诗歌的吟游诗人能掌握复杂的叙事技巧，娴熟运用充满诗情画意和典故的语言，因而得到了整个社会的欣赏。从宫廷到苏菲派修道院、清真寺、旅馆，无论是在街头巷尾抑或私人深宅，抒情诗歌、宫廷颂歌、史诗、冒险故事以及神秘主义和宗教题材的诗歌、讽刺的骈体散文，都受到了人们广泛的赞赏和欢迎。

宫廷颂歌有助于巩固统治者的合法性，也使得对突厥或蒙古征服者的同化成为可能；《列王纪》这类的英雄史诗和历史传奇，是为了重温民族的神话英雄；而苏菲派的诗歌以及故事、格言和歌词，就如同13世纪莫拉维·贾拉鲁丁·鲁米（Jalal al-Din Rumi）的作品那样，在哲学和心理层面上提供了一种神秘主义的话语体系。《玛斯纳维》（Masnavi），这部由莫拉维·鲁米创作的宏大巨著跨越了广阔的地理维度，被誉为"用波斯语书写的《古兰经》"。波斯诗歌拥有的自由创作空间其实是颠覆性的，因为异端思想都是被禁止表达的，但质疑最神圣的信仰和责任，嘲笑宗教、政治的当权者，却被视为一种诗意想象的结果，因而可以被容忍。

波斯音乐与波斯诗歌有着密切的关系，除了向普通人传递歌词和诗文等信息外，还是一种流动媒介，整合并重塑了伊朗与邻近国家、地区的民间曲调和游牧音乐。波斯达斯特加赫（dastgah）音乐体系源于萨珊王朝的宫廷音乐，影响了安纳托利亚、埃及、印度、中亚以及中国新疆地区音乐体系的形成。在琐罗亚斯德教神庙中背诵赞美诗，在旅店中哼着旋律，身份卑微的托钵僧人吟唱圣歌，牧羊男孩吹奏曲调，商队成员呼唤着他们的骆驼，伊朗各色各样但有着相似经历和回忆的民众会在波斯音乐及歌词中酝酿出一种乡土情结。波斯乐器，其中包括琵琶形的弦乐乐器，随着文化传播而名扬四海。波斯语中"tar"这个单词是一种长颈双弓六弦乐器的名称，也是波斯合奏弦乐的核心乐器。而表示"弦乐乐器"的这个词缀"tar"，具有广泛的辐射力，影响了从西班牙吉他（guitar）到印度西塔琴（Sitar）在内的大量乐器的命名。

值得注意的是，这些历史经验旨在调和波斯文化（更广泛而言，指伊朗文化）内部的不同文化倾向：正式与非正式、主流与颠覆、内在与外在。调和对立文化的愿景不仅在波斯文学和艺术中显而易见，而且在伊朗的宗教形态、社会规范和政治实践中也不难发现，或许这比文化层面上的历史经验体现得更为淋漓尽致。不论是在私人领域还是在公共领域，波斯人观念中的二元性都极为普遍，可以在波斯神秘主义和哲学话语体系，以及宗教实践、道德经典和社交礼仪模式中得到体现。人们很可能从内外这两种不同维度的视角，将这些强烈的差异性都归因于长期以来的宗教文化范式和伊朗对于伊斯兰教复杂的历史记忆。

在前现代时期，尽管伊斯兰教在社会文化的各个方面都占据着主导地位，但伊朗也存在着一种颠覆性的非宗教性因素，更具体地说是一种非伊斯兰，甚至是反伊斯兰的亚文化，这在伊朗人的生活中也是相当普遍的。这种半制度化的"狂欢式"的宗教逆反文化，不仅得到了社会大多数阶层以及当局中拥护者的默许，也与伊朗过往内在的、深奥的领域相契合。

值得注意的是，在整个伊斯兰世界里，只有波斯长期维持并发展出了一套充满活力且全面的音乐传统。波斯的音乐传统蕴含着许多根据非伊斯兰文化创作出来的抒情化、浪漫式以及史诗风格的诗歌和文学作品。此外，波斯还孕育了一个蓬勃发展的绘画和插图创作流派，其根源可追溯到摩尼教以及其他前伊斯兰时期的绘画传统，并且这一流派具有显著的文化传承和艺术创造力。包括北非的柏柏尔（Berber）文化圈在内，伊朗是极少数没有被强势的阿拉伯语所吞噬的文化圈之一。不光如此，伊朗人也没有完全放弃前伊斯兰时期的文化记忆。伊朗不仅并用太阳历与伊斯兰阴历[1]，还保留了伊斯兰教传入之前的许多节庆仪式，例如春分时节的波斯诺鲁孜新年。

尽管面临伊斯兰教教义的反对甚至禁止，以及宗教机构的强烈抗议，这些关于身份认同的表达方式在很长一段时期内却都得以保留。伊斯兰法律明确禁止播放或聆听用于休闲的音乐，并且严禁以任何形式描绘人类和生物

---

[1] 即波斯历和伊斯兰历。波斯历是目前主要在伊朗和阿富汗使用的阳历，也称伊朗历、贾拉利历（Jalali calendar）；伊斯兰历是目前伊斯兰教国家通用的阴历，也称希吉来历（Hijra calendar）。

的图像，谴责以任何形式保留或庆祝伊斯兰教诞生之前的"异教"的神话和节日，禁止诸如饮酒、唱歌、朗诵抒情诗歌等大多数社交休闲活动，也禁止男女通奸和同性相爱。尽管在萨珊帝国崩溃以后，伊朗迅速地皈依了伊斯兰教，但可以说，伊朗从未完全被伊斯兰主流文化规范所征服，其程度甚至可能并不及埃及、东地中海和美索不达米亚地区。伊朗以其自身的步调、特有的方式皈依了伊斯兰教，并且沿着其所修正过的伊斯兰信仰范式和宗教实践继续前行。

伊斯兰教是一个独特的、具有先知概念的救赎宗教，这对于继承了琐罗亚斯德先知传统的伊朗而言，是具有吸引力的。虽然自伊斯兰教崛起以后，琐罗亚斯德教信仰（分布在今天伊朗和印度的部分地区，教徒被称为帕尔西人）日渐衰微，但这个伊朗宗教所留下的遗产不仅对伊斯兰化的伊朗，同时也对那些西方宗教产生了持续性的影响。在琐罗亚斯德教创立之初，该教就提出了一个明确的概念，即有一位受到神灵启示的人类先知，受阿胡拉·马兹达（Ahura Mazda，即智慧之主）的委派而来到这个世界上，为他的子民传授智慧，成为神评判善良与邪恶的代言人。而领受智慧的人类要么得到天使的庇佑，使他们能够在末日得到救赎；要么被万恶的阿里曼[1]（Ahriman）所蛊惑，而遁入诅咒的深渊。

把先知和人类择善观念相连接的关键一环是"天园"（Paradise，源自波斯语"fardis"和巴列维语"pardis"，意为一座有围墙的花园），几乎所有中东宗教的信条中都有这个概念。这个源自琐罗亚斯德教的发明设想出了一个完美的乌托邦，那里有保护人们免受荒漠之苦的花园，这个理想化的"伊朗沙赫尔"用万丈围墙与外界隔绝，里面种满了果树和鲜花，养着各色家畜，有取之不尽的水源。这幅充满缤纷乐趣的图景出现在波斯花园的蓝图上，也出现在地毯和细密画中（图0.5）。因此，琐罗亚斯德教末世学说的重要性不仅在于它贡献了天园以及末日审判、千年降世的救世主等宗教观念，还在于它将人类在善与恶之间的道德抉择作为最终的救赎条件。

---

[1] 琐罗亚斯德教中马兹达的宿敌，是罪恶及黑暗之源。

图0.5 戈尔尚（Golshan）花园坐落于伊朗中部沙漠的塔巴斯（Tabas）绿洲上，是一座典型波斯风格的围墙花园

A. 冯·格雷夫（A. von Graefe），《伊朗：新波斯帝国》（*Iran das neue Persien*），（柏林和苏黎世，1937年版），第91页。

　　或许是承袭了这种乌托邦式的愿景，或者是直接或间接继承了其犹太–基督教的传统，什叶派也专注于建构正义、神圣且必然实现的宗教神话。什叶派在伊斯兰教早期的历史，特别是什叶派第三任伊玛目[1]侯赛因的殉道中，找到了充分的依据，去建构出这种意图复仇的正义。侯赛因是什叶派第一任伊玛目阿里[2]的第二个儿子，于公元680年的卡尔巴拉（Karbala）战役中壮烈殉教。他在什叶派信徒的脑海中留下了无法磨灭的悲痛记忆。以侯赛因为代表的殉难神话（这与《列王纪》中至少两位传奇英雄的殉难并没有什么不同）纪念了一

---

[1] 伊斯兰教宗教用语，原意为"领拜人"。在逊尼派中，伊玛目也指大学者，或等同于哈里发；在什叶派中，则特指政治和宗教权威合一的领袖。
[2] 伊斯兰教历史上第四任哈里发，被什叶派认为是最杰出的穆斯林。

位试图领导宗教社团并恢复掌权但最终功败垂成的合法统治者，同时也纪念了一个被压迫、被邪恶异族势力夺去的天园。只有通过一场末日降临般的革命才能扭转这一局面，即依靠安拉赐予其能力的伊斯兰救世主马赫迪（Mahdi）来革新整个世界，拯救受难的忠实信徒，并为过去的不公正报仇。伊朗宗教文化具有一个显著的特征，那就是对救世主信念的坚持，波斯历史上有数之不尽的预言家和发布过神秘预言的人物。

　　与救世主预言范式的存在相对照的就是宗教体制权威的确立，它阐发教法学（fiqh，也称"费格赫"），规范信众的日常生活。乌莱玛作为拥有宗教学识的人，掌握着解释经典的权力。伊朗的教法学家处于什叶派非正式等级制度的顶端，其下还包括了伊斯兰学校的低级教师、清真寺讲经台的传道者、哀歌的吟诵者，甚至还有更低级的经学院学生、清真寺管理人员、被认定的先知后裔等。

　　教法学家因其保守态度、墨守成规和精英风范而著称。这些教法学家也被称为"穆智台希德"（mojtaheds，经常被不恰当地翻译为"法学博士"）。他们有资格发布教法指令（fatwas），让他们的"追随者"（moqalleds）遵守。在提出他们的见解时，穆智台希德会在有限的人类理性下使用伊斯兰法（iftihad，伊智提哈德[1]）。自18世纪末以来，"效仿"（taqlid）的概念使穆智台希德在信众之中确立了法律、道德和社会方面的崇高地位和巨大声望。乌莱玛自认为承担着保护"伊斯兰核心价值"的使命，使之不受异端邪说的威胁与影响。这种使命感使得他们尤为强烈地意识到自身是一个相对统一的群体。他们极力捍卫穆智台希德对伊斯兰教教法的见解，任何与之相抵触的见解都会被斥为异端，任何革新之举都会被认为应受谴责。他们手上握有谴责和断人出教（takfir）的斗争工具，并可以灵活自如地使用这些武器来动员信徒，也可以向政府当局寻求援助。

　　早在公元6世纪，伊朗萨珊王朝就提出过一个统治观念，那就是国家必须和确立为国教的宗教之间建立起具有神圣和象征意义的纽带，而最重要的

---

[1] 伊斯兰宗教用语，指运用理性得出教法意见。

就是打击异端邪说，这种异端通常被称为"坏宗教"。与现代社会所倡导的政教分离原则相反，波斯的政治理论家坚持认为，"好政府"和"好宗教"就像唇齿相依、比目连枝的"孪生兄弟"。如果两者中的任何一个放弃了对方，"坏宗教"将趁机得势，并导致两者一起垮台。几个世纪以来，在伊斯兰宗教学校的拱顶下，在王朝宫廷的走廊中，这种政教一体的统治观念一直能引起人们的共鸣。

在11世纪，《政治之书》的作者阿布-阿里·哈桑·尼扎姆·穆勒克·图西（Abu-'Ali Hasan Nizam al-Molk Tusi，死于1092年）也许称得上是伊斯兰历史上最伟大的宰相和政治家，他就为这种共生合作关系做了清晰的界定。在那个时代，"颠覆性"的宗教大行其道，对于一般民众而言，具有难以抵挡的诱惑力。正因为如此，尼扎姆·穆勒克·图西和朝廷内部的其他成员都敏锐地意识到了这种宗教的潜在威胁。同前面提到的"公平循环"所阐释的公正统治思想一样，国家与宗教之间的和谐共生思想是波斯-伊斯兰政治文化中最为显著的原则之一。

然而，从实际运作来看，两个权力来源之间的关系，就像时常争吵的孪生兄弟，最好的情况是保家卫国、风雨同舟，最坏的情况是离心离德、势同水火。在某些方面，两者之间的紧张关系似乎可以从20世纪后期爆发的伊斯兰革命中窥见一二。

但是，国家与宗教机构之间关系的脆弱性并不完全出于教法学家作为法律权威的重要地位以及他们对司法体系近乎垄断的控制。与将正义神圣化的救世主观念相反，主流的波斯-伊斯兰政治文化将正义视为一种俗世的职责。在宏观层面上，这是赋予国王的一项极其重要的职责，正义意味着统治者需要通过赏罚及智谋来维持社会的平衡。在微观层面上，司法正义是由教法学家通过司法程序来执行的，这种司法程序往好了说是不受各方约束，往坏了说就是杂乱无章。然而，正义公道在现实情况中往往会遭到习惯法和当地惯例的调整与修正。事实上，沙里亚法（shari'a，即伊斯兰教法）从未被编成一套一贯而普适的法律体系。

悄然与无形

在现有的精英主导的社会契约下，大部分人的生活都面临着公共空间的缺失。即使能够进入社会公共生活，他们也会受到什叶派教义和父权制的规束。正如人们经常指出的那样，对于前现代时期的女性而言，伊斯兰教法实际要比包括欧洲基督教在内的大多数宗教的规范更为宽容和慷慨。伊斯兰教法承认女性是合法的公民，她们的经济地位也几乎与男性相当。女性具有一定比例的财产继承权，尽管女性所继承的比例要比男性继承人小。与此同时，女性有权接受或拒绝求婚，并在特殊情况下有权要求离婚。

"临时婚姻"（俗称"siqeh"）制度的实行赋予了妇女一定的权利，按照什叶派法律的规定，妇女可以选择伴侣，并且与对方约定婚姻的期限和条款。虽然此举存在诸多制度上的弊端，比如卖淫，但临时婚姻本质上是一种可以接受的同居形式，并且为妇女提供了一定的安全保障，临时夫妻所生的子女也享有法定继承权。对于出身低微的女性，例如寄居在地主家庭的贫农之女，她们与社会上层男性的临时婚姻通常会被认为是一种社会阶层流动的方式。

然而，即便是在20世纪巴列维王朝的世俗化统治之下，女性地位的低微以及性别隔离的约束仍然很强，波斯传统家庭往往会将女性的活动空间与外界相隔离。特别是在城市里，女性对男性家庭成员（父亲、丈夫或儿子）的依赖、忠诚和服从，被公认为是一项社会规范。女性与外界的接触、受教育的权利、对子女的监护权，也受到了一定的限制。从法律层面而言，妇女基本上是因生殖能力而得到认可，并根据后代的数量来衡量其贡献的大小。

女性，甚至非精英阶层的妇女，却仍能够在家庭中发挥相当程度的作用。由男性主导的精英社会结构的背后，实际暗藏着母权制度，尤其是在由部落建立的王朝中。母权制对伊朗政治史产生了巨大的间接影响。沙赫的母亲、姐妹和女儿会为其提供建议与劝告，并且帮助那些时常优柔寡断或没有经验的王位继承人进行权力斗争，保护他们免受宫廷阴谋的威胁，并与其他王室成员结盟。在村庄和部落等城市以外的地区，妇女被隔离的情况相对较少，但男性家庭成员会更多地利用这些妇女来从事艰巨的体力劳动。总而言之，与现代世界其他地区一样，伊朗妇女经历了三个人生阶段：在童年时期，她们本质上被看作是用来订立婚约的"期货"；作为妻子，她们又被视为生儿育女的"工具"；作为母亲，她们通过母权控制子女，以换取权力和尊重。

与其他地区一样，伊朗前现代时期的家庭生活史有无数围绕着仆人、奴隶、妻妾和阉人展开的故事，这些人都生活在某种形式的社会契约之下。如同古代奥斯曼人一样，在萨法维王朝及后萨法维时代，伊朗曾前后多次进攻大高加索地区。这些军事活动催生了大量的白人女奴，她们被众多王室贵族所收养，此后就栖身于王室贵族和精英阶层家庭之中。伊朗富裕家庭还会从波斯湾港口进口黑奴，或是在前往麦加朝圣的途中大肆购买，这些被贩卖的奴隶一般来自阿比西尼亚（Abyssinia，即埃塞俄比亚）、桑给巴尔（Zanzibar）和苏丹（Sudan）等地，黑奴贸易现象在法尔斯省等地尤为普遍。

英国关于奴隶进口的禁令在19世纪中叶只起到了部分作用，即使是到了20世纪，奴隶贩卖和走私现象也没有被完全遏制。许多奴隶的后裔逐渐融入了波斯人的家庭之中，虽然很难找到确切的统计数字，但据推算，他们的人数在20世纪初至少已超过了20万。他们与其他黑人通婚，并在奴隶主或前奴隶主的家庭内抚养子女，异族婚姻产生的混血后裔并不少见。

在伊朗，黑人奴隶与新大陆的种植园奴隶并不相同，他们主要是整理家务的用人、看护孩子的保姆以及备受信赖的随从。历史上波斯湾沿岸的黑人社区主要以捕鱼和种植维生，依旧保留了他们的非洲文化和音乐。在埃及或阿拉伯国家，他们可与白人通婚，这比在西方国家更为自由。奴隶们有权继承他们主人的遗产，并可以按照伊斯兰教法的规定，在年老的时候为自己赎身。当然，体罚和性侵并不罕见。在一个以白人为主的社会环境中，他们的口音、体格和外貌都有异于常人，因此即使不是奴隶，黑人也备受异样的眼光。尽管存在固有的种族偏见，但一些黑人凭借在宫廷中担任宦官而崭露头角，一些则是依靠在巴扎中从事贸易而声名鹊起。

男性奴隶经常被刻板地认为是精明且诙谐的人，而女性奴隶则被视为白人值得信赖的忠实仆人。被称为"黑色演技"（siyah-bazi）的民间戏剧表演对黑人奴隶进行了形象的刻画，就是一个很好的例子。在表演中，一个黑人奴隶嘲笑他的白人奴隶主，因为奴隶主是一个容易上当的商人，而他却能够照看好奴隶主的生意。毫无疑问，这样的角色转换暗示了黑人常常受白人嘲讽的矛盾心理。但是，奴隶主的子女与黑人保姆之间却维系着一条情感的纽带，跨越了种族的界限。

在以穆斯林为主的伊朗社会，其他宗教的信众往往会被当作另类，即便是自古以来就世代生活在伊朗本土的琐罗亚斯德教、犹太教和基督教的信众。在近代早期，伊朗非穆斯林的人口数就要比奥斯曼帝国或印度的少得多。自20世纪初以来，这些非穆斯林族裔的社区由于移民而进一步萎缩。巴哈伊教（Baha'i）是伊朗最大的非穆斯林宗教社团，其追随者主要是伊朗本土居民，他们在历史上被视为异教徒，也因此遭受了折磨。阿赫勒哈克教（Ahl-e Haqq，意为"真理的追随者"）起源于库尔德地区，是另一个本土宗教，其追随者的命运也不见得更好。在20世纪初期，整个伊朗的非穆斯林人口可能不超过5%。

然而，非穆斯林在经济和文化领域的历史地位却非常重要。在公元7世纪之前，从地中海到印度的庞大商业网络的核心就是伊朗亚美尼亚人。犹太人，尤其是犹太商人和银行家在经济领域也扮演了重要的角色，尽管自17世纪以来，他们的社会地位一直在下降。犹太音乐家在传播波斯古典音乐方面发挥了重要的作用。虽然伊斯兰教法中保护"有经人"的原则备受赞誉，而少数群体也普遍得到了一定程度的宽容对待，但是按照什叶派教法学的某些意见，非穆斯林就经常被视为"不洁"（najes），这对社会融合造成了不可逾越的障碍。一系列的歧视性法规被用于限制贫困的犹太人和琐罗亚斯德教社区，因而，他们以"受伊斯兰贬抑者"（muti'al-Islam）而闻名。什叶派是伊斯兰教"受安拉指引的教派"的这种优越感，对真正的信徒来说是一种排他性的救赎。自16世纪萨法维什叶派兴起以来，逊尼派社团就逐渐沦为伊朗社会的边缘群体，这也导致了教派间的分歧进一步扩大。可以说，这种内在的他者意识，不仅应用在了非穆斯林社区和"异教徒"身上，在面对诸多外部威胁时，这种意识也有助于强化什叶派多数人的团结和全体一致。

目　录

第一部分
什叶派帝国

从16世纪初到18世纪末，萨法维帝国及其继承者力图在西亚维系一个具有什叶派特征的帝国。在西部和东部边界，通过与逊尼派势力，特别是与军事强国奥斯曼帝国的较量，萨法维王朝将什叶派的疆界划在伊朗高原及其周边地区之内。16世纪的王朝更替逐渐演变为以教法学家为代表、以伊斯兰教信仰为基础的宗教革命，大多数人是在较短的时间内就皈依了伊斯兰教什叶派的。拥护萨法维上台的齐兹尔巴什土库曼部落的统治精英逐渐失去了锋芒，并被白人军事奴隶所取代，而过去游牧部落时常叛乱的顽疾依然存在。

尽管经济发展存在着若干固有症结，但萨法维帝国找到了一条商品出口的新通道，通过对外贸易而使国家蓬勃发展了起来。随着帝国的疆界从伊朗高原的中心地带向外扩张，高加索、呼罗珊和波斯湾地区被纳入到了帝国疆域之内。在葡萄牙垄断波斯湾的局面被终结之后，萨法维帝国通过海路、陆路，与近现代早期的欧洲国家进行了商业和外交接触，改善了双边关系。尽管与欧洲国家的往来总是潜伏着危机，但这对伊朗的丝绸贸易至关重要。萨法维和后萨法维时期，伊朗始终未能打破奥斯曼在通往地中海方向的商路上设置的封锁。与欧洲的外交接触也使萨法维王朝意识到了自身蕴含的地缘战略意义。

一系列复杂因素造成了萨法维帝国的日益衰落，并最终于18世纪初期土崩瓦解，伊朗陷入了游牧民族叛乱和外国侵略占领的动乱时期。半个多世纪后，历经了数次南北部落内战以及波斯-土库曼部落之间的混战，后萨法维时代的正统之争才最终尘埃落定。战争不可避免地造成了经济下滑、市场萧条，并对城市生活造成了严重的打击。纳迪尔·沙赫的帝国扩张最终仅是昙花一现，赞德王朝也只是暂时恢复了伊朗南部的繁荣。在18世纪后期，恺加王朝占据着傲视群雄的统治地位，一部分原因在于相对有利的国内及国际环境，另一部分原因在于对什叶派信仰的虔诚迎合了伊朗主流的社会宗教结构，重新唤起了恺加部落的民族团结和战斗精神。

第一章

什叶派与萨法维革命（1501—1588）

16世纪初，来自伊朗阿塞拜疆的15岁少年——萨法维家族的后裔伊斯玛仪宣称自己是"众王之王"，建立了新的什叶派政权，后世称之为萨法维王朝。在大不里士（Tabriz，伊朗西北部重要城市）登基后不久，这位伊朗新沙赫便开始宣扬其狂热的救世主思想，他下令萨法维统治疆域内所有的清真寺都要吟诵什叶派的唤礼词（图1.1）。这版祷文加入了"我见证'阿里是安拉之友（wali-Allah）'"这句话，此举是为了证明什叶派第一任伊玛目阿里及其后代是合法的宗教权威（wilayat）。这是自11世纪以来，第一次从伊斯兰国家的宣礼塔中听到什叶派的唤礼词。伊斯玛仪颁布的王室法令还要求他的臣民公开诅咒早期伊斯兰时代的三位正统哈里发[1]："谁敢不服从，就将被斩首。"[1]

---

[1] 先知继承人。接替先知治权，统治伊斯兰世界的最高领袖。——译者注

图1.1　1501年，伊斯玛仪一世在大不里士星期五清真寺宣布什叶派为国教

　　书中这样描述："国王亲自走到讲坛前，拔出了象征着'时代之主'马赫迪的宝剑，祈祷和平降临在他身上，并能如灿烂的太阳一般矗立于世间。"

　　佚名，《伊斯玛仪·沙赫史》（*History of Shah Isma'il*）。©The British Library Board, OR3248, f.74.

伊斯玛仪反逊尼派的大胆举动，不仅得到了为其效忠的土库曼部落将士们的支持，也得到了阿拉伯什叶派教法学家们的支持。伊斯玛仪先后从叙利亚北部、伊拉克南部和阿拉伯半岛邀请教法学家前来自己的王国。历史学家哈桑·鲁姆鲁（Hasan Rumlu）是伊斯玛仪同时代的人，他指出，一开始"人们甚至不知道什叶派教法的基本内容，更不用说什叶派十二伊玛目派正宗的教规和仪式"。在那之前，除了呼罗珊、吉兰（Gilan）和伊朗中部的一些小地方，对于大多数伊朗人来说，什叶派教义往往意味着对先知后裔的敬畏，而非由什叶派教法学家所建构出来的宗教信仰体系。

新轴心时代

16世纪初，萨法维王朝的崛起与什叶派的正统化（相当于伊斯兰历第10个世纪之交），无论是对伊朗还是周边的逊尼派国家而言，都意味着一个重要的转折点。自创立以来，什叶派就崇尚受难和殉道，曾促成了多次末日救世运动，并对伊斯兰历史的发展起了关键作用。萨法维王朝及其推动的什叶派十二伊玛目派的正统化，正是救世主运动的最终结果。什叶派十二伊玛目派坚持认为，来自阿里家族的12位伊玛目直系继承人是伊斯兰教合法权威的唯一来源。根据什叶派十二伊玛目派的记载，最后一位伊玛目是"时代之主"马赫迪。他目前处于"隐遁"状态，在末日降临之时，他将重返人间。因此，萨法维帝国渐渐成为从印度次大陆一角到地中海东岸的什叶派辽阔地域范围内的核心地带（地图1.1）。

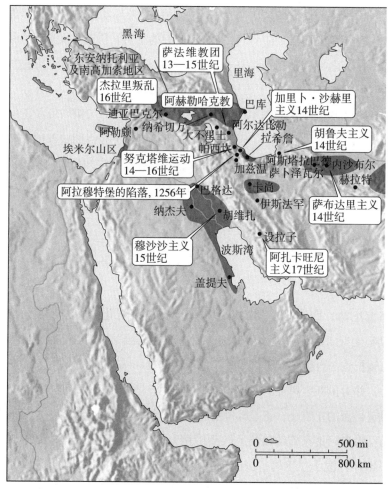

地图1.1 13—17世纪，伊朗及其周边的什叶派教区和救世运动

　　自14世纪中叶以来，面临着军事和意识形态领域上的诸多挑战，萨法维运动的势力范围还局限在阿塞拜疆和安纳托利亚东部间的一块飞地上。但当萨法维王朝开始执掌权柄，这场运动便将伊朗臣民强行冠上了新的什叶派身份，并孕育出了一个辽阔的帝国。在萨法维帝国的基础上，伊朗作为现代主权国家诞生了。虽然伊斯玛仪和他的继任者冷酷无情，但是萨法维君主（在相对较短的时间内）终结了自帖木儿时期以来伊朗长达一个世纪的分裂，融合并统一了地方政权、族

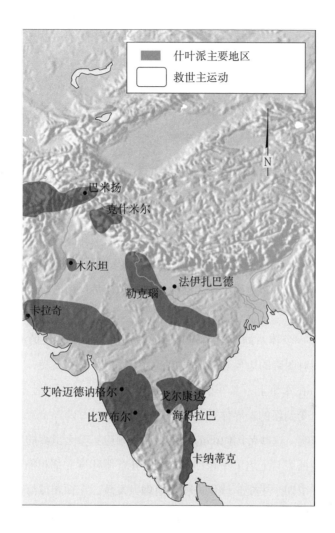

群及其文化。萨法维君主得以重振了"伊朗的戍卫领地"。他们保留了波斯物质文化的精华，并支持对伊斯兰哲学、神学传统的研究与阐释；与欧洲国家建立了外交和商业联系，促成了伊朗与西方现代化文明的最早接触。

　　萨法维时期的伊朗并没有在地理上或政治上闭关锁国，而是在地区甚至全球范围内改变着当时的世界。在近现代早期，宗教冲突频发，地理视野不断拓宽，财富的累积方式发生了转变，技术壁垒频频被突破，对人性的思考也有所改变。15世纪后半叶，尼罗河流域与阿姆河流域之间的伊斯兰世界诞生了一个新的政治-宗教体系，这一体系由四个王朝所组成：奥斯曼帝国，统治着安纳托利亚和巴尔干半岛，后来又扩展到东地中海和北非地区；萨法维帝国，统治着从阿塞拜疆、高加索到波斯湾和呼罗珊的广大地区；莫卧儿帝国，统治着印度次大陆西部的信德和旁遮普、北部的克什米尔、东部的孟加拉和南部的德干；中亚乌兹别克联盟统治着撒马尔罕（Samarkand）和布哈拉（Bukhara）等伊斯兰文明的古老中心。

由于在征服和统治的过程中越来越多地使用火器，这些争斗不断的王朝被称为"火药帝国"。它们也是名副其实的泛波斯文化圈内的帝国，其政权组织依然沿袭着古老的波斯-伊斯兰政治模式，在奥斯曼帝国的土耳其语和莫卧儿帝国的乌尔都语、印地语出现之前，这些帝国依然保留着波斯语和波斯文化范式。

这些同在一个体系的帝国与同时期的欧洲共享着现代性的萌芽。在地域上，它们由相对明确的边界连接在一起；在宗教上，它们支持并长期奉行同一个宗教信条；在军事上，其军队配备了强大的火力；在经济上，这些帝国的农业经济开始受到新的世界体系——长途贸易、海外和跨洋交流以及货币发展趋势——的影响。这些帝国内部的变化无疑是顺应了整个世界的革命性变化。1453年奥斯曼征服君士坦丁堡和1526年莫卧儿征服印度北部相隔了70年，这一时期至少见证了四个主要全球化进程：地理大发现、东西半球海上商业帝国的扩张与美洲的殖民化；具有扩张野心的欧洲帝国和民族国家的成形；中欧和南欧的文艺复兴高潮；宗教改革与反宗教改革。

这一时期的穆斯林帝国，与东方的中国、马来西亚以及日本社会相似，都处于一个过渡阶段。在这个阶段，旧式的社会经济组织、古老的文化价值与新的法理模式、新的技术手段相结合。在一定的历史维度下，什叶派由萨法维王朝的崛起而被定为国教，可以与欧洲北部和中部的宗教改革运动相比；相应地，逊尼派反对什叶派，可以看作是一场反改革运动。逊尼派和什叶派之间的分裂，令人不禁联想到加速欧洲民族国家形成的新教与天主教间的"大分裂"。

艺术和文学首先在赫拉特（Herat，今阿富汗西北部历史名城）繁荣起来，后来遍及撒马尔罕和大不里士，这对于伊斯兰世界来说意义重大，如同意大利和德国的文艺复兴对欧洲文化的重要意义。军事技术渐渐改变了从波斯尼亚到孟加拉的穆斯林诸国，其影响之大不亚于同一技术对欧洲或日本的影响。然而，尽管有这样的相似之处，但穆斯林社会的变迁并不符合欧洲模式，因此不能照搬欧洲模式的研究。尽管处于平行的时空，且同样处于变革的时代，穆斯林社会与欧洲之间的相互关联也毋庸置疑，但这些社会的变革潜力带来了迥异的结果。萨法维帝国与奥斯曼帝国在政治及意识形态之间的敌对，使得伊朗进入地中海地区的可能性变得微乎其微。萨法维和奥斯曼两个帝国基本上都维持着一种闭关自守的状态，因而没能赶上欧洲17、18世纪以来日新月异的发展。

从苏菲教团到救世起义

对伊朗而言，萨法维王朝的崛起是自13世纪初蒙古入侵以来近三个世纪动乱的结果。更具体来说，是广袤的帖木儿帝国在15世纪后半叶的灭亡导致的。尽管历经了短暂的恢复和文化的繁荣，15世纪的波斯世界仍遭到了削弱，在某个时期甚至经历着毁灭性破坏，如种族清洗和隔离。在政治上，伊朗几乎完全分裂成了诸个公国与城邦构成的混合体，彼此争吵不断。

伊斯玛仪的崛起是两个多世纪萨法维家族内部斗争的高潮，这场内斗最初是为了争夺宗教权威，后来演变为对阿塞拜疆及其邻近地区统治权的争夺。萨法维家族的命运起初相当悲惨，伊斯玛仪的祖父、父亲和哥哥都战死于高加索地区，在这里，他们与"异教"的基督徒爆发了类似十字军东征的宗教战争，而战争可以让他们获得奴隶和领土。他们的敌人把这些萨法维苏菲派的宗教领袖看作是一些怀有危险政治野心的狂热分子，但是对于从附近地区聚集而来的半游牧的土库曼信徒来说，这些"阿尔达比勒的领主"（Lords of Ardabil）是为了神圣事业而殉难的圣人。

萨法维家族最初是库尔德裔的地主贵族之一，与库尔德斯坦的阿里哈克教关系密切（表1）。12世纪，萨法维家族定居在阿塞拜疆东北部，萨法维家族的族长、伊斯玛仪的六世先祖谢赫·萨菲·丁·阿尔达比利（Shaykh Safi al-Din Ardabili）是当地一位受人尊敬的苏菲派领导人。他创立了萨法维教团，但仍属逊尼派；他用古老的阿塞拜疆方言谱写了神秘主义诗歌，累积了巨额财富，并赢得了他所处时代的统治者和大臣们的尊敬。在那个时代，苏菲派很受欢迎，因为与教法学家、教义学家提倡的教法导向的伊斯兰教相比，苏菲派主张的宗教形式更私人化，也更为亲密。萨法维教团的兴旺不仅是因为它吸引了阿尔达比勒和里海西部的农民及城市居民，也因为在谢赫·萨菲的继任者的领导下，邻近的安纳托利亚和美索不达米亚北部的萨法维传教士已经使许多土库曼游牧民皈依了萨法维教团。早在14世纪中叶，萨菲·阿尔达比利的陵墓就成了苏菲派礼拜的重要场所。

到15世纪，此前为温和逊尼派的萨法维苏菲教团早已发生了翻天覆地的变化。萨法维教团接受了一种具有救世倾向的什叶派思想，并日益成为一支具有明显政治野心的颠覆势力。这种转变无疑受到了当地各种异端的影响，但这一转变也意在填补伊朗西部不断蔓延的政治真空。从经济角度而言，萨法维控制下的阿塞拜疆的地理位置极为重要，因为此地连接着从里海到大不里士的贸易路线，再往西北，可以通向黑海和地中海东部的贸易中心。对该地的政治霸主来说，商队的定期贸易往来意味着财富与权力。

萨法维王朝崛起于伊朗的西北部，最初只占据着一小块苏菲派的飞地，而其他强大的势力则控制着周围地区。奥斯曼土耳其人以不亚于萨法维教徒的狂热向东西两边扩张。他们的扩张不仅仅局限于巴尔干的基督教地盘，还染指了日益衰落的安纳托利亚诸公国。再向东，迅速衰落的帖木儿帝国（以大不里士为其西部首都）已经落入了土库曼人所建立的王朝之手——先是什叶派建立的黑羊王朝（Qara Qoyonlu，1380—1468），其后是逊尼派建立的强大的白羊王朝（Aq Qoyonlu，1478—1501）。虽然起源于游牧民族，但土库曼王朝保持着强大的波斯王权统治和宫廷文化传统，就如同15世纪奥斯曼帝国吞噬的大多数安纳托利亚公国一样。

表1 萨法维家族世系表

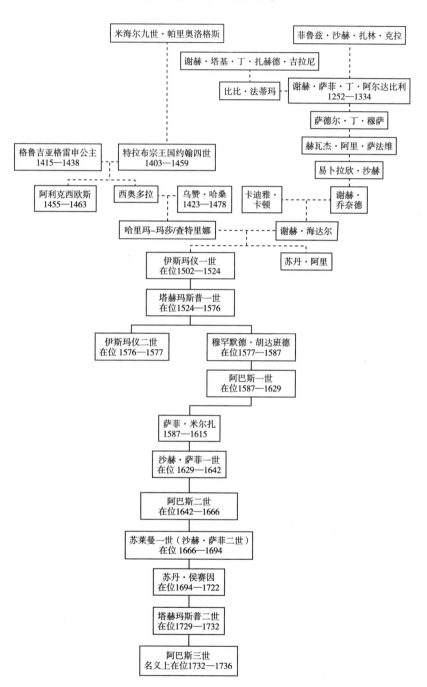

　　特别是白羊王朝，它保留的许多波斯行政制度和宫廷传统在不断崛起的萨法维王朝得以延续。白羊王朝的西南部紧临着统治埃及和叙利亚的布尔吉·马穆鲁克王朝（Burji Mamluks，1382—1517）。作为正统逊尼派的堡垒，马穆鲁克王朝控制着东地中海沿岸地区，但他们不愿深入叙利亚内部或更远的北部地区，以免与强大的奥斯曼帝国军队正面交锋。持续半个多世纪短暂的政治真空，对伊朗西部的新帝国缔造者而言，是一个理想的状态。而萨法维有力的竞争者是白羊王朝的创始人哈桑·贝格（Hasan Beg），他更广人知的称谓是乌赞·哈桑（Uzun Hasan）（人称"高哈桑"，可能是因为他高大的体格而得名，1453—1478年在位）。哈桑征服了帖木儿帝国西部的大部分领土，并且在短期内恢复了这片土地的宁静。无论是军事领域还是政治领域，他都是萨法维王朝所效法的原型。

　　日益崛起的奥斯曼帝国并不是乌赞·哈桑的唯一顾虑。早在1457年，考虑到萨法维教团影响力的不断上升，他曾将萨法维教团领袖驱逐出了阿尔达比勒，并试图通过高压手段和联姻来控制萨法维教团的发展。然而，伊斯玛仪的血统却说明这种联姻已经超出了乌赞·哈桑的意料。伊斯玛仪的祖父谢赫·乔奈德（Shaykh Jonayd）曾作为人质，长年居住在大不里士的白羊王朝宫廷。后来，他娶了乌赞·哈桑的妹妹为妻（表1）。此后，谢赫·乔奈德之子谢赫·海达尔（Shaykh Haydar），也就是伊斯玛仪的父亲，于1472年与乌赞·哈桑的女儿哈里玛（Halima）结婚，哈里玛因她的基督教名字"玛莎"（Martha）而为世人所知。玛莎的母亲，也就是乌赞·哈桑的妻子，是一位信仰希腊东正教的公主，名叫西奥多拉·狄斯皮娜·哈敦（Theodora Despina Khatun）。她出身于希腊的美加斯·康尼诺斯家族，是特拉布宗（Trebizond）王国统治者约翰四世之女（表1）。康尼诺斯一脉是拜占庭帝国继承者中的最后一支（其历史可追溯到1204年。十字军征服君士坦丁堡后，他们逃到了黑海港口特拉布宗）。然而，与乌赞·哈桑和一些穆斯林王朝的联姻并没有使特拉布宗王国免遭奥斯曼帝国的侵略。1461年，奥斯曼帝国苏丹穆罕默德二世（被称为"征服者穆罕默德"）征服了特拉布宗王国，其末代统治者和他的王室成员——伊斯玛仪的亲属们——被俘虏并送往君士坦丁堡。两年后，由于被控曾与乌赞·哈桑暗中勾结，末代王室的家庭成员被奥斯曼苏丹下令斩首示众。

乌赞·哈桑的继承者很快意识到，萨法维教团之所以这么强大，是因为他们对当地的土库曼战士有着一种结合了神秘主义和军事力量的号召力，一旦奥斯曼扩张的步伐到了侵门踏户的程度，他们就会聚集在阿尔达比勒的萨法维领主麾下。大约在14世纪80年代，土库曼人组成了联盟，土耳其人称之为"齐兹尔巴什"（Qezilbash，土耳其语，意为"红头"），并成为萨法维教团的主要战斗力量。他们是以部落的形式被组织起来的，主要任务是在高加索地区发起突袭，以掠夺和俘虏基督徒奴隶，格鲁吉亚是突袭的重点地区（地图1.2）。由红色织物制成的十二折盖帽是齐兹尔巴什最明显的标志，它是由伊斯玛仪的父亲设计并采用的，可能是象征着对什叶派十二伊玛目派的虔诚信仰。实际上，这个头饰比其他任何东西都更能象征对萨法维教团领袖的忠诚。15世纪中叶，萨法维领导人开始用国王的头衔"沙赫"来称呼自己。

齐兹尔巴什的信仰及行为与什叶派十二伊玛目派的主流相差甚远，而更接近伊朗西北部和安纳托利亚东部的非正统信仰。对什叶派第一任伊玛目阿里的崇敬，是阿赫勒哈克教的核心教义，该教通常被认为是宗教极端主张者，在库尔德人、土库曼人、亚兹迪人以及该地区的其他居民中广为流行。齐兹尔巴什流传于世的信条包含了许多非伊斯兰的民间传说，涉及从琐罗亚斯德教神秘主义信仰到萨满教仪式在内的一系列内容，后者是由异教的土库曼人从中亚母国带过来的。在边缘地区的这些非正统潮流之中，最引人注目的是蛰伏许久的救世思想的萌发，在当时，这一思想正处于隐匿状态，因此并未受到城市内的伊斯兰正统思想的束缚。神的启示与再生的观念并不罕见。被齐兹尔巴什称为"完美的向导"（Morshed-e Kamel）的萨法维领主，不仅被认为是阿里的再生，而且也被当成是具有人形的真神，这种竭忠尽诚的精神所蕴藏的潜力是无穷的。事实也证明了，正如其对手所看到的那样，萨法维教团用异端的"极端"教义，成功地将一盘散沙的游牧部落民捻成了一股强大的军事力量。

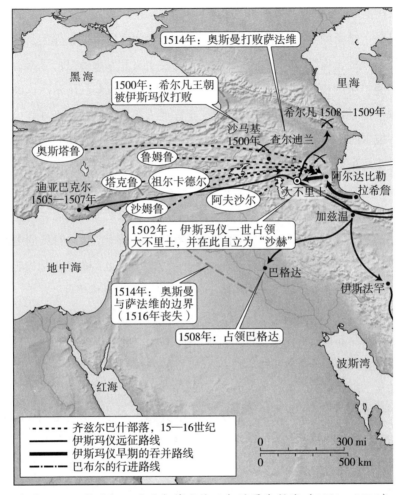

黑海

里海

1514年：奥斯曼打败萨法维

1500年：希尔凡王朝
被伊斯玛仪打败

希尔凡 1508—1509年

沙马基
1500年　查尔迪兰

奥斯塔鲁

鲁姆鲁

阿尔达比勒

塔克鲁　祖尔卡德尔

拉希詹

迪亚巴克尔
1505—1507年

大不里士

沙姆鲁

阿夫沙尔

加兹温

1502年：伊斯玛仪一世占领
大不里士，并在此自立为"沙赫"

地中海

1514年：奥斯曼
与萨法维的边界
（1516年丧失）

巴格达

伊斯法罕

1508年：占领巴格达

红海

波斯湾

┈┈┈┈ 齐兹尔巴什部落，15—16世纪
───── 伊斯玛仪远征路线
━━━━━ 伊斯玛仪早期的吞并路线
─·─·─· 巴布尔的行进路线

0　　　　　300 mi

0　　　　　500 km

地图1.2　伊斯玛仪一世时期萨法维王朝的早期扩张（1499—1524）

伊斯玛仪的齐兹尔巴什追随者是一群以游牧为生的难民，他们的起源十分复杂，奥斯曼军队的大举入侵让他们失去了牧场，而牧场是他们赖以生存的基础。齐兹尔巴什联盟内的部落名称，实际来源于他们自认为是家园的地区。鲁姆鲁（Rumlu）可能源于鲁姆（Rum）（或为安纳托利亚，安纳托利亚是穆斯林对此前拜占庭辖下行省的称谓）；沙姆鲁（Shamlu）源于沙姆（Sham）或叙利亚（Syria）；塔克鲁（Takkelu）源于地中海东北角的塔克

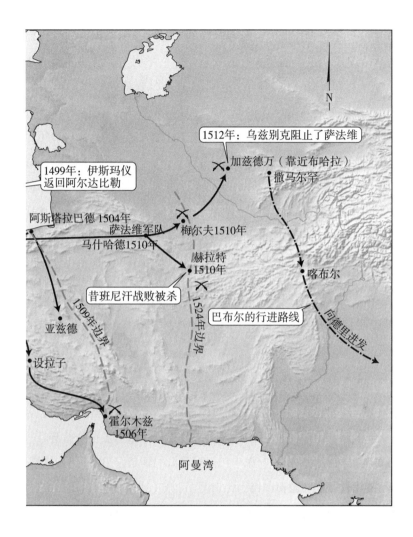

（Takkeh）；奥斯塔鲁（Ostajlu）源于高加索南部的奥斯塔（Ostaj）。其他的，如恺加（Qajar）和阿夫沙尔（Afshar），则是依据阿塞拜疆地区的地名或部族先祖姓氏来命名的。16世纪初，齐兹尔巴什主要有七大部落，他们都过着游牧或半游牧的生活，讲突厥语，具有"救世"信仰，与奥斯曼人有着血海深仇。每个部落都由众多的部族和宗族组成，直观地反映了齐兹尔巴什复杂的种族构成。

作为一个具有超凡魅力且雄心勃勃的年轻人，伊斯玛仪的成长是大变革时代的一个缩影，这场前所未有的变革让他一举当上了波斯沙赫，并成为苏菲派领袖（彩图1.1）。1498年，当他从避难时躲藏的里海沿岸小镇拉希詹（Lahijan）开启他期待已久的事业时，胜算似乎并不比他命丧沙场的先辈多。然而，他夺取了安纳托利亚东部的埃尔津詹（Erzenjan，1473年，他的外祖父乌赞·哈桑在此地被奥斯曼帝国击败），并攻入了阿塞拜疆和高加索地区，与当地的诸多对手殊死搏斗，诸如此类的行动都昭示着他与先辈的不同之处。伊斯玛仪在拉希詹避难时，一些年长的追随者曾照顾过他，虽然那时他才十几岁，但对那些追随者而言，伊斯玛仪就像一位神圣的领袖，他为祖先的殉难而复仇，将尘世的祝福——土地、羊群和奴隶带给了齐兹尔巴什。

伊斯玛仪对权力的渴求远大于他杰出的苏菲派先祖们。作为乌赞·哈桑的外孙，他认为自己是外祖父王权的合法继承人，并计划收复乌赞·哈桑继承者们所失去的东西。因为母亲玛莎的特殊身份，想必他也意识到了自己拥有希腊皇家的血统。他对奥斯曼帝国的仇恨不仅是因为乌赞·哈桑曾被"征服者穆罕默德"击败，还因他舅舅及其他亲戚的悲惨命运而加深。

在土库曼救世主义和其祖先理念的基础之上，伊斯玛仪增添了第三种元素——什叶派十二伊玛目派。当他还在吉兰省什叶派据点拉希詹避难时，一些当地显要就曾指引他初识什叶派十二伊玛目派的信条。事实证明，伊斯玛仪本人并不是特别热衷于践行什叶派十二伊玛目派（或贾法里学派[1]）的教法，但在他统治时期，十二伊玛目派教义的确被广为宣扬。可以说，他所代表的神圣王权，实际是波斯王权与宣扬救世主义的什叶派之间的结合，并且只有通过推动什叶派伊斯兰教法才能实现。尽管萨法维统治初期杂乱无章，但伊斯玛仪信仰什叶派十二伊玛目教派，并以劝学和武力为手段，将其作为国教大力推行到全国，为什叶派正统化提供了强有力的保证。初看起来，15岁的伊斯玛仪似乎只是齐兹尔巴什精英们（毫无疑问，他们确实对伊斯玛仪影响甚大）的傀儡，但这显然不是事实的全部。他不顾齐兹尔巴什首领的建议，坚持确立什叶派

---

[1] 贾法里学派（Ja'fari）即十二伊玛目教法学派，取名自什叶派第六任伊玛目贾法尔（Ja'far）。

十二伊玛目派为国教，正是这一国策，使帝国辖下为数众多的逊尼派穆斯林皈依了什叶派。

缔造什叶派帝国

在伊斯玛仪掌权的第一个十年间，他几乎征服了昔日乌赞·哈桑治下的所有公国，甚至更多。这一系列战役展现出了伊斯玛仪非凡的勇气，在齐兹尔巴什非正规军的奋力拼杀下，伊斯玛仪一举吞并了近17个自治和半自治的公国、城邦和地方王朝（地图1.2）。被征服的领土西至安纳托利亚东部的迪亚巴克尔（Diyarbakir），这里是"红头军"的据点之一，北至南高加索的希尔凡王国（Sharvanshah kingdom）。至此，萨法维疆域从阿塞拜疆、库尔德斯坦延伸至伊朗西部各省。不久，伊朗中部和南部的伊斯法罕、设拉子、亚兹德、克尔曼和胡齐斯坦，甚至向南远至波斯湾都被并入新帝国的版图之内。

在统治初期，伊斯玛仪采取不同于以往的策略来巩固政权，并使教众皈依。他的目的不仅仅在于缔造一个什叶派政权，而是要建立一个什叶派社会。在向东西方的诸多对手挑起战事时，他总是高压与胁迫并进，与其说采用这种手段是出于信仰，不如说是一种权宜之计。为了推动伊斯兰教什叶派的发展，伊斯玛仪向新征服的领土派遣乌莱玛代表，以宣扬什叶派教法。萨法维王朝巡回传道的宣教者们会在清真寺讲经台和街头歌颂第一任伊玛目阿里及他的家族，并诅咒早期伊斯兰教的前三任哈里发——人们称之为"谴责者"，同时要求震惊的听众对反逊尼派的诅咒做出"有过之而无不及"的回应。这种用谴责前三任哈里发来表示自己效忠阿里及其家族的做法屡见不鲜。对阿里及其家族的效忠也包括攻讦先知穆罕默德的一些弟子，甚至他最爱的妻子阿伊莎（Ayisha），因为阿伊莎反对阿里。

任何公开的抵制行为都会受到严重的惩罚。在大不里士，当人们第一次抵抗萨法维王朝强制性的宗教政策时，就有数以千计（可能多达2万）的逊尼派人士被屠杀。如果这是出于震慑其他逊尼派的目的，那么这种做法是行之有效的。除了极少数例外情况，那些曾经归属于逊尼派沙斐仪教法学派的公众完全全被吓倒了，或者说是被消灭了。1503年，萨法维王朝占领了伊斯法罕和设拉子，伊斯玛仪在当地处死了一些抵抗的逊尼派显贵、法官和宣教者。1508年，伊斯玛仪征服了巴格达，当地王室成员及支持他们的逊尼派精英们被处决，阿布·哈尼法（Abu Hanifa，是公元8世纪的逊尼派教法学家，哈乃斐学派的创始人）陵墓也被摧毁。在返程中，伊斯玛仪经过阿拉伯河岸的胡维扎（Huwiza），击败了当地一个同样有着救世观念的穆沙沙（Musha'sha'）家族，并杀光了这一地方王朝所有的统治精英。

1504年，马赞德兰省（Mazandaran）有至少两座山城要塞落入了齐兹尔巴什军队手中。据传闻，伊斯玛仪下令"红头军"屠城，可能是为了报复当地强烈的反抗。当时，白羊王朝最后一位王子，同时也是伊斯玛仪的直系血亲——莫拉德·贝格·巴亚多里（Morad Beg Bayandori）正在厄尔布尔士山脉中部的乌斯塔要塞中避难。在夺取该要塞后，萨法维征服者下令麾下狂热的齐兹尔巴什信徒将莫拉德·贝格·巴亚多里烧死，并分食了他的血肉。伊斯玛仪的父亲和祖父都是在与高加索南部的波斯地方政权——希尔凡王朝的战斗中身亡的。因此，伊斯玛仪在击败该王朝后，便立即屠杀了整个王室家族，挖掘并烧毁了他们祖先的尸体，伊斯玛仪认为这样会让他们万劫不复。希尔凡王朝是一个由波斯人建立的地方王朝，其统治时期可追溯到公元9世纪中叶，王朝控制着高加索东南部的战略要地，并从该地区繁荣的丝绸贸易中获利甚丰（地图1.2）。

伊斯玛仪行事果敢凶残，他的齐兹尔巴什信众们做事更是无法无天，犯下了累累暴行。此后，伊斯玛仪开启了一系列长期且持久的什叶派教化工程。为此，伊斯玛仪和他的顾问们在黎巴嫩南部埃米尔山区（Jabal Amil）的众多什叶派教法学家中，找到了合作盟友和宗教意识形态的代言人。什叶派学者曾在他们家乡先后遭到马穆鲁克王朝统治者和奥斯曼土耳其人的迫害，此时，这些学者发现，伊斯玛仪是一个理想的庇护者，萨法维伊朗也是一个既能保障他们的体面生活，又可以使他们享有特权的好去处。于是，数十位阿拉伯教法学家来到了伊斯玛仪及其继承者所居住的王宫，达成了一种持久的互利共生关系。不同于伊朗本土的什叶派乌莱玛，也不同于那些逊尼派的教法学家和显贵，这些阿拉伯教法学家皈依什叶派，或是出于胁迫，或是为了享有特权。他们是伊朗的新面孔，既不会讲波斯语，东道国的风俗习惯和礼仪传统对他们而言也都是陌生的。因此，他们无法轻易建立一个独立于萨法维国家的地方信仰体系。

从埃米尔山区来的乌莱玛不仅要对萨法维朝廷效忠，还要服务齐兹尔巴什的部落首领们。比起阿拉伯教法学家，这些首领显然更不适应伊朗的新环境。他们基本不会用波斯语交谈，也几乎无法信任，甚至拒不接受萨法维宫廷和政府中日益凸显的伊朗政治文化元素，很难指望他们能作为军事总督前往偏远省份，统御形形色色的伊朗民众。塔吉克人（来自波斯语"Tazi"，意为"异族"）是入侵的齐兹尔巴什给当地土著波斯人所起的称谓，塔吉克人的存在对于土库曼以及阿拉伯文化元素构成了严重的威胁，这场文化之争持续了至少一个世纪，政府和社会的方方面面都受到了影响。

尽管如此，伊斯玛仪的征服方略却使得"红头军"在新生的萨法维政权中稳稳地占据了一席之地。按照土库曼部落的风俗，许多部落民众以军事储备力量的身份在新征服的领土上定居，成了新兴的地主阶层。然而，即便是在伊斯玛仪统治的初期，这位年轻的伊朗沙赫也能清楚地意识到，他不仅需要一个中央集权的国家机器，而且还要在为他效忠的三大民族之间取得一定的平衡。他倚重被称为拉希詹苏菲派的"红头军"小集团，让他们来担任政府部门的众多要职。他任命了一名成员担任摄政一职，即瓦基尔[1]（Vakil，原意为管理人），负责统辖国家大政。原因在于，伊斯玛仪虽然对政治拥有与生俱来的洞察力，但他本人却对行政事务相当厌恶。瓦基尔还兼任了萨法维军队总司令这一军事要职，这一职位最先给予了伊斯玛仪幼年时的老师，他是拉希詹苏菲派"红头军"小集团中的一员，这并不是什么稀奇的事情。另一位齐兹尔巴什同样担任要职，他被任命为代理人之首（Khalifat Al-Khulafa），负责通过各个"红头军"分支的特务网络，监察人们在精神思想上是否与"完美向导"——

---

[1] 瓦基尔（Vakil）与下文维齐尔（Vizier）意同，均指政府行政官员，大维齐尔相当于政府首相一职。

伊朗沙赫一致。这个职位不仅负责监督伊朗国内的意识形态，在国外，尤其是在奥斯曼帝国境内，也扮演着间谍的角色。

然而，"红头军"对国家行政管理根本不熟悉，伊斯玛仪意识到了权力分工的重要性。他任命自己的波斯语老师——来自拉希詹的沙姆斯·丁（Shams al-Din）为萨德尔（Sadr，原意为"心脏"），与瓦基尔地位相同，全权负责国家的宗教事务。萨德尔负责任命所有教士和法官，管理慈善捐赠，最重要的是，他还负责让公众皈依什叶派十二伊玛目派。与此同时，伊斯玛仪又任命了一名曾经的波斯卫队成员为维齐尔（Vizier），负责除了以上事务外的国家财政和税收事务。

渐渐地，齐兹尔巴什的权力被进一步扼制，最终被架空，因为伊朗沙赫越来越倾向于重用波斯官员。1508年，伊斯玛仪任命了来自拉什特的金匠纳吉姆·丁·拉什提（Najm al-Din Rashti）为瓦基尔，他与伊斯玛仪是故交，可能是在伊斯玛仪掌权过程中提供了经济支持。纳吉姆的得势赋予了瓦基尔一种在波斯政治模式下类似于首相的权力，而宗教事务则仍由萨德尔负责。纳吉姆的继任者是一位来自伊斯法罕的精明的波斯商人，名叫纳吉姆二世（Najm Ⅱ），在他任职期间，瓦基尔的权力进一步扩大。让"红头军"部落首领们深感不满的是，纳吉姆二世竟然率领萨法维部队参与军事行动。

在伊斯玛仪统治期间及其之后，土库曼与塔吉克族群间的紧张关系常常会周期性加剧，而埃米尔山区的教法学家也牵涉其中。但是，无论齐兹尔巴什首领和阿拉伯乌莱玛是多么迫切地想要压制波斯本土文化的崛起，他们都无法扭转这个正处于转型时期的国家的走向。从救世主式的宗教化部落军队向官僚体系完备的国家政权范式的转化，似乎已经是不可避免的了。虽然这一转变并没有一下子完成，但伊斯玛仪设法在倔强的"红头军"与他们的波斯政敌之间实现脆弱的权力平衡。可以肯定的是，伊斯玛仪在内心深处仍然感激"红头军"的汗马功劳，给予了他们丰厚的战利品和辽阔的牧场。伊斯玛仪不得不任命他们为地方行政机构大员，并给予他们终身封地（Soyurghal）。在这些封地上，以帐篷为居的土库曼将士四处游荡，打扰了原本定居的城市及农村居民。然而，萨法维早期征服领土和皈依什叶派的运动也催生了重建波斯帝国的宏伟愿景，即使实现这一愿景希望渺茫，萨法维统治者也要为之奋斗。

与逊尼派为敌

在萨法维王朝建立的第一个十年中，伊斯玛仪的新生政权与白羊王朝的统治如出一辙。然而，他一统波斯的帝国愿景却可以同一个世纪前帖木儿征服世界的野心相比。最初，伊斯玛仪对是否出兵赫拉特显得犹豫不决，但到了1510年，新的因素促使他发动了在东部的战争。苏丹侯赛因·巴尔哈拉（Sultan Hosain Bayqara，1470—1506年在位）是一位著名的波斯艺术文化支持者，在他统治的30多年间，赫拉特一直是个与世无争的文雅之地。然而在他去世后，该地区就遭到了来自极北之地的游牧民族的入侵。1500年，昔班尼汗（Shayban Khan）率领了一支庞大的乌兹别克部落军队占领了东帖木儿帝国的首都撒马尔罕。昔班尼汗是成吉思汗的后裔，也是乌兹别克半游牧王国（Uzbek seminomadic kingdom）的建立者。这支军队大肆蹂躏，对呼罗珊地区造成了严重破坏，波及了南至梅尔夫（Merv，今土库曼斯坦的马雷）、马什哈德（Mashhad，今位于伊朗东北部）的广大地区。乌兹别克人的到来，是突厥-蒙古人对中亚内陆的最新一波入侵，对该地区的安全构成了严重挑战。昔班尼汗自认为是成吉思汗的合法继承人，并最终于1507年收复了失地赫拉特，终结了帖木儿王国的统治。

伊斯玛仪决意对昔班尼汗发动战争，其中还有其他因素的影响。乌兹别克人夺取了马什哈德城，洗劫了什叶派第八任伊玛目陵墓的财物，并宣布萨法维统治者是危险的异教徒，这些都是促使伊斯玛仪发动战争的重要原因。1510年，当他在梅尔夫开始发动与昔班尼汗的战争时，逊尼派与什叶派之间就已经注定要势同水火了。无论是因为战斗开始前诱敌深入的计谋，还是两军对垒时乌兹别克军队的不敌，乌兹别克人在此战中被一举击溃，昔班尼汗本人也在战场上被踩踏而死（地图1.2）。战胜乌兹别克是一个重要的历史转折点。伊斯玛仪对梅尔夫和赫拉特的占领奠定了萨法维伊朗在东部的版图，虽然此后乌兹别克人曾数次犯边，但在19世纪中期之前，这两个城市所奠定的东部边界并未被改变。夺取赫拉特之后，伊斯玛仪对征服撒马尔罕以及更远地区却并不热衷，这也导致了后续的军事行动均无果而终。与长期是逊尼派据点的撒马尔罕、布哈拉形成鲜明对比，赫拉特已完全融入了萨法维王朝的统治，部分原因是赫拉特在早期就具有什叶苏菲派倾向，并且作为帝国的东部首都，赫拉特对萨法维文化的形成做出了巨大贡献。

伊斯玛仪用其典型的残忍手段来庆祝胜利。他把昔班尼汗的头骨制成了镶金的酒杯，并用它来饮酒。昔班尼汗被肢解的右臂则被送往喀布尔（Kabul，今阿富汗首都），赠予了未来莫卧儿帝国的建立者扎希尔·丁·巴布尔（Zahir al-Din Babur）王子，当时他控制着喀布尔周边地区。此举旨在提示这里是萨法维的势力范围。这位看清局势的帖木儿王子经过慎重思考，决定暂时与萨法维合作，抵抗他们共同的敌人乌兹别克。扎希尔甚至还伪装成伊斯玛仪的什叶派信徒，后来，他南下前往局势较为平静的印度斯坦北部。昔班尼汗的头皮也经过填塞，被送往奥斯曼帝国，赠予了苏丹巴耶济德二世（Sultan Bayazid II，1481—1512年在位）。这一残忍行为，虽然不完全违背当时的道德规范，却在奥斯曼帝国首都激起了众怒，加深了逊尼派心中萨法维人是凶残异教徒的印象。昔班尼汗尸体的其余部分被"红头军"分而食之，以此证明他们对"完美向导"伊斯玛仪的忠心。

在齐兹尔巴什的控制下，赫拉特、梅尔夫和巴尔赫（Balkh）的逊尼派达官显贵们的结局十分悲惨，因为"红头军"在屠杀手无寸铁者或强迫他们皈依什叶派时没有丝毫手软。塔吉克（Tajik）官员也同样没有得到丝毫怜悯。1513年，伊斯玛仪的首相纳吉姆二世在击破卡尔希（Qarshi，通往布哈拉的要塞）后，下令将此处夷为平地。据记载，他还下令屠杀了包括儿童在内的所有逊尼派民众，甚至他们的家畜。纳吉姆二世把这种残忍的行径视作快意的报复，因为在几个世纪前，蒙古和帖木儿侵略者曾先后在他的家乡伊斯法罕进行过大屠杀。

伊斯玛仪战胜乌兹别克人并巩固东部边境的消息，使得远在伊斯坦布尔的奥斯曼帝国苏丹和统治埃及-叙利亚的马穆鲁克王朝苏丹坐立不安。萨法维王朝的崛起，已经让安纳托利亚和美索不达米亚北部成为流动人口的聚焦点，这个地区也是三个大国的必争之地。取得胜利的阿尔达比勒先知后来成为该地区众多什叶派阿拉维派（Alawite）教徒的崇敬对象。在萨法维宣教者的鼓舞下，远在奥斯曼帝国科尼亚（Konya，今位于土耳其境内）的土库曼人被动员了起来，并在塔克鲁部落的沙赫-库里·巴巴（Shah-Qoli Baba）领导下掀起了一场狂热的救世运动。为了复制伊斯玛仪的伟业，或许也是为了实现与萨法维结盟的期望，他们起兵反抗奥斯曼帝国及其地方总督。1511年，沙赫-库里·巴巴被杀，这场运动宣告失败。尽管伊斯玛仪与沙赫-库里·巴巴断绝了关系，并为自己犯下的暴行向土耳其人道歉，但土耳其人对失去大部分亚洲领土的焦虑并没有得到缓解，他们对伊斯玛仪的仇恨也丝毫没有减少。

面对会有大量土库曼人逃离到萨法维王国的可能，奥斯曼苏丹巴耶济德二世选择了和解，至少在表面上是如此，并做出欢迎伊斯玛仪的姿态，试图建立和睦关系。巴耶济德二世的王子萨利姆（Salim）不满其父对萨法维的绥靖政策，并提出了批评。尽管如此，巴耶济德二世还是承认伊斯玛仪是伊朗的合法统治者，并试图让其发热的头脑冷静下来，虽然这只是徒劳一场。巴耶济德二世甚至在与伊斯玛仪的信中称赞其为凯·霍斯劳（Kay Khosrow，《列王纪》中伟大的王）以及古波斯帝国大流士的继承人。他进一步劝诫伊斯玛仪要表现出君临天下的气度，以正义和平静的心态守护他宝贵的、具有重要战略地位的王国，结束用暴力强制宗教皈依的行为，并与邻国和平共处。

然而，两边的和睦关系却在1512年发生了戏剧性的变化。与其父巴耶济德二世的行事风格迥异，萨利姆一世（1512—1520年在位）在他还是奥斯曼帝国黑海省总督时，就已经察觉到了萨法维王朝的咄咄逼人，因此，他没有再留任何妥协的余地。萨利姆一世被贴上"凶残者"（土耳其语为"Yavuz"，意为"冷酷的萨利姆"）标签的原因有很多，不仅仅是因为他强迫父亲退位。从一开始，他就决心要粉碎安纳托利亚地区残余的什叶派抵抗势力，而且还要教训甚至消灭鲁莽的异教徒伊斯玛仪。在他看来，伊斯玛仪正在将他的什叶派革命蔓延至奥斯曼帝国的疆域之内。萨利姆一世愤怒的根源在于他对萨法维伊朗有可能会从东面向奥斯曼帝国发起攻势的恐惧，这是奥斯曼帝国的心病，因为当时奥斯曼土耳其正在向巴尔干半岛和东欧扩张。一个世纪之前的1400年，帖木儿在布尔萨（Bursa）击破了奥斯曼土耳其的防御工事，并将奥斯曼苏丹关在笼子里示众，这对于一个以征服为至上信念的帝国而言，无疑是一段耻辱的记忆。如有一日，在奥斯曼帝国统治的核心地带，甚至在军队内部，出现了什叶派的苗头，要不惜以任何代价扼杀这种可能性。

萨利姆一世在与伊斯玛仪的官方书信中使用了尖酸刻薄的言辞，并蔑称伊斯玛仪为"苏菲小儿"和"阿尔达比勒小家伙"，此举主动切断了与这位波斯沙赫的所有谈判渠道。在准备他短暂而动荡的统治生涯中第一次也是最关键的一次战争——反萨法维之役时，他再次写信给伊斯玛仪。在大军到达伊朗边境前不久，萨利姆一世称伊斯玛仪为"王子，波斯王国的统治者，压迫与暴政王国的主人，叛乱分子的头目，叛军指挥官，当代的大流士、蛇王查哈克[1]和该隐[2]"。他进一步指责伊斯玛仪：

"使原本和平纯粹的伊斯兰国家屈服于充满欺骗的信条，诋毁（伊斯兰教）严肃的信仰，用强制手段实行暴政……并鼓励其邪恶的什叶派追随者强奸贞洁的妇女，他们的手上还在流淌着贵族的鲜血……摧毁清真寺，并为了树立偶像崇拜而建造宫殿……并把光辉的《古兰经》称为远古神话。"

在谈到逊尼派乌莱玛公然抨击伊斯玛仪的伊斯兰教令时，这位奥斯曼帝国的苏丹继续说道：

"既然安拉的旨意和神圣的天命已经给了我们铲除这个彻头彻尾的异教徒的启示，为了履行这一重要的使命，我们将继续阔步迈向那片土地（伊朗）……因此，我们将用胜利之剑那雷鸣般的力量，铲除生长在崇高的沙里亚溪流边的荆棘丛，扔掉这团迅速蔓延的入侵杂草。"

然后，他警告萨法维统治者要"把堵塞言路的棉花从警觉的耳朵里拿出来，把裹尸布提前搭在肩上，做好去死的准备……因为按照《古兰经》的教

---

[1] 波斯史诗中一位两肩生蛇的王。
[2] 《圣经·旧约》中的人物，他杀死了自己的弟弟，被认为是西方基督世界里所有恶人的祖先。

诲，'遇到他们时，就要杀掉他们'，我们将毁掉你的财富，并且不留一个活口"。

伊斯玛仪对这封激烈檄文显得不屑一顾，甚至还流露出一丝安抚的意味。他讽刺地指出，敌人的挑衅虽然勇气可嘉，却令人发笑，他不知道敌意从何而来，因为伊斯玛仪宣称自己与萨利姆一世已故父王的关系十分亲切。"我饶过你有两个原因，"伊斯玛仪解释道，"首先，这片土地上的大多数人是我光辉祖先的虔诚信徒，愿宽容的安拉怜悯他们。其次，长久以来我一直很尊重这群勇士（即土耳其人）。我们不希望在这片土地上发生类似于帖木儿时代的不幸；我们确实不希望这种不幸发生在你们身上，所以对你们的挑衅言语不做回应。我们为什么要相互为敌呢？国王之间的仇敌关系已经过时了。"他进一步声称，信中所有"不恰当的言语"只不过是那些吸食鸦片成瘾的御前大臣在戒掉鸦片后的胡言乱语。他甚至在派送"友好回信"时附送了一盒鸦片，盒子是纯金打造的，并印有萨法维皇家印章，附赠鸦片的目的是让奥斯曼苏丹的那群御前大臣"恢复清醒"。正如伊斯玛仪这份颇有深意的礼物所暗示的，这些王公大臣中可能包括一批豢养在奥斯曼宫廷中的波斯逃亡者。伊斯玛仪以一种近乎宿命论的语调承认，虽然他正忙着在伊斯法罕周围狩猎，但他别无选择，只能开始准备战争（图1.2）。最后，伊斯玛仪以一句萨法维宣传时用的著名口号作为信的结尾，这句口号反映了他无端的自信——"长久以来，我们在这个满是惩罚的世界里经受住了考验；任何反对阿里家族的人都被废黜了"。

图1.2　帖木儿在印度狩猎的场景让人不禁联想起伊斯玛仪一世频繁的狩猎活动，尤其是在查尔迪兰（Chaldiran）战役前夕

书的作者沙拉夫·丁·阿里·雅兹迪（Sharaf al-Din Ali Yazdi），《扎法尔·纳梅赫·塔穆里》（*Zafar-nameh-e Taymuri*），德黑兰：戈莱斯坦皇家图书馆，编号708。

该插画被认为是卡迈勒·丁·贝扎德（Kamal al-Din Behzad）于伊斯兰历935年／公元1528年创作。

萨利姆一世的反什叶派运动先从国内开始。他首先下令对安纳托利亚地区的土库曼人进行详细登记，他认为土库曼人同情萨法维，因此在整个地区展开了种族屠杀。据记载，奥斯曼土耳其军队杀死了4万名当地土库曼居民。这次的恐怖行径除了屠杀，还包括凌虐、强奸，以及奴役什叶派妇女和儿童，同时还大规模流放什叶派村民，把他们迁到其他省份。土耳其逊尼派教法学家认为这次大屠杀是合法的，甚至认为此举是反萨法维战役的"必要之恶"。根据伊斯坦布尔穆夫提[1]（Mufti）的教令，杀死1名什叶派信徒的奖赏相当于杀死70名基督教异教徒。

在1514年春季的战役中，一支庞大的奥斯曼军队在萨利姆一世的注视下集结在位于欧洲一侧的奥斯曼帝国旧都埃迪尔内（Edirne）附近。奥斯曼军队是当时最先进的战争机器，由16万骑兵和步兵组成，其中1.2万是精锐的苏丹亲兵（Janissary regiment）（地图1.2）。由多民族构成的奥斯曼军队装配有200门大炮、100门野战炮，并且拥有维护良好的陆地和海上后勤保障线（通过黑海），其中包括了近8000头骆驼和其他驮畜。土耳其的严明军纪和萨利姆一世的孤注一掷，使得军队在4个月内行进了900多英里，相当于安纳托利亚地区的全长。1514年7月，奥斯曼军队抵达了阿塞拜疆西北部的查尔迪兰平原附近，在位于霍伊（Khoy）西北50英里处，决定未来两国命运的战争展开了。

萨利姆一世、他的大维齐尔及指挥官（至少是在他的暴怒无常和多次处决中幸存下来的那些人）在查尔迪兰遇到了一支不到2万的萨法维骑兵部队。这种明显的实力不对等应该归因于伊斯玛仪无力集结更强大的军事力量，而不仅仅是战略误判。因为在当时，尽管与奥斯曼帝国的决战在即，萨法维帝国却面临着乌兹别克人再度入侵呼罗珊地区的窘境。乌兹别克人与土耳其人的联手，使萨法维两面受敌，并最终战败。一直以来，伊斯玛仪无疑都指望着萨利姆一世能够改变心意，部分原因是前往伊朗边境的路途地形险峻，后勤供给困难，而这实际上也引起了一些奥斯曼苏丹亲兵的不满。而且，在伊斯玛仪看来，奥斯曼帝国的好战是没有正当理由的。身处危急时刻，决定萨法维王朝命运的关键是谁能在两国对决中占据主导地位：一方是军队人数众多且军纪严明的逊尼派帝国，一方是相信宿命论且视死如归的什叶派帝国。

关于如何应对奥斯曼帝国的入侵，伊斯玛仪一定是百感交集。他的焦土战术和避战策略都是久经考验的战争手段，旨在说服敌人放弃并返回，伊朗西北部荒无人烟的崎岖地形无疑增加了这种战术成功的可能性。然而到了8月底，伊斯玛仪几乎是被迫要在查尔迪兰进行战斗，因为那里实际是他最后的战

---

[1] 意为"教法说明官"。

略防线，如果他失去了这道防线，东面120英里外的首都大不里士就将危若累卵。他过去的胜利记录可能使得他对"红头军"骑兵的作战优越性及其在战场上的牺牲精神过于自信，这也解释了为什么敌我力量如此悬殊，但他的作战准备却十分松懈。作为一位捍卫阿里及其神圣家族事业的国王兼先知，伊斯玛仪预感到神的旨意会让他占据上风，并对此深信不疑。

伊斯玛仪的政治生涯始终贯穿着宿命论的倾向，即使是在他手下的"红头军"军官们看来，也多少显得奇怪。不知道是为了克服内心对战争的恐惧，还是纯粹出于自信的缘故，在战斗的前一夜，伊斯玛仪和他的"红头军"将领们喝酒到天亮。在1514年8月23日决战的那个早晨，喝醉了的伊斯玛仪还在邻近的平原上狩猎鹌鹑，而他的先锋部队却遭受了土耳其大炮的沉重打击。即使当他加入忠诚的"红头军"时，他的行动也只是夹杂着英勇与无常的反复挣扎，而不是带有明确战略目标的有意行动。可以想象，"红头军"的英勇士气在过去为伊斯玛仪带来了巨大的成功，假若不是奥斯曼帝国强大的火药武器使伊朗居于下风，伊斯玛仪也许可以凭借"红头军"的英勇士气获胜。

即使到了1514年，萨法维王朝似乎也没有意识到火药武器在战争中的决定性作用。尽管在大约25年前，帖木儿汗国已经率先在伊朗东部使用了火药武器。此外，伊斯玛仪的外祖父乌赞·哈桑在1473年被奥斯曼帝国苏丹穆罕默德二世彻底击败，也是因为他无法获取威尼斯盟友向他承诺的火器。正如人们经常指出的那样，萨法维不愿意使用火药武器，可能是因为他们认为使用这些武器是懦弱的表现，并且违反战争的骑士精神。伊斯玛仪的齐兹尔巴什信徒相信他们得到了先知的保佑，对大炮的轰鸣声不以为意。即使看到了奥斯曼苏丹亲兵的标准配置——笨重的前装式火绳枪，射程短、瞄准也不精确的野战炮，他们似乎也丝毫不为所动。事实上，奥斯曼帝国的火炮或许是16世纪初期最先进的火炮，它最大的攻击力主要体现在攻城战，而不是在野战上。也可能正是出于这个原因，萨法维王朝选择在开阔的平原地带，而非四面有围墙的堡垒要塞中迎战敌军。

战斗一开始时，萨法维还是有希望赢得胜利的。在伊斯玛仪的指挥下，以敏捷和迅速机动著称的萨法维轻骑兵开始进攻，这次进攻几乎摧毁了奥斯曼军队的左翼力量。右侧的进攻也令人印象深刻——直到土耳其大炮终于等到了开火的机会。夜幕降临，大炮的轰鸣声和强力的炮击形成了双重效应——或许更多的是炮响的作用，萨法维的防御工事被击垮了。伊斯玛仪勉强逃过了一劫，没有被俘虏，但一些"红头军"将领和萨法维官员却在战斗中身亡或被俘。被俘虏的还有伊斯玛仪的结发妻子塔吉鲁·哈努姆（Tajlu Khanum），不久后，她从奥斯曼阵营中逃出，与丈夫重聚。然而，将妇女带入战场的波斯传统，却让伊斯玛仪付出了沉重的代价。他最喜欢的嫔妃之一贝赫鲁兹·哈努姆（Behruzeh Khanum）也在战争中被俘，并被带到了伊斯坦布尔。后来，她被当作战利品，嫁给了萨利姆一世的首席军事法官。伊斯玛仪一再请求萨利姆一世释放贝赫鲁兹，但即使在首席军事法官被处死后，贝赫鲁兹仍被当成人质。虽然这场婚姻只是名义上的，但这位首席军事法官之死很可能是这场婚姻造成的。对于伊斯玛仪而言，输掉贝赫鲁兹的耻辱不亚于输掉了这场战争。值得一提的是，许多妇女也站在伊朗一方参加战斗，但只有少数妇女伤亡。这也许反映了早期萨法维人的革命观点，即允许妇女与男人并肩作战。一大批奥斯曼官员也在这场战争中死亡。双方人员伤亡总数不超过5000人，其中超过五分之二的是奥斯曼人。

不久后，首都大不里士的失陷更让伊斯玛仪感到耻辱，这也将萨法维政权推向了崩溃的边缘。然而，奥斯曼苏丹亲兵可能发动政变的消息挽救了萨法维的首都。萨利姆一世不得不放弃原来在大不里士过冬的计划。与早期奥斯曼帝国的做法相反，他于1514年夏末抵达大不里士，一周后就率军撤离，并且没有驻扎任何兵力。尽管如此，这段时间也足以让大不里士被洗劫一空，大量艺术家、工匠和商人被奥斯曼军队从萨法维伊朗境内的各个地区驱赶到一起，然后被一同掠往伊斯坦布尔。其中包括超过12名的画家、书籍彩饰师和书法家。后来，他们在伊斯坦布尔成立了一个波斯艺术家社团，对奥斯曼的艺术创作产生了持久的影响。

查尔迪兰战役的后遗症是深远的。最直接的影响是萨法维革命的热情严重衰退，伊斯玛仪的内心也日趋忧郁。这次失败对伊斯玛仪的无敌神话以及"红头军"对神圣领袖的坚定信仰都造成了严重的打击。自此，具有超凡魅力的萨法维救世先知逐渐转变为一个传统的波斯王权守卫者，虽然这个过程历经了几代萨法维国王才宣告完成。伊斯玛仪暗自怀疑自己使命的真实性，他不再领导战争，也不敢再反击奥斯曼帝国，尽管他有一段时间曾将"复仇"当作口号。他甚至将在查尔迪兰战役后出生的一个儿子命名为"阿卡斯"（Alqas，源于阿拉伯语qas，意为"报复"）。

奥斯曼帝国继续巩固在安纳托利亚中部和东部的统治。他们击败了萨法维军队，并在1514年夺取了安纳托利亚中部要塞库马赫（Kumakh）。伊斯玛仪不愿再冒与之对抗的风险。虽然奥斯曼苏丹离开大不里士时匆匆忙忙，但他很有可能会再次攻打伊朗，彻底粉碎萨法维这一"异端"政权，或者起码要达到分裂伊朗的目的。在与乌兹别克部落首领、伊斯玛仪另一个大敌、昔班尼汗继承人欧拜多拉汗（Obaydollah Khan）的通信中，萨利姆一世甚至还提议将萨法维的统治中心伊斯法罕作为一个交战点，由两支逊尼派军队共同夹击萨法维政权。虽然这种两面夹击攻势从来没有实现，但在萨法维时代和后萨法维时代，伊朗东西两侧所面临的双重威胁仍然存在。在19世纪初以前，"伊朗的戍卫领地"的两侧就曾不断遭到侵略，使得原本有限的军事资源疲于应对。奥斯曼帝国在安纳托利亚势力的巩固不仅使萨法维直接丧失了领土，也使伊朗通过安纳托利亚飞地顺利进入黑海的希望彻底破灭了。至少此后的四个世纪，奥斯曼帝国都成功阻碍了萨法维及其继任者，在政治和商业方面直接与地中海世界的接触。

同样重要的是，查尔迪兰战役的胜利遏制了什叶派救世革命的西扩。虽然在16世纪中后期，安纳托利亚的什叶派阿拉维派发动了杰拉里叛乱[1]（The Jelali Revolts），并不时地反抗奥斯曼帝国的统治，但总体而言，1514年的战争消除了任何萨法维式革命爆发的可能性。实际上，什叶派仅局限于伊朗，而逊尼派则在奥斯曼帝国的庇护下进一步扩展到阿拉伯世界和其他地区。值得注意的是，在萨利姆一世及其子苏莱曼统治时期，奥斯曼帝国从未能够征服其近邻萨法维王朝，即使在苏莱曼在位期间，奥斯曼帝国的扩张已达到了顶峰。尽

---

[1] 16、17世纪爆发于安纳托利亚的一系列反奥斯曼帝国的叛乱。首次叛乱发生于1519年，由一位名叫杰拉里的阿拉维派宣教者领导。这一名字后来也被用于称呼安纳托利亚的反叛组织。

管遭受了奥斯曼的长期制裁和商业封锁、无数次的入侵以及对伊朗西部省份的长期占领，双方教派间的交战也从未断绝，萨法维王朝和什叶派的统治地位却仍然延续了下来。部分原因是奥斯曼帝国难以维持经安纳托利亚至伊朗的后勤线路的通畅与稳定，也难以对敌对地区实施有效的控制。此外，奥斯曼军队，尤其是苏丹亲兵和伊金吉（Ikinji）轻骑兵，也会同情贝克塔什[1]（Bektashi）信仰的苏菲-什叶派。他们不愿进入伊朗境内，这一点在占领大不里士及之后的一次严重叛乱中表现得尤为明显。很大程度上，正是萨法维王朝特殊的政教体制帮助他们抵御了奥斯曼帝国的扩张，并且在不久之后，也正是这种体制将伊朗塑造成了一个具有独特认同感的帝国。

查尔迪兰战役结束后的三年内，萨利姆一世夺取了安纳托利亚东部和美索不达米亚北部，并成功地将奥斯曼征服的重心转移到了马穆鲁克王朝的领土上。事实证明，这样的野心更容易实现，也更有实质性的益处。再也没有第二个萨法维能够阻止他夺取大马士革（Damascus），甚至开罗（Cairo）。到1517年，他征服了马穆鲁克控制的黎凡特[2]（Levantine）地中海地区、埃及以及北非沿海。伊斯玛仪别无选择，只能与这个强大邻国小心翼翼地相处，甚至愿意主动与之缓和关系。这个邻居已经统治了一个比萨法维强大得多的帝国，在物质上更加繁荣，在军事上更加先进。

查尔迪兰之战中，奥斯曼帝国的重型武装以及装备精良的奴隶军队展现出了绝对的优势，部落军队（如齐兹尔巴什军队）的传统战术很难与之抗衡。尽管萨法维在查尔迪兰战役之后很快采用了火炮，并用火炮有效地打击了东部的乌兹别克人，但是他们花了将近一个世纪的时间才得以与奥斯曼帝国军队的火力相抗衡，并在战争中击败奥斯曼土耳其人。伊朗历经了惨败，才迎来了火药帝国的时代，这一失败经历在萨法维官方话语中被轻描淡写，人们对这场战争的记忆也逐渐淡却。

---

[1] 伊朗人贝克塔什于13世纪在安纳托利亚创立的苏菲派教团。
[2] 源于阿拉伯语，指"日出之地"，泛指地中海东部地区。

伊斯玛仪的遗产

到了1524年伊斯玛仪去世之时，他已经变成了一个性情温和、头脑清醒的人，尽管在犹豫不决时，伊斯玛仪依然习惯酗酒。在他生前的最后几年里，萨法维相对放宽了强制性的宗教皈依政策，破坏性的战争也减少了。他流连于后宫和狩猎场，在他的王国里，他保持着强迫症式的两点一线，并且几乎足不出户，他甚至比以前更希望把国家事务留给他的瓦基尔、萨德尔和齐兹尔巴什首领。伊斯玛仪是一位诗人，是一位对狩猎有着强烈嗜好的猎人，还是一位热衷于冒险的双性恋者。在一次严重的抑郁症发作后，时年37岁的他英年早逝。肆无忌惮的英勇、狂暴的脾气、高贵的气质、天生的才华，集这些品格于一身的伊斯玛仪似乎不太可能建立一个帝国。然而，事实证明，他是一位救世运动的理想领导者。在政权建立初期，他就将古怪的土库曼部落首领、精明的波斯官僚以及阿拉伯教法学家糅合到了一起。尽管他是激进苏菲派的继承人，并在政治扩张的进程中折戟，但他充分利用土库曼信徒骁勇善战的优势，将他们的力量融入一个有着长久未来的国家体系之中。为此，他主动采用什叶派十二伊玛目派作为具有法律和制度功能的国教，这一首创是明智之举。在此基础上，他试图建立一个信仰什叶派十二伊玛目派的国家。如果没有他，被敌国称为"红头异教徒"的齐兹尔巴什部落联盟将最终徘徊在野蛮与文明之间。

伊斯玛仪富有诗意的话语无疑加深了追随者们对他的敬仰。有一本土耳其语的诗集，是由一位笔名叫作哈塔伊（Khata'i，可能源于汉语中的"Cathay"一词，指今天的中国）的人所著，这很有可能是伊斯玛仪为其追随者们所创作的励志文学作品。这本书包含了众多反逊尼派的隐喻和崇敬阿里的狂热言辞，打开了一扇窥视伊斯玛仪神秘内心世界的窗户。其中有一首诗写道：

> 我是国王伊斯玛仪，我是安拉的奥秘，
> 我是所有勇士的领袖。
> 我的母亲是法蒂玛，我的父亲是阿里，
> 我是十二伊玛目的最佳（继承人）。

我已向耶齐德报父仇，

请相信，我有海达尔的力量。

我是希德尔（先知以利亚的伊斯兰名字）和耶稣现世的化身，

是马利亚之子，

我是这个时代的亚历山大。

看啊，耶齐德，你这个多神论者，受诅咒的人，

我要摆脱你虚伪的朝拜（穆斯林礼拜的方向）。

先知保佑我，我是神佑的维拉亚特。

我将遵循穆罕默德所指引的那条道路。

剑锋所指的世界都已被我征服，

对于阿里，我的内心就如他的仆人加恩巴尔一样忠贞不贰。

我的祖先是萨法维，我的父亲是海达尔，

勇者无畏，我是贾法尔真正的（信徒）。

我是侯赛因的拥趸，我诅咒耶齐德，

我是哈塔伊，是国王（即侯赛因）的仆人。[2]

在这首诗中，伊斯玛仪声称从先知穆罕默德那里继承了"监护"［wilayat（维拉亚特），阿拉伯语称为"wilaya"］之权，更具体地说，是代表阿里以及继他之后的侯赛因和贾法尔·萨德克（Ja'far Sadeq，第六任什叶派伊玛目和贾法里学派的创始人）继承这一神圣的职权，这首诗清楚地表明，伊斯玛仪自诩为救世主的化身，建构出一套信仰体系，这套体系也自然延伸到了以利亚（Elijah）和耶稣的回归。伊斯玛仪为自己的先知血统和萨法维血统感到骄傲，他不仅要为他的父亲海达尔报仇，也要举兵反对耶齐德（Yazid）和倭马亚王朝（Umayyad Dynasty）。耶齐德是倭马亚王朝哈里发，公元680年，他在卡尔巴拉战役中杀死了伊玛目侯赛因。因此，那些进行"虚伪朝拜"的"多神论者"和"受诅咒的人"，可以理解为伊斯玛仪在暗指国内的逊尼派政敌，以及他所征服的邻近逊尼派地区。

然而，伊斯玛仪对国家的构想既不是纯粹救世主式的，也不是完全原教

旨式的，而主要是基于波斯王权的传统模式。王权典范在他的国内政策以及伊朗沙赫的自我形象建构之中得到了淋漓尽致的体现。继承先前伊朗帖木儿王朝和土库曼王朝的传统，伊斯玛仪热心于鉴赏菲尔多西（Ferdowsi）的《列王纪》和其他波斯叙事诗，这样有助于将自己描绘成波斯传统王权的继承者。尤其是在征服了赫拉特之后，他大力支持印刷这些伟大的图文并茂的书籍。他召集了众多伟大画家来到大不里士宫廷，其中包括了卡迈勒·丁·贝扎德（1450—1535），他是16世纪波斯细密画画派中最杰出的代表人物（图1.2）。伊斯玛仪对波斯民族传说十分着迷，他用《列王纪》中英雄的名字来给自己三个儿子（共有四子）起名：大儿子塔赫玛斯普（Tahmasp），是仿效比什达德（Pishdadid）王朝最后一位国王来命名的；三儿子萨姆（Sam），是一位有教养的王子，他是以曼努切尔（Manuchehr）王朝的勇士、罗斯塔姆（Rostam）家族的族长来命名的；小儿子巴赫拉姆（Bahram），则沿用了萨珊王朝瓦赫兰四世（Vaharm Ⅳ）的名字。12世纪的波斯诗人内扎米（Nezami）曾叙述过瓦赫兰四世的浪漫故事和狩猎事迹，他的故事也符合伊斯玛仪悠闲的性情。

伊斯玛仪有理由把自己想象成《列王纪》中的一位国王。也许是一代雄主凯·霍斯劳，他是伟大的波斯王的原型，是他击败了图兰（Turan）国王阿法拉西亚布（Afrasiyab），阿法拉西亚布是传奇故事中伊朗人最大的敌人。在伊朗版图上，图兰王国经常与突厥人联系在一起，更确切地说，是与中亚的乌兹别克王国联系在一起。按照萨法维的历史记载，伊斯玛仪战胜乌兹别克的昔班尼汗，就相当于战胜了传说中的图兰王，这种类比也不无道理。因为《列王纪》对伊斯玛仪和萨法维王朝而言，并不仅仅是历史记忆。具有讽刺意味的是，无论是奥斯曼苏丹萨利姆一世还是乌兹别克的昔班尼汗，抑或是莫卧儿的扎希尔·丁·巴布尔和他的莫卧儿后裔，都在波斯的神话历史中定义他们自己的力量。正如人们所见到的，当伊斯玛仪用土耳其语创作诗歌时，他的仇敌萨利姆一世却在用《列王纪》的风格创作波斯诗歌。后来，奥斯曼苏丹热衷于收集图文并茂的《列王纪》和其他波斯文学经典作品的手稿。尽管教派分歧甚深，但从奥斯曼帝国到南亚、中亚，他们采用了相同的王权范式，这种范式提供了一种共同的波斯政治文化。

在生命即将油尽灯枯之时，伊斯玛仪更加专注于绘制书籍插画，甚至在皇家工作室当学徒。据说，他合作参与制作了《列王纪》中著名的塔赫玛斯普沙赫（Shah Tahmasp）插画，这幅插画是萨法维绘画艺术最伟大的代表作之一。画的背景所描绘的，也许不仅仅是凯·霍斯劳的丰功伟绩。让人产生遐想的是，伊斯玛仪如何看待这位放弃王位、消失在深山之中的凯亚尼德（Kayanid）王朝统治者的人生结局。这幅塔赫玛斯普沙赫的插画手稿见证了这一段传奇的命运。或许是为了在另一场侵略战争中先发制人，1568年，塔赫玛斯普沙赫插画手稿被当作众多礼物之一，赠送给了当时刚刚登上奥斯曼帝国苏丹大位的萨利姆二世。在托普卡帕（Topkapi）皇家图书馆安放了近四个世纪后，这幅插画手稿神秘地从伊斯坦布尔流传到了欧洲艺术品黑市。最后，该手稿被美国艺术收藏家、大都会艺术博物馆董事会主席亚瑟·霍顿（Arthur Houghton）收藏，20世纪六七十年代，亚瑟·霍顿在一位著名的哈佛艺术史学家的协助下，将手稿分割成了几个部分，并逐一在拍卖会上进行拍卖。大都会艺术博物馆也从中获益不少。

教法学家地位的上升

伊斯玛仪将帝国留给了他的儿子。作为继承者，10岁的塔赫玛斯普（1524—1576年在位，表1）必须应对"红头军"将领间频繁的内斗和东西两端边界上来自逊尼派的威胁。塔赫玛斯普的长期统治对什叶派在伊朗地位的巩固至关重要。塔赫玛斯普是伊斯兰时期以来伊朗在位时间最长的君主，他能够驾驭从父亲伊斯玛仪手中继承的各方力量，这一点值得称道。萨法维的革命热情被部分地引导到国家的各项建设中，尽管严重的族群分裂依旧存在，特别是齐兹尔巴什部落和塔吉克人之间的种族冲突，这一问题从未得到完全解决。然而，无论是自相残杀的争吵，还是虎视眈眈的外部威胁，抑或是塔赫玛斯普自己的性格缺点，都没有阻碍伊朗经济的恢复、文化的繁盛以及社会的相对平稳。正因为这种政局趋稳、社会安定的局面，萨法维伊朗才得以变成了一个与奥斯曼、莫卧儿并驾齐驱的帝国。

塔赫玛斯普统治的时代是宗教融合的时代。当时，什叶派教法学家、阿拉伯移民和杰出的伊朗本土人士都在政府和社会中占据着重要的地位。作为一个利益集团，他们的崛起更多的像是塔赫玛斯普早期执政下的意外产物，而不是教法学家们齐心协力的结果。齐兹尔巴什部落有两大派系，一个是奥斯塔鲁-沙姆鲁（Ostajlu-Shamlu），另一个是塔克鲁-土库卡曼（Takkelu-Turkamaān），他们都希望取得小塔赫玛斯普的摄政权。两派不睦已久，年少的伊朗沙赫不得不在什叶派教法学家的帮助下，想方设法地平衡双方势力。随着塔赫玛斯普年岁渐长，行事也越来越独立，"红头军"的救世信仰被淡化，而作为什叶派十二伊玛目派合法受托人的乌莱玛的地位得到了提高。逐渐地，在16世纪初期，什叶派社会开始践行一系列宗教仪式和风俗，这些仪式和风俗在未来几个世纪里仍是什叶派的主要特征。纷繁难懂的礼拜和斋戒沐浴仪式，对仪式中污秽与洁净的认识，以及伊斯兰教法下性别角色的分配，都体现了什叶派是如何界定私人领域的。而星期五的聚礼拜、慈善基金的创建以及穆哈兰姆月[1]哀悼仪式的推行，则是什叶派在公共领域影响力的体现。

著名教法学家阿里·伊本·阿卜杜勒·阿利·卡拉奇（'Ali ibn 'Abd al-'Āli al-Karaki，卒于1534年）的职业生涯表明了乌莱玛与国家之间的关系，以及萨法维对教法学家循序渐进式的掌控。卡拉奇来自黎巴嫩的埃米尔山区，曾在大马士革和开罗学习，后来前往伊拉克南部什叶派圣地纳杰夫（Najaf）学习。在1510年伊朗大败乌兹别克之后，伊斯玛仪请他来伊朗，以便直接借什叶派阿拉伯支持者之口宣传"正确的"什叶派教义。随着萨法维伊朗越来越以伊斯兰教法为导向，什叶派的教法学家也因此拥有了更多的社会威望和财富。卡拉奇第二次来到伊朗之后，就成为塔赫玛斯普时代最著名的宗教权威。卡拉奇通过建立宗教慈善捐助网络，加强了教法学家作为什叶派伊斯兰教法传播者与实践者的垄断地位。这一网络的成员有他的阿拉伯和波斯学生，宗教捐赠和宗

---

[1] 即伊斯兰历1月。

教费用的受益人也包括在内。乌莱玛有着前所未有的神圣化的社会地位，随着清真寺的追随者越来越多，具有保守倾向的乌莱玛的规模也越来越庞大。围绕在教法学家周边，一个新的乌莱玛网络出现了，这个网络与萨法维王朝负责宗教管理的波斯贵族阶层相抗衡，并在一定程度上取代了他们。

教法学家拥有近乎自治的司法权威，也拥有随意支配宗教收入的惊人权力，因而成为一支不容忽视的力量。卡拉奇得到诸如"穆智台希德的封印""伊玛目的代理人"等头衔，表明了高级乌莱玛对他的认可。他对教法的见解不仅被他的追随者所效仿，就连伊朗国王也采纳其观点。在1533年7月发布的一项法令中，年轻的塔赫玛斯普正式承认了卡拉奇的头衔，并授予他管理国家宗教事务的大权，还以慈善捐赠的名义，赏赐他伊朗和伊拉克境内大片地产：

> 所有受人尊敬的先知家族后人、尊贵的贵族和社会名流、齐兹尔巴什部落首领、各部部长以及这个国家所有其他高级官员，我正式授予他（卡拉奇）宗教向导和领袖的身份，在任何情况下都必须服从于他。他所命令的，就要坚决执行；他所反对的，就要厉行禁止。他无须请示批准，便可以自行任免"（伊朗的）戍卫领地"的伊斯兰教教法官以及常胜军中的军事执法官。任何被崇高权威所免职的官员，未经卡拉奇批准，不得再次任用。[3]

事实上，向卡拉奇的致敬意味着授予了他在全国范围内任命聚礼领拜人（imam-e jom'eh）的权力。在没有"隐遁伊玛目"（什叶派对马赫迪的尊称）的情况下，礼拜五聚礼是一项创新之举，因为这是过去被什叶派教法学家所禁止的行为。这一行为不仅含蓄地确认了萨法维王朝是一个合法的什叶派政权，而且还肯定了教法学家作为马赫迪代理人的集体权威。同样重要的是，王室法令批准了"效仿"这一教法观念，追随者将自行选择其所信奉的穆智台希德，并遵循穆智台希德关于伊斯兰教法各个方面的宗教裁决。"效仿"是什叶派十二伊玛目派的独特之处，也是一项对伊朗历史产生了久远影响的制度。作为权力交换，国家获得了在没有"隐遁伊玛目"的情况下征收土地税的合法权力，而在当时，这在法律上被认为是不可能实现的。卡拉奇在伊斯兰教法方面的不受干预的权力使得逊尼派被妖魔化，他促成了对早期伊斯兰教"正统哈里发"的公开诅咒，与此同时，他也致力于减少各种不信奉国教的行为，至少在公共场合是如此。此外，上述法令暗示，教法学家可以不受萨德尔的管辖实行自治，实际上也预示着教法学家渴望在萨法维政权之下保持半独立的地位。

但是，乌莱玛地位的巩固并没有缓解内部竞争，尤其是种族间的矛盾，教法学家之间有时也难免彼此轻视。因其意图垄断的野心，卡拉奇在职业生涯中遭到了阿拉伯和波斯教法学家以及萨法维官员的恶意批评。由于生性傲慢和确实存在剽窃造假行为，他备受攻击。事实上，他的大部分作品以及那个时代大多数教法学家的作品，都只能算是烦琐的评论和注释而已，其内容包括对早期教法学家作品的冗长解释，涉及的主题从宗教行为到洁净身体等复杂细节。谴责所有与众不同或前所未有的事物，或者所有看起来像是"异端邪说"的东西，有时只是为了追求所谓的真实。苏菲派的教令（甚至是萨法维王室的教令）、公开或秘密的逊尼派组织、各种非正统教派的追随者以及自由派思想家，总是很轻易地给卡拉奇及其同僚贴上"歪门邪道""与崇高的伊斯兰教法相悖"的标签。卡拉奇撰写过一篇文章，探讨复活（ma'ad）的真实性，而这一伊斯兰宗教信条长期以来曾引起过广泛的争议和怀疑，尤其是在它被严格解释为审判日（the Day of Judgment）死者的肉体复活时。卡拉奇在他的论著中公开且激烈地谴责了逊尼派关于早期哈里发及其他伊斯兰名人的历史叙事。将逊尼派妖魔化，并将之视为"异类"，有助于加强教义的一致性，同时也与国家主导推行的不宽容的宗教政策同步。然而，与欧洲宗教裁判所不同的是，萨法维伊朗从来没有将对私人领域的系统性侵犯制度化。

在逊尼派邻国的"异端"指控下，萨法维王朝对王权正统性的要求更加强烈，因而决定重新美化自己的血统。虽然伊斯玛仪和他的父亲海达尔都声称自己是阿里的后裔，但是从塔赫玛斯普时代开始算起，完整的皇族谱系只能追溯到什叶派第八任伊玛目阿里·伊本·穆萨·里达（Ali ibn Musa al-Rida），他在马什哈德的陵墓是萨法维伊朗最受尊敬的宗教圣地。根据当时（直至20世纪）的资料来看，与阿里和先知家族的关系提升了萨法维王朝的统治地位，给予萨法维王室神圣的光环，这在那个时期的众多建筑物、公共法令以及萨法维沙赫资助出版的学术作品中都有所体现。尽管如此，苏菲派的起源与王朝依旧有着紧密的联系，对阿里家族陵墓的象征性捐赠再次印证了萨法维教团追随者对国王的忠诚（彩图1.2）。

塔赫玛斯普个人痴迷于奉行纯粹的什叶派教法。也许是出于为国民做出榜样的愿望，但更有可能是因为强迫症。塔赫玛斯普与他酗酒的父亲相反，他在青年时代就悔过自新，并且终身戒酒。在塔赫玛斯普的要求下，卡拉奇甚至写了一篇关于上瘾行为（waswas）的法律后果的小册子。人们推测，什叶派教法学家最热衷纷繁复杂的纯洁性仪式，与之相关的作品大量涌现，这与王室的嗜好不无关系。什叶派将纯洁与污秽的对立，等同为信仰者与非信仰者之间的对立，当然，这种对立关系也随着伊朗边境逊尼派力量的逐渐逼近而加深。塔赫玛斯普简短的自传是通往其道德世界的一个窗口，透露出他内心深处的宗教信仰，这种宗教信仰通常以神圣化的梦境呈现。正是这种梦，像一束引导人的光，将塔赫玛斯普的个人生活与保卫什叶派的重要使命联系在一起。

抵御奥斯曼帝国的霸权

塔赫玛斯普与奥斯曼最伟大也最好战的苏丹苏莱曼一世（Suleiman Ⅰ，1520—1566年在位）同属一个时代。苏莱曼一世被称为"立法者"（Qanuni），也是欧洲人口中所说的苏莱曼大帝。作为萨利姆一世之子，苏莱曼一世的统治时期是奥斯曼帝国的军事力量及物质文化的顶峰时期。但是，苏莱曼一世的邻居们，无论是东部的伊朗人、亚美尼亚人和格鲁吉亚人，还是西部的匈牙利人、塞尔维亚人、波兰人、奥地利人，都受到了奥斯曼对外扩张以及毁灭性战争的影响，对于他们来说，苏莱曼一世既不伟大也不合法。以伊朗为例，奥斯曼的攻势造成了持续性的威胁，体现在1534—1535年、1548—1549年、1554—1555年的三次大规模战争中。这几次战争的被迫中断，很大程度上应当归因于后勤补给问题，而这个问题早先也曾困扰着萨利姆一世。这几次战争是以保卫奥斯曼帝国东部边界为借口发起的，可能是为了切断萨法维王朝与安纳托利亚东部的奥斯曼臣民的联系。什叶派阿拉维派曾零星爆发过反奥斯曼的杰拉里叛乱，这在该地区已经司空见惯，但在很大程度上，这些叛乱与萨法维无关，所以不需要向伊朗内地开展大规模军事行动。

事实上，苏莱曼一世发动这些艰苦的征服战争是为了争夺领土，他的战争甚至远比他的父亲在位时规模更大、更加恐怖。掠夺和奴役人口，包括伊朗什叶派教徒和高加索基督教徒，也是刺激苏莱曼一世发动战争的原因。阿塞拜疆及其他西部省份"红头军"心怀鬼胎，这也为奥斯曼土耳其人发动战争和煽动叛乱带来了机会。塔赫玛斯普通过协调各部门的力量分配，来达到权力制衡的目的，使得"红头军"的特权受到压制，也让他们变得越来越难以控制，有些甚至还出现了反叛的征兆。萨法维强制性地推广什叶派信仰，也为奥斯曼的征服开启了一扇新的大门。1535年，对什叶派霸权感到不满的巴格达市民以及美索不达米亚的逊尼派民众迎接了奥斯曼帝国军队的到来。

美索不达米亚的丢失使萨法维王朝的西部防御体系变得脆弱，也使得奥斯曼帝国在东安纳托利亚的统治基础得到巩固，并占据东高加索、阿塞拜疆、哈马丹、克尔曼沙阿、胡齐斯坦以及波斯湾沿岸的萨法维省份达数十年之久。然而，奥斯曼帝国在东方的征服，并不总是像在巴尔干半岛或东欧那样，能够产生持久的成效。萨法维王朝采取了与之前逼萨利姆一世军队撤退相同的焦土战术。和他的父亲一样，苏莱曼一世也无法长期坚守大不里士，并在征战季节结束时被迫撤离，去往土地更肥沃，也更安全的西高加索山谷地带。

奥斯曼人和萨法维人对高加索地区的争夺可谓旷日持久，高加索的诱惑不仅仅在于肥沃的土地和绿色的牧场，奥斯曼和萨法维的军队还可以在这里休养生息。对于这两个帝国而言，高加索和更北的俄罗斯南部腹地，是白人奴隶的理想来源。在圣战的幌子之下，亚美尼亚和格鲁吉亚的农村基督教徒，以及"异教徒"切尔克斯人（Circassians）、车臣人（Chechens）、莱克人

（Leks）、列莱兹金人（Lezgins）和来自北高加索山区的其他部族，都沦为了奥斯曼和波斯军队狩猎的目标。

伊朗在塔赫玛斯普指挥下发动了更有组织、更具破坏性的战争，其中四场战争发生在1540年至1554年间，塔赫玛斯普似乎是仿照奥斯曼的征服手段，并且试图建立一种类似于"血税"（Devshirmeh）的奴隶征募制度，这种制度主要施行于巴尔干半岛和其他奥斯曼帝国西部属地。在该制度之下，年轻的男性基督徒被系统地围捕起来，作为贡品在奥斯曼军队和政府中服役。对萨法维来说，在高加索掠获到的白人奴隶可以用来补充因年龄和忠诚问题而不断减少的"红头军"。来自高加索地区的女奴也被萨法维和奥斯曼争相抢夺，作为后宫妃嫔的补充。塔赫玛斯普的大多数妾嫔都被认为是"格鲁吉亚人"，"格鲁吉亚人"是所有来自第比利斯北部的白人奴隶的统称。女性奴隶也可以成为王子和军事将领的妻妾。1553年，时值塔赫玛斯普统治的后期，在一次对格鲁吉亚内部的掠夺中，至少有3万名基督徒被俘，并被带到了萨法维境内。

无论是通过掠夺，还是作为新近被征服的高加索部落首领所进献的岁贡的一部分，奴隶数量显著地增加了。萨法维也强迫他们所俘获的奴隶信仰伊斯兰教什叶派，尽管他没有像奥斯曼帝国那样采取制度化的强制措施。他们还极力破坏高加索文化和宗教象征，包括教堂和神龛。1551年，"伊斯兰的庇护"塔赫玛斯普对"被诅咒的异教徒"格鲁吉亚发动了一场骇人的战争，他派军队袭击了位于格鲁吉亚南部、库拉河以西的山地要塞瓦尔齐亚（Vardzia，萨法维称之为"Dezbad"）。胜利的萨法维军队破坏了要塞内修建于12世纪的格鲁吉亚洞穴修道院，并屠杀了在那里避难的当地居民。编年史学家鲁姆鲁写道："在山谷中，没有一个异教徒能毫发无伤地从军队复仇的屠刀下逃脱。"根据他的记载：

> 按照伊斯兰教法，被杀者的家人、房子和财物都归杀人者所有。那些肤色白皙的格鲁吉亚人，那些美丽英俊的格鲁吉亚人，每个人都独一无二，就像时光之颊上的美人痣一般。他们在高山、深穴以及附近的堡垒中避难。但是勇猛的伊斯兰军队冲进了他们的避

难所，用宝剑和火炮将他们击溃，并把几千人送入了地狱。就如同蜂巢前聚集的蜂群一般，军队继续掠夺洞穴中的宝藏，而有着白皙面容的奴隶由于惊吓，一群群地从洞穴中逃出来，他们又饥又渴，又怕死于刀下。[4]

这些从异地掠获的奴隶（gholams，阿拉伯语，可能源于"ghol"一词，意为"项圈"）对王室、军队和整个萨法维王朝的影响是直接、长远且巨大的。"奴隶"一词本义指的是一个奴隶出身的年轻男宠，数百年间，这个词的含义逐渐转变为在军队、政府和宫廷服务的白人或黑人奴隶。在萨法维王朝时代，尽管"性奴"的含义依然存在，但从16世纪中叶开始，随着在高加索地区的袭击中抓来的基督徒的数量大幅增加，奴隶"人"的功能变得更加重要。在后宫和军队中，奴隶已经成为第三股势力，与"红头军"将领和王室内阁中的官僚相抗衡。与奥斯曼帝国的亲兵相类似，奴隶战士为萨法维军队注入了新鲜的血液，他们对伊朗国王更加忠诚。甚至可以说，正是因为有了奴隶将士，萨法维才能够重新夺回曾经失守的西部省份。

奥斯曼咄咄逼人的攻势和萨法维部落军队的不可靠性，已经迫使塔赫玛斯普降低了对"红头军"的依赖，并于1548年将首都从军事上不够安全的大不里士，迁往了300英里以东的伊朗内陆城市加兹温。尽管大不里士在商业和文化上至少维持了半个世纪的枢纽地位，但将首都迁往讲波斯语的内陆地区，并且离开此前齐兹尔巴什部落的大本营阿塞拜疆，这是萨法维帝国进一步"波斯化"的转折点。对伊朗的政治和外交更为重要的是，1555年，萨法维与奥斯曼帝国缔结了《阿马西亚和约》（the peace treaty of Amasya），这是双方第一份以外交手段和平解决领土争端的协议。

《阿马西亚和约》首次划定了两个帝国的领土界线。该条约将伊拉克和几乎整个安纳托利亚都划给了奥斯曼帝国，却恢复了伊朗在阿塞拜疆及其他伊朗西部省份的主权，包括库尔德斯坦、克尔曼沙阿、哈马丹、洛雷斯坦、胡齐斯坦以及东高加索地区。虽然双方，特别是奥斯曼帝国，一再地违背条约中的条款，但这个条约断断续续地延续到了20世纪，并且基本上奠定了伊朗的西部边界。尽管失去了若干领土，但对伊朗来说，该条约仍是一大胜利。萨法维的防御能力得以持续，波斯军队甚至还偶尔战胜过强大的奥斯曼帝国，而这些偶尔的胜利在某种意义上也促成了和平谈判。此外，该条约还标志着塔赫玛斯普战胜了国内不守规矩的"红头军"部落首领。到16世纪50年代，内斗不断的"红头军"被逐渐取代，而东部乌兹别克人的进攻也被击退了。1550年，塔赫玛斯普的兄弟阿卡斯引发的叛变被粉碎了。讽刺的是，阿卡斯叛逃至奥斯曼土耳其，并向苏莱曼一世送去了讨伐伊朗的借口。

文化全盛与继位危机

在塔赫玛斯普统治的后期，尽管外有逊尼派的敌对力量，内部的冲突也十分频繁，但萨法维政权似乎仍能勉强地稳定下来。城市蓬勃发展，国内贸易繁荣，将各省融合成一个统一帝国的工程已经初见成效，至少在内陆省份是如此。萨法维治下的伊朗社会已经从前几十年的毁灭性战争中恢复了过来，"红头军"的暴力屠杀高潮似乎也告一段落。一种惬意休闲、富有思想和创造力的生活方式，似乎也经受住了什叶派教法学家的严厉审视。

16世纪中后期是波斯绘画和书籍出版史上最激动人心的历史时期之一。萨法维伊朗的皇家工作室为一些经典文本制作了最为精美的插图手稿。其中，菲尔多西的《列王纪》、内扎米的《五卷诗》（Khamseh，也称《哈姆塞》）以及萨迪的《蔷薇园》最受人们喜爱，那些委托制作了大量插图手稿的女性精英特别喜欢内扎米。在奥斯曼和莫卧儿宫廷中，也有一些波斯艺术家或自愿或被迫地在那里制作书籍插图，并培养奥斯曼和莫卧儿本土的艺术家。这些奥斯曼和莫卧儿艺术家在之后形成了本国的绘画流派。

伊朗与印度莫卧儿王朝间的关系，随着坎大哈（Kandahar）与德干（Deccan）间的贸易扩大而变得密切，新的文化交流也进一步发展了双边关系。阿富汗将军希尔·沙·苏瑞（Sher Shah Suri）攻占了莫卧儿以后，莫卧儿皇帝胡马雍（Homayun，1531—1540年和1555—1556年在位）曾经在塔赫玛斯普的加兹温宫廷受到庇护，并达15年之久，这15年的时光加速了两大帝国间的文化交流与文明对话。胡马雍拒绝皈依什叶派，但他培养了自己欣赏波斯艺术及文化的品位。1555年，胡马雍回到了德里，他的随从人员中包括许多波斯画家、工匠和学者，他们对莫卧儿和后莫卧儿王朝的艺术和文学产生了重大影响。尽管塔赫玛斯普对偶尔访问他宫廷的欧洲使者仍然不冷不热，但他热衷于与邻近的莫卧儿帝国建立友好关系，这无疑是要平衡来自奥斯曼帝国和乌兹别克的威胁（彩图1.3）。此外，与萨法维王朝形成鲜明对比的是，莫卧儿王朝在阿克巴（Akbar）时代遗留下来的宗教宽容政策，鼓励了大批波斯艺术家、诗人和宗教异见人士离开波斯，迁往莫卧儿印度，这种现象一直持续到了18世纪。

经历了一段短暂的平静与繁荣期后，在塔赫玛斯普统治的末期和他死后的10年，国家陷入了一片混乱，并很快演变成了政治动乱。到了1588年，危机严重威胁到了萨法维政权的统治。伊斯玛仪经过不懈努力才把这个帝国重新统一起来，塔赫玛斯普也用他的毅力将这种统一维持了半个世纪之久。然而，这个帝国即将被好战的军阀们分裂割据，他们中有许多人是齐兹尔巴什部落第二代和第三代的首领。这波政治动乱的核心在于悬而未决的王位继承问题。然而，继承问题也引发了权力结构内的一系列冲突，其中最突出的是"红头军"部落首领对领地的争夺，随后，他们又想控制萨法维王位。波斯的政治文化至少非正式地遵守着长子继承制，即由长子继承王位。正是依据这一传统，塔赫玛斯普才得以登上王位。然而，这种有序的王位继承传统并没有建立制度性的框架，更难以奢求这些人能够达成共识，遵守这一传统。在一定程度上，"红头军"是一支各部相互协调的军队，鉴于在过去几十年里，这支军队已经四分五裂，新仇旧恨从不间断，因而，"红头军"在塔赫玛斯普的继承人问题上很难达成一致意见。当然，造成这种局面的部分责任在于塔赫玛斯普自身。

在塔赫玛斯普统治期间，依靠并不稳定的恩主-侍从关系建立起来的网络开始瓦解。虽然一些"红头军"将领是老一代精英的后代，但事实上，这些部落不再仅仅按照血统来组织，他们更像是为了保护其成员特权，以及获取更多经济资源和政治权力而成立的政治派系。随着旧集团忠诚度的降低，"红头军"对他们的特权习以为常，他们原来的联盟出现了严重裂痕。到16世纪末，他们不再是一支可靠的军事力量。他们可以在各省分配大片的土地，领取丰厚的政府抚恤金，分享战争中所获的战利品以及享有军事贵族的崇高地位，但他们之间也因此更易产生派系之争，更渴望得到权力，而这种野心只能通过精心设计的阴谋来实现。这些阴谋往往是愚蠢的，在萨法维王朝编年史上不胜枚举。

国王的许多儿子都有可能获得王位，他们都是"红头军"实现野心的理想目标。年轻的王位继承者阿巴斯一世（Abbas I）的早期经历说明了萨法维王子不过是傀儡，能够庇护他们免受"红头军"监护者操纵的只有他们的母亲和王室的其他女性成员。尽管从萨法维王朝早期开始，王室女性就在政治进程中扮演着独特，有时甚至是决定性的角色。但是在后塔赫玛斯普的过渡时期，她们的存在才变得更加为人所知。虽然很少有人承认，而且往往带有一种对女性不屑的厌恶之情，但她们的参政显然对萨法维政权中的男权风气造成了明显的冲击。

像奥斯曼和莫卧儿一样，萨法维王朝精英阶层的母权倾向从16世纪晚期开始变得更加明显。女性的影响力之大，以至于奥斯曼帝国的历史被称为"女性统治的苏丹王国"，女性掌权的巧合出现，可能是因为三个帝国都经历过类似的政治过渡模式。萨法维王朝的王后要么是有基督徒奴隶的血统，要么就是属于权宜婚姻的一方，例如与从属政权间的联姻。随着后宫一夫多妻制的出现，种族之间的竞争与"红头军"之间的争斗一样激烈，母子间的纽带关系会因为缺乏父爱、继位无望而变得更加紧密。因此，王室妇女得以掌权，特别是在不稳定时期。男权主导的政体功能失调、行将崩溃，实际上促成了女性对权力的掌控。

塔赫玛斯普离世后，宫廷内各种族便开始了一场延伸至宫门外的小型革命。塔赫玛斯普的大儿子穆罕默德因为视力受损而被他前途光明的弟弟伊斯玛仪·米尔扎（Isma'il Mirza）所取代，并长期被父亲塔赫玛斯普囚禁在阿塞拜疆的一座偏远城堡里。伊斯玛仪·米尔扎之所以可以顺利继位，要归功于伊斯玛仪·米尔扎同父异母的姐妹帕里–汗·哈努姆（Pari-khan Khanum）。帕里–汗是一位在政治上十分精明的公主，她的母亲（曾是塔赫玛斯普的红颜知己）是切尔克斯人。帕里–汗·哈努姆联合了部分"红头军"部落首领和切尔克斯奴隶，组成了三方联盟，在继承权之争中成功地击败了另一个同父异母的兄弟海达尔·米尔扎（Haydar Mirza），并化解了"红头军"和格鲁吉亚人对他的支持。

1576年，新国王伊斯玛仪二世（1576—1577年在位；表1）在加兹温继位，他是一位脾气暴躁、性格古怪的瘾君子，有吸食鸦片的习惯，在位期间，他做了一系列特立独行之事。他曾因"淫邪"的罪名而被囚禁了20年，这一经历让他心中充满愤怒和猜疑。这种偏执的人格很快震惊了整个帝国。完全不顾帕里–汗的反对，这位新国王下令处死所有有继位资格的王室男子，其中包括他的兄弟，同时还要杀光"红头军"中的反对派部落首领以及宫廷里的苏菲派守卫。这场屠杀尽管残酷，但意在巩固伊斯玛仪二世的权力，毫无疑问，他急于打破其父留下的微妙平衡。

此外，伊斯玛仪二世持修正主义的观点，批评了他父亲的宗教政策。他短暂而血腥的统治之所以引人注目，是因为他想要放弃萨法维极端的反逊尼派宣传和侮辱早期哈里发的做法，不再强制臣民皈依什叶派，并停止对逊尼派的迫害。他敢于下令清除所有清真寺和公共场所的墙壁上的反逊尼派标语。伊斯玛仪二世将同情逊尼派的波斯官员任命为政府官员，公然蔑视阿拉伯教法学家及其日益增加的追随者。这些举动不仅在"红头军"和教法学家中引起了骚动，也在这个数十年沉浸于反逊尼派宣传的社会掀起了轩然大波。

伊斯玛仪二世的生命戛然而止，这与他激进的修正主义政策不无关系。当他在行宫被发现时，早已昏迷不醒，陪在他身边的还有他的情人——一名出身卑微的年轻男子。而在事发的前一夜，两人还一起游耍在都城的酒肆间。据推测，他死于吸食过量鸦片，尽管他的"红头军"反对者可能出于自保而促成了他的死亡。抛开阴谋的可能性，这一事件验证了伊朗社会对什叶派的皈依，以及伊朗公开宣布其反逊尼派的立场。诅咒前三任哈里发和其他形式的逊尼派"异端"注定会成为萨法维意识形态的命脉。可以想象，如果不是因为他的神秘死亡，伊斯玛仪二世和他的支持者或许能够克服狂热的什叶派追随者的反对，并促成一个更加包容的社会，减少对非什叶派信徒的骚扰及与逊尼派邻国的冲突，甚至可能将作为国教的什叶派与国家政务脱钩。

伊斯玛仪二世之死使萨法维政权和整个帝国陷入了长达10年的宫廷阴谋中，随之而来的是对王位继承权的争夺，但这只能通过长期内战来解决了。由于别无选择，"红头军"部落首领们在伊斯玛仪二世去世后暂时达成了表面上的一致，把塔赫玛斯普的大儿子苏丹·穆罕默德（Sultan Mohammad，1578—1588在位）推上了王位，称他为胡达班德（Khodabandeh），意为"安拉之仆"。事实上，他只是"红头军"寡头的傀儡。王位背后的真正权力来自后宫，苏丹·穆罕默德的妻子凯伊尔·内萨（Khayr al-Nesa）很快成为帕里-汗的重要对手，帕里-汗在兄弟伊斯玛仪二世死去后便失去了声望。凯伊尔·内萨，更广为人知的名字是马蒂·奥雅（Mahd 'Olya），意为"崇高的摇篮"，她的父亲是半自治的吉兰省的长官，她的儿子是当时尚在襁褓中的小王储——未来的国王阿巴斯一世。

作为苏丹·穆罕默德的实际摄政者，马蒂·奥雅迅速安排了谋杀帕里-汗·哈努姆的行动，并将她在宫廷中的切尔克斯派一网打尽。然而，她却无法轻易地阻止"红头军"手握大权并且试图架空她丈夫的欲望，常年丰厚的赏赐并不能换来他们的绝对忠诚。相反，奥斯曼帝国对萨法维高加索诸省的再次入侵，为齐兹尔巴什部落首领们提供了一个借口，他们指责马蒂·奥雅不愿废除1555年的和平条约，并试图同奥斯曼帝国开战。1579年，不愿再容忍马蒂·奥雅的"红头军"部落首领成群结队地闯入了王室后宫，将她从国王苏丹·穆罕默德的怀里拉出来，并把她碎尸万段。给马蒂·奥雅捏造的罪名是她与克里米亚的格来（Giray）王朝的鞑靼王子有不正当关系，而当时鞑靼王子正以难民身份避居在加兹温的宫廷之中。

内乱为奥斯曼帝国军队提供了一个深入萨法维领土的良机。由"红头军"成员伊斯坎达尔·贝格·蒙希（Iskandar Beg Monshi）编写的17世纪早期萨法维王朝的编年史中有一段记载，描述了当时权力斗争的纷繁复杂：

国王（苏丹·穆罕默德）从王室金库中慷慨地分发财宝，每天都是一箱一箱的金币从国库中被抬出来，然后分发给"红头军"的军官们。由于"红头军"的精明与自私，他们的矛盾升级成为军队中弥漫着的对立情绪，造成了冲突、仇恨和严重的分裂。随着"红头军"争吵不休和漫无法纪的消息传播开来，国内也开始出现了可怕的错误。国王的敌人们一直在等着这一天，他们非常乐意趁此机会，从东西两个方向鲸吞伊朗的土地。[5]

1578年至1590年期间，正当萨法维帝国处于最为羸弱的状态时，奥斯曼苏丹穆拉德三世（Morad Ⅲ，1574—1595年在位）明目张胆地违反了1555年签署的《阿马西亚和约》，为了夺取阿塞拜疆和高加索地区，他发动了至少4次毁灭性的战争。据记载，在1584年奥斯曼帝国发动的一场大规模战争里，共有30万军队参战，并配备了600支火枪。战争的借口是要把信奉基督教的高加索地区从伊朗的压迫中解放出来，并为伊斯玛仪二世的死复仇。当然，这是毫无根据的。经过几次交战，"红头军"被打得溃不成军，奥斯曼军队再次占领了所有的萨法维西部省份，从格鲁吉亚、亚美尼亚，到西阿塞拜疆、库尔德斯坦、洛雷斯坦和胡齐斯坦。历经1585年的血战，大不里士陷落了，这一次，奥斯曼人留在了这里。他们不分青红皂白地对反抗者进行报复，摧毁了该城一些最重要的防御工事，修建了新的堡垒，并首次将被俘的什叶派男子、妇女和儿童以奴隶或契约的形式，卖到了奥斯曼帝国的欧洲各省。

紧接着，乌兹别克人袭击了萨法维的呼罗珊地区，并造成了毁灭性破坏。巴尔赫、梅尔夫，甚至马什哈德，也不时地被乌兹别克人占领，这暴露出萨法维在面对双线攻势时的战略弱点。乌兹别克人的进攻导致当地什叶派居民被奴役，他们被带到中亚的奴隶市场上进行贩卖。伊斯坦布尔和布哈拉的逊尼派穆夫提发布了伊斯兰教令，以异端信仰为由，将奴役萨法维伊朗人合法化。而萨法维同样以抓捕"土库曼奴隶"（asir-e Torkaman）来实施报复。

皇储阿巴斯·米尔扎

在外忧内患的局面下，赫拉特省总督、"红头军"首领阿里·库里·汗·沙姆鲁（'Ali Qoli Khan Shamlu）打起了另外的主意。早在1581年，他就宣布在其监护下，年仅10岁的阿巴斯·米尔扎王子为统治呼罗珊的萨法维沙赫（表1）。东西部"红头军"之间的裂痕使得阿里·库里试图统一呼罗珊，并为自己开拓出一个独立于加兹温和西部"红头军"的地盘。阿巴斯·米尔扎是苏丹·穆罕默德和被处死的妻子马蒂·奥雅所生的第三子，在1578年伊斯玛仪二世大屠杀期间，他奇迹般地逃脱了被处决的命运。很显然，阿里·库里和他的盟友穆尔希德·库里·汗（Morshed Qoli Khan）——一位雄心勃勃且有能力的奥斯塔鲁"红头军"首领，并不确定加兹温政府将何去何从。由于担心入侵的奥斯曼人会占领首都，他们想要让年轻的阿巴斯·米尔扎在东部组建一个新的齐兹尔巴什部落联盟。

到了1587年，齐兹尔巴什部落联盟已经四分五裂，甚至凭穆尔希德·库里指挥的一支仅有2000人的奥斯塔鲁骑兵队就成功地进军首都加兹温。具有讽刺意味的是，奥斯塔鲁首领和由他监护的王子阿巴斯·米尔扎只能选择加兹温，因为他们已经被再次袭来的乌兹别克人逼出了呼罗珊。加兹温的市民对长达10年的内战已经深恶痛绝，他们支持并欢迎阿巴斯·米尔扎及其摄政王的到来。1587年10月，苏丹·穆罕默德最终退位，不久之后，他18岁的儿子阿巴斯继位为沙赫。新的伊朗沙赫刚戴上镶满宝钻的王冠，就已经暗中盘算如何彻底摧毁"红头军"及其所拥有的一切。他的目的与10年前的伊斯玛仪二世并没有什么不同，他的胜算也并不比伊斯玛仪二世高多少。

建政不到一个世纪的萨法维王朝面临着一个充满危机的前景。伊斯玛仪和塔赫玛斯普试图努力实现的目标已经被国内派系之争和外敌入侵所破坏。到1588年，两个最重要的萨法维城市——大不里士和赫拉特被占领，帝国两翼的大片省份也被吞并。"红头军"将其余的省份瓜分为摇摇欲坠的封地，贫穷的人民遭受着内战、压迫和奴役。由于阴谋算计和软弱无能，萨法维中央政权已经跌到了谷底。

然而，在多灾多难的时局面前，萨法维王朝韧性极强的特点将其与前代国祚短暂的土库曼王朝区别开来，甚至可与强大的邻国媲美。尽管经历了诸多失败，萨法维伊朗仍能形成一种具有一致性的社会宗教意识，就像在其他几个早期的现代国家（如西班牙和英格兰）一样，这种意识能够转变为全国性的宗教。什叶派就像是社会与道德这两大基石的黏合剂，将其牢牢砌合在一起，使得萨法维帝国能够迅速恢复活力。无论是通过武力强制还是道德说服，什叶派信仰遍地开花，并且得以延续了下来。早期的萨法维伊朗仍然很容易受到邻国奥斯曼土耳其火力的侵扰，但伊朗并不会惧怕奥斯曼帝国对逊尼派日益增强的宗教认同。为了消灭伊斯玛仪的救世宏愿，奥斯曼帝国的入侵和乌兹别克人的突袭不曾间断，但也许没有其他因素比这更有助于什叶派伊朗的生存，并促使其逐渐转变为规范的什叶派十二伊玛目派。

如果没有这些动荡的经历，要在伊朗的自然疆域内打造一种新的社会认同或许是不可能的。萨法维王朝并没有唤起伊朗的民族国家意识，也没有将伊朗界定为一个政治实体。现代意义上的国家意识在数百年后才会出现，而政治实体作为地缘政治现实却已经存在了几个世纪。萨法维政权所做的是帮助唤醒伊朗的国家意识，巩固伊朗作为政治实体的地位。早期萨法维的经历表明，尽管有共同的波斯文化、宗教和种族联系，但美索不达米亚南部、安纳托利亚东部和中亚南部地区已经无法再轻易地被并入伊朗的版图之内。伊斯玛仪征服世界的计划注定要止步于伊朗的自然边界。

第二章

阿巴斯一世的时代与萨法维帝国的形成
（1588—1666）

历史上少有如阿巴斯一世那样的理想化沙赫，也很少有哪个时代如他的统治时期（1587—1629年）那样，至今仍被伊朗人所怀念。阿巴斯大帝被视为一个帝国的缔造者，因为他迎接那个时代的挑战，在战胜那些挑战的同时，也使自己成为时代的英雄，应该说，他与挑战是共生的。"阿巴斯大帝"（Abbas the Great）的传说当然没有告诉我们整个故事的完整始末，但它反映了一些历史事实。在他宏图霸业的一开始，阿巴斯曾差点丢掉性命，更遑论收复失守的疆域了，但是他设法克服了许多国内外的阻碍，重建了一个中央集权且繁荣昌盛的帝国。也许他最大的功绩是帮助孕育了伊朗民族共同体和民族文化，而这一永恒遗产的重要性超越了他和他的王朝。

阿巴斯的时代印记，存在于公共建筑、公众记忆、货币制度和商贸旅馆中，也存在于他所崇尚的宁静的城市氛围、艺术和智慧的创作力，以及蓬勃的商业精神之中。对于经常光临伊朗的那些欧洲客人而言，阿巴斯就如同莎士比亚戏剧中"了不起的苏菲"（The Grand Sophy），是一位天生的盟友和亲切的主人，对西方世界中的事务充满兴趣（图2.1）。对于现代历史学家而言，阿巴斯的复杂人格为研究波斯王权提供了一个很好的例子，他一方面彬彬有礼、体贴入微，另一方面却又狡猾残忍；他富有好奇心和远见卓识，却又缺乏自信，疑神疑鬼。

图2.1　阿巴斯一世像，由一名意大利艺术家创作

R. 塔拉维第（R. Traverdi）编，《国王的土地》（*The Land of Kings*），（德黑兰，1971年版），第48页。

阿巴斯身材矮小，肌肉发达，脸色黝黑，只留着两撇"八"字胡。他衣着简朴，故意与奢华的宫廷以及侍从们的华丽服装作对比，似乎在向别人暗示，在平凡的外表下，他其实有着天生的王者风范。他戴的王冠别具一格，与祖先的"红头军"式王冠不同。他总是随身携带佩剑，时刻准备着用它来威慑或惩罚别人；许多见过他的人，特别是欧洲访客，对阿巴斯的印象是身手敏捷，甚至好动，像是一个自信有度、见多识广的战士。1618年，罗马贵族彼得罗·德拉·瓦莱（Pietro Della Valle）曾前来伊朗，觐见了阿巴斯一世，这位国王时年49岁，彼得罗·德拉·瓦莱形容阿巴斯为人"极为精明，高度机警，英勇果决"。阿巴斯通晓波斯语和阿塞拜疆土耳其语，并时常以一种和缓亲切的语调侃侃而谈。

阿巴斯为人不拘小节，喜欢喝酒、听音乐和夜间聚会，但他性格阴晴不定，让人难以捉摸，时而变得极端暴力，报复心极强。他的很多儿子甚至直接被他处死。阿巴斯时常亲手处死罪犯，并且毫无忌惮，有时甚至是在外国特使面前行刑。他也是一位亲力亲为的独裁者，不信任大臣和他的齐兹尔巴什军队将领。在德拉·瓦莱的印象中，阿巴斯博闻强识，通晓欧洲的政治局势，他充满了反奥斯曼的情绪，并且对欧洲列强的不团结、新教运动和宗教战争感到心灰意冷。言谈间，他的话锋中有着对菲利普二世军事战略的含蓄批评，并分析了西班牙国内动荡的原因。他说道：

> 要做帝王，必须首先做一名战士，亲自率领军队杀入战场……统治者不能把国家的命运交给他的大臣和军队将领，这样的国王注定要倒霉。人们常常为自己的利益而考虑，除了赚取财富和获得权力，过上舒适快乐的生活以外，别无其他顾虑。因此，他们不会完全遵循自己的义务。但统治者要责无旁贷，成为所有人的榜样。

德拉·瓦莱补充说，国王认为，一个有能力的统治者要么消灭敌人，要么让敌人举旗投降，要么自己战死沙场。[1]

重建帝国

自继位伊始，阿巴斯就表现出明显的独立迹象。他的统治模式既不是伊斯玛仪一世国王的先知救世革命模式，也不是其祖父塔赫玛斯普的权力平衡模式。他父亲的统治经历，以及他自己在呼罗珊担任王储的七年间几次直面死亡的经历，似乎都对阿巴斯造成了很大的影响，也让他对"红头军"的霸权行径产生了深深的不满。为了生存，他认为必须打破土库曼贵族的霸权，他的先辈曾这样尝试过，但最终以失败告终。为了给母亲和早些时候因挑战"红头军"而败亡的兄弟哈姆泽·米尔扎（Hamzeh Mirza）报仇，阿巴斯精心策划了一场大清洗行动，并很快就以叛国和煽动内乱的罪名铲除了几个位高权重的"红头军"将领。1589年，甚至连他自己的摄政王和监护人穆尔希德·库里·汗·奥斯塔鲁，也在清洗行动中落马。

"红头军"的势力为何会如此轻而易举地被粉碎呢？可能是因为在历经内战的破坏后，土库曼人能够召集的战斗力量越来越少，土库曼人自身也变得越来越不团结。穆尔希德·库里本人的政治生涯反映了新锐埃米尔[1]（amir）贵族的得势与失势，新一代的埃米尔贵族与伊斯玛仪时代的苏菲派乡村教团相差甚远。穆尔希德·库里的祖父是一名骆驼骑手，其父是一名奥斯塔鲁战士。在塔赫玛斯普的提拔下，他的父亲得以晋升为呼罗珊省"红头军"的总司令，奉命保护当时还是婴孩的阿巴斯·米尔扎，但后来死于伊斯玛仪二世时期的战乱。虽然穆尔希德有强烈的政治野心和充沛的精力，但是他手下的军队规模却一直在下降，有时甚至少到只有1000名骑兵；另一方面，"红头军"将士的忠诚和升迁不再完全基于亲属关系，而是在一次又一次的战场拼杀中依据战功而频繁变动。正是这种战斗力的削弱和部落忠诚度的瓦解，使得年轻的阿巴斯得以精心布置，并亲自监督对他的摄政王的处刑，就如同对付其他"红头军"埃米尔贵族的手法一样。

阿巴斯精明地在"红头军"将士中培养一种听命于沙赫本人的忠诚精神。在萨法维王朝早期，此后被称为"热爱沙赫"（Shahisevan）的精神就根植于对国王个人忠诚的记忆中，这种忠诚与过往强调的部落团结有显著差异。阿巴斯利用这种精神，打垮了"红头军"的精英阶层，而且始终把它当作一项原则和政治座右铭，甚至是重建萨法维所依托的制度框架，他借着这种精神重整军队和政权。对伊朗国王的忠诚使得多项措施得以实施，如打破部落氏族的关系纽带，将"红头军"各个分队打造成并行的指挥体系，创建出来自不同族裔的新分队，包括塔吉克波斯人、伊朗南部的阿拉伯人、吉兰省的德莱木

---

[1] 是阿拉伯国家的贵族头衔，意为"统率他人的人"。

人（Daylam），以及格鲁吉亚人、亚美尼亚人和切尔克斯奴隶。特别是对外作战对奴隶的依赖性与日俱增，因而权力的天平逐渐倒向了伊朗国王。"红头军"作为身份象征或特权阶层并没有消失，但作为曾经的齐兹尔巴什核心部落的权贵，他们已经失去了对这支半自治军队的操控权。

阿巴斯的国防战略犹如一盘复杂的国际象棋，他挑拨非土耳其区域的土耳其部落相互厮杀。例如，为了建立抵御乌兹别克人入侵的防御屏障，他仿效邻国奥斯曼帝国的手段，将大批"红头军"兵力重新安置在东北边境。到17世纪初，已有大量人口被重新安置在呼罗珊北部的战略要冲以及马赞德兰省东部的阿斯塔拉巴德（Astarabad），其中有4500户来自阿塞拜疆乌鲁米耶（Orumiyeh）地区的阿夫沙尔部落，3万户来自埃尔祖鲁姆（Erzurum）的贝尔巴斯库尔德（Belbas Kurds），还包括来自高加索南部埃里温（Iravan，也称Yerevan，今亚美尼亚共和国首都）、甘吉（Ganjeh，位于今阿塞拜疆共和国境内）和卡拉巴赫（Qarabagh）的巴亚特部落和恺加部落。这轮大规模的人口迁徙虽然有助于戍卫伊朗东部的安全，但也改变了伊朗游牧部落的分布状况，给有限的牧区资源带来了新的压力。到了某个特定的时间，这种紧张局势会触发部族冲突，这在18世纪早期的阿夫沙尔王朝以及其后的恺加王朝的崛起中表现得尤为明显。

阿巴斯实现"热爱沙赫"式团结的关键以及建立中央集权政策的重要基础，是火器的有效使用。虽然从塔赫玛斯普时代开始，大炮、手枪的制造及使用就已经十分常见了，但得益于阿巴斯的倡议，火器作为御外敌、平内乱的战略武器，其使用在萨法维的军队中变得普遍起来。事实证明，应用新的军事技术是迈向现代化的第一步。从1590年代左右到1820年代中期，火炮成了伊朗军火库中最有效的武器，使得伊朗政府能够最终战胜（几乎没有例外）国内反抗者以及外国敌军。火药武器的应用有助于阿巴斯巩固手中的权力，与欧洲建立友好关系，同时也强化了萨法维伊朗战无不胜的形象。

事实证明，17世纪的火炮铸造相对简单且廉价，因而掌握火炮技术并不困难。除了在塔赫玛斯普时代以前就已经掌握的知识，尤其是铸造临时的攻城大炮外，萨法维与奥斯曼帝国已交战多次，战败而被俘虏的人中也有变节者，这些人愿意向伊朗提供关键的技术。萨法维王朝先是战胜了奥斯曼土耳其人，后又在波斯湾地区打败了葡萄牙人，萨法维军队获得了战利品——火炮的零部件。此外，欧洲雇佣军的到来也使萨法维获得了现代战争的知识。然而，就如同之前的塔赫玛斯普一样，阿巴斯有选择地效仿奥斯曼帝国和欧洲的作战方式及军事组织。萨法维既不能也不愿意放弃其高度灵活的轻骑兵，而这些骑兵在有力的指挥下，继续证明了其存在的价值。萨法维部队装备了火炮，并加强了火枪手军团的力量，到17世纪上半叶，萨法维已在短时间内有效地实现了传统作战方式与新军事技术和战术之间的最佳平衡。

在伊朗辽阔的土地上，分布着为数众多的堡垒和要塞，而在高加索、库尔德斯坦、洛雷斯坦、马赞德兰和东呼罗珊的山区，更是数不胜数。即使火炮无法将这些看似坚不可摧的堡垒和要塞夷为平地，也至少可以将其攻破。阿巴斯的目标不是要将这些堡垒和要塞夷为平地，而是要夺取这些半自治的据点，并收服那些长期不受萨法维控制的部落汗。阿巴斯一世用了至少10年的时间才使伊朗国内恢复稳定，有时他不仅要面临来自"红头军"和其他部落汗的反对，而且还面临地方民众、城市居民和农民的反对——为支援国家的军事行动而被课征重税，是他们联手反对的主要原因。马赞德兰省是阿巴斯的家乡，其丰富的自然资源令人垂涎。但是在1590年代的早期，马赞德兰的城市和农村曾一再发生暴动。马赞德兰的暴动只是这个集权国家所面临的挑战的一个缩影。尽管在局部地区遭到了抵制，新的帝国军队仍能够让伊朗境内各个不同的、地理上分散的族群都忠诚于国家，萨法维将这种忠诚当作国家安全的保障，并最终演化为对国家的认同。

阿巴斯的政治生涯不仅得益于近现代早期帝国的共同发展趋势，还得益于他对军事战略和政治优先有着更为清晰的认识。对自己王位所面临的种种威胁，他不再像刚继位时那样反应迟钝，而是认清了自己施政的优先级，进而规划自己的行动，等待适当的时机。他意识到，边防无力、国内动荡、部落叛乱、军队士气低落，这一系列的客观情势都不利于出兵，因此要在此时与奥斯曼帝国交战绝对是徒劳无益的。1590年，他意识到了腹背受敌的危险性，默许了与奥斯曼帝国之间的一项屈辱的和平条约，将伊朗西部省份全部割让给强敌。此外，该条约迫使萨法维放弃了他们对什叶派斗争精神最为根深蒂固的表达——诅咒逊尼派哈里发。

不过，该条约给予了阿巴斯足够的喘息时间，他也因此得以平息国内的动乱，并在几年后开始一步步夺回被乌兹别克占领的东部地区。到了1598年，经过一系列战役，其中大部分是由阿巴斯亲自统率的，萨法维军队收复了呼罗珊的失地，包括赫拉特、马什哈德、巴尔赫、梅尔夫和阿斯塔拉巴德等地（地图2.1）。特别是收复赫拉特，极大地鼓舞了萨法维的士气，因为它恢复了萨法维人对帖木儿帝国遗产的继承；夺回马什哈德则进一步巩固了伊朗国王作为伊斯兰教什叶派捍卫者的地位。直到17世纪末，呼罗珊的所有主要城市中心都处在萨法维王朝的控制之下，但事实证明，这样的成功其实是不堪一击的。

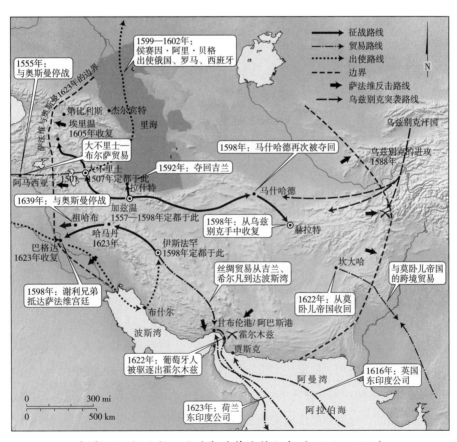

地图2.1　阿巴斯一世时期的萨法维伊朗（1588—1629）

呼罗珊地区恢复了安定，这也促使阿巴斯开启了他重建伊朗帝国战略的第二阶段，这次，他要从更为强大的奥斯曼人手中夺回伊朗的领土。为此，他派出了500门大炮，以及近12 000名炮兵和12 000名火枪兵，其中包括伊朗人、高加索白人奴隶和一支经过改造的"热爱沙赫"骑兵部队，现在他们大多被称为"库尔奇斯"（qurchis，意为"武器携带"者，或者更为准确地说，意为"持枪者"）。尽管在军力上远不及奥斯曼帝国，但这仍是一支不容忽视的力量。在1603年至1612年的一系列辉煌战役中，阿巴斯巧妙地运用有限的资源，加上他个人的勇气和军队高昂的士气，萨法维在阿塞拜疆和东高加索大败奥斯曼敌军。凭借着以少胜多的经典之战，他被称为近现代早期最有才华的军事指挥官之一。

大不里士在经过了近20年的破坏、数次易主和屠杀之后，终于在1604年被萨法维收复。此外，根据1612年签订的《伊斯坦布尔条约》，奥斯曼将伊朗自1555年签订《阿马西亚和约》后失去的领土悉数归还（地图2.1）。后来，奥斯曼人一再想收复其在伊朗西部的失地，但这给他们的军事声誉带来了更大的羞辱和更多的伤害。在接下来的10年里，阿巴斯利用一切机会，借奥斯曼帝国在美索不达米亚北部及中部的战略失误，将这个区域变成了自己的囊中物。阿巴斯的目的是将这里纳入萨法维王朝统治的核心区，并把核心区推向更远的地方。1623年，萨法维收复了巴格达以及什叶派圣城纳杰夫和卡尔巴拉，这成为阿巴斯大帝执政生涯的巅峰，也标志着曾经四分五裂的伊朗帝国再次实现了统一。

伊斯法罕：萨法维世界的中心

1598年，萨法维重新收复呼罗珊的同一年，阿巴斯开始将萨法维首都从加兹温迁到伊斯法罕，伊斯法罕位于伊朗高原的中心区域，也是10—11世纪白益（Buyid）王朝和塞尔柱（Saljuqid）王朝的权力中心地带。这次迁都不仅仅是出于对种族、地缘和经济因素的考量，还因为阿巴斯一世将重建首都伊斯法罕视为其统治功绩的具体表现（图2.2）。新首都的总体规划和宏伟建筑体现了权力的合法性，同时也体现了功能性、开放性和悠闲性——所有这些都融入了这座城市坦率、自信的氛围之中。伊斯法罕属于典型的波斯城市，在阿巴斯及其继任者的统治之下，伊斯法罕甚至成为萨法维伊朗的代表。阿巴斯和他的继任者改变了这个城市，伊斯法罕及其居民同时也塑造了他们的统治者。这个时期的欧洲游客常常惊叹于伊斯法罕的伟大，惊叹于城市复兴背后决策者的智慧，他们也记录了萨法维政治精英中越发显著的波斯化特征。

图2.2 这幅17世纪伊斯法罕的全景图展示了伊斯法罕世界典范广场（Maydan Naqsh-e Jahan）在萨法维王朝首都举足轻重的地位，现在一般被称为伊玛目广场

约翰·奥吉尔比（John Ogilby），《亚洲的第一部分：详述波斯及其诸省》（*Asia, the First Part, Being an Accurate Description of Persia, and the Several Provinces of There of*），（伦敦，1673年版）。

即使在重新夺回赫拉特、大不里士和巴格达之后，阿巴斯仍然选择伊斯法罕作为他的首都——这三个城市早前都被认为是帝国的权力中心，这揭示了地缘政治的常识。塞尔柱帝国的统治者意识到了伊斯法罕地理位置的关键性，并最先使用"nasf-e jahan"这个与"伊斯法罕"读音押韵的绰号，意为"宇宙的中心"。1079年，塞尔柱王朝著名的数学家、天文学家、诗集《鲁拜集》（Rubaiyat）的作者欧玛尔·海亚姆（Omar Khayyam），同其他天文学家一起，将伊斯法罕定为修改后的贾拉利（Jalali）太阳历的本初子午线所在地，这对波斯太阳历乃至伊朗历法都有重要的意义。"nasf"意为"中心"，"Nasf-e Jahan"这一押韵的绰号是对伊斯法罕中心地位的强调，而不应仅把它视为新首都的荣耀，因为大城市往往会被其统治者和居民自豪地贴上标签。"伊斯法罕半天下"（Isfahan, nesf-e jahan）这个成语直到今天仍被广泛使用，事实上，"nesf-e jahan"中的"nesf"（"一半"）是对"nasf"的误用，但也反映了伊斯法罕这座城市的崇高地位。

从地理位置上来看，伊斯法罕的确是萨法维帝国的中心。它与旧都大不里士、赫拉特的距离相等，因而，伊斯法罕在与外界的联通及行政事务的管理上，都有明显的优势。虽然奥斯曼封锁了伊朗向西方的贸易路线，但伊斯法罕毗邻波斯湾，为进入欧洲市场提供了另一个诱人的选择。伊斯法罕还位于伊朗中部沙漠边缘的贸易路线的中心位置，而这条贸易路线将加兹温、卡尚（Kashan）与亚兹德、克尔曼连接在一起，并延伸至更远的坎大哈和印度北部。近20年的战争破坏使得大不里士作为欧亚贸易枢纽的地位有所下降，尤其是在伊斯坦布尔成为东地中海贸易中心之后，大不里士昔日的光辉已不再。

伊斯法罕还没有完全从14世纪末帖木儿军队的蹂躏中恢复过来，在那以前，伊斯法罕曾是一个自然资源和人力资源都十分丰富的城市。扎因代河河水（Zayandehrud，意为"母亲河"；也被称为Zendehrud，意为"生命之河"）及其河床的泉水，还有扎格罗斯山脉中部山麓下的暗渠，灌溉和滋养了伊斯法罕的腹地。扎因代河是伊朗高原上唯一的大型河流，如果没有扎因代河冲积平原丰富且稳定的粮食供应，任何政权都不可能维持如此庞大的城市人口，并保障贸易和工业的繁荣，维持常备军队和宫廷的正常运作。当阿巴斯开启他新的世界级计划时，由于水资源匮乏，同时代的莫卧儿帝国皇帝阿克巴（Akbar，1556—1605年在位）于1586年被迫放弃了在法塔赫布尔（Fatehpur）营建新首都的计划。然而，奥斯曼帝国首都伊斯坦布尔却占据了极佳的海上位置，可以便捷地通往巴尔干半岛、黑海和地中海，并从这些地方进口粮食，因此，伊斯坦布尔成为安全、繁荣又具有权势的大都市。

伊斯法罕居民是促成迁都的另一个原因。自伊斯玛仪时代以来，伊斯法罕人就身居高位，其中最著名的是纳吉姆二世，他是一位十分有能力的瓦基尔，早期萨法维政府中波斯（即塔吉克）元素的逐步恢复就有他的部分功劳。萨法维政权以牺牲盘踞在阿塞拜疆的"红头军"为代价，逐渐向伊朗中心地带倾斜，这标志着波斯官僚体系的胜利。伊斯法罕人民的智慧和勤奋是众所周知的，阿巴斯因此也与伊斯法罕人民渐渐亲近起来。在史料记载中，伊斯法罕人被认为精明能干且富有市井智慧，甚至伊斯法罕当地的作家也给他们贴上类似的标签，这传达出了一种大都会的自信，这种自信对商业扩张至关重要。伊斯法罕人不仅可以进入扩编的政府机构，还可能在日益扩大的商贸网络以及著名的皇家工坊中谋取生计。伊斯法罕将其附近的工业中心，如卡尚、亚兹德和克尔曼，都纳入不断增长的经济生活圈中。在艺术上，伊斯法罕也很快吸收了设拉子、大不里士以及赫拉特的绘画和书法传统，展现出独具特色的文化特征。

伊斯法罕起初是一个驻军小镇，原名西帕汗（Sipahan，意为驻军、军营）。伊斯法罕的城市史可以追溯到阿契美尼德，那时这里还是一个小村落，后来演变成一个相当大的犹太人聚居区。这座城市最古老的碑文可以追溯到帕提亚时期，那是犹太社区教堂落成时的典礼石碑上的文字。在萨法维时代以前，这个犹太人居住区也被称为犹巴勒（Jubareh，意为犹太自治城区），它可能已经控制了相当数量的土地交易和贸易融资，这对伊斯法罕的经济繁荣很重要。而这个犹太社区也一直留存至今，甚至连名称都没有变化。

伊斯法罕的帝国传统使得阿巴斯决定兴建一座新式的聚礼清真寺，以便在这个城市留下阿巴斯大帝的时代印记，这个清真寺也成为波斯–伊斯兰建筑的杰作。从西班牙哈布斯堡王朝（Hapsburg Spain）到中国明朝，这一时代，全球范围内都出现了伟大的建筑工程。纪念政治和军事成就对阿巴斯来说是一种巨大的诱惑，尤其这个时间恰好是伊斯兰教的第一个千年交替之际。1591—1592年，恰逢伊斯兰历1000年的到来，阿巴斯修建伊斯法罕清真寺是为了纪念自己在千禧之年取得的成就。在迁都前不久，阿巴斯成功镇压了努克塔维千年救世运动，这也印证了阿巴斯选择在千禧年之际迁都是明智之举。

迁都恰逢伊斯玛仪开国（公元1501年，伊斯兰历906年）百年之际，在此时举行大典更具纪念意义，因为阿巴斯终于能够再次恢复其祖先所开拓的全部疆域，并且在壮丽的皇家都城中宣示自己继承了先祖的救世革命精神。与伊斯法罕相对应的星座是射手座（阿拉伯语为"Al-qaws"，波斯语为"Kaman"），在波斯–伊斯兰占星文化中也象征着治世、盛世的荣景。正因为如此，射手座的图案还出现在伊斯法罕世界典范广场旁边的恺撒利耶巴扎（Qaysariyeh Bazaar；"Qaysariyeh"出自阿拉伯语"Qaysar"一词，源于拉丁语"Caesar"）的大门上。与10—11世纪的法蒂玛（Fatimid）王朝对首都开罗的命名方法相类似，伊斯法罕这座被赋予"千年大都市"之称的城市，也和权力及荣耀联系在了一起。

1598—1629年，也就是在他生命的后期，阿巴斯在旧城区外新建了一个城区，所有现有的证据都表明，这片新城区至少是根据他亲自设计的总体规划来建造的。该规划包括了一座兼有伊斯兰学校功能的清真寺、一个巨大的广场，还有大街、巴扎、亭台楼阁和花园等。这些建筑物是为了直观地展示富丽堂皇的皇家气派，以及阿巴斯发展实业的愿望和对休闲娱乐的品位。也许在这个新兴的城市空间中，最具代表意义的是世界典范广场，这座广场于1590年在塞尔柱花园旧址上开土动工。这是一个长512米、宽159米的长方形多功能空间，通过一处有遮盖的巴扎连接到城市的旧城区，通过国家公署和皇家花园，连接到新建的休闲去处——"查赫巴格花园"[1]（Chahar-Bagh）。

"世界典范广场"的概念，会让人联想到这个城市有两大职能，它既是驻军要塞、贸易中心，同时又是国家的象征。伊斯法罕的旧城市广场位于巴扎

---

[1] 查赫巴格是一种波斯风格的园林布局，即以园路或水渠将整个花园平分为四个部分。

另一端原来的聚礼清真寺前面，这座清真寺本身就是伊朗建筑史上的瑰宝。伊斯法罕世界典范广场在保留这些功能的同时，全面展现了皇家风范。最引人注目的是该广场的开放性，这与早期现代世界其他地区的几乎所有的皇家建筑都形成了鲜明的对比（也许威尼斯的圣马可广场是个明显的例外）。这座新广场的样式不再是围墙高耸、门庭紧闭的城堡，将百姓与皇室、官员隔离开来——很多皇家建筑都是依照这种模式兴建的，从西班牙的埃斯科里亚尔修道院（El Escorial）到伊斯坦布尔的托普卡帕宫（Topkapi），再到德里的红堡（The Red Fort）、北京的紫禁城（Forbidden City）以及后来的凡尔赛宫（Versailles），莫不如此。伊斯法罕世界典范广场却与之相反，将其周边的公共建筑与皇家亭台阁楼连在了一起，向世人展现了全民团结的精神。似乎这就是如日中天的萨法维世界所独具的模式。

这个象征着"萨法维成卫领地"的建筑是神圣与世俗的巧妙融合。广场四周环绕的拱廊里是一排排的商店，四向拱廊各开一座大门。公共建筑与皇家建筑形成交错之势：南端是宏伟的皇家清真寺，象征着什叶派万世永存；北端是通往巴扎的古色古香的集市大门；西端是阿里加普宫（'Āli-qapi）；东端是希克斯罗图福拉清真寺（the Mosque of Shaykh Lotfallah）；中间是一片开阔的广场，可以用来举办各种活动，比如波斯的马球比赛、阅兵仪式、每周的交易会，节日聚会时人们也会前来观烟花、看灯展，有时也在这里听乐队演奏曲目，看演员表演节目。阿巴斯本人经常站在阿里加普宫的阳台上，检阅游行队伍或观看穆哈兰姆月的哀悼仪式。他无拘无束地在广场前与伊斯法罕市民打成一片，营造出了一种建筑华丽、人民友爱的氛围。

在听取了伊斯法罕商人出身的政府官员对广场项目的建议后，沙赫时刻注意确保他投入的资金能够获得回报。第一个现代商业开发项目反映了帝国新的重商主义精神：拱廊内的店铺以低价出租，以鼓励形成不同于巴扎职业集群的商业模式；一条石铺通道环绕在广场的周边，作为中央广场和周边人行道之间的分隔界线；走廊里出售波斯和欧洲的奢侈品，这些奢侈品对富裕阶层来说变得越来越可以负担得起，预示着富裕和消费的新时代的到来。值得注意的是，新的广场并没有脱离旧城区的基本结构。相反，新城区是伊斯法罕旧城的现代延伸。

皇家聚礼清真寺由阿巴斯出资，并以其名字命名为阿巴斯聚礼清真寺〔Masjid Jame''Abbasi，在1980年之前俗称国王清真寺（Shah Mosque），但此后显然违反了伊斯兰保留原始慈善捐赠者姓名的规定，将其更名为伊玛目霍梅尼清真寺（Imam Khomeini Mosque）〕，设计者是皇家建筑师巴蒂尔·扎曼·图（Badi'al-Zaman Tun，除了名字，我们对他一无所知）。这座清真寺始建于1611年，在阿巴斯的密切监督下，由建筑师、工程师、泥瓦匠、瓷砖匠和书法家共同组成的营建团队精心施工（彩图2.1），并于1638年竣工。清真寺完美地与广场融为一体，大门入口与广场的中轴线对齐，而主庭院、52米长的绿松石色瓷砖穹顶以及建筑物的其余部分，均偏转向45度，面朝麦加，这是对所有清真寺的要求。这种象征意义是任何观察者都无法忽视的——从广场的任何角度，人们都能欣赏到世俗空间（由国家建筑及其商业项目所主导）与清真寺内部神圣氛围的和谐统一。广场和清真寺通过一条倾斜的走廊连接，神圣与世俗之间的界线在中间那一道昏暗光线的照射下显得更为微妙。尽管如此，由于两侧彩陶装饰大门在设计上的相似点，两者在空间上的和谐显得更加明显（彩图2.2）。

位于广场东侧的希克斯罗图福拉清真寺是萨法维建筑的典范，与皇家聚礼清真寺互相呼应。这座建筑的周围环境与传统的波斯清真寺设计截然不同，它没有庭院，穹顶偏离中心。它原本的设计可能并不是清真寺，而是一所伊斯兰学校，甚至可能是信仰苏菲派的萨法维教团的集会场所。萨法维教团仍在萨法维宫廷中保持着一个礼仪性的职位，尽管地位已经大不如前。

广场西侧的阿里加普宫是萨法维政权显赫权势的象征。在阿巴斯执政时期，阿里加普宫只是连接皇家宫殿建筑群及其后花园的一个多层中庭，此后，这里才成为国家礼宾大厅，并增添了新的音乐厅和宴会厅。作为国家的对外象征，阿里加普宫在功能上可能与奥斯曼帝国的"庄严朴特"（Sublime Porte）[1]或莫卧儿帝国位于德里的"觐见大厅"（Divan 'Amm）相似。其立

---

[1] 土耳其语称为"Bab 'Āli"，是奥斯曼帝国政府的代称。"porte"是法语，意为"门"。

方体和多层结构设计代表了萨法维王朝室内设计和装饰的一大突破。此外，政府公署位于城市广场的一侧，不再偏居于封闭的城堡中，而是设在众目睽睽之下，也许可以算是波斯建筑史上的首次。公署被置于宫廷外的一栋独立建筑内，公众也就可以更容易地接触了。在伊斯法罕的广场建成以前，威尼斯圣马可广场的总督府似乎是当时唯一一个具有类似概念和功能的政府大楼。

政府公署的创新设计与新的广场建筑群相得益彰。不仅使得国王的臣民可以在公共场合，如国家礼宾大厅的阳台上看到国王，而且也让政府更容易独立于宫廷和强势的国王，民众也得以更加方便地出入。政府与皇室之间的空间分离，实际上是国王私密生活和公共职能的空间分离，这是现代政治分工的前奏。然而，在萨法维或其继任者的统治下，这种国家事务中的公私分工却从来没有真正实现。这座七层楼高的建筑的较低楼层，是萨法维王朝最重要的两名官员的行署：一位是维齐尔——内阁的首脑，一位是萨德尔——宗教行政主管。而建筑的高层则被当作娱乐皇家客人的接待厅。

高层装饰华丽，天花板上有17世纪绘画大师礼萨·阿巴斯（Reza 'Abbasi）所作的享乐主义壁画。这座被称为"阿里加普"的皇家建筑似乎将萨法维行政管理及休闲娱乐的功能巧妙地结合了起来，但它还是保留着宗教的痕迹。据记载，1623年阿巴斯征服巴格达后，从纳杰夫带回了阿里陵墓的一扇大门，并将其安装在政府大楼的入口，以此表明他对什叶派第一任伊玛目的忠诚。国王虽然对欢饮作乐情有独钟，但他本人也不得不对萨法维王朝的什叶派基础表示谦逊。阿巴斯为自己起了一个谦逊的绰号——"阿里的看门狗"（Kalb-e astan-e'Ali），这个绰号不仅表达了对阿里的忠诚，也表明了萨法维政权对什叶派正统性的捍卫。阿巴斯对阿里的忠诚可与奥斯曼土耳其人对麦加和麦地那圣殿的忠诚相媲美。

阿里加普宫外是大片的皇家园林，一直延伸到阿巴斯的另一个城市创新设计——查赫巴格大道（Avenue of Chahar-Bagh）。建造查赫巴格大道的理念，早在伊朗、中亚和印度莫卧儿帝国的花园以及波斯绘画、波斯地毯设计中就已经体现出来了。伊斯法罕的查赫巴格大道所体现的梦幻理念，无疑反映了阿巴斯在新时代的休闲品位，以及萨法维精英阶层、商业阶层和其他阶层的物质丰裕程度。大道长2英里，宽196英尺[1]，贯穿城市南北，中间有河道横穿，旁边还种着一排排的悬铃木、柏树和杨树（图2.3）。风景如画的安拉·威尔第·汗桥（Allah-Verdi Khan，后又称为"三十三孔桥"）是萨法维时代的又一伟大建筑，横跨扎因代河两岸。

图2.3　18世纪早期伊斯法罕的新查赫巴格大道的景观

科尼利厄斯·勒·布鲁恩（Cornelius Le Bruyn），《在俄国与波斯的旅行》（*Travels into Muscovy, Persia*），（伦敦，1737年版），第2卷，第79页。

查赫巴格大道整体上像是一个大而有序的游乐园。长廊有树荫遮挡，树木灌溉良好，对公众来说，这是一个极佳的漫步之地。查赫巴格大道横跨河流两岸，穿过伊斯法罕及其邻近的腹地。在每一片开发成对称式花园的土地

---

[1] 1英尺等于0.304米。

上，都有一座精心修建的亭台。萨法维时代后期的亭子没有居住功能，纯粹是为了视觉和感官上的愉悦，在自然控制的环境中，让人联想到天堂里的亭子（ghorafat），就如同波斯什叶派末世论中所描述的那样。在阿巴斯继任者的统治下，查赫巴格大道的娱乐性质得到进一步加强，现存的建于17世纪末的八重天宫（Hasht Behesht）就是一个例证。其命名和设计暗指天园的第八层和最后一层的欢乐，尤其是那些亟待被拯救的人可以在此享受的片刻欢愉。

在建造查赫巴格大道及其周围的花园和园林时，阿巴斯和他的继任者可能受到了17世纪欧洲城市规划的影响。例如，欧洲游客可以在伊斯法罕看到意大利文艺复兴时期的花园和别墅的图画。查赫巴格项目也同时体现了阿巴斯的经商才能，他收购了附近的葡萄园和果园，并将这些园子开发成宽敞的地块，出售给贵族和精英阶层。然而，值得注意的是，此举不仅导致了富人区的出现，也带来了一种寓教于乐的园艺之趣。阿巴斯及其继任者不仅在尝试新的商业和经济发展模式，与此同时，他们也品尝着葡萄酒和伴侣所带来的快乐。

新经济

装备精良的军队、修建宏伟的建筑，需要新的财源和人力，而这却超过了农业经济的能力。阿巴斯之前的国王主要是依靠"红头军"和各省贵族封地里的一小部分土地税，其次，他们也通过陆路贸易和来自其他城市的有限税款，来弥补巨大的财政缺口。不论财政赤字的产生原因是封地地主的反叛，还是财政管理固有的弊端，国家都不得不寻找新的税收来源。通过战利品获得的收益越来越少，在这种情况下，萨法维不能像扩张时期的奥斯曼帝国那样，完全依赖于通过战争来获得收益。早在阿巴斯时代之前的很长一段时间里，萨法维就已经没有什么可以征服的了。奥斯曼帝国先后夺取了安纳托利亚的东半部和西高加索地区，这无疑是对伊朗国家财政的又一次沉重打击。

阿巴斯一世采取了一系列新的经济政策，其目的不仅是要将边陲地区的半自治权力收归中央，而且还要创造新的财富来源。他寻求新的市场、劳动力和垄断经济，以此来促进交流和改善长途贸易。阿巴斯一世的经济干预及政商结合政策使得伊朗国内的政治经济形势与同时代欧洲国家的重商主义风气相契合。也许不像英国或荷兰那样具有系统性，但可以确定的是，当阿巴斯一世在1600年左右开始认真建造新首都时，就已经在为新经济打基础了。

阿巴斯经济改革政策的基石是土地所有权的变更。之前的世袭封地被分配给了波斯人和白人奴隶中的精英阶层，这种土地使用权（Tuyul）受国家控制，可以延长使用期限。土地赠予代替了现金恩赏，作为为国王服务的酬劳。获得土地使用权的人也定期被调配到不同地区的不同岗位，这样更便于征收土地税款。王室领地（Khassa）得到了大规模扩张，其中包括产丝省份吉兰和马赞德兰。这些土地要么来源于阿巴斯的征服，要么来源于反叛的"红头军"首领，大大增加了王室的收入，而这项收入并不受政府部门的管辖。与当时盛行的奥斯曼帝国蒂马尔（Timar）土地制以及莫卧儿帝国苏巴（Suba）土地所有制不同的是，萨法维中央政府获得的是服务，而不是税收。新的土地制度使萨法维政权对土地的掌控更为集中，也赋予了阿巴斯额外的收入，他可以从王室、从政府机构，以及从可交换的大宗商品中获利。这反过来又为商业活动提供了利润空间，而其他资源，无论是土地还是税收，都无法创造出这样的利润空间。

为了弥补其他非农业财源的匮乏，丝绸是阿巴斯手中最合理，或许也是唯一的现金商品。丝绸（Abrisham，源自古波斯语"upa-raishma"，意为"高级丝线"）最初是从中国传入伊朗的，经过1000多年的发展，得以在伊朗实现大量生产，随后，经过加工、编织，丝绸通过黑海和东地中海沿岸的港口，以原材料或精细织物的形式出口到欧洲。古典时代晚期的萨珊史料曾提及波斯与拜占庭帝国争夺丝绸贸易的历史，伊斯兰中世纪早期的波斯诗歌和史学著作也提到了丝绸作为战略商品的重要性，以及丝绸在波斯文化中的地位。

到16世纪末期，欧洲的消费需求呈上升趋势，丝绸之路贸易线的破坏使中亚从中国进口的丝绸数量锐减。丝绸之路这条古老贸易路线早在200年前就已吸引了热那亚商人前来伊朗的丝绸生产中心，甚至可能还远去中国，马可·波罗（Marco Polo）一行人就是其中的先行者。波斯丝绸的质量不如中国丝绸，但在萨法维征服的高加索地区，尤其是在占领纳希切万（Nakhijevan）

和希尔凡（Shervan）这两大丝绸生产基地之后，波斯丝绸的生产技术得到了提升。早在萨法维王朝建立之前，伊朗人和奥斯曼人就已经觊觎这两个地区了。

　　然而，萨法维朝廷要想组织和扩大丝绸贸易，就必须绕过一个严重的障碍。奥斯曼帝国意识到了波斯会与他们竞争丝绸市场，在15世纪的大部分时间里，他们像萨珊王朝时代的拜占庭人一样，限制将波斯丝绸原料进口到奥斯曼境内的丝绸市场以及像布尔萨这样的丝织中心，同时也严格限制波斯丝绸通过其地中海和黑海港口进行出口。由于两个帝国之间不断爆发宗教和政治敌对行为，这种严格限制转变为实质上的封锁，尤其是在阿巴斯对奥斯曼占领伊朗西部的行为发动反攻之后。反萨法维战争之所以会接连爆发，其目的都在于获得对高加索养蚕中心及陆上贸易路线的控制权，这背后的经济利益是奥斯曼帝国不断向东发起攻势的动因。

　　阿巴斯在执政时期表现出了足智多谋且富有创造力的特性，但论及对高加索人民的冷酷与无情，他其实只是简单地复刻了以前历代帝王以及奥斯曼侵略者的行为。与早期现代帝国的重商主义相一致，为了保存脸面，他也为自己掠夺性开发该地区资源的行为寻找借口，以达到政治和商业上的目的。饱经一个多世纪的战争，高加索地区多次易主，奥斯曼土耳其人和波斯人数次采用焦土策略，曾经繁荣的高加索丝绸生产中心遭受了巨大破坏，朱利法（Julfa，位于今阿塞拜疆共和国的纳希切万自治共和国境内）、第比利斯和沙马基（Shamakhi）的贸易中心濒临崩溃。然而到了1604年，经过一系列的战争，阿巴斯再次牢牢获得了高加索东部地区的控制权，他对待亚美尼亚和格鲁吉亚地区的态度也从十字军式狂热的屠杀掠夺，转变为生意人般的谨慎。对他来说，高加索的亚美尼亚地区意义重大，特别是朱利法，作为亚美尼亚主要的丝绸生产和涉欧贸易中心，能为他带来极大的利益。为了发展他的新都城，也为了加强中央对边陲的整体控制力，他着手实施了强制移民政策。

　　1605年，在奥斯曼军队的反攻之下，萨法维军队从卡尔斯（Kars）撤退，并实施了焦土战略，将朱利法夷为平地。阿巴斯颁布了一项法令，迫使朱利法的全部居民——大约15 000户亚美尼亚家庭（可能多达10万人）迁离他们的家园，前往阿塞拜疆、吉兰和其他生产丝绸的北方省份。经过精心挑选的3000多个家庭被安置在了首都伊斯法罕，其中大多数人住在扎因代河南岸新建的亚美尼亚居住区，为了安抚忧怀故土的移民，这块地方被称为"新朱利法"。法令规定，该地区仅供亚美尼亚人居住，政府向他们提供资金和物资，让他们重建自己的家园和教堂。尽管萨法维政府对迁到伊斯法罕的亚美尼亚人照顾有加，但有些难民还是因为疾病和劳累死在了路上。对奥斯曼土耳其人来说，大规模人口迁移（boyok surgon）已经是司空见惯的现象了，因为在蒙古和帖木儿文化中，人就像是羊群一样，可以四处迁徙，而且此举经常被用来平定那些新近征服的领地。鉴于奥斯曼帝国的做法，阿巴斯一世无疑认为，大规模人口迁移是解决波斯及奥斯曼土耳其对高加索长达一个世纪的争夺的好办法，同时也可以有效平息格鲁吉亚和亚美尼亚反萨法维的动乱。

不过，把亚美尼亚人在组织和经营波斯丝绸贸易方面的专业经验移植到他的首都，才是阿巴斯的真正动机。相对于波斯人而言，亚美尼亚的贸易网络十分庞大，虽然波斯与奥斯曼彼此心怀敌意，但是亚美尼亚人和犹太人在跨越波斯和奥斯曼边境进行贸易时可以享受一定的豁免权——正是现实环境的启发让阿巴斯决定将亚美尼亚人迁移至伊朗内陆。随着新朱利法的发展和亚美尼亚社区经济的蒸蒸日上，阿巴斯扩大丝绸贸易的重要计划得以实施。1615年，他准备宣布丝绸生产和出口为王室垄断行业，尽管在早些时候他已经先后委托犹太商人和亚美尼亚商人为他的代理人，并向他们提供王室保护和特权。亚美尼亚人的贸易网络延伸到了奥斯曼帝国和欧洲地中海地区，由此获得的收入成为国王的一项重要资产，几乎可比肩刚出现的欧洲贸易公司，如英国东印度公司和荷兰东印度公司，并在一段时间内成功地与这些公司进行竞争。丝绸可能是阿巴斯利润最大的商品，发展亚美尼亚人的商业网络是阿巴斯解决奥斯曼丝绸封锁的一项重要方法。

尽管欧洲丝绸市场的利润日益丰厚，但波斯生丝并不能通过黎凡特地区的港口出口，主要原因是奥斯曼帝国实施的高额关税以及陆上贸易面临的诸多障碍。在16世纪末以前，波斯丝绸曾是通过当时最繁忙的东地中海转口港阿勒颇（Aleppo）出口的最重要商品之一。阿巴斯及其政府之所以全力寻找其他的替代路线，主要是因为国王所获得的低利润，已经与波斯丝绸贸易为亚美尼亚和犹太中间商以及奥斯曼国库所带来的高额利润形成了鲜明对比。雇用亚美尼亚商人的好处是可以直接进入欧洲市场，以期获得更高的利润，但通往地中海的陆路丝绸贸易已经不能再充分发挥作用了。

为了进一步发展丝绸生产，国王依旧尝试大规模的人口迁移，将沙马基和第比利斯地区的亚美尼亚人、格鲁吉亚人迁徙到了里海地区的吉兰省，这里是伊朗最大的养蚕基地。疟疾的高死亡率导致吉兰省劳动力长期短缺，这次迁徙旨在从移民丰富的养蚕经验中获益。在伊朗中部，阿巴斯还往伊斯法罕附近的几个村庄里迁置了一批来自高加索的基督徒，以解决人口不足的问题，特别是在那些需要更多农业劳动力来推动新经济的地方。

作为塔赫玛斯普所建立的旧有模式的延伸，阿巴斯及其继任者统治下的格鲁吉亚人、亚美尼亚人不仅可以在新朱利法和伊斯法罕的市区或者乡村定居，他们也能够在萨法维军队和政府中担任重要职务。无论是抓来的还是买来的亚美尼亚和格鲁吉亚奴隶，他们在皈依伊斯兰教后，都可以担任高级职务。其中最有影响力的是安拉·威尔第·汗（意为"安拉的恩赐"）。他是一名优秀的亚美尼亚奴隶士兵，皈依伊斯兰教后历经了多场战役，被阿巴斯任命为萨法维军队的指挥官，此后又成为法尔斯省的总督，其辖区包括波斯湾的海岸地区和港口城市。在阿巴斯统治的时代，基督徒分布广泛，他们中有商人、工匠、士兵，也有政府官员，人数虽少，但对国家和社会的影响很大。在阿巴斯统治之下，亚美尼亚人在军队和商业中的地位不断上升，并且深受王室青睐，远远超过了当地犹太人和琐罗亚斯德教徒等少数族裔。他们被视为通向外部世界的重要"窗口"，也是吸引并维持欧洲对伊朗在外交和商业方面的兴趣的关键媒介。

萨法维对待亚美尼亚人十分宽仁，这不仅仅体现在新朱利法的公共建筑上，如商贸市场、浴堂和桥梁，也体现在富裕的亚美尼亚商业社区住宅上。整个17世纪见证了许多教堂的诞生，其中一些是波斯宗教建筑中的典范。到16世纪60年代，新朱利法共有24座亚美尼亚教堂，此外还有几个传教会所和礼拜堂。最为著名的当数圣救世主大教堂（Holy Savior Cathedral），现在也被称为凡克大教堂（Vank Cathedral），这座教堂是由一名富裕的亚美尼亚商人出资建造的，并于1664年完工（图2.4）。教堂的穹顶结构和精心设计的拱形中殿复制了波斯清真寺的建筑风格，体现了亚美尼亚传统与波斯建筑风格的完美结合。然而,大教堂的独特之处在于室内设计,教堂内部装饰着许多当地亚美尼亚画家的壁画,再现了亚美尼亚教堂中耶稣、使徒和圣人的形态特征。宏伟的中央嵌板描述了耶稣复活的场景,不仅集合了拜占庭和威尼斯的文化元素,也与萨法维什叶派教义中"救世主降临"和"来世"的主题暗合。这种文化结合并非巧合,因为亚美尼亚人是萨法维拓宽波斯商业版图和文化视野的重要合作伙伴。

图2.4　新朱利法的凡克大教堂

尤金·弗兰丁(Eugène Flandin),《画家尤金·弗兰丁女士和建筑师帕斯卡·科斯特先生的波斯之旅:现代波斯》(*Voyage en Perse de mm. Eugène Flandin, peintre, et Pascal Coste, architecte: Perse moderne*),(巴黎,1851—1854年),第8卷,第55页,彩图52《新朱利法的大教堂》("Église de Djoulfa")。

该画由尤金·弗兰丁创作,耶鲁大学拜内克图书馆提供。

守望西方

无论是出于他机敏的政治头脑，还是因为他敏锐的商业本能，阿巴斯在统治初期就认识到了新欧洲的力量，并重视其在战略、商业和技术上的潜力。与前人以及许多同时代人相比，阿巴斯一世可以看到与西方互动的优势，并有选择地采纳了西方所能提供的东西，甚至可以不合时宜地套用一个20世纪的时髦标签——那就是他有点"西方化"。然而，他对自己的文化身份仍有足够的自信，并没有完全被欧洲的奇迹及其狡猾的欧洲代表冲昏头脑。在欧洲商业帝国主义崛起之际，他的目光已直指欧洲，这并非纯粹的巧合，尽管当时的欧洲尚未占据主导地位。

早在1507年，波斯人就已经见识了欧洲殖民主义。当时，热爱冒险的海军上将阿方索·德·阿尔布克尔克（Afonso de Albuquerque）指挥一小支葡萄牙舰队突袭了波斯湾最南端的战略重地霍尔木兹岛（island of Hormuz），并征服了当地的统治者，而霍尔木兹岛正是伊朗的附属地。然而，霍尔木兹岛的居民驱逐了阿尔布克尔克。到1515年末，阿尔布克尔克率领了一支更为庞大的舰队，再次攻克了霍尔木兹岛。这一次，他确立了葡萄牙在波斯湾的主导地位，并持续了一个多世纪（图2.5）。1521年，位于波斯湾另一端的巴林岛（island of Bahrain）也落入了葡萄牙人之手，而巴林岛同样是伊朗的附属地。然而，当葡萄牙企图占领当时萨法维不堪一击的属地巴士拉港（Basra）时，却失败了。失去霍尔木兹岛是伊朗第一次面对欧洲帝国的扩张。

一个多世纪以来，通过好望角以及葡萄牙商船所控制的整个东半球航道的据点，一个全球性的商业垄断网络形成了，连接波斯湾与印度、中国南部、东非、地中海西部的贸易只是这个全球贸易网络的组成部分。葡萄牙垄断了从伊朗南部出口的波斯丝绸贸易，这一垄断所带来的利润极为丰厚。直到17世纪20年代中期，葡萄牙几乎完全掌控了海关关税和波斯湾的出入权限。对控制着东地中海丝绸贸易和欧洲市场准入的威尼斯商人来说，葡萄牙人是重要的竞争对手。

图2.5　1572年霍尔木兹岛被葡萄牙占领

布劳恩、霍根贝格，《世界各地城市》（*Civitates Orbis Terrarum*），（科隆，1572年版），第1卷，第54页。

　　然而，葡萄牙与萨法维政权的关系往好了说是矛盾重重，往坏了说是剑拔弩张。早在15世纪初，由于伊斯玛仪一世没有海军，（萨法维人）既无法将葡萄牙人驱逐出去，也无法让他们像霍尔木兹岛的统治者那样来伊朗进贡。因此，经过长时间的谈判，他决定与葡萄牙人签订反奥斯曼帝国的协定，但是在1514年的查尔迪兰战役之后，他损失惨重，根本无法落实这一协定。面对奥斯曼在地中海沿线的封锁，葡萄牙海上的垄断地位进一步阻碍了萨法维独立出口丝绸。伊朗重新开始对波斯湾感兴趣，意味着对这条通往西欧市场的南部通道的重视。西班牙在1580年到1640年期间与葡萄牙结盟，向亚洲和非洲市场注入了大量来自新大陆的黄金和白银，这使西班牙拥有了巨大的购买力和政治资本。即使是在偏远而又难以深入的萨法维伊朗，这一变化都不可能被忽视。

伊朗无法进入地中海或波斯湾的困境，在其他地缘政治因素的作用下变得更加复杂。从西班牙哈布斯堡王朝的角度来看，伊朗是遏制奥斯曼在地中海和中欧地区扩张的天生盟友，因为奥地利哈布斯堡王朝一直受到来自奥斯曼帝国的压力。阿巴斯在他的统治初期就意识到与欧洲联盟的好处，并希望用可行的商业合作关系来作为反奥斯曼协定的补充。但是阿巴斯计划冲破地理隔绝，与欧洲大国建立非正式关系的想法却被一些实际问题所阻碍。由于奥斯曼帝国的地方长官经常逮捕和监禁途经奥斯曼领土的使者，这种地理障碍使得通过地中海与外界保持稳定联系变得希望渺茫。即使在陆地路线上进行简单的通信往来，也需要花费数月之久，有时甚至长达几年。其他路线，如好望角路线，或者途经里海、穿过俄罗斯和波罗的海到达欧洲的路线，在后勤补给上都被证明是危险的，且受制于葡萄牙或俄罗斯莫斯科大公国。但早在1521年，莫斯科大公国就与萨法维建立了外交关系。途经阿斯特拉罕（Astrakhan）、巴库（Baku）和达尔班德（Darband）的里海-喀山贸易额快速增长，奥斯曼帝国在高加索地区不断扩张，里海沿岸猖獗的哥萨克海盗，这些都使得俄罗斯特使频繁出访阿巴斯的王廷。

阿巴斯一世作为反奥斯曼帝国的斗士，在欧洲的声望越来越高。特别是从16世纪90年代起，阿巴斯的名声吸引了大批富有的雇佣兵、传教士和商人来到伊朗，这些人目的不同、诚意各异。外国使团的素质参差不齐，加上涉及很多未知的外交领域，这些问题进一步加剧了双方沟通的困难。萨法维伊朗不可避免地陷入了错综复杂的欧洲政治之中，而此时的欧洲政局在教派纷争、商业和海上竞争以及王位继承问题下，呈现出一种分裂之势。到了16世纪末，菲利普二世（Philip Ⅱ）统治下的西班牙正处于殖民扩张和干涉主义的鼎盛时期。与奥斯曼反对什叶派的政策如出一辙，菲利普对新教的仇视特别严重，这激化了欧洲的宗派对立。奥斯曼帝国和哈布斯堡王朝争夺地中海海上霸权的竞赛在1571年的勒班陀战役（Battle of Lepanto）中达到了高潮。萨法维伊朗对这场地中海霸权争夺战也有所反应，与外部世界的关系也因此逐渐受到影响。虽然伊朗和欧洲文化有差异，地理上也相隔甚远，但到了16世纪晚期，伊朗的地缘政治命运神奇地与欧洲联系在了一起。萨法维统治者在与欧洲王室的通信中往往会隐晦地谈及宗教分裂问题，认为宗教问题把基督教欧洲搞得四分五裂，而奥斯曼正在一旁虎视眈眈，这对于防御奥斯曼的进攻毫无益处。虽然伊朗自身就处在逊尼派和什叶派的争斗中，但他们似乎并未意识到欧洲宗教和帝国竞争的复杂性。

1588年，西班牙无敌舰队（Spanish Armada）被英国人打败。10年后，当英国人谢利兄弟［安东尼·谢利（Anthony Sherley）和罗伯特·谢利（Robert Sherky）］等共约20人抵达萨法维宫廷并为王室服务时，他们仍然希望让阿巴斯相信，欧洲可以团结起来，一同对抗奥斯曼土耳其人（地图2.1）。在此之前，他们曾为埃塞克斯二世伯爵罗伯特·德弗罗提供服务，他们希望以罗伯特·德弗罗的名义与萨法维伊朗发展商业联系。谢利兄弟是典型的英国贵族出身的冒险家，追求名利。他们声称可以向萨法维伊朗引进大炮并使其军队现代化，萨法维伊朗却对此不予理会。事实上，在与萨法维王朝近30年的交往中，谢利兄弟等人曾向萨法维伊朗提供了许多有关欧洲和欧洲列强的信息，以及建立贸易和政治联盟的可能性，尽管他们所说的很多内容可能经过了他们对名誉和财富的渴望的粉饰。

对于谢利兄弟中的哥哥安东尼·谢利来说尤其如此，他在1599年随同波斯使者侯赛因·阿里·贝格·巴亚特（Hosain'Ali Beg Bayat）——"红头军"出身的朝臣，一起被派往欧洲各国宫廷执行一项友好使命，目的是促进萨法维与各国间的贸易，协调和策划一场对奥斯曼帝国的反攻，但是这个任务以极其荒诞的方式收场。安东尼先是在布拉格与波斯使者发生了口角，随后又在罗马与波斯使者发生了争执，此时他们正要前往梵蒂冈，向教皇克莱门特七世（Pope Clement Ⅶ）传达国王阿巴斯的友好信息。出发前，伊朗国王曾交给安东尼几捆丝绸，让他在欧洲出售，以补贴路途中的花费。与使团发生口角后，安东尼就把丝绸卖了，所得的收入全数进了自己的口袋，然后又继续他的下一次冒险。这一次，他动身前往意大利。安东尼也可能向奥斯曼的特务透露了伊朗国王秘信的内容。尽管如此，波斯使团还是继续前进，并于1601年抵达了西班牙，但在那里，使团并没有取得实质性的进展。因为在当时东方的商业竞争中，西班牙在荷兰和英国的冲击下正迅速溃败。

然而，让波斯使团更为尴尬的是，侯赛因·阿里·贝格的随从中有许多人改信了天主教，其中以乌鲁赫·贝格·巴亚特（Uruch Beg Bayat）最为人所知。虽然使团中其他较低级的成员已经在罗马皈依了天主教，但乌鲁赫·贝格的宗教信仰转变依旧引起了轰动。在西班牙国王菲利普三世的亲自主持下，他在卡斯蒂亚（Castilla）王国的首府瓦拉多利德（Valladolid）受洗，被称为"波斯的唐璜"（Don Juan of Persia）。他的宗教信仰转变可能是受辉煌壮丽的西班牙宫廷的影响，也可能是因为不戴面纱的女性过于光彩夺目，甚至是因为耶稣会士过于热情的劝说。乌鲁赫·贝格选择留下来，并于1604年与他人合作出版了一部加泰罗尼亚语（Catalan）纪实著作，内容是关于伊朗的历史、他自己的人生以及他来西班牙的使命，这本著作或许是波斯人用欧洲语言撰写的最早的编年史。然而，一年以后，乌鲁赫·贝格就在瓦拉多利德的一场斗殴中丧生。他的死可能与菲利普三世统治下的西班牙宗教裁判所的敌对行动有关，这场斗殴最终导致1609年最后一批摩里斯科人[1]（Moriscos）——曾经的穆斯林和隐瞒自己信仰的穆斯林，被驱逐出了西班牙领土。

这支使团的失败并没有阻止阿巴斯继续派遣或接待其他欧洲使团，这次失败也不是谢利兄弟的末日。阿巴斯急于进一步推进他的目标——通过波斯湾开拓与欧洲的贸易，并将之建立在共同反对奥斯曼的基础上。1605年，阿巴斯派遣马赫迪·库里·贝格（Mahdi Qoli Beg）前往欧洲宫廷。在欧洲，马赫迪·库里先后受到了波兰君主西吉斯蒙德三世（Sigismund Ⅲ）和神圣罗马帝国皇帝鲁道夫二世（Rudolf Ⅱ）的召见（图2.6）。此后，在1608年，阿巴斯又派遣另一支使团前往西班牙宫廷，这支使团由罗伯特·谢利担任特使。当时，西班牙与葡萄牙联盟的影响力正在减弱，使团的目标是针对一个新的欧洲海上竞争者。

---

[1] 一支改宗基督教的西班牙穆斯林及其后裔。

图2.6　萨法维王朝特使马赫迪·库里·贝格

1605年，他被阿巴斯一世派往维也纳宫廷觐见哈布斯堡王朝的神圣罗马帝国皇帝鲁道夫二世（1576—1612年在位）。

荷兰艺术家埃吉迪厄斯·萨德勒（Aegidius Sadeler）作品，由以利沙·惠特尔西收藏，编号：49.95.2202，纽约大都会艺术博物馆提供。

1602年，阿巴斯一世从葡萄牙人手中夺回了巴林岛，此后不久，他又夺回了可以俯瞰霍尔木兹海峡的甘布伦港（Gambrun）。这也让阿巴斯与伊比利亚（Iberian）政权合作的希望变得渺茫。阿巴斯转而投向了英国，使之成为替代伊比利亚的贸易和战略合作伙伴。罗伯特·谢利穿着"红头军"的服装，以汗的头衔（这是他为阿巴斯服了多年兵役而获得的头衔）前往伦敦。1611年，他一到达伦敦，便引起了轰动。可能对当时赶时髦的欧洲人来说，谢利是第一个具有波斯异域风情的访客。尽管在亲奥斯曼的英国黎凡特公司（English Levantine Company）的抵制下，罗伯特·谢利空手而回，但或许是受到了谢利的启发，波斯的服装风格在斯图亚特（Stuart）宫廷风靡一时。

阿巴斯一世的外交卓有成效，不仅打通了与欧洲的贸易，也引起了欧洲人的好奇，还与印度莫卧儿王朝以及中亚的乌兹别克人建立了更加紧密的关系。外交的主要目的始终是贸易，但是也包括国家安全和文化交流，这点在与莫卧儿王朝的交流中表现得十分明显。尽管为了争夺坎大哈省的控制权，莫卧儿与伊朗时有摩擦尽管几经易手，到17世纪末，坎大哈最终归萨法维伊朗所有。莫卧儿统治者通常都对伊朗有着强烈的文化情结，这种文化融合在许多具有讽喻意味的莫卧儿王朝绘画作品中显而易见，这些绘画经常将阿巴斯一世描述为莫卧儿皇帝的小伙伴，尽管这不太现实（彩图2.3）。

此外，来自西班牙、英国、威尼斯、荷兰和波兰，以及布拉格、俄国、罗马和后来的德意志公国的众多代表团，曾先后到访伊斯法罕，虽然这些国家和地区的使团很少像英国贸易公司及此后的荷兰贸易公司那样，取得具体的成就（地图2.1）。东印度公司在某种程度上独立于英国王室，但即便在其成立之初，它也并非完全不考虑英国的战略利益。1616年，东印度公司的第一艘船途经马斯喀特（Muscat），到达了伊朗在阿曼湾的贾斯克港（port of Jask），这仅仅是该公司获得投资后的第16年。贾斯克港长久以来一直是印度—波斯贸易线以及东非贸易线上的重要港口。当船抵达该港口的时候，东印度公司就已经获得了萨法维朝廷的特许。阿巴斯深知葡萄牙沿海要塞在整个西半球的战略重要性，所以他准许这家著名的英国公司建立贸易工厂，但并未授予它建立据点的权利。他还取消了对英国进出口商品的关税，激励英国公司与葡萄牙垄断企业展开竞争。

与英国贸易的增长加速了伊朗连接欧洲市场的进程，尽管葡萄牙并没有完全被驱逐出波斯湾。从当时萨法维的书信中可以明显看出，阿巴斯一世对葡萄牙人虐待波斯商人的行为感到不满，尤其是在1614年葡萄牙人被逐出甘布伦之后，为了纪念这次解放，他将甘布伦改名为阿巴斯港。反葡萄牙情绪得到了什叶派舆论的支持，也得到了英国宗教改革的反耶稣会宣传的推动。到1622年，阿巴斯觉得自己的势力已经足够强大，于是让法尔斯省总督阿拉·威尔第·汗向东印度公司施加压力，要求其一起向葡萄牙人发动突袭，夺回霍尔木兹岛，这是萨法维王朝统治者长期以来的战略野心（地图2.1）。海军力量的不足长久以来是伊朗南部海岸防线的一个弱点，为了弥补这个不足，波斯军队乘坐英国船只抵达了霍尔木兹岛，在那里，他们成功赶走了士气低落的葡萄牙驻军。葡萄牙人试图再次夺回霍尔木兹岛，但失败了。霍尔木兹岛经济繁荣，这一据点的丢失对葡萄牙来说是一个沉重的打击，也是葡萄牙贸易帝国慢慢解体的开始。虽然葡萄牙人在霍尔木兹岛对面的马斯喀特坚持到了1649年，但他们的贸易特权已经先后被英国、荷兰所取代。

然而，东印度公司虽是夺取霍尔木兹岛的关键合作伙伴，但这并未使英国自动获得伊朗商品出口的垄断权。阿巴斯感到荷兰航海帝国的崛起是对英国的巨大挑战，他和他的大臣们对荷兰的贸易竞争和外交表示了欢迎的态度。荷兰东印度公司于1602年合并成立，其财力更为强大，在生意上也比英国同行更加精明。值得称赞的是，阿巴斯试图平衡伊朗与英国、荷兰之间的双边贸易，平衡包括地中海航线在内的伊朗南部与北部的贸易结构，平衡王室及国内商人（大部分是新朱利法的亚美尼亚人）与欧洲贸易公司的合作关系。

虽然萨法维对波斯湾进行了重新部署，并成功收复了甘布伦港和霍尔木兹岛，但并没有创建一支海军或一支商船队。萨法维坚持波斯陆路贸易的悠久传统，总是倾向于把远洋冒险的机会扔给习惯航海的欧洲人。即使奥斯曼帝国在地中海拥有强大的海上力量，在16世纪早期更是拓展到了印度洋，但是波斯对于航海仍是充满了忧虑。作为陆路大国，萨法维跟印度的莫卧儿帝国类似，难以接受南部边境的海洋文化。驱逐葡萄牙之后，从1640年代开始，荷兰人在半个多世纪的时间内几乎垄断了波斯丝绸的出口，并将英国和亚美尼亚的竞争者赶出市场。到17世纪末，伊朗国内丝绸出口商——新兴市场的中坚力量——已不再受到王室的保护。此外，新朱利法和其他地方的亚美尼亚人感觉他们已经不再像阿巴斯一世在位时那样安全，尽管他们已经将国际贸易网络拓展到了孟加拉和东南亚，甚至远达威尼斯和英格兰西部。

伊朗的犹太人，尤其是伊斯法罕的犹太人，情况更糟。尽管他们似乎没有在政府丝绸贸易中扮演任何重要角色，但作为国内银行家或从卡尚到波斯湾的丝绸出口商，他们可能被视为对国家垄断地位的威胁。葡萄牙贸易的日渐衰落可能加速了犹太人在萨法维商业领域的地位下降，尤其是在伊朗南部。具有讽刺意味的是，葡萄牙人曾将犹太人赶出他们的国家，现在却依靠这些离散的犹太人（一些似乎有伊比利亚血统）在卡尚等伊朗丝绸织造中心进行贸易。从17世纪初开始，犹太人就受到萨法维王朝的歧视，后来又遭到迫害，这也许并非巧合，因为当时的欧洲人，尤其是天主教徒，都是反犹太主义者。

1622年，萨法维伊朗收复了霍尔木兹岛；一年后，收复了伊拉克什叶派圣城纳杰夫还收复了巴格达。可以说，阿巴斯政治生涯中的这一亮点，弥补了波斯海军的缺位。在奥斯曼帝国忙于与西方国家交战的时候，正是萨法维国王出兵的绝佳时机。而伊朗商业中心则持续向南部倾斜，通过阿巴斯港和其他南部港口进行贸易，这对于想将波斯湾沿岸纳入版图的萨法维帝国而言至关重要，此举等同于通过北部商贸路线出口吉兰省生产的丝绸，进而将里海诸省纳入管辖。在17世纪和18世纪，面向里海巴库港和阿斯特拉罕港的贸易也开放了（地图2.1）。

在阿巴斯统治末期，萨法维编年史中更多地提到"伊朗的戍卫领地"一词，以此来替代"崇高的萨法维政权"（Dowlat-e'Alliyeh-e Safavieh）。驱逐葡萄牙人，击退乌兹别克人，从奥斯曼人手中夺回萨法维的部分省份，这些成就给萨法维伊朗带来了信心和精神鼓舞。军事上的成功是由经济的繁荣支撑的，至少在阿巴斯统治的后期就是如此。几乎所有的欧洲人都把17世纪的伊朗描述成一个欣欣向荣的国家，更加广泛的国内国外交流圈、不断增长的城市人口、精致讲究的休闲观念以及成熟的什叶派知识分子，都促进了伊朗的繁荣。

萨法维一旦实现了与奥斯曼之间的双边和平，与欧洲人结成反奥斯曼联盟的吸引力就会迅速减弱。在国王阿巴斯去世（1629年）的10年后，同时也是萨法维占领伊拉克的第16年，莫拉德四世（Morad Ⅳ，1623—1640年在位）统治下的奥斯曼帝国恢复了军事力量，与萨法维再起争端。为此，两国签署了《祖哈布条约》（the peace treaty of Zohab）（地图2.1），根据条约的规定，萨法维将伊拉克全部，特别是什叶派圣城的控制权割让给奥斯曼帝国，并承认奥斯曼帝国对西高加索地区的主权，还在波斯湾北端的巴士拉湾（the Bay of Basra）割让一个据点给奥斯曼帝国。作为交换，奥斯曼帝国承认伊朗对东高加索，包括纳希切万、亚美尼亚、卡拉巴赫、格鲁吉亚中部的卡尔特里

（Kartli）公国和东部的卡赫提（Kakheti）公国，以及整个阿塞拜疆、伊朗西部省份和巴林等地区的主权。这样的和平维持了至少一个世纪之久，直到萨法维时代的终结。

来自欧洲的观察家

在波斯与欧洲的关系从反奥斯曼联盟转向商业竞争之前，欧洲和欧洲以外的人就已经从冒险、想象和回忆故事中逐渐认识波斯了。然而，人们只是偶尔依照自己的意愿来理解波斯。印刷术时代催生了一个新的欧洲读者群，同时也催生了一种新的通俗学术读物，人们渴望通过旅行记录和地理文学来了解世界。展现在意大利、法国、英国、西班牙、德国作家和读者面前的，不仅仅是萨法维宫廷的富丽堂皇以及地位、财富、贸易，还有印度、中国和日本的神奇，甚至还有奥斯曼帝国的强大。欧洲人追溯了波斯古代历史故事，以及它在《圣经》及古希腊罗马历史中的地位。人们翻译并欣赏波斯的文学和历史文献，观察甚至模仿波斯的文化、制度和生活方式。最早的东方主义者在描绘东方时，依据的就是萨法维宫廷、文化和社会形象。

1623年，在葡萄牙人被逐出霍尔木兹以后，罗马贵族彼得罗·德拉·瓦莱（Pietro Della Valle）乘坐一艘英国商船，成为第一批经由印度返回欧洲的旅行家之一。彼得罗·德拉·瓦莱是一位富有才华的观察家，他在信件中记录了自己在伊朗的六年生活，包括他与伊朗沙赫阿巴斯一世的私人会面，以及他与波斯人民的交往经历。经过删节和翻译，德拉·瓦莱的信件在此后几十年间陆续出版，他在信中提供了大量有关萨法维伊朗的信息。他采用了一种时常如身临其境、偶尔自命不凡的观察者的视角，这些信息与他充满激情、潇洒自如的个人生活交织在一起。对伊朗沙赫来说，德拉·瓦莱也是重要的外部信息来源。德拉·瓦莱曾向沙赫简要介绍了欧洲的国王和贵族、联盟和对抗，以及社会风俗和生活方式，尽管很难从整体上看到阿巴斯一世受到任何欧洲启发的具体证据，但他仍有可能是依靠德拉·瓦莱这样的消息来源，来重新定义和调整自己的计划。

阿巴斯去世后不久，德国学者、波斯语翻译家亚当·奥利亚留斯（Adam Olearius）就被荷尔斯坦因公爵（Duke of Holstein）弗雷德里克三世（Frederick Ⅲ）派往伊朗，与萨法维王朝建立商业联系。1637年，奥利亚留斯通过北部路线经俄罗斯抵达了伊斯法罕。他于1647年首次出版的一本俄罗斯–波斯游记是17世纪几部较为详尽的描述伊朗的著作之一，有助于欧洲读者了解萨法维伊朗的情况，这部著作超越了西方人长期以来对充满异国情调的东方的刻板印象。亚当·奥利亚留斯对伊斯法罕的描述包括了城市民生相关的数据、萨法维国王的宫廷、阿巴斯的继任者、亚美尼亚人及其居住区，还有茶馆、咖啡馆、花园，以及普通人的日常生活等。除了伊斯法罕外，他还对萨法维疆域内的其他城镇和村庄进行了田野考察。作为一名文学家，奥利亚留斯于1654年将萨迪的《蔷薇园》译成了德语，这是最早用欧洲语言翻译的波斯经典之一。

1666年，距离奥利亚留斯来访已经有将近四分之一世纪，法国胡格诺派[1]（Huguenot）宝石及奢侈品商人约翰·夏尔丹（John Chardin）首次访问伊朗，伊朗人对欧洲及欧洲人的了解也因此更为准确。1686年，他在伦敦首次出版了多卷本的法语著作，并进行了数次修订。这部著作是17世纪记叙伊朗最为著名的作品。夏尔丹笔下后阿巴斯时代的萨法维社会正在经历着复杂的变化，民族构成日益多元，人民彬彬有礼，社会呈现出一种宁静快乐的精英文化氛围，宗教制度则愈加衰弱。在关于萨法维伊朗各式各样的游记中，夏尔丹的游记比其他任何书都更受人追捧，在其生前和身后的很长一段时间里，他的游记被广泛流传和阅读。他对各种各样的话题进行观察、收集和评论，从土地和生态到政府、宗教、文学、历史和日常生活，几乎无所不包。后来，他笔下的伊朗深深影响了波斯在18世纪欧洲人心目中的形象。

孟德斯鸠的《波斯人信札》（Lettres persanes）在一定程度上受到了奥利亚留斯、夏尔丹及他们的游记的影响，描绘了一个想象中的波斯社会观察者。他这样做，是为了借波斯来表达对法国专制主义制度的批评，并将法王路易十四替换成一位不具名的波斯沙赫。伏尔泰（Voltaire）、卢梭（Rousseau）和吉本

---

[1] 16—17世纪法国基督教新教加尔文宗的一支教派，后来被普遍认为是"法国新教"。

（Gibbon）等人有意阅读夏尔丹的作品，用他们的哲学和历史观分析夏尔丹笔下的伊朗，并常常带着几分不情愿的尊重。后来，尤其是在19世纪，到伊朗旅行的欧洲人每当涉及夏尔丹探讨的话题时，往往会带着一种更加强烈的文化优越感来反思夏尔丹的文化偏见。尽管夏尔丹的著作里有许多事实上的错误，但他是一位对自己所处的文化、社会有一定洞察力和深入理解的观察家。他对萨法维社会的了解为他赢得了社会声誉，使他成为权威的伊朗学专家，在职业生涯的不同时期，夏尔丹曾为英国以及荷兰的东印度公司提出过许多建议。

　　无论是通过何种方式，国王阿巴斯一世引入的欧洲商业和政治联盟都带来了喜忧参半的结果。他与欧洲国家签署反奥斯曼帝国协议的希望从未真正得到实现，而原因在于，这个目标早已超出了他所处时代的技术和外交能力的范围。在阿巴斯一世统治的尾声，萨法维与奥斯曼都现实而谨慎地珍视两国之间所签订的和平协议。然而，与欧洲的接触使伊朗人意识到他们所面临的不仅仅是来自奥斯曼帝国的威胁。阿巴斯一世敏锐地认识到，能够突破奥斯曼帝国地理障碍的唯一途径，就是与欧洲建立外交和贸易关系。对于伊朗人来说，欧洲访客提供了最早了解充满活力且复杂的欧洲的机会，这些欧洲人也成为"farangi"（波斯语，指"欧洲的"）的雏形，他们充满好奇，足智多谋又精明能干。作为新欧洲贸易的成果，欧洲访客在波斯人面前展示了一幅现代化的面貌，它将与波斯人的世界相接触，并在随后的岁月里威胁着他们的世界。

萨法维视野的局限

　　除了"波斯的唐璜"外，萨法维王朝的使者中没有一个人留下过访问欧洲宫廷的记录。尽管在阿巴斯一世及其继承人的统治时期，伊朗在思辨思维和艺术创作方面达到了全盛，但他们的时代在很大程度上仍然是与世界隔绝的。就我们目前所知，即使是伊朗当时的知识精英阶层，他们对欧洲的认识也仅局限于贸易和商品、王国和军队、少数耶稣会传教士和基督教僧侣，以及雇佣兵。在那个时代，伊朗有很多欧洲化的元素，例如波斯绘画、纺织品和建筑，以及带有异国情调的帽子、火绳枪和其他私人用品，欧洲风格的风景也出现在了萨法维晚期的绘画作品中。在当时的国际大都会伊斯法罕，有数不清的欧洲游客、贸易代表团成员、传教士以及政府官员、学者，他们经常出入萨法维宫廷，很难相信他们不会讨论一些知识和科学问题。阿巴斯对欧洲的一切都怀有强烈的好奇心，包括对欧洲人本身，他的好奇心一定会感染其他人。

然而，除了一些地理文献，萨法维王朝的作家们基本没有写过欧洲。这时期的文献大部分是基于伊斯兰经典，而不是根据最新的学习和观察所写出来的。在萨法维时代，哲学家和神学家，甚至文学家和历史学家的作品，都没有提供内在的证据来证明他们之间存在着一种有形的知识互动。现代欧洲思想家以及他们的科学发现对萨法维伊朗人而言仍然是未知的，甚至到19世纪早期仍然如此。尽管萨法维的天文学、数学和科学著作重新焕发了活力，但它们忽视了现代科学的关键问题，伊朗人似乎并不了解欧洲在方法论和人类个性方面的论述。即使萨法维时代的伊朗人已经意识到了这一问题，但可惜的是，这些论述并没有转化为他们常识性的知识体系。欧洲人的存在已经无法被忽视，但对伊朗人而言，他们仍然是异教徒；欧洲人的风俗和成就既不可能引起穆斯林的好奇心，也不会成为他们模仿的对象。害怕沿袭异教徒的风俗，进而被人认为是异教徒，使得好奇的人们打消了出国游览或学习欧洲语言的念头；那些出国游览、学习了欧洲语言的人也是无声无息，没有给后人留下任何记录。即使是想象欧洲，似乎也成了一种冒险。到了17世纪，新大陆的发现已为世人所知，但对包括阿巴斯本人在内的少数从葡萄牙人或英国人那里听说过新大陆的人而言，那里不过是一块充满异国情调的土地，有大量的黄金和白银，但也充满了"野蛮人"，就像欧洲木刻和其他绘画作品中所描绘的美洲土著居民。直到18世纪后期，早期殖民地印度印刷出版的印度-波斯地理著作对美洲的描述才变得准确起来。

　尽管有着悠久的文化和商业交流历史，但在萨法维的视野中，中国基本上已经消失了。除了瓷器、香料等珍贵商品通过印度洋航线（波斯瓷器也是通过这条路线进入中国）进行贸易往来外，古代陆上丝绸之路上的两大文明几乎再没有直接接触。波斯艺术家在他们画作中描绘的中国式人物像，大概是那段辉煌过往唯一留存至今的记忆。一名来自布哈拉的使者赛义德·阿里·阿克巴·哈塔伊（Sayyed 'Ali Akbar Khata'i）曾到中国北方旅行，用波斯语写了一本名叫《中国纪行》（the Book of Cathay）的书。对中国人来说，这位使者来自异域；对这位使者而言，中国人同样很陌生。或许这位使者是一名波斯叛徒，1516年，他将这本书献给了奥斯曼苏丹萨利姆一世。这本书很快被翻译成了土耳其语。他在书中描述了中国的宫廷仪式、城市、日常生活、医疗、司法系统和监狱（他被拘留了大约一个月，因为他的一名随从与一群西藏人发生了斗殴），对他的读者而言，这可能都是闻所未闻的，因为他在书中并没有提及任何有关中国的早期文献。

18世纪，一位流亡于莫卧儿帝国的伊朗人用波斯语翻译了利玛窦——16世纪生活在中国的著名耶稣会士的生平故事，然而，萨法维时代的伊朗人对此却一无所知。同样，日本在萨法维伊朗人的脑海中不过是一片遥远的异国岛屿，正如伊斯兰教经典中的瓦克瓦克（Waqwaq）岛屿一样。然而，东南亚地区更为波斯人所熟知，这要归功于自15世纪以来定居在印度尼西亚、缅甸和暹罗（今泰国）的印度–波斯商人。他们把自己的兼收并蓄的伊斯兰教和经商经验带到了这些地方。

1675年，萨法维王朝使节的秘书随团造访了暹罗国王那莱（King Narai，1656—1688年在位）的宫廷，写下了一段关于暹罗政府和暹罗人民的精彩记述。这本书被命名为《苏莱曼之船》（Safineh-ye Solaymani），书名源于萨法维王朝的国王苏莱曼（Shah Solayman，1666—1694年在位），书中揭示了波斯和日本的商人、顾问以及暹罗国王的雇佣兵，实际会对当地官员、欧洲的商业及政治对手造成挑战。在前往暹罗的途中，担任使团秘书一职的作者穆罕默德·易卜拉欣·伊本·穆罕默德·拉比（Mohammad Ibrahim ibn Mohammad Rabi'）对英国人在印度的风俗礼仪留下了珍贵的记录。

比起中世纪时代的伊斯兰国家，此时的印度作为一个典型的异域国度，在伊朗人心目中显得更为重要。这意味着一条有利可图的贸易路线，尤其是在英、法东印度公司的船舶开始更加频繁地出现在波斯湾之后。印度变得更加触手可及，成为人们寻求名利或者逃避宗教及政治迫害的好去处。然而，在1750年代之前，波斯却鲜有对印度斯坦系统性的描述和介绍。

　　由于基督教徒与穆斯林之间的冲突，什叶派学者对外部世界原有的些许兴趣也被冲击得更加寡淡和模糊了。可以预见，什叶派学者对非穆斯林及其社会、文化没有多大兴趣，而这一时期的论战文献除了教义上的辩论外，几乎没有传达其他有用的信息。同样，发起基督教论战的欧洲人一般对萨法维社会和文化也不感兴趣。例如，埃米尔山区望族后裔、教法学家扎恩·阿比丁·阿拉维（Zayn al-'Abidin'Alawi）曾依照国王的要求，为波斯写过一系列的批驳文章，以回应留在印度西海岸果阿（Goa）地区的葡萄牙耶稣会传教士。阿拉维的批驳内容主要依据的是一些经典文献，不过这些批驳文章显示出了伊朗人对当时基督教内部分裂的一些认识，尽管耶稣会传教士们表面上看起来是意见一致的。1622年，在萨法维与英国东印度公司联合反抗葡萄牙前不久，阿拉维完成了他最著名的著作，书中透露了阿巴斯一世的政治规划。波斯国王委托阿拉维撰写反驳文章的公开程度，不亚于葡萄牙人对他们传教士的支持。阿巴斯一世的愿望无疑与乌莱玛的职责是一致的，即保护"伊斯兰的种子"，使之不受怀疑；因此，对当时任何的主流学者而言，驳斥和批判耶稣会及其欧洲赞助者，似乎都是合乎逻辑的。

　　葡萄牙耶稣会信徒相较于伊朗什叶派信徒的优势，更多的是在于技术层面，而不是神学层面。他们的基督教文献是首次用波斯语印制并在印度和伊朗发行的文献，而穆斯林学者批驳的手稿却从未离开皇家图书馆或精英阶层的书斋。耶稣会用波斯语印刷的文献，剑锋直指阿拉维的批驳文章。这些文献最初是为印度莫卧儿帝国印制的，但也在伊朗各地发行，这可能要归功于一个活跃于伊斯法罕的亚美尼亚人中的天主教传教网络。除了耶稣会士外，在整个17世纪，圣衣会、方济各会、奥斯定会和嘉布遣会经萨法维王朝的批准，在伊斯法罕修建并维护着他们的修道院和教堂。这些教会的兴起是受到了阿巴斯一世亲基督教的影响，接纳传教士也不过是萨法维对欧洲人表达善意的一种方式。然而，这些传教士却无法让穆斯林大众接受他们的信仰，更不用说传播早期现代欧洲的世俗化信息了。

　　《基督的历史》（*Dastan-e Masih*）是伊朗最早以波斯语出版的基督教书籍之一，由著名的耶稣会传教士希罗尼莫·泽维尔（Hieronymo Xavier）编写。这本书讲述了耶稣的生平，是一本波斯、拉丁语双语书（图2.7）。泽维尔对耶稣故事的单一叙述，迎合了那些不习惯于《圣经》四福音书（four Gospels）的穆斯林读者，因为四福音书与穆斯林单一化的《古兰经》文相悖。尽管泽维尔得到了那些在印度的通晓波斯语的皈依者的协助，并为此付出了艰辛的汗水，但事实证明，《基督的历史》的波斯语翻译仍有些粗糙，晦涩难懂。同许多传教文献一样，这个早期的文本在伊朗未能成功地从穆斯林中争取到新的皈依者。然而，这本书也可能吸引了一些博学的读者，因为该书提供了一种新的关于耶稣的叙述，不同于伊朗人所熟悉的《古兰经》以及穆斯林学者的著作。波斯读者对早期的福音书译著并不陌生，但此次印刷出来的版本显然有着异乎寻常的影响力。

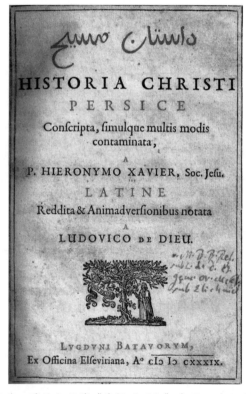

图2.7　希罗尼莫·泽维尔所著《基督的历史》扉页，（巴达维亚，1639年版）由耶鲁大学斯特林纪念图书馆提供。

在欧洲，印刷革命使得受过教育的人们能够获取各式各样的文献，这对他们吸收非西方文化有着巨大的助益。这种知识普及化的潮流，以及精英阶层垄断文献和知识的现象的瓦解，在18世纪晚期之前，从未发生在中东。此时，伊朗民众获取知识的媒介仍是抄写的手稿，甚至更多的是依靠口耳相传的形式。上层精英是主要的知识传播者，只有那些受过伊斯兰学校教育的人以及政府的官僚阶层掌握着读写能力。尽管当时在新朱利法有一家亚美尼亚人开办的小型印刷厂，但伊朗人长期以来似乎没有对印刷术留下过深刻的印象。

人们对印刷文字并不感兴趣，但这对于神学辩论而言，算不得是一种阻碍。当什叶派十二伊玛目派的教义获得巩固后，向公众传播国家宗教意识形态的渠道就受到了宗教机构的强有力的控制。以前，主要是由国家出钱资助的宣教者们强制大街上的行人背诵对早期逊尼派哈里发的押韵诅咒；而现在，清真寺里的人们正有旋律地念诵卡尔巴拉的悲剧，宣教者们正教导他们如何举行什叶派祷告仪式，并且遵守教法学家们的教导。然而，其他教派的活动，例如在苏菲派道堂中举行的聚会，以及流浪的卡兰达尔（qalandar）的集会，都被严格禁止。就如同教法学家通常不赞成人们在咖啡馆和"力量之家"[1]（波斯语称之为"zurkhaneh"）中阅读《列王纪》一样。

努克塔维派的千年复活运动

那些践行信仰的苏菲教团尤其容易成为被迫害的目标，因为教法学家和萨法维政权都认为他们是不受欢迎的，甚至把他们当作异端邪说的温床。此外，萨法维边境的封闭以及逊尼派邻国的敌对行动，限制了德尔维希[2]（dervish）的活动，而他们一向习惯在伊斯兰世界到处游荡，是城镇和农村普通民众一个重要的信息来源。他们通常被称为"卡兰达尔"，就是指那些衣衫褴褛、兽皮披身的苏菲派德尔维希；他们身上有文身，并且有穿孔和烧伤的痕

---

[1] 伊朗传统体育活动场所。
[2] 指伊斯兰教苏菲派的苦行僧。

迹，行为怪异，生活懒散，经常吸食哈希什[1]（hashish）。他们的道堂（被称为"langar"）组织松散且为数众多，从布哈拉到克什米尔，再到巴格达和巴尔干半岛，遍布整个波斯世界甚至其他地方。他们的道堂是非传统风俗的发源地：性、社会、政治，有时甚至包含了救世主式的极端思想。他们的生活方式和话语都彻头彻尾地贯彻一元论和轮回再生的思想，往往以吟诵诗歌的形式向街头观众讲述异国他乡的奇人异事。乌莱玛对这些德尔维希的街头传道十分不满，并将他们视为清真寺讲道的竞争对手。

由于萨法维王朝转而反对苏菲派，在伊斯兰历的一千年之交（伊斯兰历1000年，即公元1591—1592年），努克塔维派（Noqtavi）首先提出了反对神学教条的主张。再次兴起的努克塔维运动纪念了帕西坎（Pasikhan，位于吉兰省）的先知马哈茂德，这位波斯先知生活在两个世纪以前。马哈茂德所建构的信仰带有神秘主义和唯物主义的倾向，同时，他思想中所蕴含的天启信息在萨法维时代再次受到了青睐。这既是对齐兹尔巴什霸权的回应，也是教法学家对萨法维公众日益严密的教化的回应。究其起源，努克塔维派的兴起是伊斯兰中世纪晚期大规模卡兰达尔运动中最具理性和系统性的一次。萨法维将努克塔维派贬为"异端"，这确实有其道理。因为努克塔维派认为，"土"是四大元素中最重要的元素，同时也是人类的起源，因此他们将人类的祖先亚当视为先知。他们相信，人类在岁月长河中从一个时间点发展到另一个时间点，其实就是由先知亚伯拉罕（Abrahamic prophet）所创的以1000年为一个周期的循环。

努克塔维派坚信，正如帕西坎的先知马哈茂德所预言的那样，阿拉伯人的先知穆罕默德所创立的伊斯兰教会在伊斯兰历1000年末被废除，而届时新一轮的波斯循环（dowr-e 'Ajam）将会开始。努克塔维派有意识地想要脱离当时的主流宗教，这在伊斯兰历史上是极为罕见的。依据努克塔维派的信仰体系，在波斯循环中，物质进步预示着地球上的人类可以通过一种准理想主义的宇宙观自由地通往天堂。这个运动以"点理论"（point theory）命名，该理论认为

---

[1] 简称"hash"，从成熟和未授粉的雌性大麻花朵中提取的麻醉剂。

宇宙是由字母组成的文本，每个字母都由点组成。随着时间的推移，原始的点被认为是人类迈向完美阶段的根本推动力。相形之下，这种历史演进观与正统伊斯兰教对过往历史，尤其是对先知的崇敬截然不同。在萨法维时期，神学研究享有广泛的声誉，而"传统主义"学者主要研究的重点就是圣训（关于伊斯兰教先知和什叶派伊玛目的言行记录）。

据资料显示，萨法维时期的努克塔维派道堂不仅主张学习沙里亚法的各项礼节，还更加强调对音乐、美酒、美食、自然和知识的鉴赏。一方面，努克塔维派热爱波斯文学；另一方面，他们厌恶教法学家及其主张。这些道堂显然对普罗大众很有吸引力，城市精英阶层也经常来拜访。后来，道堂在伊斯法罕及其他地方流行开来，并可能与茶馆、咖啡馆联系在了一起。阿巴斯一世曾乔装打扮，夜间游荡在加兹温附近，有一段时间，他曾拜访过努克塔维派领袖达尔维希·科斯拉夫（Darvish Khosraw）的道堂。达尔维希·科斯拉夫为阿巴斯一世讲解了努克塔维派的信仰，教他优雅生活的艺术，同时也警告他：伊斯兰千年之交时，动荡也将来临。

我们可以假设，正是因为努克塔维派越来越受到欢迎，以及他们反对教法学家，甚至反政府的思想，使得阿巴斯国王开始抵制努克塔维派。塔赫玛斯普统治时期，努克塔维派已经受到了迫害，但是阿巴斯一世的千年之虑使得他下定决心铲除这些不可知论的异端。1592年3月，也就是伊斯兰历的1000年，他听从了占星家的建议，借口避开不祥的天象，临时退位，让一位努克塔维派的德尔维希代替他登上王位。这无疑是一个象征性的举动，或许看似是在模仿诺鲁孜节的狂欢仪式（mir-e nowruzi），实际旨在实现努克塔维派承诺的开启波斯的新纪元。几天以后，这个不祥的千年之际甫一结束，国王便立即下令处决了这个欺骗所有人的德尔维希国王。随后，阿巴斯以异端和叛国罪为由，摧毁了努克塔维派的农村和城市网络，并杀害了该运动的知识领袖和群众领袖。努克塔维派被指控意图颠覆萨法维王朝，甚至与外国势力勾结。据传闻，努克塔维派中有人曾与印度莫卧儿皇帝阿克巴手下赫赫有名的大臣阿博勒·法兹勒·阿拉米（Abol-Fazl 'Allami）秘密通信，似乎证实了里应外合的阴谋的存在。

即使这些指控是捏造的，目的在于诋毁备受欢迎的努克塔维派，在他们已经被证实反教权的基础上再加之反国家的罪名，但阿拉米与努克塔维派及伊朗其他非国教教派的亲密关系却是真实存在的。在接下来的几十年里，努克塔维派的追随者逃往莫卧儿帝国避难，其中包括大批苏菲派信众、作家、诗人和艺术家，他们离开了萨法维晚期令人窒息的教条主义世界，前往繁荣且宽容的莫卧儿王朝。我们可以发现，努克塔维派的学说对阿拉米"普世和解"理论（solh-e koll）的影响尤为明显，这一理论或许是莫卧儿时代最伟大的智力成就之一，也是阿克巴的皇家崇拜的基础，被称为"神圣信条"（din-e elahi）。与奥斯曼帝国和萨法维帝国分别支持逊尼派和什叶派信条的做法相反，"普世和解"理论把政权假想成宗教多样性的推动者和保证者。莫卧儿帝国皇帝在伊斯兰历千年之际，停止强制民间举办伊斯兰教的所有标志性仪式的禁令，例如组织民众礼拜、监视斋戒月中的斋戒情况等，转而支持他的千年"神圣信条"。相比之下，伊朗努克塔维派运动的失败标志着萨法维不惜一切代价支持什叶派国教地位的信念。因此，努克塔维派的思想观念只可能间接地影响萨法维的社会生态。可以想象，伊斯法罕学派的哲学，甚至是阿巴斯对此的支持，或者阿巴斯对城市空间的全新观念，以及休闲元素的融入，可能都受到过努克塔维派思想的启发。

除了努克塔维派外，在整个17世纪，苏菲教团等其他非伊斯兰教法的信仰，被一律禁止，人们被迫转入地下，或者被迫流亡。即使是王朝统治的源泉——萨法维教团，在齐兹尔巴什苏菲教团以救世主般的热情换取利益丰厚的政府职位之后也只能名存实亡。随着萨法维统治者日益亲近教法学家所拥护的"正确的"什叶派——十二伊玛目派，那些仍然与衰落的萨法维教团相关的人只能在萨法维宫廷中从事低微的工作。十二伊玛目派帮助萨法维政权实现了合法化，使之成为一个神圣的机构，并且证明了什叶派国教地位对于国家镇压国内异议和反抗外来干涉至关重要。奥斯曼和乌兹别克两国越是信仰逊尼正统派，萨法维信仰的什叶派就越是教条化，从而封闭了伊朗领土和社会的地缘政治视野。

超越的智慧

城市信仰的日益虔诚并没有完全消弭萨法维人的思辨传统。尽管与奥斯曼帝国征服后的世界类似，但是萨法维王朝意识形态的转变使得保守的教法学家可以通过法律、仪式和神话来阐明对伊斯兰教法的虔诚。萨法维时代还有意培植了新一代神秘主义和哲学学派的思想家，这些新思想家有时甚至还能涉猎一些初始现代化的话题，否则这些话题只会受到正统伊斯兰教以外的反教法思潮的操控和影响。

萨法维新兴神学和哲学学派的创始人往往都是宗教学者。为了换取国家资助，他们创造了一类在政治上沉默和无害的、掺杂了哲学和神学以及神秘主义的产物，而这种杂糅的混合体有利于国家同质化的进程。伊斯法罕学派，正如在现代为人所知的那样，提供了一种无害的选择，来代替本土的思想趋势，如努克塔维派。与萨法维宫廷的密切关系，以及参与人员的神职背景，使这个新兴的神哲学派至少在早期是安全无虞的。但是，哲学话语即使伪装成神智学（theosophy）的话语，仍然免不了受到教法学家的谴责，教法学家对此并不欢迎，甚至称其为"异端"。

所谓的伊斯法罕学派是思辨传统不折不扣的继承者。虽然总体来说，这个传统在伊斯兰世界的其他地方都被抛弃了，但它在伊朗却存活了下来，甚至得到了蓬勃的发展。自伊斯兰时代早期开始，伊朗在哲学领域持续地探索和论述，无论是带有强烈新柏拉图主义色彩的伊本·西那（Ibn Sina，也被称为"阿维森纳"）的逍遥学派（Peripatetic philosophy），还是希哈布丁·苏哈拉瓦迪（Shehab al-Din Sohravardi）的照明学派（Illumination School）。什叶派还利用伊斯兰时代早期穆尔泰齐赖[1]运动（Mu'tazilite movement）中的理性支撑自己的教义。如此一来，已驯服的哲学传统就这样被纳入了什叶派的研究范畴和教学课程中。首先将之纳入的是伊斯玛仪时代那些强调理性宗

---

[1] 穆尔泰齐赖派是公元8—10世纪盛行于巴格达和巴士拉的伊斯兰神学及哲学学派。穆尔泰齐赖意为"分离者"，故该派也称为"分离派"。这一派别吸收了唯理主义的思想，开创了伊斯兰教中以哲学研究神学之先河。

教思想（kherad）的思想家，然后是13世纪杰出学者纳西尔·丁·图西（Nasir al-Din Tusi）。同样，伊斯法罕学派也从未停止过调和伊斯兰教义的精妙高深与理性思维的残缺演绎，事实证明，这是一项冗长乏味的工程。然而，这样的努力并不能完全摒弃伊朗社会现实中的固有主题，例如穆罕默德·伊本·扎卡里亚·拉齐（Mohammad ibn Zarkariya al-Razi）一直坚持伊朗古代的永恒时间观念（dahr），苏哈拉瓦迪回归对琐罗亚斯德智慧的假想重构。波斯不可知论的思想残余依然得以苟活。

从表面上看，萨法维伊朗似乎是最不利于产生这种思辨思想的环境。即使（伊斯兰哲学）假借智慧（hekmat）之名来重新定义哲学（falsafah），这种做法也无法减轻神智学派学者及其学生们的压力，他们的一举一动都要严格遵循国教的教义，这样他们才不会被扣上"异端"的帽子。然而，17世纪思辨思想的兴起可以看作是什叶派社会内部文化同化进程中的一环，只不过这一进程的规模更为庞大。波斯城市中高雅文化的复杂性吸引了阿拉伯教法学家以及土库曼齐兹尔巴什部落成员从事诗歌、历史、哲学和科学实验等活动，但几乎从未激励他们去学习和探索什叶派知识领域以外的世界，除了对印度思想的粗略兴趣外。这一时期，熔铸到波斯模具之中的最成功的人物当数著名的巴哈尔·丁·阿米利（Baha' al-Din 'Amili，1547—1621），他的笔名谢赫·巴哈伊（Shaykh Baha'i）更为有名。作为一个神学家、教法学家、数学家、语法学家、诗人和道德家，他的普世追求可能与同时代鹿特丹人文主义思想家伊拉斯谟（Erasmus）（图2.8）相近。

图2.8　巴哈尔·丁·阿米利（谢赫·巴哈伊）的水烟斗

由穆罕默德·阿里·巴扬·纳卡什·巴斯希（Mohammad 'Ali Bayg Naqqash-bashi）于1744—1745年（根据一幅同时代的画像为基础）创作而成。马利克国家博物馆与图书馆，德黑兰，编号：1393/02/00025。

巴哈尔·丁出身于埃米尔山区的一个教法学家家庭，直到10岁时才开始学习波斯语，当时他是设拉子伊斯兰学校的一名新生。他的波斯语十分流利，可以用波斯语撰写散文和诗歌。他年轻时就已声名鹊起，并且一度成为伊斯法罕的谢赫伊斯兰[1]（Shaykh al-Islam），这是萨法维伊朗教法学家的最高职位。他能够拥有如此高的职位，部分原因在于他拥有正统的血统和强大的人脉，并且他学识渊博，波斯语流畅娴熟。作为一名城市设计师，巴哈尔为伊斯

---

[1] 指拥有丰富伊斯兰知识的优秀学者。

法罕新城的总体规划做出了很大的贡献。据记载，他设计了扎因代河周边的灌溉网络，还凭借巧妙的设计来增加河流的水量。他从库兰（Kuhrang）的巴赫蒂亚里高地引水，此地地处扎格罗斯山脉，位于伊斯法罕西北方100多英里处。他对数学、物理学和炼金术都非常感兴趣，很多生动的传说都与他本身以及以他名字命名的建筑有关。

然而，巴哈尔·丁的成功在很大程度上因为他象征着什叶派富有同情心的一面，得到教法学家支持的同时，他在世俗大众中也广受欢迎。他撰写的波斯什叶派教法手册《阿巴斯汇编》（*Jame'-e 'Abbasi*）包含了基本的什叶派信仰、契约、刑法与宗教仪式，正如书名所暗示的那样，这本书是受国王的委托而撰写的，被认为是萨法维伊朗所编纂的伊斯兰教法中最为完善的一版。这本书内容严密、条理清晰，设计样式易于读者使用，文风（后来由巴哈尔·丁的一位学生加以完善）简洁明了。直到20世纪，这本书仍被广泛流传，原因可能在于这本书成功地将什叶派伊斯兰教法从教法学家冗长的阐述和离题的引经据典中解放了出来，并将伊斯兰教法书写成了普通大众看得懂的实用手册。这本书以及其他由国家资助出版的读物将什叶派传统和虔诚行为进行了总结归纳，在那些仍然不明确其什叶派忠诚度的人群中，深化了什叶派的国教根基地位。

巴哈尔·丁对正统什叶派教义的形成也很重要，他通过汇编出版关于教法、圣训和阿拉伯语法等方面的著作，促进了什叶派的伊斯兰学校教育，他对数学和托勒密的天文学也做出了一定的贡献。虽然他的学术作品中很少有原创的东西，但是他和他门下不同民族的学生对早期什叶派经典著作进行了翻译、评述和推广。直到20世纪，仍有至少三部巴哈尔·丁编写的关于伊斯兰经典、阿拉伯语法和数学的教材在什叶派学校的课程中被使用。相比之下，他的波斯语训导和抒情诗歌，促进了个人主义的神秘体验。所谓的宗教的灵智学（erfani）方法采用了苏菲派的术语和话语体系，同时也将苏菲派描绘成具有欺骗性的异端邪说，这大概是因为苏菲派会通过音乐和舞蹈来强调迷幻的狂欢。在说教寓言《猫和老鼠》（*Mush va Gorbeh*，源于奥贝德·查康尼写于14世纪的讽刺小说）中，巴哈尔·丁讽刺苏菲派是狡猾的老鼠，并严厉抨击了他们的伪善和迷信。而苏菲派的敌人则以什叶派教士为原型，他们受到了伊斯兰教法真理的启迪，化身为一只充满智慧而又慷慨仁慈的猫。在故事中，巴哈尔·丁通常以王室的绰号"沙赫亚尔"（Shahryar，意为"小王子"或"王子般的统治者"）为名展开叙述。在讲述了许多关于苏菲派骗术的警示故事之后，漫长而沉闷的对话也随即结束，那只不耐烦的猫吞吃了老鼠。毫无疑问，这反映了教士们迫不及待地想看到苏菲派被消灭，希望伊斯兰教法学家达到他们雄伟的顶峰。

伊斯法罕学派最伟大的代表人物是萨德尔·丁·设拉子（Sadr al-Din Shirazi），他更广为人知的名字是毛拉·萨德拉（Mulla Sadra，1572—1641）。为了使他的神智学在神学评判上显得正确，他投入了大量的脑力和精力。他的折中主义哲学具有非常广泛的来源：逍遥学派哲学、新柏拉图主义哲学、苏哈拉瓦迪的直觉哲学（intuitive philosophy）以及伊本·阿拉比（Ibn al-'Arabi）理论化的神秘主义。然而，这种集数家于一身的哲学理论却被后人诟病了数个世纪，人们认为他的哲学理论为了迎合伊斯兰教的要求而进行了曲意逢迎的调整，毛拉·萨德拉的这一特点对此后伊朗及波斯世界的哲学研究都留下了印记。毛拉·萨德拉的哲学理论因其非凡的广度和复杂性，唯有包裹着虔诚信仰伊斯兰教的外衣，才能够在教法学家的猛烈批判下生存并保留下来，成为什叶派伊斯兰学校课程的一部分。然而，萨德拉理论的原创性和革命性却因为他的门生以及评论家太拘泥于传统而黯然失色。

毛拉·萨德拉出生在设拉子一个富裕的贵族家庭，同他的老师巴哈尔·丁和米尔·达玛德（Mir-e Damad）一样，都没有阿拉伯血统。他跟着巴哈尔·丁一起学习教义学，跟着米尔·达玛德一起学习哲学。但一段时间以后，他离开了伊斯法罕的圈子，并定居在库姆（Qom）以南20英里的一个叫卡哈克（Kahak）的村庄［17世纪后期，此地成为尼扎里（Nizari）伊斯玛仪派伊玛目的居住地］。他在这个村庄过着孤独且日夜冥想的生活，长达数年之久。后来他曾回忆说，他在这里的冥想经历帮助自己看到了困扰伊斯兰哲学的学术推理的不足。他探索存在主义，是为了补充其伊本·西那式的哲学方法，此举并没有阻止毛拉·萨德拉通过自己的众多作品重新审视那些熟悉的神秘哲学主题：存在与本质、必然与偶然、先验性与随机性。

重启哲学之轮貌似枯燥无聊，但似乎是必要的，毛拉·萨德拉试图让他颇具独创性的贡献奠定"教义学上正确"的基础。1612年，他从隐居之地重回设拉子，这次他自信满满，像是一位哲人，又像是一位先知。然而在乌莱玛占据主导地位的伊斯法罕，他的革命性思想是绝对不会被容忍的。在他的家乡，他在强大的法尔斯省省长、奴隶出身的亚美尼亚皈依者——阿拉·威尔第·汗的保护下，得以相对不受骚扰地思考、教学和写作。为了纪念毛拉·萨德拉，阿拉·威尔第·汗建造了宏伟的伊斯兰学校（现今的汗伊斯兰学校），凸显了他对思辨思想的满腔热情。

毛拉·萨德拉的本质运动理论（Haraka Jawhariyya）可以说是他最重要的哲学贡献，这一理论在某种程度上修正了苏菲派一元论的"存在单一论"（Wahdat-e Wujod）。长久以来，保守的教法学家和教义学家一直反对相信一切存在只有一个根本起源，包括天上的和地上的，以及它们最终的结合。毛拉·萨德拉进一步发展了"存在单一论"的概念，他认为，在所有被创造的物质实体中，人类居于最高的地位，同时，存在着一种内在的宇宙动力，没有这一动力，所有物质就不复存在。这一基本运动在任何时候都会将所有物质的性质从一种状态转换到另一种状态，而物质的本质却永远不会改变。被创造出来的存在从神性起源中被分离出来，在一个向下运动的过程中，存在获得了物质上的偶然性，因此才创造了我们所见所感的世界。同样，内在动力在上行运动中改变了物质的性质，直到存在最终达到初始的状态。

与前人所阐述的类似循环模型不同的是，毛拉·萨德拉认为时间的推移——而非神性起源的原始动力——才是事物本质的特征。换句话说，所有的生物，包括人类，都承载着通往完美之路的种子。人类物质的运动，从原始的精神状态到在这个世界中完全显现，然后再回到原点，形成了一个完整的循环。毛拉·萨德拉认为，这样的旅程符合《古兰经》和圣训中关于起点与终点的伊斯兰教义。然而，在其激进的理论演绎中，存在的起源被认为应当归因于本质的时间运动，而非造物主；也许这是一个初始的现代体系，旨在脱离神性，专注于世俗性。

毛拉·萨德拉的运动理论在试图解决伊斯兰教中"肉体复活"的困境时，建构了一个末世论的诠释——在审判日，死者将会从肉体躯壳中升入天园。从这里，我们或许可以看出他那个时代对于千禧年的期望和焦虑。毛拉·萨德拉是一位哲学家，他认为自己是宇宙中心的"守护者"（Wali），他似乎将自己的哲学理论称为"先验的智慧"，认为这是对先知启示的一种有远见的补充。在什叶派教义中，此时正值"时代之主"伊玛目（马赫迪）"隐遁"期间。末世论的维度给了毛拉·萨德拉的哲学一种时间上的紧迫感，即使这种哲学被安全地包裹在神学辩论的外衣中，并点缀着《古兰经》的语句和什叶派的传统。末日复活的景象，灵魂脱离肉体的上升，是毛拉·萨德拉的主要关注点，它预示着人类将迎来一个新时代，人类将步入"完美智慧"（Perfect Intelligence）的上升轨道。这个阶段是四段"旅程"（asfar）中的最后一段，他依靠自己的直觉体验了这四个阶段，并在1628年完成的代表作《理性旅行四程》（*Asfar al-Arba'a*）中以系统的哲学体系明确地加以阐述。努克塔维派学说认为人类是时间运动的原始起点，毛拉·萨德拉哲学与之的相似性可能不是一个巧合；马哈茂德·帕西坎尼的努克塔维派理论中有四维的"本质方形"（Essential Square），而毛拉·萨德拉认为有四个阶段的"存在旅程"。

毛拉·萨德拉的末世论是其毕生的心血，因为这个理论，他先被教法学家逐出教，随后又离开了伊斯法罕。他所生活的时代以伊斯兰教法为主导，萨德拉的末世论应被视为思想上的一个潜在突破。可以说，本质运动理论有改造和革新萨法维正统思想的潜力。与差不多同时期的欧洲哲学家巴鲁赫·斯宾诺莎（Baruch Spinoza）一样，这位波斯哲学家也经历了很多磨难。斯宾诺莎比毛拉·萨德拉晚出生一代，却与毛拉·萨德拉有着惊人的相似之处，尤其是他也认为物质是造物主在自然界中的延续。与德国哲学家弗里德里希·黑格尔（Friedrich Hegel）一样，毛拉·萨德拉认为精神随着时间而发展，这一观点较黑格尔的理论早了一个多世纪，其目的是使人的主观能动性成为绝对历史演变的中心。

然而，毛拉·萨德拉几乎从未明确地与灵魂降世、复升的循环概念划清界限。他的超然智慧基本还是柏拉图式的，虽然会随着时间的推移而发展，但仍然忠于"监护"的概念——这是安拉赋予人类的神圣代理权。他在神圣监护（维拉亚特）的庇佑下，思考人类理性和直觉的智慧。维拉亚特是一个复杂的苏菲–什叶派概念，涉及监护、统治或者权威，具有教法、神秘主义和政治的多重内涵。

传统的权力

到17世纪末期，充满希望的知识运动似乎已走到了尽头。最明显的是，萨法维学者潜心于研究先知和什叶派伊玛目的圣训及传闻（akhabr），这是一种迂腐的专注，与前几代人讲究思辨的思想形成了鲜明对比。这些所谓的"传统"享有着仅次于《古兰经》的认可。然而，什叶派学者用来鉴别这些传闻的方法仍然相当不严谨。那些被归为阿赫巴尔学派（Akhbarism）的学者尤其如此，他们搜寻所有传闻的记录，其中包括了大量被视为孤证的文献记载。在什叶派形成的数个世纪内，圣训的收集导致了大量可疑或虚构的记录被汇编到圣训集之中，而这些通常与圣训的鉴别原则相悖。

因此，萨法维时期的圣训集中有许多矛盾和不合时宜的记录，其范围是如此之广，表现是如此之明显，以至于人们不得不得出这样的结论：阿赫巴尔学派作为一种学派，其发展是为了让圣训集删繁就简、去伪存真。至少在最初，阿赫巴尔学派在战略上起到了一种松弛的作用，它认可了多个世纪以来形成的社会习惯和文化规范，并且认可了伊朗伊斯兰教中存在的神秘、深奥的特征。然而，这把依赖圣训的双刃剑也可能与哲学、苏菲派理论以及其他不墨守成规的趋势背道而驰。在这方面，最好的例子是毛拉·穆罕默德·巴克尔·马吉莱西（Mulla Mohammad Baqer Majlesi，1627—1698），他可能是20世纪前最具影响力的什叶派宗教学者（图2.9）。作为谢赫伊斯兰，他同时担任了毛拉巴什（mollabashi，即皇家首席教士）的职务，在萨法维帝国晚期主管宗教事务超过10年，他众多的学术著作和广受欢迎的通俗读物在什叶派的土地上留下了印记。他保守且学究式的什叶派理论进一步削弱了伊朗社会中自由主义思想的残余，助长了萨法维时代晚期不宽容的社会氛围。

图2.9 毛拉·穆罕默德·巴克尔·马吉莱西身着波斯服饰

不透明水彩画，画家不详。©Freer Gallery of Art and Arthur M. Sackler Gallery, Smithsonian Institution, Washington, DC: Bequest of Adrienne Minassian, S1998.16a.

　　马吉莱西的父亲出身于一个学者家庭，具有阿拉伯和波斯血统，他师从毛拉·萨德拉，自己也成了一位著名的学者和神秘主义者。马吉莱西早年曾研究过哲学，但是主要专注于圣训的研究。他穷尽一生，用阿拉伯语汇编了一部百科全书式的什叶派圣训集，共计26卷，名为《光之海》（*Bihar al-Anwar*）。这本书依据主题，采用了新的排版，在一批弟子的协助下，马吉莱西历经30年，收集并整理了什叶派传统文献，并对其进行评注。这本书内容广泛，包括创世论、第十二任伊玛目的出现、末世论、伦理和信仰活动。虽然他自己更接近于阿赫巴尔学派，但他的努力为18世纪晚期伊智提哈德学说的复兴奠定了基础。

马吉莱西的波斯语作品同样具有影响力，他的《比哈尔卷》（*Bihar Volumes*）也十分受欢迎，这本书涉及信仰活动、伦理和什叶派历史等，对伊朗成为一个真正的什叶派国家起到了重要作用。马吉莱西用通俗易懂的波斯语言来描述先知和伊玛目们的故事，就像他的前辈谢赫·巴哈伊一样，为普通人提供了富有感染力的叙述，充满了情感、希望和痛苦。不仅仅是识字的大众（可能不超过总人口的5%）可以读他的作品；实际上，他撰写的故事，例如《眼中的火花》（*Jala' al-'Uyun*，1697年作品），讲述的是什叶派伊玛目的受难，常常在清真寺的讲道台上被人背诵，在穆哈兰姆月哀悼游行中被人们传述。1695年出版的《后世的条款》（*Zad al-Ma'ad*）是由最后一位萨法维国王、虔诚的沙赫苏丹·侯赛因（Soltan Hosain，1694—1722年在位）所委托编写的，是一套关于什叶派礼拜、斋戒以及其他信仰活动的详细说明。这本书很快成为有史以来阅读最为广泛的波斯语宗教文本之一，在1828年至1958年间，至少被印制了32版。

马吉莱西的《虔诚者的斗篷》（*Hilyat al-Muttaqin*）也同样受到了欢迎，这本书将什叶派教义提升到了一个新的台阶，其内容包括礼拜仪式和对每一项人类活动的指导：衣、食、饮、浴，以及个人卫生、育儿教育、婚姻事务、家庭关系，还有畜牧、买卖和商业。在这本巨著中，马吉莱西总是用什叶派伊玛目的格言将拜物信仰和白巫术神圣化。这本书不仅仅反映了萨法维王朝晚期伊朗社会的流行做法，它也可以被看成是乌莱玛试图通过个体行为的仪式化来抑制人的主观能动性。

萨法维政府是马吉莱西传统主义教条的积极推动者。在苏莱曼沙赫统治的时代，马吉莱西和他的众多门徒在萨法维政府及其政策中发挥了巨大的影响力。他本人被尊若王室，家中妻妾成群，拥有庞大的财富和数不清的奢侈品。他一直谴责当时的学术研究，认为这些研究已经越来越偏离圣训，而偏向于哲学，他不仅说服了萨法维统治者放弃早期对哲学和神秘主义学派的支持，甚至还压制宗教和社会多样化的萌芽。

马吉莱西表现出了很多非难和反驳他人的行为，（在其父亲的领导下）他在伊斯法罕和其他地方大肆迫害犹太人、琐罗亚斯德教徒和印度教社区，也助长了公众对残余逊尼派人士的不宽容，尤其是在伊朗周边地区。他在反犹太著作《犹太人头顶的闪电》（*Sawa'iq al-Yahud*）中提倡对犹太人采取多项歧视性措施，这本书也可以被视为自阿巴斯一世以来零星发生的反犹太人活动的自然产物。他呼吁摧毁伊斯法罕印度人商业社区中的印度教神像，这是他蓄意对非穆斯林进行的排挤。此外，他的反逊尼派政策对于煽动坎大哈等伊朗边陲城市的反什叶派情绪也起到了一定的作用。在其去世的25年后，萨法维王朝最终衰落，这与他的反逊尼政策也不无关系。

即使经历了两个多世纪的波斯化进程，从16世纪自埃米尔山区迁居至此的首席教法学家卡拉奇，再到马吉莱西，萨法维王朝乌莱玛的文化取向几乎没发生过什么变化。在伊斯兰学校学习的表象之下，反智思想的动力可以概括为对圣训的痴迷、法律上的保守、什叶派的仪式化、对多样性的拒绝，以及对伊玛目们催人泪下的受难神话的推广。他们对波斯文学和艺术追求怀有敌意，甚至对他们不了解的领域也抱着一种居高临下的态度，这就是他们的社会文化取向的典型特征。伊朗公众对乌莱玛有着一种爱恨交加的矛盾心理，他们崇拜乌莱玛对艰深知识的通晓和神圣的姿态，同时又鄙视他们的傲慢、虚伪和贪婪。所有这些都在波斯文学中有细致并且生动的描述。

然而，乌莱玛内在的保守性却得到了从塔赫玛斯普到苏丹·侯赛因的萨法维统治者的青睐，他们一直对保守的乌莱玛毫不吝啬地给予赞誉和奖赏。在萨法维王朝，尤其阿巴斯一世时期，曾经进行过巨额的宗教捐赠（awqaf），这些捐赠使乌莱玛变得非常富有，但也促使乌莱玛进一步屈服于国家的意愿。他们偶尔会对饮酒、赞助伊斯兰教法所禁止的音乐和绘画、王室糜烂的生活等话题发发牢骚，但是这些风俗不足以影响宗教机构与皇家恩主之间的关系。

一部分教法学家，包括卡拉奇在内，声称自己是"伊玛目的代理人"（na'eb-e imam），并认为是自己把政治权力交给了萨法维的统治者。萨法维并没有揭穿这些伪装，部分原因在于塔赫玛斯普、苏丹·侯赛因等统治者对宗教的狂热追求。超宗教的倾向，使得他们在很大程度上接受了乌莱玛及其主张，并将之视为权威。更重要的是，国家试图将教法学家与社会其他阶层从本质上进行隔离。教法学家与公众越疏远——包括他们不能随心所欲地用波斯语交谈——就越能更好地服务于萨法维的统治。遵循着"善政"和"善教"相互依存的古老模式被证明是持久有效的。

乌莱玛必然会把矛头指向那些与其相互竞争的"恶教",其中包括不可知论者、卡兰达尔、苏菲派教团、隐居的神秘主义者、哲学家、逊尼派教徒、犹太人、琐罗亚斯德教徒和基督教徒,后来也包括欧洲的异教徒。任何不信奉国教的行为都是有罪的,因此也是危险的,特别是当它演变成了对礼拜仪式和拜物行为的轻视。教法学家认为,仪式上的身体清洁、对不净之物的清理以及礼拜、斋戒中的复杂规则,是坚持正确信仰的表现,也正是这些规定,有效引导了公众。乌莱玛因此成为国家的"道德警察",他们为学习下定义,规范休闲活动,促进整齐划一,并且也凸显了"获救"的什叶派和其他"被诅咒"的派别之间的鸿沟。

17世纪末期,有些皈依者帮助重申了马吉莱西的保守主义。安东尼奥·德·耶稣神父(Padre António de Jesus)就是一个很好的例子。安东尼奥是伊斯法罕奥古斯丁修道院的掌门人,来自葡萄牙,于1697年皈依了什叶派,并将阿里·库里·贾迪德·伊斯兰('Ali Qoli Jadid al-Islam)作为他的新名字。他撰写了众多反基督教的波斯语论辩文章,在《信士之剑和多神论者的杀戮》(Sayf al-Mu'minin wa Qital al-Mushrikin)一文中,他不仅猛烈地攻击基督徒、犹太人和逊尼派,甚至连哲学家、苏菲派和反教法派(唯信仰论者)都不放过。这种包罗万象的批驳虽然很少见,却集中体现了与世俗化欧洲进行跨文化交流过程中所遇到的障碍。他被任命为伊朗沙赫苏丹·侯赛因的皇家翻译官,进一步证实了这个国家的排外倾向。

直到马吉莱西时代,即使圣训被认为是神圣不可侵犯的,社会控制也还没有完全到位。休闲和艺术的灵感依然强劲,至少已经强劲到足以让那些教法学家反复谴责,如苏菲派聚会上的音乐、舞蹈、饮酒(这一时期的绘画中经常出现这种画面)。尽管虔诚的信徒在人数上仍居于主导地位,但公共场合中,各式各样离经叛道的行为依然存在,甚至更为频繁。尽管一再受到教法学家的谴责和经学院学生的人身攻击,茶室和咖啡馆仍然是诗人、艺术家的聚集地,也是文艺表演的场所。熟练的说书人（Naqqals）详细讲述着《列王纪》，将很多信仰者从清真寺中吸引了过来，不再听什叶派人士受苦受难的悲惨故事，转而沉迷于说书人的讲述。在那里，他们可以听到罗斯塔姆（Rostam）在七次审判中的英勇事迹，他在达马万德山（Mount Damavand）上与白魔（White Demon）的较量，或者是内扎米与萨珊国王凯·霍斯劳以及亚美尼亚统治者、信仰基督的席琳公主（Prince Shirin）之间的浪漫史。

在另一个层面上，教法学家对哲学、对组织化和理论化的苏菲派的攻击，被证实是更为有效的。哲学是最为脆弱的，被放逐到伊斯兰学校教育无关紧要的边缘地带。即使是在最好的情况下，伊斯法罕学派和毛拉·萨德拉的神智学派的能量也从来没有转化为独立探究的精神，当然也没有转化为对人类个体中自我意识的任何具体研究。相反，对伊玛目传统的强调——主要是由马吉莱西等人发明的，后来变成了对伊斯兰教原教旨的怀旧幻想——削弱了从新哲学兴趣中孕育任何原创成果的可能性。伊斯法罕学派的哲学语言风格简明，内容晦涩神秘，这种刻意模糊的做法是为了避免来自正统派的批评，经过几个世纪，自然而然地变得不被外人所知，只有内行的学者和专家才能理解其本意。后来，毛拉·萨德拉哲学的实践者抛弃了他话语中最原始和最具创新性的一面，而坚持其中最传统和最虔诚的那一面。

米尔·谢里夫·阿莫利（Mir Sharif Amoli）是一位具有独创性的努克塔维派思想家。但是，为了远离萨法维王朝的迫害，像他这样的异端只得前往相对安全的印度莫卧儿帝国。对于许多伊朗自由派思想家而言，这是知识分子最容易接触的避难所。有段时间，米尔·谢里夫在阿克巴宫廷中很受欢迎，并且是前面所提到的大臣阿博勒·法兹勒·阿拉米重要的灵感来源。然而，和他的许多波斯同道者一样，米尔·谢里夫最终还是遁入了一所苏菲派道堂中，过上了隐居的生活，对外界事务再不感兴趣。似乎除了伊斯兰学校的经院哲学外，唯一的选择就是神秘主义的道堂，或者是像哈菲兹所建议的那样，对苏菲派组织已经失望的怀疑论者也可以选择"酒馆"（maykhaneh）。然而，这两种回应方式以及萨法维时代晚期以沙里亚法为导向的哲学，都不可能成为伊朗本土现代性的前身。

17世纪的伊朗经历了领土的巩固、经济交流的扩大以及物质文化的繁荣。国家培育了一批促进什叶派事业的教法学家，也鼓励了思辨思想的发展。萨法维帝国模式及其正统理论在萨法维灭亡以后仍然经久不衰，这与同时代的印度莫卧儿帝国、中国的清王朝、奥斯曼帝国和西班牙哈布斯堡王朝有共通之处。然而，尽管伊朗在17世纪取得了令人瞩目的成就，但在许多方面，仍然没有充分发挥它的潜能。不论是国王阿巴斯还是他的继任者，都无法克服萨法维王朝的制度束缚。"红头军"势力的弱化以及奴隶军队对"红头军"的替代，并没能终结部落之间的冲突，并且这种冲突很快就爆发了。尽管事实证明，王室垄断丝绸业是可行的，但这个与欧洲贸易公司竞争的本土贸易网络只是昙花一现。萨法维从未建立起一个海洋防御体系，也对创建海上军事力量意兴阑珊。在南高加索和波斯湾的领土扩张虽然使萨法维获得了回报，但在伊拉克，回报远没有那么丰厚，而来自这些地方的税收并非萨法维解决财源短缺的长久之计。土地制度的集中化增加了收入，但从长期来看，实际上削弱了萨法维的防御能力。

第三章

萨法维王朝的覆灭与动荡的空窗期
（1666—1797）

1722年10月23日，在经历了7个月的围困以及饥荒、疾病带来的恐慌后，萨法维末代统治者苏丹·侯赛因在侍臣和官员的陪同下走出了伊斯法罕的城门，让位给了入侵者——阿富汗吉尔扎伊（Ghalzai）部落首领马哈茂德·霍塔基（Mahmud Hotaki）。在抵达萨法维首都城门以前，这位劫掠成性的逊尼派阿富汗部落首领已经在过去的10年里，对萨法维东部省份造成了严重破坏（地图3.1）。国王亲自从他的齐兹尔巴什式王冠上取下了象征着王室权威的宝石别针，并将其别在马哈茂德的头巾上。几天后，这位阿富汗部落首领在前萨法维沙赫的陪同下进入了伊斯法罕，并在四十柱宫（Chehel Sotun）加冕为马哈茂德沙赫（Mahmud Shah）。这意味着萨法维王朝长达221年的统治实际上已经结束了，其统治时间比伊斯兰化后伊朗历史上的任何王朝都要长。伊斯法罕的大多数民众都怀着无比恐惧的心情目睹了这场改朝换代的大事件，对他们而言，这是一场规模空前的浩劫。

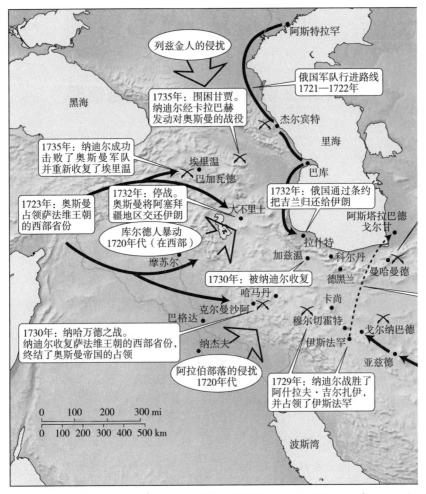

地图3.1　萨法维王朝的陷落、阿富汗部落的占领与纳迪尔·库里·汗·阿
夫沙尔的崛起（1722—1736）

萨法维的覆灭在整个18世纪引起了波斯意识的共鸣。虽然苏丹·侯赛因
的儿子塔赫玛斯普二世（Tahmasp Ⅱ）曾经短暂复辟，后来又至少三次尝试重
建、改革以及重塑这个支离破碎的帝国，但遗留在人们脑海中的，只有王朝覆
灭的记忆（表1）。20世纪的历史学家将萨法维的覆灭视为一种长期衰败的结
果，这种衰败在政治和军事上削弱了伊朗，并最终使其陷入政治纷争和经济衰

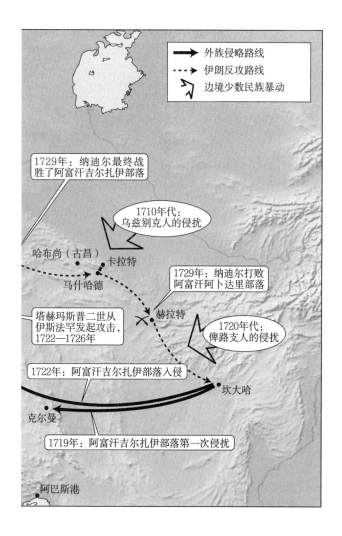

退之中。在萨法维灭亡之前，就已经有观察者提出了这一问题。萨法维与邻近的奥斯曼帝国、莫卧儿帝国不同，奥斯曼帝国已经部分实现了现代化，并幸存至20世纪；莫卧儿帝国则在小区域内进行殖民，后又在18、19世纪瓦解；萨法维王朝则是迅速沦落到了土崩瓦解的境地。萨法维向一支小部落军队的投降在此后引发了诸多问题，内容涉及帝国的经济和行政管理、政权合法性、什叶派认同，以及伊朗边陲地区长期以来的变化、欧亚地区格局的变迁。

萨法维王朝的解体

1629年，在阿巴斯一世撒手人寰之际，他还没来得及培养出一位合格的继任者。他有四个儿子，一个已经离世，另外两个按他的旨意被处决，还有一个因莫须有的叛国罪被刺瞎了双眼。他对自己后代的残忍手段加剧了萨法维王室家族及其继任者的内部杀戮。阿巴斯的孙子当时尚未成年，就被加冕为萨法维沙赫（1629—1642年在位）。在登上王位后不久，他就处死了许多有继位资格的王室成员以及大批政府和军队官员。即使是拿17世纪的道德标准来衡量，萨法维国王的所作所为也可以称得上是恶毒至极的，但这种做法事实上阻止了一场夺位之战的发生。旧精英的失势在无意中为新一代非"红头军"出身的官僚开辟了晋升的道路，他们在17世纪的大部分时间里控制着萨法维政权，并引导国家走向更为集权的道路。法尔斯省总督伊玛目·库里·汗（Imam-Qoli Khan）权倾一时且成就斐然，他被铲除之后，中央政府的权力得以染指南部省份的商业和农业税收。

1634—1645年，大维齐尔萨鲁·塔奇（Saru Taqi）主导着宫廷和军队，他是一位能干的大臣，实际上代表萨法维宫廷对外发号施令。这种授权虽然可能导致国家行政中枢与宫廷之间的权力分散，但并没有转化为大维齐尔在政治上的安全，也没有转化为国家在制度层面的稳定，进而脱离沙赫的横加干涉。行政力量推动国家建设，而王权横加阻挠，类似的事情在此后也时有发生，例如在1668年至1689年谢赫·阿里·汗·桑格纳（Shaykh 'Ali Khan Zangeneh）担任大维齐尔期间，以及在1694年至1721年法特赫·阿里·汗·达吉斯塔尼（Fath'Ali Khan Daghestani）任职时期，而此时也恰值萨法维统治末日来临之际。

只要看一眼萨法维王朝晚期的行政组织架构图，比如《统治者备忘录》（*Tadhkirat al-Muluk*）中的行政图表，就可以窥探出一个精心设计的国家机器——人员配备精良，分工相对合理，主导着一个包含税收、司法、宫廷和军队的庞大系统。然而，高级官员往往感到高处不胜寒，特别是对大维齐尔而言，这种固有的不安全感仍然存在，并且由于某些官员的奴隶出身而进一步加剧。萨法维的大臣们从来没有从统治者那里获得足够的权力，来抵制君王们的异想天开和肆意妄为。17世纪中期，奥斯曼帝国的"庄严朴特"与苏丹宫廷分离，随着时间的推移，势必会扩大大维齐尔手中的行政权力，但这一现象并未发生在萨法维。尽管萨法维试图建立国家行政架构，但到了17世纪后期，萨法维的国家行政机构已经被派系之争和政治恶斗掏空了根基。

萨法维王朝晚期，国王的治理能力江河日下，这也导致国家逐渐衰微。包括所有已故的萨法维统治者在内，凡有继任资格的王子，几乎都是被囚禁在后宫中长大的。这种蓄意的孤立旨在扼杀王子反叛的野心，这种做法类似于奥斯曼帝国的"笼子"（qafas）政策[1]。后宫太监如同养父母一般监护着他们的日常起居，这些王子在登基前基本上没有学习过如何治理政府，也缺乏公共生活的经验。在以男性为主导的宫廷和政府里，王子们的不安感转化为冲动的行为。有时，他们会表现得十分偏执，甚至出现精神错乱的症状。萨菲死于酒精中毒，阿巴斯二世死于梅毒，而苏莱曼被诊断为痛风。

作为全球化的一部分，梅毒曾一度在欧洲大陆肆虐。这种病毒通过奥斯曼帝国进入伊朗，到17世纪后期，几乎成为当时的流行病。梅毒在伊朗被称为"法兰季"（farangi），或"欧洲病"，当然还有其他的叫法。17世纪的法国旅行家约翰·夏尔丹声称，有近一半的伊朗人口感染了这种疾病。即使我们对他的观点持怀疑态度，但王室的一些成员很可能是真的感染了这种疾病。频繁地与后宫内外的性伴侣亲密接触，无疑增加了这种疾病的感染概率。根据萨法维王朝的文献，"过度性交"导致王室成员死亡的现象，可以被视为性病流行的一种迹象。萨法维晚期的宫廷风气糜烂，对酒精及各种鸦片类药物、大麻药剂滥用成瘾，不过这也可能是为了治疗梅毒和缓解疼痛。王室成员们诸如暴力、自残和极度虚弱的症状，可能是由戒瘾引起的，也可能是梅毒感染引发了种种精神退化。

尽管有种种不幸，但堕落消沉的王子和效率低下的国家机器并非萨法维

---

[1] 奥斯曼帝国王位继承中的一项特殊政策，没有王位继承权的王子常常会被杀死。

所独有的——这些因素本身没有足够的力量去推翻一个古老的帝国。事实上，就帝国的臣民而言，17世纪是他们所经历过的最长久、最繁荣、最文明、最和平的时代之一。阿巴斯二世塑造了一个繁荣安定的社会，尽管国家已经逐渐走向衰败，但萨法维晚期在艺术和知识创作上的努力、精致的物质文化生活以及与外界更为自由的接触，使之成为现代早期最令人振奋的历史时期之一。如此长久的安宁可以被视为一种和平红利，主要归功于1639年缔结的《祖哈布条约》，该条约使伊朗在80年内免受奥斯曼帝国的威胁。

然而在国内，萨法维社会已经达到了一定的文化成熟度，这点在这一时期的知识和艺术表现形式中极为明显。可能有人会认为，存在主义的哲学难题使萨法维著名的哲学家毛拉·萨德拉沉迷于研究肉体复活，文化激励的诱因又促使有影响力的教义学家马吉莱西写出纷繁复杂的关于仪式清洁的书卷，其实他们是一个共同愿望的两个方面，正如古典苏菲主义所倡导的那样，他们都希望保护身体，而不是去否定它。同样，这一时期的绘画和诗歌，有时大胆而富有表现力，试图摆脱什叶派原教旨的束缚。这些画卷透露出了一种更加真实的画面和对自我的深刻表达。萨法维的诗歌虽然无法达到古典时期的艺术高度，却呈现出对萨法维环境和诗性的新意识。萨布·大不里士（Sa'eb Tabrizi，1601—1677）是17世纪伊斯法罕的一位大诗人，也曾在莫卧儿宫廷度过了几年，他的诗歌展示了技术上的非凡与艺术审美上的复杂，其与众不同的世界观反映了他所处的那个时代的平和。

这些艺术和文学表达中所呈现的原创性，使得它们对普罗大众拥有了更为强大的吸引力。在伊朗（如同在莫卧儿印度一样），除了宫廷和精英赞助创作的萨法维诗歌，诗歌还可以为那些默默无闻的人和业余爱好者提供发声的渠道。商人、工匠等普通百姓对宫廷文化的既定主题和隐喻并不太感兴趣，他们更感兴趣的是世俗的乐趣，是日常生活，甚至是非正统的信仰——对于非正统的信仰，他们总是以寓言的方式来表达。也许在技艺上，这些诗歌并不是那么复杂，但比起宫廷中豢养的专业诗人的作品，巴扎上业余诗人的口头诗作更好地传达了普通人的愿望。当他们在聚会或是在咖啡馆中吟诵颂歌（ghazals）

时，人们总是会发现一种令人愉悦的灵感和怀疑主义的精神，有时候甚至还会带有某些性暗示。通过这一时期的抒情诗和绘画，人们渐渐开始接受欣赏青年（通常是男性）之美。

休闲和消遣文化吸引着城市大众。尽管偶尔会遭到宗教惩罚，但全国各地的咖啡馆、小酒馆和"游乐屋"（也被称为"妓院"）的数量都有所增加。对茶和咖啡的需求增大，使得咖啡馆逐渐替代了酒馆，成为人们休闲娱乐的另一大去处。茶叶主要来自中国（后来主要来自印度），咖啡主要来自阿拉伯和黎凡特地区。17世纪中期，单伊斯法罕就至少有六家大型的咖啡馆。诗歌比赛（mosha'ereh）、国际象棋比赛、纸牌和棋盘游戏，音乐和舞蹈，以及《列王纪》和其他丰富有趣的波斯史诗、浪漫故事，不仅吸引了男性大众，甚至还吸引了王室成员。

阿巴斯一世和他的继任者在夜间巡视时，曾亲自到访咖啡馆，并聆听了诗歌吟诵，毫无疑问，这是那些公共场所得以幸免的原因之一，即便是乌莱玛对他们心怀不满。后来，萨法维咖啡馆里那些讲故事的人在他们的表演剧目中融入了什叶派的历史和表演，如流行的《哈姆扎-纳米赫》（*Hamza-nameh*），他们用通俗的语言讲述了先知的叔叔哈姆扎的丰功伟绩。赞美第一任伊玛目阿里的其他史诗也被讲故事的人公开朗诵。乌莱玛，有时还有政府当局，仍然对咖啡馆的颠覆意味和在其中讲故事的人心存疑虑，这并非无根无据的怀疑。约翰·夏尔丹告诉我们，在伊斯法罕的咖啡馆中，信仰和观点（可能是关于宗教和政治）可以自由且公开地表达，这在当时的世界上是独一无二的。作为全球性趋势的一部分，人们不能不注意到，新兴的萨法维公共领域不仅拥有与奥斯曼帝国和埃及类似的行政机构，还拥有与当时法国的沙龙、英国的咖啡馆相媲美的娱乐场所。

喝酒也是一种流行的消遣方式，正如人们经常提到的那样，酒的消费量是巨大的。在萨法维晚期，乌莱玛曾连续发动了几次禁酒运动，在阿巴斯二世、苏莱曼和苏丹·侯赛因的统治时期，也时有发生。虽然这些运动针对的主要是普罗大众，但它们也迫使宫廷摧毁了其珍贵的酒窖。然而，禁令并不能轻易改变旧有的风俗。作为饮酒文化的一部分，各种各样提供麻醉品消费的场所也随之而生，这些麻醉品往往是高度成瘾的鸦片类毒品的衍生品，而公众被允许合法吸食这些衍生品，并由政府征税。卖淫，无论是女性还是男性，也可以得到社会的容忍，并依法向国家纳税，接受国家的监管。原因在于，人们认为卖淫是不可避免的事情，特别是在军事行动期间。

直到19世纪初，吸烟才成为伊朗的一项国民习惯，但在萨法维时代晚期，吸烟已经在社会精英阶层中流行了起来。17世纪初期，来自新大陆的烟草经欧洲和奥斯曼帝国进入伊朗，并很快得到了宫廷大臣们的青睐。虽然在阿巴斯一世在位时期，人们在一开始还抵制吸烟的行为，但这并没能阻止伊朗的烟草种植。一个世纪之后，到18世纪晚期，尽管有禁烟运动，但波斯烟斗（chopoq）和水烟（qalyan）还是逐渐代替了鸦片类制剂和其他毒品。与教法学家的纯粹追求有所不同，诸如此类的休闲活动和社会习惯呈现出与萨法维社会截然不同的一面。休闲文化随着城市化进程的加快而蓬勃发展。尽管人们不应夸大萨法维社会晚期宗教对休闲娱乐活动的影响，但人们选择忽视当时社会生活放纵的一面，甚至是那种志得意满的氛围（至少在帝国的中心城市是如此），也是不妥当的。

边陲势力再起

尽管在萨法维王朝末期，城市相对平静，但帝国边境的压力仍在持续增加。在阿巴斯一世去世的1629年，伊朗又一次经历了奥斯曼帝国的袭击，这次领军的是莫拉德四世苏丹，他是奥斯曼帝国最后一位征服者。在经过近30年的平静（双方没有任何挑衅之举）后，规模浩大的奥斯曼帝国军队占领了伊朗西部各省。面对大不里士和哈马丹的抵抗，奥斯曼人毫不犹豫地屠杀平民，把城市夷为平地。巴格达也落入了奥斯曼帝国之手，这次沦陷使伊朗永久性地丧失了对巴格达的统治权。尽管进行了顽强的抵抗，但萨法维政府仍采取谨慎的态度。1639年，两方达成了《祖哈布条约》，萨法维以永久割让伊拉克南部的所有权为代价，要求奥斯曼帝国军队再次从伊朗西部撤出。至此，两个帝国间脆弱的边界大致与1555年《阿马西亚和约》划定的边界相当。尽管如此，到了18世纪初，伊朗不得不再次面对奥斯曼帝国的占领。

在另一边，由于萨法维中央政府开始感受到两线作战所带来的财政负担，对乌兹别克人的反复袭击采取了十分克制的行动。阿巴斯一世及其继任者的中央集权政策使大多数半自治省转变成了王权治下的地区，对这些地区的直接控制带来了更多的税收，特别是在法尔斯、高加索和呼罗珊，但此举也使得帝国对边陲地带的控制更加脆弱。为了减轻边陲的防卫压力，阿巴斯一世实施了一项复杂的部落重置政策。西部和东部的游牧部落构筑了一道防御屏障，暂时抵御了外部的威胁，同时减少了内部的部落紧张局势。15 000户库尔德家庭被重新安置在呼罗珊北部，以便构建一个可靠的防卫屏障，来抵御乌兹别克人的入侵。但到了17世纪的最后25年，萨法维帝国就像其西部和东部的穆斯林邻国一样，边境和贸易路线均遭遇了来自不同地区的游牧势力的威胁。

在高加索，达吉斯坦的列兹金部落和外高加索地区包括哥萨克人在内的其他半游牧民族，蹂躏了繁荣的希尔凡地区，并威胁到了里海地区的陆上贸易。在西部，波斯和奥斯曼帝国边境的库尔德部落占领了克尔曼沙阿和哈马丹，它们是美索不达米亚和黎凡特的贸易中心。在南部，沿海的阿拉伯部落经常和流窜于马斯喀特及其周边地区的阿曼海盗合作，对波斯湾贸易构成了相似的威胁。在胡齐斯坦，来自胡维扎沼泽地区的穆沙沙（Musha'sha）自治区的残余势力不时会发生叛乱。而在东南部，与印度斯坦的贸易开始受到来自莫克兰（Makran）的俾路支部落的袭击。在边陲地区，这种骚乱并不罕见，尤其是当国家的中央地带陷入危机之时。然而，这么多边境势力同时爆发叛乱，是极不寻常的（地图3.1）。

最重要和最致命的打击是坎大哈省阿富汗吉尔扎伊部落的叛乱，此地位于今天阿富汗的南部。坎大哈是一个令人垂涎的萨法维东南要塞和边境贸易中心，一直以来被莫卧儿帝国所觊觎。尽管到了1653年，萨法维已经成功地将坎大哈变为自己治下的城市，但他们对城市控制权的重新确立激起了很多反波斯的情绪。早在1701年，坎大哈市市长米尔·维斯·霍塔基（Mir Vays Hotaki）就对萨法维政府的反逊尼派政策深感不满，在多次向萨法维宫廷递交的请愿书石沉大海之后，他发动了反叛，并杀害了该省的萨法维总督，该总督是一位奴隶出身的格鲁吉亚人。米尔·维斯得到了城市附近的吉尔扎伊部落族亲及在麦加的教法学家们的支持，甚至还有来自莫卧儿皇帝奥朗则布（Aurangzeb，1658—1707年在位）的支持。奥朗则布对萨法维的政策不仅是出于莫卧儿对坎大哈的领土主张，而且还受到了逊尼派新精神的影响。最终，萨法维没能成功镇压坎大哈的叛乱。此后不到20年，米尔·维斯的儿子马哈茂德与阿富汗及俾路支的下属部落相勾结，认为袭击伊朗核心地区的胜算已经很高，并试图围攻克尔曼和亚兹德城，然而，袭击没有成功。这些袭击成为1722年马哈茂德围攻伊斯法罕的预演，但这座城市在游牧民族的入侵下几乎完好无损。

苏丹·侯赛因在处理阿富汗危机时毫无招架之力，他是后宫幽禁下抚养出来的典型产物。虽然欧洲和土耳其目击者对萨法维首都的描述有些夸大其词，但他们对一个处于崩溃边缘的政府的记述是令人信服的：叛乱与暴动犹如山雨袭来，军队却没有做好战斗的准备；政客和军队将领在种族和派系斗争中疲惫不堪，国王优柔寡断，无法控制他争吵不休的侍臣、妻妾、乌莱玛显贵和腐败的官僚。就在阿富汗人发动袭击前不久，大维齐尔法特赫·阿里·汗·达吉斯塔尼倒台，他在萨法维军队中的盟友因被指控为信仰逊尼派而遭到杀害，这个事件不仅动摇了帝国在行政和财政上的稳定，也削弱了帝国的防御能力。这位出身列兹金部落、精明能干的大维齐尔，曾以格鲁吉亚为中心建立了他的权力基础，他的垮台就是一个例证，说明随着什叶派在萨法维王国潜移默化、深入人心的传播，边陲地区逊尼派部落对帝国的拱卫与支持已经逐渐弱化了。

几十年来，伊斯法罕的朝廷过着衣食无忧、奢侈放纵的生活，施行狂热的宗教政策，却没有半点麻烦找上门，所以已经有了自满和松懈的情绪，但现在却被一群饥肠辘辘、衣衫褴褛的游牧民粗暴地搅醒了美梦。1722年3月，伊斯法罕城郊的戈尔纳巴德战役（the Battle of Golnabad）拉开了序幕，人数众多、装备精良的萨法维部队被不超过2万人的阿富汗部落军一举击败，并被迫撤退到城墙里。阿富汗军队轻松地击退了帝国军队，他们对此有些许惊喜，并对首都进行了包围，等待里面饥寒交迫的人们出城投降。国库的亏空、国王及其政府的无能，使得伊斯法罕甚至失去了被召至首都的格鲁吉亚雇佣军的支持。

在长达七个月的围困期间，城市与外界的重要联系被切断，粮食供应被封锁。吃完了猫和狗，伊斯法罕市民开始吃老鼠，有关吃尸体的报告也变得越来越多，然后这个疾病肆虐的城市陷入了困境，防御体系濒临崩溃。进入伊斯法罕后，马哈茂德和他的部队穿过荒凉的街道和巴扎，抵达了四十柱宫。在那里，这位吉尔扎伊部落汗毫不客气地为自己加冕，自称马哈茂德沙赫。他扣押了王室成员，并将萨法维王室以及后宫作为战利品分给了自己和各部首领。不久之后，他发现自己执掌的这个帝国到处都是叛乱，混乱不堪。然而，阿富汗入侵者感兴趣的并不是治理一个破碎的帝国，而是首都的财富和诸如四十柱宫之类的金碧辉煌的皇家建筑，正是这些激起了入侵者掠夺的欲望（彩图3.1和彩图3.2）。

一开始，马哈茂德尝试对伊斯法罕的居民采取安抚体恤的政策，甚至在某种程度上修补这个饱受战争蹂躏的饥饿的首都。到围困伊斯法罕的战事结束时，已经有将近8万居民丧生。马哈茂德还得到了伊斯法罕以及帝国其他地方的犹太人和琐罗亚斯德教教徒的支持，他们长期以来一直受到萨法维宗教政策的歧视。然而，他的态度很快就开始发生变化，因为他发现政府机构和广大民众中的大多数人依然忠于萨法维王朝。在不安全感和偏执性格的驱使下，他很快就诉诸暴力，并杀害了苏丹·侯赛因几乎所有的儿子和亲属。苏丹·侯赛因本人幸免于难，后来却死于马哈茂德的侄子、王位继任者阿什拉夫·霍塔基（Ashraf Hotaki）之手。阿富汗人对大规模起义的恐惧导致了一轮又一轮的屠杀，许多在萨法维政权内主事的高官成了牺牲品。即使是被萨法维王朝优待的少数民族亚美尼亚人，处境也不容乐观。马哈茂德掠夺了新朱利法城区，摧毁了那里的房屋和教堂，妇女和儿童沦为奴隶。

伊斯法罕的被占以及萨法维王朝的灭亡，向西方的邻国发出了信号。顷

刻之间，巴格达的帕夏[1]（pasha）以恢复萨法维沙赫的王位为借口，发起了
一场新的战役。作为回应，1726年，王位不稳的阿什拉夫处死了苏丹·侯赛
因，并将他的头颅送给了奥斯曼帕夏，以证明萨法维王朝气数已尽。或许萨
法维末代国王本可以击退阿富汗人，但这个王朝的覆灭是否可以避免，仍然
值得商榷。

气候、破产与入侵

　　无论萨法维晚期统治的缺点及其政府、军队的缺陷是什么，阿富汗部落
的入侵以及萨法维政权的突然垮台仍然是一个值得进一步探讨的问题。在伊斯
法罕沦陷后的不到10年时间里，阿富汗占领者被驱逐出了伊斯法罕，但他们的
离开并没有给伊朗带来和平与安宁。塔赫玛斯普二世（Tahmasp Ⅱ）恢复萨法
维统治的尝试以失败告终，而部落强人纳迪尔·沙赫·阿夫沙尔（Nader Shah
Afshar，1736—1747年在位）上台掌权，反而引发了这一时期规模更为浩大的
政治动荡。除了短暂的间歇期外，基础设施的破坏以及城市、农业和商业的衰
退，几乎持续到了18世纪末（地图3.1）。

　　这种衰退的一个潜在原因是部落势力的东山再起，而这可能源于整个欧亚
大陆的气候变化。这时期被称为气候上的小冰河期（Little Ice Age），人们主要
以17世纪的欧洲为范本来进行研究，但西亚也受到了气候变化的影响。17世纪
晚期和18世纪早期，全球气候干燥寒冷，冬季变得更为漫长和严酷，春季降水
量也变得更少了。在西亚，游牧民族骚乱的突然爆发以及边陲势力的持续崛起
不仅影响了伊朗，也影响了人口更多、更加富裕的莫卧儿帝国和奥斯曼帝国。

　　在伊朗高原上，阿富汗新的作战联盟的形成，吉尔扎伊部落对坎大哈的
占领以及其对手阿卜达里部落对赫拉特的占领，都可能是这一时期的气候变化
导致的。游牧和半游牧阿富汗人原本居住在兴都库什高原，几十年前曾迁居到

---

[1] 奥斯曼帝国行政系统里的高级官员。

邻近的平原，但寒冷的天气和缩减的牧场，已经不能再维持人口的不断增长。莫克兰的俾路支部落、伊朗西北部的库尔德部落以及外高加索的哥萨克人、列兹金人同时崛起，不久之后，阿夫沙尔部落和呼罗珊的其他部落、伊朗北部和东部边陲的库尔德部落、东北边境的土库曼部落联盟也发生了骚乱。从17世纪中叶开始，不仅是边陲地区，萨法维统治的核心地带也都遭受了恶劣天气的影响。当代欧洲关于萨法维伊朗的研究报告指出，从17世纪50年代到70年代，在短短的20年时间内，伊朗农作物的产量急剧下降，可能下降了一半之多。与连番的作物歉收、反复出现的大旱灾同时爆发的问题还有农业腹地的萎缩、波斯湾和地中海港口贸易的下降以及城市人口的减少。气候变化所带来的影响非常明显，以至于到了1666年，王室占星师担忧不祥的天象接连出现，因而建议萨法维统治者在名义上放弃他的王位，以避免灾难的持续发生。随后，国王以新名号苏莱曼沙赫（Shah Solayman）重新登上王位。然而，这种加冕仪式并没有改变帝国的命运。当约翰·夏尔丹在17世纪70年代第二次访问伊朗时，他发现这个国家已经被自然灾害和人为灾难严重削弱，当时其他的访客也证实了这一点。

阿富汗部落的入侵并非整个18世纪最后一次摧毁伊朗农村和城市的部落叛乱。游牧民族入侵的特征主要体现为暴力掠夺和大规模屠杀，进而造成了人口的流散。特别是当火器变得唾手可得时，这些部落的军事实力大大增强了。萨法维军队的溃败以及国家军火库的分散很可能为这些边境上不安分的部落，以及后来的内陆地区的游牧民族提供了前所未有的火器装备。在整个18世纪，伊朗城市一再遭遇叛乱部落的侵占，居民的住宅区遭到了破坏，巴扎经济濒临崩溃，各种不安全的因素严重扰乱了旅行和贸易活动。

行政管理失灵和国内动荡加速了萨法维原本就已陷入困境的丝绸贸易的崩溃。阿曼沿海地区的阿拉伯海盗成功地将葡萄牙人驱逐出马斯喀特，并在波斯湾建立了一支海上力量，这是伊朗对外贸易面临的最新威胁。早些时候，荷兰对丝绸贸易近乎垄断的地位削弱了葡萄牙和英国的竞争攻势，并破坏了得到国家支持的亚美尼亚贸易网络。17世纪的最后几十年里，萨法维政权对法国人的商业提议表示欢迎。萨法维未能说服仍在地平线上徘徊的葡萄牙人反击阿曼海盗的威胁，这迫使法国考虑出手干预的可能性。但是，在印度次大陆以南，法国人正在与英国霸权做斗争，因此也不愿再冒险进入波斯湾的危险水域。法国代表参与了萨法维的宫廷阴谋和伊斯法罕的宣教政治，却没能取代该地区其他的海上强国。同样，萨法维也没有能够从与法国的关系中受益，从而有效地通过另一条黎凡特路线参与贸易竞争。

1721年，俾路支部落袭击了阿巴斯港，抢掠了那里的荷兰工厂和英国工厂，这是灾难即将降临的不祥前奏。俾路支部落很快就切断了南方大部分的长途贸易，直到19世纪初，波斯湾的贸易才得以恢复，即便如此，它也没有达到萨法维时期的繁盛程度。而阿富汗部落的占领，则进一步加速了吉兰和希尔凡这两大丝绸生产中心的衰落。萨法维城市中新生的商业资产阶级并没有能力聚敛足够的政治资源或政治威望，来避免事态的进一步恶化。

萨法维帝国的农业经济以佃农制为基础。在萨法维晚期，农业经济变得更容易受到官僚主义恶习的影响。"红头军"持有的土地逐渐转变为王室所有，而对政府授予的、被视为私产的旧封地的征用，则加重了农民的负担。战利品、贸易和王室土地的收入越来越少，后者主要是因为管理不善和贪污腐败。再加上农业收成减少、农村人口锐减，政府就不得不就私人土地征收更重的税，以增加财政收入。

在苏莱曼和苏丹·侯赛因统治时期，人们就已经无法忍受沉重的税收负担和通货膨胀压力，农民和游牧民被强行束缚在土地上，不得外逃。这种类似于农奴制的政策在此前的伊斯兰世界从未出现过，可能正是因为如此，中央政府一旦处于崩溃边缘，游牧和半游牧部落便会爆发叛乱。萨法维政府的强制迁移政策迫使游牧民从一个地方迁移至另一个地方，从一个部落重新被分配到另一个部落，这是塔赫玛斯普一世和阿巴斯一世在位时的惯用做法。这种迁移政策导致了一种极不稳定的迁移模式，一旦失去了监督和压制的军事力量，国家可能最终会走向垮台。

萨法维伊朗的经济规模远小于邻近帝国，经济能力也更为脆弱。在萨法维时期，伊朗的人口可能从未超过1000万，但到了18世纪初，邻近的莫卧儿帝国已经拥有超过1亿的人口，奥斯曼帝国的人口也超过了2200万。即使在最好的情况下，萨法维也无法从国内人口中榨取出可比拟其竞争对手的巨额税收。历史上，伊朗的农业经济很容易受到来自游牧民族的压力和国家管理不善的影响，这一现象可能会为萨法维的农业衰退提供进一步的解释。

到了17世纪晚期，萨法维伊朗面临着全球通货膨胀危机带来的严重后果，这场危机自16世纪以来已经影响了东方诸帝国的经济。新大陆向西欧经济输送了大量黄金和白银，给予了这些经济体令人生畏的巨大购买力，以农业经济为主的亚洲难与西欧相较，这也导致了奥斯曼帝国和伊朗的银本位货币出现贬值。通货膨胀带来的货币贬值，再加上陆上贸易成本和农产品价格的上涨，削弱了曾经繁荣的萨法维商业阶层，也使帝国的防卫能力明显下降。国家当局和特权阶层囤积货币的行为导致了市面上货币短缺，加之货币外流以及农业基础的整体弱化，帝国的财政危机进一步加剧了。

特别是当荷兰和英国的贸易公司把波斯的白银带到了欧洲，而印度贸易商则将波斯的白银带到了印度次大陆，这造成了长期性的负面影响。作为一项利润丰厚的贸易，它与丝绸贸易并驾齐驱了一个多世纪。欧洲市场上尽管已经出现了大量来自新大陆的白银，但贸易公司以银块形式走私伊朗白银，仍然可以获取高额的利润。虽然萨法维一再采取措施阻止货币外流，但在1642年至1660年期间，荷兰东印度公司依旧从伊朗走私了相当于900多万荷兰盾的香料，香料的巨大流失加速了萨法维伊朗的经济破产。出于类似目的，即使是在18世纪早期最黑暗的时刻，荷兰人仍然选择保留他们在波斯湾的工厂，尽管当时几乎已经无法直接从衰退的丝绸出口中获利。从欧洲途经奥斯曼帝国、伊朗，最终到达莫卧儿印度的贸易循环，为欧洲贸易公司带来了三到四倍的利润，而东方的帝国却陷入了贫困。

即使萨法维王朝能够顶住游牧民族的压力，并且顺利平息来自国内的挑战，但面对新一轮的外国入侵，却几乎没有胜算。阿富汗部落入侵和伊斯法罕被围困的消息导致了一场激烈的竞赛，奥斯曼帝国与迅速扩张的俄国都想吞并伊朗北部和西部省份（地图3.1）。1721—1722年期间，在洞悉伊朗的军事弱点后，俄国首先派遣了一支庞大的军队，进入萨法维所属北高加索地区的达尔班德省和达吉斯坦省，然后南下进入吉兰省。在占领这些省份之前，关于伊斯法罕的情报极大地鼓舞了彼得大帝（Peter the Great，1682—1721年在位），这些情报声称征服与吞并伊朗北部省份的时机已经成熟。俄国与奥斯曼帝国联手出兵，占领了高加索的大部分地区以及吉兰、马赞德兰和阿斯塔拉巴德等地，长达13年之久。对伊朗而言，这是一次惨重的损失；对俄国而言，也是如此。疟疾肆虐导致俄国匆忙撤军，但这也可能只是撤军的部分原因。这是俄国沿着里海沿岸的第一次出击，预示着在接下来的270年里，俄国会把扩张主义作为对伊外交政策的核心。

1723年，奥斯曼帝国利用宿敌的衰落，一举越过伊朗西部边境，在没有任何挑衅行为的情况下就袭击了萨法维的高加索地区。这是自1514年以来奥斯曼帝国的第四波扩张。如此一来，俄国人和奥斯曼土耳其人之间展开了一场鲸吞萨法维北部省份的竞赛。同先前一样，奥斯曼帝国试图在从巴尔干地区撤退到奥地利哈布斯堡的同时，收复东方的领土。到1725年，奥斯曼帝国发动的连续战役导致伊朗丢失了从格鲁吉亚、亚美尼亚到西部省份阿尔达比勒、大不里士、克尔曼沙阿、哈马丹以及西南部的大片领土。早在1722年，奥斯曼帝国曾支持阿富汗部落发动入侵行动，甚至派了一支特遣队支援马哈茂德。然而，在马哈茂德的侄子及继任者阿什拉夫当权时，奥斯曼改变了往日的立场，转而支持恢复萨法维的统治，可能是因为伊斯法罕的阿富汗部落政权想要开战，重新夺回被奥斯曼帝国夺取的伊朗省份。

1725年，阿什拉夫·霍塔基（1725—1729年在位）暗杀了疯狂的马哈茂德·霍塔基，登上了王位，并开始动员他的部队对抗奥斯曼侵略者。尽管在战场上取得了一定的胜利，但此时的阿什拉夫面临一大困难：苏丹·侯赛因的儿子塔赫玛斯普二世幸存了下来，虽然他无力夺回萨法维王位，但奥斯曼土耳其人和俄国人都倾向于与他进行谈判。塔赫玛斯普二世四处流浪，为了逃离阿富汗人的围困，他唯一的出路就是满足邻国的领土要求，试图被承认为伊朗的合法统治者，并最终恢复萨法维王朝的统治。出于同样的原因，阿什拉夫批准了羞辱性条约，将伊朗的很大一部分地区割让给了奥斯曼和俄国入侵者。1726年，阿什拉夫决定处决被监禁的沙赫苏丹·侯赛因，以消除萨法维在伊斯法罕复辟的任何可能性，但这进一步削弱了他的统治地位。

到了1727年，萨法维王朝几乎已不复存在。阿富汗人的统治残酷无情，与信仰什叶派的伊朗人格格不入，他们对伊朗残余的领土只拥有表面上的控制权。在短短的几年时间内，最繁荣的北部和西部省份被夺走，整个帝国的城市和农村也都走向了衰竭，边陲的游牧势力处于叛乱状态，百姓对恢复文化和社会秩序的信心处于历史低点。珍藏在伊斯法罕的大量萨法维国家档案也被入侵的阿富汗人完全摧毁，两个多世纪的王朝历史和行政记录因此被抹去。

与此同时，塔赫玛斯普二世在伊朗北部躲躲藏藏。他先后在加兹温、阿尔达比勒和德黑兰短暂定居。塔赫玛斯普二世的到来标志着这个位于厄尔布尔士山脉外围、绿树成荫的小镇德黑兰第一次成为权力中心。最终，塔赫玛斯普二世抵达了西北部的阿斯塔拉巴德，在那里，齐兹尔巴什部落联盟成员之一、恺加（Qajar）部落的首领接待了他。塔赫玛斯普二世实际上是众多大臣手中的一个傀儡，他发现法特赫·阿里·汗·恺加（Fath'Ali Khan Qajar）可以保护他，并且可以帮助他登上王位。然而，在争夺萨法维王朝的控制权和帝国复辟的斗争中，恺加注定会输给更有实力的竞争者纳迪尔·库里（Nader-Qoli），即未来的纳迪尔·沙赫·阿夫沙尔，他在暴风雨一般的政治舞台上粉墨登场，为萨法维王朝的复辟带来了希望。

解放者纳迪尔·沙赫

在伊朗的现代历史上，很少有领袖能像纳迪尔·沙赫·阿夫沙尔那样，激起民众如此强烈的情绪。他是一个军事天才，在后萨法维王朝的过渡时期风生水起，结束了外国侵占的局面，然后很快为萨法维王朝画上了句号（地图3.1和3.2）。刚开始，他的同胞将其视为帝国的复兴者和救世主，但到了后来，却把他看作暴君和疯子。对于同时代的欧洲人来说，他是一位异乎寻常、轰轰烈烈的征服者，他发动的印度征服运动为英国殖民统治铺平了道路。

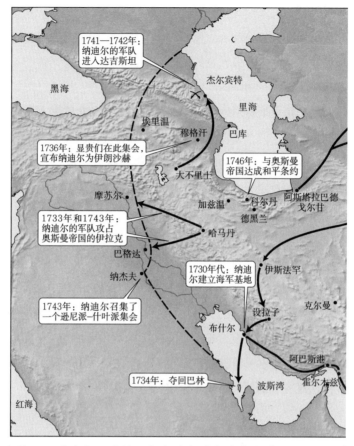

地图3.2 纳迪尔·沙赫·阿夫沙尔的主要战役（1736—1747）

对于紧接着的恺加王朝来说，他是一个卑鄙的篡位者，但在巴列维王朝时代，他被誉为英雄和国家统一的先驱，礼萨·沙赫（Reza Shah）钦佩他的纪律性和决心，并将其奉为楷模。直到今天，他仍然是伊朗民族主义历史叙事的重要部分，不仅激起了泛伊朗民众的民族情绪，也唤醒了另外一些人反乌莱玛的希望。然而，在经过几个世纪的历史建构后，纳迪尔·沙赫仍然还是一个独特的现象，并在某种程度上重新确立了伊朗边陲地区的部落认同，而另一方面，他也是此后几个世纪民族主义潮流的雏形。

1698年左右，纳迪尔·沙赫出生在呼罗珊北部一个贫穷的土库曼游牧

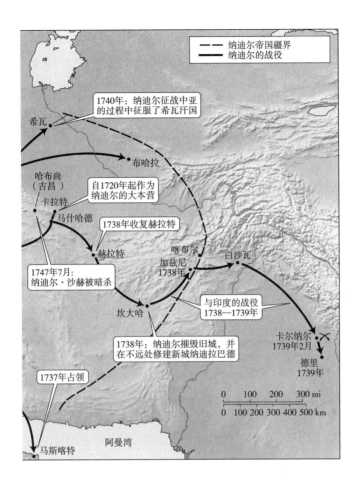

部落家庭里，属阿夫沙尔部落下辖的盖尔克鲁（Qereqlu）分支，阿夫沙尔是齐兹尔巴什部落联盟最早的成员之一。在阿巴斯一世时期，盖尔克鲁部落被安置到了马什哈德的腹地，以抵抗乌兹别克人的频繁入侵。乌兹别克人曾大肆掠夺并奴役城镇和村庄里的什叶派居民。年轻时，纳迪尔·沙赫曾被乌兹别克人俘虏，做了四年的奴隶，后来，他逃脱了囚禁的生活，当起了土匪。

不久之后，纳迪尔·沙赫选择跟随马利克·马哈茂德·西斯塔尼（Malek Mahmud Sistani）——他自称是《列王纪》中传说的凯亚尼德王朝的继承者，此后，纳迪尔成了一名地方军阀。在萨法维国家崩溃后的几年里，马利克·马哈茂德开疆拓土，从呼罗珊北部扩张到锡斯坦（Sistan），首都定于马什哈德。马利克·马哈茂德当时依靠的是松散的部落和城市联盟，但很快地，他就意识到纳迪尔及其游牧骑兵是他开拓疆土的一大威胁。马利克·马哈茂德声称自己是传说中的伊朗王朝的国王，拥有一顶虚构出来的凯亚尼德王冠，此举很有可能激发了纳迪尔捍卫伊朗国家统一的构想，但这与萨法维王朝宣称的什叶派神圣王权概念并不相同。

然而，纳迪尔在争夺马什哈德的战斗中输给了马利克·马哈茂德。于是，他再次当上了土匪。他这个土匪非常仁慈，时常慷慨解囊，也使得他的支持者队伍不断壮大。但当他在1725年向塔赫玛斯普二世归顺时，可能只召集了不到2000名骑兵，而且这些骑兵并不够忠诚，也没有配备大炮或其他重型武器。塔赫玛斯普二世在几个部落的争斗中无助地摇摆不定，而纳迪尔真正奉献给塔赫玛斯普二世的是他与生俱来的领导能力、军事才能和战略智慧。不久后，纳迪尔成功策划了对他的恺加部落对手的谋杀，并很快晋升为塔赫玛斯普二世的摄政王。这是他权力斗争的第一步，最终，这番斗争让他登上了伊朗的权力顶峰。

有了"塔赫玛斯普奴仆"（Tahmasp-Qoli）的头衔，纳迪尔在一年之内就在呼罗珊站稳了脚步，并且洗劫了马什哈德，赶走了马利克·马哈茂德。不久后，他取得了一系列战役的成功。1727年，他首先制伏了盘踞赫拉特的阿富汗阿卜达里部落，并准备进攻统治伊斯法罕的阿富汗吉尔扎伊部落。纳迪尔与阿什拉夫的军队进行了两场决战，首先是在达姆甘（Damghan）附近，随后是在伊斯法罕附近的穆尔切霍特（Murchehkhort）展开，在这两场战役中，纳迪尔击溃了阿什拉夫的部队。1729年12月，他和塔赫玛斯普二世一起进入了萨法维首都（地图3.1）。尽管"解放者"军队对伊斯法罕人的掠夺和杀戮是一个不祥的预兆，但帮助萨法维沙赫恢复王位仍然提升了纳迪尔的威望。纳迪尔随后向法尔斯进军，他将士气低落的阿富汗军队逼往了东南部地区。阿什拉夫和他的几名随从在前往坎大哈的途中被杀，在战斗中幸存下来的残余队伍顺势加入了纳迪尔的部队。在不断壮大的征战事业中，他很快就将注意力转向了被奥斯曼和俄国占领的省份。

纳迪尔拥有将如一盘散沙的部落组成一支纪律森严的军队的天赋，这也是他早期成功崛起的关键。这些部落包括呼罗珊的库尔德部落、部分恺加部落及其土库曼盟军、俾路支部落和其他东南部部落、阿富汗阿卜达里和吉尔扎伊部落，甚至还有乌兹别克人。他常常引诱这些走投无路的游牧民族首领加入他的队伍，其实只是为了在适当的时候消灭他们。与过去的突厥-蒙古族部落不同，多民族构成的纳迪尔军队还融入了一支流离失所的内陆农民队伍。也许这是伊朗历史上的第一次，也许也是中东地区帝国历史上的第一次。他征募的方式简单粗暴，就是从偏远乡村和城镇抓壮丁，且通常不会遇到严重的抵抗，他的这种征募方法开创了新征兵制度的先河。

与同时代的欧洲军队相比，纳迪尔更多地考虑他那支训练有素的军队的民族融合问题。在统一的军队指挥下，在共享战利品的奖励下，长期南征北战给军队灌输了团结一致的思想，并强调了共同的身份认同的重要性。例如历次战役中整齐划一的徽章就使用了《列王纪》传说中的图案，后来纳迪尔为自己定制的取代萨法维王朝齐兹尔巴什帽的新式王冠也体现了这一点。纳迪尔一旦控制住大城市的军械库，就会为他的军队配备枪械、火绳和轻型火炮，而这些火器的有效使用，增加了队伍的机动性，形成了一定的战术优势，也提高了士气，使整支军队看起来更加现代化。纳迪尔本人也成了民族自信的捍卫者，与萨法维晚期行为放荡且陷于宗教狂热中的君王形象有所不同。

甚至在占领伊斯法罕之前，纳迪尔仍坚定地认为如有必要，他会拼尽全力击退奥斯曼帝国军。但与萨法维时代的战役不同，纳迪尔并没有依靠什叶派的宗教认同来获取支持，而是以光复领土为由反抗奥斯曼帝国。纳迪尔战胜阿富汗部落以后，至少在短时间内，这场胜利会被解读为是捍卫"戍卫领地"、保护伊朗领土完整的爱国壮举，而非单纯的个人抱负。事实证明，纳迪尔的宏图伟业并非为自己缔造一个没有特定地理边界，与臣民毫无联系的部落王国。

从1730年开始，担任萨法维摄政王的纳迪尔经历了一系列精彩绝伦的战役，重新夺回了大部分西部省份（地图3.1和地图3.2）。尽管奥斯曼帝国为打击新对手的意外崛起而派遣了增援部队，但于事无补。奥斯曼军队的惨败在伊斯坦布尔引发了严重的政治危机，并迫使苏丹阿哈默德三世（Ahmad Ⅲ，1703—1730年在位）退位。然而，纳迪尔军队在重新夺回巴格达和什叶派圣城时遭遇到奥斯曼帝国的顽强抵抗。巴格达的失守将严重削减奥斯曼帝国的威望，并且将沉重打击其战略和商业利益。当部队被困在西部前线时，纳迪尔深感什叶派需要更加团结一致。

纳迪尔为了显示对什叶派的忠诚，下令修复了马什哈德和设拉子的什叶派圣地，并为其镀金装饰。虽然对堕落的神职机构心怀芥蒂，但他仍然对萨法维王朝维持着表面上的忠诚。然而，这仅仅持续了很短的一段时间。塔赫玛斯普二世未能击退奥斯曼帝国在西部发起的新一轮进攻，纳迪尔暂时收复的领土也几乎全部丢失。但这给了纳迪尔一个期待已久的借口，他终于可以名正言顺地推翻塔赫玛斯普二世。1732年，在伊斯法罕的一座宫殿中，纳迪尔精心布置了一出剧，来展示塔赫玛斯普二世夜间的放荡行为。同时，纳迪尔说服了国家政要和军队首领废除塔赫玛斯普二世，并推举其八个月大的儿子阿巴斯三世继位，自己则继续担任摄政王。

在上台大约七年之后，纳迪尔已经成为国家实际上的统治者，他可以更加轻易地做出有利于自己的新的行政和军事任命。1732—1736年，他征收重税，好为一系列战役筹措军费。此后，纳迪尔通过这些战役收复了被奥斯曼帝国占领的伊朗西部和西北部的所有省份，包括格鲁吉亚、亚美尼亚和富裕的沙马基，甚至在奥斯曼帝国下辖的伊拉克，纳迪尔也建立了军事据点。纳迪尔的部队平定了高加索地区的列兹金叛乱，击败了阿富汗吉尔扎伊部落并迫使他们迁回了坎大哈，收复了赫拉特，控制了呼罗珊北部的土库曼部落，迫使俄国人完全撤离里海沿岸省份，并重新夺回了对波斯湾的控制权（地图3.1）。虽然萨法维王朝的统治似乎只是名义上的，但帝国往日的稳定和平静终于恢复了。

从穆甘平原到印度斯坦

纳迪尔经常称自己为"刀剑之子"，"刀剑之子"拖着长长的阴影，已经笼罩了整个"戍卫领地"。1736年，他在阿塞拜疆北部阿拉斯（Aras）河边的穆甘（Moghan）平原召集了各大部落首领和政商名流，探讨伊朗国家的未来。雄心勃勃的"塔赫玛斯普奴仆"准备彻底推翻萨法维王朝，并自立为王，这已经是一个公开的秘密了（彩图3.3）。

据记载，在穆甘集会的近2万名达官显贵中，只有一名前任萨法维君主的谢赫伊斯兰敢在私下表达伊朗人对萨法维王室的同情。他的话被线人无意中听到，因而被带去面见纳迪尔，后来，他被纳迪尔勒令处死，为那些仍然忠于萨法维家族的潜在异议者揭示了可能的命运。参与这次集会的有贵族、官员、宗教领袖（包括亚美尼亚教会的主教）和来自全国各地的军队将领，这次集会旨在宣告该国精英阶层一致赞成纳迪尔的取而代之。也许是受到伊尔汗时代（Ilkhanid）蒙古部落集会的启发，这次的穆甘集会第一次将代表权的概念引入伊朗的政治语境。此外，纳迪尔为废黜萨法维政权以及自己"不愿"挑起王权重担找到了正当的理由，他认为萨法维不再适合统治国家，而应当恢复伊朗人的主权。

纳迪尔呼吁放弃将什叶派作为伊朗的国教，至少放弃萨法维王朝时期的信奉行为，此举与萨法维的统治理念大相径庭。或许，这可以被视为纳迪尔的非凡之处。然而，事实证明，这并不明智。这次呼吁是纳迪尔在穆甘提出的接受伊朗王权的三个条件之一。他的宣言中还要求所有人对自己完全忠诚，不准同情萨法维家族，也不要再抱有复辟萨法维王朝的企图。在纳迪尔看来，萨法维所信奉的什叶派十二伊玛目派内部呈长期分裂的状态，并与伊朗的逊尼派邻国针锋相对。因而，纳迪尔更提倡贾法里学派。

纳迪尔的贾法里派没有反逊尼派的排外性，没有救世主式的狂热，也没有浓厚的教法学传统，似乎是萨法维的国家主导宗教的稀释版。两个多世纪的宗教冲突为阿富汗部落的入侵提供了便利，也一定使纳迪尔看到了什叶派排外主义思想的弊病，然而奇怪的是，他自己的发迹史主要是建立在驱逐逊尼派入侵者的基础之上。他希望贾法里派的颁行可以说服奥斯曼土耳其人遵守他建议的和平协议，该协议要求在麦加卡巴天房[1]（Ka'ba）旁为什叶派朝圣者修建第五个讲经台，并毗邻哈乃斐学派讲经台，以此作为对什叶派合法信仰的地位的承认。

然而，纳迪尔看似调和的举动背后还隐含着其他的动机。在他的军队中，阿富汗人、乌兹别克人和其他逊尼派雇佣兵越来越多，他们对建立什叶派帝国和什叶派统治的忠心都是打上问号的。从更深的层面而言，纳迪尔在早年似乎更青睐于逊尼派教义，他后来也意识到，缩小逊尼派与什叶派之间的差异会有助于他征服逊尼派地盘。考虑到奥斯曼帝国正处于混乱状态，纳迪尔似乎有能力吞并伊拉克南部、安纳托利亚东部甚至更远的地区。这或许是第一次在政治背景下出现泛伊斯兰大团结（ettehad-e Islam）的概念，这一概念在纳迪尔的和解提议中得到了体现，虽然还从未真的实现过，但也表明了以伊斯兰信仰为基础的两大穆斯林帝国的转变。但事实证明，双方都不接受纳迪尔的提议。伊朗什叶派对逊尼派抱有敌意，若要把什叶派转变为逊尼派哈乃斐学派下面的一个无关紧要的分支学派，无疑意味着对他们什叶派身份的羞辱。奥斯曼帝国在过去两个世纪以来，早已被萨法维伊朗反逊尼派的粗暴宣传所激怒，对奥斯曼当局来说，即使部分承认什叶派的宗教地位，也是一种诅咒。

纳迪尔自诩为新一代的帖木儿，甚至是新一代的伊斯玛仪，他在穆甘集会之后的第一个重大举措就是征服阿富汗吉尔扎伊的大本营坎大哈（地图3.2）。纳迪尔的主要目标不是报复，也不是收回被掠走的萨法维王朝财富或者招募更多的阿富汗雇佣兵进入他日益壮大的军队，而是占领通往莫卧儿印度的战略门户。在18世纪的伊斯兰世界，新教派意识已经兴起，正如阿富汗和奥斯曼帝国的逊尼派对萨法维再次发动的侵略战争那样，而与此同时，这种教派意识的兴起又恰逢分别位于伊朗西部和东部的奥斯曼帝国、莫卧儿帝国的迅速衰落。然而，在军事上，奥斯曼帝国却有效地应对着纳迪尔

[1] 也称克尔白天房，位于圣城麦加的禁寺内，是伊斯兰教最神圣的圣地，所有穆斯林行拜功时都必须面向它所在的方向。

向西推进的攻势，这反过来又让迫切需要军费的伊朗征服者纳迪尔放弃了反奥斯曼的战役。一旦发现他的泛伊斯兰计划没有产生预期的好处，他就会将目光转向东部。

纳迪尔最基本的目标是趁莫卧儿帝国最脆弱的时刻进入，掠夺其财富，并利用这些战利品击败他的敌人奥斯曼帝国。当他意识到贫穷的伊朗人民再也无力支持其领土扩张的野心时，征服印度斯坦，也就是印度次大陆的冲动，变得越来越迫切。相较之下，莫卧儿印度长久以来都是旧世界流通的贵金属的存储库，并且已经累积了几个世纪。尽管早在16世纪，欧洲贸易公司已经夺走了印度大量的黄金和白银，但印度的资源仍足够吸引纳迪尔及其军队的首领们。

虽然遭到了部分莫卧儿人的抵抗，但战场上的成功证明了纳迪尔的印度战役的价值。1738年，纳迪尔先夺取了壁垒森严的坎大哈城，并将其夷为平地；然后，他选择在吉尔扎伊部落最后一个据点——一个距离旧城遗址不远的地方建造新城市，他以自己的名字把这座新城命名为"纳迪拉巴德"（Naderabad）。后来，他轻而易举地接连夺取白沙瓦（Peshawar）、喀布尔（Kabul）和拉合尔（Lahore）等主要的中心城市（地图3.2）。纳迪尔将版图向东扩张至印度北部，这是自两个世纪前的阿富汗征服者舍尔·沙赫·苏尔（Sher Shah Suri）以来，北方强国从未踏足过的地方。然而在18世纪上半叶，莫卧儿帝国面临着四分五裂的处境，很容易成为纳迪尔入侵的目标。很快地，莫卧儿也成了西方殖民剥削的目标。

1739年2月，纳迪尔在德里以北的卡尔纳尔（Karnal）一举击溃了萎靡不振的印度军队，尽管莫卧儿在人数上占优势。纳迪尔进入德里（彩图3.4）后，他立即同意恢复绝望的国王纳赛尔·丁·穆罕默德·沙赫（Naser al-Din Mohammad Shah，1719—1748年在位）的王位，这是因为纳迪尔的目的在于掠夺财富。据说，这位不幸的国王放弃了他整个皇室的宝藏，包括祖先的珠宝、贵金属以及其他有价值的物品。此外，纳迪尔军队对德里的贵族征收了巨额的税款。据记载，纳迪尔总共拿走了7亿卢比，是近现代早期历史上战利品数额最大的一次。许多令人眼花缭乱的珍宝后来都被装饰在了波斯（和英国）的皇宫里，其中包括两颗巨大的钻石，即"光之山"（Kuh-e Nur或Koh-i Noor）和"光之海"（Darya-e Nur或Daria-i Noor），此外还有莫卧儿皇帝沙贾汗（Shah Jahan）打造的传奇的孔雀王座（Takh-e Tavus）。贪婪的纳迪尔并没有放过德里抗争的百姓。他的部队喝醉之后变得凶狠异常，在城里横冲直撞，强奸妇女，掠夺财物。然而，一场民变夺取了3000名雇佣兵的性命。出于报复，纳迪尔下令屠杀全城。根据记载，在短短的几小时内，就有两万多名平民丧生。

帝国的崩溃

从印度战役归来后，纳迪尔就把他在印度的战利品放置在了他出生地附近的呼罗珊北部要塞卡拉特·纳迪里（Kalat-e Naderi），这个要塞易守难攻，外人难入其内。纳迪尔如此大规模地囤积财物，实际是在为他征服世界的计划储备资金，而他残酷无情的暴力行径则旨在向他贫困的臣民灌输恐惧。尽管当时的欧洲舆论对纳迪尔敬畏有加，但他的暗黑形象并没有为他的帝国带来繁荣和稳定。相反，军事上的成功激起了他掠夺财产的胃口，他四处扫荡，手段残忍。当时的一些作家颂扬他是"恢复长治久安的典范"，而另一些作家则描绘了他在城镇和村庄犯下的累累暴行。从美索不达米亚、外高加索，到中亚、波斯湾以及印度斯坦内陆地区，到处都是纳迪尔掠夺成性的行径，而且他发动的战争都极具破坏性。因而，纳迪尔塑造了一个短命的帝国形象，这个帝国既没有发展重心，也没有可持续的愿景。随着伊朗资源的濒临极限，纳迪尔留下的只有一片狼藉，农业经济被摧毁殆尽，贸易和制造业的规模极小，大量的基础设施被损坏。纳迪尔及其军队的行为就好像是代表了边陲游牧民族对伊朗中心城市的报复。

在接下来执政的几年时间里，纳迪尔为了重新夺回伊拉克和安纳托利亚，进行了无休止的战役，他的目标是进入黑海，结果却是喜忧参半。纳迪尔严重威胁了奥斯曼东部省份的稳定，并且看起来似乎占据了上风。然而，漫长的战役，甚至是长时间的围困，都没能使纳迪尔成功地把伊拉克并入帝国版图。俾路支人联合了法尔斯省内陆地区以及呼罗珊北部阿富汗和库尔德的部落，频频发起反叛，迫使纳迪尔赶回东部平乱。为稳定伊朗的高加索地区，纳迪尔对达吉斯坦山区平民实施了惩罚，并多次对东北部的土库曼人和伊朗内陆的卢尔部落联盟（Lur confederacy）发动战争，但事实证明，这些不过是扬汤止沸之举。

纳迪尔无休止的战争以及全国性的大规模军事活动，摧毁了伊朗城市和乡村的繁华。他强制迁移游牧民族，将阿富汗、土库曼、库尔德及其他逊尼派部落首领任命为波斯省份的军事长官，这给国家带来了严重的破坏。他没收私有财产，挪用萨法维王朝巨额的慈善捐款，虽然这些行为旨在遏制猖獗的腐败行为并增加国家收入，实际上却给财政带来了麻烦。沉重的税收削弱了农民和地主的经济能力，强迫征兵制度造成了农村人口的流散。在城门口，受害者的头骨被堆积成高大的圆锥形小山，提醒人们纳迪尔行事的狂暴。

然而，最终让纳迪尔丢掉性命的不是他对待臣民的严苛，而是他无法维持多民族军队中的权力平衡。他激进式的疯狂引发了暴力事件，激怒了他的部属，也加剧了军队中民族和教派间的紧张关系。他严重依赖乌兹别克和阿富汗的雇佣军，并计划除掉波斯军队中日益增长的反对势力。然而，1747年6月，在计划付诸行动之前，正在呼罗珊北部营地的纳迪尔被暗杀。当时，他正试图平息该地区库尔德人新一轮的叛乱（图3.1）。

图3.1　这幅现代英国版画描绘了纳迪尔遭暗杀时的场景。作为一位强大的征服者，他在欧洲受到了关注，特别是在他发动远征印度的战役之后

班克斯（Bankes），《地理新体系》（*New System of Geography*），英国皇家学会出版。由作者收集整理。

当时，纳迪尔正在王室帐篷里睡觉，一群阿夫沙尔和伊朗军事将领袭击了他。尽管纳迪尔拼死抵抗，但还是难逃被杀的结局。这些人将纳迪尔的头颅献给了他的侄子赫拉特（Herart），请他继承叔父的王位，赫拉特本人也参与了诛杀纳迪尔的阴谋。纳迪尔部队中大多数人是伊朗什叶派，他们已经重新组建了"红头军"，并且进行集结，纳迪尔对阿富汗和乌兹别克雇佣军的重用被他们视为针对自己的不祥信号。这支雇佣军由艾哈迈德·汗·阿卜达里［Ahmad Khan Abdali，后被称为艾哈迈德·沙赫·杜拉尼（Ahmad Shah Durrani），1747—1773年在位］领导，对新"红头军"而言，是一个严重的威胁。军队中的伊朗派系强调齐兹尔巴什的身份，与其说这是一种制度上的现实，不如说是一种历史记忆。从这一点可以看出，他们不仅仅希望抑制军队中阿富汗派系的滋长，更试图以某种形式恢复萨法维的统治。

纳迪尔未能终结后萨法维时期的部落叛乱，这令伊朗付出了沉重的代价。尽管他的目标是建立一个有别于萨法维的、稳定的帝国模式，但他本质上仍然是一位部落首领，控制着一个致力于征服其他国家的强大战争机器。用他的原话说，他的首都就安在他的马背上。他对政府机构的厌恶显而易见，对旧萨法维的官僚机构也采取一贯的压制做法，并且随意用军事精英取而代之。纳迪尔有意弱化什叶派，并使之脱离宗教核心地位，但此举并未催生出一个宽容的替代性政策。很明显，伊朗人民，至少是在讲波斯语的中心城市，并不愿意放弃什叶派。因此，在他继位后不久，波斯城市内的平民大众将他视为萨法维王座的篡位者，也就不足为奇了。

很快，一群觊觎萨法维王位的人被民众寄予了救世主般的希望，带来了复辟萨法维王朝的可能。有几个人都自称是国王苏丹·侯赛因的小儿子萨菲·米尔扎（Safi Mirza），其中一个是来自拉夫桑贾（Rafsanjan）的不知名德尔维希。1744年，在纳迪尔围攻摩苏尔（Mosul）期间，他发动了叛乱。早在1729年，他就获得了来自伊斯坦布尔的庇护，作为奥斯曼帝国的棋子，他在伊朗的权力争夺中被寄予厚望。人们鼓励这位所谓的萨菲二世沙赫起兵反对纳迪尔，但他的反抗并没有取得任何成果。一旦失去了利用价值，他就被奥斯曼土耳其人流放到了罗德岛（Island of Rhodes），几年后，他在那里默默死去。其他的冒牌货也不见得比他更成功。

卡里姆·汗·赞德摄政

纳迪尔去世后，从梅尔夫、赫拉特一直到格鲁吉亚、达吉斯坦，再到巴林和波斯湾海岸，他短命的帝国陷入一片混乱之中。游牧和半游牧民族参与了新一轮的叛乱，卡里姆·汗·赞德（Karim Khan Zand，1751—1779年在位）花了至少10年时间才将其平定，使之恢复了表面上的平静。尽管纳迪尔的继任者曾三次尝试稳定这个杂乱无章的帝国，但事实证明，在呼罗珊，阿夫沙尔的根基过于薄弱，因而无法实现有序的过渡。纳迪尔的继任者除了小心翼翼地守护着纳迪尔在卡拉特囤积的剩余财物（这些财富后来成为诅咒，而非祝福）外，几乎无法管理纳迪尔那支早已不受约束的军队。那支军队曾经多么慷慨、多么迅速地挥霍着纳迪尔的传奇财富，并回报以忠诚，然而，他们已不能从马什哈德或伊斯法罕将帝国七零八散的省份重新整合。

随后的权力斗争使伊朗陷入了整整10年的内战，1757年南部卡里姆·汗·赞德的崛起是这次内战唯一积极的结果。自1722年以来，很多人试图恢复名义上的萨法维统治，并在萨法维历史记忆的笼罩下治理国家，在这些尝试中，卡里姆·汗·赞德的摄政是最温和、最长久的。与纳迪尔恶魔般的脾性相反，卡里姆·汗既有政治家的睿智，又有军人的勇猛，并且善良、敏锐，善于交际，这种交织在一起的多重性格在同时代人中是极为罕见的。他的统治长达20多年，是伊朗现代早期最为平静的时刻之一，很好地体现了统治者个人品质的优秀（而非他赖以运作的制度框架）会有助于国家的政治稳定和文化繁荣。在赞德王朝（由卡里姆·汗所建立）所创造的有利条件下，饱经纳迪尔统治之苦的设拉子和整个法尔斯省迅速恢复了元气。

卡里姆在呼罗珊北部的流放中长大，属于腊克族（Lak），是赞德人的一个分支，也是伊朗西部卢尔人的一部分。可能是为了防范乌兹别克人，纳迪尔将他们驱逐到了东北边境。卡里姆参与了阿夫沙尔军队的对外征战，也许这并非卡里姆的真正意愿，因为此时的纳迪尔已经杀光了这个部落的所有成年人。纳迪尔被暗杀后，卡里姆带领赞德部落军返回了他们位于洛雷斯坦马拉耶尔（Malayer）的故地。经历随之而来的内战后，他以设拉子为基地，最终成为法尔斯省的统治者。伊朗南部内陆地区相较于以土库曼人为主的北部边陲的优势地位，再次被赞德王朝的胜利所巩固，虽然这种优势仅仅是针对卢尔人，并且是一种部落层面上的优势，但这种优势与新的波斯意识有关。

卡里姆·汗不愿意将他的统治完全独立于名义上的萨法维王权，这也使他的统治方式与众不同，具有鲜明的特点。他从纳迪尔的错误中吸取了教训，极为务实地承认了什叶派信仰的国教地位；并且足够明智，尊重对萨法维记忆的忠诚。然而，卡里姆选择担任瓦基尔·道莱（vakil al-dowleh，意为国家的代理人），这是一个微妙的转变，意味着他仅仅是一个默默无闻的萨法维君主（一个无足轻重的傀儡）的摄政王。他允许别人称自己为"国民的代理人"（vakil al-ro'aya），似乎已经暗中将自己的使命转移到代表百姓上，而不仅仅是代理萨法维王权（彩图3.5）。这一微妙的转变与卡里姆在臣民中的受欢迎程度相对应，尤其是在城市居民中。他鲜少再提及近在眼前的惨痛经历，而是更加依赖与法尔斯省密切相关的伊朗王权传说，这一时期的文学和物质文化可以反映这一点，尽管他的这种波斯意识的程度不应被夸大。将赞德王朝的中兴追溯到孕育波斯文化与诗歌传统的法尔斯，就是其中一个例子。"伊朗"一词也更广泛地被使用，以代替"伊朗的戍卫领地"。

在卡里姆·汗的统治下，波斯湾贸易逐渐振兴，作为政治和贸易中心的设拉子也得到了发展，人们对重建城市产生了兴趣。赞德王朝的巩固很快使政治中心向南倾斜（至少是暂时地），以远离伊斯法罕、加兹温、大不里士和马什哈德的危险地带。与阿巴斯一世类似，卡里姆·汗创建了一座城市综合体，以此来纪念他的政治成就。他的重建项目补充了萨法维时期的公共建筑和宫殿，有时甚至取而代之。卡里姆·汗修建的大型建筑中最引人注目的是新的巴扎、清真寺和城堡，它们共同构成了一座新的城市发展的核心（图3.2）。

图3.2　瓦基尔巴扎（Vakil bazzar）对南部贸易至关重要，在赞德城市发展中居于中心地位，也是巴扎、商队旅馆、商行、作坊和零售商店网络的组成部分

J. 迪厄拉富瓦，《波斯，迦勒底和苏西亚纳》，《新航海日记》（巴黎，1881—1882年），第120页。

虽然在宏伟程度上，赞德王朝的物质遗产无法与萨法维时代的伊斯法罕相提并论，但能在短时间内取得如此巨大的成就，也是非同寻常的。这些物质遗产也因创新而闻名。例如，建于1751—1773年间，占地9万多平方英尺[1]的瓦基尔清真寺（Vakil mosque），它的设计极富特色，实际表达了一种新的政治诉求。特别值得一提的是，清真寺中没有任何圆顶结构，这可能会被视为对萨法维王朝文化的一种突破。48根独立的大理石柱矗立在清真寺气派的礼拜大殿中，匀称的庭院中有两扇高高的拱门（ivans），而非常规的四扇，彰显了赞德王朝时期的艺术自信。

设拉子的社会生活

除了这个时期的政治史，赞德时期的社会生活也值得关注。《罗斯塔姆的历史》（Rostam al-Tawarikh）对此有精彩的描述，提供了有关最低工资和大宗商品价格的详细信息。在赞德王朝时期，设拉子1名普通工人平均每年可以赚到9图曼（tuman），作者估计，当时伊朗1个家庭平均有7口人，9图曼足以使1家7口衣食无忧。1图曼，相当于1万第纳尔（dinar），大约可以购买1个7口之家每年所需的所有商品：950磅小麦、220磅各式谷物、115磅大米、220磅红肉、25只鸡和150个鸡蛋。另外1图曼或2图曼可以购买香料、调味品、食用油、咖啡、烟草、肥皂、木材、木炭、燃油、蔬菜、水果以及其他必需品。服装主要是棉质的，但也有羊毛和丝绸制成的特殊衣物，这类衣物花费甚大，也许多达2图曼。1块约130平方英尺的优质羊毛地毯大约值1个半图曼，但同样大小的基里姆（kilim）地毯仅值这个价格的一半。而城市房屋的平均价格不会超过10图曼。

土地也相对便宜。1贾里布（jarib，约合2.5英亩[2]）的土地价格只有1/4图曼，而1贾里布的果园价格为1图曼。然而，最珍贵的物品是马，1匹纯种马的价

---

[1] 1平方英尺等于0.09平方米。
[2] 1英亩等于4046.86平方米。

格可能高达20图曼，甚至1匹良种骡子也不低于10图曼。但普通市民可以选择花1图曼骑1只非常好的驴，而农民可以用相同的价格买到1头耕牛，用1/3图曼的价格购买1头仅供劳作的驴。据资料显示，虽然通货膨胀日益严重，但卡里姆·汗采取了一些价格控制措施，因而，民众的生活水平似乎仍在可承受的范围之内。

《罗斯塔姆的历史》怀念了大维齐尔统治下的繁华且休闲的生活。作者赞扬打击犯罪的举措，这些举措恢复了设拉子往昔的平静，而这座城市曾以公共秩序混乱肆虐而闻名。卡里姆·汗还制定了一项自由政策——为部队和城市居民建立酒馆和红灯区，这可能是为了解决强奸和绑架妇女儿童的问题，这一问题在阿夫沙尔政权治下颇为普遍。作者还列出了一长串著名设拉子女艺人的名单，并称赞她们成熟且有品位。

万人迷毛拉·法蒂玛（Mulla Fatemeh）无疑是一位受过良好教育的女艺人，因"谈话愉悦"而颇受称赞。她"性情和善、温柔，彬彬有礼；从不傲慢行事，对王子和穷人一视同仁……她熟记大约2万首经典诗歌和现当代诗歌，在每次集会中，她都可以伴随着手鼓、簧管、竖琴、琵琶和卡曼贾（kamancheh）合乎时宜地吟诵诗歌"。[1]她以机智委婉的方式批评了乌莱玛的偏执和"厌女症"，并且提倡保护弱势群体，她本人也因此广受赞誉。根据《罗斯塔姆的历史》所述，毛拉·法蒂玛曾引用诗人萨迪的诗来告诫卡里姆·汗：权力是短暂的，死亡是平等的。设拉子的环境足够自由，不但能够让法蒂玛表达这种情感，而且还可以通过诗歌和音乐在公共场合进行传播。据记载，在瓦基尔巴扎的十字路口，她和她的乐队曾为公众表演，毫无疑问，他们的演出会遭到乌莱玛的反对。

女性艺人的形象逐渐在赞德时期的绘画中流行，恺加早期的艺术家也继承了这一传统。可能是受到了意大利和荷兰肖像画的启发，在画布上绘制大型油画的方式在萨法维后期发展了起来，绘画的内容主要是宫廷的惬意生活和婚嫁仪式。在赞德王朝时期，后宫的生活成为绘画中的一个突出主题，不同的是，这个绘画主题所描绘的主要是女性、美酒和音乐。赞德和恺加王朝时期的绘画甚至还包括一些裸女肖像，这些肖像通常不会出现在公众视野，而是被私人收藏，因为这些画作违反了伊斯兰教法，容易招来乌莱玛的批评和惩罚。

重新迈向波斯湾

这个时期的公共场所仍主要是男性的领域。瓦基尔巴扎和邻近的商队不仅仅是为了提高统治者的形象或取悦不断增长的外地游客而建造的，它们是新兴商业阶层的主要舞台，也是通过法布尔省主要转口港布什尔（Bushier）港进行波斯湾贸易的一个新兴市场。波斯湾沿岸地区经常出现海盗，法国海军时常袭击该地区的英国船只，马斯喀特的伊玛目及其私掠船在海上的野心也日益膨胀，这些问题破坏了波斯湾沿岸的大部分贸易。到18世纪中叶，阿巴斯港逐渐不再是伊朗的主要入境口岸。英国东印度公司和荷兰商业公司在波斯湾沿岸寻找安全港口，他们首先选择了布什尔和哈尔克岛（Khary Island），不久之后又将目光投向了港口巴士拉，这是奥斯曼帝国所属的伊拉克通往波斯湾的入海口。

尽管伊朗希望保护其南部海岸及对外贸易的安全，但捍卫波斯湾安全的最大问题是伊朗缺乏海军舰队或商业舰队。值得注意的是，纳迪尔曾试图建立一支海军部队。到1745年，他聚集了大大小小20多艘船只，或从葡萄牙购买，或在印度建造。他的海军主要由葡萄牙军官和印度船员组成。他还斥巨资在布什尔建造了一个造船厂，并颇费周折地从马赞德兰引进木材来建造战舰。虽然纳迪尔可能有在印度洋上称雄的野心，但他的主要目标是镇压伊朗海岸的私掠船，并恢复海上贸易。纳迪尔还聘请了一位英国人，利用他的专业知识在里海建立了一支海军舰队，其目标是保护伊朗海岸免受土库曼和哥萨克海盗的袭击。他还首次任命一名海军上将（daryabayg）组织伊朗在波斯湾的海上防御。在纳迪尔被暗杀后，阿曼人重新开始对伊朗海岸进行突袭，甚至还抢走了他的海军舰艇。

到卡里姆·汗时期，马斯喀特的统治者和卡西米（Qasimi）私掠船在波斯湾南部海岸活动，他们有能力阻止伊朗控制自己的海岸。此外，任何人想在波斯湾建立海军都必将面临来自伊拉克半自治的马穆鲁克的激烈竞争。在保持其宗主国奥斯曼帝国在波斯湾的权益的同时，马穆鲁克也渴望与英国东印度公司开展利润丰厚的贸易。这为英国提供了前所未有的自由，他们向与赞德王朝对立的马穆鲁克人发号施令，并借此赢得更大的让步。1768年，伊朗、马穆鲁克和东印度公司开展联合军事行动，打算粉碎阿拉伯河（Shatt al-'Arab）边的卡布部落，但这次行动并未促成三方进一步的商业合作。

然而，这件事确实激起了卡里姆·汗的扩张胃口，他不仅想在波斯湾扩张，还想穿过奥斯曼伊拉克地区的边境。考虑到伊拉克马穆鲁克人的弱点和奥斯曼政府缓慢的反应，卡里姆·汗向伊拉克库尔德人提供了实质性支持——他们想脱离奥斯曼帝国寻求自治。但最重要的是，在奥斯曼与伊朗的纷争中，英国给予了奥斯曼人有力的支持，这促使卡里姆·汗派遣他的兄弟萨德克·汗（Sadeq Khan）指挥一支部队，夺取了在美索不达米亚贸易中具有重要战略意义和商业意义的巴士拉。这是自纳迪尔从陆路进入奥斯曼帝国领域后，伊朗在伊拉克的行动第一次得到了回报，尽管只是暂时性的。

赞德王朝占领巴士拉长达五年，但其统治并不稳固。1779年，卡里姆·汗去世，赞德王朝对巴士拉的占领也随之结束，证明这次占领实际上是失败的（地图3.3）。这次失败中断了从巴林到欧洲的波斯丝绸和珍珠出口，也阻碍了与莫卧儿印度利润丰厚的贸易，虽然当时莫卧儿印度大部分已经分裂为王侯属地，并逐渐成为法国和英国殖民的对象。此外，它证明了伊朗在保护通往印度洋的重要商业出口方面困难重重，不仅要与日益扩大的欧洲贸易竞争，而且还要在策略上战胜奥斯曼帝国下辖的伊拉克。除了波斯湾外，卡里姆·汗也遵循纳迪尔的做法，与俄国开展北部里海贸易，该贸易主要在里海北岸的阿斯特拉罕进行。然而，该贸易主要的受益者不是赞德王朝，而是北方的恺加部落，他们在卡里姆·汗死后不久就成为争夺伊朗控制权的有力竞争者。俄国沿着里海南部和西部海岸进行商业和外交活动，与巴库、安扎利（Anzali）和阿斯塔拉巴德等地的亚美尼亚商人和穆斯林商人建立了通商关系，这是俄国在19世纪早期领土扩张的前兆。

恺加的崛起

卡里姆·汗于1779年去世，当时他已是一位年逾古稀的老人，这在政治动荡时期是一种罕见的现象。卡里姆·汗去世后，通过协调和强制手段建立的部落联盟内部的微弱平衡也被打破了。在他去世后，伊朗经历了新一轮的内战，这是萨法维覆灭以来的第三次内战，政治合法性的问题再次浮出了水面，并困扰着众多竞争者。又过了20年，直到阿加·穆罕默德·汗·恺加（Aqa Mohammad Khan Qajar，1789—1797年在位）在位的最后一年，阿斯塔拉巴德的恺加首领才解决了政治合法性的问题。

赞德王朝（如果可以被称为王朝的话）的崩溃确实是一个令人沮丧的事件。卡里姆·汗去世后，他凭借敏锐的政治智慧所带来的部落休战协议迅速被撕毁。从他去世到1792年，恺加人夺取了设拉子并彻底终结了赞德王朝的统治，在这十几年间，至少有8个竞争者先后对摇摇欲坠的赞德王权展开争夺。除了一个竞争者是死于急性酒精中毒外，其他所有人都在背叛和暴力的背景下惨遭谋杀。在这场王朝混战中，兄弟互相争斗，父子反目成仇。赞德家族迅速衰落的根源在于卡里姆·汗继承者的自毁行为，以及卡里姆·汗在世时长期存在的内部自相残杀的紧张关系。此外，实力偏弱的赞德部落不得不依赖各个部落，出价高，即可买到他们的忠诚。赞德部落所加入的大卢尔南部联盟位于法尔斯省南部，组织十分混乱，不得不面对"温暖地区"（Warm Country）的坦格斯坦（Tangestan）和达什坦斯坦（Dashtestan）战士、波斯湾沿岸的阿拉伯部落、西南部的巴赫蒂亚里部落以及克尔曼沙阿地区的库尔德部落（地图3.3）。

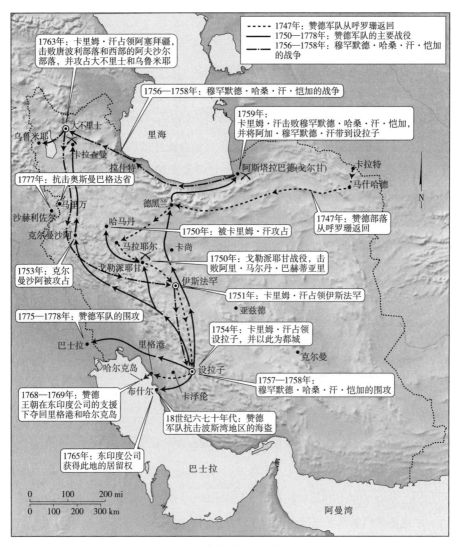

地图3.3 卡里姆·汗的崛起与赞德王朝的巩固，1747—1778

30年平静的城市生活并没有驯服南方这群有着好战文化的游牧民族。卡里姆·汗的智慧和远见显然未能为他们灌输稳定和合作的价值观，更不用说基于法尔斯的身份认同感或对中央集权国家的忠诚。波斯中心城市似乎总是注定会经历另一轮的游牧民族间的战争，无论是在南方还是在北方。然而，与纳迪尔时代恰好相反，这一次，城市并没有完全处于被动地位，尤其是设拉子。厌倦了赞德部落间自相残杀式的争夺，一种新的公民意志出现了，这种意志依赖于拥有土地的城市名流（a'yan）、城市管理者和乌莱玛阶层成员，他们共同组成了一个默契联盟。当来自北方的新竞争者恺加出现时，这种城市的新声变得更加响亮。

在卡里姆·汗奄奄一息之际，作为人质被扣押在赞德宫廷中的阿加·穆罕默德·汗·恺加逃离了首都设拉子，向他在马赞德兰东北角的部落大本营阿斯塔拉巴德飞奔而去。他的父亲穆罕默德·哈桑·汗·恺加（Mohammad Hasan Khan Qajar）死于与卡里姆·汗的战争中，同时，这位雄心勃勃的恺加继承人被押解到了设拉子，在卡里姆·汗的监视下，他在赞德宫廷度过了15年的时光（见第四章表2）。卡里姆·汗将恺加人视为最强劲的对手，自萨法维王朝覆灭以来，三代恺加部落汗对中央权力的争夺都被粗暴地连番打断。塔赫玛斯普二世的第一位摄政王法特赫·阿里·汗·恺加成了野心更大的纳迪尔的权力争夺的牺牲品。恺加是齐兹尔巴什部落联盟的成员，因而致力于维护名义上的萨法维王权。在权力的竞争中，恺加部落的实力并不亚于其竞争对手阿夫沙尔部落。

此后，法特赫·阿里·汗的儿子穆罕默德·哈桑·汗重申了家族的权力主张，这一次，他针对的是赞德部落。穆罕默德·哈桑·汗曾向卡里姆·汗发起了一系列突袭，甚至曾为恺加夺取过伊斯法罕的控制权，但最终，他战死在阿斯塔拉巴德。几年后，法特赫·阿里·汗的孙子侯赛因·库里（Hosain-Qoli，阿加·穆罕默德·汗的弟弟）起兵反抗卡里姆·汗。侯赛因·库里为人鲁莽残暴，自称是"点燃世界的人"（jahansuz），他最终也在战斗中被杀，具有讽刺意味的是，他死在了组成他战斗部队的土库曼骑兵之手。恺加部落依赖于东北边境的土库曼部落，就像三个世纪前的早期萨法维曾依赖阿塞拜疆齐兹尔巴什部落联盟里的土库曼人一样。

因此，阿加·穆罕默德·汗似乎不可避免地继承了家族的世仇，尽管他自己也是家族世仇不幸的受害者。在幼年的时候，阿加·穆罕默德就被一个来自阿夫沙尔部落的、冒充纳迪尔王位继承者的人阉割，失去了未来继承王位的资格。在当时的部落文化中，切除睾丸是身体残害的一种常见形式，与致盲类似。因为人们通常认为，只有身体健全的男人才有权统治国家。然而，阿加·穆罕默德·汗成功建立了新的恺加王朝，证明了当时人们的想法是错误的。18世纪可能被称作是"残肢断臂的黄金时代"，因为在部落社会的背景之下，这一时期没有任何的统治者或王位觊觎者可以忽略这种残酷的做法。残害身体的行为还包括割掉受害者的舌头，更常见的是，部分切除或完全切除鼻子和耳朵。阿加·穆罕默德·汗不仅是这种惩罚的受害者，也是这种惩罚的终极实施者。

毫无疑问，阿加·穆罕默德·汗复杂的性格受到了多种因素的影响，包括他血腥悲惨的家族历史、他自己所遭受的身体残害，以及在他父亲仇敌的地盘上多年的监禁生活。他惩罚别人毫不留情，对家族和部落敌人恨之入骨，喜欢战利品，特别是宝石。他在交战时故意表现得很暴力，这些特征都与纳迪尔沙赫十分相似。然而，阿加·穆罕默德·汗却因其在统一伊朗方面所取得的巨大成功而备受赞誉，这是纳迪尔沙赫和卡里姆·汗都没有完成的丰功伟绩。在军事纪律和决心方面，这位恺加汗让人想起了纳迪尔。但他颇有政治远见，试图将国家重建为一种契约社会，而非部落战争机器，这点可能要归功于卡里姆·汗和赞德王朝。但显然，阿加·穆罕默德·汗比卡里姆·汗更重视选择一位能够延续自己事业的继承人。

与纳迪尔敌视萨法维政府机构相反，阿加·穆罕默德·汗恢复了部分现有赞德王朝的官僚机构，他们的祖辈都与萨法维后期的政府中枢有所联系。他还从纳迪尔的错误中学到了不能疏远什叶派宗教机构的历史教训。以乌苏勒（Usuli）教法学派[1]为代表的新一代什叶派教法学家的兴起，为新生的恺加国

---

[1] 什叶派十二伊玛目派中的多数派。

家提供了重要的支持。最重要的是，阿加·穆罕默德·汗努力避免了部落式的王位继承混战，因为他曾两次目睹阿夫沙尔王朝和赞德王朝因为王位继承斗争而土崩瓦解。在1797年他被暗杀前，他已经除掉了几乎所有可能夺取恺加王位的人。作为伊朗现代历史上最为重要的政治人物之一，他在很多有利条件的帮助下创立了一个延续一个多世纪的王朝。唯有这位没有私生活的人，这位在马鞍上和帐篷中待的时间比坐在宝座上或沉迷于后宫的时间还要长的人，才能让伊朗摆脱长期动荡的历史宿命。

　　然而，恺加的成功不只取决于王朝缔造者的性格和决心，还取决于更多的因素。阿加·穆罕默德·汗崛起的一个重要特征是伊朗的政治重心从法尔斯和伊斯法罕两省转移，在某种程度上，恺加的崛起表明北部土库曼部落从波斯南部人那里夺回了统治权，只不过这次是恺加王朝取代了阿夫沙尔王朝。阿加·穆罕默德·汗试图重建纳迪尔早前建立的、类似于齐兹尔巴什的部落联盟，他的政治统一目标与前朝的统治者相比并无二致。

德黑兰的王座

　　在伊斯兰历1200年，即公元1786年3月伊朗诺鲁孜年前，阿加·穆罕默德·汗宣布定都德黑兰，伊朗另一场萨法维正统继承之争似乎又拉开了序幕。早些时候，阿加·穆罕默德·汗仍然对被推翻的萨法维王朝忠心耿耿，曾代表另一位不起眼的萨法维王子发行了新式硬币，虽然硬币上也印有他自己的名字。然而，选择新首都的日期具有百年意义，仿佛伊斯兰历13世纪的开始标志着萨法维时代的结束，也标志着新帝国开启。此次，他以什叶派第十二任伊玛目马赫迪的名义发行硬币并上市流通，这并非偶然。最有可能的原因是，他认为自己权力的崛起是新帝国时代的序曲，这与伊斯兰历10世纪初伊斯玛仪一世的崛起没有什么不同；正如伊斯法罕是阿巴斯一世所建立的千禧之城，德黑兰也是恺加王朝的百年首都。阿加·穆罕默德·汗不再是一个划地为王的区域竞争者，而是一个独立自主的统治者，他利用里海贸易的收入，在土库曼人、库尔德人以及阿富汗雇佣军的支持下，统一了伊朗北部和中部，甚至对伊斯法罕拥有不太稳固的统治权（地图3.3）。

德黑兰位于伊朗中部厄尔布尔士山脉南麓的丘陵地带，刚开始只是一个绿树成荫的小镇。事实证明，定都德黑兰而非伊斯法罕，影响甚为深远。德黑兰拥有理想的战略优势，因为它是通往伊朗内陆的门户，使得进入阿斯塔拉巴德和其他位于北部的恺加战略要塞变得十分便利。此外，由于城市人口规模较小，德黑兰的民众并没有像伊斯法罕居民那样倾向萨法维，也没有如设拉子人那般亲赞德。德黑兰北部的厄尔布尔士山脉是一道天然的防御屏障，山涧峡谷众多，可供狩猎嬉戏。

这些特点对于恺加人来说很有吸引力，正如早些时候对萨法维统治者和卡里姆·汗的吸引力一样——萨法维统治者曾围绕着德黑兰建起一堵墙，并修建了一座城堡，卡里姆·汗也曾在德黑兰建了一处小宅院。后来，恺加王朝在此宅院的基础上建造了戈莱斯坦宫（Golestan Palace）建筑群。德黑兰南部边陲地带是古老的拉哲斯（Rhages）遗址，拉哲斯是一座因《圣经》而闻名的城市，在伊斯兰时代早期曾被称为雷伊城（Ray）。由于距离伊朗中部沙漠边缘不远，德黑兰被视为拥有另一道抵御南方袭击的天然屏障。因而，恺加统治下的新首都代表了北方的崛起与南方的衰微（图3.3）。在未来几十年，欧洲列强抵达了伊朗高原的两侧，俄国人在伊朗北部边境，英属印度在伊朗南部边境，地缘政治的两极分化情势越来越明朗。然而，在20世纪以前，德黑兰无论是在规模上，还是在战略上，其重要性都没有超越大不里士或伊斯法罕。

图3.3　《从伊斯法罕到德黑兰的路》。即使到了1819年，和无与伦比的伊朗前首都相比，德黑兰看起来还像是厄尔布尔士山麓下的一个农业小镇

J. 克拉克（J. Clark），即罗伯特·科尔·波特（Robert Ker Porter，1777—1842），摘自《游历格鲁吉亚、波斯、亚美尼亚、古巴比伦》（*Travels in Georgia, Persia, Armenia, Ancient Babylonia*），（伦敦：朗曼、赫斯特、里斯、奥姆和布朗，1821年版），第1卷，第312页。由耶鲁大学英国艺术中心保罗·梅隆收藏。

定都之后，阿加·穆罕默德·汗就准备从赞德手中夺取南部地区。1786年以来，他的多次尝试都遭到了顽强的抵抗。最近一次抵抗来自卡里姆·汗的继任者卢特·阿里·汗·赞德（Lotf-'Ali Khan Zand）（图3.4），他是卡里姆·汗的最后一位也是最具魅力的接班人。这位年轻的接班人曾率领日益衰败的赞德王朝三次击退恺加军队，还有一次，他将恺加人赶出了伊斯法罕。纵观他的统治时期（1789—1794年在位），算不上稳固，其间还发动了多次战役，其中大部分都是为了抗击恺加的入侵，试图守住赞德王朝在南部的大本营。然而，对于疲于战争的法尔斯人，特别是被要求出钱资助的设拉子土地贵族来说，战争的破坏性影响更为明显。

图3.4　卢特·阿里·汗，末代赞德统治者，端坐在设拉子城堡的一幅壁画前。他虽然在南方很受欢迎，但缺乏抵抗恺加人进攻的军事力量。悲剧性的结局使他成为民间歌谣所传唱的英雄烈士

P. M. 塞克斯（P. M. Sykes），《波斯史》（*A History of Persia*），（伦敦，1915年版），第2卷，第380页。

经过十多年的冲突和经济混乱，一些人已经接受了赞德王朝衰败的现实。其中包括法尔斯省的首席行政官哈拉·易卜拉欣·设拉子（Hara Ibrahim Shirazi，1745—1801），人们更习惯称他为"市长"（Kalantar），他是一位精明的政治家，在整个南部都颇有影响力。哈拉·易卜拉欣市长显然认为卢特·阿里·汗比他之前的7个觊觎赞德王位的人更加无可救药。1792年，当王子外出征战的时候，哈拉·易卜拉欣与阿加·穆罕默德·汗进行了秘密谈判。也许是为了保障城市人民的安全，他答应将设拉子交给恺加汗，条件是保证自己和亲属朋友的人身财产安全。

卢特·阿里回来后，哈拉·易卜拉欣下令关闭城门，并拒绝他进入首都。经过一番讨价还价，市长收买了卢特·阿里手下的一些部落首领，同时监禁了其他人，并鼓励设拉子其余的赞德部队解散。绝望的卢特·阿里别无选择，只能前往克尔曼避难，希望能够召集一支足够强大的亲赞德派军队，并重新夺回设拉子。倒戈之后，哈拉·易卜拉欣打开了设拉子的大门，恺加王朝最终夺得了统治权。虽然在巴列维时代，哈拉·易卜拉欣成了反恺加历史叙事的箭靶，他被描绘为恺加"灾难"的预兆，但是实际上他是一位精明且颇有洞察力的政治家，他保护了他的城市、土地和财产，并且积累了城市的影响力和经济实力。他是阿加·穆罕默德·汗的合作伙伴，使恺加伊朗成为一个更加稳定且长治久安的国家。

1792年7月，阿加·穆罕默德·汗接管了设拉子，他没有报复普通市民；但是，他将一些赞德妇女和儿童作为战利品送往新首都，分给王室后宫和恺加部落首领。根据约定，阿加·穆罕默德·汗任命哈拉·易卜拉欣为法尔斯的省长，并授予他"汗"的头衔，这对于都市人来说是一项罕见的荣誉。阿加·穆罕默德·汗怀疑在下一轮战争中可能会出现亲赞德的情绪，于是下令夷平城墙和城堡周围的防御工事。设拉子的城市贵族曾利用卡里姆·汗所修的这些建筑物来对付赞德王子，因此，阿加·穆罕默德·汗需要消除可能的威胁。他还将卡里姆·汗宫殿的大理石柱和门拆下，重新装在德黑兰的戈莱斯坦宫。阿加·穆罕默德·汗复仇心切，他甚至下令挖出卡里姆·汗的尸骨，埋在戈莱斯坦宫接待大厅的门槛下，据说是与纳迪尔沙赫的尸骨埋在了一起，这样，阿加·穆罕默德·汗就每天都可以跨过这些骸骨。卡里姆·汗曾几次救了他的性命，并让他以客人的身份待在王宫中生活了15年之久，但是阿加·穆罕默德·汗无情地回报了卡里姆·汗。

两年后，阿加·穆罕默德·汗再次访问设拉子时，他任命哈拉·易卜拉欣为他的首相（Sadr-e a'zam），这是现代历史上该官职第一次在伊朗政府中得到正式承认。阿加·穆罕默德·汗也授予了哈拉·易卜拉欣"国家受托人"（E'temad al-Dowleh）的头衔，在萨法维时代，这个头衔通常是授予朝廷重臣的，如此一来，恺加时代重新构建起了一套详细的头衔和荣誉制度。阿加·穆罕默德·汗还招募了一些值得信赖的赞德官员，让他们进入新成立的政府内阁中，在此之前，政府机构一直依赖马赞德兰的北方官员。南方人很快在内阁中形成了强大的政治派系，并在很大程度上为恺加时代的官僚文化定下了基调。

阿加·穆罕默德·汗的凶残主要体现在对待卢特·阿里·汗和克尔曼人的态度上。1794年，他最终到达克尔曼，当时，这个城市派别分裂严重。大部分人口支持赞德王朝，只有少数人拥护恺加王朝。卢特·阿里·汗在恺加军队到来之前出逃，但这座被围困的城市曾准许卢特·阿里·汗前来避难，就已经足够激起阿加·穆罕默德·汗的怒火了，他命令军队洗劫克尔曼，数千名平民被杀害、强奸和奴役，其中包括妇女和儿童。据传闻，他还曾下令挖出两万市民的眼睛。无论这是不是历史事实，都毫无疑问地体现了他的军队的残忍程度。当时恺加的历史学家目睹并记录了恺加军队的暴行，以及大多数逊尼派的土库曼军队对待什叶派居民的凶残行径。

卢特·阿里·汗最终被捕，恺加汗命令挖去了他的眼睛，并让军队蹂躏了他，然后送往德黑兰进行处决。卢特·阿里·汗的悲惨结局被记录在了波斯人的历史记忆中，特别是在法尔斯乡村的民歌中。在大众的记忆中，他的英勇、美德和英雄主义形象与阿加·穆罕默德·汗极端复仇之举和不健全的体格形成了鲜明的对比。深深的皱纹、尖细的嗓音和矮小的身材，使阿加·穆罕默德·汗长期以来一直是被轻蔑和嘲笑的对象。从理论上说，这些缺陷会使他失去继承王位的资格。

重建帝国

正如挖出卡里姆·汗的尸骨一样，阿加·穆罕默德·汗试图通过摧毁他英俊的对手，来重申自己仍然脆弱的正统性。在击溃赞德并征服南方后不久，阿加·穆罕默德·汗继续前往伊朗周边地区，遵循萨法维王朝模式，来重建他的帝国。收复伊朗丢失的省份仍然是阿加·穆罕默德·汗余生的主要目标，对于他的继承者而言，也是如此。在西北部，包括格鲁吉亚和亚美尼亚东部在内的高加索省份正处于危险之中。在东北部，收复梅尔夫及其附近的土库曼边境、赫拉特及其东部周边地区是优先考虑的事项。南部的巴林和波斯湾海岸，西部的库尔德斯坦大部甚至巴格达省，都并未被排除在再度征服的计划之外。而收复高加索具有特别重要的战略意义。丝绸和其他商品的收入、对战利品的渴望，为早期恺加对外作战提供了动力；为伊斯兰信仰而战，则为他们提供了正当理由。

伊朗恺加王朝的新统治者必须安抚阿塞拜疆。一旦将西北部落相对轻松地纳入麾下，恺加军队的规模就会扩大至4万名骑兵。然而，在高加索地区，阿加·穆罕默德·汗面临着艰巨的挑战。在纳迪尔死后，那些独立自主的部落汗仍固守着他们看似坚不可摧的要塞，例如埃里温和甘吉。在更远的北方，格鲁吉亚中部的卡尔特里–卡赫提（Kartli-Kakheti）联合公国自16世纪以来一直是伊朗的附庸国，现如今却顽强地抵抗着恺加军队。自纳迪尔覆灭以来，埃拉克二世（Irakl Ⅱ，也被称为Heraclius Ⅱ，1762—1798年在位）在脱离波斯宗主权的情况下一直统治着这个国家，他在1783年与俄国签订了一项保护条约，以防止波斯再次对其进行统治。对恺加汗而言，这种转变无疑是一种叛国行为，应该受到惩罚，特别是当俄国将在叶卡捷琳娜大帝及其继承者的统治下染指高加索地区已经变得显而易见时。埃拉克二世错误地估计了阿加·穆罕默德·汗的决心和俄国支持的力度。在埃拉克二世与俄国结盟的十多年后，阿加·穆罕默德·汗已准备好发动进攻，给埃拉克二世一个教训。在1795年9月的克萨尼西（Krtsanisi）战役后，格鲁吉亚人寡不敌众，被彻底击败，围困多日的第比利斯城也被攻陷了。

恺加军队有条不紊地洗劫了这座城市，杀死了成千上万的平民。格鲁吉亚的牧师是抵抗力量的核心，他们被纷纷扔进了河里；教堂也被抢劫一空，夷为平地。多达15 000名男人、女人和儿童被俘虏，随后被驱逐到了伊朗，在那里，他们被分配到了恺加家庭中，充当太监、小妾和小男仆。后世有很多恺加王子的母亲是格鲁吉亚人或亚美尼亚人，也就不足为奇了，就像在邻近的奥斯曼帝国一样，有些奥斯曼王子的母亲也是高加索人。洗劫第比利斯是恺加王朝历史上一个可耻的事件，这是伊朗永久失去高加索的开端。纯粹从政治的角度来看，这一事件对俄国而言只是暂时的挫折，但从长远来看，这一事件为俄国向南部扩张提供了某种合理性，使其能够利用该地区基督徒对伊朗人的怨恨，进而向伊朗发起反攻。

1796年，阿加·穆罕默德·汗从格鲁吉亚战场上归来，选择在穆甘平原过冬。60年前，纳迪尔同样选择在这里举行加冕。60年后，阿加·穆罕默德·汗在此地被加冕为阿加·穆罕默德·沙赫·恺加。在首相哈拉·易卜拉欣·汗的恳求下，他不情愿地接受了沙赫的称号，这表明哈拉·易卜拉欣希望将这位部落汗辅佐成为一代波斯君主。本着同样的愿景，伊斯玛仪一世的礼仪剑原本被保存在萨法维族长谢赫·萨菲·丁位于阿尔达比勒省的圣墓中，现在也被运送过来，挂在了恺加国王的腰间。

阿加·穆罕默德将自己的王冠封为凯亚尼德王冠，取自《列王纪》中的神话王朝，这一灵感源于新国王对伊朗古老传说的浓厚兴趣。这也许是他在设拉子的赞德宫廷中长期生活的结果，那时，他经常热切地让人在他休息时吟诵波斯史诗。这顶崭新的凯亚尼德王冠呈圆顶形，灵感来自齐兹尔巴什的帽子，王冠材质是铜制镀金，由马赞德兰的一位不起眼的工匠打造（图3.5）。这顶王冠的风格与纳迪尔沙赫的羽毛帽截然相反。阿加·穆罕默德还戴着两个护腕，镶有传说中的钻石"光之海"和"泰姬·玛哈"（Taj-i Mah），这两颗钻石都是纳迪尔远征印度战役的战利品（另一件钻石"光之山"被艾哈迈德·沙赫·杜拉尼得到，最终被镶嵌在英国王冠上）。在此之前，卢特·阿里·汗曾希望以低廉的价格向英国商人哈福德·琼斯（Harford Jones）出售这些钻石，为与恺加的战争筹集经费，却未能如愿。最后，阿加·穆罕默德·沙赫抢走了这些钻石。

图3.5　阿加·穆罕默德·沙赫·恺加画像，根据一位佚名波斯艺术家的一幅画像改绘而成。王冠最初的设计意图是为了表现恺加统一的王权

P. M. 塞克斯，《波斯史》，第2卷，第262页。

　　整合了萨法维王朝和阿夫沙尔王朝的王权法统，新王朝被冠以"萨法维恺加"（Safavi-e Qajar）的名号，这是宫廷编年史为阿加·穆罕默德·沙赫及其继任者创造的，旨在表明长达75年的王权危机已经结束。但阿加·穆罕默德·沙赫并不天真，他的大臣们也都没有天真到相信仅凭加冕仪式就可以实现恺加王朝的正统化。阿加·穆罕默德·沙赫庄严地宣誓，一旦他接受了沙赫的称号，他就会成为最伟大的沙赫。他说这句话时，好像已经构想了自己在波斯王权传统中的地位以及重建帝国的宏伟蓝图。

　　除高加索仍有部分地区不服从恺加的统治，阿加·穆罕默德·沙赫在远征马什哈德之前，不得不先镇压东部各个部落。马什哈德是阿夫沙尔王朝最后一个据点，由纳迪尔年迈的孙子沙鲁赫（Shahrokh）统治。1796年，阿加·穆罕默德·沙赫残忍地废黜了双目失明的沙鲁赫，夺走了纳迪尔留在这里的剩余财宝。在离开呼罗珊之前，他写信给阿富汗的埃米尔，要求归还巴尔赫古城和萨法维帝国时期的伊朗东部首都赫拉特。他还要求布哈拉的乌兹别克汗归还旧城梅尔夫，这是伊朗与当时已支离破碎的乌兹别克的公认边界；并遣返数以千计的伊朗俘虏，这些俘虏是在乌兹别克和土库曼的多次袭击中被带到布哈拉的。乌兹别克和土库曼的袭击是已经常态化的灾难，而这一灾难将在未来几年的岁月里持续萦绕在恺加国王的心头。将萨法维帝国疆域的整合视为恺加王朝的使命，此举显然有助于塑造阿加·穆罕默德·汗的帝国计划。

在高加索地区，阿加·穆罕默德·沙赫的最后一场战役已经结束了。他恢复了对萨法维昔日要塞埃里温的控制，并占领了卡拉巴赫以东200英里的苏西（Shushi或Susi）要塞。从短期来看，恺加收复高加索地区似乎是可能的，部分原因是叶卡捷琳娜大帝去世后的俄国已经暂时停止了向南扩张。然而在1797年6月，阿加·穆罕默德·沙赫在苏西外面的营地中被暗杀，局势发生了戏剧性的变化。他被两名贴身奴仆谋杀，其中一名是格鲁吉亚人，可能是第比利斯战役的幸存者。这次暗杀行动显然是仆人先发制人的行为，他们因在皇家帐篷后面发生争吵，而被判处要在第二天执行死刑。然而，阿加·穆罕默德·沙赫手下的将军萨德克·汗·沙卡奇［Sadeq Khan Shaqaqi，谢卡克（Shekak）部落首领］也参与其中，他的作用不容忽视。沙卡奇雄心勃勃，很可能利用仆人的怨恨来达到自己不可告人的目的。暗杀事件发生后，他立即抢走了皇家帐篷，并带走了阿加·穆罕默德·沙赫钟爱的宝物，包括那顶凯亚尼德王冠。随后，萨德克·汗·沙卡奇带着这两名谋杀阿加·穆罕默德·沙赫的罪犯前往位于阿塞拜疆地区的部落大本营。

这个场景让人不禁想起了纳迪尔被暗杀的那一幕。恺加营地几乎立即作鸟兽散，联盟的部落也返回了家乡。"国王之死"（Shah-Margi）几乎总是会引发混乱和对继承权的争夺。然而，哈拉·易卜拉欣和忠于他的法尔斯部队，以及在恺加部落首领领导下的马赞德兰军团，迅速返回了德黑兰。没有人为死去的恺加汗流泪，但他对一个长治久安王朝的愿景似乎比纳迪尔或卡里姆·汗更加坚定。这位无情的勇士并没有将自己继承人的命运置于偶然或随机，也没有让那些觊觎王位的人有可乘之机。他的侄子巴巴·汗（Baba Khan）是指定的继任者，顺势登上了王位，称法特赫·阿里·沙赫（Fath Ali Shah，1797—
1834年在位）。虽然他还是不得不为自己的王位而战，但至少他不必与众多有
权有势的王叔相争。前任国王阿加·穆罕默德·沙赫已经杀光了自己所有的兄
弟，只留下了一位。法特赫·阿里·沙赫成功地除掉了最后一位王叔，没有留
下任何麻烦，预示着这次继位将更加井然有序。这一切要归功于恺加王朝的缔
造者，他虽然残忍，但并不善变。

王朝成立之初，秩序的建立在很大程度上要归功于国家机构内的各级官
员，他们是恺加王朝的合作伙伴。在大维齐尔的领导下，他们很早就开始为新
兴的恺加国家树立了崭新的治理形象。毕竟，这关系到他们自己的身家性命，
以及城市生活和农业经济的稳定。为实现这一目标，他们必须确保王朝能够延
续下去，官僚机构可以实现结构性增长。官员及其附属机构，其中包括什叶派
教法学家和其他城市显贵，构成了一个重要的命运共同体，致力于避免部落的
新一轮叛乱。

对黑暗世纪的反思

除了赞德王朝统治时期外，18世纪的伊朗显得暗淡无光。即使是与奥斯
曼帝国的郁金香时代（Tulip Era）相比，曾经繁荣的波斯花园此时也显得沉闷
枯燥。然而，18世纪的伊朗文化依然保持着灵活，知识探寻也仍在继续。人们
可能会认为，摆脱了萨法维晚期什叶派教条束缚的作家、诗人和艺术家，能够
从萨法维的文化宝库中受益。他们在谈到那个时代的政治环境时，不出所料地
表达出了一种忧郁的感觉，但并非无助——即使在他们被流亡或被囚禁时。

早期的一个例子是谢赫·穆罕默德·阿里·哈金（Shaykh Mohammad'Ali
Hazin，1691—1766），他是当时波斯学者和文学精英的代表人物。他是一个
出生于伊斯法罕的天才儿童，并且在萨法维普遍的教育传统中长大，他亲眼见
证了阿富汗入侵占领所带来的痛苦，也见证了纳迪尔的崛起。1734年，他移民
到了印度。整个18世纪，"人才流失"的现象持续发生，成千上万的学者、艺

术家、工匠、诗人、作家、商人、官僚和宗教异见人士前往印度避难。有些人是为了逃脱什叶派保守主义的抬头，有些人是希望躲避萨法维垮台后的政治动荡。莫卧儿王朝以及后来信奉伊斯兰教和印度教的继承者，都是波斯文化的慷慨赞助者和促进者，无论是在治国之道、史学、诗歌、音乐、艺术、烹饪，还是在宫廷文化上。尽管印度面临着来自法国和英国的殖民侵略，但在当地的王国，如克什米尔、孟加拉、戈尔康达（Golconda）、阿瓦德（Awadh）、德干（Deccan）和迈索尔（Mysore），人们对文化和物质财富仍有浓厚的兴趣，所有这些都使波斯新移民受益。波斯人在这些地方往往会被聘为秘书（munshis）、顾问、诗人，以及宗教学者、建筑师、画家和书法家，波斯人（即代表波斯文化的伊朗人，不论其种族）经常被视为一种身份的象征。

诗人哈金在吉兰省的拉希詹失去了自己的财产，除了寻求海外赞助外，他再也无法负担自己四处漂泊的昂贵习惯。1742年，经过多年的旅行后，哈金到了印度，他在这里居住了8年，可能是因为思乡心切，他在短短两天内就完成了自传的大部分内容。他的回忆录始于童年，结束于纳迪尔的印度战役，并对这一期间发生的事件进行了生动的描述。与他那近200部的阿拉伯语文学、波斯语文学以及学术著作不同，哈金的回忆录文风简朴直接，采用第一人称的视角写成，这使他能够不受拘束、淋漓尽致地表达情感。哈金在他的回忆录和诗歌中赞美并回忆了他的祖国，他对城市的破坏、大规模的屠杀、饥荒和霍乱感到惋惜，同时批评纳迪尔政权用武力征收巨额税款的行径，指出纳迪尔对农民和城市居民的残忍压迫。最重要的是，哈金还批评纳迪尔摧毁了萨法维王朝。

哈金尤其谴责了整个穆斯林世界政治领袖的素质江河日下，这一观点在与他那个时代统治者的多次会面后得到了强化。他写道：

> 在这个时代，没有一个统治者具有天生的领导才能。当我思考每一位国王、领导人的处境以及那些远方指挥官的状况时，我发现他们比大多数（或许不是全部）自己的臣民更加低劣、更加令人厌恶，除了一些欧洲国家（波斯语称之为Farang）的统治者外，因为他

们坚定地执行法律（qawanin），（维持）臣民的生计，并专注于自己国家的事务。然而，这些欧洲国家的统治者并不能为其他地方的人民带来益处。[2]

哈金对欧洲统治者的过度赞誉可能源于他先后在阿巴斯港和印度结识过的欧洲人，尽管他自己也强调欧洲统治者与伊斯兰教格格不入。对欧洲的向往还不足以使哈金接受一位英国船长"移民到欧洲，而不是去印度"的建议，虽然后来他也为这一决定感到后悔。

哈金对新思想持有一种开放态度，并热衷于了解其他文化。在伊斯法罕的时候，他就与基督教传教士交谈，阅读福音书和其他基督教神学著作。他还与伊斯法罕的拉比讨论犹太教，与亚兹德的祭司（mobads）讨论琐罗亚斯德教，虽然这些讨论并没有给他留下深刻的印象，因为他认为这些人目光短浅，且带有偏见。哈金还谈到了他年轻时的爱情，但没有说明他所爱之人的性别；他的病久治不愈，多次卧床不起；他游历多地，从巴格达到巴纳拉斯（Banaras），行程至少涵盖了62个城市。此外，他精心制作了一份清单，其中包含了他的老师、同事和朋友，或是与他同时代的学者，或是他自己的大量著作。哈金不仅书写他那个时代的传统知识，包括亚里士多德哲学和新柏拉图哲学、神秘主义和法理学，对数学、物理学和天文学也有所涉猎。尽管这些都属于传统伊斯兰教育的范畴，但他在回忆录中同时展示出了一种罕见的人类使命感，一种历史因果关系的自我意识。

在他的诗歌中，哈金（他的笔名意为"悲伤之人"）表现出一种原始民族主义（Protonationalism）的倾向，毫无疑问，这种倾向是受到了他在印度侨居经历的影响。他在一首怀旧诗中这样写道：

> 伊朗的土地是崇高的天堂，
> 愿其疆域受所罗门戒指之佑，
> 愿崇高的天堂成为我们灵魂的家园（Vatan），
> 愿魔戒不会落入恶魔之手。

他渴望一位像所罗门一样的国王——而不是拥有权力之戒的恶魔——来统治他的祖国，为此他唤起了强大的文化记忆。

这些文化记忆与其他关于伊朗的文化元素相辅相成。如法里顿（Fereydun）国王，他是《列王纪》中传奇王朝凯尼亚德的建立者；贾姆希德的王座或在波斯波利斯（Persepolis）出现的波斯人名；塔克基思拉宫（Taq Kasra）遗迹，这座萨珊时期的宫殿位于泰西封（Ctesiphon）；如比索通（Behistun）古迹，这处古迹参考了克尔曼沙阿附近著名的阿契美尼德铭文以及周边的萨珊遗迹。"卡乌斯（Kavus）击响战鼓的那一天，罗姆（Rum）和罗斯（Rus）都在颤抖。"[3]哈金仿佛是希望召唤出一位勇士一样的国王，来结束阿富汗部落的占领，并击退奥斯曼和俄国的入侵。纳迪尔的崛起可能契合了哈金的愿望，但巧合的是，纳迪尔"爱国"且极具破坏性的行为，与《列王纪》中的凯伊·卡乌斯（Kay Kavus）极其相似。

透过灾难和失败，人们可以发现一种新的民族意识的光辉，这种新的民族意识与萨法维王朝无关，而是与辉煌的过去中夹杂的那些悲惨记忆相联系，新的民族精神会在此后伊朗的历史进程中被不断地唤醒。同样是对自我和伊朗充满了忧患意识，同样是通过自传体来叙述，在米尔扎·穆罕默德·卡兰塔尔（Mirza Mohammad Kalantar）的回忆录中，我们可以寻觅到与哈金相似的忧虑。米尔扎·穆罕默德·卡兰塔尔在赞德王朝统治时期曾长期担任设拉子市长，他出生于萨法维统治末年，其家族世代担任设拉子的乌莱玛和行政官员，并拥有大片土地。他很长寿，并在1785年左右写下了这本回忆录，当时，他正被阿加·穆罕默德·汗囚禁在德黑兰。从出生到身陷囹圄，他见证了阿富汗部落入侵者的到来、纳迪尔的恐怖军队、军阀长期混战带来的法尔斯的毁灭以及家族跌宕起伏的命运，还有最后的王权继承之争。这场王权继承之争让恺加人成了他故土的主人，这让他十分不满和愤恨。只有卡里姆·汗时代那一二十年的宁静，才稍稍减轻了他这一连串的不幸。

在这本回忆录中，米尔扎·穆罕默德·卡兰塔尔既无情又尖刻，常用反语来表达幽默，因为他经常谩骂他那些渴望权力的敌人，无论他们是粗鲁的部落首领还是腐败的政府官员。他在回忆录中引用了很多波斯诗歌和民间文化典故，几乎都是对话式的波斯语写作；他笔触直接而坦率，像是一个政治老手。被囚禁在德黑兰期间，他几乎已经双目失明，他认为是设拉子的一名妓女害他染上性病造成的。他失去了大部分的财产，对自己的前景以及这个城市、这个国家的未来感到绝望。

地主贵族要保护他们的财富、权势免受外来部落入侵和内部叛乱的侵扰，米尔扎·穆罕默德的回忆录最能够解释他们这样做的复杂动机。在面临这类危机时，米尔扎·穆罕默德就像他的门徒兼继任者哈拉·易卜拉欣以及其他伊朗城市官员一样，选择依靠他的行政和会计技能，选择依靠他与商人、与乌莱玛的关系。他让互相竞争的部落首领成为对手，召集庄园中的农民建立自己的私人军队，并使相邻城市的流氓盗匪相互为敌。然而，米尔扎·穆罕默德对设拉子同胞敏锐的责任感并不总是无私的。他不得不面对城市贫民的反抗，而城市贫民的代表往往同样是一群流氓盗匪；城市附近的农民也频繁爆发叛乱，而叛乱的农民认为米尔扎·穆罕默德同城市普通官员一样，都是争权者自私自利的盟友。

尽管困难重重，但城市显贵们的势力及其对城市的控制力都有了提升，这仍是18世纪伊朗和奥斯曼帝国的一个显著特征。南方的影响力及财富随着北方新王朝势力的崛起而减弱，本土社区意识的种子开始萌芽。与支持恺加的哈吉·易卜拉欣相反，米尔扎·穆罕默德在他人生最后的那段日子里，开始反省自己的政治错误，并反思这个国家不幸的根源：

愿尘埃落在伊朗人民的坟墓上；

那么伊朗人的坟墓上可能已经积满了灰尘，

因为他们缺乏有能力的领袖。

我希望一个有能力的女人能够掌权，

就像俄国的女王一样（叶卡捷琳娜大帝）。

伊朗中部的一半已经被这个恶棍（阿加·穆罕默德·汗）所摧毁，

另一半被那个流氓（贾法尔·汗，赞德王朝倒数第二个统治者）所破坏，

他们两个没有信仰，

是两个背信弃义的暴君，

他们的灵魂应该下地狱。

然后，米尔扎·穆罕默德的抱怨以绝望的恳求结束：

纯洁而又全能的安拉啊！

你创造伊朗人民是为了让这两个懦夫统治吗？

你强大有力，你无所不能。

为了你的圣徒们，嘉奖你所喜爱之人吧，

请赐予我们一个国王，至少让他在外表上看起来像是一个人的

模样；

欧洲人、琐罗亚斯德教徒以及异教徒，到底是怎么了？

现在，那两个恶魔般的人，

那两个被自己邪恶本性所奴役的人，已经统治了我们。

不要让这种事情发生，不要让你的国家群龙无首。

米尔扎·穆罕默德引用了鲁米的一段话，来暗示自己对历史因果关系的认识：

世界是一座山，我们的行动有声音，

声音有回音，然后向我们走来。

接着，他引用了另一位伟大的波斯诗人、他的同胞哈菲兹的话：

我们应该责备的是我们这软弱蜷曲的身体，

你的荣誉之袍穿在任何人身上都不会显得短小。[4]

米尔扎·穆罕默德以这种冷静的口吻结束了他的回忆录。他把这本回忆录献给了他的妻子和堂兄，也把自己剩余的财产留给了他们。同年，他在德黑兰去世。

哈金和卡兰塔尔代表了千千万万的伊朗城市居民，他们敏锐地意识到自己的国家是一个陷入困境的政治实体，而不是一个帝国。通过军事征服重建萨法维帝国的屡次失败，是对后萨法维时代正统性危机的普遍回应，也使得这种意识更加明显。直到19世纪初期，波斯国家长治久安的治理模式才重新出现。神圣的萨法维王权和来自先知家族的国王后代是一个无法被轻易取代的谱系，因而，纳迪尔和卡里姆·汗所建立的政权都无法长久。事实证明，被恺加政权继承下来的国家行政机构对新王朝的稳定至关重要。后萨法维时代的经历使得地主贵族阶级更加意识到自己的城市身份，越来越将伊朗视为一个广阔的国家实体。

人们意识到，如果没有统一的政权，城市福利和地主阶级的财富就无法继续，尤其是在南方。因此，服从恺加王朝的统治就成了一种政治需要。恺加王朝不仅将自己的权威树立在部落式的忠诚上，他们还拉拢了赞德时代的政府官员和新兴的教法学家阶层，即乌苏勒教法学派。乌苏勒是在18世纪末由伊拉克南部重返伊朗的，他们的先辈曾在萨法维灭亡之后前往此地避难。恺加统治者所依赖的不仅是他们世袭的正统性——在萨法维时期，他们就是"红头军"的成员；他们还强调自己对波斯历史传说中那些国王和朝代的记忆。这些伟大的国王曾保卫伊朗领土，抵抗邻国罗姆和图兰。罗姆和图兰被认为与现代历史上的奥斯曼帝国以及东北部的土库曼游牧民颇为相似。同样，恺加王朝的文化和艺术仍然受到南方休闲惬意的生活情调的影响，这是萨法维和赞德时代的延续。在恺加王朝初期，伊朗观察家们尚未注意到两个欧洲大国将会出现在伊朗人的视野中：在北方扩张的俄罗斯帝国以及在南方进行殖民掠夺的大英帝国。

第二部分
"戍卫领地"的重塑

恺加王朝的巩固为伊朗在整个19世纪的逐步转型奠定了基础。全新的地缘战略和经济现实，特别是两大欧洲帝国在伊朗北部和南部边界的崛起，使伊朗成了一个缓冲国家，这是一个有着重要后果的好坏参半之事。尽管丧失了部分领土，经济资源也濒临枯竭，但恺加伊朗保留了其政治主权，并重新改造了波斯的王权制度。恺加伊朗与城市精英的联系更加紧密，宗教机构得到了复兴，对边陲部落的微弱统治也得以维持，国家步入了一段复苏时期。

伊朗从工业化的欧洲进口越来越多的商品，并出口烟草和罂粟等经济作物，使得经济天平逐渐向大商人、大地主和欧洲公司倾斜。行会、零售商和农民等社会地位较低的阶层首当其冲，承受着经济变化的冲击。饥荒和流行病的长期侵袭，使他们的处境更加糟糕。在19世纪中叶的10年间，人们对恺加政权和什叶派宗教机构的普遍不满引发了巴布教派起义（Babi movement），这次起义以伊玛目隐遁千年后福临人间建立公正为号召。这次运动是伊朗社会反沙里亚教法潮流中的一个关键事件，该运动承载着什叶派的救世主抱负，表达了对宗教干预政治以及社会经济现况的不满。尽管这次运动在军事上失败了，但在整个恺加时期，对巴布教派的秘密信仰仍是一种表达不同政见的方式。相比之下，现代知识分子所阐述的改革观念却只能吸引少得多的听众。

在19世纪下半叶，有选择性的现代化项目，特别是电报网络的建立和现代银行业的引入，预示着全国性市场的兴起。虽然这些项目主要为外国利益服务，但也使恺加中央政府能够进一步巩固中央集权并且更有效地管理各省。在19世纪末的烟草抗议运动（Tobacco Protest）期间，现代通信还使得抗议的声音广泛传播。到了20世纪初，大规模抗议活动掀起了声势浩大的立宪革命（Constitutional Revolution），社会正义和民族自救的旧诉求与现代宪政观念、民主代议制、物质发展和现代民族主义意识等新概念相结合。革命首次将持不同政见的知识分子、商人、高级乌莱玛和贵族内部的改革派结合起来，成为一股变革的力量。尽管面临国内外诸多的不利因素，立宪革命被证明是一场涉及多层面的变革。除了社会政治话语外，这次革命激起了一段短暂的文化艺术繁荣的时光，而恺加时期的诗歌、绘画、书法、书籍制作、建筑、音乐、摄影、新闻和表演艺术也都展现出了各自的特色。在所谓的"波斯化"进程中，西方艺术和文学的各个方面都融入了一种文化自信的氛围中。

第四章

恺加时代的形成（1797—1852）

在19世纪上半叶，恺加伊朗从过去几十年的物质损失中部分恢复了过来。边陲地区游牧民族入侵的现象逐渐缓解，带来了某种程度上的安定，中央所采用的波斯政府治理模式也在表面上控制了伊朗的大部分地区；农业逐渐复苏，区域和国际贸易恢复了往日的繁荣；城市人口开始增加，内陆地区的人口逐渐回流。然而，到法特赫·阿里·沙赫统治末期，伊朗全国总人口也仅仅是勉强超过了400万。

面对俄国和英国两大欧洲强国压境，恺加伊朗似乎毫无准备。当伊朗还在从过去的战火蹂躏中缓慢恢复之时，恺加王朝就已经感受到在战争和外交方面所面临的巨大挑战。欧洲列强在战场上击败了伊朗，占领了伊朗部分战略要地，并通过外交和贸易对伊朗施加压力，有时甚至威胁到了伊朗的主权。在19世纪初的伊朗，已经从萨法维王朝时期及后萨法维时代东西两面受敌的困境，演变成了南北两面受到夹击的局面。恺加伊朗之前自诩是一个处于宇宙中心的帝国，现在也已变成了一个挣扎于基督教列强之间的弱国。伊朗独特的地理条件虽存在某种固有的劣势，但恺加伊朗得以逃脱大国的殖民统治，部分原因就在于此；当然，这也归功于恺加及其臣民进行的抵抗。许多非西方国家逐渐屈服于殖民统治，而伊朗虽然被侵占了部分领土，但国家主权仍得以保留。伊朗国家和社会也开始以自己的方式选择性地吸收欧洲物质和知识文化。整个恺加王朝时期对欧洲文化的争论和吸纳，使伊朗塑造了对现代性的认知。

恺加王朝时期也出现了一个强大的什叶派宗教机构。它在观念上是保守的，有时候对国家现代化举措持怀疑和反对的态度。为了维持自身的特权和社会网络，乌苏勒学派的教法学家提出了一个教法理论，要求信徒在宗教生活的所有复杂问题上紧紧追随穆智台希德。乌苏勒学派以萨法维时代的学问为基础，制定了一套详尽的规则和仪式，不仅用来规范信徒的行为，也用来规范社会道德和法律制度。恺加政权维持现状的愿望有助于什叶派教法学家成为一股强大的力量，居于超然的地位。然而，国家与乌莱玛之间的共生关系，对发展创新思维以及吸收、适应更广泛的文化构成了障碍。

这些主题引发了对恺加王朝的一系列争论。20世纪的许多历史专著因为受到了欧洲中心论的影响，将恺加王朝时期视为一个失败和颓废的时代。这种观点贬低了（如果不是恶意诽谤的话）恺加时代的重要成就——不仅在于恺加王朝对国家主权的维护和延续，还在于其文化上的灵活性。19世纪初，伊朗文学和艺术复兴的影响极为深远与持久。什叶派在教法研究方面取得了巨大的进展，尽管在学术上很僵化，但这一时期的什叶派教法学家阐述了一种复杂的法律方法论，人们更多地称为"教法学原理"（usul al-fiqh），乌苏勒学派正是以此来命名的。

伊斯法罕学派中亚里士多德哲学的复兴也鼓励了新方法的产生，并做出了新的评注。什叶派苏菲教团的复兴，是赞德时期的重要遗产，并在各个阶层中抵消了城市乌莱玛的影响，催生了新的神智学和神秘主义作品。恺加时代也见证了新的社会宗教运动的兴起，这些运动支持在波斯–什叶派的社会环境下进行本土化改革，而不是大规模地照搬外部的事物。巴布教派起义是什叶派内部非正统思想运动的高潮，这场运动所传递出的宗教和社会复兴的诉求根植于伊朗过去的救世主经历。在19世纪后期，所有的改革派——自由思想家、革命者、中央政府的官员和持不同政见者，都在讨论社会道德和物质生活的衰落，批判他们所处时代的社会和文化规范，并提出了源于本土的或受西方思想启发的改革论述。

在绘画、书法、书籍装裱、音乐、建筑以及诗歌、散文等方面，恺加伊朗展现出了非凡的艺术和文学活力。传统工业和工艺品，特别是纺织品，其精细化水平达到了一个新的高度，西方的工艺和技术——包括电报、摄影和书籍印刷——变得越来越普及。这些亮点与恺加政权的堕落腐化以及苦难的时代背景形成了对比。

重振帝国声威

法特赫·阿里·沙赫在面对家门口的欧洲列强之前，必须先平息伊朗内部的诸多叛乱。首先是阿塞拜疆和伊斯法罕，在那里，亲赞德王朝的势力死灰复燃；然后是在洛雷斯坦、呼罗珊、亚兹德和高加索地区，那里的许多部落首领都不愿效忠恺加王朝（地图4.1）。尽管阿加·穆罕默德·汗相信他"建立了一座皇宫，并用鲜血拱卫它"——所谓的鲜血来自恺加王座的实际和潜在竞争者，但仍然有人觊觎恺加王位。这些人并不只是说说而已。阿加·穆罕默德·汗麾下雄心勃勃的库尔德部落首领萨德克·汗·沙卡奇，可能是暗杀阿加·穆罕默德·汗的主谋之一，他抢走了新制作好的凯亚尼德王冠和一批皇家珠宝，回到了他在阿塞拜疆地区的部落所在地。1798年，法特赫·阿里·汗为收复阿塞拜疆，不得不发动了一场战争，并重新取回他王权的象征，而这一切，他只能一步一步地去做。更为重要的是，沙卡奇的反叛表明库尔德部落意欲统治从苏莱曼尼亚（Sulaymaniyah，位于现今伊拉克的库尔德斯坦）到里海南部沿岸再到呼罗珊北部的广阔地带。萨德克·汗·沙卡奇最终战败，国王下令将他封死在所囚的牢房之中，任其挣扎而死。沙卡奇的死结束了库尔德部落的叛乱，经过几次代价昂贵的战役，到1800年，恺加王朝收回了阿夫沙尔王朝在呼罗珊的最后一个据点。

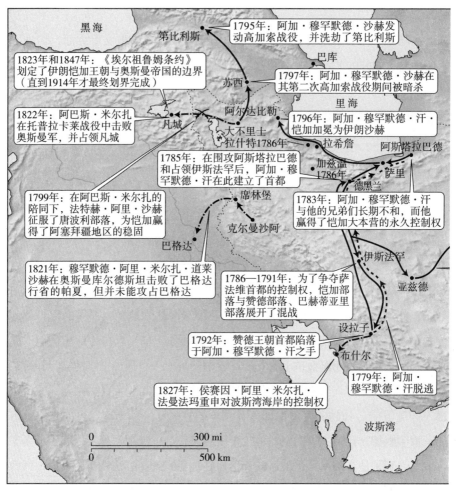

地图4.1 阿加·穆罕默德·汗·恺加的崛起以及恺加早期的征服（1779—1835）

尽管如此，恺加国王仍然对他麾下的恺加部落首领以及他们反复无常的忠诚耿耿于怀。在恺加王室争夺王位的过程中，他们中的一些人暗中支持了现任国王的弟弟。法特赫·阿里·沙赫费了好大的力气才最终成功地除掉了他那桀骜不驯的弟弟，在此之前，他还罢免了权倾一时的大维齐尔哈拉·易卜拉欣。哈拉·易卜拉欣可能与沙赫反叛的弟弟暗中勾结，最终被指控为叛国罪，连同他的大多数族人一同被处死。这是恺加王朝一系列处死维齐尔的行动中的

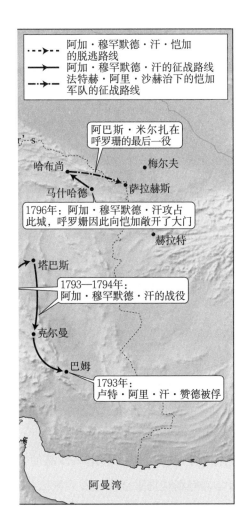

首例，也是君主巩固个人权力的标志。这一行径再次说明了面对国王的独裁统治，政府内阁根本不堪一击、无力反抗。首相和君主之间为控制政府而进行的斗争阻碍了内阁的自主权和进一步的制度化运作。哈拉·易卜拉欣经常受到后人的严厉批评，而且他根除伊朗部落冲突和内战隐患的功绩很少有人给予肯定。英国东印度公司的代表卡皮坦·约翰·马尔科姆（Capitan John Malcolm）在大维齐尔哈拉·易卜拉欣垮台前不久见到了他，并建议哈吉以温和的态度来

面对沙赫"偶尔的坏脾气和暴力行为"。听了建议之后，哈拉·易卜拉欣重申了他对在强大政府内阁的领导下统一国家的渴望："我可以毫不费力地保命，但波斯将再次陷入战争之中。我的目标是给我的国家一个国王；我不在乎他是赞德人还是恺加人，如此一来内战即可结束。我一生中已经见惯了血流成河的场面；我早已置之度外，不会在意这些。"[1]

在哈拉·易卜拉欣之后，一些曾涉嫌与倒台的大维齐尔密谋的法尔斯官员重新获得了王室的青睐，并在内阁地方派系林立的架构中谋取了高级官位。这些人自然成了北方党人的眼中钉，北方官员大多来自马赞德兰，尤其是努尔地区，他们早在阿加·穆罕默德·汗统治时期就投靠了恺加。两个派系的影响力被来自中部的第三大派系削弱了，第三大派系主要来自法拉罕（Farahan）及其邻近地区，在当时，这里文化高度发达且治理有方。法拉罕派系的势力甚至超过了南方和北方派系，因而能够在国家中央政府中长久生存。早前，法拉罕派系曾为晚期的萨法维王朝和赞德王朝服务，他们培养了一些有能力的政治家，包括米尔扎·伊萨·卡姆·玛卡姆（Mirza Isa Qa'em-Maqam）家族及其侍从米尔扎·塔奇·汗·法拉哈尼（Mirza Taqi Khan Farahani，1807—1852）。恺加统治者让三方派系相互争斗，并操纵争斗向有利于自己的一方发展。

镇压地方叛乱的同时，在法特赫·阿里·沙赫的宫廷里，恺加汗和政府内阁以一种新的奢华浮夸精神携手合作。公共和私人庆典充斥着烦琐的宫廷礼仪以及炫富的表演，环绕着数不清的宫廷侍从、仆人、警卫、乐师和舞者，有华丽的服装和丰盛的菜肴，还有为数众多的皇家宫殿、花园、狩猎场和皇家骑兵——所有这些都成了恺加权力的象征。大量真人大小的女乐师、歌手和舞者的画像，展现了一种享乐主义的休闲生活和纵情狂欢的文化，无疑，画中的许多人曾受雇于法特赫·阿里·沙赫的宫廷及其儿子们的宅邸（彩图4.1）。

法特赫·阿里·沙赫是这个世界闪闪发光的中心，就像他的伯父阿加·穆罕默德·汗一样——他曾主宰着军营，麾下有适合长距离作战的战马，他不断发动战争，同时注重维护军纪。两人的外貌形成了鲜明的对比：

阿加·穆罕默德·汗身材矮小，满脸皱纹，没有胡须；而法特赫·阿里胡须浓密，又长又黑，他面容迷人，带有些许柔弱，意在向世人宣告他的皇家威严和独特的男性魅力。与老国王这样常年住在帐篷的粗犷战士相比，法特赫·阿里是一位稳重而且有趣的众王之王，他更愿意住在安全华丽的皇家宫殿中（彩图4.2；图4.1）。

图4.1 德黑兰城堡里的戈莱斯坦宫大殿，扮演着恺加宫廷对外门面的角色，这里通常会举行面向公众的仪式。大殿的支柱是从设拉子的赞德王宫搬运来的，并按照阿加·穆罕默德·汗的命令重新安装在这里。大理石王座（Marble Throne）是法特赫·阿里·沙赫时代早期的产物，不禁让人联想起波斯传说中那把神奇的王座

E. 弗兰丁（E. Flandin）、P. 科斯特（P. Coste），《波斯之旅》（*Voyage en Perse*），第8卷，"现代波斯"，（巴黎，1851—1854年）。

毫无疑问，这是那个时代的宫廷画师所描绘的场景，这类逼真的场景为数众多。后来，国王经常坐在那把新的太阳王座（Sun Throne）上，戴着改造后的，与阿加·穆罕默德·汗不同的凯亚尼德王冠。他穿着最精致的丝绸长袍，戴着镶有"光之海"钻石和"泰姬·玛哈"钻石的护腕，周围是剑、盾、

权杖和王室节杖等君王御用器具。所有这些都象征性地传达着一种王权的历史连续性和统御四方的权威性，特别是针对邻近的欧洲帝国而言。新的凯亚尼德王冠取代了赞德王朝时期的头巾状帽子，重新夺回的皇家珠宝与壮观的战利品捆绑在一起，形成一个圆柱形结构，象征着众王之王的宫殿所凝聚的政治权力。

恺加王权引起了人们对古伊朗历史的回忆，这些历史在《列王纪》中有过描述，在阿契美尼德王朝和萨珊王朝时期的岩石浮雕及古代遗址中也可以看到。法特赫·阿里·沙赫在赞德宫廷中长大，在其伯父的统治时期曾治理过法尔斯，他吸收了这些帝国的象征礼仪，用来巩固自身的统治以及打造另一种王权正统性。对伊朗王权的探讨再度复苏，与此同时，部落的历史往往会回溯到帖木儿时期，而恺加人也很难完全放弃这种联系。当然，这些会被视为正统性的来源，与恺加声称对什叶派社区的世俗领导以及捍卫萨法维王朝的遗产——什叶派伊斯兰教密不可分。可以说，恺加王朝建构的多层次正统性将众王之王的形象与伊朗更加紧密地联系在一起。

皇家形象通过石雕艺术、大型绘画、史诗和王朝史学等媒介得以展示，这意味着精英阶层和普通大众以及欧洲人都能看到。早在19世纪最初10年，恺加王朝的岩石浮雕就按照阿契美尼德王朝和萨珊王朝时期的雕刻风格进行创作，有些甚至毗邻古代遗址而建。虽然是考古学意义上的破坏行为，但目的在于向观众们重现古代王室的辉煌，如国王之子穆罕默德·阿里·米尔扎·道莱沙赫（Mohammad'Ali Mirza Dowlatshah）委托制作的岩石浮雕，就是在克尔曼沙阿省塔奇·博斯坦（Taq-e Bostan）地区著名的7世纪萨珊浮雕的角落旁再次雕刻的。在德黑兰南部的雷伊遗址附近，还有一处描绘宫廷场景的岩石浮雕，这个浮雕明显违反了伊斯兰教不准描绘人体形象的禁令（图4.2）。

图4.2　法特赫·阿里·沙赫猎狮子的场景。这座位于切什梅赫·阿里（Cheshmeh 'Ali）的岩石浮雕靠近德黑兰南部的雷伊遗址，表达了波斯王室传统的复兴。在法尔斯省仍然存在的猎狮治动被认为是帝王勇气的象征

E. 弗兰丁、P. 科斯特，《波斯之旅》，第8卷，"现代波斯"。

这一时期的文献，尤其是呼罗珊古典史诗派的复兴，也体现了历史的传承性。从诗人法特赫·阿里·汗·萨巴（Fath'Ali Khan Saba）的《众王之王书》（Shahanshah-nameh）中可以清楚地看出他对萨法维时期隐喻形式主义的明显突破，这也是对10世纪和11世纪古典主义巨匠风格的有意识回归。像许多"皇家学会"（anjoman-e khaqan）中受国王资助的文人一样，萨巴出身于赞德王朝的文化圈。萨巴的长篇叙事史诗以菲尔多西的《列王纪》为原型，描绘了法特赫·阿里·沙赫的英雄事迹。这首史诗以慷慨激昂的文字，想象并描绘着恺加统治者在战场和狩猎场上的丰功伟绩。然而，这首诗中战无不胜的精神与恺加伊朗在对抗俄国时遭受重大挫折的现实完全不一致。

王室后裔与继承危机

为了进一步加强王室权威，法特赫·阿里·沙赫还着手实施了一项长期性的政策，即罢免那些制造麻烦的恺加部落首领的汗位，并安插自己直系的家族成员，尤其是即将成年的新一代王子（表2）。法特赫·阿里·沙赫的子嗣数量多得难以置信，在位不到50年的时间里，他拥有数百名妻妾嫔妃，一共生育了一百多个儿女。法特赫·阿里·沙赫有意识地弥补他被阉割的伯父无子无女的晚景，这一行为此后一直被观察家们批评和嘲笑。也许他并没能摆脱感官上的放纵和奢侈，但从当时的记载中可以明显看出，有这么庞大的后宫和这么多王子王孙并非没有政治上的原因。

表2　恺加王朝世系表

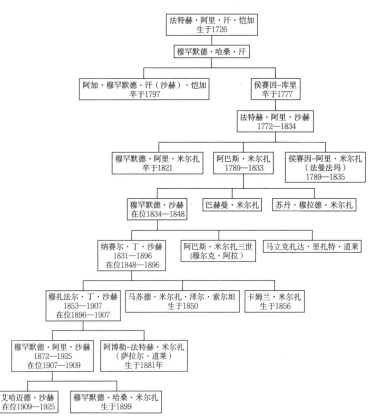

王族的成年王子们将国王从周边敌意四伏的枷锁中解放了出来，并为他提供了更可靠的治理工具。无论是他自己的还是其子女的政治联姻，都促进了恺加与其他部落的汗、军官和城市显贵建立家族联系。此外，许多王室后代的生母是赞德王朝、阿夫沙尔王朝、库尔德部落和卢尔部落的俘虏；也有一些是早期高加索战役中俘虏来的格鲁吉亚和亚美尼亚妇女；还有在伊朗各地经过本地权贵同意或是以武力掠夺而来的犹太年轻妇女。国王的儿子们也以其父王为榜样建立了自己庞大的家庭。到了1860年代，也就是法特赫·阿里去世后大约30年，生育力极强的恺加王室中仅王子级别的人已达1万余。

在夺回王权的过程中，法特赫·阿里·沙赫实行了在中央政府统领下恺加王公半自治化治理的体系，因而，作为萨法维时代以及此前塞尔柱王朝时期的遗产，伊朗的正式国号——伊朗的戍卫领地，也被赋予了新的含义。年长的王子大多在大不里士、设拉子、克尔曼沙阿、伊斯法罕和马什哈德担任省长，或者在不断扩张的恺加宫廷和军队中担任高官。年轻的王子被派往较小的行政区。创建区域性的戍卫政权，是恺加王朝解决伊朗地缘政治格局中心与边陲之间紧张局势的现实解决方案。虽然中央政府对地方政府的干预有限，但王子们经常默许国王的监管。跟随王子们戍边的是他们的导师和部分资深官员，这些导师通常都是恺加高级贵族，而这些资深官员实际上相当于代理省长，导师和代理省长都可以直接向德黑兰报告。

阿巴斯·米尔扎（'Abbas Mirza, 1789—1833）不仅是王储，也是沙赫众王子中最受器重的一位。1799年，他以总督（na'eb al-saltaneh）的头衔被派往大不里士，这是诸王子所获头衔最高的一项。他的大臣米尔扎·卡姆·玛卡姆是法拉罕派的前赞德王朝官员，也是恺加早期最有能力的政治家之一。阿巴斯·米尔扎来到大不里士时，这座曾经是高加索和安纳托利亚门户的城市正在恢复往日的地位。通过奥斯曼帝国黑海港口特拉布宗，大不里士很快成了与欧洲进行大宗贸易的中心，直到那个世纪末，大不里士一直是这个国家经济最繁荣、人口最多的城市。在19世纪的前25年，大不里士出现了早期现代化的欧式军队，军队拥有不同于以往的军事组织、新式武器、军官体系、军队制服和军事教育。此外，通过阿塞拜疆地区，欧洲和美国的传教士、印刷品和出版物、最早的外国报纸、奢侈品、机织布料、各种各样的小玩意儿以及广受赞誉的谢菲尔德（Sheffield）折叠刀也传入了伊朗。

中央政府给予大不里士地方政府很大的施政自由，大不里士可以在西北地区进行外交和贸易，并在必要时发动战争。阿巴斯·米尔扎与俄国、英国的外交活动让恺加伊朗与两大欧洲帝国进行了首次接触。在与俄国争夺高加索的两轮战争中，大不里士都是伊朗军队的指挥中枢，尽管这两场战争都以惨败告终。该城的官方名称是"主权之地"（Dar al-Saltana），因而可以统辖周边的军队、财政和地区性防务。阿巴斯·米尔扎本人不仅拥有总督头衔，而且经常被冠以沙赫的头衔，这与法特赫·阿里·沙赫的头衔"众王之王"形成了鲜明对比。直到其父的统治末期，阿巴斯·米尔扎才被正式立为王储［wali-'ahd，意为"（王室）盟约的守护者"］。德黑兰的官方名称是"哈里发之地"（Dar al-Khilafa），用这个名字来称呼什叶派国家的首都似乎有些奇怪，可能是为了与奥斯曼帝国对伊斯兰哈里发称号的主张进行竞争。这个称谓表明了恺加王权正统性的多极化特点，萨法维王朝时期的东部首都赫拉特，也被称为"主权之地"，虽然恺加几次试图出兵占领，但从未成功。

阿塞拜疆的区域自治权被其南部、西部和东部至少三个有权势的王侯以及来自克尔曼沙阿、伊斯法罕和库尔德斯坦的几股不太显眼的势力所抵消。在驱逐了反叛的兄弟之后，法特赫·阿里·沙赫将法尔斯和波斯湾诸省交给他另一个年长的王子侯赛因-阿里·米尔扎（Hosain-'Ali Mirza）。侯赛因-阿里·米尔扎与阿巴斯·米尔扎年纪相仿，不过他的母亲不是恺加人，他的官方头衔是"王室法令的执行者"（farmanfarma）。侯赛因-阿里·米尔扎在南部依然维持着区域自治，和阿巴斯·米尔扎一样，他在这个位子上一坐就是三十多年。同样，伊朗西部的一大片土地分给了国王的长子穆罕默德·阿里·米尔扎·道莱沙赫。他是一位大胆并且雄心勃勃的王子，母亲是格鲁吉亚人，他的头衔是"国王的政治财富"（dowlatshah），这意味着他也是自己领地的沙赫。他在位掌权至1821年去世（地图4.1）。

长期的派任使诸王子在各自管辖省份的势力逐渐根深蒂固，但这也助长了他们之间再熟悉不过的权力竞争。尽管如此，在承认伊朗区域多样性的现实并帮助国家经济复苏的前提下，恺加王室体系的平衡术还是非常成功的。虽然中央政府努力对王位继承进行规范化和制度化，但在早期的恺加宫廷政治中，王位继承方式仍是一个有争议的问题，这一问题对国内和国外都造成了影响。王位继承的竞争虽然尚未完全明朗，但很早就开始了。为了证明自己的治国能力，王子们不仅需要重建区域经济，维护地区安定，而且还要进行领土扩张，以此来恢复伊朗的传统边界。为了转移人们对国内冲突的注意力，国王通常会默许对外开战。他甚至还介入了一些王子间的王位竞争。阿巴斯·米尔扎在1828年被立为法定继承人，但并没有得到他那些雄心勃勃的兄弟的全力支持。后来，从1830年代开始，夺位之争进一步将恺加王位与欧洲帝国政治纠缠在了一起。

欢迎英国人

　　在法特赫·阿里·沙赫统治下实现的国内权力平衡，从19世纪初开始就受到了欧洲强权政治的干扰。这对于伊朗来说，可谓喜忧参半。伊朗从18世纪的孤立中走出来时，正好与拿破仑时代的欧洲正面相遇。一方面，欧洲列强的存在有助于稳定伊朗边界并巩固恺加王朝；另一方面，欧洲的战略、领土和商业野心把伊朗变成了一个激烈的竞技场，这种竞争有时甚至极具破坏性。欧洲的领土扩张和外交压力不光体现在对伊朗国内事务的干预上，还体现在对商业特权、领事裁判权（capitulatory right）以及后来的经济特权的争夺上。随着伊朗在战场上的弱势变得越来越明显，欧洲国家居高临下的态度逐渐演变为一种文化上的优越感。

　　在北部，伊朗出其不意地成为其北方邻国进行领土扩张的对象，在俄国向高加索和中亚的扩张中首当其冲。对伊朗的南部和东南部而言，不断扩张的英属印度虽然有些遥远，但仍具威胁性，因为英国要确保其最为重视的殖民地的安全。位于西北的阿富汗公国林立，而法国和俄国又相继进入波斯湾和印度次大陆，这引起了英国的担忧，并在很大程度上决定了它对恺加伊朗的战略。俄国和英国对彼此的恐惧和猜忌，实际上决定了整个恺加时期伊朗地缘政治的命运。渐渐地，伊朗成为这两个野心膨胀的帝国之间的缓冲区，两者都没有特别在意伊朗的意愿或困境（地图4.1和地图4.2）。

地图4.2　恺加王朝时期伊朗领土沦丧示意图（1806—1881）

1800年，由约翰·马尔科姆上校（Captain John Malcolm）率领的东印度公司代表团来到了伊朗，揭开了英伊关系的新篇章。马尔科姆也许是法特赫·阿里·沙赫时期最有影响力的使者，他意图与伊朗结盟，说服伊朗对抗喀布尔的阿富汗统治者扎曼·沙赫（Zaman Shah），因为扎曼·沙赫当时正处于一场复杂的权力斗争之中，对印度旁遮普（Punjab）构成了威胁。1799年，马尔科姆宣布东印度公司战胜了迈索尔（Mysore）的统治者蒂普·苏丹（Tipu Sultan）。然而就在马尔科姆到来前不久，蒂普·苏丹派遣了一支使团前往波斯王宫，提议与法特赫·阿里·沙赫以及喀布尔的扎曼·沙赫、马斯喀特的苏丹共同缔结反英联盟。马尔科姆在征服迈索尔时起到了关键作用，并在此后担任英国殖民霸权的首席规划师韦尔斯利侯爵（Marquess Wellesley）的私人秘书。他认为伊朗是维护印度安全的重要一环，这项外交政策在整个恺加时期持续发挥着影响。

时隔一个世纪，恺加政府再度欢迎与英国建立外交和商业关系。然而，在正式会见马尔科姆及其随行人员之前，恺加政府官员急于了解英国在印度的更多情况。早在1759年，英国曾在本地治里（Pondicherry）战役中战胜了法国人；在18世纪的最后几十年里，英国又在孟加拉大举攻城略地。面对英国殖民的成功，赞德王朝以及后来的恺加王朝在敬畏的同时，也怀有一丝焦虑。一支规模庞大的英国使团抵达恺加宫廷，这被认为具有象征意义，意味着恺加王室可以与英国王室平起平坐。因此，政府官员小心翼翼地与马尔科姆商讨宫廷礼仪的细节，英国官员的帽子和靴子尤其成了大问题。伊朗同意英国官员可以按照英国风俗摘下帽子，靴子则要按照波斯人在室内脱鞋的风俗，包在临时的罩子里；同时，伊朗方面又拒绝了英国官员提出的坐在伊朗国王面前的要求。法特赫·阿里·沙赫的英国客人在伊朗国王面前还是表现出了友好情谊，双方都有充分的理由向彼此展示自己的财富、实力和知识。马尔科姆不仅逗笑了国王，并且凭借自身对恺加部落及其历史的了解震撼了伊朗的官员。而法特赫·阿里·沙赫不仅了解东印度公司在印度的活动，而且还知道英国丧失了在美洲的殖民地，一个现代共和国正在新大陆崛起。法特赫·阿里·沙赫给马尔科姆和其他英国使节留下了深刻的印象。

其他文化交流的例子则凸显了双方希望达成的目标实际大相径庭。互赠礼物是这种新的外交形势下的象征性语言，马尔科姆赠送给国王及其大臣一批丰厚的珠宝和奢侈品，虽然这些礼物给东印度公司带来了不小的损失，但这样做是为了给波斯皇宫留下深刻印象，赢得他们的好感，并说服国王采取行动对抗来自阿富汗的威胁，而最终国王也确实被说服了。长期以来，英国人一直擅长通过向印度各地王公赠送礼物，以换取殖民条约。但是，伊朗国王在收到礼物后，却以不同的方式看待东印度公司的提议。他并没有把礼物看作促进合作的诱因，相反，他将收到的礼物看作献给国王的贡品，以展现其帝国的声威。法特赫·阿里·沙赫宫廷的排场、豪奢精致的礼仪，很可能被视为向其国内及邻近竞争者展示恺加政治权力的必要手段，而这些竞争者早就知晓英国的海军实力和商业实力。

也许过了20年后，恺加统治者及其政府才可能充分理解欧洲殖民企业的复杂性及其对伊朗的意义。1800年（马尔科姆抵达德黑兰的同一年）是俄国与伊朗在格鲁吉亚隶属问题上爆发冲突的关键时刻，伊朗国王很不明智地拒绝了马尔科姆希望双方缔结合作及商业条约的友好提议，一直到1814年拿破仑战争结束之时，这一耗时多年的条约才获得批准。恺加认为俄国人是粗暴的侵略者，而与俄国人形成鲜明对比的是，英国人被认为精明、有纪律且富有远见，他们因善用谋略、高超的谈判技巧和有分寸地使用武力而备受钦佩。

马尔科姆代表和体现了英国殖民扩张鼎盛时期的进取精神。他是一名殖民战略家、战士、外交官，同时也是学者，他阐述了英国对伊朗的政策，并宣扬了英国对伊朗人的态度。他在1815年首次出版的《波斯史：从原始时期到现代》（*History of Persia: From the Most Early Period to the Present Time*）一书中，将伊朗描绘成一个具有地缘政治完整性和一脉相承的历史的国家，这一历史可以追溯到远古时代。但他同时也在书中写道，这个国家的黄金时代已经过去了。这本书参考了欧洲和波斯的原始资料，在各个方面展现出了英国东方学研究的进取精神：求知欲强，又有严谨的探究，穷尽一切地搜集和选取具有代表性的史料，然后进行系统性归纳，并最终占据主导者的地位。他描绘的波斯是一个高度警觉，甚至令人敬畏的国家，同时也是一个迷人而复杂的社会。然而，他也指出，波斯到处都是颓废和专制。

19世纪早期，随着伊朗及其新政权成为欧洲战略利益的焦点，许多关于伊朗的书籍在欧洲出版，内容包括游记、历史、地理和考古发现（其中许多都有插图说明），都受到了欧洲读者的追捧，马尔科姆的书只是其中之一。虽然不像介绍印度或埃及的书那样多，但这些书在塑造人们对伊朗的看法方面起到了至关重要的作用。与其他殖民时期的旅行文学一样，读者通常将这些书视为欧洲，尤其是英国在物质和文化上的优越性的可靠证据。相比之下，伊朗人对欧洲和印度殖民地的了解仍然很少，并局限于奇闻轶事。在马尔科姆的使团到来之前，恺加政权对现代欧洲及其地理、历史、社会和政治知之甚少，对新大陆更是一无所知。这个时期出现了一些关于现代欧洲的波斯语著作，其作者主要是居住在印度，与英国殖民者有所接触的波斯文秘、吏员，他们翻译了欧洲年鉴中关于欧洲及新大陆的历史和地理的短篇文章。

其中一个例子，就是由米尔·阿卜杜勒·拉蒂夫·舒什塔里（Mir'Abd al-Latif Shushtari）所著的《世界的礼物》（*Tuhfat al-'Alam*，该书的附录完成于1805年），除了赞扬西方的科学创新、蔑视诸如法国大革命等剧变，舒什塔里还对英国殖民扩张的系统性病态提出了自己的看法。他指出，英国吞并印度的各地公国总是从早期单纯的贸易关系和签署友好条约开始的，然后向懒散成性、荒淫奢侈的统治者提供军事援助和政治建议，最终通过说服或胁迫手段进行全面的接管。舒什塔里在书的附录中表达了自己的愿望，他希望伊朗不要重蹈印度的覆辙，要时刻保持警惕，并通过洞察时事、健全政府，以抵御国家主权即将面临的威胁。然而，经过了几十年的世事变迁，他的同胞们才听到他的警告。1847年，《世界的礼物》一书终于在海得拉巴（Hyderabad）出版面世。那时，伊朗在北方的宝贵领土已经被俄国人夺走。

俄国的威胁及欧洲的竞争对手

对于恺加伊朗来说，与英国结盟的战略价值主要在于加强抵御俄国威胁的能力。1801年，沙皇亚历山大一世（1801—1825年在位）不顾部分谋臣的反对，重申了前任沙皇吞并格鲁吉亚的愿景（地图4.2）。向南方进军之所以会吸引沙皇，部分原因是沙皇想让俄国在殖民地利益竞争中能与其他欧洲大国平起平坐。亚历山大及其志同道合的俄国扩张狂热分子依赖于格鲁吉亚王室和亚美尼亚教会的支持，这些格鲁吉亚人和亚美尼亚人认为俄国吞并东高加索是打破波斯统治枷锁的唯一途径，他们对阿加·穆罕默德·汗在第比利斯的大屠杀以及绑架奴役基督教妇女儿童的悲惨历史记忆犹新。

然而，波斯的统治总体上是有利于高加索人民的，因为波斯统治让他们享有社区自治权，且税赋较少。特别是亚美尼亚的地主阶层（maleks），他们对波斯的统治感到满意，尽管他们的声音被国外富有的亚美尼亚商人和国内教会盟友自私自利的热情所淹没。同样，格鲁吉亚统治集团的部分精英认为宗主国伊朗将自治权下放是一件幸事，而另一些人则被纳入俄国保护的想法所诱惑。到1803年，俄国不仅声称自己拥有对格鲁吉亚的主权，还拥有对科拉河（Kora）以东其余所有伊朗属地的主权，这些省份因丝绸生产而成为被觊觎的目标（地图4.2）。

作为回应，在阿巴斯·米尔扎的领导下，大不里士政府开始加大对高加索剩余省份的控制力度。即使已经预料到俄国会强加干涉，恺加王朝埃里温省省长也不愿屈服。第一轮俄伊战争始于1805年，伊朗非正规部队突袭高加索内地，意图重新确立恺加王朝的统治权威，俄国人则在第比利斯发动战争。在报复和反击中，不祥之兆已经隐现。此后七年，俄国和伊朗展开了争夺阿拉斯河以北地区控制权的战争。在战争的早期，伊朗人经常取得胜利。到1807年，他们仍能够击退俄国的进攻，并在一场战争中击毙了俄国的第比利斯总督，此举意义重大，象征着伊朗重新夺回了除格鲁吉亚以外几乎所有的高加索省份（地图4.2）。1810年，尽管俄国派遣了增援部队，但是一名保卫埃里温的恺加将军仍设法击退了俄国的进攻，并抓获了大量的战俘。新任的俄国总司令不得不要求与伊朗签订和平条约。

然而，波斯夺回的领土仍未得到巩固，仅仅三年时间，战争的局势便发生了逆转。1812年10月，在阿尔达比勒以北大约120英里的阿拉斯河岸边的阿斯兰杜兹（Aslanduz）爆发了一场战役，俄国人尽管在人数上处于劣势，却仍对波斯军队造成了沉重的打击。恺加的非正规战争方法与俄国的现代战术截然不同。恺加军队按照欧洲模式进行改革，但改革力度太小，不足以产生任何效果，并且高加索当地王公的忠心也有所动摇，尽管其中一些人是恺加部落的血脉，但他们既反抗恺加的统治，也抵抗俄国的控制。在1812年10月前，拿破仑对俄国的灾难性入侵就已进入尾声，这使得胜利在望的俄国人现在更加自信，并且能够集中力量向他们的南部对手发动沉重的打击。

1813年10月，在英国的调停下，《戈莱斯坦条约》（Treaty of Golestan）签订，俄国获得了阿拉斯河以北几乎所有的东高加索地区，并吞并了整个格鲁吉亚和南高加索地区的巴库、希尔凡、卡拉巴赫、杰尔宾特和甘贾（Ganja），只有埃里温和纳希切万尚在伊朗的控制之中。该条约还赋予俄国在里海保留海军的特权，实际上是将伊朗的北部省份暴露在未来的俄国吞噬目标之中。通过和解的方式，俄国沙皇含糊地承认阿巴斯·米尔扎为恺加王位的合法继承人，同时承诺不干涉伊朗王位继承的任何潜在纷争。

《戈莱斯坦条约》是伊朗近代历史的一个转折点，因为该条约集中体现了后恺加时代俄国对伊朗的严重威胁。然而，这一条约并不是高加索问题的盖棺论定，俄国故意将条约的若干条款描述得含混不清，作为进一步提出领土要求和特许权的借口。经过了又一轮的战争，俄伊两国在阿拉斯河的边界才永久性地确定了下来。与此同时，俄国也让伊朗意识到，这个北方邻国是一个世界性的强国，拥有先进的军队和强大的军事能力，既能击退法国对其欧洲前线的大规模入侵，又能遏制并最终击败其南部战线上的恺加王朝和奥斯曼帝国。

显而易见，在这场战争爆发后不久，伊朗几乎立马卷入了欧洲政治纷争之中。为了寻求自身安全，恺加政权不断地与英国和拿破仑统领下的法国进行谈判，试图通过强大的盟友来抵御俄国的侵略。早在1801年，在马尔科姆谈判所达成的条约草案中，英国就答应给伊朗军事和金钱上的帮助，以对抗阿富汗的扎曼·沙赫，并在不久之后抢占了潜在的法伊同盟的先机。1798年，在拿破仑占领埃及之后，英国当局担心法国可能借道奥斯曼帝国和伊朗，对印度殖民地发动攻势。拿破仑对黎凡特的突袭虽然没有取得成功，却增加了英国人的焦虑感。对于英国人来说，这是法国利用伊朗作为进入印度门户的明显迹象，虽然这种迹象并未马上变成现实，却使恺加国王及其谋臣更加意识到了自身战略地位的重要性。恺加王朝挑拨交战中的英国人和法国人，希望能够为遏制俄国入侵争取支持。

然而英国迟迟不批准1801年的条约草案，也不履行有关在外国入侵时向伊朗提供资金支持的条款，这让法特赫·阿里·沙赫和他的谋臣感到失望。相比之下，法国的外交姿态让他感到鼓舞。1805年，法国使节阿曼迪·朱伯特（Amédée Jaubert）抵达德黑兰，并提议伊朗与拿破仑结盟。而这一年，拿破仑已经在战场上威慑了俄国和英国，在伊朗人看来，拿破仑是一位杰出的战士，也是一位天然的盟友。法国的示好极为诱人，尽管伊朗国王在一段时间内很难接受法国大革命的产物，因为这场革命处决了法国的国王。更重要的是，他认为法国军队不可能越过奥斯曼帝国的领土，从陆路到达伊朗。

尽管如此，在1807年5月，法国与伊朗签署了《芬肯斯坦条约》（Treaty of Finckenstein），这足以让伊朗国王放心地盖章批准。条约不仅承诺在法国击败俄国之后，会支持将格鲁吉亚归还伊朗，更为现实的是，法国还承诺派遣军官和军事工程师对伊朗军队进行军事培训和现代化改造。由于伊朗是法国的盟友，该条约要求伊朗将英国人驱逐出境，并在与俄国开战的同时向英国宣战。此外，条约还要求伊朗当局说服仍然隶属伊朗的赫拉特和坎大哈的阿富汗臣民，攻击英国在印度的殖民地。倘若拿破仑无法在海上击败英国，就将计划对印度开战。而一旦拿破仑率军前往印度作战，伊朗将被要求为法国军队开放陆路通道以及波斯湾沿岸的港口。

在拿破仑的副官查尔斯–马蒂厄·戈尔丹将军（General Charles-Matthieu

Gardane）的领导下，法国在伊朗的军事代表团开始训练恺加的部队，建立铸造厂，并勘测土地，法国培训师和工程师也以革命般的热情开展工作。恺加政权看起来似乎有机会实现军事现代化，并且顶住俄国的压力。然而很快，戈尔丹不得不中止他的任务，并返回了法国。1807年7月，在《芬肯斯坦条约》签署两个月后，拿破仑与俄国沙皇缔结了许多短命的联盟条约，《提尔西特条约》（Treaty of Tilsit）就是其中之一，这暴露了拿破仑反复无常的战争政策。然而，对于法特赫·阿里·沙赫来说，该条约与伊法条约中所规定的法国的义务相抵触，甚至是完全相悖的。

拿破仑反复无常的机会主义为英国人提供了绝好的机会。虽然在1808年，伊朗国王仍然对法国的倡议充满了希望，并拒绝了马尔科姆第二次出访伊朗的请求，但在1809年初，伊朗国王却准备欢迎另一位英国王室特使哈福德·琼斯·布里奇斯爵士（Sir Harford Jones Brydges）造访他的宫廷。陪同布里奇斯爵士的是外交使团秘书詹姆斯·莫里尔（James Morier），他在此后创作了东方讽刺小说《伊斯帕罕的哈吉·巴巴历险记》（The Adventures of Haji Baba of Ispahan）。琼斯在他职业生涯早期曾是一位宝石商人，并在巴士拉担任过英国顾问。在恺加人刚获得政权的时候，琼斯就意识到伊朗正处于动荡的关头。他曾劝说绝望的卢特·阿里·汗·赞德不要卖掉纳迪尔·沙赫的珠宝，也就是法特赫·阿里·沙赫后来所佩戴的那些。作为一名外交官，琼斯希望获得伊朗对反法联盟的支持，并承诺给伊朗12万英镑现款，这其实是一笔变相的违约金，以取代之前已向伊朗承诺但此后又拒绝兑现的津贴。除此之外，琼斯代表乔治三世（George Ⅲ，1760—1820年在位）赠予伊朗国王一颗大钻石。随后，琼斯还在大不里士与阿巴斯·米尔扎及其团队进行谈判，但此后不久，马尔科姆代表东印度公司第三次出使伊朗。琼斯和马尔科姆这两位使节之间的竞争反映出英国在争取伊朗友谊的优先次序上是自相矛盾的。

伦敦的主要目标是通过反法联盟确保英国在欧洲的安全，该联盟必须包括俄国。而英属印度殖民地当局的主要目标是继续将伊朗当作缓冲国，一边抵抗法国的威胁，一边抵抗俄国可能向波斯湾和印度地区发动的军事扩张。

1811年，这两个目标最终在英国王室的伊朗特使戈尔·奥西利爵士（Sir Gore Ouseley）所率领使团的努力下协调一致，戈尔·奥西利爵士成功地对伊朗国王及其宫廷产生了更大的影响。阿巴斯·米尔扎政府已经对陪同马尔科姆从印度来的英国军官表示了欢迎，认为他们部分兑现了英国早些时候支持伊朗的承诺。到1810年，他们与伊朗人一起在高加索前线服役，并以欧洲战术来训练士兵们。

由于英国政府拒绝支付此前承诺的货币援助，1808年，由琼斯负责重新与伊朗进行谈判，最终于1814年9月，英国议会批准了《英国-波斯防御同盟最终条约》（the Anglo-Persian Definitive Treaty of Defensive Alliance），其中第四条规定：

> 如果有欧洲国家入侵波斯，而波斯政府需要英国的协助，印度总督应代表英国，依照波斯政府的要求，从印度派遣所求之兵力以及军官、弹药和军事必需品，或者英国政府每年以支付津贴代替……特此规定，所述津贴金额每年为20万图曼。另外，如果与欧洲国家的战争是由波斯入侵造成的，英国则不应支付上述津贴。[2]

英国政府相当巧妙地将伊朗在高加索地区的战争解释为主动进攻而非被动防御。因此，英国几乎不可能向伊朗提供金钱补贴或军事力量援助。奥西利爵士极力说服伊朗国王及其大臣接受战败的结果，并与俄国进行和平谈判，而他自己则扮演调解人的角色，并最终成为一位和平协调者。

到1814年，伊朗所得远远少于其最初所期望的。伊朗不仅失去了高加索的大部分地区，面对外国自相矛盾的要求，伊朗的名誉和威望也严重受损。随着法国战败，拿破仑被流放外岛，伊朗国王和恺加统治精英得出了这样的结论：如果伊朗要在俄国的进攻中幸存下来，就必须依靠英国的支持，并勇于满足和接纳大英帝国的突发奇想和愿望。对于恺加王朝而言，如果还有一线希望的话，那就是把伊朗当作英国和俄国之间的缓冲国，尽管英国和俄国都希望分割伊朗有价值的地区。像阿巴斯·米尔扎及其大臣等恺加政治家，他们是国家的第一道防线，他们仍然希望能够收回那些痛失的领土。正如埃及以及此后不久的奥斯曼帝国那样，19世纪初的穆斯林政权都在急切地进行现代化的军事改革，这不仅是为了抵制欧洲的入侵，更为迫切的是，这些政权需要在对外战败引发国内颠覆的危急时刻迅速集中力量，一致对抗来自周边国家的威胁。

阿塞拜疆的"新军"［nezam-e jadid，意为"新（军事）秩序"］是建立一支现代军队的首次尝试。即使这些现代部队并不能有效地对抗外敌入侵，至少还能够有效地镇压国内的叛乱分子。新军士兵被称为"萨巴茨"（Sarbaz，意为"牺牲自己的人"），他们上穿红色外套，下穿蓝色长裤，脚蹬长筒靴，身着西式制服，并配备刺刀步枪，成为恺加王朝的一道奇观。保守的乌莱玛最初不赞成以异教徒形象制作新式军服，认为这样的制服违反了伊斯兰装束规范。然而，他们被国家官员说服了，转而相信这样的制服是保卫穆斯林土地的必要条件。1838年，恺加国王穆罕默德·沙赫（Mohammad Shah）下发诏令称赞这种由伊朗面料制成的新式军装，认为这是最光荣的装束。这种军装比旧式的更为耐用和实用，同时还能把包括沙赫在内的国家成守者与其他民众区分开来，就像雕刻在波斯波利斯古宫殿的士兵雕像一样。

阿塞拜疆的新军成功地适应了现代军队的训练和战术。在1810年代末至1820年代初，新军展现出了令人印象深刻的纪律和耐力，欧洲观察家对伊朗军队在战场上的勇猛表示了赞赏（图4.3）。新军确实帮助阿巴斯·米尔扎在各路王侯中站稳了储君的地位，在后来的几十年里，新军继续扮演着国家强大后盾的角色，最终促成了1848年改革派首相米尔扎·塔奇·汗·阿米尔·卡比尔的崛起。

图4.3　1840年代初的首都沙赫广场（直通德黑兰城堡），一队士兵身穿现代军服，正在那里进行训练。正中央的大炮制造于1818年，后来成为这座城市的守护者

E.弗兰丁、P.科斯特，《波斯之旅》，第8卷，"现代波斯"。

乌苏勒学派穆智台希德的时代

与俄国的战争给伊朗人留下了刻骨铭心的印象，也深深地影响了他们对外部世界的反应。虽然在他们的集体记忆中有多次外国入侵，但这是自伊斯兰教兴起以来首次被基督教政权夺走了领土。伊斯兰教与基督教最近的一场争夺领土的战争是1071年发生在安纳托利亚东部的曼兹克特（Manzikert）战役，战争双方分别是塞尔柱帝国和拜占庭帝国，这场战役以塞尔柱帝国的决定性胜利告终。伊朗唯一一次被基督教政权击败是627年的尼尼微（Nineveh）战役，当时，拜占庭帝国皇帝赫拉克利（Heraclius）在泰西封以北285英里的美索不达米亚北部的尼尼微击败了萨珊帝国。

被俄国人击败以后，宗教信仰对伊朗的意义显得更为重要，因为它使早期的恺加伊朗更加意识到自身的什叶派身份，这种身份独立于国家范畴而存在，但在战争中往往与国家的命运息息相关。什叶派高级教法学家——穆智台希德，控制着不断扩大的宗教领域，包括司法机构、清真寺、伊斯兰学校和宗教慈善捐赠。因而，穆智台希德拥有相当高的社会地位和相当大的政治影响力，为了自己的利益，他们往往会牺牲神秘主义或其他非什叶派教法对伊斯兰教的解释权。什叶派的穆智台希德越来越多地参与社会事务，甚至最终影响了国家的行动，特别是在第一轮俄伊战争战败以后，他们就开始呼吁发动圣战对抗俄国。如果没有一套重要的宗教理论做后盾，穆智台希德就不可能将自己的势力延伸得如此之广。

到18世纪中叶，什叶派乌莱玛不得不进行自我革新，以恢复自萨法维王朝垮台以来他们所失去的地位。此时的他们不再是国家中枢机构的一部分，也不再是伊斯法罕和纳杰夫僻静的伊斯兰学校中迂腐刻板的学者，不用再无休止地讨论什叶派圣训集中的细节，不用再对早期教法学家的作品做大量的注释和评论。什叶派乌苏勒学派的穆智台希德对后萨法维时代的危机所做出的回应是：为伊斯兰教法提出一种新的法律阐释。这种阐释强调教法学的方法论（或教法学原理），将成为在法律层面更广泛地应用"伊智提哈德"原则（Principle of Ijtihad）的关键。根据伊斯兰教法的渊源，他们成了适当地通过演绎和类比来行使"伊智提哈德"或法律判决权力的唯一权威，这便将什叶派乌莱玛，尤其是乌苏勒学派的穆智台希德与同时期的逊尼派教法学家区别开来了。

对于穆智台希德而言，伊斯兰教的法学是对沙里亚法最真实的表达；而作为法学家，他们是唯一有资格解释伊斯兰教法的专家，乌苏勒派法学实际上赋予了穆智台希德代表"隐遁伊玛目"行使集体代表权的权力。"隐遁伊玛目"也被称为"时代之主"，是什叶派对伊斯兰教救世主马赫迪的称谓，什叶派认为当马赫迪从无形世界来到现实世界时将触发"这一时代的终结"（the End of the Time）。这种自许的权威使得穆智台希德以教法的名义要求他们的信徒——或者更具体地说，他们的"效仿者"——征求来自穆智台希德的法律和道德意见，并在所有伊斯兰教义的问题上听从他们的专业建议。"效仿"的教法理念也要求什叶派信徒在所有伊斯兰教法问题上遵从穆智台希德，任何合格的什叶派穆智台希德都可以发表独立的教法指令。更重要的是，鉴于其社会影响，这些意见至少在理论上会对追随者的信念和行为产生前所未有的控制力。

在19世纪，穆智台希德与效仿者的二元关系逐渐成为穆智台希德法律权威的轴心，有时甚至成为他们行使社会和经济权力的关键。效仿行为涉及的内容较为广泛，有温和的行为，例如在星期五集体礼拜期间，在穆智台希德背后进行礼拜；也有严肃的行为，例如进行圣战，尽管发动圣战并不总是在穆智台希德的司法权限之内。在什叶派教法学家中，对于是否允许举行星期五聚礼也存在着争议。早在萨法维王朝时期，逐渐衰落的阿赫巴尔学派的追随者就拒绝了星期五聚礼，因为他们认为在没有"隐遁伊玛目"的情况下，任何权威都没有率领公众礼拜的正当性。然而到了18世纪晚期，乌苏勒学派开始接受聚礼，将其作为扩大他们权威、展现他们才智的有力工具。

然而，穆智台希德与其追随者互动的动因是复杂的。除了要在伊斯兰学校的研习班中花费多年时间研究各种宗教议题，并从老师那里获得某种非正式的资格认证外，什叶派从未为穆智台希德设定过客观标准。在后萨法维时代，乌莱玛从国家获得了更大的自治权，使得这种做法变得更加常见。因此，穆智台希德的成功很大程度上取决于他们的追随者。为了吸引更多的信徒，获得更多的支持者，可以这么说，一个穆智台希德必须倾听他的追随者们的呼声，在一定程度上满足他们的意愿，甚至有时煽动人心，取悦群众。由于追随者会将所谓的净收入（khoms）的"五分之一"捐赠给穆智台希德，再加上其他的宗教捐赠，穆智台希德和他们的追随者之间原本就错综难理的关系变得更加复杂。随着穆智台希德在社会事务中的权力越来越大，募集追随者收入的"五分之一"（有时也被称为"伊玛目的份额"），成为恺加时期乌苏勒派穆智台希德的主要收入来源。

随着恺加的崛起以及城市秩序在某种程度上的恢复，崇尚文本研究的阿赫巴尔学派对伊斯兰教法越来越没有存在感和话语权，而同一时期的乌苏勒派穆智台希德的追随者人数增多，影响范围扩大，两者形成了鲜明对比。与纳迪尔·沙赫希望遏制甚至毁灭萨法维王朝的乌莱玛势力相反，阿加·穆罕默德·沙赫和后来的法特赫·阿里·沙赫选择安抚这些穆智台希德，并寻求他们的帮助和祝福，以弥补自身在神圣血统方面的不足。穆智台希德即使是屈从于恺加王朝的意志，也依旧保有其居高临下的地位，而不仅是国家的附庸。在18世纪末期，许多穆智台希德从伊拉克南部的什叶派城市返回，萨法维王朝垮台以后，一些乌莱玛曾在那里避难。不久，当恺加王朝还在忙于巩固他们对国家的统治时，乌苏勒派穆智台希德新阶层就已经开始构建一个城市网络。新的王朝，尤其是法特赫·阿里·沙赫，几乎无法失去这个有影响力的城市精英阶层的支持。

在19世纪的大部分时间里，穆智台希德仍然是恺加王朝执政的权力伙伴。他们仍然遵守自己定义的教法授权界限，即他们所谓的"裁决权"（welayat-e qada），并将王国的政治事务留给政府。伊斯兰教法是穆智台希德的领域，而习惯法（'orf）——或更广泛地说——政治事务，则或多或少地留给了政府及其代理人处理。乌苏勒学派的乌莱玛尽管专注于教法，但从未真正放弃过什叶派推翻世俗政权的想法，这是伊斯兰教早期原教旨主义倾向的残余。从理论上讲，他们认为"伊玛目隐遁"期间，任何政府当局都是不合法的，是专制残暴的，正是这种想法要求他们远离政治事务，远离当权者。

在后萨法维时代，什叶派研究的主要中心仍然在伊拉克地区，这一地区此时已不在恺加政权的管辖范围之内，而属于奥斯曼帝国。这就造就了一种新的权力格局，并且贯穿了19世纪和20世纪。法特赫·阿里·沙赫向伊拉克南部纳杰夫和卡尔巴拉的乌莱玛赠送了许多礼物，他们大都来自伊朗。这些礼物包括大量的现金、黄金和珠宝，被用于重建和装潢什叶派圣地。法特赫的馈赠让他自己及继承人成了什叶派学者的恩主和伊拉克什叶派群体的保护者。尽管法特赫·阿里·沙赫也支持伊朗的穆智台希德，伊斯法罕、库姆、卡尚和其他地方的宗教中心得以复兴，但纳杰夫仍然维持着什叶派学术研究的中心地位，并编写了一些重要的教法学文献，同时也为穆智台希德提供高水平的宗教教育。

纳杰夫的学者以其在教法学上的保守态度而闻名,并且在整个什叶派圈子内,他们被数代穆智台希德认可为宗教权威。谢赫·穆罕默德·侯赛因·纳杰费(Shaykh Mohammad Hasan Najafi)是一位伊朗裔的教法学家,专门研究规则和仪式(furu'),他的作品体现了纳杰夫学术研究的高度。他的主要作品《阐释伊斯兰教法学的音语珍宝》(*Jawahir al-Kalam fi Sharh Sharayi' al-Islam*)共有44卷,该书是以13世纪著名教法学家穆哈齐克·希利(Muhaqqiq Hilli)的作品为基础,对什叶派宗教规则和仪式进行了汇编。这本书完成于1846年,是纳杰夫学术研究的一个巅峰。从1846年到1957年,这本书共印刷了24个版本,之后又出版了许多版本〔1981年出版于贝鲁特(Beirut)的版本多达18 000页〕。

《阐释伊斯兰教法学的音语珍宝》是一本被广泛应用的综合性手册,这本书揭示了什叶派法律研究的僵化。该书忠于古老的什叶派教法规则,被划分为四大类:虔诚行为、契约、个人义务和宗教命令,大约有46%的内容是关于规范净礼(taharat)和虔诚行为('ibadat)的。在这一部分(指这46%)内容中,有大约16%的内容涉及污秽之物的处理和纯洁净化的规则,40%的内容涉及礼拜,剩余44%的内容则涉及斋戒、朝觐和宗教捐赠。该书非常重视净化和处理污秽的问题,这可能源于对前伊斯兰时代琐罗亚斯德教仪式的深刻记忆。该书还以近乎拜物教般的精确性讨论了处理污秽之物的细节和清洁的方法,尤其是清洁粪便,包括例行的尿液和排泄物,另外还有对月经排泄物和其他"污秽"的体液、性交后的残留物、尸体和不洁动物的处理规则,这本书都进行了一番极为细致的讨论。该书还详细讨论了其他污染情况,例如接触到宗教的不洁之人,包括异教徒。

除了净礼和虔诚行为外,书中约有24%的内容讨论了包括婚姻和贸易在内的契约法('uqud),21%的内容讨论了个人义务(iqa'at),例如关于继承和离婚的方法和规则。相比之下,该书只有9%的内容用于谈论宗教诫命(ahkam),其中最重要的是刑法的执行。伊斯兰教法的原则是"惩恶扬善",刑法规定了严厉的固定刑罚(hadds)和同态复仇法(qesas),其中鞭刑、石刑和斩首被认为适用于酗酒、演奏音乐、赌博、同性恋、婚外性交和卖淫等犯罪行为。

纳杰费的全面论述中最值得注意的是对个人行为的关注和控制个人行为的手段。几个世纪以来，比起民事或公共行为，什叶派教法学家对这种仪式性的行为显然更感兴趣。决定伊斯兰教法的主要是仪式和个人行为，而不是现代意义上的法律。值得注意的是，尽管教法学家们在整个恺加时期都非常强调法律方法——正如教法学方法论领域所显示的那样，但是法律范畴依然严格按照传统的方式进行划分。对于契约、个人义务和宗教诫命界定的模糊性依然没有得到解决，可以说，伊斯兰教法中存在一个灰色地带，"认可的行为"（mostahab）和"应受谴责的行为"（makruh）仍然同时存在。最异乎寻常的是，什叶派的教法从未延伸至公共法律领域，或试图界定现代意义上的个人社会权利和义务关系，同时也没有试图去界定国家权力的界限。相反，它毫不动摇地坚持规范个人生活的仪式和规则。

即便如此，这本书仍然是出名地迂腐刻板，并且与它应该服务的社会现实相脱节。和所有关于教法学的书一样，这本书讨论了大量错综复杂的案例，纯粹是学术性的，并且几乎没有任何实际的意义。最重要的是，这些案例显示出作者对法律条文以及伊斯兰学校环境中的学术技艺的痴迷。书中充斥着没有任何实际应用价值的假想案例，包括令人难以置信甚至是奇怪的身体污秽，以及绝不可能取消的净礼、礼拜、斋戒和朝觐。就像大多数纯学术和排外的研究一样，这些阐述似乎只是为了给伊斯兰学校的教法学家同行和对手们留下深刻印象，而不是为了训练教法学家自己的学生以及穆智台希德。

尽管法学家之间的竞争和争吵日益激烈，但是在危急时刻，乌莱玛仍认为他们有责任捍卫沙里亚法——他们称之为"伊斯兰核心"（bayzeh-ye Islam），甚至不惜与国家做斗争。然而，这些干预措施远没有那些捍卫乌莱玛权威、反对恺加政权的现代卫道士想让我们相信的那样普遍和真实。与乌莱玛总是站在弱势一边的伟岸形象相反，大多数穆智台希德苦苦哀求要做国王的忠臣，并且是恺加王朝统治的崇拜者。在19世纪末之前的任何一个时期，没有一位什叶派穆智台希德敢于质疑当时统治者的正统性。只有少数人敢于出面抗议政府的行为，例如在

1891年和1892年的烟草专卖抗议运动（The Regie Protest）期间，少数人曾反对恺加王朝给予英国公司特许权，但他们只有在政治活动家的催促下才会这样做，并且抗议的时间很短，只针对某些具体问题发声。

乌苏勒学派最早萌芽于奥斯曼帝国纳杰夫的伊斯兰学校。尽管他们远离波斯王权，但他们更依赖于恺加恩主的保护，使他们能够免受伊拉克逊尼派的马穆鲁克人以及此后坦齐马特（Tanzimat）[1]时代早期的奥斯曼人的迫害。第一代乌苏勒学派的教法学家大多是教师而非法官，他们在阿加·穆罕默德·巴克尔·贝巴哈尼（Aqa Mohammad Baqer Behbahani，1706—1791）的领导下战胜了位于纳杰夫的阿赫巴尔学派的竞争对手。阿加·穆罕默德·巴克尔·贝巴哈尼是公认的现代乌苏勒学派的创始人，学生们经常尊他为伊斯兰历13世纪的伊斯兰"独一无二之人"（vahid）和"革新者"（mojadded）。

贝巴哈尼是萨法维王朝晚期著名教义学家穆罕默德·巴克尔·马吉莱西的后裔，他本人也是阿富汗入侵和纳迪尔·沙赫统治时期的难民。贝巴哈尼成功地在纳杰夫创建了乌苏勒学派，靠的不仅是与阿拉伯阿赫巴尔学派对手辩论的胜利，或者创作了关于伊斯兰教法学的作品。他的成功之处主要在于建立了一个宗教赞助网络，源源不断的学生（主要是波斯裔学生）向他本人以及纳杰夫其他的乌苏勒学派资深学者学习，然后回到恺加伊朗担任司法职务。在19世纪之初，乌苏勒学派的社会网络在伊朗大多数城市中建立了起来，受到了国家和城市精英的资助，并且很好地融入了当地社区的宗教事务中。

一些乌莱玛家族属于"贵族"，他们或是阿拉伯人，或是伊朗人，主导着纳杰夫和卡尔巴拉的教学圈（'Atabat，意为"门槛"）。与这些人不同，返回伊朗的穆智台希德往往出身卑微，他们通常来自农村，在贫困中接受了多年的艰苦教育，获得了一份或几份纳杰夫老师颁发的"证书"（ejazeh），然后返回家乡。他们的家乡往往是一个新兴的贸易中心，例如伊斯法罕、亚兹德、加兹温和大不里士，在这里他们可以建立自己的教区，慢慢地聚集起自己的追

---

[1] 19世纪中期，奥斯曼帝国统治集团里的改革派推行的一次改革运动，通常被认为始于1839年，终于1876年。改革旨在促成帝国现代化，抗衡境内的民族主义运动和境外列强，保卫帝国领土完整。坦齐马特在土耳其语中意为"重组"。

随者，"禁止邪恶的行为"（nahy'an al-munkar），相互竞争名望和影响力，并且积累财富。

也许在19世纪早期，乌苏勒学派最重要的楷模当数著名的赛义德·穆罕默德·巴克尔·沙夫提（Sayyed Mohammad Baqer Shafti，1767—1844）。他是伊斯法罕的一位权倾朝野的穆智台希德，其职业生涯彰显了乌莱玛阶层的特权的方方面面。在20世纪神职人员大量使用敬语头衔之前，沙夫提是唯一一位被称为"伊斯兰的证明"（Hujjat al-Islam）的什叶派人士，而什叶派通常用这个称号来称呼""时代伊玛目""[1]（the Imam of Age），这一称号意味着沙夫提是伊斯兰教坚定不移精神的最好代表。沙夫提幼时贫穷，家住拉什特以南15英里的沙夫提（shaft），他在伊朗伊斯兰学校学习了很久，并加入了"正宗"的纳杰夫的教法研习圈子，但他仍然生活在贫穷之中，依靠干面包和腐烂瓜果充饥度日。此情此景，当他与学生交谈的时候，这段经历仍然历历在目。

当伊斯法罕逐渐恢复了作为伊朗最重要的宗教中心的地位时，沙夫提在伊斯法罕乌莱玛中的地位也稳步上升，尽管他不是伊斯法罕本地人。沙夫提通过各种方式奠定了他的根基，其中包括发布严厉的法律意见、抨击道德罪犯、破坏酒窖、打碎乐器、在城市中驱逐妓女、逮捕酒鬼以及亲自处死一些被他判处了死刑的人。在一起案件中，他把一名被控犯有鸡奸罪的罪犯斩首了，然后在罪犯的葬礼上祈祷。他拥有了一个颇受欢迎的教学圈，挪用那些托管的宗教捐赠中无人认领或是有争议的资金，购买了大量的私人地产，还出售商业街、村庄和农业地产。

伊斯法罕当时刚刚开始从几十年的衰退和人口锐减中恢复过来。沙夫提与吉兰省的一位商人合作，从事贸易和收购财产的生意，他通过精明的投资，甚至放贷来获取利益，这违反了伊斯兰教对高利贷的禁令。一旦对方违约，沙夫提就可以立即没收其抵押品，这也是他成功的关键，并在不久之后为他赢得了伊斯法罕及其周边地区，以及设拉子和亚兹德等地的大量地产。有证据表明，截至1830年代，他已经拥有40支商队、1000家商店，以及位于博鲁杰尔德

---

[1] "时代伊玛目"即第十二任伊玛目。依据十二伊玛目派的观点，自公元874年第十二任伊玛目隐遁直至末日审判，都是属于他的时代。

（Borujerd）和亚兹德肥沃地区的众多村庄。虽然人们可能夸大了他的财富，但这些数字反映了当时普通人对他的敬畏。能够累积这样巨额财富的人往往是高级官员或部落汗，很少有人会联想到神职人员身上，因为神职人员通常以节俭而闻名。

沙夫提是一位书籍收藏者，拥有大量的私人藏书，对国内和地区事务有着敏锐的观察力。他在朝觐时选择取道波斯湾，据说有两千名信徒陪同。他与当时控制着希贾兹（Hejaz）的埃及帕夏穆罕默德·阿里（Mohammad 'Ali）通信。据记载，他曾说服穆罕默德·阿里将法蒂玛（Fatima）坐拥的法达克[1]（Fadak）村庄的收入捐赠给麦地那的赛义德家族，法蒂玛是先知穆罕默德的女儿。1839年，沙夫提就伊朗对赫拉特的主权要求向英国特使约翰·麦克尼尔爵士（Sir John McNeill）做出回应，显示出了他敏锐成熟的政治头脑，他对英国议会制度有一定了解，并且他也承认恺加政权在伊朗国防、内政和外交事务上的合法性。然而，沙夫提经常向恺加政权提出许多符合他自己利益而不是大众利益的要求。在他晚年与政府的争吵中，他对暴力的依赖和蛊惑人心的手段，玷污了他在追随者眼中的形象。最后，伊斯法罕强势的省长、皈依伊斯兰教的格鲁吉亚人曼努切尔·汗·穆塔迈德·道莱（Manuchehr Khan Mo'tamad al-Dowleh）终结了沙夫提的权势。曼努切尔·汗是一位精明的政府官僚，他原本是法特赫·阿里·沙赫的一名内侍太监，后来晋升为国王的心腹，此后又成为穆罕默德·沙赫时代最具权势的政治家之一。在伊斯法罕，他粉碎了当地的流氓强盗，并限制了沙夫提对市场和司法事务的控制。

在法特赫·阿里·沙赫统治时期，他逐渐放任穆智台希德势力的增长，为他们免税，并再次确认他们的财产所有权。然而，王室支持并不是穆智台希德成功的唯一理由，他们本身就精于策略，擅长与大地主、商人和市政官员进行利益博弈。例如哈吉·穆罕默德·侯赛因·伊斯法罕尼（Haji Mohammad Hosain Isfahani），也就是法特赫·阿里·沙赫未来的大维齐尔[2]，就曾向沙夫

---

[1] 位于阿拉伯半岛北部，今属沙特阿拉伯的一部分，距离麦地那约140公里，伊斯兰教先知穆罕默德将此地赠予了他的女儿法蒂玛。
[2] 此处作者写为sadr 'azam，是"大维齐尔"的土耳其语译法。

提寻求法律帮助，请求他再次确认自己对土地和财产的所有权。只要穆智台希德能够源源不断地收到国王及政府给予的土地和礼物的奖赏，他们和地主阶级成员之间的合作就不会将恺加中央政府和地方政权排除在外。

穆智台希德可以通过伊斯兰教学校、清真寺和巴扎扩大他们的根基。他们的支持者包括低级的乌莱玛、众多伊斯兰学校的学生（talabeh）、宣教者、"穆哈兰姆悲剧"[1]（Muharram tragedies）的传诵者，以及清真寺和圣陵的管理员，也包括大商人、小贩子和商店主。这个教学圈十分大，内部经常会发生混乱，文本教学与法律案例的实际裁决交织在一起，教育人们如何成为穆智台希德。一些城市的穆智台希德把自己放置在乌莱玛的等级秩序之中，掌控着城中所谓的"路提斯"，并在必要时煽动暴乱。势力庞大的穆智台希德通过煽动暴乱来解决与省长、官员或其他城市精英之间分歧的做法并不鲜见。尽管路提斯在大众的印象中是保护弱者、乐善好施的绿林好汉，但一些社区中仍然充满着恐怖氛围，因为他们的生活充斥着暴力、酗酒和敲诈勒索，甚至还有对年轻男孩和妇女的性侵，但他们的恩主经常宽恕这些罪行。作为乌莱玛等级制度里的较低一级，村里的毛拉成了村长和农民的宗教导师，并经常作为名义上的仗义执言者，帮助村民躲避政府税吏及其他人的压迫。

法特赫·阿里·沙赫愿意关照穆智台希德，或给他们分配金钱和土地，但这并不完全是出于对伊斯兰教法的爱。他一定是受到了诱惑，想用虔诚的宗教信仰来洗去他那大量的、关于贪婪和淫欲的公开证据。然而，不管是出于国内还是邻国的威胁，恺加的统治都岌岌可危。国王必须满足乌莱玛的要求，才能得到他们的认可，特别是在与欧洲人打交道的问题上。权倾朝野的穆智台希德意识到并利用了恺加王朝的弱点。

1811年，戈尔·奥西利爵士到访德黑兰时，英国福音派传教士亨利·马丁（Henry Martyn）正在伊朗四处游历，传播基督教，并希望在伊斯兰什叶派中寻找愿意皈依基督教的人。他热情而天真，与一位设拉子的穆智台希德进行了一场神学辩论，并被相当不公正地宣布为胜利者。全国各地的宗教机构都

---

[1] 穆哈兰姆月是伊斯兰历第一个月，穆哈兰姆悲剧指的是发生在公元680年的卡尔巴拉战役，在这场战役中，先知穆罕默德的外孙、伊玛目阿里的次子侯赛因战死。

满腔怒火地想证明穆智台希德才是伊朗什叶派灵魂的真正救星，而年轻的马丁挑战了伊斯兰教和伊斯兰先知的真实性。从他的私人笔记中可以看出，他梦想将伊朗和其他伊斯兰地区基督教化。相比之下，什叶派穆智台希德的回应却表现出更宽容、更开放的态度，尽管他们应对马丁挑战的方法已经过时，并且显然没有注意到其中殖民主义的潜台词。他们一方面保持警觉，始终如一；另一方面却思想狭隘，在智力上毫无准备。马丁并没有因此赢得任何追随者，尽管他将《新约》（*New Testament*）翻译成了波斯语，并在奥西利爵士的支持下，于1815年在圣彼得堡出版发行；1816年，该书又在圣公会（the Church Missionary Society）的帮助下在加尔各答出版。马丁的《新约》前后出版了几个版本。《新约》是最早在伊朗广泛发行的印刷书籍之一，对波斯读者有一定的影响。奥西利爵士十分支持马丁，赞助他翻译福音书，奥西利爵士甚至向法特赫·阿里·沙赫赠送过一份手稿副本。19世纪初的英国人可能是想让印度和伊朗皈依基督教世界，但与印度相比，伊朗什叶派信众更不容易皈依。

如果说马丁事件凸显出伊斯兰教神职人员面对神学挑战时的警惕，那么在面对现代军事威胁时，这种警惕是远远不够的。在与俄国的第一轮战争中，乌莱玛支持国家作为伊斯兰教的捍卫者，对异教入侵者发动圣战。为了挽回面子，恺加政权不得不将1813年对俄国战争的失败描绘为暂时的挫折，而不是最终的战败。随后，米尔扎·博佐格·法拉哈尼（Mirza Bozorg Farahani）领导的大不里士政府不得不与伊拉克和伊朗的穆智台希德接触，希望他们批准再次对俄国侵略者发动圣战。在公众看来，这场战争还旨在支持阿巴斯·米尔扎继承王位，因为他雄心勃勃的兄弟们正在向他发起新的挑战。

穆智台希德的回应，特别是受人尊敬的纳杰夫伊斯兰教法学原理大师赛义德·阿里·塔巴塔巴伊（Sayyed'Ali Tabataba'i）令人信服的回应，为1819年一本名为《圣战》（*Jihadiya*）的小书的出版奠定了基础，这是第一本由大不里士新政府经营的出版社所发行的书籍。政府想通过发布一系列伊斯兰教令的方式来寻求公众的支持，结果却远远超出了政府的预期。作为""时代伊玛目""的代表，高级穆智台希德欣然接受了恺加政权的倡议，他们呼吁圣战，理由是保护伊斯兰土地免受外来侵略是所有合格信徒不可推卸的"个人义务"。穆智台希德声称他们是群众的领袖，所有身强力壮的平民都应该参加不断扩大的圣战。穆智台希德的做法具有重要的意义：一方面，它动员群众发动了一场成功的战争；另一方面，乌莱玛从国家政权手中夺走了主动权。

几年之后，穆罕默德·巴克尔·沙夫提以教义问答的形式收集了一些伊斯兰教令（写于1826年之前，并于1831年在大不里士出版），这与穆智台希德应对俄国入侵时的过时态度相呼应。书中有一章节描述了圣战和信徒的个人义务，沙夫提认为，所有异教徒俘虏都应该被处死，老人、孩子和妇女则充当为奴隶。无疑，这里的俘虏指的是高加索战争期间被俘的俄国人。奇怪的是，俄国俘虏实际上在伊朗深受欢迎，并受到诸多优待，很多俄国人宁愿留在伊朗穆斯林社会生活，也不愿回到沙皇军队继续艰苦且残忍的服役生涯。沙夫提的宗教裁决以及其他穆智台希德的类似意见也显示出，教法学家对那些无拘无束且常常不遵守宗教规范的伊朗民众的影响力极其有限。穆智台希德因为他们的热情和学识而备受尊敬，但他们并不总能得到民众的追随。他们走出伊斯兰学校，进入社会舞台，寻求社会地位、财富和法律影响力，虽然最终结果没有让他们失望，但他们也无法完全支配国家的政策路线，无法控制大多数追随者的思想和内心。不过，国家与宗教机构之间的权力平衡很快就将面临新的考验。

战败并签订《土库曼恰伊条约》

战争再起，原因包括对执行《戈莱斯坦条约》的分歧、划界的争端以及被吞并领土内穆斯林反俄抵抗的愈演愈烈。至少有一些俄国高级将领决心巩固最远到阿拉斯河南岸的俄国领土，他们认为阿拉斯河是俄国与波斯的天然边界。此外，对于大多数乌莱玛和伊朗政治家来说，他们尚未完全理解丢掉高加索省份的意义。在1826年至1827年与俄国的第二轮战争中，伊朗的焦虑变得更加显而易见。阿巴斯·米尔扎确信，他最终被确立为王位继承人的条件将是波斯在高加索地区打一次漂亮的胜仗。在恺加宫廷和政府中，只有一小部分反战人士明白伊朗的脆弱性，假如与俄国再次开战，伊朗将可能失败。

　　然而，高级乌莱玛对圣战的呼吁似乎打破了与原本反战少数派之间的平衡。一些俄占高加索地区的穆智台希德对什叶派的命运感到忧心忡忡，他们担心自己会被大规模驱逐，于是在1826年7月，一大群人游行到了苏丹尼耶［Soltaniyeh，今天的阿拉克（Arak），位于德黑兰西南约180英里处］附近的法特赫·阿里·沙赫的军营大帐前。他们中的一位领导人名为赛义德·穆罕默德·塔巴塔巴伊（Sayyed Mohammad Tabataba'i），他是阿里·塔巴塔巴伊之子，阿里在后来也被称为"圣战者"（Mojahed）；另一位领导人是穆罕默德·巴克尔·沙夫提。他们敦促由国王召集的战争委员会下令与俄国开战，还迫使国王及其官员放弃与敌人的谈判，并要求俄国特使阿列克谢·耶尔莫洛夫将军（General Alexey Yermolov）立即离开军营。伊朗政府别无选择，只能答应穆智台希德的要求。恺加精英中似乎出现了一种蔑视敌人的精神，这种精神既有爱国主义色彩，又充满了宗教信仰的激励，但在本质上是站不住脚的。

　　尽管新军在早些时候就已经进入高加索腹地，少数恺加指挥官表现英勇，例如在保卫埃里温附近的阿巴萨巴德（Abbasabad）堡垒的战斗中，但伊朗军队很快就在几次短暂的战役中被击溃。俄国军队指挥官伊万·费奥多罗维奇·帕斯克维奇将军（General Ivan Fyodrovich Paskevich）的军队控制了阿拉斯河以北的整片地区，他们越过河流，向大不里士方向进军。这位著名的将军是乌克兰哥萨克贵族，也是俄国帝国主义野心的缩影。早些时候，他在拿破仑战争中脱颖而出，并在1814年击败了奥斯曼帝国，这使他成为征服高加索的英雄，但也遭到了伊朗人的憎恨。后来在与波兰的战争期间，他因赢得了1831年华沙之战的胜利而同样遭到了波兰人的仇视。他还担任过沙皇军队的指挥官，这支军队曾参与镇压1848年的匈牙利革命。

　　士气低落的伊朗阵营被打得落花流水，大部分火炮被遗弃在敌后方，伊朗最后一个据点埃里温和纳希切万也落入了俄国人的手中。希尔凡、巴库、甘贾和第比利斯的人民起义也没有像预期的那样发生，依靠群众抵抗的乌莱玛无法说服阿塞拜疆人民组织一支自卫队或一支能够有效阻挡俄国军队向前推进的防御力量。大不里士的一些乌莱玛甚至懒得假装号召圣战；他们正忙着准备演讲，准备欢迎俄国将军取代恺加省长时的说辞。在俄国军队到来前，阿巴斯·米尔扎本人在一部分随从的陪同下逃离了战场，在靠近奥斯曼边境的霍伊的避暑行宫里避难。阿巴斯·米尔扎惨遭背叛，幻想破灭，他希望至少能通过谈判换回他的首都。英国特使约翰·麦克唐纳·金尼尔（John Macdonald Kinneir）被召来帮助他，这位特使不得不借给王储一些现金来维持生计。这可能是阿巴斯·米尔扎一生中最落魄的阶段。阿巴斯·米尔扎的居住地就在1514年伊斯玛仪战败之地查尔迪兰附近，阿巴斯·米尔扎一定想知道他与伊斯玛仪的不幸有多么相似。

1828年2月，胜利的俄国军队与士气低落的恺加军官签订了《土库曼恰伊条约》（Treaty of Torkamanchay）。当时，俄国军队控制着整个高加索和阿塞拜疆，甚至威胁要向德黑兰进军。《土库曼恰伊条约》谈判时气氛阴沉，战败一方处于极端劣势。《土库曼恰伊条约》通常被认为是伊朗现代历史上损失最为惨重的条约，尽管在该条约中伊朗的领土保持了相对完整（地图4.2）。这也许是因为伊朗谈判者的坚持不懈，再加上他们得到了英国人的帮助，或是俄国人希望实现和平——因为俄国可能与奥斯曼帝国再次开战，以上这些因素使伊朗有幸免受进一步的蒙羞和屈从，避免丢失整个阿塞拜疆地区，从而使伊朗在某种形式上沦为俄国人的附庸。

伊朗最终丧失了高加索地区17个汗国，包括今天的格鲁吉亚共和国东部、亚美尼亚共和国和阿塞拜疆共和国，这些地区占当时伊朗领土的10%以上。该地区的人口也占伊朗总人口的10%以上，而当时伊朗人口为500万。高加索各省最有价值的是农业、丝绸生产、贸易和制造业。因此，伊朗损失了来自汗国的进献，这部分收入可能占伊朗政府总收入的20%，而当时伊朗总收入约300万图曼（约合356万美元）。在政治上，高加索省份的丢失所带来的影响甚至更大，因为这损害了恺加王朝作为"伊朗戍卫领地"保护者的威望。恺加的形象被玷污，这进一步影响了他们的执政能力，因为战后的伊朗在法特赫·阿里·沙赫统治下动乱四起，特别是在呼罗珊地区。

如果用黄金来计价，俄国则索取了超过500万图曼（约合600万美元，或2000万俄国银卢布）的战争赔款，几乎是伊朗国家岁入的两倍。400万图曼要立即收缴支付，无论按照什么标准，这都是一笔巨款。其中一小部分从皇家金库中支出，但最后大部分都是通过额外征税筹集的。实际上，支付巨额赔款使得恺加政权濒临破产。此外，胜利的俄国军队从占领的阿尔达比勒劫走了大量的财物，包括萨法维家族族长谢赫·萨菲·丁·阿尔达比利圣陵中的手稿和文物。在大不里士，战败的恺加统治者也被迫向沙皇赠送更多有价值的礼物，以期促成和平谈判。回到圣彼得堡后，帕斯克维奇除了获得晋升和新头衔之外，还得到了沙皇100万卢布的奖励，他用这笔钱在白俄罗斯建造了庞大的庄园和宫殿。

不仅是恺加政权，那群高级的穆智台希德也颜面尽失。发动圣战的空洞训词与失败的现实形成了鲜明对比。高加索什叶派人口的迁移，即所谓的移民（mohajerin），对伊朗民众而言是一种耻辱，而其中大部分人口都转移到伊朗的阿塞拜疆。什叶派穆斯林占南高加索省份人口的大多数，他们的不满是战争爆发的主要原因。在埃里温汗国，他们占到了总人口的80%。虽然大部分人仍留在自己的家乡，但俄国政府坚持进行人口交换，无疑旨在加强附属省份的基督教认同。在人口交换过程中，大部分亚美尼亚人，其中大多来自伊朗阿塞拜疆地区，离开了他们的家园，在俄国的支持下定居在埃里温省，而一些高加索省份的什叶派人口则移民到了伊朗。直到1850年代，伊朗政府还在为供养来自高加索地区的移民支付沉重的代价。此外，伊朗多年来分期支付给俄国的战争赔款比原定金额还要高出许多。

《土库曼恰伊条约》还重申了俄国对阿巴斯·米尔扎为波斯王位继承人的支持，这是这位在条约谈判期间惊魂未定又身体不适的王储唯一可以争取到的有利条款（表2）。战场上的失败让国王的其他较年长的王子更加胆大妄为地挑战王储，这反过来促使阿巴斯·米尔扎寻求沙皇的支持。最终，大不里士政府接受了条约中的苛刻条款，换取了对阿巴斯·米尔扎摇摇欲坠的王储之位的支持。对俄国人而言，这无异于"阿巴斯承认自己实际上是俄国人的附庸"。1833年阿巴斯·米尔扎去世后，俄国人和英国人别有用心地强迫法特赫·阿里·沙赫履行有关于《土库曼恰伊条约》的相关条款。根据他们的解读，阿巴斯的儿子将有权继承王位，并且王位将继续在他的家族中传承。在此后的恺加王朝时期，国家一直交由阿巴斯·米尔扎家族统治，邻国也支持他们继续统治。虽然法特赫·阿里·沙赫去世后，新的王位继承规则并没能阻止小型内战的爆发，但新的继承顺序与已故国王一众儿子间的惯性竞争有很大的不同，后者往往会给国家和社会带来毁灭性的结果。

该条约还划定了伊朗的西北边界，这条边界延续至今。早在公元前450年，希波战争后的波斯人就与他们的敌人交换了和平条约，划定了边界。但如此小心翼翼地与邻国俄国划界，对伊朗来说还是首次。实际上，这也是整个19世纪伊朗与英属印度、奥斯曼帝国划定边界的开始。因而，重塑一个领土完整的伊朗是以将边陲地区划给邻国为代价换来的。《土库曼恰伊条约》重申了俄国在里海拥有军用和商用船只的专属航海权，这也剥夺了伊朗曾经在里海海岸以外的一切控制权。

《土库曼恰伊条约》附属的商业补充协议同样对伊朗有深远的影响。俄国不仅获得了此前伊朗长期抵制的、在伊朗城市开设领事馆的权力，还获得了所谓最惠国的领事裁判权，让俄国的外交代表有权处理俄国和伊朗臣民之间的争端。在适当的时候，俄国有权拒绝承认伊朗政府和穆智台希德的法律管辖权，这开启了伊朗向其他欧洲国家授予类似领事裁判权的先例，尤其是向英国，它在1841年与伊朗签订了新的商业条约。同样，商业补充协议授予俄国商人和后来的其他欧洲人固定关税权，使他们可以胜过伊朗本土的竞争对手，这对伊朗的进出口贸易平衡产生了负面影响。领事裁判权的影响不仅体现在商业上，欧洲国家通常还将这些特权扩大到他们自己的伊朗雇员和客户之中。在接下来的几十年里，这些外国公使的打手屡屡挑战恺加政权的权威。

格里博耶多夫事件与战败余波

不出所料，1828年后，伊朗在外国观察家眼中的形象大打折扣，已经沦为一个边境脆弱的弱国。詹姆斯·莫里尔（James Morier）和詹姆斯·贝莉·弗雷泽（James Baillie Fraser）等作家的文学作品最为明显地反映了伊朗衰弱的形象。抛开这些作品中的偏见，他们对伊朗人的态度确实有了一些转变，因为恺加王朝战败后，王朝对国家的控制力正逐渐减弱。除了一些省的起义外，发生于首都的臭名昭著的格里博耶多夫事件表明伊朗公众不仅对俄国人的胜利愤怒不已，乌莱玛以国家混乱为代价来获取权势的做法也为伊朗人民所不齿。

1829年，俄国著名诗人、作家亚历山大·格里博耶多夫（Alexander Griboedov，1795—1829）率领一支规模庞大的使团抵达了德黑兰。在商定条约的落实时，特使格里博耶多夫展现出了一位征服者对"当地人"居高临下的热情，尽管他先前在恺加攻打高加索时成了俘虏。格里博耶多夫要求释放被恺加贵族囚养的格鲁吉亚嫔妾，把她们全部转移到自己的监护之下，其中包括曾担任大维齐尔的阿拉亚尔·汗·阿萨夫·道莱（Allahyar Khan Asaf al-Dowleh）的爱妾，他曾支持伊朗与俄国交战。根据《土库曼恰伊条约》中关于互换战俘的条款，格里博耶多夫派出了他的亚美尼亚和格鲁吉亚助手，将这些妇女带回了俄国的大使馆。这一行为意义重大，必然被视为强烈的挑衅和对主权的侵犯，还会威胁到伊朗国家权威和什叶派宗教风俗。以亲英态度而闻名的阿拉亚尔·汗向德黑兰的穆智台希德米尔扎·马西·德黑兰尼（Mirza Masih Tehrani）寻求帮助。于是，这位穆智台希德呼吁首都人民一起来拯救这些现在可能已经皈依伊斯兰教的嫔妾，并将她们送回穆斯林家庭。随后，追随者们与俄国警卫发生了冲突，导致了三名示威者死亡。根据米尔扎·马西的伊斯兰教令，聚集而来的愤怒民众袭击并杀死了格里博耶多夫和整个俄国大使馆里的70名工作人员，只有一人幸免。

在很大程度上，格里博耶多夫是他自己的轻率鲁莽行为的牺牲品，尽管其他人的所作所为也激怒了民众，甚至包括德黑兰的英国公使和王储的众多竞争对手。这一事件既是公众不满的一个迹象，也是政府无力控制愤怒人群的一个表现。尽管这一事件没有实质性地改变欧洲大国未来看待伊朗人的态度，但此事确实为欧洲人能在多大程度上干涉伊朗的道德和宗教裁决画下了底线。伊朗国王和阿巴斯·米尔扎理所当然地担心俄国会发动军事报复，或者至少要勒索新的赔款以示惩罚。然而，大环境帮助伊朗免受了所有严重的后果。当时，俄国与奥斯曼帝国正在交战中，因而不希望与伊朗再次开战。此外，格里博耶多夫在新沙皇尼古拉二世（Nicholas Ⅱ）的宫廷中并不受欢迎，因为他曾被指控参与十二月党人（Decembrist）的改革运动。

为了对此事赔礼道歉，阿巴斯·米尔扎派遣他年幼的儿子霍斯劳·米尔扎连同一大队人马前往俄国圣彼得堡，他急于稳固自己危在旦夕的储君之位。他甚至对外散布谣言说，如果他的兄弟们大肆反对他继任王位，他将会叛逃到俄国，寻求沙皇的支持。沙皇亲切地接待了伊朗使团，一时间，年轻的霍斯劳和他的随从成了好奇的俄国精英们关注的焦点。俄国做出的唯一惩罚是把米尔扎·马西·德黑兰尼流放到奥斯曼帝国境内的伊拉克。

恺加政权依靠各省加收的重税来为战争筹措军费，并支付战争赔款，这也引起了部落汗、乌莱玛和普通民众新一轮的抵制。在南部主要的商业和工业中心亚兹德，当地的省长发起了一场得到了普遍支持的起义。在法尔斯省，阿巴斯·米尔扎的主要竞争对手可能因为无法上缴德黑兰要求的巨额款项，而与国王发生了冲突。在呼罗珊省，东部的库尔德部落发动了叛乱，边境的土库曼和阿富汗部落也再次发动袭击。显然，政治环境的急剧恶化让伊朗国王陷入了困境，他派遣阿巴斯·米尔扎及其阿塞拜疆新军前去平息叛乱，这场动乱也给了王储一个机会，让他重建受损的声誉，重振军官们的士气，并以此讨好他的父王。

新军取得的最大胜利是对东北边境的特克（Tekeh）和阿克哈（Akhal）土库曼人的打击（地图4.1）。这些半游牧民族生活在梅尔夫和萨拉赫斯（Sarakhs）附近的卡拉库姆（Karakum）沙漠边的大草原上，以饲养骆驼和马为生，名义上隶属梅尔夫汗国。梅尔夫汗国很早就是伊朗的附属国，在鼎盛时期曾掌控着中亚大型马匹的出口贸易。自萨法维后期以来，土库曼人变得越来越不安分，给纳迪尔·沙赫及其继任者造成很多烦忧。在恺加争权时，土库曼人是恺加人的盟友，但在阿加·穆罕默德·沙赫的权力巩固后，他们很快就被遗忘了。在北部希瓦（Khiva）汗国和布哈拉汗国的压迫之下，特克土库曼人曾一度盗窃、袭击、抢劫伊朗呼罗珊省的城市和农村。布哈拉的逊尼派教法学家宣称伊朗的什叶派是异教徒，在这条教令的支持下，土库曼人掠夺、绑架农民和城市人口的范围一直延伸到了伊朗内陆地区。

土库曼人骑着高头大马，夜袭商队和居住点，并将数千名手无寸铁的伊朗人先掠往他们荒凉的游牧定居点，然后再穿越中亚沙漠，把这些人送往希瓦和布哈拉的奴隶市场；或者将俘虏留在游牧营地的帐篷中，待人来支付赎金之后，才释放他们。对于恺加王朝来说，土库曼人的袭击是一件麻烦事，令中央政府极为尴尬、颜面无光。据王储的大臣米尔扎·卡姆·玛卡姆估计，在1832年东北边境的萨拉赫斯战役期间，恺加军队从土库曼难民营中释放了两万多名伊朗俘虏。尽管土库曼人伤亡惨重，恺加新军对沿途农村也造成了严重的伤害。

恺加王朝认为，在呼罗珊地区的胜利是伟大而迫切需要的，而阿巴斯·米尔扎和他的儿子们是这次胜利的缔造者。然而在整个19世纪，土库曼人对东北部的威胁仍然存在，定居的百姓们都是在惊恐中度日。库尔德人及呼罗珊东北部其他部落并没有屈服于恺加的统治，他们成了另一大难题。在1850年代后，呼罗珊完全并入"戍卫领地"，但在那之前，强大的部落联盟对恺加政权进行了顽强的抵抗。土库曼的突袭具有反什叶派的宗教色彩，尤其是对圣城马什哈德——这座在什叶派的神圣记忆中占有特殊地位的城市的袭击，使什叶派更加意识到自身的历史脆弱性。同阿塞拜疆的穆斯林一样，呼罗珊地区穆斯林的不安感助长了他们对恺加政权的不信任，并引发了对乌莱玛所建立的宗教威望的幻灭。恺加部落内部的自相残杀和叛乱也时有发生。

1833年，阿巴斯·米尔扎回到了马什哈德，去世时年仅44岁，他和同名的萨法维国王阿巴斯一世一样，被人们铭记为什叶派解放运动的斗士。虽然他的军事记录中失败多于胜利，但人们对阿巴斯·米尔扎的记忆并未因此而褪色，他比任何一位恺加王室成员都更能体现出一种新的民族意识和对现代性的深刻理解。尽管他对部落和家族怀有强烈的忠诚，骨子里的传统王权观念根深蒂固，并在生命的尽头屈服于俄国的颐指气使，但他认为伊朗不仅是一个由不同民族和地区所组成的联合体，而且还是一个需要引进欧洲现代化防御体系、新技术、新工业的国家。由于手下的顾问团队对他进行了波斯历史和文学方面的教育，阿巴斯·米尔扎产生了以国家为中心的本土身份认同。

阿巴斯·米尔扎的改革措施，主要是推行军事现代化和引入具有辅助意义的专业知识，如欧洲医学、工程学，改革旨在增强国家实力，这与他同时代的埃及帕夏穆罕默德·阿里和奥斯曼帝国马哈茂德二世的政策非常一致。他的改革模式后来被阿塞拜疆政权所培养出来的恺加政治家所采用，其中最著名的是15年后担任首相的阿米尔·卡比尔。然而，被阿巴斯·米尔扎派往欧洲去学习医学、工程、玻璃制造和工具制造的学生们，在塑造恺加伊朗方面的影响力远远比不上阿米尔·卡比尔等在本土历练晋升的官员。这些官员对于欧洲的了解多是间接的，而且经常是通过在新军时期的经验获得的。阿巴斯从10岁开始就住在大不里士，他是一位为人慷慨的王子，具有好奇心和探寻精神。在大不里士，他通过商人、外交官和传教士，通过报纸以及其他来自西方、奥斯曼的出版物来了解欧洲和欧洲列强。与俄国彼得大帝的风格相似，阿巴斯·米尔扎倾向于邀请欧洲人担任改革顾问，并让他们在阿塞拜疆定居，为此，他甚至在《泰晤士报》（*Times of London*）上刊登广告。在他死后，他对伊朗现代化的愿景在某种程度上被少数几个儿子所继承，其中包括继任的王储、未来的统治者穆罕默德·沙赫。

　　法特赫·阿里·沙赫于1834年10月在伊斯法罕去世，当时他正在向自己的儿子——法尔斯省长追讨拖欠的税款，双方因此大打出手。王室徽章上曾有句格言——"象征王权永恒力量的印章在国王法特赫·阿里手中"——反映了他统治上的一些成就。他能够在旧帝国模式的基础上，将突厥式的、部落式的统治转变为中央集权和稳定的君主政体。他为伊朗带来了一段相对平静和繁荣的时期，确保了国家政权和乌莱玛阶层的共生关系，奠定了恺加内阁的雏形，并促成了文化和艺术的复兴，这一时期一直是恺加时代的标志。在中断了半个世纪之后，传统的波斯工业也获得了新生。对克尔曼的精制羊毛披肩，卡尚和伊斯法罕的丝绸面料、精致地毯以及其他奢侈品的需求，随着王室、恺加嫔妃和城市精英们越来越习惯于奢华生活而大大增加了。波斯丝绸的出口贸易也恢复了，生丝和精制面料出口到了邻近的俄国和奥斯曼帝国。早在14世纪，远在东北部的克什米尔就建立了一个由波斯工匠和哈马丹商人组成的社区，波斯纺织品，特别是披肩的图案和技术，被用于生产拉达克（Ladakh）羊绒和羊绒披肩，直到19世纪。一旦人口增长，特别是当拥有更大购买力的大城市人口迅速增加时，国内市场上各种棉织物的数量也会相应地增加。

　　由法特赫·阿里·沙赫、王子和内阁官员委托或资助的大规模建筑工程，包括众多的宫殿、清真寺、伊斯兰学校、商队旅社和园林，都在伊朗建筑史上留下了鲜明的印记。虽然恺加建筑仍然忠于萨法维时期的风格，但也有明显的创新迹象。卡尚的阿加·博佐格（Aqa Bozorg）清真寺和伊斯兰学校是为了纪念该市的穆智台希德领袖毛拉·马赫迪·纳拉奇（Mulla Mahdi Naraqi，被称为"阿加·博佐格"）而建造的，这座清真寺是建筑史上人与自然和谐相处的绝佳典范。德黑兰和设拉子新颖的多层花园式结构设计，可能是受到了赞德时期园林设计的影响，是另一个人与自然和谐共生的建筑典范（图4.4）。

　　图4.4　设拉子的恺加王座（Qajar throne）是一座多层花园宫殿，是为了纪念攻占赞德王朝首都而建的。可能是受到了附近波斯波利斯高地的启发，这座建筑的设计不同于以往的波斯花园

　　L. 杜贝克斯（L. Dubeux），《波斯》（*La Perse*），（巴黎，1841年），第48页。

在法特赫·阿里·沙赫的领导下，恺加政权成功地将波斯的治国之道和帝国权威融为一体。尽管内外都面临着巨大的压力，但恺加人仍然建立了历经一个多世纪的王朝法统。然而，其部落规范和家庭风俗从未摆脱过根植于征服文化的自满心态。一个现代国家的萌芽往往难逃被扼杀的历史宿命，很少有例外，就像同时代的奥斯曼帝国和埃及一样。在法特赫·阿里·沙赫的统治初期，即使不能完全阻挡欧洲军事扩张的历史洪流，他也仍然有较大机会可以延缓这一扩张对伊朗国家的影响。在他的统治结束时，财政困难以及军事和技术上的劣势给国家带来了严重的危机，这场危机因随后的继位争夺战而进一步加剧。

流行病与旧经济的衰落

在法特赫·阿里·沙赫的孙子、继任者穆罕默德·沙赫的统治下，由战败和帝国秩序的瓦解所引发的全局性影响变得更加显而易见。尽管向新继承人的过渡并未带来一场旷日持久的内战，但欧洲的影响力和随之而来的国内形势的转变都是巨大的。新国王的继位标志着与恺加早期帝国文化，尤其是这一文化所倡导的国家与乌莱玛之间的权力共生关系的背离。新国王迅速战胜了一位篡权夺位者——沙赫的亲叔叔、监管法尔斯省的王子——并且围捕了家族中六位可疑的兄弟和叔叔，这使他的统治有了一个强有力的开端。当新军兵团快速粉碎继承权之争时，阿塞拜疆的军事实力立即变得锋芒尽显。欧洲大国之间的相互猜忌成为恺加王朝统治得以延续的一大原因，这是历史上第一次明确承认伊朗的"缓冲国"地位，因为一个稳定的伊朗对英俄两大强国都有好处，能使两国的势力范围互不干扰。

首相卡姆·玛卡姆是大不里士学派的一位重要政治家，也是恺加早期文学复兴的代表人物。他几乎控制了新政府，把年轻的沙赫排除在外。然而，到了1835年，这位首相已经失去了他在宫廷中的大部分盟友以及他主人的信任。穆罕默德·沙赫下令秘密谋杀他，这使人想起诛杀前任首相的丑陋传统——前国王法特赫·阿里·沙赫在25年前就已经这么做了。事实上，卡姆·玛卡姆的倒台可归因于这位年轻的国王总是担心他的首相正密谋将他从王位上赶下来，然后从法特赫·阿里·沙赫的众王子中选择一位年长的王子取而代之。这种焦虑更多的是源于国王自身的不安全感，而不是源于卡姆·玛卡姆的意图。在更深的层次上，此举实际上背离了法特赫·阿里·沙赫时代的统治风格，也得罪了以卡姆·玛卡姆为代表的有权势的官僚阶层。

穆罕默德·沙赫的新首相是他自己的导师及神秘主义向导——毛拉·阿巴斯·埃里温尼（Mulla 'Abbas Iravani），更多的时候则是被称为哈吉·米尔扎·阿加西（Haji Mirza Aqasi），他是一位来自埃里温的移民，曾受过一些宗教尤其是苏菲派的训练。根据和他同时代的人和后来的历史学家的记载，阿加西习惯自嘲，这是他性格软弱和古怪的标志。年轻却体弱多病的国王受到了他的影响，改信了对19世纪伊朗最著名的苏菲派教团尼玛图拉希苏菲主义（Ne'matollahi Sufism）的一些修正解释。国王患上了严重的痛风，使他在统治后期失去了行动能力，这为阿加西进一步把持政事扫清了道路。在13年的首相任上，阿加西以两种截然不同的方式改变了恺加政权。首先，他除掉了法特赫·阿里·沙赫时代大部分的恺加贵族，那些贵族都是他真实或潜在的竞争对手，他的政敌因此把他称为"贵族的刽子手"（hadem al-anjab）。其次，与萨法维王朝的做法类似，他尝试对势力庞大的穆智台希德集团施加国家控制，此举取得了成功。

毫无疑问，阿加西在重塑恺加王朝的过程中表现出了一种现代性的精神（顺便提一下，正是这种精神激励了他的继任者米尔扎·塔奇·汗·阿米尔·卡比尔，甚至可以说是阿米尔·卡比尔改革的灵感来源）。然而，阿加西是一个局外人，没有受过国家官僚传统的历练。他从未真正掌握政府财政收入、宫廷礼仪、军队招募和演习等问题的细节，或是外交惯例的来龙去脉。在短短的几年内，国家财政收入下降，应付款和薪资的发放被推迟，部队无法得到充分的饷银，通信受到限制，与外国公使的争端不断增加，社会各阶层不满的迹象愈演愈烈。由于工业革命的爆发以及1830年代至1840年代与英俄两国的外交和商业压力的加大，伊朗政治和经济都遭遇了严重挫折。

　　新首相上任时，他面临的第一个困难就是强大的恺加贵族势力。尽管阿加西成功地把穆罕默德·沙赫操控于股掌之间，但他称呼自己时总是用第一人称，而非"首相"的头衔。想必是为了避免其前任的悲惨命运，他不得不依靠埃里温移民和阿塞拜疆新军军官的支持。他任命了他们中的许多人在各省担任军事要职，以制衡从阿巴斯·米尔扎的众多儿子中选出的省长。不久，穆罕默德·沙赫的几个叔叔被新国王的一些兄弟所取代。后者中的一些人，即第三代恺加王子及其后代，在接下来的半个世纪里统治着这些省份。但与法特赫·阿里·沙赫的统治相比，他们通常要么只是名义上的统治者，要么任期很短。然而，新的制度安排在落实的时候表现得极为杂乱无章，这被视为国家软弱的标志。

　　整个1840年代，在大不里士、马什哈德、亚兹德、伊斯法罕、设拉子和克尔曼等地发生了多次城市起义，表明国家对各省的控制逐渐松懈。这些起义的一个常见原因是当地居民和驻扎在城市中的政府军队之间起了冲突，这些部队的成员具有不同的种族和地域背景。这些不守规矩的部队薪水微薄，且常常被拖薪欠饷，几乎到了忍饥挨饿的地步，他们骚扰百姓，掠夺居民区，参与斗殴、盗窃和勒索，在他们奉命前去保护的城市里绑架妇女和儿童。更多的冲突源自省长和军事首领之间的不和，这在当地派系、宗派以及个人的争权夺利中也有体现。穆智台希德不是唯一在城市中挑起争端的人，居住在城市中且坐拥大量土地的部落汗、控制城市守卫的市政官员以及年长的恺加贵族成员经常参与这样的行动。"路提斯"则是为出价最高者服务的雇用枪手，他们也很活跃。

　　并非所有的麻烦都是因为城市动乱或政府缺乏资源，霍乱、瘟疫和天花的暴发更具破坏性。整个19世纪的对外贸易增长，尤其是对印度和俄国等国的贸易增长，实际上都为霍乱开辟了新的传播途径，无论是经陆路还是海路。流行病经常是通过伊朗传播到奥斯曼帝国及俄国的邻近省份，尽管有时伊朗也会受到疾病传播的反向影响。霍乱在城市和农村地区造成的高死亡率是人口减少的主要原因，人口减少反过来又导致了劳动力减少、经济产出下降，饥荒也时常发生。从1820年代至1840年代，在没有有效的卫生或医疗措施的情况下，大城市中有数万人死于霍乱。

虽然很难得到准确的统计数据，但在1820年至1821年的一次早期霍乱的大暴发中，设拉子有3万人在短短四周内被感染，占到总人口数的四分之三，这个数据是相对可信的。当霍乱传播到首都时，全国各地的伤亡人数已超过了10万人。10年后，伊朗北部省份阿塞拜疆、库尔德斯坦、吉兰、马赞德兰以及德黑兰暴发了瘟疫，据记载，这次瘟疫共造成了20万人死亡。1831年至1832年，在邻国奥斯曼帝国的伊拉克地区暴发的霍乱疫情的死亡人数大致相同，巴格达和圣城纳杰夫、卡尔巴拉的伤亡人数最多。在1840年代至1890年代，霍乱成了在全国各地流行的地方性疾病，至少又出现了6次，每个地点的每次暴发都会短暂间隔4到8周的时间。虽然到了1870年代，公共卫生网络的雏形已经形成，包括边境检疫隔离，但死亡率几乎没有下降。

据保守估计，伊朗全国死于流行病的总人数高达100万，这是一个惊人的数字，因为到19世纪末，伊朗的全国总人口还不超过800万。与欧洲一样，在细菌学说被提出之前，人们认为伊朗的传染性流行病与有毒空气有关。人们被灌输的观念是将传染病视为生活中如影随形的恐怖现实，并且认为这是安拉对他们的惩罚。然而，安拉"恩惠"的一个重要特征是社会不同阶级之间存在差别。恺加精英和更富裕的城市人口很快就意识到，一旦疫情达到高峰，在人口较少、较为偏僻的农村地区避难要比待在城市更安全。然而，普通城市人口很容易成为牺牲品。至少在19世纪中期，疾病的暴发导致经济产出下滑，农业生产因而大幅度下降，这反过来又引发了全国范围内大多数省份的饥荒和周期性的饥荒。

除了流行病和饥荒造成的破坏外，伊朗的农业经济在19世纪中期还面临着其他挫折。1813年以后，高加索地区的生丝收入减少，而随着吉兰省的生丝产量下降，情况更是雪上加霜。从1860年代开始，里海沿岸各省遭受了来自北美的致病性根瘤蚜虫（phylloxera）的侵袭，这种害虫破坏了欧洲的葡萄和桑蚕生产，灾情甚至蔓延到了西亚。这种病虫一到达伊朗，就对这个自中世纪以来就存在并为该国带来可观收入的行业造成了无法弥补的损害。波斯丝绸市场的损失经过几十年的时间才被其他主要出口产品所弥补，如经济作物和波斯地毯（图4.5）。

图4.5　直到1870年代，尽管吉兰省当时的蚕桑业规模要比萨法维时期小，但仍是本地一项相当可观的产业

《丝绸与丝绸文化》（"Silk and Silk Culture"），弗兰克·莱斯利（Frank Leslie），《大众月刊》（*Popular Monthly*），（纽约：弗兰克·莱斯利出版社），第8卷，第6期，1879年12月，第661—669页。

罂粟和烟草等新作物的种植，从1870年代开始已是一大新兴产业，为伊朗原本自给自足的本地化农业带来了急需的收入。随着时间的推移，大不里士、设拉子、亚兹德和马什哈德的长途贸易商人成为这些新作物种植和加工背后的驱动力，这些作物不仅供国内消费，重要的是，它们还会被出口到欧洲和中国。行商路途和交易市场的安全对于商人而言关系重大，因为政府无法为他们提供保障。

尽管管理农业经济的基本规则仍保持不变，但是自恺加人崛起以来，土地所有权已经发生了变化。大多数用于农业生产的土地，通常由一个村庄及其果园外加周围耕地组成，理论上被认为是王室土地。然而，在整个19个世纪，越来越多的土地被私人控制。地主包括部落汗、城市贵族和高级官僚，以及从1830年代开始逐渐富裕起来的商人和穆智台希德。有些土地被国王分给了恺加王子、官员和乌莱玛，当作他们的封地（toyul），然后由他们的后代世袭。相比之下，乌莱玛控制了大量的宗教捐献，有时甚至将这些钱挪为私用。如果是私人捐赠的，那么捐赠基金仍会掌握在受托人手中，这些受托人大多是该基金创始人的后代。

随着时代的发展，私人土地越来越普遍，佃农制度变得对农民不太有利。视地区和当时的风俗习惯而定，土地税将占总收入的10%至20%不等，由地主和农民按比例以现金或实物缴纳。但事实上，农民原本就微薄的收入仍会被榨取出很大一部分，以至于在一年的辛勤劳动后，他们的实际收入只占总收入的十分之一。尽管恺加税收系统越来越低效，但地主和法警的敲诈勒索以及税务员的骚扰，仍使农民几乎无法生存。一看到可怕的税吏及其随行部队，整个村庄便会逃到附近的山丘和平原，这种事情屡见不鲜。尽管如此，伊朗农民并没有因任何形式的农奴制而被拴在土地上。一个家庭，甚至整个社区，都可以迁移到另一个地方定居，并与新的地主达成佃农协议。

乡村生活的艰辛和不安全感，以及农业生产的多样性，并没有被完全忽视。阿加西采取的一项措施是收回被侵占的封地，并把它作为中央政府的财产。这实际上是一箭双雕，既增加了农业生产（特别是在首都附近），又增加了政府收入。增加农业产量是当务之急，政府在德黑兰周围修造了许多坎儿井灌溉系统，并从卡拉季河开凿和引入了一条水渠，以改善城市水资源短缺的情况。在设拉子和其他地方，政府也开展了类似的水利灌溉工程，以增加小麦和谷物的产量，并引进新的植物、水果。在他的首相任期结束时，阿加西已经侵占、购买或恢复了近一万处庄园地产。也许是出于绝望，他把这些土地的所有权一并转移到了国王的名下，尽管他似乎曾打算利用这笔收入来充裕国库。然而，与土地问题的严峻性相比，阿加西的行动几乎可以忽略不计。

19世纪中叶最为明显的变化是贸易的增长，其中最为意义重大的是对外贸易。经过近一个世纪的平静，伊朗开始重新融入了整个世界的经济体系，而不是仅仅与欧洲国家接触。在1828年之后的几十年里，经阿巴斯港和布什尔到达马斯喀特、印度次大陆西部沿海和欧洲的波斯湾贸易航线在经过长时间的停滞后得到了恢复，这是南方贸易的重大突破。亚兹德–坎大哈通往印度的陆上贸易变得更加活跃，经由奥斯曼内陆和黑海港口的特拉布宗–大不里士北方贸易路线顺利开通，再加上连通高加索和俄国南部的里海贸易以及连通中亚和赫拉特的呼罗珊贸易，大不里士、加兹温、安扎利、巴尔福鲁士（Barforush，即现在伊朗北部的巴博勒）、马什哈德和北部其他商业城镇得以重振。由于局势日趋稳定，对外贸易从本就十分活跃的国内商队网络延伸开来，这一网络在伊朗内陆地区纵横交错，将小城镇的农业供应商、大城市的商人和批发商、纺织和工具生产作坊以及其他本地的玻璃、陶器、金属、地毯的制造商，与不断增长的消费市场连接了起来。

商人们有时会提供原材料，经销制成品。他们的社会地位和经济能力，以及他们的诚实、节俭、谨慎和信仰虔诚的声誉，使他们成为巴扎的自然领导者。大多数商人群体在19世纪蓬勃发展，社区的规模和经营范围不断扩大，他们也扮演着银行家和放债人的角色。他们的贸易在伊朗城市内发展，也向外扩展到了孟买、加尔各答、斯利那加（Srinagar）、马斯喀特、巴格达、巴士拉、伊斯坦布尔、贝鲁特、亚历山大港和开罗，然后又扩展到了上海和仰光（Rangoon）。贸易活动往往是家族生意，虽然并不总是世袭的，却有一种自然的倾向，即在扩大的商业网络中累积家族资本。在19世纪早期，大多数长途客商以及当地商人和经销商都是穆斯林。这与邻近的奥斯曼帝国和埃及相反，在那里，通常是基督徒和犹太商人主导着贸易。伊朗有来自非穆斯林居住区的商人家庭，比如伊斯法罕和大不里士的亚美尼亚人，亚兹德和克尔曼的琐罗亚斯德教徒，卡尚、伊斯法罕和马什哈德的犹太人，以及亚兹德的印度教徒，这些人在19世纪末变得更为重要了。

到1840年代早期，随着外贸增长，伊朗商人面临着新的挑战。伊朗在1828年与俄国签订的商业协议，以及在1841年与英国签订的商业条约，极大地促进了欧洲公司及其代理商与伊朗开展进出口贸易。机器制造的棉布价格低廉，是欧洲工业革命的奇迹，也是最先对伊朗市场产生影响的欧洲工业品。曼彻斯特印花棉布、白棉布和其他布料很快占据了很大的市场份额，而当地的纺织品制造商却蒙受了损失，因为手工织布机无法与工厂机器竞争，他们虽然没有像英属印度部分地区的同行那样完全破产，但是像亚兹德、卡尚、伊斯法罕和克尔曼这样的传统织造中心确实面临着严重的衰退。

1845年，时任英国驻大不里士领事的基思·阿博特（Keith Abbott）注意到：

> 英国制造商似乎已经进入了伊朗最偏远的地区，而且正在不断取代波斯本土的制造商。英国产品的价格非常低，部分原因是今年（1845年）有大量商品涌入市场，这可能会使英国商品更为知名，而且消费增长的空间也很大，因为目前我们的产品仍很少被这个国家许多野蛮的部落所使用，实际上也不为他们所知。[3]

两年后，阿博特汇报说："（波斯）与欧洲的贸易使得波斯制造商已经衰退了一段时间，欧洲商品已经逐渐扩展到（波斯）王国的每一个地区，从而冲击或毁灭了许多本土的工业部门。"[4]到1850年，卡尚本有的8000架丝织机仅存800架，而伊斯法罕则只剩200架。

进口贸易只需少量商人作为代理商，并且利润率较小。波斯商人失去了生意，因为欧洲公司通常通过亚美尼亚人、亚述人、犹太人和后来的琐罗亚斯德教徒，或通过希腊人、格鲁吉亚人和印度教徒等少数外国侨民，直接将商品卖到伊朗市场。这些中间商作为欧洲列强的马前卒，牢牢控制着市场，甚至近乎垄断。仅在大不里士，在1839年至1845年间，欧洲的贸易量就增长了45%。在1845年，大不里士进口的外国商品总额达到了1 547 050英镑（约合773.5万美元），其中棉花和羊毛商品的进口占总进口额的94%，其中的80%来自英国。在南部，通过波斯湾港口进口的商品总额约为90万英镑（约合450万美元），其中大部分是英国的纺织品。

在条约所罗列的特权中，所谓的最惠国条款规定这些国家的商人须支付的固定关税为进口商品价值的5%（称为"从价税"），这远低于对伊朗商人课征的税率。因此，不公平的竞争导致伊朗商人蒙受巨大损失，破产人数不断增加。他们多次向伊朗政府请愿，抱怨不公平的贸易行为和经济形势的困难，特别是在1840年代，但收效甚微。即使恺加政权定期开展鼓励消费波斯商品的活动，即使穆罕默德·沙赫坚持穿波斯织物并鼓励其他人仿效，但也只能收到有限的效果。当地制造商无法与价格更低、种类更广的欧洲布料竞争，虽然欧洲布料的耐用性较差，但穷人买得起。在德黑兰用德国毛料制作一件大衣的成本，要比制作呼罗珊驼毛大衣或克尔曼披肩低得多。尽管一些本地产品本身就是用英国纱线编织而成的，但大不里士甚至伊斯法罕的普通妇女更倾向于付更少的钱去购买曼彻斯特印花棉布或者白棉布，而不购买本地的纺织制品。

大量进口只会加剧伊朗的货币问题。自萨法维王朝以来，伊朗贵金属（主要是白银）就长期流失，现在还需为不断扩大的贸易逆差买单。出口贸易中黄金和白银的消耗，以及伊朗金银币的实际出口，是整个19世纪伊朗货币急剧贬值的主要原因。例如，在1817年至1823年间，共计1 533 194英镑（约合766.5万美元）的伊朗金银、铸币和珍珠经英国和印度商人从波斯湾港口出口到了印度和阿拉伯地区。

随着19世纪的贸易发展，贵金属的出口量大幅增加。在19世纪初，1伊朗图曼［10卡兰（qaran）］可以兑换到1英镑（约合5美元）。到1845年，图曼已经贬值了一半，到19世纪末，已经贬值到原来价值的五分之一。图曼购买力的下降给伊朗经济带来了巨大的通胀压力，这在外贸领域体现得最为明显。此外，货币贬值和随之而来的通货膨胀的影响造成了伊朗市场上资金的匮乏和借贷成本的上升，高达25%的年借贷利率也成了市场上司空见惯的现象。资金短缺不仅助长了市场上的高利借贷——这违背了伊斯兰教所有教派的禁令，而且还助长了投机倒把的商业文化，这表明隐性的失业率很高。货物在制造商和消费者之间几经易手，商品价格上涨了，同时也为许多中间商提供了微薄的收入。资金短缺和高利贷反过来又鼓励了商业违约，以及交易完成后的买家违约行为。

19世纪中叶，伊朗普通市民和精英阶层之间的收入差距变得十分明显。在19世纪上半叶，恺加王子、宫廷显贵、高级官员、拥有土地的部落汗、富裕的穆智台希德以及部分商业团体（那些通过参与欧洲进口贸易从而成功抵御了经济冲击的人）都积累了财富。国家官员通过灰色渠道获得被称为"马达克尔"（madakhel）的额外收入，这种行为变得越来越猖獗，逐渐替代了既微薄又不按时发放的固定薪水。从内阁大臣、省长一直到政府财政官员和税务人员，"马达克尔"被视为制度化的合理腐败。政府未能纠正市场经济的不公正，保护国内商品免受外来商品的入侵，消除社会上的不安全因素，这使恺加社会陷入了更大的危机之中。

寻找什叶派不一样的声音

恺加王朝的固有缺陷以及国家所面临的经济困境几乎影响不到乌莱玛集团。即使不是一直同政府勾肩搭背，穆智台希德也越来越多地被视为权力结构中的一环。作为伊玛目的"大众代表"——这是他们自萨法维王朝以来一直集体主张的地位，他们是宗教捐赠和自发的"伊玛目恩赐"的受领者，这些捐赠主要来自虔诚的巴扎商人。穆智台希德控制着伊斯兰学校，包括学校的课程和学生的奖助学金。他们还将资金分发给他们的追随者，并可以随意驱逐持异见人士、批评者或竞争对手。一些有影响力的教法学家被指控贿赂以及为向他们提供慷慨捐赠的那一方谋取利益。

1826年，呼吁对俄国开战的行为进一步玷污了他们的形象。随着乌苏勒学派的盛行，作为竞争对手的阿赫巴尔学派除了几次短暂的挣扎抵抗外，其势力几乎消失了。在这种抵抗中，最重要的是具有印度血统的学者米尔扎·穆罕默德·阿赫巴里（Mirza Mohammad Akhbari），他发表的反乌苏勒学派声明首次要求结束穆智台希德的特权和对社会的控制，类似的呼吁此后还有多次。他向法特赫·阿里·沙赫提出的请求并无人理睬，但他仍然怀有什叶派原教旨的救世主和神秘主义的思想。事实上，他被孤立的下场，表明了能替代乌莱玛集团的势力正在衰落。

穆智台希德集团也面临着来自苏菲教团的竞争，苏菲教团在伊朗式微一个多世纪后成功卷土重来。最值得注意的是，以14世纪颇有影响力的神秘主义者沙赫·尼玛图拉·瓦力（Shah Ne'matollah Wali）命名的尼玛图拉希教团从默默无闻中崛起，并在赞德王朝时期取得了显著成就。这一派首先是与在克尔曼附近复兴的伊斯玛仪派教团合作，然后与其他伊朗城市里的伊斯玛仪什叶派教团串联。尼玛图拉希教团的领导者是一位波斯裔印度神秘主义者，苏菲派称其为马苏姆·阿里·沙赫（Ma'sum 'Ali Shah）。在他的领导下，尼玛图拉希教团从工匠、伊斯兰学校的学生、商人、王子、恺加宫廷官员以及贵族妇女中招募信徒和追随者，特别是在大不里士。

苏菲派的教义让人们从枯燥乏味的伊斯兰学校和教法学家的严厉傲慢中解脱出来。苏菲派可以与音乐、诗歌和绘画，与对安拉、男女、众生之爱，与对自然与人类之美的崇拜，甚至与夜间聚会等和谐共处，这是一个四海之内皆兄弟的群体。苏菲派通过苦修、礼拜、斋戒和奉献来寻求"真理"，至少在大多数什叶派教团中，这种所谓的真理仍然是对泛神论的修正。所谓的存在的统一性（vahdat-e vojud）在波斯苏菲主义中已经延续了许多个世纪。人们认为安拉不是一个可怕的超验复仇之主，而是一个包罗万象的存在。对苏菲派而言，无论是在他们的思辨著作（主要是关于《古兰经》和神秘主义诗歌的评论）中，还是在他们的通俗劝诫中，人与神之间的鸿沟并非不可逾越。19世纪的波斯苏菲派不同于印度和北非地区强硬的逊尼派"新苏菲派"的复兴，后者往往倾向对伊斯兰教进行原教旨式和复兴式的解读。

对于穆智台希德来说，苏菲派的威胁不仅与他们所谓的异端信仰和腐败行为有关。更重要的是，苏菲派含蓄地主张了"友谊"（walayat）的地位，与穆智台希德从宗教层面主张的"监护权"（welayat）的要求不相上下，两者都是在竞争社区正统宗教领导者的地位。苏菲派"向导"旨在将信徒从令人窒息的宗教仪式和伊斯兰教法的义务中解放出来，并引导他们走向内在纯洁的道路。例如，著名的尼玛图拉希派领袖努尔·阿里·沙赫（Nur'Ali Shah）在诗歌中敦促追随者们超越伊斯兰教法的表面性，进而在苏菲派圣人的指令中寻找真理，这表明他们代表"隐遁伊玛目"成为道德化身的想法。

在19世纪早期，苏菲派复兴运动席卷了整个伊朗。尼玛图拉希派只是其中的一部分。卡克萨尔（Khaksar）教团的德尔维希因其行为怪异、衣着不寻常著称，他们在波斯很常见。在街道、巴扎、"力量之家"体育俱乐部和苏菲派道堂中，都能听到他们那"阿里是所有什叶派苏菲派的守护者"的圣歌。在伴随乐器吟诵抒情颂歌的同时，这帮人还吸食毒品，通常是大麻和鸦片。他们另类的生活方式和非正统的宣言是早已衰落的努克塔维运动的遗存，虽然带有明显违犯教法的意味，但这不仅是出于好奇心，而且是他们坚持特立独行的标志。

德尔维希分布广泛。从印度北部到中亚、安纳托利亚、伊朗、库尔德斯坦以及更远的圣城纳杰夫和卡尔巴拉，以及麦加和麦地那遍布着的苏菲派道堂，都有他们的身影，他们在路途中可以与城市和乡村社区频繁接触。他们在街头表演，在咖啡馆中讲故事，为普通人提供了一个了解遥远国度和民族的窗口，并为他们讲述发生在所处环境以外的奇闻轶事和过去神话传说中的奇迹。19世纪后期，一些四处流浪的德尔维希带着便携式绘画（pardeh），通过依次展现这些画，他们讲述了卡尔巴拉的什叶派悲剧以及审判日事件，这些故事与新朱利法等地的亚美尼亚教堂壁画中的故事遥相呼应。这些画其实是简洁版的塔兹耶[1]（ta'ziyeh）宗教受难剧（彩图4.3）。

---

[1] 在波斯文化中，主要指吊唁剧或激情剧，灵感主要来自历史和宗教事件。

然而，对于穆智台希德来说，苏菲派及德尔维希的非传统信仰和生活方式是一种令人担忧的道德腐败迹象，是欺骗他们的追随者的伎俩。于是，他们在"惩恶扬善"的名义下承担起捍卫公共道德的任务，这不仅要求他们在恺加时期发起宗教论战，进而与苏菲派对抗，还要求他们用发布伊斯兰教令以及对叛教行为执行教法的方式来处置苏菲派。尼玛图拉希教团早期的几位领袖成了穆智台希德反苏菲派运动的受害者。1798年，马苏姆·阿里·沙赫和他的一些追随者在克尔曼沙阿被"苏菲派杀手"（sufi-kosh）——强大的乌苏勒学派穆智台希德穆罕默德·阿里·贝巴哈尼（Mohammad'Ali Behbahani）发布的伊斯兰教令处决，穆罕默德·阿里·贝巴哈尼是早期挑战阿赫巴尔学派的新乌苏勒学派的创始人穆罕默德·巴克尔·贝巴哈尼的儿子。

马苏姆·阿里最喜欢的学生、诗人努尔·阿里·沙赫（Nur'Ali Shah）也在三年后不明不白地去世了。作为恺加时期流行艺术的代表人物，努尔·阿里·沙赫被描绘成一位年轻的圣贤，纯真圣洁，模样英俊，他的形象被刻画在地毯、笔盒封面和金属制品上。这些肖像的长期流行反映了工匠和普通民众无视教法学家及其劝诫，对苏菲派圣人进行着无声赞美。有才华的尼玛图拉希派诗人、音乐大师穆罕默德·莫什塔克·阿里·沙赫（Mohammad Moshtaq 'Ali Shah）因在波斯三弦乐器塞塔尔琴（setar）中增加了第四个谐振器而备受赞誉，但在1791年，他在克尔曼被一群由乌苏勒学派穆智台希德所煽动的暴徒杀死。他被判亵渎神灵，因为他在塞塔尔乐器的伴奏下朗诵《古兰经》。穆智台希德的反苏菲运动得到了法特赫·阿里·沙赫的支持，他对尼玛图拉希派的厌恶态度可以追溯到1792年，因为当时克尔曼的尼玛图拉希派支持了赞德王朝。

尽管在法特赫·阿里·沙赫领导下的穆智台希德集团成功地遏制了苏菲派教团的壮大，却无法完全阻止他们，尤其是在精英圈内。穆罕默德·沙赫本人就是苏菲派的信仰者，在他的统治之下，尼玛图拉希派得到了王室的庇护，并在一段时间内没有遭到进一步的迫害。哈吉·米尔扎·阿加西甚至任命苏菲派的同僚担任重要职务，包括任命一位尼玛图拉希派的学者到新设立的首相办公厅担任王国宗教事务的监管工作。毫无疑问，这一举动旨在抑制教法学家的嚣张气焰。保守派的穆智台希德并没有愉快地接受这种态势，在19世纪中叶，他们对非正统教派的态度变得愈加苛刻。

甚至在伊斯兰学校课程中，神秘主义哲学也没能逃脱异端的指责。学习哲学的学生几乎都是萨德尔·丁·设拉子的追随者，他们受到了攻击骚扰，并被孤立了起来。那些忍气吞声的人不得不用一层厚重的伊斯兰教法来掩盖他们的话语，以至于这些话语空无一物，只剩下枯燥无味的哲学反刍，没有任何新意。让乌莱玛懊恼的是，1815年，一位著名的尼玛图拉希派学者在回应亨利·马丁的辩论时，做了最全面的阐述。他的版本被恺加王朝采纳为官方的正式回应。另一位尼玛图拉希派学者泽恩·丁·希尔凡尼（Zayn al-'Abdin Shirvani，来自希尔凡，位于现今的阿塞拜疆共和国）游历了伊斯兰世界的各个地方，写出了恺加时期一系列最好的地理游记。尽管什叶派尼玛图拉希派拥有精英阶层的支持和学术基础，但并不符合乌苏勒学派和穆智台希德对伊朗社会的控制的要求。

然而，对乌莱玛至高无上地位的挑战，更大程度上来自谢赫（Shaykh）学派的教士。谢赫学派以谢赫·艾哈迈德·哈萨伊（Shaykh Ahmad Ahsa'i，1753—1826）的名字命名，他是一位来自阿拉伯半岛东北海岸什叶派省份哈萨（al-Ahsa'，即今沙特阿拉伯的胡富夫）的流浪学者（地图4.3）。谢赫学派吸引了年青一代经学院学生，他们不仅是单纯地学习教法学。在19世纪早期，哈萨伊被誉为一位颇有成就的教义学和教法学学者。最重要的是，他本人就是神秘主义哲学（hekmat）的实践者。神秘主义哲学的根源可以追溯到毛拉·萨德拉（具有讽刺意味的是，他谴责毛拉·萨德拉是一名异教徒），甚至还可以追溯到熟悉的泛伊斯兰苏菲主义、新柏拉图主义和照明（eshraq）哲学。

地图4.3　巴布运动（1844—1852）

哈萨伊在伊斯兰学校的学生中大受欢迎，尤其是在卡尔巴拉，后来，他在伊朗的追随者也越来越多，这主要源于他对什叶派的折中态度，他是除穆智台希德的伊斯兰教法和苏菲派的神秘主义之外的第三种选择。他精通学术传统，但提出了一种超越教法学家严格法律主义的道德神秘主义理论。他的虔诚标志着几个世纪以来什叶派伊朗世界中的苦修者的修为，尤其吸引那些商业阶层和非精英阶层。

　　哈萨伊利用伊朗社会环境中丰富的末日启示传统回答了什叶派神学里的一个基本问题，即隐藏在无形世界中的"隐遁伊玛目"的超物质存在、认知他的方法以及他降临的时间和环境。哈萨伊认为并不是通过纯粹的宗教义务，而是要借由对神圣空间的直觉体验来寻求人类的救赎，这个空间被他称为"赫卡利亚"（horqalya），是介于尘世与天园之间的世界。"赫卡利亚"这个概念是他从12世纪的伊朗哲学家谢哈布·丁·索哈瓦迪（Shehab al-Din Sohravardi）那里借鉴来的，在"赫卡利亚"中，人类看不见隐遁的伊玛目，但所有信徒的灵魂都像是等待复活日的最初形态一样。在这个世界里，完善了智力和道德潜能的信徒可以冥想出"时代之主"伊玛目，体验他在这个世界的"显现"。因此，对于哈萨伊来说，"完美什叶派"指的是那些已经达到这种理想状态，并能引导其他人走上同样道路的人。这个概念是对"完人"（ensan-e kamel）概念的重新加工，而"完人"长期以来一直被认为是擅于思辨的苏菲派思想。因此，哈萨伊通过天体空间理论假设"赫卡利亚"世界的存在，实际上是回答了"隐遁伊玛目"在非物质状态下千岁寿命的问题。虽然，哈萨伊从未在他隐晦的作品中明确表达过这种观点，但他得出的结论是，"隐遁伊玛目"会在世界末日之际显现在一具新的肉体中。

　　在这种诠释中，"隐遁伊玛目"是超现实存在的，不仅可以与""时代伊玛目""在冥想中邂逅，而且可以最终回归到物质世界，而不仅仅是作为第十一任伊玛目的儿子。根据主流什叶派的信仰，伊玛目早在一千年前就已隐遁，但是会隐喻性地回归到一具新的人类躯壳中。哈萨伊和他的继任者也重新诠释了梦幻般的"时间征兆"（Signs of the Hour），这是"隐遁伊玛目"在世界末日回归的先决条件。"完美什叶派"被认为是哈萨伊本人应得的一种地位象征，在他之后，则是继任者赛义德·卡泽姆·拉什提（Sayyed Kazem Rashti，1793—1843）。作为最能感知到"隐遁伊玛目"的人，"完美什叶派"会在伊玛目回归前准备好所需的步骤。"完美什叶派"，而非穆智台希德，拥有能够代表"隐遁伊玛目"的真正的监护权。此外，谢赫学派认为，人类的完善不仅依赖于时间长河中的历史进程，也需要"隐遁伊玛目"的最终回归，在时间成熟的时候，他会把自己从隐性的初始世界带到显性的现实世界里。

　　什叶派历法中的千年标记无疑增加了谢赫学派对救世主的关注及其自身的吸引力。伊斯兰历260年（公元873—874年），第十二任伊玛目被认为已隐遁；1000年后，正好是伊斯兰历1260年（公元1844年）。伊斯兰历1260年在什叶派的想象中占据了重要位置，并引发了救世主降临的猜测。到了1840年代，在拉什提的领导下，谢赫学派已经发展出了一个与乌苏勒学派不同的宗教网络，并与之竞争。谢赫学派主要由年轻的伊斯兰学校学生和由哈萨伊、拉什提训练的新一代穆智台希德组成，他们批评乌苏勒学派教法学家过时的宗教学校教育，认为这些教法学家以宗教道德和神秘主义为代价，徒劳地研究着教法学方法论，同时也批评他们的腐败和荒淫。

　　仪式的象征意义在区分两派方面也发挥了重要作用，特别是对圣陵的拜谒（ziyarat）。谢赫学派站在圣陵脚下进行拜谒仪式，并以极其谦卑的方式进行拜谒，以示尊重。对伊玛目典范的信仰使得拜谒墓葬的仪式成为一种存在主义的体验。乌苏勒派的通常做法则与谢赫派形成了鲜明对比，乌苏勒派一般站在圣陵的顶部，他们拥抱外部的栏框（zarih），将碎布和挂锁绑在上面许愿，并且例行性地念诵游访碑文。在谢赫学派的眼中，这些是对伊玛目完全不敬的行为；因此谢赫学派给乌苏勒学派贴上了"站在顶部之人"（balasari）的标签。

　　谢赫学派的专家通常来自乡村或是小城镇，他们习惯了农村的简朴生活，这与伊朗一些已确立地位的穆智台希德的生活方式并不一致。从我们所掌握的资料可知，信奉谢赫学派的商人和工匠往往与拉什提及其学生有着同样的物质超脱和道德正直的理想，在这一点上，他们不再认同乌莱玛集团。乌苏勒学派对哈萨伊的谴责以及企图驱逐拉什提的行为激怒了谢赫学派，并进一步加强了他们对救世主的渴望。在拉什提的核心圈中，他被认为是"时代之主"的"门"（bāb），甚至被认为将对乌苏勒学派骚扰者发起一场救世主革命，而发生在卡尔巴拉的血腥反抗奥斯曼当局的行为加速了这种期望。

　　1842年，巴格达省新任帕夏穆罕默德·贾吉布（Mohammad Jajib）对什叶派蔑视奥斯曼当局的行为做出了激烈的反应，其中包括在什叶派城市建立逊尼派国家法院。卡尔巴拉起义的领袖和支持他们的乌苏勒学派的穆智台希德，听从了拉什提的调停，并抵制了帕夏的警告。其结果是奥斯曼帝国军队屠杀了将近9000名什叶派平民，几乎是卡尔巴拉人口总数的一半。谢赫学派领导人愿意与奥斯曼土耳其人合作，并试图挽救一些生命。那些表现出效忠于拉什提的人幸免于难，而拉什提本人则以温和派的身份出面。据推测，他可能支持奥斯曼帝国的司法和行政改革。尽管如此，奥斯曼政府的重拳回击与坦齐马特时代的改革所带来的结果——让少数民族拥有更大自由度——形成了鲜明的反差。实际上，这次行动重申了伊斯坦布尔对伊拉克的亲什叶派马穆鲁克统治者的全面控制。

对于什叶派受害者来说，奥斯曼的暴行是什叶派在逊尼派压迫者面前丧失权力的又一迹象。仅仅在40年前，也就是1802年，卡尔巴拉和纳杰夫的什叶派人士目睹了一场恐怖的袭击，当时阿拉伯半岛内志（Najd）的瓦哈比派[1]（Wahhabi）士兵在此进行了劫掠，并认为屠杀近5000名什叶派平民、掠夺和摧毁什叶派圣地是他们的宗教责任。瓦哈比士兵杀害无辜者、亵渎伊玛目侯赛因陵墓的行为使伊朗公众忧心忡忡，因为这表明恺加政权无法捍卫伊拉克什叶派，也无法减轻他们的痛苦。正是在这种复杂的教派背景下，巴布运动找到了第一批信徒。

巴布教起义与复活信条

作为谢赫学派教义传播的重要结果，巴布运动呼应了伊拉克什叶派和伊朗恺加王朝正在发生的危机。1844年，一位来自设拉子的年轻商人赛义德·阿里·穆罕默德（Sayyed'Ali Mohammad，1819—1850）让一群来自卡尔巴拉的年轻谢赫学派毛拉宣誓效忠于他，并把他视为"真理之门"。这不仅被解释为

---

[1] 兴起于18世纪中斯的伊斯兰教逊尼派支脉，以首倡者穆罕默德·伊本·阿卜杜勒·瓦哈比（Mohammad ibu Abd al-Wahhab）而得名。

继承拉什提地位的声明，而且还表明他将代表"隐遁伊玛目"行使对世俗的监护权。人们称赛义德·阿里·穆罕默德为"巴布"，巴布呼吁所有的信徒谴责穆智台希德，而支持他自己的宣言，为此，他提供了具有《古兰经》风格的经文作为依据。他以救世主式的呼唤预告着马赫迪的降临，这吸引了伊朗和伊拉克什叶派的年轻人前来皈依，这些皈依者包括毛拉、伊斯兰学校学生、商人和小型巴扎的零售商、工匠、城市及乡村妇女、政府官员、小地主，很快，村民和无地劳动者也加入其中。

早期巴布教皈依者的松散组织向热情的公众和什叶派当局传达了新的信息，呼吁他们承认"巴布的降临（zohur）"是权威的唯一神圣来源，否则他们就将面对马赫迪即将降临的可怕后果。新运动的传播在设拉子激起了一些热情，但很快，巴布及其追随者被谴责为异教徒，并受到越来越多的迫害和骚扰，甚至连过去忠于旧学派的谢赫派信徒也反对他们。穆智台希德担心这一运动发展迅速，便煽动政府当局进行了干预，特别是在巴布声称他就是众人等待的马赫迪本人之后。不久，他又宣称他不仅是什叶派的救世主马赫迪，而且也是新的"先知循环"的启动者。他声称，他的新宗教已经结束了伊斯兰教的先知循环，并发布了一项新教令。该教令声称，伊斯兰教法及其代表已不再合法。可以预见的是，任何声称马赫迪即将降临的言论，都注定会被视为对神明的亵渎。

在接下来的几年里，巴布教徒竭力邀请高级教法学家参与和平辩论，但这一做法却被认为是荒唐和异端的，而且被断然驳回。面对与日俱增的迫害，激进的巴布教徒呼吁对他们的反对者，特别是乌莱玛集团采取更加激烈的行动，他们批评乌莱玛非法获取物质利益，保守闭塞，并且对新先知傲慢无礼。1848年至1851年间，巴布教徒被迫拿起武器反对政府。事实证明，此举有百害而无一利。到1852年，这场运动遭到了镇压，领导层被杀害、放逐，或被迫转到地下，但在接下来的10年中，巴布教重新成了一个秘密的反抗宗教。最终，巴布教内占主导地位的派系谴责暴力，支持和平的道德重建，承认先知的连续性，鼓励宽容其他信仰。在19世纪后期，巴布教的这支派系逐渐演变成巴哈伊教（地图4.3）。

巴布出身于一个从事服装贸易的小商人家庭，与乌莱玛有一些联系。年轻时，他在布什尔的自家店铺中接受过商业贸易培训。当他第一次公开他的主张时，他还在当地从事着南方贸易，将从印度进口的茶叶和其他物品，连同法尔斯省的干果和其他当地产品一起销往伊朗内陆地区。向他效忠的年轻谢赫派信徒大多来自呼罗珊和阿塞拜疆的村庄小镇。1844年5月的巴布宣言是一个转折点，标志着巴布教从以谢赫学派为核心圈的小众信仰演变成了一场有大量信徒支持的公开宗教运动。谢赫学派的教义，再加上对卡尔巴拉的教派紧张局势的记忆，让这些热切的追随者情绪激动。他们效忠追随的是一位虽有圣洁虔诚之名，但无神职资历的设拉子商人，这是极不寻常的。毫无疑问，这表明他们有意在伊斯兰学校范围之外寻找一位具有超凡魅力的领袖。多亏精力充沛的毛拉·侯赛因·波什鲁伊（Mulla Hosain Boshru'i），他是巴布的第一个皈依者，也是发起此次运动的关键人物，到了1848年，伊朗的大多数城市和伊拉克什叶派宗教圣地都有了巴布教的组织。

几乎从他在家乡设拉子第一次公开发表宣言开始，巴布就被贴上了异教徒的标签，不久后又被软禁（图4.6）。他在伊斯法罕省长曼努切尔·汗·穆塔迈德·道莱那里避难了一段时间，虽然他很快就失去了庇护，但伊斯法罕省长对他和他的思想非常感兴趣。巴布在伊斯法罕避难，并受到省长庇护的期间，省长曾要求巴布写一篇关于先知穆罕默德使命真实性的文章，这无疑表明了省长曼努切尔·汗内心也在质疑伊斯兰教到底是不是神圣宗教。巴布编写的这篇用以说服恩主的文章，也使他自己更加坚信先知降临的周期性循环，并且他认为自己就是最新的先知。然而，在伊斯法罕省长死后——也许是哈吉·米尔扎·阿加西策划了这场谋杀，巴布立刻失去了一位强有力的保护者，随之失去的还有扩展其使命的任何现实机遇。

图4.6　巴布位于设拉子的宅邸是伊朗南部典型的商人住宅。在这座两层楼的建筑里，巴布首次宣布了自己的使命，后来，他也被软禁在此

侯尚·塞翁（Houshang Sayhun）所画，1976年11月，私人收藏。

1846年，穆罕默德·沙赫邀请巴布到首都会面，听他的布道，但巴布却无法面见国王。在首相阿加西的命令下，巴布在前往德黑兰的半路上改道，然后被送往阿塞拜疆的马库（Maku）要塞，这是阿加西的安全地盘，位于俄国和奥斯曼边界的西北角（地图4.3）。正是在与世隔绝的偏远堡垒中，巴布在他最系统的作品《默示录》（*Bayan*，也称《巴扬经》，bayan意为"揭示"）中阐述了巴布教派的教义。《巴扬经》以《古兰经》的风格写成，却带有浓重的神秘主义思想底蕴，混合了什叶派的神秘主义信仰、现代社会思想观念，并有意摆脱伊斯兰教的周期性历史观的思想内核。

巴布设想他的使命处于最新的先知轮回之中，受神的启发，并渐进式地走向人类的完善——巴布的思想（后来在巴哈伊教）中所谓的神圣"大周期"

（megacycle）的"进步"。无论是在伊斯玛仪时代还是在伊朗世界的其他潮流中，"救世主"是什叶派长期以来都信奉的先知轮回概念，这个概念与古代琐罗亚斯德教的"复活信仰"（farashkart）是一样的，即在连续千年周期轮回结束之时"更新"。《古兰经》也采用了一系列神启的观念，这些启示可以追溯到亚伯拉罕，甚至可以顺着《圣经》的线索追溯到第一个人类亚当，他也是最早的先知。宗教具体化的概念似乎起源于公元2世纪的摩尼教，当时摩尼教在整个伊朗世界广为流传。伊斯兰教的正统观点认为伊斯兰教的先知穆罕默德是"先知的封印"（khatam al-nabi'in），他的宗教是最完美的，也是最后一个，直至时代的结束、世界的末日。然而，在非正统派或中世纪伊斯兰教的神秘主义思想中，通过时间轮回来达到至真至善的想法从未被抛弃。虽然轮回更始理论经常与伊斯兰教完美思想相一致，但尤其是在什叶派里，救世主马赫迪末日降临的预言仍是周期性轮回更始思想得以立足的主要依据。

巴布主义没有将"复活"解释为物质世界在末日的毁灭，而是一轮启示周期的结束和下一轮周期的到来。依据悠久历史的千禧年推测，巴布利用熟悉的季节变化来隐喻和解释循环性进步的本质。他所称的"先知之树"，在春天开花，在夏天获得力量，在秋天结出果实，在冬天死去，在下一个季节轮回更始之中获得重生。这是同一棵树，但随着时间的推移，它每年都是不同的。这种先知复活的观念中所蕴含的历史相对主义意识承认了历史的变迁，允许人类有创新的潜力，并且提倡前瞻性的观点，实际上是对什叶派正统世界观的叛逆。

在这些周期更始之中，人类在道德和智力发展方面的潜力是巨大的。《默示录》呼应了在波斯神秘主义环境中得到广泛认可的新柏拉图主义思想，巴布暗示人类不仅可以攀登到先知的境界，而且可以通过完全反映整个神圣太阳的光芒来超越这种境界。巴布的意图是让这个现实变得明确而不可更改。可以说，巴布努力用自己深奥的语言来建构一种本土现代性的思想理念，而这一现代性依赖于历史的进步，而非过往的神圣性。同样，巴布含蓄地呼唤着人类的主观能动性，而非预言式的一锤定音。从这个角度来看，巴布所传递的信息应被视为一千多年来什叶派末日救世情结与伊斯兰教法——更具体地说，是与随着萨法维王朝崛起而确立起来的伊斯兰教法——决裂的重要标志。

救世社团的起义

巴布教社团的建立在某种程度上反映了一种重要的社会动力。作为一场底层运动，巴布教可能是第一次将来自伊朗各地不同职业、不同社会群体的皈依者聚集在一起，而且是基于他们的个人信念，而不是基于对传统、地域或种族的忠诚，他们共同追求一个新的目标。这是一个正在形成的民族共同体，独立于国家和乌莱玛政权，并最终反对这两者。巴布教更多关注巴扎的需求，而不是伊斯兰学校的需求，因此巴布教不仅象征着商人和工匠的希望，也是其他边缘人和贫困群体的寄托。

撇开巴布教对实现什叶派末日救世预言的破坏性的执着以及自身的诸多矛盾之处，新生的巴布信仰实际包含着新的民族认同的核心。巴布的一些作品是用波斯语写的，包括《默示录》，他认为波斯语就像阿拉伯语一样，是一种神圣的语言。巴布神学著作中有许多熟悉的波斯神学和神秘主义的术语、概念。他将他在法尔斯省的出生地指定为"巴扬圣地"（the sacred land of the Bayan），还有他在设拉子的房子——他在那里第一次宣布他的使命——被指定为巴布信徒每日礼拜的方向。他采用了一种"新奇"（badi'）的太阳历，历法规定每年由19个月组成，每个月有19天，元旦定在了波斯的诺鲁孜节。新历的第一年从伊斯兰历1260年，也就是公元1844年巴布宣布使命的开始之时算起，以此来取代伊斯兰教的希吉来（Hijra）历。历法的急剧变化传达出的不仅是纯粹的时间计算，而且是新时代的到来。

当巴布还是波斯湾布什尔港的一个小商人的时候，他就目睹了欧洲所展现出来的工业实力和海军军力。在《福音书信》（horuf-e enjil）中，他经常指出欧洲人既具有威胁性，同时也具有吸引力，这两种特征都预示着伊朗对西方的矛盾心理。更广泛地说，这也是非西方世界对西方普遍存在的矛盾心理。在他的著作中，他称赞欧洲制造业，并考虑在一定限度内与欧洲进行贸易。除非能带来有用的贸易和工作机会，否则他将禁止欧洲商业渗透到"神启之地"；而欧洲商业带来的馈赠在宗教仪式层面上被他认为是洁净的、可接受的。他赞扬欧洲的物质进步和他们的清净以及外在的尊严，他们清晰易读的笔迹、高效的邮政通信以及新闻出版物，也都给他留下了深刻的印象。然而，尽管有这些认可，巴布仍认为，只要欧洲人否认伊斯兰教先知的真实性，他们就无法在审判日得到救赎。他希望将来欧洲人会欢迎他的真理信息，并将之列入"光明之书"（Letter of Light）。

尽管巴布宗教具有新的潜力，但仍然陷入了被认为是异端的环境之中。巴布认为自己和早期追随者的使命是为了实现伊斯兰教什叶派的预言，但当他和他的追随者面临迫害和死亡时，什叶派殉难的悲剧故事则变得更加真切而具体了。他将自己看作救世的马赫迪和带来神圣信条的新先知，还是伊玛目侯赛因的"回归"，是什叶派殉道的典范，他早已预见了自己悲惨的结局。

由于巴布教徒的领袖被拘留，巴布教在呼罗珊、马赞德兰和其他地方的追随者虽然不断增加，但几乎没有受到领袖的直接领导。由于新宗教运动如星火燎原般迅速发展，乌莱玛说服了不情愿的哈吉·米尔扎·阿加西政府采取镇压行动。1847年，在大不里士，年轻的王储纳赛尔·丁·米尔扎（Naser al-Din Mirza，1831—1896）出席了公审巴布教的审判。在审判过程中，巴布毫不含糊地宣称自己就是什叶派期待了整整一千年的马赫迪。巴布石破天惊的主张有着许多重要的含义。至少自15世纪的努克塔维运动以来，这是伊斯兰教近代史上第一次有意识地脱离伊斯兰教，而此时伊朗正经历一段社会经济疲软不振、外国入侵不断的艰难时期。

后来，始于1848年的巴布起义在某些方面验证了巴布及其早期追随者所预言的世界末日。虽然巴布教徒中的大多数毛拉都选择了什叶派经典中的圣战情景，但其他人开始试着去阐明伊斯兰教法废除后和新时代到来前的过渡时期的意义。也许巴布运动领导层中最关键的人物是一位年轻女性，她对运动的影响力不亚于巴布本人。她是一位诗人、学者、革命性的原始女性主义者，她就是法特梅·扎林–泰姬·巴拉嘎尼（Fatemeh Zarrin-Taj Baraghani），更被称为"最珍贵的人"（Qurrat al-'Ayn），她的巴布教头衔是"塔赫雷"（Tahereh，意为"纯洁"）。塔赫雷是伊朗近代史上一位非凡的人物，其独特之处不仅在于她与父权制社会中根深蒂固的厌恶女性主义形成了鲜明对比，还在于她代表着世俗大众对伊斯兰教教法局限性的突破，这种局限性对像她这样背景的女性而言，是显而易见的。

　　塔赫雷出生在加兹温一个乌苏勒学派的穆智台希德家庭中，家族有一定的影响力，并且十分富裕。她和母亲、姨母、姐妹对文学和学术研究都非常感兴趣，但这并不为人所知。尽管她的家族一向是反谢赫学派的，比如她的伯父曾谴责哈萨伊，但她在卡尔巴拉拜拉什提为师，并且成绩斐然，这对于那个时代的女性来说是一项罕见的成就。她在缺席的情况下接受了巴布的宣言，而作为回报，巴布将她列为最初的18位信徒之一，列入了他的"永生者字母"[1]（Letters of the Living）中，彻底打破了当时的性别歧视的高墙。保守的巴布教徒被这个年轻女子大胆不羁的行为所震撼，尽管对她多有批评，但巴布却为她辩护。

　　塔赫雷是一名独立的女性，拥有越来越多的追随者，其中女性和男性都为数不少。当塔赫雷被奥斯曼帝国当局以煽动反什叶派情绪的罪名软禁时，她当着巴格达穆夫提的面用阿拉伯语慷慨激昂地为自己进行辩护。塔赫雷已婚，并育有四个孩子，她与丈夫（同时也是她的堂兄）的关系已经疏远。但迫于家庭的压力，她还是不得不从卡尔巴拉回到加兹温。然而，在她刚回到加兹温后不久，她的叔叔（同时也是她的公公）——加兹温著名的聚礼领拜人在1847年被激进的巴布教徒暗杀，她也从软禁中逃脱了出来。这次暗杀事件是巴布教徒对日益高涨的迫害浪潮的第一轮暴力反抗。

　　塔赫雷在逃出来后又躲避了一段时间。1848年6月至7月，塔赫雷参加了在伊朗北部巴达什特（Badasht）村举行的一场重要的巴布教徒集会。此次会议的召开是为了讨论这场运动的未来和巴布的命运，巴布仍被关押在阿塞拜疆西部切里克（Chehriq）的一座偏远城堡里，这里靠近奥斯曼帝国边境。在商议过程中，塔赫雷成为激进派的领袖，激进派不仅要与伊斯兰教分道扬镳，而且还公开蔑视什叶派的乌莱玛。

　　塔赫雷在巴达什特集会上公开亮相，在讲道台上做公开讲话时，她并没有佩戴面罩（neqab），这震惊了她的巴布教徒伙伴，因为这象征着与神圣无比的伊斯兰风俗的决裂。这可能是伊朗伊斯兰历史上第一例城市穆斯林妇女特

---

[1] 巴布授予前18个信徒的称号。

意在公共场合摘掉面罩，这种行为至少在半个世纪内都没有重演。她与巴布的观点相呼应，认为巴布教是一轮独立的启示，它将废除伊斯兰教的循环更始，而且在后伊斯兰教的过渡时期，宗教义务不再具有约束力。相比之下，年轻的毛拉·穆罕默德·阿里·马赞德兰尼（Mulla Mohammad'Ali Mazandarani）是反对派中颇具魅力的领袖，以他的巴布头衔"库都斯"（Qoddus）而闻名，他拒绝与伊斯兰的过去彻底决裂，并认为巴布的使命只在于实践什叶派的预言。

巴达什特集会上的辩论暴露出一个重大的困境，虽然塔赫雷的巴布信仰独立于伊斯兰教的立场占了上风，但是反对者阵营成功地让人们深刻意识到，需要发动一场救世主圣战，这是什叶派对马赫迪降临而设定的一种行动方式。巴布教徒受到的敌意越来越多，其中大多来自乌莱玛集团，并且恺加政权同情巴布教徒的可能性微乎其微，更不用说保护他们了，因而，巴布教徒几乎不可能选择一条更具灾难性的路线。

1848年至1849年期间，发生在马赞德兰中部塔巴尔西（Tabarsi）要塞的一场具有决定性意义的武装起义体现了这种趋势（地图4.3）。穆罕默德·沙赫去世后，由于受到了伊斯兰历千年胜利前景和政治骚乱的鼓动，巴布的第一个皈依者波什鲁伊率领了一支来自呼罗珊的巴布队伍向阿塞拜疆行进，准备将巴布从囚禁中解救出来。这支武装的巴布特遣队总数不超过200人，装备和武器都不够精良，他们在巴尔福鲁士暂时驻扎了一段时间，不久就遭到了当地政府民兵的骚扰。出于对生命安全的担心，巴布特遣队撤出了城镇，并最终在塔巴尔西圣地一所森林深处的小房子里暂避，这里大约在巴尔福鲁士以南25英里处。很快，包括库都斯在内的巴布信徒也加入其中。此外，还有来自伊朗各地的其他巴布教徒，以及附近的小地主和农民等新皈依者。

被围困的巴布教众忠于他们救世主的理想，与政府部队进行了数月血腥的教派战争。尽管他们在早期曾取得了成功，但很快，饥饿、伤亡和士气低落迫使他们不得不选择可耻的投降，投降的结果是几乎所有剩下的战士都被处决了。同许多相同性质的救世主运动一样，塔巴尔西营地在这期间仍然充满着希望，教众们怀着理想过起了简朴的营地生活（图4.7）。而最为重要的是，塔巴尔西抵抗运动的领袖发生了变化。由于巴布被监禁，不能对该运动进行有效领导，所以波什鲁伊和库都斯都被定为"起义者"（qa'im），这是伊玛目马赫迪的另一个名字，这个称谓以前只适用于巴布。四散的巴布领袖和马赫迪概念的民主化，并非与巴布创始人的集体主义愿景完全不相容，这在"永生者字母"的概念中就有体现，这一宗教社团正是由19个宗教领袖——巴布与其前18个信徒组织起来的。巴布深深地专注于字母所固有的命理学和数字价值，他将数字"19"作为新兴宗教的组织基石。在这个宗教社团中，救世主马赫迪的角色可以由列入"永生者字母"的第一批信徒所共享，这象征着这一运动固有的平等主义特征。

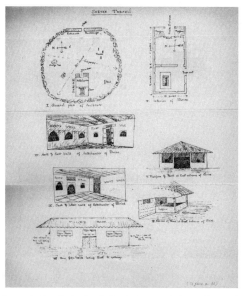

图4.7　1888年，年轻学者爱德华·格兰维尔·布朗（Edward Granville Browne）绘制的谢赫·塔巴尔西（Shaykh Tabarsi）圣陵的画像，可能是关于巴布起义防御要塞最古老的视觉记录。简陋的场地以及狭小的圣陵内部揭示了临时防御工事的艰难环境

爱德华·格兰维尔·布朗编译，《米尔扎·阿里·穆罕默德的新历史：巴布》（*The New History of Mirza 'Ali Mohammad the Bab*），（剑桥，1893年版），第56页。

　　塔巴尔西起义的失败以及超过400人的丧生给巴布教徒的士气造成了永久的打击。伊朗北部的赞詹（Zanjan）、法尔斯省的内里兹（Nayriz）以及其他地方的起义都缺乏塔巴尔西式的革命气概，尽管它们与塔巴尔西事件一样激烈和血腥。在赞詹，巴布信徒短暂地控制了城市内部的一些区域，在教派斗争和与政府军的冲突中，有超过5000名巴布信徒伤亡。相比之下，内里兹起义是由农民反抗地主和税务官引发的。

　　来自巴布的信息激发了人们不同的思想，并给予人们一种能动性和最终取得胜利的希望。为平定巴布教徒的叛乱，新首相米尔扎·塔奇·汗·阿米尔·卡比尔领导的恺加政权不得不投入大量军事和财政资源。1850年，当巴布本人被带到大不里士并交由行刑队处决时，尽管只要他宣布放弃信仰就可以获得自由，但他仍然顶住压力，坚持立场。他在军营的院子里被公开处决，这是伊朗第一次以欧洲军事风格执行死刑。此举的目的不仅是打击叛乱和恐吓同情巴布的人，还是为了展示新首相领导下的恺加政府已经重新掌握了权力。

　　在巴布被处决的两年后，暗杀新统治者纳赛尔·丁·沙赫（Naser al-Din Shah，1848—1896年在位）的计划并没有成功，而这位国王已经陆续杀害了巴布教其余的杰出领袖。在政府精心策划的酷刑和杀戮中，恺加王子、乌莱玛、商人和官僚也参与了可怕的大规模处决。不久之后，被德黑兰省省长拘留的塔赫雷被带到了两个穆智台希德面前，经过漫长而又带着些好奇的辩论后，他们以亵渎神明的罪名判处塔赫雷死刑。在一个深夜，一个醉醺醺的奴隶依照军队总司令的命令秘密地杀死了塔赫雷，他用围巾勒住她的喉咙，使她窒息而死。她的尸体被丢在了首都郊外花园旁的一条浅沟里。当时，她年仅38岁。

　　塔赫雷的死意味着巴布运动第一阶段的结束。在创立八年之后，尽管其追随者受到了严重迫害，但巴布教的声音还是广受大众的欢迎。该运动的政治失败意味着一个契机，即在伊斯兰什叶派内部力量的刺激下，一种尽管粗略但耳目一新的宗教改革思想有望发声。当时正处在一个关键的历史时刻，伊朗社会越来越意识到自己的民族特性，更加意识到来自外部的军事和经济的挑战，更加批判自己国家和宗教机构的缺陷。从这个意义上说，巴布运动是对千年以来悬而未决的世俗权威与神圣权威问题的救世主式回答。"神圣进步"和"更新周期"的概念虽然并不是伊朗什叶派思想中的新概念，却在巴布教义中找到了新的共鸣。伊朗在19世纪下半叶已经完全接触到了外来的现代化模式，巴布运动的出现恰巧在这之前，更凸显了这一运动的重要意义。

尽管存在许多不足，巴布运动实际已经预示了半个世纪后的立宪革命中崛起的由小商人、工匠、低级神职人员以及其他边缘群体组成的联盟。阿米尔·卡比尔是一位现代主义者，主张西方式的、由国家主导改革的理念，他对巴布运动的镇压实际上是两种变革愿景之间的冲突。国家的镇压并没有根除这一运动，而是迫使其转入地下，幸存下来的领袖也被驱逐到了国外。尽管该运动不得不与痛苦的派系分裂做斗争，但在19世纪下半叶，这场运动逐渐成为宗教人士和知识分子表达不同意见的唯一形式。

巴布教的计划无法在初始阶段取得成功，部分原因是它无法脱离什叶派的过去。巴布对预言的论述和对变化的感知的确承载着革新复始的重要内涵；然而，他那常常充满神秘和隐喻性的语言，无法创造一个连贯而理性的现代化蓝图。此外，该运动的发展过程及其所受到的敌意，不仅剥夺了巴布阐明教义的机会，而且也剥夺了巴布组建一个开放且稳定的宗教社团的机会。巴布教的秘密存在继续强化了对宗教迫害和殉难的历史叙述。在后来的几十年里，占据多数的巴哈伊派教徒与居少数的阿扎利派（Azali）教徒的分歧，反映的不仅是宗教继承问题，它还凸显了双方相互竞争的愿景。尽管阿扎利派仍主要致力于提出政治上的异议，但巴哈伊派教徒的最终目标是实现道德重建的普世愿景。

第五章

纳赛尔·丁·沙赫与维持脆弱的平衡（1848—1896）

在19世纪下半叶，尽管来自外国的压力日益增长，国内局势也日趋紧张，但恺加伊朗作为一个主权国家幸存了下来。恺加王朝没有四分五裂，也没有被列强殖民接管。正如人们所知，纳赛尔时代由纳赛尔·丁·沙赫缔造，他统治了伊朗近半个世纪。在这个时代，国家统治逐步巩固，宗教机构得到了安抚，伊朗也适应了欧洲外交和经济贸易的现实，国内改革取得了有限成效。在一系列经济问题的催生下，这个时代的一大特点是城市骚乱和民众抗议活动时有发生。同时，这个时代还见证了来自国外的物质和文化的进一步发展。新一代异见人士开始对他们国家的未来心生绝望，但同时也抵制欧洲列强的干预，一种更为强烈的民族决心开始显现。

政府的现代化改革进程，从纳赛尔·丁·沙赫统治初期阿米尔·卡比尔的零星改革开始，但保守的恺加精英阶层抵制任何实质性的变革，如日本的明治维新、埃及的赫迪夫（Khedive）改革[1]和奥斯曼帝国的坦齐马特改革一样。或许除

---

[1] 由穆罕默德·阿里在18世纪末19世纪初在埃及发起的改革。赫迪夫意为"总督"，由阿里所创。阿里本是奥斯曼帝国的阿尔巴尼亚雇佣兵首领，于1801年随奥斯曼军队与入侵埃及的法军作战，并趁乱夺取了埃及的统治权，当上了埃及赫迪夫，埃及也因此获得了实际上的独立。此后，阿里实行了改革，拉开了埃及近代化的序幕。

了由欧洲资本出资建设的并向欧美出口波斯地毯的手工作坊，伊朗没有出现任何实质性的现代工业，道路和通信依旧不发达。精英阶层中只有一小部分人接受过现代教育，并且人微言轻，而恺加政权的政治结构也几乎没有发生改变。

对于伊朗人民来说，在纳赛尔时期，他们的生活方式发生了一些变化。诸如蒸汽船和电报等新技术的出现，茶叶、烟草和糖等商品的消费以及购买欧洲纺织面料变得更加普遍（地图5.1），伊朗人开始更多地去了解他们不熟悉的世界。然而，作为19世纪经济发展的伟大标杆，铁路的修建仍然是一个不切实际的梦想，这主要是因为英俄两大帝国的竞争，还因为投资资本的不足。缺乏现代化的铁路和公路网络，使得伊朗对欧洲资本和殖民项目的开放程度远远低于埃及等中东其他国家，这不知是福还是祸。

地图5.1　恺加伊朗的商业及贸易路线

245

19世纪晚期，绘画和建筑方面产生了新的智慧结晶和新的艺术创造力。与欧洲的接触激发了伊朗的艺术和文学潜力，但在大多数情况下，这种接触并没有削弱其本身的文化自信。波斯的艺术想象力和精湛的工艺得以保存下来，而没有完全迷恋于西方，或是被其技艺所迷惑。不幸的是，纳赛尔时代的特点是多灾多难——地震、干旱、灾难性的霍乱和瘟疫，以及饥荒——往往超出了资源有限的政府的应对能力。农业生产模式发生了变化，囤积粮食以及对基本粮食流通的干扰，使得贫困和长期饥饿在城市和农村变得普遍。

一小部分拥有土地的权贵阶层享有宁静安逸的太平生活，但这种宁静安逸很少能惠及大多数人。相反，贫富差距加剧了社会分化，加剧了民众的不满情绪。如果说19世纪上半叶重新塑造了恺加王朝统治下的伊朗"戍卫领地"，那么下半叶则是一个通过共同的贫困纽带，以及后来的民众抗议来巩固国家统一的时代，这种挫败感往往表现在向国王请愿、前往圣陵和皇宫避难以及发动粮食骚乱。伊朗地理边界的实际划分进一步疏远了伊朗与其邻国逊尼派的关系，从而强化了伊朗的什叶派认同。在20世纪初，伊朗的普通居民，不论男女，都可能被定义为"伊朗人"（ahl-e Iran），他们对伊朗的集体身份认同比法特赫·阿里·沙赫统治下的恺加臣民更加深刻，尽管他或她还没有接触到现代民族主义的意识形态。

阿米尔·卡比尔时代

恺加时代很少有人能像米尔扎·塔奇·汗·法拉哈尼那样，在伊朗历史中留下如此深刻的印记，他的军衔"阿米尔·内扎姆"（Amir Nezam）更广为人知，因此常被称为"阿米尔·卡比尔"（Amir Kabir）。他经常被誉为捍卫国家主权的斗士，而他所处的时代则被视为进步道路上错失的一个战略机遇期。他被描绘成一个殉道者，曾成为宫廷阴谋、贵族既得利益、外国阴谋以及根深蒂固的专制文化的牺牲品。抛开英雄的光环不谈，阿米尔·卡比尔的政治生涯也同样说明了在国家现代化进程中将会遭遇到的国内外的重重障碍。他担任纳赛尔·丁·沙赫的第一任首相虽然时间较短，但他努力贯彻一种良性的政府秩序（nazm），这个秩序既根植于波斯"好政府"理念，也根植于19世纪国家改革的观念。

阿米尔·卡比尔最初只是大不里士地方政府中的一个中层官吏。在1840年代中期，他担任伊朗在波斯–奥斯曼边界委员会的首席谈判代表，协商谈判了第二份《埃尔祖鲁姆条约》（Treaty of Erzurum），此举让他一举成名。该条约最终于1847年签署，奠定了波斯与奥斯曼的双边关系，特别是两国在朝圣路线方面达成了更加稳固的协议。后来，阿米尔·卡比尔担任了叱咤风云的阿塞拜疆新军的部长，并协助将新军纳入伊朗的传统部队。作为一位国家监察官员和改革主义者，他是阿巴斯·米尔扎时代培养的干吏，也是卡姆·玛卡姆家族培养出来的得意门生，他的父亲曾担任卡姆·玛卡姆家族的首席厨师。哈吉·米尔扎·阿加西对阿米尔·卡比尔照顾有加，不吝提拔，两人一样都没有显赫的家世背景。阿米尔·卡比尔出生于法拉罕地区的一个村庄，他被恺加精英阶层鄙夷不屑的程度不亚于阿加西。阿加西夺权得势以后，阿米尔·卡比尔就开始厌恶那些寄生的恺加贵族，并且期望能够赢得大不里士年轻王储纳赛尔·丁·米尔扎的垂青，于是就追随了阿加西的权力之路。他比他的前任更坚定地控制着有序的权力，从他的改革计划以及实施这些改革的远见卓识就可窥见其决心。

当阿米尔·卡比尔在大不里士第一次见到纳赛尔·丁·米尔扎时，这位年轻的王子还在担任省长。纳赛尔·丁王子是穆罕默德·沙赫与贾汉·卡努姆［（Jahan Khanum，也就是后来的马蒂·奥雅（Mahd 'Olya），1805—1873）］不幸婚姻的产物。穆罕默德·沙赫不光不喜欢纳赛尔·丁的母亲，对这个儿子也没有什么感情。纳赛尔·丁的母亲贾汉·卡努姆政治手腕高明，护子心切，是恺加库万鲁（Qovanlu）部族的一员（见表2）。尽管纳赛尔·丁在童年时期备受忽视，但这位母亲还是投注了大量精力让儿子获得王位。人们认为纳赛尔·丁为人软弱、才智平平，不配登上恺加王位。在俄国人的支持下，他的一位能干的叔叔强烈地质疑并挑战了他继位的权力。在穆罕默德·沙赫去世后，阿米尔·卡比尔将这位年轻的王储带到首都，帮助他巩固皇权，立下了汗马功劳。他就像纳赛尔·丁的父亲和导师一样，教他的学生如何扮演好国王的角色，如何处理国家事务，如何拒绝王室家族成员和宫廷侍从的要求。他打算将这位年轻的国王培养成一位现代的统治者：果断、有教养、自律，并效法三个世纪前的阿巴斯一世。值得赞扬的是，纳赛尔·丁·沙赫选择了阿米尔·卡比尔担任首相，并在一定程度上乐于倾听，虚心好学。

阿米尔·卡比尔执政的时代有一个典型的特征，就是他治国理政如同管理军队。他改革国家的愿景受到了诸如彼得大帝、奥斯曼帝国苏丹马哈茂德二世等国家主义改革者的影响。彼得大帝制伏了无所不能但又难以驾驭的俄国贵族，而马哈茂德二世则摧毁了奥斯曼亲兵团的残余势力，是奥斯曼帝国军事和行政改革的前奏。曾三次访问俄国和奥斯曼帝国的阿米尔·卡比尔见证了这些改革的成果。在大不里士期间，他与英国商务领事的关系密切，早在1838年，他就与领事分享了一些他对政治权力的抱负，他以首相之位掌权的想法很可能受到了过去著名的波斯首相的影响。

1848年，在纳赛尔·丁·沙赫继位之初，阿米尔·卡比尔被任命为首相（sadr-e a'zam）、军队总司令（amir-e kabir）和摄政（atabak），集三权于一身，这是一项超乎寻常的权力垄断。这明显可以与波斯名相阿布-阿里·哈桑·尼扎姆·穆勒克·勒西相提并论，阿米尔·卡比尔可能就是将他视为榜样的。当国家处于政治过渡时期时，年轻的国王不得不赋予他全权处理紧急突发事件的权力。阿米尔·卡比尔控制着阿塞拜疆的军队，纳赛尔·丁要想顺利登上王位，就必须这样做。到1848年，巴布运动已经高涨到了显露出暴力革命的势头。与此同时，恺加部落的竞争对手、穆罕默德·汗·撒拉尔（Mohammad Khan Salar）率领的达瓦鲁（Davalu）部落也蠢蠢欲动，计划在呼罗珊发动声势浩大的叛乱。撒拉尔得到了东北部土库曼和库尔德部落的支持，他们抵制恺加政权对呼罗珊的实际控制，并且反对政府镇压土库曼人叛乱的军事行动。为了恢复秩序，首相依靠着阿塞拜疆新军的力量，在接下来的三年里，沿着阿塞拜疆新军的路线，进一步重组了恺加主要部落的军事资源。到1851年，新军基本上平定了巴布起义和呼罗珊的叛乱。

阿米尔·卡比尔也意识到需要稳定的财源来供养和装备一支现代军队，

这需要健全的财政政策和建立相应的配套机构。达拉弗农（Dar al-Fonun，意为理工学校）是伊朗第一所西式教育机构，实际上，它也是一所军校，旨在满足军队对工程、医疗，以及炮兵军官、口译人员的需求。1851年末，达拉弗农的创始人垮台后不久，学校开始与少数欧洲教官合作，从军队中级军官和政府官员的儿子中精心挑选了大约100名学生。教官包括奥地利、意大利和法国的步兵、炮兵、骑兵初级军官，以及一名技能出众的外科医生、一名矿工和一名军事测量员，另外还有法语、英语和俄语的语言教官。教师主要是通过伊朗亚美尼亚助教与学生进行交流，后来，这些助教也成了学校的教学人员。该学堂建筑是波斯早期欧式风格建筑的典范，灵感来自英国伍尔维奇军事学院的设计风格，并由一位在那里学习的伊朗工程师即兴创作而成（图5.1和图5.2）。

图5.1和图5.2　阿米尔·卡比尔委托制作的小册子《军事训练手册》（*Qanun-e Nezam*）。书的扉页（左）上有纳赛尔·丁·沙赫的名字以及象征伊朗王国的狮子和太阳图案。该书还以数学精度来描述军姿（右）

作者是阿里–库里·霍伊（'Ali-qoli Kho'i，在书页右下角署名）。由乌尔里希·马尔措夫提供。

在新首相的主持下，例行发布的政府公报也成为迈向现代化的一步。《年鉴大事记》（*Vaqaye'-e Ettefaqiyeh*）旨在"教育公众"知晓西方先进之处，并使国家能够用通俗易懂、简明扼要的语言与臣民，尤其是与各省的精英沟通。实际上，阿米尔·卡比尔的倡议是追随了阿巴斯·米尔扎政府的脚步。在1837年，德黑兰诞生了伊朗第一份报纸，这份报纸的编辑是米尔扎·萨利赫·设拉子（Mirza Saleh Shirazi），他后来成为阿米尔·卡比尔的门生。早在1819年，也就是大约20年前，由法特赫·阿里·沙赫的格鲁吉亚密友曼努切尔·汗·穆塔迈德·道莱赞助的出版社就使用活字印刷术，并采用波斯纳斯赫（naskh）[1]字体，出版了一系列书籍，包括一本关于恺加王朝历史的书，还有沙夫提写的一本什叶派教义问答的书，以及穆罕默德·巴克尔·马古莱西写的通俗读物。到1830年代，德黑兰和其他地方的其他出版社开始发行平版印刷品。

在阿米尔·卡比尔执政及其之后的十多年里，《年鉴大事记》记录了政府的任命和法令、宫廷和各省的新闻以及重要公告。《年鉴大事记》还刊载过一些外国新闻，既有西方的，也有周边地区的，还刊登了一些最早的商业广告。《年鉴大事记》重点关注世界地理和政治，包括美洲大陆、美国政府和人民最早的公开资料，新的地理探索，技术发明和工程壮举等，为伊朗读者开辟了新的视野。在《年鉴大事记》中，美国是一个成功地从英国殖民主义枷锁中解放出来的新兴国家。在随后的几十年中，恺加伊朗见证了一场印刷革命，私人印刷厂的数量在稳定增长（图5.3）。

---

[1] 也称为誊抄体或盘曲体，是一种伊斯兰书法字体，特点是在横竖连接处没有笔锋，较为流畅，因多用于誊抄文字而得名，目前使用较为广泛。

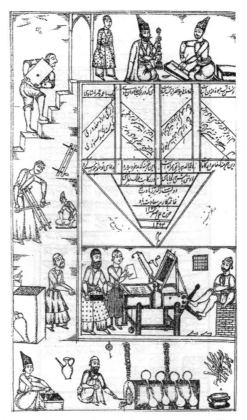

图5.3　平版印刷的过程。如插画大师阿里-库里·霍伊所示，包括准备石板、刻印和平版下印等七道工序

摘自1847年内扎米的《五卷诗》的最后一页。由乌尔里希·马尔措夫提供。

在纳赛尔时代出版的波斯书籍众多，包括宗教典籍、什叶派挽歌、伦理、诗歌、通俗故事以及一些欧洲小说的波斯语译本（图5.4和图5.5）。在20世纪之前，伊朗境内的报纸和出版物仍然由国家牢牢地控制着。

图5.4　伊玛目侯赛因的首级在阿舒拉节被敌人（ashqiya）游街示众。这种配有插图的悼念书籍渲染了卡尔巴拉悲剧的惨烈情绪

伊斯玛仪·汗·萨尔巴斯·博鲁杰尔迪（Isma'il Khan Sarbaz Borujerdi），《殉道之谜》（*Asrar al-Shahada*），由阿里–库里·霍伊绘制插图。（德黑兰，伊斯兰历1268年／公元1851年版），由乌尔里希·马尔措夫提供。

图5.5　阿克万（Akvan）在睡梦中带走了罗斯塔姆。异装打扮的恶魔（div）是那个时期流行插图的重要内容

《列王纪》，由奥斯塔德·萨塔尔（Ostad Sattar）绘制插图。（大不里士，伊斯兰历1275年／公元1858年版），由乌尔里希·马尔措夫提供。

　　除了教育和媒体，阿米尔·卡比尔的现代化战略依赖于在国家内部事务中利用外国势力的影响力。例如，他反对英国干预呼罗珊起义，也反对俄国要求的在阿塞拜疆事务中拥有更大发言权。他早年在大不里士与后来成为英国驻德黑兰临时代办的詹姆斯·法兰特上校（Colonel James Farrant）关系密切，后来与接替法兰特的英国使节贾斯汀·希尔上校（Colonel Justin Sheil）也保持着良好的关系（法兰特和希尔都是印度军队的英国军官，并都获得了外交职位）。这种密切关系有利于英国支持纳赛尔·丁进军首都，登上王位。

　　阿米尔·卡比尔一就任首相，就毫不犹豫地宣示国家的独立性。与他的前任一样，他认为英国是必要的盟友，有利于制衡俄国日益增长的威胁。然而，他谨慎地保留了伊朗在一系列问题上的主权，包括贸易规则、伊朗臣民的地位、对波斯湾沿岸的管辖以及外国外交官在波斯宫廷的礼仪。他坚持认为，波斯国家的主权和尊严要求欧洲代表必须尊重恺加王权，但在国家的一切事务中，他们只需与首相打交道。要扭转伊朗不断增长的贸易逆差，改变以贸易为借口出口贵金属以及现金短缺的情况，就必须实施严格的货币管制政策，而这已经不是阿米尔·卡比尔可以选择的。推动国内制造业基础的发展便是一个现实的选择。扩建德黑兰巴扎，包括宽敞的通道、宏伟的商队旅店（Saray-e Amir），以及修建使美术和传统工艺复兴的"工艺之家"（Dar al-Sanaye，house of crafts）建筑群，标志着首相有意要振兴国内的贸易和制造业（图5.6）。

　　财政仍然是阿米尔·卡比尔最关心的问题，因为他在努力应对阿加西时代所遗留的问题的同时，还面临着国家收入不断减少以及支出不断增加的问题。此外，用于军事行动、宫廷消费、恺加贵族的年金以及包括新建筑工程在内的改革项目的花销巨大。阿米尔·卡比尔曾担任过军队财政官一职，这一经历无疑有助于他征收欠税并减少支出。考虑到国家在1848年几近破产，平衡预算被证明是一项艰巨的任务。实施将所有工资和年金削减一半的紧缩政策，不仅大胆，而且存在争议。减少年轻国王的"零花钱"带来了不断的抱怨，削减内阁和宫廷官员的薪水引发了严重的怨恨。纳赛尔·丁·沙赫继位后，他的一些母系亲属便趁机而起。国王的几位叔叔担任着省长和军队指挥官，但在省政府中拥有一官半职的母系亲属实际并不多。

图5.6 《在德黑兰商队客栈里称量商品》这幅画作是对德黑兰巴扎上商队旅店日常贸易的真实写照。这家商队旅馆是由阿米尔·卡比尔在1849年左右建造的

S. G. W. 本杰明（S. G. W. Benjamin），《波斯与波斯人》（*Persia and the Persians*），（伦敦，1887年版），第75页。

政府的财政官员（mostowfis）抵制采取集权措施，因为这些措施限制了他们对财政的垄断，并威胁到了他们的世袭职位。伊朗权力下放的国家财政制度以及与这种制度相关的诸多弊端不利于任何现代化举措，而阿米尔·卡比尔的新方案只是部分强化了他的权力。为内阁实行一定程度的纪律约束是向前迈出的一步。同样，新机构政府司法局（divan-khaneh'adalat）的设立重新划分了穆智台希德控制的民事法庭与政府控制的习惯法之间的混乱界限，而习惯法主要被用于刑事案件的裁决。

这个新机构还负责审理一些涉及外国公民的案件，并处理与宗教少数群体有关的其他案件。来自犹太人、基督徒或琐罗亚斯德教家庭的频繁请愿涉及这样一类案例：一名死者的继承人暂时皈依了伊斯兰教，并强占了其他继承者的遗产份额，与通常偏向于皈依者的沙里亚法庭相反，司法局设立的目的就是要防止此类案件中司法权的滥用，而部分原因则是一些涉及对外贸易的非穆斯林臣民与欧洲的大使馆有着密切来往。事实上，在阿米尔·卡比尔之后，国家与宗教法庭事实上的分裂继续困扰着恺加王朝的体制。乌莱玛集团和政府都不愿制定统一的法典——例如在坦齐马特时代奥斯曼帝国所编纂的民法典（Majilla Ahkam'Adliya），这成了司法改革的主要障碍。

阿米尔·卡比尔依靠国王的善意来实施他的改革措施，几乎从一开始就点燃了恺加精英对他的敌意。恺加精英认为他傲慢、专横，并认为他的严厉措施是对他们应有特权的不公平的侵犯。在国王的要求下，42岁的阿米尔·卡比尔不情愿地答应了和国王13岁的妹妹结婚，这引起了进一步的嫉妒。特别是马蒂·奥雅，她极其厌恶阿米尔·卡比尔，不仅是因为首相限制她接近国王，而且还因为他试图控制恺加贵族。他的反腐败措施废除了"马达克尔"的惯例，以及政府人员的贿赂和敲诈勒索，并禁止犯罪嫌疑人或罪犯在圣地及其他安全地点避难，这使得他树敌无数，招致了更多怨恨。阿米尔·卡比尔禁止闲散人员和好事者接近国王，并削减了工资，限制了特权，使得那些侍从和宫廷的公职人员感到不快。他密切监督沙赫的日常事务和行踪，甚至告诫他不要贪图享乐而不履行王室的职责，这也渐渐地冷却了纳赛尔·丁·沙赫对阿米尔·卡比尔的感情，最终影响了他对首相的政治支持。

徘徊在两大邻国间的含糊态度也带来了麻烦。阿米尔·卡比尔的外交行为虽然恰当，且考虑周到，但他毫不犹豫地坚持自己的独立性，并在必要时表达他的反对意见。他对欧洲使节无端干涉伊朗内政有一种克制的怒火。阿米尔·卡比尔没有超越自己所处的历史现实——就像20世纪许多民族主义者所做的那样，他可以被视为一个具有原始民族主义视野的反帝国主义者。阿米尔·比尔扎厌恶外国使节的吹毛求疵，他们动不动地试图制约他和他的政策，尽管这些政策丝毫没有威胁到他们国家的既得利益。

在阿加西时代，当《土库曼恰伊条约》的影响全面展现出来后，邻近的大国没有错过任何机会羞辱恺加首相、国王和政府，并利用一切手段来显示他们帝国的优越。阿米尔·卡比尔坚持认为，即使处在他的前任所承受的那种要求和压力下，他也不会做出让步。然而，他却不得不向他们的合理要求屈服。例如，他至少在名义上同意了英国禁止酷刑的要求；经过多次反对后，他含蓄地同意了在波斯湾禁止奴隶贸易。与阿加西时代不同的是，在阿米尔·卡比尔的统治下，很少有俄国或英国使节会因为微不足道的小事而要求伊朗政府给予官方赔偿，进而引发外交危机。

不可否认的是，阿米尔·卡比尔是在英国外交官的金钱和道义的支持下就任首相的。作为回报，至少在一段时间内，他对英国仍然心怀感激。为了取悦英国人，他解雇了在伊朗服役的法国军官，随后又断绝了与法国的外交关系，这是一个明显的判断错误。尽管法国代表的态度居高临下，但他的前任阿加西仍然与法国建立了关系，以平衡来自英方的压力。对英国的友好姿态虽然有限，但也要付出激怒俄国的额外代价。虽然在掌权后，阿米尔·卡比尔与英国人保持了足够的距离，并在随后的一系列问题上与他们产生了真正的分歧，但是俄国驻德黑兰的公使依然认为他是亲英派。

到1851年末，阿米尔·卡比尔越来越被孤立，权力基础的削弱变得更加明显。年轻的国王在其母亲以及她那些宫廷、内阁盟友的压力下，变得越来越害怕他的首相兼监护人。1851年12月，他将阿米尔·卡比尔解职，这一决定此后被证明带来了严重的后果。阿米尔·卡比尔与15年前的卡姆·玛卡姆有着极为相似的命运[1]。为求自保，他首先是向国王寻求某种形式的保护，结果大失所望；不得已，他又向其他方面寻求安全保障。然而，事实证明，无论是向驻德黑兰的英国大使寻求保护（被悄悄地拒绝了），还是俄国大使馆向其提供的庇护措施，都是无效的。外交介入只会增加国王的怀疑，并给阿米尔·卡比尔的敌人一个密谋除掉他的完美借口。随后，他被流放到卡尚，并在费恩（Fin）附近的皇家园林中被软禁了一小段时间。不久之后，在1852年1月，国王派遣一名宫廷代表到卡尚秘密杀死了阿米尔·卡比尔。当时，阿米尔·卡比尔还在费恩花园的澡堂里，刽子手到了，他们割断了阿米尔·卡比尔的手腕，看着他流血而死。

---

[1] 卡姆·玛卡姆曾在哈吉·米尔扎·阿加西的鼓动下，被穆罕默德·沙赫所杀。

正如他那个时代的一些观察家所注意到的，阿米尔·卡比尔是一位极有能力但专制的政治家，具有19世纪现代主义者的典型特征。他的改革采取自上而下、实证主义的步骤，旨在建立一个纪律严明、秩序井然的国家政权。他受到欧洲物质进步思想以及在军国主义的庇护下快速推进工业化的启发，当然，这样的远见自然不能容忍像巴布运动这样的本地宗教改革运动，因为这种运动植根于救世主的抱负，并寻求解决尚未解决的什叶派权威问题，两种愿景之间的冲突是不可避免的。然而，事实证明，它们都屈服于保守的恺加王朝统治，这种统治很快就占了上风，并以这样或那样的方式一直持续到了19世纪末。

改革的障碍

阿米尔·卡比尔的垮台说明了国家现代化进程中存在着许多障碍，而其中最主要的是财政和人力资源的明显匮乏。阿米尔·卡比尔设想的由国家实施的改革倡议缺乏一个独立的权力基础，他的反腐议程与雷厉风行的作为也使他失去了盟友网络，并使他暴露在恺加贵族的攻击之下。这是一个血淋淋的例子，再次证明了政府本身无法摆脱国王及其宫廷的霸权。恺加当权派认为阿米尔·卡比尔是一个必要的工具，只要他能够恢复国家的安全稳定，平定巴布教徒起义和呼罗珊的撒拉尔（Salar）起义，并带来表面上的秩序，恺加人就会容忍他。一旦完成这些任务，恺加精英们就准备把他赶下台，就像过去他们所消灭的其他"安拉崇高背影下的奴仆"一样。

阿米尔·卡比尔所面临的任务的艰巨性，最能通过国家的收入和支出来衡量。在阿米尔·卡比尔时代结束时，1851—1852年度伊朗的财政总收入不超过3 177 000图曼（约合773.1万美元），其中84%为现金，其余为谷物及其他农产品。在1840年代后期，伊朗一年的财政总收入为2 991 000图曼（约合747.5万美元），其中约60%来自4个省：阿塞拜疆省占20%，德黑兰和伊朗中部的邻近省份占16%，法尔斯省占13%，伊斯法罕省占11%。剩下的40%来自国内其他的9个省份。这也就解释了恺加伊朗的主要政治权力中心，即德黑兰、大不里士、伊斯法罕和设拉子，如何能够通过依靠自己的资源保持一定程度的自治。

即使是在阿米尔·卡比尔的财政改革之后，每年有四分之一的国家财政收入（将近80万图曼，约合200万美元）被用于发放工资、年金和政府开销，而其中有将近67%被用于政府官员和王室成员。在这67%中，三分之一（即国家收入的5.5%）为供养国王和王室的年金，15%用于供养恺加部落汗和贵族，至少20%用于宫廷侍从、仆人、皇家卫队和皇家马厩，大约5%用于首相及其办公机关和家庭成员。在这部分国家财政收入剩下的33%中，只有3.25%用于办公厅（diwan-khane）的官员和秘书，2.85%的人用于诗人、医生、翻译人员和乌莱玛。关于年金的比例，恺加王室独占了66.5%，而内阁官僚仅占3.25%，这个巨大差异表明了统治精英阶层的特权与中央官僚机构的普通待遇对比悬殊。

在1851—1852年，伊朗年度财政支出总计2 656 601图曼（约合664万美元），约有12%被用于一般性支出，如捐赠、建筑、邮政和其他有限的公共工程，只有10.9%用于各省的日常开支。然而，令人惊讶的是，高达45%的财政资金被用于维持军队。1852年初，伊朗军事武装在名义上至少有13.7万人，其中包括50个步兵团，共计94 570人；12个骑兵团，共计23 419人；还有9927名步枪兵，6349名炮兵（操作1000门大炮）和2733名农村警察。相比之下，阿米尔·卡比尔在1849年刚上任时，伊朗军队的兵力为92 724人，三年内，军队规模增长迅速。这可能是为了应对恺加王朝所面临的挑战，但这也表明了阿米尔·卡比尔希望增强伊朗的防御能力。骑兵和大部分步兵都是从部落中招募而来的。在1850年代，伊朗总人口近500万，其中游牧民或半游牧民占50%以上，农村人口占30%，城市人口占约20%。

部落人口遍布全国，全国有超过343 000顶帐篷（游牧民族以帐篷数量为统计单位），其中包括阿塞拜疆的18个部落和子部落（占部落人口的20%），法尔斯有19个部落（16%），呼罗珊有27个部落（24%），其余40%在其他省份。主要的部落群体至少有9个：阿塞拜疆和其他地方的土耳其语部落、库尔德部落、卢尔部落、巴赫蒂亚里部落、卡什卡伊部落、阿拉伯部落、俾路支部落和土库曼部落，以及遍布吉兰、马赞德兰和阿斯塔拉巴德等地的部落。这四大分支共包括了至少188个不同大小、不同语言、不同种族的子部落和宗族。他们的栖息地差异很大，中央或各省的机构往往都很难接近。他们纷繁复杂的多样性使得从他们那里收税成了一项艰巨的任务，更不用说任何扩大中央集权的尝试了。然而，这些部落实行某种形式的人头税，不仅适用于妇女和儿童，而且也适用于动物。部落首领还必须季节性地进贡战斗人员，以补充或代替赋税。即使是如此程度的服从，这些部落还是会因此而感到荣幸，因为这是恺加王朝给予的荣誉。

城市人口的纳税金额是设定好的，大多数情况下约为10%，税款通过巴扎的行会征收，个人会员根据他们的业务规模向其金库缴纳税款。出租房产也要纳税，并且税率高达20%。然而，税收负担更大的是最容易征收也最为脆弱的农业部门，他们占人口的比例不超过30%。政府税收官总是直接从当地农民那里征收税款，并且往往是以实物交税。不同省份的税率不同，介于10%和20%之间。由于缺乏统一和更新的税务登记制度，加上土地所有权和佃农制的多样化、复杂性，出现了一系列的滥征，而这些通常被视为是理所当然的。

阿米尔·卡比尔的任期很短，因此无法完成他原定的重新测量和评估土地的计划，而这样的土地调查，在大约80年前的卡里姆·汗·赞德时期曾进行过。阿米尔·卡比尔收回了一些几十年前被高官们窃据的封地（toyul）和王室土地，这些土地几乎没有为政府的收入增长做出过贡献。首都周围的数以万计的土地在阿加西的统治下被征用，并最终成为政府的财产，这可能是阿米尔·卡比尔的榜样。然而，土地使用权的收回和高达10%的土地税的增加还是激怒了地主贵族。当阿米尔·卡比尔被罢黜时，恺加王朝已经准备好回到之前人们所熟悉的统治模式了。[1]

老瓶新酒，蠢蠢欲动

新首相米尔扎·阿加·汗·努里（Mirza Aqa Khan Nuri, 1807—1865）的任命，是对法特赫·阿里·沙赫时代传统治理的回归。种种迹象表明，这是一场旨在保护恺加贵族和附属官僚精英利益的保守派"宫廷政变"。除了颇有影响力的马蒂·奥雅外,新首相的任命也得到了英国公使贾斯汀·希尔上校的积极回应。当时,希尔上校与年轻而缺乏安全感的纳赛尔·丁·沙赫都怀疑阿米尔·卡比尔有投靠俄国的倾向。因此,双方都希望亲英派努里能够阻止阿米尔·卡比尔在俄国的支持下重新掌权。事态的演变进一步证明了欧洲大国之间的激烈竞争,这不仅导致了阿米尔·卡比尔被谋杀,还使国王和他的新首相陷入了严重的困境,其中最明显的就是赫拉特省的归属争议,因为恺加长期以来都声称赫拉特省是伊朗呼罗珊不可分割的一部分。

努里是一位多面而复杂的政治家。作为一名伟大的战术家,他虽然缺乏战略远见和深思熟虑,却是一位有说服力的谈判者,也是一位驾轻就熟的操盘手。他的天赋就是擅长妥协,多年来浸染在内阁的尔虞我诈之间,使他经验丰富,处变不惊。他的政治行为受到自我保护意识的制约,因而在很早的时候就获得了英国人的庇护,他对恺加传统价值观抱残守缺,丝毫没有受到其前任现代化观念的影响。他蓄着长长的胡须,戴着一顶更长的羊皮帽子,身穿刺绣丝绸长袍和宽松的裤子,这很容易让人联想起法特赫·阿里·沙赫时代的风格。他的机智而又令人快慰的举止,使他在年轻沙赫的心目中树立起了一个新的父亲般的形象,比阿米尔·卡比尔温和得多。对于他前任的命运悲惨,努里负有部分责任,同时,他前任的下场也告诫他不要忽视王室的愿望和变化无常。年轻的国王为了宣示自己的成熟和独立,他的成年礼不仅需要摧毁他的前任导师兼监护人阿米尔·卡比尔,而且还要重振恺加领土征服和军事荣耀的梦想。

占领赫拉特就是一个明确的目标,尽管这样做必然会违背英国的意愿。这项耗资巨大的地缘博弈政策,即将阿富汗作为实质上的保护国,已经夺走了许多英国人的生命。加尔各答和伦敦的仇俄分子担心俄国在中亚地区的进展,他们将俄国的南进举动视为进入波斯湾和印度次大陆的前兆。英国外交大臣、维多利亚时代早期英国殖民政策的保守派设计师帕默斯顿勋爵(Lord Palmerston,1784—1865)认为伊朗是一个薄弱环节,容易受到俄国的压力,是英国并吞阿富汗伟大战略的障碍。1853年伊朗和英国缔结的协议是努里一项不可磨灭的功劳,他以高超的外交技巧进行谈判。如果英国或其冒险的阿富汗盟友多斯特·穆罕默德·汗（Dost Mohammad Khan）侵犯了该省的中立性，那么协议将允许伊朗干涉赫拉特。年轻的纳赛尔·丁·沙赫认为这一外交胜利是确保伊朗对赫拉特享有宗主权的前奏，这是他的父亲以及他的祖父阿巴斯·米尔扎都未能实现的目标。然而，伦敦开始对该协议感到不安，与恺加政府的关系也开始恶化。

克里米亚战争[1]（The Crimean War，1853—1856年）为沙赫和他的首相提供了历史契机，他们可借这场战争与俄国达成秘密协议，以确保当英国人的注意力转移到其他地区时，俄国会支持伊朗对赫拉特的占领。伦敦对伊朗的秘密协议产生了怀疑，并派遣了一名新谈判代表查尔斯·默里（Charles Murray）前往德黑兰，重申英国对伊朗政府企图重新控制赫拉特的不满。这位吵吵嚷嚷的英国代表从一开始就决心要给伊朗沙赫和他的首相一个教训，但很快，他发现自己陷入了一场丑闻里，这场丑闻由努里设计，同时也是由他自己的鲁莽行为造成的。

从维多利亚时代的外交标准来看，这是一桩彻头彻尾的丑闻。默里不仅被指控与国王的妻妹有不正当关系，还被指控在英国大使馆内窝藏她和她的丈夫——也就是首相的敌人。这位特使作为绅士的名誉受到了严重的损害，而这与英国殖民主义的精神和威望紧密相连。两国外交关系的破裂对伊朗国王来说是一个千载难逢的机会，他几乎立即向赫拉特派遣了军队。1856年10月，伊朗军队不顾英国当局的抗议，以国库耗尽为代价，对赫拉特及其堡垒的铜墙铁壁进行了数月围攻，终于占领了这座城市。在极度虚荣心的驱使之下，战争的指挥官、国王的叔父莫拉德·米尔扎·侯萨姆·萨尔塔内赫（Morad Mirza Hosam al-Saltaneh）铸造了一枚胜利硬币，并命令在宣礼塔上向信众发出什叶派宣礼词，还把国王的名字列入了赫拉特清真寺星期五礼拜的祈祷词中。

然而，恺加王朝对赫拉特的统治并没有持续多久。不久，英属印度舰队载着多达15 000名英国和印度士兵登陆布什尔港。到1857年1月，英国军队已经深入法尔斯省。尽管法尔斯南部的坦格斯坦和达什坦斯坦的部落民兵进行

---

[1] 1853年至1856年爆发于黑海沿岸的克里米亚半岛，在俄国被称为“东方战争”，是俄国与英国、法国为争夺小亚细亚地区而展开的一场战争。

了顽强抵抗，并对行进中的英国军队造成了一些死伤，但伊朗的正规部队被证明是软弱无力的。这次占领没有取得任何明显的成就，由于担心丧失更多的领土，士气低落的恺加政府匆忙撤出赫拉特，以换取英国停止一切敌对行动，并恢复旷日持久的和平谈判。然而，即使到1857年3月，两国在巴黎达成和平条约，英国的惩罚行动也没有结束。英国派出了奥特拉姆将军（General Outram）担任行动指挥官，他曾在殖民活动中建立许多功劳，曾轻易地击败了阿富汗和印度信德的反叛者。在他的指挥下，英国舰队到达了波斯湾的最里端，并在3月下旬猛烈轰炸了伊朗的穆罕默拉港［Mohammara，即现今的霍拉姆沙赫尔（Khorramshahr）］（图5.7）。1857年，在法国皇帝拿破仑三世的斡旋下，《巴黎和平条约》（*Paris peace treaty*）签订，伊朗必须放弃对赫拉特或阿富汗任何其他地区的领土要求。

图5.7　1857年英属印度海军轰击穆罕默拉港

G. H. 亨特（G. H. Hunt），《奥特拉姆和哈弗洛克的波斯战役》（*Outram and Havelock's Persian Campaign*），（伦敦，1858年版），卷首图。

正如1828年的《土库曼恰伊条约》是伊朗与俄国关系的转折点一样，《巴黎和平条约》是伊朗与英国关系的一个转折点。赫拉特事件让恺加伊朗明确意识到与欧洲殖民大国发生军事冲突会带来严重的后果，意识到谈判、边缘策略以及平衡伊朗周边两个帝国的势力是沙赫和他的政府唯一现实的选择。在帝国主义时代，伊朗为了维护核心地区的主权独立，就不得不接受其边陲领土的丧失，这是显而易见的痛苦。与先前失去高加索地区一样，赫拉特的丢失表明，虽然有些地区在历史和文化上属于伊朗，但它们已经不再是"戍卫领地"内的省份了。

四年后，伊朗又失去了一个名义上的附属国——东北部的古城梅尔夫及其周边的省份，这进一步证明伊朗必然要放弃那些难以控制的边境土地。土库曼人继续在呼罗珊北部发动袭击，并绑架了数千名伊朗俘虏，这进一步玷污了恺加王权的形象。1861年，一场反特克赫（Tekkeh）部落联盟的战役因为组织不当、执行不力，最后以惨重的伤亡以及军队被土库曼人俘虏而告终。据报道，到1862年，波斯奴隶在布哈拉市场上的价格降到了5先令。

半心半意的补救

到1860年代初，伊朗开始出现新形式的民众骚乱。不断爆发的饥荒和不断暴发的毁灭性的霍乱，一直持续到了20世纪，成为伊朗社会习以为常的现象。国家未能有效地应对这些灾难，因而降低了其在臣民中的声望。经济的变化也是如此。发生在首都和各省的骚乱，以及一系列或真或假的暗杀企图，导致政府一再采取惩罚行动，但都无济于事。

针对城乡居民的暴力事件明显增多，政府处于疲于应对的守势。除了对付像巴布教徒和后来的巴哈伊教徒这样的异教徒外，政府用实行身体残害来进行报复的情况有所减少，但仍有足够多的惩罚方式被用来恐吓公众。由法院首席行刑官（nasaqchi-bashi）执行的烙印（dagh）和穿刺（derafsh）比较常见，提醒人们：惩罚是恺加体制的核心。最常见的刑法是杖笞（falak），此外还有其他更加残暴的酷刑、监禁和处决。甚至连地位显赫的政府高官也不能完全免受杖笞的责罚，有时沙赫或担任省长的王子一下令，那些高高在上的官员就得受罚。这反映出了"臣民犯法同罪"的本质，也是王室控制着仆从和臣民命运的象征。

从1850年代中期开始，城市中的粮食暴乱变得司空见惯，并且更为频繁。这种暴乱部分是由地主和政府官员造成的，他们囤积粮食，导致粮价上涨，进而使他们的利润最大化。暴乱发生的另一个原因在于省际沟通不畅。市场化经济和烟草、罂粟等经济作物的生产也影响了粮食生产（地图5.1）。政府偶尔减免税收虽然能够减轻遭受饥荒的农民的负担，但往往会在第二年通过征收重税来弥补。从长远来看，财富集中在地主、恺加王子、高级官员和部落汗等少数精英分子的手中，大部分普通人依然很贫穷。卡瓦姆家族（即米尔扎·易卜拉欣·卡兰塔尔·设拉子的家族，他是恺加王朝的第一任首相）历经赞德王朝、恺加王朝和早期巴列维王朝长盛不衰，其奥秘正是在于他们拥有大量的土地，把持着当地的市政府，并且还管理着各省的部落联盟。在伊朗，像卡瓦姆这样的家族还有很多。

努里领导的政权本身就是靠着累积财富维持下来的，他的亲属和下属从国家金库里获得了巨额的薪水。到了1850年代末，单他本人的年薪就高达65 000图曼。他对提高政府效率，增加财政收入的措施持怀疑态度，并非没有理由。与阿米尔·卡比尔相反，努里把国王关进了享乐堆里，让他尽情享受夜晚的盛宴、狩猎和休闲，以及一连串的礼物和奉承。国王最喜欢的妻子贾兰·哈努姆（Jayran Khanum）本是一名舞者，没有高贵的血统，她在后宫里的地位迅速爬升，招来了很多嫉妒，但即便是她，也没能逃出努里的手掌心。然而，首相的政治活动必然会被搁浅，因为此时在财务上更加精明狡猾的国王已经开始意识到努里政府的巨大开销。努里为他的家人建造的尼扎米耶（Nizamiyeh）公馆是他财富中最引人注目的象征。到1858年，在做了七年的大维齐尔以后，努里的时代戛然而止。与阿米尔·卡比尔一样，他被解职以后，又被流放到了伊朗内陆地区，从此再也没有回来。几年后，蒙羞受辱加上一贫如洗，努里去世了，死因成谜。但很显然，努里的死是由他的政敌安排的，而且得到了国王的首肯。

努里的下台终结了自19世纪以来一直延续的首相理政时代。在那以前，即使首相经常遭到解职，偶尔还会身首异处，但政府依然能够独立于宫廷。在那以后，国王接手了政府的职责，实行直接统治，甚至取消了部长的部分自主权，至少暂时是如此。国王还承诺建立一个更有效率的政府，毫无疑问，这个举动是孤注一掷的，意在打破部长们权力垄断的局面。从长远来看，直接统治导致了政府内保守派和改革派之间的零星争吵。国王常常心血来潮，而政府就这样被一位反复无常、机灵精明的统治者给接管了。他组织了新的政府部门，并设立了一个由自己直接监督的内阁。不久之后，他还组织了一个顾问委员会，其成员大多来自官员和精英阶层，其中还有一些进步人士。然而，一旦委员会开始进行哪怕是很小的市政改革，都足以引起国王对权力下放的疑虑。在一年之内，委员会就几乎不复存在——同样的模式在此后几年内又重复了好几次。

在推行改革时，国王有段时间曾受到拿破仑三世的法国模式及其重建权力主义帝国政体的计划的启发。伊朗改革派中，有一位著名的米尔扎·马尔科姆·汗（Mirza Malkom Khan，1833—1908），年轻时曾在法国接受过教育，并目睹了1848年的革命[1]。他不仅是一位外交家、教师，还是一位政治评论家，与国王的关系十分密切。这位来自新朱利法社区的亚美尼亚人后来皈依了伊斯兰教。回到伊朗后，马尔科姆·汗在努里的慧眼识珠下被选拔为《巴黎和平条约》谈判的伊朗代表团一员。他的政论文章通常用简单易懂的波斯语写成，大多以匿名和手稿的形式传播，文章内容涉及寻求符合恺加保守政府观的国家改革模式。他在写于1858年的《看不见的文章》（*ketabcheh-ye ghaybi*）中推广了一种与奥斯曼帝国坦齐马特（苏丹在1856年的帝国诏书中重申）如出一辙的政府模式，该模式也受到了俄国君主立宪制和法兰西第二共和国的启发。他的"有秩序的绝对君主制"要求建立一个以法制（qanun）为基础的宪政政府和一个由国王任命其成员的立法议会。马尔科

---

[1] 即法国二月革命，七月王朝失败后，法国人民推翻了当时的国王路易·菲利浦一世。这场革命的直接结果是法兰西第二共和国的诞生。

姆提出的宪法内容主要涉及行政和国家事务，并避开了伊斯兰教法的领域。国王被认为是所有决定权的最终来源，但议会的立法任务显然不同于内阁的行政权力，后者由国王任命的部长组成，负责教育、司法、战争、外交等其他部门。

在他的文章中，马尔科姆呼吁立刻进行国家改革，这与欧洲殖民扩张带来的危机，以及伊朗应该如何抵御和化解这场危机密切相关。他以戏剧性的语气敦促首相：

> 把亚洲地图放在自己面前，阅读过去一百年的历史，仔细研究从加尔各答（英属印度的第一个行政首都）和圣彼得堡向伊朗涌来的两股洪水的流向，看看这两股起初并不明显的水流是如何在短时间内变得如此巨大的……当看到这两股洪水从一边到达了大不里士和阿斯塔拉巴德，从另一边进入了赫拉特和锡斯坦，然后，你就知道这个国家还能存活几分钟了。[2]

马尔科姆·汗的警世之语是最早提到欧洲帝国威胁的波斯政治文献。新任命的议会可能根本没有考虑过这样的警告或建议，更不用说实施了。

在发表这些文章后不久，马尔科姆·汗还于1861年在德黑兰成立了一个半秘密社团，以推进他的改革议程。"遗落之家"（The Faramush-khaneh）可能是仿照了共济会会馆〔Masonic lodges，并且听起来像"共济会制"（Freemasonry）这个词〕，是最早独立于国家的现代政治组织。和他的《看不见的文章》一样，马尔科姆也是依靠熟悉的波斯秘密社会来推进他的政治议程。该社团以进步派王子贾拉勒·丁·米尔扎（Jalal al-Din Mirza）为领袖，他是法特赫·阿里·沙赫之子，也是伊朗第一部现代历史教科书的作者，这本书只用"纯粹的"波斯语，而刻意不使用阿拉伯语，带有民族主义的色彩。社团成员包括少数文学家、诗人、历史学家、自由派乌莱玛以及一些巴布教的分支机构教徒和自由派思想家。我们对于这一社团的活动了解甚少，这是由于恺加政府有效地销毁了大多数证据。因而，该社团肯定十分重要，足以引起宫廷内保守派人士的敌意，以至于这些人设法激起了国王最严重的怀疑。

就像纳赛尔·丁·沙赫很快就忘记了议会一样，很快地，他也对马尔科姆和他创建政党的倡议失去了兴趣。1864年，国王任命一名保守派的恺加陆军军官担任皇家卫队首领，作为军队的总司令，他还被授予了极大的文官职权，此举意味着沙赫收回了他早期的改革措施，而这些措施只能被称为一场军事政变。不久，国王颁布了一项禁止"遗落之家"活动的王室法令，随后社团的总部遭到了突袭，一些人被逮捕，而其他成员也受到了警告和恐吓，而成员中呼声最高的人则被驱逐出境，有些人甚至可能已经惨遭谋杀。马尔科姆·汗本人和他的父亲——曾担任俄国驻德黑兰代表团波斯秘书一职的雅库布·汗（Y'aqub Khan），被允许前往奥斯曼帝国的首都避难。据我们所知，尽管该社团的辩论几乎没有超出马尔科姆·汗所提出的有序宪政方案，但所谓的"颠覆活动"正是社团遭受打压的官方原因。连辩论"公民自由"等问题也足以威胁到沙赫和保守派精英，导致秘密的"遗落之家"被取缔，更不用说那些对共和主义的呼声了。

随着"遗落之家"的被剿，政治改革的所有希望至少在接下来的10年里都破灭了。保守派将任何政治现代化的措施都视为破坏其既得利益的阴谋，他们先发制人，在接下来的几年里，国王和他的政府仅仅对国家组织机构进行了小幅度的调整，维持着大多浮于表面的改革。

陷入混乱的经济

早先计划的财政和货币改革，即使规模很小，但也都被束之高阁，置之不理。有权有势的政府财政官员小心翼翼地守着他们的商业秘密，抵制集中的收入和支出制度。1860年代初，财政部（maliyeh）仿照奥斯曼帝国的模式创建了起来，但主要是为了粉饰门面，对政府财政官员的控制力极小。财政部既无法实施有效的财政政策，也无法平息敌对派系之间的争吵。在纳赛尔·沙赫统治的末期，恺加政治家们仍然无法将政府财政部门与国王的私人金库永久地或明确地区分开来，后者通常由国王的某位备受信赖的妻子负责管理（一直在为国王处理各种半官方的事务）。甚至阿米尔·卡比尔实行的基本改革措施也都渐渐消失了。

每年政府都会将各省缺额的官位进行拍卖，售给出价最高的人，这种做法对各省的有效治理不仅没有好处，反而贻害无穷。从1860年代后期开始，当国王的叔父们不再完全控制各省职缺时，国王便更加肆无忌惮地出售这些职缺。出售各省职缺的目的是最大限度地增加收入，而不是为了防止省长在各省安插亲信，这一政策导致了此后几十年里滥用职权现象的增多。国王和他的大臣们常常不考虑被任命者是否能胜任，不考虑税收的征收方法是否合理，也不考虑最终承担税负的农民的利益，而是预先收取一笔固定数额的款项，作为批准一名候选人担任公职的交换条件。所任命的这些走马灯式的省长大都是王室宗亲、高级官僚和宫廷侍从，他们出钱购买这些职位，是为了捞回投资的本金，并赚取丰厚的回报，这基本上成了经由王室批准的敲诈勒索。

即使这些被任命者经验丰富、心地善良，他们仍会对中央财政部做出不切实际的高额税收承诺，这些承诺往往没能给他们留下多少空间，只能向地方官员和税吏施加压力。这些人负责从农民那里征税，有时甚至会夺走农民的最后一分钱或最后一袋驴子饲料。地主大多是当地的贵族和部落首领，往往很少或根本没有履行他们的纳税义务，也很少为农民提供躲避国家税收的庇护。一旦地主根据租佃协议从收成中拿走属于他们的那一份，田地就会交由政府人员征税，必要时，政府人员还会对农民实施体罚，在干旱、蝗灾或其他自然灾害导致作物歉收时，政府人员偶尔会为农民免除税款，但并非总是如此。农民们会想尽办法逃避税收征稽，比如去山上避难或藏在地下避难所中，有些甚至是以失去庄稼、牲畜和生计为代价的，这种情况在当时并不鲜见。

然而，尽管采取了各种严厉的措施，贪婪的省长们仍常以亏损来结束自己的任期，他们征稽到的税收比他们支付给国家的还少。虽然从1860年代开始，安全状况的改善和军队调动的减少（军队调动往往依赖村民提供粮食）带来了更大的经济发展，却并没有显著改善农民的命运。土地所有权模式的转变——最重要的是从王室土地所有转变为私人所有——削弱了国家对土地的直接控制，这些土地几代以来一直被当作封地赐给政府官员和受封阶层。其他的激励措施，特别是经济作物的生产和出口，也并没有大幅增加国家的农业税收。

与当时大多数非西方社会一样，伊朗创造的财富根本无法与工业世界相比。除了在国外销售可赚取外汇的经济作物和使少数伊朗商人致富的对外贸易（进出口贸易主要仍由欧洲公司及其子公司把持），并没有其他的主要外汇收入来源（地图5.1）。巴扎里的传统制造业长期衰落，市场份额被欧洲进口商品（尤其是纺织品、金属和奢侈品）占据。对外贸易活跃，从事对外贸易的商人是主要受益者。在19世纪下半叶，鸦片和烟草日益主导了出口市场，并帮助维持伊朗脆弱的对外贸易平衡。直到1870年代，波斯地毯行业才代替农产品成为主要的出口商品，这些出口到美国、欧洲和俄国的波斯地毯仍然由英国和意大利公司以及奥斯曼帝国的希腊和亚美尼亚臣民掌控。

然而，对于纳赛尔时期的恺加精英来说，任何关于工业化的努力似乎都是徒劳无功的。他们认为，在伊朗引入现代工业的计划是不现实的，这与明治时代的日本或赫迪夫时期的埃及相差甚远。纳赛尔·丁·沙赫根本看不到现代工业的优势，而他的这种技术恐惧也是有理由的。无论是在私营部门还是在公共部门，资金缺乏都是最为明显的困境。在恺加王朝的改革议程中，工业化显然缺席了，因为这一时期大多数的政治改革家都主张继续整顿国家机器，而不是扩大国家的经济基础，在阿米尔·卡比尔以及此后莫希尔·道莱（Moshir al-Dowleh）的领导下建立蜡烛制造厂、玻璃厂和糖厂等小规模工业的努力都只是昙花一现，这固然是由于管理不善和资本不足，但缺乏工业基础设施也是一个重要的原因。与工业经济相反，以贸易为导向的市场经济在传统上被认为是可以接受的，甚至是受人尊敬的规范。人们认为，比起投资工业，私人资本投资国内外贸易的收益要好得多。贸易盈余资金通常会投资农业或放贷，而非以工厂为基础的高风险的工业，即使这一资金数目庞大。商人资本为巴扎内外的许多小型本地企业，比如纺织厂提供了融资，但这些小作坊未能发展成更大规模的工业企业。

市场上普遍存在的高利贷的年利率高达20%至25%，吸走了商人们大部分的剩余资本。尽管伊斯兰教严禁高利贷，但商人仍能通过宗教认可的做法，诸如计息农业和商业贷款，从高利贷者那里借钱或充当放债人。在伊朗出现欧洲式银行业务之前，穆斯林商人需要与小规模的犹太人及琐罗亚斯德教放贷人竞争，而这正是少数族裔最擅长的领域之一。在某种程度上，伊朗贵金属出口到欧洲造成了国内资金的长期匮乏，这进一步推高了借贷利率，进而导致了过剩资本转向放贷。在20世纪初，人们几乎一致认为，西方工业是所向无敌的，与它们的任何竞争都将是激烈且注定失败的。毫无疑问，维多利亚时代的英国贸易政策肯定不会限制本国企业在海外的竞争，尤其是在像伊朗这样的一个脆弱的经济体中。

在恺加王朝统治时期，欧洲列强从未鼓励新技术和新产业的进口，也从未允许伊朗采取保护国内制造业的政策。就他们而言，伊朗是欧洲制造的商品的出口市场，虽然市场有限，但前景光明。为了减少国际收支差距，伊朗只能寄希望于出口原材料以换取欧洲的进口商品，这实际上意味着只有少数农产品、地毯和牲畜（特别是马和骡子）能够出口至英属印度。伊朗国王和他的顾问们对伊朗在世界经济中的伙伴地位感到满意，尽管只是次要伙伴。甚至是作为现代基础设施支柱的铁路建设，在很大程度上也仅被视为扩大贸易的手段，而非创建工业化的基础（图5.8）。

图5.8　阿明·默克（Amin al-Molk）商队旅店是卡尚的一项慈善捐赠，也是纳赛尔时代早期的建筑杰作。而这只是伊朗为数众多的多功能交易场所之一，可用于开展国内贸易和出口贸易

J.迪厄拉富瓦，《波斯，迦勒底和苏西亚纳》，《新航海日记》（1881—1882年），第14册，第99页。

随着国际和国内市场对棉花、鸦片和烟草等商品的需求增长，商人的直接投资也有所增加，特别是在法尔斯、伊斯法罕和阿塞拜疆（地图5.1）。从生产到加工，再到批发和出口，所有环节的精简高效都确保了更高的回报率。在有利可图的鸦片贸易方面，伊朗出口商愿意避开英国的海上霸权，在中国市场上与英国鸦片生产垄断企业展开竞争（图5.9）。

图5.9 1881年，一名法国人在伊斯法罕监督鸦片的制造。英国和其他欧洲国家的公司首先开始向伊朗出口鸦片，但伊朗商人很快就参与到这种利润丰厚的商品的生产和出口中了

J. 迪厄拉富瓦，《波斯，迦勒底和苏西亚纳》，《新航海日记》（1881—1882年），第13册，第125页。

国内烟草消费量的大幅增长也提供了新的投资机会。渐渐地，土地拥有者——包括直接从政府购买王室土地或间接向封地持有者购买土地的商人和穆智台希德——转而开始种植经济作物，特别是在生丝生产几乎被病虫害摧毁以后。这种转变是造成1869年至1871年间饥荒肆虐的重要原因。根据估计，这场饥荒造成了超过100万人死亡，约占伊朗人口的六分之一。这可能是19世纪伊朗遭遇的最严重的自然灾害。

当年异常严酷的冬季导致了粮食的连续歉收，1871年饥荒期间的粮食短缺问题变得更加严重了。因追求高价而向邻国出口谷物，同样也是伊朗国内粮食短缺的原因。地主、王子出身的省长、富有的乌莱玛和高级官员囤积居奇，无情地盼望着粮食价格的上涨，致使全国各地的粮食暴动和骚乱变得更加普遍。饥饿的人群往往由女性打头阵，聚集在清真寺前抗议，在政府大楼前咒骂恺加政府、穆智台希德和地主，甚至攻击和掠夺谷仓。

随着饥荒的加剧，粮食供应进一步减少，人们被迫吃草、树皮、流浪猫狗、驮畜、老鼠、乌鸦以及被屠宰动物的内脏和血液。在库姆，出现了关于吃尸体和绑架儿童（大多数是孤儿）、寡妇、流浪的陌生人的可信报道。尽管饥饿的百姓大多认为反复出现的饥荒和肆虐的流行病是神的惩罚，是命中注定的灾难，但他们对恺加当局的冷漠以及当局与囤积粮食者的勾结也越来越不满。饥荒进一步向人民揭示了政府的无能；即使不是无能，政府也无法用一种有效的方式来弥补降临在人民身上的不幸。政府可采取的救济手段是有限的。国王禁止向俄国出口北方生产的粮食，但这项法令（farman）在很大程度上被忽视了，而法令本身对饥荒最严重的中部和南部省份几乎没有造成影响。伴随饥荒爆发的是霍乱肆虐、土匪横行，政府几乎无法动用骆驼和骡子来运输大量粮食。

莫希尔·道莱时代

1871年初，严峻的形势促成了米尔扎·侯赛因·汗·莫希尔·道莱（Mirza Hosain Khan Moshir al-Dowleh，1828—1881）的大维齐尔任命。莫希尔·道莱是一名经验丰富的外交官，多年来一直担任伊朗驻奥斯曼宫廷大使，他的上台标志着伊朗国王对改革意愿的周期性回归。1870年，他首次担任司法部部长，不久后便当上了首相（1871—1873年在位），他后来还断断续续地担任过外交部部长和战争部部长，有时甚至是身兼两职，这取决于国王变化无常的情绪以及他对保守派反扑的恐惧。实际上，广泛的政治职权使他成了1870年代伊朗政坛的领袖。

对莫希尔·道莱职位的犹豫不决无疑是因为时隔七年之后，国王内心对于是否应该设立首相一职充满了矛盾。莫希尔·道莱后来被授予军队总司令

（sepahsalar）的头衔，他给搁置的体制改革计划带来了新的希望，但也带来了权力垄断的危险。莫希尔·道莱在第比利斯、孟买和伊斯坦布尔工作过多年，他在外交生涯中了解到的中央集权的国家治理模式，影响了他本人的政治愿景。他是坦齐马特改革的敏锐观察者，同时也是主持坦齐马特改革的奥斯曼政治家的好友。他精明、友善，政治技巧高超，但也贪污腐败，愿意以牺牲自己的政治操守为代价，积累巨额财富。

1870年代初出现了一种新的隐患，在英国的推波助澜下，伊朗和阿富汗将最终成为俄国扩张主义的牺牲品，沦为沙皇的附庸。作为一名精明的政治家，莫希尔·道莱希望利用这些焦虑。通过将伊朗描绘成一个通向现代化的缓冲国家，他希望能够克服国王先前对改革的矛盾心理，并在对抗保守派阵营方面取得进展。道莱任命米尔扎·马尔科姆·汗为伊朗驻伦敦全权大使，期待着与伦敦开展新的外交关系。而在马尔科姆回国后，其他一些具有改革思想的政治家也得到了任命，公共领域也在某种程度上开放了。尽管如此，莫希尔·道莱还是很容易受到国王意愿的影响，并且无法抵挡内阁和贵族中的保守势力，最终，这些保守派还是像战胜他的前任一样战胜了他。

在扩大的同时精简国家机构是莫希尔·道莱政府的主要改革目标，其中最重要的是各政府部门，同时，他也致力于建立中央集权的司法机构、统一的财政政策和一支高效的军队。他努力解决穆智台希德民事法庭的管辖权与政府随意执行的习惯法之间的分歧，却遭到了双方的反对。乌莱玛甚至反对一些温和的措施，例如提高宗教管辖范围内的透明度，或建立一个行政分支机构，以便将诉讼案件分配给适合的法庭。然而，地方省长及其司法官员，尤其是伊斯法罕的马苏德·米尔扎·泽尔·索尔坦（Mas'ud Mirza Zell al-Soltan）这样有权势的王子省长，却认为中央集权的司法监督妨碍了他们的威信和统治，令人生厌。

伊朗军队的现代化也遇到了麻烦，维持一支有效的武装力量来保卫国家安全，也变得阻力重重。尽管恺加王朝对他们的军事文化以及虚张声势的权力感到骄傲，但军事改革自阿巴斯·米尔扎的新军开始就一直受到许多问题的困扰。旧的部落招募做法、欧洲军事组织和战术的随意采用、理想和现实的作战能力间的差异，都是长期的弊病。军团频繁改组整编、部队训练不足、后勤管理落后以及高官盗用军费等情况，都使改革前景堪忧；而恺加官员之间的争吵不断，将军事职位出售给那些不能胜任的贵族和宫廷侍从的行为，以及国王对待军务的前后矛盾等，也都破坏了改革。

自19世纪头10年以来，恺加军队对自己的战争方法失去了信心，国家因而对欧洲的训练寄予了过分的信任和期待。在19世纪，恺加伊朗至少雇用了3名法国人、2名英国人、2名奥地利人和1个意大利使团来训练其军队，更不用说那些在伊朗服役的波兰、普鲁士和意大利的军官了。欧洲军官数量大增，但其中有一些人滥竽充数，他们热衷于进行更多军事检阅和展示其他装腔作势的军事技能。欧洲军官对伊朗下属的态度往往居高临下，而其中一些军官还与欧洲各国驻伊朗代表团过度亲近，还有人通过利润丰厚的军火交易牟取暴利，种种情况，屡见不鲜。

可以肯定的是，伊朗军队的规模足够大，足以维持表面上的和平与边境安全。例如，在1868年与马斯喀特苏丹国（Sultanate of Muscat）的租约即将结束之时，伊朗便重申了对阿巴斯港的主权，恺加军队还于1881年镇压了谢赫·欧拜杜拉（Shaykh 'Obaydullah）在库尔德斯坦北部的叛乱。然而，维持军队的成本远远超过了军队带来的好处。毫无疑问，纳赛尔·丁·沙赫和成立于1858年的战争部都维持着监管和高效的表象。手枪和弹药是在德黑兰、大不里士和其他地方的军工厂中制造的；欧洲运输来的武器，如大量的奥地利制沃恩德尔（Werndl）步枪，都是以高价购买的；即使是国家的偏远地区，也驻扎着一定数量的军队，他们的行动也受到监督。显而易见的是，维持一支耗资巨大的部队并不仅是为了保护国内的安全，更何况，这支军队常常面临很多困境。充当贪污公款的渠道，作为绝对声望和权力的象征，都有助于这支军队的永久存在。

1879年，伊朗仿照俄国模式建立了一支小规模的哥萨克骑兵团（后来是旅），并由俄国指挥官指挥，这支骑兵团后来成为纳赛尔·丁·沙赫的军事靠山之一。在1878年第二次出访俄国期间，帝国军队中的哥萨克士兵给沙赫留下了深刻的印象，他可能是想抵制莫希尔·道莱的亲英倾向。截至19世纪

末，伊朗的哥萨克部队规模不超过1500人，主要由来自高加索的穆斯林移民
及其子女组成。该部队的指挥官几乎完全忠于俄国，并经常与俄国大使馆勾
结，这就引发了关于这支部队存在理由的问题。从好的方面看，人们可以将
军队的存在归因于纳赛尔·丁·沙赫的政策，即通过向沙皇示好以维持沙皇
对他的支持。往坏的方面看，这是一个冲动的错误，虽然有助于在未来几十
年里保住王位，但同时也让伊朗臣民忍受着哥萨克指挥官及其部队专横霸道
的行为。

　　在军队建设上，莫希尔·道莱的意图是让国王和恺加精英直观地感受科
学和工业的进步。他还寻求吸引欧洲资本和技术，建设可行的基础设施，并促
进伊朗尚未开发的矿产和其他自然资源的利用。当然，最具象征意义的发展是
铁路的修建，这是19世纪进步理念的关键。但该项目一直未能实现，主要是
因为邻近国家对修建一条连接波斯湾与里海沿岸的跨伊朗铁路的战略影响意
见不一。然而，有一种新的乐观气氛认为，精明且出身名门、人脉广泛的首
相将会克服伊朗技术进步过程中的障碍，使伊朗赶上欧洲的"文明"。纳赛
尔·丁·沙赫之所以欢迎莫希尔·道莱的提议，主要是因为他在年轻时就一直
渴望访问欧洲。他认为莫希尔·道莱是一位有能力在国际上就伊朗问题进行谈
判的政治家，并能遏制国内对他出访旅行的反对。

代表臣民的皇家旅行

　　为了先行试探，新首相就伊朗国王访问伊拉克什叶派圣城之事与奥斯曼
帝国进行了协商。1871年，在众多随从的陪同下，伊朗国王开始了他的朝圣之
旅，这是近代历史上伊朗统治者第一次在和平时期离开戍卫领地。奥斯曼帝国
担心伊朗王室访问什叶派圣城，可能会在局势紧张之时引起反奥斯曼情绪的
爆发。但事实上，精明能干的奥斯曼帝国总督米德哈特帕夏（Midhat Pasha,
1822—1884）友好地接待了王室贵宾，他是莫希尔·道莱的朋友，同样具有现
代主义的观念。这次接待证明了在一个被奥斯曼帝国忽视的阿拉伯省份实施现

代化改革的好处。

米德哈特治下的坦齐马特改革打击了什叶派穆智台希德对民事法庭和公共生活的控制权。虽然改革加剧了社区的紧张局势，并导致了多次什叶派骚乱，但也有利于削弱乌莱玛对社区的控制。这是沙赫应该学到的一个教训。这次皇家朝圣使得纳赛尔·丁·沙赫的宗教虔诚形象超越了他以往在公众眼中的污点。他在同一年出版了一本关于朝圣的纪行，无疑是为了将这一形象传达给臣民。作为奥斯曼帝国苏丹的客人，纳赛尔·丁·沙赫不仅受到地方当局的尊敬，而且受到了乌莱玛和广大民众的尊敬。

纳赛尔·丁·沙赫在旅行期间被尊为伊朗沙赫，受到了国王级别的礼待，拥有治外法权的光环以及对伊拉克什叶派的象征性权威，他在纳杰夫参观什叶派第一任伊玛目阿里的圣陵时更是如此。自1802年瓦哈比派袭击伊拉克什叶派以来，圣陵的宝库一直秘不示人，现在以纳赛尔·丁·沙赫的名义重新开放了。在伊朗沙赫的见证下，圣陵的宝藏，主要是萨法维时代的宝藏，被重新评估并登记造册，然后贴上了恺加王朝和奥斯曼帝国御用封条，再次锁进库房。他站在圣陵外部的栏框前，将自己的镶满钻石的帽子放在栏框之上，以示谦卑和奉献。1870年至1871年，伊朗的饥荒达到了顶峰，而王室的朝圣之旅仍继续进行。在返回伊朗的途中，皇家车队在库姆城郊扎营，在那里，国王看到了人民受灾的严重程度。两天以后，他离开了，并下令将储存在政府粮仓中的400哈瓦尔（kharvar，相当于120吨）粮食分发给城市的穷人。

纳赛尔·丁·沙赫于1873年开始了他随后的皇家欧洲之旅，此时，饥荒最严重的时期已经结束。这次旅行以及1878年、1889年的两次欧洲旅行在国内外都引起了广泛关注，并打破了一个重大禁忌。一个象征着国家稳定的波斯统治者，不顾伊斯兰教禁止信徒进入非信徒领地的规定，仍然坚持出国旅行，即使在19世纪晚期也是一件新奇的事情。事实证明，这次出访是一次成功的公关活动，巩固了伊朗作为一个主权国家的国际地位，并在殖民扩张时期重申了其独立性。在欧洲各国的首都，皇室都毕恭毕敬地接待了这位古老文明的继承者——"波斯之王"，尽管此时波斯的国力已经大不如前，但仍然具有一定的影响力。伊朗国王传达了一种与他的欧洲东道主旗鼓相当的威严形象，让人民认为他是一位明智且独立的统治者。也许事实上他本人是更加软弱的，但他能够对话、谈判并坚持自己的立场。他在这方面取得的成功，特别是在1873年的旅行中所取得的成功，与早期的颓势形成了鲜明对比，意在提醒西方列强，伊朗不会在帝国博弈中任人宰割，至少现在不会。伊朗的王室之旅比大致同一时间奥斯曼帝国苏丹阿卜杜勒·阿齐兹（'Abd al-Aziz，1861—1876年在位）和埃及赫迪夫伊斯玛仪（Isma'il，1863—1879年在位）的王室访问吸引了更多的关注（图5.10）。

图5.10　1873年，纳赛尔·丁·沙赫的欧洲之旅。他坐在皇家马车里，与首相米尔扎·侯赛因·汗·莫希尔·道莱及维多利亚女王幼子利奥波德王子（Prince Leopold）一起进入苏格兰高地的巴尔莫勒尔城堡。站在马车旁边的似乎是米尔扎·马尔科姆·汗，他当时正担任伊朗驻英国大使

当时的照片。由作者收集整理。

278

对于欧洲精英和公众来说，波斯会让他们想起《圣经》中波斯帝国的居鲁士大帝和亚哈随鲁（Ahasuerus，他可能就是阿契美尼德帝国的薛西斯一世，Xerxes Ⅰ）。波斯还让人们回忆起了启蒙运动中被重新发现的智慧先知——查拉图斯特拉[1]（Zarathustra）的故乡。大众对波斯帝国的浪漫记忆也被唤醒，这个帝国曾经与古希腊人一决雌雄，后来又成为古罗马帝国的强大对手。人们可以在新建的博物馆中看到波斯帝国的许多考古遗迹，从古典文献和现代游记中感知伊朗沙赫的形象。

如此遥远的历史记忆中带有一种夸张的成分，好像沙赫和他的随从变成了一个被凝视、戏谑的奇观。傲慢的欧洲迫切地想知道，这个曾是他们强大敌人的遥远国度的统治者是如何适应他们的文明方式，是如何遵循欧洲的言谈举止和礼仪，是如何被欧洲的技术、建筑、军事和通信进步所震撼的。伊朗国王是另一扇展示帝国权力的橱窗，就像古埃及和美索不达米亚的工艺品和木乃伊，它们通常被展示在欧洲和美国的博物馆里，以及伦敦、维也纳、巴黎和芝加哥的世界博览会上。他是一个活生生的见证，是对那些颂扬殖民地英雄的雕像和纪念碑的补充。

皇家旅行团通过里海航线到达了阿斯特拉罕港，并访问了莫斯科和圣彼得堡，这是1873年4月至9月的长途旅行的第一站，此行还包括普鲁士、莱茵河谷、比利时、英国（主要是伦敦和曼彻斯特）、法国、瑞士、意大利和奥地利，然后经伊斯坦布尔和格鲁吉亚返回里海的安扎利港。访问期间，国王的行程安排非常密集，包括繁重的欢迎和告别仪式、阅兵、精心准备的舞会和宴会，以及参观军营、大炮铸造厂和弹药兵工厂。当然，国王还有足够的时间在公园里散步，去音乐厅、歌剧院和博物馆，去参观伦敦的水晶宫（Crystal Palace）和维也纳世界博览会，以及游览狩猎场。

消防演习、烟火表演、乘坐火车和马车，还有骑马游览都很有趣，在整个活动中，伊朗国王始终保持着他高贵的王室风度。贵族的礼仪习惯和服饰，以及电气照明、蒸汽船、火车站、提供热水和冰水的豪华酒店、马戏团、音乐

[1] 也被译为琐罗亚斯德，即波斯帝国主要宗教琐罗亚斯德教的创始人。

279

厅和铜管乐队，种种新奇事物都令他着迷。在拜访沙皇亚历山大二世、维多利亚女王和弗朗茨·约瑟夫皇帝时，他举止庄严，不亚于他与俄国、英国和法国政治家谈判时的机敏。在柏林，他参加了威廉一世（Wilhelm Ⅰ，德意志帝国的第一位皇帝）的加冕礼，并与新帝国的缔造者奥托·冯·俾斯麦（Otto von Bismarck）进行了两次长谈，他们谈话的具体内容并未出现在国王出版的日记中。首相俾斯麦将分裂的德国统一成为一个强大的帝国，伊朗国王对他的政治手腕感到惊讶。

访问欧洲的成果并不完全是莫希尔·道莱所预料的。纳赛尔·丁·沙赫和陪同他的王子、政府高官以及法院高官可能会欣赏一个强大国家相对于当时正在进行的革命性选择所具有的优势。除了俄国外，伊朗国王还可以看到专制的普鲁士所取得的进步和军事上的辉煌，并发展成为统一的德意志帝国，这与屡被击败、正在经历革命的法国截然不同。1873年7月，国王在他的日记中描述了法德战争的毁灭性后果；人们的忧郁情绪；巴黎公社内部的分裂，包括"红色的共和党人"，以及宫殿和政府大楼的毁坏。

对英国的观察并没有说服国王在实质上改变自己国家的政治秩序。他看到了英国民主制度的运行，包括两院制议会、司法独立、政府问责，尤其是对君主制的限制。他喜欢读历史，了解英国内战和查理一世的命运。然而，他更倾向于关注与自己的愿景相符的治理模式。实际上，他和许多同时代的恺加精英一样，自私地内化了一种假设，即伊朗与欧洲在政治文化之间的鸿沟是不可逾越的。伊朗国王认为，欧洲与伊朗不同，它的周边没有动荡的部落，也没有不愿妥协的乌莱玛用伊斯兰教法对国家施以压力。

在1873年7月访问威斯敏斯特宫时，伊朗国王对下议院的描述很简短，对议会审议没有任何明显的兴趣，至少在他日记的印刷版中是这样记述的：

> 格莱斯顿勋爵（Lord Gladstone）、迪斯雷利（Disraeli）和其他部长，以及辉格党（Whig）和托利党（Tory）都出席了。辉格党坐在（下议院的）一侧，托利党在另一边……他们提出了一个问题，大家对该问题有不同意见。下议院主席（议长）根据"多数"

表决，即人数较多的一方称为"多数"，人数较少的一方称为"少数"。全部成员都离席散去，在成员出去时计算最后的投票结果；大会（地点）除主席外全部离开。大约过了一分钟后，他们（回）来了；辉格党是赢得多数的一方，也是现在的执政党。接着，首相格莱斯顿勋爵走到了我们面前，我们进行了一番简短的交谈。[3]

很难看出英国议会辩论给伊朗国王留下了多少深刻印象，但不管他的意见如何，辉格党和托利党遵守多数投票的有序方式不能不引起他的注意。返回伊朗之后，政府中保守派和改革派之间的分野变得更加明显，也许这并不是纯粹的巧合。国王似乎更加清楚地认识到有必要在两派之间达成某种形式的平衡。然而，他从来没有给予他定期召集又解散的"政府咨询委员会"任何权力，让这个机构能够在不受他个人控制的情况下处理国家事务。

同样，虽然国王对欧洲的物质文化印象深刻，但他几乎不相信能在自己的国家建立起工业化基础，至少不像他那个时代的改革者们所认为的可以立刻建成。在伊朗国王和志同道合的伊朗精英看来，外来的现代化似乎是站不住脚的。毕竟，沙赫一定是这样想的：谁会愿意重现他在约克郡或鲁尔河谷工业区看到的那种令人窒息的、污染严重的、贫困的、管制严格的、革命盛行的、烟囱林立的城市环境？他当然不愿意因为建立制造工厂，而在国家现有问题的基础上又增加一系列新的麻烦，他并没有或者根本不希望拥有资本和技术。

19世纪晚期的欧洲帝国并不会慷慨地与他国分享其严防死守的知识技术，也不会放弃其长期培育的出口市场。然而，欧洲物质文化的诱惑是无限的。伊朗国王和他的随从人员旅行得越多，他们就越会被城市空间、皇家园林、宫殿和公共建筑，以及欧洲风尚和礼仪所迷住，特别是时间观念、衣着和仪表，还有便利的旅行和交流，各种食物和产品，当然还有女性在公共生活中的角色。

欧洲女性为沙赫及其随行人员制造了各种道德危机。伊朗王室成员不习惯见到除自己妻妾之外的不戴面纱的女性，但是在这里，他们不仅可以轻松、自由地与皇室和贵族女性愉快交往，而且还可以与歌剧女演员、芭蕾舞演员、流行剧女演员、马戏团女演员、妓女以及街上和公园里的普通妇女交流。欧洲妇女在公共场所的存在与伊朗各阶层妇女所受的限制形成了鲜明的对比。

国王宠妃的事件就是个例子。法特梅-索尔坦·卡努姆·拉瓦萨尼（Fatemeh-Soltan Khanum Lavasani），人们更为熟知的是她的头衔——阿尼斯·道莱（Anis al-Dowleh，意为国家的伙伴）。她既得宠幸又为人机敏，是国王最喜欢的一位妃嫔。她出身贫寒，但从妃嫔之位一步步上升为国王的妻子和顾问，已经成了国王事实上的王后。1873年，她劝说国王带她一起前往欧洲旅行。阿尼斯·道莱乐于接受欧洲的礼仪，并已准备好适应它们。一行人远行至莫斯科，在女侍者的重重包围下，一路上她都戴着面罩，并与男人隔离。然而，一到俄国首都，伊朗国王的妻子显然不能再远离陌生人的视线了，因为沙皇和皇后坚持让她在官方活动中亮相。

面对俄国宫廷礼仪的两难选择，除了将阿尼斯·道莱送回家，沙赫别无选择。她顺从了，但十分沮丧，认为莫希尔·道莱要对她旅行的不光彩结尾负责。不难想象，如果沙赫的妻子在外国人的土地上摘下面罩，随之而来的可怕后果将会是乌莱玛不允许她回家。回到德黑兰，阿尼斯·道莱发动了一场宫廷政变作为报复，参与者包括了恺加诸王子和德黑兰的穆智台希德，国王一回来就将阿尼斯·道莱暂时免职。国王的王室尊严和荣誉得到了维护，但这并没有阻止国王沉溺于肉欲的快感之中。除了其他劣迹，国王还购买了一位彻尔克斯[1]（Circassian，也可能是车臣，Chechen）的女奴隶作为随行的伴侣。她扮成国王随从中的小侍童，这件事已经是一个公开的秘密，并且有些尴尬。

在1878年的私人旅行和1889年的正式国事访问中，纳赛尔·丁·沙赫结识了更多的政治家、皇室成员、有特许经营权的商人和社会名流。他参观了更多的宫殿、庄园、兵工厂和军营、公园和狩猎场、歌剧和音乐厅、博物馆和动物园，还参加了1878年和1889年的巴黎世界博览会（图5.11）。

---

[1] 主要位于高加索西北部，也称为"Cherkess"。

图5.11　1878年巴黎世博会伊朗馆，由侯赛因·阿里·马马尔·伊斯法罕尼（Hosain 'Ali Ma'mar Isfahani）设计建造而成。镜厅及其楼上陈列的波斯手工艺品、特色织物和地毯吸引了公众的注意

现代明信片。由作者收集整理。

国王出版的日记（特别是1873年的访问日记），无疑是为了提醒他的臣民他此行所受到的尊重和关注，特别是在俄国和英国。这是为了维护王室在国内外的形象而进行的公关活动的一部分。这些日记还向他的臣民讲述了国王代表他们所观察到的壮观景象。国王简单且流畅的波斯语活像是一台相机，将重要的事情和平凡的事情都描述得栩栩如生。尽管国王的日记在描述新奇事物时很有技巧，但它们缺乏深度，更不用说批判性反思了，好像国王只是想单纯地看看，而不是细细地观察。此外，国王日记中描述的那些性感漂亮的淑女都精心打扮，她们使用香水，并且不戴面纱，令人羡慕而不可得。与他所习惯的审美价值和风俗形成鲜明对比的是，他遇到的西方女性会交谈、微笑、跳舞，甚至在公共场合求爱。经过严格编辑出版的日记充满矜持的语气，却到处渗透着对外国人的迷恋。

路透的骗局

在1873年的欧洲之行动身以前，国王和莫希尔·道莱就希望通过吸引欧洲资本来加速本国的现代化项目。然而，旋设旋废的《路透特许权协议》（*Reuter Concession*，发生在1871年至1873年）成了一个奇怪的事件，一方面是因为恺加国王和他的政治家们第一次直面欧洲风情时的天真和迷失，另一方面则是由于他们的贪婪。这件事还展示了欧洲人在早期资本风险投资和获得不加约束的特许权以牟取暴利时的厚颜无耻。伊朗首相认为，只有通过欧洲私人资本的大规模投资，伊朗才能实现跨越，成为世界先进国家。他和他的主要合作伙伴米尔扎·马尔科姆·汗关注的是当时著名的通信巨头保罗·朱利叶斯·德·路透（Baron Julius de Reuter）提出的投资提案。

路透是一位天才的且有说服力的英格兰移民，他出生于德国，在早期的电信通信行业发家致富，并从一个已不复存在的德国小公国的公爵手中买下了他的头衔。1851年，路透社——世界上最早的现代通讯社之一（也是最经久不衰的通讯社之一）开始在伦敦和巴黎之间传递股票行情。到了1870年代早期，路透扩大了他在世界各地的经营，同时加强了与英国那些有钱有势的人的联系。英国拥有的印欧电报部（Indo-European Telegraph Department）的成功运作似乎激起了他对投资伊朗的兴趣。他看到了伊朗作为连接印度和欧洲的铁路纽带的战略潜力，同时他也感受到伊朗国王急于从欧洲获得资金来投资项目。他预感到了这两个机会将带来的丰厚利润。1869年，苏伊士运河的建成被誉为一项世界级的重大工程奇迹，而该项目正是通过私人融资实现的。

到1872年7月，在进行了短暂的秘密谈判后，伊朗和路透最终签署了关于在伊朗垄断建设铁路和其他开发项目的《路透特许权协议》。当时，人们对欧洲技术进步和金融实力的痴迷，轻易地压倒了伊朗政府内外的任何怀疑。由于几乎没有机会进行辩论，即使在精英圈内部的、由大多数支持改革的政治家组成的"皇家咨询委员会"也做出了令人难以置信的慷慨让步。人们理所当然地认为，伊朗人既不能筹集资金，也不能掌握技术来实施如此规模的项目。然而，除了伊朗谈判者的自卑情结外，还有一些别有用心的重要原因。部分人——包括首相和马尔科姆·汗——都收到了朱利叶斯·路透的大笔贿赂，后者为促成特许权提前支付了20万英镑（合110万美元）。

这些笼统的条款给予路透70年的特许权，让他建设一条跨伊朗的单轨大铁路，铁路线的走向仍有待确定，可能从波斯湾的布什尔港到里海的安扎利港。作为交换，伊朗政府同意无条件地向路透提供大量设施，包括所需的公共土地、私有土地和相关财产，并且免收任何税费、关税或其他应付的劳务和安全保障费用。此外，在特许权期限内，恺加政府向路透授予了开采伊朗所有自然资源及其未来经济和金融潜力的权利，包括垄断伊朗所有矿山和矿产、森林、地下水和地表水资源以及所有未来工业和基础设施（如电报、城市交通、钢铁厂、纺织厂和其他行业）的开发，还包括垄断伊朗所有海关长达25年时间。

《路透特许权协议》进一步允许特许权获得者建立现代银行，包括发行伊朗钞票，以及拥有在未来将伊朗金属货币的基础从白银转为黄金的权力。路透保留将全部或部分上述垄断权转让、出售或出租给任何人的所有权利。他每年将支付铁路净收入的20%，以及所有其他垄断净收入的15%。当然，路透将为伊朗国王的欧洲之行提供贷款。唯一可取之处是特许权获得者必须在特许权协议签署后的15个月内施工建设，否则就可能会被取消。

整个计划听起来简直是一场无耻的骗局。路透必须在波动的欧洲股票市场通过公开发行股票来筹集600万英镑的资金。没有一个脑子正常的人会购买这些股票，当然除了伊朗政府，他们已经同意支付这笔资金的至少7%的利息和本金。此外，由于路透公司在特许经营的任何领域几乎都没有技术专长，他必须分包或以其他方式拍卖、出租几乎所有的垄断经营权，这一事实让人们进一步怀疑该项目是否会成功。英国外交部和大多数英国机构对此是最不相信的。只有曾将埃及、奥斯曼帝国和突尼斯带到了破产边缘的欧洲特许权猎人，以及此前还在用铜线和镜子交换奴隶的非洲海岸奴隶猎人，会惊叹于路透的计划，同时嘲笑纳赛尔·丁·沙赫和他所谓的现代化首相，以及八位部长、显贵，他们曾对特许权表示认可。

是什么蒙蔽了这些原本经验丰富的高官显贵，让他们相信自己达成了一笔不错的交易呢？部分原因是他们巴结国王，给国王想要的东西，也就是为他的欧洲之行提供必要的资金。他们中的很多人也是欧洲之旅的随行人员。此外，他们任由自己被路透的谈判人员欺骗，认为由于伊朗负担不起铁路项目开工建设的必要担保费用，唯一的选择就是通过垄断经营权来支付。然而，在到达圣彼得堡之前，国王并没有意识到他所犯错误的严重性。俄国当局，包括沙皇亚历山大二世本人，都毫不含糊地直接警告伊朗国王，特许权的让渡与俄国的利益背道而驰，它会让英国人得以进入里海地区，从而直接威胁到俄国的边境。当伊朗国王到达伦敦时，他严肃地重新考虑了一下。对路透的刻意怠慢就昭示着即将发生的事情。

1873年9月，当沙赫回国的时候，恺加王子、他最宠爱的妻子阿尼斯·道莱和一些德黑兰的乌莱玛激烈抨击和抵制《路透特许权协议》，以至于沙赫抵达安扎利港后，不得不立刻将莫希尔·道莱解职。为了避免进一步的麻烦，莫希尔·道莱被临时任命为吉兰省省长，并被指示留在那里。等到宫廷政变的直接威胁一消退，国王就召回了莫希尔·道莱，重新任命他为外交部部长，并指示他立即废除《路透特许权协议》。国王一开始谨慎提防保守派的反扑，之后采取了权力制衡。保守派和进步人士的反对力量加起来，就意味着莫希尔·道莱失去了靠山和动力，改革步伐将明显放缓。

莫希尔·道莱是谈判大师、国王的奉承者，他与路透的代表进行了艰苦卓绝的讨价还价，由于路透在签署协议后的15个月内没有启动铁路建设项目，特许权被自动取消。英国外交部对路透的支持也不冷不热，并通过回顾俄国以往惯常的报复行为来证明《路透特许权协议》的废除是正当的。到1874年，路透似乎看起来没有获胜的可能了。然而，他是一个坚持不懈的人，耐心地等待着机会，并顽强地争取英国当局的支持。纳赛尔·丁·沙赫急切地寻找《路透特许权协议》原件，并在拿到以后亲手将其撕掉，宣告协议无效。他很清楚地意识到，在莫希尔·道莱下台后的很长一段时期里，他将不得不再次面对精明的特许权获得者的索赔，并且是在英国的压力之下。17年以后，路透的继承人最终成功获得了新的特许权，并在原协议的基础上更进了一步，即允许波斯帝国银行（Imperial Bank of Persia）代表伊朗政府发行纸币。路透公司也再次获得了开发伊朗所有未开采的矿山和矿产资源的垄断权。

　　伊朗第一次与大型西方资本打交道的经历，带有毫无保留的剥削色彩。然而，其中有一个可取之处，即对特许权的抵制程度。即使国王和他的大多数改革派顾问都被西方的物质力量和魅力所吓倒，但也有一些人表达了批评，并说服国王改变主意。宫廷起义期间，王室王子及其同党的主要动机源自对莫希尔·道莱的敌意，部分原因在于道莱公开了自己的同性恋取向，同时还有他的现代化计划。他们与少数高级乌莱玛都有同样的不满，乌莱玛认为修建铁路这种西式的发展方式将为外国人开辟道路，并破坏伊朗人的信仰。然而，他们的论点并非完全基于揭露西方人的缺点。乌莱玛的领袖毛拉·阿里·卡尼（Mulla'Ali Kani）是首都有影响力的穆智台希德，他在给国王的谏书中批评了《路透特许权协议》，不是因为它剥夺了伊朗的经济主权，而是因为《路透特许权协议》中的条款违反了伊斯兰教法，侵犯了私人所有权。乌莱玛对欧洲经济入侵的反抗不得不再等上20年，到烟草专卖抗议运动期间再爆发。

　　到1870年代后期，莫希尔·道莱对伊朗改革的远大抱负已经搁浅。国家官僚机构和外交使团规模不断扩大，尽管引进了西式的部委制，并试图使政府机制合理化，但这些措施并没有显著提高效率或实现权责相符。财政、军事和司法机构几乎没有变化；老朽精英的惰性有效地抵消了任何重大的改革。引入现代教育和相对自由的新闻出版也只是昙花一现。

　　一位具有20年驻外经验的资深政治家竟然犯下签署《路透特许权协议》这么明显的错误，这仍然是一个谜。即使是在莫希尔·道莱所处的时代，这一错误也玷污了他的形象。他的动机之一可能是亲英，以对抗他认为迫在眉睫的俄国威胁。人们也不能排除他眯着眼睛急于大肆推进现代化的可能性。对他那个时代的许多现代主义者而言，像他这种沉醉于欧洲进步神话的人并不罕见。然而，莫希尔·道莱也可能是受到贪婪的驱使，贪污腐败的案例破坏了他的职业生涯。在这方面，他并不是个案，因为许多恺加政治家都利用自己的地位来获取财富，以此来作为抵御他们职业风险的保障。

　　1881年11月，莫希尔·道莱在马什哈德去世，享年53岁，那时他还是马什哈德第八任伊玛目圣陵的受托人。他可疑的死亡很可能是因为服用了剧毒的

"恺加咖啡"（qahveh-e qajar）。如果纳赛尔·丁·沙赫怀疑谁或是怨恨谁，他就会用这种迅速而安静的方法来解决掉他不需要的官员。后来，莫希尔·道莱和他的政绩几乎没有再得到恺加政权的任何赞赏，除了国王的冷漠，什么也没有，就像30年前发生在阿米尔·卡比尔身上的事情一样。

1881年11月15日，当听到莫希尔·道莱去世的消息后，国王精明的心腹、翻译官穆罕默德·哈桑·汗·艾塔迈德·萨尔塔内赫（Mohammad Hasan Khan Etemad al-Saltaneh）在他的秘密日记中写道：

> 尽管他有种种可悲的坏习惯，但他（莫希尔·道莱）明智、精明，并且了解政治策略和欧洲风俗。如果国王没有因为过度提拔而把他逼疯，那么他可能会是政府中最好的仆人。但在一年之内，国王任命他为司法部部长，然后是战争部部长，最后是首相；（后者）具有如此大的自主权，就好像王权（机构）都委托给了他一样。这就是让他张狂和傲慢的原因。今天，国王说："他严重冒犯了我……这个人已经到了除了死没有其他选择的地步。他给我们制造了很多麻烦。他的所作所为很像米德哈特帕夏。"国王的意思是他背叛了他的（王室）恩人。[4]

对米德哈特帕夏的提及不仅是巧合。就在几个月前，即1881年4月，苏丹阿卜杜勒·哈米德（'Abd al-Hamid）逮捕了这位著名的1876年奥斯曼宪法的改革者和重要推手，让他接受审判，并以未经证实的谋杀苏丹阿卜杜勒·阿齐兹的罪名判处他死刑。不到三年后，米德哈特被处决。纳赛尔·丁·沙赫非常了解这两位政治家之间的深情厚谊，一定会担心他的前任首相也会重蹈类似的覆辙。莫希尔·道莱因此也在劫难逃，成为国王因偏执和恐惧牺牲的第四位首相。

依照王室的惯用做法，国王很快将莫希尔·道莱的财产据为己有，包括他位于巴哈里斯坦（Baharestan）的豪宅。这处宅子是巴洛克风格的，在1880年由一位受过法国教育的伊朗建筑师设计建造而成，与尚未完工的纳赛尔建筑群相邻。出于恐惧和效忠，莫希尔·道莱将它交由纳赛尔·丁·沙赫托管。纳赛尔·丁·沙赫将豪宅的使用权赠予了他最喜欢的侍童马利贾克〔Malijak，在库尔德语中意为"小麻雀"——他也被称作"阿齐兹·索尔坦"（Aziz al-Soltan），即"国王的最爱"〕，这是对已故首相的极大侮辱。后来，巴哈里斯坦豪宅在立宪革命期间及之后成为国民议会（Majles）的所在地。

莫希尔·道莱在任的10年是纳赛尔·丁·沙赫第三次也是最后一次，以严肃认真、系统条理的方式进行改革。有限的进展再一次揭示在改造政府和国家经济的道路上存在着的结构性障碍。虽然优柔寡断的国王利用恺加体制内的派系斗争保全了自己，但根深蒂固的保守派贵族和乌莱玛阶层仍然对欧洲式的改革充满了疑虑。

重塑首都

伊朗国王有意识地杜绝引入国家制度与政治文化，这一点与奥斯曼帝国和埃及的统治者相比可谓有过之而无不及，但他对吸收和采纳欧洲物质文化情有独钟。与难以引进的技术和工业化手段不同，物质文化享受以及奢侈品却很受欢迎。正是这些，而不是欧洲工业和政治上的成就，在伊朗的城市生活、文化和艺术表现上留下了深刻的印记。这些物质文化成为恺加统治阶层追求变革的真实映射，这些变革提升了国王作为一个进步主义者的形象，与他那些奥斯曼和欧洲对手平起平坐。

恺加人一直都是优秀的建筑师，在法特赫·阿里·沙赫时期及其后建造的众多宫殿、花园和公共建筑中展现得淋漓尽致。同样，从1860年代后期开始，纳赛尔时代见证了一场史无前例的城市复兴，其中部分建筑是在莫希尔·道莱执政时期建造的。王子和政治家，以及部落汗、富有的商人和穆智台希德，建造了相当阔气的住宅和私人花园，并创建了慈善捐赠基金，以此来建造修缮清真寺、伊斯兰学校、商队旅馆、巴扎、坎儿井、桥梁、浴室和水库。在后来的巴列维王朝的现代化破旧立新过程中保留下来的纳赛尔时代建筑，被认为是表现宁静和精致的伟大建筑的典范。

正如外界所预料的那样，最初的风格变化主要体现在戈莱斯坦的建筑和装饰上。宏伟的接待大厅（Talar-e Salam）可能是恺加后期最重要的内部庭院建筑，它的灵感部分来自圣彼得堡的艾尔米塔什博物馆（Hermitage）（这点与伊斯坦布尔的多尔玛巴赫切宫相似），但规模较小、品位精致，表明了恺加建筑大师的技术和建筑水平（图5.12）。相邻的镜厅（Mirror Hall）容易让人联想到法国的凡尔赛宫，但装饰着的是精美的波斯镜面瓷砖。作为他的建筑计划的一部分，纳赛尔·丁也恢复或重建了戈莱斯坦建筑群中的一些早期皇家建筑（彩图5.1）。

图5.12　戈莱斯坦宫接待厅。外部是典型的波斯建筑风格，内部装饰却体现出恺加王室的欧式品位，特别是在1873年纳赛尔·丁·沙赫的欧洲之旅以后

S. G. W. 本杰明，《波斯与波斯人》，第79页。

甚至早在1873年国王开始他的欧洲之旅前，新的欧式风格就已经呈现在戈莱斯坦建筑群中的5层楼高的太阳殿（Shams al-'Emara）上了，从此处可以看到首都的全景。该建筑完工于1867年，参考了萨法维时期的阿里卡普宫（Safavid 'Āli Qapu），由皇家建筑工程师杜斯特–阿里·汗·莫耶尔·玛玛雷克（Dust-'Ali Khan Mo'ayyer al-Mamalek）负责监督——他的家族曾是萨法维王朝时期皇家铸币厂的总管，并由阿里·穆罕默德·卡尚尼（Ali Mohammad Kashani）施工建造，卡尚尼可能是伊朗第一位在多层建筑中使用钢结构的建筑师。这个设计旨在唤起人们对12世纪波斯诗人内扎米的著名浪漫故事《七宝宫》（*Haft Gonbad*）的记忆。建筑顶部是一座钟楼，里面有一尊巨大的双面钟，这是维多利亚女王的礼物，让首都人民准确地计算时间（彩图5.2）。然而，由于维护不周以及后宫嫔妃们的抱怨，这尊钟很快就停止了报时，这表明，相对于分秒不差的钟表时间，恺加时代的人们更习惯自己的黎明黄昏计时法。

除了戈莱斯坦建筑群外，纳赛尔时代晚期的首都及周边地区至少还建造了其他8座宫殿和众多的皇家园林。在首都东部的埃什拉塔巴德宫（The palace of 'Eshratabad，意为"放纵的居所"）是纳赛尔·丁·沙赫版的"爱之乐园"（jardin d'amour）。萨尔塔纳塔巴德夏宫（The Saltanatabad summer palace）始建于1850年，位于首都德黑兰北部。1878年，为了庆祝纳塞尔·丁继位30周年，人们对夏宫进行了大规模修缮，并将其重新命名为"萨赫布卡尔里耶赫"（Sahebqarniyeh）。沙赫雷斯塔纳克宫殿（The palace of Shahrestanak，现已废弃）建在厄尔布尔士山的高处，俯瞰着德黑兰和首都东郊的法拉哈巴德花园宫殿（the Farahabad garden palace，也被称为"Qasr-e Firuzeh"，卡萨尔菲鲁泽），这里是在皇家狩猎小屋的基础上扩建而成的。

著名的皇家剧院（Takkiyeh-e Dowlat）是纳赛尔时代建筑的另一座里程碑（图5.13），该建筑是为了举行穆哈兰姆月的哀悼仪式而设计的国家典礼大厅。1868年，国王委任莫耶尔·玛玛雷克监督建造，其设计风格类似于欧洲歌剧院，这主要是参考了法国人儒勒·理查德（Jules Richard）的建议。他曾是纳赛尔·丁·沙赫的法语老师，此后成为达拉弗农的老师和古董商。剧院巨大的大厅、钢结构的半永久性穹顶、拱形的私人阳台、城市居民的几排低层座位以及圆形的中央舞台，都是特别为什叶派哀悼剧塔兹耶的演出而设计的。这样的舞台与塔兹耶在全国城镇和村庄表演时的简陋场所形成了鲜明对比（图5.14）。

图5.13　位于德黑兰的皇家剧院是王室向穆哈兰姆哀悼仪式致敬的焦点
S. G. W. 本杰明，《波斯与波斯人》，第373页。

图5.14　塔兹耶简陋的表演环境。这是位于加兹温的一处表演场所，表现出草根阶层对卡尔巴拉悲剧表演的热爱

J. 迪厄拉富瓦，《波斯，迦勒底和苏西亚纳》，《新航海日记》（1881—1882年），第57页。

在这个国家级的剧院大厅中，恺加精英与城市的普通男女聚集在同一片屋檐下，免费观看城里最精致的什叶派塔兹耶，还能看到他们的国王，惊叹于他对什叶派殉道者的伟大付出。恺加公众和精英们非常喜欢卡尔巴拉悲剧，它的演出是一个古老的传统，至少可以追溯到10世纪。什叶派塔兹耶包括由主人公和反派角色朗诵的押韵诗歌，管乐器和打击乐器演奏的音乐，7世纪阿拉伯风格的服装，马和骆驼，以及大量戏剧性的——经常是血腥的——打斗。毫无疑问，塔兹耶的表演是建造富丽堂皇的国家剧院大厅的动力。演出还会邀请驻恺加宫廷的外国使团成员参与，恺加时代的什叶派塔兹耶的演员阵容包括一个虚构的来自外国代表团，在演出结束时，他们会对伊玛目侯赛因的不幸表示支持和同情。然而，表演也有娱乐的一面，为了减轻宗教悲剧的情绪，宫廷小丑偶尔会在剧院大厅表演喜剧。

通过建筑媒介,伊朗在保留波斯建筑特色与功能的同时,借鉴和内化了西方的概念与技术。除了城堡和其他皇家建筑群的建筑外,最重要的发展是首都的扩建,包括建设新城墙、现代化的道路和欧式商店,10年后,还出现了一条三线多站的马拉电车。到1870年代,德黑兰长达4.5英里的老城墙——16世纪由萨法维沙赫塔赫玛斯普一世最先修建,并在法特赫·阿里·沙赫时期加固——已无法再容纳这座城市不断增长的人口,当时首都德黑兰的人口已超过了15万(彩图5.3)。到1900年,德黑兰的人口已达到约20万。德黑兰旧城包括4个区(mahalleh)、1座皇家城堡和6个城门。新城墙花了10年的时间建成,环绕着5个区,每一个区都有许多个住宅区(patoq)。12座城门设计大方,有漂亮的图案和波斯瓷砖图案,上面的图案援引了黄道十二宫的标志,以纪念12位什叶派伊玛目。

根据1853年针对首都所做的一项调查显示,德黑兰共有7872所房屋,4220家商店和企业。到1867年,总人口达147 256人,房屋达9581所:68%的居民拥有自己的住房,其余32%的人是外来租客。到1900年,房屋数量增加到16 275所,商店和企业增加至9420家,较1853年有了极大幅的增长。1853年的调查还发现,32%的房屋是属于政府公务人员的住所。其中20处是由4个或4个以上建筑组成的大型建筑群,里面居住着高官的大家族。属于平民的房屋中,约95%是什叶派穆斯林的住所;其中96所房屋居住着180个亚美尼亚家庭,129所房屋居住着134个犹太家庭。到1867年,大约有130个欧洲家庭居住在首都。

在纳赛尔时代,一处典型房屋里通常居住着三代或更多代的大家庭,但即使是那些城市中产阶级的小房子也会在质量和大小方面有所改善。一个富裕的恺加家庭包括相当数量的家政工、厨师和园丁,以及男性和女性奴隶。这些奴隶通常来自桑给巴尔或阿比西尼亚,他们世代居住在伊朗,有自己的家庭。根据1867年的统计数据,德黑兰总人口中超过17 000人(占11.5%)都是奴仆(nowkar),隶属9581所房屋——其中10 568人是仆人,3802人是家政工,3014人是奴隶。这些仆人和奴隶几乎完全依附或居住在贵族、官员、大地主、商人和富裕的乌莱玛家里。然而，除了极少数非常富裕的城市精英外，其余人群之间的财富差距并没有那么大，甚至包括城市的移民人口。1867年，在首都扩建之前，来自各省的移民——主要是阿塞拜疆人、伊斯法罕人和卡尚人——占到了德黑兰总人口数的71%。

公共场所的统计数据也值得注意。1867年对德黑兰的调查统计了47座清真寺、35座伊斯兰学校和34座剧院，以及190家公共浴室、130家商队旅馆和20家制冰厂（yakhchal）。到1900年，德黑兰共有80座清真寺，伊斯兰学校的总数为80座，此外还有43座剧院、182家公共浴室、184家商队旅馆和24家制冰厂。1900年的统计数据还包括了城内及其周围的7座基督教教堂、2座犹太会堂、7座营房、2家医院、2所公立学校，以及215座花园和果园。除了清真寺和伊斯兰学校，这座城市的所有其他领域都见证了德黑兰的稳定发展，显示出其作为政治中心的地位，尽管大不里士、马什哈德和亚兹德等省会城市在经济和人口方面仍领先于首都。这种多中心的区位分布一直持续到了20世纪初期，是恺加体制去中心化的一个重要特征。

作为德黑兰城市发展的一部分，市政服务在19世纪后期开始出现。纳赛尔·丁·沙赫创建了一个小型卫生部门，负责清除街角的污秽和垃圾。城市各区的负责人继续在德黑兰市长的领导下履行职责，但他们与纳赛尔·丁·沙赫的小儿子卡姆兰·米尔扎（Kamran Mirza）领导下的德黑兰省长办公厅相比却黯然失色。新设立的警察局局长一职，由一名自吹是贵族出身的意大利军官担任，他负责监管这支日益壮大的警察队伍。当时，这支队伍正逐渐取代各区和巴扎上的旧警卫。意大利警察局局长上任后，设立了新的警察管理机构，并采取了新的监视和控制方法。19世纪最后几十年，出于对反恺加异见人士的警惕，警察部队在卡姆兰·米尔扎的监管下组成了一支初步的秘密警察部队，负责围捕外交官、知识分子和巴布教徒中的异见人士。

总体而言，德黑兰的现代化项目范围广泛，但比不上埃及赫迪夫伊斯玛仪统治下有"尼罗河上的巴黎"之称的开罗、苏丹阿卜杜勒·迈吉德（'Abd al-Majid）及其继任者统治下的伊斯坦布尔。德黑兰的城市风格和建筑风格也不如这些城市那样西化。直到1920年代和1930年代，德黑兰旧城大部分仍然完好无损，其他伊朗城市也是如此，或许在大不里士和伊斯法罕建造的几所西式建筑是例外，比如教会学校和医院等。古老的街道和小巷形成了一个纵横交错的网络，穿过城市的各个方向，蜿蜒在房屋和花园之间。这些街道和小巷很少铺砌或铺设石头，路人走在狭窄街道上时，总会踩几脚泥土。直到半个世纪后，西方的城市网格概念才破坏了旧城的结构布局。

早在1860年代，纳赛尔时代就见证了几条现代化大道的修建，大道穿过旧的街区，但很少破坏城市原有空间的连贯性（彩图5.4）。新开发项目中最引人注目的是位于德黑兰巴扎以北、城堡建筑群以西的纳赛尔大道（Naseri Avenue），宽阔的大道两侧都布满了商店，提供巴扎内没有的商品。再向北，郁金香大道（Lalehzar Avenue）穿过旧城区的玛诗珂广场（Maydan-e Mashq），将城堡与新开发的道莱区（Dowlat ward）和城市北郊连接在了一起。这是纳赛尔·丁·沙赫自己开发的第一个营利性住房和购物项目。城内的空地短缺提高了土地价格，国王看到了一个机会，将法特赫·阿里·沙赫建造的郁金香皇家花园变成了他的摇钱树，以满足王室对财富的渴求。直到20世纪，这个商圈仍然是首都最时尚的地方。1853年的调查确认了德黑兰共有113种行业和职业，几乎所有行业都是传统的批发和零售职业，不是在市中心的巴扎，就是在社区附近的购物小巷。类似的模式也出现在主要的省级中心城市。直到19世纪后半叶，提供西方奢侈品的商店和企业才逐渐出现在德黑兰新开发的街道上。虽然自1840年代以来，欧洲的羊毛和棉纺织品以及一些金属制品大受欢迎，但是西方商品的数量和种类，例如瓷器、玻璃器皿和女士盥洗用品，即使到了20世纪初也是微不足道的。

莫希尔·道莱在首都东部建造的大型的纳赛尔清真寺和伊斯兰学校建筑群很快成了一个新地标。该建筑群建于1878年至1883年，属于"七宝宫"风格，是恺加晚期建筑成就的典范。为了给什叶派伊斯兰学校引入改革后的课程和教学方法，纳赛尔伊斯兰学校拥有伊朗收藏伊斯兰手稿最丰富的图书馆之一，包括稀有的科学文献和地理文献。属于恺加贵族的许多私人收藏品都不向公众开放，圣陵和宗教学校的众多图书馆，如马什哈德伊玛目礼萨（Reza）圣陵的珍贵藏品，只向教师和学生开放。戈莱斯坦王宫的皇家图书馆收藏了大量可追溯到13世纪的手稿，但仅供国王私人阅读，而达拉弗农的小型图书馆主要用于教学，所以这座纳赛尔图书馆是纳赛尔时代最接近现代公共图书馆概念的一座。

伊朗各地的贸易中心也经历了一定程度的扩张和改善。以创新风格建造的豪宅里居住着各省精英阶层的成员。在卡尚、亚兹德和伊斯法罕，商人和地主用来自烟草、鸦片和纺织品贸易的收入建造了许多豪华宏伟的大房子（地图5.1）。特别是卡尚的商人家族，他们在19世纪后期事业发展迅速，除了自己的豪华宅邸外，他们还建造了新的小巷和巴扎、商队旅馆、清真寺和水库。

叙述欧洲：真实与想象

19世纪后半叶，欧洲风格的"波斯化"在物质文化的其他领域表现得也很明显。在绘画和装饰艺术、通俗故事、音乐和表演、新食品、服装和化妆品、城市规划和美化、园林设计和新的植物、花卉等方面，人们可以自由采纳并适应"波斯化"的欧洲风格。甚至可以说，所有文化表现形式中最具波斯特色的诗歌也开始有了新的形式和内容。这些文化适应并不意味着屈服于欧洲的霸权。与纯粹主义者经常声称的恰恰相反，恺加时期的艺术和建筑既不是颓废的，也不是欧洲原型的不正宗的复制品。相反，这些事物诞生于文化繁荣的时期，并且显示出了独特的波斯品位。

阿博勒–哈桑·贾法里（Abol-Hasan Ghaffari）的作品就是其中一例。阿博勒–哈桑·贾法里通常署名为"萨尼·默克"（Sani'al-Molk），是当时伟大的画家和艺术家。1814年，他出身于卡尚一个古老的艺术和政治世家。萨尼·默克曾接受过伊斯法罕肖像画派的训练，并逐渐发展出了自己的技法和观念。1840年代中期，他访问了意大利，接受了欧洲风格的训练，并在几年后回到了伊朗，带着对西方艺术细致入微的观察，以及比同时代伊朗艺术家都更加多元的创作背景。自意大利归来后，他对题材的选择变得更加多样化，并且没有被欧洲或欧洲大师们的杰作所征服（尽管他确实为实践和教学目的模仿了一些作品）。1851年，就在阿米尔·卡比尔垮台后不久，他回到了伊朗。作为前首相对波斯艺术和手工艺赞助的一部分，萨尼·默克在德黑兰巴扎新成立的"工艺之家"中创建了第一家现代工作室。除了关注绘画的发展，"工艺之家"也尝试保护和促进波斯手工艺品和小型手工业的发展，如纺织品、地毯编织、漆器、装订、镶嵌图画和银器，这可能是受到了萨法维皇家作坊的启发。

在他的工作室里，萨尼·默克展示了欧洲大师拉斐尔、米开朗琪罗和提香作品的复制品，还有古希腊裸体身体雕像的复制品。他招收学徒学习这种新式风格，并在每个星期五邀请公众前来观看新的艺术作品。他的授课内容不仅局限于素描和油画，还包括平面艺术、印刷机和平版印刷术，并接收平版印刷复制品的订单。《一千零一夜》（*Hezar o Yek-shab*）的绘画插图是他一项早期的成就，这是一部印度–波斯的故事集（在西方也被称为"the Arabian Nights"）。1851年，他受到纳赛尔·丁·沙赫的委托，在莫耶尔·玛玛雷克的赞助下，为《一千零一夜》绘制插图，一位才华横溢的作家和一位诗人曾共同将这份手稿从阿拉伯语翻译成波斯语。这可能是后萨法维时期最伟大的艺术项目，也是19世纪伊斯兰世界最著名的艺术作品之一。在工作室34名助手和学徒（不包括书法家、书籍装订师和插画师）的协作下，萨尼·默克耗时3年，创作了这部拥有3600幅水彩插图、共计1134页的六卷本手稿。这次任务让他获得了6580图曼（约合65 000美元）的巨额佣金。

萨尼·默克的艺术创造力在他的现实主义风格中表现得很明显，而这种风格却一直不为波斯的插图书籍传统所知。他没有把《一千零一夜》的场景放在想象中的巴格达哈里发时代，而是放在他自己的时代和环境中。他利用这个古老的故事来评论恺加的社会和政治，对当代的人物和事件做出微妙的暗示和隐喻。巴扎和街道中的日常生活，如服装、食品、乐器、交通，当然还有欧洲人，都成为许多插图的创作灵感。他强调女性、仆人、奴隶和太监的私生活，以及休闲、娱乐、舞蹈和饮酒，他还大胆绘制了关于爱情和性的插图。为了使故事更加连贯，并且更容易理解，他使用了接近于漫画式的鲜艳色彩和动态设计。保存在戈莱斯坦王宫图书馆的插图手稿只有国王和他的侍臣才能看到，并且从未公开出版过——即便是在机器印刷时代，得到王室赞助的艺术作品也难逃如此悲惨的命运（彩图5.5）。

萨尼·默克的一些社会主题水彩画同样具有尖刻幽默的精神。大不里士的路提斯斗殴的混乱场景（彩图5.6），或者一群奇怪的宫廷侍从紧紧跟随着一个恺加王室的花花公子（彩图5.7），或者是一群滑稽的宫廷奉迎者，这些都是对暴力、贪婪以及恺加宫廷的荒谬的批判式讽刺，其中都蕴含着智慧。作为政府公报的编辑，萨尼·默克第一次引入了描绘这些画面的素描和漫画：日常犯罪现场和城市骚乱，以及皇家巡行、赛马和狩猎。这些通常都与当时的社会暗流有着微妙的联系。不久之后，可能由于他的批评对恺加当局造成了影响，他在1866年神秘地去世了，享年54岁。他可能是臭名昭著的"恺加咖啡"的另一位受害者。

此后，纳赛尔时期的画家继续沿袭波斯-欧洲的混合风格进行大胆创新。马哈茂德·汗·卡尚尼·马利克·肖拉（Mahmud Khan Kashani Malek al-Sho'ara）的作品不仅描绘了他那个时代的皇家建筑的精致，而且还形成了一种新颖的表现主义风格（彩图5.8）。相比之下，穆罕默德·贾法里·卡尚尼（Mohammad Ghaffari Kashani）——人称"卡马尔·默克"（Kamal al-Molk，1859—1940），他是萨尼·默克的亲戚，直接受到他那个时代的欧洲现实主义的启发。他的风景和肖像作品深受纳赛尔·丁·沙赫的赞赏，在20世纪初的波斯绘画发展历程中颇具影响力。在立宪革命之前，有一个明显转向欧洲现实主义、远离早期纯粹化艺术风格的创作趋势，但绘画中的波斯文化认同仍然很强。同样，纳赛尔时期的音乐大多得到了宫廷的赞助，这为立宪革命时期波斯古典音乐（radif）体系的繁荣铺平了道路（彩图5.9）。

波斯大众的想象力也探索了外国风情。阿米尔·阿萨兰·鲁米（Amir Arsalan Rumi）笔下的幽默爱情实际也是一个颇受欢迎的冒险故事，它将古老的波斯民间故事与现代小说联系了起来，反映了对欧洲介乎诱惑与暴力之间的矛盾心理。故事由宫廷首席说书人（naqqal）穆罕默德·阿里·纳吉布·玛玛雷克（Mohammad'Ali Naqib al-Mamalek）作为睡前娱乐向纳赛尔·丁·沙赫讲述，这些故事也明显吸引了后宫女性。国王的天才女儿图曼·阿加·法赫尔·道莱（Tuman Agha Fakhr al-Dowleh）在听故事的时候把这个故事抄写了下来，并且给故事配了插图。1898年，故事被印刷出版，不仅吸引了能读书识字的文化人，而且也成了说书人表演剧目中的重头戏。

在这个故事中，阿米尔·阿萨兰（Amir Arsalan）是一位王室遗孤，他的父亲被杀，他的罗姆王国（奥斯曼帝国）受到皮特罗斯国王（Petros Shah）军队的袭击，并被占领了。皮特罗斯国王是异国的国王，暗指俄国的彼得大帝。为了报仇雪恨，在埃及长大的阿米尔·阿萨兰重新夺回了罗姆，并登上了王位。在清洗伊斯坦布尔所有基督教教堂和牧师的血腥运动中，他发现了一幅皮特罗斯国王光彩夺目的女儿法洛赫·拉卡（Farrokh Laqa，意为"受祝福的面容"）的肖像，并立即爱上了她。阿米尔·阿萨兰英俊潇洒，满腔热血，对基督教恨之入骨。为了寻找他的爱人，阿米尔·阿萨兰放弃了自己的王国，隐姓埋名来到了危险的异国。在那里，经由秘密皈依伊斯兰教的高级官员的帮助，他最终见到了法洛赫·拉卡，而她也见过阿米尔·阿萨兰的肖像，并爱上了他。阿米尔·阿萨兰在剧院当起了酒保，流利地说着异国的几种语言。后来，他被一系列恶作剧卷进了魔鬼和仙女的神奇世界，在经历了许多冒险后，他最终拯救了自己心爱的人，并带着她回到异国的土地上。皮特罗斯国王对阿米尔·阿萨兰的英勇和献身精神印象深刻，不得不允许这对新人结为夫妻。阿米尔·阿萨兰重夺王位，不久后法洛赫·拉卡也被正式迎进后宫，两国之间恢复了和平（图5.15）。

图5.15　阿米尔·阿萨兰化身为酒保（为了方便，这里改为了茶馆服务员），在异国的土地上寻找法洛赫·拉卡

纳吉布·玛玛雷克（Naqib al-Mamalek），《达斯坦·阿米尔·阿萨兰·鲁米》（*Dastan-e Amir Arsalan-e Rumi*），（德黑兰，伊斯兰历1317年／公元1900年），侯赛因·阿里绘制插图。由乌尔里希·马尔措夫提供。

虽然这个故事充斥着愚蠢的暴力，但也充满了欢闹的对话、多愁善感的浪漫和孩子气的滑稽动作。这些元素旨在娱乐国王（以及后来的读者和咖啡厅听众们），并满足他们对欧洲的好奇心。把欧洲想象成一个既充满敌意又充满诱惑的王国，这种异想天开的波斯化叙述可能被解读为伊朗矛盾愿望的表现；在莱拉与玛吉努[1]（Layla and Majnun，或英国的罗密欧与朱丽叶）式的经典故事中，多情的英雄往往会爱上来自敌对国家的纯情少女。然而，与中世纪浪漫

[1] 源于古代阿拉伯的短篇爱情故事，主要讲述了莱拉与玛吉努相识相恋，但在莱拉父亲的反对下两人无法相守。这个故事后经波斯诗人内扎米改编而闻名于世，并在此后的流传中衍生出多个版本。

剧作中受尽苦难与折磨的玛吉努相反，阿米尔·阿萨兰体现了伊朗人对权力、
男子气概和成功的所有渴望（即使他是出生于埃及的奥斯曼王子）。

　　这一时期的另一个虚构人物表现出了融入西方现代性时两难的一面。
《易卜拉欣·巴格游记》（*Ibrahim Bag's Travelogue*）是宰恩·阿贝丁·马拉
盖希（Zayn al-'Abedin Maraghehi）创作的一部现实主义小说，他是一位伊朗
移民商人，一生大多数时间都生活在高加索地区、俄国和奥斯曼帝国。这部小
说根据作者自己的经历写成，叙述了一位年轻、充满理想主义的阿塞拜疆商人
易卜拉欣·巴格的故事，巴格在回到故土后，心中对伊朗的美好印象就变得支
离破碎了。他是一位富有、游历广泛并受过良好教育的人，具有崇高的道德观
念和坚定的什叶派信仰，他为自己的国家所经历的衰弱、腐败和落后深感痛
苦，并渴望为其带来物质进步、社会正义和道德重建。然而，他处处都面临着
阻碍。

　　马拉盖希的故事是纳赛尔晚期浅显易懂的散文的绝佳典范。他站在商业
阶层的角度，用一段饱含热情的话语，讲述了伊朗国家和社会的法则。与纳赛
尔·丁·沙赫相当冷漠的态度不同，易卜拉欣·巴格与西方的相遇让他看到了
自己的社会、国家和文化的弱点。他进一步观察了伊朗经济停滞和投资不足的
现象，以及大多数人贫困、小部分人富有的现状，还有时常发生的饥荒和传
染病。他评论了犯罪率的攀升以及非生产性行为——投机倒把、放高利贷的增
长，尤其是他还注意到浴室中糟糕的卫生状况、现代药物及现代医院的短缺和
不足。金融混乱和管理不善、市场资金匮乏以及银行等现代金融机构的缺失，
都使作者感到愤怒。令他烦恼的还有国家缺乏现代工业和现代道路交通、对勘
探和发掘伊朗丰富矿产资源缺乏兴趣、伊朗森林惨遭破坏、百姓失业问题严
峻、大量人口移民到邻国寻找卑微的工作、政府缺乏规划能力以及标准化度量
衡的缺位。

　　像19世纪晚期大多数具有改革思想的非西方作家一样，马拉盖希对现代
教育、西式学校和世俗课程的缺失感到遗憾，并将其归咎于保守的宗教机构。
他认为，恺加精英和乌莱玛应对伊朗长期的积贫积弱和听命于超级大国的现状
负责。除了国内的罪魁祸首外，他几乎没有指责西方列强的领土扩张和经济剥

削。他还指出，如果伊朗国家和人民继续"沉睡"，不醒来拯救自己，西方就不可能尊重伊朗的主权或关心伊朗的福祉。当然，易卜拉欣·巴格的批判性观点中饱含着一种自觉的爱国主义，他热爱自己的祖国，热爱它辉煌的过去，并渴望重建它——作者在国外的多年生活无疑将这种观点理想化了。在这里，我们看到了伊朗资产阶级精神的症结所在，他们渴望将现代性和什叶派身份认同进行调和，并且这一特征在立宪革命中得到了强化。毫不奇怪，随着立宪革命的爆发，《易卜拉欣·巴格游记》在当时的秘密社团中广受欢迎。

波斯帝国银行

即使到了1880年代，《路透特许权协议》的纠葛仍未解决。这位坚持不懈的金融家向英国外交部施加压力，在国内暗中操纵，希望能因他被取消的特许权获得赔偿。15年来，他向英国政府提出的请求只起到了阻止伊朗向任何其他铁路或建设项目的承建商授予特许权的作用。这是一件喜忧参半的事情，尽管这一协议的告吹阻止了伊朗经济和社会对欧洲利益的依赖，就像在埃及和邻近的奥斯曼帝国发生的那样，但它也阻碍了外国资本的投资，并减缓了伊朗经济和社会发展。然而，值得注意的是，尽管人们对铁路事业寄予厚望，但铁路建设未能在中东工业化中发挥关键作用。铁路确实增加了人口的流动性，促进外国商品的进口和经济作物的出口，但即使到了巴列维时代，跨伊朗铁路的建设也没有带来任何工业奇迹。

在1928年以前，伊朗都没有启动过大型的铁路项目，在整个1880年代及以后都只有关于大型铁路项目的讨论、谈判和初步计划。修建铁路是伊朗国王及其顾问们最喜欢的消遣话题，但由于担心欧洲其他列强，再加上资金的匮乏，这一计划经常"流产"。虽然没有铁路，但恺加伊朗确实有一条由比利时公司建造的5.5英里的窄轨电车线，用于缓解从德黑兰前往首都南部附近的阿卜杜勒·阿齐姆圣陵（Shah 'Abd al-'Azim shrine）朝圣的交通压力。这条电车线被命名为"铁路"（Chemins de Fer），成了恺加王朝引以为傲的现代化成就，但很快人们就将其称为"喷雾机"（mashin dudi）。该电车线于1887年开始运行，直到1961年才停止服役，成了恺加王朝渴望进步的历史遗迹，以及听由地缘政治摆布的悲伤记忆。

1888年，派头十足的亨利·德拉蒙德·沃尔夫爵士（Sir Henry Drummond Wolff）被任命为英国驻伊朗公使，这一任命极大地改变了局势，有利于英国更多地介入伊朗的经济。沃尔夫的父亲约瑟夫·沃尔夫（Josef Wolff）是一个古怪的新教徒，在1820年代曾作为传教士前往伊朗和中亚，寻找失落的以色列部落。在来伊朗之前，亨利·德拉蒙德·沃尔夫曾在埃及担任外交官，后来担任英国议会议员。他与伦敦金融界建立了紧密的联系，包括罗斯柴尔德家族（Rothschilds）、沙逊家族（Sassoons）和朱利叶斯·路透。他强烈主张英国进行海外经济投资，并利用金融资本优势来经营大英帝国的霸权。亨利·德拉蒙德·沃尔夫是伦道夫·丘吉尔勋爵（Lord Randolph Churchill）和阿瑟·鲍尔弗尔（Arthur Balfour）的朋友，也是保守主义至上的报春花联盟[1]（Primrose League）的创始成员，该联盟有着与共济会类似的等级制度。沃尔夫与索尔兹伯里勋爵（Lord Salisbury）分享了他对经济扩张主义的愿景，并在许多方面为乔治·寇松（George Curzon）后来的举措埋下了伏笔。他聆听了朱利叶斯·路透的意见，并在被废除的协议中发现伊朗有向英国开放风险投资的可能性，进而把伊朗当作帝国外交的一个工具。

早在1887年，经过10年的艰苦谈判，纳赛尔·丁·沙赫受到了英国外交部的强大压力，英方要求伊朗开放唯一可通航的水道——卡伦河（Karun River），以开通波斯湾与胡齐斯坦中部的舒什塔尔（Shushtar）之间的国际航运，并从舒什塔尔开辟出一条途经巴赫蒂亚里地区到达伊斯法罕的新的运输公路。纳赛尔·丁·沙赫及其政府从路透事件中吸取了教训，在起草这一特许权的条款时保持谨慎，以避免英国形成垄断。他们严格监管航运公司的业务，如置地购房以及与伊朗同行的合作活动。考虑到苏伊士运河的命运以及六年前英国对埃及的占领，国王坚决表示，他不会被世人铭记为是英国资本主义的牺牲品。

---

[1] 1883年成立于英国的一个保守党组织，由伦道夫·丘吉尔（温斯顿·丘吉尔之父）等人创办。报春花是当时保守党党魁本杰明·迪斯累利（Benjamin Disraell）最喜爱的花。

在接下来的10年中，随着英国和伊朗航运公司对货物和乘客的争夺，卡伦河航运业蓬勃发展，从而繁荣了当地的劳动力市场（地图5.1）。英国私营航运公司"林奇兄弟"（Lynch Brothers）在底格里斯河和幼发拉底河运营了多年，与许多欧洲和伊朗公司展开了良性的竞争，而其中最为成功的是由伊朗政府经营的纳赛尔航运公司（the Naseri Navigation company）。卡伦地区的贸易量在1891年至1902年之间增加了近17倍，并且在1908年胡齐斯坦首次开采出石油之后，巴赫蒂亚里公路的建设预计会带来更大的经济进步。

沃尔夫带来了一些开发的提案、计划和潜在特许权。其中最主要的也最成功的就是重新谈判《路透特许权协议》，这已经成为英国外交的一个重要工具。如果铁路在战略上不可行，那么还有其他项目可以开发，比如建立一个现代化的银行似乎最为切合实际，且更符合欧洲资本投资的精神。1889年成立的波斯帝国银行接管了自1885年以来一直活跃的东方银行（Oriental Bank）现有的业务，《路透特许权协议》首次允许该银行在全国各地设立分支机构，并从事除了购买房产的抵押贷款外的所有现代银行业务和金融业务。最值得注意的是，伊朗政府授予该银行发行纸币的专有权——这是伊朗的一项新发展，因为在此之前，伊朗的货币只有硬币。根据《路透特许权协议》的其余条款，帝国银行实际上还控制了伊朗市场的货币发行量，甚至伊朗的货币政策。协议还再次保留了开发伊朗尚未开采的矿产资源的权利，作为银行业务顺利运行的担保品。

波斯帝国银行主要依靠从埃及和其他地方调来的一群殖民地的银行家和雇员而迅速展开运营，首先是在德黑兰，不久之后又在伊朗国内的主要商业中心开展业务。伦敦证券交易所的公开发行股票为帝国银行募集了600万英镑（约合2921万美元）的资金。以伊朗的标准来衡量，这笔巨额资金远远超过了巴扎的那些私人银行家（sarrafs）所能提供的资金数量，并对高利贷者构成了直接的挑战。随着银行开始放贷，巴扎中令人发指的利率大幅下降，该银行的现代化运营方式很快在许多领域取代了当地竞争对手的暗箱操作。最值得注意的是，随着银行转账和商业信贷逐渐取代旧的巴拉特（barat）汇票，用于国内贸易、对外贸易及其他金融交易的长途汇款已经大幅减少。

波斯帝国银行最大的优势在于对纸币发行权的垄断。尽管开始时有一些阻力，但相对于长期困扰伊朗经济的笨重的、不可靠的银币和铜币，纸币很快就成为首选的交易媒介。发行各种面值的钞票是中央集权货币制度的显著标志。虽然伊朗政府在新货币的数量和发行方面的权力有限，但国王的肖像出现在钞票上是其拥有主权的象征（图5.16）。事实证明，这对伊朗政府来说是喜忧参半的，因为在接下来的几年时间里，伊朗政府与金融危机的关联性更加紧密了。财富的逆转不仅限于那些因全球市场波动、管理不善或银行操纵而宣布破产的商人。政府和帝国银行被指责为市场波动的罪魁祸首。

图5.16　直到1910年，也就是立宪革命爆发的第六年，纳赛尔·丁·沙赫的肖像仍然出现在波斯帝国银行所发行的钞票上。这张五图曼的纸币只能在亚兹德地区流通

"世界银行纸币和硬币"（World Banknotes and Coins），http://www.worldbanknotescoins.com/2014/12/iran-5-tomans-banknote-1910-imperial-bank-of-persia-naser-al-din-shah.html.

例如在1895年，英国驻设拉子领事馆的所谓"新闻记者"报道称，设拉子鸦片出口贸易的主要商人米尔扎·阿加·设拉子（Mirza Aqa Shirazi）宣布破产，债务达40万图曼（约合100万美元），其中约9万图曼是拖欠波斯帝国银行的债务。他希望偿还他的债务，前提是扣除他已经支付给银行的8万图曼的利息。随后，事情陷入了僵局，米尔扎·阿加·设拉子在设拉子的新清真寺内寻求庇护。即使是银行副行长的到访，以及省政府切断了水和食物的供应，也没能让他离开清真寺。最终，根据首相的直接指示，米尔扎·阿加接受了设拉子首席宗教官、享有盛誉的穆智台希德——聚礼领拜人的仲裁。除了米尔扎·阿加外，法尔斯卡什卡伊部落的首领也请求聚礼领拜人仲裁，因为他拖欠了银行7.3万图曼。为了在七年内偿还他的债务，部落汗将坐落在卡什卡伊部落的一些村庄的土地抵押给银行。

到1890年代，一家由俄国资本出资并由俄国驻德黑兰大使馆支持的抵押贷款银行垄断了另一大金融领域，即向购买房产的伊朗精英和其他不成功的企业提供贷款。许多贵族的财富都挥霍在购买奢侈品、豪宅、马匹、马车以及出国旅游上，导致资金最终流向这家银行。然而，俄国银行的业务范围从未像帝国银行那么广泛。随着这些外国银行业务范围的扩大，商人和知名人士对这些机构的依赖性也逐渐增强。银行在一个受监管的框架内运作，与伊朗商人习以为常的灵活市场融资有很大不同。随着高级穆智台希德越来越多地参与社区的经济事务，他们对政府及其外国伙伴的批评也越来越多。

烟草抗议与宗教势力的崛起

到了1880年代后期，由于世界范围内通货膨胀的加剧和银本位货币体系的崩溃，恺加王朝开始面临新的财政压力。国家的发展以及王室、官员对奢侈生活日益增长的需求也要求开拓新的税收来源，因为这些开支是无法通过农业和其他传统税收来加以填补的。越来越多的王室土地被出售给私人，主要是卖给那些有影响力的商人和富裕的乌莱玛阶层，海关也被分包给国内代理商，但这些都无法满足恺加政权的实际需求。对纳赛尔·丁·沙赫及其顾问而言，出售特许权似乎是最简单、最有效的选择，而对烟草实行垄断专卖似乎是最有前景的财源。

纳赛尔时代晚期的政局也为外国势力的渗透铺平了道路。在卡伦河特许经营权协议签署后不久，英国政府于1888年将无数人梦寐以求的"印度之星"（the Star of India）勋章授予了亲英王子马苏德·米尔扎·泽尔·索尔坦，他是伊朗国王的大儿子，是伊斯法罕以及部分中西部省份的省长。该勋章是对王子与英国政府之间友谊的回报，特别是他为达成卡伦河特许权所做出的贡献。英国希望能够借此获得更多的特许权，在伊朗南部获得更大的影响力。不知是经过事先考虑，还是出于对泽尔·索尔坦亲英倾向的恐惧，沙赫几乎立即解除了王子除伊斯法罕省长以外的所有职务。这一举动由国王精明的新首相阿里·阿斯加尔·汗·阿明·索尔坦（'Ali Asghar Khan Amin al-Soltan，1858—1907）精心策划，目的是遏制泽尔·索尔坦肆无忌惮的野心，并将英国的注意力完全转向德黑兰。

阿明·索尔坦是纳赛尔国王的管家之子，出身于一个格鲁吉亚奴隶家庭。阿明·索尔坦年少时在国王的私人住所（khalvat）当侍童，然后开始飞黄腾达，他先进入宫廷，然后又进入政府。莫希尔·道莱去世后，他上位当权，并与政府首席财政官米尔扎·优素福·阿什蒂亚尼（Mirza Yusef Ashtiyani）合作。米尔扎·优素福·阿什蒂亚尼人称"穆斯塔菲·玛玛雷克"（Mostawfi al-Mamalek，即国家财政大臣），是政府精明的保守派阵营领袖，自1840年代中期以来就担任这一世袭职务。穆斯塔菲虽然仅仅被称为"阁下"（Jenab-e Aqa），但他掌握着很多不可告人的秘密，甚至连国王也对他毕恭毕敬，并提防着他的阴谋诡计。然而，他于1890年去世，为新首相阿明·索尔坦引进更多的外国资本和专业知识开辟了道路。阿明·索尔坦为人狡猾，是国王的密友，也是一位信奉现实主义的政治高手，在风格上更像阿加西和努里，而不是阿米尔·卡比尔和莫希尔·道莱，他的上台象征着纳赛尔·丁·沙赫的侍臣凌驾于政府官员之上。由于没有彻底改造政府的宏伟愿景，也不抱着在外交政策上实现独立自主的幻想，阿明·索尔坦在俄国和英国大使馆之间摇摆不定，一心一意只为他的王室主人和他自己寻找最佳方案。由于阿明·索尔坦在帝国主义时代为了生存而苦苦挣扎，他开始变得和国王一样，对政府持一种愤恨的态度。在首相任上，前任莫名死去、名誉扫地的案例比比皆是，除了取悦国王并说服他首肯自己的计划外，阿明·索尔坦还敢有什么别的抱负呢？于是，国王和他的末代首相之间的关系变得越来越复杂，时常相互利用和算计。

早些时候，国王和阿明·索尔坦一致反对实施国家垄断烟草生产的计划，后来还与英国特许权索取者进行了谈判。1889年，伊朗国王在出访欧洲时成了英国政府的座上宾，在此期间，他最终决定将伊朗烟草专卖权授予了一位名叫G. F. 塔尔博特（G. F. Talbot）的少校。伊朗可能是中东地区最大的烟草种植国家和出口国家，主要向奥斯曼帝国出口烟草，并供给不断增长的国内市场（地图5.1）。这家公司后来被称为烟草专卖公司（The Regie monopoly），此前，它已经得到了奥斯曼帝国授予的烟草专卖权；而这一次，它又得到了购买、分销、销售和出口伊朗全境所有烟草产品长达50年的特许权。烟草作为主要的赚取收入的商品，对伊朗人的日常生活至关重要。到1890年代，伊朗的烟民多达250万人，占全部人口的25%，包括男性和女性，烟草大多以水烟（qaliyan，如今在西方被称为"hookah"）的形式出现。农民和贫困阶层通常使用长烟斗（chopoq），消费劣质烟草。除了茶叶外，没有其他商品能够对公众产生如此大的影响力。自16世纪晚期引入以来，烟草产量在伊朗各地都有增加，特别是在阿塞拜疆、呼罗珊、伊斯法罕和法尔斯等省。

值得注意的是，伊朗国王再次轻易地沦为外国特许经营权的牺牲品，而对伊朗大部分生产者和消费者来说，烟草这类大宗商品是至关重要的。恺加当局似乎已经完全淡忘了关于《路透特许权协议》的糟糕记忆。毫无疑问，英国人的魅力、英国东道主的微妙暗示以及首相的不那么微妙的劝说，使得国王同意了特许经营权的转让，而当时的统治精英对于公众日益高涨的反恺加情绪已经是越来越视而不见了。国王对短期利益的渴求是无止境的，即使牺牲对国民经济至关重要的烟草种植者和商人也无所谓。如果商人可以从烟草贸易中获得可观的利润，那么国王一定会想，为什么他不可以呢？当然，王室的垄断收益是以大部分伊朗出口商、批发商、经销商（可能多达5000家）和更大规模的中小型烟草种植者的群体利益为代价的。

然而，想从英国人手中分得巨额利润的奢望是虚幻的。在扣除费用后，获得烟草特许专卖权的英国人分配给伊朗不超过1.5万英镑（7.5万美元）的微薄使用费以及年净利润的四分之一。到1890年初，烟草专卖公司已经开始在整个伊朗建立一个主要由殖民官员组成的省级办事处网络，并很快就从伊朗种植者手中购买烟草。令种植者感到沮丧的是，他们别无选择，只能以毫无竞争力的固定价格将烟草出售给专卖公司。然而，烟草商及其合作伙伴是主要反对烟草专卖的力量。与国王和专卖公司的希望相反，要打破伊朗中间商及出口商对烟草市场的控制，一定会掀起惊涛骇浪的。

在失去生计的危险下，这些商人开始动员民众和乌莱玛一起反对烟草专卖，并试图说服政府废除烟草专卖。1890年末至1892年初，大规模抗议运动成功地挑战了外国公司的垄断地位和恺加政府的权威。至少自1850年代巴布教起义失败以来，这是第一次全国性的抗议运动，民众参与度较高，并有明显的反帝国主义诉求，这在某种程度上为15年后的立宪革命铺平了道路。烟草抗议活动是巴扎商人、为数众多的高级乌莱玛和少数异见人士第一次找到的共同点，他们动员了全国民众，挑战了沙赫的权威。

1890年末，设拉子城内开始出现零星的抗议活动；第二年，伊斯法罕、大不里士、马什哈德和其他烟草种植中心的抗议活动持续进行（地图5.2）。几乎所有的抗议活动，都是商人恳求当地的穆智台希德给予他们支持，以此来表达商人们的不满。清真寺内的公众集会谴责外国人干涉穆斯林事务，尤其谴责他们在加工处理烟草时习惯性造成的污染。在恺加王朝时期，诸如此类的谴责是反欧洲言论的常见内容。然而，有权势有财富的穆智台希德通常不愿意切断与政府的传统关系，也不愿公开批评国王的倡议，因为他们担心自己会成为政府报复的对象。尽管如此，他们还是很快意识到自己别无选择，只能站在商人和大规模烟草种植者这边。巴扎的宗教税收和会费收缴变得缓慢，使得穆智台希德很清楚这一现象所传达的信息。到1891年初，穆智台希德——尤其是在伊斯法罕的穆智台希德——与掌权的纳杰费家族联手，在抗议活动中占据了突出地位。

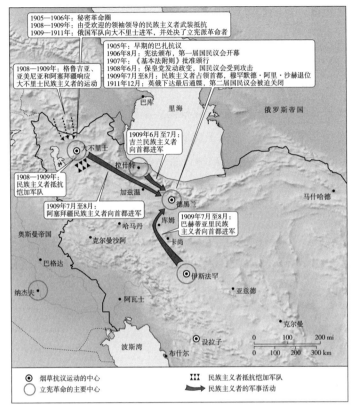

地图5.2　烟草抗议运动与立宪革命（1894—1911）

　　然而，普通大众对烟草专卖的最严重抗议示威是在大不里士爆发的。可以肯定的是，俄国人在大不里士集市上挑拨了一些人反对烟草专卖公司。伊朗强大的北方邻国俄国认为专卖公司是英国一项旨在渗透阿塞拜疆的行动，而俄国传统上认为阿塞拜疆是自己的后院。这次反对示威的主力是出口商人，他们的生计受到了极大的危害。面对愤怒的人群和俄国的反对意见，王储穆扎法尔·丁·米尔扎（Mozaffar al-Din Mirza，1853—1907）和他的省府高官向德黑兰发出警告称，除非采取一些措施，否则他们无法保证阿塞拜疆或烟草专卖公司办事处能够安全应对这次革命风暴。作为回应，专卖公司与国王协商，决定暂时停止在阿塞拜疆的业务。这是逐渐壮大的反对派的第一次胜利。在伊朗南部开始的抗议活动在北部商业中心得到了全力支持，这标志着一个共同的经济体超越了伊朗一贯的地区对立。

然而，反烟草专卖公司抗争的最后一幕是一场声势浩大的联合抵制运动。参与这次联合抵制的不仅有商人及其盟友。1892年11月，米尔扎·哈桑·设拉子（Mirza Hasan Shirazi）发布了一项伊斯兰教令，并在伊朗各地广为流传；该教令呼吁只要烟草的供应权仍然掌握在异教徒手中，就将在全国范围内禁烟。尽管早在1891年，关于禁烟的谣言就在设拉子流传，但是阿塔巴特（Atabat，伊拉克南部的圣城）穆智台希德领袖的名字赋予这项伊斯兰教令必要的分量。教令中说道："在这种情况下吸烟，无异于与'时代之主'伊玛目作对，愿安拉快点派他降临人间。"据传，该教令是由德黑兰商人行会负责人哈吉·穆罕默德·卡泽姆·马利克·图贾尔（Haji Mohammad Kazem Malek al-Tojjar）和他的同伙以米尔扎·哈桑·设拉子的名义捏造出来的，但这是否真的是谣传并不重要。事实上，伊斯法罕和德黑兰的高级穆智台希德与在伊拉克南部萨马拉镇（Samarra）的米尔扎·哈桑·设拉子通过电报进行了联系，确保他同意以他的名义发布教令（图5.17）。

图5.17　抗议烟草专卖权的运动进一步提高了米尔扎·哈桑·设拉子作为无可争议的"效仿源泉"的地位。这位被称为设拉子的领袖在众人的簇拥下开始了星期五礼拜仪式，证明了他的受欢迎程度

明信片，1910年。由作者收集整理。

1890年代早期，米尔扎·哈桑·设拉子在整个什叶派世界中得到了广泛的认可，并被尊称为"效仿源泉"（marja'-e taqlid），他的地位至少有一部分要归功于著名的泛伊斯兰主义倡导者赛义德·贾马尔·丁·阿萨达巴迪［Sayyed Jamal al-Din Asadabadi，人称阿富汗尼（Afghani）］。1891年，在一封广为流传的给米尔扎·哈桑·设拉子的信件中，阿富汗尼称赞他的这位神职同胞是什叶派世界的领袖，并呼吁他反对纳赛尔·丁·沙赫的专制、腐败以及将国家利益出售给外国的行径。除了40年前的巴布教徒反恺加起义外，这是现代伊朗历史上第一次公开呼吁推翻国王，尽管它没有要求推翻恺加王朝或推翻整个君主制。在烟草专卖危机之前，阿富汗尼曾被国王邀请回到他的祖国，并担任国家顾问。但很快，他就因为对沙赫的含蓄批评而受到怀疑，进而受到沙赫的冷落。不久之后，恰逢烟草专卖抗议运动开始，他前往阿卜杜勒·阿齐姆圣陵寻求庇护，却被不光彩地拖了出来，并被押送到伊拉克边境。

阿富汗尼是一位著名的异见人士，成年后就一直以逊尼派阿富汗人的身份生活，并极力提倡泛伊斯兰主义。从英属印度到阿富汗，到伊斯坦布尔，再到埃及，他在这些国家激起了强烈的反英情绪。1839年，阿富汗尼出生于伊朗西部哈马丹以东32英里的阿萨达巴德村（Asadabad），这个地区以宗教异端艾哈利·哈格教团（Ahl-Haqq community）而闻名。在搬到伊拉克南部的什叶派城市之前，阿富汗尼接受了一些标准的伊斯兰哲学训练。在伊拉克伊斯兰学校学习期间，他曾接触过谢赫学派和巴布教的思想。到了1880年代，他的魅力为他在伊朗赢得了一些追随者，包括马利克·图加尔（Malek al-Tojjar）以及纳赛尔的一些侍臣和政治家。然而，相对于他在埃及和印度的声望，以及著名的谢赫·穆罕默德·阿卜杜（Shaykh Mohammad'Abdu）为数众多的追随者，当时的阿富汗尼并未在伊朗获得较大的支持。他个性古怪，生活逍遥，在政治上也是一个全才，最重要的是，他用逊尼派的外表隐藏自己的什叶派身份，这使得人们只能通过隐秘渠道知晓他的信息。1891年，阿富汗尼在伊朗受到了侮辱，对沙赫怀有深深的怨恨，这种怨恨无疑在几年之后促成了对纳赛尔·丁·沙赫的暗杀事件。他与前巴布教徒合作，如著名作家、知识分子米尔扎·阿加·汗·克尔曼尼（Mirza Aqa Khan Kermani），他可能影响了阿富汗尼对伊朗国王非法统治的强调。阿富汗尼将米尔扎·哈桑·设拉子吹捧为什叶派"领袖"（ra'is）和"效仿源泉"，这等同于将设拉子推到了政治斗争的前沿。

无论是阿富汗尼的挑衅，还是异见人士与不满的商人之间形成的共识，烟草抗议导致了政府与乌莱玛之间渐行渐远，而且乌莱玛也对其身后商人们的不满表达了同情。这场抗议源于深层的经济问题，但民众的广泛参与是始料未及的。在伊朗，无论男女，他们都在公共场合和私下里遵守着设拉子的教令。人们打破水烟管，扔在街道上，或是扔在后院和其他看不见的地方。烟草零售商停止了他们的业务，并挂出横幅以表明公众的团结。令国王大为恼火的是，即使是他后宫的嫔妃也克制住不再抽烟，因为她们在宗教问题上听从"效仿源泉"的教令，而非国王的旨令。公共禁烟令的实行不仅表明了群众抗议的力量，还促使人们采取更大胆的措施。与阿明·索尔坦的谈判，国王和乌莱玛之间、首都的穆智台希德和各省省城的穆智台希德之间的电报往来，这一切都增加了局势的紧迫感。这次反抗不再局限于一个地区或一个经济部门，而是越来越多地在全国范围内涌现出民众不满的声音。

革命前的场景——治安员强制执行禁烟令、出现了名为"夜间信件"的秘密海报和传单、在首都实行宵禁——在1892年1月达到了高潮。政府下达了最后通牒，如果德黑兰的穆智台希德领袖——米尔扎·哈桑·阿什蒂亚尼（Mirza Hasan Ashtiyani）继续煽动公众并且继续执行禁烟令，就会将他驱逐出首都。然而，政府的威胁适得其反。米尔扎·哈桑·阿什蒂亚尼拒绝接受政府的通牒。在巴扎关闭后不久，一大群人前往皇家城堡前的广场进行暴力示威，他们不仅要求取缔烟草垄断，还要求结束政府的腐败行为和国王的专制统治。示威人群不仅辱骂了首都市长兼战争部长卡姆兰·米尔扎（Kamran Mirza），而且对首相阿明·索尔坦以及国王进行了侮辱。随后，示威人群企图突破城堡的大门，并与皇家卫兵以及保卫皇宫的精锐部队展开了武装对抗。最后，10名示威者死亡，多人受伤。

公开的反抗和秘密的宣传实际谴责了国王的专制和腐败，同时也谴责了穆智台希德的妥协和无所作为，这足以让国王和乌莱玛认识到更大的危险——

即将发生的起义会威胁到他们自身的生存。在这次示威之后，国王宣布彻底废除烟草专卖公司在国内市场和烟草出口方面的垄断地位。然而在此后很长的一段时间里，国王仍然与烟草专卖公司在废除专卖权问题上纠缠不清。国王还保证那些声援支持阿什蒂亚尼、威胁大规模移民到伊拉克的穆智台希德，会在首都和各省获得经济奖励。

尽管最初有些犹豫不决，但米尔扎·哈桑·设拉子还是同意解除禁烟令。国王得到了英国的谅解，同意执行废除烟草专卖公司垄断的条款，但伊朗需要向专卖公司支付取消特权的罚款。为此，伊朗政府第一次被迫从英国控制的波斯帝国银行借款——50万英镑（约合250万美元），利率为6%，期限为40年。外国借款是埃及赫迪夫和奥斯曼帝国苏丹所走过的老道，并导致了两国的财政破产。然而，伊朗国王和他的政府，也许是整个恺加王朝，有一个比破产更迫切的问题需要考虑。他们侥幸躲过了一场革命，但好景不长，烟草抗议冲垮了纳赛尔时代来之不易的统治秩序，并引发了一场由商人、乌莱玛和异见人士组成的脆弱联盟领导的民众抗议活动。在烟草专卖事件之后的一段时间里，伊朗各省发生的动乱更加频繁，而这些示威游行通常是由穆智台希德在背后掌控全局。在什叶派激进主义的中心伊斯法罕，臭名昭著的阿加·纳杰费（Aqa Najafi，曾与伊斯法罕的王子省长泽尔·索尔坦发生过一次肮脏的冲突）是一个有权有势的乌莱玛家族的族长，他甚至宣称在君主制衰落之后，将会成立一个"伊斯兰政府"。似乎人们对国王作为稳定象征的信心已经破灭。在烟草专卖事件结束大约四年后，也就是1896年5月1日，纳赛尔·丁·沙赫在准备庆祝继位50周年（伊斯兰历1264—1313年）的前夕被人刺杀身亡。当时，他正在阿卜杜勒·阿齐姆圣陵向什叶派先贤致敬，感谢让他统治伊朗这么长久，因为他是自萨法维王朝塔赫玛斯普一世以来统治时间最长的沙赫。与王室访问的惯例相反，朝圣者被允许留在圣陵内。在礼拜仪式之后，纳赛尔·丁·沙赫在朝圣者中间自由行走。就在这时，他被阿富汗尼的追随者米尔扎·礼萨·克尔曼尼（Mirza Reza Kermani）近距离射杀。克尔曼尼是一个古怪的流动商贩，贩卖奢侈品和昂贵面料，他对沙赫的儿子卡姆兰·米尔扎怀有怨恨，因为卡姆兰·米尔扎曾折磨他，并判处他监禁多年。

　　沙赫的被杀预示着一个半世纪相对稳定的时代结束了。恺加王朝的现代化外衣就是如此。阿米尔·卡比尔和莫希尔·道莱等政治家的改革措施从未真正改变过恺加社会。欧洲物质文化的一些特征渐渐影响了城市空间、艺术、建筑、服饰、食品和音乐，然而国家的基础却在很大程度上保持不变。旧的恺加精英阶层逐渐被新的宫廷侍臣所取代，这些人更加依赖国王本人，但宫廷和政府的所作所为基本上没有变化。

　　纳赛尔·丁·沙赫的私人生活也保持不变。除了少数例外，他众多的嫔妃、姐妹变得更加慵懒，并且更加爱慕虚荣。随着年龄的增长，国王的内廷有了一种淫乱的氛围，艾塔迈德·萨尔塔内赫的秘密日记把宫廷内许多淫秽之事都详细地记录了下来。在日记中，艾塔迈德·萨尔塔内赫用讽刺的眼光观察着沙赫的行为变化、他的同伴和亲信的堕落品行，观察着沙赫每天前往首都郊外参观皇家度假村、游乐花园和山间休养所，观察着他和一大群随从在德黑兰及其他地方露营的情景。日记还平静地记录了那些点缀在宫廷丑陋的日常生活中的天真欢乐。他日记中反复提到的话题包括国王对侍童马利贾克的喜爱、后宫及内廷中琐碎的嫉妒和敌意、国王对服饰和外表的奇特品位，最重要的是国王钟情的恩威并施策略。

　　在统治的第一个10年历经了赫拉特的惨败后，纳赛尔·丁·沙赫与欧洲大国的关系即使不是很友好，也基本保持着稳定。伊朗国王的成功之处在于与相邻帝国间保持着不近不远的距离，这是他显著的成就之一。欧洲对经济和商业领域的入侵似乎是不可避免的，如同《路透特许权协议》、波斯帝国银行、卡伦河特许经营权、1883年允许向俄国私人企业大规模出口里海木材以及烟草专卖等事件一样。然而，在殖民扩张时代维护国家政治主权和领土完整的方面，纳赛尔·丁·沙赫比同时代的奥斯曼苏丹阿卜杜勒·哈米德、埃及赫迪夫、中亚可汗、阿富汗埃米尔和被征服的印度公国王侯等都要成功得多。欧洲将伊朗视作缓冲国，而他懂得如何利用欧洲的这一设想，为自己谋利；他也学会了如何利用俄国在北方的领土威胁，来对抗英国在南方、在波斯湾的野心。1857年，伊朗失去了赫拉特省，这是重大的领土丧失，其严重程度与丢掉高加索地区相差无几。赫拉特的失守以及为和平解决伊朗东部边界问题而做出的些许妥协，并未减损纳赛尔时代的成就。

　　政府与社会群体之间的关系直到19世纪的最后10年——特别是在烟草抗议运动之后，才发生变化。此时，政府与乌莱玛之间的默契关系经历了一场短暂的危机。商人和工匠也开始表达他们的不满，因为他们的生计进一步暴露在世界市场、对外贸易和外国特许权的环境之中，变得更加艰难了。人们比以往任何时候都更加坚定地认为，政府应该为无力保护国家免受危害、民众日常生活缺乏安全保障以及经济基础设施薄弱等问题负责。伊朗与周边世界接触得越来越频繁——俄国吞并的高加索和中亚省份、奥斯曼帝国的首都以及伊拉克省和叙利亚省等、英国占领下的埃及、英属印度——很多移居外国的伊朗人意识到了伊朗的相对不发达以及经济上的劣势，而伊朗政府显然无法应对日益严重的贫困、健康和社会问题。在19世纪的最后10年里，超过25万伊朗人选择移民到邻近的城市和地区，去寻找工作以及追求更好的生活，尤其是巴库、第比利斯、阿什哈巴德（Ashgabat）、伊斯坦布尔、开罗、亚历山大里亚、孟买和伊拉克南部圣城等地成为人们的首选。

　　烟草抗议运动以及随后的国王被暗杀事件，表明了人民愈加不满的情绪。谴责伊朗国王及其政府的言论第一次出现在了临时海报上，也出现在了流亡者的报纸上——如马尔科姆·汗在伦敦出版的《法言报》（Qanun），有人将这些报纸走私到伊朗，带给秘密小组和讨论圈子传阅。在穆扎法尔·丁·沙赫统治的10年间，政府的管理更加宽松，异见人士在公共媒体中进行了更广泛、更有组织的宣传。知识分子通过报纸、书籍等印刷品拓宽了视野。新兴的新闻媒体几乎不敢批评恺加政府及其在各省的代理人，但报纸翻译并报道了西方流行的知识，使人们进一步了解了科学和技术进步、世界地理和历史、现代国家机构、新大陆的发现以及西方的殖民进展及经济渗透等活动。1905年至1911年的立宪革命标志着一种新的民族共同体意识的崛起，在很大程度上，这种意识以及这种意识本身的缺失，是通过伊朗内部和外部世界的新闻报刊、电报通信实现的。

第六章

立宪革命：一条通往多元的现代化之路
（1905—1911）

　　1905年12月12日，在巴扎关闭后，一大群人聚集在德黑兰的聚礼清真寺，抗议首都市长虐待该市的糖商，并要求德黑兰市的穆智台希德为他们辩护。人群听取了一位受欢迎的中级教士贾马尔·丁·伊斯法罕尼（Jamal al-Din Isfahani）的讲道，他是一名秘密的巴布教徒。贾马尔·丁指责了市政管理者欺压百姓的劣行，认为百姓应当得到社会正义和公共安全的支持，并呼吁国家解除严厉的价格控制。此外，贾马尔·丁还宣称，由国家强制执行的世俗法和由穆智台希德执行的伊斯兰教法都必须遵守"法律"（qanun），这是向伊朗民众暗示"宪法"这一新的概念。贾马尔·丁强调，如果伊朗沙赫是真正的穆斯林，他也必须遵守人民的意愿。他的讲道为革命揭开了序幕，而这些诉求恰是此时重重现实困境的一个缩影。

　　这一石破天惊的主张势必会激怒亲政府的神职人员。正当贾马尔·丁滔滔不绝地讲道时，政府任命的德黑兰聚礼清真寺的领拜人却因为贾马尔·丁的直言不讳而深感愤怒。他下令将贾马尔·丁强行从讲台上拉下来，并把他驱逐出去。随后，挥舞着大棒的政府警卫冲进了清真寺，赶散了抗议的人群。第二天，一些参加集会的人对于政府的过激反应感到愤怒，他们呼吁自己的追随者采取行动以示抗议，以离开德黑兰来作为回击，并前往首都以南的宗教圣地阿卜杜勒·阿齐姆避难。这处宗教圣地很快就成了抗议的中心，德黑兰的民众成群结队地前来，向抗议者表示同情。

这一事件标志着群众抗议运动的开始，而这场抗议最终演变成了举世闻名的立宪革命（Enqelab-e Mashruteh）。立宪革命是一场对20世纪伊朗产生了重大影响的现代化变革。前面描述的这段插曲，凸显了促成这场革命爆发的多重原因：首先，商人和工匠们对一个效率低下、过度干预的政府严重不满；其次，不同背景的中下阶层毛拉们呼吁穆智台希德站出来支持人民；再者，恺加王朝对民众政治参与以及最终制定宪法的要求置若罔闻；最后，是城市人口的大量增长（图6.1）。在革命逐渐抬头之时，受过西方教育的精英阶层也加入了抗议的群体，他们与伊朗本土的激进势力相结合，帮助组建议会，并制定一部现代宪法。

图6.1　群众聚集在萨布泽赫广场（Sabzeh Maydan）（位于德黑兰巴扎前）纪念阿舒拉节，这意味着一股新兴的城市阶层将会成为立宪革命的推动力量
明信片，1900年代。由作者收集整理。

新兴的立宪运动以其独特的多元特性，允许多样化的社会和政治团体参与，但这也导致了这场运动很快与保皇派的路线主张背道而驰。保皇派背后有俄国的支持，旨在重建恺加国王的专制统治，并且继续维护统治阶层精英的特权。这场革命还挑战了乌莱玛阶层的特权，他们最初支持革命，但很快就改变了意向，因为宪法和议会对穆智台希德的公共权力和影响力施加了限制。立宪革命的成果是一场多方面的社会政治斗争，并塑造了伊朗的现代国家认同。这场斗争最初体现在1908年至1909年的内战，并在此后将近20年的时间内持续发挥着影响，直到1925年礼萨·汗（Reza Shah）的崛起和巴列维统治的建立。

就这些方面而言，立宪革命在现代中东历史上是无与伦比的。无论是1908年的青年土耳其党的运动（Young Turks），还是1919年的埃及以及第一次世界大战后阿拉伯世界各个地区的反殖民运动，都没有立宪革命那样拥有如此深厚的群众基础。在巴列维王朝统治的50年里，立宪革命的许多政治成就因为政府的不当行为而变得名不副实。后来，1979年的伊斯兰革命废除了1906年宪法。然而，立宪革命仍然是伊朗历史上一个重要的转折点，尤其是因为它标志着伊朗向政治现代化和世俗化迈进了一大步。在西方自由主义和宪法秩序的表象下，革命试图为长期存在于伊朗异见人士中的什叶派社会正义问题提供本土化的实践方案。实际上，这场革命试图将民族主义的现代经验与法治、限制国家权力、个人权利和代议制等概念结合起来，使什叶派穆斯林的愿望进一步世俗化。革命将这些现代原则同古代王权的遗存和宗教机构的设立相提并论。1908年至1909年间的立宪派与保皇派之间的内战是这场革命斗争的高潮。内战削弱了恺加王朝的统治，至少暂时地将保守派教士贬谪到了政坛"荒野"之中。然而，由于革命引起的动荡愈加严重，再加上第一次世界大战之前以及战争期间欧洲列强以军事占领相威胁，立宪革命的实践就此中止，革命的热情也被挫伤。

抗议者的新声

立宪革命前夕，国内的异见人士主要通过清真寺的讲坛、新生的媒体和新式学校汲取民众的不满，但他们仍然主要依靠国外的抗议声来传播信息。对一些伊朗有识之士而言，通过教育、新闻和旅行更多地接触外部世界，实际增强了他们对西方物质进步的认识，反过来也支持了他们关于落后和复兴的论调，同时也强调了他们所谓的"文明"（tamaddon）的紧迫性。

宣传抗议的小册子较少以印刷品形式流传于伊朗公众之中，更多的是通过异见人士的手写副本进入伊朗公众的视野，这些副本的传播也影响了革命的宣传修辞和实质内容。在整个纳赛尔·丁时代，这个小圈子的革命宣传品在伊斯坦布尔以及开罗、贝鲁特、加尔各答、孟买和高加索地区，几乎不为公众所知，受过教育的精英阶层也鲜少参与改革家的演讲宣传。直到20世纪初，改革文学作品才在伊朗国内的半公开圈子得以传播。这些作品通过对伊朗物质困境和道德堕落的批判，以及对腐败的当权派和顽固派的谴责，唤醒了新的革命受众。在国外，伊朗人的小圈子主要由那些被视为宗教异端或是少数族裔背景的人组成，他们经常相互接触及往来，阅读对方的作品，形成了一种类似于"文坛"的组织。他们对改革的即兴想法包括批评保守的官僚，但很少批评墨守成规的穆智台希德。他们提出的模式，往往是基于对法国启蒙运动的肤浅解读，或者是受到开明专制理念的启发，就像是在俄国权力主义的棱镜中所看到的那些幻境一般。总的来说，他们天真地赞扬欧洲，尽管他们对现代化的追求往往前后矛盾。

教育问题也是这个圈子里重要的探讨内容。恺加王朝后期以及立宪时期的改良主义著作时常感叹文盲现象以及现代教育机构缺少，并批评伊斯兰学校的课程及其不足之处。这些著作还呼吁改变波斯语言文字，这是许多非西方的社会改革者普遍的关注点。波斯语繁复的"破碎悬体"（shekasteh）书写方式在恺加王朝很是常见。尽管不可否认，"破碎悬体"是一种艺术形式，但在大众教育的时代需求下，这被认为是繁文缛节。另外，现代卫生设施和现代药物的缺失、民众的营养不良、有效的公共卫生系统的缺位，再加上当局无力对抗霍乱等疾病的暴发，也难以控制天花和沙眼等疾病的传播，都引起了这些人的不满。与"文明"国家相比，科技水平和工业化程度的捉襟见肘引起了人们的极大关注。伊朗衰败和贫困的景象不仅与西方的物质进步形成了对比，也与伊朗古代历史的理想化愿景形成了鲜明的反差。有人认为，只有以西方列强为榜样，以现代法治和宪法为基础，伊朗才能克服其积贫积弱的弊病。19世纪的改良主义文学通常对欧洲的殖民野心毫不在意。然而，当伊朗选择对欧洲的殖民野心视而不见时，往往意味着沦为西方帝国主义势力之下的弱国的必然命运。

面对日益严峻的殖民威胁，前面提到的米尔扎·马尔科姆·汗是一个值得注意的特例。他折中的批评不仅显示出他对欧洲威胁的一些认识，而且还显示出他渴望适应伊朗国情以及伊斯兰道德、价值观。米尔扎·马尔科姆·汗是一个性格复杂的人，他的创造性思维在高尚的实证主义远景与谋取私利的取舍之间被割裂开来。然而，他对立宪革命的影响却超越了他对国家重建的构想。他认为，改革波斯语言文字是向大众传播知识的关键。1884年，他在伦敦出版了萨迪的《蔷薇园》。为了证明他的观点，这本书以简易字母编写而成。

马尔科姆折中的"人道"信条（Adamiyat），是他早年创立的准共济会式社团组织"遗落之家"的延伸，其灵感来自奥古斯特·孔德（August Comte）的实证主义的人道宗教（Religion of Humanity）。他的"人道"信条超越了有组织的宗教，追求科学进步、人权和宽容的价值。他甚至劝说纳塞尔·丁·沙赫颁布了一项类似于1856年奥斯曼帝国坦齐马特时期的法令，首次承认并保障所有臣民对自身生命和财产的基本权利。然而，《法言报》对这些措施的推行置若罔闻，并开始通过秘密渠道与伊朗读者接触。

马尔科姆·汗是与阿富汗尼及其伙伴联手创立的《法言报》。1891年，抗议烟草专卖运动刚开始，阿富汗尼就被驱逐出了伊朗。正如马尔科姆是世俗现代性的先驱，阿富汗尼也是伊斯兰政治的先驱人物。尽管他披着奥斯曼支持的泛伊斯兰激进主义的外衣，而这种意识形态在什叶派伊朗人中几乎得不到支持。真正吸引阿富汗尼的那些伊朗听众的，是他用他的母语波斯语对伊斯兰教进行的政治化解读。阿富汗尼并不只将伊斯兰教视为一套信仰和实践，或仅是什叶派教法学家单调乏味的著作，而且将其视为一个反抗团体、一股团结一致的力量，这种力量在抗议烟草专卖运动期间已被证明是有效的。他写给设拉子的那封著名的信广为流传，信中提到的通过宗教团结来反抗欧洲帝国主义的观念在伊朗各界产生了共鸣。在伊朗，秘密的"夜间信件"（Shabnameh）也散布了许多不同意见，有的甚至张贴在了清真寺的大门和其他公共建筑上。纳赛尔·丁·沙赫遇刺后，阿富汗尼在伊朗异见人士圈子里获得了更大的声誉，因为他帮助推翻了一位阻碍伊朗进步的暴君。阿富汗尼及其部分信徒是另一位暴君阿卜杜勒·哈米德的受雇代理人，阿富汗尼自己也希望能够成为任何雇用他的强人（也许除了英国人）手中的一把"剑"。即使在他生命的最后时刻，他的形象似乎也没有受到玷污。1897年，阿富汗尼死于癌症，当时他正被软禁于伊斯坦布尔。阿富汗尼喜欢把自己描绘成"东方哲学家"，他对伊斯兰历史的怀旧解读，与他对宗教复兴（他称为"伊斯兰改革"）的呼吁相辅相成。"伊斯兰改革"不仅可以将穆斯林从基督教殖民主义的枷锁中解放出来，还可以将他们从残暴的统治者手中解救出来。

作为西方现代性和泛伊斯兰主义的先驱人物，马尔科姆和阿富汗尼古怪地结合在了一起。这预示着意识形态的张力，而这种张力后来使立宪革命变得千疮百孔。这些人物与20世纪初新一代伊朗活跃人士之间的意识形态传承，是通过米尔扎·阿加·汗·克尔曼尼等人来维系的。他是一位富有激情的思想家，他主张将马尔科姆的实证主义改革本土化，并借鉴了阿富汗尼的反帝国主义立场。他提出了一种有意识的民族主义意识形态，这种意识形态根植于对古代伊朗历史的理想化描述，并与当下黑暗的社会现实相对照，因而对19世纪伊朗异见人士的思想融合做出了贡献。克尔曼尼的民族主义以反阿拉伯甚至反伊斯兰的激进主张而闻名，他强调一个集体的命运，并呼吁彻底改变伊朗日渐衰落的道德决心和文化取向。但他的著作大部分都未发表，这是立宪革命时期知识分子常面临的窘况。克尔曼尼的个人气质造就了他思想上的多变，也造就了他的许多缺点和摇摆不定的政治倾向。克尔曼尼于1854年出生于地处偏远、宗教多元的伊朗东南部城市克尔曼的一个古老而贫穷的苏菲派家庭，并且与琐罗亚斯德教有着密切的联系，是现代异见人士的早期代表人物。他的故乡是谢赫学派、乌苏勒学派、琐罗亚斯德教、巴布教和巴哈伊教的盘踞之地，在立宪革命时期，这里不仅塑造了克尔曼尼，还培养了许多异见人士。克尔曼尼通过他的哲学老师接触到了巴布教的思想，他的哲学老师也教他一些关于毛拉·萨德拉哲学的基本理论。在与省长发生争吵后，省长迫使克尔曼尼流亡国外，于是，他那短暂的税收稽查员的职业生涯戛然而终。

年轻的克尔曼尼最终抵达伊斯坦布尔，在那里，他以自由记者、译者、政治活动家和私人教师的身份度过了短暂的余生。在伊斯坦布尔出版的波斯流行周刊《阿赫塔尔》（Akhtar）上，克尔曼尼以笔名发表了一段时间的文章，他从批判的角度探讨了时事、经济、政治、教育和文化，但使用了该报读者可以接受的隐晦语言。通过强调伊朗的社会政治弊病正与欧洲文明形成鲜明对比，他希望能触及更广泛的听众。他表现出了流亡在外的愤怒的知识分子应对身份危机时的典型症状，他构想出了一种与古代辉煌历史相伴的国家身份认同。他主要通过《列王纪》以及法语版的古希腊、古罗马文献，还有欧洲学者最新的研究认识到了这一点。相比之下，他在晚年时期曾把阿拉伯-伊斯兰文明的影响描述为外来的、落后的文明，并且应对伊朗的堕落和衰弱负有责任。克尔曼尼认为，伊朗人只有抛弃诸如偏见、污秽等暗黑遗产，才能恢复他们失去的纯洁，重新振兴他们的国家。

可以说，克尔曼尼之所以敢于对伊斯兰历史进行激烈批判，可能是因为他生长在一个充满宗教异端氛围的环境之中。克尔曼尼并不是一个传统意义上的巴布教徒，因为巴布教徒往往对弥赛亚戒律以及巴布所建构的原教旨沙里亚教法怀有极其忠诚的信仰。尽管有一段时间，他仍然忠诚于激进的巴布教的分支组织阿扎利派，并且是阿扎利派与巴哈伊教派战争的狂热支持者。然而，以往的巴布信仰为克尔曼尼提供了一个接受欧洲现代性的知识跳板。他的学术背景不仅包括欧洲启蒙思想，还包括唯物主义哲学、社会主义政治纲领和带有沙文主义倾向的民族主义。1896年，克尔曼尼和他的两名同伴被奥斯曼苏丹阿卜杜勒·哈米德下令逮捕和拘留。哈米德似乎已经预感到一场反恺加王朝的阴谋正在酝酿之中。在纳赛尔·丁·沙赫被暗杀后，他们作为同谋被正式引渡到伊朗。王储穆罕默德·阿里·米尔扎（Mohammad 'Ali Mirza）下令在大不里士对他们进行处决。作为一名反恺加王朝的异见人士，无论克尔曼尼在事件中到底扮演了什么角色，在立宪革命的历史叙事中，他一直被当作革命烈士而受人怀念。

尽管克尔曼尼竭力支持泛伊斯兰主义，但同时代的另一位流亡知识分子米尔扎·法特赫·阿里·阿赫德扎德（Mirza Fath 'Ali Akhundzadeh，1812—1878）却怀有反伊斯兰情绪。他是阿塞拜疆人，是一位剧作家和热心的社会评论家，毕生都在俄国高加索地区的公务机关里工作。他对所有组织化的宗教，尤其是伊斯兰教，进行了严厉的批评。他提倡理性主义的文明观，这是19世纪的伊朗流亡者与法国启蒙运动自然神论思想最为接近的一次（尽管是通过俄国文学获得的）。社会和道德批判的主要载体是现代欧洲戏剧，对伊朗（和阿塞拜疆）的观众来说，这是一种全新的媒介。阿赫德扎德的戏剧得以在国外出版，虽然最初的土耳其语版本以及后来的波斯语译本在面世后拥有了一小部分读者，但这些戏剧几乎没有演出过。在17世纪法国剧作家莫里哀（Molière）的戏剧的启发下，阿赫德扎德作品中的一个主题就是将伊斯兰社会的旧信仰以及实践着的"迷信"，同现代文明——特别是现代科学、医学——进行比较。

更重要的是，在他未发表的论著中，阿赫德扎德将东方主义对伊斯兰教及其与现代世界不相容的批判内化到了文章之中。1863年，通过虚构伊朗大不里士的怀疑论者卡迈勒·道莱（Kamal la-Dowleh）与一位居住在伊拉克南部圣城的印度什叶派王子之间的对话，阿赫德扎德大胆地提出了对什叶派信仰和制度的批判。他认为伊斯兰教及其经典学说和教义，更确切地说，什叶派的信仰和教义是造成伊朗当下困局以及波斯文明衰落的根源。他以伏尔泰式的方式嘲笑神的启示、《古兰经》中的虚构故事以及伊斯兰教的偏执和非理性，还有阿拉伯人对伊朗灾难性的征服以及伤害，他还哀叹前伊斯兰时代伟大文明的陨落。他把伊斯兰教与自己所处的时代进行了历史学和社会学的比较，他批评伊斯兰教的反理性和落后的教条，包括宗教当局的无知，对职权和迷信的滥用，对奴隶制的容忍、对妇女的酷刑和虐待。阿赫德扎德对恺加王朝的批判言辞则相对温和，他认为恺加王朝政府应对腐败和管理不善负责，并抨击了精英阶层不应有的特权。

然而，在他关于造成伊朗衰落原因的论述中，身为俄帝国陆军上校的阿赫德扎德几乎从未要求西方列强对自己的所作所为负责。就如同马尔科姆和19世纪大多数其他改革家一样，对他而言，邪恶的根源在国内，地缘政治不是造成伊朗现状的原因。欧洲帝国主义的竞争几乎没有引起他的注意，他对全球各地的殖民主义野心也很少提及。人们几乎可以从字里行间读出一个冰冷的现实，这一现实呼应了古老的波斯"镜像"文学的要旨：强权即是公理，公理不容挑战。如果伊朗被西方剥夺了主权，被西方征服，那不是西方的错；相反，这都是因为伊朗人乃至整个伊斯兰世界未能抛弃他们陈腐的文化和宗教价值观，不主动拥抱西方文明。什叶派内部的本土化改革运动也遭到了阿赫德扎德的谴责。虽然他谴责伊朗当局对巴布教徒的迫害是野蛮的，但他认为巴布教徒和谢赫教派的教义只不过是什叶派迷信的回光返照，是迈向文明社会的又一个障碍。

和阿赫德扎德一样，恺加王朝的王子贾拉尔·丁·米尔扎（Jalal al-Din Mirza）也是一名狂热的民族主义者，他认为阿拉伯人对伊朗的征服及其文化和政治遗产是一场历史灾难，阿拉伯人的铁蹄重创了优越的伊朗文明。马尔科姆·汗所创立的"遗落之家"的名誉负责人阿尔·丁·米尔扎（al al-din Mirza）同样也是一名民族主义者。他编写了一本简明扼要的历史教科书，想必是适用于达拉弗农的初级教材。虽然这本《国王之书》（*Nameh-ye Khosravan*）只是简要介绍了伊朗历代王朝，却是用"纯波斯语"写成的，风格简单，没有阿拉伯语。这本书以想象中的波斯神话和萨珊国王为创作背景，意在讲述伊朗从起源到伊斯兰时期的历史。为了证明伊朗历史的连续性，书中没有明显提及伊斯兰教或阿拉伯人的征服。就如同蒙古征服一样，阿拉伯人的征服被描绘成一段幽暗失常的历史。

文明与改革的主题、宪政制度的需要、古代辉煌遗产与当下衰弱现状的鲜明对比，加上对阻碍现代化的保守势力的批判，一起奠定了立宪革命话语的基础。当20世纪初的经济危机急需一种抗议语言时，它们便从沉睡中醒来。

经济衰退和商人的不满

纳塞尔·丁·沙赫的遇刺终结了伊朗的政治孤立，而这一孤立局面恰恰是受到了这位精明且谨慎的君主的影响。新统治者穆扎法尔·丁·沙赫的上台在无意中拓宽了伊朗的文化视野（表2），虽然他既不具备他父亲那种在宫廷与政府间游刃有余的政治手腕，也不具备让互相竞争的欧洲列强以有利于自己的方式彼此争斗的能力。他是一个性情温和的人，热切希望这个国家走向开放，主张推行社会和教育改革。尽管略显稚嫩，但是他试图摆脱早年间马基雅弗利主义[1]的不择手段的宫廷政治。然而，为了保持一定的连续性，穆扎法尔·丁短暂地恢复了先王首相阿里·阿斯加尔·汗·阿明·索尔坦的职务，还授予了他"摄政"的头衔，尽管新国王此时已经快50岁了。这位"摄政"是纳赛尔时期唯一一位没被杀的首相，他精心策划了一场不流血的权力交接。然而，经济压力日益增长，新国王带来的大不里士宫廷圈子充满了阴谋算计，再加上民众的不满日益高涨，这让阿明·索尔坦无能为力。纳塞尔·丁去世后，他精于算计的政治才能无法应对新的巨大挑战，在1896年末就被国王解职了。

然而，新一任的首相、长期被誉为改革斗士的阿里·汗·阿明·道莱（Ali Khan Amin al-Dowleh）也仅仅执政了一年多的时间。他提出的财政、行政和教育改革方案，是恺加王朝最接近马尔科姆·汗等人设想的施政蓝图。然而，阿明·道莱重建被他称为"衰弱的伊朗"（Iran-e viran）的宏图远志，却与外国利益、宫廷阴谋和经济低迷这"三条巨龙"狭路相逢，更不用说还有宗教保守势力的阻碍。新兴的现代学校最初以试点的形式开办，这主要是受到了奥斯曼帝国罗什迪耶（Roshdiyeh）体系的启发。这些新学校是由持不同政见的教育家米尔扎·哈桑·大不里兹（Mirza Hasan Tabrizi，更广为人知的名字是罗什迪耶）倡导设立的，他曾经在贝鲁特和伊斯坦布尔生活多年。然而，这些新学校很快就遭到了乌莱玛的公开反对。诸如谢赫·穆罕默德·塔奇·纳杰费

---

[1] 马基雅弗利（Machiavelli，1469—1527），意大利人，文艺复兴时期重要人物，被称为近代政治学之父，他在《君主论》中提出"政治无道德"的思想，被称为"马基雅弗利主义"。

（Shaykh Mohammad Taqi Najafi，他更广为人知的名字是阿加·纳杰费）这样的穆智台希德，作为伊斯法罕颇有威望的教法学家，他站在了反对的前沿。特别是欧洲语言的教学被贴上了模仿异教徒的标签，现代科学、地理的教学，甚至是新的教室布置——有椅子、桌子和黑板——都没有取得任何进展。众多伊斯兰学校的学生在纳杰费的操纵下洗劫了小学，驱逐了教师，甚至迫使他们流亡国外。即便是首相阿明·道莱向乌莱玛慷慨献金——这种礼貌的贿赂是为了拉拢他们站在自己这边，也没有完全奏效。

在此之前，由于国际货币市场的剧烈波动，经济发展面临的资金压力进一步加大，阿明·道莱的改革前景更加渺茫。受1893年恐慌的波及，美国爆发了第一次经济大萧条，造成了全球白银价格的崩盘，这对伊朗的银本位货币产生了严重影响。从1892年到1893年，伊朗的货币图曼贬值了28%，无论以任何标准衡量，这都是惊人的下跌。与此同时，现代银行业和国际资本开始为一些主权国家和商业团体创造新的债权关系，虽然伊朗并没有像埃及或奥斯曼帝国那么明显。然而，国际金融资本诱使伊朗借入巨额贷款，这笔钱被用于维持宫廷的开销，并且还被用于支付1900年至1905年间国王两次以他父亲的奢侈风格出访欧洲的费用，同时还需要豢养不断扩张的官僚机构以及支持政府出资建设的项目。政府不得不直接向欧洲列强或外资银行借款，通常是以伊朗大部分海关收入为抵押品，这种做法暂时缓解了国库现金匮乏的窘境。

1892年初，在纳赛尔·丁·沙赫的统治下，伊朗海关的收入被分配给了波斯帝国银行，用于偿还一笔50万英镑的贷款，这笔贷款是为了赔偿此前对烟草专卖公司特许权的取缔。经过反复交涉，阿明·道莱以各省税收收入为担保，设法从帝国银行那里获得了一笔新贷款，而这笔贷款的条款进一步迫使政府不得不花很长时间来赎回其微薄的税收来源。不出所料的是，大部分贷款都浪费在了国家官僚机构的扩张和国王的欧洲之行上。1898年，阿明·道莱的改革议程实际上已经走到了死胡同。他别无选择，只能辞职退休，在吉兰省的庄园了却残生。1904年，他在那里郁郁而终。从更广泛的意义来看，阿明·道莱的辞职标志着政府高层改革的结束，至少自19世纪中叶以来，改革一直困扰着诸如阿米尔·卡比尔、莫希尔·道莱等政治家。那么，另一种选择便应运而生，底层民众长期酝酿的抗议运动，很快演变成了一场大众革命。

在阿明·道莱辞职后，国王和他的朝臣们便又回到了老路上，起用前首相阿明·索尔坦重新执政，目的主要是从俄国处获得另一笔贷款。几近破产的伊朗财政部从俄国抵押贷款银行（Bank-e Esteqrazi-e Rus, Russian Mortgage Bank）那里获得了240万英镑的贷款，以偿还之前积欠的英国贷款，却为此付出了沉重的代价——几乎所有剩余的伊朗海关收入被作为担保抵押给了俄国人。最初受雇监督伊朗海关管理的比利时人倾向于俄国当局，尽管他们引入了新的法规，修订惯例，通过征收更严格的关税增加了国家收入，但他们对俄国债权人要比对伊朗政府更忠诚。向伊朗人征收的从价税率要高于向欧洲贸易公司征收的关税，伊朗商业界对此早已感到不满，这一不利处境源于《土库曼恰伊条约》。比利时税务官员将关税提高了一倍，此举固然引发了不满，但这只是问题的一部分。更主要的原因在于贸易模式的转变。在1875年至1900年间，伊朗进口的外国商品数量大幅增加，主要是茶叶和糖等商品，此外还有包括棉花和羊毛织物在内的手工制品。

1900年，伊朗人口已达到1000万，是一个世纪前人口数的两倍，其中近25%居住在城市。在20世纪头10年里，棉布、糖和茶叶占伊朗进口总额的61%，其中来自俄国、法国和奥地利的糖占全部进口的26%，价值625万美元。在19世纪90年代中期，伊朗的对外贸易额估计为2500万美元，而同期的国家总收入却不超过1250万美元。进口额的增加与出口额的稳步下降形成了鲜明对比。与19世纪中叶相比，1910年伊朗三种传统出口商品——丝绸、鸦片和棉织品——在贸易总额的所占比例大幅下降了74%。虽然原棉和地毯的出口增加了，但只增加了26%。到1910年，伊朗每年出口额约2000万美元，进口额为2500万美元，对外贸易出现了20%的逆差。这种贸易不平衡导致了伊朗货币稳步贬值，在1875年到1900年间，图曼对英镑贬值了100%，这引发了国内市场进口商品价格的上涨，也使得市场价格更容易受到国际市场波动的影响。

不满的早期迹象

到了1905年，越来越多的秘密出版物和临时海报被张贴在清真寺大门和政府大楼墙上，控诉国王和他的政府应对日益恶化的经济、不断上涨的物价和伊朗人民的苦难负责。作为回应，恺加王子艾因·道莱（'Ayn al-Dowleh）在上台担任首相后，为恢复秩序和稳定物价采取了严厉的措施。作为一种象征性的姿态，德黑兰市长下令逮捕并棒打了四名商人，罪名是操纵糖业市场并抬高糖价。对有名望的商人的公开羞辱产生了负面影响，导致人们涌向聚礼清真寺，声援巴扎的商业领袖。

与烟草抗议相比，这次运动发生了明显的变化，异见人士对国家的批评声更加清晰，在一定程度上，他们对变革的愿景也更加清晰。早在1900年，贾马尔·丁·伊斯法罕尼就在设拉子发表了一本名为《美德的盛装》（*Libas al-Taqwa*）的小册子，呼吁伊朗民众穿国产服饰，拒绝使用进口的欧洲面料。他呼吁伊朗商人整合商业公司的资本，在伊朗国内生产纺织品，并且联合起来反对欧洲资本的竞争。从事这些活动才是真正的圣战和爱国公民的义务所在，而非携枪带炮投入战争。早些时候，贾马尔·丁与他在伊斯法罕的巴布教伙伴合作，组织了"进步社团"（Anjoman-i Tarraqi），这是革命前最引人注目的秘密社团之一。该社团说服伊斯法罕的商人成立了一家名为"伊斯兰公司"（Sherekat-e Eslamiyeh）的上市公司，该公司在公开发行股票、筹集建立工厂所需的必要资源和生产供国内消费的服装方面发挥了重要作用。与股东一起创建商贸公司（被称为"kompani"，后来又称为"sherekat"），在当时还是一个新潮的概念，直到20世纪初，这种观念才逐渐被世人所接受。传统的伊斯兰法只承认个人为合法法人，而不承认股份制企业的合法性。新公司的设立以及投资的增加无疑增强了商人的经济实力，但也使更多的商人面临着变幻莫测的市场、承担着现代银行大额抵押贷款的压力，他们不得不在国际贸易的风雨飘摇中艰难图存。贾马尔·丁·伊斯法罕尼主张把建立公司作为促进国内工业发展的一种方式，这不仅可以让企业发出自己的声音，在适当的时候，将会推动新兴商业资产阶级的革命。

后来，贾马尔·丁把批判的矛头指向了恺加王朝的精英阶层和宗教机构，他认为这些人剥削成瘾、腐败成性，是这个国家专横统治的毒瘤。1903年，贾马尔·丁与纳斯罗拉·贝赫什蒂（Nasrollah Beheshti）——更广为人知的名字是马利克·莫特卡莱明（Malek al-Motekallemin），匿名散发了一本名为《一个真实的梦》（*Roya-ye Sadeqeh*）的小册子。马利克·莫特卡莱明是伊斯法罕巴布教秘密社团领袖，此后成为立宪革命期间备受尊敬的教士。这本册子极尽嘲讽和责备伊斯法罕的穆智台希德，特别是阿加·纳杰费，还有大权在握的恺加王子兼伊斯法罕省长泽尔·索尔坦。在这本宣传册中，城市里的穆智台希德被描绘成是一群贪婪、傲慢和不学无术的毛拉，他们诈骗民众的土地和财产，为他们自己及家庭积累了大量的财富。他们接受富人及权贵的贿赂和恩惠，做出片面甚至相互矛盾的宗教裁决。册子指责这些毛拉与残暴的政府沆瀣一气，通过使用他们的武器——断人出教，来镇压弱者和压制不同的声音，继而杀害异见者，掠夺并侵占其财产。

宣传册上还说，伊斯法罕的穆智台希德自吹自擂、恣意妄为，他们囤积粮食、哄抬物价、敲诈勒索——而与此同时，饥饿的人们却在大街上奄奄一息。文章进一步将穆智台希德描述为反动派，并指责他们反对任何非伊斯兰的社会变革，包括现代教育、学习外语、与非什叶派的接触，更不用说与非穆斯林的接触，因为这些人认为非穆斯林在宗教仪式上是不洁净的。作者宣称，所有可能影响乌莱玛个人或集体特权的改革，都被这些伪君子打上了邪恶的烙印，因此他们呼吁给予这些伪君子应有的惩罚。乌莱玛应该因他们洗脑式地控制无知追随者而受到谴责，而这些追随者一直被穆智台希德怂恿追逐狂热和暴力，因而，许多经学院的学生（talabeh）和城市路提斯充当了他们的爪牙。

贾马尔·丁以熟悉的梦境叙事风格写作，利用一段戏剧性的对话，对穆智台希德的欺骗和虚伪进行了抨击。在舞台剧《审判日》（*the Day of Judgment*）中，贾马尔·丁笔下的故事被生动展现了出来。剧中，主角纳杰费以他娴熟的修辞技巧、通俗易懂的伊斯法罕俚语，在最后的末日审判中与安拉讨价还价，以求得自己的救赎。这种对神职人员的讽刺在波斯文学中并不鲜见，但这种半官方的出版物第一次将批评公开化，并以辛辣易懂的语言更广泛地向公众传播。虽然《一个真实的梦》最早版本的印数不超过80本，但它仍对伊朗民众产生了一定的影响。

在他们后来的布道过程中，贾马尔·丁与他的教士同伴们对"善良的"穆智台希德尤为尊重。他们赞扬了立宪革命中的两位进步宗教领导者赛义德·穆罕默德·塔巴塔巴伊（Sayyed Mohammad Tabataba'i，1842—1920）和赛义德·阿卜杜拉·贝巴哈尼（Sayyed 'Abdollah Behbahani，1840—1910），因为他们维护国家、保护祖国利益并且捍卫宪法。与此前相反的是，贾马尔·丁·伊斯法罕尼在革命开始时，将批评重点逐渐转向了当局，以及恺加王朝的保守派精英及其盟友。从1907年起，直到他在1908年的政变中被谋杀，以他名字命名的报纸《贾马尔》（al-Jamal）在德黑兰陆续出版了他的布道文，并被分发给全国的读者。这是新闻出版及大众传播将秘密的异议转变为革命话语的典型案例。

最为进步的宣教者、记者和活跃分子散播了他们对保守的恺加贵族和高级神职人员的批评，尽管很少公开点名，但他们更倾向于支持立宪以及主张推动国家政治开明的精英人物。早期的批评者，如马尔科姆、阿富汗尼和克尔曼尼，以及温和派优素福·汗·穆斯塔沙尔·道莱（Yusef Khan Mostashar al-Dowleh），都认为这是一种必要的策略。优素福·汗是1871年出版的《只言片语》（Yak Kalameh）的作者，这部作品是同类作品中最早出版的，主张宪法是医治国家疾病的良药。为了使法国宪法的序言与伊斯兰原则相协调，他为伊斯兰教义学和法律提供了自由主义的解读，以捍卫法治、人权与公民权利，并主张对国家权力进行限制。他的这种比较方法在当时并没有多少追随者，却可能影响了后来伊朗宪法的制定者。优素福·汗将法国宪法条款与《古兰经》经文、伊斯兰圣训结合起来的做法，也许并不能得到教法学家的认可，但这足以说服伊朗的立宪主义者（其中许多是外行人）不要把解释伊斯兰教法的任务完全留给这些教法学家。

到了立宪革命时期，伊朗反对派内部确实存在一种明确的、与优素福·汗类似的伊斯兰话语。宣教者和社会活动家，以及一些巴布教阿扎利派的秘密成员，准备支持像赛义德·穆罕默德·塔巴塔巴伊和赛义德·阿卜杜拉·贝巴哈尼这样的温和派穆智台希德，以此作为动摇恺加王朝腐朽统治的务实之举。巴布教阿扎利派阵营内部发生了根本性的转变。早在1980年代，该教派曾经一度激进化。叶海亚·索布·阿扎尔（Yahya Sobh-e Azal）呼吁发动反恺加王朝的叛乱，并允许教徒隐藏自身与巴布教的紧密关系——这是一种在危险时刻"隐藏"信仰的行为，被称为塔基亚原则（taqiyya），这一原则在什叶派和巴布教阿扎利派教法传统中是被允许的。但历经了乌莱玛和恺加王朝长达50年的迫害，他们相信对恺加王朝和什叶派的双重挑战是不可能的。然而，当他们接受民主、代议制甚至共和主义的概念时，他们觉得这些概念与过去巴布教的教义是吻合的。这些阿扎利派教徒渴望与同情他们的什叶派当局分享他们那些能让伊朗重新焕发活力的政治主张。

相较于阿扎利教派，巴哈伊教派则是占了那些被贴上"巴布异端"标签的人的大多数，虽然他们基本上没有参与反恺加的行动，并且他们的宗教身份常常是开诚布公的，但是这一标签导致了悲剧性的宗教迫害。19世纪晚期至20世纪早期，针对巴哈伊教徒的暴行常常是由野心勃勃的穆智台希德挑起的，并由他们的追随者负责实施。反巴哈伊教的暴行与日俱增，可能要归因于穆智台希德在宗教社会内外越来越多的自由主义声音面前节节败退。因而，对于如何向新信仰转型的问题，他们怀有极大的焦虑，而对许多外行人和批评什叶派当局的教士阶层来说，这是通向宗教现代性的途径。这些暴行往往得到了恺加政府及其当地代理人的宽恕，他们要么对此袖手旁观，要么更多地将其视为一个机会，以此来提升他们作为异端终结者和真正伊斯兰信仰维护者的公众形象。

1903年至1904年，亚兹德爆发了一场动乱。当时，经学院学生以穆智台希德颁布的教法指令为号令，带领一群疯狂的暴徒袭击并洗劫了巴哈伊教教徒的家庭及产业，并长达数月，其间逮捕并处决了多达100名巴哈伊教教徒。这些行为是在光天化日之下以最恐怖的手段着手实施的，受害者主要是工匠和小商贩，但也有少数富有的商人，他们不仅付出了生命的代价，而且牺牲了妻子和孩子的无辜性命。一些信仰巴哈伊教的妇女被迫改信伊斯兰教，并正式嫁给了迫害她们的穆斯林，那些反抗的人会被强奸，然后被赶出这座城市。孩子们被奴役或遗弃，无助的家庭在离家数百英里的蛮荒之路上渴死或饿死。穆罕默德·阿里·贾马尔扎德（Mohammad'Ali Jamalzadeh）是20世纪著名的伊朗作家，也是前面所提到的贾马尔·丁·伊斯法罕尼的儿子，在这场残酷的反巴布教的运动中，年轻的贾马尔扎德和他的母亲一起逃离了伊斯法罕。

亚兹德的暴行是当时的几起事件之一。这只是证实了巴布教阿扎利派信徒选择塔基亚原则的动机所在，因为没有什么比安全更为重要的了。由于隐藏了自己的身份，许多巴布教阿扎利派教徒不可避免地被同化为占人口多数的穆斯林，其代价就是他们的巴布教身份逐渐消失。然而，在许多情况下，同化并没有软化他们反恺加王朝的立场。随着立宪运动逐渐获得民心，下层乌莱玛中的巴布教同情者被政治激进主义所吸引，而政治激进主义被安全地裹挟在了伊斯兰一致性的外衣之下。

从正义院到国民议会

流亡的异见人士对立宪运动的进程只产生了间接性的影响，国内的民主人士则是这场革命的主要参与者。在贝巴哈尼和塔巴塔巴伊两位高级穆智台希德的护佑下，中下层毛拉中的抗议者对政府提出了更多的要求。这有助于将一场最初规模有限、诉求单一的抗议运动，转变为一场要求实行宪政、民主代议制和落实公民权利的全国性抗议运动。这些想法被一些支持者所采纳，这些支持者的信息来源包括马尔科姆·汗的《法言报》和马拉盖希虚构的《易卜拉欣·巴格游记》，同时，这些想法也传递给了宗教领袖，然后在公众间形成传播。赛义德·穆罕默德·塔巴塔巴伊对宪政的支持植根于他那令人钦佩的自由主义倾向，这在当时的教法学家中是极为罕见的。然而，对他的盟友阿卜杜拉·贝巴哈尼而言，驱使他这么做的，除了对民主的渴望，还有对领导权的觊觎和对金钱利益的渴望。这两位领袖都出身于拥有一个多世纪显赫声名的望族，一开始，他们严重依赖消息灵通的下属，以了解公民权利、立法和国家主权等新观念，但他们的勇气和威望使他们深受公众欢迎。特别是塔巴塔巴伊，他具有建立一个以法治和个人自由为基础的多元化社会的真实意愿，就连他本人也承认这些观念并不符合穆智台希德的最大利益。

　　显而易见的是，这些抗议者在早期缺乏一以贯之的政治议程。例如1905年12月，为了回应政府对待糖商的方式，他们在避难所进行集会，并提出了一系列要求。这些要求中最重要的是呼吁成立"正义院"（adala-khaneh, house of justice），这一机构将与沙里亚法相容，保护人民不受国家专制措施的影响，特别是在征税方面。然而，这份清单还包括一些琐碎寻常的要求，比如解雇一名臭名昭著的马车车夫，因为他垄断了从德黑兰到附近的阿齐姆圣地的路线，他的粗鲁行为引起了许多朝圣者的抱怨。但是，法律并没有提到法律或宪法的制定、权力的划分或设立制宪议会等。"正义院"的概念并没有得到一些人的特别青睐，因为这意味着可能脱离乌莱玛长期以来一直珍视的、权力分散的教法法庭。这一概念虽然最终转变为设立国民议会的呼吁，但该主张早在巴布的著述中就有迹可寻，表达了当时希望能够在""时代伊玛目""统治下建立正义院（bayt al-adl, house of justice）的救世主宏愿。

　　公元1905年（伊斯兰历1323年）是立宪革命的开端，距隐遁伊玛目的"大隐遁"（ghayba-e kobra, Greater Occultation）千年纪念仅隔了6年。据推测，这位隐遁伊玛目是在公元941年（伊斯兰历329年）进入隐遁状态的，这增添了当时民众对救世主精神和马赫迪"回归"的期待，这可以从许多宣传物、报纸的名称以及支持立宪的宣教者的布道中明显看出。实际上，当时的文献里经常提到人民的"觉醒"（bidari）以及他们对建立公正秩序的要求，这意味着某种形式的现代化，或者更具体地说，意味着救世主（弥赛亚）范式的民主及其乌托邦式的构想，而这些更符合伊朗本土的环境。

　　通过在人世间伸张正义（'adl and'adalat）来纠正错误、推翻世俗暴政，是伊斯兰什叶派具有千年内涵的宗教信条之一。因而，这一观念很快就被受过欧洲教育的新一代国家精英所接纳，并辅以欧洲的法治理念以及限制国家专制权力的思想。这些西方观念在什叶派政治空间的内化，促使立宪革命得以发展，并在早期取得成功。然而，从一开始，这些观念也给立宪斗争的过程注入了内在的模糊性，甚至有些人拒绝透露立宪主义者的真实世俗议程。立宪分子有些天真地试图把新宪法的每个条款都披上伊斯兰的面纱——与优素福·汗所著的《只言片语》没什么不同——希望以此安抚保守派，并摆脱异端和宗教改革的标签。他们给伊朗的民主历程引入了一个令人困扰的顽疾，其影响即使没有长达一个世纪，也持续了数十年之久。

约瑟夫·诺斯（Joseph Naus）事件为伊朗人表达对列强的愤怒和不满提供了借口。1897年以来，诺斯作为穆扎法尔·丁·沙赫领导下的比利时籍伊朗海关主管，与他的比利时海关征稽队重组了伊朗海关，并通过提高关税和严格征收关税来增加国家收入。然而，他在公众场合的行为却在关键时刻引发了抗议。他曾穿着传统波斯服装出席德黑兰的一个欧洲化装舞会，这身装扮与毛拉们的装束极为相似。他穿着戏服，抽着波斯水烟的照片被广泛传播，由此引发了众怒，库姆的抗议者们要求将他解职。

伊朗商人对诺斯团队偏袒俄国公司的歧视性做法早已心怀不满，他们为抗议活动火上浇油，甚至可能还为抗议活动提供了资金。然而，诺斯对俄国的偏袒得到了回报，俄国政府将庇护的对象扩大到了比利时人，并威胁伊朗政府：如果对诺斯本人或对他积累的个人财富采取任何行动，俄国政府将予以报复。即使诺斯在公众的抗议下于1907年5月离职，比利时人对伊朗海关的控制仍然如故。

1906年7月，呼吁政府召开"有沙里亚法约束的正义院集会（议会）"[shari'a-bound assembly（majles）of the house of justice]的呼声再次高涨。为了支持召开议会，焦急的德黑兰人民聚集在城堡附近的图普卡尼赫广场（Maydan-e Tupkhaneh），并最早于清真寺和圣陵外举行了公开示威。政府部队镇压示威者的行动导致了一名年轻宗教学生死亡，这为一群以塔巴塔巴伊为首的支持宪政的乌莱玛提供了离开首都并居住在库姆的借口。乌莱玛用离开德黑兰来表达抗议，这让恺加当局担心忧虑，尤其是在这样的危急关头，恺加王朝更加惶惶不可终日。与此同时，德黑兰巴扎的商人们聚集在贝巴哈尼身后（贝巴哈尼与英国驻伊朗大使馆有联系），他们在迅速发展的抗议运动中发挥了关键作用。由于担心政府的报复，德黑兰商人们设立了一个大型的避难所，在英国驻德黑兰大使馆的庇护下支持库姆的抗议者。

　　在欧洲强国的地盘上寻求庇护，是一种前所未有，甚至是亵渎神明的举动。更重要的是，正是在英国大使馆里，抗议者们第一次公开要求建立君主立宪（mashruteh）秩序。避难所吸引了来自各行各业的人们，尤其是巴扎行会、小商人和工匠；汇集了大约500顶帐篷，里面有卑微的下层人民，从鞋匠、瓷器修补匠到贩卖新鲜胡桃的小贩，应有尽有。在最后一天，多达1.4万人参与了抗议（图6.2）。现场的气氛欢快而有秩序，群众的心情平和而乐观。巴扎大商人们承担了帐篷和食物的费用，使抗议活动维持了整整两个星期。人们从清真寺和剧院（takkiyeh）拿来巨大的铜锅，放置在厨房的临时炉灶上，并用托盘将大量由米饭、炖菜和波斯浓汤（Persian ash）做成的饭食送到帐篷里，帐篷上的横幅写着行会等相关组织的名称。此外，这里还经常举行布道和演讲，强调专制暴政的罪恶和君主立宪的好处（图6.3）。

　　图6.2　1906年7月，英国驻德黑兰大使馆内，服装行会的成员们聚集在此避难

　　现代明信片，出版于德黑兰，1910年。由作者收集整理。

图6.3　1906年7月，英国驻伊朗大使馆为抗议者提供食物。哈吉·穆罕默德·塔奇·博纳达尔（Haji Mohammad Taqi Bonakdar，站在中间者）为这些抗议者提供服务，他是德黑兰巴扎里的一名纺织品批发商

现代明信片。由作者收集整理。

　　巴扎商人在这次抗议活动中起到了核心作用，这是一个非常新奇的现象。他们在立宪积极分子的引领下，说服了教阶较高的穆智台希德接纳立宪的理念。比15年前的烟草抗议运动还要明显的是，商人阶层是抗议者背后的靠山，他们希望借此来表达不满。此外，避难所得到了一些驻德黑兰的英国中层外交官的默许和支持。面对抗议者的热情以及不断增长的人数，英国外交官似乎除了让避难所不受阻碍地继续存在，也别无他法。尽管英国的庇佑只是暂时的，但此举暗示在爱德华·格雷爵士（Sir Edward Gray）的领导下，英国外交部对伊朗的政策发生了转变——这是对俄国在伊朗日益增长的商业和政治影响力的微妙回应，也是对恺加宫廷决定向其北方邻国倾斜的微妙回应。就立宪派而言，大使馆里的避难所不仅提供了一个免于政府迫害的场所和一个欧洲大国

的庇佑,而且还提供了一个置身于清真寺和宗教圣地之外的世俗空间。新空间的相对自由使得受过西方教育的知识分子和达拉弗农毕业生能够重新塑造"正义院"的理念,使之成为欧洲式的宪政制度。

"mashruteh"这个词原意是"有条件的",其后主要指的是限制君主的绝对权力,以达成君主立宪。这个词借鉴了"meshrutiyet"(在奥斯曼土耳其语中是如此发音的),即邻国奥斯曼帝国于1876年建立的第一个君主立宪政体,但到了1878年,该政体被苏丹阿卜杜勒·哈米德废除。"mashruteh"这个词代表了君主立宪政体的宪法经验和政治秩序,此外,这个概念实际上还暗指伊斯兰教法中一个相似的章节,即"条件"(shorut),这反过来也使"mashruteh"得以被伊斯兰所接受。在乌莱玛和公众看来,"mashruteh"与诸如宪法和宪政等外来概念实际保持着较为安全的距离。

公众辩论和革命宣传物的进一步传播使"mashruteh"一词及其相关流行语更为深入人心。伊朗主要城市间的电报通信日益增多,使得首都的抗议者有可能传递这场立宪运动的信息,并与大不里士等地的抗议者协调行动。大不里士才是激进分子真正的聚集之地。因此,这场运动不再被视为乌莱玛与恺加王朝之间的争吵;立宪运动获得了全国范围内的民众呼应,他们越来越意识到立宪运动所传达的信息和国家认同感。"伊朗万岁!"——这是立宪派早期集结的口号——也因此触及了民众的爱国情怀(图6.4)。

图6.4 设拉子的抗议者在电报所避难。通过电报与首都联系,这是立宪革命时代的共同特征,许多要求和请愿如洪水般向新生的国民议会涌来

拍摄者哈桑·阿卡斯·巴希(Hasan 'Akkas-bashi),1908年摄。M. 萨内(M. Sane),《创世纪设拉子摄影》(*Paydayesh-e 'Akkasi dar Shiraz*),(德黑兰,波斯历1369年/公元1990年),第100页。

正如人们经常指出的那样,只有少数精英明白宪法的概念和与之相关的自由价值观。然而,伊朗公众很快就用这个词来表达他们对贫困、物质衰落以及日常生活中面临的不安全感的不满。对于这些弊病,人民认为统治当局应当负起责任。如果说宪法权利和民主代表的概念对他们来说是新鲜事物,那么贫穷、衰落和国家专制统治则是司空见惯的。把普通民众对让-雅克·卢梭(Jean-Jacques Rousseau)、孟德斯鸠(Montesquieu)或约翰·斯图亚特·穆勒(John Stuart Mill)崇高的自由主义理想的不了解归咎于民众本身,无疑是相当天真的,但立宪革命中的批评者经常这样做。指望所有革命都能对现代性做出一个标准解释，那就更是在居高临下地看待问题了。

库姆的避难所、德黑兰的抗议活动，以及温和派政治家在"立宪"追随者和王室宫廷之间进行的调解，都迫使疲惫不堪的恺加国王及其王室成员决定罢免不受欢迎的首相艾因·道莱王子，他的措施曾引发抗议活动。一个世纪以来，他是第三位担任首相并引发危机的恺加部落成员。作为一位坚定的反革命分子，他在1908年参与镇压了大不里士的革命运动，这进一步损害了他的形象。在库姆避难并参与抗议的乌莱玛，在国王含蓄接受他们的要求之后返回了德黑兰。然而在1906年8月10日，迫于越来越大的公众压力，国王别无选择，只能发布一份后来被称为《立宪诏书》（Farman-e Mashrutiyat）的法令。在给新首相纳斯罗拉·汗·莫希尔·道莱（Nasrollah Khan Moshir al-Dowleh）的旨意中，国王要求"成立全国协商会议（majles-e showra-ye melli）……对于民族以及帝国的重大事务，以及与公共利益有关的一切重大问题，进行必要的审议和调查；并将为旨在促进伊朗福祉的改革措施向内阁和部长们提供必要的帮助"。[1]

具有讽刺意味的是，尽管诏书小心翼翼地回避了"mashruteh"这个词，但"立法改革"（eslahat-e moqananeh）仍然被含糊其词地提及。诏书进一步赞成由七个阶层选出的国民议会，其中包括：恺加皇家王子、乌莱玛、城市名流（a'yan）、贵族（ashraf）、地主、商人和行业公会。负责起草选举章程的选举法委员会主要由受过西方教育的年轻官员组成，其中包括马赫迪·库里·赫达亚特（Mahdi-Qoli Hedayat）和哈桑·莫希尔·穆尔克（Hasan Moshir al-Molk）（后被称为莫希尔·道莱·皮尼亚，Moshir al-Dowleh Pirniya），他们是温和自由派，家族几代人都曾服务于王室。哈桑·莫希尔·穆尔克毕业于俄国军事学院，并且受过法学的专业训练，并于1899年在德黑兰创立了外交学院（Madreseh-e Siyasi）。也许是受到法国大革命时期三级会议[1]（Estates-General）模式的启发，选举法委员会选择了代表

---

[1] 指法国全国人民的代表应国王的召集而举行的会议，三级分别指神职人员、贵族和平民，三级会议的举办并不定期，往往是国家遇到重大事件才会召开。最后一次三级会议是在1789年，由路易十六召集的，这次会议导致了法国大革命的爆发。

制。令人惊讶的是，该制度将最多的代表名额授予了行业公会和商人。168个代表名额中，德黑兰被分配到60个席位，其中4个席位给了恺加王室的王子和贵族，4个席位给了乌莱玛和学生，10个席位给了部落汗和地主，10个席位给了商人，32个行会分别占一个席位。阿塞拜疆和法尔斯分别获得12个席位，其余10个省共享82个席位。同年9月，选举法获得了国王批准，指定的代表开始在首都开会（彩图6.1）。

1906年10月成立的国民议会旨在制定"基本法"（qanun-e asasi）。值得注意的是，宪法法令的颁布和议会的召开紧跟1905年俄国革命的爆发和1906年4月俄国杜马[1]（Duma）的昙花一现，而采纳"基本法"一词似乎也受到了沙皇尼古拉二世（Tsar Nicholas II）颁布的基本法的启发。根据俄国的基本法，俄国杜马被授予有限的立法权，但必须得到自称"最高独裁者"的沙皇的认可。议会与君主之间类似的紧张关系很快在伊朗立宪革命中出现。

选举法委员会成员采用"基本法"一词来取代法国式的宪法概念，以避免保守派指责他们采用了一套违反伊斯兰教法和伊朗君主制传统的外来制度。然而，在持不同政见的教士和议会外蓬勃发展的自由媒体的推波助澜下，立宪主义者的世俗化议程显然不会被反对派轻易放过，尽管部分激进派代表在诸如大不里士省代表哈桑·塔奇扎德赫（Hasan Taqizadeh）等人的领导下，竭尽全力地掩饰他们反君权和反教权的观点。由于担心来自恺加宫廷和保守派乌莱玛的反对，议会代表们很快意识到必须避免俄国杜马（于1906年7月被沙皇命令解散）的命运，而机会是稍纵即逝的。于是，议会匆忙起草了一份文件，并赶在1906年12月30日国王卧床不起的弥留之际得以签署。有趣的是，基本法承认了三权分立——以国民议会为立法机构——这远远超过了早先要求"正义院"只具有单一司法职能的要求，并且以国王为行政首脑。革命的消息不仅在全国引起了广泛讨论，而且也引起了欧洲新闻界的一些兴趣（彩图6.2）。1907年1月3日，国王死于肾衰竭，他的儿子穆罕默德·阿里·沙赫（Mohammad Ali

---

[1] 即俄国议会。1905年俄国革命爆发，为缓和国内矛盾，尼古拉二世于当年宣布创建国家杜马，并于次年产生了第一届国家杜马，但不久即解散。现今的俄罗斯国家杜马指的是下议院，是从1993年开始实行的。

Shah，1907—1909年在位）旋即继承了王位。阿里·沙赫的性格和政治倾向与他的父亲截然不同。

制定宪法

伊朗排除万难地召开了国民议会，这是非常了不起的事情。更重要的是，国民议会不仅制定了宪法，而且在不久之后的1907年10月批准了一项极其重要的文件，即《基本法附则》。这一项文件保障了公民的基本权利和各项自由，并为宪政制度奠定了基础。在议会与穆罕默德·阿里·沙赫宫廷间的关系日益紧张的背景下，谢赫·法兹洛拉·努里（Shaykh Fazlollah Nuri, 1843—1909）领导下的反宪法乌莱玛阵营公开表示反对，并且选择与王室保守派结成了同盟。正是在这种情形下，这一法案得以通过。

尽管努里早期支持立宪运动，但很快他就与之分道扬镳了，并对国民议会和立宪进程提出了强有力的挑战。他创造了一个术语"mashru'eh"——显然是模仿"mashruteh"，以表明国王（以及沙里亚法）应该成为新宪法秩序的基础，而不是被限制的对象。虽然他是一位杰出的乌苏勒学派教法学家，但他并没有把"mashru'eh"的意义说得过于笼统。也许是意识到过去什叶派教法学家不愿参与政治治理问题（"时代伊玛目"认为任何其他形式的世俗政府都是绝对压迫的，至少在理论上如此），努里在本质上仍然忠于国家的双重权威的理论。然而，面对现代立法的现实情况，他努力地在为自己掌舵的教法学家群体确定一个角色定位。这个角色的功能并不局限于司法审判，而是要超出角色本身所能接受的限度，极力执行沙里亚法。在他看来，新生的国民议会及其制定的宪法不过是异教徒、巴布教徒和无神论者策划的阴谋，他呼吁他的乌莱玛团体反对这些人。他曾在阿卜杜勒·阿齐姆圣陵避难，他的"教令公告"（lawayeh）会定期从这里向外发表，攻击诸如言论自由和法律面前人人平等等非伊斯兰戒律。议会摆出了妥协安抚的姿态，包括在宪法中加入由五名成员组成的穆智台希德监督委员会，但这些寻求和解的举动仍被证明是徒劳无效的。努里悄然放弃了"mashru'eh"的主张，成为一名坚定支持国王穆罕默德·阿里·沙赫的保皇党成员。

除了努里和他的支持者外，这个新生的立宪政权还必须面对邻近欧洲大国之间组建的新联盟。1907年8月，俄国和英国达成了一项协议，承认各自在伊朗北部和南部的势力范围，而在中部地区则宣布中立。这是第一次以大国联盟的形式取代旧的权力竞争。该协议重申了列强对恺加王权的固有认可，但没有承认国民议会或新的宪法程序，这引起了新的焦虑，并最终加剧了新秩序的不稳定性。一年后的1908年6月发生了政变，国民议会被推翻，宪法的进程也中止了。虽然欧洲大国保证他们会尊重伊朗的政治主权和领土完整，但这并没有给伊朗人民带来多少安慰。

最初的议会是由几乎没有立法经验的议员组成的，他们对议会（实际上是整个宪法体系）如何运作，存在一定误解。在这些代表中，阿塞拜疆地区的代表最具影响力。部分代表从一开始就在立法的讨论中占据主导地位，其中最重要的就是来自大不里士的哈桑·塔奇扎德赫（1878—1970），他是一位年轻而有魅力的演说家，有着激进的政治主张。塔奇扎德赫出生在纳卡赫贾万（Nakhijevan，位于今天阿塞拜疆共和国的南部自治区附近，靠近伊朗边境）当地一个什叶派乌莱玛家庭，他一开始是大不里士的经学院学生，但很快就开始批判传统的伊斯兰学校，转向笃信现代科学和西方政治思想。在同伴的帮助下，他在大不里士建立了一个小型的借阅图书馆，这是一种旨在启发同胞自我教育的方式。后来，他前往贝鲁特和开罗。在那里，他仍然穿着乌莱玛的服装，进一步接触当时的世俗和民族主义思想潮流。塔奇扎德赫在精通阿拉伯语的同时，还学习了一些英语和法语。他在立宪革命之初回到了大不里士，被任命为阿塞拜疆地区代表。

阿塞拜疆地区代表得到了大不里士半秘密的社会主义团体和高加索的伊朗侨民社区的支持。许多支持者是阿塞拜疆流离失所的农民，但也有热情的伊朗商人和富有的实业家，他们常常提供道义和财政支持。其他来自伊斯法罕、克尔曼、法尔斯和吉兰等省的代表，也为第一个由民意创建的全国性立法机构国民议会增加了可信度。两名支持立宪的穆智台希德被誉为"两位光辉的开端"（nurayn-e nayyerain），他们不仅作为乌莱玛阶层的代表，而且还作为所谓被承认的宗教少数派代理人，一同参加了国民议会的会议。直到1909年以后的第二届国民议会上，才出现了一位琐罗亚斯德教的显要人物，他被选为长期受迫害的伊朗本土宗教的代表。犹太和基督教团体也任命了代表，但巴布教阿扎利派和巴哈伊派从未被排除在"卑鄙的异端"之外。女性被认为不具备担任议员的资格，甚至不应成为选民的一部分。

《基本法附则》受到法国、比利时和保加利亚宪法的启发，但实际上更多的是依据伊朗本土的现实情况和什叶派教义。这些条文反映了伊朗体制内难以克服的偶然事件和矛盾。然而，宪法的每一项条款都在公开的会议和热情的观众面前得到了开诚布公的讨论和针锋相对的辩论。国民议会最引人注目的一个方面就是其开放性，尽管行业公会代表和具有商业背景的代表有时会被某些大人物的演讲技巧所吓倒，比如塔奇扎德赫。

《基本法》和《基本法附则》明确规定了三权分立的政治体制。国王作为行政首脑，其神圣职权是由人民的意志所赋予的。在波斯王权的漫长历史上，这是第一次有文件将国王的权威置于人民监督的安排之下，尽管王权只是部分地服从于民权。宪法还将国民议会视为负责制定法律的立法机构，同时还授予国民议会监督政府公共事务的权力，包括批准任命首相及其内阁大臣，以及罢免这些官员的特权。

为了平息乌莱玛阵营内的批评，宪法规定，所有由国民议会立法的法律都必须依照现有的政治秩序，因此不会与伊斯兰教法相冲突。但实际上，它在一些关键条款中颠覆了公认的共同利益的普遍性。与歧视非穆斯林的伊斯兰法律相反，宪法承认所有公民的平等权利。宪法进一步确保新闻出版自由和结社自由，只要其不违反伊斯兰原则。但反对派的乌莱玛则认为，言论自由不仅明显违反了伊斯兰教对个人行为的约束，而且也是对传播非伊斯兰思想和异端邪说的纵容。

1907年的《基本法附则》第1条明确规定伊斯兰教什叶派十二伊玛目派为伊朗的官方宗教，而第2条规定：

> 由"时代伊玛目"和伊斯兰的"众王之王"陛下以及伊朗全国
> 人民建立的神圣的全国国民协商会议（Majles Moqaddas Showra-ye
> Melli, Sacred National Consultative Assembly）所颁布的任何法律，
> 在任何时候都不得违反伊斯兰教的神圣原则或由全人类最优秀的人
> （即先知穆罕默德）所建立的法律。[2]

当然，这不仅是嘴上说说而已；它反映了制宪者面临的严重困境：如何调和作为宪法合法性来源的"伊朗人民"的意愿与古老的权威支柱——伊斯兰教什叶派和伊朗王权——之间的矛盾。经过一番言语上的激烈争吵，为了安抚努里和"mashru'eh"反对派——他们在德黑兰附近的避难所殴打了立宪派成员，在几次草案之后，国民议会批准由5名穆智台希德和伊斯兰教法专家组成委员会，监督立法是否符合伊斯兰教法规定。尽管在现实中，该委员会从未召开过会议，在1910年后也被遗忘了，但世俗法律与伊斯兰教法是否相容的问题在70年后的1979年伊斯兰革命中再次出现。

宪法的其他条款也流露出同样的隐忧——即害怕被贴上"叛教"的标签，而被迫屈服。宪法第8条赋予伊朗人民在法律面前的"平等权利"，这是伊朗政治史上的一个里程碑。下列条款明确规定了平等权利：保障生命、财产、住宅和荣誉不受"任何形式的干涉"，禁止任意或法外逮捕、拘留和惩罚公民，禁止侵占公民私人住宅以及没收私人财产。除了基本的生命和财产权利，第18条明确公民享有"学习一切科学、艺术和手工艺"的自由，除非是伊斯兰法禁止的；第19条要求政府建立公立学校，并监督公共教育。更重要的是，第20条允许所有出版物的存在，"除了异端书籍和伤害（伊斯兰）信仰的"，并免除对出版物的任何审查。本着同样的精神，第21条批准了"所有结社和集会"的自由，只要这些自由"不会对宗教和国家造成危害，也不会损害良好的社会秩序"。

国民议会也承受着限制君主权力所带来的巨大压力。权力的划分是任何现代宪法的基石，必须与反对君主立宪的穆罕默德·阿里·沙赫及其令人疑惧的权力野心进行抗争。宪法至关重要的第27条规定政府机构相互独立地行使立

法权、司法权和行政权，并且赋予了国王名义上的权力。国王的行政权，也就是所谓的"颁行诏令"的权力，将"由大臣和国家官员以国王陛下庄严的名义，以法律所规定的方式执行"。此外，第44条免除国王对国家事务的任何政治责任，而是让政府部长对立法部门负责。然而，在宫廷的巨大压力下，宪法的制定者不得不在第35条中申明，"国家主权是人民托付给国王的神圣礼物，代表人民对国王的信任"。据称，穆罕默德·阿里·沙赫直到1907年10月才同意签署《基本法附则》，因为他把"作为神圣的礼物"这句话玩弄于股掌之中，使这部宪法流于形式。

议会VS君主

宪法赋予国王"神圣的礼物"，反映了议会受到的约束及其自身的恐慌，就像宪法规定要召开穆智台希德委员会来监督议会立法一样。然而，如果认为《基本法》和《基本法附则》只是对欧洲宪法的零散模仿，那将是历史判断的错误。伊朗宪法是在新议会内外经过数小时、数天、数月的激烈辩论后，才逐条成形的。议会的议事程序见证了代表之间的激烈争论，以及他们在辩论中表现出的真诚和乐观的精神。更值得注意的是，制定这些条款的国民议会不熟悉《大宪章》（the Magna Carta）和长期议会（the Long Parliament）的传统，不熟悉约翰·洛克、孟德斯鸠和约翰·斯图亚特·穆勒所提出的民法和宪法精髓，不熟悉法律程序和世俗人文主义传统，而正是这些传统促成了1787年美国宪法、1789年法国《人权宣言》（Declaration of the Rights of Man）和1791年美国《人权法案》（the American Bill of Rights）的施行。

国民议会的代表和选举他们上台的人民很快意识到（英国人、法国人和美国人也是如此）宪法和君主立宪的来之不易。立宪和《基本法》的施行导致了许多流血事件、政治动荡和内部冲突，后来才被认为是一场"革命"（enqelab，与阿拉伯动词"qalab"同根，意为"转向"）。这个词在波斯语中最初指的是季节性气候变化或人类医疗条件的突然转变。直到19世纪末，更明确地说是在1908年至1909年的内战期间，革命才具有现代的政治含义，并逐渐取代了立宪"运动"（nahzat），出现在革命话语中。然而，早在1907年，国民议会从摇摆不定转变为更剧烈的激进倾向，这就预示着一场全面的革命即将爆发。

1907年5月至1909年7月，国民议会在每一个转折点都面临着巨大的生存威胁（地图5.2）。一系列的问题导致了新生的君主立宪体制的脆弱性，而其中最主要的问题是在限制立法权方面的意见不一，议会与国王及其宫廷的紧张关系日益加剧，努里和"mashru'eh"支持者为此不断进行诽谤式的宣传。宫廷、强大的部落首领和当地乌莱玛不断在各省挑起骚乱，伊朗与奥斯曼帝国在边境上的严重冲突和宗派斗争也十分频繁，如此种种，进一步挑战了这个新生的君主立宪秩序。到1907年年中，阿塞拜疆地区被阿尔达比勒附近保皇派的沙赫赛文部落（Shahseven tribe）骚扰，他们在恺加国王的挑唆下，以保卫王位的名义洗劫了城镇和村庄。再往西边，乌鲁米耶地区的库尔德散兵游勇在奥斯曼军队的支持下不断越过边界，攻击伊朗境内的亚述和亚美尼亚村民。在法尔斯、伊斯法罕和卡尚，城市骚乱、宗派冲突和盗匪活动不断增加。纳布·侯赛因（Na'eb Hosain）曾是恺加乡村警察的一名成员，后来和他的团伙一起变成了强盗。自1890年代末以来，他组织了多次袭击卡尚及其附近村庄的行动，这些村庄一直向东延伸至伊朗中部沙漠。他将自己伪装成穷人或弱势群体的朋友，但实际上，他只不过是一个无情的掠夺者和杀害无辜人民的凶手，他们的恐怖统治持续了二十多年。镇压纳布盗匪集团的失败，集中体现了中央政府在立宪革命期间及之后的软弱。

在这种情况下，国民议会及其委员会（也称为"恩楚明"[1]，anjoman）中的激进支持者痛苦地认识到，和平解决矛盾的希望变得越来越渺茫。1907年4月，纳赛尔和穆扎法尔时代精于算计的首相阿明·索尔坦重返首相之位，这引起了立宪派内心的不安。一些人认为，让阿明·索尔坦复职是穆罕默德·阿里·沙赫的精心设计，目的是建立一个反国民议会阵线，包括宫廷、保守派穆智台希德（由努里领导）、部落首领，以及俄国使领馆的暗中支持，新首相被

---

[1] 指伊朗立宪革命时期成立的民选委员会，德黑兰及各省均有设立"恩楚明"。

认为与俄国使领馆的关系良好。阿明·索尔坦声称要调停国民议会和国王之间的冲突，这一主张几乎没有为他在国民议会的温和派中赢得多少支持者；努里在阿齐姆圣陵的避难所谋划反议会的行动，而阿明·索尔坦为努里的行动提供资金帮助，此举彻底激怒了激进派。1907年8月，阿明·索尔坦在国民议会前被人暗杀。凶手是一名年轻的革命者，隶属一个与高加索地区伊朗流亡社团有联系的社会主义革命组织。这场由大不里士三流放债人犯下的罪行，在阴谋论者看来是合理合情的，因为他们担心这位狡猾的亲俄政治家重新掌权，将很快导致保皇派封锁议会和破坏革命。

在阿明·索尔坦被暗杀的前几周，德黑兰亲革命的演说者曾呼吁将首相免职，以作为一场势在必行的革命的序幕。这对伊朗人来说有着耳目一新的含义。据推测，这次暗杀的幕后黑手是海达尔·汗（Haydar Khan），后来也被称为"阿姆鲁·乌格鲁"（'Amu-Ughlu）和"炸弹制造者"（bomb maker），他是阿塞拜疆的流亡分子，曾经在第比利斯接受过电气工程师培训。他受雇于德黑兰市政府，负责管理首都第一座小型发电厂。海达尔·汗是一名马克思主义革命者，受到巴库石油工人运动的激励，而1905年俄国大革命的失败则使他的思想开始变得激进。在接下来的10年时间里，他将在伊朗持不同政见的政治圈中扮演一个独特的甚至可以说是破坏性的角色。

1907年8月31日，伊朗首相遇刺身亡；而在同时，英俄两国在圣彼得堡签署了《英俄条约》，瓜分彼此的势力范围。这两块势力范围显然是按照伊朗地图的对角线划出来的。该条约是两大强国之间更大规模的利益调解与瓜分的一部分，也包括了阿富汗。这份条约奇怪的措辞带有讽刺意味，至少在字面上，条约距离侵占只有一步之遥。尽管这两个国家在一个月后才鲁莽地向伊朗政府宣布这份条约的签署，但来自国外和国内的新闻早已引起了公众对条约及其后果的关注。最明显的是，俄国肆无忌惮地把自己的意愿强加给伊朗政府，包括军事干预——尤其是在邻近俄国的阿塞拜疆省和吉兰省。甚至在条约签署前，俄国以在革命混乱局势中保护俄国公民的利益为借口，一再威胁要向大不里士派兵。该条约只是使这些威胁更加真实，就列强而言，这些威胁是公然合法的。伊朗立宪派傻眼了。

面对俄国的敌意，国民议会内外的立宪派都希望得到英国的支持。在阿明·索尔坦被暗杀和英俄签署条约的双重影响下，英国决定不再支持伊朗的立宪革命。新的地缘政治现实，尤其是德意志帝国的崛起，是促成1907年《英俄条约》的主要动机。就伊朗国内政局而言，该条约的签署使立宪革命出现了更剧烈的两极分化，不到一年的时间里，这种分化导致了立宪派与恺加国王的公开对抗和内战。在穆罕默德·阿里·沙赫的领导下，反宪法阵营一度巩固了有影响力的朝臣与"marshru'ah"支持者的关系。此外，也有境外势力对反立宪的强烈支持。俄国沙皇尼古拉二世（1894—1918年在位）对1905年俄国南部边境的革命精神的复兴感到震惊，他把自己的道义力量和军事支持都押在了恺加国王身上。青年土耳其党的革命一开始，奥斯曼帝国的苏丹阿卜杜勒·哈米德二世就对军官中日益高涨的不满情绪同样感到恐惧。他向伊朗边境派遣军队，以支持那些洗劫并杀害阿塞拜疆及亚述地区基督教村民的库尔德散兵游勇，这可能被视为对伊朗立宪派象征性的敌意。

立宪派阵营虽然表面上站在国民议会这边，但对议会的缓慢行动和许多代表的妥协态度越来越失望。议会代表中的激进派以及议会外的激进分子得到了委员会的支持。委员会的一部分成员携带着小型武器，承担起了保卫国民议会的任务，但同时也作为施压团体，向这一立法机构表达他们的意愿。无论其成员曾经是巴布教徒、不可知论者，还是社会主义者，委员会都在政治进程中起了决定性的作用（彩图6.3）。到1908年中期，仅德黑兰就至少有70个委员会，估计共有5000名武装战士。其中最著名的是阿塞拜疆委员会，这个组织不仅是一个政党组织和准军事部队，同时也是大不里士省议会中具有影响力的政治代理人，被称为阿塞拜疆民族委员会（Anjoman Ayalati Azarbaijan）。

初露锋芒的媒体是立宪派及其支持者们的喉舌，这些媒体从1905年开始成倍增长。他们对国民议会提出了明确的要求，攻击"mashru'eh"阵营和恺加宫廷，并批评国王不履行宪法规定的职责。到1908年，有三十多份报纸在伊朗各地发行，另外还有大量的传单和秘密海报。这些媒体人各具特色。米尔扎·贾汉吉尔·汗·设拉子（Mirza Jahangir Khan Shirazi）是一位来自巴布教徒家庭的知识分子，创办了颇具影响力的周刊《天使号角》（Sur-e Esrafil），并以犀利睿智的社论为自由宪法辩论定下了基调（图6.5）。才华横溢的讽刺作家米尔扎·阿里·阿克巴尔·加兹温尼（Mirza'Ali Akbar Qazvini，1879—1956）化名达赫霍达（Dehkhoda）在《天使号角》开设专栏，借由一个诙谐的加兹温尼村村长的视角，生动地描绘了革命时期的政治和时事。其他一些报纸也值得一提，特别是1893年在加尔各答出版的《哈伯勒·马丁》（*Habl al-Matin*），它由贾拉勒·丁·莫阿耶德·伊斯兰（Jalal al-Din Mo'ayyed al-Islam）及其女儿法克尔·索尔坦（Fakhr al-Soltan，主要是德黑兰和拉什特的立宪革命时期）主编，把伊朗立宪运动置于更广泛的区域背景中，并扩大了这场运动的国际影响。

图6.5　周刊《天使号角》的标志紧扣立宪革命的精神，代表着国家觉醒。《古兰经》中关于复活日、天使号角声和死者复活的经文也证实了这种联系。图片左边的达马万德火山正在喷发。周刊既标有伊斯兰历，也标有波斯历和公历

《天使号角》，第3期，1907年6月13日，第1页。由耶鲁大学斯特林纪念图书馆提供。

然而，大多数报纸的重点都集中在倡导政治、教育和世俗现代化的方方面面，同时总是强调伊朗有机会将自己从数百年的愚昧和专制压迫中解放出来。这些报纸的潜台词十分明显，仿佛字里行间都在呼吁废除旧制度——恺加王朝的专制王权和什叶派的宗教机构，甚至呼吁建立世俗的共和体制。1908年初通过的新闻法允许更广泛的言论自由，反过来又引起了国王和保皇派更直接的攻击。

除了媒体外，委员会不仅成功地动员了巴扎中的行会和商人，还成功地动员了一批新兴的政府官僚阶层，甚至还有电报、邮政系统的工作人员和德黑兰市的交通运输工人。政府雇员愿意为支持议会而举行罢工。值得注意的是，伊朗电报系统主要由立宪派的同情者操控，这相当于在政府的眼皮底下建立了一个半官方的通信网络。电报网络把全国各地的立宪派和他们的委员会联系起来，从而使他们能够迅速交换意见和做出决定，呼吁议会代表迅速采取行动，并告诫他们切勿妥协和优柔寡断。电报网络加强了从大不里士、拉什特到包括伊斯法罕、克尔曼、设拉子和克尔曼沙阿（地图5.2）在内的整个伊朗的民族共识。

在1891年至1892年的烟草抗议运动期间，电报所创建的虚拟全国社区就已经存在了。在相对短暂的革命年代里，人们交换了成千上万份电报，这些电报往往是在瞬间完成的，并带有新技术赋予的权力感。来自各方的密集信息被大量地进行传递：各省的立宪派之间、伊朗和伊拉克的乌莱玛之间、中央政府和各省行政当局之间、国王和他的官员之间、外国代表和欧洲各国首都之间、国民议会代表和委员会之间、巴扎领袖之间、高加索革命者和大不里士社会主义者之间等等。同样，大量的投诉、请愿以及支持或抗议的信息，从伊朗各个偏远城镇和村庄的普通民众那里传递出来，他们通过电报通信找到了新的发声渠道。

报刊和电报，这两种公共领域的现代通信手段，把人民心目中的国民议会提升为神圣的议事殿堂，正如全称"神圣的全国国民协商会议"中的"神圣"（moqaddas）一词所表示的那样。国民议会成了宪法崇高目标的体现，（非常不切实际地）期望着实现社会正义，保障国家和平、繁荣和安全，保卫国家不受外国入侵——所有这些目标都远远超出了国民议会捉襟见肘的手段和大多数代表的能力。然而，尽管经验不足、效率低下，国民议会的议事记录仍然令人印象深刻，足以让反对派感到震惊和警惕，也使得他们继续仇视议会。

除了起草《基本法》及其附则外，国民议会还试图整顿国家脆弱的财政，解决预算操作不公开透明的问题，并取得了一些成功。到1907年，伊朗的国家总收入约为770万图曼（约合2000万美元），而该年的年度开支预计为1070万图曼，赤字率为37.5%。自1890年代以来，累积的外债不断增加，债务负担日益沉重。1909年，加上因新获贷款而累加的利息，财政赤字累计达到了3000万美元。对进口的更大依赖加剧了通货膨胀，增加了贸易逆差。尽管国民议会尽了最大的努力，但政府支出只削减了40万图曼。议会废除了古老的土地所有制，虽然这是一个重要的政策，但在实践过程中，被证明很大程度上只是象征性的。大多数永久产权的土地在纳赛尔和穆扎法尔时期已被并入私人地产，并很快于1910年由第二届国民议会立法批准。恺加王子和世袭官僚精英的年金也被削减或完全终止，这对一个没有私人财产的贵族阶层的衰落造成了更为严重的冲击。恺加宫廷的预算也被削减到只有7.5万图曼，国王认为此举是对王室及其公众形象的蓄意冒犯。然而，他和他软弱的宫廷只能隐忍。当时的社会氛围对他们并不利，民众支持的是国民议会。

在改革议程的其他议题上，国民议会的记录就不那么令人印象深刻了。建立中央银行和国家军队的进程显得步履蹒跚。长期以来，终结英国控制的波斯帝国银行对伊朗纸币发行的垄断以及对伊朗财政的控制（只有俄国控制下的波斯抵押贷款银行可以与之匹敌），一直是伊朗人民的愿望，国民议会在建立国家银行的问题上犹豫不决。之所以迟迟不愿建立国家银行，与其说是由于担心资金不足、资金误用以及缺乏专业知识，不如说是因为害怕在急需英国大力支持的时候，损害到英国的金融利益。考虑到俄国的既得利益，建立统一国民军队的主张似乎更站不住脚，由俄国训练并得到俄国支持的哥萨克旅是恺加王朝的陆军王牌部队。1908年7月的政变再次确认哥萨克旅一直是俄国用来暴力镇压革命、维持恺加王朝统治的工具（地图5.2）。

政变与议会的解散

1908年2月，有人向穆罕默德·阿里·沙赫的车队投掷了两枚炸弹。这起事件至少造成了四人丧生，伊朗最早的皇家汽车也遭到损坏，国王却毫发无伤地逃脱了（彩图6.4）。这次失败的暗杀显然是由海达尔·汗策划的，具体则由巴库的阿塞拜疆流亡者实施。这次袭击使国王对能否保住自己的王位更加不放心。在德黑兰，流传着他的叔叔泽尔·索尔坦将成为王位候选人的谣言，这加剧了国王的怀疑。长期担任伊斯法罕省省长一职的泽尔·索尔坦对恺加国王王座充满野心，这招来了人们的猜测和嘲笑。很明显，担心自身生存问题的恺加贵族已经不再一致支持国王。1907年年中，激进的立宪主义者——尤其是大不里士的立宪派，就呼吁议会和公众一起把穆罕默德·阿里·沙赫拉下台，革命派的报纸和教士也同样不再遮遮掩掩。到1908年初，两派之间的武装对抗看上去已不可避免。

出于对革命者的恐惧——特别是阿塞拜疆的革命者，国王被他的伊朗军事将领和先前的俄国导师（当时是他的顾问）所鼓动，打算先下手为强。更具决定性的是，俄国哥萨克旅的指挥官弗拉基米尔·利亚霍夫上校（Colonel Vladimir Liakhov）说服了国王，让国王意识到解散议会和破坏"立宪"是唯一出路。利亚霍夫作为职业军官，是沙皇时代残暴独裁统治的缩影，他特别喜欢暴力，似乎是受到了1905年1月俄国镇压革命运动的"血腥星期日"的鼓舞。作为哥萨克旅的指挥官，他的职责就是把第比利斯与圣彼得堡的俄国当局的意愿与伊朗国王的意图相调和，甚至希望可以得到沙皇尼古拉二世本人的首肯。俄国当局急于消灭一场可能再次引发高加索骚乱的革命运动，对他们而言，穆罕默德·阿里·沙赫的垮台似乎会是一次重大损失，伊朗激进分子和巴库革命者将会占据上风，而革命还可能会增加亲英的泽尔·索尔坦的获胜机会。

国王气冲冲地离开了戈莱斯坦宫以示抗议，并在首都西北部的皇家庭院（Bagh-e Shah）加强防御。除了少数几名试图与国王和解的代表外，所有人都清楚地认识到，保皇派正准备与国王联手，同委员会和共和派拥护者进行暴力对决。国王被哥萨克精锐和正规部队重重守护，这些人急于向议会开战。为了应对反击，委员会的武装支持者自诩为伊斯兰圣战者（Mojahed），并占据了毗邻国民议会的大纳赛尔清真寺（the grand Naseri Mosque，后来称为塞帕萨拉尔清真寺，Sepahsalar Mosque）的屋顶和宣礼塔。一些仍希望与国王和解的议会代表则摆出了一副自我安慰的姿态，并设法说服了大多数战士放弃他们的抵抗，此举使议会暴露在了大炮的射程之内。

1908年6月23日，哥萨克部队——多达2000名骑兵和步兵，以及四门火炮——包围了议会和通往巴哈里斯坦广场（Baharestan Square）的道路。留下的伊斯兰圣战者准备交战，尽管他们不愿瞄准俄国军官，因为这样也许会带来更严重的后果。战斗一开始，他们便发起了激烈的抵抗。战斗持续了四个小时，造成至少40人死亡，而其中大部分是哥萨克旅一方。为了进行反击，利亚霍夫下令轰炸国民议会大厦和周边的建筑物。国民议会大楼是典型的欧洲风格建筑，由米尔扎·侯赛因·汗·莫希尔·道莱于1870年代建造，用作他的官邸（后来被纳赛尔·丁·沙赫所没收，遗赠给他宠爱的侍童马利贾克），经历了这场战火，大楼被严重损坏。在摧毁立宪政体的象征后，哥萨克部队蜂拥而入，尽其所能地进行抢劫，委员会及其战斗人员占领的周边建筑物也不能幸免。为了恐吓公众，部队随后在与议会相邻的街区发动了一场血腥的强奸、抢劫和杀戮运动。对于政府军的骚扰和洗劫，这些恺加王朝治下的城市并不陌生，但俄国哥萨克旅的武力示威却是头一遭，这显示出了现代军事政变的不祥预兆。在随后的内战期间，相类似的军事行动很快在大不里士重演。

少数议会代表被困在议会大厦中，包括两位穆智台希德，即赛义德·穆罕默德·塔巴塔巴伊和赛义德·阿卜杜拉·贝巴哈尼，他们主要是来给议会精神支持，并防止流血事件发生的。记者贾汉吉尔·汗·设拉子和革命派教士马利克·莫特卡莱明也被困其中，他们担心在外面会被逮捕，于是就进入议会避难。为了逃跑，他们在后墙上凿了一个洞，冲到周围的房子里避难。但很快，他们就被出卖了，并遭到了哥萨克小分队的围捕和殴打。在皇家庭院里，至少有30名激进派革命党人被拘押在此，并被进一步殴打、审问、折磨和拘留。包括塔奇扎德赫在内的少数人在政变之前就收到了相关警告，他们被迫前往英国和法国的使领馆避难，少数人成功地逃离了首都，并离开了这个国家。其余的人在冲突期间留在了家中，没有受伤。

皇家庭院在押的两名人员，即记者贾汉吉尔·汗·设拉子和革命派宣教者马利克·莫特卡莱明，早就被列在国王的黑名单上了。他们到达皇家庭院后不久就被强行勒死。他们被怀疑与巴布教存在联系（尽管他们很可能都是不可知论者），很容易就会成为当局合法的猎物，当局习惯于用这种方法向公众灌输恐惧。革命派宣教者贾马尔·丁·伊斯法罕尼是另一位逃离首都的巴布教嫌疑犯，他在西部城镇博鲁杰尔德被捕，并在国王的批准下被该省省长迅速处死。另外两名记者在狱中被杀害。其余的被拘留者，包括两名穆智台希德，陆续被流放到各地。其中一些议会代表则被国王雇用，扮演与议会残余力量谈判的中间人（图6.6）。所有的报纸都被关闭了，委员会被宣布为非法。两份王室声明都宣称，随着异端分子和煽动者的倒台，国王打算在三个月内恢复"正确"的宪法制度。

图6.6　1908年6月政变期间，有22名革命者在皇家庭院被俘。有首诗是这样写的："如果你希望你的正义能够打破无数不公正的枷锁，那就迎接苦难并接受暴政的枷锁吧。"

W. M. 舒斯特（W. M. shuster），《波斯的窒息》（*The Strangling of Persia*），（纽约，1912年版），第265页。

保皇派的政变、对国民议会的轰炸和对人员的处决，至少在首都，造成了使公众噤若寒蝉的恐怖效果。人们又开始做生意了，德黑兰的巴扎也终于如释重负地重新开放了。随着努里和越来越多的毛拉完全融入了保皇派阵营，并在很大程度上放弃了他们的"mashru'eh"目标，转而支持恺加王朝的专制主义统治，并希望穆罕默德·阿里·沙赫能巩固他的王位。议会的一些奸佞小人开始讨好国王，说一些国王喜欢听的话。在努里等人的宣传蛊惑下，至少从表面上看，国王支持立宪政体。国王宣称，他只是反对激进分子、异教徒和无政府主义者的盛行。

保皇派需要这样的言辞来粉饰国内太平，但同时也要改善他们在国外被玷污的形象。尽管这次政变在圣彼得堡的保守派圈子里得到了支持，但在伦敦和其他地方却不受欢迎。支持伊朗立宪派的，只有波斯委员会（Iranian Constitutionalists）——成立于1908年10月——中的少数自由派人士，欧洲公众则是选择遗忘伊朗以及这次革命。值得一提的是，伟大的学者、伊朗立宪革命支持者爱德华·格兰维尔·布朗在许多小册子和报纸文章中抗议政府对伊朗立宪派的残酷镇压。如果不是大不里士以及拉什特和伊斯法罕的民众起义，立宪革命似乎就已经失败了。

公众也有一种获得解脱的感觉。他们希望看到混乱结束，恢复到几十年前相对平静和安全的状态。在城镇和村庄里，部落骑兵和武装土匪的掠夺、库尔德兵痞土匪和俄国边防部队在北部省份的入侵，造成了越来越多的侵扰，数千人被杀死，农村也被践踏蹂躏。国民议会未能为该国经济和社会发展的实际需要提供补救措施，这是公众感到沮丧的另一个原因。政变发生的时候，"立宪"的整个神秘感就算没有完全消失，也已经被破坏得差不多了。

小专制主义与内战时期

尽管德黑兰的国民议会立宪实验宣告失败，但大不里士仍然保有一线希望。在政变后的几个月时间里，革命党战士和当地保皇派之间展开了一场旷日持久，甚至是血腥的城市战争。伊斯兰委员会（Anjoman-e Islamiyeh，也称伊斯兰恩楚明，Islamic anjoman）的大部分成员都属于大不里士附近的乌苏勒街区，他们与政府部队勾结在一起。1908年下半年至1909年初，甚至在议会倒台之前，大不里士民兵就组织发动了一场武装冲突，并改变了立宪革命的命运，使其更加大众化、民族化和世俗化。而冲突一旦发展成全国性运动，这场内战本身在巩固伊朗民族共同体方面，可能比1950年代石油国有化运动之前的任何单一事件都更为重要。

大不里士是双方可以预见的斗争舞台。像任何一个前首都一样，大不里士有一种自豪感和权力感。这种自豪感和权力感通过雄厚的经济实力、人口的增长，以及对西方生活方式的开放态度而得到了进一步强化。在当时，大不里士是伊朗最大、最繁荣的城市，人口超过20万。作为北方贸易中心，大不里士连接安纳托利亚和高加索的陆路，然后通向黑海；再经穿越高加索边界的俄国铁路，通向俄国、奥斯曼和欧洲市场。尽管大不里士商人在进口工业制成品、织物和消费品方面面临着关税不平等和其他不利条件，但他们还是在城市中与欧洲"工厂"展开了商业贸易的竞争。大不里士的出口支柱，主要包括各种经济作物和华丽的手工地毯。到20世纪初，这些产业的发展已经超过了卡尚和伊斯法罕，并为这个城市带来了可观的收入。大不里士的商人阶层出钱资助立宪运动和之后的国内起义，而贫困和处境艰难的本地劳工则提供人力支援，这些劳工大多是农民，他们期望从当地繁荣的经济中获益。

与国外的交往为当地带来了现代化的学校和医院，包括那些由美国长老会（American Presbyterianism）传教士建立的学校和医院。到20世纪初，市际和省际的电话线都建立起来了。通往高加索及其他地区的公路、铁路将阿塞拜疆工人带往巴库油田，他们是巴库当地人口中数量最多的族群，他们通常也会被带往其他城市寻找工作。当他们从巴库和第比利斯回来时，这些人就逐渐变成了孕育社会革命的温床，并带有新的激进思想。在巴库、第比利斯和伊斯坦布尔发家致富的阿塞拜疆商人也以自豪和同情的眼光看待他们祖国的立宪运动的发展。大不里士人数众多并勤勤恳恳的亚美尼亚社团也是商业技术以及革命思想传播的重要渠道。

　　尽管大不里士是伊朗现代化的代名词，但它依然是一座对宗教和地缘怀有虔诚信仰的传统城市。这里的宗派冲突由来已久，在有影响力的穆智台希德的政治操控下，这座城市陷入了分裂，这些问题的产生仍然与什叶派的宗教仪式以及圣地紧密相连。12个城区中有一些较大的城区属于谢赫学派，效仿的是那些宗教学校的穆智台希德，从19世纪初起就是如此（可能取代了较早的宗教忠诚关系）；但其他重要的教区被认定为是以沙里亚法为主导的，效仿的是乌苏勒学派的穆智台希德。在伊朗其他大多数城市中，城市教区不仅是市政管理的基本单位和社区虔诚信仰的来源，还是社区治安管理员的地盘。这些治安管理员通常被称为"路提斯"，他们的收入来源往往很不稳定，常常靠敲诈勒索等暴力手段创收，并被城市显贵们雇用为打手。尽管"坏"路提斯以其危险的行为而闻名，但也有"好"的路提斯因保护社区和向穷人提供施舍而闻名。路提斯有自己的一套荣誉准则，包括举止、语言、等级制度和仪容仪表等，他们既令人畏惧，又令人钦佩。

　　大不里士抵抗运动中两位最著名、最受欢迎的领导人——萨塔尔·汗（Sattar Khan）和巴克尔·汗（Baqer Khan），后来被尊为民族英雄，他们就曾是路提斯头目，许多和他们并肩战斗的战友也是同样的出身。他们分别与阿米尔希兹（Amirkhiz）和哈亚班（Khayaban）两地的谢赫学派城区联合起来，并对在大不里士抗争运动中取得的成功起到了关键作用（图6.7）。这两位领导人与对立方的路提斯产生了宗派上的较量，进而引发了冲突。但与早些时候城市冲突的情况相反，两位领导人在很大程度上是以手无寸铁的庶民代言人的身份行事的，这使得抵抗运动具有了强大的感召力，与此前构成立宪革命的精英政治特征不同。在1908年和1909年的战争过程中，对街区的忠诚超越了他们所面临的包括大不里士乃至整个国家的重重险境。不断加速的革命进程清楚地把"宪法的支持者"（mashruteh-khvahan）与保皇派阵营对立起来，保皇派阵营则不可避免地被称为"暴政的支持者"（mostabeddin）。

图6.7 1908—1909年大不里士抵抗运动的领导人萨塔尔·汗（身穿白衣）和（他左边的）巴克尔·汗，他们的战士正挥舞着来复枪以示反抗 现代明信片。由作者收集整理。

信奉谢赫学派的城区对保皇派的反对并非偶然，就如同乌苏勒学派的教区也没有支持穆罕默德·阿里·沙赫和努里领导的"mashru'eh"阵营。谢赫学派对新思想、新制度有一种与生俱来的偏好，这至少可以部分地归因于他们用历史进步的教义学思想来调和沙里亚法，也可以归因于他们作为少数教派的信仰者在社会中的边缘地位。相比之下，大不里士势力庞大的伊斯兰委员会在多韦奇（Dovechi）区外行动，因为这个区得到了国王宫廷的资助，用以协助当地政府的攻势。

然而，大不里士的激进派不仅是建立在社区政治的基础上的。所谓的"马克兹·盖哈耶比"（Markaz-e Ghaybi，意为隐秘中心）就是其中一个早期秘密革命组织，由一个人称"阿里先生"的人根据法国大革命时期的秘密组织模式建立。1905年俄国革命时期以及之后，社会主义思想在高加索地区传播，阿里先生因而受到了影响。这一组织模式有助于将大不里士附近的民兵组织成一支有效的战斗部队。大批的流亡革命者也加入了抵抗，他们是在巴库和第比利斯的穆斯林、亚美尼亚人或格鲁吉亚人。巴库的社会民主党中也不乏伊朗籍的党员，俄国社会民主党也给予大不里士人力、金钱、武器和战术建议等支持。

萨塔尔·汗是一位天才型的领袖，他曾是一名马匹商人，也是一位改过自新的路提斯。他在城市作战方面的军事天赋，与他为国家民族事业进行敲诈勒索的习惯形成了互补。当起义军进入大不里士城堡内的政府军火库后，他让这些被称为"费达伊"（Fada'i，革命献身者）的战士尽情掠夺库房里面的武器、弹药和野战炮（图6.8）。他们利用当地人的专业知识，加上即兴发挥，在支持立宪派的城区周围筑起路障、大门和其他战略工事。从只拥有十几个费达伊那会儿开始，萨塔尔除了要忍受敌人的炮火，还要忍受自己同伙中出现的叛逃现象。在社区间的惨烈竞争、个人利益和荣誉准则的驱使下，他不会轻易接受失败。虽然一开始，费达伊的主要动机是出于对社区的忠诚，但随着时间的推移，他们逐渐培养出了对立宪革命精神的崇敬与信仰。

图6.8 1909年，萨塔尔·汗在大不里士的阿米尔希兹区
现代明信片。由作者收集整理。

为了让德黑兰政变取得成功，镇压大不里士的反政府武装似乎至关重要，为此，伊朗国王集结了他所拥有的一切力量。起初，他花大代价从阿塞拜疆和其他地方调集了几个团的兵力，并把沙赫赛文部落军队派往大不里士。后来，哥萨克旅派遣了增援部队。他对大不里士的伊斯兰委员会及其在社区的附属组织给予了资助并祝福。俄国驻大不里士领事馆还以保护俄国侨民为借口，与伊朗国王进行了合作。

政府军几乎成功地孤立了萨塔尔、巴克尔和他们为数不多的同伙。但随着时间的推移，费达伊逐渐学会了如何在城市中与政府军进行周旋，战争形势也发生了变化。城内及周围的政府军无情地轰炸他们的阵地，双方在狭窄的街道、果园和邻近的村庄进行了激战。双方伤亡惨重，在11个月的时间里，至少有5000人死亡，而更多的人在战争中受伤，并且流离失所。大不里士的部分地区被占领，郊区和各方向贸易沿线的村庄也都受到了战争的破坏。无辜的公民遭到抢劫和杀害，政府军、武装匪徒和立宪派游击队将大不里士巴扎和新的购物拱廊或是洗劫一空，或是毁为废墟。

起初，抢劫和勒索是衣食无着、饥肠辘辘的恺加军队和革命战士唯一的生存手段。然而，此后的革命领导人加强了军队的纪律，并逐渐组建了一个临时指挥系统，包括战斗单位定期轮班制度、特别任务分遣队、后勤部队、营地厨房、医疗辅助队伍（包括一个营地医院）、临时通信及情报队伍、微薄的军饷，甚至每个人还分到了一顶统一的费达伊羊皮帽。这些改进帮助大不里士的战士们保卫自己的阵地，但是在1908年7月到10月之间，他们几乎没有取得任何实质性的进展。然而，对德黑兰政权而言，这是一场极具象征性的抵抗，无论是伊朗国王还是在他背后撑腰的俄国人，都不敢轻视。1909年3月，经过三个月的沉寂后，大不里士地区开始了新一轮的战斗。由于一个旨在说服富裕公民捐款的捐赠委员会的成立，他们的财务状况得到了改善。他们获得了更先进的武器，最为重要的是，在伊朗内部以及高加索地区和奥斯曼帝国，他们得到了越来越多道义上的支持。1908年4月，青年土耳其党的革命推翻了苏丹阿卜杜勒·哈米德的统治，大不里士的武装分子对这场革命表示欢欣鼓舞，德黑兰的穆罕默德·阿里·沙赫则对这场革命不屑一顾。

在留存下来的大量合影中，我们可以明显感受到高昂的士气。大不里士的战士们自豪地端着步枪、背着弹药、倚靠大炮，在镜头前摆姿势。枪炮在当时的照片中具有明显的吸引力，传达着一种豪迈的抗争气概，仿佛这些武器赋予了普通民众反抗政府及其傀儡的权力。这些照片，特别是抵抗运动的两位领导人的肖像，以明信片的形式广为流传。他们的目的是在阿塞拜疆和全国其他地方的人民中建立威望，并在不久之后庆祝他们的胜利。在这一点上，把上相的萨塔尔肖像用于宣传，被证明是特别有效的。

一种志同道合的情谊，在格鲁吉亚、亚美尼亚以及巴库穆斯林志愿者加入大不里士抵抗运动的过程中体现了出来。这些民兵队伍是由巴库社会民主党和其他激进组织招募进来的，他们还带来了先进的城市作战技术和新的革命精神，帮助将大不里士抵抗运动转变为一场民族斗争。由100名志愿者组成的格鲁吉亚支队精通城市作战和炸药爆破，而来自亚美尼亚的"亚美尼亚革命联盟"（Armenian Dashnaktsutyun）的民族主义者则精通战术。而巴库社会主义者则冒着巨大的伤亡损失风险，在提供弹药和新武器、转移资金、跨越政府军封锁线方面发挥了关键作用。

也有一些旁观大不里士抵抗运动的西方人决定加入。24岁的美国内布拉斯加州（Nebraska）人霍华德·巴斯克维尔（Howard Baskerville）刚从普林斯顿大学毕业，他在大不里士的美国长老会男子学校担任英语和科学教师，是一名热情的志愿军战士。大不里士战斗者的勇气和牺牲精神，特别是他的一名伊朗同事的英勇赴死，让他深受感动。他不顾美国领事馆的劝阻，毅然辞去了职务，并开始训练一支精锐部队。这支队伍一度有近150名志愿军战士，他们大多是来自城市富裕家庭的年轻人。巴斯克维尔和他的"营救队"希望依靠自身基本的军事训练，突袭驻扎在城市边缘的哥萨克分遣队，以此打破政府军对费达伊所在社区的包围。尽管萨塔尔并不情愿，自愿军成员也并不支持这种冒险，但巴斯克维尔还是决定冲锋陷阵，结果却被敌军近距离射杀了。他的盛大葬礼与其说是对他的军事判断力的赞扬，不如说是对他的英雄主义精神的赞扬。这同样也是一种高度超越种族、宗教和民族界限的普世友情。

巴斯克维尔死于1909年4月大不里士抵抗运动最激烈的时候。当时，德黑兰政府集结了所有的军队，以极大的代价封锁了所有通往大不里士的补给线，希望让这座城市在弹尽粮绝中选择投降。1909年1月至4月，政府军对大不里士的重重包围造成了城中物资的极度短缺，趁此机会或许能够彻底击溃抵抗的立宪派军队（地图5.2）。当时被称为民族主义者（melliyun）的拉什特和伊斯法罕的武装力量采取了更大规模的抵抗行动，与大不里士的抗争遥相呼应。尽管德黑兰政权似乎渐趋温和——发布了一项皇家诏令，承诺恢复君主立宪体制——在德黑兰的俄国公使却传达了圣彼得堡方面不愿妥协的意愿。大不里士的失败将对俄国的声望造成严重打击，这不仅是因为沙皇政府在为穆罕默德·阿里·沙赫政权的苟延残喘上投入了巨额资本，还在于立宪派的胜利将可能重新点燃高加索地区的革命烈火。值得注意的是，就连圣彼得堡的自由派媒体也赞扬了大不里士战士的革命精神，并对德黑兰冷酷无情的专制统治提出了批评。

根据1907年《英俄条约》，俄国以保障俄国国民安全为借口，在伦敦的默许下展开了军事干预。俄国军队越过俄伊边界，于1909年4月底进军大不里士。这是自1827年伊朗在与俄国的战争中战败后，俄军首次占领这座城市，这勾起了当地居民复杂的民族情绪。俄军的占领打开了外界通往大不里士的运输补给线，缓解了城中的饥荒问题，促进了贸易的恢复。事实上的停火带来了平静和安全，自从一年前战争开始以来，这种和平景象就荡然无存了。然而，俄国的军事占领被视为立宪革命斗争的重大挫折。政府军队解除了围困，撤退到自己的营地，并且从整个城市完全撤出去了，但俄国的军事存在对穆罕默德·阿里·沙赫而言仍意味着不祥。

在伊朗历史上，城市起义很少能成功击败政府军队。更为罕见的是部落势力对深孚众望的城市起义的支持。位于伊朗中部和西南部的巴赫蒂亚里可以说是伊朗境内最大的部落联盟，同时也支持大不里士起义。在大不里士平叛的政府军里面实际还有几个巴赫蒂亚里骑兵分队，然而，巴赫蒂亚里领导层中一名对立派转而支持立宪主义者。这位首领名叫阿里–科利·汗·萨达尔·阿萨德·巴赫蒂亚里（'Ali-Qoli Khan Sardar As'ad Bakhtiyari），他是一位文化修养深厚、有民族主义倾向的部落汗，对伊朗历史和自己部落的历史都很感兴趣，由于他之前在欧洲居住过，这段经历使他成为一个有勇气的自由民族主义者。从1909年初开始，在他的指挥下，装备精良的巴赫蒂亚里骑兵成为伊朗南部一支强大的军队。与大不里士地区的立宪派战士不同，他们享受草原的自由和游牧的流动性，这使得他们能够相对容易地占领伊斯法罕。萨达尔·阿萨德成功地让部落大联盟的可汗们建立了表面上的团结。早在1908年，巴赫蒂亚里部落所在地恰好成为伊朗首个发现石油的地方，这与这个部落未来在国家政治上的重要地位不无关系。然而在1909年，石油问题以及英国与巴赫蒂亚里人的交易还不是事关全局的关键因素。

拉什特的起义军率先登高一呼，要求各地起义军共同向德黑兰进军。高加索社会民主党和亚美尼亚志愿军通过搭乘里海的俄国船只，与拉什特的战斗人员联手控制了该省的中心城市。这些拉什特战士后来被称为民族主义者。和巴赫蒂亚里起义一样，拉什特起义也有一位重要的地方革命领袖，他就是后来被称为塞帕赫达尔（Sepahdar）的格拉姆·胡赛安·汗·通内卡波尼（Gholam-Hosian Khan Tonekaboni）。塞帕赫达尔和他那些在繁荣的吉兰省拥有土地的地主阶级盟友一起，将效忠对象从德黑兰转向了民族主义者。塞帕赫达尔早前曾与他的部队一起参与了大不里士抵抗运动，如今则以民族主义者的身份再次出现。他的崛起标志着各省地主阶级的活跃，这个阶级将在立宪革命后的政治舞台上扮演重要的角色。

尽管当时的情形充满绝望和不确定，但人们对恢复宪法仍抱有乐观的态度。激进派发誓要推翻穆罕默德·阿里·沙赫，但也有相当多的人支持妥协。伊朗的虚拟电报社团主要是通过电报进行交流，他们对德黑兰宫廷内的一些人抱着轻蔑的态度。透过电报，他们发现了自己的国家居然与环伺家门的两大列强达成了一项令人震惊的协议。1909年4月，一份措辞强硬的《英俄备忘录》（Anglo-Russian memorandum）警告伊朗国王，除非他恢复宪法并将反对立宪者赶出宫廷，否则就将失去两个大国对他的支持和信心。在伊朗国王的反对者看来，这一警告似乎是为进军德黑兰开了绿灯。但实际上，这只是为了鼓励国王恢复某种表面上的宪政制度，以遏制立宪派的燎原之势。

恢复宪法

1909年7月13日，由萨达尔·阿萨德和塞帕赫达尔共同领导的民族主义者军队最终进入了首都。于是，德黑兰市南部爆发了小规模冲突，而俄国军官率领的哥萨克各团士气低落，政府的正规军则优柔寡断、踟蹰不前。尽管俄国和英国几个月来不断发出联合声明和单独照会，警告民族主义者不准进入首都，但是一支由近3000名巴赫蒂亚里和吉兰武装分子组成的部队在首都进行了为期两天的清剿行动。具有讽刺意味的是，利亚霍夫上校和他的部队投降了，而民族主义者尽管暂时淡出了立宪革命的聚光灯下，但他们还是受命重新投入了战斗。穆罕默德·阿里·沙赫本人和500名随行人员，包括他憎恨的陆军参谋长侯赛因·帕夏·阿米尔·巴哈道尔·姜（Hosain Pasha Amir Bahador Jang），通过谈判进入了俄国大使馆，并在英俄的联合保护下避难。考虑到欧洲问题的敏感性，民族主义者很快就派人保护外交使团，并确保外国居民的安全，甚至在他们行进到国民议会大楼的废墟前就这样做了。7月15日，他们在那里正式宣布恺加王朝国王穆罕默德·阿里·沙赫退位。

即使是最怀有敌意的欧洲记者团，也对巴赫蒂亚里部落军和吉兰省亚美尼亚战士的纪律严明印象深刻。他们很快恢复了首都的秩序，建立了一个简陋的司令部，并宣布穆罕默德·阿里·沙赫的小儿子、不到12岁的苏丹·艾哈迈德（Sultan Ahmad）为新国王，恺加部落的长老为摄政王。无论如何，民族主义者的成功令人印象深刻，他们没有掠夺、杀戮或报复。更为令人讶异的是吉兰人和巴赫蒂亚里部落战士之间的合作，他们出身不同、阶层迥异，甚至几乎无法用波斯语相互沟通。

攻占德黑兰是伊朗现代史上短暂但具有决定性意义的时刻。大不里士的战斗人员及其英雄萨塔尔·汗抵达后不久，就为许多伊朗人灌输了乐观主义精神。萨塔尔·汗后来被尊为"萨达尔·梅利"（Sardar Melli，即"国家领袖"），而他的伙伴巴克尔·汗则被尊为"萨拉尔·米利"（Salar Milli，"国家首脑"）。尽管俄国毫不掩饰地支持保皇派，但民族主义者推翻了穆罕默德·阿里·沙赫和他的"mashru'eh"盟友，这在当时的帝国主义繁盛时期是一个罕见的胜利。一时之间，创建自由民主秩序的愿望似乎不仅克服了专制统治和反动乌莱玛的障碍，还扼制了蛮横的欧洲帝国的野心。这就好比是一部民族斗争的史诗，施加暴政与苦难的野兽被制服，一条通往繁荣的新路就此展开（彩图6.5）。尽管在激进派的圈子里流传着一些要求实行共和的言论，但新登基的艾哈迈德·沙赫还是被誉为"立宪君主"。

民族主义者的掌权，以及他们的领袖所表现出的超然独立的政治态度，令俄国和英国的公使既感到意外，也相当地失望。俄国人心怀愤恨，只是勉强承认了宪法的恢复和前国王的退位，英国也紧随其后。当德黑兰被民族主义者攻占时，一支至少有3000人的俄国军队已经越过俄伊边界并占领了伊朗北部，他们从阿塞拜疆延伸到吉兰和北呼罗珊，并向南前进至加兹温，距离首都只有95英里。俄国践踏伊朗主权的大胆态度，与《英俄条约》的条款背道而驰，光天化日之下，俄国甚至已经不再需要外交的"遮羞布"。俄国的举动不再受制于英国的制裁报复，因而给这个刚刚恢复但仍脆弱的政权蒙上了一层阴影。此举还加剧了自20世纪初以来一直升温的反俄情绪。伊朗人钦佩日本在1904年的日俄战争中击败俄国，并把这当成是一个有希望的迹象，意味着与一个奉行扩张主义的帝国进行抗争的可能性。即使他们可能无法像布尔人那样，在1902年第二次布尔战争[1]中重创英国殖民军队。

俄国的军事干预被伪装成维护自身"利益"的正义之举，而更糟糕的是俄国人根深蒂固的文化偏见。俄国的外交公报对民族主义者所取得的成就和胜利进行了一番居高临下的冷嘲热讽，而西方报纸对这一事件进行的恶意报道更是数之不尽，例如《泰晤士报》，而《纽约时报》（*New York Times*）也随声附和。伊朗人民能够抵抗、反击并击败一个由欧洲帝国主义势力在军事上支援、在财政上扶持的政权，这是不太容易被欧洲人接受或宽恕的。同时，这也很容易唤起欧洲人对熟悉的东方主义范式的警惕，欧洲人有一种强迫性的焦

---

[1] 布尔战争指的是英国与南非布尔人建立的共和国之间的战争，第二次布尔战争发生于1899年至1902年。布尔人是到南非殖民的荷兰人的后裔。1899年，英国向南非增兵，此举引发了由布尔人建立的德兰士瓦共和国的激烈抵抗，双方开战。为征服布尔人，英国投入了大量兵力，但在巨大的损失和国际舆论压力下，英国与布尔人签订了和约。

虑，他们担心德黑兰的欧洲居民的"安全"会受到游牧入侵者和社会主义激进分子的侵犯。他们表示自己不相信民族主义者可以在不流血的情况下夺取首都，这就更说明了这种隐隐作祟的心理。而与此同时，他们却对俄国入侵者的到来视而不见。我们可以从字里行间看出，这些报纸在对民族主义者的成功表达不情愿的支持，因为西方怀疑立宪革命可能永远不会成功，正如外交官们的脑海里已经潜伏着扼杀这一民主希望的计划。

对大不里士抵抗运动、重新夺回德黑兰以及穆罕默德·阿里·沙赫倒台的报道登上了各大媒体的头版头条，让伊朗在国际媒体上的曝光度空前提高。少数来自英、俄和法等国报社的记者和观点各异的自由观察员为西方观众们描绘了一场斗争，这场斗争显然与几个世纪以来精心策划的关于东方人懒惰成性、欺骗成性的谎言相矛盾；而懒惰和欺骗，在伊朗人自己关于国家衰弱的历史叙述中被承认。然而，一种新的革命决心出现了，即使是在内战期间。等待着对首都德黑兰发动最后的进攻，萨达尔·阿萨德——这位曾经在法国受过教育的巴赫蒂亚里汗，在营帐外对前来警告他的英国和俄国代表大胆地用法语进行了问候："on se verra à Téhéran.（咱们德黑兰见）"

攻占首都之后成立的紧急委员会（the Emergency Committee）交出了一份令人印象深刻的成绩单。这不仅与大多数欧洲观察家的冷嘲热讽相反，同时也与后来史书中立宪失败的盖棺论定截然不同。为了让处于恐怖统治之下的首都恢复平静与安全，委员会任命了耶普勒姆·汗（Yeprem Khan）为德黑兰警察部门的负责人。他是一位亚美尼亚血统的革命指挥官，来自被俄国吞并的高加索地区的甘吉。在拉什特战士的协助下，他很快就结束了政府军队、旧政权垮台后被解散的散兵游勇和新到的革命部队在德黑兰的抢劫和恐吓行为。该委员会或称最高委员会（Supreme Council），由两名民族主义领导人和一些出身官僚精英阶层的年轻部长所组成。委员会很快就被流亡归来的塔奇扎德赫所控制，在宪法恢复后的历史时期发挥了重要作用。委员会将其成员任命为政府各部的部长，但不任命首相，并且还与被废黜的国王就流亡条件成功地进行了谈判。在英俄的调解下，委员会给了被废黜国王一笔可观的资遣费，让他可以和随从一起被驱逐出境。而以塞帕赫达尔为首相的革命内阁甫一成立，选举法就迅速得到了修订，直接民选的国会议员取代了第一届国民议会中的七大阶层代表。国民议会选举在全国范围展开了，到1909年11月，第二届国民议会顺利召开。

更具象征意义且更为大胆的是民族主义者在获胜不久后举行的审判。而值得赞扬的是，最高委员会宣布全国特赦，除了少数反对派被逮捕和审判外，几乎没有任何报复性的杀戮。有五人被特别法庭指控为在旧政权临近倒台的最后几天里杀害了避难于阿卜杜勒·阿齐姆圣陵的宪政派抗议者，其中最著名的就是谢赫·法兹洛拉·努里。法庭对努里进行这样判决的证据在于他的教法指令使得在圣陵杀害抗议者成了合法行为。因此，这场审判强调了新政权不因意识形态倾向而惩罚任何人的愿望。在所谓的"小专制主义"时期（Minor Tyranny，指伊朗立宪革命期间国王短暂复辟的专制时期）的最后几个月，也就是内战时期，努里放弃了他早些时候大声疾呼的"mashru'eh"，转而支持旧的专制主义秩序，并公开支持穆罕默德·阿里·沙赫镇压立宪派。在他的精心策划下，越来越多来自德黑兰及外地的乌莱玛前来请愿，这些乌莱玛表达了对恺加政权的忠诚，并且警告伊朗国王：任何妥协都可能导致宪法的死灰复燃。在图普卡尼赫广场上，茫然的公众见证了这位穆智台希德被当场处以绞刑，作为那个时代最杰出的什叶派教法学家之一，处决努里不失为变革年代中的一个大事件。伊朗古代统治秩序的两大支柱——王权和乌莱玛，即使没有被现代革命运动击得粉身碎骨，也已经是裂痕斑斑。

另一个令人鼓舞的变化是公共领域里的声音多样化。新闻和出版物数量的增长、议会派系和政党的出现、首次被听到的妇女们抗议性别歧视的声音，以及文化和政治话语的更加成熟，这些社会变化都是显而易见的，而且似乎也是不可逆转的。到1909年底，市面就已经有六家报纸和越来越多的书籍面世，其标题迎合和服务越来越庞大的读者群体。在接下来的几个月或几年时间里，尽管伊朗政局发生了重大的动荡，报纸的数量却成倍增加。虽然其中许多都是昙花一现，但这些媒体不仅展现出了对言论自由——甚至是诽谤自由——的新乐趣，而且还显示出新闻界在制造舆论方面的力量。

最为犀利的报纸当数《新伊朗》（*Iran-e Naw*），由令人敬畏的阿塞拜疆

369

社会主义者穆罕默德·阿明·拉苏扎德（Mohammad Amin Rasulzadeh）担任编辑，他后来是阿塞拜疆社会主义共和国（Azarbaijan Socialist Republic）的创始人之一。《新伊朗》除报道国内和国际时事外，还提供敏锐的政治分析以及关于贫困、腐败、精英政治、保守的伊斯兰教和妇女权利的辩论。然而，迅速发展的媒体所能够挑战的程度是极为有限的，毕竟思想束缚的历史很悠久。1909年末，革命政权以亵渎神明的罪名判处当时的媒体领袖哈桑·穆阿耶德·伊斯兰·卡尚尼（Hasan Mo'ayyed al-Islam Kashani）有罪。此举主要是为了抵消处决努里的影响，并证明革命政权实际是伊斯兰的守护者。卡尚尼是著名的《哈伯勒·马丁》的主编。他在一篇语带反讽的文章中宣称，7世纪阿拉伯人入侵所带来的宗教以及随后伊斯兰保守派的主导地位，是伊朗落后和持续衰落的根源，他因这篇文章被判三年监禁。无论其历史真实性准确与否，这种包罗社会万象的观点（讽刺的是，这个人的名字意为"伊斯兰的见证者"）反映了那个时期的现代主义者中存在不可知论，甚至是反伊斯兰教的思想倾向。把伊朗古代历史理想化，把它当作近代伊斯兰遗产的替代品，这成了立宪革命后期伊朗民族主义意识形态的支柱。然而，更紧迫的是，这一事件预示着保守派和进步派在政治上的冲突。

民主进程中的阻碍

第二届国民议会的胜利召开，虽然是民族主义者的一大胜利，但其中充斥着党派之争、意识形态的分野和外部势力的威胁。1911年12月，这些压力迫使国民议会宣告中止，并导致了宪法的暂停实施。从1909年到1911年，或者从更广泛的时间范围而言，是从1905年到1921年，这段时期被证明是伊朗历史上一次不平等的宪政实验。尽管立宪革命是一件举世瞩目的重大事件，却以悲剧性的挫折而告终，因为立宪派最终不仅无法抵御欧洲列强的入侵，也无法阻止老牌的地主精英阶层重新掌权。

第二届国民议会主要分为两大政治派别，并且各派都有来自激进分子和新闻界的支持者，而第一届国民议会的委员会未能彻底转型为政党组织，甚至未能转变为有影响力的利益团体。议会最大的派别后来被称为温和派（E'tedaliun），包括民族主义者中的大地主和部落领袖、恺加王朝年青一代的官员、适应新的政治现实的恺加政治精英残余以及大不里士抵抗运动的领袖——萨塔尔·汗和巴克尔·汗。社会民主派（Ejtema'iun 'Ammiun）或简称民主派，也就是后来所谓的进步派，这个派别的成员大多是知识分子，他们受到了欧洲自由主义思想以及高加索和俄国社会主义思想的影响，并且深受当时在奥斯曼帝国掌权的青年土耳其党的鼓舞。

　　与温和派的渐进主义做法形成对比的是，社会民主派打算实施一项全面的改革方案，其中的基本内容已经在第一届国民议会的辩论中提出，并在"小专制主义"时期的流亡中得到了进一步阐明。民主派中最著名的是塔奇扎德赫，他与进步势力结盟，从具有社会主义倾向的贵族，到萨达尔·阿萨德和年青一代的自由派乌莱玛，再到一些革命战士和有影响力的记者等等。民主派最迫切的诉求包括基本的土地改革、消除世袭特权、推行公共教育、利用国家机构进行社会改革，甚至呼吁允许女性融入公共生活的各个领域。他们与温和派同僚们（以不同程度的诚意）共同呼吁统一伊朗的军事力量，恢复各省的安全与和平，集中财政资源以及通过有效的税收和建立国家银行来增加政府收入。简而言之，该派必须解决政府濒临破产的危机。在过去10年，政府的破产危机在不断恶性膨胀。

　　这一项全面的改革计划必定会受到阻碍，特别是在安全和财政方面。然而，最引人注目的，但也是可以预见的是革命者之间日益加剧的分歧，这很快激化为政治暗杀和派系冲突。这场政治动荡最引人注目的受害者是赛义德·阿卜杜拉·贝巴哈尼，他是立宪革命赫赫有名的教士偶像。1910年6月，他被一个高加索恐怖组织暗杀，这个组织与海达尔·汗（即阿姆鲁·乌格鲁）有关系。海达尔·汗显然受到了塔奇扎德赫和他的激进支持者的暗中指使。贝巴哈尼的陨落显示出了民主派对宗教名流走上政坛的抵制，这无疑使乌莱玛阶层心寒不已，甚至削弱了伊朗和伊拉克什叶派领导人对立宪派的支持。

毛拉·穆罕默德·卡齐姆·呼罗珊尼（Mulla Mohammad Kazem Khorasani）不仅是一位支持立宪的教法学家，也是圣城纳杰夫的"效仿源泉"。他与反立宪的政敌不约而同地联合起来，谴责塔奇扎德赫是异教徒，并呼吁流放和惩罚他的同党。而另一位立宪革命的教士领袖赛义德·穆罕默德·塔巴塔巴伊则明智地选择退出政坛。1920年，他在德黑兰去世。1909年以后，反教权的声浪越来越强烈，在支持宪法的什叶派教士中，穆罕默德·侯赛因·纳伊尼（Mohammad Hosain Na'ini）发出了最为振聋发聩的声音，他甚至要与自己的名著《敬告社会，净化国家》（*Tanbih al-Umma wa Tanzih al-Milla*）一刀两断。在这部著作中，他从什叶派教法的角度出发，为立宪提供了法律依据。宗教势力并没有完全放弃立宪革命的舞台，但它再也不会占据自1891年烟草抗议运动以来一直保持的显要地位了。

1910年8月，敌对的革命派别之间发生了更大规模的冲突。以萨塔尔·汗为首的大不里士武装部队大多支持温和派。但他们作为行动不受约束的军队，对首都造成了巨大的法律和秩序冲击。他们与来自伊斯法罕省的、同样吵闹且人数更多的巴赫蒂亚里战士发生了街头冲突，最高委员会认为这是另一次内战的前兆。大不里士费达伊战士的不满主要在于他们无法在经济上实现自给，这反过来迫使一些人敲诈勒索富人。另一个不满的原因是新改组的以耶普勒姆·汗为首的警察部队将他们排挤在外。被指责为不服从的阿塞拜疆武装队伍聚集在阿塔巴克公园（Atabak Park），与政府军爆发了零星交火。阿塔巴克公园是死于暗杀的首相阿明·索尔坦被没收的住所。在革命政府麾下服役的哥萨克兵团联合正规军、巴赫蒂亚里步枪手，共同击溃了费达伊的抵抗。萨塔尔·汗曾试图调解停火，但未能成功。大不里士的部队被解除了武装。其中一些激进分子，大多是高加索人，被遣回他们的故乡。

对长期呼吁解除派系武装的政府和国民议会而言，这是一场显而易见的胜利。萨塔尔的失势导致了街头抗议的终结，取而代之的是地方上大地主的逐渐得势，他们取代了旧的恺加贵族的地位，而政府中新一代官员大多是纳赛尔时期的高官之子，他们在财富和特权的环境中成长，形成了一个新的官僚阶层的骨干架构。这些部长和官员在欧洲受过良好的教育，或者接触过西方的生活方式，这些人的西化气质决定了新兴的革命政体及其领导人的行为。大地主是他们的天然盟友，而他们却远离了那些把自己推上官位的广大革命群众。爱国主义、忠于宪法、坚持改革和进步信念，仍然是新精英阶层施政的强劲动机，往往超越了其个人或派系的利益。

立宪革命缺少的是一种培育本土民主模式的共同愿景，这个问题在革命初期就已初见端倪。这些政治新贵更多的是在形式上而非从实质上去实践这一目标。例如，革命后一个明显的特征就是由政治精英把持的国民议会和行政部门之间的相互不信任。1907年3月至1911年11月期间，伊朗政府更换了11位首相，外加对内阁进行了改组。一个又一个软弱的政府轮番上台，而每届政府都只掌权短短几个月，这个普遍存在的问题让人想起了"抢座位游戏"（musical chairs），新老政治精英通常在单调的节奏中轮番担任不同的职务，他们畏首畏尾、优柔寡断。这些部长常常能够得到国民议会温和派的支持，他们认为昏庸无能的部长是保护自身特权不受民主派阵营威胁的天赐良机。然而，这两种倾向都存在一种误解，即国民议会的职能不仅局限于立法，而且还包括密切监督行政部门的日常事务。许多国会议员都认为这是宪政制度的一项基本原则。

如果这种权力分配上的混乱出现在一个新生的民主实验中还有情可原，那么外国影响力的与日俱增却是无法避免的。直到1921年礼萨·汗·巴列维（Reza Khan Pahlavi）的崛起，俄国和英国在接下来的几年里厚颜无耻地向伊朗政府和国民议会施加压力，通过恐吓或利诱来说服政府官员和国民议会议员。尤其是俄国人，他们在穆罕默德·阿里·沙赫倒台后感到名誉扫地，因此采取了报复行动。与过去几十年恺加王朝的官员相比，新的政治精英中的某些人更害怕欧洲列强尔虞我诈的手段，这些人深感无助、自觉低人一等，甚至是俯首帖耳、唯命是从。特别是在1911年舒斯特事件期间，英俄的傲慢行为在伊朗政治人物和公众中滋生了绝望和幻灭的情绪。

舒斯特插曲

伊朗国内财政改革和提升征税效率迫在眉睫，而远在华盛顿的伊朗驻美国公使对改革的步履维艰深感失望，他请求美国国务院推荐一位美国金融顾问，来担任伊朗政府的财政总长。银行家威廉·摩根·舒斯特（William Morgan Shuster）曾在美国政府任职，为人正直坦率。他得到推荐之时，伊朗政府正遭受着财政收入减少、偿还外国贷款以及支出不断增长的困扰。伊朗的公共财政、财政政策和税收状况，虽然在中央集权下得到了一定程度的改善，但国家财政制度的不透明仍产生了不利的影响。由于强邻施加了压力，雇用一名美国专家被认为是极为慎重的决定。舒斯特的到来使民族主义者振奋，但同时也让英俄代表及其伊朗同伙感到焦虑。

舒斯特和他的美国团队态度坦率、举措大胆，代表美国首次认真介入伊朗事务，尽管这纯粹是一项民间私人的行动。在此之前，美国对伊朗的介入仅仅是通过少数区域性的非政府组织，包括美国长老会。自1830年代以来，美国长老会的传教士一直活跃于伊朗西北部的基督教信徒中。在19世纪和20世纪早期，现代美国教会学校在乌鲁米耶、大不里士、哈马丹和德黑兰等地招收并教育了许多伊朗的非穆斯林人口，后来也招收伊朗的穆斯林女孩和男孩。双方建立外交关系的谈判要追溯到1856年一项未经批准的《通商与通航条约》（*Treaty of Commerce and Navigation*）。直到1883年，美国和伊朗才建立了正式的外交关系。在当时，纳塞尔·丁·沙赫统治下的伊朗尽管一再试图与美国在贸易、金融和安全方面进行接触，甚至提供在波斯湾部署海军的权利，以对抗英国的主导地位，但美国方面极不愿意进入传统上公认的英俄势力范围。推荐舒斯特出任财政总长——即使他最初是经英国大使馆正式批准的，表明了美国对伊朗新兴民主政权的态度发生了微妙的变化。

上任之初，舒斯特就指责伊朗财政状况混乱、政治摇摆不定以及政府和国民议会的软弱，他也并不掩饰对帝国主义列强及其歧视性做法的批评。1912年，就在他被迫离开伊朗后不久，他出版了《波斯的窒息》，生动地描述了伊朗在欧洲侵略下的困境。他把他的书献给了波斯人民，是波斯人民"在极为艰难险阻的环境下，以坚定的信仰"雇用他，协助完成"国家重建"的任务。在这本书的前言中，舒斯特对"被强行剥夺了在这片古老土地上完成（这项）极其有趣的任务的机会"深感失望。在这片土地上，"两个强大的、也许开明的基督教国家把真理、荣誉、正派和法律玩弄于股掌之上，不择手段，恣意妄为。至少有一个国家，甚至毫不犹豫地以最野蛮的残忍手段来完成其政治意图，扼杀了波斯自我重组的希望"。他对美国读者饱含感情地恳求道："如果波斯主权的毁灭凸显的是文明世界对1911年国际政治中强盗行径的纵容，那么现代波斯的宪政主义者将会无法生存、斗争，甚至在许多情况下，会白白地流血牺牲。"[3]

《波斯的窒息》含蓄地提及英国和俄国，尤其是俄国对伊朗宪政制度的敌意。这不仅反映了舒斯特的反帝国主义情绪，也反映了他和他的美国同事在踏上波斯土地的那一刻所面临的问题的本质。他把任期（1911年5月至1912年1月）的大部分时间和精力都花费在了对付贪得无厌的高官和两大强权的阴谋上了，甚至在他开始财政整顿前就是如此。老一代的政治精英们觊觎着濒临破产的财政部，希望能从一位说英语的私人银行家那里获得更多的贷款，一次要价甚至多达400万英镑。此外，舒斯特尝试组建一支由国家财政供养的宪兵部队的努力引发了一场严重的危机，威胁到了立宪政权的生存。

舒斯特抵达后不久，一场反革命运动在1911年7月达到了顶峰。当时，被废黜的穆罕默德·阿里·沙赫登上一艘俄国蒸汽船，抵达伊朗东北部一个靠近阿斯塔拉巴德的里海小港。他在几千名逊尼派土库曼部落士兵的护送下，向德黑兰进军。与此同时，他的兄弟萨拉尔·道莱（Salar al-Dowleh）动员了西北部的逊尼派库尔德部落，占领了西部城市克尔曼沙阿，并向大不里士和哈马丹挺进。旨在让穆罕默德·阿里或他的兄弟重新登上恺加王座的行动得到了圣彼得堡的默许，并且很可能是沙皇本人批准的。不出所料，这些战事进展的消息让德黑兰陷入了恐慌。比起骑在马上的土库曼人和库尔德人的战斗力，革命政府更担心俄国的报复。此外，尽管英俄两国公使承诺永远禁止被废黜的国王返回伊朗，但他们甚至不愿对攻击立宪政府的军事行动发表口头谴责。犹豫不定的德黑兰政府陷入了恺加王朝首都地区老牌保皇派的残余势力的包围，在绝望中动员了一批刚从伊斯法罕来的巴赫蒂亚里骑兵，加上耶普勒姆·汗领导下的警察小分队以及来自高加索的亚美尼亚志愿军，革命联军与距离首都不到30英里的反革命军队进行了交战。

在舒斯特的劝说下，德黑兰发布了对穆罕默德·阿里·沙赫的公开逮捕令，悬赏10万图曼（约合23.7万美元），生死不论。在一次短暂的交战中，穆罕默德·阿里·沙赫的军队司令被俘，后被击毙。甚至在他的骑兵撤退到位于阿斯塔拉巴德以北的俄国边境一侧的基地前，被废黜的国王就登上了同一艘蒸汽船，逃回了俄国，然后又流亡至欧洲。1925年，在流亡意大利圣雷莫（San Remo）期间，他默默无闻地离开了人世。国王撤退后不久，其兄弟萨拉尔·道莱在德黑兰南部被击败，并逃往国外。一名德国炮兵教官当时正在耶普雷姆·汗的部队服役，他用马克西姆枪把萨拉尔·道莱的部队打得落花流水。而对立宪派来说，一个重大打击就是失去耶普勒姆·汗，他于1912年5月在交战过程中牺牲。到1912年10月，所有想复辟旧政权的美梦都宣告破灭。

最后通牒与军事占领

恺加前国王复辟的失败进一步激怒了俄国当局，并加剧了他们对伊朗立宪政府的敌意。俄国驻德黑兰部长旋即找了一个借口，羞辱并最终消灭了议会制政权。1911年10月，他向德黑兰发出"最后通牒"，要求伊朗政府为"侮辱"俄国总领事的行为正式道歉，否则将面临严重的军事后果。俄国之所以要求伊朗政府道歉，是因为国民议会当局授权财务总长舒斯特没收了叛国的萨拉尔·道莱及其兄弟肖·萨尔塔内赫（Sho'a' al-Saltaneh）的财产，他们是反革命阴谋的主谋。俄国总领事以肖·萨尔塔内赫是从俄国抵押贷款银行获得贷款为借口，命令哥萨克军官占领其住所作为抵押品，并赶走了前来没收该住所的舒斯特的代表。报复心切的总领事提出了同样虚假的说法，他声称肖·萨尔塔内赫是俄国的保护对象，因此和俄国的臣民一样，享有领事裁判权的保护。

由于害怕这一事件所带来的严重后果，伊朗政府被迫屈服于开战的威胁。为了安抚圣彼得堡，伊朗外交部长亲自前往俄国大使馆，代表伊朗政府正式道歉。然而，英俄两大国的要求没有结束，他们共同的心愿是扼杀伊朗新生的民主。在所谓的要求几乎都得到满足之后，俄国政府于11月29日向伊朗发出了第二次最后通牒，这次英国公开表示了支持。

第二次最后通牒要求伊朗立即满足三个条件，否则将面临俄国的军事占领，并在事实上结束其国家主权。通牒要求摩根·舒斯特和他的美国同事辞职离开。此外还要求今后伊朗政府在没有两个大国同意的情况下，不得任用外国国民为其服务。最令人发指的是，最后通牒要求伊朗政府为"目前向伊朗派遣部队的费用"支付"赔款"，其数额和方式将在稍后确定。这一要求是在俄国向吉兰省和阿塞拜疆省部署更多部队以加强其所谓的势力范围时提出的。英俄两大国此举实际上是公然要求伊朗将英俄侵犯其主权的花费偿付给侵略者，而事实证明，侵略者对手无寸铁的伊朗人进行了大屠杀和虐待。

第二次最后通牒比第一次更加强烈，并在国民议会内外掀起了一场风暴，引发了全国性的愤怒的抗议运动，国民议会和各大清真寺均发表了力挺舒斯特的演讲，各省也发出了呼吁全国团结一致的电报。在纳杰夫立宪派的"最高效仿对象"穆罕默德·卡齐姆·呼罗珊尼的领导下，什叶派乌莱玛对欧洲人扼杀立宪革命和压迫伊朗国家的恶毒阴谋进行了谴责。什叶派呼吁伊朗民众抵制巴扎里的俄国和英国商品，重振委员会的武装力量，彻底消灭保皇党。

抗议也罕见地提高了女性的声音，她们第一次在公共场合表达了自己的看法。这次，她们不再默默地站在男性亲属的背后，而是呼吁与国内外敌人进行斗争，支持立宪政府，采纳现代社会的道德价值观（图6.9）。一时间，"立宪"精神仿佛复活了。然而令人心痛的是，这一次扑灭伊朗人民希望的罪魁祸首显然不是恺加政权及其宗教盟友，而是欧洲人的全球战略。甚至早在伊朗第一滴石油被运往欧洲大战的战场前，命运就已经注定了。

图6.9 设拉子的聚礼领拜人向妇女布道。尽管存在着性别隔离，但妇女被允许进入清真寺，参与悼念仪式等社会活动

拍摄者哈桑·阿卡斯·巴希，1908年摄。M. 萨内，《创世纪的设拉子摄影》，第78页。

伊朗妇女在郁金香大道上举行了示威活动。在全国上下呼吁抵制俄国威胁的鼓舞下，国民议会的70位议员在俄国设定的48小时期限的最后几分钟里，投票否决了政府接受最后通牒的议案。尽管如此，巴赫蒂亚里人控制的内阁还是屈服于英俄的压力，解雇了舒斯特。出于对俄国入侵的现实恐惧，巴赫蒂亚里部落首领们愿意遵从俄国的意志，而当时他们正与英国当局就胡齐斯坦省新发现的马斯吉德苏莱曼（Masjed Soleiman）油田的所有权进行谈判。由于巴赫蒂亚里部落领地的前景有利可图，他们不愿因此得罪英国现在的盟友俄国。

然而，国民议会却坚持到了最后。12月13日，穆罕默德·卡齐姆·呼罗珊尼在纳杰夫突然死亡，这一令人沮丧的消息并没有吓退议员们。呼罗珊尼是在前往德黑兰的途中突然去世的，死因成谜，但显然他在考虑对俄国发动圣战。德黑兰有传言称，俄国特工应为他的死负责，尽管不能排除英国默许的可能性。即使这些纯粹是猜测，也足以使公众意志消沉，削弱对国民议会的支持。

俄国人无意与国民议会达成协议。俄国军队在12月1日重新占领了大不里士，大肆掠夺、强奸、绑架和杀害无辜人民。大不里士民兵在临时市议会的领导下重新集结了费达伊的残余力量。在与俄国5000人的部队进行的三周巷战中，费达伊进行了顽强的抵抗。俄国付出了近800人伤亡的代价，而大不里士的狙击手数量仍超过俄国援军——保皇派的沙赫赛文部落。两军交战给当地居民造成了严重的伤亡，并摧毁了这座城市最为著名的历史古迹，包括13世纪伊尔汗国时期的城堡——阿里沙赫（Arg 'Ali-Shah）城堡。更残酷的是，在1912年9月13日——阿舒拉节当天，俄国占领军公开绞死了大不里士抵抗运动的8名领导人，其中包括开明的立宪派人士、谢赫学派的穆智台希德阿里·阿卡·萨卡特·伊斯兰·大不里兹（'Ali Aqa Saqat al-Islam Tabrizi）。被绞死后，他们的尸体在绞刑架上悬挂了好几天。到了适当时机，另外36名民族主义者也因反抗外国占领等子虚乌有的指控而被绞死。

1912年初，从最西部阿塞拜疆的霍伊到最东北部呼罗珊省的萨拉赫斯，2万俄国军队已经占领了伊朗北部的全部省份。当时，马什哈德的居民躲在伊朗的宗教圣地、什叶派第八任伊玛目穆萨·里达的圣陵大厅里。面对民众的抵抗，俄军用野战炮摧毁了圣殿大厅的金色圆顶，还洗劫了圣陵的金库。在接下来的五年时间里，俄国占领军通过恐怖和暴力对伊朗北部半壁江山维持着微弱的控制。这也难怪伊朗人会在1917年为布尔什维克革命欢欣鼓舞。

英国也不甘于落后，着手向伊朗南方省份增兵。英属印度兵分队以保护英国利益不受部落骚乱影响为借口，从波斯湾港口布什尔向设拉子和伊斯法罕进发，在那里，他们将面临公开的对抗。这两个城市的巴扎均通过罢市以示抗议，乌莱玛要求民众抵制英国产品，并发布教令禁止向侵略者出售商品。在整个伊朗，对外国占领的怨恨情绪已溢满了城市，并蔓延到了农村。在南部农村地区，最重要的部落是法尔斯省的卡什卡伊和哈姆塞，他们发动了针对德黑兰亲英的巴赫蒂亚里诸汗的部落起义。然而，部落的抵抗很快就在自相残杀和混乱中宣告失败。

在德黑兰，国民议会两次拒绝了俄国下达的最后通牒，实际上是对逐渐掌控政局的首相纳杰夫·库里·汗·萨萨姆·萨尔塔内赫（Najaf-Qoli Khan Samsam al-Saltaneh）——这位亲英派的巴赫蒂亚里汗投了不信任票。不管投票结果如何，整个危机期间他一直在位。而在早先的1911年12月24日，12 000名俄国士兵就已经集结在里海沿岸的安扎利，他们蓄势待发，准备进军德黑兰。在俄国和英国的巨大压力下，此时的巴赫蒂亚里首相得到了耶普勒姆·汗的协助，他命令新成立的胡马雍军团占领国民议会，驱逐所有议员，并封锁议会大门。同时，他还威胁这些议员，如果他们胆敢在议会或其他地方开会，就会性命难保。

内阁获得了阿博勒–卡塞姆·纳塞尔·默克（Abol-Qasem Naser al-Molk）的支持，他是辅佐未成年的国王艾哈迈德·沙赫的第二位摄政王。他学识渊博，出身于哈马丹的卡拉戈鲁（Qaragozlu）家族，曾在牛津大学接受过教育，是爱德华·格雷和乔治·寇松的朋友。他虽然是一位博学之人，但事实证明，在领导国家的关键时刻，他却成了一个胆小懦弱的政治家。由于害怕俄国人出兵占领首都，他宣布解散第二届国民议会，并在非常态的情况下暂停了宪法的实施。一个由五名部长组成的委员会接受了俄国的最后通牒，并遵守了其条款，只是做了一些细节的修改。不久之后的1912年1月，摩根·舒斯特和他的美国伙伴们辞职并离开了伊朗，在他们乘坐马车抵达伊朗不到一年之后，就又乘坐汽车离开了伊朗（图6.10）。

图6.10　1912年1月，在英俄第二次最后通牒要求他离开后，摩根·舒斯特和他的家人被迫离开了德黑兰

W. M. 舒斯特，《波斯的窒息》，第228页。

在舒斯特被迫离开的前夕，民众在国民议会大楼前的巴哈里斯坦广场举行了示威，学生们高喊："不独立毋宁死！"目睹这一情景，立宪革命时期的伟大诗人阿博勒-卡塞姆·阿雷夫·加兹温尼（Abol-Qasem 'Aref Qazvini，1882—1934）创作了一首歌曲，现仅存歌词：

> 客人被迫离开我的家，这真令我蒙羞！
> 宁可放弃生命，也不能让客人离开。
> 如果舒斯特离开这个国家，伊朗将会失败，
> 这个国家的青年啊，不要让伊朗迷失！
> 我们已经失去耐心了，
> 因为那个小偷在我们家园捣乱，却不受任何惩罚。
> 如果我们允许舒斯特离开伊朗，
> 我们的故事将成为世界历史的耻辱。[4]

舒斯特书中关于暂停"立宪"的片段令人动容，他认为破坏伊朗民主历程的行为是"肮脏地终结了一场为自由和启蒙而进行的英勇斗争"。在反思自己短暂的经历时，他进一步写道：

> 波斯人在政治事务的实际运作和代议制宪政的技巧上是不熟练的，这一点谁也不能否认；但同样地，他们完全有权按照自己的政治传统、民族性格、独有气质和意识形态，走出一条属于他们自己的路。在一个国家的历史长河中，五年算不了什么，它甚至还没有一个人洗心革面所需的时间那么长；然而，经过短短五年的努力，波斯人民已经克服了他们所有的困难和所谓的友好国家的骚扰，成功地挫败了一个暴君的精心计划，这位暴君试图从他们手中夺走来之不易的自由，而两个欧洲国家却告诉全世界，这些人是不称职的、危险的，因为他们没有能力建立一个稳定和有秩序的政府架构。[5]

　　这是一个美国人在1912年所做出的判断。这个判断早于第一次世界大战期间灾难降临伊朗，早于1919年英国试图把伊朗变成半殖民地，也早于第二次世界大战期间盟军占领伊朗，也早于舒斯特的祖国在1953年与英国合谋剥夺伊朗的民主愿望以及对其自然资源的经济主权。舒斯特得出了结论，听起来就像预言一般："伊朗是这场纸牌游戏的倒霉受害者。几个欧洲强国虽然有几百年的打牌经验，但仍然把弱小国家当作赌注，把整个人类的生命、荣誉和进步当作是博弈的牺牲品。"[6]

　　舒斯特并不是唯一一个支持立宪革命的外国人，也许最勇敢、最坚定的支持者是著名的英国学者爱德华·格兰维尔·布朗。从立宪运动一开始，布朗就与主要立宪派人士和富有同情心的英国驻伊朗外交官通信，给予伊朗道义上的支持。他还在英国组织了支持革命的伊朗委员会，在西方寻找其他支持的声音；他回应了英国媒体对立宪派的恶毒攻击，并在伊朗革命展开的过程中提供了最新的消息。布朗在1910年出版了《1905—1909年的波斯革命》（*The Persian Revolution of 1905—1909*），这是一部杰出的现代史著作，创作的基础是他出版过的宣传手册和政治短文，还有他的书信及调查研究。这本书为英国读者提供了一种革命的内部视角，其独特之处在于直接传达了伊朗人的思想和情感、他们所面临的困境，以及1909年年中浮现的伊朗革命的光明前景。

　　布朗的作品是一部经典著作。他不仅质疑了自己所处时代的帝国主义偏见，而且质疑了对东方主义进行全面性批评的正确性以及东方主义者始终是帝国主义霸权先驱的这一普遍假设。尽管布朗像他那一代的大多数学者一样，迷恋东方的浪漫主义愿景，但他的《1905—1909年的波斯革命》是一项反帝国主义的专题研究，有助于将"立宪"定义为反对国内专制压迫和外国入侵的真实声音。他的书的封面上印着波斯语"payandeh-bad mashruteh-e Iran"（伊朗立宪革命万岁），以此来表达对伊朗立宪事业的同情。这也表明他"代表"伊朗人反对列强的暴行，是没有任何不良动机的，尽管他和一小群志同道合的自由主义者未能改变英国外交政策的走向。然而，对伊朗立宪革命而言，他的《1905—1909年的波斯革命》是一个经久不衰的故事，几十年来，这本书定义了谁是革命的先驱、英雄和恶棍。

异见人士与绝望者的诗歌

阿雷夫·加兹温尼那首关于舒斯特的歌只是异见人士诗歌的冰山一角，这些人在立宪革命期间得到了自由表达的机会。在所谓的诗意空间里，伊朗人经常质疑他们社会的主流政治和宗教价值观，谴责虚伪、贪婪和暴力的现象。随着立宪革命的到来，新闻和出版物如雨后春笋般涌现，这为新一代诗人和知识分子提供了一个机会，并把他们从恺加宫廷和贵族的庇护中解放了出来，用普通人能理解的语言创作作品。这一时期的诗人使用波斯古典的形式和形象，通过新闻和出版物，以及音乐会、表演——特别是流行歌曲（tasnif），来吸引他们的受众。

新诗的意境当中蕴含着革命的抱负与痛苦。这一时期的诗人仍然忠实于波斯古典诗歌的主题，如用泛神论的眼光凝视自然的风光、表达对心爱之人的渴望、追忆逝去的年华、感怀青春的消逝，他们还哀叹故土的江河日下，以及充满敌意和贪婪的外国势力对国家造成的伤害。伊朗过去辉煌的岁月，当下残酷的暴政与抗争，贪婪、腐败的政治权贵对人民的钳制，宗教领袖的迂腐无知与顽固偏执，人民的贫困与饥饿，以及伊朗在不久的将来的黑暗宿命，也都是新诗歌共同的创作主题，对进步、繁荣和社会正义的渴望与呼声也日益热切。他们认为，通过大众教育、现代科学、技术革命、努力工作和摒弃陈旧偏见，在伊朗实现这些目标并不是遥不可及的。随着时间的推移，这些希望变成了绝望，革命后的伊朗深陷政局动荡，并遭受了外国占领。致命的疾病以及大规模饥荒的暴发，饿殍遍野，也是这些诗人哀叹国家命运的其他原因。第一次世界大战结束时，包括一些现代主义诗人在内的伊朗知识分子希望出现一位救世主，这位救世主将完成立宪革命的目标，甚至不惜放弃对宪政民主的奢求。

这一时期的七位主要诗人中，穆罕默德·塔奇·巴哈尔（Mohammad Taqi Bahar, 1884—1951）在诗歌卓越性以及对社会脉络的清晰把握上表现得最为突出，当时，他正处于自己漫长而辉煌的政治、新闻以及学术生涯的开端。他出生在马什哈德的一个文学世家，从父亲那里继承了"第八任伊玛目圣陵的桂冠诗人"的称号。在家乡时，他就投身于新闻事业和革命诗歌的创作，并在1912年搬到了德黑兰。巴哈尔在同年创作了一首最具个人代表风格的著名诗歌，名为《我们所热爱的，皆源于自己》（*Az mast keh bar mast*）。引人注目的是，这首诗呼吁人们进行自我批评和反省，而这正触及那个时期知识分子的典型问题：

> 在祖国屋顶上燃起的黑烟，
>
> 我们所热爱的，皆源于自己。
>
> 燃烧的火焰从左到右闪耀，
>
> 我们所热爱的，皆源于自己。
>
> 即使我们奄奄一息，
>
> 我们也不应该抱怨陌生人，我们也不应该和别人争吵。
>
> 审视自己，这才是问题的核心。
>
> 我们所热爱的，皆源于自己……
>
> 我们是那棵老梧桐树，不抱怨暴风与骤雨，
>
> 唯有生长在泥土里。
>
> 我们能做什么？火在我们的肚子里，
>
> 我们所热爱的，皆源于自己……
>
> 十年的时光被浪费在伊斯兰学校的争论里，
>
> 夜里却辗转难眠。
>
> 今天我们看到这一切都是一个谜。
>
> 我们所热爱的，皆源于自己……
>
> 我们说我们现在醒了，真是个幻觉！
>
> 我们的觉醒是什么，
>
> 对于一个需要摇篮曲的婴儿，觉醒又是什么？
>
> 我们所热爱的，皆源于自己……
>
> 我们讨厌历史、地理和化学。
>
> 我们与哲学格格不入。
>
> 到底是"他说了算"还是"我说了算"，每一所伊斯兰学校都在

大声争论。

他们说，巴哈尔迷恋西方，迷恋肉体与灵魂，

抑或他就是一个十字军的异教徒。

我们不争论，因为这一点不言而喻：

我们所热爱的，皆源于自己。[7]

当国民议会在俄国的最后通牒下被解散，宪法自创立以来第二次被废止，巴哈尔认为应对伊朗的困境负责的是伊朗政坛的左派和右派，而不是咄咄逼人的欧洲列强。在当时，巴哈尔认为这个看似觉醒的伊朗民族如同一个初试啼声的婴儿，在摇篮曲中蹒跚学步，而不是通过日积月累地学习人文知识与科学技术来获得成熟。

阿雷夫著名的歌曲之一是在民族主义者攻占德黑兰之际创作的，他将这首歌献给了海达尔·汗。即使是在胜利的时刻，他的内心仍然饱含着忧国忧民的悲观与惆怅。这首歌有两节是用达什蒂调式（Dashti mode，是波斯达斯特加赫音乐体系中最悲伤的一类，常用于伊朗田园音乐的旋律）写成的，用以缅怀波斯的过去，但在对逝者的哀伤记忆中，又借欧洲的浪漫主义，来为主题添加丰富性：

祖国青年的鲜血染红了郁金香。

柏树弯下了它挺拔的身躯，鞠躬、致敬、哀悼。

夜莺在玫瑰丛下阴影中低回，

像我一样，花朵在悲伤中撕掉了它的花瓣。

上天何其残忍，何其诡诈，何其爱报复！

议员们忙着沉睡，部长们忙着敛财。

伊朗所有的金银被洗劫一空。

神啊！请赐给穷人们复仇的力量吧。

上天何其残忍，何其诡诈，何其爱报复！[8]

与此同时，阿雷夫对国民议会各党派的内斗感到失望，于是写了一首颂歌（ghazal），反映革命运动令人痛心的未来：

> 被捕获的小鸟哭个不停，都是为了祖国。
>
> 我就和这只笼中鸟一样……
>
> 同胞们，你们要想办法拯救你们的自由，
>
> 如果你不这样做，你就会像我一样成为笼中鸟。
>
> 一座房子如果只有沦落到外族人手中才能变得繁荣，
>
> 那就让这座房子在泪水中沉沦吧，因为那是一座用泪水砌成的
>
> 房子……
>
> 如果外族人来了，最好都披上妇女的服装吧，
>
> 因为在这个国家，没人比妇女更一无所有了……[9]

阿雷夫的人生结局和他的诗歌一样悲惨。1934年，他离开了这个世界。他那充满激情的语调和经常性的不切实际，以及对伊朗民主和自由的向往，都化为一种吸食了鸦片般的虚无缥缈的忧郁。到了秩序森严、独裁专制的巴列维王朝，没人在乎他的生死。

从流行性层面而言，诗歌将令人绝望的消息糅之以讽刺，用一种普通人更容易理解的语言表达了出来。这一点在阿什拉夫·丁·加兹温尼（Ashraf al-Din Qazvini）的诗歌中表现得尤为明显，而他创办的讽刺杂志《北风》（Nasim-e Shomal）更广为人知。正如刊物名所暗示的那样，他诗歌中的许多主题以及创作风格、题材，都受到了当时高加索地区流行刊物的启发，尤其是著名的讽刺杂志《莫拉·纳赛尔·丁》（Molla Nasr al-Din），这本杂志是由巴库的阿塞拜疆裔土耳其人于1906年开始出版发行的。《北风》成功地重新诠释了波斯人的讽刺精神。自1907年起，这份由德黑兰一家小型犹太出版社出版的周刊已经不定期地发行了35年，虽然一直低调，却广受欢迎。这份杂志以低回的声调反复表达了对伊朗伟大历史的怀念，同时哀叹伊朗当下的衰败、愚昧和贫穷。在1908年政变前，爱德华·布朗按相同韵律翻译了《北风》中

抨击穆罕默德·阿里·沙赫的片段，就是一个典型例子：

> 我们的生活陷于苦难之中，
>
> 每颗心都燃起了愤恨的火焰：
>
> 当国民反对国王时，
>
> 国王却仍在支持国家的敌人！
>
> 当抗争主导国家时，
>
> 我们的车队却又瘸又不及时！
>
> 我们要高呼，如今媒体终于自由了，
>
> 波斯必将重新繁荣，
>
> 如今我们的自由建立在坚实的基础之上，
>
> 大学数量激增，
>
> 民众所投掷的瓶子和石头就是我们国家的象征！
>
> 我们的车队却又瘸又不及时！
>
> 蠢驴成为我们至高无上的独裁者，
>
> 鹰犬掌控着计划与方案，
>
> 老狐狸似乎成为受人尊敬的对象，
>
> 沙普肖（Shapshal，国王的俄国导师）成了值得信赖的掌柜，
>
> 我们在想：
>
> 怎样才能从这帮爪牙手中赎回国王呢？
>
> 我们的车队又瘸又不及时！[10]

　　那个时期的讽刺散文也没有对伊朗的衰落给予更多的谅解。最值得注意的是，在这样的多事之秋，达赫霍达在《天使号角》撰写的专栏"喧嚣之声"（Charad Parand）对社会价值、社会实践进行了精辟而又复杂的审视。达赫霍达出生在加兹温的一个小地主家庭，他早期接受过伊斯兰学校教育，他的农村成长经历以及在巴尔干半岛短暂的外交生涯使他成为那一代人中最优秀的批评家之一。在1906年到1908年7月，达赫霍达使用另一个讽刺笔名达克霍

（Dakhow，意为"首领"，是加兹温方言），用绵柔的文字基调、简单但一针见血的逻辑，在杂志上发表了32篇文章。达赫霍达讽刺了保守派，嘲笑了宫廷和腐败的贵族，同时刻画了普通人的苦难和被压迫者的不幸：饥饿的农民、濒临破产的工匠、受压迫的妇女，以及许多想象中的人物类型。这些人物仿佛是作者另一个自我的化身。1908年，《天使号角》的发行量多达2.4万份，这在一定程度上是达赫霍达的贡献。

在第一期杂志中，作者提出要用巧妙的治疗方法来解决伊朗民众中严重的鸦片成瘾问题，另外还有掺假的面包粉问题以及穷人的医疗救助问题。布朗对这篇短文的出色翻译体现了文体和内容的新颖：

> 在印度旅行了几年后，我看到了隐世的圣人，获得了炼金术、护身术和巫术的技能，感谢安拉，他让我在一项伟大的实验中获得了成功。治疗鸦片瘾的方法不止一种……我现在向所有狂热的、吸食鸦片成瘾的穆斯林兄弟宣布，按照这样做就有可能戒掉吸食鸦片的瘾疾：首先，必须下定决心，坚决戒烟；其次，如果一个人每天吸食2米斯卡勒（mithqal[1]，2米斯卡勒约等于9克）鸦片，他现在应该试着每天减少1格令（grain，1格令约等于0.06克）鸦片的剂量，同时加上2格令吗啡作为代替，用以缓解烟瘾。如果一个人每天吸10米斯卡勒的鸦片，就应该把用量减少1格令，同时加上2格令哈希什作为替代。因此，只要鸦片成瘾者坚持下去，他所吸食的2米斯卡勒鸦片就可以被4米斯卡勒吗啡所完全替代。

按照同样的逻辑，他在下文向伊朗的政治家们提出，既然"人民很穷，吃不起小麦面包；而农民一生都在种小麦，自己却一直忍饥挨饿"，他们应该考虑以下问题：

---

[1] mithqal（米斯卡勒）是质量单位，相当于4.25克，通常用于测量贵金属和其他商品，如藏红花。

在元旦那天，他们用纯面粉烤面包。第二天，他们会在每一英担（hundredweight）面粉中放一堆苦杏仁、大麦、茴香花、锯末、苜蓿、沙土，也就是说，会加进去8米斯卡勒的土块、碎砖头和豆子。很明显，在一英担的谷物里掺进这些东西是不会被发现的。第二天掺进两堆，第三天三堆，第一百天后……没有人会注意到这些小动作，而吃小麦面包的习惯已经完全从人们的脑海中消失了。[11]

1908年政变后，《天使号角》的主编贾汉吉尔·汗·设拉子被处决，达赫霍达流亡到了瑞士，并在宪法恢复以后返回伊朗，开启了自己作为伊朗最伟大的现代词典编纂者的学术生涯。和巴哈尔一样，他更倾向于置身于政治之外，或者说是追求用语言和文学来表达伊朗的民族身份。

对世俗现代性的沉思

诗歌、讽刺文学、音乐、新闻以及后来的文学研究和词典编纂虽然在建构立宪时期伊朗民族文化方面表现突出，却无法填补立宪革命在理论基础上的显著空白。此外，很少得到关注的是政治思想：民主秩序与专制统治，公民权利、基本人权与国家权力，世俗法与至高无上的宗教法，新兴的世俗社会价值观与沙里亚法的要求等等。鉴于伊朗的伊斯兰哲学传统以及对柏拉图式和亚里士多德式思想（在某种程度上，这些思想是经古典阿拉伯语翻译而被选择性地了解的）的深厚造诣，这种理论的匮乏就更令人费解了。此外，伊朗人长期以来一直以"镜鉴"的形式为统治者提供治国理论和实践方面的建议。政治活动家经常会粗略地提及这些理论问题，他们大多是在思考马尔科姆·汗和阿卜杜勒·拉希姆·塔里波夫·大不里兹（Abd al-Rahim Talibov Tabrizi）等人的作品时发现的。然而，这些作品在立宪革命时期并没有广泛地出版传播。

对现代政治哲学的漠不关心可以归因于僵化的学术传统，这种传统自17世纪晚期以来一直盛行，特别是在伊斯法罕。在那里，毛拉·萨德拉的学生放弃了对政治哲学的追求，甚至阻碍了产生任何一种本土替代思想的可能性，尤其是那种可以遮盖他们老师思想光辉的新思想。由于害怕教法学家的责难，恺加时期和立宪革命时代的大多数哲学家即使能够做到捍卫他们自己的观点，也都战战兢兢地回避那些关于个人权利、社会宽容和社会契约的理论，也没有组织或赞助者愿意翻译和阐明这些来自欧洲的概念，并进一步使之本土化。因而，宪政主义被视为舶来品，并在这一认识基础上得到执行，而其理论内涵往往会被忽略。

甚至在关于立宪合法性的激烈辩论之前，革命领导者就急于将其定义为一个有限的概念，即只涉及政府层面、只限制统治者的权力，而实际上修订的宪法已超越了政治领域，进入了传统上由沙里亚教法所统御的社会经济领域。立宪派坚持认为，对国家机构的改革绝不应触及伊斯兰教原则和教法，他们一再声称，"立宪"与伊斯兰教义、伊斯兰精神是相伴而生的。他们认为，像谢赫·法兹洛拉·努里这样的教法学家之所以反对和攻击立宪是因为目光短浅，而宗教内部的派系斗争也是一个重要原因。

无论这种解释的诚意和必要性究竟如何，这一做法的确避免了乌莱玛以异端邪说为由的攻击，却几乎没有人认真地阐明过自由民主的理论边界。换句话说，伊斯兰教作为一种全面性的神圣秩序，其对个人、政府和社会的权利都有一定要求和限制，这一点在立宪革命时期从来没有被认真对待，也没有人努力阐明一套可行的妥协方案。当时，立宪派并不认为有任何必要进行有风险的争论，他们也不认为一方面遵从伊斯兰教这种全面性的社会秩序，而另一方面提倡世俗化的现代社会是一种自相矛盾的历史悖论。

然而，穆罕默德·侯赛因·纳伊尼（Mohammad Hosain Na'ini）是一个明显的例外。当时，他是一名住在纳杰夫的高级教法学家。1908年，当内战在他的祖国肆虐的时候，纳伊尼在他的书《塔兹赫·乌玛》（*Tanzih al-Umma*）中指出宪政与什叶派伊斯兰教义是相容的。他认为，在当时缺乏伊玛目公正和公平统治的情况下，立宪是罪恶较轻的一种罪，尽管立宪也有种种缺点，但也是替代专制统治最可行的选择。他主张在伊玛目尚未重现的现实下，国民议会的议员集体代表一个可以处理"公共事务"的机构，前提是他们要在穆智台希德的监督下行事。

值得注意的是，这一理论的出发点主要是回应努里和国民议会反对者。尽管如此，无论是纳伊尼还是其他任何人，都不愿意承认诸如穆斯林和非穆斯林的不平等、对言论自由和结社自由的限制、性别不平等、奴隶制和酷刑的存在以及对非宗教信徒的不宽容等问题，而这实际与一个宽容、多元的社会发展要求形成了鲜明的对比。没有人愿意发声反对这一事实，即伊斯兰教法对社会和国家的所有事务都具有全面的控制力。具有讽刺意味的是，1909年以后，随着伊朗世俗社会的相对发展，甚至连纳伊尼都收回了他早先的主张，并试图将他出版的作品撤下。和大多数穆智台希德一样，他退回到了传统教法学家的小团体里，同时也明确地表示君主专制是一种必要的罪恶，是教法学家对沙里亚法领域进行监督的必要补充。在本质上，这种观念是由努里所倡导的，至少他在反立宪斗争末期就是如此主张的。

在立宪革命之前以及革命期间，西方政治哲学著作的译本和改编版在伊朗出版，填补了此前立宪理论的真空，并有助于形成立宪革命的意识形态和话语体系。其中一个例子就是阿卜杜拉·拉赫曼·卡瓦科比（'Abd al-Rahman Kawakebi）翻译的《专制模式与排除异己》（*Tiba'i' al-istibdad wa masarih al-istib'ad*），该书实际是用阿拉伯语翻译了1800年出版的土耳其语译著——维托里奥·阿尔菲耶里（Vittorio Alfieri）的《僭主》（*Della tirannide*），而《僭主》这本书本身就是对孟德斯鸠的《论法的精神》（*De l'esprit des lois*）的总结和诠释。1908年，《论法的精神》被自由主义者、恺加王子阿卜杜勒–侯赛因·米尔扎（'Abd-al-Hosain Mirza）翻译成了同名波斯语译本，并在德黑兰出版发行。这本书在定义专制主义和阐明宪政主张方面发挥了重要作用。

立宪革命的遗产

也许正是在立宪理论基础不足的情况下，我们才更应该对立宪革命的政治挫折做出些许解答。尽管伊朗立宪派在城市阶层的支持下发起了一场纯粹的自由主义运动，但他们从未真正成功地界定宗教与政治领域之间的关系。欧洲列强的地缘政治诉求同样也不会允许立宪革命的自然发展和最终胜利。从一开始，立宪革命就面临着来自恺加政权及其附属的宗教保守派的反对，也面临着列强日益增长的敌意，最终这场革命折戟沉沙、戛然而止。恺加贵族的统治地位虽然被动摇了，却没有被斩草除根。国内政局的动荡、控制国家机器的大地主阶层精英分子的保守以及在治理国家的政治经验上的缺乏，都能够部分地解释革命失败的原因（图6.11）。这些敌对势力的全面反扑说明了为何伊朗和中东其他国家的现代化历程被证明是不平衡和不协调的，为何伊朗会在20世纪经历另外两场重大的政治动荡。

图6.11　恺加当局经受住了革命冲击。就在1909年7月立宪胜利后不久，新摄政王阿扎德·默克（'Azod al-Molk）同官员、王子出身的省长、大地主和一位巴赫蒂亚里部落首领在镜头前合影。王子艾因·道莱（右二）指挥了恺加军队与大不里士革命军的作战

现代摄影，伊朗，德黑兰，1910年代。伊朗现代历史研究所，照片画廊。

　　然而，正如一些人所认为的那样，把立宪革命视为彻底的失败是错误的。1914年的伊朗与1905年的伊朗有着根本的不同。在不到10年的时间里，旧秩序的两大支柱——恺加王权和穆智台希德体制——被削弱了，革命还成功地消除了社会和文化变革的重要障碍，巴列维王朝早期的现代化改革正是继承了立宪革命的遗产——中央集权制，统一的军队，财政、民事和刑法以及现代公共教育方面的改革，公路和铁路通信——所有这些改革都源于立宪时期的政策辩论，并徘徊在那个时代的革命目标和抱负中。不容否认的是巴列维王朝存在着滥用权力的情况，尤其是皇家宫廷及其附属机构，但法治、秩序和程序正当的观念仍然存在，并影响到了普通民众的日常生活。

　　伊朗民族主义思想及其历史叙事是在立宪时期形成的。"对祖国的爱"（mihan）的概念被纳入了革命的话语体系中，尤其是1909年以后，"民族的"和"民族主义的"被频繁提及，预示着民族主义成为巴列维时代的主流意识形态。大多数经历了后立宪时代的改革的政治家——包括礼萨·汗本人在内，都是由立宪革命的经历所塑造的，且备受政治挫折的痛苦折磨。的确，正是"立宪"在放弃自由主义理想的同时，全盘采用了非政治性的改革议程，才把这些人团结在了一起，给了他们一种使命感。他们的使命是通过另一条强国之路重建一个伊朗。在他们看来，这是把伊朗从帝国主义霸权、政治混乱和派系纷争中拯救出来的唯一途径，也是展现稳定、繁荣以及强大愿景的最佳战略。

　　然而，并不是所有的利益各方都认同这一进步观点。从立宪时期自由主义动荡喧嚣的经历，到巴列维时代积极但粗制滥造的独裁统治，这段历史进程实际是一条崎岖的道路，这条道路让伊朗经历了外国占领、地方叛乱、饥饿、疾病、一战期间及其此后死伤惨重等更为黑暗的日子。第一次世界大战增加了伊朗民族主义者的希望，但也给许多人留下了痛苦的回忆，他们觉得自己被剥夺了真正的立宪遗产或伊斯兰教的真正价值。他们认为自己不仅是外国势力攻伐的受害者，而且也是立宪派背叛的受害者，后来又成了礼萨·汗专制暴政的受害者。在英国占领者及特权精英的支持下掌权的礼萨·汗被视为篡位者。在未来的几十年里，这些历史记忆一直影响着许多代伊朗人，无论是世俗的，还是宗教的。对一些人来说，立宪革命的经验证明，西方国家是不会允许伊朗建立一个自由民主的政权的，而国内的政治参与者也无力维持这个政权。对另一些人来说，"立宪"的自由民主是舶来品，甚至不是想象的"真实"，而是一种"疾病"。

然而，立宪革命的记忆仍然在参与者、目击者的日记和回忆录中挥之不去，并被重新塑造成一种反抗国家暴政的历史叙述。在1940年代至1950年代，盟军占领了伊朗，随后的石油国有化运动使伊朗的政治家和观察家有机会把民族抱负和外国入侵看作立宪斗争的继续。尽管背后的代理人和参与者并不完全相同，但两者的相似之处确实惊人。穆罕默德·摩萨台（Mohammad Mosaddeq）是石油国有化的拥护者，他是前恺加精英阶层的一员，这些精英的世界观和理念在很大程度上是由立宪革命及其国民议会塑造的。

将近四分之一个世纪后，鲁霍拉·霍梅尼（Ruhollah Khomeini）"教法学家授权"（Mandate of the Jurist）下的伊斯兰政府学说，则明确拒绝了立宪革命时期的世俗自由主义，而更符合法兹洛拉·努里和"mashru'eh"支持者最初所宣扬的路线。霍梅尼试图将"教法学家监护"（Guardianship of the Jurist）的另一种观点具体化，使伊朗朝着与立宪截然不同的方向转变，却仍然让伊朗人像立宪革命时期那样，在民主、国家认同和地缘政治等问题上苦苦挣扎。

第三部分
重振伊朗

在立宪革命后的70年时间里，巴列维王朝（1921—1979）改变了伊朗的政治、社会和经济。在第一次世界大战和战后的动荡时期，依靠石油收入和强大武力，礼萨·沙赫的独裁统治帮助伊朗实现了国家集权，建立了现代行政和教育机构，吸收了前朝统治精英，培养了民族主义的意识形态，并实施了相对独立的外交政策。这一目标的实现是以牺牲民主抱负、个人自由与政治自由为代价的，而这些自由是立宪革命实践的核心诉求。西方化改革也加深了巴列维政府与日益萎缩的宗教集团之间的裂痕。

第二次世界大战结束后，人们希望社会开放，希望拥有更大的经济主权，这种希望在短暂而动荡的政党政治时代以及穆罕默德·摩萨台领导的石油国有化运动中被再次燃起。这一运动的悲惨结局对伊朗知识界产生了持久的影响，他们对外国阴谋和专制统治深感厌倦。在1953年政变后的25年时间里，穆罕默德·礼萨·沙赫·巴列维（Mohammad Reza Shah Pahlavi）趁势将他父亲礼萨·沙赫的国家现代化计划发扬光大。1960年代的土地改革和1970年代石油收入的快速增长，增强了伊朗国王的政治野心，也增强了他作为救世主的自我形象和专制统治。顺从的官僚文化和可怕的安全机构增强了他对局势稳定和统治有力的幻想。早在1960年代，在反对伊朗国王及巴列维王朝的过程中，激进的伊斯兰势力就走上了政治舞台。阿亚图拉霍梅尼对伊朗国王的批评表明这个日益西方化的国家与激进的宗教教士之间存在严重分歧。包括激进左翼在内的反对派的声音日益显著，预示着更大的危机即将到来。政治空间的萎缩体现在那个时期非凡的艺术创造力之中。随着城市化进程的加快、教育规模的不断增长、女性在公共场所的出现、经济与社会的更加繁荣以及价值观和生活方式的更加现代化，人们对失去真实性产生了新的焦虑，反而呼吁回归传统价值观。这就好像伊朗知识分子渴望替代巴列维，对国家的伟大荣耀许下承诺。

第七章

第一次世界大战与礼萨·汗的崛起（1914—1925）

1921年2月21日清晨，德黑兰人民一觉醒来便得知发生军事政变的消息。当天早些时候，新政府在这场政变中上台。新政府由一名热情的新闻工作者领导，并得到了伊朗哥萨克师准将礼萨·汗的支持。公共街道旁张贴着新政权发布的九条公报，并带有一种前所未有的权威语调。公报开头就是一句让人有不祥预感的话："我命令！"（hokm mikonam）并呼吁德黑兰人民"保持安静，服从军事命令"。公报声称军事管制已经生效；所有的新闻和出版物都被禁止，等待未来政府的许可；公众集会是非法的；酒馆、剧院、电影院和赌场被勒令关门停业；所有政府部门和通信服务都被暂停运作。"凡不遵守上述命令者，都将在军事法庭接受最严厉的审判。"公告的结尾还不忘严厉地警告。公告署名写着："哥萨克师师长、德黑兰军事指挥官礼萨·汗阁下。"[1]

43岁的礼萨·汗是一名野心勃勃的军官，他很快被公认为"铁腕人物"，能够将伊朗从危机与绝望中拯救出来。他迅速掌权，并最终于1925年建立了巴列维王朝，这既是立宪革命后国家受挫和倒退的结果，也是长达10年的外国占领和帝国主义野心所带来的结果。他之所以能够迅速巩固自己的地位，不仅在于他的精明和个人素质，还在于他所处的大环境似乎使伊朗政治生存的其他选择都走到了穷途末路。1921年，建立一个主权独立、运作正常的宪政体制的机会越来越渺茫，正如同舒斯特10年前在《波斯的窒息》一书中所预言的那样。这或许是幸运的壮举，但也是一个引人深思的历史问题，即为什么伊朗最终能够摆脱分崩离析的厄运，保持了主权国家的地位？

第一次世界大战伊始，大多数伊朗民族主义者都希望德意志帝国对列强的挑战能够使伊朗从英俄霸权中解放出来。然而，战争所造成的更多不幸使伊朗政府陷入了停滞状态，也使整个国家陷入了更为水深火热的境地。这场世界大战只是一局为了欧洲帝国的野心、骄傲和霸权而进行的权力游戏，伊朗甚至都不是这场战争的参战国。要不是邻近的奥斯曼帝国青年土耳其政权忙着站队，软弱的伊朗政府至少会保持冷静，在表面上宣布中立。虽然伊朗国内对英俄高度不满，但如果选择站在同盟国这一边，伊朗也不一定能获得多少利益。因此，伊朗加入交战双方中的任何一方，似乎都是完全不明智的。

尽管伊朗一再向交战各方——俄国、英国、奥斯曼帝国和德国——提出请求，但战争甫一开始，伊朗领土几乎就被英、俄、奥斯曼三方占领了。伊朗主权遭到了破坏，伊朗人民也直接或间接地因军事行动而被迫经历饥饿和疾病。自18世纪的内战以来，伊朗从未遭逢比1915年至1921年这段时间更为黑暗的政治时刻。战争和外国占领恰逢民族独立的希望破灭和分离主义运动的兴起。布尔什维克革命以及1919年《英波协定》（The Anglo-Persian Agreement）的签订产生了涟漪效应，进一步加剧了伊朗的动荡与困境。

早在第一次世界大战爆发之前，德意志帝国在中东地区的崛起就给伊朗民族主义者留下了深刻印象，他们认为德国是一个充满活力但相对温和的世界强国。诚然，德国的吸引力似乎已经超越了它作为外交制衡力量的角色。德意志民族主义作为国家统一的意识形态，为民族工业的发展、为创建拥有强大军事力量的高效国家提供了可能，这对伊朗人和邻国的青年土耳其党人来说，都是一个令人向往的制度模式。自1870年代以来，伊朗人一直钦佩俾斯麦通过战争和外交手段统一了德国。1903年，德国成功地与奥斯曼帝国签署了关于修建伊斯坦布尔至巴格达的铁路的协议，这在国际上被视为一个重大的战略突破。该协议使德国得以首次靠近波斯湾沿岸，而英国人一向认为这片水域对英属印度的安全至关重要。伊朗计划修筑一条横贯伊朗西部的铁路线，将德黑兰与巴格达连接起来，这一计划同样引起了俄国的警惕，俄国认为这是对其势力范围的侵犯（图7.1）。

图7.1　即使是在立宪革命时期，伊朗媒体也是如此描绘英国在面对俄国和德国进攻时的畏首畏尾以及其对亚洲国家的束缚与折磨

选自一部画集，（德黑兰，伊斯兰历1326年／公元1908年）。穆罕穆德·塔瓦库里·塔格赫提供。

在胡齐斯坦发现石油

当德国出现在伊朗人的视野中时，一名英国特许商人在伊朗西南部的胡齐斯坦省发现了石油。胡齐斯坦油田是中东地区第一个石油勘探地，在整个战争时期乃至战后，都是英国的战略要地。除了1907年的《英俄条约》外，石油的发现进一步将伊朗的国运与一战紧密地联系在了一起。在一战结束后的整个20世纪，没有任何其他资源能像石油一样，在伊朗的政治和经济发展中扮演如此重要的角色。

1900年，英国金融家威廉·诺克斯·达西（William Knox D'Arcy）在巴黎世界博览会上与伊朗海关总署负责人会面，成功地从恺加政府那里获得一项特许权，用于勘探伊朗南部一些潜在的油田，并有权在此开采和出口石油。达西作为特许权的获得者得到了令人吃惊的好处——长达60年的垄断权以及免税特权，而作为交换，他只需预付给伊朗2万英镑（约合10万美元）和价值2万英镑的股票，以及所有在特许权下注册的公司的16%净利。1901年，英国驻德黑兰公使及达西的代表主导并促成了一场成功的谈判，使得恺加国王穆扎法尔·丁·沙赫同意了该特许权。达西的代表曾为朱利叶斯·路透工作，后被亨利·德拉蒙德·沃尔夫推荐给达西。这就好像达西是在弥补先前路透和烟草专卖的种种失败。

数年的勘探毫无结果。直到1908年5月，达西的英国工程师们在巴赫蒂亚里地区胡齐斯坦省中部发现了马斯吉德苏莱曼大油田（地图7.1），这处油田蕴藏着大量的石油。不久之后，伊朗最西端的波斯湾阿巴丹（Abadan）岛建成了一条长达140英里的通往炼油厂和港口的输油管道，这使得越来越多的石油能够出口到海外。早在1909年，英国海军部就盯上了达西的特许权，同意将英波石油公司（Anglo-Persian Oil Company，简称APOC）组建为私人企业。随着时间的推移，大量来自胡齐斯坦省的石油刺激了英国政府，英国政府决定效仿德国海军，将能源的使用从煤炭转向石油，并最终为整个皇家海军舰队完成了能源升级。尽管受到保守派的强烈反对，到1914年，英国政府已经收购了英波石油公司的大部分股份，此举使英国政府完全控制了伊朗石油的勘探、开采和出口。海军部的第一任大臣温斯顿·丘吉尔（Winston Churchill）是此次收购的幕后推手，丘吉尔后来将之誉为自己职业生涯中最伟大的成就之一（图7.2）。对英波石油公司的收购是英国政府一次罕见的收购，此举使伊朗政府面对的对手不再是私人特许经营商，而是整个大英帝国。

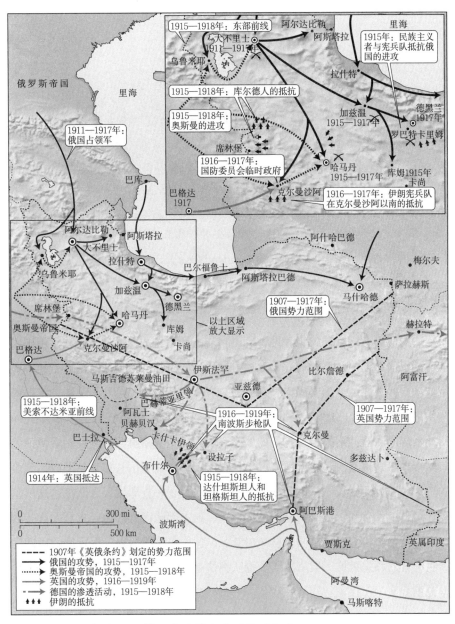

地图7.1　第一次世界大战时期的伊朗，1914—1918

图7.2　位于阿巴丹附近的英波石油公司一段正在运输的石油管线
《伦敦新闻画报》（*Illustrated London News*），1914年6月27日。

汽车的普及和所有行业对石油的更大需求，表明英国在整个战争期间以及战后对伊朗石油资源的依赖性，英国将胡齐斯坦石油作为加州石油、俄国所拥有的巴库石油以及在缅甸和其他地方勘探出的石油的替代品。随后，胡齐斯坦以及该地石油设施的安全成为英国主要的利益关切，英国不仅要关注自身与伊朗中央政府的关系，还要关注与巴赫蒂亚里部落汗及巴努·卡布（Banu Ka'b）部落联盟的阿拉伯酋长们的关系，因为这些部落首领实际控制着伊朗港口城市穆罕默拉港及其附近地区。早在1907年，时任英国驻布什尔港政治代表的珀西·考克斯少校（Major Percy Cox）就安排了一支印度兵分队抵达这里，以保障石油设备和管道的安全。到1916年，这支部队已升级为一支全副武装的军事力量，被称作南波斯步枪队（SPR），驻扎在阿巴斯港。尽管遭到伊朗民族主义者的顽强抵抗，但南波斯步枪队很快就控制了英国在伊朗南部的整个势力范围。

国防委员会

早在1914年10月，伊朗西北部和南部省份就成了交战双方的战场（地图7.1）。而就在不久前，欧洲前线打响了战争的第一枪，更具讽刺意味的是，伊朗也在不久前宣布中立。由于没有强大的部队，伊朗人民不得不面对俄国人和奥斯曼人沿着东部边境不断发动的进攻，他们在阿塞拜疆、克尔曼沙阿和哈马丹等省份反复拉锯。1914年冬季至1917年春季，这些省份的部分地区在俄国和奥斯曼土耳其军队之间至少历经了8次易手，平民百姓为此付出了巨大的生命和经济代价。

奥斯曼土耳其和俄国对伊朗城市及农村居民无恶不作，他们抢劫房屋、强奸妇女、绑架儿童、烧毁田地、劫掠粮食。青年土耳其党人在奥斯曼安纳托利亚的行动迫使150万亚美尼亚人离开了他们世代居住的家园，这是一场惨绝人寰的大规模种族灭绝运动。成千上万的难民逃离了奥斯曼军队及其盟友库尔德非正规军的魔掌，越过边境，进入了附近的伊朗城镇和村庄。大不里士和哈马丹备受侵略的残害，造成了斑疹伤寒（typhus）的流行以及饥荒的暴发。1915年至1917年间，英国在美索不达米亚前线挺进，并切断了连接波斯湾至伊朗中心市场的西部补给线，这条补给线途经巴士拉、巴格达、克尔曼沙阿和哈马丹（地图7.1）。这使萧条的伊朗经济雪上加霜，并对物价造成了灾难性的冲击。

面对着交战双方的步步进逼，德黑兰政府既惶恐不安，又无可奈何。1914年12月20日，时隔两年后，第三届国民议会召开。尽管部分省份没有得到充分的议员名额，但议会秩序的存续仍然给陷入困境中的伊朗民族主义者带来了短暂的慰藉。民主派和温和派的新面孔出现在了这一届的议会上。温和派中最引人注目的是哈桑·莫德雷斯（Hasan Modarres，约1870—1937），他以生活简朴、为人直率而著称。哈桑·莫德雷斯是一位出身于伊斯法罕的中级教士，他具有不错的演讲才能和议事技巧。民主派领袖是恺加贵族苏莱曼·米尔扎（Solayman Mirza），他是未来几年在流亡和暗杀中幸存下来的少数社会主义者之一。在塔奇扎德赫缺席的情况下（他先后逃到了伊斯坦布尔和柏林），苏莱曼·米尔扎将在战后发挥重要作用。然而，不管政治倾向如何，议会的两大政治派别很快就发现伊朗所面临的国内和国际危机已经超出了虚弱的议会和不断更迭的政府所能控制的范围。1914年至1918年间，政府发生了不下12次的倒阁行动，几乎每次都是由那些精英政治家领导，而这些人大部分是恺加贵族和立宪革命时期声名鹊起的人物。在英俄代表厚颜无耻的强势干预下，议会在这些内阁的去留问题上只能发挥有限的作用。

到1915年，1907年《英俄条约》所划定的势力范围已不再限于北部和南部省份（地图7.1）。这两个大国都心照不宣地将把伊朗当成彼此公平博弈的棋局，他们仍然尊重公认的势力范围，而同样重要的是，他们要不惜一切代价阻止德国和奥斯曼帝国在这两大势力范围内的活动。1915年11月，俄国人占领了加兹温，打算向德黑兰进军，不久，一支先头部队就到达了首都以西仅30英里的卡拉季（Karaj）。俄国借口在首都发动亲德"政变"前先发制人，而这场政变导致了第三届国民议会的覆灭。

伊朗民族主义者同情德意志帝国，就像他们同情青年土耳其党人和他们的泛伊斯兰主义主张一样。在对青年土耳其党人的傲慢行为彻底失望，或对他们在伊朗阿塞拜疆领土问题上的泛突厥主义（偶尔是"泛图兰主义"）野心感到愤怒之前，伊朗民族主义者曾经把与德–土轴心合作视为对抗英俄占领的可行手段。然而，伊朗与奥斯曼帝国之间的联系一直阻碍着德国对其的渗透，而伊朗人也从未真正对泛伊斯兰主义产生兴趣。在德国驻德黑兰公使及其工作人员积极主动的支持下，民族主义集团的成员——主要是民主主义者组成的政治家联盟、1909年内战结束后的退伍军人以及一些知识分子和记者——组建了国防委员会，并开始向库姆撤退。他们得到了早年立宪派战士和部分由瑞典军官领导的宪兵部队的帮助，尽管这些帮助只是杯水车薪。

面对俄军的步步进逼，国防委员会打算将首都迁往伊斯法罕，并希望说服刚上台的15岁国王艾哈迈德·沙赫（Ahmad Shah）加入他们的行列。由于德国驻外军官坎尼茨伯爵（Count Kanitz）发动了一场未遂的政变，还没等首相哈桑·穆斯塔菲·玛玛雷克（Hasan Mostowfi al-Mamalek，纳赛尔时期的优素福·穆斯塔菲·玛玛雷克之子）领导的政府班子搬到库姆，年轻的国王就在英俄代表的压力下，在临行前最后一刻放弃了这个想法。两大强国含糊其词地向他保证，他的首都不会被侵占，他将在恺加王座上继续统治伊朗。随着国防委员会支持者——所谓的"迁士"离开了伊朗西部，伊朗首都深陷于英俄势力的笼罩之下，他们变本加厉地提出更为严苛的条件（地图7.1）。

1916年夏天，在库姆和哈马丹附近与俄国军队进行短暂交战后，伊朗脆弱的抵抗力量被击溃了，被迫向西撤退到了克尔曼沙阿，并朝着更远的奥斯曼边界地带撤退，青年土耳其党人在附近的库特（Kut）战胜了英国军队[1]。在奥斯曼土耳其的庇护以及受指派帮助伊朗民族主义者的德国特工的支持下，国防委员会成立了临时流亡政府。临时政府一直维持着风雨飘摇的状态，直至1917年冬，俄国发动了新一轮的攻势，将奥斯曼土耳其人连同大多数"迁士"一起赶出了伊朗。临时政府的目标是通过一个由城市和部落支持者组成的网络，发起一场抵抗运动。与此同时，伊朗签署了一项协议，协议要求伊朗支持同盟国以换取来自德国和土耳其的援助，以消灭在伊朗盘踞的协约国军队，恢复德黑兰的民族主义政府。然而，1916年4月俄国在克尔曼沙阿击败了奥斯曼帝国，走投无路的"迁士"被迫逃离至更远的安纳托利亚、库尔德斯坦和伊拉克南部地区，在那里，等待着他们的是希望越来越渺茫的未来。弹尽粮绝、苦苦挣扎的抵抗运动很快就宣告失败了，其中一些人回到了伊朗，而另一些人则继续在伊拉克和叙利亚游荡，并前往伊斯坦布尔等地流亡。

临时政府的成立源于德意志帝国试图在伊朗建立一个由民族主义者和部落势力组成的反协约国的联盟。到1915年年中，德国特工利用伊朗对协约国的怨恨，成功地渗透到了伊朗的南部和中部省份。在哈马丹、伊斯法罕、设拉

---

[1] 发生于1915年12月至1916年4月。库特在巴格达以南160公里。当时，英军受到了奥斯曼军队的围困，在死伤惨重、粮食短缺以及外援无望的情况下被迫投降，一万多名英军成了战俘。

子、亚兹德和克尔曼，不知疲倦的德国间谍和特工们依靠宣传、鼓动、提供枪支和经济悬赏，组建了一个抵抗网络，这一网络从克尔曼沙阿的库尔德部落一直延伸到法尔斯省的卡什卡伊和坦格斯坦，再向南延伸到胡齐斯坦南部的巴努·卡布阿拉伯部落（见地图7.1）。

其中最著名的间谍就是威廉·瓦斯姆斯（Wilhelm Wassmuss），活跃于法尔斯省。他与德国东方情报局（German Intelligence Bureau of the Orient）协作，负责在东方的秘密行动；他还与其他德国官员一起，煽动法尔斯省的卡什卡伊人和该省南部小部落向英国及其盟友哈姆塞部落发动持续的攻势。冯·卡德洛夫（Von Kardroff）依附于巴赫蒂亚里部落，受到了部落首领萨达尔·阿萨德颇具影响力的妹妹毕比·玛丽亚姆（Bibi Maryam）的保护，并促成巴赫蒂亚里部落短暂地接受了亲德协定。在情报局长鲁道夫·纳道尔尼（Rudolf Nadolny）的推动下，克尔曼沙阿的桑贾比人（Sanjabis）和其他库尔德人组建了一支高效的部队。尽管德国高级间谍奥斯卡·冯·尼德迈尔（Oskar von Niedermayer）本人经常活跃于阿富汗，但事实证明，伊朗为德国的战争野心提供了更肥沃的土壤。

德国间谍代表着一种更为现代的秘密情报行动，依靠的是奉献精神、对地形的了解、军事上的远见卓识以及对巨额金钱回报的向往。为了便于在伊朗西部发动战争，德国财政部甚至发行了与德国马克等值的波斯克兰（qeran）钞票。在伊朗发动的这场代理人战争依赖于德国现代化的军事装备，而此举对于枪支弹药在伊朗农村的扩散至关重要。德国人用大量黄金换取部落的忠诚，但这只在一定程度上起到了作用（图7.3）。

图7.3　为了推进1916年和1917年的战争进程，德国财政部发行了图曼和马克并行的纸币，包括这张25克兰（10马克）的纸币，流通于德国控制的伊朗西部和中部地区

http://en.wikipedia.org/wiki/Persian_Campaign#/media/File:IRA-M2–German_Treasury-25_Kran_ on_10_Mark_%281916–1917%29.jpg.

在伊朗、阿富汗和波斯湾地区的战争行动给德国特工们带来了一种英雄主义的光环，这与他们向部落汗寻求合作时所做出的无法兑现的金钱承诺相矛盾。当时有许多亲德的知识分子及诗人——包括穆罕默德·塔奇·巴哈尔，创作了通俗的诗歌来支持德国以及伊德合作关系，他们甚至雇用流浪的德尔维希在伊斯法罕等地的清真寺、巴扎背诵这些诗歌。来自白沙瓦的隐居学者、诗人赛义德·艾哈迈德·阿迪布·皮沙瓦里（Sayyed Ahmad Adib Pishavari）对英国殖民主义不满已久，他借鉴《列王纪》的风格创作了《恺撒之书》（*The Book of Kaiser*）[1]，这是一首大约有5000行诗的史诗著作，用以歌颂德意志帝国的皇帝。然而，到1918年，德国战胜协约国的希望破灭了，结束英俄对伊朗的控制的希望也随之破灭。两次世界大战之间的这段时期，德国与伊朗的文化共生关系通过考古发掘以及对共同的雅利安人起源的语言学研究得到强化，这

---

[1]　"Kaiser"是德语，意为皇帝。

对伊朗人的文化想象产生了强大影响。

短命的临时流亡政府勉强支撑到了1917年，这暴露了自立宪革命以来民族抵抗运动的所有缺陷。临时政府的成立充分暴露了民主派领导层与温和派对手之间的派系斗争、老一代政治家与年轻煽动者之间的代沟、时而显露的贪念和摇摆不定的态度。这段插曲也激起了像巴哈尔、阿雷夫和米尔扎德赫·伊斯齐希（Mirzadeh Eshqhi）这样的著名民族诗人对这个国家的困境发出浪漫的呼声。来自西部边境克尔曼沙阿省桑贾比部落的首领与"迁士"密切合作，他们也为自己的选择付出了沉重的代价。1918年，正在美索不达米亚前线的英国军队在战争结束后对桑贾比部落发起了猛烈的进攻。面对欧洲强大的火力，游牧战争的古老战术被证明是不堪一击的（地图7.1）。

抵抗南波斯步枪队

在法尔斯省，德国人与卡什卡伊部落、与南边温暖地带的波斯湾部落结成了联盟，其中包括布什尔北部的坦格斯坦人，以及来自达什坦斯坦地区的游击队。在与英印联军的冲突中，坦格斯坦部落首领赖斯–阿里·德尔瓦里（Rais-'Ali Delvari）在抵抗中牺牲，他的阵地也遭到了英军战舰的狂轰滥炸。德国的渗透，以及可以预见的伊朗西部、南部地区城市和部落的联合武装抵抗，是英国当局早在1915年就采取类似反制措施的正当借口。1916年3月，陆军准将珀西·赛克斯和他的英国军官、印度军官抵达了这里，一起组建了南波斯步枪队，并占领了南部的油田。这支军队曾与伊朗南部宪兵队交火，但最终取代了宪兵队，获得了该地的控制权（地图7.1）。

1911年，摩根·舒斯特曾在瑞典军官的指导下首次创立伊朗宪兵部队，宪兵队后来成为国家在农村地区的一支有效的武装力量，取代了此前的恺加乡村警察。战争爆发时，一些伊朗宪兵军官公开同情民族主义者在"迁士"期间的事业，并在克尔曼沙阿与俄国人作战。他们的瑞典同僚，虽然最初受到英国军官的监督，但也被吸引到了德国的一边，公开同情坦格斯坦和达什坦斯坦的部落游击队，就如同他们在北方对待卢尔人和库尔德战士那样。宪兵队不仅是南波斯步枪队的反制力量，也是俄国领导的哥萨克师的对手，哥萨克师直到1917年都与俄帝国保持着紧密的联系。

部分依赖于当地的新募兵，这支由11 000人构成的南波斯步枪队在英国军官及印度士官的领导下活跃于整个地区，从与英属印度接壤的俾路支斯坦，一直延伸到克尔曼、法尔斯、胡齐斯坦和巴赫蒂亚里等地，在西南方与英军在巴士拉和美索不达米亚的前线连成了一线。控制波斯湾海岸和伊朗内部是一项艰巨的任务，即使对赛克斯来说也是如此。这位资深外交官、研究伊朗的历史专家和经验丰富的殖民官员，曾在伊朗境内旅行，并写了许多文章。在他就任新职时，已经出版了两卷本的《波斯史》（*History of Persia*），这是相关英语著作中内容最丰富的一本。这本书的出现比约翰·马尔科姆的《波斯史》晚了近一个世纪，而可以想象的是，该书是从英国殖民主义视角来审视伊朗历史的。

到战争结束时，南波斯步枪队的命运已经成为英国和伊朗之间本就紧张的关系中的另一个复杂问题。为了回应德黑兰的一再反对，英国当局早些时候已经默许将部队指挥权移交给伊朗，以此作为更全面执行1919年《英波协定》的条件。确切地说，这一移交实质上是建立了一支受英国监督的国家军队。1921年的政变和礼萨·汗的崛起使英国当局放弃了南波斯步枪队，转而支持一个拥有国家军队的中央集权国家。

布尔什维克革命的冲击

1917年中期，英俄军队及其代理人对伊朗西部、中部和南部脆弱的抵抗力量进行沉重的打击，甚至可以说是致命的。德国为这些持续的起义提供实质援助的能力也日益减弱。奥斯曼帝国在美索不达米亚前线的最终失败以及1917年1月英国对巴格达的占领，粉碎了民族主义者收复伊朗西部前线失地的希望。对许多人来说，他们的国家似乎永远无法从政治混乱和外国干预中恢复过来了。

当时，德国及其盟友奥斯曼土耳其盟友正迅速失去他们的战略成果以及信誉。然而，1917年10月的布尔什维克革命重新点燃了伊朗的希望。除了第一次世界大战本身，也许没有任何其他国际事件会对伊朗20世纪早期的历史产生如此持久的影响。控制着伊朗近三分之二领土的俄国的崩溃，让伊朗既惊恐又兴奋。随着苏维埃红军向高加索和伊朗边境的逼近，精英阶层对布尔什维克政权及其共产主义意识形态的恐惧加剧。正如1918年初的情况所显示的那样，俄罗斯帝国的崩溃不仅预示着俄国占领的结束，也预示着长达一个多世纪的霸权野心的终结。伊朗得以逃脱看似注定的分裂——北部被俄国吞并，南部被英国吞并。不得不说，这简直是一个奇迹。

早在1917年12月，脆弱的布尔什维克政权就在寻找地区盟友，他们谴责1907年的《英俄条约》是西方帝国主义的阴谋，并向全世界呼吁，伊朗应当自己决定自己的命运。1919年6月，莫斯科不仅废除了所有伊朗向俄国的贷款承诺，还废除了沙皇政权于1828年签订的《土库曼恰伊条约》中的所有公共和私人特权。此外，还把里海波斯一侧大部分的俄国港口设施以及朱利法铁路伊朗境内段移交给了伊朗，并让伊朗控制了俄国抵押贷款银行。尽管面临着英国的阻挠，到了1921年，伊朗外交官通过娴熟的谈判与苏俄缔结了《苏伊友好条约》（*Soviet-Iranian Treaty of Friendship*），最终废除了这些特权。

尽管存在这些友好信号，但对许多伊朗民族主义者而言，共产主义意识形态并不具有绝对的吸引力。许多信奉本土社会主义的民主派人士钦佩布尔什维克革命和新苏联模式，但并非盲目崇拜。例如，设拉子的民主党人装备精良、士气高昂，他们欢迎俄国革命，认为这是一项拯救无数生命的壮举，可能会瓦解南波斯步枪队对伊朗南部的控制（图7.4）。而德黑兰的保守派政治家们大多习惯于英俄之间的对抗，甚至屈从于英国以及英国对布尔什维克的敌意。然而，1918年，伊朗首相萨萨姆·萨尔塔内赫利用苏俄新政权的友好姿态，单方面谴责了1907年的条约，取消了外国势力在伊朗的所有特权，这让英国大为恼火。

图7.4　1917年在设拉子支持民主派的地方民兵。法尔斯省是亲德势力抵抗英军占领的根据地

M. 萨内，《创世纪的设拉子摄影》，第112页。

德黑兰因走马灯式的政府更迭，一直没能与布尔什维克政权进行接触。尽管布尔什维克代表在首都受到了冷淡的接待，但此后不久，伊朗政坛的大多数人开始感受到了苏维埃的意识形态和军事存在。早在1919年底，布尔什维克游击队就在里海港口安扎利登陆，此举显然是为了夺回俄国舰队，并将保皇派的反革命白军从伊朗北部驱逐出去。他们向南推进到了加兹温附近，然后被伊朗正规军和哥萨克旅击退。

在这个关键时刻，在英国指挥下新成立的北波斯部队（Norperforce）前来拯救白军（地图7.2）。而1917年底，也就是俄国从第一次世界大战中撤军后不久，英国的北波斯部队就占领了哈马丹、克尔曼沙阿和加兹温，巩固了其在伊朗北部的优势，并向里海海岸进发，在那里与白军分遣队会合。悄无声息地对伊朗北部乃至呼罗珊北部实现占领，这超出了英国传统的利益范围，虽是一项巨大的收获，但也是一项巨大的负担。事实证明，英国此举对伊朗未来的政治走向产生了重要的影响。

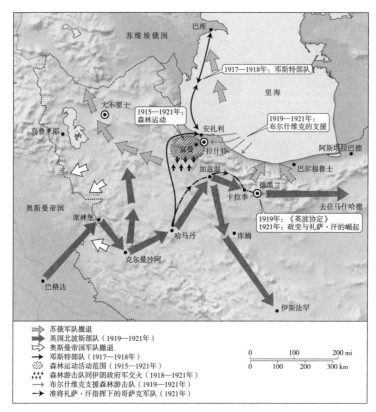

地图7.2 第一次世界大战后的伊朗，1918—1921

1920年春，苏维埃红军取代了高加索布尔什维克游击队，此举目的不仅在于歼灭巴库和第比利斯的白军分遣队及高加索当地民族主义者的残余，同时也是为了援助伊朗民族主义者在吉兰省的"森林起义"（Jangal Movement）（图7.2）。苏俄革命者——如军事委员会委员里昂·托洛茨基（Leon Trotsky）——派军登陆伊朗的主要目的是恐吓英国人，破坏他们对白军的支持。苏俄革命者认为伊朗爆发布尔什维克式革命的时机尚未成熟，而另一些人——主要是来自高加索地区的共产主义者——则坚定地认为，应当通过秘密或公开援助当地民族主义运动的方式，来输出布尔什维克革命。

就如同邻国土耳其一样，第一次世界大战一结束，伊朗的政治前景就变得更加暗淡了，而布尔什维克对伊朗民族主义者的吸引力也就会越大。巴黎和会的即将召开以及伍德罗·威尔逊总统提出的民族自决原则给伊朗带来了希望，但在1918年，希望破灭了。当时，英国军队几乎占领了整个国家，而"森林起义"已经四分五裂。比起当年俄国占领伊朗大部分领土时的状况，此时伊朗的处境更为糟糕。软弱的中央政府还在尽其所能地维持自己的统治，民族主义者的幻想则进一步破灭，武装也被解除。而更为积极的一面是，布尔什维克军队入侵北方为伊朗加入国际联盟提供了理由。不久之后的1920年3月，为了对抗英国日益增长的影响力，伊朗政府决定向布尔什维克伸出橄榄枝。

《英波协定》

1919年的《英波协定》（*The Anglo-Persian Agreement*）清楚地表明，伊朗即将沦为英国的半保护国。这与一个多世纪以来被界定为地缘政治的缓冲国形成了鲜明对比。这项有争议的协议是两个人的主意，他们关于英帝国在该地区的宏伟蓝图也在不断变化：时任英国代理外交大臣、长期观察伊朗事务的乔治·寇松以及时任英国驻德黑兰特使的珀西·考克斯。后来的事实证明，考克斯是现代中东最具影响力的政策制定者之一。在职业生涯的早期，寇松曾作为《泰晤士报》特派记者于1891年访问了伊朗，并出版了多卷本《波斯和波斯问题》（*Persia and the Persian Question*）——他对伊朗一切事物的叙述，都带有明显的帝国主义色彩。他认为伊朗在英国仁慈庇护下的物质发展是确保英国长期利益的关键。考克斯在印度殖民地接受过教育，他和他的上司都认为这项协议将在金融和军事合作的幌子下，在不公开的情况下，给予伊朗以英国保护国的地位。

从表面上来看，1919年的协议的确承诺了两个主权国家之间的良性合作。英国同意向伊朗提供财政、技术和军事援助，以换取伊朗在国防和外国顾问等事务上对英国的完全依赖。《英波协定》的序言重申了两国之间的"友谊关系"，强调要促进波斯的"进步与繁荣"，而第一条则"以最明确的方式"重申"波斯的独立和完整"。其他条款规定任命英国人为伊朗政府财政和军事顾问，费用将由伊朗承担；英国承诺为伊朗军事和经济的发展提供长期贷款，而伊朗则以政府财政收入和海关关税为担保。《英波协定》还认可了贸易增长和铁路发展的迫切性。一份补充贷款协议规定贷款的金额为200万英镑（约合958万美元），利率为7%，并将其附加在此前一笔应付贷款里，一同还本付息。[2]

然而，在陈词滥调的外交表象之下，隐藏着一个阴谋。英国签订1919年协议的动机，主要源于寇松希望建立一个强制性的保护国链条，以确保帝国整个陆上的安全联系。长期以来他一直认为，只有通过对伊朗经济的积极渗透，控制其政府机构并重新建立军队，英国才能得到一个安全稳定的伊朗。这种战略安排不仅是为了树立一道抵御布尔什维克主义的屏障，也是为了将伊朗纳入"大不列颠治世"[1]（pax britannica）中，它涵盖了从印度、波斯湾至伊拉克、巴勒斯坦、埃及的广大区域，而伊朗则是区域中至关重要但稍显薄弱的一环。寇松制定的宏大战略吸引了志同道合的政治家，比如温斯顿·丘吉尔。1919年，时任英国战争大臣的丘吉尔强调了伊朗油田安全对英国战后霸权地位的重要性。

在伊朗政治家——尤其是首相哈桑·沃索克·道莱（Hasan Vosuq al-Dowleh）及其阁员——的眼中，该协议能够将伊朗从国内的混乱局面和布尔什维克的威胁中拯救出来。此外，该协议为伊朗提供了急需的资金和专门技术。到1920年代，伊朗政治家——例如哈桑·沃索克·道莱——似乎认为，随着俄罗斯帝国的崩溃，伊朗作为缓冲国的战略地位已经终结，伊朗的主权和领土完整只有通过大英帝国的支持才能得到保证，因为英国是战争的赢家，是中东的新主人。在考克斯和沃索克·道莱的信件往来中，英国向伊朗保证，将在巴黎和会上支持伊朗索要战争赔款，并且支持伊朗对《英波协定》进行重新谈判。

然而，在这个看似温和的协议条款背后，大多数伊朗人都意识到了英国霸权的幽灵。考克斯曾向沃索克·道莱和他的两名主要部长支付了大笔金钱，以促成协议的批准，而沃索克·道莱政府在1920年6月垮台。德黑兰政坛充斥着谣言，政界人士纷纷对这项协议表达反对，而民族主义媒体也几乎无一例外

---

[1] 指19世纪至20世纪初的整整一个世纪，这一时期是英国全球性霸权控制下的和平时期。一般认为，不列颠治世始于1815年滑铁卢战役，结束于第二次世界大战后，尤其是1956年的苏伊士运河危机，彻底宣告不列颠治世的终结。

地将其描述为对伊朗主权的出卖。尽管沃索克·道莱努力让《英波协定》成为伊朗在当前情形下能够负担的最好的协议，但没有成功。沃索克是一位有才干、有修养、学识渊博的政治家，曾担任第一届国民议会的议长，他希望能够利用这项协议，为伊朗带来政治稳定和经济改革。

在民族主义者的圈子里，沃索克·道莱及其外交部长费鲁兹·米尔扎·诺斯拉特·道莱（Firuz Mirza Nosrat al-Dawleh）被不公正地贴上了"背叛伊朗事业"的标签。据当时新兴的新闻媒体报道，几乎所有人都反对这项协议。而事实上，这项协议尚未得到被中断的国民议会的批准。这些新闻媒体敢于发出自己的声音，尽管常常显得天真且多愁善感。经过长达10年的民族斗争，遵从1919年协议的恺加贵族及其官僚精英在城市知识分子眼中已是名誉扫地。

国际社会谴责英国妄图把伊朗当成又一个附庸国，并将其吞食，这进一步鼓励了伊朗公众舆论里的反对声浪。伍德罗·威尔逊政府尤其对英国在巴黎和平会议上使用的虚伪手段感到愤怒，认为这些手段旨在阻止伊朗表达自己的不满，尽管美国很可能在早些时候已经默许了该协议。埃及的华夫脱党[1]（Wafd Party）出席了巴黎和会，这凸显了埃及争取独立的民族主义斗争，而与之形成鲜明对比的是伊朗代表团的诉求甚至被禁止摆到谈判桌上——他们仅仅是要求承认伊朗被外国占领的事实（更不用说赔偿），承认伊朗在战争期间遭受了巨大的经济和人员损失。

英国代表团推翻了美国代表团的意见。英方认为，伊朗不是战争的参战方，因此伊朗的情况不能在会议上讨论，战后的解决方案中也因此不会有伊朗的一席之地。寇松以非正式的方式向美国和法国代表团保证英国将尊重伊朗的主权，并将帮助伊朗纠正此前所受的不公平待遇。鉴于英国将成为巴勒斯坦和伊拉克的委任统治国，而这两项任务都将由珀西·考克斯负责执行，英国对伊朗的保证似乎非常可疑。因此，1919年的《英波协定》被威尔逊政府视为一道为英国殖民扩张打开的后门。法国人也有自己的图谋，他们显然也对

---

[1] 一战晚期后至1930年代埃及最具影响力的政党，致力于推动埃及国家独立和废除君主独裁。在巴黎和会上，以柴鲁尔为首的代表团提出了民族独立的要求。因"代表团"在阿拉伯语中被称为"wafd"，故该政党被称为华夫脱党。

1919年的协议不满，原因在于1916年签署的《赛克斯-皮科协定》（Sykes-Picot agreement）让巴勒斯坦脱离了法属叙利亚托管地，而处于英国的控制之下。

尽管这些因素并没有阻止协议拥护者试图执行其中的一些条款，但国内和国际的舆论喧嚣仍给《英波协定》的批准蒙上了一层阴影。沃索克·道莱政府开始雇用英国文职顾问和军事顾问，这些人实际上负责管理政府各部，改革国家财政，并试图实现一项夙愿，即统一伊朗军队。在英国的财政支持下，伊朗政府取得了一些成功，基本上恢复了战争期间的货币支付，尤其是平息了各省的骚乱。持续不断的"森林起义"受到了伊朗正规军、哥萨克师和宪兵团联合行动的沉重打击。自一战结束以来，这些军队得到了英国军方的后勤支持。在卡尚，极具破坏性的劫匪纳布·侯赛因（Na 'eb Hosain）也被抓获，并被处以绞刑。此人是一名强盗，他的袭击使整个地区陷入了恐慌。纳布·侯赛因被处决后，他手下的大部分盗匪也作鸟兽散。

然而，布尔什维克向德黑兰推进的可能性，无论有多么遥远，却从未消散。伊朗民族主义者和年轻的艾哈迈德·沙赫也从未相信英国人的诚意。1919年9月，正值艾哈迈德·沙赫在对英国进行正式访问期间，沙赫对协议的达成表现出了明显的失望。作为恺加王朝末代君主，他罕见地展现了自己的勇气。然而，沙赫的叹息很可能是因为自己被排除在英国的贿赂名单之外。英国暗中付给国王的首相一笔钱，却不让国王参与其中。1920年6月，失去英国支持的沃索克·道莱政府被国王解散。在国内外的压力下，该协定获得第四届国民议会批准的机会已经越来越渺茫。1920年代早期，寇松和他在英国议会的批评者们都清楚地认识到，《英波协定》基本上已经宣告破产。在伊朗，没有人庆祝该协议的终止与死亡，即使是热衷于吵吵闹闹的民族主义媒体也不例外。大多数人都心知肚明，只要英国继续保留其在伊朗的军事力量，继续操纵政治精英，继续控制南部油田，就不可能真正放弃其在伊朗的利益。

米尔扎·库切克·汗与森林运动

如果要借一个人来描述战后伊朗非精英阶层的所有希望与绝望的话，那么这个人很有可能就是米尔扎·库切克·汗（Mirza Kuchak Khan）。同样地，如果说哪一场运动能够充分表现出后立宪革命时代伊朗悲惨的意识形态浮动和派系冲突的话，这场运动一定就是著名的"森林运动"。库切克·汗和他的森林抵抗运动将成为贯穿伊朗神话记忆与殉道者历史叙事的一部分，也将成为展现伊朗历史风貌的标志性事件。

库切克·汗出身于省城拉什特的一个小地主家庭，当他第一次听到立宪革命的消息时，就被这股革命风潮触动了。那时的库切克·汗还是当地经学院的一名学生。后来，库切克·汗随着成群结队的伊朗人来到了石油资源丰富的巴库，之后又辗转到了格鲁吉亚首都第比利斯。他和众多的移民商人、自发的革命者和流浪汉一道，在这里接触到了高加索地区阿塞拜疆人和亚美尼亚人的革命浪潮。回到伊朗以后，他于1908年至1909年内战期间加入了吉兰省立宪派。然而在德黑兰，库切克·汗目睹了富有的地方地主组成的上层阶级重新掌权，1909年的胜利所带来的喜悦很快就消失了。

1911年7月，他参与了阿斯塔拉巴德北部的戈米什·塔佩赫（Gomish Tappeh）战役，与被废黜的穆罕默德·阿里·沙赫作战。在那场战役中，他受了伤，并被俄国人俘虏。库切克·汗在被释放后心急如焚，却又身无分文，不得已回到了拉什特。在那里，由于曾参加过反俄活动，库切克·汗不得不隐姓埋名，转入地下，以躲避俄国占领军。作为一个虔诚而简朴的穆斯林，在第一次世界大战开始时，他着迷于泛伊斯兰主义思想，并与奥斯曼帝国和德国驻德黑兰大使馆取得了联系。他萌生了在家乡吉兰省的茂密森林里组织一支游击队伍的想法。

在几乎没有后勤支援、更没有当地人支持的情况下，库切克和一些志同道合的当地支持者成功地建立了一支小规模的游击队。到1914年，他们已经在拉什特附近的帕西坎村[1]及其周边地区进行了队伍整编（地图7.2）。当地农

---

[1] 即14世纪努克塔维运动创始人的出生地。——译者注

民、工匠、店主、小地主，还有记者、知识分子和前革命者都加入了他的行列。33岁的库切克·汗英俊、机智、富有魅力，但也急躁易怒，相信宿命论。他可能是20世纪第一个建立游击运动的人，该运动具有意识形态以及一个表面上的党派组织（图7.5）。

图7.5　1919年，库切克·汗（中）在安扎利会见布尔什维克特使。当时在场的有来自高加索、伊朗和德国的支持者以及库切克·汗的库尔德盟友

易卜拉欣·法赫拉伊（Ibrahim Fakhra'i），《萨达尔森林游击运动》（*Sardar-e Jangal*），（德黑兰，波斯历1376年／公元1997年），第242页。

库切克·汗身上，一方面是具有社会主义色彩的、浪漫的民族主义思想，另一方面是经过一番重新诠释、作为反帝国主义关键力量的伊斯兰主义思想，他将这两者联结在了一起。他穿得像个地道的吉兰省古莱什（Galesh）农民：圆毡帽、粗糙的皮鞋以及富曼（Fuman）地区牧羊人喜欢的厚厚的无袖毛毡夹克。留着一头未经修剪的乱发，蓄着浓密的黑胡子，库切克·汗和那些森林游击队的战士完全是刻意地在脱离那个温文尔雅的城市世界，而这支部队的大多数领袖都来自那里。他们会自豪地在镜头前摆姿势，将来复枪斜挎在胸前，并在身上绑大量弹药，这都体现了他们的爱国主义热情以及对枪支的喜爱。库切克·汗高高在上，凌驾于他的门徒之上，隐隐约约地成了这片森林荒野中的先知，他蔑视外国占领者和腐败的统治权威，试图纠正他的国家所遭受的一切恶行。他选择在森林发动游击战争，部分原因可能在于他熟悉自己的家乡，但同时也因为森林是救世运动发源地，因而具有象征意义。

1917年以前，这一小群森林游击队对俄国占领者以及与他们合作的地方当局来说，只不过是令人不胜其扰的小麻烦。他们有时伏击俄国军队、洗劫俄国军火库，有时还以保护农民不受地主压迫为借口，向当地的地主和商人勒索革命税款。尽管库切克·汗不愿成为青年土耳其党人手中的傀儡，但他还是仰赖于对方提供的武器装备、后勤补给和军事训练。他组织了一个由吉兰城镇及当地村庄的富绅显贵组成的森林地区委员会，将他的基层组织扩展到富曼森林的革命基地以外。他甚至出版了一份名为《森林报》的报纸，作为这场运动的喉舌。然而，他的吸引力仍然是有限的。

尽管有俄国人从旁协助，当局和军队剿灭森林游击队的行动也宣告失败了。当局多次派使者来谈判劝降，但收效甚微。然而，森林游击队没能在第一个目标——控制吉兰省——上取得突破，无法发起解放运动，更别说占领首都了。森林游击队与伊朗和俄国的分遣队发生了几次小规模冲突，双方互有人员伤亡，但都没有取得战略或实质上的胜利。1917年年中，森林游击运动似乎已被控制成为地方起义，运动失去了大部分外援，几乎没有机会走出丛林。

然而，布尔什维克革命以及随后俄国军队从吉兰省撤出，扭转了森林游击运动的被动局面。但事实证明，十月革命也同样加速了森林抵抗运动的瓦解。1918年，青年土耳其党人的下台导致森林游击队后勤援助的中断。而为该运动提供军事支持的土耳其军官的撤离，也促使了森林游击队意识形态的转变。库切克·汗及其追随者不再强调泛伊斯兰主义，而是强调革命社会主义。尽管如此，他们仍然努力保持对反帝国主义理想的忠诚，同时保持他们的伊斯兰认同。由于布尔什维克主义政权距离森林游击队基地只有一步之遥，这场运动向社会主义倾斜似乎是不可避免的。英军和伊朗政府军在吉兰省的军事推进，以及实施1919年《英波协定》的迫在眉睫，对这种倾斜也起到了另类的激励作用。

随着里海沿岸安东·邓尼金将军（General Anton Denikin）领导的白俄抵抗运动的瓦解，在安扎利港避难的俄国舰队落入了布尔什维克之手（地图7.2）。布尔什维克及其高加索地区的支持者宣称他们支持森林游击队，并很快地就从库切克·汗手中夺走了主动权。在红军的支持下，他们打算以森林游击运动为跳板，仿照俄国模式发动一场社会主义革命。在巴库的社会主义政党正义党（Adalat Party）的新成员中，最重要的就是伊朗人埃赫萨诺拉·汗（Ehsanollah Khan）。他是土生土长的阿塞拜疆人，曾接受过法国教育，并信仰巴哈伊教。他之前是德黑兰一个名为"惩罚委员会"（Komiteh-e Mojazat）的革命组织的活跃成员，该组织策划了多次对政府官员和保守派神职人员的暗杀。尽管库切克·汗是一个有伊斯兰情怀的民族主义者，但埃赫萨诺拉一伙人是世俗主义者，信奉马克思主义。1920年6月，依靠布尔什维克的支持，埃赫萨诺拉和他的支持者宣布成立了短暂的波斯苏维埃社会主义共和国，也就是著名的吉兰社会主义共和国，由埃赫萨诺拉担任首任主席。库切克·汗只好答应了，并被授予人民委员会主席的头衔，但这在很大程度上只是礼节性的虚衔。

1920年6月，在布尔什维克委员和一批急于在伊朗建立共产主义政权的苏俄游击队员及其他革命者的支持下，森林游击队成功地占领了拉什特。他们不仅击败了当地的宪兵分队，还将英军击退到曼吉勒（Manjil，曼吉勒位于拉什特以南45英里处，处在通往德黑兰的战略要道上）。这次袭击对拉什特的商业造成了巨大的破坏，战事摧毁了巴扎，布尔什维克士兵还大肆抢劫商品。富裕的商人和地主受到恐吓，他们的财产被没收。尽管库切克·汗气愤地离开拉什特以示抗议，但森林游击运动的社会主义派却在庆祝占领省会这一伟大的胜利，认为这是建立苏维埃式共和国的第一步。

德黑兰当局将布尔什维克称为"入侵者"（motejaserin），他们的森林游击队盟友则被宣布为国家的威胁，特别是在森林游击队击溃了伊朗哥萨克团之后，德黑兰当局特地从加兹温调集部队进行反击（地图7.2）。参加这次行动的哥萨克军官中有礼萨·汗，他后来提醒自己的军官和部队，那次耻辱的失败是他军事生涯的最低点，并将这场惨败当作1921年2月发动政变的动机之一。

此外，装备不良和饥寒交迫的哥萨克团没有得到英国皇家空军的有力支援，英军错误地轰炸了中央政府在伊朗北部森林深处的阵地。

这些进展让"森林运动"在伊朗的政治版图上被定义为另一种革命景象，与虚弱的德黑兰当局和注定失败的1919年协议形成了鲜明的对比。布尔什维克军队突破了英国在加兹温布下的防线，向德黑兰挺进的可能性引起了极大的焦虑。令人惊讶的是，尽管"森林运动"存在明显的分裂迹象，但事实证明，德黑兰政府没能利用运动内部的意识形态分歧。1920年7月，在一次内部政变的影响下，被边缘化的库切克·汗发现自己陷入了不受欢迎的僵局。退到森林里后，他无法阻止这场运动走向社会主义革命，也无法与德黑兰东山再起的民主党人结成可靠的联盟。

饥饿、流行病与经济崩溃

伊朗局势的惨淡不仅限于外国占领、政治混乱、匪盗四起、军队调动、小规模冲突和内战，更严重的是，生命和财产损失也开始困扰伊朗人民。到第一次世界大战结束时，一场大饥荒在伊朗蔓延开来，夺走了大量的生命。这主要是连续干旱导致的恶果，因为干旱会造成作物的反复歉收和农业生产周期的中断。以牺牲粮食生产为代价的经济作物的过度种植也造成了食物短缺，而有效的公路和通信网络的缺位则阻碍了向边远城镇和村庄运送救济物资。自1869年至1871年的饥荒以来，伊朗从未经历过如此惨绝人寰的大饥荒，中部省份的城镇和村庄人口甚至经历了断崖式下滑。与亚美尼亚、大叙利亚和希腊一样，伊朗的困境引起了西方各国的关注（尤其是美国），并鼓励了慈善募捐和有组织的救援行动（图7.6）。

图7.6　近东和波斯的饥荒促使美国近东救济委员会（American Committee for Relief in the Near East）设立了一个雄心勃勃的筹款目标，该组织是美国历史最悠久的非宗教救济组织

海报由W. T. 本达（W. T. Benda）设计，1918年。

饥荒造成的人口损失因该地区霍乱等流行病的暴发而进一步加剧，尤其是1918年至1919年间更为致命的西班牙流感的大流行，而军队的频繁调动助长了西班牙流感在世界范围内的致命蔓延。在欧洲和美国，流感的传播受到了预防措施的部分遏制，而在伊朗，这种被称为"欧洲流感"（zokam-e farangi）的疾病几乎没有得到预防，甚至没有得到确诊。流感造成的伤亡人数是难以统计的，仅根据伊朗的保守估计，饥荒和疾病造成的死亡人数已超过100万。对总计不超过900万人口的国家而言，无疑是一场巨大的劫难。而这个国家因在战争中没有派遣一名士兵，战后也不被允许公开表达自己的不满。

外国的占领无疑也加剧了伊朗的饥荒。苏俄和英国军队购买和没收了大量的粮食及食品，供其军队食用。农村里饥饿的人们别无选择，只能搬到城镇或城市去寻找食物。中心城市不断增长的人口不仅使微不足道的救济行动不堪重负，还加剧了流行病的传播（图7.7）。一些受人爱戴的历史学家声称，这次饥荒是由英国人蓄意而用心险恶的饥饿政策造成的，但这种说法并没有得到证实。

图7.7　1918年，法尔斯省省长阿卜杜勒·侯赛因·米尔扎·法曼法玛（Abd al-Hosain Mirza Farmanfarma）在设拉子建立了贫民救济院。这幅图中发生的饥荒是当时全国普遍饥荒的一个例证

M. 萨内，《创世纪的设拉子摄影》，第116页。

对那些幸存下来的伊朗人来说，未来已经没有什么希望。战争结束时，世界范围内的通货膨胀使进口商品价格急剧上升，而传统商品的出口量则下降了。战争增加了伊朗对欧洲市场的依赖，与此同时，伊朗主要贸易伙伴苏俄的经济状况也因为革命而完全停滞了。此外，德国的经济陷入了衰退，奥斯曼帝国的市场因第一次世界大战的失败和随后的内战陷入了萧条。英国仍然是唯一可行的合作伙伴，贸易沿着重新复苏的巴士拉—克尔曼沙阿—哈马丹路线蓬勃发展。而实际上，英国自身也已陷入恶性通货膨胀，本土和英属印度都爆发了工人罢工。外部贸易环境的恶化造成了伊朗出口的羊毛、地毯、棉花、烟草和鸦片等商品销路不畅。

伊朗农村的局势变得比18世纪以来的任何时候都更为动荡不安，这主要是由于战争期间德国和英国特工在卡什卡伊、巴赫蒂亚里、卢尔、库尔德部落以及法尔斯南部部落中散发了大量枪支弹药，这些武器也有可能是1917年后从俄国军火库中掠来的。军火走私和不断增加的部落动乱造成了双重影响：它们降低了游牧地区的生产能力，并使通过这些地区的贸易路线变得更加危险。除了部落叛乱，到第一次世界大战结束时，至少有15群土匪在较小的城市和农村肆虐。毫无疑问，战争经济确实创造了一大批投机倒把的奸商、走私犯和给占领军供应给养的商人阶层。这些商人尽管无法彻底取代大城市里的老牌商人，但逐渐开始与他们展开竞争。

整个1910年代，政治动荡和经济衰退都在削弱立宪革命时期兴起的商业资产阶级的进取精神。人们对纺织厂、制糖厂、银行等新产业项目的热情逐渐消退。到战争结束时，10年前曾在大不里士、巴库、伊斯法罕、克尔曼和德黑兰充当革命引擎的商人阶层已经失去了动力。甚至在吉兰省，拉什特和安扎利的商人第一次与库切克·汗展开合作，希望能借此维持表面上的稳定，但他们很快就被森林游击队激进分子的暴行吓坏了。森林游击队的亲布尔什维克派对该省的大地主和商人采取了敌对的态度，而他们的苏俄布尔什维克同志已经毁掉了里海对岸的商业重镇巴库——这个曾经支持伊朗立宪派的富商社区。

从更广泛的范围而言，饥饿和贫困成了伊朗的家常便饭。战争结束时的回忆录、报告和照片展示了许多衣衫褴褛的乞丐；营养不良的孩子紧紧抓住父母，试图寻找食物；眼窝凹陷的工人们虚弱地在瓦砾堆中苦苦搜寻；愤怒的妇女们聚集在政府办公楼前，抗议食品短缺、面包质量下滑和骗子横行。街头巷尾陌生人死于饥饿或疾病的情景并不罕见。而更为常见的是，饥饿的人们捕猎流浪狗和流浪猫，甚至是地下室及水坑里的老鼠。有关儿童被绑架、吃掉的传言与布尔什维克分子即将冲破德黑兰城墙的报道一样，迅速地传播开来。

　　对伊朗人来说，他们周围的整个世界似乎都在崩溃。放眼国外，他们看到了邻国奥斯曼帝国在垂死挣扎中是如何孕育出相互竞争的民族主义实体的；阿拉伯民族主义政权首先得到了欧洲列强的扶植，然后被列强以"托管"的幌子加以利用，并进一步助长了英国和法国的殖民野心，这些事实并没有被伊朗知识界完全忽视。俄罗斯帝国不复存在，德意志帝国也无法对抗来自大英帝国的令人不安的压力。英国似乎是整个巴勒斯坦、美索不达米亚和波斯湾地区的胜利者，甚至在新崛起的、瓦哈比教派统治的阿拉伯半岛中部也是如此。对与美索不达米亚南部什叶派地区有着历史渊源的伊朗人来说，当地于1920年爆发的什叶派反抗英国占领的起义引起了他们的同情，但这仅仅是因为此次起义的领导人中包括了几名激进的伊朗乌莱玛。到了1920年10月，英国人镇压了起义，对于那些与伊拉克什叶派圣地居民有密切联系的伊朗人，或那些追随纳杰夫的"效仿源泉"的伊朗人来说，这确实是一个令人沮丧的消息。1921年，国际联盟（League of Nations）强行将伊拉克划归英国委任统治，不久后，这项决定变得更为引人注目：在委任下达的转瞬之间，英国就从已瓦解的奥斯曼帝国里重组出了一个新国家——伊拉克，它是由三个不同民族、不同宗教信仰的省份拼凑出来的。相比之下，土耳其共和国从青年土耳其党军事冒险后的废墟中崛起，对邻国来说是一个成功的范例。然而，1919年巴黎和平会议瓜分奥斯曼帝国土地的消息在伊朗媒体上引发的情绪既不是怨恨，也不是乐观，更多的是坠入深渊、任人宰割的绝望（图7.8）。

图7.8 "这是一个由驴、驼、牛、豹拼凑而成的古怪国家,它在邻国心中的形象就是如此。"这幅来历不明的奇特画作似乎是对第一次世界大战后伊朗局势的讽刺评论。一位毛拉骑着一头叫伊朗的动物,一手挥舞着断人出教的棍棒,另一手拿着一本关于迷信的书,他由英国殖民者牵引,而英国的双脚分别是印度和埃及,英国的武器则是哈希姆家族统治下的伊拉克以及在伊朗的英国特工。毛拉的鼻袋是波斯帝国银行,通过政府和国民议会与毛拉的年金挂钩。锤子和镰刀威胁着这个国家的商业和政治,新闻界就像牛铃一样摇摆不定。象征国家地位、荣誉和正直的天使是伊斯兰文明的象征,如今却正在逃离。天使后脚上是阿富汗和安卡拉

伊朗现代明信片,德黑兰,约1919年。伊朗现代历史研究所,照片画廊。

礼萨·汗上校的崛起

从表面上看，伊朗免于分裂——或者免于沦为英国地区计划的附庸，似乎纯粹是靠运气。然而，一系列复杂的政治和文化因素使1921年2月政变以及随后礼萨·汗的崛起成为可能。在当时，流传着很多关于首都即将被接管以及伊朗将分裂成北方布尔什维克势力、南方英国势力的谣言。与此同时，在民族主义者圈子里，也有很多人渴望一位强势领导人的崛起，这位领导人可以为目前混沌暗淡的事态提供一种可行的替代方案。

尽管存在一个奇怪的转折，但1921年的政变的确证明了这一点。在赛义德·齐亚·丁·塔巴塔巴伊（Sayyed Zia al-Din Tabataba'i）上台掌权的过程中，礼萨·汗充当了新政权——这是伊朗当时所面临的令人不安的政治僵局的替代解决方案——的军事统帅。这个解决方案至少部分是由英国外交官和高级军官酝酿出来的，最后交由野心勃勃的伊朗政治新贵们负责实施。

机敏的英国驻德黑兰公使赫尔曼·诺曼（Herman Norman）意识到，选择与人心丧尽的恺加精英站在一起是徒劳无功的，而在战后军队陆续复员之后，他曾紧急呼吁，要求撤出驻扎在伊朗的英国军队。随着社会主义革命意愿日益高涨，民主党人重返德黑兰政治舞台，吉兰社会主义共和国的威胁又迫在眉睫，英国公使寻找另一个盟友是理所当然的。这位盟友应当是一位远离恺加精英的亲英派，既能够与伊朗更广泛的社会大众产生情感共鸣，同时又与英国人维持着恰当的距离。

赛义德·齐亚·丁·塔巴塔巴伊是一位以亲英情绪著称的激进的年轻政治活动家，也是唯一一位认为批准1919年协议会使伊朗获得无数好处的伊朗记者，并在自办报纸《雷声报》（*Ra'd*）上一以贯之地主张这一观点。与他此后在伊朗历史中被诽谤为英国代理人的形象相反，赛义德·齐亚很可能向英国驻德黑兰大使馆提出过发动政变的想法，而不是仅仅充当发动政变的催化剂。赛义德·齐亚是后立宪革命时代的产物，他曾是一名伊斯兰学校的新生，后来当了记者；他的写作风格戏剧化，言辞激烈。在宗教教育不再受重视、教士声望大幅下降的时期，他仍然坚持穿教士的服装，并成为新一代政治活动人士的缩影。

赛义德·齐亚以对老朽的德黑兰政治卫道士进行耸人听闻的攻击而闻名，据称，他曾把自己的报纸作为敲诈勒索的工具。在首相沃索克·道莱的指使下，赛义德·齐亚出面抵制了对1919年协议的批评，并对布尔什维克主义的威胁提出了警告。1919年，赛义德·齐亚被派往巴库，与反布尔什维克的民族主义政权签署了友好条约，希望伊朗与阿塞拜疆能够建立一个新的联盟。由于外交使团与首相对条款存在分歧，条约的签署被中止叫停。在沃索克政府垮台后，赛义德·齐亚与英国大使馆保持着联系。随着政治气候的变化和波斯媒体上反恺加精英宣传的激增，赛义德·齐亚成为半官方性质的铁血救国委员会（Iron Committee）主席的最佳人选。铁血救国委员会是一个准革命党，由英国大使馆资助，旨在培养民众的反布尔什维克情绪。

1920年12月，政治僵局达到了危机的临界点。哈桑·莫希尔·道莱（Hasan Moshir al-Dawleh）是一位德高望重的政治家，他推行了一项影响深远的改革计划，并领导了一个短暂的联合政府。来自吉兰省的大地主法特赫·阿里·汗·塞帕达尔·拉什提（Fath 'Ali Khan Sepahdar Rashti）并没有什么政治才能可言，在两次尝试组建内阁以后，他也放弃了。第四届国民议会是在1919年《英波协定》的巨大阴影下选出来的，这届议会甚至无法召开第一次会议，以免面临批准这一引起公愤的协议的尴尬。森林游击队的布尔什维克派对吉兰省、阿塞拜疆省和呼罗珊省的威胁日益严重，新一轮的叛乱正在酝酿之中。南部几乎被掌握在卡什卡伊人手中，而在法尔斯、伊斯法罕和洛雷斯坦的其他部族势力大多也开始蠢蠢欲动。

"立宪君主"艾哈迈德·沙赫是个胆小拖拉的人，他认为自己的立宪制是一种愤世嫉俗的不作为。英国从伊朗撤军的可能性把他给吓坏了，他对能否保住自己的王位忧心忡忡。另一方面，立宪革命时代的主要人物总是如一盘散沙，令人大失所望。一些人声名狼藉或流亡国外，其他人则退出政坛或在行动中丧生。流亡者中最杰出的是哈桑·塔奇扎德赫，他是第一届国民议会的重要成员，自1915年以来一直居住在柏林。在那里，德国政府邀请他组织一个由伊朗民族主义者、知识分子和政治积极分子组成的抵抗组织，并将他们作为间谍派回伊朗。利用这个机会，他与一群才华横溢的作家及知识分子共同创办了颇具影响力的杂志——《卡维赫》（Kaveh）。1920年，这个柏林圈子几乎走到了尽头，但塔奇扎德赫觉得德黑兰的政治前景仍然不明朗。他对战争中失败的一方有着强烈的认同感，并选择继续留在那里。

正是在这种气氛下，英国公使赫尔曼·诺曼批准了赛义德·齐亚发动政变并随后组建全国性政府的计划。他也许是尚未向英国外交部事先了解和未得到充分支持的情况下就这样做了。1920年的最后几个月，也就是第一次世界大战结束两年后，驻扎在伊朗北部的英国军队准备撤离。由于在伊拉克和巴勒斯坦的委任统治使英国财政吃紧，军队驻扎的预算在下议院遭到强烈反对。考虑到这些因素，让政变成功的任何计划都必须有一个军事上的靠山，这个军事盟友能够替代撤离的英国军队。一段时间以来，英军驻加兹温的司令部（北波斯部队总部）一直忙于寻找这样一位替代人选（地图7.2）。北波斯军队的指挥官艾德蒙德·艾伦赛德少将（Major General Edmund Ironside）、他的副指挥官亨利·史密斯中校（Lieutenant Colonel Henry Smyth）以及其他几位中层军官肩负着重组哥萨克旅的重任，他们希望最终能够将哥萨克旅并入统一的伊朗国家军队之中——这是1919年协议的目标之一。

1917年以后，哥萨克旅失去了来自俄方的道义及物质支持，变得预算不足、装备不足、士气低落，同时军队也缺乏强有力的指挥；与几年前相比，现在的哥萨克旅只剩下一个空架子。哥萨克旅在吉兰省被森林游击队及其布尔什维克盟友击败，究其原因，苏俄高级指挥官即使不是出于对布尔什维克的同情，也显然无法再有效地指挥伊朗普通士兵了，因为这些俄国军官对英国及其伊朗支持者怀有强烈的敌意。于是，寻找一位有作战经验和反布尔什维克资历的伊朗高级军官来领导这支部队，成了艾伦赛德的当务之急。

另一名伊朗哥萨克高级军官推荐的礼萨·汗上校似乎是符合这些要求的理想人选。事实证明，身材高大、肤色黝黑、肩膀宽阔、魅力非凡、目光敏锐的礼萨·汗的强势的军事风格和管理技能足以胜任这一职务。他表现出了领导才能和悟性，但也表现出了严厉和无情。15岁时，他还是一个卑微的马夫，但43岁时的他已经在哈马丹哥萨克团中担任高级军官了。可以说，正是这些品质塑造了他。

大约在1877年，礼萨·汗出身于帕拉尼（Palani）部族的一个军人家庭，他们世代居住在里海沿岸马赞德兰省萨瓦德库赫（Savadkuh）山区的一个偏远村庄阿拉什特（Alasht）。礼萨·汗的父亲和祖父都曾在恺加军队中服役。他的母亲出身于一个来自埃里温的穆斯林移民家庭。1826年至1828年俄伊战争后，俄国与伊朗之间发生了人口迁移，这个家庭就此定居在德黑兰。在礼萨还是个婴儿的时候，他的父亲就去世了，所以家里一贫如洗，无依无靠的母亲带着她的儿子去了德黑兰，和她的兄弟们住在一起，其中一个兄弟是新成立的哥萨克师的一名士兵。礼萨在六岁时失去了母亲，他的童年和青年时期充满了孤独和无助，几乎没有接受过任何教育。

关于礼萨·汗服役的最早记录可以追溯到1911年，当时他还是一名士官，在西北部与反革命的萨拉尔·道莱王子作战。1918年，现在改名为哥萨克师，当时还被称为哥萨克旅的军队击退了卡尚地区的叛乱，礼萨·汗因而被拔擢为上校。他还卷入了哥萨克师的内部纷争，参与了对一名苏俄指挥官的撤换行动，因为这名军官被控有布尔什维克倾向。正当礼萨·汗觉察到一个可以拥有权力的机会时，他便被加兹温总部的英国军官选中了。随着政治氛围的变化，英国军官控制了所有资源和晋升的机会，也控制了哥萨克师，很难想象，像礼萨·汗这样精明而有野心的军官会有什么不同的表现。

同样令人难以置信的是，如果没有英国的默许，礼萨·汗将会如何应对这场有组织的政变。尽管不能苟同当时各种纷飞的谣言，也无法认同后来认为是英国策划了政变的假设，但可靠证据表明，英国为政变的文职部门及其军事部门之间的合作做了一些架线搭桥的工作。由礼萨·汗指挥的约4000名哥萨克士兵在加兹温重新装备，并由北波斯部队的军官提供经费。他们甚至可能鼓励礼萨·汗向首都进军，以阻止布尔什维克的进逼。然而，直到行进到德黑兰附近时，礼萨·汗才认识赛义德·齐亚。即使到了这个阶段，赛义德·齐亚也不清楚政变的实际意义和后勤保障的细节。就算礼萨·汗上校真的曾与英国军官合作，或者正如事态发展所证明的那样，是由他们精心挑选出来的，礼萨·汗也绝不是英国人的宠儿，甚至从不愿屈服于他们的意志。

军事政变与控制首都

1921年2月21日，在抵达德黑兰城墙三天之后，哥萨克师不费吹灰之力地进入了首都（地图7.2）。伊朗宪兵部队的高级官员自愿参加了政变，由一名瑞典警察局长领导的德黑兰警察部队立即投降。哥萨克部队驻扎在玛诗珂广场，同日清晨，他们开始围捕恺加王朝的高官和贵族。不久，各省也进行了类似的逮捕行动。大约三个月后，到赛义德·齐亚的政府垮台之时，已经有将近500名官员被政府拘留。

逮捕和软禁是由赛义德·齐亚和礼萨·汗联合发起的，目的不光是强调政变的革命性质，可能也是与森林游击队的社会主义宣传相抗衡，或者是恐吓统治阶级的精英，甚至是敲诈这些被指控通过腐败和裙带关系积累资产的达官显贵。首都与各省的电报、电话和道路通信暂时中断，政府的主要部门也被接管。三天后，愤怒的艾哈迈德·沙赫颁布了一项任命状，任命赛义德·齐亚为首相，并且授予全权。沙赫遭到了政变组织者的种种恐吓，在精于算计的英国顾问、他自己的亲信和朝臣的劝说下屈服了。这一任命标志着一个重大的转变，因为这是第一次由恺加精英圈子以外的人担任首相，人们都期待着一个中产阶级政治人物担任首相的新时代。

此后，礼萨·汗发布了一份公报——可能是由赛义德·齐亚执笔的，这份公报授予礼萨·汗武装部队总司令的头衔。在公报中，礼萨·汗非常清楚地表明自己的野心不仅仅是领导哥萨克师。他的语气是愤怒的，他强调哥萨克部队的苦劳，强调部队那受到玷污的荣誉以及自身的堕落；他没有提及任何改革计划，而是作为一个独裁者，在初尝权力的滋味。而改革方案实际上是在2月26日赛义德·齐亚发表的一份公报中被提及的。这在某种程度上是一种宣言，旨在说明政变是从腐败无能的政治家手中拯救国家的最后手段，这些政客在过去15年来背叛了立宪革命，背叛了人民所做出的牺牲。但是这份公报却没有提到当时尚未召开的第四届国民议会。

赛义德·齐亚呼吁长期侵占国家财富的地主和贵族精英们下台。"命运召唤我，"他宣称，"要依靠忠诚的武装部队来肩负起神圣的职责，结束人民和国家的危难，并把国家和君主制从这些掠食者手中拯救出来。"公报还呼吁采取措施制止腐败和官僚主义的低效率，提高对国内收入的依赖，以改善国家安全和劳动人民的生活水平，并改革功能失调的司法体系。赛义德·齐亚还强调应当通过土地改革将国王和国家的土地分配给农民耕种，以此来实现社会的公平正义，并呼吁终结政府混乱的财政状况。他还进一步呼吁弘扬爱国主义精神和民族自豪感，并承诺为所有阶层的孩子提供现代化的学校。他还许诺将促进贸易和工业的发展，开展一场反对高通胀和敲诈勒索的运动，改善通信网络，改善城市设施，并美化首都。

在敏感的外交政策问题上，赛义德·齐亚则承诺与所有邻国和平共处，但他呼吁结束所谓的"最优惠国家"的特权。1828年就签署的《土库曼恰伊条约》向外国臣民提供了治外法权。不久之后的另一份声明中，他宣布放弃1919年的《英波协定》，尽管该协议实际上已经作废了。赛义德·齐亚对英国在过去一个世纪里对伊朗的援助表示了赞扬，也表达了伊朗人对英国的忠诚友谊，他希望能借此弥补两国之间因废除1919年协定所引起的误解。这些都是这份公报可以预见的内容。

除了一些小的变化外，赛义德·齐亚的改革计划基本上遵循了沃索克·道莱政府以及此后莫希尔·道莱政府制定的既定路线，同样也是即将到来的巴列维政府的改革蓝图。作为重要的制衡之举，新政权还宣布与新生的苏维埃政权缔结一项友好条约。尽管在1918年，伊朗是最早承认布尔什维克政权的国家之一，但双方在莫斯科正式签署条约的时间实际上是1921年2月26日，也就是德黑兰政变后五天。早在1919年，沃索克·道莱和他的继任者以及颇有远见的外交部长阿里-库里·安萨利·穆沙瓦尔·玛玛雷克（Ali-Qoli Ansari Moshaver al-Mamalek）（玛玛雷克参与了《苏伊友好条约》的谈判），就已经意识到与苏俄关系正常化的价值，即在一定程度上可以瓦解布尔什维克对森林游击队的支持。对《英波协定》的抵制进一步证明伊朗回归传统"缓冲国"立场是正确的。

《苏伊友好条约》由26项条款组成，条约有效期一直持续到了伊斯兰共和国成立之初，条约重申了苏俄放弃沙皇俄国的特权、经济利益和未偿还贷款。条约承认伊朗拥有完全意义上的主权，呼吁互不干涉内政；同时承认两国现有的边界，并呼吁通过谈判的方式解决边界争端。作为回报，条约规定了一项对苏俄的特殊让步：在伊朗受到第三方威胁的情况下，苏俄有权对伊朗进行军事干预，这实际上重申了俄方自1909年以来的既有立场。关于英国及其反布尔什维克政策，第6条规定如下：

> 如果第三国试图通过武装干涉波斯来实施侵略政策，或者第三国想利用波斯的领土来作为对俄国作战的基地……如果波斯政府不能制止这种威胁……俄国有权将军队调入波斯境内，以便针对这种挑衅展开必要的军事行动。[3]

1921年12月，莫斯科进一步澄清了军事干预的前提条件，并确认布尔什维克军队将从吉兰省撤退，这些举措说服伊朗政府最终批准了该条约。这一倡议表明，即便是在非常动荡和政局不稳的时期，伊朗方面也有一定程度的能动性。此外，条约的缔结是否也是英国支持政变的动机，这是一个有争议的问题。然而，有一点是明确的，且对伊朗的未来至关重要，那就是在1920年底——我们称为伊朗的"威尔逊时刻"——英俄两国之间开始出现新的权力平衡，伊朗得以加入国际联盟，并在外交事务上享有一段相对自主的时期。

赛义德·齐亚的批评者几乎立刻将他的政府称为"蜜月终结者"（mohallel）和"黑暗内阁"。然而，这届政府的百日任期意味着一个重大的转变，因为它是靠一位平民出身的英国代理人和一名哥萨克军官发动的政变上台的，并且走上了一条与寇松设想愿景截然不同的路线。而寇松的愿景，是将伊朗纳入英国殖民范围内。这一举动也让英国公使赫尔曼·诺曼丢掉了他的政治前途。这位经验丰富的外交官通晓阿拉伯语和土耳其语，此前曾在开罗和伊斯坦布尔任职。在巴黎和会上，他比他的上司更清楚地意识到伊朗对英国所设计的殖民计划的不满。仅仅16个月后，寇松就将他从德黑兰召回，并且拒绝与他见面。不久之后，52岁的赫尔曼·诺曼被迫退休。

身为总司令的礼萨·汗

如果赛义德·齐亚时代不是那么快就走入历史的话，礼萨·汗的时代也不会到来。他在1921年至1925年期间权势如日中天，并顺势登上了王位，建立了巴列维王朝，率领着一批新的军事精英掌握了政权。新政权拉拢了一批恺加王朝的显赫人物，并将其他政治人物边缘化，同时粉碎了森林游击运动以及其他割据自治的地方分离势力，还通过国家资助的方式开展世俗改革项目，以冷酷且高效的方式平定了农村。这些举措就像手术刀一般，切开了长期困扰伊朗政治的囊肿。一开始，这位伊朗新铁腕人物实施的政策受到了民族主义者和左派民主人士的欢迎，但一旦他的政权的专制性质变得更加露骨，这种支持就逐渐消失了。只要能得到不断壮大的专业人士、现代主义知识分子，甚至新一代毛拉的支持，礼萨·汗和他的小圈子就会毫不犹豫地迫使这些独立的政治和宗教声音保持沉默。毛拉们以保住自己的教士衣袍和头巾为条件，同意了欧洲服装的普及。这些新阶层为中产阶级奠定了基础，而中产阶级将成为伊朗巴列维王朝的中坚力量。

刚毅果敢并且精于算计的礼萨·汗——当时他的新军衔为军队总司令（Sardar Sepah）——被证明是一位学习能力极强的谋略家。他从一开始就对赛义德·齐亚不理不睬，尽管他们有时似乎身处同一阵营，但不到一年，他就巩固了对哥萨克师及其军官团（有些军官是他的上级）的控制，并将其与伊朗宪兵队、警察及伊朗正规军进行了整合。政变几个月后，当时他还在担任战争部长，就已经被普遍认为是伊朗的救世主，且受到了相应的对待。礼萨·汗会让人联想起1732年的纳迪尔·沙赫，纳迪尔曾把自己提升为萨法维王朝的摄政王。当时，艾哈迈德·沙赫仍然手握大权，还没有完全被排挤，礼萨·汗也不是政治舞台上的主宰，但是他已经为新独裁政权的崛起做好了充分的准备（图7.9）。

图7.9　1922年，艾哈迈德·沙赫与礼萨·汗的合影，礼萨·汗当时担任战争部长

现代摄影作品，德黑兰，约1922年。伊朗现代历史研究所，照片画廊。

　　赛义德·齐亚的政治落幕犹如他当初流星般的崛起一样迅速。一旦在恺加王朝精英中激起了足够多的怨恨，失去了英国人的信任以及对礼萨·汗而言的利用价值，他就只能选择流亡，并且流亡长达20年之久。伊朗的新主人很快意识到，与精挑细选出来的恺加精英和土地贵族合作，要比与一个因和英国关系密切而声名狼藉、善于煽动人心的记者合作更为有利。不久之后，礼萨·汗开始看到这种合作带来的好处，站在自己身边的人包括沃索克·道莱的弟弟艾哈迈德·卡瓦姆·萨尔塔内赫（Ahmad Qavam al-Saltaneh）、德高望重的哈桑·莫希尔·道莱和哈桑·穆斯塔菲·玛玛雷克等人，他们都是深受知识分子欢迎的保守派成员。

　　当时的局势也有助于提升礼萨·汗的地位。1921年5月，在英国北波斯部队撤退的同时，布尔什维克也脱离了森林游击运动，随后红军从吉兰省撤离。外国军事占领在一战结束三年之后的迅速撤离，反过来又制造出了一个巨大的权力真空。英国驻德黑兰公使及其他的上司都承认，英国已不再具有随意支配崛起的礼萨·汗本人意愿的军事势力，而赫尔曼·诺曼曾将礼萨·汗形容为一个"乡下"暴发户。英国的声望似乎在一夜之间遭受了重大挫折。

然而，如果没有国内严峻的挑战，礼萨·汗的统治地位是无法确立起来的。呼罗珊宪兵部队的一名高级军官——穆罕默德·塔奇·汗（Mohammad Taqi Khan）上校，人称"佩西安"（Pesian），策划了一场最终演变为全面反抗德黑兰的大叛乱。亲德的佩西安是一位浪漫主义者，在流亡的"迁士"政府时期，曾担任过克尔曼沙阿的军事指挥官，后来逃往柏林。在他返回伊朗后，出任地域广阔的呼罗珊省的军事指挥官，并协助逮捕了卡瓦姆·萨尔塔内赫，这让他得到了少数马什哈德贵族的青睐以及下级宪兵军官的忠诚。由于担心礼萨·汗的迅速崛起，他们决定抵制与哥萨克师的合并。而当卡瓦姆被任命为首相后，佩西安上校对精英政治的回归心怀不满，拒绝解除武装。1921年10月，他在与政府军的冲突中丧生，不久，呼罗珊的叛乱就土崩瓦解了。

在1921年年中，礼萨·汗和他的军队也取得了对森林游击运动的最后胜利，这场运动是对德黑兰政府最大的挑战。苏俄军队撤退后，分裂的森林游击运动迅速瓦解。即使是伟大的革命家海达尔·汗的调解也无法弥合两派之间的意识形态对立和个人分歧。流亡期间，海达尔·汗在包括德国在内的欧洲诸国度过了几年的时光。在战争年代，他组织了一个社会主义旅，与伊拉克北部的青年土耳其党人并肩作战。

布尔什维克革命鼓舞了海达尔的斗志。他与苏俄革命家关系密切，列宁也认识他，他最初被布尔什维克派往中亚与苏俄白军作战。1920年代中期，在著名的巴库大会期间，他赢得了1916年成立的、由伊朗人主导的正义党的领导权。1921年年中，在德黑兰政变后，他从巴库搬到吉兰省，并在森林游击队的敌对派系之间进行调解。来自高加索地区的埃赫萨诺拉·汗和他的战士们选择先与政府军决一死战，但当时苏俄新任命的驻德黑兰大使西奥多·罗特施泰因（Theodor Rothstein）急于与伊朗中央政府建立正常化的关系，在罗特施泰因的压力下，埃赫萨诺拉·汗及其战士们被迫与撤离的布尔什维克一起前往巴库。在埃赫萨诺拉·汗缺席的情况下，海达尔·汗看到了一个填补空白的机会，并很可能得到了罗特施泰因的支持。1921年8月，他说服库切克·汗任命他为吉兰社会主义共和国外交部长。但不久之后，库切克·汗的支持者于1921年10月暗杀了海达尔·汗，因为海达尔·汗疑似支持苏俄与德黑兰的和解。从1907年海达尔·汗作为一名社会主义革命者开始，到后来在吉兰森林游击队担任调解人，他留下了暴力激进主义以及徒劳无功的革命遗产，这些革命事迹后来也被一代又一代的伊朗左翼人士所美化。埃赫萨诺拉·汗的死同样悲惨。他的余生都在巴库度过。据报道，1937年他在巴库被捕，并在斯大林时期的一次清洗运动中被杀。

海达尔·汗的倒台预示着森林游击运动的最终失败。随着礼萨·汗亲自率军夺回了拉什特，库切克·汗退回了森林地区。当他的战争部长——一位森林游击运动库尔德分支的领导人向礼萨·汗投降，库切克·汗和他的一小群忠实追随者就躲进了里海西部哈勒哈勒（Khalkhal）地区的高山之中。1921年10月，库切克·汗和他的朋友——多年来一直对他忠心耿耿的德国下级军官——因为身份暴露而死，也许他们当时是为了接近苏俄的阿塞拜疆地区。

森林运动的失败，标志着伊朗带有反帝国主义性质的社会主义革命运动暂时告一段落。植根于立宪革命的森林运动在一战结束后蓬勃发展，却输给了一个中央集权的国家，后者依赖于一支旨在施行国家世俗化建设的强大军队。1922年1月，另一名宪兵部队的军官，同时也是社会主义革命家、诗人阿博勒–卡赛姆·拉胡提（Abol-Qasem Lahuti）发动叛乱，并短暂占领了大不里士，但他很快就被包围，被迫投奔苏俄。伊朗阿塞拜疆的分离主义倾向助长了拉胡提发动叛乱的意图。而在两年之前，另一位有社会主义倾向的阿塞拜疆民族主义者、教士穆罕默德·希亚巴尼（Mohammad Khiabani）曾领导过一场城市动乱。这场动乱最终被总督马赫迪–库里·汗·赫达亚特·萨尔塔内赫（Mahdi-Qoli Khan Hedayat Mokhber al-Saltaneh）镇压。希亚巴尼本人的死因最终成谜。

阿塞拜疆一直奉行以伊朗为核心认同的民族主义，并在整个立宪革命时期充当着立宪革命的引擎，但与之相反，希亚巴尼和拉胡提的起义都指向了一种日渐明显的民族间的怨恨，这种怨恨将在第二次世界大战后阿塞拜疆分裂主义危机期间的那代人身上显现出来。毫无疑问，阿塞拜疆具有鲜明的民族语言认同，而由德黑兰当局推动的以波斯人为核心的伊朗民族主义认同在阿塞拜疆人或其他使用突厥语的人群中并不受欢迎，这些人大约占伊朗总人口的四分之一。然而，我们不能忽视意识形态的作用，它先是将民族主义情绪与青年土耳其党统治时代的泛突厥主义联系在了一起，后来又在布尔什维克的宣传下与阿塞拜疆苏维埃社会主义共和国联系在了一起。

礼萨·汗的军队不仅平息了森林运动，消灭了蕴含其中的民族主义和理想化的伊斯兰主义，而且几乎消灭了所有部落抵抗中央集权国家的源头（地图7.3）。1921年至1931年间，伊朗西北部的库尔德人、洛雷斯坦省的博耶尔·艾哈迈德（Boyer Ahmad）部落以及马马萨尼（Mamasani）部落、阿塞拜疆省的沙赫赛文部落、法尔斯省的卡什卡伊部落和伊斯法罕省的巴赫蒂亚里部落不断遭到政府军的镇压。由礼萨·汗的高级军官领导的重组后的伊朗军队中有一个臭名昭著的西部师，这支部队在使用重型武器的同时，还动用了空中力量进行轮番轰炸，对轻装的部落部队进行了猛烈的打击。

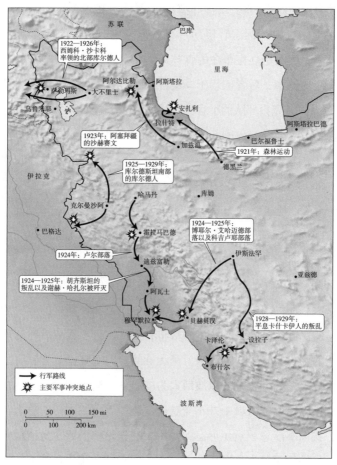

地图7.3　礼萨·汗·巴列维与伊朗局势的平定，1921—1929

在战胜森林游击队后不久，伊朗军队突袭了库尔德沙卡科（Shakak）部落叛军首领伊斯玛仪·阿卡·辛库（Isma'il Aqa Simku），他长期以来一直在阿塞拜疆省西部制造混乱，抢劫基督教村庄，并杀害民众。1918年，在撤退中的奥斯曼军队的支持下，辛库屠杀了几百名亚述人，并犯下了一系列暴行。他希望将伊朗–奥斯曼边境两侧的库尔德部落统一为库尔德共和国，尽管他从未真正跨越从强盗到政治领袖的界限。1922年夏天，伊朗军队将辛库赶到了奥斯曼帝国的边境，占领了位于萨勒玛斯（Salmas）地区切里克的要塞。沙卡科部落战败以后，支持礼萨·汗的媒体大肆庆祝这一场重大的军事胜利，尽管这场冲突实际长达八年，直到辛库在一次与伊朗军队的小规模冲突中死去，才真正宣告结束。

除了叛乱，部落地区抵抗的主要原因在于国家无情的税收征稽和军官们各种形式的敲诈勒索。此外，伊朗作为政治中心的地位的削弱——特别是第一次世界大战开始以来，变相鼓励了边陲地区的区域自治，这些地区有时从实际或潜在的经济机遇中获益。后来，国家实施的游牧安置定居政策对于游牧部落的生活方式造成了严重的破坏，进而引发了叛乱。对伊朗和任何现代中央集权国家来说，游牧民族都是一种潜在的威胁，因为他们是难以控制的，特别是当他们拥有武器并控制着自己领地的时候。

1921年9月，南波斯步枪队并入了伊朗国家军队，合并后的武装部队的地位进一步得到了巩固，并被重新整编成四个师，中央指挥权则牢牢掌握在礼萨·汗手中。得益于自政变伊始就实行的长期的军事管制，一小群军官（也许不超过24人）成了国家的主人，并以军事长官的身份统治各省和市，即使有罪也不受惩罚。他们穿着崭新的制服——锃亮的马靴、镶边的帽子和花哨的饰物，给普通伊朗人的内心注入了恐惧和仇恨，但同时也注入了钦佩和羡慕。

许多军官举止粗暴、蔑视公众，但这种行为被人们认为是理所当然和必要的。农民、牧民和城市居民不得不用奉承、现金和礼物向军官致敬，否则将面临严重后果。征用土地和财产、草率的处决、残酷的公共惩罚以及殴打平民和士兵，这些都被这种军事文化所允许。各级军官都保持着纪律严明、办事高效的外表，与之相辅相成的是军人的自豪感和对新任总司令的忠诚。军队变成了一个新的富有阶级，崇尚奢侈、休闲和滥交。

推行军事现代化以及征兵、战争的费用都来自皇家土地课征的间接税和国家财政收入。礼萨·汗让这两大部门都隶属战争部。不久，从英波石油公司的国家股份中获得的一大笔款项——约100万英镑（约合500万美元）——也被拨给军队了，这笔款项是早前沃索克·道莱谈判得来的。这一鼓励举措使军费成为财政预算中最大的一项，同时也是仍处于困境的国家财政的负担。当时的政治家穆罕默德·摩萨台——他之后担任了卡瓦姆·萨尔塔内赫第一届内阁的财政部长一职，曾与礼萨·汗就政府预算的公平划分问题进行谈判，但以令人沮丧的僵局而告终。摩萨台在1922年1月宣布辞职以示抗议。很明显，恺加王朝的政治家们输给了军事"暴发户"。

高压政治与建立共和的呼声

1922年10月，由于军队滥用国家对小麦的专卖权，首都出现了面包短缺的现象，于是，民众来到国民议会大楼前面的巴哈里斯坦广场游行示威，自1921年7月以来，议会一直在召开。女性站在了抗议食物短缺的最前线，而这场公众不满的抗议行动以与安全部队的暴力冲突而告终。反对派报纸和一些国民议会的议员，尤其是哈桑·莫德雷斯，批评礼萨·汗及其军事机构对示威活动处理不当，还批评了他们挪用资金的行为。渐渐地，反对派开始团结一致，尽管他们在一开始显得胆怯，但也逐渐成形。

议会少数派在议会外得到了一些记者和知识分子、德黑兰和其他地方的中层乌莱玛、部落首领、巴扎里不满的商人的支持，甚至还有以摄政王穆罕默德·侯赛因·米尔扎（Mohammad Hosain Mirza）为首的恺加宫廷成员和贵族的支持。艾哈迈德·沙赫流亡欧洲后再也没有回来，他的弟弟穆罕默德·侯赛因·米尔扎就成了团结恺加的核心人物。身兼摄政王的他象征着反抗礼萨·汗的最后堡垒，也象征着他自身及支持者所坚持的立场。1922年秋，反礼萨·汗联盟暂时成功阻止了这位总司令在其他方面势不可当的崛起。礼萨·汗没有做好摊牌的准备，在政治上也没有足够的信心推翻旧政权。尽管如此，礼萨·汗作为军事指挥官和政治操盘手的表现还是得到了一些人勉强的赞扬，如新任英国公使珀西·洛林（Percy Lorraine）以及苏维埃公使西奥多·罗特施泰因。罗特施泰因在抵达伊朗后轻松地扮演了苏俄在外交上与英国相抗衡的角色。英苏双方都对礼萨·汗的纪律和决心，以及他对日常政务的超脱和政治上的敏锐印象深刻。

他的农民的出身不再让那些阶级意识强烈的英国外交官感到无所适从，这些人通常习惯于同伊朗上流社会有教养的贵族打交道。苏维埃的同志们不光发现了礼萨·汗的无产阶级出身，还发现了他作为民族资产阶级的可取之处，于是乎淡忘了他镇压森林游击运动的历史污点。

礼萨·汗先是辞去战争部的职务，却被国民议会执意请了回来，这似乎是一个精明的计谋。他与莫德雷斯及心悦诚服的贵族们达成了和解，甚至与国民议会中不断萎缩的社会主义派别的领袖苏莱曼·米尔扎也达成了和解。军事管制被暂停，军队预算规模也得到了控制，并且有希望获得更大的新闻自由——然而这只是暂时的。一年的休整让礼萨·汗有机会去学习更多的治国之道，巩固他的权力基础，并在自己周围聚集了一批有能力、有远见的平民出身的人才。1923年10月，礼萨·汗以首相的身份组建了第一届政府，他将自己的权力基础扩展到了军队之外，并提出了一项改革计划。礼萨·汗得到了伊朗民众的支持，公众不再把他看作一个粗暴严厉、枕戈待旦的军事指挥官，而是把他看作一位实现了国家稳定、捍卫了伊朗主权、增强了民族信心的民族救星，他还承诺将实现伊朗期待已久的结构性改革的夙愿。

在政治舞台上卓有成效地挥洒了三年之后，礼萨·汗似乎不可避免地会怀有更高的抱负。看起来，似乎已经没有什么势力能阻止他宣布全面接管国家以及担任共和国的元首。艾哈迈德·沙赫前往欧洲后，恺加王室的命运几乎已成定局。第四届国民议会选举已经结束，第五届国民议会的选举至少在一定程度上可以被操纵，以顺应礼萨·汗的个人野心，尽管尚不清楚这种操作将以何种方式实现。除了极少数个例，伊朗的达官显贵都愿意与礼萨·汗合作，并且大部分民众已经准备好迎接政权的更迭了。1907年，立宪派中的激进派提出用共和主义取代恺加王朝的统治，但很快就被保守的地主精英阶层给边缘化了——这些人更喜欢软弱的君主政体，而不是激进的共和政体。

1923年11月，土耳其共和国首任总统穆斯塔法·凯末尔（Mustafa Kemal）宣告土耳其共和国正式成立，这一事件给伊朗政坛留下了深刻的印象。1919年5月，凯末尔离开伊斯坦布尔，开始投身于催生新共和国成立的事业。这个故事吸引了礼萨·汗及其支持者，也吸引了伊朗知识分子。凯末尔帕夏是一名接受过军事学院教育的军官，是一位战争英雄，也是一位意志坚定、充满民族主义热情的领导人，他坚决反对外国占领军，并粉碎了分裂主义倾向。这些英雄事迹与礼萨·汗的相似之处是显而易见的。伊斯坦布尔的一家报纸率先呼吁伊朗建立一个共和国，这也就不足为奇了。不到三个月后，第五届国民议会将计划讨论废除恺加王权以及建立共和国的相关事宜，这是国民议会召开后的第一项议程。亲礼萨·汗的军队指挥官从各省发来数千封电报，敦促国民议会立即采取行动。事实上，在诺鲁孜节到来（1924年3月21日）之前，政权的更迭得到国民议会批准，似乎已成定局了。然而，这场运动最终还是失败了，并让礼萨·汗失去了巨大的威望。

由哈桑·莫德雷斯领导、忠于王室的恺加贵族残余势力组成的大联盟，得到了清真寺里的保守派教士以及担心礼萨·汗独裁统治的自由派记者的支持，成功地平息了后来被称为"共和骚动"的局面。对礼萨·汗独裁野心的恐惧影响了自由派知识分子，比如诗人米尔扎德赫·埃希奇（Mirzadeh 'Eshqi），他是《20世纪报》（Qarn-e Bistom）的编辑。米尔扎德赫·埃希奇在这份深受欢迎的报纸上嘲笑了共和运动是一场骗局，并最终为此付出了生命的代价。在他创作的一首流行歌曲中，他这样写道：

> 那些异族的代理人，为了毁灭波斯人的土地，
> 四处散播这个词，并把它塞进人们的嘴里：
> "共和是如此甜蜜，就像印度甘蔗一样。"
> 但一个无形的声音适时地发出警告：
> "共和不过是一只裹着糖衣、堕入深渊的绵羊，

> 它很美，很有吸引力……
>
> 但共和的外表下
>
> 是偏执和暴政……"
>
> 祖国在这丑恶的喧闹声中颤抖，
>
> 因为它带来了国家和民族之间的冲突与复仇。
>
> 纯洁的自由之子一出生就夭折了，
>
> 我们甚至忘记了团结的名字。[4]

然而，德黑兰民众之所以在清真寺的鼓动下走上街头，很大程度上是因为乌莱玛对礼萨·汗世俗化议程的深切担忧。他们认为，就像土耳其的穆斯塔法·凯末尔一样，礼萨·汗的共和主义将建立一个与伊斯兰教义及《古兰经》相抵触的世俗秩序，让无神论者、巴哈伊教徒和其他反伊斯兰分子占据主导地位。

公共场所里各式各样"不信教"的行为令穆斯林群体感到恐惧。临时电影院是伊朗最早的电影院，放映的是外国进口的无声单卷电影；酒馆提供鸦片和自制的亚力酒（'araq）；音乐家、舞者和说书人在咖啡馆里描绘着《列王纪》中的传说故事和内扎米《七宝宫》中的浪漫故事。富人可以滥交和买春，流行画家描绘了《一千零一夜》中的色情作品。越来越多的男人身穿欧洲服装，脸上光洁；而留着小胡子的花花公子也越来越多，他们穿着白色衬衫，衣领可以拆卸。一些大胆前卫的女性甚至戴上了更轻薄的、不那么令人窒息的面纱。

身穿新式制服的初级军官、年轻官员和在世俗学校接受专业教育的人同样不受保守派的欢迎。保守派目睹了年青一代放弃伊斯兰学校的宗教教育，留下钟表（用于计时以按时礼拜）和头巾，刮掉了胡须，打上了领带，穿上了西式服装，成为政府雇员、辩护律师、法官、税务人员、记者或登记处的官员。这些人是城市新兴中产阶级的一员，虽然人数不多，但他们正与旧的精英阶层及其追随者渐行渐远。大地主、穆智台希德、小商人、工匠以及巴扎店铺业主成为保守势力的核心。大量的穷人、失业者和受压迫者则成为他们的马前卒，他们经常出入清真寺和朝圣地，靠穆智台希德的施舍挣扎在社会边缘，勉强维持着一家人的生计。

1924年3月22日，近5000名示威者聚集在巴哈里斯坦广场。抗议者大多是集市商人和城市贫困阶层，他们来这里抗议异教的共和派及其拥护者，并表示支持君主立宪制。他们与德黑兰警察及安全部队发生了冲突，随后警察向人群开枪，造成数十人受伤，此举加剧了公众的愤怒。为了鼓舞安全部队的士气，礼萨·汗亲自现身，他的马车遭到了嘘声和投掷物的袭击。在国民议会内部，议长当面质问他，并罕见地鼓起勇气谴责他违反了议会的神圣规定。不久之后，莫德雷斯被一位亲共和派的议员打了一记耳光，他进而利用礼萨·汗的傲慢和他自己所受的委屈，赢得了议会大多数的支持，成功地否决了建立共和政体的法案。礼萨·汗垂头丧气、怒火中烧地离开了国民议会，为了表示他的抗议，他离开了首都，去了附近的一座村庄。但不久之后，他重新评估了自己的选择，并寻找到另一条路。

莫德雷斯是一位精明的谋略家，他为自己树立了诚实和节俭的形象，被认为是一个生活简朴的"人民的代表"，为社会弱势的困境发声，并敢于对毫无节制的滥权提出质疑。他善于说服人，在议会辩论中，他那纯正的伊斯法罕口音为他赢得了许多崇拜者。他在第三届国民议会中作为纳杰夫穆智台希德的代表而声名鹊起，但很快，他就把自己塑造成了一个受政治现实指引而非拘泥于纳杰夫教令的完美政治家形象。他的崛起代表了一种新型的公众人物，他不属于贵族阶层，而是被立宪革命推上了权力的中心，并且因为他拥有强大的公众号召力，而得以留在权力中枢。

如果莫德雷斯反对建立共和政体的初衷是出于好意——他意识到军事独裁政权的来临并采取行动反对它——那么他的手段最终只会使君主专制得以苟延残喘。莫德雷斯阻止礼萨·汗的行动究竟是完全无私的，还是仅仅为了夺权，这是值得怀疑的。毫无疑问，他与城内反对政治变革的毛拉、德黑兰城区的路提斯、摄政王穆罕默德·哈桑·米尔扎以及急于维护特权的、衰弱的恺加贵族结成了联盟。

然而，邻国土耳其的穆斯塔法·凯末尔废除了伊斯兰哈里发制度，最终导致了伊朗反对共和制的人占了上风。从1923年10月奥斯曼苏丹统治的灭亡到

1924年3月3日哈里发制度的结束，凯末尔利用他象征性的职位巩固了对共和国的统治。第一次世界大战之后，伊朗什叶派对逊尼派哈里发国家的关注甚至更少了，然而，土耳其共和国的新总统——一位虔诚的世俗主义者——能够废除影响力深远的哈里发制度，这一事实可能向什叶派穆智台希德暗示，如果礼萨·汗成功地把伊朗变成了一个共和国，那么同样的命运将降临在神职机构的头上。土耳其和伊朗之间不可思议的相似之处吓坏了圣城纳杰夫和伊朗的高级穆智台希德。

在公众情绪高涨以及萎靡不振的恺加王室仍苟延残喘之际，遏制礼萨·汗、击败共和派的策略取得了成效。一时间，莫德雷斯似乎成功地迫使礼萨·汗屈服于国民议会的权威。但事实证明，他低估了礼萨·汗的韧性，同时也高估了自己的人气。在3月22日示威游行的四天后，礼萨·汗前往圣城库姆朝圣，在那里，他会见了三位圣城纳杰夫来的大阿亚图拉[1]（grand ayatollah）——他们在1920年什叶派起义后被英国委任统治当局从伊拉克驱逐出去，暂时居住在宗教圣地库姆。为了感谢礼萨·汗曾挺身而出，为他们得以安全返回纳杰夫而与英国当局进行谈判，他们很乐意居中调解，想出一个解决办法。在与三位大阿亚图拉举行闭门会议之后，礼萨·汗发表了一份公开声明，宣称共和主义不适合伊朗国情，并向公众保证，他将致力于推动"伊斯兰的突出地位""伊朗的主权"和"民族主义政府"。

此后不久，三位大阿亚图拉又向包括宗教权威、精英人士、商人、行会在内的伊朗全国各界人士发表声明，重申不希望建立共和政体的诉求：

> 由于有些关于建立共和政体的言论没有得到大多数（人民）的默然接受，也与这个国家的国情不相符合，因此，当首相阁下（愿他永远是杰出的）访问信仰之家库姆，并向我们告别时，出于我们的请求，他（谦和地）接受了彻底平息这一争端的意愿，同意停止这种辩论，并向各省正式发布（基于这一目的）的公

---

[1] 大阿亚图拉又被称为"marja"，是穆智台希德的最高称号，意为"真主最伟大的象征"；阿亚图拉指较高级的穆智台希德，意为"真主的象征"。

告。此乃真主所愿，每个人都会赞赏这种祝祷的价值，并对这种
善行心存感激。[5]

这份声明的三位联合签署人分别是：拥有大批追随者的最高效仿对象——
阿博勒·哈桑·伊斯法罕尼（Abol-Hasan Isfahani）；穆罕默德·哈桑·纳伊
尼（Mohammad Hasan Na'ini），他是什叶派著名的穆智台希德，曾撰写过一
篇著名的论文，论述宪政制度与什叶派政府理念的兼容性；另一位则是阿卜
杜勒·卡里姆·哈耶里（'Abd al-Karim Ha'eri），他对于库姆成为什叶派教
法研究重镇发挥了重要的作用。哈耶里后来成为阿亚图拉霍梅尼的老师和人
生向导。

尽管当时和此后都存在大量的围绕共和倡议的负面宣传——称这是礼
萨·汗独裁统治的遮羞布，违反了伊朗的政治传统、背叛了伊斯兰教——但建
立共和的失败被证明是伊朗未来政治历程的重大损失。一年之后，礼萨·汗就
选择了王朝君主制作为共和制的替代品，延续伊朗王朝统治的悠久传统。此举
破坏了国民议会机制，粉碎了包括莫德雷斯在内的所有反对派势力。此外，即
使在1941年礼萨·沙赫倒台之后，巴列维王朝的世袭继承本身也会成为长期政
治变革的主要障碍。采用君主制使巴列维政权得以依靠伊朗王权的历史传统，
为自己赢得政治合法性，这远远超出了一个共和国总统，甚至是独裁总统所能
做到的。

在1925年12月推翻恺加王朝以及礼萨·沙赫·巴列维授权仪式之前的
那16个月里，政治气候明显朝着有利于礼萨·汗问鼎波斯王座的方向转变。
1924年7月20日，由莫德雷斯领导，并得到诗人、议会代表穆罕默德·塔
奇·巴哈尔等人支持的议会少数派对政府发动了不信任投票，理由是礼萨·汗
执政期间的行为违反了宪法，他不尊重国民议会、虐待公民，以及私自挪用财
政资金。

然而，他们的策略被相差很大的投票结果所击败。在很短的时间内，莫
德雷斯及其支持者身边的氛围发生了戏剧性的变化。恐吓、人身攻击和生命威
胁，这些都来自礼萨·汗的警察以及他们雇用的暴徒，少数派成员的人数因此

不断减少，甚至在国民议会中都感到不安全。

　　早些时候，巴哈尔曾对礼萨·汗的崛起表示欢迎，但礼萨·汗很快就成为他的批评对象之一。在他1922年创作的杰作之一《在达马万德峰上》（*On Damavand*，又名《被锁住的白色恶魔》，*Enchained white demon*）中，他呼吁在厄尔布尔士山脉的最高峰——达马万德峰上俯瞰德黑兰，然后向伊朗首都进军，驱逐那里罪恶的居民。达马万德曾经是一座活火山，是伊朗《列王纪》里的神话地理中心。巴哈尔写道：

> 啊，达马万德！还有被锁住的白色恶魔，
> 世界的穹顶！
> 你，是时代的重拳，
> 不受岁月流逝的侵蚀。
> 高耸入天！
> 并且几次重击雷伊城的土地……
> 穿过被压迫者的怒火，
> 和天谴的火焰，
> 乌云来了，笼罩在雷伊城的大地上，
> 如雨点般的恐惧，浇灌着战争与恐怖……
> 像硫黄与火，
> 把索多玛[1]（Sodom）击得面目全非，
> 像庞贝（Pompeii）城那样，
> 火神带来了即刻的死亡。
> 摧毁了这骗局的支柱，
> 让这个民族及其亲属四分五裂……
> 为智者报仇，
> 让这些卑鄙的傻瓜罪有应得。[6]

---

[1]《圣经》中记载的城市，那里的居民因不遵守上帝戒律，而被天火焚毁。

召唤被锁住的白色恶魔显然是一个双关语，因为这不仅是隐喻这座火山皑皑白雪，也是在隐喻罗斯塔姆在马赞德兰勇闯七关成功杀死的那个白色恶魔。同时，白色恶魔还可以被看作对森林游击运动和布尔什维克支持者的隐喻，而这些最终被礼萨·汗所终结。这似乎听起来更有道理，因为神话中的达马万德山也掌握在《列王纪》中暴君查哈克之手，他篡夺了贾姆希德的王位，统治伊朗长达一千年之久，直到英雄救世主法里顿将他永远锁进了达马万德山下。在巴哈尔的诗中，礼萨·汗好像已经成了暴君。此外，诗中的达马万德山被描绘成吉蒂（Giti）的穹顶，吉蒂是伊朗神话中的女神，掌管着快速旋转的宇宙，并具有宿命论的力量。她养育并毁灭了人类和人类的文明。所以转世投胎的查哈克，有着前世注定的宿命。是命运让他在攀登绝对的权力顶峰之前，就不可避免地跌入深渊。因此，诗人希望达马万德山能够如火山爆发一般，摧毁古老的恺加秩序以及与之相关的一切，就像查哈克推翻贾姆希德曾经辉煌但迅速衰落的王国一样。尽管巴哈尔的诗歌表面上很悲观，但诗中复杂的意象却颇有深意。被释放出来的查哈克虽被视为两大恶魔中罪恶较轻的那个，但也是注定要被毁灭的。

1925年10月，就在恺加王朝被废除的前夕，巴哈尔对礼萨·汗的批评几乎为自己招来了杀身之祸。在一宗离奇的案件中，新政权的便衣党羽当着国民会议议员的面故意错杀了一位长得像巴哈尔的替死鬼。其他代表立刻明白了这起凶案传递的信息。巴哈尔被抓进了礼萨·汗的监狱后，也领悟到了这个信息。他放弃了政治，转而成为德黑兰大学著名的波斯文学教授。作为20世纪最伟大的波斯文化学者之一，尽管他并不缺乏塑造了他那一代人的现代价值观，但他还是选择远离青年时代的革命之火。

英柏瑞事件与宗教狂热

英柏瑞事件（Imbrie Affair，也被称为"圣泉事件"）的发生让伊朗政府感到尴尬，同时也极大地加剧了社会的恐怖氛围，并可能对礼萨·汗的反对派造成了最后的致命打击。1924年7月，德黑兰充斥着关于喷泉（saqqa-khaneh）圣迹的传闻，在那里，不光病人可以被治愈，人们的愿望也能得到满足。伊朗什叶派对此已是司空见惯了。如果不是因为这件事的发生同礼萨·汗及其政敌间的斗争太过吻合，这件事就只会被当作一个单纯的巧合。有传闻称，一位拒绝按照惯例向圣水泉捐献的巴哈伊教徒瞬间失明，而当他悔悟自己的异端信仰并献上供品时，就立刻被治愈了。

圣泉和反巴哈伊的奇迹故事有其政治受益者，很可能是礼萨·汗麾下的鹰犬精心策划的。毫无疑问，自1921年以来更广泛的社会自由给了巴哈伊教一定的社会开放度，礼萨·汗甚至被指控偏袒巴哈伊教徒。立宪革命时代的神秘主义激进派已经不复存在，巴哈伊教徒很快就为现代化提供了一条温和的道路，这是一条与新兴巴列维秩序一致的道路。长期以来的反巴哈伊运动使这种现状看起来合情合理，但也并没有带来意想不到的结果。礼萨·汗的代理人们可能希望有一场短暂的、可控的骚乱，以显示对什叶派的忠诚，驱散他们支持巴哈伊教的谣言，甚至可以借此为恢复军事管制做好准备。然而，这一事件带来了严重的后果。

越来越多的人前来参观这座"神圣"的喷泉，其中包括美国驻德黑兰大使馆代理领事罗伯特·英柏瑞（Robert Imbrie），他还是一位为美国国家地理学会撰稿的自由记者。英柏瑞并不是一名职业外交官，而是一名特立独行的特工，有着丰富的反布尔什维克资历。他有点像《夺宝奇兵》系列电影的主角印第安纳·琼斯（Indiana Jones），1906年毕业于耶鲁大学法学院，是后来在1950年代担任美国中央情报局局长一职的艾伦·杜勒斯（Allen Dulles）提拔起来的。英柏瑞被美国国务院派往伊朗，协助一家美国公司与伊朗政府间正在进行的石油交易。美国辛克莱石油公司（Sinclair Oil）首次尝试在伊朗里海沿岸勘探石油，但此举遭到了英波石油公司的强烈反对。英波石油公司认为伊朗的石油开采权是其独家所有的。

英柏瑞希望为这座喷泉撰写一篇图文并茂的文章。毫无疑问，这会是一篇吸引《国家地理》（*National Geographic*）杂志读者的、充满东方异域风情的作品。但他很快就遭到了愤怒的旁观者的阻止，他们反对一个异教徒拍摄已经被视为神圣源泉的圣迹。一场失控的骚乱由此爆发。在这个过程中，英柏瑞和他的同伙被打得遍体鳞伤。在一些旁观者的帮助下，他们设法爬进了一辆马车，正是这辆马车把他们带到现场，并送他们赶往医院。但令人费解的是，马车被一名值班警官拦了下来。后来，当他们被送往政府医院并接受治疗时，一群暴徒仍紧跟着英柏瑞。暴徒们很快冲进了手术室，在警察还在场的情况下继续殴打并刺伤他。不久，英柏瑞就被宣告不治身亡了。

这一丑陋的事件引起了公愤。警方逮捕了几个人，据推测，凶手后来被处决了，而伊朗政府也接受了美方金钱赔偿的要求。但这一事件的发生究竟是为了针对美国外交官，还是为了针对巴哈伊教徒，或者这一事件更有可能是礼萨·汗手下策划的一场失控的阴谋，始终没有定论。但无论如何，这起事件让礼萨·汗得以宣布实行军事管制，并逮捕了更多批评他的人。尤其是在持不同政见的诗人兼记赫·米尔扎德赫·埃希奇被礼萨·汗的警察暗杀以后，当局变得更加无所忌惮了。随着军事管制的再次实施，反对者或被逮捕，或保持沉默。英柏瑞事件也让礼萨·汗战胜了伊朗政府的美国财务顾问阿瑟·米尔斯坡（Arthur Millspaugh）——很快，米尔斯坡就被迫辞职了。长期以来，米尔斯坡都拒绝将伊朗政府从英波石油公司特许权中获得的所有收入分配给伊朗武装部队。他的所作所为激怒了礼萨·汗，因为他严重依赖这笔收入，希望借此重组军队，巩固自己对政治集团和国家的控制。

英柏瑞事件使礼萨·汗摆脱了不信教的污名。在伊斯兰历1343年穆哈兰姆月（公元1924年8月）的阿舒拉节哀悼仪式前夕，礼萨·汗在部分高级军官的陪同下参加了"哀悼之夜"（sham-e ghariban）的游行。他身穿黑衣，手拿蜡烛，捶胸顿足地与哀悼者一起吟诵有关伊玛目侯赛因及其家人殉难的悲剧诗句。在另一场虔诚的宗教活动中，时任首相的礼萨·汗被授予一枚来自纳杰夫阿里圣陵的奖章，奖章上印有第一任伊玛目阿里的肖像。这是在三位大阿亚图拉安全抵达纳杰夫之后，对礼萨·汗表示的感谢。这枚19世纪的奖章被隆重地赠予礼萨·汗，让人不禁联想起70年前纳赛尔·丁·沙赫被授予"阿里勋章"时的授衔仪式，当时他在赫拉特获得了短暂的胜利。此情此景，礼萨·汗就好像是在玩弄王权的概念。

寻求合法性

从共和倡议中吸取了教训后，礼萨·汗的行动更加谨慎。为了在他的第二个任期内获得公众的信任以及更稳固的合法性，他甚至默许了国民议会中少数派的继续存在。他的同党，无论是平民还是军人，不仅表现出了伊斯兰情感，而且开始借鉴历史记忆和波斯民族英雄，这些在立宪革命期间以及之后都很流行。

波斯的神话故事和历史记忆确实是增强巴列维形象的有力工具。到1924年，支持礼萨·汗的媒体习惯性地将他们的英雄描述为第二位纳迪尔·沙赫——他是伊朗在最黑暗的时刻出现的救世主，赶走了外国入侵者，平息了叛乱，统一了国家，并成功推进了改革。和纳迪尔一样，礼萨·汗出身卑微，他的决心、军事天赋和敏锐的头脑让他得以战胜敌人，并平定不安分的部落汗、土匪和叛军。不久后，前伊斯兰时期的英雄国王与礼萨·汗的新形象形成了呼应。后立宪革命时代的文献普遍会提及阿契美尼德王朝的居鲁士大帝和大流士（在那个时期的波斯文献中被称为"Dara"），而同时，报纸文章和书籍也不忘礼萨·汗。礼萨·汗的公开讲话也依赖于对公元前5世纪统治者的重新记忆，并借这些记忆强化自己的新复兴时代。

在宣传这些关于伊朗遥远过去的光辉故事后，礼萨·汗塑造了自己的形象——这是新兴的巴列维王朝的一个显著特征——使得礼萨·汗和他的现代化改革看起来完全不同于恺加王朝的风貌。立宪革命已经把恺加王权及其突厥–蒙古血统变成了一种历史原罪，将之塑造成异族统治、专制和软弱的形象（彩图7.1）。与之相反的是，新的巴列维政权唤起了古老的伊朗历史记忆。从神话到历史，从《列王纪》传说到对阿契美尼德王朝、萨珊王朝的现代描述的逐渐转变，都是建立在考古发现以及对古希腊文献更深入了解的基础之上的，这提高了公众的历史认识和民族自豪感。早在1914年，也就是巴列维王朝建立的10年前，伊朗的邮政邮票——一个民族主义情感的公共标记——就描绘了大流士一世端坐于宝座的场景，宝座位于琐罗亚斯德教法拉瓦哈[1]

---

[1] 琐罗亚斯德教最为知名的一个标志，人的上半身有一个有翼圆盘符号，象征着神圣王权或神对国王的赐福、庇护。

（Faravahar）标志的下方（图7.10）。波斯波利斯的另一个景点是塔迦拉宫
（Tachara），这是阿契美尼德王朝历代国王的寝宫（图7.11）。

图7.10和图7.11　早在1914年，波斯波利斯的场景就出现在了伊朗发行的
邮票上。在大流士一世王座之上的是琐罗亚斯德教的法拉瓦哈标志，象征着后
立宪革命时代的人们对前伊斯兰时期的民族情感

由作者收集整理。

一系列出版物的出现——如哈桑·塔奇扎德赫和他的同事、才华横溢的短
篇小说家穆罕默德·阿里·贾马尔扎德共同主编的亲柏林期刊《卡维赫》，助
长了伊朗文化中民族主义的萌芽。亲柏林文化圈所倡导的民族主义意识以中央
集权为核心，预示着一个强大国家的崛起。哈桑·莫希尔·道莱在1927年出版
了《伊朗古代史》（*Iran-e Bastani*），这是他关于伊朗前伊斯兰时期的几部经
典历史著作的第一部，该书涵盖了《列王纪》中传说的凯亚尼德王朝诸国王、
希罗多德笔下的波斯帝国，再到考古发掘的阿契美尼德王朝，是一部历史叙事
模式发生质变的典范之作。新的巴列维国王努力成为这个重建的历史金字塔的
顶端。

1925年，国民议会通过了一项新法案，废除了恺加王朝所有的名号和头衔，并支持民众选用国家登记的姓氏，这对伊朗人来说是一个新颖的想法，同时也是将国家力量强加于本国公民的诸多措施中的第一项。姓氏和名字固定了公民清晰的个人身份，而这种身份即使与他们过去的家族血统有关，也只是隐性和潜在的。新的姓氏简单明了。对贵族而言，他们通常采用比他们的恺加头衔更短的姓名。一些人则根据他们的种族、部落、氏族或家庭身份来确定自己的姓名。而另一些则沿用他们父亲的姓氏，或依照他们出身的城镇名或村庄名、他们的职业、他们所选择的美德来命名，也有人会选择用民族主义、宗教或其他真实的或想象的联系来命名。头衔的废除是对旧阶级制度的进一步打击，因为这项政策消除了与权力接近的象征，使社会看起来更加平等。

礼萨·汗本人采用了巴列维（Pahlavi）这个姓氏，可能是"帕拉尼"的变体，帕拉尼是他在萨瓦德库赫地区的一个部族的名称。但作为一个家族姓氏，帕拉尼会不幸地与帕兰（palan）这个词联系在一起，帕兰是指一种用在驮畜（尤其是驴）身上的货物鞍；而巴列维显然能与前伊斯兰时期的历史产生共鸣——具体而言，巴列维是萨珊王朝时期一个贵族家族的名称。而更妙的是，巴列维也是对萨珊王朝中古波斯语的通称，同时还指代用这种语言书写的文化。"巴列维"这个词在《列王纪》中就曾被提及，故而能唤起伊朗历史的连续性，尤其还因为巴列维语仍然是伊朗琐罗亚斯德教教徒和他们在印度的帕西[1]（Parsi）教友的礼拜语言。欧洲研究前伊斯兰时期伊朗语的现代学者在很大程度上恢复了巴列维语，并解决了这种语言的许多歧义及含混不清之处。巴列维与伊朗的过去有着种种联系，也因此成为新王朝的正式称谓。

撇开那些传闻和报纸上的吹捧，在登基前的几个月里，礼萨·汗开始更多地了解伊朗的历史和文化。有一段时间，一群学识渊博的议员被邀请定期与礼萨·汗会面，讨论立宪思想与实践、政治与国际事务，还有改革方案，礼萨·汗因而能够更多地吸收伊朗悠久的历史和地理知识。其中包括前面提及的哈桑·莫希尔·道莱，他现在的姓是皮尔尼亚（Pirniya）。同时，他明智

---

[1] 帕西人是主要居住在印度的一个信仰琐罗亚斯德教的民族，他们的祖先是1000年前从波斯移居印度的琐罗亚斯德教教徒。

地放弃了政治，选择了学术研究。其他人包括叶海亚·达瓦拉塔巴迪（Yahya Dawlatabadi），他是一位杰出的、有激进派背景的立宪革命领袖，后来成为一名文采斐然的传记作家；穆罕默德·摩萨台，一位在瑞士接受教育的贵族律师，此前他就已经是一位地位显赫的政治家。

有一段时间，咨询小组本着相互谅解的精神同礼萨·汗举行了会谈。虽然与会者希望他对宪法原则做出承诺，但很明显，他就算不是为了拉拢国民议会中的自由主义反对派，也是想安抚他们。然而，咨询小组未能向雄心勃勃的礼萨·汗灌输对民主的持久热爱或对宪法的极大尊重。对他进行教育的努力只是成功地让这位伊朗强人表达了自己的民族主义愿景，即领土完整、中央集权和有效的国家权力、独立的外交政策以及文化的重塑进程。当这个团体被解散，成员被各自孤立起来时，他们与绝大多数宪政主义者都意识到巴列维王朝在通往绝对权力的路上已经到了无法回头的地步。大多数人接受了这一无法避免的事实，并希望能从中受益，只有少数人坚持反对。

收复胡齐斯坦

巴列维王朝显示爱国决心的一大成果是1924年秋季的收复胡齐斯坦运动（图7.12）。这一举动提高了礼萨·汗的声望，并重新夺回了对这个石油储量丰富但又与世隔绝的贫困省份的控制权。胡齐斯坦也被称为"阿拉伯斯坦"（Arabistan），在恺加王朝时期，这里是一块人口稀少的土地，缺乏中心城市，除了种植棕榈树以外，几乎没有主要的农业。当地居民使用的是波斯湾西北海岸常用的阿拉伯语方言。巴努·卡布部落联盟是胡齐斯坦最强大、存续时间最长的部落体系。至少自18世纪以来，巴努·卡布部落一直是该地区活跃的政治参与者。伊朗内陆高地不仅是巴赫蒂亚里部落联盟冬季休憩的胜地，也是南部牧区经济的重要资产。

图7.12　1924年南方师部队离开设拉子，前往胡齐斯坦省。新合并的武装部队的四个师在礼萨·汗地位巩固的过程中发挥了关键作用

M. 萨内，《创世纪的设拉子摄影》，第137页。

　　巴尼·塔夫（Bani Tarf）部落和巴努·卡布部落的首领间纷争不断，再加上巴赫蒂亚里部落中的敌对派彼此攻讦，德黑兰在古老的舒什塔尔、迪兹富勒（Dezful）和阿瓦士（Ahvaz）等城市的统治力量相对薄弱。由于资源和技术的缺乏，自18世纪以来渗透胡齐斯坦的多数努力以及自19世纪以来开发胡齐斯坦的多次尝试都宣告失败了。阿瓦士以南的港口纳塞里耶（Naseriyeh）是一个例外，在后来的巴列维统治时期，它被命名为沙普尔港（Bandar-e Shahpur，在伊斯兰共和国统治时期则被命名为霍梅尼港）。这个港口是在纳塞尔·丁·沙赫统治时期发展起来的，作为战略上易受威胁的港口穆罕默拉港的替代港，并与奥斯曼帝国的港口巴士拉相竞争。纳塞里耶港也是波斯波利斯号的栖息港，波斯波利斯号是伊朗在恺加王朝时期唯一的战舰。

自1880年代以来，由于英国运营的林奇航运公司（Lynch Navigation Company）在伊朗唯一可通航的卡伦河上经营汽船服务，胡齐斯坦地区在一定程度上得到了复兴。卡伦河从穆罕默拉向北延伸140英里，到达舒什塔尔。在这里，穿过巴赫蒂亚里地区的舒什塔尔-伊斯法罕商业公路的建设，第一次打通了伊斯法罕西南部与世隔绝的乡村地区。此外，英波石油公司的钻井勘探被证明是改变该省经济和政治格局的一个主要因素。马斯吉德苏莱曼油田位于巴赫蒂亚里地区，而新建成的阿巴丹炼油厂——到1930年代将成为世界上最大的炼油厂——则位于胡齐斯坦海岸外一座岛上，该岛属于巴努·卡布部落的领地。

德黑兰以征缴拖欠税款为由发起了收回胡齐斯坦的行动，自然使英国、英波石油公司以及巴努·卡布部落首领感到震惊。伦敦方面认为，德黑兰直接管理胡齐斯坦的野心，将破坏英国与巴赫蒂亚里部落以及巴努·卡布部落之间的关系。巴赫蒂亚里部落和巴努·卡布部落以土地使用、安全保障和劳动力换取石油收入中极少量的份额。巴赫蒂亚里部落的工人被雇用于石油钻井平台上，但他们的工资几乎可以忽略不计。他们要么当石油工人，要么当油田警卫，并受到残酷虐待。巴努·卡布部落首领、阿勒·马赫辛（Al-e Mahsin）家族的谢赫·哈扎尔（Shaykh Khaz'al）的影响力和财富日益增长，然而他只是英国统治下的阿拉伯河及穆罕默拉地区部落首领转变的一个例子。哈扎尔是一个精明的策略家，他与英波石油公司以及一些巴赫蒂亚里部落、卢尔部落的首领串通一气，希望能建立一个共同的战线，以对抗德黑兰咄咄逼人的态势。

1924年11月，伊朗军队的骑兵和装甲纵队冒险穿过洛雷斯坦和伊斯法罕，向着胡齐斯坦挺进，这两个地区的叛乱已经被平息。政府军以极快的速度占领了阿瓦士，歼灭了哈扎尔的部落势力，并占领了整个胡齐斯坦省。当斡旋努力宣告失败之后，英国被迫向德黑兰的大胆举措低头。而德黑兰则向英国保证，英国对油田和石油工业的控制是安全的。当时，石油工业是世界上利润最丰厚的产业之一。礼萨·汗的行动也证实了这一保证。哈扎尔试图通过莫德雷斯等人与德黑兰的礼萨·汗的反对派合作，但此举宣告失败，哈扎尔被迫收回了他对礼萨·汗的大胆言论。此前，他曾公然声称礼萨·汗是破坏国家宪法和非法夺取政权的篡位者。哈扎尔被送往了德黑兰，很快他的动产和不动产也被没收。

收复胡齐斯坦标志着"伊朗戍卫领地"接近完整，这是伊朗最为重要的国家组织形式，该形式与伊尔汗王朝一样古老，并且植根于古代波斯帝国体系。英国对巴列维王朝的中央集权计划所展现的宽容确实令人震惊，因为四年前，英国曾在伊朗部署了大量外交和军事力量。这种改变是可以理解的，因为英国人在无意中发现，新政权在一定程度上履行了1919年的《英波协定》，至少巴列维王朝建立了一支中央集权的国家军队，能够确保英国的投资和战略利益，尽管这些利益掌握在一位致力于伊朗现代化建设的民族主义者手中。礼萨·汗并不完全是他们一手造就的，但礼萨·汗也不完全反对他们的既得利益。在寇松下台后的几个月，英国外交部很快就采取了一项功利主义政策，即迁就伊朗的新政权。即使当礼萨·汗摆出了要夺取波斯王位的态势的时候，英国人也选择屈服于他的政治野心。英国放弃了自1828年以来维持恺加王室继续掌权的一贯承诺。英国之所以这么做，不仅因为礼萨·汗的崛起是大势所趋，还因为他已经在伊朗政治体系中赶走了大多数受英国影响的代理人，即所谓的"亲英派"。此外，礼萨·汗还能为抵御苏维埃势力提供坚实可靠的壁垒。

早在森林游击运动失败之前，礼萨·汗就已经设法与苏维埃大使馆建立了友好关系。在后来的共和运动中，他甚至指使一些他信任的军队及平民支持者在暗中升起几面布尔什维克式的红旗。然而，他的反共产主义思想依然完好无损，而这一点对英国的利益是至关重要的。原因在于当时似乎没有一个靠得住的势力可以与英国就伊朗的缓冲国地位进行谈判。

回顾第一次世界大战

在第一次世界大战期间及战后，伊朗在这场全球性灾难中备尝军事、经济和人文的损失，这是伊朗现代史上最严重的一次灾难。伊朗已深深融入了地缘政治体系之中，无法忽视这一体系对自身中立态度的威胁，也无法承受彼此冲突不断的大国给伊朗边境安全带来的压力。然而，尽管面临这些威胁，伊朗的国家主权还是经受住了考验。更引人注目的是，1911年至1921年间长达10年的大动荡，不仅暴露了统治精英阶层内部的严重分歧，还导致了恺加王朝的最终灭亡。第一次世界大战也使政治人物、知识分子和军官崭露头角，他们都是立宪革命的产物。值得称赞的是，正是由于新旧阶级的团结一致，而非占领国的善意，伊朗才勉强避免了依照1907年《英俄条约》所规划的界线而被分割的命运。尽管伊朗当局能力有限，且有着种种缺陷，但它还是通过外交和政治的高超手段成功地战胜了战时及战后狂风暴雨般的挑战。如果说当时有哪个大事件拯救了伊朗的话，那就是俄罗斯帝国的灭亡。

值得注意的是，在1921年以前，希望将伊朗从外国占领和日渐衰落的恺加精英手中解放出来的民族主义运动无一成功。流亡的国防委员会，德国在伊朗境内的秘密行动和柏林抵抗圈子，以及此后在吉兰省的森林运动和在呼罗珊、阿塞拜疆省的民族主义起义，都以失败告终，而伊朗中央政府仍然具有一定程度的合法性和政治行动能力。伊朗利用微薄的财政资源（包括来自英波石油公司的收入）和有限的军事能力（如1918年后的哥萨克师和宪兵队）来抵御分裂势力的挑战。在绝望之下，恺加统治精英们仍依靠着英国并不热心的帮助，试图重振恺加王朝。然而，民族主义者团体利用国际社会的舆论，成功地抵制了1919年《英波协定》提及的半保护国地位。《英波协定》的失败为礼萨·汗——这位意志坚强的铁腕人物的崛起铺平了道路。于是，在礼萨·汗的指挥下，哥萨克师有系统地镇压了反叛的边陲势力，维护了这个国家的统一。在英国代表的默许以及布尔什维克政权的同意下，新政权在不久后建立了新的国家体制。回顾这段历史，礼萨·汗在1921年至1925年间的掌权似乎是伊朗为结束20年政治革命、经济动荡和社会文化变革不得不付出的代价。

第八章

礼萨·汗与巴列维王朝的建立（1925—1941）

1925年秋天，推翻恺加王朝、建立新的巴列维王朝所需要的条件似乎已经成熟。艾哈迈德·沙赫长期以来自愿在外流亡，他也没有回来的想法，他的兄弟兼摄政王穆罕默德·侯赛因·米尔扎成了戈莱斯坦宫殿里的孤家寡人，那些效忠于恺加王朝的人要么因被恐吓而选择保持沉默，要么是被拉拢利诱；当时主要的什叶派穆智台希德以及他们的追随者也受到了这样的对待。甚至连哈桑·莫德雷斯也受到了合作的利益诱惑。部落叛乱已基本被镇压下去，最目空一切的部落汗或被流放或被处死。其余的人至少暂时是按照国家规定的路线行事了。

在巴列维治下，国家维持着表面上的井然秩序：民众对他们的生活感到满意，社会大众也愿意忍受军官滥用权力。镇压反对派政治挑衅的警察部队也被宽恕了。除了观看为纪念礼萨·汗在战争中获胜而竖立起来的胜利拱门，公众不再愿意走上街头。1925年10月，恺加王朝的支持者最后一次进行示威，然而等待他们的是大规模武力展示、来自机关枪的镇压以及支持巴列维的反示威活动。双方阵营的妇女都进行了抗议，一些支持巴列维的女性示威者敢于不戴面纱出现，谴责那些"反动的毛拉"和"腐败的权贵"是伊朗进步道路上的障碍。

巴列维王朝的支柱

1925年10月31日，在未经任何辩论的情况下，第五届国民议会以压倒性的多数票通过了一项法案，该法案废除了恺加王朝，任命礼萨·汗为国王，并由其担任临时政府的首脑。很明显，废除恺加王朝是对礼萨·汗登基的明确示好。国民议会修改了1906—1907年宪法中的若干条款，同时自行解散，并宣布将召开制宪会议来决定国家的政治前途。

在对废除恺加王朝的决议进行投票表决之前，莫德雷斯以他特有的轻蔑态度离开国民议会以示抗议，他喊道："即使有10万张选票的支持，这个结果也是不合法的！"尽管有四名独立议员都赞扬了礼萨·汗为国家所做的贡献，但他们还是选择留下来发言反对该法案。立宪革命时期的英雄人物哈桑·塔奇扎德赫质疑该法案是否符合宪法，在英国接受教育的温和派人士侯赛因·阿拉（Hosain 'Ala）也表达了类似的担忧。穆罕默德·摩萨台是该阵营中最善于表达的人，他相当精明地辩称，将礼萨·汗拥戴为宪法意义上的国王只会让这个国家失去一位卓越的首相和改革家。四位发言人中最大胆的一位——叶海亚·达瓦拉塔巴迪，在回忆录中宣称曾遭受过礼萨·汗的特务们的威胁和恐吓，这些特务要求他们为该法案投赞成票。尽管他对巴列维的贡献表示赞赏，但他还是对世袭君主制表达了不满。或许，他是对放弃选择共和表达遗憾的唯一一人，虽然是含蓄的遗憾。由于担心受到人身伤害，每位发言者在发言后都立即离开议会大厦。他们都知道对这项法案的反对只是象征性的；在立宪革命诞生20年后，他们仿佛是在为这场伟大革命发表悼词。

1925年12月12日，新召开的制宪会议发起了投票，一致支持新的巴列维世袭君主制，三天后，礼萨·汗宣誓就任新国王。加冕仪式于1926年4月下旬举行，不同于什叶派的严肃气氛，这场加冕典礼是一个欢乐祥和的庆祝活动，"公共文化活动显然是在宣布一个'摩登'时代的到来"——街道装饰、横幅、彩色电灯和灯笼、印章画、胜利拱门，当然还有颂扬新统治的冗长布道。加冕礼借鉴了欧洲风格，这也是那个时代的典型特征。加冕礼也重新强调了被巴列维政权所取代的相同的君主制传统。国王就像之前的法特赫·阿里·沙赫以及纳赛尔·丁·沙赫一样，坐在戈莱斯坦王宫露天宫殿的大理石王座上，外披王家长袍，内着军装，在王宫庭院里接待宾客，但他没有再佩戴那顶凯亚尼德王冠。新的巴列维王冠是为这场大典精心制作的，灵感来源于波斯波利斯城墙上的阿契美尼德王朝的图案。但加冕仪式中的伊斯兰色彩被缩减了。

早在加冕之前，恺加王室的遗迹连同其他王家财产都被清理出了戈莱斯坦宫。在国民议会投票前几天，新政权用正规军取代了这里的宫廷警卫。随后，摄政王穆罕默德·侯赛因·米尔扎和他的一小群随从立即流亡国外。为了羞辱这位恺加王朝最后的象征人物，礼萨·汗用最小面额的银币为摄政王支付了差旅费，这些银币是由巴列维军队中的一名高级将领用皮包递送的，他曾是宫廷警卫的首领。军队把米尔扎和他的随从赶到了边境，并且毫不客气地把他们扔到了哈尼卡因（Khaniqain）的伊拉克海关。为了象征性地纠正恺加王朝创始人的错误，礼萨·汗最早的行动之一是下令将卡里姆·汗·赞德的遗体从戈莱斯坦宫的门槛（ivan）下面挖了出来，并重新安葬在设拉子。

这标志着恺加王朝150年统治的结束。自立宪革命以来，恺加王朝仅仅存活在自身的阴影之中。随着恺加王朝走向灭亡，其历史遗产与其说存在于政府机构之中，不如说是存在于伊朗精英阶层的血液之中。长期以来，伊朗精英阶层一直与为数众多的恺加王室子孙通婚。巴列维政权吸收了这些老一代的精英，其中一些人在官僚机构中继续任职，而其他人则选择坐守自己的土地和财产。有许多人最终穷困潦倒，并最终被新的阶层淘汰，但也有少数人幸存下来，甚至还有一两代人在社会上风生水起。礼萨·汗在执政的头10年里，与他的军民支持者们一起，已经为迎接一个巨大的飞跃做好了准备。他们非常有信心，能够实现人们期待已久的维护国家主权、促进物质进步的愿望，能够成功地把伊朗改造成一个现代国家，并把伊朗人改造成这一现代国家的公民。

在过去20年里，伊朗对民主宪政进行了各种各样的试验。外国的干预、自私自利的政治精英以及不可避免的混乱——这些因素先是伴着立宪革命，其后又随着第一次世界大战出现——让大多数伊朗城市居民相信礼萨·沙赫提出的替代方案是势在必行的。在土耳其、意大利、苏联以及不久之后的德国，许多人都将威权国家模式视为解决战后弊病的唯一方案。在1925年至1926年，数百封奉承的电报如潮水般从各省涌来，祝贺新的君主制政体。这些电报是在军官们的劝说下炮制出来的，但也并非完全没有真情实感。整个国家似乎都已准备好重新开始。如果新政权的议程本质上是在立宪革命时期就已经制定了的，并在后立宪时代开始运作，那么礼萨·沙赫就是实现这一目标的真正代理人。为了达到这个目标，他主要依赖十几个忠诚的政治家，利用他们的远见和效率建立了巴列维王朝。

1924年，一个由四名文职官员所组成的小团体就组建了一个非正式的联盟，这一联盟的目标是利用礼萨·汗的权力，建立一个更加制度化的秩序，进而转变该政权单纯的军事独裁的形象。然而，想把礼萨·汗当作一位虚位元首或首相手中的傀儡，是完全不切实际的。相反，这让人回想起了纳赛尔·丁·沙赫的宫廷，国王通过说服、对抗和彻底的胁迫，来控制他的大臣和官员，这也使他渐渐地陷入了不信任和恐惧的深渊里。稍微积极的一面是，国王乐于接受大臣和顾问们提出的倡议，并以坚韧不拔的精神坚持到底。大臣倡议和独裁统治相结合，并且发挥了作用，至少从物质层面而言，国家大政方针的确发生了明显的变化。

这四位官员很快就控制了新政府，并在巴列维王朝统治的头10年里推动了许多改革项目。作为后立宪革命时期的年青一代显贵，他们因为接受过西方教育，而得以获得权力或是保留特权。阿卜杜勒·侯赛因·塔伊穆尔塔什（Abd al-Hosain Taymurtash）是呼罗珊省一名著名地主的儿子，毕业于圣彼得堡军事学院。在29岁风华正茂的时候，他被选为第二届国会议员。后来，塔伊穆尔塔什担任吉兰省总督，并且留下了残忍记录，包括处决赫什马特博士（Dr. Heshmat）。赫什马特是一名医学博士，也是一名革命知识分子，他加入了森林运动，但后来被骗并向当局投降。1922年，作为第五届国民议会中颇有影响力的议员，塔伊穆尔塔什在巴列维王朝的崛起过程中发挥了重要作用，并很快成为国王的心腹，担任权倾朝野的宫廷大臣。

塔伊穆尔塔什或许比其他任何政治家都更热衷于塑造礼萨·汗的公众形象。他规范了国王与公众的接触方式，培养了国王对一切现代事物的品位，庄严化甚至美化巴列维宫廷，最重要的是，他帮助恢复了伊朗外交政策中的南北平衡。虽然塔伊穆尔塔什受过俄国教育并一度亲英，但在礼萨·汗的领导下，他稳步推进了与伊朗民族主义精神相协调的现代化进程。他能言善辩，对主人谄媚奉承，对下属则居高临下。他爱好赌博、寻花问柳和酗酒——让人想起他所经历过的俄国军官的生活方式，这些是传统道德秩序崩溃所带来的现代享乐主义的象征。礼萨·汗曾经几乎把他视为自己的挚友至交，起初对他的服侍给予了丰厚的回报，但后来却以报复的态度与他反目。1933年，塔伊穆尔塔什被撤销了职务，并以为苏联从事间谍活动的"莫须有"罪名被指控。他被判处三年监禁，并在狱中被国王手下恐怖的警察局长下令杀害。

塔伊穆尔塔什位居高位的盟友费鲁兹·米尔扎·诺斯拉特·道莱是一位精明的政治家，拥有无可置疑的恺加血统，是颇具影响力的阿卜杜勒·侯赛因·米尔扎·法曼法玛的长子，前途无量。他先是在贝鲁特留学，然后前往巴黎学习法律，是第三、第四届国民议会的议员。1919年，当时尚年轻的费鲁兹·米尔扎就加入了沃索克·道莱的政府，担任司法部长，后来又担任了外交部长。《英波协定》的失败并没有完全毁掉他的政坛生涯。尽管在1921年，他明显有了发动政变的野心，但由于在前往首都的路上被困，政变因此推迟了。后来，他还是顺应了礼萨·汗的崛起，并且像塔伊穆尔塔什一样，在巩固新王朝方面发挥了重要作用。1925年，他以财政部长和司法部长的身份加入内阁，并与塔伊穆尔塔什合作，推行了巴列维王朝最早期的改革措施。然而，作为礼萨·汗四名高级助手中的一把手，费鲁兹·米尔扎在1929年因被控贪污而遭解雇，还因此接受审判。定罪后，他被禁止担任政府职务。1936年，他再次被捕，并在没有明确罪证指控的情况下被流放，且两年后被谋杀。费鲁兹·米尔扎见多识广、消息灵通，精明且颇有外交手腕，是新国王麾下不可多得的人才，他协助礼萨·汗加强了该政权与旧贵族之间的关系，提升了伊朗的国际声誉。作为礼萨·汗妄想症的早期受害者，费鲁兹·米尔扎被认为是王位的潜在威胁，因为他据称与英国人关系密切。

第三位是阿里–阿克巴·达瓦尔（Ali-Akbar Davar），他出身于中层官僚家庭，在改革政府管理方面发挥了最大的作用。在瑞士接受教育、律师出身的达瓦尔，在革命伊始还是一名"左"倾记者和政界人士，也是激进党的创始人之一。1922年，他在第四、第五届议会中建立了一个支持礼萨·汗的强大派系。他是真正意义上的造王者，他提出了废除恺加王朝、把权力移交给巴列维家族的法案，并为此积极地辩护。1925年，他担任公共工程部长，并在1926年至1932年担任司法部长，此后又担任了财政部长。他负责实施礼萨·汗时期最激进的改革：重组司法体系，引入现代民法和刑法，以及巩固最初由舒斯特领导、后来由英美顾问统辖的公共财政体系。

达瓦尔在性格和生活方式上与塔伊穆尔塔什不同；他的温和性情以及不妄自尊大，也与费鲁兹·米尔扎不同；他雄心勃勃，但谨慎而专一，或许是巴列维时代最有能力的公共行政官员，拥有培养年轻人才和改变伊朗整个政府官僚文化的罕见天赋。作为巴列维王朝国家主义的推动者，他比任何身居高位的人都更加推崇国家干预的力量。从长远来看，这种国家主义崇拜已经演变为一种恶性毒瘤。国家支配一切、对政府服务的过度依赖，以及公民和私人活动的弱化，这些都是可以预见的结果。1937年2月，在50岁出头的时候，达瓦尔自杀了，显然是害怕多疑偏执的礼萨·汗对其行为的不当猜忌。他已经目睹了许多同僚的垮台，在礼萨·汗的想象中，这些人是一丘之貉。

贾法尔-库里·阿萨德·巴赫蒂亚里（Ja'far-Qoli As'ad Bakhtiyari）是立宪革命领袖萨达尔·阿萨德·巴赫蒂亚里之子，也是该组织中政治色彩最轻的一位。在巴列维王朝早期，他是政府中重要的"定海神针"。与那些贵族或平民出身的同僚不同，贾法尔-库里·阿萨德是伊朗最大的部落联盟首领的后裔，该部落联盟早在10年前就在首都建立了一个权力基地，甚至有可能建立巴赫蒂亚里王朝。他在早期的巴列维政府中被多次任命为战争部长，这意味着巴赫蒂亚里部落联盟对新出现的巴列维王朝的服从——毫无疑问，这是一种脆弱的服从，但能足够有效地使他站在国王的一边，成为安抚部落并使其定居的政策倡导者。然而，和他的同僚一样，他最终也成了礼萨·汗妄想症的受害者。1934年3月，他在监狱中被人毒死。

这四位政治受害者都没有逃出礼萨·汗的手心，这些活生生的例子很能说明礼萨·汗偏执的精神状态以及面对那些出身高贵、高学历的精英时的自卑感。尽管这些人对他表现出忠心，但他仍将他们视为一种权力的负担和潜在的威胁。在摧毁这些精英人物之前，他先利用他们达到自己的政治目的，就像几十年前纳赛尔·丁·沙赫的所作所为。巴列维的部长们是现代版的老旧内阁，与恺加王朝的前辈们相比，他们更容易受到国王的反复无常和个人意志的影响。有人把这种显著的连续性归因于一种坚韧的政治文化，这种文化甚至在立宪革命——一场旨在遏制、规范君主专断权力的群众运动——排除万难成功推翻专横的穆罕默德·阿里·沙赫后，依然存在。

可以预见的是，从1930年代初开始，一些官员和军官开始占据要职。有些是顺应巴列维统治的古老家族，其他人则是新兴的中产阶级。事实证明，他们意志不够坚定，同时缺乏想象力，因此更能顺从国王的意愿，而且变得越来越腐败。具有讽刺意味的是，事实证明，这些知识分子、政治活动家、部落首领、年长的恺加政治家的命运几乎与之前四名部长的命运相同。这些人或被监视，或被软禁，或被流放，或被审判，或因虚假指控而被捕入狱，或被悄无声息地除掉。

铁路与现代基础设施

新的政治精英的努力取得了实质性成果。在许多伊朗人看来，修建铁路是享有现代生活的终极表现，这也难怪巴列维王朝的精英们会把修建铁路当成一项优先任务。1925年，第六届国民议会通过了铁路法案。巴列维政府立即与英国、德国和丹麦的公司就跨伊朗铁路的规划和建设进行谈判。该铁路计划将从波斯湾的西南部产油省胡齐斯坦延伸到里海东南海岸的马赞德兰省（地图8.1）。

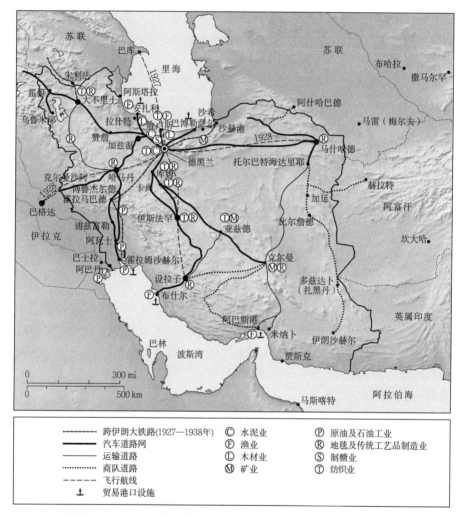

地图8.1　巴列维时代早期通信业与工业的发展，1924—1941

南北轴心的路线设计旨在连接波斯湾和里海的港口，这一战略让人想起萨法维王朝通过波斯湾出口吉兰丝绸的构想，以及后来英国提出的将卡伦-巴赫蒂亚里线路连接至伊斯法罕的倡议。然而，事实证明，伊朗铁路更多的作用是将进口货物运进国内，而不是将伊朗货物出口到国外或促进国内经济的发展。到1920年代中期，尽管当时世界正处于全球大萧条的开端，建立在俄国工业废墟上的苏联出现了经济复苏的迹象，让伊朗燃起了与之恢复往日贸易伙伴关系的希望。考虑到国内对胡齐斯坦精炼石油的消费不断增长，以及国际航运对现代化港口设施的迫切需求，南部的霍拉姆沙赫尔港（旧称穆罕默拉港）理所当然地成了这条铁路的终点。尽管后来的经济和地缘政治现实暴露了伊朗铁路的战略缺陷，但在当时，这似乎是一个非常完美的基础设施项目。的确，规划人员未能设计一条全国性、系统性的铁路线来连接国内主要商业城市——西北至东南线似乎更适合从阿塞拜疆连接至德黑兰、伊斯法罕，然后经亚兹德、克尔曼，连接波斯湾的阿巴斯港；而经德黑兰，还可以与东北部的马什哈德相连接。

然而，人们应该警惕二战后普遍存在的阴谋论说法，即指控礼萨·汗修建这条铁路是为了推进英国人的战略利益。事实上可以这么来看，尽管英国在油田拥有既得利益，而且与巴努·卡布和巴赫蒂亚里的部落汗结盟，但胡齐斯坦铁路线还是有助于将这个石油储量丰富的省份融入国家治理体系中，并在南部巩固了伊朗的主权。对巴列维政府而言，维持对胡齐斯坦的控制至关重要，这不仅是为了提升其民族主义的声望，也是为了满足礼萨·汗获得更大的油田份额和巨额收入的愿望。从长远来看，霍拉姆沙赫尔港成了伊朗最大的商业港口，不仅促进了伊朗与欧洲以及此后与日本、美国的贸易额的大幅增长，也满足了伊朗国内对进口制成品和原材料的需求。

1927年修建德黑兰—胡齐斯坦铁路线的资金来自国家的白糖专卖收入。白糖是在这一时期引入的几类专卖消费品之一。到1929年，该铁路南线开始运营。1930年，随着长达三分之二英里的卡伦桥——中东地区最长的钢桥——的修建，这条铁路通向了波斯湾。到1936年，从首都到里海新建成的沙赫港（如今的托尔卡曼港）的山区铁路开始运营，这条路线长达82英里，风景如画。这是一项相当复杂的工程，为穿越厄尔布尔士山脉和扎格罗斯山脉的陡坡，横贯伊朗的铁路还修筑了无数的隧道、桥梁和通道。1938年，当这条铁路正式通车时，跨伊朗大铁路的总成本估计已达101亿里亚尔（约合5亿美元），成为伊朗现代史上造价最高、规模最大的工程（除了英国拥有的石油工业设施及炼油设施外）（图8.1）。

图8.1　北部的加杜克（Gaduk），跨伊朗大铁路沿厄尔布尔士山脉地形爬越，这是一项工程壮举

A. 冯·格雷夫，《伊朗：新波斯帝国》，第41页。

　　铁路系统是巴列维王朝早期基础设施改革的基石，尽管铁路系统从未完全融入该国的传统商业或被纳入首都与各省的新道路网络中。中央集权体制要求各省之间的交通更加便捷，而越来越多的汽车的出现，使得新公路成为铁路的替代品。1921年，已经出现了可供汽车通行的泥土公路网络。这些公路或是改进自恺加时代的马车道路，例如德黑兰—拉什特和德黑兰—库姆的道路；或是从盟军手中继承而来的，如连接北部、西部城市与首都的道路，波斯湾港口到设拉子的道路，伊斯法罕、马什哈德这样的中心城市与其周围地区的道路（地图8.1）。依靠机动的后勤供给，巴列维王朝的军队得以镇压各省的叛乱，特别是法尔斯省和洛雷斯坦省的森林运动和部落起义。相较于铁路运输，公路运输的成本优势很快就显示了出来，并且促进了各地区间人员和货物的流动（图8.2）。

图8.2　1916年行驶在大不里士至焦勒法（Julfa）[1]公路上的一辆公共汽车，靠近俄国边境，是通往俄国大铁路的唯一途径

W. 沃菲尔德，《亚洲之门：从波斯湾到黑海的旅程》（*The Gate of Asia: A Journey from the Persian Gulf to the Black Sea*），（纽约和伦敦，1916年），第127页。

1926年，新修建的横贯厄尔布尔士山脉的费鲁兹库赫（Firuzkuh）公路连通了首都德黑兰与礼萨·汗的出生地萨瓦德库赫；1928年，横跨扎格罗斯山脉的洛雷斯坦公路开通。费鲁兹库赫公路促进了北方的发展，后者则有安抚南方的意味。1933年，一条新建的、长达百英里的"特别"公路竣工。这是第

---

[1] "Julfa"这一地名，原指阿塞拜疆地区的朱利法，该城毗邻今伊朗边境；本书第一部分出现的"Julfa"，主要是指伊斯法罕的亚美尼亚移民社区朱利法，这一移民社区保留了原来迁出地的地名。此处的"Julfa"，指的是伊朗边境城市"Julfa"，通常称为焦勒法，与今阿塞拜疆共和国的朱利法隔边界相望。

三条贯穿厄尔布尔士山地核心区、通向里海的道路，也是一项土木工程史上的壮举，原因在于这条道路通过隧道和桥梁打通了高耸的查勒斯关隘（Chalus Pass），将前往新开发的里海沿岸旅游胜地的时间缩短了一半。对普通伊朗人来说，他们已经习惯了长途旅行的艰辛和缓慢的步伐，攻克这一天险为巴列维国家赢得了令人敬畏的声望（地图8.1）。

1930年代末，长达1.4万英里的公路网——以及随之而来的汽车、卡车和公共汽车——已经开始改变伊朗城市的面貌，并促使各省的孤立主义消亡。在伊朗高原崎岖不平的地带，道路和机动车辆被证明与欧洲、美国的工业一样，都是变革的推动者，尽管还存在着难以置信的障碍。伊朗的亚美尼亚人、亚述人，或者来自苏联、阿塞拜疆和土耳其的外国人，通常把驾驶昂贵汽车当作财富的象征，例如福特T型车、1930年代的旅行车以及英国制造的莱兰卡车。1928年，德黑兰市共登记了1099辆用于租赁的普通汽车、出租车，以及490辆私家车，相比之下，马车仅有459辆。而这些车辆都必须遵守同年颁布的交通规则。

在大规模生产汽车之后的不到20年时间里，美国已经制造了全世界80%的汽车，与此同时，伊朗人就如同亚洲或中东地区的人们一样，适应了汽车的普及，枢纽城市及城际的交通服务也因此产生，农业产品和半工业产品得以运往城市市场。机动车辆的出现催生了一个由精通技术的亚美尼亚人主导的本土修理和零部件制造业。同萨法维和恺加时期一样，亚美尼亚人（其中一些人是从高加索或土耳其东部移民过来的）在立宪革命之后和巴列维王朝早期，对伊朗的物质现代化和技术文化的贡献超过了任何其他族群。

航空业也出现了快速的变化。早在1916年，英国飞机就出现在了伊朗上空，最初是为了侦察，且在1918年轰炸了伊朗西部库尔德抵抗运动的残余力量。1928年，德国容克斯飞机在伊朗和邻近地区建立了常规航空服务。1930年代早期，伊朗已经发展出了本国可靠的空军队伍（图8.3）。

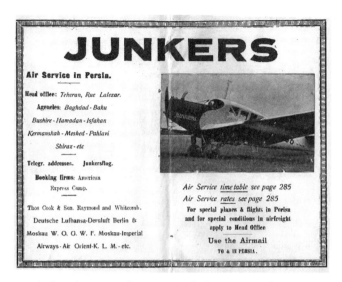

图8.3 伊朗第一本旅游指南上的一则广告，上面列出了十大旅游目的地

H. 埃布泰哈吉（H. Ebtehaj）编，《波斯指南》（*Guide Book on Persia*），

（德黑兰，1933年），内页。

城市拆迁与建设

现代发明中没有任何一项发明能够像汽车那样，彻底改变伊朗城市的面貌。这是美国流行文化对伊朗传统城市最显著的影响。早在1921年，巴列维当局就加快了对恺加晚期城市管理的改革，建立了定期垃圾收集、集中的电话和电力网络、街道照明、警察辖区等制度，进而改善了城市的卫生系统。到1930年代初，最明显的变化是用于机动车通行的新道路，这些道路最初是沿着新开发的首都北部边缘修筑的，后来直通老城区的核心。

重建、美化首都，并改善其卫生设施是巴列维王朝的首要任务，也是其权力的物质投影。除政府的职能以外——主要是清除成堆的垃圾和消灭横行霸道的"路提斯"，井然有序的城市还会激发一种权力感和自信心，显而易见，此举与西方式社会进步的表现紧密相连。进步的城市被宽阔的街道和公共广场上的国王雕像装点得熠熠生辉，而这些往往隐约掩盖了人们对西方的自卑感。因此，这就不奇怪为什么在礼萨·汗在位的大部分时期里，复制欧洲城市规划和街道网格的工程是由一名高级军官、同时也是礼萨·汗的前哥萨克同事卡里姆·阿加·布扎乔梅赫里（Karim Aqa Buzarjomehri）负责的。身为德黑兰市市长，布扎乔梅赫里粗略地复刻了豪斯曼男爵[1]（Baron Haussmann）的城市规划，杂糅以固执的军事化风格，他的目的是在首都营造巴列维王朝的恢宏气象。

布扎乔梅赫里还报复性地在整个德黑兰老城区发动了一支由移民组成的劳工大军，在恺加城市数百年缓慢而无序的发展基础上，平添了一个由平行街道组成的道路网格。在这个过程中，他拆毁了城市街区的旧结构，拆除了这座城市的象征，并破坏了德黑兰的精细玲珑——这座城市被城墙、花园和厄尔布尔士山脉南麓绿地所环绕。根据20世纪初的一项统计，德黑兰及其周围至少有24座主要的波斯花园，而几乎所有这些花园都是半个世纪以来城市扩建热潮的受害者。

正如小说家博佐格·阿拉维（Bozorg 'Alavi）所说，如果不首先摧毁纳赛尔时代建造的12座城门，巴列维的现代性就无法进入首都。与巴扎相邻的社区被一条毫无特色的宽阔街道所分割，这条街道将老的商业和经济中心一分为二，并且以市长本人的名字命名。毗邻的桑格拉吉（Sangelaj）街区是立宪革命期间重要的活动中心，等到居民被清空后，这里被彻底夷为平地，为一座西式城市公园让出了空间。在德黑兰北部，欧洲式住宅和商业建筑拔地而起，取代了波斯风格或波斯–欧洲风格的老式宏伟别墅，取代了贫瘠的土地、古老的花园和农田，年久失修的老社区最终成了城市贫民和新移民的收容所。在1921年至1941年短短20年的时间内，德黑兰的城市面貌发生了巨大变化：大街和汽车取代了狭窄的小巷和原来的马车；新社区的现代住宅通常是欧式风格，但都是用传统的波斯建筑材料建造的。

从1920年代末开始，德黑兰见证了许多宏伟的公共建筑的建造和落成。其中最早的是1927年完工的美国长老会筹建的厄尔布尔士学院的罗斯顿厅，以及1934年完工的德黑兰中央邮局，它们都是由格鲁吉亚建筑师尼古拉·马尔科

---

[1] 法国城市规划师（1809—1891），他以主持1852年至1870年的巴黎城市规划而闻名于世。

夫（Nikolai Markov）设计建造的，其灵感来自伊斯兰时代的波斯建筑。伊朗古代博物馆和伊朗国家图书馆均于1937年完工，风格高雅，受到了波斯萨珊时期建筑的启发，是由法国建筑师安德烈·戈达德（Andre Godard）设计的，他同时也是礼萨·沙赫领导下的伊朗考古部门的负责人。从1934年到1941年，一群由欧洲和伊朗建筑师组成的团队监督了德黑兰大学校园的建设。其他的公共建筑，如1935年建成的国家警察总部以及1938年建成的伊朗国家银行，都是当时流行的仿古主义建筑的典范。这些建筑的灵感来自古代波斯波利斯的柱廊风格，并且在仿阿契美尼德风格的圆柱上、不死军[1]的壁画上，使用了琐罗亚斯德教阿胡拉·马兹达的象征符号（图8.4）。

图8.4　正在修建中的伊朗国家银行中央分行，大约是1936年

A.冯·格雷夫，《伊朗：新波斯帝国》，第8页。

---

[1] 源于波斯阿契美尼德王朝时期的一支精锐部队。在巴列维王朝时期，不死军担任皇家卫队，在伊斯兰革命后被解散。

大多数建筑，包括里海沿岸的豪华连锁酒店、伊朗主要城市的公立学校、王家宫殿，都是在礼萨·沙赫的监督下设计和建造的。就像萨法维和恺加的君主一样，礼萨·沙赫很清楚公共建筑作为展现国家权威的实体的重要性。然而，许多来自欧洲的或是接受过欧洲教育的建筑师参与了公共工程的建设，这样一来，伊朗的建筑风格就发生了改变。这些公共建筑的大部分规划都符合现代功能建筑的要求，但它们往往被一层薄薄的波斯建筑材料所覆盖。

即使是在恺加王朝统治下存在了一个多世纪的王家城堡，在新时代的建设热潮下也未能幸免。恺加建筑群的主要建筑，包括王家宅邸在内，都被夷为平地，为司法部、后来的财政部以及其他政府部门腾出了空间。这些新的建筑反映了这个国家庞大的官僚机构的扩张。无论是象征意义上还是实质意义上，这些机构都取代了恺加宫廷和政府内阁，仿佛是新政权在急于抹去前朝王权象征和治国之道的有形痕迹。

此后不久，在1940年代至1950年代，越来越多的省会城市也受到了欧洲现代化的影响，结果喜忧参半。几乎所有城市和市镇的城墙、城门，都是城市化发展最早的受害者。之后，随着西方电网的引入，老街区逐渐被拆除，或遭严重分割；许多地方则立即变成了贫民窟。随着西式建筑的逐一落成，现有的蜿蜒小径和封闭小巷、当地购物街、地下的坎儿井灌溉系统、公共水库、制冰房、澡堂、伊斯兰学校、剧院和"力量之家"，要么被拆除，要么被遗弃，变得破旧不堪。许多老房子有着宏伟的风塔，里外空间结构分明，四四方方的院子里有对称的花园，花园边上是一个清凉的水池，但它们都已年久失修了。许多房屋被分割出售，取而代之的往往是仿照西方现代建筑的廉价、丑陋的住宅小区。最令人震惊的是设拉子、伊斯法罕、卡尚和克尔曼的一些古城区和历史建筑也面临拆毁，但这丝毫没有引起警觉，萨法维、赞德和恺加王朝时期所建造的民居也被夷为平地。

然而在德黑兰和其他省份，城市的基础设施得到了改善。街区十分繁华，街道和林荫大道都有了光滑平整的路面。贩卖西方进口商品的新商店和小型购物中心为较为富裕的中产阶级提供服务，欧洲风格的酒店和餐馆如雨后春笋般涌现。每个主要城市都会有一条巴列维大道，这是秩序、清洁和安全的象征，在市民的眼中，它与旧街坊里曲折、黑暗和不安全的小巷形成了鲜明的对比（彩图8.1）。

经济与工业

在巴列维王朝早期，伊朗实行了中央集权式的经济体制，国家对金融业、现代银行业、贸易和工业等领域实施干预。国家的一些干预举措与立宪时期的革命诉求遥相呼应，但在1920年代至1930年代，其他一些举措则主要效仿了邻国苏联和土耳其共和国的经济政策。由于人口增长、城市化、更大规模的消费群体和新的财政收入来源——包括来自英波石油公司的特许权使用费——经济规模变得越来越可观，也越来越多样化。礼萨·沙赫对国家财政全面、彻底的改革以及对基础设施和工业的投资，与恺加王朝长期自由放任、濒临破产的经济窘况形成了鲜明对比。

这一时期，伊朗的人口增长尤其显著。1921年，伊朗人口估计略多于1100万，年增长率不到1%；1941年，第一次官方人口普查显示全国总人口达到了1476万人。在礼萨·沙赫统治的20年里，伊朗人口每年增长约1.5%，人口增速较快的部分原因是新生婴儿死亡率较低，而霍乱和斑疹伤寒暴发频率的下降也促进了人口增长。城市人口的增长尤其引人注目。1941年，德黑兰的人口首次超过了50万，伊斯法罕为20万人，设拉子接近13万。1929年至1941年间，国家财政预算也增长了11倍多，财政收入从3100万图曼增至3.61亿多图曼，财政支出从3400万图曼增至4.32亿图曼。

旧有的经济模式仍然存在，特别是在农村。农村经济仍然以农业为主，土地所有权或机械化水平并没有重大的变化，而牧区的游牧经济仍然停滞不前，甚至出现了恶化。巴扎对商业、制造业自古以来的控制力开始弱化，这导致了传统商业部门的衰落，反过来又阻碍了巴扎中资产阶级的成长。同世界其他地方一样，从美国蔓延至欧洲大陆的全球经济萧条和金融市场崩溃，也对伊朗产生了灾难性的影响。1920年代末至1930年代，这场危机导致巴扎商人阶层出现了资金紧张、信贷负担沉重等问题，使得他们纷纷破产。传统部门依赖的编织作坊、地毯制作业以及小规模的进出口贸易行业，其失业率也有所上升。苏联经济的缓慢复苏也加剧了伊朗的经济衰退，这是因为绝大多数位于巴库、第比利斯、阿什哈巴德和塔什干（Tashkent）等地的伊朗商业网，在斯大林时代面临着被相继没收、强迫遣返和经济困顿的命运，进而逐渐趋于消亡。

私营经济部门的增长趋于停滞，城市与农村生活水平的差距进一步扩大，国家越来越依赖通过垄断大宗商品和石油资源来获得独立收益，这些都是巴列维王朝第一位国王留下的最重要遗产。国家对人民的依赖程度有所降低，但依然可以通过税收来获得微薄的财政收入，这些收入被用于增强军事力量和警察力量，以维护这个日益不受欢迎的政权。而为了保持巴列维政权在几乎所有经济部门中的存在，国家进而成为全国最大的雇主。这一模式贯穿了整个巴列维王朝及其之后的时代，几乎没有例外。这是对伊朗现代政治经济的诅咒，且一直延续到了今天。与其他的国有经济一样，巴列维王朝前期的经济模式也被证明越来越低效，这是数十年间遗留下来的另一个问题。

中央集权和国家财政现代化是巴列维政权的重中之重。立宪革命时期的舒斯特使团以及后来受雇于伊朗政府的英国和其他欧洲国家的行政雇员，对国家的财政体制和金融机构进行了大规模改革，尽管改革遭到了国内外的反对，但在一定程度上提高了公共财政收入。1922年，伊朗政府聘请了美国国务院对外贸易办公室前顾问阿瑟·米尔斯坡博士和他的美国金融专家团队前往伊朗，帮助改善伊朗的财政状况，特别是通过对部落地区征税来增加国家的财政收入。在1911年的最后通牒以及舒斯特被迫离开的痛苦记忆面前，伊朗雇用米尔斯坡的行为更像是一种挑战。在担任政府财政部长的将近五年的时间里，米尔斯坡在逐步取消英式战时补贴制度的同时，尝试运用美国的国内税收征缴模式，并在一定程度上取得了成功。他还努力使财政政策合理化，制定详细的年度预算，为财政收入和支出设定目标，并减少了低效和利益集团干扰等问题。

米尔斯坡团队的相对成功在关键时刻帮助巩固了巴列维王朝的统治。历经战后的多次争执和英波石油公司不诚实的财务操作之后，伊朗从石油生产和出口中获得的利润分成只有区区16%。这些利润分成如涓涓细流，虽然是一剂至关重要的药，但力度还不够。米尔斯坡尽管考虑通过垄断手段增加政府收入，但他反对国家直接干预市场。然而，对米尔斯坡来说，更大的挑战是礼萨·沙赫及其部长们希望通过独占石油特许权使用费的方式来增加军事开支，此举遭到了这位美国顾问的反对。不久，米尔斯坡迫于伊朗国王的压力而选择了辞职，这为国王迅速实施一系列重塑未来伊朗经济的措施扫清了障碍。

1928年，石油收入的储备金已经高达600万图曼（约合351.8万美元），这是一笔本来可用于经济发展的巨额款项，却被巴列维当局用于装备军队和镇压部落叛乱。1927年，伊朗为了筹措修建铁路的经费而实行了糖的垄断专卖。1929年，伊朗对鸦片的销售和出口实行了垄断专卖，后来又扩展至烟草和其他商品。作为时代变迁的一个标志，国家对市场商业活动的控制并没有遭到巴扎的抵制，这与1881年至1892年的烟草抗议运动或立宪革命前夕反对政府操控物价的抗议活动形成了鲜明的对比。造成这一状况的一个重要原因是巴扎商人不愿放弃小规模的顾客惠顾和经销网络模式，转而去投资现代金融和工业部门。巴扎的衰落和巴扎商人经营状况的相对恶化，意味着中下层的巴扎商人和行会受到了影响。随之而来的是巴扎内保守势力的增长，这一增长在巴扎与保守的宗教人员结成更为牢固的联盟后浮出了水面，而后者是巴列维王朝时期伊朗社会中的另一个失意群体。

新的银行网络以牺牲巴扎为代价，进一步加强了国家对市场的控制。到礼萨·沙赫的统治末期，至少有四家主要的伊朗银行在运营：伊朗国家银行、巴列维退伍军人银行、抵押贷款银行和农业银行。这些银行不仅部分取代了巴扎旧的放债机构及其本票和抵押担保制度，还取代了自恺加王朝后期以来一直运作的小规模金融网络，例如亚美尼亚图曼尼亚兄弟银行（Armenian Tumanian Brothers），他们曾在伊朗各大城市设立分行，并在部分欧洲国家的首都设有分行，此外还设立有琐罗亚斯德教的钱庄等。1928年，为了回应立宪时期最早的革命诉求之一，伊朗国家银行成立，初始资本为200万图曼（约117.2万美元），但实际上只注资了其中的一部分。1927年的《银行法》将其定位为促进商业、农业和工业发展的金融机构；实际上，国家银行更像是伊朗的中央银行。

利用德国的专业知识，伊朗国家银行很快就取代了英国控制的波斯帝国银行，并正式对外发行伊朗货币。自1880年代以来，一直印在钞票上的纳赛尔·丁·沙赫肖像，也首次被礼萨·沙赫的肖像所取代，这家帝国银行近半个世纪的货币垄断发行权结束了。1932年，货币的单位名称也发生了变化，从过去恺加王朝的克兰和图曼统一为新的里亚尔，这一举动的象征性意义更为显著，反映了民族主义者决心抹掉恺加王朝的记忆遗存。

银行业逐渐成为伊朗现代商业不可或缺的一部分，并主导着伊朗与欧洲国家的贸易往来。英国、苏联以及后来居上的德国成为伊朗主要的贸易伙伴。1928年至1939年间，伊朗的进口总量增长了250%以上，但非石油商品的出口总量却停滞不前，这表明伊朗对外国进口的依赖程度越来越大。伊朗资产负债表上不断扩大的赤字必须通过石油出口的稳步增长来填补，而石油出口中只有一小部分收入流入了国库。在同一时期，伊朗石油出口量几乎翻了一番，而石油生产的特许权使用费约占国家年财政收入的25%。到1940年，这一数字已经高达1915万美元。因此，对特许权使用费的依赖，预示着伊朗政府财政出现了长期性的既定模式：伊朗政府越来越沉溺于用石油收入来满足其需求，而对公民的责任感也越来越少。

巴列维王朝积极倡导大规模的工业化是中央集权的另一项成果（地图8.1）。纺织厂几乎是所有早期工业化进程中都会有的一部分，因此特地选择了在礼萨·沙赫位于马赞德兰省的庞大私人地产或其附近地区进行开发。他的地产几乎完全是从大地主和小佃农手中强行征占而来的，他还会将这些被征用来的土地分给高级军官以及他欣赏的官员。沙希（Shahi）、大不里士、伊斯法罕和德黑兰的几家国营纺织厂为满足本国消费者的需求，生产出了各式各样的面料和织物。早在20世纪初，伊斯法罕和库姆就已经有了私营工厂，它们对训练一支熟练的劳动力队伍至关重要。水泥厂、制糖厂和发电厂是伊朗新兴现代工业的其他支柱。巴列维王朝旨在振兴伊朗传统纺织业和其他手工业，但其早期的目标是实现自给自足。马赞德兰省查勒斯的一家纺织厂用当地的丝绸生产出了精细的丝绸服装，这勾起了人们对吉兰在萨法维王朝时期丝绸生产的历史记忆。就像其他的国营项目一样，这家工厂在礼萨·沙赫下台后不久就陷入了经营困境，并关门大吉。

在巴列维王朝早期，地毯生产也获得了新生。地毯是伊朗重要的出口产品，也是伊朗手工制品的代表。地毯的推广成为伊朗民族自豪感的来源。波斯手工地毯的生产早在1870年代就达到了半工业化水平，在当时，伊朗商人以及欧美公司开始投资波斯地毯，并向西欧、俄国、奥斯曼帝国和美国出口，而这些国家对波斯地毯的需求正在上升。大不里士、克尔曼、卡尚、索尔塔纳巴德（Sultanabad，现今的伊朗中央省的首府阿拉克）、伊斯法罕和哈马丹开始出现具有一定生产能力的地毯作坊，有些作坊拥有数十台地毯织机，雇用了多达100名织工（地图8.1）。例如，早在1874年，在索尔塔纳巴德周围的150个村庄里，至少有5000台地毯织机和10 000名织工在生产地毯。

20世纪初，齐格勒（Ziegler）公司、东方地毯制造公司和卡斯泰利兄弟（Castelli Brothers）公司等或是选择与伊朗地毯制造商、出口商合作，或是独立开发适合西方市场的新设计和配色方案。到1914年，齐格勒公司和东方地毯制造公司已经在伊朗地毯行业投资了至少40万英镑。大量的出口提升了伊朗作为世界上最大和最好的手工地毯供应商的地位。在镀金时代[1]（the Gilded Age）的美国，波斯地毯受到了高度赞赏，是必不可少的奢侈品。在"美好年代"[2]（the Belle Epoque），波斯地毯成了伊朗最为世人所熟知的手工制品。到1914年，波斯地毯的出口总额已升至约100万英镑，并通过大不里士–特拉布宗路线或经波斯湾港口对外出口。

地毯工业的发展改变了伊朗的纺织业，并迅速取代了衰落的丝绸及棉花手工织机。一些地毯的设计让人联想起萨法维王朝皇家作坊所生产的地毯。然而，大多数地毯都是各城市、农村和部落地区的本土设计；也有的是受到了披

---

[1] 这一名称取自马克·吐温的同名小说，时间上是南北战争后的1870年代到20世纪初。
[2] 指欧洲社会相对平和的一个时代，从19世纪中后期开始，至一战爆发结束。

肩和其他丝绸面料设计的启发，而这些丝绸面料的生产在经济上已不再可行。克尔曼披肩的图案被用在了高品质的克尔曼地毯上，尽管从这样斑斓的图案中可以看出欧洲挂毯设计的痕迹。克尔曼、大不里士、卡尚等地的优秀设计师们提出了卓越、新颖的设计方案，以满足国际和国内市场的不同需求，同时还努力保持图案的真实性和配色方案的完整性。

尽管地毯生产与制造是为伊朗经济变革服务的，但这一产业几乎没有帮助伊朗进入工业化时代。更多的部落和半部落地区被纳入了地毯生产的手工业流程中。附近的游牧民族所出产的高品质羊毛和天然染料是地毯生产必不可少的原材料。工人主要是妇女和儿童，他们的小手适合编织那些有许多绳结且设计复杂的精品地毯。

在巴列维王朝早期，人们就意识到地毯是一种值得保护和改进的民族文化遗产。伊朗国有的地毯公司旨在提高地毯的设计工艺和品质，并引入标准化的技术水准。然而，在整个1920年代至1930年代，地毯生产实际继续遵循国际和国内市场的要求，而不是按照政府制定的标准。与此同时，大多数劳动力的工作条件也没有明显改善。雇用童工、暗无天日且尘土飞扬的车间、剥削性工资和长时间工作等问题掏空了整个行业的根基，一直持续到了20世纪末（图8.5）。这导致了此后地毯的品质也受到了影响。采用价格低廉的合成染料和劣质羊毛、大量重复且了无新意的设计以及粗糙的技术，这些现象也困扰着地毯业商品化的生产。然而，在整个20世纪后半叶，伊朗各地仍然生产出了数量可观的高质量产品。尽管消费者的品位逐渐发生了变化，尤其是在美国市场，但对波斯地毯的强劲需求使之继续成为仅次于石油的第二大出口商品，美国也是伊朗地毯的主要买家。

图8.5　大不里士的地毯生产车间

A.冯·格雷夫，《伊朗：新波斯帝国》，第47页。

工业部门的工人，连同地毯业、油田和服务业的工人，将构成工人阶层的核心力量。在第一次世界大战战后时期，工人们开始组织工会。这些工会经常与图德党（the Tudeh Party，也称人民党）密切合作，要求提高工资和改善工作条件。在私营部门，除了几家纺织厂外，几乎没有大规模的工业投资，这意味着直到1940年代，大多数产业工人都还是国有企业的雇员。早期的巴列维政府为工人和他们的家庭提供住房和其他福利，尽管政府将工资维持在较低水平，并且阻止工会化，但一战后的高通货膨胀摧毁了工人们大部分的工作保障，也加剧了工人阶级的不满和激进化。

公共教育与专业阶层的产生

　　除了军队、经济或基础设施建设外，公共教育的发展也塑造了巴列维时期的伊朗社会及其民族主义文化。1921年至1941年间，公立学校数量增长了50多倍，教育预算增长了近200倍。1901年，伊朗只有17所男子小学和唯一一所中学；1924年，伊朗共有638所男子小学和86所男子中学；而到1940年，数量分别达到了2331所和321所。虽然伊朗识字率只从1910年的大约5%提升到了1940年的15%（这一弊病在战后才得到部分弥补），但城市人口的增长是切实可见的，并为中产阶级的形成奠定了基础，这些中产阶级会选择供职于军队和官僚机构，这些机构在未来几十年里成了伊朗专业人士就业的核心领域。

　　自巴列维王朝统治伊始，国家就对教育高度重视，这是恺加晚期和立宪革命现代化蓝图的结果使然。和奥斯曼人、埃及人一样，伊朗人也采用了法国的教育模式，这种模式强调大众教育不仅是国家社会发展的关键驱动力，也担负着塑造公民价值观和道德观的重要使命。1887年，米尔扎·哈桑·大不里兹在大不里士创办了多所达拉弗农初等学校（Dar al-Fonun primary schools），哈桑·大不里兹更广为人知的名字是罗什迪耶，他是一名有巴布教背景的教育家，曾在伊斯坦布尔和开罗待过多年，他还在埃里温授过课，并出版了用阿塞拜疆土耳其语编写的最早的现代教育学手册。1890年代末，这些学校在阿里·汗·阿明·道莱的支持下成长了起来，是立宪时期现代小学的原型（图8.6）。而早在20世纪初，具有改革思想的叶海亚·达瓦拉塔巴迪就创办了一所现代女子学校。从19世纪中期开始，西方的教会学校在首都和各省都很活跃，其中包括乌鲁米耶和德黑兰的美国长老会学校，此后不久，也出现了以色列联盟[1]（Alliance Israélite Universelle）的学校，但这些学校直到立宪革命之后才被允许招收穆斯林学生。位于德黑兰的美国厄尔布尔士学院成立于1870年代，后来发展成一所高等教育学府。1899年至1940年，在萨缪尔·M. 乔丹（Samuel M. Jordan）担任校长的漫长时期内，该学院努力采用美

---

[1] 由法国政治家阿道夫·克雷米尔于1860年成立，总部位于巴黎，以捍卫全球犹太人的权益为目标，在伊朗开办了大量法语学校。

国的文科模式（带有长老会倾向），并将之融入伊朗的环境。与中东其他地区一样，伊朗的男子和女子教会学校不仅对新精英阶层的教育做出了贡献，而且为私立社区学校提供了组织样板和课程模式。

图8.6　罗什迪耶男子学校庆祝建校两周年。黑板上的文字抱怨的是该校11 000图曼的经费被浪费了

　　大约1898年的明信片，由作者收集整理。

立宪革命之后，德黑兰以及各省的巴哈伊教学校也为所有宗教、不同种族和各个阶级的学生提供了严格的课程。德黑兰以及其他拥有大量巴哈伊教社区的城市都设有塔比亚特学校（Tarbiyat School），这类学校融合了波斯式教育和美式教育，试图让学生通过学习波斯文学和历史来塑造伊朗身份认同。塔比亚特学校对西方的创新大开校门，同时避免了教会学校的文化疏远和伊斯兰传统教育的守旧陈规。在教会学校和社区学校之前，巴哈伊教学校就成了政府教育国有化的第一批受害者。1930年代末，塔比亚特学校被关闭了，在一定程度上是因为受到了越来越多反巴哈伊教宣传的影响。

从1920年代中期开始，随着公立学校的发展，标准化的课程设置和严格控制的教学思想主导了伊朗的公共教育。国家教育体制带有巴列维威权主义的缺点：效率低下的官僚作风、资金的不足、缺乏想象力的教学方式和残酷的惩罚。现代学校在小学阶段引入了阅读、写作和算术，在中学阶段引入了科学，与传统的马卡塔布[1]（Maktab，通常在英语中被不太准确地翻译成"Koranic school"，即古兰经学校）和宗教学校完全不同。新的课程标准以一个学年为固定的教学时间，采用12个年级的学制，有一套固定的课程、课时、课本、校服、评分制度和考试制度，还有一个由教师、校长、中央集权化的教育官员组成的层次体系来负责管理。这是一个有诸多缺陷的新制度，并且必须在短短20年时间里适应不断变化的社会现实。

学过地理、历史、波斯文学和现代科学的学生内化了与其父母截然不同的世界观，这些学生的世界观强调了世俗化的知识体系和物质进步。然而，从精英教育体系到公共教育体系的转变——这是全球扫盲革命趋势的一部分，往往会强调一种不加任何批判思考的学习方式。这种教育奖励整齐划一与服从，却束缚了孩子的想象力与多样性。在教育政策制定者看来，主流教育文化是与科学学科、人文学科的知识体系相抵触的，而科学和人文学科本应帮助学生打开认知的视野，改变他们的世界观。此外，现代科学进一步放大了西方所取得的成就，被认为是个人或群体在未来获得物质成功的关键。相比之下，人文学

---

[1] 带有明显宗教特色的传统地方非正规初级教育机构。——译者注

科则灌输了一种伊朗民族主义精神，这种精神美化了遥远的过去，尤其是伊斯兰时代之前的历史，而贬低更为相关的近代历史，后者往往被贴上"颓废"和"腐败"的标签。这种民族主义热潮促进了波斯文学的神圣化和波斯语的标准化，显著地提高了普通学生的语言技能，但也刻意淡化了伊朗的地区和种族多样性。地理学的研究也强调国家统一性、同质性和领土的完整性。因此，整个现代教育设计的潜台词就是提升伊朗的强国地位——这是一个民族觉醒的历史必然，并用一种新的实证主义精神来号召受过教育的新一代伊朗人，要求他们承担责任，成为现代的、世俗的伊朗建设者。在这个国家构建的进程中，伊朗的伊斯兰教——更确切地说是什叶派的——认同，被明显地排除在外。

　　然而，撇开教育的盲点不谈，在礼萨·沙赫治下伊朗的公共教育取得了令人瞩目的成就。小学、中学和职业学校体系帮助培训了新的劳动力。尽管这些教育机构的起点相对较低，却是经济发展的引擎，也是社会、政治进步的标志。这些学校早期的学生家长大多是政府雇员、军官、地主、企业主、新的街边小店老板和传统中产阶级成员，也包括巴扎商人，甚至还包括教阶较高的乌莱玛。一小部分学生主要出身于宗教信仰上的少数派，他们或是巴哈伊教徒、琐罗亚斯德教徒，或是犹太人、亚美尼亚人、亚述人，现代教育是他们提高自身经济地位和社会地位的阶梯。对那些部落首领和各省要员的子女来说，教育是他们进入中央集权制政府的门槛，也是稳固他们在地方上逐渐减弱的影响力的有效手段。

　　德黑兰大学成立于1934年，是巴列维王朝高等教育的顶尖学府。德黑兰大学由许多专业性的公立学院合并而成，培养了一代又一代的律师、医生（以及其他医疗专业人士）、工程师、科学家，以及人文、建筑、美术和社会科学等领域学者。在战后，德黑兰大学还成为滋生政治异见人士的温床，成为反政府抗议和集会的大本营。从马克思主义者到民族主义者，再到伊斯兰主义者，学生和教职员工中存在着各种各样的政治反对派。高等教育与伊朗的政治异见人士密不可分。

　　作为巴列维时代教育改革的典型，德黑兰大学的崛起意味着对早在83年前就建立的达拉弗农的盲目摧毁。甚至在遭受礼萨·沙赫的教育官员的致命一击之前，后立宪革命时期的达拉弗农就已经靠边站了。和其他象征着恺加王朝的物质文化符号一样，达拉弗农也被巴列维现代主义者想当然地认为是不合时宜的。1920年代初，由于缺乏资金和年久失修，作为伊朗第一所西式教育机构的达拉弗农被降级为一所中学。为了给邮电部丑陋的建筑让路，它的一些旧建筑也被拆除了。一些教员被重新分配到了德黑兰大学，其余的则被派到中学任教。

国外新的教育机会也加速了达拉弗农的消亡。到了20世纪初，纳赛尔时期实施的非正式出国旅行禁令被解除，越来越多来自精英家庭的学生——偶尔也包括普通家庭的学生——来到了黎巴嫩的学校、学院和大学（贝鲁特美国大学是他们最喜欢的目的地）。到了后来，越来越多的学生选择前往法国、瑞士、俄国以及德国留学。相比之下，前往英国或美国留学的人要少得多。到1920年代中期，国家启动了一项留学项目，从伊朗高中毕业生中挑选出最优秀的学生，把他们送往法国深造，后来又送到了德国的大学和理工学院。回国后，他们被聘为德黑兰大学的教员，或是担任政府的高级职务。

阿里·阿克巴·西亚斯（Ali Akbar Siyasi）就是一个典型的例子。他是一位法国索邦（Sorbonne）大学毕业的心理学教授，他在1930年写了一篇关于伊朗与欧洲的文化交流的论文，这篇论文为他赢得了法兰西学院（French Academy）颁发的一个奖项。回到伊朗一年后，他成立了"青年伊朗俱乐部"（Iran-e Javan club）。这个文化社团得到许多巴列维教育精英和文化改革人士的青睐，并被认为是一个远离国家干预的安全场所。阿里·阿克巴·西亚斯也是制定德黑兰大学章程的核心人物，并担任德黑兰大学校长一职多年。在法国留学的西亚斯的同窗中，有许多人是伊朗的第一代海外留学生，管理上的才干和学术上的严谨是他们共同的特点。大多数毕业于法国大学的留学生后来在伊朗高等教育体系中占主导地位，忠于二战后的民族主义事业；而德国教育体制下的伊朗留学生往往倾向于左派思想，影响了图德党和其他独立的社会主义组织的形成。

到1930年代中期，尽管在运作上还不够成熟，但巴列维政府已经有足够的信心去接管大多数私立教会学校，并试图进一步规范教育体系。与此同时，巴列维政府还出台了新的着装规定，并对宗教学校有所限制，还禁止了一些什叶派的哀悼仪式。由于政府部门、军队、工业和私营部门对毕业生的需求量很大，因而政府出台了许多新措施，鼓励中下阶层——店主、巴扎中间商、城市流亡者、离开宗教学校的学生、乡村男孩——进入公立学校学习。1941年，330万伊朗城市居民——占近1500万总人口的22%——得到了伊朗教育总预算的近90%，而这笔预算达到了1.55亿里亚尔。入学的学生大多是男孩。只有在首都和其他大城市的社会中上阶层家庭，女孩才有接受教育的希望。这些都代表了国家现代化进程中，出现在一个依旧冥顽不化的父权社会里的微不足道的进步。

旧的马卡塔布系统无法与公立学校媲美，因此注定会在大城市逐渐消失。马卡塔布所有的教学要素——非正式的环境，随意的上课方式，几乎不成系统的课程，晦涩难懂的教科书——都与公立教育背道而驰。那些教师通常是受过基本宗教训练的低级毛拉，常以残暴著称。有些人曾在此接受教育，后来又成了巴列维式的现代主义者，他们的记忆中充满了频繁的鞭笞、殴打和棒击。在其他地方——甚至是在欧洲，体罚都被认为是塑造性格的必要手段。历史学家艾哈迈德·卡斯拉维（Ahmad Kasravi）和他的许多同龄人一样，都是在马卡塔布接受启蒙教育的。他在自己的回忆录中描述了一位马卡塔布的老师，这位老师常常无缘无故地用垂柳长棍击打无辜学生的头部。在那个时期，没有任何其他的回忆录能保留对马卡塔布教育的珍贵回忆。

因而，社会等级制度的痛苦记忆深深植入了这些经历过马卡塔布教育的学生的心灵及思想之中，成了他们一辈子的包袱，无法轻易抛却。公立学校成功地将马卡塔布残酷教学的遗风与欧洲公认的严厉教学相融合，同样地，他们在对西方课程的盲目改编中采用了马卡塔布教育的记忆方法。尽管马卡塔布教育和伊斯兰学校存在着明显的不足，但包括萨迪的《蔷薇园》、《古兰经》中的段落、用阿拉伯语法及句法写成的晦涩难懂的《米尔词法》（Sarfe Mir）、《入门书》（Jami'al-Muqaddimat）等在内的经典文本逻辑简单，确实培养了现代学校中普遍缺失的、具有代表性的波斯-阿拉伯语知识体系。

13世纪的《儿童手册》（*Nisab al-Sibyan*）是一部有200首诗的长诗集，需要学生们背诵下来（甚至到了1930年代仍是如此），这类经典可能是最有影响力的波斯语文本之一。从本质上讲，这是一本阿拉伯语和波斯语的诗歌词汇表。而这本极其枯燥难懂的书将教给学生这两种语言的基础知识以及复杂的诗歌韵律；先知穆罕默德、他的后代以及他的妻子的名字；什叶派历代伊玛目的名字；《古兰经》的章节；历法与基础天文学；音乐模式的名称；动物名称和马、骆驼、羊的分类；各种金属的名称；墨水的配方以及如何选择芦苇笔。这本创作于赫拉特的书把中世纪的博物知识混杂在一起，即使是13世纪赫拉特城里受过教育的成年人也会对此感到困惑，更不用说20世纪伊朗马卡塔布教育下的年轻学生了。

与此相反的是现代学校的课程体系，这一体系意味着文化范式的剧烈转变，即从用阿拉伯语色彩鲜明地表达什叶派认同到用波斯语表现此前鲜见的伊朗文化认同。除了将标准波斯语提升到更高的地位外，新的教育制度还见证了波斯文学经典和历史叙事的建构。教科书、高等教育、公共媒体、国家宣传、对古典诗人的缅怀以及试图"净化"过去的"污染物"，无一不在强调波斯文化遗产的光辉，这些举措与邻国的文化工程有着异曲同工之妙。

重塑文化认同

波斯语和波斯文化曾经一度传播到印度次大陆最东端的孟加拉地区，再到中亚的边陲地区，同时也是莫卧儿帝国和奥斯曼世界高雅文化的重要组成部分。但20世纪初，波斯语言和文化在很大程度上被局限于伊朗的地理疆域之内。在阿富汗，波斯语被称为达利语（Dari）；在塔吉克斯坦，则被称为塔吉克语（Tajik）。波斯语日益衰弱，同时面临着新的挑战。1940年代末，该区域其他地区的波斯文化即使没有完全磨灭，也已成为集体记忆中的孤儿，甚至成为排外的文化民族主义及其对应的教育机构的受害者。

文化民族主义在伊朗国内以及国外都很盛行。似乎从立宪革命以来，国家对高雅的波斯文化就采取了支持的态度，但这种支持是以忽视或压制伊朗境内众多语言以及与之相关的地方文化、民间风俗为代价的。此外，国家过分痴迷于"净化"波斯语中来自阿拉伯语、土耳其语和蒙古语的外来词汇，这些词汇都被认为是令人尴尬的异族统治时期的历史遗迹。巴列维王朝及其文化官员在规范波斯语和推动波斯语的净化上都起了至关重要的作用。将波斯语提升为伊朗的国家语言，往往是以牺牲边疆地区的地方语言为代价的，通过教育及新闻媒体，这种做法使伊朗人民日益同质化。

在20世纪早期，说阿塞拜疆土耳其语的人占到了全国总人口的20%，说库尔德语［分为科曼吉（Kormanji）、索拉尼（Sorani）、戈兰尼（Gorani）三种方言）］的占到了总人口的10%，占非波斯语人口的近三分之一。吉兰语、马赞德兰语、伊朗西部的洛雷语、伊朗东南部的俾路支语、胡齐斯坦的阿拉伯语、伊朗东部的突厥语以及其他方言的使用者加起来占到了总人口的20%。虽然这些语言在当时都处于边缘地位，但大部分都属于伊朗语族的一支，并且可以与作为国家官方语言及高级文学代表的波斯语互通。不鼓励地方语言是波斯语文化精英手中的有力工具。从德黑兰当局的立场来看，在学校课程中加入方言，等于同意地方自治，甚至是地方分裂。国家的中央集权计划及其在边陲的安抚政策也揭示了这种担忧。

突出波斯语（起源于前伊斯兰时代的萨珊王朝时期的巴列维语和阿契美尼德帝国时期的古波斯语）在历史上异族统治时期顽强坚韧的生存能力是巴列维王朝统治的另一个手段。毕竟，这个新王朝的名字暗示了王朝本身与古老民族、古老语言的联系，而礼萨·沙赫本人就是马赞德兰人，他的心中也会有这种历史情结。这种对古代波斯文明的追溯，与对琐罗亚斯德教作为"真实的"、过去的本土宗教的新兴趣相辅相成，而考古发现则进一步支持了这种说法（图8.7）。

图8.7　在舒什（Shush）地区，法国考古队发掘出了苏萨（Susa）古城遗址，该遗址位于胡齐斯坦北部。挖掘伊朗前伊斯兰时期的历史促进了民族主义叙事

A. 冯·格雷夫，《伊朗：新波斯帝国》，第60页。

　　特别是著名的德国考古学家、语言学家恩斯特·伊米尔·赫茨菲尔德（Ernst Emil Herzfeld，1879—1948）的著作，极大地促进了在更广泛的中东文明背景下对前伊斯兰时代的伊朗的理解。赫茨菲尔德是那个时代最伟大的考古学家之一，从1920年代到1934年，他发掘了阿契美尼德王朝的第一个首都帕萨尔加达（Pazargadae），后来又发掘了波斯波利斯以及位于伊拉克境内的萨珊王朝首都泰西封。尽管纳粹德国的崛起严重扰乱了赫茨菲尔德的学术生涯——具有犹太血统的他被迫从享有盛誉的职位上退休，但在美国定居期间，赫茨菲尔德仍然能够继续撰写关于琐罗亚斯德教和伊朗历史的文章。他在伊朗居住了多年，帮助负责文化事务的官员和学者提高了对前伊斯兰时期伊朗历史文化遗产的认识。尽管赫茨菲尔德与法国考古队存在着竞争关系——后者垄断了波斯波利斯的考古发掘，并且与伊朗考古服务处主任安德烈·戈达德（Andre Godard）也有过争执，但赫茨菲尔德的影响力还是如日中天，甚至可以与上一代著名学者爱德华·布朗相提并论。

伊朗的文化崇古主义和"净化"波斯语词汇的举动，在某种程度上是考古学的遗产，但这些举动造成的后果从来没有像批评者时常批判的那样严重。语言霸权肆意蹂躏了土耳其语、印地语甚至塔吉克语（在苏联的主导下，塔吉克语采用了斯拉夫字母），而在礼萨·沙赫的强权下，很少有其他语言能够在伊朗生根。一个有影响力的文化圈所进行的循序渐进的改革，显著地提高了波斯语的书写和口语质量，并且提高了波斯语对新的教育、新闻媒体以及科学需求的适应能力。不鼓励使用古雅的波斯语词汇，为外国术语、思想、制度和新技术创造新的术语，规范波斯语语法和句法——事实证明，这些举措对现代教育和满足社会新需求至关重要。

伊朗学院（The Farhangestan-e Iran）成立于1935年，和法兰西学院类似，主要负责监督波斯语的发展和改革。该机构承诺对语言改革采取一种平衡的方法，并对新词汇的"危机"做出一致的回应。这一新机构的任务是规范波斯语的教学方法以及波斯语的语法，促进词典和其他参考书的制作。此外，该机构还收集伊朗民间传说，启发公众去了解波斯语言文学的真实意涵，鼓励新的文学人才。伊朗学院共有24名成员，囊括了当时杰出的文化人物，由巴列维王朝最有影响力的人物之一穆罕默德·阿里·福鲁吉（Mohammad Ali Forughi，1877—1942）担任负责人。在六年时间内，伊朗学院提出了替代原来波斯语中阿拉伯语、土耳其语和法语词汇的新词汇，这些新的波斯语词汇得到了公众的认可，成了伊朗人日常语言的一部分。然而，这次修订谨慎地避免了有关修改字母系统的敏感辩题，而这正是伊朗学院章程中所要求的。

伴随语言改革的是文学和词典编纂运动。这场运动部分受到了欧洲东方学的影响，部分则受到了传统波斯词典和词典编纂学著作的影响。在1920年代至1930年代，伊朗出版了许多经典文本的不同版本、百科全书式辞典、文学史读本和注释文本。古文字学和文献学研究进一步发掘了那些被遗忘的碑铭文献，为波斯文学经典奠定了基础。此外，一种新的文化和语言风格又通过教科书、报刊、文学期刊和后来的广播传播开来。实际上，开创了这一领域的是立宪革命时期的知识分子，沉浸在学术研究中是对当时令人窒息的政治环境的一种逃避。而对巴列维时代的知识分子来说，在流亡期间或在国内隐居期间编辑一部经典著作，远比冒险获得公职、在巴列维政权的地牢里结束生命安全得多。这些知识分子被放逐到政治荒野，至少产生了一个意想不到的后果，那就是现代波斯文学和历史认同的基础得以奠定。

上文提到的穆罕默德·阿里·福鲁吉就是这个文人圈子的典型代表。他出身于恺加王朝的一个文化世家，甚至在担任礼萨·沙赫的首任首相之前，就主持过翻译项目、编辑项目和历史书的出版工作（事实证明，他也是最后一位首相，并于1941年通过谈判让沙赫退位）。1931年至1941年间，他用波斯语撰写了第一部关于西方哲学的通史，这是一部开创性的著作，为伊朗读者提供了对希腊和西方思想的深刻见解，福鲁吉还在书中首创了一篇颇有技术含量的文章，这篇文章后来成为现代波斯学术研究的范本。1937年，他还将伊本·西那自然科学哲学著作中的一部分从阿拉伯语翻译成波斯语。福鲁吉的这本《西方哲学通史》强调了用自己母语理解西方丰富知识传统的重要性，这一西方传统与伊斯兰哲学中晦涩难懂的阿拉伯语文章形成了鲜明对比。他对阿拉伯语文本中自然科学部分的翻译反映出了一种实证主义的视角，同时，他还努力将波斯人伊本·西那融入现代伊朗民族主义的叙事当中。在巴列维王朝控制下的民族主义威胁要摧毁伊朗的伊斯兰知识遗产之际，这样的一种平衡之举可能还有其他切实的目的。此外，福鲁吉的翻译正值土耳其、中亚和阿拉伯世界的民族主义者对伊本·西那的身份展开激烈争论之际。

作为一个既精通欧洲和伊斯兰文化，又精通波斯文化的人，福鲁吉在远离政坛的岁月里，还出版了13世纪设拉子诗人萨迪作品的通行版，萨迪是波斯古典文学的四位"大师"之一。他的编辑计划可以被视为另一种文化声明，旨在强调萨迪的散文和诗歌在伊朗知识分子重新觉醒过程中的中心地位。萨迪的作品《蔷薇园》和《果园》为将伊朗变成一个包容开放的社会的实用主义变革提供了有力的语言。他和哈菲兹的抒情诗都提供了一种解放身心的世界观，这种世界观与严苛的什叶派教义束缚截然不同。福鲁吉似乎是想把萨迪的诗集或他自己的《西方哲学通史》当作媒介，为伊朗的民族认同描绘出一幅蓝图，一幅既摆脱了保守的什叶派教法学家，也摆脱了施压的统治者及其盲目的西方主义的宏伟蓝图。

阿里·阿克巴·达赫霍达（Ali Akbar Dehkhoda，即前文提到的米尔扎·阿里·阿克巴·加兹温尼）编纂的词典也清楚地表明，波斯语仍是文化认同的核心。他雄心勃勃地编纂了一本多卷本百科全书式波斯语词典，尽管这并非首创。几个世纪以来，印度、伊朗和其他地方的学者（包括18世纪以来的欧洲学者）已经编写过大量的波斯语词典。然而，在同时代的伊朗人看来，达赫霍达的努力是一种不朽的尝试，旨在维护伊朗的文学传统，而不仅仅是为了规范文字和表达方式。达赫霍达的《词典》（*Loghat-nameh*）是在其去世之后才完成的，被认为是波斯语作品中最接近历史词典的著作，因为这本书引用了大量来自古典文献的诗歌和散文。1946年，第十四届国民议会通过了一项特别法案，赞助完成并出版《词典》，这表明伊朗希望将波斯语确立为国家主权的组成部分。早些时候，达赫霍达的四卷本波斯语词典《谚语和格言》（*Amthal va Hekam*）推动了他开启词典编纂项目的意愿，这是为了呼应国家在快速变化的时代保护人民语言和民间传说的愿望及诉求。某种程度上，《天使号角》时期的撰写专栏的达赫霍达与编撰《词典》时期的达赫霍达在冥冥之中又联系在了一起。

穆罕默德·塔奇·巴哈尔是达赫霍达同时代的人，在当时的文化界占据着重要的地位，并在礼萨·沙赫的镇压中备受冲击。他于1942年出版的《文体学研究》（*Sabk-shenasi*）一书对千年来的波斯散文进行了系统性研究，并将波斯散文的根源追溯到了前伊斯兰时代的巴列维语和阿维斯陀语（Avestan）。巴哈尔是新成立的德黑兰大学文学与人文科学学院的波斯文学教授，他在做博士课题的过程中撰写了这份研究报告，强调波斯散文在面对宗教入侵和游牧民族入侵的情况下仍不断发展的多样性。随着巴哈尔那一代的伊朗知识分子对欧洲伊朗学学者的文本研究、文献学研究和批判方法论越来越熟悉，他们对前伊斯兰时期的伊朗、伊斯兰时期的伊朗之间的关联性的认识，推动了波斯语经典的形成。巴哈尔连同历史学家艾哈迈德·卡斯拉维以及其他一些伊朗知识分子，与伟大的德国考古学家、语言学家恩斯特·赫茨菲尔德一起，对古代伊朗语言展开了研究。

从第一次世界大战期间直到1920年代初，流亡的伊朗知识分子组成的柏林圈子已经播下了文化民族主义的种子。受到魏玛共和国（Weimar Republic）的影响，圈子的创始人哈桑·塔奇扎德赫和他的伙伴们——短篇小说先驱穆罕默德·阿里·贾马尔扎德、再次崛起的学者穆罕默德·加兹温尼（Mohammad Qazvini）、琐罗亚斯德教和古代伊朗文献专家易卜拉欣·普达伍德（Ibrahim Purdavud），尝试了新的文学流派和历史诠释，他们大多是立宪革命时期的活跃分子。塔奇扎德赫和他的伙伴们目睹了德国的战败以及战后德国的危机，他们将注意力转移到了文化问题上。伊朗民族主义文化对柏林圈子的影响在《卡维赫》杂志上体现得淋漓尽致，杂志名"卡维赫"以《列王纪》中传说的铁匠来命名，在《列王纪》中，卡维赫以反抗查哈克的暴政而家喻户晓。毫无疑问，这是在暗示第一次世界大战期间占领伊朗的西方列强。该杂志在1916年到1922年间分两个系列出版，每两周出版一期，表达了对伊朗被占领的焦虑和愤怒。该杂志连续发表了大量反俄、反英的文章，其中一些称得上是当时伊朗读者看过的最为尖锐的文章。此外，该杂志还深入分析了伊朗的地缘政治风险和经济困难，以及历史上与两个大国之间的坎坷关系，也表达了伊朗在占领下苟活的耻辱。

战争结束后，《卡维赫》的内容明显转向了波斯历史，特别是关于欧洲学者对古代伊朗、波斯艺术、历法和时间计算（这是塔奇扎德赫的最爱）以及语言学、波斯散文和诗歌的研究。塔奇扎德赫撰写了一系列关于《列王纪》及其历史渊源的文章，是现代伊朗学者对这部开先河的波斯史诗的最早研究成果之一，也是该杂志关于伊朗认同及伊朗历史根源、神话记忆的经典之作。最早的波斯语短篇小说是由贾马尔扎德创作的，最初在柏林圈子内部传阅，有些作品则在《卡维赫》上公开发表。

贾马尔扎德的《往事》（*Yaki Bud Yaki Nabud*）是一部经久不衰的波斯短篇小说集，该小说集于1922年首次出版，巧妙地运用了街头语言、民间修辞和谚语，同时注重地区、阶级和种族用语间的细微差别，深刻地描绘了战后的平民生活。在他的《波斯语是糖》（*Farsi Shakar Ast*）一文中，一位说话直率的农民发现自己被关在了安扎利海关（里海沿岸）的一间拘留室里。跟他一样被关起来的还有一位刚从外国回来的西方做派的伊朗人，此人蹩脚的波斯语几乎让人无法听懂；还有一位穿着传统服饰的毛拉，他那阿拉伯化的波斯语与其他人完全无法沟通。这个被吓坏了的农民——象征一个普通伊朗人，听不懂他的同胞们说的话。绝望之下，他向故事的讲述者寻求帮助。这位讲述者也是监狱里的另一名囚犯，他能够与农民交流，分担对方的恐惧和焦虑。贾马尔扎德是站在观察者视角，描述了故事中三种人物类型之间的文化鸿沟，这是巴列维王朝即将出现的日益尖锐的阶级差异的写照。

贾马尔扎德受到了一战期间自身经历的启发，在这本小说集中创作了另一个故事《像这样的朋友》（*Dustiye khaleh kherseh*）。在这个故事中，一个卑微的咖啡馆侍者在去克尔曼沙阿的路上救了一名受伤的俄国哥萨克士兵，尽管他的旅伴们对那个受伤的士兵持怀疑态度。后来，一行人到达了目的地，而哥萨克士兵却盯上了侍者那微薄的积蓄，于是，好心的侍者成了哥萨克士兵背信弃义的牺牲品。侍者和哥萨克士兵的故事也许是这本小说集中最引人注目的故事，这个故事象征着伊朗被占领的历史悲剧。

1922年，在《卡维赫》即将出版之际，贾马尔扎德还在柏林出版了许多波斯文学作品和历史名著，其中包括11世纪伟大的波斯伊斯玛仪派异见诗人、旅行家、哲学家纳赛尔·霍斯劳（Naser Khosrow）的作品。纳塞尔·霍斯劳的游记似乎是对塔奇扎德赫"颠沛流离的生活"（塔奇扎德赫后来给自己的回忆录起了这样的名字）的一种写照。塔奇扎德赫的流亡生活把他从柏林带回了德黑兰，此后他又回到了欧洲，其间经历了许多起伏。塔奇扎德赫曾在礼萨·沙赫手下担任敏感部门的部长一职，但最终被迫流亡英国。出于绝望，他后来选择在伦敦的东方与非洲研究院担任波斯语讲师。第二次世界大战后，他回到了伊朗，成为第十五届国民议会的议员，此后成为伊朗参议院的议长。1930年代，塔奇扎德赫负责在伊朗出版一系列的波斯古典文学著作，他把这一任务交给了穆罕默德·加兹温尼等文坛名家。加兹温尼是塔奇扎德赫的老朋友，同时也是他的同僚。伊朗教育部以欧洲古典文献丛书的模式出版了这些著作，使人们能够更多地接触到丰富的历史和文学经典，并且促成了对波斯语经典版本的编辑传统。

从伊斯兰经学院到现代学术

作为当时伊朗文化精英之一的穆罕默德·加兹温尼（1877—1949）是传统宗教学校教育和现代东方学研究的集大成者。加兹温尼是一位卓越的文学专家、目录学家和经典文本编纂者，他的研究对伊朗整整一代的文学学者都具有举足轻重的意义。20世纪初，当加兹温尼还是一名宗教学校的学生时，他就精通阿拉伯语，并对古典波斯语有着一丝不苟的文学品鉴能力。后来，他发展了自身对东方学的研究兴趣，并在此后长达35年的时间里沉浸于欧洲的图书馆和手稿收藏中，深深着迷于这一学科。他认为伊朗学者的使命是文本研究和批判性编纂，并用一种文艺复兴式精神发掘伊朗的文化遗产。他与卡塞姆·加尼（Qasem Ghani）合作编辑了哈菲兹的《诗颂集》（Divan），这有助于确立这位伟大诗人在波斯文学经典中的地位，他几乎是所有伊朗人最喜爱的吟游诗人。

对加兹温尼的方法论影响最大的是英国东方学学者爱德华·格兰维尔·布朗。与典型的东方学研究者的形象相反，布朗是19世纪浪漫主义研究、文学研究、历史学研究的集大成者，也是反帝国主义的捍卫者。他的四卷本《波斯文学史》（The Literary History of Persia）写于1902年至1924年间，记录了波斯文学的千年发展历程，充满活力和独创性，为伊朗政治、文化发展的历史脉络提供了广阔的视野。除了编纂和出版包括波斯经典在内的重要著作外，他还鼓励、支持加兹温尼和穆罕默德·伊克巴尔·拉霍伊（Mohammad Iqbal Lahori）等人的研究。然而，如果认为东方学的研究仅仅是单向的，这一观点显然是错误的。以布朗为首的文献出版运动，在很大程度上要归功于这位东方学大师与来自伊朗、英属印度和其他地区的学者之间复杂的互动交流，前者拥有现代研究的方法论、了解先进的印刷方式，而后者则精通文献目录及古文字释读。

　　除了布朗的作品，关于波斯文化如何应对游牧民族入侵以及宗教压迫的叙述，也是对前伊斯兰时期伊朗历史的新解读。东方学学者和由国家支持的新考古探险队都认为，公元前6世纪至公元前4世纪的阿契美尼德帝国是伊朗文明的开端，而琐罗亚斯德教在古典时代晚期的萨珊王朝时代实现了复兴，则意味着伊朗文明的重生。从19世纪的传统史学到当代对前伊斯兰历史的融合，伊朗历史叙事的转变是一个缓慢而复杂的过程。从恺加时代开始，早期的历史记述诸如贾拉勒·丁·米尔扎的《王者之书》（*Nameh-ye Khosravan*），后来的有米尔扎·阿加·汗·克尔曼尼的《亚历山大之镜》（*A'ina-e Sekandari*），这些著作都记载了伊朗古代的历史，通过将《列王纪》中的传说与现代考古学、希腊语和拉丁语文本、西方学术研究相结合，努力连接起伊朗古代史和伊斯兰化后的历史。立宪革命及其余波进一步激励了知识分子，使他们不仅在波斯古典文学中，同时也在对伊朗古代史的关注中，寻求一种宽慰。

　　哈桑·皮尔尼亚于1933年完成的《伊朗古代史》（*History of Ancient Iran*）在此后反复再版，这本书证明了巴列维王朝的合法性及其对古代波斯历史的推崇。除传统的波斯文献外，伊朗人第一次通过考古学、古希腊文献、古罗马文献、拜占庭文献以及现代西方学术研究成果，了解到了波斯帝国的强大，包括帝国疆域的辽阔以及征服的历程、行政制度和行政组织、与希腊及罗马世界的商业文化交流。通过贸易、经济、行政、文化以及琐罗亚斯德教、摩尼教和伊朗语言，伊朗在东方的中国、南亚和西方的地中海世界之间，搭建了一座超越千年的文明交流的桥梁，这些都是令人为之振奋的历史，展露出了一脉相承和民族复兴的曙光。1934年，纪念菲尔多西《列王纪》的千年庆典吸引了来自世界各地的伊朗学研究者。而由伊朗建筑师卡里姆·塔赫扎德赫·贝扎德（Karim Taherzadeh Behzad）于1928年开始设计重建的菲尔多西陵墓也宣告竣工，并被认为是伊朗文化史上的标志性建筑。

　　公共文化符号的展示和对伊朗文学及知识分子偶像的纪念，如菲尔多西（以及后来的伊本·西那），使伊朗民族主义叙事逐渐渗透到普通民众的层面。即使是在国家直接影响范围之外的男男女女——清真寺和宗教学校里的教士阶层、巴扎中的商人、偏远地区的村民和游牧民族——也开始适应标准的波斯语以及波斯文化符号、历史叙事，尽管有些人有意识地抵制国家对建构"伊朗"元素的垄断以及为实施统一官方语言而采取的同质化政策。

柏林圈子的另一位成员易卜拉欣·普达伍德被认为是将伊朗古代语言和文献融入巴列维民族主义叙事的重要学者。他是从拉什特的一所宗教学校里走出来的，在20世纪头20年里过着颠沛流离的生活，辗转黎巴嫩、巴黎、柏林和孟买。在30多年的研究生涯中，他的研究范围涵盖了什叶派教法学、阿拉伯语语法学和传统医学，还涉及法国和德国的法律研究，并且通晓欧洲多国语言。第一次世界大战期间，他加入了柏林的学术圈，并以密探的身份回到克尔曼沙阿。在那里，他与贾马尔扎德共同编辑了反对外国占领的杂志《复活》（*Rastkhiz*）。在回到柏林后，作为魏玛时期柏林圈子的民族主义话语体系的一部分，他参与了琐罗亚斯德教和古伊朗语言的研究，并结识了许多重要的德国学者，此后又与不少法国、英国和美国的伊朗学研究者相交。这些经历深刻地改变了普达伍德。后来他搬到了印度，在那里，他与帕西学者合作翻译了一些阿维斯陀语文献。在1937年回到伊朗以后，他被聘为德黑兰大学古伊朗语教授。在普达伍德的一生——或者说在他的学术生涯中，他培养了一代又一代德黑兰大学的学生。普达伍德就像巴哈尔和艾哈迈德·卡斯拉维那样，清楚地彰显了从立宪革命时代的激进主义到巴列维时期的伊朗民族主义话语体系的历史性转变。

撕毁一份古老的契约

伊朗人对琐罗亚斯德教的重新认识以及对古代伊朗记忆的再次复苏，使得什叶派宗教集团选择站在巴列维王朝的对立面，挑战其世俗化进程。尽管在统治前期，巴列维政府与乌莱玛的关系是相对友好和互利的，但到1920年代末至1930年代，双方之间裂痕开始出现并不断扩大，这种现象带来的后果影响极为深远。甚至在礼萨·汗崛起之前，教士的声望就已明显下降，1909年处决谢赫·法兹洛拉·努里就是一个例证。到了1939年，也就是一代人之后，新着装规范的出台以及强制性地揭掉面纱，使国家成功地削弱了宗教机构及其忠实追随者的保守道德风俗和价值观。世俗化的进程主要由巴列维王朝的文化精英负责构思和实施，并由国王亲自监督，这一进程进一步侵蚀了一份古老的社会契约，至少在理论上来讲，"好政府"与"好宗教"通常会紧密相连，也就是古典作家所称的"形影不离的孪生兄弟"。这一原则自萨珊王朝以来就以各种形式运作，并且在萨法维时代被确定为政治社会的规范。事实证明，瓦解这项契约是巴列维王朝世俗化进程的必然结果，而这显然比征服部落地区或阻止欧洲帝国的侵略野心更具威力。在礼萨·沙赫时代的世俗化过程中，什叶派宗教机构已经被当成了一股政治反对力量。

早在1927年，就有迹象表明巴列维政权和教士阶层之间的分歧正在扩大。当时的所有男性都必须服兵役，包括宗教学校的学生。伊斯法罕的乌莱玛担心推崇无神论的巴列维军队会给穆斯林青年洗脑，因此呼吁追随者抵制这项政策，但并没有得到多少民众的支持，这表明乌莱玛的号召力已经快消失了。同样，国家采取的其他改革措施，如对男性实行西方化的着装规范，减少并最终取消学校课程中的宗教教育以及政府对慈善基金实行更为严格的控制，并没有驱使民众选择站在乌莱玛的一边。然而，真正的考验来自1935年在各个城市举行的反对强制取消妇女佩戴面纱的活动。在马什哈德，民众的示威导致了古哈尔沙德清真寺（Gowharshad Mosque）里的一场血腥镇压，该清真寺毗邻第八任伊玛目的圣陵。当时，一名级别较低的教士谢赫·博赫鲁尔（Shaykh Bohlul）煽动了信众，并导致一名政府官员被暴徒用私刑处死。作为回应，安全部队不分青红皂白地向抗议者开枪，造成十几人死亡、数百人受伤。这一不祥的事件不仅表明政府敢于冒犯一座重要的清真寺，而且也显示出乌莱玛已无力改变政府的社会政策。

礼萨·沙赫和巴列维的精英阶层明确地将宗教机构及其所代表的立场视为进步的障碍，试图缩小宗教机构的规模，并在很大程度上削弱其在保守的巴扎行业中的影响力。为了进一步削弱乌莱玛的反对声浪，巴列维政府还采取了向温和派乌莱玛妥协的方针。尽管政府对清真寺讲道和穿戴乌莱玛服装有所限制，但从未废除乌莱玛等级制度或伊斯兰经学院，也并不限制瓦克夫[1]（waqf）及其他收入来源。值得注意的是，在巴列维王朝早期，清真寺的数量有所增加，宗教中心库姆的知名度与日俱增。

大多数温和的乌莱玛不得不屈服于阶级地位下降的现实，同时又带有顺从和悔恨（这种悔恨来源于他们没有为恺加王朝的存续而斗争到底）。他们把礼萨·汗和巴列维的现代化看作是大势所趋，甚至是必要的，只要乌莱玛手中残余的宗教权力仍然存在。不同于其他逊尼派伊斯兰国家的宗教机构——这些机构几百年来一直处在奥斯曼帝国的庇护之下，伊朗的什叶派乌莱玛甚至在恺加王朝灭亡之后仍然能保持其机构的独立性。即使他们失去了巴列维王朝的庇护，与国家之间不成文的契约也即将被废除，乌莱玛集团内部的团结也并没有完全丧失。事实证明，礼萨·汗时代强加于他们身上的种种困难，实际上增强了他们日后整体的恢复能力。

许多文化精英——例如有影响力的文化部长阿里·阿斯加尔·赫克马特（Ali Asghar Hekmat）、民族主义历史学家艾哈迈德·卡斯拉维和颇有争议的记者阿里·达什蒂（Ali Dashti）——本身就是宗教学校出身，他们对自己的教育背景有一定的认同感，尤其是在面对残暴的巴列维军官或像塔伊穆尔塔什这样有权有势、贪图享乐的政治家的时候。然而，西化的巴列维社会文化总是禁不住地嘲笑那些乌莱玛鬼鬼祟祟的心态和举止。此外，民族主义叙事将伊朗什叶派的历史边缘化，甚至将之贬低为不幸的历史偏差和痛苦折磨。在某种程度上，什叶派被纳入这个国家的历史叙事——在学校教科书或国家宣传中，强有力的什叶派故事被稀释成肤浅的伊玛目历史。甚至连什叶派在萨法维王朝崛起过程中所起的作用以及作为国家认同重要组成因素的功能，都被淡化了。什叶派作为伊朗认同的一部分，使伊朗有别于逊尼派的阿拉伯和土耳其，因而得到重视和包容。但在这种背景下，侯赛因和卡尔巴拉的故事以及穆哈兰姆月的哀悼仪式，从现代主义视角被认定为宗教迷信的尴尬表现。大多数集体仪式都被禁止了，这些仪式或毫不起眼，或稀奇古怪：带着横幅、旗帜和其他符号

---

[1] 指伊斯兰法律中不可剥夺的宗教捐献，通常是为宗教或公益目的的捐献财产、地产。

的穆哈兰姆游行，哀悼仪式中的经文诵读，饱含激情的塔兹耶剧演出，自我惩罚的行为——拍打胸脯、用链条击打身体、身披裹尸布、用马刀在额头上划出伤口以及用长钉和锁链刺穿身体。由于文化上的敌对关系，巴列维王朝甚至拆除了宏伟的皇家剧院，这是恺加王朝支持什叶派的标志性建筑。1930年代，这座引人注目的建筑被摧毁了，取而代之的是伊朗国家银行的一家分行，该机构大楼仿照波斯建筑的风格，建在了博扎乔梅里大街（Bozarjomehri Avenue）上——毫无疑问，这是在粗鲁地提醒那些虔诚的巴扎商人：推崇仪式什叶派已经一去不复返了。

乌莱玛在面对蒙昧主义的指控时选择了沉默，这进一步降低了他们在公众心目中的地位。从现代主义者的角度来看，乌莱玛值得批判的地方有很多：过时的言谈举止，用伪阿拉伯语口音炫耀自己长年在纳杰夫学习的经历，对仪式洁净和消除污秽的在意达到了近乎痴迷的程度，最重要的是，他们厌恶所有西方的事物。此类种种为崇尚现代主义的批评者提供了机会，他们至少可以将中下层乌莱玛贬损为一群愚昧无知、衣衫褴褛、如饥似渴的毛拉，这些毛拉渴望得到捐赠或参加念诵纪念伊玛目侯赛因哀歌（Rawzeh-khwani）的集会。

然而，对他们的公众形象造成更大损害的是人才流失，这削弱了乌莱玛集团的地位，这些人才很多都进入了政府机构或国家机关。获得名望有了新的途径，即使这一途径意味着稳定但微薄的收入来源，却也是诱人的。在政府机构担任文职工作甚至会让人觉得带有某种神秘感，尽管这份工作常常像在宗教学校里死记硬背复杂的阿拉伯语法规则那样乏味。成为公务员，并由此被纳入政府机构中，往往意味着人生的成功。通过高等教育获得工程学或现代医学学位，从事商业或是在现代学校中担任教职，也吸引了年青一代，包括高级乌莱玛的子女，当乌莱玛的收入来源逐渐枯竭时，他们认为继承乌莱玛的衣钵也就没有什么前途可言了。从事新闻工作、法律实务甚至从政，尤其是在改革后的司法体系中担任法官或辩护律师，都是当时最优秀、最聪明的人的选择。尤为重要的是司法体系管理着政府批准的婚姻登记处，为他们提供了一份安全的工作：依据国家规定办理婚姻和离婚案件，拟定公文、契约、合同，以及担任公证员。

达瓦尔领导下的司法改革自1927年冬天开始，并在整个礼萨·汗时代持续推进。这次改革临时解散了现有的司法部，编纂、推行了一套成文的法律，并监督司法职位的任命。这些措施削弱了乌莱玛在司法领域的影响，并剥夺了伊斯兰教法学几乎所有的实际应用。精细、烦琐的什叶派合同法（mo'amelat）失去了法律效力，尽管新成文法的起草者们充分地对之加以利用，并用法国的民法进行整合，以适应什叶派社会的特殊情况。什叶派的教法原理曾是教士进行民事审判的核心依据，现在变得已不再是民法或刑法的唯一来源。重要的是，法律的解释与执行完全掌握在了国家法院手中，脱离了教法学家传统掌控的范畴。

然而，伊斯兰教法中关于洁净以及处理污秽之物的虔诚要求和宗教义务，以及关于礼拜、斋戒、朝觐、天课和其他行为的规定却不受管制。这些方面当然会成为乌莱玛的主要关注点，并在一种名为《教法释义》（*Tawzih al-Masa'el*）的新教法手册中得到了充分的体现。该手册对一系列真实或假设的问题给出了教义上的回答。在适当的时候，这些手册将成为社会公认的强制性教令，而这些阿亚图拉也会被认可为"效仿源泉"。

在达瓦尔的主导下，始于立宪革命时期的司法改革至此画上了句号。在恺加王朝早期，穆智台希德作为一个强大的利益集团崛起，有力地阻止了一切法律编纂，也扼杀了通过受监管的法庭来执行法律的可能性。与奥斯曼帝国、赫迪夫制度下的埃及（尤其是1882年以后）以及殖民时期的印度的穆斯林法律相比，恺加王朝时期的国家干预微乎其微，而且没有产生什么效果。尽管什叶派教法和法律方法论在概念上取得了令人印象深刻的进展，尽管改革派政府做出了并不热忱的努力，但适用于所有人的法典的概念对伊朗人来说基本上是陌生的。由于伊斯兰教法的含混不清，穆智台希德的教法解释有时也相互矛盾，因而他们的判决难免变幻莫测，再加上随意的法庭程序以及教法学家臭名昭著的贪污和受贿行为，这个受监督的司法框架内的法律实践受到了损害。立宪革命以后，对各行政部门的司法改革为立法奠定了基础，但也因为平行的法律框架而使情况变得复杂。

巴列维王朝新的司法改革主要以《拿破仑法典》为基础，在什叶派伊斯兰教法之下合理地借鉴了法国的法律体系，这一做法可能比20世纪许多其他伊斯兰国家更为有效。在达瓦尔的监督下，熟悉欧洲法律的中级穆智台希德和具有宗教学校教育背景、熟悉欧洲法律的国家行政人员组成了法律专家委员会，并在短时间内审阅了法国的法典，后又根据伊斯兰教的特殊情况对其进行了修改。1927年颁行的《刑法典》以及1931年颁行的《民法典》逐步取代了穆智台希德管理的伊斯兰法庭。新法典凸显了由国家主导的官僚体系的所有缺陷，但事实证明，该体系中的伊斯兰条款对政权的合法性至关重要。

新的成文法植根于1906—1907年的宪法，旨在保护公民权利、正当程序以及法律面前的人人平等。然而，巴列维的专制统治、似有似无的立法机构、公众监督的缺乏以及传统法律文化的残留，对法律的实施构成了严重的阻碍。家庭法——特别是婚姻、离婚和监护问题——仍然与伊斯兰教法及其父权制基础保持一致。继承法也是如此，对性犯罪和家庭暴力的惩罚也不甚严格。尽管设定了一些前提条件，但法律仍然允许一夫多妻制。而且在传统的伊斯兰法律框架下，妇女几乎没有得到什么法律保障——除非当她们成了妻子或母亲。妇女的生活被束缚在各种各样的传统与不安全感中，她们没有追求法律、财政或职业独立的机会。巴列维王朝的改革派经常把对妇女合法权利的漠视归咎于社会的保守价值观和对乌莱玛反对派的恐惧。与此同时，巴列维政府中的现代主义者并非没有男权主义思想，甚至还受到了当时欧洲男性至上文化的影响。

此外，按照新改革规定，大多数中上层乌莱玛需要通过登记处来获取微薄的收入，而过去的慈善基金以及巴扎商人的慷慨捐献则迅速减少。在大萧条时期，暗淡的经济状况打击了伊朗的贸易和农业，使得这些乌莱玛的收入情况也雪上加霜。此外，管理不善和腐败问题长期困扰着瓦克夫机构。1927年至1933年间，新法律赋予了国家对所有公共捐赠金的管理权，其中最重要的就是对马什哈德伊玛目礼萨圣陵的大量捐赠金的管理权以及对私人瓦克夫的控制权，这些瓦克夫被假定为遭到遗弃或受托人不明的财产。

政府干预也打击了对新瓦克夫的筹建活动。在过去，建立宗教慈善基金会被认为是一种安全的方式，既能保持对家庭财产的控制，又能避免国家权力被染指，同时还能履行一种对公众有益的、受人尊敬的宗教义务。但在巴列维时代，瓦克夫被认为是一种过时、烦琐且没有什么意义的方式。瓦克夫的官僚化和有效监督的缺失导致许多捐赠的坎儿井、澡堂、蓄水池、剧院、桥梁和图书馆或衰败，或被没收。为这些公共机构的维护提供支持的许多村庄、农场和巴扎店铺，本身也面临被侵占或被削弱的风险。然而，乌莱玛并没有完全失去他们的控制能力。政府任命了许多人来担任监护人，并为这些神职人员设立了足以让他们继续履行职责的年金。

规范着装、揭掉面纱与教士的困境

尽管国家对司法、教育和经济领域的干预力度已经相当大，但对公民私人生活的干涉才是最为明显的。1928年12月的着装规定要求所有男性公民从上学起都要穿欧式风格的夹克和裤子，戴一顶被称为"巴列维帽"（Pahlavi hat）的圆柱形短边帽，类似法国的平顶军帽。在20世纪初，这种有选择性的西方化已经使大量的欧洲服装在城市精英中流行起来。然而，伊朗社会仍然认为服装是表现社会地位、所属地区、职业属性、集体忠诚甚至性取向的强大标志。统一的服装带有军国主义的意味，彻底背离了服装多样化的格局。毛拉、商人、工匠、政府官员、部落汗、农民、德尔维希和路提斯，以及不同社会阶层的妇女、游牧部落的男男女女和宗教少数群体，这些人可以通过他们的方言来区分，也可以通过他们独特的外表、着装来加以辨别。

就像欧洲和邻国土耳其痴迷于着装背后的意识形态一样，巴列维的着装规范也是一个强大的工具，它把伊朗社会变得千篇一律、毫无特色，忘记了这个社会本身的多样性，并准备按照西方模式进行重塑。礼萨·汗原本是萨瓦德库赫的一名农民，他在哥萨克兵营里被改造成了"命中注定的人"。他穿着朴素的军装、墨索里尼式的短披风以及及膝的皮靴，浑身散发着权力的气息。然而，普通伊朗公民穿着不合身的新衣服，却显得既害怕又尴尬。即便如此，滚滚而来的变革浪潮依然席卷了方方面面。

对乌莱玛来说，强制性的着装规定是一种诅咒，尽管他们在一定程度上被排除在这个规定以外。他们憎恨巴列维的服装，主要是因为西化的统一着装是对他们的主张的一种象征性反对。乌莱玛担心戴镶边帽的规定是无神论国家故意让信徒在日常礼拜时无法跪倒在地，他们还认为西方的裤子和短夹克裸露了过多的肢体。此外，国家职业资格标准认证——包括对宗教学校课程的书面审查，也让乌莱玛感到屈辱和不满。尤其是从1930年代中期开始，新的着装限制开始生效，他们失去了穿着乌莱玛服装的特权，意味着许多人无法再像几个世纪以来那样，仅仅通过佩戴头巾就能被完全认为是神圣的：黑色代表先知家族的后代（这在乌莱玛中所占的比例非常高），白色代表其他人。头巾有时会做成由多层布料折叠的圆顶结构，辅以长袍（'aba）、拖鞋（最好是黄色的）和一件名为"拉达"（rada）的宽松披肩，在先知和伊玛目的传记中，拉达是一种带有神圣血统的衣物。长长的染了色的胡须、玫瑰水的香味、绿色的念珠，有时在腰间围一条白色或绿色的披巾，这些衣着和装饰对乌莱玛而言都是必不可少的，却与世俗社会的生活需要格格不入。由于被排除在强制性的着装规范之外，乌莱玛的衣着被当成是历史上的一种反常现象，因而引人注目，还被现代化的中产阶级以一种傲慢甚至鄙视的态度来看待。

然而在礼萨·汗的统治下，最具挑衅性的改革措施是在一些特定的场合，如政府组织的公众集会上，女性的头巾（hijab）和全身黑袍（chador）都必须摘除，并从1934年起将它作为一项强制性的国家政策。这涉及的不仅是乌莱玛，而且关系到社会风俗和父权制的核心问题。女性的头巾以及对女性的社会排斥与隔离，从古代就已经开始实施，并且在恺加王朝早期，男性主导的城市环境中仍不折不扣地遵循这一社会风俗。女性的头巾被视为男性荣誉（波斯语"namus"，源自希腊语"nomos"，意为"普世的法则"）、家庭美德、女性性别与道德的象征，而这些又都被认为是整个社会的基石，并通过生殖、血统和性别界限的规则来严格维护。这一秩序现在遭到了挑战。

如果认为揭掉面纱是巴列维王朝一项虚无缥缈的发明，那就太天真了。除了70年前塔赫雷所留下的巴布教遗产与记忆外，当时的进步立宪派报刊和诗人——阿雷夫·加兹温尼和伊拉杰·米尔扎（Iraj Mirza）等人以及1910年之后的几家女性杂志，都曾呼吁女性通过教育掌控自己的生活、反对法律歧视，将女性从腐朽的旧社会中解放出来，让她们参与伊朗的民族事业。阿雷夫曾号召"妇女战斗团"和诗人一起对抗迷信和暴政。在1910年代末的一篇著名作品中，伊拉杰巧妙地讽刺了同时代乌莱玛的偏执。马什哈德的一家商队旅馆把一个女人的形象刻在了旅店门口，消息很快传到了"头巾大师"那里，于是，他们马上冲到了现场。宗教学校的学生担心这张没有遮面的图像会瞬间摧毁信徒们的信仰，于是很快就用泥巴给这幅画像戴上了一层临时的面纱。"那即将被风化的荣誉就这样被一把泥土保存了下来。"现在乌莱玛可以放心了，伊拉杰冷笑道，女性的诱惑再也不能把公众"拖入罪恶的海洋"，而这种泰然自若的荣誉会阻止所有的罪恶从地狱中挣脱出来。他总结道："有如此'热情的'乌莱玛，为什么我们的人民仍然对我们王国的进步感到悲观呢？"[1]

在礼萨·汗上台以后，尤其是在有关共和政体的辩论期间，支持揭掉面纱的呼声随着妇女团体的成立以及她们为揭下面纱组织的游行示威活动而变得越来越高，这些妇女还曾与反对者发生过冲突。但直到1927年以后，德黑兰的精英阶层中才出现了零星的自愿揭开面纱的行为。1932年，还出现了鼓励女学生以及军官和公务员的妻女揭纱的现象。1934年，在礼萨·汗对土耳其的正式访问之后——这是他唯一一次访问外国，新的政府法令要求在全国范围内强制所有阶层的妇女揭掉面纱。新政策的严格执行一直持续到礼萨·汗时代的结束，这意味着即使是属于最保守家庭的妇女也要摘掉面纱和黑袍（图8.8）。即使是在国王本人的精心监督下，强制普遍推行的揭纱运动也并非没有社会阻力。警察会当街强行扒掉那些女式黑袍，而那些不愿执行新政策的军官和文官会遭到谴责，甚至是解职，再加上对保守派反揭纱情绪的普遍无视，这些令人不快的场景使得整个运动都被蒙上了一层阴影。

图8.8　政府雇员、城市名流和他们的妻子首次参加政府在设拉子举行的公众集会（大约是1935年）。事件起源于国家发起的强制揭掉面纱运动

M.萨内，《创世纪的设拉子摄影》，第149页。

人们普遍认为，强制性地摘除面纱是不受欢迎的，是一种压迫，但这场运动的解放作用是不可否认的。很大一部分的女性，特别是年轻女性，以同样的热情迎接开放，就像她们欢迎现代教育、参与公共生活以及掌控自身生活那样。值得注意的是，在1941年强制揭纱被迅速废除后，只有一小部分城市妇女重新开始遮面，她们主要来自较小的城市或是出身宗教阶层，但几乎没有人选择重新穿黑袍，即使是乌莱玛的妻子和女儿也不例外。这与1927年以前几乎所有的穆斯林社会妇女都包裹着面部的现象形成了鲜明的对比（图8.9）。

图8.9　学习使用辛格牌缝纫机。早在1921年，阿齐泽·贾汗·谢伦加尔（Azizeh Jahan Chehrenegar）就在设拉子开设了这样的课程

M. 萨内，《创世纪的设拉子摄影》，第179页。

女性之间的这种差异部分是因为代沟。一些年长的妇女会选择顺从伊斯兰教法的要求，很少冒险走出房子的内屋，而是选择永远待在家里，因为她们害怕脱掉面纱和黑袍会给自己带来耻辱；然而，年青一代更愿意抛弃令人窒息的传统模式（图8.10）。撇开暴力执法不提，此次揭纱运动也是对礼萨·汗世俗化进程的肯定，并使乌莱玛声望扫地。

图8.10 照片中的女子披着黑袍、不戴面纱，而她的小孩身穿西式服装。这张照片象征着时代的变迁。他们身后是一张1927年德国无声电影《最后的华尔兹》（*Der letzte Walzer*）的旧波斯海报

A. 冯·格雷夫，《伊朗：新波斯帝国》，第10页。

出于恐惧和不确定，乌莱玛别无选择，只能默默地接受了现实。尽管当时并没有出台反对揭面纱的重大教令，不过到了后来的几年里，人们对从前强制戴头巾的做法已经充满了怨怼。即使是家境一般的家庭，也很快开始适应这种毫无遮掩的外表，并获得了明显的现代情感。

反对揭开面纱不仅是顽固不化的表现，也反映了乌莱玛未能形成应对巴列维模式的替代方案。可以想象，伊斯兰教法的困境和晦涩难懂的教学方法、

教科书、课程以及与之相关的保守世界观——教法学家集团本可以解决这些问题，却从未真正去解决。就好像宗教学校围墙内的乌莱玛，尽管革命动摇了他们的社会根基，但他们仍泰然自若，保持一种拒不接受现实的状态。乌莱玛的视野很久以前就开始缩小了，当时他们拒绝了另类的思维方式（包括像伊斯兰哲学这样温和的思想）以及创新（bid 'a），在法理学壁垒森严的界限内，创新会被视为异端邪说。他们强化了自身法律主体的基础，使之变得神圣不可侵犯。即使在乌莱玛中的边缘群体出现了温和修正主义的特征——如穆罕默德·哈桑·沙里亚特·桑格拉吉（Mohammad Hasan Shari'at Sangelaji）的观点，也会被主流教士集团严厉谴责为亵渎神灵之举。

桑格拉吉本人是穆智台希德，他提出用一种理性的观念来看待伊斯兰教法，目的是在教义学和法律体系中容纳某种程度的现代性，并与巴列维王朝的司法改革相适应。他呼吁对《古兰经》进行明确的解读，并将其视为一扇通向新法理学的窗户，而不是被真伪存疑的圣训、晦涩费解的学术研究以及流行迷信所迷惑和混淆。桑格拉吉的理性主义的方法混合了什叶派救世思想的元素，直接跳出了什叶派传统的文字叙事——隐遁伊玛目在世界末日来临时会以暴力和复仇的方式重返人间（khoruj）。相反，他选择了社会的渐进式转变，他的这一观点非常接近巴哈伊教的道德重建理念。这种接近可能解释了他对巴哈伊教的敌意，以及他对越来越多的人皈依新信仰的焦虑。乌莱玛同样不为世俗批评家所动，比如20世纪三四十年代颇具影响力的记者、历史学家和道德重建先驱者艾哈迈德·卡斯拉维。乌莱玛对自己的宗教传统感到自豪，对那些批判教义学和法理学僵化保守的声音不屑一顾，就像他们对待巴哈伊传教士——乌莱玛将这群人视为伊斯兰教义最大的敌人——以及社会主义者和伊斯兰现代主义者那样。

伊斯兰教法和教义学的困境，如否认所有公民不分性别和信仰的平等权利，对非穆斯林、非什叶派和宗教异见者的不宽容，对妇女在风俗和教法上的歧视，允许奴隶制，允许石刑、同态复仇、血腥惩罚，处罚同性恋者、性犯罪者和异端，剥夺言论和新闻自由，顽固的反智主义，乌莱玛精英坐享崇高的地位——所有这些都没有得到解决。

什叶派教士阶层的社会活动范围不断缩小，这是不可否认的，而伊朗社会中现代与传统阶层之间实际上也存在着更大的分裂。在教义受到挑战、国家世俗化政策以及市场经济的反向激励下幸存下来的教士群体，更加意识到自己是一个被剥夺和迫害的群体。1920年代末，库姆，这个比伊斯法罕和马什哈德更古老的宗教研究中心，更能代表这种孤立主义的精神，最明显的体现就是宗教学校学生的贫困生活。在很大程度上，他们依靠的是"效仿源泉"的津贴以及来自"哀悼团体"的捐赠品——穆哈兰姆月和斋戒月（Ramadan）期间，他们通常会在集会上念诵悼词。此外，他们还依靠前往伊朗和伊拉克南部什叶派圣地朝圣的信徒们所给的施舍。

乌莱玛在反对媒体和娱乐化等公共议题上也是全面溃败。1927年，伊朗建立了一个小型的政府电台，后来在1940年扩建为影响力更大的国家广播电台，即伊朗广播电台（Radio Iran）。20世纪三四十年代，在首都以及后来的各省，剧院和电影院数量不断增加，这在无形中与斋戒挽歌集会、清真寺布道形成了竞争关系。好莱坞电影、早期在孟买制作的波斯电影以及留声机的引进，还有波斯古典音乐和流行音乐的录制，为伊朗民众的日常休闲娱乐开辟了新的途径，尽管乌莱玛严厉谴责这些行为是亵渎神明的。

从20世纪初开始，伊朗市场上唱片数量的不断增长使得各种类型的波斯音乐、古典音乐和流行音乐都为热情的大众所接受。这些唱片也为波斯音乐和音乐家提供了一个新的公共平台，并且不同于在贵族豪宅中举行的聚会或是在城市郊区的低级酒馆里的狂欢。到1930年代末，至少有三家西方唱片公司及其伊朗子公司在伦敦、伊斯坦布尔、巴库、塔什干制作唱片，后来又在德黑兰录制了最为出色的波斯音乐和男女声乐表演。伊朗公众开始接触到达尔维希·汗（Darvish Khan）等作曲家和音乐大师的作品——他录制了用弦乐器演奏的波斯达斯特加赫音乐体系，也欣赏到了著名女歌手卡马尔·穆鲁克·瓦兹里（Qamar al-Moluk Vaziri）的美妙歌声。他们为波斯音乐平添了一丝不同以往的气派与雍容。此外，当时还发行了一些流行歌曲和圣歌，还有滑稽的模仿歌曲和流行喜剧。

引进的西方电影带来了装束时髦的男明星、魅力四射的女演员、引人入胜的史诗片、滑稽剧、西部片和好莱坞式的爱情片，对年轻观众的吸引力也越来越大。咖啡馆和餐馆对首都的上层阶级来说是新鲜事物，也提供了世俗的休闲氛围。对普通伊朗人来说，传统的咖啡馆几乎只提供茶水和便宜的巴扎菜肴，仍然是听说书人讲述《列王纪》以及其他经典和流行故事的场所。在咖啡馆里讲故事的说书人和流浪的德尔维希常常一边讲述什叶派悲剧与《列王纪》，一边展示大型绘画，以作为视觉辅助。随着现代娱乐的发展，这种艺术形式在此后渐渐地消失了。什叶派乌莱玛已经不再像17世纪那样反对或赞成这些公共娱乐形式了，因为他们还要操心其他异教徒的休闲活动。有许多乌莱玛及其保守派追随者完全隔绝无线广播，甚至没有收音机，理由是拥有播放音乐的媒介在宗教上是非法的。

礼萨·汗统治的末日

到了1930年代中期，礼萨·汗的政权变得越来越专制和不可预测。旧的精英们被吓得屈服了，最终被新一代的技术官僚所取代；军队将领们屈从于国王的意愿；乌莱玛士气低落，退避自保；国民议会被简化为一个无足轻重的装饰物；部落地区大体上得到了平定，他们的首领或被消灭或被流放；一个包含大量秘密特工的警察机构成了国王偏执恐惧的邪恶工具。然而，尽管权力得到了绝对的稳固，但巴列维王朝的群众基础已然受到了侵蚀，其执政的合法性也受到了质疑。第二次世界大战使这些裂痕变得更加明显，伊朗发现自己已经陷入了深不可测的外交泥潭之中。1941年8月，礼萨·汗被迫退位，伊朗在25年里第二次面临英俄（苏联）的占领。具有讽刺意味的是，伊朗人民既愤世嫉俗，又充满了绝望。

第二次世界大战爆发之初的1939年8月，伊朗宣布中立，如1915年的做法，但结果适得其反。早在1940年1月，英国就怀疑礼萨·汗的真实意图，并对德国在伊朗与日俱增的存在感到担忧，于是，英国开始动员英印联军，意图占领胡齐斯坦油田。鉴于伊朗石油对英国经济和战争的重要性，1933年礼萨·汗就石油开采的特许权重新开启谈判，此举让英国当局更加怀疑其动机，尤其是在 1940年5月温斯顿·丘吉尔成为英国首相之后。丘吉尔的霸权主义情绪被披上了一层爱国主义的新外衣，并在英国外交界引起了共鸣。英国驻德黑兰的外交公使雷德·布拉德（Reader Bullard）是一个有着深刻殖民主义偏见的外交官，他对待伊朗人的态度带有一丝傲慢与优越感。他担心礼萨·汗与纳粹勾结，从而让德国势力在伊朗渗透。

甚至在1933年纳粹党崛起之前，伊朗就依靠德国的技术和金融专业知识来建设新的工业、铁路、银行系统，并在德国管理的技术学校里培训工人。德国自1930年代初以来形成了工业优势，成为伊朗贸易和工业的一个有吸引力的选择，同时德国也是一个愿意合作的伙伴。到1939年8月战争爆发之际，伊朗国王希望站在胜利者一边，以此获得潜在的好处。于是，他任命受过法国教育的艾哈迈德·马丁·达夫塔里（Ahmad Matin Daftari）为新首相，达夫塔里支持与德国建立更紧密的关系。

关于德国在第一次世界大战中支持伊朗民族主义者的记忆，因纳粹宣传日耳曼人和伊朗人都拥有雅利安血统而得到了强化。1935年，在欧洲语言中，伊朗的国号从"波斯"改为"伊朗"，这是民族主义主张的宣示，暗示着伊朗的"重生"。在波斯语中，这个国家的国号一直是伊朗（至少从公元3世纪开始）。巴列维王朝之所以决定在国外使用这个新的国号，可能是受到了"伊朗"和"雅利安"之间词源学渊源的影响。巴列维军队中极端的民族主义官员和军官们辩称，旧的国号在国外投射出一种软弱和屈从的形象，破坏了两千年来与波斯这个称谓有关的历史和文化记忆。事实上，这样的论点与其说是建立在恺加时期与西方打交道的失败经验之上，不如说是建立在巴列维王朝对西方的自卑情结之上。

然而，由于担心英国会因为与德国的关系而报复伊朗，礼萨·汗很快就改变了路线，甚至向英国提出了秘密防御条约和军事援助建议，此举主要是为了抵御当时德国的盟友苏联入侵伊朗领土。但伦敦拒绝了这两项提议。1940年6月，在战争命运未卜的情况下，国王出于绝望甚至解雇并逮捕了他的首相艾哈迈德·马丁·达夫塔里，任命亲英的阿里·曼苏尔（Ali Mansur）取而代之，此举激起了纳粹德国及其支持者的愤怒。当时大约有1000名德国居民在伊朗工作，柏林电台的波斯语广播——第一个向伊朗播送的外国广播电台——闻讯便开始攻击礼萨·沙赫，称他是英国的傀儡，并预言他即将倒台。这一预言立马得到了众多听众的响应，这不仅进一步证实了人们对亲德势力发动政变的恐惧，同时也削弱了国王在公众心中的地位。

这一系列事件如走马灯般上演，几乎是命中注定的劫数，终结了礼萨·沙赫平衡两大势力的努力，也决定了他的政治命运。1941年初，由拉希德·阿里·盖拉尼（Rashid'Ali Gailani）发动的亲德政变在邻国伊拉克上演。5月下旬，在英国军队占领巴士拉和巴格达后，伊拉克亲德政权随之崩溃，这表明伊朗脆弱的主权很可能招致同样的厄运。6月初，盖拉尼和他的同伙逃往伊朗，他们很可能是想去德国，这一举动增加了英国人对礼萨·沙赫是亲纳粹势力的怀疑。而英国和自由法国[1]（Free French）军队对叙利亚和黎巴嫩的联合入侵，进一步向伊朗传达了迫在眉睫的信息。然而，在1941年6月希特勒决定入侵他的前盟友苏联后，英苏联盟将永远终结礼萨·汗的时代。美英苏大联盟[2]（The Grand Alliance）——由美国按《大西洋宪章》（the Atlantic Charter）牵头缔结——让人联想起了第一次世界大战中的英俄联盟。同样，英苏两个大国在同其宿敌的战争中，注定会再次破坏伊朗的政治和社会稳定。

尽管英国和苏联保证两国都将尊重伊朗的领土完整，但似乎是按照事先预定好的程序，两大国都在1941年7月向伊朗提交了一份最后通牒，要求立即驱逐所有为伊朗政府服务的德国公民。早些时候伊朗重申了其在战争新阶段的中立立场——土耳其也是如此——并承诺要求所有无关紧要的德国平民离开，尽管柏林方面在广播中加强了对礼萨·汗的攻击，但英苏对伊朗政府的公开敌意并没有减弱。苏联红军开始在伊朗北部边境集结，而英国广播公司则开始加大对礼萨·汗暴政的批评，指责他通过侵占土地（尤其是在马赞德兰省）积聚

---

[1] 指1940年6月戴高乐在英国建立的政体。法国沦亡后，戴高乐逃至英国，并于当月通过英国广播公司发表演说，号召法国人民继续抗争，标志着"自由法国"运动的开始。
[2] 二战中由三个主要盟国——美国、英国、苏联——组成的军事同盟，也被称为"三巨头"。

巨额财富。英国广播公司支持伊朗的自由和立宪事业，这与早先英国对伊朗国王多年独裁统治的宽容相比，是一个令人惊讶的转变——毫无疑问，此举的目标显然是煽动反巴列维王朝的情绪。持怀疑态度的伊朗公众将这种语气的变化解读为礼萨·沙赫已不再掌权，甚至认为他不再是英国统治者手中有用的傀儡。伊朗民众对英国的阴谋诡计充满了愤恨，无论是真实的或是想象的，一些人开始公开支持轴心国及其在苏联前线的进展。国王也感到困惑和沮丧，他觉得自己陷入了一场没有确定结局的致命冲突之中。

1941年7月，盟军发出了最后通牒，伊朗对此采取了绥靖政策。不到两个月，这场游戏就以礼萨·汗被赶下台而告终。所有的德国人都被驱逐出伊朗，礼萨·汗退位，这两项策略显然都是为了加快对伊朗的联合入侵，因此盟军从一开始就表现得毫不妥协。伊朗政府徒劳地想满足同盟国的要求，不仅驱逐了所有德国公民，而且提供了进入伊朗的公路和铁路网络通道，以便盟军通过伊朗领土、里海和高加索地区向被围困的斯大林格勒红军和其他前线军队运送货物、军事装备和其他补给。在拯救伊朗免遭另一场侵略的卑微而又渺茫的希望下，几乎不受礼萨·汗控制的阿里·曼苏尔政府同意了大部分条款。英国和俄国在半个多世纪的时间里一直阻止伊朗建设统一的铁路网，而这两个国家现在却可以免费和无条件地使用它们。英苏两国想驱逐一个修建铁路的人，并占领一个通过征收糖税和茶税来支付铁路建设费用的国家。

1941年8月25日，在谈判还没有得出任何结论之时，盟军就从北部和南部边境进入了伊朗（地图8.2）。这两个大国甚至没有向伊朗政府宣战或发出任何其他通知；他们传达这一信息的方式仅仅是展示带有殖民主义自负色彩的武力。此举还暗示占领不是侵略行为，而是战时的意外事件。面对盟军压倒性的优势，士气低落、准备不足的伊朗军队很快就投降了，不久后，几乎全面瓦解。苏联红军占领了整个阿塞拜疆省和里海沿岸各省，并向德黑兰方向集结，而英印联军则越过伊拉克南部边界，从波斯湾港口城市登陆，朝着同一方向行军。

地图8.2　伊朗在第二次世界大战期间，1941—1946

　　盟军的空军开始轰炸平民区，他们的军事目标是大城市，轰炸造成了严重的破坏，击溃了平民的信心。同时，从空中扔下的传单宣称占领者对伊朗人民是仁慈、友好的，盟军希望在战争结束时就撤出伊朗领土。波斯湾小规模的伊朗海军进行了英勇的抵抗，却被彻底击溃；另一方面，规模庞大的其他军队要么弃守防线，要么投降。组织保卫首都的努力失败了，甚至连高级军官也离开了，留下数千名忍饥挨饿的义务兵慢慢地返回他们的城镇和村庄。自19世纪初以来，这是伊朗疆域第七次遭受一个或两个欧洲大国的侵犯。

盟军入侵当天的黎明时分，在英国和苏联公使的要求下，礼萨·沙赫与他们进行了会见。英苏公使反复要求驱逐所有德国人，并无条件开放伊朗的铁路和公路。国王别无选择，只能接受了既定事实。然而，公使们的真正意图表现在随后发表的一份公报中。这份公报要求礼萨·汗立即退位，并保证他的儿子穆罕默德·礼萨（Mohammad Reza）继承他的王位。在盟军的压力下，年迈的政治家穆罕默德·阿里·福鲁吉组建了新政府。在恐慌和混乱之中，福鲁吉在一份公开声明中向公众保证，盟军的占领是短暂的，并宣布停止敌对行动，这实际上为解除伊朗武装部队做了最后的准备。国王的退位似乎已经无可挽回。

令人吃惊的是，伊朗国内混乱的局面来得如此之快。部落骚乱、经济动荡、食物短缺和对饥饿的恐惧引起的公众恐慌，再加上印度士兵和红军士兵的粗鲁行径以及盟军即将进军首都德黑兰，这些因素都加剧了全国性的局势混乱。国王向美国总统富兰克林·罗斯福的致电请求被证明毫无用处。而国王惯常的愤怒并没有完全消失。在陆军司令部最后一次会议上，礼萨·汗连篇累牍地抨击了所有的人，说他们摧毁了他一手组建的、有20多年历史的军队，并且还因为参谋长的懦弱行为而殴打了他。礼萨·沙赫还下令以叛国罪拘留军队指挥官，并让他们接受军事审判，不过审判最终没有举行。

1941年9月3日，新组建的伊朗广播电台播送了礼萨·沙赫退位的消息，当伊朗人民在广播上听到这一令人难以置信的消息时，礼萨·沙赫正在前往伊斯法罕的路上，他将在那里与家人团聚。9月16日，在正式退位后，国王和他的家人乘坐一艘英国邮船离开了阿巴斯港，前往一个秘密目的地。通过福鲁吉的斡旋，礼萨·沙赫从盟军那里得到的最好保证就是他的长子将继承王位。英国人曾就支持一位恺加王子继位的提议进行过短暂的辩论，但后来又悄悄地将其搁置一边。9月26日，当盟军在德黑兰郊外建立总部时，22岁的王储穆罕默德·礼萨·巴列维宣誓就任伊朗新一任的立宪君主。在不到三个月的时间里，曾经坚不可摧的礼萨·沙赫的统治就以耻辱性的结局告终。

在印度洋岛国毛里求斯短暂停留后，礼萨·汗和他的家人被转移到了英国殖民统治下的南非约翰内斯堡。在那里，他们过着与世隔绝的生活，这是英帝国许多昔日的敌人注定要经历的。1944年7月26日，礼萨·汗死于心脏病，享年67岁。在他最后的几张照片中，他穿着一套平民服装，这与他一生都穿着军装在公众面前露面形成了鲜明的对比。他的灵柩被送往开罗，暂时安置在里法伊清真寺（Rifa'i Mosque）的地下室内。棺椁于1950年5月被送回伊朗，安葬在德黑兰南部阿卜杜勒·阿齐姆圣陵附近的一座陵园内。

未知的前路

礼萨·汗的倒台标志着他充满争议的政治生涯的结束。自16世纪早期的伊斯玛伊一世以来，礼萨·汗可能是伊朗历史上最具影响力的统治者，他一手推动了伊朗社会、文化和经济的巨大变革。在人们的记忆中，他是一个有远见和决心的人，但同时也是一个专制、贪婪和越来越偏执的人。事后看来，他可能是伊朗在第一次世界大战后最现实的选择，他是一位重申国家主权、兑现了立宪革命几乎所有非政治目标的领袖。他和他的伙伴们创建了一个中央集权的国家，并使这个国家拥有了现代化的行政机构、基础设施、公共教育、经过改善的医疗系统、新兴产业和现代金融体系。巴列维王朝建构了一种围绕着历史文化遗产、集体记忆和国家象征而形成的民族认同感。礼萨·汗终结了伊朗中央政府的政治僵局，平定了伊朗国内的动荡局势——尽管动用了蛮力，并促成了新中产阶级的崛起。礼萨·汗的改革提高了政府收入和效率，限制了外国对伊朗国内事务的影响。此外，巴列维政府还限制了部落首领的权力，制约了保守的乌莱玛势力，削弱了长期以来统治恺加王朝的这群精英阶层的垄断地位。

礼萨·汗的成功代价高昂。尽管他强调制度的现代化（如在财政、司法和教育方面），并且表面上有文化现代化的迹象，但巴列维时期的改革领域仍然有着明显的倾向。农业经济——仍然是最大的经济部门——基本维持不变，而土地所有者的剥削文化也被礼萨·汗自身的贪婪所强化。他厚颜无耻地侵占了马赞德兰省大大小小地主的土地，并建立了一座巨大的庄园。工业化和贸易政策在很大程度上依赖于政府的垄断和国家所有制，其代价是培育了一个规模庞大的工业资产阶级。轻率地引入了新的世俗化制度（几乎没有例外），这一制度的特点是不加批判地借鉴西方模式以及错误地构想出实证主义的价值观，而且常常与蔑视伊朗本土传统和文化风俗相结合。

巴列维时代的民族主义意识形态也倾向于削弱伊朗的民族和语言多样性，以及适应伊朗漫长而复杂的什叶派历史。立宪革命时期社会各界对民主和人民代表权的渴望还没有被完全扼杀。当伊朗人听到礼萨·沙赫被赶下台的消息时，他们感到既愤慨又欣慰，愤慨的是伊朗又一次被外国入侵，欣慰的是一个政治压迫的时代结束了。然而，在礼萨·沙赫去世之后，普通民众更多的是在怀念他的改革，而不是他建立的警察机构。

然而，巴列维王朝的专制主义并没有遵守"公平循环"原则下的制衡理念，几个世纪以来，这种制衡使波斯王权与其所统治的社会保持着一种职能关系。伊朗传统国家的两大臂膀，即构成行政部门的政府和军队此时已不再受到制约和牵制，而由宗教人员组成的司法部门在权力结构中却没有一席之地。人们可以把在礼萨·汗统治下那种肆无忌惮的新专制文化的兴起，归因于后立宪革命时期那种令人沮丧且不安的大环境。伊朗的军国主义精神在恺加王朝社会结构崩溃后得到了强化。在第一次世界大战期间，礼萨·沙赫实际上站在权力金字塔的顶端，他通过精明的策略，将现有的各种军事力量组合在一起，并通过挪用大部分伊朗石油收入将其黏合在了一起。在新的巴列维武装部队中，占据主导地位的军事文化是俄国哥萨克军营中的专制风气，礼萨·汗和他的高级军官都曾在那里受训。加入巴列维军队的一些宪兵军官的民族主义理想，以及伊朗正规军军官更为人所熟悉的不拘小节的风格，都为巴列维王朝的军事精英的塑造做出了贡献。礼萨·汗手下的一些将领，比如塔伊穆尔塔什，都是欧洲军事院校的毕业生。在第一次世界大战期间，德国和土耳其军官与他们的伊朗对手进行了接触，其中大部分是伊朗宪兵，这些伊朗军人也表现出了一种备受尊敬的普鲁士军事精神。

威权模式在第一次世界大战后盛行于欧洲，并让法西斯政权顺势走上了权力的中心，因此引起了巴列维政权的共鸣。这种新思潮很快就超越了宪政制度、权力制衡、人民代表、法治和个人权利等民主理想，如在意大利、德国、苏联以及（在某种程度上）早期的土耳其共和国，伊朗也是如此。考虑到伊朗人在1907年至1921年期间所经历的一切，如国民议会的混乱和后宪政时期政府的无能、旧精英阶层的冥顽不灵以及他们软弱无力的治理手段、外国占领以及社会所承受的经济和人力代价，伊朗这种范式转变的背后还有更多的原因。

正是在这种环境下，出现了一种大权在握的文化，这反映在统一的军装、闪亮的马靴、挥动的马鞭、粗犷的语调和对下级的严厉态度上。事实证明，与摇摇欲坠的政党、大胆的新闻报道、感人的革命诗歌、清真寺讲坛和国民议会讲台上激昂的演讲相比，礼萨·汗领导下的高级军官所表现出的优越感，以及将他们团结在一起、自豪地成为权力新贵的团队精神，具有更为强大的力量。

第九章
混乱的民主、石油国有化以及破灭的希望

　　盟军在1941年9月对伊朗的联合占领对绝大多数伊朗人来说是一个巨大的打击。红军、英属印军和美军的存在表明20年前礼萨·汗宣布收回主权的行动以及伊朗的武装力量遭受了巨大挫败。占领所带来的冲击很短暂，但影响很长久。占领触及了现代伊朗历史最重要的篇章之一，同时也是这个国家近几十年来最持久的政治议题：为争取民主而展开的斗争、外国干涉以及政体内部中央和地方之间的紧张关系。一方面，占领的负面影响包括经济损失、政治动荡、部落叛乱、分离运动、频繁的军事管制以及对外来列强不断增长的仇恨情绪；另一方面，争取伊朗石油工业国有化的运动、政治上的开放、更多的新闻自由、议会政治、开始萌芽的工人运动，则是占领的积极影响。尽管遭遇了许多政治上的失败，但接下来的12年岁月仍然见证了伊朗民主化的历程。这一历程最初是由立宪革命启动的，却被礼萨·汗的崛起所打断。

　　新的意识形态伴随着公共空间的开放出现了，从马列主义者到极端民族主义者、伊斯兰极端主义者，无所不包。野心家的煽动、或明或暗的外国影响、代理人政治的出现以及王家法庭和军队在短暂的销声匿迹后再度登上政治舞台，这些因素共同造就了充斥着猜疑和阴谋的政治氛围。政治开放的新时代

也使那些原本被排斥的旧式精英和非精英分子在改头换面后重回政治舞台。他们的首领包括恺加王朝贵族、老练的政治家艾哈迈德·卡瓦姆；记者、1921年政变的同谋赛义德·齐亚·塔巴塔巴伊；穆罕默德·摩萨台，他出身显赫，曾在瑞士接受法学教育。年青一代的中产阶级知识分子、专业人士和记者则在由马克思主义或世俗民族主义驱动形成的新政体中结成同谋。

政治多元主义的新时代是在占领伊朗的列强的庇护和帮助下形成的。具有讽刺意味的是，正是他们在三十多年前打断了伊朗的民主化进程。同时，也正是列强的领土野心和既得利益，造就了政治和经济领域产生变化所需的条件。苏联希望通过温和的手段吞并伊朗北部的几个省，并希望借助扶持伊朗境内的亲苏联势力来扩大自身的势力范围。英国政府不仅在几种政体之间摇摆，还执着地通过各种干涉和阴谋诡计来主张自己对伊朗南部油田的权利。对冷战的战略思考使得美国政府改变了其与伊朗之间的关系——如同与中东其他地区、东南亚、拉丁美洲一样，美国从一个反帝国主义者、善意旁观者转变为霸权俱乐部的一员。

在1940年代至1950年代早期，为了对国内的骚动和外国的野心予以回应，民族主义势力的崛起看起来不可避免。穆罕默德·摩萨台的起落沉浮反映了伊朗这一时期的成就和失败。这体现在几个方面，首先是立法和议会的行动，其次是伊朗石油工业的国有化，最后是摩萨台动荡不安的首相任期。摩萨台的任期由于1953年8月的政变而宣告终结，他的故事是伊朗充满迫害记忆的历史叙事中那道未愈合的伤口，也是英美联合进行暗中干涉的历史里众所周知的一章。1953年之后，伊朗回归巴列维王朝的专制统治，给伊朗本就危机四伏的政治参与实验过早地画上了句号。

旧病复发

盟军占领导致的一个严重后果是伊朗经济的崩溃，这主要是由通货膨胀、供应短缺、囤积居奇引发的，甚至还出现了饿死人的事件。是盟军采取的各项措施间接导致了这样的恶果。尽管他们保证不干涉伊朗的内部事务，但事实恰恰相反。另一方面，他们的战争行动和军需也促成了这种局面。盟军从南北两侧向德黑兰进军，乡村地区变得非常不安全，道路交通也受到限制，并且严重破坏了伊朗的经济，首都的食品物资需要完全无法得到满足。

盟军还决定将伊朗货币从礼萨·沙赫统治时代不切实际的低官方汇率转变为自由浮动汇率，此举增加了盟军的购买力，使他们能以很低的价格采购物资。这个措施几乎立刻就导致了物价上涨和"高通胀"，并且一直延续到战后。大部分伊朗消费者收入很低，并且很固定，因而对外国军队的大肆采买充满了怨恨情绪。贫困问题是大城市爆发骚乱和社会局势动荡的根源，也是促使人们加入亲苏联的伊朗图德党的重要原因，因为伊朗图德党承诺实现广泛的社会公正。狂飙的物价还从其他方面动摇了公众的信心。伊朗原有的出口贸易主要是经波斯湾到达德国和英国，现在也因为战争而一落千丈。进口的工业制成品，如小型机械、日用消费品、药品等物品的数量也出现了类似的下降。由于缺少备用零部件和其他需要进口的材料，礼萨·汗时期建立起来的新兴产业，比如纺织、炼糖和水泥生产，都受到了影响。

出于战争需要，盟军控制了伊朗的铁路和公路系统（地图8.2）。基于1941年3月美国国会通过的《租借法案》（*Lend-Lease Act*），盟军中东供应中心遂组织了大量的运输护卫队，将数以百万吨计的主要来自美国的战争物资经由"波斯走廊"运往苏联（图9.1）。武器装备、食品、燃料和其他物资从波斯湾的霍拉姆沙赫尔港和阿巴斯港经伊朗高原被运往高加索，或是再经黑海港口被运往苏联东部战线。在关键的1941年和1942年，这些物资占到了苏联军需的70%，其中包括648 000辆各类运输工具。它们来自胡齐斯坦省的组装厂，该组装厂由美国技术人员和伊朗本地劳动力建立，负责组装军用车辆和飞机（图9.2）。二战后的伊朗被称赞为"通往胜利之桥"，它的战略位置和对战争的贡献受到了认可，因此还发行了纪念邮票（彩图9.1）。然而伊朗提供的服务和硬件设施只换回了很微薄的补偿，这还是在伊朗政府一再向盟国提出要求之后。美国方面如期支付了相应的金额，英国则耽搁了好些年，而苏联干脆就无视了所有要求。

图9.1 美国运输队经过"波斯走廊"。一个农村小男孩在给一辆向苏联运输补给的卡车上防滑链

LC-USW3-028452E[P&P]。美国国会图书馆提供。

图9.2　美军飞机在阿巴丹机场集结。作为《租借法案》项目的一部分，五种类型的飞机经由"波斯走廊"被运往苏联

美国空军博物馆提供。

　　盟国的武装护卫队和驻军还对伊朗的国内事务进行政治干涉。虽然经历了好几任短命内阁和数不清的人事更迭，但为了维持威信，伊朗政府还是努力地装作可以掌控局面。在经历了好几个月的艰难谈判后，法鲁吉政府终于在1942年和盟国达成了协议，协议以书面形式保证了伊朗的主权和领土完整，并将盟国的军事存在定义为暂时的运输需要，而非占领。协议要求盟军在战争结束六个月之内撤离伊朗。法鲁吉又以一则著名的公告回应公众的焦虑——"他们来了，他们走了，他们丝毫没有打扰我们"（Miayand vamiravand; kari be kar ma nadarand），后来被证明是过于轻描淡写了。

　　尽管协议对盟国形成了一定约束，使它在国内治安等问题上和伊朗政府进行合作，并且帮助恢复伊朗经济，但协议也使得盟军可以任意进入伊朗，并且是想派多少人就派多少人。协议还授予盟军伊朗国内所有交通和通信方式的使用权，包括铁路、公路、河流、机场、港口、管道、油料设施、电话、电报和无线电。还有一条是协议并未提及，但默许了的，即英国有权自由抓捕德国的间谍、合作者和同情者，后来抓捕范围还进一步扩展到怀有反英和反苏情绪的伊朗民众。对某些亲德分子来说，一直到1943年，他们都还盼望着德军能够占领高加索地区，将伊朗从被盟国占领的水深火热中解救出来。盟国的政治宣传瞄准了伊朗国内自一战以来就持续着的亲德情绪（彩图9.2）。1943年12月，罗斯福、斯大林、丘吉尔在德黑兰会议上发表联合宣言，对伊朗政府在对德战争中提供的帮助表示感谢，承诺在战争期间和战后都会向伊朗提供经济援助，并且表示希望伊朗能够维持独立以及主权和领土的完整。然而伊朗的未来并不是盟国要优先考虑的事情，宣言也未能引起伊朗民众多少共鸣。

对伊朗政府不利的是，许多部落地区出现了暴乱，这使眼下的占领局势变得更加复杂。对伊朗当局的挑战首先出现在库尔德斯坦，然后是中部及西南地区的巴赫蒂亚里和马马萨尼，紧随其后的是法尔斯省的卡什卡伊。部落叛乱在很大程度上是对礼萨·沙赫多年来的残酷对待以及镇压行动的回应。礼萨·沙赫被驱逐后，那些过去被政府拘禁多年的部落首领获得释放。由于长期被排除在部落的权力结构外，为了恢复权力，这些首领卷入了这场以恢复传统为名的斗争之中。新的政治环境也使那些强大的部落首领受到鼓励，特别是在卡什卡伊和巴赫蒂亚里。虽然他们的想法很不成熟，有时还会受到外国势力及其代理人的摆布，但他们仍然积极参与政治活动。然而这场部落首领和当局之间的对抗，严重破坏了农村地区的经济和生活，特别是在1945年之后。

中央政府面对不断积聚的问题所采取的解决办法经常是无效的，在最好的情况下，也只能起到安抚作用，偶尔有些措施又会很严厉。内阁职位在高级官僚、大地主和礼萨·汗时代培养的世俗专业人员之间进行分配，首相则多由出身于旧的政治世家的人担任。伊朗政府需要面对多方势力，包括复兴的国民议会（它很快就成了人事和观念冲突的竞技场）、异想天开的法院、虎视眈眈的占领军，这些势力都有各自的诉求，往往还相互冲突。缺少可靠支持的政府根本没法长期维系，因而大都很短命。从1941年至1953年的12年里，总共有15届政府执政，除此之外，还有许多次政府改组。

　　眼看着经济问题越来越严重，在税收和微薄的石油收入外另开新财源的呼声也随之出现。土地税的税基很小，且乡村人口极度贫困，国家也缺少向基层征税的手段。1943财政年度的赤字占政府总收入的近90%。到1947年，这一数字下降到了45%，这一成就可以部分归功于伊朗政府再度聘请的阿瑟·米尔斯坡及其美国财政顾问团所引入的改革措施，1942年至1945年间，他受雇对伊朗的税收和财政体系进行彻底的革新。然而，长期的资金短缺已经迫使连续好几届政府寻求外国援助。求援的首要对象是美国，美国也是盟国中唯一有能力向伊朗提供援助的超级大国。但美国的财政援助有许多附加条件，主要是要求伊朗政府在军事方面进行配合，以及聘请美国顾问团，以此抵消苏联日益增长的影响力。伊朗日益增长的石油收入使得实现石油工业彻底国有化成为解决财政问题的另一个可行办法。早在1946年，这样的提议就出现了，然而这个提议却与当时小心翼翼地守护着自身利益的日益萎缩的英帝国发生了冲突。

　　脆弱的政府、部族的叛乱和亲苏势力的扩张，反过来又促进了作为国内安全守卫者的武装力量的增长。伊朗军队在1941年被悲惨地缴械后，武装力量于1942年初获得承认，并在战后获得了美国顾问的帮助，还购买了美军过剩的武器装备。由于急于展示自身的力量以及挽回正在消失的声望，那些在礼萨·汗时代经受了残忍训练的伊朗军官对公众的抗议活动做出了极为严厉的反应。1942年12月，为了迫使亲美的首相艾哈迈德·卡瓦姆下台，图德党鼓动并发起了一场集会，攻击了国民议会，并且洗劫了一些公共建筑。卡瓦姆政府宣布实行戒严，允许军队派兵上街，并采取极为血腥的方式镇压骚乱，而这只不过是开头。

　　军队作为政治工具的登场以及美国顾问团前来重建武装力量，这些并非巧合，也不是因为年轻的穆罕默德·礼萨·沙赫在登基之初就想通过向军队示好，进而与军队结为天然盟友，获得他们的可靠支持。一系列的公开审判记录表明，反倒是那些高级警官和礼萨·汗追随者的令人发指的罪恶行径玷污了巴列维的形象。那些旧贵族让年轻的国王感到恐惧，他们中有很多都是恺加王朝的余孽，有些还和外国势力有千丝万缕的联系，这进一步加重了国王的不安全感。另一方面，军官们内部也陷入了争斗，比如参谋长哈吉·阿里·拉兹马拉（Haj 'Ali Razmara）整日为他的政治野心奔走忙碌。其他人则是民族主义事业的同情者，还有很少一些社会下层人士选择了图德党。

然而，多数军官期望年轻国王不要满足于当傀儡。他们也想有机会重新夺回失去的特权，好修复被玷污了的形象。1946年的阿塞拜疆危机给了军方这样一个机会，他们将对抗日益增长的苏联势力，成为民族的拯救者。

图德党的出现

就像在欧洲和其他地方一样，苏联作为盟国的一员给了左派一个不可或缺的机会，使其得以重新进行组织，并迅速茁壮成长起来，直至成为战后政治中的一股重要力量。早在1941年9月，伊朗此前的共产主义者和社会主义者就已经以图德党的名义展开了广泛的组织联合。这一"人民的党"被选来遮掩这些人的共产主义身份。他们中的有些人是从礼萨·汗的监狱里被释放出来的，还有一些人则刚从欧洲或苏联流亡回来。在联合起来的马克思主义者（其中多数在魏玛德国接受教育，少数骨干则在苏联接受过训练）的领导下，图德党迅速发展成为一个有着严格纪律和成熟理论的政治团体，在知识分子、城市中产阶级和部分产业工人中大规模发展成员，并向莫斯科效忠（地图8.2）。随后的几年里，图德党的各种附属机构，包括各种工会、和平之友协会，以及青年和大学组织，也在帮助传播社会主义。

现代社会主义理论并不完全是舶来品，自20世纪初以来，它就一直是伊朗环境中的一部分。早在公元6世纪，伊朗就孕育了马兹达克主义（Mazdakism）——也许是世界上第一个原始共产主义运动——这种理念延续了几个世纪，隔一段时间就会再度流行，比如公元9世纪早期的霍拉迪南（Khorramdinan，意为"快乐的宗教"）运动，还有15世纪、16世纪的努克塔维运动，甚至还包括1849年在马赞德兰省爆发的巴布运动。立宪革命期间，现代社会主义理论在1905年俄国革命的影响下经高加索到达大不里士，主要是借助了在巴库油田工作的阿塞拜疆工人之手，而其中少数人在1909年后试图在伊朗政治舞台获得主导地位。伊朗社会主义者在1916年后加入了正义党。其中，艾维特斯·米凯利安（Avates Mikailian）——通常被称为哈比布·苏尔坦扎德（Habib Soltanzadeh，1889—1938）——是一个思想深刻的理论家，后来成为死板教条的苏联模式的批评者，也是伊朗马克思主义者海达尔·汗和埃赫萨诺拉·汗的主要对抗者。后来，他成了斯大林大清洗的受害者，这种命运是可以预料的。

在非革命派的社会主义者中，恺加贵族苏莱曼·米尔扎·伊斯坎达利（Solayman Mirza Eskandari），同时也是第二届国民议会里民主派联盟中老练的领导人，成为左翼温和派中具有社会主义倾向的领导人。他对礼萨·汗的态度很矛盾，甚至在礼萨·汗统治时期短暂地担任过部长职务。苏莱曼·米尔扎受过良好的教育，他是宪政体制中极少数把社会主义首先看作是反殖民力量的人。然而，巴列维统治的巩固彻底摧毁了伊朗左派的所有机会。全世界的共产主义者几乎都倾向于苏联，这使得绝大多数社会主义者在当局眼中成为危险的煽动者（甚至是叛国者）。巴列维的秘密警察镇压了任何形式的左翼工人抗议和初生的产业工人的工会活动。1931年，新的立法机构宣布任何共产主义组织都是非法的。招募在海外求学的伊朗学生成为坚定的马克思主义者的唯一选择。当时有许多伊朗学生在政府奖学金的资助下留学德国，由于两次世界大战期间德国的共产主义运动十分活跃，德国进而成为培养伊朗共产主义支持者的沃土。

图德党的一位先驱塔基·阿拉尼（Taqi Arani）从民族主义逐步转向马克思主义的历程就是其中一例。受后宪政时代环境的影响，他起初是一个热情的民族主义者［他的名字"Arani"也许就是指雅利安（Aryan），或者是指"从阿兰（Aran）来的人"，而阿兰则是阿塞拜疆的古称］。后来，他作为接受伊朗政府资助的学生前往柏林学习，当时正是魏玛共和国最动荡的年代，他接触到辩证唯物主义和科学相对论，逐步转变为一名社会主义者。1931年他回到伊朗时，已经拿到了化学博士学位，并接受了由德国人建立的德黑兰理工学院的教职。阿拉尼所处的具有马克思主义倾向的知识分子圈子想逐步推动伊朗社会向更公平的方向转变，特别是想改善穷人的生存状况。他出版了一本名为《世界》（Donya）的杂志，主要是关于社会和科学辩论的，同时也宣扬用教育和提高民众自觉的办法，以渐进而非革命的方式实现社会进步。该杂志刊载了大量曲高和寡的文章，涉及对因果规律、科学现实、辩证唯物主义以及稍后流行的柏格森（Bergson）唯灵论的精妙评论。他还把唯灵论和苏菲主义的反理性遗产进行对比，在他看来，后者是科学进步的主要障碍。

1938年，德黑兰大学发生了一起学生抗议活动，阿拉尼因此被捕和接受审判，并以共产主义者阴谋团体领导人的罪名被判处十年徒刑。这一事件最终毁灭了他，他遭受了同礼萨·汗时代其他一些马克思主义者一样的命运。1940年2月，在被单独囚禁18个月后，阿拉尼于狱中去世，年仅36岁。这是对左派知识分子命运的冷峻声明。无论阿拉尼是如监狱当局声称的那样死于伤寒，还是死于狱中的谋杀（这对礼萨·沙赫的敌人来说很常见），他将注定成为左派的殉道者。

在接下来的几年里，"53人集团"（panjah o seh nafar）中那些了不起的人物作为马克思主义者被宣判有罪，被关进礼萨·沙赫的监狱，进而为人们所知〔感谢作家博佐格·阿拉维（Bozorg 'Alavi），他撰写了自己被监禁的回忆录〕。这些人物推动了马列主义的发展，并且通常伴随着对苏联毫不掩饰的忠诚。1943年的"北方石油"事件较早反映了图德党的真实面貌，当时，苏联正向伊朗政府施压，要求获得伊朗北部地区的石油开采权。图德党领导层为苏联辩护，声称将里海沿岸地区的石油开采权授予苏联，将是对英国在伊朗南部油田的控制权的制衡。到1945年战争结束时，苏联坚持要求得到北方油田的开采权，图德党把这称为"积极的平衡"，类似的情况还出现在稍晚时候斯大林决定让红军继续占领阿塞拜疆时。

图德党在中小学教师、大学生、部分大学教师、低级公务员、知识分子和一些工会组织者、北方地区中心城市如拉什特和大不里士的激进分子、伊斯法罕的产业工人、南部的石油工人中有很大影响力。通过各式各样的宣传活动和"辩证"的争论，以及对它的普通成员进行组织和训练，图德党的力量在频繁的街头示威、工人抗议以及对公共事务的介入中一览无余。1946年3月，南部油田的工人举行罢工，抗议低微的工资、糟糕的生活状况以及英伊石油公司（AIOC，即英波石油公司，1938年后改名为英伊石油公司）对工人的残酷剥削，这一事件展示了图德党所具有的广泛民意基础和政治力量（地图8.2）。

伊朗国内的其他政治力量此时已经无法展开有效活动，也缺乏坚实的党派架构基础，这更加衬托出图德党的强大。图德党在国内展开的活动包括要求提高工资和改善劳动条件，实行土地改革和停止对农村地区的剥削，提高人民识字率以及工人分享企业利润。这些经过修订的主张后来被自由民族主义者和1960年代巴列维推行白色革命时采用。尽管如此，图德党还是毫不犹豫地将自由民族主义者贴上了"美帝国主义的工具"的标签，当时伊朗国内的其他政治力量在该问题上也都持类似的阴谋论观点。

阿塞拜疆危机

具有讽刺意味的是，二战的结束反而加剧了伊朗国内的政治冲突以及外国干涉。从1945年开始，冷战造成了战后世界的不和谐局面，几乎是同时，伊朗国内政治局势也变得复杂了。最明显的例子就是在亲苏的阿塞拜疆民主党领导下的自治运动，该运动虽然历时不久，但对伊朗的国内政治和对外政策产生了极为重大的影响。阿塞拜疆危机代表了冷战时期西方和苏联之间的第一次公开竞争。

随着盟军撤退时间的临近，英国和美国按照1942年条约的规定，在六个月的限期内撤走了军队。然而，苏联方面则以巴库油田安全和伊朗方面可能会搞破坏为由，推迟了撤军行动。红军延长对阿塞拜疆的占领的行为，引发了西方国家和伊朗的警惕，还激起了伊朗国内的民族主义热潮。当红军不打算撤离其控制下的"解放"区的意图渐趋明朗之时，立宪革命及一战时期被俄国占领的记忆再次萦绕在伊朗人的心头。更令人担忧的是阿塞拜疆民主党对于分离问题态度的大转折，对德黑兰的许多观察者来说，这是伊朗解体的不祥预兆。此时，库尔德民主党和阿塞拜疆民主党共同谋求自治的行为加剧了这种担忧（地图8.2）。

阿塞拜疆民主党的领袖米尔·贾法尔·皮萨瓦里（Mir Ja'far Pishevari）是一个经历了森林运动的老革命，还参加过1920年由谢赫·穆罕默德·希亚巴尼酋长（Shaykh Mohammad Khiabani）领导的争取阿塞拜疆（希亚巴尼称之为Azādestan，意为"自由之国"）自治的运动。在早年间流亡于俄国高加索地区时，年轻的皮萨瓦里就是巴库正义党的第一批成员，并参加了十月革命。他被列宁和布尔什维克关于在所有种族和宗教内实现社会公正、平等的想法深深打动。在被礼萨·汗以开展共产主义活动为罪名关进监狱10年后，皮萨瓦里于1941年获释，随即成为图德党的缔造者之一。但在不久之后，他就与德黑兰的马克思主义知识分子分道扬镳，并在苏联的直接领导下展开活动。他在德黑兰的报纸上为苏联的行为进行辩护，因此他在行动上是一个共产主义者，但在内心深处，他仍是一个民族主义者。

在苏联占领军的干涉下，皮萨瓦里成为第十四届国民议会中阿塞拜疆选区的议员，但他后来被剥夺了议员资格，怒气冲冲地回到了大不里士。一回到大不里士，他就加入了一个由移民和少部分阿塞拜疆本地激进分子所组成的小团体。他们一起组成了阿塞拜疆民主党的核心骨干。几乎是同时，在马哈巴德（Mahabad）的库尔德民族主义者、库尔德民主党领袖卡奇·穆罕默德（Qazi Mohammad）宣布库尔德地区实行自治，并很快在苏联的命令下宣布支持阿塞拜疆争取自治权的运动。

阿塞拜疆民主党的计划至少在纸面上是令人印象深刻的，也在某种程度上反映了其对德黑兰政府的怨气。巴列维王朝的中央集权政策——特别是在学校强行推行波斯语教育，是以弱化阿塞拜疆土耳其语为代价的，后者甚至被看作外来的语言，这很自然地引起了普遍的愤怒。除了语言问题，阿塞拜疆人认为自己在政治代表权、经济和基础建设等各方面都受到了不公正的对待，这进一步加剧了他们对说波斯语的主体民族的仇恨情绪。可以预期的是，这些都反映在民主党的计划之中：对所有省级地方事务实行自治，包括创立一支军队来维持地方安全和实行地方政策；在初等教育、出版、广播和各种文化活动中使用土耳其语；在大不里士建立一所大学；在国民议会当中获得合理比例的议席；大幅调整税收政策；将地方财政收入用于发展阿塞拜疆的道路修建、通信、城市公共设施和其他基础设施。此外，他们还想展开行政管理改革，废除不得人心的宪兵队，停止滥征农民服劳役的行为，重新分配国有土地，征用在外地主的土地。

为了实现这些目标，也为了对可能的联邦制进行试验，民主党依靠的对象包括：一小群资深的共产主义者和流亡者，"左"倾的中产阶级积极分子，大量的中下级军官和少数由红军组织起来的农民武装。借助立宪革命、1908年至1909年的大不里士抵抗运动、希亚巴尼运动，以及邻国土耳其1920年《国民公约》[1]（*National Pact*）的影响，至少在一开始，阿塞拜疆民主党把自己定位为整个伊朗的拯救者。然而，在它短暂存在的时期里，自治政府大幅加强了自身的主权；实行更加亲苏联的政策；和中央政府争吵；解除驻扎在阿塞拜疆的伊朗军队、警察和宪兵的武装；罢免非阿塞拜疆裔官员的职务；压制反对派的声音；承诺保卫自身的独立性，"流尽最后一滴血"，以对抗德黑兰重新整合阿塞拜疆的尝试。为了使大不里士政府更安全，它驱逐了大地主，并对国有土地进行分配；它铺设道路，修建学校，与囤积居奇以及操控物价的行径展开斗争。此外，它还首次展开普选，并任命女性担任党内管理职务。它用伊朗宪法做掩饰，实际上采用了苏联模式，甚至还创立了地区和城市议会。

撇开对苏联的倾向，即使是批评者也会承认自治政府的成就是令人印象深刻的。没有任何一个巴列维王朝治下的地方政府能够在如此之短的时间里取得这么大的成就。阿塞拜疆政权将自身看作"突厥"民族，甚至到了要闹分裂的地步。这和40年前立宪革命时期的情况形成了鲜明的对比，当时，阿塞拜疆在缺乏这种民族情绪的状况下成为伊朗全国革命的动力。这种巨大的变化首先

---

[1] 由凯末尔及其支持者在1920年1月的奥斯曼国民议会上制定的，旨在宣布土耳其的民族独立与领土完整。

体现在意识形态层面。在巴列维王朝统治下，德黑兰开始逐步倒向以波斯为中心的民族主义，结果使民主党开始塑造自身的阿塞拜疆认同。边境另一边的阿塞拜疆苏维埃社会主义共和国也推动了它的突厥认同的塑造。从莫斯科当局的角度看，自治运动的远期目标是把两个阿塞拜疆地区合并起来。除此之外，还有其他短期目标。

卡瓦姆追求的"善意"

民主党的好战姿态引起了德黑兰的忧虑，它实行的土地改革迫使大量阿塞拜疆地主把自己的土地交给民主党进行分配。此外，巴列维国王和高级军官还担心阿塞拜疆的分离将会是伊朗分裂的第一步。苏联红军对自治政权毫不掩饰地支持——特别是将德黑兰的援军挡在大不里士之外，进一步加剧了这种忧虑。英美两国对伊属阿塞拜疆和邻近的库尔德地区即将出现苏联卫星国的前景感到担心，这种担心和伊朗当局的忧虑产生了共鸣。然而，无论是伊朗当时的政治格局还是盟国内部和睦的关系，都不允许任何激烈措施的出现。和民主党展开谈判看上去是唯一可行的办法。在经验丰富的政治家艾哈迈德·卡瓦姆的领导下，伊朗政坛实现了广泛的政治联合。他于1946年当选为首相，正准备上任。他想通过谈判来解决阿塞拜疆问题，正是该问题导致了前几任伊朗政府的倒台。

1876年，艾哈迈德·卡瓦姆出身于一个贵族家庭，祖上四代人都在恺加王朝担任官职。让他备感骄傲的是他曾于1905年起草了宪法法案的最终稿。作为卡瓦姆·萨尔塔内赫（意为"君主制奠基者"，这是恺加王朝授予他的头衔，他引以为傲，并且努力地守护这个称号），他在恺加朝廷中学到了伴随他一生的政治技巧，他所继承的位于阿塞拜疆和马赞德兰地区的大片地产又给予他经济上的支持。作为一个精明、高傲却又务实的人，他比他的兄长哈桑·沃索克·道莱要成功得多，或者说是幸运得多。由于他总是在冒险，他的政治生涯也几经起伏。出于对礼萨·汗的恐惧，他像许多贵族一样选择了自我放逐，直到1941年回到政治舞台中央。他在和各方势力维持工作关系的过程中对巴列维王朝起了一种微妙的敌意。

1946年1月到1947年12月，他在回归后第二次担任首相。这让他得以再次参与到平衡各方势力的活动中，这种做法在恺加贵族中很正常，但也反映了一些重要的变革。他将国王、军队、阿塞拜疆民主党、图德党及其背后的苏联、英国和亲英派势力（主要指南部倾向于支持英国的部落）、美国外交官和美国军事代表团、传统精英和中产阶级中的野心家同时玩弄于股掌，并取得了一些了不起的成就，哪怕只是暂时的。他的政策被称为"积极的均衡"，如同纳赛尔·丁·沙赫对待强邻一般。在面对政治对手的诘难时，他则用"善意"（hosn-e niyyat）来为自己辩护，这种善意往往根植于精明的实用主义。

卡瓦姆的当务之急是三件相互联系的事情：劝说斯大林从阿塞拜疆撤军，解决苏联关于获得石油开采权的要求，找出解决阿塞拜疆自治危机的办法。他在就任后不久就和他那"左"倾的助手莫扎法尔·费鲁兹（Mozaffar Firuz）飞往莫斯科。费鲁兹来自有权势的法曼法玛家族，他本人也很有能力。作为费鲁兹·米尔扎·诺斯拉特·道莱之子，莫扎法尔当时担任伊朗驻苏联大使。通过和斯大林本人的直接谈判，他们达成了一个令人满意的协议，并在1946年3月签署了一份协议。根据该协议，苏联红军将迅速从所有的伊朗领土上撤离。双方还将共同组建一个苏伊联合石油公司，并希望获得开发伊朗北部油田的特许权，但这一特许权的前提是得到第十五届国民议会的批准。正如卡瓦姆强调的那样，议会的批准至关重要，议会中的反对派领袖穆罕默德·摩萨台及其盟友禁止伊朗政府在没有得到议会批准的情况下和外国政府开展关于石油特许权问题的谈判。该协议在1946年4月签署，后来被称为《卡瓦姆–萨奇科夫协议》（Qavam-Sadchikov Accord），协议再次确认了阿塞拜疆危机完全是伊朗的内政，并希望当事方能够本着善意，在现存的宪法框架之下妥善解决该问题。

卡瓦姆乘势邀请在德黑兰的阿塞拜疆民主党代表进行商谈，达成了一份包含15项条款的协议。该协议将阿塞拜疆民主党领导的、由选举产生的议会定义为地方议会（anjoman-e ayalati）——这项伊朗宪法中原本就有的规定长期以来并没能得到认真对待，并正视了阿塞拜疆民主党的不满情绪及其提出的改革方案。为了和苏联达成更进一步的协议，也为了向伊朗左派表达善意，卡瓦姆在一次政府改组中任命了四名图德党成员担任部长职务。这一前所未有的举动为他赢得了苏联媒体的高度评价，他被称作是"东方最伟大的政治家"。为了保持平衡，他也任命了几名与王室、军队走得很近的中间派议员为部长，来满足自由民族主义选民的要求。

为了进一步巩固他的政府及其国内改革方案，1946年5月，卡瓦姆组建了伊朗民主党。该党成员——年轻的社会主义者和自由派政治家，他们大多具有中产阶级背景；老一代的精英和保守派；国王的支持者；军队的支持者；有势力的部落代表——在一面摇晃不定的政治大幕下进行了联合。到1946年年中，卡瓦姆政府看上去已经克服了多个挑战，即将治愈这个国家长期以来积累的伤痛。为了推行计划经济，他在伊朗历史上首次成立了最高法院，详细检查了劳工法，改革了常常被滥用的选举法；为了促进工业和矿业的发展，他建立了国有投资银行；他还将国有耕地分配给小农群体。他的计划看起来更接近美国式的资本主义模式，而非更为人熟知的由国家主导的发展方式。

然而，卡瓦姆很明显低估了来自国内外的反对势力，以及这些势力对他的"和解政治"的瓦解能力。来自伊朗中部和南部的一批强力部落首领在"南方运动"（Nahzat-e Jonub）的旗帜下迅速地集结起来，要求自治以及通过针对性措施阻止共产主义在南部的渗透。他们得到了赛义德·齐亚·丁·塔巴塔巴伊领导的亲英派的全力支持、巴列维国王的默许（也许还有财政支持）以及英国驻法尔斯省、胡齐斯坦省的领事的祝福。部落成员组成的步枪队——包括法尔斯省卡什卡伊部落和哈姆萨部落、法尔斯省南部的达什坦斯坦部落及其他部落、伊斯法罕省和胡齐斯坦省的巴赫蒂亚里部落联盟的分支，以及洛雷斯坦地区马马萨尼部落和博耶尔·艾哈迈德部落——给邻近城镇和村庄的人们带来了巨大的灾难，他们袭击了宪兵队和警察局，还解除了士气低落的政府军武装。然而，他们的首要目标是英伊石油公司的工人以及从属于图德党的工会，这些工人正在为争取更高的收入和更好的工作条件而举行罢工。阿瓦士和阿巴丹炼油厂周边讲阿拉伯语的社区展开了联合行动，试图把胡齐斯坦并入一个大阿拉伯国家，甚至还派了一个代表团到巴格达寻求支持。对许多民族主义者和德黑兰的中间派来说，这是一个表明伊朗即将被肢解的明确信号。

对卡瓦姆来说，阿塞拜疆和库尔德斯坦自治运动可能带来的内战风险以及南部部落叛乱带来的威胁都是如此之大。在第十五届国民议会召开前，他就已经面临来自民主党党内、摩萨台领导下的议会反对派和保守的军方的压力。媒体也对他毫不留情，把他描绘成了一个腐败和自大的独裁者，一个烂透了的恺加王朝余孽。为了缓解压力，卡瓦姆必须与阿塞拜疆政权的分离主义野心划清界限，解除内阁中图德党成员担任的部长职务——哪怕他们刚刚就职75天，选择任命更多的亲国王的大臣，召回中间派的、出任军队总参谋长的拉兹马拉将军，再度对由赫伯特·诺曼·施瓦茨柯普夫（Herbert Norman Schwarzkopf，1895—1958）上校领导的美国军事顾问团表示肯定。他曾出任新泽西州警察首脑一职，这是由罗斯福总统任命的。此外，在美国和英国的催促下，卡瓦姆确认伊朗将在新成立的联合国安理会中对苏联发起控诉，并最终同意为已经一再延迟的第十五届国民议会的召开做准备，而这是盟军从伊朗撤军的前提条件。

对外界的观察者来说，卡瓦姆政府政策的快速转变看起来是一种投机，也反映了其虚弱本质。虽然政策从"左"倾转向中右，但卡瓦姆还是化解了大部分困难局面。然而像他的恺加王朝的先辈一样，他并未完全倒向两个阵营中的任何一方，他的政治决策终究还是会屈从于国王、美国，特别是阿塞拜疆问题带来的压力。借口保障第十五届国民议会阿塞拜疆地区选举的公平性，卡瓦姆政府派军队前往邻近的赞詹地区，该地区当时已经处于阿塞拜疆民主党的控制下。经过1946年12月12日的一场血腥交锋，伊朗军队迅速向阿塞拜疆进军，一路上平定了地方的抵抗行动，迅速控制了该地。

在经过几个月的谈判以及彼此食言后，这次进军并不那么令人意外，对大不里士的领导层而言也是如此。与做出的保证完全相反，皮萨瓦里和他的大多数铁杆支持者迅速越过边界，逃往苏联阿塞拜疆地区。他们丢下了一些部属和农村民兵，把这些人暴露在了渴望复仇的军队面前，还让这些人去应付大地主及其随从的刁难。在夺回失去土地的过程中，地主们比阿塞拜疆民主党人更加令人难以忍受。许多下层党员被捕后被判长期徒刑，剩下的党员也因为害怕被报复而选择藏匿。站在民主党一边的军官受到了迅速的审判和处决。只用了很短时间，整个阿塞拜疆省以及稍后的库尔德斯坦省便重回中央政府的掌控，争取自治运动也被画上了一个不光彩的句号，稍后还被贴上了"叛乱"的标签，运动的领导者也变成了罪犯和外来"侵略者"。

事实证明，在阿塞拜疆"英雄般"回归祖国的事件中，真正的赢家并不是卡瓦姆，而是年仅27岁的穆罕默德·礼萨·沙赫和他的将军们。这些将军急于用一场胜利来挽回1941年的惨败，抹去军事管制时期给伊朗公众带来的糟糕记忆。美国作为伊朗军队复兴的主要支持者，在不断升级的冷战中，至少在中东战线先下一城。这场危机将国王和大多数伊朗高级军官拉入了美国阵营。国王驾驶着一架小型武装飞机抵达阿塞拜疆，享受着本不属于他的荣耀，因为无论是行动的策划还是执行，他所扮演的角色并不重要。在后来的许多年时间里，这样的场景一再上演，每年都会举行盛大的庆祝活动，包括阅兵、在广播中播放沙文主义的口号和军事音乐以及用该事件来为许多街道命名，来表达对收复阿塞拜疆的纪念。而这只是国王用来塑造自身光辉形象的诸多行动中的第一步。

阿塞拜疆自治运动的崩溃再次证明了政治中心较边缘地区的强大，这或许是对旧有的"伊朗卫戍领地"概念的最终否定。抛开苏联的野心不谈，阿塞拜疆自治运动实际上是对礼萨·沙赫时代强烈的中央集权行动以及对不同民族实行文化同化政策的反动。这实际标志着伊朗作为中央集权制国家的地位，还表明当中央政权得到强大的地缘政治力量的支持后，族群（阿塞拜疆事件强调了语言是族群认同的核心）几乎不可能取得最终的胜利。

然而，卡瓦姆还没有完全出局。阿塞拜疆戏剧的最后一幕在第十五届国民议会上演，主演是卡瓦姆的对手及亲戚穆罕默德·摩萨台。在苏联红军撤军和阿塞拜疆自治终止之后，北方石油特许权的命运就已经确定。在王室和军队的帮助下，卡瓦姆操纵了选举。尽管仍有一少部分以摩萨台为首的、经常批评卡瓦姆的反对派当选，但他还是希望能够控制议会的多数代表。1947年10月，一项关于在伊朗北部建立苏伊联合石油企业的议案由卡瓦姆政府提出，但立刻遭到了否决。摩萨台和他的民族主义盟友——其中有些人仍然是卡瓦姆的民主党成员，拼命地反对任何将石油开采权授予外国的决定，这一重要的行动为两年后展开的伊朗石油国有化运动奠定了基础。

此次选举后不久，战后存在时间最长的卡瓦姆政府开始崩溃。图德党及其附属工会组织了大量的抗议和频繁的示威，成了卡瓦姆的死敌，并使其政府陷入瘫痪。甚至那些在几个星期前还忠于卡瓦姆的官员也选择了辞职，有些人是因为卡瓦姆看起来要坚持履行和苏联签订的协议，其余的人则是因为他看起来想违约。媒体也给他打上伊朗政治的"老狐狸"的标签。1947年12月，别无选择的卡瓦姆在绝望中辞职，并很快前往欧洲治病。尽管卡瓦姆遭遇了明显的失败，但还是实现了为政府制定的直接目标，这是在战后动荡的年月里其他任何一位首相都没能做到的——无论是靠着善意或是纯粹的政治手腕。他终结了分离主义危机，将左派和中间派团结起来（至少是表面上），为中产阶级打开了上升通道，并且也为这个国家开启了计划经济。

争取石油国有化

北方石油特许权的废除——卡瓦姆无法预料的"阿喀琉斯之踵"，迅速激起了议会内外长期以来要求对英伊石油公司的特许权进行重新谈判的热情。礼萨·沙赫政府未能修订1901年达西石油特许权协议的初始条款，这给伊朗留下了长久的伤痛。1933年的特许权协议将英伊石油公司的权益延长了60年，这些权益包括对胡齐斯坦省各大油田的完全控制权，以及对产量、分配、定价、账目、税收和阿巴丹炼油厂装置设备的所有权。英伊石油公司属于英国政府所有，它为英国政府提供了稳定的收入，并为战后的英国经济提供了重要的支持，它的运营范围甚至超出了伊朗国界，扩展到邻近的伊拉克、科威特，还有英国控制下的海湾地区的诸酋长国，即涵盖从阿布扎比到阿曼边境的广大区域的特鲁西尔酋长国（Trucial States，也就是未来的阿拉伯联合酋长国）。

伊朗只享有依据伊朗原油生产总额而定的微薄税收，直到1951年，也只占总收入金额的16%。此外，由于英国方面的精明策略，伊朗还要就其收入向英国财政部缴纳所得税，而且范围不仅限于从伊朗油田开采出来的石油，还包括英伊石油公司在整个地区的所有产出。1947年，英伊石油公司税后收入超过4000万英镑，归于伊朗的则只有700万英镑，也就是17.5%的特许权使用费，这还是在伊朗方面强烈要求提高伊朗的份额以后才有的。英伊石油公司在决定给伊朗的特许权使用费和其他收入时有许多极其恶劣的不公平行为，一直遭到伊朗的强烈抗议。对伊朗技术人员、工程师和管理人员的区别对待，则是引起不满的另一个原因。作为现在英国石油公司的前身，英伊石油公司像经营殖民种植园那样来经营伊朗的石油产业，它借用了英国社会中充满阶级意识的等级制度，并保存了殖民地式的特权文化。伊朗对劳动力的另一项重要贡献是廉价劳工，主要是巴赫蒂里亚牧民和胡齐斯坦省讲阿拉伯语的民众，他们的工作环境极其恶劣，工资和生活水平都很低。关于阿巴丹石油工人的生活状况，观察者这样写道：

> 每天的工资只有五毛钱，没有假日工资，没有病假，没有伤残补偿。工人生活在一个叫卡戈哈扎巴德（Kaghazabad）或"纸城"（Paper City）的棚户区，没有自来水或者电力供应……到冬天，这里会被洪水淹没，成为一个湖泊。镇上的泥浆没过膝盖……当降雨停歇时，成片的蚊子从污浊的水面飞来，往人的鼻孔里钻……夏天更糟糕……空气酷热而黏着，一刻也无法摆脱——风和沙暴像鼓风机一样，带来了沙漠的炎热。卡戈哈扎巴德的居民费力地把破了的油桶敲打成住房，这样的房子就像是闷热的炉子……罪恶行径到处都是，燃烧的石油散播着硫化物的恶臭……这里什么都没有——没有茶馆，没有浴室，甚至连棵树都没有。每个伊朗城镇都有用瓷砖砌成

的、看得到倒影的水池以及被林荫遮蔽的中心广场……这里什么也没有。没有铺设路面的小巷是犯罪者的交易处。[1]

　　北方石油特许权的取消给了国民议会中的民族主义者一个绝好的机会，他们要求和英伊石油公司重新展开谈判，并最终要求实现伊朗石油工业的国有化。早在1946年，消极的平衡政策就被提出，并且得到了摩萨台和与他关系密切的同僚侯赛因·马基（Hosain Makki）以及其他同僚的支持。该政策的支持者还包括图德党，他们因为北方石油特许权的取消而愤怒不已。民族主义者试图通过消极平衡政策来取缔英苏两国所享有的不公正特权，使伊朗得以在日益两极对立的世界里保持危险的平衡。斯大林逐渐放弃了开采伊朗石油的想法（很显然这是因为西伯利亚石油的新发现），这进一步助长了伊朗民族主义者的诉求。

　　要求在英伊石油协议中获得更好的条件，直至最终实现石油产业国有化，毫无疑问，这和战后的非殖民化潮流一致，也受到了这股潮流的推动。伊朗人民为英国在印度近两个世纪殖民存在的终结和印度民族主义运动最终取得的胜利而激动，他们一直对英国在东方的殖民势力保持警惕。然而，1947年7月的印度独立却伴随着痛苦的分裂，转变成了两个相互敌对的国家——印度和巴基斯坦。与此同时，还有1947年11月英属巴勒斯坦托管地的分割以及以色列的成立，尽管遭到了巴勒斯坦地区阿拉伯人的强烈抗议。

　　这些事件被伊朗媒体连篇累牍地报道，加剧了伊朗和英伊石油公司之间原本已经很紧张的关系，也加剧了对英帝国这头"年迈的雄狮"（伊朗媒体称之为"老狐狸"）的怨恨。分割巴勒斯坦以及分割印度，被看作是英国为了分而治之以及延续在这些地区的殖民统治而采用的新花招，而英伊石油公司为了自身的利益，也使用同样的伎俩，以实现对伊朗的政治分裂。因此，对英国的猜疑慢慢变成了公开的仇视。在1930年代以前，石油对大部分伊朗人来说只不过是外国人从遥远的巴赫蒂亚里南部山区地底下抽取出来的黑色黏稠物，然后经由遥远的波斯湾沿岸出口。现在，从给油灯添的煤油，到公共汽车和卡车需要的燃油，石油已经和伊朗人的日常生活密切相关。他们深深地意识到民族的财富正从自己脚下被抽走，然后以极低的价格大量地被运往遥远的国度，这些财富的流向确保了列强的繁荣和福祉，代价则是伊朗自身的贫困和衰弱。

除了对自身资源拥有道义上的权利外，伊朗迫切渴望获得更多石油收入的原因还在于其他收入的减少。由于战后经济的衰退，伊朗政府的直接税、间接税、关税和消费税收入，通通都在下降。在超过四分之一个世纪的时间里，伊朗国家及自身经济越来越依赖于用石油收入去重组军队，去维系不断膨胀的官僚体系和公共工程。二战后，这种局面愈演愈烈。1943年后美国的军事援助只是部分地抵消了不断增长的财政赤字，而美国许诺的贷款一直到1953年以后才到位。受到当时流行看法——国家是社会进步和经济发展的推动者——的影响，伊朗的民族主义者坚信石油收入是实现中央集权和基础设施升级的唯一关键。左派希望复制苏联的计划经济，而亲西方者则寄希望于罗斯福推行的美国式发展模式。伊朗政府把对石油收入的完全垄断看作实现这些目标的可行途径。

自1920年代以来，石油收入的增长乍一看令人印象深刻，实际上则有很强的欺骗性。从1941年到1950年，伊朗石油增长了近5倍，达到每天3.1万吨（合252 500桶），特许权使用费率固定在16%，还不到英伊石油公司1亿英镑收入的六分之一，并且几乎全被战后的恶性通货膨胀所抵消。伊朗方面很自然地认为英国政府在谈判时缺乏诚意，不愿给予伊朗更好的条件。与之相对应的是，英国公众要求克莱门特·艾德礼（Clement Attlee）领导下的工党政府补偿他们在战争期间做出的牺牲和经历的苦难，并支持工党政府去维护那些对于英国复兴至关重要的海外利益。这和伊朗关于实现石油国有化的要求背道而驰，就像1956年英国公众反对埃及对于苏伊士运河国有化的要求一样。即使工党政府此时正在对英国包括煤和铁路在内的主要工业进行国有化，但国有化原则还很少涉及海外投资领域。虽然工党在谈判伊始对伊朗相当仁厚，甚至引起了英伊石油公司的抵触和对抗，但伊朗方面的要求始终未能得到满足。

权力争夺和错失良机

石油问题的谈判加剧了伊朗国内由于冷战问题而导致的分歧。1949年到1951年间，野心勃勃的将军、穆罕默德·礼萨·沙赫和王室、保守派政治家、图德党及其同情者、回归政治舞台的政治化乌莱玛及追随他们的伊斯兰组织、自由民族主义者及其联合在"民族阵线"（Jebheh-ye Melli）旗帜下的诸多支持者，都直接地或通过代理人参与了争夺。

1949年1月，国民议会再度响起了石油工业国有化的呼声，这次还有了反英情绪的推动。尽管议会内部之前也有类似的争论，但此次摩萨台领导下的少数派议员活跃了起来，迫使政府同意和英伊石油公司展开商谈，努力达成新协议。在此后不到一个月的时间里，两级化的政治、短暂的结盟以及一次针对巴列维国王的不成功暗杀——凶手被认为是图德党的支持者——使得政治气氛变得极为紧张。当时国王正在德黑兰大学参加一项公共活动，尽管他没有受到严重的伤害，但该事件给了国王支持者一个宣布图德党为非法组织的机会，一些图德党成员被认为与这场阴谋有关，一场在全国范围内对左派的镇压也由此展开。

国王利用这次事件在国内事务中获得了更大的话语权，并被认为很可能将平息议会内部的派系斗争。国王还要求修改宪法，以便授予他一项新的王室特权。1949年7月，被匆忙召集起来的制宪会议对1906—1907年宪法的第48项条款做了修正，授予国王可以在他认为必要时解散议会的权力，但前提是要在六个月内重新举行选举。毫无疑问，国王的这场胜利在某种程度上有赖于民众的支持，他们对议会内外的政治倾轧早已厌倦（彩图9.3）。

也许宪法的修改有利于国王，但政治环境的快速转变并非如此。频繁发生的街头示威行动成为图德党的有效工具，摩萨台的支持者也利用在新闻界的优势，躲在幕后进行煽动。第十六届国民议会选举注定会成为民族主义者反对当前局面的焦点。通过抗议选举中存在的舞弊行为——试图让保守派候选人（其中大多数都是地主阶级）当选，在摩萨台领导下实现了联合的民族主义派代表利用新的宪法修正案要求国王取消此次选举结果，并举行新的选举。起初，这一要求被证明是徒劳的，但在几个月后，国王屈从于公众的压力，命令在首都地区举行一场新的选举。1950年1月，德黑兰的选民前来投票，摩萨台和民族阵线的候选人赢得了最高票，摩萨台由此开始了他的首相之路。然而，国王和民族阵线这次心照不宣地联合，在很大程度上是为了针对图德党以及拉兹马拉将军这一军队强人的崛起，因而注定不会长久。

伴随着好几个月的政治动荡和弱势内阁的更迭，哈吉·阿里·拉兹马拉将军于1950年6月成了首相。拉兹马拉是伊朗军方一颗冉冉升起的新星，他在法国接受教育，在担任校级军官期间，曾在伊朗全国各地服役，并展现出了全面的军事素养，在中下层军官中有很高的威望。他是1946年收复阿塞拜疆行动的关键指挥官，是伊军历史上最年轻的总参谋长，当时只有47岁。他雄心勃勃、自律、政治嗅觉敏锐，还和贵族联姻。

在和图德党达成谅解的同时，拉兹马拉还在保守派中赢得了一些支持者，他们向拉兹马拉承诺会拖住国王一段时间，同时还会在与英伊石油公司的石油谈判的关键条款上控制住民族阵线。拉兹马拉还得到了美国的支持，美国将他看作抵挡共产主义和保守派的堡垒，向他承诺提供急需的财政援助。至少在一开始，他有信心解决与英国之间的石油危机。由于在处理图德党问题时采取了较为温和的态度，他还和苏联保持了较好的关系。在某一段时间里，他看起来掌控住了极不稳定的局面，就像四年前卡瓦姆的联合政府曾经给这个国家带来过政治稳定一样。

拉兹马拉选择站在温和派一边，他支持签署一个补充协议，这一协议是1949年7月议会召开前伊朗和英伊石油公司谈判时提出的，将给予伊朗更为优厚的条款，因此得到了大众媒体的支持，但这些条款远不能满足伊朗民族主义者的要求。拉兹马拉很快意识到在民族阵线的强烈反对下，补充协议是不可能通过的。然而，英伊石油公司的谈判代表也不愿提供更好的条件。基于那个时代的殖民主义心态，英伊石油公司的管理层以及那些在伦敦支持他们的英国官员，产生了制止伊朗政府打破1933年协定的念头，该协定是之前英国政府采用欺诈手段，和礼萨·汗及其财政部长哈桑·塔奇扎德赫签订的。

此外，英伊石油公司傲慢地认为公司中的伊朗雇员能力有限，不足以胜任管理岗位，也没法掌握公司的账目。伊朗人认为这些账目充斥着欺诈手段，黑幕重重。它还无耻地为自己向伊朗工人提供的恶劣待遇辩护。它既顽固又短视，讽刺的是，它还对拉兹马拉的一再请求和美国方面的幕后协调装聋作哑。在英伊石油公司看来，美国积极地介入谈判主要是为了在伊朗石油产业中插上一脚。美国的那些石油公司——它们可和公平正直不沾边——与委内瑞拉政府签订了一份利润对半分成的新合同。1950年，这些石油公司又准备和沙特阿拉伯签订同样的协议，而巨型美国石油联合企业阿美石油公司（ARAMCO）自1933年起就在该地展开业务。作为和沙特阿拉伯达成利润五五分成协议的回报，美国国会授予阿美石油公司50%的税收减免（被称为"黄金花招"）。英伊石油公司拒绝考虑任何类似的协议，而且还强烈要求美国对该协议保密，直到伊朗接受他们极不公平的条款。

1950年11月，当议会最终否决补充协议时，不情不愿的英伊石油公司才开始提出类似的利润五五分成的条件，但为时已晚。尽管英伊石油公司释放出了让步的信号，但是国民议会的石油委员会——由摩萨台担任主席——一心只想完全掌控伊朗石油产业的所有权。拉兹马拉表示几个月来议会内外对石油问题的辩论唤起了公众潜在的热情，伊朗石油产业国有化势在必行。然而，掌握了民意的民族阵线和摩萨台本人并不想给拉兹马拉任何机会，对他的说辞无动于衷，转而指控拉兹马拉财政腐败、打压新闻媒体，成了"英国的走狗"和卖国贼，必须被消灭。

虽然伊朗宪法设想将普选产生的地方议会作为减少中央集权政治的基础，但拉兹马拉的分权提案还是被民族阵线否决了。他的计划被贴上了企图分裂伊朗的"阴谋"标签。拉兹马拉提出的让这个国家摆脱无能官僚作风的反腐败运动——更重要的是他提出的土地改革方案——面临着来自议会中土地阶层代表的坚决抵制。抑制王室职能的做法又激怒了国王。另外，媒体在报道中暗示他的私生活十分不堪，这也摧毁了他的公众形象。这时，已经逃狱并流亡苏联的图德党领导层——据说是得到了拉兹马拉手下亲图德党的官员的帮助——也对这位首相毫不手软，抨击他是美帝国主义的代理人。事实上，拉兹马拉的外交政策结束了美国的援助，甚至还终结了美国的军事援助项目，废除了跨越苏联边境的飞行侦察行动。

1951年3月，手握大权的拉兹马拉还在构想如何解决石油争端，但他却在出席德黑兰一个清真寺的纪念活动时被刺身亡。凶手哈里里·塔赫玛斯比（Khalil Tahmasbi）是一个名为"伊斯兰敢死队"（Fada'iyan-e Islam，意为"为伊斯兰而献身"）的恐怖主义组织的成员。他忠于议会议长阿亚图拉阿布–卡西姆·卡沙尼（Abul-Qasem Kashani）和特立独行的政客莫扎法尔·巴卡伊（Mozaffar Baqa'ii），后者是一名议员，也是民族阵线的资深成员，经历很复杂。民族阵线的另一名成员也被指控卷入谋杀案。无论谋杀是因为精神错乱，或者更可能的，是由拉兹马拉和卡沙尼的个人矛盾造成的——卡沙尼在试图对抗国王时被拉兹马拉暂时驱逐，这些都只能停留在推测上——伊朗方面经常对拉兹马拉遇刺一事轻描淡写地带过，因为如果不将他妖魔化成外国势力代理人，他很有可能成为礼萨·汗后又一个独裁者。他的死既有利于巴列维国王——国王对这位精力旺盛的将军感到害怕——也有利于民族阵线，在当时，关于石油国有化问题的争论已经达到了新高度。

拉兹马拉遇刺两周后，在伊朗新年庆典前夜（1951年3月20日），石油国有化法案在经过两年的激烈争论后得以在议会通过。大量支持摩萨台的公开集会和新闻报道反映了公众的态度。由于缺少像拉兹马拉这样的平衡力量，石油产业爆发了大量由图德党组织的反对英伊石油公司的罢工，罢工充斥着暴力，致使大量人员伤亡。这些集会和罢工使得伊朗出现了越来越多的国内及国际冲突。

作为民族阵线同盟以及国民议会议长的阿亚图拉卡沙尼的崛起是一个转折点，它标志着自礼萨·汗以来乌莱玛被隔绝于政治以外的时代的终结。作为一个激进派领导者，他上承莫德雷斯，下接阿亚图拉霍梅尼。在巴列维国王的个人要求下，他结束了在贝鲁特的流亡生涯，回到伊朗国内。他不仅获得了新的荣誉称号，还把伊斯兰激进主义这一新元素带入了伊朗的公共空间。于是，他隐秘的同盟伊斯兰敢死队在政治生活中被更多地接受了。1910年代后期，阿布–卡西姆·卡沙尼以穆智台希德的身份在纳杰夫接受训练，却靠他的政治主张而非学术水平赢得声望。他见证了一战期间英国对伊拉克南部的占领。

1919年，由于参与伊拉克什叶派起义，他在缺席的情况下被英国托管当局判处死刑。逃往伊朗后，他成了哈桑·莫德雷斯的门徒，并在1924年礼萨·汗鼓吹共和时，选择站在莫德雷斯一边，表示反对。然而，他在不久之后就被选为制宪会议的代表，在会议废除了恺加王朝后，他投票支持巴列维的统治，并和礼萨·汗保持着亲近的关系。

二战期间，卡沙尼被英国驻伊朗占领军逮捕，罪名是他在情感上倾向于纳粹，因而被判流放。几年后，他返回伊朗，声望愈隆。他先是组织一支伊朗志愿队伍参加1948年爆发的阿以战争，之后又成为伊斯兰敢死队的资助者。卡沙尼还宣布拉兹马拉为异教徒——异教徒应当流血，他的声明事实上成为教法指令，使得敢死队敢于刺杀首相。作为一个有影响力的教士，卡沙尼请求民族阵线帮助他召集大量的中下阶层民众和巴扎商人，以支持民族主义事业。随后，他被证明在担任议长时只是部分参与了摩萨台的计划，而且很快就成为摩萨台的麻烦。1953年，他完全抛弃了民族阵线，并暗中转投到国王的阵营当中，大多数教士也随他一起变换了效忠对象。有谣言称他和英伊石油公司的代表勾结在了一起。卡沙尼的转换阵营对摩萨台和民族主义事业来说是一个巨大的打击。

作为卡沙尼的盟友，伊斯兰敢死队是一个小型但高效的半地下军事组织，主要活动是对"伊斯兰之敌"进行恐吓、威胁和刺杀。他们理想中的伊斯兰秩序是靠严格遵循沙里亚法和伊朗式伊斯兰激进主义而实现的。敢死队的创始人兼领导者选择了充满乡愁意味的假名纳瓦布·萨法维（Navvab Safavi），意思是"萨法维王朝的王子"，他曾是英伊石油公司在阿巴丹的雇员，之后又成了库姆经学院里一名适应力不佳的学生。毫无疑问，这位纳瓦布·萨法维受到了埃及穆斯林兄弟会（Ikhwan al-Muslimin）的启发，和该组织的创始人哈桑·班纳（Hasan al-Banna）一样，在受英国控制的环境中工作后，产生了反殖民主义的情绪。像兄弟会一样，伊朗的敢死队试图建立一个等级森严的信徒网络。他们使用"fada'i"（一个为事业牺牲生命的人）这个术语，可能是受到了12世纪阿拉穆特（Alamut）的伊斯玛仪派的影响以及阿萨辛派[1]（Assassins）传说的启发，但实际上，它模仿了兄弟会的等级制度。

敢死队——甚至包括几乎所有有巴扎背景的普通信徒——无法容忍世俗社会和主流乌莱玛对伊斯兰教法的批评，这是战后一种令人颇感不安的发展。1946年，他们暗杀了艾哈迈德·卡斯拉维，因为他对什叶派发表了蔑视言论。1949年，他们杀害了宫廷大臣阿卜杜勒-侯赛因·哈日尔（Abdol-Hosain Hazhir），他是一位有能力的政治家，也是伊朗国王的盟友，他被指控反宗教以及向外国出卖利益。为了实现建立伊斯兰政府的最终目标，敢死队甚至愿意与民族阵线或巴列维宫廷组成战术联盟。激进的信念导致了他们的最终毁灭。在1955年，纳瓦布·萨法维及其两名助手暗杀首相侯赛因·阿拉（1884—1964）的行动失败了，随后遭到处决。侯赛因·阿拉是一位受过英国教育的律师，也是一位出身于恺加贵族的正直的政治家，被视为亲英派。对敢死队的记忆久久不散，激励着后人，尤其是1979年伊斯兰革命的激进分子。

摩萨台和抗议政治

在经过一个过渡政府以及与巴列维国王的几周商谈后，1951年4月28日，穆罕默德·摩萨台被任命为新首相。在投票日出席的91名议员中，有79人对他投了信任票。作为民族阵线的领袖以及整个国民议会史上最著名的议员之一，摩萨台被认为是石油国有化运动中的不屈斗士，也是国家主权、宪法权利和选举自由的捍卫者。超过半个世纪的政治生涯使他成为一名热忱的自由主义者、一位经验丰富的议员和一位具有超凡魅力的演说家。事实证明，作为首相，他的政治悟性并没有那么完美，尽管他努力让一个破产的政府度过了内忧外患的动荡时期。由于体弱多病和性格上的多愁善感，摩萨台显露出了一些疑病症的

[1] 伊斯兰教什叶派伊斯玛仪派分支尼查里派的俗称，在中国古籍中被称为"木剌夷"，常被其他穆斯林视为异端，以暗杀闻名。

症状，这在恺加贵族中很常见。那些西方出版物嘲笑他是一个"爱哭"的、行为古怪的首相，虽然这完全是出于偏见，但也许要归因于摩萨台的焦虑症，焦虑症使他很容易产生精神崩溃和抑郁。由于经常卧床不起，他是盖着一张毯子开展国有化运动的，好像这样就可以保护他免受这个充满敌意的世界的伤害。他穿着睡衣和一件白色家居服进行日常管理活动的行为遭到了不公正的嘲弄。但当他穿着正式的礼服，遵循传统的波斯礼仪时，他会表现出十足的活力，变得极具人格魅力。然而，公众对他印象最深的还是虚弱的身体、堪忧的健康状况。当他和美国国务卿迪安·艾奇逊（Dean Acheson）会面时，他看起来状态不佳，就好像他那满身伤痕的祖国一样。他注定会被写进现代伊朗历史以及灵魂中——作为一个失败了的英雄、一个真正的殉道者，以及他那正在对抗强敌的祖国的化身。

作为一个有原则、有时又很固执的人，摩萨台出任首相之时已近70岁。和他的亲戚艾哈迈德·卡瓦姆一样，他属于伊朗的官僚和土地贵族阶层，出身于一个和恺加王朝有着千丝万缕联系的旧式家庭，还拥有一个恺加王朝授予他的头衔——摩萨台·萨尔塔内赫。他的父亲很早就去世了，他是由母亲抚养长大的。摩萨台的母亲是一位受人尊敬的妇女，对他的个性和政治生涯都有很大的影响。他起初在纳赛尔·丁·沙赫的宫廷中当差，后来成了国家财政官员——这是他家族世袭的职业。在后宪政时代，他逐步升迁，担任过好几个高级职务。1910年，他动身前往法国，随后又在瑞士的纳沙泰尔大学学了三年法律。他和很多同样背景的贵族一样，以尊重但又有所保留的态度观察了立宪革命。

看起来，在现代欧洲环境中学习法律的经历改变了他的一生，使他成为宪政主义和法治的信徒。然而和许多同时代欧化的现代主义者不同，他仍然想把伊朗文化和社会中的法律、道德融入进来。他通过婚姻加入了德黑兰的聚礼领拜人家族——伊朗最古老的乌莱玛家族之一，起源于萨法维时代。摩萨台的这种看似不太寻常的联合，帮助他建立起了对什叶派在伊朗社会及传统中的作用的新看法。这也为他在瑞士撰写的博士论文提供了主题，他的题目是关于伊斯兰法中的遗嘱和遗产问题，即使是对像他这样背景的人来说，这个题目在当时也是相当新颖的。透过现代欧洲法律的放大镜来检验什叶派法律体系的微妙之处，他得以认识到在现代背景下践行它们将遭遇哪些困难。他在一战行将爆发之时回到伊朗，开始从事教学和管理工作，同时用波斯语发表了很多文章，广泛涉及了包括列强领事裁判权和国家主权在内的许多主题。这些主题对于他的政治观的形成极为有益。

1921年2月，礼萨·汗发动政变上台。和许多同龄人一样，摩萨台将这次政变看作是继1919年《英波协定》之后外国势力的又一次阴谋（摩萨台还在欧洲时就强烈反对这一协定）。由于担心被逮捕，他逃到了法尔斯省中央地带的巴赫蒂里亚地区，这一举动被德黑兰看作是在为叛变做准备。然而在恺加贵族回归政治舞台后不久，他就回到了德黑兰，先后担任了好几个重要职位。尽管很不情愿，但他还是逐渐认可了礼萨·汗作为必要的恶的正当性。他甚至加入了一个由志趣相投的政治贤达、文人名士组成的小团体，他们从1921年政变后就想努力教化礼萨·汗手下那些粗鄙不堪的哥萨克军官。1922年，摩萨台短暂地担任了卡瓦姆政府的财政部长；1923年，他又在莫希尔·道莱政府中担任外交部长。虽然他在两个职位上都尽心尽职，但都干得并不情愿。在每个职位上，他都能找到辞职的理由，他在遇到阻力时——或者只是感知到阻力时——很喜欢做这样的抉择，以满足他自己的道德标准。抛开那些政治上的奇思妙想以及让他感到挫败的理由不谈，摩萨台在选择辞职时，确实获得了相当程度的道德满足感。

然而摩萨台的这些怪异行径很快使他自己被排除在政府圈子外。即使他在1925年第五届国民议会上发表了反对废除恺加王朝的大胆演说，在此后两届国民议会中，摩萨台也只是一名普通议员，只有在反对政府改革项目时才能表现出存在感。例如，他从战略和金融角度反对修建自北向南的主干铁路的计划，而支持从西北到东南的方案，这一计划耗资更低，可以经土耳其将欧洲的铁路网连接到南亚地区。尽管他的想法看上去忽略了波斯湾出海口的重要性，但他正确地意识到了扩展跨境贸易的美好前景。在司法改革方面，摩萨台不认可达瓦尔对旧司法系统所进行的天翻地覆的改变。他质疑那些过分匆忙且可能带来危害的城市化进程，特别是那种毫不犹豫就推倒大量街区的做法，他认识到这将破坏波斯式的城市格局和许多重要建筑物。几乎每一次，他的反对意见都被置之不理，这更加剧了他对巴列维王朝的西化进程的失望，也加剧了礼萨·汗对这位坦率直言的议员的疑心。

摩萨台的立场使他遭到了政治流放。从1928年到1943年的15年间，他一直隐居在德黑兰附近的家中，一边从事农业生产，一边和各种疾病做斗争。即便如此，在礼萨·汗对旧贵族的复仇清洗的最后阶段，他还是在1940年被逮捕，然后被关进监狱。他被关押在呼罗珊中部比尔詹德（Birjand）的一座军事要塞，被指控亲德。在那之前，他亲德的女婿，即礼萨·汗的倒数第二任首相艾哈迈德·马丁·达夫塔里，也被解除职务和遭到逮捕。如果不是王储穆罕默德·礼萨向他的父亲求情，摩萨台被处死几乎就是板上钉钉的事了。1943年，摩萨台成为第十四届国民议会德黑兰选区首位当选的议员，他被看作对抗礼萨·汗时期各种倒行逆施的举措的领导者之一。同时，他也是反对英国通过代理人干涉伊朗内政的行为的领导者之一。他还反对战后伊朗历届政府的不作为以及议会选举中的腐败行径。

受新的政治前景的激励，摩萨台开始认识到贵族政治从根本上来说就是腐败的，也不再可行。他反对卡瓦姆和拉兹马拉，比起这两人，他更希望和新兴的中产阶级结盟，因为他们有着共同的志向。他很快接受了战后的民粹主义政治，还更快地领会到它所蕴含的反帝国主义的信息，并将之本土化，如同民粹主义在非西方世界——从中国、印度、东南亚到非洲、拉丁美洲——的传播过程中所发生的那样。和早期的圣雄甘地以及稍晚的印度尼西亚的苏加诺（Sukarno）、埃及的贾马尔·阿卜杜勒·纳赛尔（Jamal Abdel Nasser）一样，摩萨台代表了后殖民时代领导者的新形象。然而和大多数其他后殖民时代领导人比起来，摩萨台称得上是个异类：他既不出身于社会底层或中产阶级，在政治生涯开始时也没有接受过任何革命观点。

石油危机和政治改革

从1951年4月担任首相开始，摩萨台就用一种英雄主义的热情来安排他的日程。他上任后，把实施石油国有化当作了首要任务。这样的想法虽然会得到民众的支持，但很快就会遭遇到其他方面的反对。英国方面将从根本上反对这个计划；图德党则仍然赞成和苏联之间的北方石油协议；很快，国王和保守派，最后甚至是摩萨台在伊朗和民族阵线中的盟友也纷纷表示反对。1951年5月，他正式宣布将伊朗石油产业国有化，在随后的6月的公开广播讲话中，他总结了做出这一决定的原因：

> 和外国列强多年来的谈判始终无法取得任何结果。有了石油收入，我们就完全能够满足预算的需要，还可以和人民正遭受的贫困、疾病和落后状态做斗争……通过消除英国公司（即英伊石油公司）享有的特权，我们也将消除腐败和阴谋，这些因素一直在干扰我国的内政。当这些干涉停止时，伊朗就将实现经济和政治的独立。[2]

在任期内，摩萨台始终对石油国有化抱有很高的期望，认为这是实现经济自主、社会繁荣、物质进步以及终结外国干涉的核心。在这次演说中，他重申了补偿的必要性——国民议会通过的国有化法案规定，伊朗石油产值净利润的25%将作为对英伊石油公司合法要求和生产设备所有权的补偿。摩萨台还否定了所有想开除石油产业中英国技术雇员的想法。

为了实现这一目标，他必须克服艰难险阻。他匆忙组建了第一届内阁，成员包括保守派将军、经验丰富的民族主义者和老练的官僚，毫无疑问，他试图在自己的支持者之间维持平衡。在他在任的26个月里，他多次对内阁进行改组（头10个月里就换了五位内政部长），即使在伊朗政治最动荡的年代里，这也是创纪录的。非阁员的任命也没有显得更稳定。在议会内部，支持摩萨台的计划及其实施的人也变少了。这种不稳定的局势部分是因为国内外环境造成了伊朗充满革命的氛围，但摩萨台自己也难辞其咎。尽管志存高远，但他在管理能力上的欠缺——他的疾病、焦虑和固执放大了这种欠缺——使他从未能完全掌握权力，反而导致了他最终的垮台。几乎在一开始，他就宿命般地预料到了这种结果。但摩萨台的理想主义给他带来了很好的公共形象，使得他在各方势力对峙的环境中看起来仍能很好地展开自己的工作。

一开始，国有化在公众和议会那里获得了压倒性的支持，开展得很顺利。摩萨台成了驱逐外国侵略（khal'-e yadd）的英雄，且因为收回了英国控制下的石油产业而为人所知。在和愤怒的英伊石油公司交换了意见后，伊朗方面很快就派出一支队伍，前往位于阿巴丹的英国石油生产中心，在油井上升起了伊朗国旗。出乎英伊石油公司意料的是，伊朗方面还派了技术人员和少量工程师前往胡齐斯坦，以确保能够对石油产业的日常运行进行管理。然而伊朗毕竟太缺少石油勘探和冶炼的经验，很快他们就发现自己还需要时间去掌握管理技巧和技术诀窍，但英国方面一直小心翼翼地保守着这些技术信息。尽管有摩萨台的公开担保，英伊石油公司还是在石油工业国有化以后拒绝了伊朗方面号召英籍雇员继续工作的要求，并撤回了所有雇员。在停泊于阿巴丹的英国军舰的庇护下，英国政府迅速撤走了在伊朗的大多数国民，同时还要求驻扎在塞浦路斯的英国皇家空军中队保持高度警戒，以支持预期的海军对石油设施的接管。

由于被伊朗方面的行动所激怒，英国政府还向海牙国际法庭提起上诉，要求法庭根据国际法，判定伊朗政府石油国有化的行动是非法的，因而也是无效的。作为回应，伊朗政府也提出了针锋相对的上诉，并派代表前往海牙，为自己的行动进行辩护。伊朗石油国有化行动因此迅速发展成为一场国际危机，由于在地区安全和战略方面的重要影响，美国受邀对此进行干涉。当时，伊朗石油供应量在世界石油总产量的比重超过20%，这样一种关键物资的减产将对西方经济造成严重威胁，甚至使其出现衰退。然而，由杜鲁门总统派出的特使艾弗里尔·哈里曼（Averell Harriman）进行的调停被证明作用相当有限。

由于担心英国不守信用，摩萨台政府拒绝了美国方面提出的利润对半分成的提议。摩萨台及其幕僚们有理由担心这样的提议会附加许多有利于英国公司的条件和隐藏条款。杜鲁门政府夹在对最重要盟友英国的忠诚以及对一个常年遭受欧洲列强欺凌的国家的支持之间，无意卷入太深。图德党组织的反对美国"善意"使命的公开示威活动以及与守在议会前的警察发生的冲突，导致10人死亡和大量人员受伤。

1951年9月，英伊关系进一步恶化，英国政府遂将伊朗石油问题提交到了联合国安理会。为了抗辩英国的主张，摩萨台迅速率领一个庞大的代表团前往纽约，他的这一举动不仅是为了在联合国阐明伊朗事件的真相，也是为了向美国及国际社会寻求支持。摩萨台受到了美国民众的热烈欢迎，之后他又在安理会发表了热情的演说，强调伊朗和英伊石油公司的纷争是伊朗的内政问题，并重申伊朗政府在安理会和国际法庭诉讼问题上的立场。他的演说以娴熟的法律术语构成，具有很强的专业性。

为了进一步向伊朗施压，英国政府于1951年9月对伊朗石油出口进行了全面的海上禁运。一些有意购买伊朗石油的买家望而却步，而由此产生的供应缺口则迅速被来自伊拉克石油公司——英伊石油公司的替代品——以及科威特、迪拜的波斯湾石油供应填满。除在最初的一段时间外，禁运对英国造成的长期影响可以说是非常小的，对伊朗经济却造成了巨大的影响，甚至贯穿了摩萨台整个任期。通过发行政府公债来填补收入减少的做法并没能避免财政危机，摩萨台政府增加了货币的发行量，反而加剧了通货膨胀。很显然，国有化行动虽然很勇敢地表达了民族情感，却是一个无法完成，或者至少是一个极其困难的任务。到1952年初，伊朗的石油生产完全停了下来——这是自1909年以来的第一次，这将导致致力于摆脱外国经济霸权的伊朗政府的破产。

在接下来的几个月里，摩萨台迎来了更多的战斗，战场覆盖了街头、议会、与英伊石油公司以及美国代表展开谈判的谈判桌、国际法庭、国王和军队的所在地、民族阵线内部。靠着摩萨台的威望和伊朗人民对外国干涉的苦痛记忆，民族运动（Nahzat-e Melli）——众所周知的石油国有化运动——获得了胜利。摩萨台成了民族英雄，这在伊朗人民爱戴的人物中很罕见：他并非军人，虽然是贵族出身，但对普通民众有着父亲般的真挚情感；虽然身体虚弱，但为人正直，且意志坚定。一方面，他愿意为解决石油问题付出合理的代价；另一方面，他又致力于恢复"民族的权利"。英伊石油公司的仇视态度、英国政府几乎是从一开始就想摧毁摩萨台的决心、冷战错综复杂的局势以及伊朗国内政局的逆行都加剧了这种困境。

　　1952年初，摩萨台的对手们开始聚拢。左派的图德党将他描绘成一个土地贵族、美国代理人和具有煽动性的政治家，认为他实行石油国有化是为了给美帝国主义的经济侵略提供方便（图9.3）。即使是部分伊朗社会主义者——1948年从图德党中分离出来后被称为"第三方力量"（Niru-ye Sevvom）——选择加入了民族阵线，并且支持摩萨台，图德党领导层和它控制的媒体仍始终忠于苏联。图德党通过在首都和地方省份频繁展开结盟活动，使自身成为被压迫阶级的代表政党，它不仅反对君主制和西方利益，也抵制摩萨台的濒临崩溃的"资产阶级自由主义"（彩图9.4）。

　　图9.3　图德党杂志里的一幅画将摩萨台讽刺地描绘为一只狒狒，它在主人山姆大叔的曲调中翩翩起舞。巴卡伊在一旁奏乐

　　《挑战者》（*Chalangar*），第2期，（波斯历1331年2月5日／公元1952年4月25日），由穆罕默德·塔瓦科利·塔尔齐提供。

　　由民族阵线的支持者、苏姆卡党（Sumka，伊朗国家社会主义工人党的波斯文首字母缩写）成员和伊斯兰敢死队支持者组织的反示威行动经常会遭到警察、军队的镇压，造成流血冲突。苏姆卡党规模虽然很小，却是个公开的法西斯政党，从各方面模仿已经灭亡的德国纳粹党。它主张"雅利安人"至高无上，致力于推动街头冲突，依靠宣扬军国主义（特别是褐色制服）发展壮大，还发明了许多种族主义的仪式。1951年，以达乌德·蒙什扎德赫（Davud Monshizadeh）为首的一群支持纳粹的伊朗人成立了苏姆卡党，蒙什扎德赫在二战期间曾是德国党卫军的合作者，之后又在慕尼黑担任伊朗哲学教授。苏姆卡党将图德党和民族阵线看作实施语言及身体暴力的绝佳对象，这在很大程度上是由于它所秉持的纳粹思想。苏姆卡党的煽动活动虽然招致了亲国王的安全部队的不满，但为了制衡图德党，安全部队仍旧对其听之任之。摩萨台政府及其控制的警察力量则根本无力采取有效措施来对付它。

　　安全部队本身就是个麻烦的来源。在摩萨台截至1952年7月的第一任任期内，至少发生了10起严重的警察镇压街头示威行动进而导致死伤的事件。亲国王的官员对摩萨台的执政能力抱着一种很矛盾的态度，批评摩萨台对左派的温和态度助长了警察部门的势力。社会动荡和暴力冲突玷污了摩萨台作为一位善意领袖的形象，而这一形象最终被仇恨和阴谋所淹没。摩萨台自身政治力量所暴露出来的问题加剧了旁人对他政治生命的疑虑。民族阵线在最开始的时候是许多政治团体（其中只有少数可以被称为政党）和独立政治家的联合，支持石油国有化是它的主要目标。民族阵线中的左派有莫扎法尔·巴卡伊领导下的伊朗劳动者党（Hezb-e Zahmatkeshan-e），它是左派民族主义者的集合；还有哈里里·马利基（Khalil Maleki，1903—1969）领导下的社会主义第三方力量，马利基是一位在德国接受教育的学者，也是一位口才极好的社会主义理论家、为人正直的政治家。第三方力量中有大量新一代的知识分子和活动家，他们对图德党唯苏联马首是瞻的教条路线和极权主义的组织结构感到幻灭。贾拉勒·阿尔-艾哈迈德（Jalal Al-Ahmad，1923—1969）是其中代表，他后来成为一位很有影响力的作家和社会批评家。民族战线的中心是伊朗党（Iran Party），主要包括受过教育的自由派民族主义者阿拉亚·萨利赫

（Allahyar Saleh）、卡里姆·桑贾比（Karim Sanjabi）、格拉姆·侯赛因·萨蒂奇（Gholam Hosain Sadiqi）和侯赛因·法特米（Hosain Fatemi），他们是摩萨台最亲近的盟友，并且认同他的自由民族主义。

作为摩萨台的得力幕僚和民族阵线的创始人之一，侯赛因·法特米（1917—1954）同时也是民族阵线颇有影响力的非官方报纸《今日西方》（*Nakhtar-e Emruz*）的编辑，他的作品极富煽动性。此后，他还担任了摩萨台最后一任内阁的外交部部长兼发言人，他是国王及其宫廷的最严厉批评者之一，同时也是共和政治的支持者。他反对伊斯兰敢死队介入政治，这差点要了他的命。另外，他对英美两国外交官和谈判人员十分厌恶，但仍促使摩萨台政府的政策变得越来越激进。多种因素的混合使伊斯兰敢死队很快就得出结论，摩萨台并不是他们的人，也无意在伊朗实施沙里亚法，更不必说在这片土地上建立伊斯兰政府。这和他们早先的期望不同。纳瓦布·萨法维由于公开宣扬建立哈里发制度，结果在摩萨台任期的大多数时间里都被关在监狱。

随着对石油问题的争论不断升温，涉及的利益也越来越多，摩萨台的其他盟友，如巴卡伊和马利基，都逐渐离他而去；有些人转投国王的阵营；有些人拒绝站队；而另一些人则公开批评首相，涉及的问题包括石油谈判引起的灾难性后果以及他越来越严重的专权独断。摩萨台的批评者认为他和国内外对手之间的对抗是堂吉诃德式的，但很少有人能针对他所面临的困境提出可行的解决办法。1952年年中，摩萨台看起来已经用尽了所有可能的解决办法，只能等待体面下台。然而，石油争端却使他得以继续自己艰难的征程。正如他一再向自己的盟友和对手坦承的，不惜一切代价彻底实现石油国有化是他在首相任内的最重要任务——可能也是唯一的任务。

英国方面除了在国际法庭发起法律诉讼，还威胁要在波斯湾进行军事干涉。美国比英国更早意识到，出于伊朗人民对摩萨台的信任和支持，任何正面针对他的政府的行动都难以成功。考虑到冷战，美国指出如果强行把摩萨台赶下台，伊朗将很有可能落入共产主义的掌控之中。英国选择采取拖延政策，寄希望于伊朗内部的政治斗争会将摩萨台赶下台，并迎来一个容易屈服的继承者，比如亲英的赛义德齐亚·丁·塔巴塔巴伊。

巴列维国王感受到政治气候有利于摩萨台和石油国有化，因此并不打算公开参与反对他的首相的活动。然而，国王对摩萨台的不满情绪一直在加剧，迟早是要爆发的。国王还怀疑摩萨台作为一名恺加贵族——长期以来还是礼萨·汗统治的批评者，会想尽办法结束巴列维王朝的统治，代之以共和制。尽管表面上仍然维持了恰当的礼仪，这些焦虑仍导致了频繁的冲突，不仅包括对军事和政府人事的安排，还包括摩萨台政府的走向问题。国王认为他的首相在政治上太过特立独行，个性也过于鲁莽。在国王看来，和英国发生正面冲突以及介入街头政治一定会导致经济的崩溃，甚至会让共产主义掌控伊朗。这也是大多数传统精英、高级军官、多数资深的乌莱玛以及饱受经济停滞之苦的商人对摩萨台的担忧。尽管摩萨台对国王的忠诚毋庸置疑，但他在政治上的独立性以及他在面对国王时表现出来的些许居高临下的态度，难以减轻国王对他的畏惧。

摩萨台也有他自己的担忧。早年间他并非不认可国王是一位立宪君主，但他对王室大多数成员都感到忧虑，特别是国王的双胞胎妹妹阿什拉芙·巴列维公主（Princess Ashraf Pahlavi），在他看来，这位公主是各种宫廷阴谋的源头。到1949年，国王刚一掌权就解散议会的行动给他敲响了警钟。大多数高级军官都忠于国王，特别是在拉兹马拉死后，保守派贵族也都支持国王。对摩萨台和他的伙伴来说，国王成了民主进程和国有化运动取得成功的极大障碍。国王得到了美国的关注——如果还算不上信任的话，还和英国之间维持了外交的以及非正式的联系。随着双方在政策和人事问题上的分歧加剧，摩萨台开始指责国王不仅干预政府事务、妨碍议会工作，甚至还和外国勾结。

革命的酝酿

1952年第十七届国民议会选举时，摩萨台政府开始在各方面都面临重重阻力。石油问题谈判陷入了僵局，这主要是由于英国寄希望于国际法庭做出对自己有利的判决而采取了拖延手段。即使议员对政府的攻击在不断增加，但伊朗公众仍然认可摩萨台，希望他能够取得迅速的胜利。然而摩萨台曾许下的诺言开始产生负面作用，英国为了维护帝国尊严，拒绝承认国有化是伊朗主权的一部分，这导致摩萨台无法完全控制伊朗的石油工业，也就无法完成既定的目标。摩萨台在石油问题上做出的任何妥协都会成为对手手中的筹码，对方可以借此攻击他叛国，甚至造谣他是外国势力的代理人。

第十七届国民议会选举在一片混乱中开展。在德黑兰选区，民族阵线的12名候选人全部当选，这样的胜利不可避免地遭到了对手的质疑，他们指责摩萨台修改了投票结果。在其他倾向民族阵线的德黑兰以外的选区，民族阵线属意的候选人也都当选了。然而并非所有地区的投票结果都对摩萨台有利——这导致民族阵线在议会中成了少数派，于是摩萨台干脆暂停了选举，只允许召集总共136名议员中的85名。他认为如果在反民族阵线的选区进行选举，选举结果将会受到他的对手的操纵，摩萨台的这个借口只能被解释为政治手腕和花招，事实上，这也成了他的第一次违宪行为。即使是只有85名议员的议会，也将对摩萨台越来越挑剔。

1952年7月中旬，摩萨台仍然很受欢迎，能够在议会中获得足够多的信任票——65票支持，19票反对。在获得议会支持的10天后，摩萨台在与巴列维国王的私人会面中要求获得对国防领域的全面授权，包括军队中所有晋升、退役和任命的控制权。国王强硬地拒绝了，因为他认为自己才是军队的首脑，军队的人事问题应当由他说了算，而非首相。危机的根源在于双方对宪法的解读有分歧，而宪法本身对于君主权力的界定就是模棱两可的。首相到底是君主意志的执行者，还是立法机关任命的政府首脑，他是否应当对国家的所有事务负责——1906年至1907年制定的宪法对这些问题都无法给出确切的答案。这个争论更深层的原因可以追溯到古代宫廷和政府之间的紧张关系，这个问题在历史上已经困扰了伊朗几个世纪之久。

当国王拒绝接受摩萨台的要求时，摩萨台随即递交了辞呈。他的任期和他的石油国有化计划看起来已经终结了。国王立即任命艾哈迈德·卡瓦姆接替他，于是，卡瓦姆时隔五年又回归政坛。撇开国王对精明的贵族的不满，这项任命实际旨在缓解政治动荡局面，解决石油危机。卡瓦姆擅长操控权谋，国王、英国人、美国人和保守势力都认为他是解决石油危机、恢复法律和秩序的合适人选。然而，两个互不关联的事件改变了政治氛围，卡瓦姆遭到反对，而摩萨台得到了支持，这两个事件还成为使伊朗政治朝着更激进方向发展的转折点。7月17日，卡瓦姆被任命为新首相，四天后，海牙国际法庭胜诉的消息传来。

尽管在7月19日，国民议会刚对新首相投了信任票，但卡瓦姆在首相任内还是遭遇到了巨大的阻力。他承诺将采取一系列强力措施以平息动荡，终结教士（特别是卡沙尼）对政治的过度干预，结束石油危机，但他的承诺招致了大批仍然支持摩萨台的公众的愤怒。1952年7月21日（"si-e tir"，也就是波斯太阳历中的1333年4月30日），首都和各省街头爆发了集会——可能是伊朗迄今最大规模的一次——并很快出现了暴力现象。和警察的冲突导致了数十人死亡和几百人受伤。驻扎在首都敏感区域的军队和坦克向愤怒的人群开火。即使在议会前的巴哈里斯坦广场遭到了民族阵线代表的抗议，军队仍然瞄准示威者。骚乱导致了严重的政治分歧。图德党成员与苏姆卡党、伊斯兰敢死队一起，攻向政府建筑，并殴打士兵和警察。要求召回摩萨台的呼声越来越高，这对77岁的卡瓦姆和巴列维国王来说是一个巨大的挫折，卡瓦姆旋即在7月22日选择辞职，国王也只好重新任命摩萨台为首相。国王还被迫将军队的控制权交给摩萨台，对此，国王愤怒不已。

街头的标语"我们不惜牺牲生命，用自己的血写下：要么死亡，要么摩萨台"，反映了普通人的心声，在他们看来，摩萨台不仅是政治领导人，更是伊朗民族的拯救者。摩萨台的胜利给了英美两国狠狠一击，他们原本希望伊朗能够出现一位愿意妥协的首相。两国主动找到了卡瓦姆，支持他通过政变或者直接的军事行动上台。此外，7月21日的骚乱显示了中下层可以成为和政治精英针锋相对的政治力量。这也是摩萨台的胜利，正是他聚集了这股力量，尽管图德党一再宣称他们才是人民大众的党。虽然图德党领导层继续批评摩萨台，但它的普通成员却在骚乱期间与国有化运动的支持者一道拥戴摩萨台为领袖。

也正是在7月21日这一天，伊朗在海牙获得了胜利，这是又一个好兆头。国际法庭判定：由于英伊石油公司是一个依靠伊朗颁发的特许证运营的非国家实体，因此法庭将不会按照英国政府希望的那样对伊朗石油问题进行审判。这一应诉对策是由卡里姆·桑贾比（Karim Sanjabi，1904—1995）拟定的，他是摩萨台的亲信，是一名在法国接受教育的律师，也是伊朗在国际法庭的代表团成员。摩萨台政府雇用的首席律师比利时人亨利·罗林（Henri Rollin）为伊朗进行了有力的辩护。1952年6月，摩萨台本人加入最终的庭审中，为伊朗案件做个人陈述，并向辩护队伍提供道德支持。最终裁定也许是摩萨台及其盟友在国际上取得的最富建设性的胜利，它推翻了国际法庭早先的禁令，证明伊朗长期以来采取的政策的正当性。

凭借公众的认可和国际法庭的裁定结果，摩萨台获得了前所未有的巨大优势，并借此迅速展开了改革，改革内容远不止石油国有化这么简单。尽管在议会内部遭遇到巨大阻力，其中还包括他的民族阵线内的盟友的反对，摩萨台还是推动并通过了一项法令，该法令将授予他为期六个月的全面立法权，这意味着在此期间他是在用该法令进行治理。在六个月期限截止前的1952年8月11日，他又成功地将期限延长了一年，这是秘密交易和街头支持共同作用下的结果。一个靠着为宪政和立法机关独立辩护而展开职业生涯的人，却使立法机关在事实上中止了运转，这不仅具有讽刺意味——如果算不上完全违宪的话——而且引起了广泛的争议。

依靠该法令进行治理看起来难以避免，至少在这一关头，摩萨台发现自7月21日起，自己已经越来越成为王室的眼中钉，军事政变可能一触即发。此外，近几届国民议会的召开表明，议会其实是一个聒噪而又喧闹的机构，擅长煽动和欺诈。相对于行政机关，议会有着广泛的权力，而且经常滥用这种权力，却没有受到相应的惩罚。它激化了当下的局势，如果政府认真地想进行改革就会发现，通过议会进行立法是一项令人望而却步的任务。而摩萨台自己在担任议员期间，同样抑制着行政机关的权力。最近的一个例子是拉兹马拉，当他在石油谈判过程中要求获得议会授权（比后来摩萨台要求的少得多）以达成石油特许权协议时，摩萨台及其盟友立马斥责他是叛徒，是英美帝国主义的代理人，是礼萨·汗那样的军事独裁者。

靠着自己的威信，摩萨台获得了很大的权力，迫切地展开一系列改革，这是他在第二个政府任期的计划中承诺的，并且主要是由石油危机引起的。这些措施包括净化军队和政府中的腐败现象（也被用来清除摩萨台的敌人），通过增加税收来平衡预算以及改革选举法。实际上，摩萨台自身的道德标准和法律原则也很难支撑他在第二任任期内推行的政策。1952年11月，社会安全法（amniyat-e ejtema'i）极大地扩展了国家的权力，使之可以对个人和组织进行拘留、起诉，但这一法律是以侵犯基本公民权为代价的。通过流放、监禁、解雇和罚款等措施，该法禁止绝大多数形式的国民异见展示行动，如示威、罢工和表达政治异议等。几乎贯穿摩萨台整个第二个任期的戒严令，让这位曾经的宪政自由守卫者沾上了污点。

关于新闻出版的法律改革是最迫切的。虽然此前的新闻报道存在着严重的问题，常常充斥着诽谤和私人恩怨，缺少新闻道德，充斥着意识形态偏见，甚至是彻头彻尾的谎言，然而就算有这些缺点，它仍然是最有影响力的政治辩论方式和表达不同观点的途径，特别是在电视广播完全为国家控制的情况下。伊朗新闻界对各方政治势力——内阁大臣、议员、王室和国王本人、外国势力的代理人——都进行了批判，因此成了历届政府的眼中钉。新闻出版法在议会批准之前就遭到了极为严厉的批判，批评者不仅包括曾受到议会庇护的新闻界人士，还包括摩萨台的坚定支持者。

摩萨台政府此时没有丝毫迟疑，他本人在兼任国防部长后展开了对那些被怀疑对国有化运动抱有敌意的军官的大清洗。1952年9月，超过150名高级军官被迫退役，这又加重了军队中原本就很强烈的不满情绪。在新闻界和议会的火上浇油之后，越来越多的军官开始反感摩萨台，而那些支持摩萨台的军官也不愿公开和自己愤怒的同僚发生冲突。对司法系统的清洗也导致了类似的不满情绪。摩萨台领导的司法改革委员会靠着议会的授权，在干劲十足的司法部长的领导下，不顾改革委员会部分成员的反对，在没有通过任何预定程序的情况下，就以腐败和不称职为名解除了近200名在任法官、国家检察官和高级官员的职务。特别是在清除腐败因素的借口下，整个伊朗最高法院的法官都被撤职，代之以更多的"伊斯兰"面孔，这种做法进一步震惊了整个司法系统。这在很大程度是礼萨·汗执政早期的著名大臣阿里-阿克巴·达瓦尔的改革成果。

摩萨台在金融、劳工、农村发展和住房方面的措施所取得的成功——依照实施程度的不同——反映了他致力于改善普通百姓的生活水平和福利状况，也反映了他想将伊朗建设为福利国家的美好愿望。然而，这些措施也导致了改革方式的官僚化——和其他地方由国家主导的改革一样，目的是实现社会服务集权化和加强政府对公共事务的控制。土地改革从立宪时代就开始筹划，却被摩萨台政府丢在一边，直到石油争端解决。作为土地贵族的一员，摩萨台认识到古老的地主-农民土地所有制在伊朗仍旧占有统治地位，因此选择了回避。

摩萨台的改革带有反巴列维的倾向，改革引发的各种紧张关系的核心在于国王和王室。摩萨台解除了国王的兄弟姐妹的职务，并以实施阴谋的罪名把阿什拉芙公主流放到欧洲，1952年7月21日后，还尝试以严格的立宪君主的标准来对待国王。1953年初，国王看上去已经失势、无人理睬，他准备离开伊朗进行旅行，这似乎是他退位的序幕，也有人认为这是暂避首相锋芒的明智之举。无论是哪种情况，都无助于改善摩萨台的形象：作为一名恺加贵族，他驱使这位无辜清白的国王离开，无论国王多有野心和手段，他毕竟还是法定的国家元首。2月28日，当摩萨台前往王宫向国王告别时，遇到一小股愤怒的亲国王人群——其中一些正是7月21日事件中亲摩萨台势力雇用的筑起街垒、攻击警察的持刀暴徒。由于担心自己的人身安全，摩萨台逃离了王宫，回到附近的官邸，稍后以此地为指挥部展开了反击。

摩萨台的阁员和助手中有许多像法特米这样的激进派，也开始担心被撤职。而摩萨台的政策变得越来越极端，导致了越来越严重的政治对立。即使是他此前的民族战线中的同僚也指责他在面对卡沙尼及其盟友的否定时，反应太极端。卡沙尼被认为是民族运动的"精神领袖"，但他并不只是依靠伊斯兰敢死队和街头暴动，王室也是他的支持者，他们把他看作可以平衡摩萨台过激行为的力量。

卡沙尼在摩萨台第一任首相任期内担任议长，当时议会紧急通过了一项法案，释放了刺杀前首相拉兹马拉的凶手哈里里·塔赫玛斯比，这是摩萨台政府通过赦免手段对司法进行的一次赤裸裸的干涉。塔赫玛斯比被伊斯兰敢死队尊为英雄和"大师"，卡沙尼还在家中接见了他。同样令人震惊的是另一项法案的通过，在这项由摩萨台支持者提出的法案中，艾哈迈德·卡瓦姆被斥为"人间的堕落者"（mosfsed-e fi'l ard），这在伊斯兰法中是一项可以被处以死刑的指控，法案还呼吁剥夺卡瓦姆的所有财产。7月21日早上，当暴动的人群在街头斥责卡瓦姆时，伊朗电台还在播报卡沙尼祝贺卡瓦姆就任首相的消息，可以看出这位议会议长的两面派作风和他那迅速转变的忠诚。这一天，暴徒引领的愤怒人群在10年里第二次洗劫了卡瓦姆的家。卡瓦姆逃到了库姆，由于担心自己的生命安全，他在7月下旬离开了伊朗。他被没收的家产除一部分被用于给他家人养老外，其余都被当作对7月21日起义牺牲者的抚恤。

新成立的伊朗参议院——也就是按照宪法的设想并于1951年8月召开的伊朗立法机构第二议院——拒绝通过上述两项法案，摩萨台的支持者在他的首肯下，先是把参议院议员的任期从四年缩短到两年，之后又粗暴地将其解散。参议院议长和包括哈桑·塔奇扎德赫在内的其他议员宣布解散参议院的行为违宪，然而在这个恐怖的环境下，他们看起来别无选择，只能接受。摩萨台在议会中的支持者还斥责参议员要么是由国王任命的，要么背靠大地主，都是试图用投票的办法来维护现状和既得利益的反动派。

最终博弈

摩萨台的国内改革，特别是政府管理和经济领域的改革，主要是为了回应民众对未实现石油国有化的不满，解决因缺少石油收入而造成的困境，同时也是为了实行他倡导的"无油"经济。然而到了1953年初，他看上去已经陷入了危险的境地。在摩萨台第二个任期内，石油危机导致了越来越严重的民族狂热,这时的他开始表示出和解的姿态,愿意寻求一个妥善的办法来解决石油危机。1952年10月,当针对伊朗的石油禁运生效后,摩萨台中断了和新当选的丘吉尔政府的外交关系,这给英国更多的理由去说服美国逼迫摩萨台下台。首相丘吉尔和外交大臣安东尼·艾登(Anthony Eden)是当时英国内阁中影响力最大的两个人,在他们的授意下,英国政府拒绝妥协。英国方面将伊朗首相描绘成一个危险的排外者、一个不可捉摸的仇恨煽动者,以及(在1952年7月之后)一个独裁者。艾登曾在牛津大学基督堂学院中学习波斯语,还获得了东方学学位,他坚持以一种东方主义的视角看待世界,不愿接受后殖民时代英国的不幸前景。当时埃及的民族主义正在兴起,以贾马尔·阿卜杜勒·纳赛尔上校为首的埃及自由军官组织于1952年7月23日——也就是伊朗事件的两天前——通过政变上台。英国当局当然不会忽视两者之间的巧合。

对他们以及英国政府中的许多人(还有大多数英国公众)来说,英伊石油公司不仅对战后的复兴至关重要,还具有极为关键的象征意义,尽管英帝国已经日薄西山,但仍努力向世界展现威严和强大的形象。英国政府决定采取拖延策略,以等待1952年11月的美国大选结果。德怀特·艾森豪威尔(Dwight Eisenhower)的当选成为事件的转折点,特别是他任命了约翰·福斯特·杜勒斯(John Foster Dulles)担任国务卿一职,通过采取更强硬的外交政策来展示美国在世界上的存在感。丘吉尔和艾森豪威尔这两位战争英雄在两位大战略家艾登及杜勒斯辅助下,努力巩固英美在冷战时代的联盟。

摩萨台察觉到了国际社会的变化,提出了一个较为缓和的针对性方案。为了换取英国政府对国有化原则的公开认可,他同意由国际法庭来决定对英伊石油公司相关设施及其他投资的补偿金额,但公司未来的石油收入损失不包括在内。他还同意英伊石油公司与伊朗在石油生产、分配方面建立伙伴关系——但是是非独占性的,双方的占股比例可以商量。在一般情况下,伊朗的这些提议很有可能达成一个双方都满意的协定,但这一次,两个西方大国很明显没有谈判的诚意。

到1953年3月,新的艾森豪威尔政府认为对美国而言,通过军事政变推翻摩萨台政府是唯一可行的途径。约翰·福斯特·杜勒斯和他的兄弟、新组建的中央情报局局长艾伦·杜勒斯（Allen Dulles）构建了被称为"艾森豪威尔主义"的外交政策。该政策的首要目的是遏制被美国视为迫在眉睫的威胁的共产主义。在苏联的诸多邻国中，伊朗特别关键，因为它和苏联之间有着漫长的国境线，它拥有巨大的石油贮藏量，靠近石油资源丰富的波斯湾地区，国内还有强大的图德党。所谓的"红色恐慌"（Red Scare）反映出了美国国内对共产主义的恐惧，而来自众议院非美活动委员会（The House Un-American Activities Committee）的各种审讯使美国进一步确认在一些相互争夺的问题上采取先发制人措施的必要性，比如伊朗问题。

促成这种考虑的另一个原因是美国在战后的中东地区日渐增长的商业利益。除了沙特阿拉伯的油田——主要是由阿美石油公司自1930年代发展起来的，并在1950年代前期实现全面生产——伊朗石油资源的前景也很被看好。美国的石油巨头们，如加利福尼亚标准石油公司，需要开辟新的海外油田，以满足不断增长的石油需求。伊朗可以完美地满足这种需求，然而伊朗国内的政治混乱显然不利于这种需求的实现。在约翰·杜勒斯看来，伊朗的国有化运动终结了英国对该国石油资源的垄断，剩下的问题就是由于"疯子"摩萨台执政而导致的无法预估的政治环境。

美国此时介入伊朗危机的路径和之前相比有了明显的转变。早在1949年，杜鲁门政府就急于和平解决伊朗问题，因为战后初期的美国想通过支持全球民族主义运动和反殖民主义运动，构建起抵御共产主义的壁垒。摩萨台和他的同僚被美国政府看作天然同盟，还被认为是和平解决争端的关键，因为这个年轻的超级大国的全球利益既不像英国那样需要依赖殖民掠夺，也不像苏联那样需要进行意识形态的扩张。美国在伊朗问题的初期调解反映了它的美好愿望。但实际上，美国政府的想法已经发生转变，这种转变甚至发生在艾森豪威尔政府上台前。美国开始支持英国主张的1933年英伊石油公司特许权中的各项权利，并向伊朗方面施加压力，要求它遵守约定。

美国政府警告伊朗在面对来自苏联的压力时必须保持中立，还表示对图德党不断增长的反美行动的担忧。美国政府成功地说服英国接受伊朗石油国有化——至少是在观念上——以换得适当的补偿。为了巩固自己的地位，摩萨台早先一直在共产主义和西方两大阵营之间摇摆，然而美国有限的支持并不足以让伊朗全面倒向西方。例如在1951年10月，摩萨台借联合国安理会对伊朗危机展开辩论的机会访问了美国，他受到的接待有些复杂。在某些自由派地区，他被认为是一个反帝国主义斗士，因此受到了欢迎；而在其他一些保守派地区，他被当成了一个古怪的麻烦制造者。

当摩萨台在华盛顿时，威廉·道格拉斯（William O. Douglas）——当时美国最高法院中在任时间最长的大法官——向摩萨台以及伊朗石油国有化运动提供了帮助。道格拉斯还是一个畅销书作家、公共评论员、耶鲁大学法学院教授和到处游历的登山运动员，曾三度游历伊朗全境，登上过伊朗最高峰达马万德山的顶峰，多年来，他一直关注伊朗政治和社会事务。在摩萨台对美国最高法院进行一日访问时，道格拉斯接待了摩萨台。他还号召杜鲁门把像摩萨台、贾瓦哈拉尔·尼赫鲁（Jawaharlal Nehru）[1]这样的领导人当作抵御共产主义渗透的政治家。后来，他批评艾森豪威尔政府为了英国贪婪的殖民利益而背弃伊朗正当要求的做法。在摩萨台离开的时候，道格拉斯向伊朗首相表达了道义上的支持，并对他所遭受的来自美国媒体的恶毒攻击进行了安慰。他补充道："我相信大多数美国人的情感将越来越倾向于你，倾向于了不起的伊朗人民……因为越来越多的人将会看清丘吉尔制定的丑陋、贪婪的政策，如同你我一样。"[3]

《时代》杂志将摩萨台选为1951年的"年度人物"，摩萨台的封面画像上有这样一句话："他给混乱的车轮上了油。"（He oiled the wheels of chaos.）内页的正文也表达了类似的观点：摩萨台反映了世界上不断增长的民族主义精神，但对西方经济和战略利益来说，他是一个非常危险的人物。这反映了大多数美国媒体的矛盾心理，他们常常在英国同行的后面亦步亦趋。在华盛顿政客的刻板印象中，中东地区的领导人都是懦弱或好色的沙漠酋长，当遇见一个精明而又强硬的谈判者时，他们就不知所措了。摩萨台身边的助手都受

---

[1] 印度独立后首任总理，也是印度独立运动的重要参与人，并对二战后的国际政治做出了重要贡献。

过良好的教育，他们能够在国际论坛中顺利展开自己的工作，并且表达伊朗对欧洲列强多年来的怨气。摩萨台一再重复他的"受压迫的"和"贫困的"祖国已经下定决心，不再任人宰割。然而新闻界仍旧给他起了个"老摩西"（Old Mossy）的外号。

到1953年初，美国在石油争端中的表现彻底破坏了自身扶危济困的形象。丘吉尔在二战期间鼓吹的"英语民族"共同命运的神话得到了诸如杜勒斯这样有影响力的英裔美国人的共鸣，他们在白人盎格鲁–萨克逊系新教（WASP）[1]文化氛围中长大，现在却被冷战带来的焦虑搞得心神不宁。摩萨台的决心激怒了美国人，因为他们很难对摩萨台在国内的困境感同身受。渐渐地，像美国驻伊朗大使罗伊·亨德森（Loy Henderson，1892—1986）这样的人，开始把摩萨台看作美国反共事业中的阻碍。亨德森是一位老练的外交官，也是一名苏联问题专家，曾在苏联工作，在1942年和1951年两度担任美国驻伊朗大使之前，还曾担任美国国务院近东事务处的负责人。

1953年初，坚持强权世界观的亨德森与坚持自身顽固主张的摩萨台发生了冲突，亨德森总结称摩萨台的性格缺点和好斗特性将使他万劫不复。亨德森观察到，摩萨台不仅惹恼了英国、巴列维国王和军方，还激怒了他在议会和新闻界曾经的盟友。他相信摩萨台将很快不再指望美国，而是主要依靠"左"倾的街头政治的支持。随着大众支持的减少，以及摩萨台对美国的热情也有所减退，亨德森推测，别无选择的摩萨台只能选择欢迎图德党。而图德党将竭尽所能地利用这个机会，去倾覆摩萨台摇摇欲坠的政府，而美国政府对此无能为力，最终，伊朗将会被建成一块亲苏联的飞地。这样的前景是亨德森和他的上级无论如何都不能接受的。结果亨德森和他的领导越来越被英国方面把摩萨台赶下台的方案所吸引。

---

[1] 全称为"White Anglo-Saxon Protestant"，原指美国独立前的来自英国的移民群体，他们往往占据社会中上阶层，在很大程度上影响着美国的发展。

中央情报局的计划受到了英国情报部门的蛊惑和协助，可谓非常简单，甚至是有点鲁莽。这一计划需要在法律层面上得到巴列维国王的支持，通过他行使宪法赋予的但充满争议的特权，将首相解职，然后代之以美英属意的候选人法兹洛拉·扎赫迪（Fazlollah Zahedi，1897—1963）将军。他是一位资历很深、野心勃勃又胆大妄为的高级军官，曾经参与镇压1920年的森林游击运动。他从礼萨·汗的清洗中幸存，二战期间，他因参与了德国煽动的伊斯法罕叛乱而遭英国放逐。在被释放后，他恢复了名誉，并回到政治舞台。1951年，扎赫迪在第一任摩萨台政府中担任国防部长一职。

尽管面临来自美英的联合压力，还选定了扎赫迪作为可靠的替代人选，巴列维国王仍然不愿直接解除摩萨台的职务。1952年起义的可怕记忆深深地印在国王的脑海中，他在私下的商谈中曾表示首相在处理石油争端过程中应当被允许做出各种尝试。国王认为，如果摩萨台在谈判过程中被解职，伊朗人民将会认为他们的君主背叛了国有化运动，变成了外国势力的代理人，这是他和他的父亲长期以来竭力否认的指责。

1953年暮春，摩萨台的首相任期面临着严峻的变局，国内外的对手不经意间联合起来，并为发动军事政变提供了必要的借口。同年7月，一份对摩萨台政府的不信任案被提交给国民议会，缘由是部分涉嫌谋杀民族阵线支持者（如德黑兰警察局长马哈茂德·阿法沙托，Mahmud Afshartos）的囚犯遭到了刑讯拷问。1952年4月，阿法沙托被一群阴谋者绑架、折磨和谋杀，其中包括民族阵线曾经的成员莫扎法尔·巴卡伊以及一群因被摩萨台强制退役而心怀不满的军官。他的被杀引起了公众的恐慌，也成为反摩萨台的军事政变的第一步。

摩萨台感到自己在议会中的失败，于是让他的所有同盟集体辞去议席，剩下的议员人数达不到法定要求，第十七届议会因此解散。摩萨台此时意识到，一旦议会解散，自己就将处在危险中，因为宪法授权国王可以在这种情况下不经议会批准而直接任命一位新首相。为了避免出现这种局面（当时扎赫迪的任命看起来已经是板上钉钉了），摩萨台采取了新的措施。在7月21日起义一周年前的几天，他采取了一个极为大胆，也是政治生涯中争议最大的决策：

他要求举行一次全民公决，以批准他解散议会、修改选举法和依靠法令进行治理的决定。这个决策更大的意义在于摩萨台要求得到公共授权，以针对他的政敌。表面上看起来他仍然很强大，但他的内心变得越来越虚弱。

1953年7月中旬的公投在没有经过任何严肃讨论的情况下就很随意地举行了，这严重破坏了摩萨台作为一个有原则的人的形象。伊朗宪法并未涉及公投，这次公投也只是为了授予首相解散议会的权力，而按照1949年的宪法修正案，这项权力只属于国王。这样看起来，摩萨台好像是依靠着人民的意愿，与巴列维王朝的国王以及屈从于国王的议会进行斗争。

然而公投遭到了广泛的反对。摩萨台的对手指责他正在走向独裁，并且把公投变成了为扩大自己权力而展开的煽动活动。卡沙尼此前已经辞去了议长的职务，并和巴列维国王结成了同盟，还发布了一份抵制公投的教法指令，称摩萨台为"自由终结者"。

即使是摩萨台在民族阵线中的亲密盟友——或者说还留在国民阵线中的人——也建议他针对当前处境采取一定措施。此时，摩萨台政府由于未经批准就增发货币（来对抗收入减少）而遭到了抨击。摩萨台还被指责在为强迫国王退位做准备，他激烈地否认了该项指责。

此时的美国停止了对石油争端的调停，"第四点计划"[1]（the Point Four Program）中承诺的1亿美元贷款也化为泡影，摩萨台因此承担了巨大的政治风险。虽然摩萨台做了很多努力，但石油争端还是陷入了死局，他与国王以及大多数高级军官之间的关系也变得疏远了。他得到了一些民众的支持，但这也很有可能被图德党利用。这种情况下，军事政变也不是不可能的。由于无法退让，求助街头政治和动员公众成了摩萨台唯一的办法。他像一个悲剧英雄，准备一直抗争到底，而这一天即将到来。

---

[1] 1949年由美国总统杜鲁门在其就职典礼上提出的针对发展中国家的技术支援计划。

1953年8月的政变

1953年6月下旬，一场会议在约翰·福斯特·杜勒斯的办公室召开了，参加者包括艾伦·杜勒斯和罗伊·亨德森，会议最终拟订了一项由中央情报局领导的旨在推翻摩萨台的秘密行动计划。该行动名为阿贾克斯（Ajax），将和英国情报部门共同执行。行动由西奥多·罗斯福的孙子、中央情报局高级官员小克米特·罗斯福（Kermit Roosevelt Jr.，1916—2000）担任指挥官，他配有多名助手，如牛津大学的优秀教师罗伯特·泽纳（Robert Zaehner，1913—1974），他当时担任波斯语讲师一职，是一位研究琐罗亚斯德教的专家，战时曾是英国驻伊朗大使馆的反间谍官员；唐纳德·威尔伯（Donald Wilber，1907—1997），他后来成为普林斯顿大学一名伊朗学专家，还和伊朗情报人员及官员有往来；老赫伯特·诺曼·施瓦茨柯普夫（Herbert Norman Schwarzkopf Sr.）上校，他曾担任美国驻伊朗军事联络员，在战后帮助重建伊朗宪兵队，和巴列维国王很熟悉。阿贾克斯行动看上去就像格雷厄姆·格林（Graham Greene）发表于1955年的小说《沉静的美国人》（*Quiet American*）的草稿，有着间谍惊悚小说的戏剧性和所有缺点。两者的区别只在于阿贾克斯行动是真实的，是对他国事务的赤裸裸干涉。

为扭转国王在发动政变一事上的保留态度，罗斯福和施瓦茨柯普夫在经过多日的艰苦谈判后回到了德黑兰。沙赫被说服发布两道王室密令，一道用于解除摩萨台的职务，另一道则是任命扎赫迪为首相。任命新首相需要得到议会的正式批准，然而议会虽然还没有解散，但已经没有办法履行职能了。对摩萨台的撤职令是完全合乎规范的。8月9日，沙赫和他的妻子索拉娅王后前往里海的度假胜地拉姆萨尔（Ramsar），焦急地等待事态发展。

8月16日早上，坚定的保皇派、在摩萨台的军队清洗中被撤职的皇家卫队指挥官内马托拉·纳斯里（Ne'matollah Nasiri，1911—1979）在带着解职令到达摩萨台的指挥部时遭到了拒绝，强迫摩萨台下台的第一次尝试失败了。纳斯里被当场逮捕，他所率领的部队被首相的卫兵缴械。这个消息传到正在里海的沙赫那儿后，他和王后就搭乘私人飞机飞到了巴格达，伊拉克国王费萨尔二世短暂地接纳了他们，然后他们便动身前往罗马，也许是为退位或永久流亡做准备。传闻他在美国时，曾得到大量购买牧场的建议。

政变失败的消息大大激化了摩萨台支持者的反应。就在这一天，摩萨台正式解散了议会，在一次公共集会中，他公开攻击巴列维国王和卷入政变的保皇派官员。摩萨台政府的外交部长侯赛因·法特米公开要求废黜国王，结束巴列维王朝的统治。成立共和国的主张流传了一阵子，还得到了图德党的支持，然而摩萨台至少从未公开支持过这一主张。图德党现在暂时支持摩萨台，但很快就改为要求建立"民主共和国"。对许多人，特别是摩萨台的支持者来说，这是一个不祥之兆，"民主共和国"不过是一个由图德党主导的亲苏政权的委婉说法罢了。到了第二天，各主要城市广场上的礼萨·沙赫雕像和穆罕默德·礼萨·沙赫雕像都被推倒了，有些地方的雕像底座上甚至升起了红旗。据推测，升红旗的是图德党的同情者，但也有可能是政变发动者的同党所为，为的是把水搅得更浑。

无论是为了回应图德党推翻君主制的要求，还是他自己的需要，摩萨台在8月18日再次下令开展公投，这一次是为了决定巴列维王朝的命运（或者按照他后来的说法，是为了召集皇家委员会以应对国王不在的局面）；这个举动过于草率，遭到了包括格拉姆·侯赛因·萨蒂奇和卡里姆·桑贾比在内的摩萨台核心支持者的抵触。摩萨台的行动也使亨德森警觉起来，他匆忙赶回德黑兰，目睹了中央情报局发动的这场政变。这位大使先生厚着脸皮前往摩萨台的官邸，警告首相可能遭遇的垮台危险，这种危险主要不是来自中央情报局支持下的政变，而是来自图德党的趁火打劫。摩萨台无疑已经知道是美国在对保皇派官员提供支持，如果这场政变没有美国在背后撑腰，保皇派不可能听命于大使先生，亨德森还向摩萨台保证，扎赫迪将军并没有躲在美国大使馆里。从某种程度而言，他说的是真话，因为罗斯福已经安排扎赫迪躲在一名美国大使馆工作人员的家中。

亨德森的话得到了摩萨台的认可，尽管摩萨台受益于图德党的支持，却害怕此举可能带来的负面后果。他不希望自己成为伊朗革命的亚历山大·克伦斯基[1]（Alexander Kerensky），也不希望自己作为被恶性事件击倒的倒霉蛋或是因两个超级大国相互竞争而被推翻的糊涂虫而被载入伊朗史册。他一定想到了自己亲戚艾哈迈德·卡瓦姆的命运，他宁可选择直面不幸，而非灰溜溜地退出。在8月18日宣布军事戒严和禁止进一步街头示威时，他仍有希望向伊朗人民和美国方面证明他的行动仍旧处于宪法所规定的范围内。然而事实很快证明他无法跟上快速发展的事态，他的自信也很快被证明只是幻觉。

第一次政变的失败使伊朗的阴谋家和他们的英美同伙感到很失望，但他们没有放弃。很显然，在扎赫迪及军队、警察部队的要求下，第二次政变的计划被制订了出来。他得到了来自英国雇用的伊朗代理人的巨大支持与鼓励，这些人包括拉什迪兄弟和许多新闻记者，他们认为靠摩萨台无法抵抗图德党。虽然小克米特·罗斯福的重要性在第一次政变失败后有所下降，他本人对第二次政变成功也不够有信心，但他仍被这些阴谋家看作道义的来源以及必要情况下的财政的来源。

第二天，也就是8月19日（波斯太阳历1332年5月28日，这一天将被刻在波斯历史上），摩萨台禁止示威活动，虽然这项禁令并没有全力执行，但仍旧使他的许多支持者离开街头返回家中。图德党也选择离场，也许是认为自己将会从军队和摩萨台的对抗中获益。从图德党的角度来说，巴列维国王离去后，"资产阶级自由派"已经完成了他们的历史使命，未来将属于自己，而且不必借助流血斗争。图德党的蛰伏也可能是由于疏忽大意。此时除了扎赫迪身边的部分官员和为英美工作的代理人，没有人知道中央情报局已经卷入了伊朗政变中。即使是摩萨台认识到美国方面的潜在威胁，他也很难相信形势已经发展到美国要用暴力推翻他的地步，特别是他一天前才见过亨德森。

就在几个小时的时间里，摩萨台的政治命运以惊人的速度改变了。看起来，只要一些煽动者（部分来自德黑兰南部的贫困地区，他们在摩萨台执政时期饱受经济形势恶化之苦），再加上和一点小钱（施瓦茨柯普夫用这些钱收买了一群反摩萨台的人），就足以在首都的关键区域发动一系列小规模的有效示

---

[1] 俄国革命家。1917年，他领导的二月革命推翻了沙皇的统治，他继而成为新政府的总理，但在布尔什维克领导的十月革命中，他的政府被推翻。

威行动。只花了不到七万美元，暴乱就被煽动了起来。那些被雇用的枪手，包括来自德黑兰附近贫民窟及农产品市场的持刀路提斯，集中在一些"力量之家"里，为生活所迫而沦落红灯区（被称为"Shahr-e Now"）的妓女们则举着国王的画像，喊着亲巴列维的口号。愤怒的人群挤满了巴扎北边的赛帕广场（Sepah Square），一路攻击着途经的政府大楼，在向王宫旁的摩萨台家进发前就控制了许多敏感设施。效率更高的是警察和军队，他们由效忠于扎赫迪及其同党的官员所控制。摩萨台曾尝试要控制他们，事实证明他根本做不到。坦克和军队占领了街道，很快就扫平了首相卫队发起的英勇抵抗，这支卫队的军官和士兵由摩萨台亲自挑选，用来守卫他的官邸。之后，效忠国王的部队开始炮轰首相府。这次冲突的遇难者至少有75人，另外还有几百人受伤。

自始至终，摩萨台都待在办公室，由他的核心幕僚拱卫着。正如这一事件的报道所表明的那样，摩萨台无法被说服主动辞职，也无法面对自己已经意外地身处危险之中的现实。示威活动似乎是自发的，尽管它们可能是事先就计划好的；对首相住宅的袭击是如此突然，全然出乎摩萨台和他的那些部长的意料。摩萨台认定的"民族自尊心"（vejahat-e melli）是其自豪和自信的来源，也给了他一种自己不可战胜的幻觉。政府极度缺乏情报力量，以考察民情或是监控可能发生的阴谋行动，这更加深了他的错觉。

当摩萨台意识到支持他的民众起义无法像1952年7月那样抵挡军队时，他选择抵抗到最后一刻，就像他在一天前告诉美国大使的那样："无论发生什么，我都将留在这里；让他们进来杀了我。"他穿着睡衣躺在床上，周围是一群困惑的官员、顾问和工作人员，看起来，他正在迎接他的悲剧命运——宁可牺牲，也不辞职。只是为了保住其他人的性命，他才被劝说放弃了抵抗。

在巨大的压力之下，也因为首相官邸几乎被炮弹夷为平地，他派一位忠心的卫兵从屋顶升起一面由床单临时改成的白旗。也许是他的法律信念使他相信求和后自己的官邸将免受进一步的攻击。然而求和的姿态被忽略了，炮击仍在继续，另一面床单被升了起来，但还是未能奏效。他和他忠诚的同僚们——

包括格拉姆·侯赛因·萨蒂奇，一位在法国接受过教育的德黑兰大学社会学教授，同时也是摩萨台政府的内政部长——翻墙逃到了隔壁邻居的花园里，在那里，他们面临被捕的威胁，度过了焦躁不安的一夜。萨蒂奇后来回想起，从他们临时避难所的窗户里，摩萨台能看到自己的房子燃着火焰。

第二天，暴徒洗劫了已经被损毁过半的首相官邸——包括所有的家具、地毯、寝具，甚至是窗框和庭院池塘里的金鱼。摩萨台从藏身之所现身，自愿把自己交给军方，他的两名亲信幕僚陪着他。新任首相扎赫迪——也是政变的领袖，和他的同党们在德黑兰军官俱乐部以个人身份接见了他们。摩萨台最初受到了礼遇，他在军官俱乐部时还能见到家人和助手。与此同时，亲国王的势力开始攻击民族阵线的附属机构，逮捕摩萨台的主要助手、官员和尚未转入地下的支持者。

当军方稳定了局面后，摩萨台被转移到警察总部，被指控叛国和犯上的罪名。军事检察官要求对他处以死刑，但在两个月后的军事法庭上，他对自己担任首相期间的政治行动进行了顽强而系统的辩解，结果被判处三年单独监禁，这明显是国王从一开始就决定好了的。之后，他被终身流放到德黑兰附近的艾哈迈德巴德（Ahmadabad），他在那儿有处房产。

由于上诉流程被故意拖延，摩萨台在监狱里多待了三年，他不知疲倦地为自己和自己的政治生涯辩护，但还是没能成功。到他的上诉被判无效时，他被转移到了自己位于艾哈迈德巴德的房子里，并在那里度过了自己的晚年，基本与外界隔绝。尽管只有家人才能探访他，但他仍然在严密的监视下和外界保持着一些联系，有时甚至和国内外的反对派力量有往来，特别是在1960年代初。他于1967年3月5日去世，享年85岁（图9.4）。按照他的遗愿，葬礼十分简单，只有一些近亲参加，他想被葬在7月21日起义牺牲者的墓地旁。但他的遗骸还是被葬在自己的地产上——他的墓位于他那简陋的起居室的地板下，很不起眼——这是他抗争的一生的最终见证。

图9.4　1962年，摩萨台在德黑兰附近的艾哈迈德巴德，由艾哈迈德·摩萨台拍摄

由法哈德·迪巴提供。

　　1953年的政变带来了广泛的变革。全国性的戒严令一直持续到了1957年。摩萨台的许多亲密同僚和下属被判处有期徒刑，或是遭到放逐，虽然其中绝大多数人很快就被释放了。只要不再怀抱政治野心或者发表反政府言论，他们就可以继续从事学术研究、管理或者其他职业。其他人则选择隐居，很久之后才渐渐重新出现。最响当当的人物之一侯赛因·法特米于1954年被处以死刑，罪名是阴谋和叛国。摩萨台任命的官员被解职，第十八届国民议会适时地宣布摩萨台凭借议会授予的特别权力所发布的所有首相命令均为无效。摩萨台任命的军官被清洗，部分忠于他的军官被判处年限较短的有期徒刑。忠于巴列维国王的军官的职务得到恢复或者提升，他们成了扎赫迪政权的支柱，后来则成为国

王的权力基础。

政变发生后的第三天，国王悄无声息地从罗马返回伊朗。扎赫迪是当天的焦点，他通过驱逐摩萨台而建立了威信。至少在一段时间里，他赢得了美国的信任，美国也主要通过他来对伊朗施加影响。扎赫迪是一位高效的军事领导人，如同1950年代美国支持的许多军事领导人一样，他也是一位以腐败闻名的将军。在政变过程中，美国方面按照他的要求给了他200万美元。在接下来的几年里，美国对伊朗实施了援助计划，他毫不羞愧地帮自己和同党获取了大笔佣金。他的主要工作是对图德党的组织和干部进行有系统的清除，毫无疑问，这是为了获得美国的支持。

在接下来的五年里，由于清洗、刑讯和处决，图德党遭到了巨大损失。尽管图德党大多数高层领导人逃亡苏联，并在东方阵营的各国流亡多年，但他们的普通成员却轻易地成为新成立的安全部门，也就是后来的萨瓦克（SAVAK，"伊朗情报与国家安全组织"的波斯语缩写）的猎物。扎赫迪及其之后的几任政府多次公开宣称发现图德党隐藏的组织、武器和秘密印刷厂。图德党军事组织——其中包括一群坚信马列主义的中下级军官——被瓦解，对该党造成了重大打击。在接下来的16个月里，有超过20人被逮捕、折磨、审判和处决。

摩萨台的遗产和神话

摩萨台的垮台标志着多事的战后时代的终结，革命的失败一方面是由于熟悉的保守派反对力量以及外国干涉，另一方面也是由于致命性的判断错误。摩萨台时代在许多方面都和立宪革命时代很相似，它是未完成的革命的后续。然而摩萨台的困境和悲剧在于，他既想实现民族的愿望，又想坚守宪政主义和民主制度，这是他整个职业生涯的奋斗目标。他在首相任期最后阶段采用的令人困扰的独裁举动可能被视为一个难题，是宪政自由主义和激进民粹主义两种模式之间在发生冲突。摩萨台和他的同僚也经常展现出另一种类似宪政时代的二分法：他们把伊斯兰教当作伊朗身份认同的一部分，表现出很大的尊重，甚至是奉承宗教权威；但与此同时，他们又想保留世俗社会、新闻自由和法律面前人人平等这些理想——这些概念和什叶派及其激进的同盟的保守观念形成了鲜明对照。摩萨台的视野和参照标准部分来自伊朗的什叶派传统，但他更多的是一个有着世俗观念的人，他和他的战友渴望实现个人权利、权力分立，以及将伊朗从经济霸权和外国干涉中解放出来。这之间的平衡非常难以维持。

然而，导致国有化运动最终惨遭失败的因素非常复杂。首先，战后的政治变动和出现的众多政治参与者导致了诡诡的政治环境。因父亲被迫退位的记忆而充满了不安全感的巴列维国王，对各种阴谋诡计极其敏感的王室，在经历了军队被解散和重建后想追求权力甚至特权的军官群体，想守住自身特权的传统精英，动荡不安的议会中的腐败议员，一任接一任的短命政府，有着良好组织和完善意识形态的图德党以及各种极端伊斯兰主义派别，共同形成了一股合力，使任何共识的达成都变得太过困难，甚至是不可能的。在摩萨台之前，卡瓦姆和拉兹马拉都未能掌控复杂的政治局面。除了日益加深的政治分歧，任何时候想要掌权都必须把握机会组建起联盟，而这种联盟往往难以持久，同时不管当权者提出怎样的主张，敌对势力都会为了反对而反对，甚至不惜充当外国势力的代理人，这一时期的政治家大都面临着政治忠诚的问题。

冷战导致的安全压力和苏联在全球范围内不断上升的影响力给西方带来了焦虑感，使西方战略家对非西方的民族领导人及其主张毫无敬意。对西方而言，在像伊朗这样夹在冷战两股势力中间的国家，西方的经济利益和能源需求促成了干涉的合理性。安全和能源两个因素的结合导致了利益冲突不可避免，也使得后殖民时代初期民族主义的前景暗淡。

摩萨台的行为无助于缓和他与许多国内外对手之间的分歧。从根本上讲，他给自己同时树立了两个难题：对外，他想实现石油国有化；对内，他想清理威权主义、保守主义和腐败的痼疾。靠着现代伊朗历史上前所未有的民意基础，他相信自己可以一举战胜国王和王室、军队中的多数军官、大多数国民议会议员、土地精英和多数宗教派系——换句话说，拥有可以控制所有传统权力和权威的势力。即使是获得了民众的支持，对任何时候的任何政府来说，这也是个令人生畏的组合。作为了解历史发展过程的后来者，我们或许可以做出更周到的规划，对摩萨台的目标划定优先级。但值得讨论的是，石油争端和国内动荡差不多是同时发生，我们不禁怀疑摩萨台是否曾想过把要实现的目标划分优先级。

摩萨台也可能是作茧自缚。在担任议员期间和首相任期的第一年，他把人民的期望抬得太高了。他经常斥责其他政治家——如拉兹马拉和卡瓦姆——妥协退让、实施阴谋，甚至是叛国。这种夸大使得任何妥协都不可能在他身上发生，因为他害怕自己会被朋友和敌人指责为叛徒。当然也要注意到，英伊石油公司和英国政府从未提出过一个看起来靠谱的方案，使摩萨台得以做出可行的妥协。英国方面真正想要的是通过军事力量迫使他下台，这就像悬在他头上的达摩克利斯之剑。虽然杜鲁门政府在法律事务上给予伊朗一些支持，但美国方面的调停从未能真正改变英国的决心。

在同时代的政治家中，特别是土地贵族中，摩萨台最早发现了大众政治、集会和公开示威的作用。正如经常有人指出的，这些政治请愿被证明妨碍了一个稳固的、井井有条的政治组织的出现。民族阵线在它存在的五年时间里，始终只是一个古怪的流动联盟，包含了一大群差异很大的个体、各种政治主张和新兴政党。缺少有组织的政治支持和条理清晰的计划，进一步加剧了摩萨台的权力基础及其政府的不稳定性。

可以作为证明的例子是一直到1953年初，摩萨台在民众的支持下还能够安全地发起对外国势力、国王和议会的进攻。然而在他下台前，他已经察觉到了借助街头政治的局限，普罗大众在遭受了高通货膨胀和高失业率的打击后，已经感到幻灭，准备和这场延续了10年之久的政治动乱及示威活动保持距离。尽管此前石油国有化得到了许多人的支持，但到了1953年8月，漠不关心的氛围已经越来越明显。巴列维国王的离去和图德党可能上台所导致的焦虑使得民众对摩萨台的支持正不断减少。在危急时刻，图德党的支持只是增加了他的自由派支持者对共产主义掌权的恐惧。

以上这些因素必然动摇摩萨台掌权的基础，也许足以搞垮他的政府了。

如果他没有被政变推翻，他也会在某一时刻被面前的阻碍和困局压倒，进而辞职。然而，通过一场有外国势力介入的阴谋来推翻得到民众认可的政治领袖——他几乎是一个先知般的形象，这一前景深刻地改变了政治环境，并带来了政治范式的转换。这也使得摩萨台成了一个神话。1953年政变导致了一个政治参与时代的终结，无论它多么不完美；还开启了巴列维王朝专制统治的第二个时代，大众在很大程度上被排除在政治进程之外。在得到美国及其盟友支持的国王的统治下，伊朗迈向多元社会的机会消失了。

随着后来中央情报局介入政变的事实暴露，大多数伊朗人开始将摩萨台的垮台看作是西方列强对伊朗主权完整和经济独立的侵犯。政变后，巴列维国王的高压统治使他的对手进一步确信美国是为了自身战略利益而强加给伊朗一个服从于美国的独裁者。摩萨台垮台带来的伤痛记忆在后来的几十年里形成了一种阴谋论叙事和受害者心态，它不仅加剧了仇外情绪，还使巴列维王朝的反对派也越来越倒向一种反西方的——特别是反美国的——话语体系。大量西方帝国主义干涉的证据能够支持这种历史叙事，它从1813年和1828年伊朗与俄国签订条约开始，到1941年盟军占领伊朗告一段落，1953年的政变则是它的顶峰。这些惨痛的记忆一旦以一种极具内聚力的方式关联起来，对任何民族文化都将造成深刻的创伤。如果一个民族共同体的集体记忆可以被称为"深层历史"，那么摩萨台时代的经历及其悲剧性结局形成的这种历史将影响到接下来的几代人。

第十章

白色革命和它的反对者（1953—1963）

1953年后，专制统治开始逐渐回归，给伊朗带有参与式政治的冒险实验提前画下了句点。取而代之的是一个政治上实行高压统治的稳定时期。除了1960年代初期的短暂中断，它一直延续至1979年伊斯兰革命的爆发以及巴列维王朝的垮台。

1953年到1979年间，伊朗城市中产阶级经历了一段相对稳定的繁荣期，然而，长期的经济发展并不总能转化为当局的政治资本。在1960年代，占伊朗总人口65%的农村人口的生活状况也有所改善，特别是在土地改革、教育和医疗卫生条件改善之后——尽管像其他发展中国家一样，乡村的发展并未减少人口向城市的迁移，对农业产量的提高也有限。无论是农村移民人口中的第一代还是第二代，都对特权阶级感到不满，并开始在激进的教士那里寻求安慰，这些教士往往都有着与前者相似的背景。

王权政治的自我强化是巴列维王朝第二个统治时代的显著特征，特别是在1970年代。石油收入的提高、一个顺从的职业官僚阶层的崛起以及安全机构和秘密警察部门前所未有的扩张都推动了这种局面的出现。伊朗作为与美国以及西方世界关系密切的地区强国形象出现，许多精心设计的民粹主义小插曲也对这一局面有所促进。穆罕默德·礼萨·沙赫在1960年初展开的白色革命实际上到1970年代中期才结出硕果，表现在工业产量的猛增、基础设施的改善、公共机构的设立、计划经济的实施、专业化程度的快速提高以及妇女受教育水平和法律地位的进步上。

这些重要的转变也引发了对现代化的争议。国王领导的进步实际是效仿了他父亲的西方化模式，却受到了一个由世俗异见者和知识分子组成的很有影响力的小圈子——他们中的许多人出自战后的图德党和国有化运动——的质疑。他们质疑全盘西化的政策以及当局对于进步的乐观态度。随着1963年6月起义的爆发——这是伊朗向伊斯兰激进主义迈进的转折点，他们转而对高压政治、裙带关系和社会上随处可见的"道德退步"展开批判，并为自己的批判戴上了一层伊斯兰的面纱。不光是年轻的激进教士，还包括激进的马克思主义者和伊斯兰游击队组织，他们对占统治地位的西方主义展开了批判，开始号召抵制巴列维政权，并导致该政权最终被暴力推翻。伊斯兰激进分子大多得到了阿亚图拉霍梅尼的庇护和指导，成为反巴列维话语的最终受益者。他们成功地将民族主义者、反西方主义者和激进的马克思主义者的主张结合起来，纳入自己"原初伊斯兰"的话语中。

作为美国盟国的伊朗

1953年以后，巴列维国王地位上升，逐渐成为伊朗政治的新主宰。由于国王得到了伊朗武装力量的一致效忠和美国无保留的支持，这种局面是可以预料的。政变几个月后，扎赫迪将军组建了政府，他在推翻摩萨台、迎回国王的政变中扮演了关键角色，之后又压制了几乎所有的反对力量。在美国的支持下，英伊两国就石油问题达成了一份新协定。伊朗石油工业国有化以书面形式得到了确认。1954年，摩萨台早先建立的伊朗国家石油公司（NIOC）与一家新的控股公司达成了五五分成的伙伴关系，这家公司就是伊朗石油股份有限公司（IOP），由来自美国、英国及欧洲其他国家的八家石油公司组成。这些合伙人取代了英伊石油公司的垄断地位。这种模式类似沙特阿拉伯的阿美石油公司，利润分成协议也差不多。尽管新协定离国有化运动的目标还差得远，公众对它也很不认可，但此举对国王和美国来说都多少保留了一些颜面。

被称为"七姐妹"的七家石油公司在新成立的公司中占了60%的股份，它们是加利福尼亚标准石油公司（后来改名为"雪佛龙"）、新泽西标准石油公司（后来改名为"埃克森"）、纽约标准石油公司（后来改名为"美孚"）、德士古（后来并入雪佛龙）和海湾石油公司（后来为雪佛龙所收购），每家各占8%的股份；皇家荷兰壳牌石油公司占14%的股份；法国石油公司（后来的道达尔）占6%的股份。脱胎于原英伊石油公司的英国石油公司占据了剩下40%的股份。新公司负责伊朗石油的开采、生产和国际输送，并负责控制产量规模和价格结构。尽管新公司在胡齐斯坦的垄断权力要小于早前的英伊石油公司，但伊朗方面只负责生产的最后一步，伊朗国家石油公司的任务也仅是国内运输和对生产环节的全面监督，至少在开始的几年里，这些只是仪式性环节。伊朗石油股份有限公司控制了所有经营环节，信息完全不对外公开，也不允许任何英伊石油公司的代表进入它的董事会，它在政治上非常低调，只想着怎么将利润最大化。这是石油巨头们的胜利，他们不仅垄断了伊朗石油，还控制了世界石油产量的80%以上。

1954年修改后的授权书授予伊朗石油股份有限公司25年的特许权，进一步远离了国有化运动的目标。至少到1973年初，当巴列维国王试图通过谈判在石油生产和定价方面获得更好的条件时——他还于1975年再次鼓吹石油工业"国有化"（这是1933年以来的第三次）——伊朗石油股份有限公司仍占上风。当时美国股份在伊朗石油股份有限公司中占据优势，所以，这种局面的形成并不是出于英伊石油公司的那种殖民者的优越感，而是一种新的企业精神在促使石油公司操控中东市场上的石油价格和产量。当时的中东石油市场上除了伊朗，还有沙特阿拉伯和伊拉克，很快，科威特以及其他海湾产油国也加入进来了。

石油生产在伊朗经济中占据了越来越重要的位置，也增强了国家力量。1950年是英伊石油公司经营的高峰期，伊朗每年产油量达到2.21亿桶，到1969年，则达到了10.64亿桶，增长了近4倍。1950年，伊朗直接来自石油生产的收入刚刚超过4500万美元，到1969年，石油收入在不到20年的时间里增长了近20倍，达到9.05亿美元。即使考虑到1959年至1969年间平均每年2.5%的通货膨胀率，国家石油收入的增长仍不少于18倍，在国家总收入的占比也有巨大的增长。1949年至1956年间，石油收入占伊朗国家收入的37%；到1965年，则上升到67%；1980年后，这一数字仍然稳定增长。随着世界范围内石油消费的增长，伊朗石油收入在1970年代稳步上升，这部分是由于国王成功地说服了不情不愿的伊朗石油股份有限公司增加石油产量。

石油收入因此成为巴列维王朝稳定统治的一个关键因素。在整个1950年代以及1960年代的早期，美国的财政援助为伊朗注入了巨额资金，加上军事援助、训练和顾问，都进一步提升了巴列维国王的个人威望。直到1960年代中期，数以千万计的美元——资金紧张的摩萨台政府原本也得到了类似承诺，但未能兑现——流入了伊朗国库，这些钱被当作非强制援助，借由"第四点计划"中的卫生及农业发展项目，或是通过购买军事装备来到了伊朗，被用作修筑大坝和电网等基础设施的贷款，以及对伊朗工业及大型建筑项目（通常由美国公司负责）的直接投资。

美国政府在援助项目上的花费只占美国石油公司每年通过投资伊朗石油获得的利润的一小部分，与在冷战中维持伊朗作为美国的战略同盟的价值比起来，实在是微不足道。这也能很好地解释为何美国政府不愿对伊朗高官和军队中猖獗的腐败行为采取严厉的措施。从美国的角度来说，为赢得伊朗的合作而付出任何代价，都是值得的，只有这样才能消除图德党的残余以及其他后摩萨台时代的异见者。随着美国对伊朗事务介入的加深，英国在伊朗的影响力正逐步衰退，特别是在1956年苏伊士运河事件以及英国从苏伊士以东地区撤退后。

巴列维国王也展示了他的雄心，他在1970年代成为地区领导人，在国际社会中也有了一定分量。除了系统地清除图德党在各个层面的影响，政变后的几个月里，发生于巴扎和德黑兰大学的几起严重抗议运动也遭到镇压。在1953年10月巴扎商人发起的抗议活动中，不仅有多人被捕，德黑兰巴扎入口处的大拱门也被拆除了，这很明显是对商人的惩罚措施。1953年12月8日，德黑兰大学的学生对为巩固两国关系而访问伊朗的美国副总统理查德·尼克松发起了抗议，结果军队对学生进行了无差别开火。这场为抵制这位著名美国"冷战斗士"到来的示威行动是由左派组织的，结果导致至少三名学生死亡，此外还有多人受伤。在伊朗异见者的日历上，这一天被记载为"学生日"。尽管国王想向受难者表达慰问以及遗憾，但几天后，德黑兰大学向尼克松授予了荣誉学位，此举无疑是在学生的伤口上撒盐。作为国王的美国密友以及坚定拥护者，尼克松在多年后的总统选举中得到了来自伊朗王室的慷慨赠予。

动荡局面显示出新政权在巴扎商人、左派知识分子和大学生中都很不得人心。巴列维国王得以迅速说服美国方面放弃扎赫迪将军，自己则取而代之，走到了舞台中央。在扎赫迪的管理下，大量资金被贪污和挪用。国王还指出，如果扎赫迪下台，巴列维王朝的统治将在巴扎商人和教士群体中具备更高的合法性、更广泛的接受度。扎赫迪野心很大，独立性也很强，在处理军队和政府事务中与国王发生摩擦在所难免。1955年4月，扎赫迪将军辞职，并作为伊朗大使前往罗马，一年多以前，国王曾在这里避难。这项任职实际上是流放，扎赫迪再也没有回来过。这样一来，国王虽然少了一个强有力的对手，但也将自己暴露在公众的监督之下，使自身成为国内外批评的对象。

反巴哈伊教运动

1954年石油协定签订后，对零星抗议活动的镇压、系统地逮捕图德党成员、通过军事法庭判处他们长期徒刑以及对图德党成员好几次的残忍处决都成为巴列维国王个人形象上的污点。对亲摩萨台分子的清洗则没有那么严厉，而且大都建立在就事论事的基础上，这也和国王对具体个人的好恶程度一致。美国政府几乎不掩饰对这些清洗运动的纵容，虽然这与美国想扶持国王建立一个受欢迎的民主政权的目的背道而驰。

巴列维国王利用彼此对摩萨台的共同反感以及消灭图德党的共同需要，来恢复同库姆以及其他地区高级教士之间的关系。尽管伊斯兰教只得到了口头上的善意，但论及对宗教制度构成的教义上的挑战，图德党要排在巴哈伊教之后。在几个月前的1954年秋，摩萨台政府外交部长侯赛因·法特米即将被处决的消息在教士内部引起了骚动，因为法特米本人持有一些伊斯兰教观点。想让他获得减刑的请愿未被理睬。在1955年前期，国王也想寻找机会改善与教士的关系。当时，他急于想获得教士的认可，好加入1955年的巴格达公约组织，该组织包括伊朗的邻国伊拉克、土耳其和巴基斯坦，还有作为观察员的英国和美国（在1958年伊拉克退出后，该组织改称"中央条约组织"，或者"CENTO"）。这是一个对北大西洋公约组织（NATO）提供补充作用的冷战战略联盟，受到了艾森豪威尔主义的启发，同时也得到了英国的精心安排。当时英国由于苏伊士运河问题和埃及总统贾马尔·阿卜杜勒·纳赛尔不断加强的反英姿态而备感焦虑。国王坚持加入该组织主要是出于内心的不安，而非英美两国的劝说。随着对纳赛尔的认可的不断增长——即使是在伊朗，教士的支持对国王来说也变得很重要。

巴列维国王尝试和阿亚图拉赛义德·侯赛因·博鲁杰尔迪（Sayyed Hosain Borujerdi，1875—1961）接触，后者是伊斯兰教高级穆智台希德，在1940年代后期成为唯一获得"效仿源泉"称号的人，在什叶派世界有崇高的威望。这是一个明智之举，不仅是因为它产生了意想不到的后果（图10.1）。通过由学生、商人和巴扎追随者组成的庞大网络，博鲁杰尔迪的影响力至少是自50年前米尔扎·哈桑·设拉子时代以来所有"最高效仿对象"称号获得者中最大的。他出身于博鲁杰尔德一个中等阶层的教士家庭，在伊斯法罕和纳杰夫接受什叶派的训练，是纳杰夫亲宪政派的穆罕默德·卡奇姆·霍拉桑尼（Mohammad Kazem Khorasani）的弟子。博鲁杰尔迪在1945年移居库姆后获得了崇高的地位，并帮助库姆成为什叶派的宗教中心，即使比不上纳杰夫，但至少是伊朗境内的中心。他实际上是伊朗国内出现的第一个"效仿源泉"。相比伊拉克境内早期的"效仿源泉"，他不得不更加适应伊朗的政治现实，更加着力巩固自己在伊朗信徒中的地位。为了让古代"好宗教"和"好政府"之间的和睦关系重现，特别是在礼萨·沙赫冷落了和伊斯兰教的关系后，民众更需要远离异端的他者。现在图德党和摩萨台都被踢出局了，博鲁杰尔迪和国王都认为开展一场反巴哈伊教运动是巩固彼此权力基础的最好办法。

图10.1　1944年，年轻的巴列维国王到德黑兰的弗如扎拜迪医院拜访阿亚图拉博鲁杰尔迪

穆罕默德·巴克尔·纳杰费，纪录片《帝国主义与宗教信仰》（*Shahanshahi va Dindari*），（德黑兰：NRTV，波斯历1355年／公元1976年）。

　　1953年后，国有化运动时代颇有争议的宗教领袖阿亚图拉阿布-卡西姆·卡沙尼的失势进一步促成了博鲁杰尔迪的崛起，也对他恢复传统政教关系的努力提供了帮助。博鲁杰尔迪是一个精明、果断的实用主义者，他想和国王进行谈判，通过给予国王含蓄的支持，换取国王允许他全权镇压对伊斯兰教和穆斯林的可能威胁。首先，博鲁杰尔迪要求对政府内外的巴哈伊教徒进行彻底的、全方位的清洗。什叶派高层对巴哈伊教的敌意极深，这不仅是出于教义的考虑，他们还偏执地担心巴哈伊教对20世纪政府和社会的成功渗透会吸引穆斯林改变信仰。博鲁杰尔迪通过中间人要求国王投桃报李，为他们清除巴哈伊教的威胁，因为正是他领导下的教士支持了政府对图德党的清洗。

1955年4月斋月开始时，一个经历复杂、充满热情、能言善辩的教士穆罕默德·塔奇·法尔萨菲（Mohamad Taqi Falsafi）精心策划了一场持续整个斋月的反巴哈伊教运动。在德黑兰巴扎的入口处，政府控制下的伊朗国家广播电台正在实时播放同样由政府控制的清真寺里正在进行的午餐时间讲道，这一史无前例之举彰显了政府对该运动的认可。法尔萨菲得到了博鲁杰尔迪个人的支持，他攻击巴哈伊教信仰是异端和反伊斯兰的，并且指责该教派背叛国家、发动阴谋、败坏道德，是维持伊斯兰伊朗的巨大威胁。他不仅要求政府取缔巴哈伊教的群体活动和管理机构，没收该教派集体和个人财产，还要求革除政府中巴哈伊教徒的职位，封禁巴哈伊教徒开办的企业。巴哈伊教是伊朗当时最大的宗教少数派，在1950年中期，至少有30万教徒广泛分布于伊朗的城镇和农村。

法尔萨菲发起的运动引起了教士和他们的保守追随者的强烈反响，唤起了强烈的社会共识，自摩萨台时代结束后，就很少能够达成这种共识了。他们也乐于见到巴列维当局成为自己的伙伴。自恺加王朝对巴布信徒的迫害以来，巴哈伊教就理所当然地被妖魔化为伊斯兰教的敌人。然而从本质上来说，在这场新的针对巴哈伊教的运动中，对巴哈伊教徒的指责上升到了一个更高的层级：他们不仅被指控在教义上对伊斯兰教怀有敌意，甚至在政治上也对国家不忠。这导致自1960年代起，巴哈伊教徒先是被指控为英国殖民主义代理人，稍后又被指控为美国帝国主义和国际犹太复国主义的代理人，在1979年伊斯兰革命后，这些指控对伊朗的巴哈伊教社区造成了严重的影响。

反巴哈伊教运动很快引发了对巴哈伊教徒的歧视和各种暴力行动，特别是在城市和乡村中那些规模较小的社区里。在纳杰法巴德（Najafabad）——伊斯法罕以西180英里的一个以保守什叶派信仰而著称的小镇，一个大型巴哈伊教社区以经济抵制的形式被排斥。在阿尔德斯坦（Ardestan）的另一个古老的半农业社区里，巴哈伊教徒由于担心遭到屠杀而连夜撤离。在亚兹德，一些巴哈伊教徒遭到了暴徒的杀害，而巴哈伊委员会——选举产生的地方管理组织——的成员却要为此负责，他们被判有罪，并面临长期徒刑。各地的巴哈伊教徒都感到了恐惧和威胁。为了表示对那位煽动者和他强大的支持者的拥戴，部分议员——他们很快就表现出对巴列维国王的顺从——提出了一项法案，要求剥夺巴哈伊教徒的财产，并将他们从伊朗驱逐出去。

即使该法案最后被撤销，其他激烈的措施却并未中止。一群由法尔萨菲发起的仇恨运动的支持者组织了一个治安维持会，接管了德黑兰的巴哈伊教中心。在设拉子，暴徒攻击了巴布的故居，并差一点毁了这里，而这里正是巴哈伊教和阿扎利派在伊朗最重要的圣地。1955年5月，纳迪尔·巴塔芒格里奇（Nader Batmanqlij）将军，即伊朗军队总参谋长，派军队占领了在德黑兰的巴哈伊教中心。看上去，这一举动意味着政府已经和反巴哈伊教运动联合起来，但实际上，这是控制局面的一次微弱尝试。纳迪尔亲自爬上屋顶，展示出象征性的第一击，即拆除中心的圆顶（图10.2）。

图10.2　1955年5月，巴塔芒格里奇将军在德黑兰军事长官特穆尔·巴赫蒂亚尔将军的陪同下，看似愉快地出现在巴哈伊教中心的屋顶。为了拍到照片，路透社驻伊朗记者请两位将军对圆顶发出第一击

私人收藏，由法莱顿·瓦赫曼提供。

由于受到西方政府的压力和面临国际社会（以及全世界的巴哈伊教团体）的批评，巴列维国王开始退却，并隐约觉得运动的影响已经超出了自己的控制。到斋月结束时，各种迫害行动中最恶劣的部分都已经停止了，但对巴哈伊教集体活动的禁令仍然有效。该教教徒仍被禁止担任政府职务，德黑兰的巴哈伊教中心则变成了德黑兰军队指挥部和军队反间谍部门，这一部门的核心后来发展成为萨瓦克。巴哈伊教的处境可能已是十分困难了。但事后证明，反巴哈伊运动并没有二战期间土耳其政府对犹太人社区的虐待那么严重，其程度也比不上苏伊士运河事件后埃及在1956年和1957年发动的反犹太运动，以及伊拉克在二战期间和1950年代后更为系统的排犹运动。

对什叶派领导层来说，反巴哈伊教运动只不过是以伊斯兰积极分子和伊斯兰敢死队为代价，再度确认博鲁杰尔迪的领导地位。在接下来的几年里，低强度的反巴哈伊运动给了什叶派领导人更多的政治话语权和炫耀的资本。例如发布教法指令，禁止在伊朗销售百事可乐，因为它授权巴哈伊教企业家哈比卜·萨比特（Habib Sabet，1903—1990）来完成在伊朗的装瓶工作。反巴哈伊运动还方便博鲁杰尔迪去实现其他目标，包括在位于库姆的马苏玛圣陵旁建造大清真寺（Masjed-e A'zam），扩大库姆经学院（howzeh），并对其进行集中管理，以及赞助反巴哈伊教的出版物，如毛拉·穆罕默德·巴克尔·马吉莱西的百科全书《光之海》第十三卷的新波斯文译本。这一卷完全被用于讲述什叶派圣训中关于末日时马赫迪的到来和各种天启事件，早期译本中关于什叶派的叙述存在前后不一致的情况，这在巴哈伊教传教士中引起了许多争论。在晚年的博鲁杰尔迪的委任下，新的译本由什叶派学者阿里·达瓦尼（Ali Davani）翻译，为保持前后一致而略过了一些内容，形成一个更和谐的版本，可应用于反巴哈伊教的辩论中。20世纪五六十年代伊斯兰势力的推动力确实包括由霍贾蒂耶协会（Hojjatiyeh Society）组织的反巴哈伊教运动（主要是关于预言的辩论），这是一个围绕谢赫·马哈茂德·哈拉比（Shaykh Mahmud Halabi）的、由世俗人士和积极教士构成的网络。然而，法尔萨菲运动后，国王与博鲁杰尔迪领导下的亲当局教士群体间的友好关系无法一同阻止什叶派激进主义的兴起。

王权的巩固

1950年代后期，情报与国家安全组织（即萨瓦克）的快速扩张被证明是镇压各种反对力量的关键，也是威慑普罗大众的有效工具。该组织起源于德黑兰的军事指挥部，在极富个人魅力而又异常残忍的特穆尔·巴赫蒂亚尔（Teymur Bakhtiar，1914—1970）将军的领导下，在美国的关注下，被用来彻底根除军队、政府和社会中的共产主义（美国与许多发展中国家的威权主义者结盟，也是出于类似的原因）。摩萨台时期通过的国家安全法在他垮台后又恢复了活力，1957年，萨瓦克依照该法成立，并在首相办公室的领导下展开运作。特穆尔·巴赫蒂亚尔是巴赫蒂亚里部落首领的儿子，在贝鲁特和巴黎接受教育。在巴黎时，他就读于圣西尔军校。他在扎赫迪麾下时很快就脱颖而出，成为军事指挥部负责人，他主要的工作是抓捕图德党积极分子和其他政治异见者。

当最后的图德党地下小组被瓦解，活动分子如霍斯劳·鲁兹比赫（Khosrow Ruzbeh）——一位激进的马列主义理论家，也是一个秘密共产主义小组的核心组织者——被逮捕和处决后，萨瓦克开始搜寻其他的异见者。鲁兹比赫在1957年被捕，之前的几年里，他一直过着东躲西藏的生活，和安全部门发生过好几次武装冲突，即使是在由其同情者组成的小圈子里，他也未能组织起有效的抵抗行动。但在被处决后，鲁兹比赫成为传奇，还几乎成了左派烈士和抵抗活动象征的浪漫形象。他所鼓吹的武装抵抗被认为鼓舞了1960年代后期的马克思主义城市游击运动。

到1960年代末，萨瓦克在巴列维国王的支持下，获得了工作高效和纪律严明的称赞，但同时也被看作恐怖制造者和残忍无情者，并故意营造了一个比真实情况更黑暗的形象。萨瓦克现在的目标包括独立的政治人物、之前的民族阵线成员、学生示威行动的领导人和直言不讳的教士。1961年，特穆尔·巴赫蒂亚尔被巴列维国王免职，萨瓦克落入了国王的直接掌控中。在一起新的抵抗运动中，特穆尔被指控阴谋反对巴列维王朝的统治，结果被迫流亡到日内瓦。在那里，他和流亡的图德党领导人以及阿亚图拉霍梅尼——库姆的反当局教士群体实际上的领袖——结成了反巴列维阵线。特穆尔之后逃到了黎巴嫩，然后到了伊拉克。1970年8月，他在伊拉克被萨瓦克特工刺杀。特穆尔只是国王在掌握绝对权力的道路上越过的最后一个重要的军方障碍，也是高级军官中国王的第一个牺牲品。

在1960年代，一大批将军被迫退伍，这反映了巴列维国王和他的父亲一样，都渴望绝对控制。退伍军官受到或真或假的指控，包括腐败、渎职，甚至被指控为苏联间谍。整个1960年代以及1970年代早期的所有参谋长都被很不光彩地撤职了，或是被送上审判台，然后锒铛入狱，要不然就是被流放。像那些文职技术官僚一样，这些军队高官很快就学会向他们的君王唱赞歌。国王不断增长的对最新军事装备的渴望和他把军队建成一个庞大机器的做法进一步造成了一种盲目服从的假象，他还有了许多称号，如"众王之王""武装部队最高统帅"（bozorg arteshtaran），甚至是"神"（khodaygan），军队通过这些波斯语称号来取悦国王。1940年代的国王还只是个有名无实的象征性政治领袖，而现在，他的自尊心和使命感迅速膨胀，性格也变得越来越复杂。

穆罕默德·礼萨出生于1919年，他父亲当时还只是哥萨克旅的一名中级军官，他成长于巴列维王朝初期，生活在极度强势的父亲的挑剔目光下。比起父亲，他跟母亲的关系要亲近得多，和孪生妹妹阿什拉芙·巴列维也非常亲密，她对他也有巨大影响力。作为一个新崛起家族的长子，他6岁就被选为王储，在新建立的巴列维宫廷中接受许多私人教师的教育。在1920年代，他曾短暂地在巴哈伊教的塔比亚特学校学习，这所学校后来成为德黑兰的进步机构。1932年，他被送往瑞士的精英寄宿学校罗西学院，在1936年回到伊朗时，他已精通法语和英语。他对体育——特别是足球——的兴趣要高过对国际事务和知识的追求。为了满足他父亲的愿望，他还曾就读的伊朗军事学院，被授予中尉军衔，在他父亲统治的最后几年里，他常伴父亲左右。他在20岁时接受安排，同埃及国王法鲁克的妹妹茀丝亚公主结婚，这主要是出于政治目的，而非他的个人选择，这桩婚姻后来被证明并不幸福。

羞怯而又缺乏决断的穆罕默德·礼萨年轻时在他那位严格的父亲的庇护下成长，直到22岁时面对他政治生涯中的第一次考验。他在风雨飘摇中继承了王位，一起继承的还有他父亲留下的烂摊子。盟军起初没有太在意他——除了约瑟夫·斯大林，斯大林在1943年德黑兰会议期间拜访了他——并将他和他的家庭分隔开，他的家人一直流亡于约翰内斯堡，直到他父亲去世。这位新国王刚登基时看起来还没有准备好应对战后时代的政治动荡，他对资深的政治家们充满疑虑，同时警惕着仿佛一夜之间形成的自由的政治环境。面对新闻界潮水般的攻击和公众对他父亲所犯下罪行的抨击，他别无选择，只好表达自己的遗憾，并承诺将被充公的财产返还给原主人，同时对以往的苛政予以补偿。在法庭上，他父亲被判征用了大量村庄和地产——超过5万处——攒下了个人银行账户上大量的不义之财。

面对这么多的政治挑战，年轻的巴列维国王能做的事情很少，只能去培养曾在他父亲麾下服务的政治家和军官的忠诚；与此同时，他还试图做一个忠于宪政的君主，然而由于遭到各种政治挑战，他很快就开始对这个角色进行重新思考。他被迫去扮演一个更积极的角色。1946年收复阿塞拜疆的行动成为转折点，他不仅是军队名义上的领袖，还是这场行动的积极参与者。此外，阿塞拜疆危机还成为伊朗长期依赖美国建议和道义支持的起点。

1949年，他奇迹般地逃过了一桩刺杀阴谋，之后又经历了千辛万苦，直到1953年的政变，这些经历把他从一个政坛新人变为一个精明，甚至是老奸巨猾的政局操控者。特别是在狂暴的摩萨台时代后，他学会了清除所有独立的声音，以确保自己可以掌控政治舞台。摩萨台时代的痛苦经历洗去了所有他曾经可能有过的民主信念。这段经历也使他质疑任何层级的大众参政和对政治议题展开辩论的必要性。

尽管他在石油国有化运动初期提供了一些支持，然而，当他发现自己被边缘化和不被需要后，就改变了想法。在他看来，摩萨台的行为不仅会推翻他个人并消灭君主制，还会将国家带到动乱的边缘，最终陷入共产主义带来的痛苦中。1953年8月，他在第一次驱逐摩萨台的政变失败后前往巴格达，稍后去了罗马，第二次政变则是依靠英美代理人的帮助才取得成功。所有这些都是他痛苦的回忆。哪怕是他将这些回忆展现给他的人民，以此作为战胜未知敌人的爱国主义的胜利。在后来的那些年里，1953年8月28日政变纪念日典礼——包括电台里播送的空洞口号、军事歌曲和挥舞着旗帜的人群——成为年复一年的演练，巴列维国王试图通过这一仪式，使人民认可他那不够完美的统治合法性，这也成了他难以解开的心结。

国王对外国势力带有一些不确定的态度。他对外国的动机始终抱有怀疑，并带有一种阴谋论者的偏执，特别是对英国。英国曾逼迫他父亲退位，这使他始终不能相信英国人，他的冷战心态——图德党的经历加重了这一点——使他对苏联阴谋的恐惧甚于英国，这也是19世纪初以来历代伊朗君主共有的恐惧。美国很自然地成为国王的盟友和道德避难所：一个愿意吹捧他、迎合他的意愿的超级大国。对国王来说，美国是个天真的异邦：强大而又心怀善意，只是太单纯。

从现实角度来看，巴列维国王和美国之间的关联是一种完美匹配，美国向国王提供安全和支持，作为交换，国王则满足了美国的战略关注和能源需求。美国历任政策制定者少有例外地认为国王的独裁统治只是生活中一些不太愉快的事实，他们对此没有什么可做的。1960年代初期，肯尼迪政府曾对这种态度有所调整。然而随着白色革命达到了一定的势头，国王努力劝说美国和西方世界，不要仅把自己视作一个统治伊朗的合适人选，他同时也是对抗该地区不断增长的反美情绪的壁垒。在他看来，维持战略上至关重要的波斯湾地区的秩序是他的首要任务。至少是为吸引那些对他着迷的西方媒体，他把自己的政权比作古代波斯帝国的继承者，并自满地认为西方的民主体系正处于衰落中，而伊朗将会是一个强有力的替代者。

1960年代前期见证了伊朗农业结构的巨大转变，还包括识字率、城市化水平和生活标准的提高——所有这些都有长远的影响。这一系列由国家主导的改革被称为"白色革命"（Engelab-e Sefid），主要在1961年至1965年间展开，对农村地区造成了可观的人口增长，这些人从农村流向城市，形成了一股大众力量，他们最初支持巴列维王朝的改革，最终却转向了国家的对立面。

即使是在1950年代早期，许多新问题就已经显现了。民政和军队内部的腐败及管理使情况变得更糟，尤其是随着美国援助的流入和石油收入的增长。奇怪的是，政府预算赤字同时也在不断增长，特别是外汇储备的赤字，这几乎要把政府推到破产的边缘。即使是以腐败和挪用公款的罪名对军政官员进行象征性的公开审判和清洗，也挡不住民众对国家诚信、外国势力扮演的角色和国王信誉的怀疑。

对穆罕默德·瓦力·加拉尼（Mohammad Vali Qarani/Gharani）将军的审讯就是其中一例。他是伊朗军队反间谍部门的负责人，于1958年被捕，他和他的同谋被指控在美国中央情报局的支持下阴谋策划一场军事政变。他被判处有期徒刑，但巴列维国王的焦虑并未消除。他认为这桩尚在计划中的政变反映了美国态度的游移不定，美国、英国，甚至还有苏联，都想把手伸向伊朗军队。实际上，加拉尼事件较早地反映了美国对伊朗国内局势不稳定的不满。

为了修复民众不断增长的怀疑，也因为担心自摩萨台时代以来形成的反对势力的死灰复燃，巴列维国王开始考虑通过玩弄两党制的把戏，来营造一种政治参与的假象。事实上这两党——民族党（Mellium Party）和人民党（Mardom Party）——都是由国王的亲信来领导的，完全效忠于国王。这不过是为改善国王在国内外的公众形象而玩弄的傀儡把戏。1960年8月，当第二十届国民议会选举开始时，局面异常复杂，即使是国王本人也无法随便宣布民族党党魁曼努切尔·艾克巴尔（Manuchehr Eqbal，1909—1977）当选首相。艾克巴尔是一位毕业于法国的医学博士，曾在卡瓦姆政府担任卫生部长，并于1957年担任首相。艾克巴尔是后来执掌巴列维政府的技术官员的较早代表。他看起来是个很正直的人，但对他的主人完全服从，即使是在离职以后也是如此。

然而无论是迫使艾克巴尔辞职还是宣布1960年秋天的选举结果无效，都无法使伊朗民众相信国王是真正地想实行民主。接下来组建政府的是贾法尔·谢里夫–艾玛米（Ja'far Sharif-Emami，1910—1998），他也是国王的密友。这进一步加剧了民众的不满。谢里夫–艾玛米出身于一个传统的教士家庭，两次世界大战之间，他在德国接受了工程师教育。国王任命他担任首相，主要是想安抚桀骜不驯的教士群体。国王很可能是把这一任命看作是对温和派教士的示好，特别是当霍梅尼的影响力在不断上升。由于腐败丑闻，新首相在1961年5月，也就是博鲁杰尔迪去世（3月30日）的一个多月后，就结束了自己短暂的任期。

随着美国大选的进行，以及民主党很有可能获得胜利，德黑兰此时越来越担心约翰·肯尼迪的上台会对巴列维政权造成影响。肯尼迪曾公开批评共和党对发展中国家的外交政策，还质疑向那些实行高压统治、忽略发展经济和拒绝民主制度的政权提供军事援助的意义。他认为开展经济和政治改革是挽救非西方世界免受社会主义革命诱惑的更好办法。1959年初，美国支持的古巴独裁者富尔亨西奥·巴蒂斯塔（Fulgencio Batista）垮台，菲德尔·卡斯特罗（Fidel Castro）则迅速地从一个民族主义革命者成长为坚定的马克思主义者，这使肯尼迪的观点尤为耀眼。在当时，也许没有哪个国家会比伊朗更符合肯尼迪所说的无条件军事援助和道义支持。因此，伊朗会超越拉丁美洲，成为新政府最优先考虑的对象，这是很合理的。

除了美国政府态度的转变，伊朗经济也在1960年遭遇了危机。糟糕的财政管理，再加上乏善可陈的经济表现和国王的好大喜功，共同激起了民众的不满情绪。精英分子、民族阵线的政治老手以及教士对国王的批评都随着美国或将改变对伊朗政策的可能性而浮出了水面。阿里·阿米尼（Ali Amini，1905—1992）出任首相被看作是一个全新的开始，因为他要实行被期盼已久的农业改革，正如他经常说的，"要勒紧裤腰带"。由于他和美国的关系以及他本人与肯尼迪的熟识，国王并不喜欢他。阿米尼被寄予厚望——摆脱国王的独裁统治，使伊朗政治变得自由，推动更广泛的政治参与。

在为期14个月的任期里（1961年5月至1962年7月），阿米尼只能靠着手中有限的权力去解决最紧迫的问题。他出身于一个恺加贵族家庭，他的祖父是改革派政治家阿里·汗·阿明·道莱。他在法国拿到了法学和经济学两个博士学位，在自己的政治生涯中，他既保持了独立，但又懂得妥协。在礼萨·汗时期，他是达瓦尔的门徒，稍后成为卡瓦姆的伙伴，但他也曾在摩萨台内阁中担任教育部长。在扎赫迪政变后，他还帮助缔结了同伊朗石油股份有限公司的1954年石油特许权协定。1950年代末，他担任伊朗驻美大使，他不偏不倚的姿态得到了美国人的认可。在担任首相的最初一段时间里，他也被伊朗民众认为是清廉的、进步的政治家。

阿米尼政府既有传统精英，又有政坛新面孔，甚至还有摩萨台时代的资深激进分子。其中最显眼也最有能力的是哈桑·阿尔桑贾尼（Hasan Arsanjani，

1922—1969），他担任农业部长一职，同时也是土地改革运动的设计师。他是个脾气火暴的记者和律师，曾经是卡瓦姆领导下的伊朗民主党中的激进派。长期以来，阿尔桑贾尼都把土地改革看作是瓦解土地精英阶层（包括阿米尼自己的家族）的关键。他制定的快速分配土地计划不仅旨在将国有耕地分配给已在其中耕种的农民，还试图重新分配由一小部分有权有势的地主控制的私有土地。

土地改革和变革中的农村

一直到1960年代，农业都是伊朗经济中除政府管控的石油产业外最大的部门，所占劳动人口比重也是最高的，这些人成为土地耕种者。农业还能提供副业，并供养着地主阶层。地主阶层中的最大一部分是定居在城市的在外地主，主要包括官僚贵族及其子女、部落领袖和他们的城居后代、地方精英和巴扎商人，他们加起来占据了国家70%的可耕地。剩下的30%属于小地主、自耕农（主要在北方各省）和宗教捐赠。当时的农业生产分配遵循一种古老的制度，即"五份分成制"（boneh），按照五种生产要素——土地、水源、种子、公牛和劳动力——地主（arbab）和农民（ra'iyyat）各自占有的生产要素的比例决定了他们分到手的粮食份额，这种比例依照地区差异有一些变化。地主一般占有前三种（有时是四种），并获得相应比例的收入；农民往往只有劳动力和公牛，在收获季节还得向国家缴纳高额税款。农民占了全国人口的半数，他们在该体系下负担极重，还得与庄园管家、政府官吏、宪兵打交道，在最好的情况下，他们也只能维持温饱，最坏的情况下则是陷入极度匮乏。伊朗的农村散乱分布在伊朗高原上，大都由泥土修建的房子组成，远看还马马虎虎，一走近就会发现实际的情况有多糟糕。农民的房子，准确地说是原始小屋，由未经烧制的砖块垒砌而成，窗户很少，通风也不好，木质的房梁很不稳定，与地主的豪宅大院形成了鲜明对比。农村地区没有自来水——即使往往会有像泉眼或是坎儿井这样干净的公共水源，也没有其他现代设施（包括电力），或是现代医院、学校。

讽刺的是，恺加时代的土地占有制度的终结、伊朗宪法对私人土地所有制的允许以及随后对地产的登记，只不过是重申了以地主制为主的既有土地分配制度。农村地区围绕定居或半游牧经济组织起来，并将勉强能糊口的农业种植与牲畜养殖联系在一起。尽管地主及庄园的管家用一定程度的自治及父权制模式监管着村庄的运作，但这一体系仍能使农民拥有一些自由，比如和地主就土地收成分成条款进行谈判，农村因此也变得更稳定了。

然而，农村自治以及勉强糊口的经济状况使得农村很难经受得起像土地改革这样剧烈的变革。政府官吏——起初是农业部，后来变成土地改革部——取代了地主，增加了行政层级的复杂性，给整个农业系统带来了出乎意料的后果。国家把土地分成小块分配给农民，这在经济上并不可行。官方媒体口中的"解放了的农民"缺少足够的资金和经验来运行现代农业机械，因而只得继续依赖传统方法。和国家大肆宣传的内容相反，效率低下、农业产量下降和（为了解决上述问题而组建）国家农业合作社的彻底失败变得越来越明显。缺乏规划的机械化，以及很快出现的人口向城市的流动，进一步妨碍了农业的成功转型。

早在1950年代，被礼萨·汗征用的一些地产和小块土地（大部分在里海诸省）就已经归还原主或重新分配给小地主。这种现象一开始是借助了法院的诉讼，在礼萨·汗倒台后，法院做出了有利于原主的判决，然后国王自愿归还了大部分（如果不是全部的话）没收的土地。巴列维基金会既是一家慈善机构，也是巴列维家族的控股公司，负责早期的土地分配。然而，许多争议仍围绕巴列维家族成员和一些来自礼萨·汗时代的军官，因为他们强行征用土地并拒绝归还。

1960年的《土地改革法》（1962年修订）允许阿米尼政府在1961年开始对大地产进行分配，有时，一个地主或一个大家族会拥有包括几十个村庄在内的地产。改革首先在阿塞拜疆省进行，然后扩展到其他省。针对大地产的新调查展开了，随后，这些大地产被分为小块土地，先是佃农，然后是季节性雇工，都领到了土地。对地主的补偿措施以及维持土地价格长期稳定的办法大体上是正确的，但却很难执行。法律允许地主在自己名下保留不超过一个村庄的土地，这项规定存在着一个漏洞，即地主的每个近亲都可以这样做，实际上就完全保留了家族的土地。

到1966年底，土地改革的第一阶段完成，此时阿米尼已经下台四年之久，约占伊朗村庄总数30%的近14 000个村庄，被完全或是部分地分配给了超过50万个家庭，涉及伊朗大约30%的农村人口。在一个水资源有限、用常规方式耕作以及低收成的国家中，即使是按照工业化前的标准，分配给农民的土地也常常不足以实现盈利。第二阶段和第三阶段的土地改革在1965年至1969年间展开，但要比第一阶段保守得多，这时期的改革允许地主保留大面积的耕地。此外，国家也常常无法向为取代地主而新成立的农业合作社提供足够的信贷和机械。到1968年底，伊朗建成了超过8500个农业合作社，只有很少一部分拥有经济上的竞争力。

农村恶劣的生活和劳动条件也造成了土地改革进程的缓慢。即使到了1966年，也只有不到4%的农村家庭用上了电，不到1%的家庭用上了自来水。到1966年，仍有85%的农村人口不识字；另外，农村人口占了伊朗总人口的60%还多，但其收入只占国民收入的30%。人口的文化水平不足以操作农业机械，至于现代农业技术、化肥使用和疾病预防，或是实施得还很不够，或是难以适应当地的气候。

整个1960年代，伊朗政府都面临着这一问题，即对农业部门的投资回报远低于对城市地区，闭塞的村庄文化又妨碍了机械化的推进，政府起初用推广小额农业贷款以及派出技术员、扫盲队的办法来提供帮助，后来转为依靠农民集体的力量，成立类似苏联集体农庄的地区农业合作社。但很快地，事实证明农业合作社并不能代替村庄，担任这一历史悠久的生产单位以往所扮演的角色。尽管当局很乐观地想在农村地区创造一个乌托邦，但村庄仍顽固地坚守着某些传统风俗和生产方式，尽管作为农业经济的支柱，它们正在以肉眼可见的速度衰落下去。

一个新兴的土地所有者阶层——包括地主和有钱的中间商——开始从农民手中购买小块的土地，并把土地集中起来组成企业，这些企业往往是独立于传统村庄经济活动的。到了1970年代，村庄迅速变成了国家的负担，而不是像过去几个世纪那样，作为良性的农业生产单位而存在。数以千计自给自足的，与外界隔绝的小村庄慢慢地开始走向衰落，这些村庄人口多的也只有一两千，少的则只有几个家庭。这些村民很快开始依赖国家补贴物资，甚至连粮食都要靠政府供应，同时还把家中年轻的劳动力送到城市工作，以换取工资补贴家用。靠近城市的村庄随着城市的扩张而被吸收，而那些远离城市中心的大村庄虽然自豪地宣布自己是城镇，但农业生产却一直在下降。到了1970年代中期，随着人口增长，伊朗第一次变成谷物的净进口国，这种情况稍后又扩展到其他种类的食品上。

人们很难不对农村经济的凋敝表示惆怅，它在伊朗高原上已坚持了上千年。一些村庄的名字甚至可以追溯到萨珊时代及那之前，它们散布在这个国家的各个偏远角落里，包括高海拔地区、山坡地带、滨河地区、丛林深处、中部和东部沙漠地区的边缘或中央。在那些能够养活人口的绿洲上，有限而连绵不断的水流沿着坎儿井的水渠从山坡流到肥沃的平地上，灌溉着精心耕耘的小块田地，旁边是更小的果园和菜地。村庄里的房子彼此挨着，通向村庄的公共空间，坎儿井的水会一直流到这里的公共蓄水池。村庄里商店很少，地主庄园里带围墙的花园就在附近。

村庄内部是一个联系非常紧密的共同体，纯粹的血脉依靠通婚而维持，父权制的论资排辈则在村长身上反映了出来。在各种将邻近村庄划分出远近亲疏的事务中，对水资源的争夺是最重要的，它造成了所谓上下游之间的对立。村里人通常不信任城里人，特别是庄园管家和政府宪兵。虽然伊朗农民仍生活在贫困之中，但比起埃及和印度的农民，他们的生活要好一点。尽管很难一概而论，我们还是能够把伊朗农民的生活水平与大多数中东地区农民的生活质量相提并论，也许黎凡特和爱琴海沿岸地区除外。

土地改革慢慢地改变了农村及其公共生活。有更好采光和卫生条件的现代砖房出现了，但是它们很粗陋，也不能很好地适应周围环境。随着道路的修建，卡车、打深井技术、发电机也随之而来；驴子、骡子和骆驼逐渐丧失了作为驮畜的功能，数量也开始大幅减少；西式服装也取代了传统的乡村服饰和头饰；广播和后来的电视改变了地方口音；现代的家庭用品和设施改变了人们的生活，甚至是饮食习惯和休闲方式。这些不可避免的变革进程造成了意想不到的后果，大多数人口从土地上被解放了出来，并在这个过程中深刻地改变了伊朗的社会经济和文化构成。

1969年，由天才导演达瑞什·麦赫瑞（Dariush Mehrjui）执导的电影《奶牛》（Gaav）以一种隐喻的方式反映了伊朗农村的巨变，电影改编自格拉姆·侯赛因·萨迪（Gholam Husain Sa'edi）一篇绝妙的短篇小说（小说可能受到了儿歌的启发）。影片中玛什迪·哈桑的怀孕奶牛是村里唯一的奶牛，却莫名其妙地死去了。村民感受到哈桑对他的牲口的感情，想把它埋了。在奶牛死后，哈桑便陷入了严重的抑郁。他开始把自己当成那头奶牛，而且和周围人发生了许多冲突，并最终死去。尽管影片中不乏对田园生活的浪漫描绘，但它仍尖锐地反映了现代化对乡村日常生活的影响。在土地改革带来的后封建农业体系中，奶牛是生活的象征，也是农民唯一的财产（除了他个人的劳动力）。奶牛的死亡不仅使农民丧失了生产工具——他的劳动力和牲口，还象征着整个传统农村生活令人忧郁的消亡。从更广阔的角度看，这意味着国家作为一个整体，其内部出现了文化割裂。

阿米尼动荡不安的任期

土地改革很快就遭到了部落汗和一些高级教士的强烈抵制，除此之外，财政问题得到了阿米尼政府最多的关注——阿米尼曾在财政部任职。政府试图通过实行紧缩政策、反腐败行动以及和美国方面协商贷款，来弥补财政赤字。第二十届国民议会的解散有助于阿米尼实行自己的改革计划。下令铲除腐败行为使阿米尼获得了民众暂时的认可，但他未能将其转化为坚实的支持基础。作为一个中间派议员，他很快就成了尖酸刻薄的新闻界的讽刺对象。《陶菲克》周刊（Tawfiq）特别喜欢给阿米尼和他的内阁编一些廉价的段子，并利用当时开放的政治气候嘲讽首相是个绝望的知识分子："我们的奶牛不产奶，但是，天哪，它的尿也太多了吧！"

此外，1960年代前期的全球衰退也对伊朗造成了巨大的打击。石油的出口以及外国产品的进口造成了伊朗对西方市场的依赖，随之而来的负面影响也越来越明显。当阿米尼宣布政府因管理不当和欺诈行为已几乎破产时，经济衰退带来的心理影响到达了危机的边缘。信贷市场崩溃、进出口陷入停滞，这又造成了巴扎中一连串的破产，而当时的土地改革已经夺走了许多大商人的额外收入。

阿米尼犹豫着是否要再举行议会选举，这使他和正在兴起的第二民族阵线走到了一起。第二民族阵线中包括摩萨台时代的许多重要政治家，如阿拉亚·萨利赫、卡里姆·桑贾比、格拉姆·侯赛因·萨蒂奇和沙普尔·巴赫蒂亚尔（Shapur Bakhtiar），他们获得了大学生、公务员、世俗中产阶级和一些巴扎商人的认可，还得到了一些草根阶级的支持。第二民族阵线像前民族阵线那样，支持法治、自由、公平选举和公共协商。这和阿米尼要求快速展开经济行动以及依靠政府法令进行统治的主张存在分歧。阿米尼担心再进行一次选举会引起反动地主阶级及其代理人的回归，而这将使土地改革和其他计划陷入停滞。第二民族阵线仗着民众的支持，拒绝了首相的论点，他们确信首相已和国王勾结在一起，并且会把反对派成员排除在议会之外。

尽管街头示威和大学抗议活动给人留下了很深的印象，但是第二民族阵线大体上未能推动任何政治进步。国王、军队和保守派教士——更不要说阿米尼，都对在民族阵线庇护下成长起来的左派积极分子感到不放心。德黑兰大学是当时第二民族阵线积极分子（还包括一些残存的图德党拥护者）的中心，这里发生过多次针对当局的示威行动。他们与狂暴的警察对峙，并遭到萨瓦克的恐吓和拘留，可以预料，这将导致本就紧张的政治环境进一步激化。作为宪政原则的信徒，第二民族阵线的领导人既不完全接受年青一代积极分子的观念，又不能也不愿和阿米尼政府合作。摩萨台不断从放逐地艾哈迈德巴德传来对在第二民族阵线中处于边缘位置的年青且激进的一代的认可，这使第二民族阵线的领导层更加沮丧。他们需要一个成熟的时机来实现突破，然而这个时机却一直没有到来；他们或被袭击，或遭逮捕，最终被国王禁止从事政治活动。阿米尼想让美国站在他这一边，结果错过了抑制国王野心的关键机会。

在当局位置上孤立无援地待了14个月后，阿米尼政府露出了疲态，预算分配问题成为阿米尼面临的最终挑战。阿米尼想缩减军事预算，实现财政紧缩，结果遭到巴列维国王的强烈反对。国王充分理解美国想让伊朗提高军队作战能力的战略企图，他本人也想得到军队的支持。美国方面拒绝了原本承诺给阿米尼政府的2.5亿美元贷款，这清楚地表明了什么才是美国优先考虑的事，并直接导致了阿米尼政府的垮台。阿米尼随即辞职，然后离开伊朗。他之所以走下政治舞台，很明显是因为国王。国王在1962年4月访问美国期间，已经为接下来的政局变动做好了准备。1962年6月24日，美国驻伊朗大使朱利叶斯·霍尔姆斯（Julius Holms）表示阿米尼已经是"强弩之末"。

白色革命

尽管反对派很不满，但巴列维国王仍然重返政治舞台中心，开始了一段更加专制的统治时期，直到退位。这一次，他把自己打扮成被压迫的农民和工人的拯救者，同时摆出一副革命者的姿态，想彻底改变自己曾经的西方列强代理人的形象。白色革命是一场由政府主导的改革运动，始于1962年的土地改革，并很快扩展到其他方面。这个名字是为了传递一个信息：它是一场和平的、不流血的，却剧烈的变革。在这场运动中，地主阶级及其附庸成为最主要的输家，赢家则是国王和"人民"。因此，这场"国王和人民的革命"（enqlab-e shah va mardom）在伊朗近现代历史上第一次绕过旧的权力结构，来进行新的统治和授权，实际上是消除了统治者和被统治者之间的中介群体。

在肯尼迪总统的邀请下，国王于1962年4月访问美国，这使国王接管并扩大阿米尼改革的行为获得了道义上的支持（彩图10.1）。在1962年8月给国王的信中，肯尼迪虽然语气谨慎，但给了国王必要的保证，即伊朗将得到军事物资和经济支持，这正是国王一直坚持要求的。

美国高度赞赏伊朗战略地位的极端重要性以及您在对抗国际共
产主义压力时的坚定性。然而，在决定我们能为加强伊朗国家安全
做些什么时，您当前推行的迫切的社会和经济改革以及完成改革所
需要的资源也必须予以考虑。[1]

为贯彻改革，国王于1962年6月任命他多年密友阿萨多拉·阿拉姆
（Asadollah Alam，1919—1978）接替阿米尼出任首相一职。阿拉姆出身于
呼罗珊中部的地主家庭，是一位精明的能臣。他曾担任"绝对忠诚的反对
派"——人民党的领袖。他证明了自己是个值得信赖的代理人，时刻准备执行
国王的"皇家愿望"。虽然存在激烈的反对意见，但国王还是加速了土地改
革，这项改革甚至在阿米尼被解职之前就已经开始了，为此国王将阿尔桑贾尼
留任，令其当了几年的农业部长。

1963年2月，经过精心策划的、针对白色革命"六点计划"的全面公投收
获了600万张投票，女性也第一次被包括在内。由于前期没有进行过有意义的
辩论，再加上国家媒体的狂轰滥炸，这次公投的赞成率高达91.6%，也是可以
预料的。此次公投虽然没有任何宪法上的合法性，却给国王的改革计划带来
了急需的许可，哪怕这种许可只是名义上的。"革命"（enqelab）一词当然
是从左派那里借用过来的，而"白色"一词则有双重含义，意味着这是一种
和"红色叛国者"和"黑色反动派"（erteja'-e siyah）——国王分别给予图德
党反对派以及激昂的教士批评者的标签——截然不同的大众运动。值得注意的
是，早在1959年，国王就曾威胁阿亚图拉博鲁杰尔迪，如果他不在国民议会
面前支持土地改革的立法，国王就将发动"白色政变"。尽管该措施当时未
能赢得议员的认可，但它很快就给了国王通过开展白色革命重新实现自己政
治目标的机会。

除了土地改革，"六点计划"中最重要的内容是建立扫盲队，这主要是
受到了肯尼迪政府推行的和平队（Peace Corps）以及苏联和中国政府推行的扫
盲运动的启发。该项目征召了成千上万的城市男性（后来也有女性）高中毕业
生，并把他们派往全国各地的农村地区，这将成为他们两年兵役的一部分。在

这期间，他们将接受基本的训练，学习如何管理一所乡村小学以及向儿童、成人开展扫盲运动（彩图10.2和彩图10.3）。

这些扫盲队成员通常要在偏远地区独力担当教师和管理者，但同时，他们也在乡村社区中获得了崇高的地位。除了教育职能，他们还代表了来自城市的世俗文化。他们独立于地主和庄园管家（现在通常已没有了）、村长、村庄的长老、毛拉以及乡村宪兵。他们的教学方法、教学内容和教学空间，也都和传统由女性教师负责的简陋的乡村马卡塔布教育完全不同（图10.3）。

图10.3　呼罗珊北部格利安村中的古兰经学校（马卡塔布）。这所学校一直运行至1969年扫盲队的到来

作者于1969年3月拍摄。

至少在最初几年里，以当时的标准来看，扫盲队取得的成果是相当可观的。成千上万的农村青年——有男孩也有女孩——混坐在一间教室里，借助有限的设施接受了教育，一些人还会前往地区学校或附近城镇继续接受中等教育。从1963年该计划开始的五年时间内，超过50万名男孩和大约13万名女孩被招进扫盲学校；到1970年，3000所这样的学校被建立了起来，遍及伊朗各地。到1977年，这些学校招收的学生人数在15年里已增长了7倍。然而，这些学生接受的教育往往使他们更渴望离开农村。

年轻的扫盲队教师普遍出现了一定程度的社会疏离感。尽管该项目付出了巨大努力，想惠及远离中心城镇的偏远乡村，这些乡村需要依靠只有骡子才能通过的山间小径相连外界，但很少有人对这一项目的效果有信心。许多教师仍然觉得自己是在与世隔绝的偏远村庄"浪费时间"，因而变得玩世不恭，对待村民时就算不是怀有强烈的敌对情绪，至少也是满腹牢骚。其他人则被极度贫困和匮乏所震撼，这种体验使得有些人很快转向了激进运动。尽管也许存在着诸多不足之处，扫盲队也要比后来的一些活动——如医疗队和开发队——在打破城乡壁垒方面显得有效得多。

一些现代设施也随着扫盲队一起到来，如配备地方护理人员的农村诊所，在土路上跑起的摩托车和货车，还有发电机、肥料、疫苗、农业机械、家用商品和电话通信。然而，向外界的开放也带来了负面影响和紧张关系，从被征召人员吸食鸦片（尽管这种行为违法，但在许多村庄，仍可以很便宜地买到鸦片）到缺乏经验的工作人员卷入地方冲突，从对年轻乡村女孩的不恰当的追求到各种令人尴尬的性冒犯行为，还有对地方民族关系和宗教传统的冒犯。

改革带来的最持久影响是识字率在20世纪六七十年代持续上升，到巴列维王朝末期，这个数字已经上升到了近75%（至少在名义上）。但国家资助的教育本质上是缺乏批判性的，无论是在城市，还是在乡村，这点也多少抵消了已取得的成就。同时，课程中包含过多的美化当局和强调服从的内容。在1970年代，国家对白色革命的成就大肆宣传，这与日常生活的惨淡现实形成了令人瞠目结舌的巨大反差。对于大多数接受过教育的人以及还在继续接受教育的年轻人来说，教育使他们着迷于另一种意识形态，这种意识形态很快就会彻底动摇巴列维政权的核心。

霍梅尼和1963年6月骚乱

白色革命，特别是土地改革和女性更广泛地参与公共生活，共同造成了伊朗保守势力不断增长的担忧情绪。土地改革造成了部落汗和大地主的叛乱，他们因为失去了轻松攫取财富的手段，变得极为不满。对教士来说，早在1950年代，国家政权和库姆宗教机构之间的关系就已趋于紧张。但尽管如此，双方仍在努力消弭分歧。什叶派上层把巴列维国王看作一位不够完美但可行的合作伙伴，在1953年政变过程中，包括霍梅尼在内的大多数中上层教士都害怕图德党的上台，因而跟随卡沙尼和博鲁杰尔迪，暗中支持国王。但随着国王开始提出各项改革方案，他们的立场也开始发生变化。从思想观念到具体问题，那些在库姆的激进派教士及其学生对巴列维当局越来越不满。

早在1962年9月，在外国观察家看来，公众的不满情绪已经非常明显。当时有位美国情报人员在报告中提出了警告：

> 城市中产阶级引发了不断增长的政治动荡，而且越来越公开。我们估计，深刻的政治和社会变革将不可避免，究其本质，这样的变革更像是一场革命……
>
> 国王重申了自己的完全统治权，他是根据自己长期以来的信念行事的，他认为伊朗远远没有做好实行真正的议会制政府的准备，只有像他那样真正了解伊朗问题的强人才能统治好国家……他不愿和任何人分享权力……也不同意任何有可能损害自身永久权威的行为，如和民族主义者（例如第二民族阵线）达成有意义的妥协。他满脑子都是军事事务，对于行政和财政问题则没那么关注，且一直都是如此。在这种情况下，伊朗的政治结构将继续维持极端脆弱的状态。而从长远来看，深刻的政治和社会变革实际上是不可避免的。[2]

尽管对美国观察家来说，此时还不能很清晰地看出教士阶层内部的战斗性将大大加速这种状态的到来。博鲁杰尔迪在1961年3月去世，他的离世引发了教士阶层对伊朗什叶派领导权的争夺，也使温和派和激进派之间的矛盾表面化了，并且永远地改变了什叶派内部的政治格局。作为激进派最杰出的代表，阿亚图拉鲁霍拉·霍梅尼（1902—1989）对巴列维王朝发起了猛烈的抨击，不仅是针对改革进程，还针对巴列维的外交政策。1963年，他鼓动了相当多的一批人，一起反对巴列维国王，这些人和巴扎商人以及城市中下阶层密切相关。也许这就是17年后爆发的那场伊斯兰革命的预演。

霍梅尼的生平和思想也许能为理解这种向激进主义的彻底转变以及20世纪早期什叶派教士所面临的挑战提供线索。他出身于霍梅恩（Khomein）一个拥有土地的教士家庭，霍梅恩是伊朗中部波斯伊拉克地区[1]（‘Iraq-e‘Ajam）水源丰富的山谷里的一个农业小镇，地处德黑兰以南220英里，位于伊斯法罕和正在崛起的宗教中心库姆的中间。他的家族属于中等规模的地主，在暴力和不安的环境中过着相对富足的生活，这种环境也影响到了早年的霍梅尼——6个孩子中最小的那个。立宪革命后的几年里，封建地主间的冲突和地方盗匪的增加反映了恺加王朝统治的崩溃。他父亲是第三代什叶派教士，而他祖父曾从印度北部的克什米尔迁居到纳杰夫，在1840年代定居于霍梅恩。霍梅尼本身也是地方暴力冲突的受害者，在公开为地方商人和地主辩护时，他遭到了敌对者的枪击。

年幼的霍梅尼（意为"安拉的精神"，是《古兰经》中耶稣的头衔，什叶派教士的孩子很少会以此为名）由他的母亲抚养，在母亲去世后，他由姑妈抚养长大。他的姑妈是一位性格很强势的女性，对他影响很大。他幼年时在霍梅恩接受了传统的初级马卡塔布教育，由男女教员（包括他的哥哥）指导，而非现代的学校教育。在立宪革命刚过去的那几年里，霍梅恩像多数小城镇一样，并未受到现代教育的洗礼，不过即便如此，年幼的霍梅尼可能还是学习了基础的算术、书法和一些波斯诗歌。

---

[1] 与阿拉伯伊拉克（Iraq al-Arab）相对，伊朗中部的历史地理名词。

霍梅尼早年见到了盗匪横行和军阀混战的局面，他的家族也深受其害。这一时代敌我关系经常转换，有时他的家族成员亲自上阵对抗外敌来袭，有时则把那些简陋却具有战略价值的塔楼租给对方。立宪革命后枪支泛滥，每个家庭都可以弄到武器来保卫自己；同时，这一时期劫掠和自卫活动之间的边界也变得很模糊。

到1918年一战结束时，霍乱在该地区肆虐，带走了霍梅尼的亲人，这也弱化了他和家乡之间的联系。两年后，他已经是一名年轻的经学院学生，并搬到了阿拉克（旧称索尔塔纳巴德，是波斯伊拉克的中心）的一个小镇，这里有大量的农业地产和一个活跃的经学院网络，后来成为一个热闹的商业中心。他和其他学生一道，拜在德高望重的伊斯兰法学教师和"效仿源泉"阿卜杜勒·卡里姆·哈耶里门下。1921年，他跟着哈耶里前往库姆，这座圣城很快将在哈耶里和博鲁杰尔迪的先后领导下变成伊朗最重要的宗教教育中心。可能是受到了大学的启发，这个经学院由一些宗教学校和附属的教学团体组成，它们以一种非正式的方式维持彼此的联系，提供了较为系统的什叶派教育和教士训练。

霍梅尼前往库姆的时间正好与礼萨·汗崛起的时间一致，礼萨·汗的掌权和他的世俗化政策给年少的霍梅尼及其世界观留下了无法抹去的印象。如同霍梅尼一直向巴列维王朝统治者提及的，他对礼萨·汗的敌意是他反对巴列维王朝的关键原因。但讽刺的是，1924年，他不得不在库姆见证一场由他敬爱的导师精心策划的什叶派"效仿源泉"——这一称号的意义高于哈耶里本人——和礼萨·汗之间的盛大和解活动。

在库姆，霍梅尼接受了伊斯兰教法教育。在巴列维王朝统治下，此时的教法已迅速地丧失了自身的社会规训功能，但霍梅尼没有回避灵知神秘主义（'erfan）和伊斯兰哲学。这些领域虽然被称为无害的智慧，而非哲学，但仍旧被库姆那些遗世独立的教法学家宣布为危险的异端，并在本质上与伊斯兰的教诲相悖。与纳杰夫的思想潮流相反，库姆教学团体内部那种带有强烈新柏拉图主义取向的、对灵知学及神智学的研究，并未完全消失。霍梅尼的思想中就具有这种神秘主义和哲学的倾向，他不是把伊斯兰简单地理解为世俗的教法学，而是一种深刻的道德价值观以及促使个人和社会进步的自我发现，看起来，教导他学习神秘主义的老师穆罕默德·阿里·沙哈巴迪（Mohammad 'Ali Shahabadi）在其中扮演了一个重要的角色。

霍梅尼接受的宗教训练是很多方面内容的混合，包括什叶派法学、灵知神秘主义（与苏菲派的神秘主义相对）、伊斯兰伦理道德和宗教复兴主义。尽管霍梅尼对神秘主义很感兴趣，但仍对伊斯兰教法传统保持忠诚。他不仅继承了这种保守的、学究式的、文本导向的遗产，还拥有着对高级穆智台希德这个共同体的认同感，由于巴列维王朝治下该群体被孤立，这种认同感得到了增强。他的另一个特点是对追随者期望的敏感，他总是皱着眉头，态度冷漠，在世俗权力前保持着明显的独立姿态。他继承了经学院中那种师生间的紧密联系以及对待学生时的严厉，以集体生活而自豪，并经常处于赤贫状态。

尽管法学训练和经学院文化对霍梅尼来说很关键，但这些并不能满足他的心灵。时代的困境以及他所认为的伊斯兰教作为社会道德标准的衰退，一直使他困惑。而在现实中，这些困惑可归结于如何躲过礼萨·汗强加的着装规定所带来的焦虑，这些规定要求他的同伴和家庭成员穿着西式服装，戴巴列维式镶边礼帽。对这种国家强加一致性的抵制助长了一种"说不"的社会新思潮。作为教士出身的改革派穆斯林的典型，霍梅尼以一种审慎的态度学习经学院课程中的教法，同时还在神智学和灵知神秘主义中寻找对伊斯兰更深的理解以及伊斯兰同他所处时代的相关性。他在接受什叶派教育的同时从未放弃学习哲学——主要是伊本·西那对古希腊先贤作品有选择的再创作。借助17世纪伊斯法罕学派的思想和采用折中主义的毛拉·萨德拉的方法，学哲学的什叶派学生甚至能够接触到12世纪安达卢西亚（Andalusian）的神秘主义者伊本·阿拉比（Ibn al-Arabi）的神秘话语。然而，大多数保守的教法学家谴责伊本·阿拉比甚至毛拉·萨德拉是异教徒，认为研究他们的作品是不合理的。

全神贯注于冥思活动使得霍梅尼在1940年代和1950年代早期逐渐触及经学院的忍耐极限。由于担心被指控为异端和遭到库姆教法学家的斥责，他放弃讲授哲学——至少是在公开场合——回到了教法学家们的小圈子里。他甚至撰写了一部主要针对什叶派错综复杂的仪式和民法的"实用性著作"（resaleh-ye 'amaliyeh），其中的大部分内容都是基于他多年来颁布的教法指令，内容涉及净礼和仪式中的污秽、无效的礼拜和斋戒、变态性行为、和不信教者之间的关系等。通过将自己打造成一位符合传统惯例的穆智台希德以及出版相关著作，霍梅尼获得了"大阿亚图拉"的称号。他的政治激进主义很快就在公开反对巴列维王朝统治的过程中爆发。得益于他作为继博鲁杰尔迪之后伊朗仅有的四位最高等级教法学家之一的身份，他的政治主张的影响力越来越大。

但从根本上讲，是他的神秘主义–哲学思想将他变成焦急地想从世俗世界的威胁中拯救"误入歧途的伊斯兰"的革命先知。伊本·阿拉比"封印圣徒"（khatam al-awliya'）的主张也许对霍梅尼后来明确提出的"教法学家统治"（welayat-e faqih）产生了影响。实际上，霍梅尼通过回归教法学家群体，"重新发明"了教法学。教法学不再只是关注仪式层面的净化，而是关注在世俗现代化过程中被污染了的政治和道德的净化。

霍梅尼对什叶派伊玛目所遭受的磨难和痛苦的关注，对所有具有什叶派背景的忍耐与坚守的神圣叙述，构成了他多层次世界观的第三个方面。在他看来，什叶派的"朋友"本质上就是宗教机构的追随者，与"敌人"巴列维政权及其"异教"盟友截然不同，如同在卡尔巴拉区分伊玛目侯赛因的朋友和敌人那样。这个世界包括许多过去的圣徒和现在的魔鬼。在这个充满了愤怒和反抗的世界中，他的同胞兄弟——主要是教士及其追随者——构成了"我者"，剩下的则是"他者"，也就是世俗化的国家政权及其国内外同盟，必须与之保持安全距离。在霍梅尼的世界观中，如果不从整体上抵制"他者"带来的污染，纯净而脆弱的伊斯兰本质将注定被摧毁。

霍梅尼充分意识到这种手段的力量——在清真寺讲坛用一种耸人听闻的腔调讲述什叶派殉教的神圣历史，并通过这种纪念行为（rawzeh-khani）构成一种极为强大的大众动员方式——并且多次在关键时刻运用它。穆哈兰姆纪念仪式、哀悼游行、哭泣和自我鞭笞，这些大众文化成为维系普通信徒的纽带。就这样，霍梅尼通过自己的演说，使什叶派先辈所遭遇的苦痛和殉教历史神圣化，也使大众建立起了对这些历史的坚定信仰。

他虽然在小镇长大（后来去了纳杰夫），但对什叶派以外的世界并不是完全陌生的。尽管在1979年以前，他从未在大城市生活过，但按照他自己的说法，为对抗国家推动的世俗化进程，他也有选择地吸收了一些现代元素。早在1944年，他在一封公开信中号召伊朗人民起来反抗"卑劣的"礼萨·汗强加在他们身上的"不公"，他还坚称是巴列维王朝推行的世俗主义导致了神职人员的堕落、纯洁的妇女取下面纱、新闻媒体的腐化以及议会中"不够格的代表"的当选。他痛心疾首地表示，穆斯林共同体团结的缺失使得毫无防御能力的伊斯兰教落入了深渊，成为现代异教分子和伊斯兰敌人的攻击目标。他还以先知的口吻发出警告：

> 彻底的自私和无视，招来了一场为安拉而发动的起义，注定了我们如此黑暗的命运，以至于全世界都战胜了我们，伊斯兰诸国家也正处于其他异教国家的统治之下。只考虑自己的利益，使伊斯兰国家内部的团结精神和兄弟情谊不复存在……哦，伊斯兰教的精神领袖们！你们，这些安拉的乌莱玛！今天正是神圣的清风吹拂我们的面庞的日子，正是发动起义的最好时机！如果你们错过了这个机会，不按照安拉指示的道路奋起，也不能恢复安拉的各种仪式，明天各种贪婪的敌人就会击倒你们，让你们的信仰和荣光都臣服于他们的邪恶之下。今天，在造物主安拉面前，你们还有什么借口？

值得注意的是，他接着又将穆斯林内部的缺少团结和巴哈伊教徒之间的亲密友爱做了对比："即使是在一个小村庄里，一个最轻微的冒犯也会被认为是在针对整个（巴哈伊）宗教的，所有的教徒都基于共同的精神站在一起，拥有同一个目标。"[3]

在这份宣言以及其他人的记录中，霍梅尼还回应了战后时代人们对什叶派教义的批评，其中包括艾哈迈德·卡斯拉维的。作为一名著名记者和学者，卡斯拉维在20世纪三四十年代发起了一场以一神论为主要特征的宗教现代化运动，试图摆脱他所谓的"迷信"和"谬误"。在他那些影响很大的文章中——以及此后在1944年出版的题为《什叶派教义》（*Shi'a-gari*）的小册子中——卡斯拉维把什叶派描绘成擅长蛊惑人心的毛拉炮制的各种神话、仪式和寓言的大杂烩，目的是保全自己的既得利益，控制那些无知的大众。卡斯拉维如先知一般鼓吹道德复兴，并展开了对什叶派教士群体，以及苏菲派、巴哈伊教和巴列维时代的文化群体的对抗，结果支持者寥寥无几，反而树敌众多。霍梅尼在《揭示秘密》（*Kashf-e Asrar*）一书中，试图系统性地反驳卡斯拉维等人的指责。在他看来，卡斯拉维对什叶派信仰和仪式的攻击与"阿拉伯的野蛮人"瓦哈比派长期以来对什叶派的攻击不相上下。霍梅尼没有一点遮掩，率先表示卡斯拉维亵渎神明，号召信徒们从肉体上消灭他。1945年3月，也就是霍梅尼的书出版后不久，伊斯兰敢死队刺杀了卡斯拉维，这并非巧合。

除了对什叶派的批评，霍梅尼还在早期著作中展开了对什叶派教士群体的挑战，他认为这些人怯懦且易妥协。他还认为伊朗现代知识分子被西方迷惑，背叛了伊斯兰。穆斯林——伊朗和伊朗以外的——也被认为缺乏对伊斯兰的深刻理解，结果沦为国内外势力实行暴政的受害者。至少从19世纪中期开始，大多数伊斯兰积极分子在精神上开始变得衰弱和老朽，这造成了伊斯兰力量的不断减弱。然而，将霍梅尼和其他愤怒的伊斯兰拥护者区别开来的是他忠于教法学家和教士群体所秉持的保守的伊斯兰主张，即使是在他政治生涯的早期，他也希望该群体能够在抵抗邪恶势力、保持穆斯林完整性的斗争中成为领导者，站在最前列。

对抗巴列维国王

阿米尼时期开放的政治环境使霍梅尼得以更公开地表达自己反巴列维的政治立场。这反映了他立场的一些变化，因为众所周知，他不喜欢摩萨台，后者不按照伊斯兰的原则行事。霍梅尼甚至批评卡沙尼，因为卡沙尼可能是为了取悦摩萨台而抛弃伊斯兰敢死队。在1940年代后期，他作为博鲁杰尔迪的代表曾多次与国王会面，表达对图德党威胁的关注，并讨论伊斯兰敢死队在对抗左派时能起到的作用。然而到了1950年代后期，霍梅尼和博鲁杰尔迪的关系变得很糟糕，双方不仅争夺对库姆经学院的控制权，而且此时的博鲁杰尔迪在面对政府的要求时常常会表现得过于顺从，而霍梅尼并不认可那些远离政治的穆智台希德面对政府时的妥协态度，也不愿意跟他们一样。霍梅尼的观点得到了政治上保守的乌莱玛的回应，因为他在新一代宗教学生中太受欢迎，但保守的乌莱玛实际并不信任他，而是被他的教学圈所吸引。

在1950年代末及1960年代初，霍梅尼开始质疑伊朗的内政外交政策。起初是一些无关痛痒的问题——比如男童军和女童军一起活动，或者舞蹈表演问题——很快他就转向了更实质的问题，例如1959年首个土地改革法案的通过以及与以色列展开非正式外交关系和经济合作。1962年，国王已封闭了大多数政治参与的通道，为装点门面，伊朗政府想根据1906—1907年宪法成立由选举产生的省级议会，霍梅尼率领乌莱玛进行了反对，事实上，他还反对妇女获得投票权。他辩称投票规则未能专门指出选民的性别，因此，他主张要将女性排除出选民行列。他还和库姆的其他阿亚图拉一起反对在地方议会中取消对《古兰经》宣誓效忠的仪式，在库姆方面看来，此举主要是对巴哈伊教及其当选议员的让步，而不是政教分离的象征。在1962年10月给首相阿萨多拉·阿拉姆的电报里，霍梅尼进一步就这一问题以及其他和沙里亚法相违背的行为发出威胁，他表示自己不会保持沉默，相应地，政府将面对来自宗教界的强烈反对意见。

面对巨大压力的阿拉姆政府随之垮台，成立地方议会的想法也被暂时搁置。受此推动，霍梅尼的反对意见从针对白色革命的"六点计划"扩大到了政府腐败和管理不善问题，以及对美国的卑躬屈膝，与以色列的友好关系。在压倒第二民族阵线和其他世俗派的声音后，霍梅尼上升为伊朗反对派的领袖人物，他甚至开始反对1963年2月进行的全民公投。他的反对理由很容易预料：女性获得了投票权，以及按照伊斯兰法律，土地改革和其他改革措施是非法的。霍梅尼的激进立场为他在库姆赢得了一部分支持者，并导致了动荡局面以及与安全部队的流血冲突。在库姆之外，一部分地主阶级和巴扎商人由于未能分享到经济增长带来的好处，也对霍梅尼表示支持。

在接下来的几个月里，霍梅尼的支持者和安全部队之间看起来免不了要进行一场决战。但就在这时，为抵制国王推行的土地改革，法尔斯省的卡什卡伊人和依附于他们的部落发起了一场声势浩大的起义，这使国王相信霍梅尼及其支持者、部落汗及其盟友结成了一个庞大的同盟。国王一方面想努力和库姆方面就彼此的分歧达成和平谅解，另一方面他又担心此举会向对方传递一个"国王很虚弱"的信号，而这将有可能危及自己的统治。

　　库姆爆发的反对当局、支持霍梅尼的示威行动招来了政府的暴力回应。1963年3月，安全部队无故对库姆激进主义者的聚集核心区——菲兹耶（Fayziyeh）清真寺和宗教学校中正在做礼拜的人群发起攻击，导致大量人员伤亡和财产损失。1963年6月，在菲兹耶发生的镇压"四十日节"[1]（arba'in）活动的时间刚好赶上穆哈兰姆月哀悼仪式，这激起了信徒强烈的情绪。在什叶派历法中最神圣的阿舒拉节当天，也就是穆哈兰姆月的第10天，霍梅尼在菲兹耶清真寺的讲道台上面对成千上万前来参加哀悼仪式的信徒，以极为强烈的口气公开谴责政府（图10.4）。

图10.4　1963年6月3日，霍梅尼在库姆的菲兹耶清真寺讲台上

《太阳的图案》（*Tasvir-e Aftab*），（德黑兰：索鲁什出版社），1989年。

---

[1] 是在阿舒拉节后40天举行的宗教仪式，目的是纪念先知穆罕默德的外孙侯赛因·伊本·阿里（伊玛目侯赛因）。

霍梅尼将菲兹耶事件和历史上倭马亚王朝对什叶派第三任伊玛目侯赛因犯下的罪行相提并论，主张国王应当对国内的暴政负责，并进一步谴责以色列及其在伊朗国内的可能合作者，指出他们意在摧毁伊斯兰教的根基。对以色列的强调是一项特别有效的手段。霍梅尼指责国王把国家出卖给以色列人，认为以色列人想摧毁伊朗的农业，控制伊朗的经济。他还斥责国王发起的关于白色革命的全民公投，认为那是一场骗局，并抨击巴列维家族的腐败以及他们侵吞公共资金、通过非法手段聚敛财富的行为。他将现政权的骄奢淫逸和库姆教士的节俭自律做对比。他还指出，自己会用最强烈的表态"建议"国王和以色列划清界限，不要偏离伊斯兰的道路，否则他将招来和他父亲一样的悲惨命运。

在这样一个群情激愤的场合谈论这些敏感话题，结果就是霍梅尼的发言一再被悲伤的听众的大声哭泣所打断。他的讲话录音第一次传遍了伊朗全国，得到了巴扎商人和邻近街区贫苦民众的强烈共鸣。霍梅尼的讲话引发了德黑兰和部分地方城市的流血起义。6月5日清晨，也就是他在菲兹耶清真寺发表讲话的两天后，霍梅尼被安全部队逮捕至德黑兰，在他被关进监狱前，滞留于曾经囚禁摩萨台的军官俱乐部。这个消息传开后，伊朗许多城市都爆发了反抗行动。成千上万的抗议者举着临时做成的霍梅尼画像，高喊着反对国王的口号，拥入巴扎附近的街道和德黑兰其他街区，他们砸碎了商店的窗户，焚烧银行和电影院，并向汽车站、警察局和政府大楼发起进攻。此外，百事可乐罐装厂、伊朗–美国文化中心和许多广播站都遭到攻击，有的甚至被夷为平地。由霍梅尼在德黑兰蔬菜市场的忠实支持者煽动起来的人群手持棍棒和刀具，朝着国王办公的大理石宫进发。

面对危及国王统治的大规模反抗行动，安全部队急忙调来卡车、坦克、重机枪和数千军队进行守卫。德黑兰司令部宣布实行军事管制，对各处的反抗行动展开镇压。M35型军用卡车、M103重型坦克和火焰喷射器对德黑兰大巴扎的主要入口处形成了半包围，包围者打开大灯，用高压水枪对准被堵在入口处的示威人群；紧接着，机枪开始射击，刚开始时是点射，后来就变成了扫射。当示威者被第一轮攻击击倒后，狂暴的警察方阵向大巴扎的主干道逼近，并用手持的警棍击打逃窜的人群。

在持续两天的流血冲突中，德黑兰和其他城市至少有125人死亡（有些人估计死亡人数甚至达到了400人），还有大量人员受伤。在局势恢复平静之前，已有好几百人被拘留。有传言说德黑兰的死者尸体被集中埋在了城外，而库姆的死者则被埋在库姆沙漠里的咸水沼泽。在法尔斯省，博耶尔·艾哈迈德部落的反抗被镇压了下去，卡什卡伊部落及其他部落的抗议活动也被控制，并被解除了武装。自土地改革以来，大量的部落暴动被平定，这也许标志着自萨法维王朝以来困扰了伊朗近250年的部落动乱局面的终结。随着被称为"法尔斯起义"的抗议活动的结束，伊朗的部落——或者说他们游牧生活的残影——在伊朗政治史上不再占据重要地位。卡什卡伊及其附属部落的首领被剥夺了头衔，或遭拘禁，或被流放到国内其他地区——少数则以武装叛乱的罪名被起诉，然后被处死。政府宣布部落"正式终止"，部落人员迁往设拉子以南70英里的菲鲁扎巴德（Firuzabad）。

霍梅尼被囚禁在德黑兰一处军营长达两个月，之后的八个月，又被幽禁在家。伊朗各大城市的大批穆智台希德以及许多霍梅尼的支持者和学生也暂时遭到了拘禁，德黑兰抗议活动的领导者则在审讯后被吊死。尽管德黑兰遭受的破坏痕迹正被迅速抹去，这座城市也在逐渐恢复，但暴乱造成的心理创伤一直未能平复。霍梅尼于1964年3月回到库姆，他看上去毫发无损。在库姆的其他"效仿源泉"——包括阿亚图拉沙里亚特马达里（Shari'atmadari）——恳请国王赦免霍梅尼，他们同时警告国王处死像霍梅尼这样的大人物极有可能导致无法收拾的局面，霍梅尼因而得以免予死刑，并解除了囚禁。其他阿亚图拉和霍梅尼之间的关系未必有多好，但问题的关键在于他们必须维持教士阶层的尊严，除了1909年革命期间谢赫·法佐拉·努里（Shaykh Fazollah Nuri）遭到了审讯，继而被处死，还从未有过国家政权拘禁或是处死阿亚图拉的先例。

1964年3月上台的哈桑–阿里·曼苏尔（Hasan-'Ali Mansur）政府也对霍梅尼的获释有过帮助。曼苏尔擅长政治安抚，他的上台让人们看到了和解的希望。然而，霍梅尼决定依靠来自民众的不断增长的支持来继续自己的政策，正如他自己说的那样，即使搭上性命也在所不惜。在1950年代，库姆看起来已经淡化了和伊斯兰敢死队（他们的支持者在6月的抗议行动中起到了关键作用）

之间的联系。在霍梅尼的影响下，库姆方面要求实行伊斯兰法，废除白色革命中反伊斯兰教的法令，这实际上是在要求废除土地改革，尤其是要求将捐赠财产还归其托管人。尊重什叶派教士的要求还意味着废除女性的投票权，同时强制妇女戴头巾，以及允许塔兹耶哀悼剧和其他各种被伊朗政府认定为迷信和野蛮的宗教仪式的存在。霍梅尼在回到库姆之后没几天就发表演说，呼吁解散国民议会和参议院，指控巴列维王朝和以色列勾结，成了"犹太复国主义的代理人"，并且号召终结腐败。他的言辞比此前更激烈，指控巴哈伊教徒占据了太多政府职位，是以色列的同谋。最重要的是，霍梅尼要求实行伊朗宪法中1907年补充条款的第二条，该条款要求组建一个由五位穆智台希德构成的委员会，以对议会进行监督。这些要求和巴列维王朝及其推行的改革是完全不相容的。[4]

六个月后，霍梅尼又找到了新的机会，向国王和曼苏尔政府发起了尖锐抨击，这一次，他针对的是授予在伊朗担任军事顾问的美国军事人员（及其家属）的司法豁免权。在1964年10月26日发表的讲话中，霍梅尼指出这项授权是恺加王朝时期丧权辱国的"最惠国待遇"的翻版。他的批评源自1961年的《维也纳外交关系公约》（ Vienna Convention on Diplomatic Relations ），伊朗是签约国之一。该公约规定东道国可以用授予外国外交人员及其同伴司法豁免权的方式，使他们在东道国免于被起诉。该公约经国民议会的激烈争论得以通过，但这个议题却被反对派迅速利用了起来。

阿亚图拉霍梅尼现在被完全认定为"效仿源泉"，他的影响力促使教士集团开始明显倒向政治反对派，尤其是在国家的外交领域。霍梅尼在菲兹耶清真寺前向大批信众发表了热情激昂的演说（时间上刚好和国王在10月26日举行的奢华的生日庆祝活动重合），他巧妙地勾起了大家对19世纪授予外国领事裁判权的痛苦记忆——先是在1828年授予了俄国，然后是其他国家。而礼萨·汗在1927年废除这项不平等规定时得到了民众的热烈支持，此举也被视为巴列维王朝收回伊朗司法主权的重大胜利。因此，将该项权利扩大至美国军事顾问团的决定被认为是鲁莽而愚蠢的。霍梅尼声称，从伊朗人的角度而言，这种做法反映了巴列维王朝相对超级大国的从属地位，也是给骄傲的伊斯兰伊朗的一记耳光。

该条款是应美国的要求而加入公约的，目的在于得到一笔2亿美元的长期贷款，用于建设伊朗军队。而建设一支更强大的伊朗军队，既符合美国的冷战战略，也符合国王对最新军事装备的喜好。尽管美国政府部分高层对于这么大一笔贷款有道德上的疑虑，但是来自美国的军事顾问和专家可以有效监督这笔贷款的使用，从而缓解这种疑虑。美国方面认为，在像伊朗这样一个宗教色彩浓厚，又有着强烈反美情绪的国家，如果没有可靠的豁免权，美方人员将很难顺利展开工作。

但对霍梅尼和大多数伊朗人来说，这就是一份新殖民主义的契约。"如果一名美国公民的仆人或厨师在巴扎中央杀害或殴打了你们的'效法源泉'，并把他踩在脚下，"霍梅尼抗议道，"而伊朗警察将无权逮捕他，伊朗法院也无权审判他。这个案件会被转移到美国，交由那里的法官进行审理。"霍梅尼的讲话混杂了夸张和挑唆，接着，他又发起了对国王及其政府的冗长控诉——出卖伊朗主权、对美国卑躬屈膝、助长以色列的经济影响、为了借贷而讨好美国政治人物、接受高到离谱的贷款利息、召开欺诈性议会、包庇对宗教权威的敌意、徒劳地尝试制造阿亚图拉之间的对立、造成农业衰退、出于政治宣传的需要而推行白色革命。

霍梅尼进一步谴责男孩和女孩的混处，特别是男女同校；攻击将教士描述为国家实现繁荣的阻碍的历史教科书；最重要的是，他呼吁教士、武装部队、政治家、商人要时刻提防伊斯兰的衰落。他还向纳杰夫的什叶派阿亚图拉以及伊斯兰国家的首脑（包括巴列维国王）发起呼吁："就因为我们是一个弱国，没有美元，我们就应当被美国人踩在脚底下吗？也许美国比英国差劲，也许英国比美国差劲，又或者苏联比英美两国都更加不堪；事实上，他们一个比一个糟糕、一个比一个邪恶。但在今天，我们面对的是美国。"霍梅尼攻击的重点是美国总统林登·约翰逊，霍梅尼认为"他对我们国家有着最大的恶意，他对这个伊斯兰国家犯下了累累罪行。《古兰经》是他的敌人，伊朗人民也是他的敌人。美国必须明白，在伊朗，他的形象已经糟得不能再糟了"。[5]

霍梅尼如此激烈的措辞使得他和伊朗当局之间再无转圜的余地。一周后，也就是在议会批准美国贷款的同一天，伊朗特种部队包围了霍梅尼在库姆的住所，将他火速带至德黑兰机场。等在那儿的一架飞机将他送往了土耳其，之后他被流放到布尔萨，这座城市以伊斯兰狂热而闻名，霍梅尼在这里度过了一年的流亡期。在其子穆斯塔法的陪同下，霍梅尼着便装遍访了这座古老城市的诸多清真寺和圣地（图10.5）。稍后他到达纳杰夫，小心翼翼地和当地教士内部的政治活动保持距离。然而，他绝非孤立无援。在继续被流放的13年时间里，他保持写作教学，还维护着一个由他那些遍布伊朗的支持者、追随者所组成的网络。通过忠诚的学生和巴扎商人，他收取宗教税捐，并将这些资金分配给他过去和现在的学生，以及用于其他宗教事务（图10.6）。

图10.5　1964年，被流放的阿亚图拉霍梅尼和其子穆斯塔法在土耳其布尔萨
哈米德·鲁哈尼（Hamid Ruhani），《伊玛目霍梅尼运动的解析》（*Barrasi
va Tahlili az Nahzat-e Imam Khomeini*），两卷本，（德黑兰，波斯历1364年／公
元1985年），第2卷。

图10.6　"霍梅尼，伊玛目代理人"被印在伊斯兰新年贺卡上（1963年）。他手中拿着《古兰经》，周围被"友爱、真理、正义和自由"等标语环绕。他手拿《古兰经》的半身像象征着远离邪恶，真理降临

哈米德·鲁哈尼，《伊玛目霍梅尼运动的解析》，第1卷。

随着霍梅尼的离去，持续了四年的伊斯兰抗争运动失去了动力，尽管它还延续了一段时间，直到哈桑–阿里·曼苏尔的性命被夺取。讽刺的是，曼苏尔此时正在设法修复和霍梅尼之间的关系。1965年1月，在霍梅尼被放逐10个星期后，伊斯兰敢死队的杀手在议会大楼前枪杀了曼苏尔。这些杀手几乎都是敢死队的资深骨干，和霍梅尼的圈子保持着联系。受霍梅尼讲话的煽动，刺客把曼苏尔看作美国的"代理人"。毫无疑问，他们都积极参与并组织了1963年6月的抗议行动，以招募一支包括路提斯和巴扎较低阶层人群在内的私人军队。

由于在摩萨台时代，自由派和民族主义者的力量已被击垮，巴列维王朝的专制统治者和库姆斗志昂扬的乌莱玛成为伊朗现存最大的两派政治力量，他们对伊朗未来的看法差异巨大。他们都采取了民族主义的叙事，但共同点也仅

限于此。巴列维家族牢牢掌握着权力，实行自上而下的改革，建立起和西方的联盟，坚定地推行现代化政策，其发展依赖于石油的经济体系。巴列维的统治依靠的是忠心耿耿的政治家和不关心政治的技术官僚，他们通常出身于军人、地主官僚阶级和受过良好教育的中产阶级家庭。即使有些是出身于严守教规的家庭或传统的精英家庭，他们也已接受了世俗教育，通常还有在西方生活的经历。他们的言谈举止、生活方式和价值观念——至少在公开场合——和当局保持了大体一致。和国王一样，他们希望建立一个以西方为榜样的世俗化的伊朗，所以对西方的专家、技术和建议非常依赖，有时甚至到了顶礼膜拜的地步。然而这些巴列维阵营的精英身处的环境常常导致他们产生某种程度的犬儒和伪善，影响了他们对当局的忠诚，而这恰恰是巴列维王朝统治秩序的根本。

与之对应，后礼萨·汗时代的库姆变得更加封闭、激进和反西方。由于此前与宗教关系密切的社会阶层的青年子弟受到了巴列维王朝的征召，并被改造为打领结、戴礼帽的国家公务员，因此，农民、小地主和城市下层阶级子弟取代了他们，并构成了经学院学生的主体。这些新教士共同体对巴列维王朝要走的道路抱有极大的敌意。伊朗以外的激进政治主张——从阿拉伯世界的伊斯兰教萨拉菲派[1]（Salafi Islam）到如开罗电台和莫斯科电台的左派政治宣传——使这一代教士当中的许多人形成了一种忠于沙里亚法的观点，他们有着狭隘的世界观和激进的政治观。他们反对女性进入政治生活，反对男女同校和共处，反对各种休闲活动如看电影、听音乐、旅行和追求时尚，还反对性自由和同性恋。除了这些"外国"的潮流，他们还与本土的各种批评教士团体太过封闭的声音针锋相对，这些声音——如卡斯拉维的批判以及他要求道德改革的主张——主要来自巴哈伊派教徒、苏菲派教徒和知识分子。在1963年6月的事件后，以霍梅尼为代表的教士激进分子有所退避，但并未被击垮。他们暂时退回到经学院，在接下来的10年里夯实基础，并在13年后卷土重来，那时他们将更加强大，群众基础也更加扎实。

---

[1] 伊斯兰教中一个以萨拉菲主义为基础的保守派别，号召回归伊斯兰正统。

新诗歌和新焦虑

尽管巴列维王朝暂时压制了伊斯兰激进主义，实行了想要的改革，但知识分子对当局的批评——尤其是在1953年以后——仍揭示了对这段政治经历的完全不同的解读。二战后，大多数伊朗作家、诗人和社会批评家都深受左派话语的影响——通常是通过图德党，因而远离了波斯传统规范和表达手法，它们被认为太过晦涩难解，且是精英主义的，因而被放弃。他们采用了各种新的文学形式，如散文和诗歌，并从新的思想学派中汲取养分，这些思想往往源自20世纪的西欧社会。他们发现用这些媒介可以更有效地描绘普通人所面临的困境，并把这看作自己的"社会责任"。混杂了马克思主义和存在主义的现实主义文学在当时吸引了一个规模较小但很有影响力的伊朗知识分子团体，他们投身于这股潮流，以表达他们对时代的焦虑、对政治的幻灭，以及对道德的困惑和疏离感。

对真实性的渴求、对巴列维王朝现代化政策的可预期的反应进一步塑造了1940年代至1960年代间伊朗的文化创作，这些作品质疑了对西方价值观的全盘接受以及西方国家对非西方社会的霸权，对此，当时的知识分子用一个本土词语加以形容，即"gharbzadehgi"（意为"来自西方的冲击""西化病"或是"西方的瘟疫"）。对西方化负面影响的争论逐渐改变了知识分子的观点，他们对和伊斯兰教相关事物的态度也从过去的谨慎——把伊斯兰称为迷信——逐渐转变为将之理想化，并把伊斯兰教看作对抗西方主义和巴列维政权的灵药。1953年后，话语体系的转变和对艺术真实性的追求渐渐改变了战后文学创作上的马克思–斯大林主义导向，并开始朝着新的方向前进。

而在他们之前，文学作品反映的往往是无尽的黑暗，是一个没有黎明的夜晚，这也是当时反复出现的文学意象。这种意象附带着一种对救世主结束现状的希冀，而这一切是通过革命而不是政治改良来实现的。无论形式上有多么世俗化，这些知识分子在文学主题和文学抱负上，似乎仍未能从伊朗传统的对救世主的信念和对殉道者的崇拜中解放出来。他们世俗化的（通常是左派的）观念结构很难想象出在此后不到20年的时间里会出现一场规模如此之大的革命。即使有了1963年6月事件这样的预演，他们也很难预见会出现一个像阿亚图拉霍梅尼这样的先知式人物。

对什叶派道德体系和欧洲文化入侵的早期批评来自上文提到的艾哈迈德·卡斯拉维。他的观点是民族主义和先知灵感的艰难混合。作为一名来自大不里士的前经学院学生，他在家乡见证了立宪革命的最后阶段，并深受影响。因此，卡斯拉维在巴列维王朝早期提出了一种世俗的积极民族主义。他所撰写的关于立宪革命的历史书广为流传，在书中，他将这次革命定义为一场以开明的穆智台希德为先锋，由广大普通民众完成的民族解放运动。卡斯拉维采用了摒弃阿拉伯语和其他"外国"词汇的"纯粹的语言"（zaban-e pak）来书写他的故事。然而，除了他的历史著作或是对纯粹波斯语的使用，作为一名社会评论家的卡斯拉维也因为对波斯经典诗歌大师的反传统抨击而给自己招来了骂名。他将经典诗歌描绘成颓废和道德败坏的——因为它宣扬同性之爱和享乐主义的生活方式，此举激怒了当时的伊朗文学界，并将他驱逐出了文化圈子。

卡斯拉维对宗教和文化的批评是为了推广一种自然神论的一神教。他呼吁推广一种名为"贝赫迪尼"（Behdini，意为"优越的信条"）的理性宗教，这个词被琐罗亚斯德教教徒用于指称自己的宗教。卡斯拉维主要是想借用贝赫迪尼来针对他所认为的迷信、无价值甚至是有害的已有宗教学说。这种新的信仰是为了对抗那些由于腐化堕落而偏离了先知本来意愿的行为；同时，这也是一种新的信条，可以用来对抗所有的偏离，这些偏离是由被欺骗、被误导的宗教追随者引入的，已经破坏了先知的原始内核。他还斥责"虚假神话"（包括希腊神话）、基督徒和穆斯林的圣徒崇拜，以及任何形式的宗教象征和仪式。卡斯拉维的穆斯林对手对他深恶痛绝，这也反映了当时伊朗社会中世俗群体和传统群体之间的深刻对立。然而，这样一种理性的信仰随着卡斯拉维的遇刺身亡也终结了。

通过对晦涩难懂的伊斯兰传统，特别是正统什叶派的剖析，20世纪波斯文学史上最重要的人物之一——萨德克·希达亚特（Sadeq Hedayat）创作了大批复杂而又尖锐的作品。他活跃的圈子比卡斯拉维的还要小，对下一代知识分子的影响却更大（图10.7）。

图10.7　萨德克·希达亚特（左侧坐着的手拿报纸者）和他的伙伴在文艺学者莫伊塔巴·米诺维（Mojtaba Minovi，右侧第二个站立者）位于德黑兰的家中，1934年

希达亚特、米诺维和作家博佐格·阿拉维（靠钢琴者）都是文艺团体"四重奏"（Rob'ah）的成员。扬·立普卡（Jan Rypka，右侧第一个站立者）是一位研究波斯文学的捷克历史学家。安德烈·塞夫鲁金（André Sevruguin，坐在希达亚特左侧）是一位来自苏联的微型画艺术家，笔名为Darvish。他为苏莱曼·海因姆（Solayman Hayyem）于1934年出版的《列王纪》做了插图。

J. 希达亚特，《遗憾、神情和叹息》（*Hasrati, Negahi va Ahi*），（德黑兰：迪德出版社，波斯历1379年／公元2000年），第78页。

希达亚特出身于恺加王朝时期的一个官僚贵族家庭，他在法国和伊朗本土接受的教育使得欧洲文学和伊朗高雅文学、民间文学对他产生了不分伯仲的影响。他一生的大多数时间都在和抑郁抗争，直至他在巴黎自杀。他生来爱好和平，并且有着深刻的洞察力。两次世界大战期间，他侨居法国，为当时流行的表现主义和超现实主义文学所吸引，卡夫卡尤其对他产生了长久的影响。

希达亚特将西方文学与波斯化的内容、文风相结合。他的大多数作品是短篇小说和中篇小说，角色都被设定在一个美好传统快速流逝的世界里。他对这个世界持怀疑态度，并发出了直指灵魂的拷问，这使得他与意识形态式教条或是先知式愿景保持着一定距离。《盲枭》（Buf-e Kur，1937年）被认为是他最重要的作品之一，且被解读为是以他自己为原型而创作的。在这部小说中，他承认了自己个性的多面性。小说借一名隐居的鸦片上瘾者之口讲述了整个故事，这名讲述者充满绝望的情绪；小说中有一名贪婪的老人，这个人物传达了作者内心深处对自己身负的文化包袱、阶级、家庭遗产以及政治权威的轻视。希达亚特理想中的爱情观以及他的同性恋焦虑，都体现在一个双面女性角色的身上。她有时是一位优雅的女性，有时又是一团糟的丑老太婆。小说中的所有人物都反映了作者对腐朽和死亡的关注，他们有时又像是一场神秘之旅的同行者，一起去寻找那些遥不可及的事物，一起去感知一个层次丰富、充满主观性的内心世界。这在波斯现代文学的语境中是独一无二的，在很大程度上要归功于海亚姆诗歌中的世界观。这也是一位文化孤儿的声音，他正竭力反抗一个腐朽的现代世界，而这个世界建立在摇摇欲坠的国家权威之上。小说名字"盲枭"是一个流行的波斯文化形象（枭在波斯民间信仰中是一个不祥的征兆），暗喻一个无法穿透黑暗找到光明的茫然之人。这部作品写于礼萨·汗专制统治最严重的时期，当时，希达亚特住在印度（他与孟买的帕西人一起学习巴列维语），"盲枭"实际指代那些无法在伊朗肤浅的现代社会中找到自身定位的传统精英。

希达亚特1949年的作品《吉兆大炮》（Tup-e Morvari）对伊朗现代化历程中的宗教和政治现象以及遭遇的欧洲霸权展开了毫不遮掩的讽刺和批判，这部作品有着松散的叙事结构，让人联想起詹姆斯·乔伊斯的意识流风格。在这本书中，作者以独特的洞察力对伊斯兰教经文、信仰和礼仪（以及其他一神教的宗教信仰和礼仪）进行了嘲讽。难怪这本书以化名写成，而且是在成书30多年后才秘密出版。在书中，希达亚特认为伊斯兰宗教机构和教士阶层，特别是什叶派乌莱玛的所作所为，是对残忍成性、制度化暴力和沉迷仪式的历史的继

承。他还注意到了礼萨·汗暴政中的穷兵黩武和盲目西化。而与之类似的是
历史上欧洲殖民者的扩张举动，他以16世纪葡萄牙对波斯湾海域进行控制的
可笑行径为例，指出其中所包含的贪婪、侵略和屠杀的残酷。此外，他还对
伊朗文化中的琐碎、恐惧、自卑、狂躁、动物般的残忍、污秽、疾病（尽管
什叶派痴迷于净化）提出了辛辣的批评。他认为这是一种堕落了的文化，这
种文化已经累积了数个世纪，并让他陷入无数个忧郁的夜晚，成为他无法摆
脱的命运。

任何与伊斯兰教相关的事物都会成为希达亚特的讽刺对象，其中还伴随
着对前伊斯兰时代传统以及伊朗自公元7世纪被阿拉伯征服以来所丧失的语
言、文化和身份认同的怀念，这种情感为包括卡斯拉维在内的那个时代的其
他许多伊朗知识分子、诗人、历史学家和学者所共享。他毕生收集和出版的
关于伊朗民俗和大众文化、中古波斯语（巴列维语）文本的研究，以及关于
萨珊帝国悲惨沦陷和伊斯兰哈里发国家镇压伊朗抵抗运动的历史剧，都指
向了文化民族主义，即寻求早已不复存在的往日荣耀。

撇开有着强烈怀疑主义的希达亚特，诗人尼玛·尤希（Nima Yushij，
1896—1960）也许是20世纪四五十年代对传统文化攻击最为强烈的文学人物。
他打破了几百年来一直遵循韵律和古典音律的惯例，在波斯文学界看来，这些
几乎是神圣不可侵犯的，因而，他成了一名文学革命者。此外，他的诗歌主题
充满了浪漫主义激情，其灵感来自他故乡马赞德兰的田园风光、他孤独生活的
经历以及对社会弊端的深刻感受。尼玛的广为人知还在于他对当时的法国诗
歌的引介以及与图德党之间的密切联系，这些对于他文学偶像地位的保持同
样重要。

图10.8　1951年，尼玛和"新派诗歌"运动的三位诗人。他们（从右至左）分别是侯尚·埃贝塔赫（Houshang Ebtehaj，笔名为"Sayeh"）、西亚瓦什·卡斯拉伊（Siyavush Kasra'i）、尼玛·尤希和艾哈迈德·沙姆鲁，他们和文艺积极分子、图德党成员莫尔塔扎·凯文（Mortaza Kayvan）在一起。这些左翼诗人怀着社会责任感，在夜间聚会上对政治和诗歌展开争论

侯尚·埃贝塔赫，《世界的阴影》（*Pir-e Parniyan-andish*），由米兰德·阿齐米和阿特菲·泰雅编辑，两卷本（德黑兰，波斯历1391年／公元2012年），第2卷，第1340页。

尼玛出身于尤什（Yush，位于德黑兰以北160英里的努尔地区）的一个地主家庭，在这里的乡村长大，然后和他的朋友希达亚特一样，在德黑兰的一所宗教学校接受了法语教育。关于"新派诗歌"的文学战争在新闻界、文学界和学术界持续了数十年，这一现象和政治纷争不无关系（图10.8）。尼玛的诗歌反映了淳朴的田园生活及其原生态的美丽，但同时也肩负了展示痛苦、艰辛和

政治窒息的社会使命。他于1948年发表的著名颂诗《月光》（*Mahtab*）创作于他参与政治最深的时期，反映了他对民众觉醒期望的破灭，而他对黎明或新生的微弱渴望仍然存在：

> 月光闪耀。
>
> 萤火虫发着光。
>
> 每个人都睡得很好。
>
> 然而，
>
> 这沉睡的命运伴随着极大的痛苦，
>
> 我的双眼流泪，睡意也被打破。
>
> 我心怀忧虑，一直站到黎明，
>
> 清晨到来，催促我向那些失去灵魂的人宣布它带来的祝福气息。
>
> 我绞着双手，忧心忡忡，
>
> 想打开一扇门。
>
> 我徒劳无功地等待，
>
> 一个人走向门口。
>
> 废旧的窗户和墙壁，
>
> 在我的头上崩塌……
>
> 我感到疲惫，漫长的旅途让我的脚上长了水泡，
>
> 在村口，
>
> 站着一个孤独的人。
>
> 他把包袱背在背上，
>
> 他把手放在门环上，低声自言自语：
>
> "这沉睡的命运伴随着极大的痛苦，
>
> "我的双眼流泪，睡意也被打破。"[6]

毫无疑问，月光下的萤火虫象征着诗人处在不安全和充满怀疑的环境中。微弱的光预示着黎明，这与沉睡的村庄的冷清形成了对照，后者对诗人和

诗人要传递的信息关上了门。诗人感到疲惫，眼含泪水，即将被一间废弃的房屋压垮，这无疑是在暗示他祖国的历史遗产。

年青一代中的另一位诗人马赫迪·阿哈万·塞勒（Mahdi Akhavan Sales，1928—1990）也表达了类似的情绪。他哀悼的不仅是民族运动的失败和巴列维高压统治的回归，还有左派行动的徒劳无功及其对自身意识形态的背叛。阿哈万以笔名"Omid"（意为"希望"）而广为人知，他通过诉诸伊朗前伊斯兰时代的记忆——如琐罗亚斯德教的纯洁以及马兹达克主义的平等思想——来突出自身所处时代的严重衰败。

阿哈万生于马什哈德，并为呼罗珊的文学遗产感到自豪，他比其他任何现代派诗人都更忠于古典时代的大师。他将古典与现代巧妙地结合起来，并在作品中融入强大的文化民族主义内涵、社会责任感以及——可以预见的——由于绝望而摆出的好斗姿态。最后一项在他1956年的杰作《卡维赫或亚历山大》（*Kaveh ya Eskandar*）中体现得尤为明显，当时他正被关在监狱，罪名是和图德党激进派有瓜葛。这部作品刻画了1953年政变后令人窒息的平静。这首诗要传递的信息是被背叛的希望和抵抗的徒劳，它巧妙地使用了波斯语的表达方式——谚语和寓言，摆脱了艺术上的曲高和寡，尝试与普通民众展开对话：

> 浪潮已经平息，变得安静和压抑。
> 风暴的鼓点也已沉寂。
> 点燃的火焰已然熄灭。
> 所有的水流都回到了自己的河道。
> 在这如同墓地般死寂的城市中，
> 连夜枭的啼声都听不到……
> 绞刑架已被移走，血污也已洗刷干净。
> 在这个痛苦、暴怒和反叛之花盛开的所在，
> 邪恶的种子开始生根发芽……
> 这里正当夜晚，如同噩梦般的黑暗。
> 一直到山的那边，都没有一丝日光。

> 无论是谁来到这里，都是大肆劫掠，然后离开。
>
> 留给我们的只有一再重复的不幸、羞辱和剥夺。
>
> 除了谎言和谎言，我们还收获了什么？
>
> 除了欺骗和欺骗，我们还得到了什么？
>
> 人们只会不断重复："总有一天，总有下一批人会来到这里。"
>
> 不会再有一位卡维赫出现了。哦，希望啊！
>
> 我希望能出现一位亚历山大。[7]

诗的结尾哀叹像《列王纪》中反抗暴君查哈克的革命者卡维赫已不会再出现了，这极有可能是指摩萨台的垮台以及未来很难再出现对抗当局的斗争。因而，只能把希望寄托于亚历山大这样的外国入侵者，在琐罗亚斯德教的记忆中，亚历山大正是摧毁了古代波斯帝国的大反派。

他在发表于1957年的作品《列王的结局》（*Akher-e Shahnameh*，是对波斯谚语"列王都有美满结局"的暗讽）中，进一步把被亚历山大抹去了的辉煌的历史（这里当然是指西方的毁灭力量），与当下正在堕落、衰败的悲惨命运做了对比：

> 这把已经走调了的竖琴，
>
> 被这个年迈的神经错乱的游吟诗人拿在手里，
>
> 它有时还梦想着，
>
> 自己在阳光下闪闪发光的日子，
>
> 如同快乐的查拉斯图特拉眼中所见。

在诗人的幻想中，他的国家自信而正义，并向霸道的恶魔发起挑战，征服了那些虚无与傲慢之地：

> 我们
>
> 征服了那些有着光荣历史的城堡，

> 见证了各个时代的伟大城市，
>
> 我们
>
> 记录了无数史诗中的无辜者的绝望，
>
> 诉说着那些甜蜜而美好的往事。

然而，人民所经历的悲剧现实与诗人手中竖琴那不可思议的梦想截然不同。《列王纪》的传奇以悲剧的挽歌而告终，在这里，《列王纪》中最伟大的英雄、达斯坦（Dastan）之子罗斯塔姆死在了陷阱中，陷害他的不是敌人，而是他的同父异母兄弟。诗人讲述了两位罗斯塔姆的悲剧，另一位罗斯塔姆是萨珊军队首领法洛克扎德之子。在公元636年的卡迪西亚（Qadesiya）战役中，他被入侵的阿拉伯军队击败，然后被俘虏，使《列王纪》走向了悲剧结局。诗人斥责了他那把走调的竖琴，为这个故事画下一个悲伤句点，这也是现代波斯诗歌中的名篇：

> 哦，你这连话都说不清楚的可怜人，换个调子吧！
>
> 达斯坦的儿子是没法逃出他那同父异母兄弟布下的陷阱的啊，
>
> 死了，死了，他死啦！
>
> 现在，再来讲讲法洛克扎德的儿子的故事吧。
>
> 他的痛哭声从井底传来，
>
> 他大喊，他恸哭，
>
> 并哀叹道：
>
> "唉，我们现在看起来，
>
> "就像过去那些驼背的征服者。
>
> "所乘的船只被浪花淹没，船帆像是泡沫做的。
>
> "心里六神无主，如同一片空荡原野上的羔羊。
>
> "我们的武器生了锈，变得过时，不再锋利。
>
> "我们的战鼓陷入沉寂，
>
> "我们的箭矢也已经折损。

　　"我们,

　　"曾经征服的城市已随风而去。

　　"我们的声音如此虚弱, 甚至无法传出我们的肺,

　　"讲述的故事也早已被人们遗忘。

　　"我们的货币再也无法用来交易, 哪怕是一分钱。

　　"仿佛它们属于异国的君主。

　　"或是一位早已丧失自己王朝的王子。

　　"我们时不时地从醉人的沉睡中醒来,

　　"如同洞穴中的伙伴们那样酣睡。"

　　揉揉眼睛, 我们呼喊着: "看, 这座独一无二的金色城堡闪耀在晨光中!"

　　可是啊, 暴君永不消亡。[8]

　　这里的"暴君"是指伊斯兰传说中自称为神的德西乌斯（Decius, 在阿拉伯语中被称为"Daqyanus", 这首诗显然依据的是公元3世纪罗马皇帝德西乌斯对早期基督徒进行迫害的故事）, 可能是在影射礼萨·汗。洞穴中的七个同伴[1]（ashab-e kahf）因为害怕德西乌斯的迫害而躲在一个洞穴中, 陷入长眠, 几个世纪后才醒来。这段故事是在暗示伊朗人民的命运。他们害怕暴虐的统治者, 进而陷入了沉睡; 他们因为一丝希望而醒来, 结果又陷入了另一个暴政中。诗人最后的断言——"可是啊, 暴君永不消亡"——成为不祥之兆, 预示着其后四分之一个世纪中伊朗的不幸经历。

　　在希望破灭的背景下, 对重生的渴望, 对自然纯净世界的怀旧之情, 开始出现在芙茹弗·法洛克扎德（Forugh Farrokhzad, 1935—1967）的诗歌中。她是一位经历过痛苦爱情的敏感诗人, 她敏锐探索着女性的自我, 并感知到自己所处的社会环境。她出身于德黑兰一个中产阶级的军人家庭, 对宗教风俗、性别烙印和父权制暴政提出了质疑。在她的早期作品集中, 性别意识表现得很

---

[1] 也被称为"以弗所的七圣童", 相传七位基督教少年为躲避德西乌斯的迫害, 躲进了以弗所城外的一个山洞里。

明显。但是在1964年的《重生》（*Tavallodi Digar*）中，她超越到了一个近乎神秘的新境界，这是在一次自我发现之旅后实现的（图10.9）。作为一个女性边缘化、宗教约束和社会剥夺的批评者，芙茹弗对那些已将她污名化为叛逆者和亵渎者的乌莱玛做出了回应。

图10.9　《重生》一书封面上的芙茹弗

《重生》，第五版（德黑兰：默维拉德出版社，波斯历1350年／公元1971年）。

在《奴役》（*Bandegi*）一诗中，她以海亚姆的方式对神圣性和宗教信仰的观念提出质疑，这是一首与造物主对话的长诗，大约创作于1956年，形式是苏菲主义的独白和梦境叙述，她写道：

在我的嘴边，藏着一个神秘的问题。

在我的心中，有一个伤痛不能平复，灼烧着我的灵魂。

这个抗争的、彷徨的灵魂中隐藏的秘密，

我现在想和你分享……

你能感受到我心中的伤痛吗？

这也许会打破你心中的自我崇拜，

何妨与我这个朴实的人坐上一会儿，

在我诵读诗篇的唇旁，啜饮关于存在本身的伤痛？

　　这种对存在本身的质疑使芙茹弗以一种不可知论的态度描述了一位暴虐的、自我崇拜的、剥削成性的真主，这是那个时期的诗人并不常见的一种坦率的表达方式，他们大多讨论的是世俗的而非神的暴政。她继续写道：

你在绳索的一端，你的手上投有阴影，

另一端系着人们的脖颈。

牵着人们走在人生的道路上，

他们的眼睛被来世的影像迷住了……

只要我们这些可怜人，认为你是公正的，

你用柔滑而充满同情的面具掩饰着自己的容颜，

把天堂变成一个谜样的神话，

人们要做的就是用此生进行交换。[9]

　　芙茹弗个人灵魂层面的探索后来逐渐转向了社会主题。1963年，她发表了诗作《我美丽的祖国》（*Ey marz-e por-gohar*），这一题目是对伊朗被禁国歌的滑稽模仿，她嘲笑巴列维当局关于爱国主义的陈词滥调和官僚制度下个人身份的固化。她嘲弄虚伪的社会氛围，抨击其充满了沙文主义、文化谄媚、廉价的野心，以及更廉价的从西方引进的物质文化，当然还有帝国极度的虚荣心：

我是胜利者！

我要记下我的丰功伟绩。

我要将我的名字印在身份证上，

我的存在被标记为一串数字，

所以，德黑兰第5居民区678号万岁。

我现在确信社会秩序井然：

祖国关切的怀抱，

安抚着伟大的历史遗产，

文明和文化的摇篮曲，

以及法律喋喋不休的声音。

我现在确信社会秩序井然。

我是如此高兴，

狂喜地奔向窗边，连续678次将带着排泄物的空气吸入肺里，

还要伴着灰尘、垃圾和尿液的气味。

还要在瓶底写上678次"我欠你的"，

还要在上面写上678份工作申请：芙茹弗·法洛克扎德。

在诗歌的世界，"花与夜莺"之地，

活着就是得到了祝福，特别是

当你的存在在许多年之后得到了认可……

我身处如此有创造性的民众之中，

他们虽然食不果腹，

但眼界宽广，

我的国家幅员辽阔，

北方有大量散发着香气的靶场，

南方有古代的绞刑架广场，

人口密集区则毗邻炮兵广场……

我是胜利者，是的，我是胜利者！

德黑兰第5居民区678号万岁，

靠着毅力和决心，

她身居高位，站在窗边，

位于地面之上678米，

她获得了无上的荣耀，

从窗户，而不是从楼梯，

她疯狂地把自己投向祖国的膝上。

她的遗愿是，

得到678枚金币作为礼物，

她就是桂冠诗人亚伯拉罕·萨巴（Abraham Sahba），

为了表示对她生命的敬意，可否让我们敬上一篇与官方文章押
韵的悼词。[10]

芙茹弗最后一批诗作发表于1973年，当时她已过世。和她所在的文学圈
子中的其他人一样，她开始期盼救世主的到来，这也是她上述诗歌的黑色幽默
的必然导向。一场革命暴动改善了她所处的不适环境。在作品《一个特立独行
者》（*Kasi keh mesl-e hichkas nist*）中，诗人通过一名来自德黑兰南部贫民区
工人家庭的儿童的眼睛，见证了革命的到来：

我梦见有些人的到来，

我梦见了一颗红星……

（这些人）将会成就一番伟业，如同安拉般闪耀。

那是绿色的光；如同晨曦般绿色的光，

他将再度照亮隔壁的清真寺……

我们在他的心上，在他的呼吸中，在他的言语里，

没有人能将他逮捕，戴上手铐，关进监狱……

他将于一个满天焰火的夜晚，在炮兵广场从天而降，

为我们铺上桌布，分配好面包，

还要准备好百事可乐，

> 还要准备好公园，
>
> 还要准备好咳嗽糖浆，
>
> 还要准备好学校，
>
> 还要准备好医院，
>
> 还要准备好雨靴，
>
> 还要准备好法丁[1]的电影，
>
> 还要给萨义德·贾瓦德[2]（Sayyid Javad）的女儿准备好衣裳，
>
> 还要解决所有没能卖出去的货物，
>
> 还要让我们获得应得的收入，
>
> 我有这样一个梦想。[11]

这首诗的结尾在1963年6月起义后尤为引人注目，具有伊斯兰色彩的社会主义革命主张在其间若隐若现。这位怀着"欢乐的罪恶"的诗人——她的诗歌曾在讲坛上被公开谴责——现在正梦想着救世主的降临。这个活生生的例子反映了即将发生的革命是如何在这一时期的知识分子中扎根的。

艾哈迈德·沙姆鲁（Ahmad Shamlu，1925—2000）也是一名军官的儿子，他创造了复杂的诗意意象和丰富的象征性语言，也许是当时最前卫的诗人。他也陷入了忧郁的幻灭，并深入探索救世主的精神将如何呈现，但他的救世主形象不仅是世俗的、现世的，还是和平的、非暴力的。在他1965年发表的《板》（Lawh）一诗中，受希伯来《圣经》意象和福音叙事的启发，他创作的弥赛亚——无疑就是诗人本人——带着"泥板"，表达了对民众的怜悯之情，虽然民众如同尼玛在《月光》一诗中描述的那样，生性多疑，对待弥赛亚也很怠慢：

> 我竖起了泥板，
>
> 足有我的手臂那么长，

---

[1] 当时伊朗的知名演员。
[2] 当时伊朗著名的什叶派教士。

向人群大喊

"就是这个，

"再没有别的了。

"这是一块很旧的板，被用坏了，就在这里，看啊！

"尽管破旧不堪，还有许多血污，

"但它传递着同情、友善和纯洁。"

然而，人们的耳朵和心灵并没有跟随我，

在他们的期望中，他们猜测，

自己将会获得利益和欢乐。

我大声说道：

"如果你们诚实地对待自己，

"你们会知道自己的期望将落空。

"所有的信息都在这里了！"

我哭喊着：

"哀悼你们被钉死在十字架上的弥赛亚的时刻已经过去了。

"从现在起，每个女人都是玛利亚，

"而每个玛利亚都会有一个十字架上的耶稣，

"再没有荆棘王冠、十字架或是各各他（耶稣被钉死之地）；

"再没有彼拉多[1]、法官或是审判。

"所有弥赛亚都有着共同的命运，

"每个人都会是弥赛亚，

"穿着一样的服装，

"一样的靴子和靴套，都是一样的，

"还有一样分量的面包和肉汤，

"（是的，平等是人类最宝贵的遗产。）

"如果没有荆棘王冠，就要戴上头盔；

---

[1] 罗马帝国犹太行省的第五任总督，他判处耶稣钉十字架。

"如果没有十字架可以扛在肩上，就要扛起步枪。

"（现在，准备好去成就一番事业！）

"每一顿晚餐都可能是最后的晚餐，

"每一个凝视都可能是犹大的凝视。

"不要浪费时间去寻找一个花园，

"你会在十字架上找到那棵树，

"当这个关于人性和慈悲的梦，

"像一场雾，柔软而轻盈，逐渐消散……

"啊，十字架之路，

"不再是通往天堂之路，

"而是通往地狱之路，灵魂也将永远无法安定。"

我陷入深深的狂热，大声哭喊，

但人们听不见我的声音，更不能对我感同身受。

我知道他们等待的不是一块泥板，而是一本书，

和一把剑……

啊，这些人只想在传说中寻找真相，

又或者把真相当作传说。

我的火焰无法照耀他们，

关于天堂，我想最后再说一句话，

却怎么也说不出口。[12]

    沙姆鲁关于天堂和弥赛亚回归的"最后一句话"恰恰是战后唯信仰论主张（指单纯依靠信仰而不必遵从道德法规就能得到拯救）的合适结局。他笔下的反弥赛亚英雄旨在创造一种契合伊朗历史的信仰。然而，正如诗人所感叹的那样，这种人本主义的弥赛亚主张必然会被沉迷于军国主义、战争和暴力的公众所拒绝。他这一代人也都知道事态必然会如此发展。虽然精妙而富于洞察力，但这种细致复杂的"新诗"的影响力从未能够真正超越精英知识分子的小圈子。

　　具有讽刺意味的是，这一时期诗歌中的大部分阴郁情绪都是在1960年代伊朗经历了实实在在的物质进步、世俗中产阶级的相对繁荣以及社会总体稳定的时代后表现出来的。就艺术创造力和诗歌的象征意义而言，这也许是20世纪最好的10年，尽管那个时期的诗人和知识分子与巴列维政权在本质上是对立的。对于他们来说，这是一个调整的机会，他们可以停下来反思自己早年间幼稚的理想主义。尽管事后看来，他们已脱离了当时的严峻现实，但他们的作品还是有可取的创新之处。他们因痛苦和愤怒形成的主张导向了另一条寻求真实的道路——或许这并非出自他们所愿——这种主张产生了极其深远的影响。具有讽刺意味的是，这和他们原本想要的革命完全不是一回事。

第十一章

发展、混乱和不满（1963—1977）

阿亚图拉霍梅尼的流亡以及国王的胜利，至少在一段时间内，压制了反对派的声音，让王室产生了一种自信，好像他们的使命是先知式的。1963年至1973年的10年是国王最好的时代：经济得到发展，外交颇有成就，且得到了国内民众较广泛的认可。尽管仍然存在政治异见者的活动以及对这些活动的镇压，但在一段时间里，国王看上去已经摆脱了依附西方的阴影。然而新的统治精英却并未能完全领会1963年6月起义所传递的信息。当他们接触到这些信息时，却将之视为"黑衣反动分子"的哀鸣，这就是国王给教士反对派贴上的标签。

高速发展的经济

1965年至1975年间，得益于婴儿死亡率下降、人口预期寿命延长、医疗条件改善等，伊朗人口从2400多万增加到3400多万，增长了大约41.7%。为了谋求更高收入的工作和更好的生活，大批农村人口流向城市。1971年，德黑兰人口超过了300万，到1975年，已经逼近400万。据估计，1972年德黑兰的汽车数量超过了50万辆，到1979年，这个数字已翻了一番。除了德黑兰，各地区的中心城市也都开始出现严重的交通堵塞现象。到1970年代末，小轿车、面包车、公共汽车和卡车，无论是国产的还是进口的、新的还是旧的、私人的还是公共的，密布于这个国家城乡的每一个角落，"西方毒化"噩梦的最坏情况变成了现实。汽车尾气排放造成了空气污染，尤其是在德黑兰，厄尔布尔士山脉阻挡了烟雾的扩散。而随着交通事故数量的不断增长，汽车也成了人们生命安全的一大威胁。对富人和穷人来说，汽车不仅是身份的象征，它还像个怪兽般占据着所有的道路，甚至是人行道，所有的公共空间都成了汽车的祭品。伊朗电视台播放的口号称"希望每个伊朗人都能拥有一辆飞箭牌汽车"（Paykan，伊朗国产汽车品牌），反映了自1970年代初开始形成并在1979年革命后延续至今的消费文化。

伊朗的工业化并不局限于汽车和消费品制造，很多行业是公众很少会注意到的。在20世纪六七十年代的第三个、第四个发展计划期间——由伊朗计划和预算署负责执行——伊朗展开了大规模的基础设施建设。伊朗维修和新修了大批公路和铁路；为了农业灌溉和发电，还修建了一大批水坝；建立起全国性的电力、交通网络，以及供水、灌溉系统；建立重工业，还建立了石化工厂、水泥厂、制糖厂以及港口设施和新的石油天然气管道。私营经济推动了纺织业、消费品行业、建筑业、食品业、包装业、瓶装工业、汽车业甚至是钢铁冶炼业等行业的发展。到1970年代中期，伊朗已发展起一个庞大的国内市场，包括汽车及相关产业、建筑业、服装业、食品饮料业、家具业和建筑材料业等多个行业。作为一个仍然严重依赖石油收入的发展中国家，它的公共和私人经济部门之间维持了相对平衡，形成了生机勃勃的混合经济。

左派知识分子和极左派人士批评伊朗的工业只不过是受西方消费文化影响下的一大堆无用产品的"集合"，只是为了满足"依附性资产阶级"的需要；甚于认为他们向往的是冒着浓烟、效率低下、劳动力密集、中央集权的苏联和东欧的工业化模式。这些批评后来被伊斯兰激进派拿了过去，成为1979年革命话语的一部分。但公平地说，伊朗的工业化计划是因预期太高而走向了失控，还出现了浪费、腐败和任人唯亲等各种问题——这对于实现它所预想的宏大计划作用有限，甚至是有害的。

工业增长勉强能够满足国内市场不断增长的对于产品和服务的需求。然而，来自欧洲、美国和日本的产品席卷了伊朗市场，这对巴扎及其相关的小制造商、批发商的利益造成了很大的损害。随着大规模的进出口贸易场所和工业产品交易场所逐渐搬离巴扎，转移到了更繁华的区域，在德黑兰和其他大城市中，巴扎商人的构成也开始转变。在这个过程中，为穷人和传统人群提供服务的小商人、经销商、批发商和零售商成了巴扎商人的主体。巴扎功能的转变不一定是坏事，尽管政府对巴扎商人群体中存在反当局和亲霍梅尼的情绪颇为不满。但不能否认的是，人口结构的变化不仅使这些传统商业中心变成了保守派的堡垒，还让它们成为在经济和其他方面煽动伊斯兰激进主义的重要组成部分。

在巴列维时期的现代经济图景中，不断演进的巴扎呈现出一种物理和地理上的错乱感。珠宝店、金店、钟表店、布匹铺、鞋店、香水铺子、瓷器店和厨房用品店仍旧生机勃勃，它们紧挨着地毯批发商店、进出口商店、银行和放债机构、五金用品批发商店、药店以及分布在周边街区数以千计的制造各种产品的小作坊。这些小作坊通常位于大城市最古老的区域，考虑到它们的规模，生意仍可以说很兴隆。尽管巴扎市场保持着繁荣的景象，提供着丰富的商品，但从经济层面而言，它们对伊朗经济已经不再具有关键意义了。

油价上涨以及由此带来的政府预算增长也清楚地反映了伊朗经济的这种变化。从1965年到1972年，伊朗政府年度预算额从10亿美元增长到80亿美元，这一增长是由伊朗政府和伊朗石油股份有限公司（更广为人知的名字是伊朗石油联盟，Consortium of Iranian Oil）之间就石油产量和提高价格问题的不断龃龉造成的。1960年代石油输出国组织（Organization of Petroleum Exporting Countries，简称"OPEC"，即欧佩克）的兴起又给了国王更多的筹码。它的首任秘书长福达·鲁哈尼（Fo'ad Rouhani，1907—2004）曾是摩萨台的幕僚，也是一位研究伊朗石油国有化的历史学家。1960年代中期，伊朗已将该联盟的业务范围限制在胡齐斯坦省的一个较小的地区内，并和法国以及其他石油公司签订了比1954年特许权条件更优厚的协定，以开采伊朗在波斯湾和内陆区域的近海石油。这迫使该联盟增加石油产量、提高伊朗的收入占比。1966年，伊朗石油收入年增长达17%，历史上第一次超过了10亿美元，占伊朗当年年度预算的近一半。

1969年，伊朗石油产量超过了10亿桶，第二年，伊朗享受的收入分成从50%猛增到61%；与此同时，尽管全球范围内油价极低——这也是几十年来石油巨头们压榨产油国的结果——伊朗的成功还是被看作国王个人的重大胜利，也扫去了1950年代石油国有化运动中的阴霾。然而，接下来几年里石油价格的疯涨对伊朗来说并不像第一眼看上去那样美好，因为它动摇了伊朗经济的基础，也打破了伊朗社会政治的平衡。

1973年10月到1974年3月的石油危机以及随之而来的多重价格上涨代表了一个转折点，也许这是一个不可避免的转折点，不仅导致了西方乃至全球的通货膨胀，对中东国家来说也是如此，特别是依赖石油收入来建设基础设施和改善生活水平的石油出口国。事实上，石油收入中有很大一部分被用于维持特权阶级的奢侈生活，或者是面子工程。伊朗作为中东产油国中的佼佼者，流入国库的大量税收首先受到了波及。这不仅是因为伊朗的经济发展水平要高于邻国，因而更易受全球经济形势的影响，也不在于它是欧佩克中东成员国中人口最多的，这种情形应当归因于那些当权者（由国王和一小群为他服务的技术官僚统领）做出的决策；这些决策得到了国王的外国友人和盟友的热烈支持，最终却破坏了巴列维王朝的统治基础。

1971年至1977年间伊朗的年政府预算从80亿美元进一步增长到480亿美元，这主要是直接和间接的石油收入增长带来的结果。1973年10月前的短暂时间里，阿拉伯产油国为支持埃及和以色列之间的战争而实行石油禁运，导致油价快速上涨。波斯湾的轻质原油价格此时只有1.95美元／桶，这是多年以来一系列谈判的结果，也是对产油国赤裸裸的剥削。十月战争[1]爆发后，油价上涨的速度甚至使产油国都感到震惊；到1975年，欧洲现货市场的石油价格已接近11美元／桶，美国的甚至更高。由于没有参与阿拉伯国家对美国的禁运行动，伊朗在经济和政治上都受益匪浅。阿拉伯产油国在西方媒体的口中变得极为不堪，那些阿拉伯酋长被描绘成坐拥不当财富的贪婪掠夺者，而伊朗至少被那些可以区分伊朗及阿拉伯国家的人视为朋友——毫无疑问，伊朗仍被看成是贪婪和不公正的，但至少不是敌对和难以忍受的。

然而自1972年起，甚至是在石油危机之前，伊朗就站在欧佩克的最前线，要求提高原油价格。起初是由于美元贬值，欧佩克成员国联合起来要求提高价格（1971年，美国决定终止《布雷顿森林协定》，结束美元和黄金的挂钩）。在接下来几年里，伊朗越来越多地以通货膨胀导致进口商品涨价和国内生产成本上升为由，要求提高原油价格。伊朗政府还强调石油是一种应当被守护、被合理定价的有限的商品，而长期以来，石油一直被实力强劲的石油公司所开采，并以低廉的价格向西方经济体输送。

到1973年初，国际形势朝着有利于产油国的方向发展。长期以来对伊朗石油产量水平不满的巴列维国王乘机宣布与伊朗石油联盟之间的开采协议在1979年到期后不会续签。他的威胁促使石油联盟为自己在伊朗的石油勘探和生产谋求长期保障。这时其他欧佩克成员国，如伊拉克，也开始追求石油国有化，这使得巴列维国王有充分的信心提前两年终止1954年的协定。在伊朗国内，这一举措被描绘成"国有化"——这是继1933年和1949年后的第三次，也成为迫切渴望荣耀的君主的新桂冠。1975年4月，巴列维国王回到德黑兰，接受了集中于阿里亚梅尔体育场的人群的"感激"（sepas）。但这个为国王歌功颂德的仪式是在一种公开嘲讽的氛围中举行的，此时，伊朗的马克思主义群体和伊斯兰地方游击队组织展现出了一种不同于巴列维高压统治的

---

[1] 即第四次中东战争，也被称为"赎罪日战争""斋月战争"，发生于1973年10月6日至26日。当时，埃及和叙利亚分别向此前被以色列占领的西奈半岛和戈兰高地发动攻击。为报复美国支援以色列，阿拉伯产油国对美国实行了石油禁运，此后还扩展到了其他支持以色列的国家。

图景。

　　石油收入增长对伊朗经济和社会造成了全方位的影响。1973年，伊朗官方通胀率为11%，并在未来几年里形成了一种通胀模式。造成这种现象的原因一方面是伊朗国内经济容量有限，难以吸收涌入的大量资金；另一方面是当时世界范围内的巨大通胀趋势。到1973年，伊朗人均收入已增长至566美元，即使这一令人印象深刻的增长没有完全被生活成本的提高抵消，实际也已被严重削弱了。到1970年代末，每年的通胀率高达25%。当时，国王和他的政府极力指出不断增长的石油收入看上去会对伊朗极为有利：更多的石油收入意味着更多的可支配资金，这些资金可用于发展项目，社会各阶层都将变得更加富足，国防力量会更强大，国际地位也会得到提升。这些都是国王复兴他所谓的"伟大文明"（tammadon-e bozorg）的梦想的基本要素，该口号意味着要重现古代伊朗的光辉。然而，所谓"伟大文明"的复兴也许只是对国王及其宠臣而言的。由于伊朗石油财富的增长以及国王本人的积极行动，国王看到了重塑国家的希望。他为1961年首次出版的回忆录选定书名为《我对国家的使命》（*Mission for My Country*），多年来，这一使命形成了一种先知式的召唤。

新的技术官僚精英

　　孤立地看待伊朗国王不断演变的自我形象是站不住脚的，尤其是将其与1960年代中期后为国王及其政府服务的新技术精英阶层区分开来。在曼苏尔遇刺身亡后，时任财政部长的阿米尔·阿巴斯·胡韦达（Amir 'Abbas Hovayda，1919—1979）于1965年被任命为首相，新的技术官僚阶层的形象开始越来越明显。他们通常是年轻的专业人士——胡韦达被任命为首相时是46岁——这是巴列维统治后期一代人发生转变的结果。他们受过现代学校的教育，往往在西方大学拿到硕士学位，或是在欧洲或美国有过工作生活的经历。他们大多在1953年后开始自己的事业，有些是通过官僚阶层，有些是借助家庭和其他关系。比起那些熬过了礼萨·汗统治的后立宪时代的土地贵族，这个新阶层尽管经济上比较富足，却很少有大量继承而来的地产，尤其是在土地改革后。不同于战后支持摩萨台的那些自由派民族主义者，他们更像礼萨·汗时期的军事精英群体，而且基本上不涉及意识形态问题，也很少参与党派之争。尽管有一小部分人出身贵族或是来自那些富足且有影响力的家族，但新一代的部长、外交官和其他高级官员主要依靠的是自己的教育经历和专业能力，当然也要靠国王的赏识。他们往往亲近权力，服从于政府内部的等级制度。

阿米尔·阿巴斯·胡韦达就是个典型的例子。他出身于一个恺加王朝末期的中等贵族家庭，他的父亲曾在礼萨·汗统治时期担任外交官（胡韦达的父亲背弃了他自己的父亲，信奉的是巴哈伊教）。胡韦达被抚养成了一个世俗的穆斯林，他在贝鲁特的一所法语中学接受教育，后来又在一所比利时的大学获得了政治学学士学位，此后成了一名外交官。胡韦达对法国文学极其着迷，是安德烈·纪德（Andre Gide）的崇拜者，并和巴黎以及德黑兰的知识分子保持密切的联系，与伊朗当时作家和知识分子的领袖人物萨德克·希达亚特是朋友。他拥有谜一样的个性，后来加入了伊朗的一个共济会组织，也许是依靠这层关系，他很快被任命为伊朗国家石油公司董事会成员。胡韦达还是伊朗一个年轻的进步派圈子的建立者之一，这个圈子后来成为新伊朗党（Iran Novin Party）的核心，而他也被任命为曼苏尔内阁的财政部长。

尽管起初只是首相之位的临时看守人，但胡韦达的个人能力打动了国王，因而得以留任，并担任伊朗首相长达13年（1965—1977），任期之久，只有恺加王朝的首相哈吉·米尔扎·阿加西能与之相比。尽管胡韦达不像阿加西那样能掌控国王——甚至起到了父亲般的作用，但他和国王之间的互动仍旧使双方都从中受益。国王认为他对自己足够顺从，因此不会构成威胁，正如伊朗历史上的那些大臣一样，胡韦达也是最高统治者谦卑的执行者。胡韦达在扮演这样角色的同时，平静地扩展自己的关系网络，并展开工作。国王一直担心首相独揽大权，当胡韦达和其他高级官员——尤其是强大的宫廷大臣阿萨多拉·阿拉姆——竞争首相之位时，国王选择偏向于低调而谦恭的胡韦达。胡韦达完全服从于王权，尤其是在安全、军事、外交领域。如同他经常强调的，他是为自己所热爱的君主制效劳的忠实士兵。

相对来说，胡韦达并不受各种交易、意愿、裙带关系和巴列维王朝最后几年的放纵之风的影响。部分原因在于他为人正直，对物质利益看得比较淡——他的下属中只有少数几个具备这样的品质，更重要的原因则是他手中的权力比宪法规定的要少。公平地说，他比任何人都该为自己任期内盛行的服从型政治文化负责。几乎没有例外，这一代居于高位的官员大多都对国王的意旨唯命是从，毕恭毕敬，同时也缺少道德感，甚至是非常缺少政治远见。这些年来形成了一种接受国王在所有事务上拥有最终决定权的政治文化，代价则是缺少批判思考的能力，很少有人会对国王的政策和行动提出异议。政治体系中广泛存在的恐惧和服从导致了某种程度的麻木，也降低了形成独立主张的可能性。在国王"英明"的领导下，一派美好前景即将来临的乐观假象掩盖了犬儒主义或机会主义的暗流。

在巴列维统治后期，官员面对国王时往往缺少独立性，这进一步弱化了政治机构。萨瓦克实施了审查制度和高压统治，哪怕是亲当局的新伊朗党和人民党也遭到了取缔，并在1975年被并入当局组建的伊朗复兴党（Rastakhiz Party），而缺少其他公开讨论政治的场所使得在国家之外建立一个独立的、不受王室意愿影响的公民社会成为不可能。尽管人脉网络还存在，高级官员可以借此提携自己的伙伴和门徒，但政治生活中也因此缺少合理的思想和政治行动的空间。尽管创建复兴党的本意是为了推动大众的政治参与，但在1970年代，国家管理者和公众之间的分歧正不断被拉大。统治者好像生活在一个被"净化"了的茧里面，和他们宣传的社会现实完全隔绝开来。官员要么贪污腐败，要么沽名钓誉，议会则成了由无名之辈组成的、挥舞着橡皮图章的立法机关，而经多轮调整后的军队也对国王唯命是从。

匍匐在国王脚下的技术官僚彼此联系很密切，他们组成的小规模关系网控制和耗尽了1973年之后流入的巨额石油收入。除了频繁改组的胡韦达及内阁成员，这个关系网还包括其他的政治势力，比如阿拉姆和他的追随者、法拉赫王后——她在1967年获得了王后（Shahbanu）的头衔——的随从们，以及其他王室成员——阿什拉芙·巴列维就是其中最显眼的一位。国王则在这些政治势力间维持平衡，有时会斥责某些人在道德和财务上的不当行为，有时则会嘉奖某些人的功绩或是忠诚。制衡彼此敌对的派系被认为是一项艰难的任务，需要耗费巨额资金以保持权力渠道的通畅和国家政权的顺利运行。

为了追求他早前的学术兴趣，胡韦达努力调和与对他不满的知识分子间的关系，想吸引他们与自己合作。这意味着需要通过雇用失业的或未充分就业的诗人、作家、艺术家、批评家和曾经的积极分子，来提升政府的形象，减少他们对当局的不满，进而使他们对政府的慷慨产生依赖。他因此资助文化机构和艺术活动，听取温和的改革建议。至少在担任首相的初期，基于早年间经历过民主制度所带来的惨痛经历，胡韦达相信像巴列维国王这样强大的君主的存在是必需的，伊朗社会将会随着物质和文化进步步入繁荣；作为对国王政治立场的回应，他认可世俗的现代主义，并对社会进步怀着乐观的态度。然而，这并不代表他认可多元主义、人民代议制度或是个人自由权利。尽管胡韦达到处兜售这种开明专制的论点，但他也在与这套体制的拉扯过程中对它进行修正。相较于当时充斥在精英文化中的放纵和自大，他谦虚的态度让人眼前一亮，但对当局的批评者，甚至是被当局拉拢的知识分子、活动人士来说，这都是令人无法信服的。

这一时期政治的另一派重要成员是法拉赫王后和她那由知识分子和艺术家组成的亲信圈子，这批人在1960年代晚期以及1970年代统治了文化舞台。她对于巴列维时期大一统却单调乏味的文化氛围起到了一定的调和作用。法拉赫·迪巴出身于一个源于阿塞拜疆旧贵族的富裕军人家庭，她在1959年和巴列维国王结婚时只有21岁，还是一名在法国接受建筑师教育的学生。她天资聪颖，有着广泛的文化爱好，想恢复已经没落了的伊朗文化，她的相关言论让人耳目一新，影响力甚至超出了宫廷范围。作为王储礼萨·巴列维（出生于1960年）的母亲以及一位在审美上独立于丈夫的女性，法拉赫·巴列维远超当时伊朗宫廷允许或是期待一位女性能达到的高度。法拉赫王后对国王有着不小的影响力，特别是在文化和教育事务上，但在这样一个男性主导的政治氛围下，她也愿意通过各种直接和间接渠道听取他人的看法。她的成长经历更接近平民，对普通民众的生活也没那么陌生。虽然各项主要改革措施的惨淡前景让她深受打击，但她仍然愿意付出努力。她和胡韦达一样（双方还曾进行过一些合作），本质上都是依附于巴列维专制统治的，但毕竟给伊朗政治带来了一些新意。

到了1960年代末，四股主要政治势力几乎都完全臣服于国王。文职部门由宫廷大臣阿萨多拉·阿拉姆领导的宫廷圈子组成，阿拉姆也松散地监管着围绕王室成员的网络，他促进了国王与外交使团的关系，并为国王的私人生活提供了便利。政府系统及其附属机构处于首相阿米尔·阿巴斯·胡韦达及其阁员和盟友的掌控之下。围绕着法拉赫王后的圈子人数较少，权力也有限，但可以对新闻广播系统施加一定影响。军事系统则由国王直接控制，国王决定所有高级将领的任免、武器装备系统的购买，并对中高级军官的行为进行监控。

萨瓦克、伊朗国家石油公司、开发署和巴列维基金会虽然名义上隶属政府，但实际都处于国王的监督下。巴列维基金会是一个持有、开发、经营礼萨·汗所属财产（包括一个连锁酒店）的"慈善"机构，同时还掌管巴列维国王的许多私人投资。与此类似的是，国王本人亲自主持外交政策中最敏感的部分，他会见外国元首，并任命重要的驻外使节。所有重大的，甚至一些没那么重要的国家事务都要呈递给国王过目，经他盖章批准。对许多国家事务来说，盖上"收获皇家荣耀"（sharaf-e 'arzi）印章是巴列维时代政治体系中决策制定的最终环节。

除了由政府机构及其官僚组织构成的公共部门，那些与政府有日常交往的私营及半私营部门——包括大额的外国投资项目——也必须向国王报告其经济策略和发展方向，并得到国王批准。这些投资包括大多数银行、大企业和大学。总的来说，国王本人是这个权力等级结构中的终极权威，而这一结构在很大程度上是缺乏中介和批判性观点的。最重要的是，它是由对国王的忠诚、服从以及恐惧驱动的。但是，如果把国王控制下的这个结构当作仅是为了国王自己的经济利益和物质享受而存在的，显然是不正确的，尽管他的私生活充满了桃色冒险。像许多发展中国家的独裁统治者一样，他积累了海量财富。他还允许自己的随从、王室成员、宫廷近臣和大臣凭着非法手段积累不义之财。有权势的商人、企业家、金融家和开发商也受益于他们同国王以及巴列维精英的密切关系。在这个国家，当时几乎所有大型经济项目都必须依靠和统治集团成员相勾结，或是以贿赂、佣金和股份等形式为他们提供回扣，才能够顺利展开。到1970年代中期，有些官商勾结的行为甚至恶劣到了连国王自己也看不下去的程度。

巴列维国王性格中有两个互相联系的特质，刺激他不断加强对政治的控制，即政治上的不安全感以及对声望和荣耀的渴望。他把自己绝大多数的时间和精力用于人事监督和对具体事务的管理上，而非通过宪法渠道，将权力下放给下属。他好像一直想向各种幽灵证明自己的价值，这些幽灵包括他的父亲，也包括他的政敌，尤其是摩萨台。声望，特别是国际声望，在他心中是和伊朗军事、政治和外交力量同样重要的存在。然而，这个国家呈现出的是不切实际的王室自信以及权力和物质进步的形象。这种情况持续了10余年，特别是在国际舞台上。尽管这个国家越来越多地受到来自内部的威胁，受到公开的和秘密的反对势力的挑战，但国王和他的副手们仍然麻木不仁——即使不是完全否认。他们沉醉于大肆描绘伊朗旧日辉煌的叙述，并迫切地想再现这种辉煌，这一切是如此令人眼花缭乱，以至于现实之光再也透不进来。

外交政策和地区政治

如果说国内事务还给其他政治参与者留了不多的空间，那么外交政策基本上就是国王的独角戏。和超级大国以及地区强国之间的关系太过重要，容不得顾问或是外交部官员置喙。在20世纪六七十年代，伊朗外交政策的目标是确保伊朗的区域利益，特别是在波斯湾地区，这也提高了国王的国际地位。在改善与苏联、东欧以及中国的关系的同时，巴列维国王一直是美国的坚定盟友，和西方阵营大体上也维持着一种友善的关系。他必须抓住所有机会来证明对西方世界的忠诚，比如加入中央条约组织的防御联盟，购买大量武器，在石油和其他行业引入美国投资，以及在需要时在中东地区事务上维护美国及其盟友的利益。然而，巴列维国王这些年来表现出很大的独立性，甚至还凭借不断提高的谈判技能，努力地在超级大国之间维持平衡。他还能够将自己的意愿传达给美国及其西方盟友，有时甚至是向他们发号施令，这和伊朗国内将他视作美国听话的随从的看法有很大差异。

作为回报，从约翰逊到福特的历任美国政府（特别是尼克松政府），都与伊朗在安全、防务、能源和投资方面保持了密切的联系。尽管也存在过异议，例如，肯尼迪政府副国务卿乔治·鲍尔（George Ball，1901—1994）就曾在多个场合批评巴列维国王的专制统治，然而，美国政界和公众依旧压倒性地认为伊朗是美国在中东地区不可替代的盟友，而巴列维国王是伊朗人民实现现代化的代理人。巴列维国王维持了和以色列之间的友好关系，这也使美国方面更加认可他，在1973年之后更是如此。他之所以和以色列交好，主要是基于地缘政治和战略的考虑，但不可否认的是，这也使他和美国之间走得更近了。

比起美国在该地区的另外两个盟友——以色列和沙特阿拉伯，伊朗仍有很大优势，即使是在1967年的战争极大地提高了以色列在美国公众心中的地位后。而从美国政策制定者的角度看来，以色列更像是一个代价高昂的承诺，而不是一个可持续的地区强国。在这一时期，美国和沙特之间的联系被认为至关重要，这主要是因为沙特拥有巨大的石油储量，长期以来，美国对此投入了巨资。然而，即使到了1960年代，稀少的人口、有限的经济潜力和部落林立的权力结构，仍使沙特像是美国的一个奇怪盟友，美国几乎没法依靠沙特的商业和军事能力。

伊朗则完全不同。与苏联的漫长边界使其成为美国对抗冷战头号大敌不可替代的第一线。除了土耳其，伊朗是美国盟友中与苏联边界最长的（当时芬兰被认为是中立国）。伊朗也是世界上石油及天然气资源储量最大的国家之一。1973年的十月战争后，巴列维国王证明了自己是个可靠的盟友，不会被阿拉伯国家之间的团结所打动。虽然伊朗国内实行高压统治，但其政治毕竟稳定，亲西方的掌权者愿意认可西方的政治话语，这对英美来说很重要。与之形成对照的是阿拉伯世界大多数国家在政治上不断偏向苏联，于是，伊朗的地缘政治价值、不断增长的中产阶级人口和高速发展的经济成为美国选择伊朗的三个主要因素。当英国在1970年代前期从波斯湾地区撤退后，伊朗的地位不断上升，成为波斯湾地区安全的守护者，并确保西方获取该地区石油资源的渠道通畅。围绕波斯湾地区的控制权，伊朗和新成立的阿联酋及其在阿拉伯世界的众多支持者展开了竞争。

不管是公开还是私底下，历届美国政府都极力吹捧巴列维，夸赞他是一位能力卓越且眼光长远的领导人，并对他的国际地位和区域影响力表示认可。虽然新闻界有时也会批评他的夸大其词，私下里也有人嘲笑他的军事野心和专制统治，但总的来说，美国方面很支持他在伊朗国内的改革。除了建设伊朗的军事力量，他对外国资本，特别是美国资本的开放，是美国政府支持他的另一个重要原因。因此，美国默许了萨瓦克对异见者的残酷行为，而1970年代中期发生的一系列针对伊朗军队中美国军事顾问的刺杀行动，进一步强化了美国的这种态度。

尽管美国新闻界有关伊朗当局对人权和政治犯的侵犯、酷刑以及军事法庭和新闻审查的报道越来越多，但美国驻伊朗大使和华盛顿的大人物基本上对这些情况都视而不见。他们将此看作维系这个忠诚而可靠的朋友不可避免和必须忍受的恶。即使美国政府有时会私下里向信任的官员，如宫廷大臣阿萨多拉·阿拉姆，甚至是国王本人提出反对意见，但这些意见也主要是针对和美国利益相关的事务，而非对国王的专制统治、秘密警察的无法无天、可靠的民选政府的缺位、新闻审查和乱七八糟的经济政策等提出劝诫。在美国政府看来，这些是一个主权国家的内部事务，超出了外交政策的范畴。

巴列维国王及其亲信一直走在追求地区霸权的道路上。早在1971年前，当不断增长的石油收入打开了非正式外交和兜售影响力的大门时，伊朗国王就已经能够左右自己的政治力量了，这使得美国政府很难把他当作纯粹的暴君。到了1960年代中期，他已经积累起足够的信心，去参与错综复杂的外交活动。

美国和英国都无法干预他的决策。在尼基塔·赫鲁晓夫时代以及接下来的列昂尼德·勃列日涅夫时代，尽管莫斯科的波斯语电台和伊朗国家电台之间展开了对抗性的宣传活动，但国王想通过贸易和制造业的联系，修复与这个令人畏惧的北方邻居及其卫星国之间的关系。由于担心被看作是美国的傀儡以及急于想解释自身的政策，巴列维于1965年访问了苏联，这是对勃列日涅夫两年前访问伊朗的回访，也是伊朗君主在历史上第一次访问苏联。他派了多个外交和贸易代表团前往苏联，双方签订了大量协议，其中有很多的易货协议，并与苏联及东欧能源短缺国家建立了联合开发项目。

巴列维国王在1965年最重要的成就是达成了一个在伊斯法罕建立钢铁集团的协定。虽然苏联的技术相对落后，且过去伊朗主要采用的是西方技术，双方存在兼容性问题，但这个项目仍然是一个很大的成就。尽管从苏联获得的技术有些落后，并造成了环境污染，但伊朗政府仍然把这个钢铁厂看作伊朗工业发展的关键。自1941年德国援建钢铁厂的计划被终止以来，伊朗一直未能实现自己的抱负。接下来的几年里，伊朗又建立起几座设计更为先进的钢铁厂，此外还建起一座拖拉机制造厂。随着与尼古拉·齐奥塞斯库领导下的罗马尼亚、约瑟普·布罗兹·铁托领导下的南斯拉夫以及巴基斯坦、印度、中国关系的不断升温，巴列维国王越来越多地想在经济和外交姿态上去迎合这些不结盟运动的成员国。

在美苏主导的地缘政治环境中，与共产主义阵营交好不仅可以缓解来自苏联的压力——这种压力往往是由在境外的图德党负责施加的，还可以抵消美国的主导地位以及帮助伊朗从美国方面获得渴望已久的尖端武器。1970年代，巴列维在国内外权势的增长减少了伊朗对于美国的依赖，讽刺的是，伊朗公众却认为美国对伊朗的影响力在这一时期达到巅峰。1973年后，得益于石油收入的增长，伊朗的购买力增强了，使得向伊朗出售武器的问题时不时地引起伊朗与美国国会——而非与五角大楼或白宫——之间的摩擦。许多参议员质疑，即在巴列维展现出了想掌控波斯湾的野心的情况下，向伊朗销售像F-14战斗机和F-15战斗机这样的最新武器装备，是否会打破地区的力量平衡。

　　伊美关系，特别是在解决双方分歧的时候，主要依靠的是非正式外交活动以及国王对关键政策制定者和华盛顿大人物展开的游说活动。在伊美关系最关键的1973年至1979年间，伊朗驻美国大使一职由阿德希尔·扎赫迪（Ardeshir Zahedi）来担任。扎赫迪出生于1928年，是法兹洛拉·扎赫迪将军之子，还是巴列维国王的女婿，并担任伊朗外交部长五年之久。作为一位善于建立私人关系网络的外交老手，他被认为是在华盛顿工作的最有成效的外交官之一。大使馆的多数工作都是通过私人渠道展开的，包括与华盛顿权力精英、富人、名人、好莱坞明星进行密谈。他经常在富丽堂皇的伊朗大使馆举办奢华的派对，向最有影响力的来宾慷慨赠送昂贵的礼物（最受欢迎的是伊朗鱼子酱），同时也向其他宾客送礼，以求行事方便。阿德希尔·扎赫迪能力卓越，对于伊朗政府和华盛顿当局来说，他都是不可或缺的。德黑兰的高层外交也丝毫不逊色，国王本人和阿拉姆经常与美英两国驻伊朗大使举行会面。西方各国国家元首、政府首脑和外交部长频繁访问伊朗，使彼此间的贸易和经济活动不断增加，也满足了巴列维国王对声誉和认可的渴望。

　　在基辛格担任国务卿时期实行的"穿梭外交"[1]政策中，和巴列维本人进行直接沟通的渠道对于伊朗和美国来说都很重要，尤其是在埃及-以色列和平进程以及波斯湾安全等突破性问题上。无论内心深处的看法如何，基辛格对巴列维表面上极尽恭维之能事。作为一位精明且经验丰富的外交家，他敏锐地看到中东事务的复杂性，他对巴列维统治的赞扬是建立在和国王及其臣属频繁会谈的基础之上的，这种做法也得到了他所效力的两位总统理查德·尼克松和杰拉德·福特的认可（图11.1）。巴列维国王和以色列建立了几乎全面的外交关系，双方合作展开经济项目，共享情报，这增加了美国希望伊朗参与埃及-以色列和平进程以及后来伊朗建立起与埃及总统安瓦尔·阿尔-萨达特（Anwar al-Sadat，1918—1981）的密切关系的愿景。

---

[1] 指在不直接对话的双方之间充当负责调停的中介，这一外交术语在基辛格担任美国国务卿时被广泛使用，形容他在中东地区的外交活动。

图11.1 1972年5月，亨利·基辛格和阿米尔·阿巴斯·胡韦达在德黑兰的一场宴会后的聚会上。伊朗外交部长阿巴斯-阿里·哈拉特巴里（'Abbas-'Ali Khal'atbari）坐在左侧最远端

亨利·基辛格文件，1972年5月。斯特林纪念图书馆，手稿和档案。由耶鲁大学图书馆收藏。

尼克松在1950年代前期就认识了巴列维，还曾在1953年12月作为艾森豪威尔的副总统访问了伊朗。作为美国在冷战期间坚定的盟友和共和党的友人，巴列维得到了他的支持。1960年，巴列维在尼克松的总统选举过程中提供了不符合规定的捐赠，引起了一些争议，在后来的水门事件期间，他私下里对四面受敌的尼克松表示了同情。尼克松经历了越南战争的艰难岁月，而与此同时，巴列维作为一位国际政治家的声望却在不断上升。他是美国的可靠盟友，对抗着激进的阿拉伯国家，帮助中国开展对外开放，还在埃及-以色列和平进程中扮演了重要角色，他也从这些身份和行为中获得了好处。尽管在民权运动期间，美国的公开形象在伊朗人（以及该地区几乎所有民众）眼中已经变得很糟糕，甚至因越南战争和之后的水门事件而变得更加不堪，但选择站在共和党一边的巴列维国王的形象，并未受到太大影响。

1974年8月9日，杰拉德·福特总统在他就职典礼当天跟巴列维国王通信，此举不是没有原因的。福特总统在信中强调他得到了"国务卿基辛格的充分支持和参与"，并保证将对巴列维国王表现出最大的诚意。他补充道：

> 我特别想向你说明的是，我将努力维持、扩展和加强我们两国间原本已经非常密切的联系和合作。我们之间的特殊关系经历了一代又一代的考验。它不仅是经受住了时间的考验，还变得越来越强大。在权力范围内，我将尽我所能地促进伊朗和美国之间的友谊。[1]

总而言之，尽管伊朗国内不满于本国在中东和西方的关系中居于次要地位，国内的反对派对美国在1953年反国王政变中扮演的角色以及此后支持巴列维作为专制统治者掌权数十年之久有着苦涩的记忆，巴列维还是驾驭着自己艰辛的航程，并取得了一些成就。从战略和意识形态方面看，伊朗面临来自阿拉伯国家潜在的挑战，这使巴列维面前的任务变得更加艰巨了。

面对阿拉伯世界的诋毁者

与美国的关系以及巴列维国王治下更广泛的外交政策轨迹，不仅取决于伊朗在冷战时期的地缘政治格局，也取决于伊朗在该地区不断演变的角色，即作为西方盟友，与阿拉伯国家争夺波斯湾霸权。例如在1975年10月，国王和中央情报局代表在德黑兰的谈话就很明显地反映了他不断增长的自信以及想被当作国际政治重要参与者的雄心壮志。作为对美国新闻界批评的回应，他挑衅般地辩称伊朗油价上涨对美国通货膨胀的影响极小，只有0.4%而已。他最关注的问题是左派力量的兴起，特别是在欧洲和阿拉伯世界，他宣称将依靠金钱和军队来对抗这种趋势。他还毫不含糊地批评美国没能领导世界范围内——包括阿拉伯世界——的反共产主义运动。在回顾中苏关系、中国的崛起、埃及在阿拉伯半岛的野心以及波斯湾安全等问题的同时，巴列维准备坚持既有的立场，即保护伊朗的战略利益、温和派阿拉伯国家的安全以及美国在该地区的利益。为了实现这些目标，巴列维采取外交政策、财政援助和军事行动并行的措施，这使中央情报局非常认可他，并做出如下结论：

> 总之，依靠巴列维国王的个人能力和石油资源，伊朗拥有了现代化的精英人才、发达的经济和强大的军事力量，这使它能够在中东地区很好地扮演起领导的角色。对于一个威权政权来说，后继者往往会面临挑战，哪怕是一个相对仁慈的政权。但伊朗的社会和政治却按照国王设定的轨道年复一年地发展。我认为美国可以和伊朗保持密切联系，并从它的发展中受益，甚至是推动它在地区和国际事务中扮演更加积极的角色，而不是展开对地区霸权的争夺或者推行政治冒险。[2]

不管是为了争夺霸权还是展开政治冒险，伊朗和邻国伊拉克在1958年的伊拉克革命后关系渐趋紧张，而在整个1960年代，与纳赛尔领导下的埃及的意识形态分歧和民族主义矛盾也越来越严重。伊朗的民族主义和整个中东地区的阿拉伯民族主义形成了意识形态竞争，并表现在和伊拉克的边界纷争，和埃及的地区霸权之争。

在阿拉伯世界和伊朗的双方关系中，巴勒斯坦问题以及与以色列的关系不可避免地成为很重要的组成部分。伊朗和以色列的暂时结盟也是基于形势的自然反应，双方对这一点都心知肚明。1960年代伊朗与阿拉伯国家之间的关系也许可以被称为"冷战"，并一直延续到1970年代。这种对立主要是由政府主导的，而不是民众。此外，根植于遥远过去的强烈的民族和文化记忆也加剧了新出现的意识形态对立及战略冲突。巴列维国王继承了他父亲的政策，想培植伊朗的文化民族主义，因此将"阿拉伯人"看作是最根本的"他者"。将古代伊朗的宏大叙事和巴列维复兴"现代伊朗"紧密相连，将"阿拉伯人"描绘成为落后且对"真正的"伊朗文化抱有敌意的贝都因人（Bedouin），这种观念被牢牢地植入了伊朗的民族主义叙事中，并且得到了绝大多数伊朗人的认可。

作为联合国的创始成员国之一，1947年，伊朗投票反对对巴勒斯坦进行分割，而主张在巴勒斯坦建立一个联邦制国家，使阿拉伯人和犹太人的权利都得到保障。然而到了1950年，伊朗在事实上承认了以色列，这在很大程度上是因为这个新成立的犹太国家努力地想赢得该地区所有非阿拉伯国家的友谊。当时，新生的以色列仍然表现出一个受害小国的形象，正忙于在充满敌意的环境中建设一个现代社会。

伊朗的犹太人社区（世界上最古老的社区之一，可以追溯到《圣经》时代）支持以色列的这种做法，从20世纪中期开始，犹太复国主义逐渐成为他们最重要的意识形态，他们期盼着一个美好的未来。伊朗的乡村地区分布着超过10万犹太人，他们在经济上极度贫困，并在萨法维王朝和恺加王朝时期长期遭受迫害。来自政府官员和乌莱玛的勒索，对犹太社区的洗劫，对年轻女性的绑架，对血祭的诽谤[1]和对其他行为的指控，各种公开场合中针对犹太人的骚扰和羞辱以及强迫他们改信伊斯兰教等，这些现象屡见不鲜。再加上第二次世界大战期间得到纳粹资助的反犹太宣传，这种宣传一直延续到了二战后。然而，比起邻近的伊拉克和中东的其他阿拉伯国家，巴列维当局和伊朗大多数世俗化的中产阶级对待犹太人的态度还是要好得多。

在后立宪时代以及整个巴列维王朝，伊朗犹太人的经济状况得到了显著的改善。尽管赤贫状况仍然存在，特别是一些大城市中人口减少的犹太人聚居区，但仍有许多犹太人依靠教育、商业和专业技能获得了更高的经济地位。绝大多数犹太人的口音很特别，带有一点伊朗中部地区方言的特征，他们严格遵守拉比的教导，因而在一个穆斯林占人口大多数的国家，会感到文化上的隔阂，这也妨碍他们融入伊朗社会。犹太复国主义对于大多数非欧洲的犹太人来说原本是很陌生的，但由于它为伊朗犹太人在社会隔离和民族同化之外提

---

[1] 中世纪在西欧盛行的反犹太传言，指犹太人出于宗教礼仪谋杀基督徒，用他们的血祭神。——译者注

供了另一个选项，而得到越来越多的认可和接受。在20世纪前几十年里，改变信仰，特别是改信巴哈伊教，为犹太人实现宗教和社会现代化提供了可行的渠道，这也推动了对他们的文化同化。从19世纪后期开始，在卡尚、设拉子以及其他地区，大批犹太人改变了信仰，以一种平静的方式摆脱了旧宗教带来的磨难以及被隔离于主流社会之外的生活。对犹太人来说，巴哈伊教的普世主义世界观也满足了他们的弥赛亚情结。

然而，改信巴哈伊教意味着将在穆斯林社会中受到更多的歧视和迫害，即使是在巴列维统治时期也是如此。比较起来，犹太复国主义承诺犹太人将拥有自己的祖国，所有犹太人都可以移居到那里，获得新的身份。在整个1950年代和1960年代早期，大批处于社会底层的伊朗犹太人移居到以色列，然而，许多人的希望在遭遇严酷的现实后就破灭了。以色列阿什肯纳兹犹太人[1]（Ashkenazi）中的精英分子摆出了居高临下的姿态，把这些"东方犹太人"看作二等公民，以色列实行的基布兹（kibbutzim）集体社区制度对移居的伊朗犹太人来说也是完全陌生的。一部分人选择返回伊朗，但大多数人选择留下来，并最终被同化。

然而，在此之前，无论是伊朗，还是以色列，都很少考虑伊朗的犹太人社群。有很多因素推动了两国外交和经济关系的发展。对伊朗来说，最重要的是在面对阿拉伯国家时能够确保自身的安全。伊朗于1955年选择加入由英美推动的，包括伊拉克、巴基斯坦和土耳其在内的巴格达条约组织（即中央条约组织），这不仅是为了面对可能的共产主义威胁，也是为了对抗阿拉伯民族主义潮流，特别是纳赛尔的泛阿拉伯主义。埃及与苏联的接近以及纳赛尔的反伊朗政治宣传使巴列维国王及其政府心怀警惕。在1956年苏伊士运河危机期间，尽管伊朗正式谴责了英法和以色列的侵略行径，但它支持运河由国际共管，这一主张从一开始就注定会失败。此外，这次危机还激起了伊朗国内民众潜伏已久的亲巴勒斯坦情绪。1953年伊朗政变后，包括伊斯兰主义者在内的许多伊朗异见人士都对埃及年轻军官群体充满赞许，他们尤其认可纳赛尔的反帝立场。对

---

[1] 也称为"德国犹太人"，通常认为他们是源于中世纪德国莱茵河一带的犹太人后裔。

曾经迎娶埃及国王法鲁克（1936—1952年在位）之妹茀丝亚公主的巴列维来说，埃及君主制的垮台无疑给他敲了一记警钟。

1958年，即苏伊士运河危机两年后，埃及和叙利亚联合组成的阿拉伯联合共和国（United Arab Republic）成立——后来惨淡收场——被当时阿拉伯世界以外的许多人看作泛阿拉伯主义伟大梦想实现的序曲，而对巴列维这样的非阿拉伯国家领导人来说则是一个巨大的威胁。同年，伊拉克革命的胜利反映了对纳赛尔主义的认可，这场革命还残忍地处决了国王费萨尔二世（1939—1958），他是巴列维的朋友。这些信息都被传回了伊朗国内。与之相对，阿尔及利亚革命在1958年反对法国殖民统治期间势头强劲，也得到了伊朗媒体的积极报道，引起伊朗人民的同情。伊朗国内正处于萌芽阶段的伊斯兰激进派把阿尔及利亚的伊斯兰主义者当成令人钦佩的榜样。

到1960年代中期，以色列与伊朗之间发展起来的友好关系加剧了纳赛尔对巴列维政权的抨击。通过在贸易、发展项目以及地区情报和防务方面的联系，伊朗和以色列建立起伙伴关系。伊朗从1950年代后期开始向以色列提供稳定的石油供应，1967年之后，供应量大幅提高，双方联合投资的位于地中海海岸埃拉特港（Eilat）的石油管道又进一步巩固了双方的关系。1962年开始的加兹温平原农业产业发展项目由以色列的私人公司承担，这也是以色列最大的对外投资项目。加兹温位于德黑兰西北95英里，该项目包括该市周边200个村庄，目标是引进大规模的滴灌技术，并展开其他的农业实验。

随着埃及进一步向苏联靠拢——特别是在艾森豪威尔政府未能和埃及政府就阿斯旺大坝项目展开合作后，埃及对伊朗作为美国及以色列同盟的担忧不断加剧。当巴列维国王在1960年公开认可了伊朗和以色列之间的关系后——虽然以色列派往伊朗的外交使团仍然是遮遮掩掩的，也没有得到官方的承认，纳赛尔政权的喉舌、设在开罗的"阿拉伯之声"电台迅速发起了对伊朗持久的宣传攻势。此举导致伊朗和埃及之间持续十多年的外交关系走向破裂。作为回应，巴列维指责纳赛尔是苏联帝国主义的代理人，是一位举止轻浮的暴君，说他密谋针对伊朗，接纳伊朗恐怖分子，还要把阿拉伯激进主义扩展至整个波斯湾。

1960年代前期波斯湾地区不断增长的石油出口量加剧了伊朗对埃及和其

他激进阿拉伯国家在该地区影响力的忧虑。英国逐渐脱离了对特鲁西尔诸国（Trucial States）的宗主国地位，这是一个由波斯湾南岸各酋长国组成的联盟（即现在的阿联酋和卡塔尔）。英国的举动更加大了伊朗对安全问题的关注程度。科威特自1899年以来就是英国的被保护国，当它在1961年独立后，纳赛尔开始利用他的泛阿拉伯主义的影响力，将这个刚获得自由的国家置于他的羽翼之下。他将科威特视为满足埃及能源需求的廉价石油来源以及反伊朗的据点。即使是在埃及和叙利亚的联盟垮台后，巴列维仍然对泛阿拉伯主义和纳赛尔的野心感到担忧，这种担忧将伴随他一生。纳赛尔的宣传机器正在卖力地工作，将波斯湾更名为阿拉伯湾，这种命名虽然违背了历史，却在该地区取得了不小的影响力，这是一个在不可否认的历史证据面前流行起来的虚假名称，是对伊朗地缘政治利益的蔑视。英美两国对纳赛尔的态度很矛盾，特别是在1960年代前期，这进一步刺激了巴列维。伊朗所有原油出口几乎都要经过霍尔木兹海峡，因此，巴列维政权的财政安全在很大程度上取决于能否把纳赛尔挡在波斯湾之外。

波斯湾的命名问题不只加深了巴列维对纳赛尔的痛恨，还开始对大多数伊朗人产生影响。因为早在古代，"波斯湾"（Khalij-e Fars）一词就用来指称临近古代法尔斯省的水域。希腊地理文献中的"Sinus Persicus"和阿拉伯文献中的"Bahral-Fars"表明了两千多年来波斯人与该地区之间的联系。然而，将波斯湾改名为阿拉伯湾，最早出现在1940年代中期英国狂热的大众评论员中。当时，英国控制着这里产油的各酋长国，开发着这里的石油资源。对摩萨台和伊朗石油国有化运动的痛恨也可能促成了这个没有历史依据的称呼的出现。

在20世纪三四十年代政治光谱的另一端，埃及穆斯林兄弟会的活动为伊朗的伊斯兰激进分子——先是伊斯兰敢死队，之后是霍梅尼圈子中的年轻教士们——提供了一个榜样。赛义德·阿里·哈梅内伊（Sayyid 'Ali Khamenei），即未来伊朗伊斯兰共和国的最高领袖，就是穆斯林兄弟会理论家赛义德·库特卜（Sayyid Qutb，1906—1966）的一位仰慕者，并把库特卜的一些作品翻译成波斯文。尽管库特卜在经埃及政府的长期监禁后于1966年被处决，伊朗的伊斯兰反对派仍然称赞纳赛尔的民粹主义、他对西方势力的挑战，以及他反对巴列维的立场。纳赛尔的行动虽然会导致周期性的紧张关系，但对巴列维国王的政策起到了一些积极的推动作用。例如，在与埃及和伊拉克的革命性土地改革竞争中，巴列维政权在整个1960年代执行土地分配及其他改革措施的迫切性更强了。

由于面临来自国内外的世俗力量和伊斯兰教的挑战，巴列维国王越来越表现出强烈的宗教热情，这也就不难理解了。1968年，他进行了一次广为人知的麦加朝圣之旅，在那里，他以极大的谦卑履行了所有的朝觐仪式（图11.2）。一年后，他又参加了在拉巴特（Rabat）举行的伊斯兰国家首脑会议，并在伊斯兰合作组织（the Organization of Islamic Cooperation）的建立过程中扮演了重要角色（图11.3）。

图11.2　1968年，巴列维国王前往麦加进行副朝觐（'umra），并举行"sa'y"仪式[1]

穆罕默德·巴克尔·纳杰费，纪录片《帝国主义与宗教信仰》。

---

[1] 伊斯兰教朝觐仪式之一，指在萨法和玛尔瓦两座小山之间往返穿梭七次，这两座小山位于麦加大清真寺内。相传，先知易卜拉欣的妻子为了给儿子寻找水和食物而在沙漠中奔走，曾七次往返萨法和玛尔瓦之间。

图11.3　1969年，伊斯兰各国首脑在拉巴特召开会议，签署了伊斯兰合作组织宪章。巴列维国王站在东道主摩洛哥国王哈桑二世旁，周围是其他国家领导人，包括沙特阿拉伯国王费萨尔，约旦国王侯赛因以及阿尔及利亚的布迈丁将军穆罕默德·巴克尔·纳杰费，纪录片《帝国主义与宗教信仰》。

复兴党统治下的伊拉克以及波斯湾的安全问题

伊朗在意识形态和领土方面的更大挑战来自邻近的伊拉克。挑战始于1958年的伊拉克革命，并在哈希姆王朝覆灭后充斥着军事政变、政治动荡的10年里继续存在。伊拉克复兴党（Ba'ath Party）在1967年的政变后掌权，使得两国开始陷入持续不断的边界纷争，特别是对阿拉伯河（伊朗方面称为阿尔旺德河，Arvand Rud，意在强调该河与波斯的历史渊源）航道的争夺。扎格罗斯山脉从胡齐斯坦延伸到库尔德斯坦，两国在此经历了断断续续的边界冲突，宣传战则在无线电波和新闻媒体中进行，双方的报复行动使彼此关系变得更加紧张。复兴党政权主要依靠的是逊尼派阿拉伯人的支持，因此，伊拉克南部什叶派和北部库尔德人的生存状况不断恶化。在1990年代以前的大多数时候，西方对复兴党的暴政视而不见，这主要是因为伊拉克的石油出口量巨大，可以和伊朗媲美，同时也是因为西方公司想确保和伊拉克之间利润丰厚的军事和经济合作。

到1971年，萨达姆·侯赛因（Saddam Hussein，1937—2006）掌握了政权，并牢牢控制了伊拉克国家和社会，与伊朗的对抗形势也在恶化。1970年，纳赛尔的去世给了萨达姆一个脱颖而出的机会，使他成为阿拉伯世界新的政治强人。他支持巴勒斯坦人，挑战保守的阿拉伯各国政权，还和巴列维展开了大胆的竞争，至少在国际舞台上，他否认巴列维是波斯湾的最高主宰。1973年的石油危机后，伊拉克的石油收入增长了好几倍。靠着石油收入和泛阿拉伯政治运动，萨达姆看上去已经使开罗和巴格达之间的竞争天平开始倾向后者，特别是当埃及的安瓦尔·阿尔-萨达特总统于1975年驱逐了苏联军事顾问，并向以色列提出了和平协议之后。来自伊拉克的威胁使得巴列维国王进一步向美国靠拢，并且购买了更多的武器以充实他那本已非常可观的军火库，而伊拉克此时已经成为苏联的重要委托人。在1975年，苏联和伊拉克两国签订了友好合作条约，伊拉克成为苏联在阿拉伯世界最重要的盟友。

复兴党对伊朗的敌意有着深刻的历史根源，并在两国频繁的边界冲突中爆发出来。自古以来，伊朗就对伊拉克的领土抱有野心。起源于伊朗高原的萨珊帝国曾将统治范围扩展到美索不达米亚地区，它的首都泰西封就坐落在底格里斯河畔。作为帝国的粮仓，萨珊时期的美索不达米亚还是种族、文化和宗教的熔炉，其印记留存了许多个世纪，即使是在伊斯兰哈里发国统治的鼎盛时期，也难被抹去。作为什叶派的诞生地，这里也是什叶派多个圣地和学术中心所在，因而对于什叶派统治下的伊朗有着非同寻常的吸引力。在萨法维王朝时期，巴格达两度被伊朗什叶派征服，这并非巧合；此后的18世纪、19世纪，伊朗还多次对伊拉克领土发起过进攻。

伊朗和伊拉克在扎格罗斯山两侧的边界争端已有数个世纪之久，也许是世界史最古老的边界争端之一。伊朗西部边界是整个中东地区最古老的也可能是唯一的自然边界，它将美索不达米亚平原和伊朗高原分隔开。在库尔德斯坦高地，边界两侧人们的文化、部落和语言都联系得很紧密，并保持一定程度的自治。随着土耳其、阿拉伯和伊朗民族主义的兴起，库尔德人也形成了自身的民族认同，并且从一战开始就时不时地想建立一个统一的库尔德人国家。但土耳其库尔德人在种族和语言方面存在差异，使统一变得更加难以实现，甚至不可能实现；而伊朗库尔德人的情况要更为团结，部分原因在于他们的种族和语言与伊朗很接近。

两伊之间的边界冲突有着强大的种族、文化因素。年轻的伊拉克国家充满阿拉伯自豪感，声称拥有巴格达阿拔斯王朝的哈里发国、古老的巴比伦文明以及亚述帝国的文化遗产，并在复兴党政权的领导下发展出了民族认同感，这种认同感与其本国的人口多样性相对立。伊拉克与自己的阿拉伯邻国也有分歧，更不用说非阿拉伯国家的伊朗了。一战后，英国托管地的国家建设项目只在名义上将民族和地理分布高度分化的人口整合为一个拥有共同价值观和命运的国家。不像土耳其和伊朗的民族主义，阿拉伯复兴主义并未真正尝试去整合或接受境内其他族群的身份观念。

伊拉克库尔德人追求自治的运动引起了巴格达方面深深的担忧，伊拉克政府对其展开了残暴的镇压。这也引起了伊拉克方面对伊朗的敌意。为了获得自治，伊拉克库尔德人在毛拉·穆斯塔法·巴尔扎尼（Mulla Mustafa Barzani，1903—1979）的领导下，从1950年代末开始和巴格达方面展开艰苦卓绝的斗争，双方时而直接对抗，时而进行谈判。随着复兴党在萨达姆·侯赛因领导下态度渐趋强硬，库尔德人在1974年举行了大规模暴动，这也导致了伊拉克和伊朗政府之间的直接冲突。伊朗政府长期以来向库尔德人提供武器和物资，两伊边境和伊朗内部营地先后容纳了超过20万的库尔德避难者和佩什梅格[1]（Peshmerga）游击队员。

伊朗之所以支持库尔德人的暴动，首先是出于政治上的考虑。长期以

---

[1] 指伊拉克库尔德斯坦追求自治的军队组织，意为"面对死亡的人"，也称"自由斗士"。

来，巴列维当局一直坚决抵制伊朗库尔德人类似追求自治的主张，即使在文化层面也是如此。巴列维的行动是其反伊拉克政权的诸多政策中的一项，至少从1968年开始，这些政策导致两国关系逐步恶化。萨达姆的反击针对的是什叶派人口，尤其是自13世纪以来就居住在伊拉克什叶派圣城的伊朗裔群体。从1968年到1974年间，伊拉克政府驱逐了超过6万伊朗裔人口，将他们赶到伊朗国境线内。这一行动严重伤害了伊朗人民的感情，也使两伊矛盾达到顶点。

伊朗的宗教、政治和文化影响在伊拉克南部已经延续了至少7个世纪。早在13世纪伊尔汗国时期，伊朗就想将该地区的什叶派圣地卡尔巴拉和纳杰夫收入囊中，并且尝试唤起伊拉克南部什叶派信徒的忠诚。该地区几乎所有的什叶派圣地和其他宗教场所都是在波斯统治者和显贵的资助下才得以建造和修复的，他们还捐赠了大笔款项，用于这些圣地的日常修缮。来自伊朗延绵不绝的朝圣者也是伊拉克南部地区重要的经济来源之一，伊朗教师和学生遍布该地区多数经学院，并拥有庞大的管理人员网络，能从穆智台希德分发的救济品以及其他宗教基金中获益。一直到20世纪，纳杰夫和卡尔巴拉以及这些圣城周边地区的墓园里，都埋葬着大量来到伊拉克南部的虔诚的伊朗人。大量的捐献和其他宗教费用也从伊朗信徒手中流入纳杰夫什叶派"效仿源泉"的金库中。萨达姆政权无视伊拉克南部地区与伊朗什叶派的联系，认为这种联系妨碍了自己要开展的阿拉伯同化方案。作为典型的具有特定认同的独裁政权，萨达姆决定清除伊朗在伊拉克内部的影响力。

伴随涌入伊朗的库尔德避难者及什叶派回归者的是两伊从1968年开始就不断增加的边界冲突。这是自19世纪中期以来诸多边界委员会引发的划界争端。伊朗对1937年在英国支持下签订的，包括伊朗、伊拉克、土耳其和阿富汗在内的《萨达巴德互不侵犯条约》（Sa'dabad Nonaggression Treaty）感到不满。该条约规定内陆国伊拉克拥有阿拉伯河航道的完全控制权，以便为其石油出口和经巴士拉港进入公海提供可靠的出海口。然而，伊朗坚持自己的历史权利，并于1969年声称该条约是英国殖民活动的遗产，剥夺了伊朗经由该水道通往波斯湾的自由航行权，宣告该条约无效。经伊朗最重要的贸易中心霍拉姆沙赫尔港，向南到达坐拥伊朗大部分炼油厂的阿巴丹，这一重要路线受到了威胁。伊朗方面要求的是对共享水道的控制权以及对中央基线的完全航行权。在伊拉克方面看来，这一要求侵犯了它的主权；对伊朗来说，则是在国际法框架下恢复自己的领土权利。

在伊拉克复兴党的叙事中，伊朗方面的要求预示着旧的波斯霸权的重现，也反映了巴列维的个人野心。伊拉克对伊朗边境警卫多次发动袭击，并造成了破坏，尽管这些破坏并非完全有效。在1974年之前，伊拉克方面明显处于守势，并且急于跟伊朗达成挽回颜面的协议。由于伊拉克内部在库尔德人和什叶派信徒问题上存在分歧，萨达姆一反常态地摆出了和解的姿态。1975年3月，石油输出国组织成员国领导人在阿尔及尔举行年度会议，在阿尔及利亚总统的斡旋下，萨达姆和巴列维举行了会面，双方签署了解决三个主要争端问题的初步协定。这些协定被称为《阿尔及尔协议》（*The Algiers Accord*），成为此后双边条约的基础。该协议要求根据《1913君士坦丁堡协议》（*the 1913 Constantinople Protocol*）划定两国边界，根据深泓线划分阿拉伯河（阿尔旺德河）的水域界线；双方共同对边界展开监督，以保证双方的安全。

萨达姆做出的可观让步是巴列维对伊拉克政策获得的巨大胜利，也是其波斯湾政策达到的新高峰。但这让库尔德反抗者付出了沉重的代价，他们极度依赖于伊朗的支持，并借此反抗巴格达。因此，他们将该协议看作是对自己事业的背叛。穆斯塔法·巴尔扎尼曾作为伊朗政府的客人，在伊朗避难，与自己的高级指挥官们一起住在德黑兰郊外，一直到1979年去世。具有讽刺意味的是，在1946年，他被伊朗政府赶出马哈巴德，并被视为不受欢迎的人。大部分避难者在得到巴格达方面的赦免保证后回到了伊拉克库尔德地区，他们不知道等待自己的将是悲惨的命运，也不知道在库尔德斯坦的城镇和村庄里，成千上万的库尔德同胞会暂时让步于伊拉克–伊朗冲突的突然结束。

在两伊冲突中取得的胜利虽然很短暂，却刺激了伊朗进一步卷入波斯湾事务，其程度之深，直追17世纪阿巴斯一世时期。随着英国的撤退，伊朗于1971年11月占领了波斯湾三个面积很小且基本无人居住的小岛[1]，它们的战略

---

[1] 即阿布穆萨岛、大通布岛和小通布岛。——译者注

意义极为重要。这激起了新成立的阿联酋和其他邻国的愤怒抗议。阿拉伯世界将伊朗的吞并行为看作对阿联酋主权的侵犯，而在伊朗看来，这只是重申了自身不可分割的领土主权。随着巴林的独立（在伊朗基于英国的压力而放弃了对巴林的权利主张后）伊朗对这三个岛的吞并看上去不可避免。

早在萨珊王朝时期，伊朗就主张对巴林岛及其周边地区拥有控制权，在伊斯兰时代，这种要求也时断时续。萨法维时代早期，伊斯玛仪曾想从阿拉伯酋长手中夺回三岛，却因葡萄牙人于1521年在该地建立了军事据点而失败。直到1602年，阿巴斯一世才驱逐了葡萄牙势力，占领三岛，成为他在波斯湾沿岸地区霸权的一部分，并与占据了波斯湾尽头巴士拉的奥斯曼帝国针锋相对。波斯的统治通常是通过地方王朝进行，并延续了两个世纪。直到19世纪初，英国在波斯湾地区建立海上霸权，借助惯用的扶持地方政权的殖民政策，支持建立起相对于伊朗中心地的区域飞地；并允许一个来自科威特的小部族酋长阿勒·哈利法（Al-e Khalifa）在英国殖民控制下，在巴林地区培养自己的势力。在整个19世纪，衰弱的恺加王朝的抗议都被无视了。巴林作为重要的海军基地和地区贸易的枢纽，像毗邻的卡塔尔和科威特一样，成了英国保护的特鲁西尔酋长国的一部分。它的意义不仅在于与一个世界性贸易团体进行繁忙的贸易活动，还在于打击海盗和威慑来自阿曼及瓦哈比派的威胁。1930年代巴林石油的发现，进一步加强了英国在此地的殖民统治。

1970年，联合国主持了投票，按照巴林自身的意愿使其获得独立。巴林问题的最终解决迫使伊朗宣布放弃对巴林岛的主权。尽管面临来自阿联酋成员国和其他阿拉伯国家的强烈反对，但由于被视为屈从于英国，伊朗国内掀起了相当多的民族主义骚动，促使国王坚持伊朗对波斯湾中部三个岛屿的主权要求。伊朗的地缘政治野心从波斯湾延伸到了阿拉伯海（以及阿曼湾）和印度洋，招致了从利比亚到南也门的激进派阿拉伯政权的不安。

从1973年开始，伊朗站在阿曼苏丹一方，在阿拉伯半岛东岸的佐法尔（Dhofar）地区对南也门支持下的共产主义游击运动"被占领的阿拉伯湾民族解放阵线"（the Popular Front for the Liberation of the Occupied Arabian Gulf）展开军事行动，这反映了巴列维对共产主义在该地区的渗透感到焦虑。作为从英占时代延续下来的冲突，伊朗特种部队在空军的支持下和阿曼地方武装展开了耗资巨大的战斗，一直持续到1975年。

和伊拉克的边界争端，与纳赛尔的口水仗，吞并波斯湾三岛以及干涉佐法尔问题，并未真正让20世纪六七十年代的巴列维国王在地区事务上取得成功。为了和温和派阿拉伯国家保持友好关系，他和约旦国王侯赛因（1952—1999年在位）保持着个人友谊。当侯赛因面对众多敌人时，巴列维对他馈赠丰厚，并给予了道义上的支持。安瓦尔·阿尔-萨达特是另一个例子，他得到了巴列维的全力支持，并且在埃及和以色列缔结和平条约时，得到了巴列维国王的全程建议。他还和黎巴嫩什叶派以及马龙派[1]（Maronite）领导人结成了策略同盟，其中包括出生于伊朗的黎巴嫩什叶派阿迈勒（Amal）运动[2]领导人穆萨·萨德尔（Musa Sadr，1928—1978）。在伊朗东部边境，佐勒菲卡尔·阿里·布托（Zulfikar Ali Bhutto，1928—1979）领导下的巴基斯坦也极度依赖伊朗的经济援助以及道义、外交支持；阿富汗首任总统穆罕默德·达乌德·汗（Mohammad Daoud Khan，1909—1978）于1973年通过政变推翻穆罕默德·扎希尔·沙赫（Mohammad Zahir Shah，1933—1973年在位）后，同样也要依仗伊朗的支持。达乌德需要借助伊朗的援助，以抵御苏联在阿富汗国内日渐增长的影响，他还请求伊朗帮助调解阿富汗与巴基斯坦之间的边界争端，这也反映了巴列维不断增长的地区影响力。

到1970年代中期，巴列维国王已在超级大国关于波斯湾和邻近阿拉伯国家的稳定到底依赖于谁的分歧中，开辟出了自己的战略位置。尽管存在一些失误，但和长期以来伊朗国内以及西方对他的批评相反，巴列维成为美苏和欧洲各国眼中成熟的政治家和重要的盟友，他在国内赢得了广泛的支持，展开了改革，避免了保守派的反对，压制了激进的阿拉伯邻国，朝着地区稳定和和平进发。

在巴列维国王看来，考虑到伊朗危险的地缘政治环境，顺从美国的外交

---

[1] 是基督教东仪天主教会的一个分支，在黎巴嫩现代国家的建立中起到了重要的作用。
[2] 是一个与黎巴嫩什叶派社区颇有关联的黎巴嫩政党，由穆萨·萨德尔及侯赛因·侯赛尼于1974年共同创立。

政策目标不仅是无法避免的，还会对伊朗的稳定与繁荣带来好处。他一方面急于向西方表示忠诚，另一方面又成功地安抚了自己的邻居苏联，还使自己从中获益。考虑到自19世纪以来伊朗决定性的地缘政治，巴列维国王统治的后期或许是伊朗外交政策最稳定的时期，尽管人们对此存在争议。但回顾巴列维政权垮台以及1979年伊斯兰革命后中东地区所经历的余震——苏联入侵阿富汗，巴基斯坦政局动荡，萨达姆·侯赛因和伊拉克复兴党作为地区威胁力量崛起，沙特阿拉伯作为石油帝国崭露头角，以及随后好战的瓦哈比-萨拉菲派（Wahhabi-Salafi）活跃起来——就可以对巴列维国王的战略稳定效果进行估量了。

美国形象的演变

对内的高压政策和经济发展的不足给巴列维的统治蒙上了一道长长的阴影，甚至超越了现实，这种形象进一步因对西方利益的顺从而受到玷污。尤其是在除各种自由派、左派和宗教异见人士以外的普通伊朗公众眼中，美国是一个自私的超级大国，为掠夺伊朗的资源而支持国王对伊朗采取高压统治。图德党在20世纪四五十年代孕育起来的反美主义开始逐渐成为伊朗国内各派异见人士的共识。越南战争期间，伊朗媒体铺天盖地的报道进一步强化了美国的霸权形象。美军对越共（Vietcong，即越南南方民族解放阵线）进行的地毯式轰炸以及投下的凝固汽油弹、橙剂，使得普通伊朗民众深受震撼。和全世界其他地区一样，这被认为是残忍和不公的。对越南民众悲惨遭遇的同情往往就意味着对美国侵略者的仇恨。

在吉米·卡特总统于1977年颁布人权政策隐晦地提及对伊朗局势的关注之前，美国官方很少对巴列维的所作所为进行公开指责。美国国内的知识界或是其他群体也很少质疑巴列维的专制统治，认为他的专制统治至少并不足以对华盛顿当局造成影响。美国政治家们对巴列维的态度混合了傲慢和尊重，但保证了他对伊朗社会的控制。这有点像19世纪的殖民地管理者看到地方酋长对自己部落进行残酷统治时所秉持的态度。每当出现对巴列维的批评时，美国方面考虑更多的是美国在伊朗的既得利益以及美国人在伊朗的投资安全。

这种消极态度使得美国政府和公民多年来对伊朗所做的贡献被渐渐淡忘。1970年代的伊朗人很难再想起美国在伊朗现代教育、农业、城市改革和医疗方面的贡献。从19世纪以来，美国通过建立教会学校帮助伊朗训练了一代精英。即使是在礼萨·汗时期，这些学校和其他教会学校以及社区学校都被征用，它们还是培养了几代受教育的伊朗人。例如厄尔布尔士高中原本是一所长老会人文学院，经塞缪尔·乔丹的领导，在20世纪二三十年代得到了很大发展。伊朗最早的女校努尔巴赫什女子学校也是一例。早在1835年，就有最早的一批美国长老会医生来到乌鲁米耶，稍后长老会又在大不里士、德黑兰等地建立了医院，引进新的医疗技术。19世纪晚期，第一位在伊朗执业的女医生也是一位美国传教士。

美国从1949年开始执行的"第四点计划"援助了包括伊朗在内的国家，在1950年代早期，该计划被证明对伊朗政府推行的发展项目至关重要。这些项目包括建立新的乡村学校，改进动物饲养技术、灌溉技术和育种技术，兴建农村医疗设施和城市公共设施——如德黑兰的水处理计划和供水系统等。通过和建于1942年的伊朗水务管理局的合作，"第四点计划"帮助建立了德黑兰的污水处理厂，完成了城市清洁用水供应网，大大改善了伊朗首都的健康和卫生状况。美国的技术和资金支持还推动了卡拉季大坝（此后称阿米尔·卡比尔大坝）的修建。这是伊朗第一座现代大坝，位于德黑兰西北方，于1961年完工。对于饱受供水不足困扰的德黑兰来说，这座大坝意义重大。

在文化方面，美国方面做出最大贡献的是富兰克林出版社。富兰克林出版社将重要的美国文学作品、学术作品翻译成波斯文，再以平装本形式出版，成为伊朗各大出版社的楷模。1953年之后，富兰克林出版社（受非营利的纽约富兰克林出版集团资助）致力于营造自由的文化氛围，它吸引了大量的知识分子，其中有很多人对左派政治感到失望。富兰克林出版社给了他们一个机会，使他们能够在相对自由的环境中从事翻译、编辑和创作工作。他们通常是和伊朗出版商合作，或是接受富兰克林出版社自身的资助。许多美国作者都被介绍给了波斯读者，如赫尔曼·梅尔维尔、杰克·伦敦、欧内斯特·海明威和约翰·斯坦贝克。从20世纪最初的几十年开始，该出版社和伊朗政府合作编纂中小学教科书和各类大学补充教材，这些教材在出版设计中运用了新的教育理念，比原先由政府主导、伊朗教育部负责编订的乏味教材略胜一筹。

另一个助力美国成为艺术和文化支持者形象的机构是伊朗-美国协会（Iran-American Society）及其文化中心。该机构最初作为一个半官方机构，于1950年代在美国成立，直到1979年革命之前，它的文化中心遍布德黑兰、伊斯法罕、设拉子和马什哈德，提供英语教学课程，维持租借图书馆，还出版书籍和杂志。这些中心还承办了许多文化活动：艺术展览、电影放映会、先锋戏剧演出、故事会、音乐会和诗歌朗诵会。对许多想寻找廉价娱乐、摆脱由政府控制的单一媒体的伊朗知识分子和大学学生来说，这些中心较少由政府监控，让人耳目一新。凭借充足的预算和良好的设施，伊美协会在20世纪六七十年代成功地与活跃在伊朗的其他外国文化机构展开了竞争。除了美国文化中心，英国文化委员会、法兰西学院、苏伊友好协会、德国歌德学院和伊朗-意大利文化协会也为伊朗"左"倾诗人和作家等异见知识分子提供了活动的空间。

自美国和平队于1961年成立以来，伊朗就成了它援助名单上的第一批成员。在1962年到1976年间，共有1748名男性和女性美国志愿者在伊朗的城镇和乡村进行服务，从最基础的乡村学校到大学，他们教授英语和其他学科的课程。许多伊朗人因而与和平队有了接触，参加了他们的课程，或是其他指导性活动，对他们的人道主义行为以及致力于改善伊朗和其他地区贫困人群生存状态的活动印象深刻。对这些志愿者来说，和普通伊朗年轻人一起在小镇和农村工作的经历也是弥足珍贵的，许多人对这种经历产生了强烈的感情。成立于1963年的伊朗扫盲队就是受美国和平队志愿者的激励而组建的，后来成为白色革命重要的组成部分。

然而，美国除在文化和教育方面营造了良好氛围外，它与伊朗在安全和军事方面的密切联系使普通伊朗人看到了它的另一面。截至1970年代中期，有数以万计的美国人在伊朗工作，很多是在政府部门担任军事顾问、承包商、技术员和熟练工。其中有一部分人曾作为军事人员，在越南服过役，后来因丰厚的收入而来到伊朗。他们被伊朗正在兴起的军事工业吸引，如位于伊斯法罕的由美国授权的贝尔直升机工厂。其他人则受雇于那些参与基础设施、石油、通信和各种技术项目建设的大企业。在巴列维当局看来，这些美国和欧洲的专业人员填补了伊朗经济高速增长时期的技术岗位的空缺。

大多数在伊朗工作的美国人的收入远高于他们的伊朗同僚，哪怕这些伊朗人的技术和经验并不比他们差。相应地，他们的生活水平也要高得多。经济上的差距成为伊朗人不满情绪的来源之一，这种不满情绪随即又演化为对美国文化的抵触。美国人在工作场所和生活中的傲慢态度被放大。在像伊斯法罕这样的传统城市中，美国人各种粗鲁、无节制的行为（如酗酒），给当地人留下了刻板印象。

普通伊朗人对美国更糟糕的印象来自美国军事和安全人员对伊朗安全部队的训练、后勤供应和监督，以及对萨瓦克的监管。在一个缺少自由和多样化媒体的社会中，谣言传得特别快，因而进一步塑造了美国的负面形象。这些因素共同唤起了伊朗社会的排外情绪，美国的形象也受到了影响。伊朗人民开始认识到美国有双重面孔，而且这两副面孔是彼此独立的：善良的美国和作为超级大国的美国。前者对伊朗民众来说，意味着他们的孩子能接受更优质的教育，意味能使用到美国制造的产品，比如汽车和家用电器，以及分享美国各种科技成就，如太空项目；与之对应的则是丑陋的美国——在国外对合法政府展开密谋和政变行动，进行霸权战争，通过资金和军事援助支持独裁者。即使将美国描绘成大魔王的言论成了伊斯兰革命的重要组成部分，对美国双重面孔的认识仍然延续了下来。

统治工具：萨瓦克和复兴党

随着巴列维国王国际地位的上升，伊朗国内的人权问题和高压统治也使他受到了更多的批评。伊朗国家财富和实力的增长——尤其是在1973年以后——使得他进一步加强了专制统治，王室也更加挥霍无度。志得意满的巴列维王朝和伊朗社会之间的隔膜越来越深，这渐渐地侵蚀了它的统治根基。国王的权力开始空心化，这首先是因为他竭力避免多元主义和公众参与的政治模式。正如他向公众宣扬的，1953年之前的记忆使他确信在伊朗实行民主制度只会招致混乱。他坚持认为，自己的决断视野加上人民的效忠和服从，是伊朗迈向"伟大的文明"的宝贵财富。事实上，这种愿景——如果能让人相信的话——只不过是被用来当作实行社会控制的借口，他并不尊重那些对其愿景提出过质疑的观点以及实现这些观点的任何手段。

在1960年代中期，即1963年起义后不久，巴列维当局几乎解散了所有类似的独立政治组织。第二民族阵线被解散，其领导层被拘禁，后来才被允许从事与政治活动无关的职业。伊斯兰自由运动（Islamist Nhazat-eAzadi）就没这么走运了。它是成立于1961年的第二民族阵线的分支，由马赫迪·巴扎尔甘（Mahdi Bazargan，1907—1995）领导，马赫迪本人是德黑兰大学的热力学教授。虽然伊斯兰自由运动坚持活动了几年，并从忠于伊斯兰事业的专业人士如工程师中，招募成员，但很快，当局禁止公众参与其中。

第三方力量的残余势力——主要是由独立的社会主义者组成的小同盟——几乎全部消失了。1966年3月，负责主持该党的化学教授、独立左派的理论家哈里里·马利基在军事法庭接受审判，并因一些荒谬的指控被判入狱三年。所有异见的声音都被压制了下去，包括独立的左派知识分子、大部分活跃的教士和大学生。接纳马利基和他的社会主义思想，也许是巴列维王朝阻止失意的年轻人转向激进左派的最好机会。

到1970年代早期，国王变得更加专断，即使是那些忠于他的人也不能发表哪怕是很温和的异见。自1965年长期（在1953年政变后）担任德黑兰地方军事长官以及萨瓦克第一指挥官的特穆尔·巴赫蒂亚尔因自己的政治野心被驱逐以来，国王几乎不再允许任何官员（无论是文职官员还是军官）在国家政治舞台上拥有自己的独立立场。不同于官方对白色革命的描述的观点，即使是对国家经济政策和发展计划的善意批评，也要受到审查。比起对批评的厌恶，国王更忧心这些批评带来的后果，这也助长了阿谀奉承和猜忌怀疑的风气。溜须拍马的表演是为了让公众相信国王的权威是不容置疑的（图11.4）。然而，在单调乏味的技术官僚政治和溜须拍马背后，隐藏着冷嘲热讽，这种冷嘲热讽只能存在于私人谈话或亲密圈子里的政治笑话中。

图11.4　1971年马卜阿斯节[1]（Mab'ath），教士向巴列维国王行礼

穆罕默德·巴克尔·纳杰费，纪录片《帝国主义与宗教信仰》。

　　萨瓦克此时正处于国王的直接控制下，1965年后，国王的亲信内马托拉·纳斯里将军担任了萨瓦克的负责人，此人没受过什么教育，也缺少政治智慧，而这些对于政府的安全和情报部门来说却至关重要。萨瓦克此后变成了一

---

[1] 也称"先知为圣日"，Mab'ath意为"派遣"，在什叶派中，马卜阿斯节于伊斯兰教历7月27日举行，为纪念在公元610年7月27日，先知穆罕默德正式接受启示，成为安拉的使者。

张巨大的网，对伊朗社会进行控制、高压统治，并监控所有对政府的批评言论。这远远超出了它的实际能力，更别说它本身的职责了，于是萨瓦克只好依靠恐怖、告密者和酷刑来履行职能。

作为一个情报安全官员，帕尔维兹·萨贝提（Parviz Sabeti）想向公众展示萨瓦克的另一副面孔，试图用萨瓦克自身的机敏和情报能力来赢得伊朗公众的认可。危急关头，萨瓦克骄傲地大显身手，如在针对图德党残余、新近出现的青年马克思主义者和伊斯兰组织以及其他各种异见者的秘密战中。1960年代末及1970年代初的电视广播被嘲讽为"萨瓦克的表演"，除了增加民众对它的恐惧，再没有任何作用。和纳斯里粗鲁、死板以及对伊朗社会现实一无所知的形象不同，作为他的副手，萨贝提希望将自己打造成一个具有改革精神的专业人士。即使他真的做到了——这一点也值得怀疑，萨瓦克的形象也并未得到改善。

到了1970年代中期，萨瓦克拥有5000名成员，每年预算高达1亿美元，被大多数伊朗人认为是本国最有效率的组织之一。其成员包括年长的军官、忠诚度极高的平民以及大量的外勤、专业技术人员、审讯人员（大多数情况下，只是刑讯者的委婉说法）。这个由线人、间谍和守卫组成的庞大的网络遍布各个政府部门、官方组织、大学、广播电视部门、新闻出版机构、大中型工厂及企业、劳工和行会组织，也遍布教士、知识分子和巴扎中，此外，还深入其他公共和私人的机构以及一切重要的工作场合。从游击队、秘密政治活动到清真寺和宗教集会、伊朗驻外代表团、在欧洲和美国的学生异见组织、外国驻伊朗使团和伊朗驻外使团，都有萨瓦克的线人渗透其中。

比起互有联系和定期交换情报的外国同行，如中央情报局或其他美国情报机构，英国军情五处以及以色列摩萨德，萨瓦克看起来装备更精良，信息更灵通，也更加可靠。巴列维禁止它收集外国情报，它主要关注的是国内安全而非国际间谍活动。它在巴列维政权的最高层中造就了对国王本人的敬畏之心，它干涉政府任命，甚至对那些相对次要的职位也是如此。它还整理了大量的文件，这些文件可追溯至战前时代，其内容不仅包括那些持不同政见者和当局批评者——如前图德党支持者、自由民族主义者、乌莱玛、宗教活动家和知识分子，还包括所有表示悔过自新、重新效忠巴列维的人。该组织利用自身的情报资源和审讯手段，凭借高效而残暴的恶名，加强了巴列维政府对社会和国家的控制。

但萨瓦克也有致命缺陷，并深受其害。作为国王的爪牙，它怀疑任何独立于国王的人和思想，它不仅致力于扫平马克思主义游击队和其他左翼积极分子，甚至还针对任何公开批评政府政策、指责政权腐败和失误、抨击国王和王室的人。它不仅借助审讯和拘留等手段，还想树立起自身无处不在的形象，这远远超出了合理的范围。此外，萨瓦克掌控者自身的眼光和知识水平有限，这又进一步限制和伤害了它本身。萨瓦克和国王及高级官员一样偏执，沉迷于阴谋论而不能自拔，将伊朗的国内问题，包括游击队运动、供应短缺和经济僵局，都归咎于外国势力。

萨瓦克甚至怀疑大臣和高级公务员中也存在外国间谍和外国支持者，奇怪的是，他们认为英国和美国间谍的数量要比苏联还多。与国王及大多数巴列维精英分子一样，萨瓦克接受了这种偏执的观点。萨瓦克的官僚主义和僵化说明了它无法发现伊朗国内激进主义高涨以及不满情绪越来越普遍的根本原因。它也完全没有预料到1979年的革命，当革命到来时，它根本无能为力。在其整个历史中，萨瓦克主要是进行高压统治，并滥用手中的职权。随着巴列维国王统治的垮台，它也覆灭了。

在连温和派异见者也被清除后，国王鲁莽地想组建一个包含所有势力的政党。到了1970年代中期，对国王来说，哪怕是虚有其表的两党制也无法接受。1964年，新伊朗党成立，该党主要由出身上层的年青一代技术官僚组成，为首的是哈桑-阿里·曼苏尔，在他被暗杀后，阿米尔·阿巴斯·胡韦达继任。胡韦达试图推行较为温和的、独立的执政活动，但很快就屈从于国王的意愿。尽管议会党团制度还保留着，偶尔还会和人民党有激烈的争论，但这些被认为只是一件披在国王专制上的宪政外衣。

除了两党制模式的失败，效率低下、裙带关系和腐败问题也促使国王选择一党制的政治模式。这种任意妄为不禁让人想起纳赛尔·丁·沙赫和他频繁的政府重组。也许是受到邻国伊拉克复兴党的激励，国王于1975年3月决定组建伊朗复兴党，这是国王试图与民众进行更深层次接触的一个转折点。然而，该党的本质是专制的，却被当局的宣传机构夸大为一个能够解决伊朗政治纷争的绝妙方案，它能够超越精英政治，动员普通伊朗人努力实现"国王和人民的革命"的共同目标。伊朗复兴党垄断了政治参与，并使所有伊朗人成为其成员，这是一个不祥的预兆。

在某种程度上，任何为新党发声的计划都是为了鼓励公众参与他们社区和工作场所的事务。然而，政治参与被小心翼翼地回避了，该党的所有成员——从领导者到普通党员——从一开始就明白严肃的政治事务并不包括在内。政治参与旨在对抗现有的各种缺陷和经济困难，开辟社会和经济发展的新渠道。伊朗国王在一份非常直率的声明中宣称，任何拒绝加入该党的人显然都不是爱国者，他们可能会因此而失去自己的公民身份，永远流亡国外。强制入党只是更严厉措施的前奏，即社会秩序、教育、劳动关系、官僚机构和经济的彻底改革。

然而，国王很快就被迫向现实妥协。任何专制政权都很难对自身进行改革。该党的两大派系——"进步"（progressive）派和"建设性自由"（constructive liberal）派——分别由国王最为忠诚的两位技术官僚领导。他们领导着胡韦达政府中的强力部门，长期以来，在现政权中平步青云，享受着巴列维时代精英的各种特权。尽管他们的专业能力毋庸置疑，但他们缺少任何愿景，更别提使命感了。事实很快证明，尽管国王的改革是想打破原有的权力秩序，但现实是一切照旧。就算我们假设他们的本意是好的，但想指望大部分伊朗人——教师、工人、农民、巴扎商人、学生、中低级公务员、家庭主妇（更别提知识分子和怀疑论者）——会真的相信这雕虫小技，也是太过天真了。国家控制的媒体展开了铺天盖地的宣传，伊朗复兴党撒出大笔金钱，想广泛展开基层动员，结果只在农村、工厂、社区、学校和政府内部激起了一些微小的波澜。

然而，伊朗复兴党缺乏民主的这一缺陷太过明显，以致该党很快就走向瓦解，该党最热心的支持者也变成怀疑论者。到1977年，也就是该党成立的仅仅两年后，该党的表现就令国王感到失望，他甚至想改组高层领导，以避免政治上的惨败。此时的伊朗社会正在迅速走向全面革命，从支持巴列维的男性精英群体中挑选出来的该党领导人既无创造力，又无效率，根本不能完成为本党建立可靠群众基础的任务。一年后，虽然国王在公众的压力下放松了对伊朗复兴党的控制，但重组该党的最后努力仍旧宣告失败。在民众抗议的重压下，伊朗复兴党成了第一个垮掉的巴列维政治工具。它对国王阿谀奉承，缺乏政治脊梁，又未能为检讨政权的关键缺陷提供空间，更不用说促进公众真正的政治参与了。

通货膨胀和价格控制

与伊朗复兴党的存在的同时，伊朗政府开始了"稳定价格"的运动，此举是其民粹主义行动计划的一部分，也是为了遏制激增的通货膨胀。为了解决这个问题，它首先在零售端控制消费品价格，这类似波斯人对支持小麦价格上涨的邻国实施的惩罚。这场运动导致大量企业被关停，也催生了多笔巨额罚款，之后国家开始接管私人企业，企业家和批发商则以囤积居奇和哄抬物价的罪名被拘留。据估算，1970年代后期伊朗年通货膨胀率高达25%，这主要是因为石油收入被不适当地注入了伊朗经济。随着所有的新收入流入伊朗的经济领域，政府受此推动，也开始了前所未有的疯狂"购物"狂潮：开拓新的发展项目、大批量地进口、增购军事装备、发展高档服务业以及在城市展开一系列投资活动。建筑业的快速增长以及随之而来的熟练及非熟练劳动力的短缺很快就会到来。在大多数（如果不是全部的话）发展中国家，出现这样的情况是在意料之中的。然而，巴列维国王所采取的补救办法则不那么寻常，而且这种情况的出现是本可以避免的。

新增加的收入有利于进口商，而不利于其他经济部门，尤其是制造商及供应商，结果破坏了国内市场的基础。此外，价格上涨让当局感到担忧，因为这暴露了他们在规划和政策制定方面的弱点，而公众在市场调节或经济决策制定方面，几乎没有任何发言权。为了起码能在表面上扭转这种局面，国家事实上伤害了工业和零售部门，而这是其消费经济的支柱。部分生产商被迫降低产品质量，以保证价格在规定区间内；而另一些制造商则降低了产量，导致关键消费品和农产品的短缺，结果，这进一步刺激了进口和囤积居奇。

随着人口的增长和人民生活水平的提高，伊朗国内食品和消费品的需求明显增加。早在1960年代中期，土地改革导致了一个意想不到的后果，即人口向城市迁移，伊朗的农业产量因而跟不上需求增长的速度。伊朗过去主要依靠国内生产食物，从1970年代初开始，开始转变为食品进口国，进口食品主要为新西兰、澳大利亚的肉类以及欧洲、苏联、加拿大和美国的谷物、糖和乳制品。此外，从巴列维时代开始，伊朗的国民身体素质、卫生状况和医疗状况都不断地得到了改善。伊朗人从20世纪初的营养不良和疾病缠身——这一时期的照片可以证明——到20世纪最后四分之一时间里变得相对健康，营养状况也更好。因此，对更多更好的食物、家用电器、电子产品和汽车的需求必然会成为政府的负担，政府急于保持民众在经济方面的满意度。

特别引人注目的是公共产品的短缺，尤其是电和农产品，这对自我标榜权力与繁荣的当局来说特别尴尬。从洋葱、土豆、大米到液化气，各种必需品的短缺戳穿了政府空洞的承诺。对城市规划和建设的随意干涉共同导致了这些结果。德黑兰和其他地方中心城市的交通拥堵，再加上空气污染，只不过是给尚未习惯经济瓶颈的公众增添了更多的不满。

国家的反腐运动定期成为头条新闻，但效果有限，贪污、裙带关系和非法交易仍很常见。国家既没有强烈的愿望，也缺少有效的手段去消除腐败行为，因为有太多大臣、高官和王室成员牵连其中。1975年12月，一些将军和高官因在购买外国武器的过程中收受回扣而被审判和关押，但至少在普通人眼中，这些回扣是得到了国王和政府的批准的。1976年2月，在购买美国格鲁曼公司F-14战斗机时，有人涉嫌非法收取回扣，涉案金额达2800万美元，许多人因此被解职和监禁。同样是在1976年，因在公开市场购买价值4000万美元的糖，一批官员被定罪和关押。在这几起案件的审判过程中，被告们辩称自己在交易过程中得到了不能透露名字和职位的高官的支持。然而，在1970年代蓬勃发展的经济中，快速致富的诱惑是如此之大，限制又太宽松，没有任何实质性的反腐行动能有效打击贪腐行为。

城市游击队和武力抗争的诱惑

1960年代后期，由于巴列维坚持专制统治，又没有其他可行的、世俗的发表异议的途径，对许多年轻的不同政见者来说，游击运动成了一个很有吸引力的选择。随着党派政治长期名存实亡，除了装点门面的伊朗复兴党，自由民族主义运动的老兵和温和派社会主义者要么被噤声，要么被放逐。伴随他们远去的还有恢复君主立宪制的呼声，这一呼声一度颇具吸引力。曾经的基层政治组织图德党缺位后，强硬阵线的不同政见者只剩下两个选择：一个是既反巴列维又反世俗化的伊斯兰武装分子，另一个是武装推翻巴列维政权的游击队。前者主要吸引的是到清真寺做礼拜的中下阶层，主要来自巴扎和贫困街区；后者则从中产阶级年轻人，主要是大学生中招募成员。马克思主义反抗运动的成员主要来自图德党家庭或其他左翼倾向的家庭。伊斯兰意识形态，如人民圣战运动（Mojahedin-e Khalq）对虔诚信徒家庭出身的人特别有吸引力，虽然参与人数较少，影响力却很大。

伊朗的游击斗争发生在1960年代，当时世界各地都有受马克思主义激励而展开的运动。各地的激进左派都被1959年古巴革命中的菲德尔·卡斯特罗及其战友迷住了。和其他地方一样，在伊朗，英俊而富有魅力的切·格瓦拉的大胡子形象（在通过海报和T恤的商业化改造之前）对左派产生了极大的吸引力。在越南战争年代，越共因为不屈不挠地抵抗美国人的行为也得到伊朗人广泛的同情。与此同时，吸引图德党党员及其同情者的小胡子斯大林形象被取而代之。此外，左派还被巴勒斯坦的斗争以及巴勒斯坦解放组织（简称"巴解组织"，Palestinian Liberation Organization）鼎盛时期的革命宣传所打动。由于巴列维实行和以色列和解的政策，巴解组织甚至被许多人看作最为亲近和关切的对象。以1968年巴黎五月风暴为代表的欧洲新左派运动是这场斗争运动的另一个动力来源。阿尔及利亚独立运动也是一个光辉榜样。伊朗游击队组织将他们看作反抗西方霸权及其代理人的先驱，而巴列维国王就成了他们眼中的头号斗争对象。

与当时大多数运动一样，伊朗的游击队员也对苏联以及被勃列日涅夫及其同僚修正后的斯大林主义意识形态感到失望。布拉格之春的破碎以及苏联在1968年8月对捷克斯洛伐克的占领，让左派和知识分子深感震惊。因武装斗争而受到赞誉的胡志明、切·格瓦拉和帕特里斯·卢蒙巴（Patrice Lumumba，他被当作非洲斗争的殉难者），都成为伊朗人眼中的英雄。这个名单还包括公元6世纪的波斯先知马兹达克，米尔扎·库切克·汗认为他可能是世界上最早的共产主义运动发起者。类似的还有塔奇·阿拉尼（Taqi Arani）和霍斯劳·鲁兹比赫。然而，在这些伊朗人的意识形态图景中，摩萨台和哈里里·马利基等社会主义知识分子一样，都处于一种矛盾的地位。作为一个贵族出身的自由民族主义者，摩萨台因自身的反帝立场而受到尊敬，但也被看作一个暂时性的人物，他的意义在于开启群众革命。多年来，运动中涌现了许多烈士，新人们把他们视作榜样。他们中有太多人因与安全部队的冲突而牺牲，但也增强了运动的号召力。

伊朗左翼的意识形态汇集了一些经典的思想，同时具有受拉美运动启发的民族主义特征。再者，自立宪革命以来，伊朗左派的经历也对新的激进主义运动潮流产生了影响。虽然伊朗左派认为图德党是苏联的附庸，受斯大林主义意识形态的迷惑，严格强调阶级斗争，因而并不信任它，但其自身也并没有完全摆脱斯大林主义的影响。它也没有从图德党的理想中脱离，即瓦解巴列维"资产阶级买办"统治——巴列维被看作西方资本主义的代理人，并建立无产阶级专政。左派相信，城市游击队带头的武装斗争很快就会得到"群众"——工人阶级、城市贫民和农村人口的支持。武装分子一致同意，最大的威胁是美国的霸权以及美国对伊朗专制统治的支持，如果没有美国的大力支持，专制统治将会迅速垮台。

人民敢死队游击组织（Sazman-e Cheriki-e Fada'iyan-e Khalq，字面意思是"为人民牺牲自己的奉献者组织"）几乎完全由20多岁和30出头的年轻男女组成，成立于1966年，由几个较小的激进马克思主义团体合并而成。其有影响力的支持者之———比斯汗·贾扎尼（Bizhan Jazani，1937—1975），是德黑兰大学哲学博士候选人和该运动的理论家，出身于一个图德党积极分子家庭。在比斯汗还是一个小男孩时，他的父亲作为一名低级军官，加入了阿塞拜疆民主党，并于1946年逃到苏联。比斯汗本人是图德党圈子中的不同政见者，同时也是第二民族阵线的支持者。虽然被萨瓦克多次拘留和监禁，但他仍然设法在进出监狱的同时传播革命思想，当时他和他的一些同伴被指控为非法的马克思主义组织的成员，企图阴谋推翻巴列维政权，因而被军事法庭判处长期监禁。比斯汗及其八个同伴的悲惨结局为他的左翼事业增添了光环。1975年4月，他们在埃温监狱附近被秘密处决，这显然是为了报复游击战数量的激增和萨瓦克特工被暗杀的浪潮。处决的理由被说成是他们企图逃跑。

贾扎尼的作品具有历史视角，但主要是通过阶级分析而得出结论，他对美国霸权和巴列维独裁统治持批评态度。然而，与他的同伴相比，他要务实得多。他批评了图德党过去的许多做法，比如对苏联的盲从以及对摩萨台的拒绝。在回到德黑兰大学后，他在格拉姆·侯赛因·萨蒂奇的指导下写了一篇关于宪法革命的动力及目标的论文。对伊朗宪法斗争经过以及伊朗历史经验复杂性的理解，把他和那些主宰该组织的顽固分子区别开来。但多年来，贾扎尼的知识分子经历并没有引导他成为自由社会主义者，而是引导他主张在伊朗以农村包围城市革命模式取代布尔什维克模式。

大部分的游击队组织成员都把自己视为革命进程的先行者，最终将唤醒伊朗"民族"（khalq-ha），建立一个由已解放的工人和农民组成的乌托邦社会。然而，这场运动充斥着内部的对抗和意识形态的分裂，这与萨瓦克对运动的破坏不相上下。他们倡导伊朗民族的自治——主要是基于想象——在理论上很有吸引力，但在政治上却很危险，这给库尔德人、阿塞拜疆人、土库曼人、阿拉伯人乃至其他还没有产生这种思想或蛰伏中的民族打开了不祥之兆的绿灯。人们真诚地希望承认伊朗不同民族的多元文化身份，左派总是向这种多样性致敬。然而，在1920年代和1940年代，这种多样性对那些会破坏伊朗完整性的危险视而不见，或是选择了意识形态上的盲目。尽管存在不足，但游击队运动反映了1960年代伊朗社会不满情绪的高涨，尽管其规定的阶级斗争被证明是错误的，至少就其对阶级的定义来说如此。

和人民敢死队游击组织同时出现的人民圣战运动游击组织接受了同样的思想灌输。它成立于1965年，深受阿里·沙里亚蒂（Ali Shari'ati）鼓吹的革命浪漫主义以及团结"第三世界"的主张的影响。这种观念根植于战后的伊斯兰潮流之中，其中的圣战运动类似拉丁美洲解放神学，但更青睐于武装斗争。这种理论通过有选择地从《古兰经》经文中汲取养分——主要是关于暴力和复仇警告的部分，将什叶派牺牲和殉难的内容政治化，圣战运动在伊斯兰教中寻求的不仅仅是虔诚或是共同体意识。出于同样的原因，他们批评了大多数乌莱玛的被动服从及其对伊斯兰价值观的保守解读。通过什叶派伊玛目阿里及其儿子伊玛目侯赛因的典范作用，群众将获得解放，创造一个无阶级社会。这借助的不是历史唯物主义的力量，而是平等主义的伊斯兰教和基于卡尔巴拉模式的集体殉教。

人民圣战运动的武装斗争实际披有一层伊斯兰象征主义的外衣。因而，在国王的监狱里，一些人民圣战者成员转而支持一个可以与敢死队和圣战组织相抗衡的组织，这就不足为奇了。几乎是为了宗教的纯洁性，人民圣战运动在1979年革命前夕被改名为战斗运动（Paykar），吸引了大批年轻人加入进来。与其他运动相比，战斗运动的成员所引发的街头冲突要多得多，因而他们也成了伊斯兰共和国新组建的革命卫队所逮捕和处决的目标。

1960年代末及1970年代的游击运动在伊朗激进主义政治运动中以多种方式留下了印记。在1979年革命之前的15年里，最直接的影响是他们对公共空间造成的混乱，这使巴列维国王那基于看似不可动摇的力量而建立起来的形象受到了损害。他们在街头与萨瓦克及安全部队发生冲突，导致了像哈米德·阿什拉夫（Hamid Ashraf，1946—1976）这样的游击队传奇领袖的死亡，还对宪兵岗哨发起攻击，并在报纸上报道关于男女游击队员被杀或被捕的照片。而"安全部门"则在电视上吹嘘萨瓦克在消除"破坏者"（kharab-karan）方面取得的成功，军事法庭判处年轻游击队员长期监禁或死刑的电视广播新闻也让伊朗公众感到不安。伊朗官方的这种公开宣传以及驳斥大赦国际（Amnesty

International）和其他人权组织对伊朗实施压迫和酷刑的谴责报道，损害了——如果不是完全败坏的话——伊朗渴望在国际上展示的成功、伟大的国家形象。

在游击队武装斗争开始时最引人注目的是西亚卡（Siahkal）事件。1971年2月，12名敢死队游击组织的成员打算在西亚卡发动起义。这是一个风景秀丽的乡村小镇，位于德黑兰以北220英里的吉兰省森林深处。为解救他们的一名同志，成员袭击了一个宪兵前哨。交火之后，有几人被杀，另有人被捕，随后被捕的人在当年3月被审判和处决。敢死队游击组织在该事件中的拙劣表现证明了他们的天真，他们一厢情愿地想获得村民的支持，但这种支持却从未实现过。即使在武装游击队被消灭之后，伊朗当局仍旧试图对该事件进行夸大其词的宣传，这也反映了当局深深的焦虑。这一事件在左派的叙述中被抬得很高，一些歌曲和电影在提及这一事件时，往往将其视为对国家权力的英勇挑战。

1971年之后，游击队组织与安全部队之间的冲突更加激烈，此时恰逢伊朗君主制2500年的庆祝活动。虽然冲突远未达到城市战争的程度，但仍然出现了几次暗杀军事检察官、警察局长、萨瓦克特工和政府高官的行动；在1972年至1976年期间，还发生了至少四起暗杀伊朗武装部队中美国军事顾问的事件。这些袭击主要是人民圣战运动分子发起的。

在游击运动的高峰期，敢死队游击组织活动家和诗人霍斯劳·戈尔琐柯西（Khosrow Golesorkhi, 1944—1974）被逮捕，于1974年1月在军事法庭遭到公开审判，并与他的同伴一起被处决。他被指控试图颠覆巴列维政权，由于在法庭上的无畏辩论，他被左派视为烈士（图11.5）。即使对那些不认可他的意识形态的人来说，戈尔琐柯西被处决这一事件也使得所有的错都落到了巴列维当局那一边。而对于左派革命者来说——无论是马克思主义者，还是信奉马克思主义的伊斯兰主义者，这些更多的是一种征兆，而不是造成瞬间变局的动因，但他们的斗争预见了不久之后随之而来的伊斯兰革命的巨大吸引力。

图11.5　1974年，霍斯劳·戈尔琐柯西（前排右起第四人）和他的同志们以及由法庭指定的律师出席军事法庭，霍斯劳和组织中的另一名成员被判处死刑

当代伊朗图像，伊朗反对派存档文件（http://www.iranarchive.com/start/323）。

到1978年，城市游击斗争的时代行将结束。然而，大批游击队员在血腥的街头制造冲突或在藏身之处丧生，或者被行刑队处决，对这些游击队组织来说，未来的岁月将更加艰难。据估计，1970年至1978年的8年间，敢死队游击组织共失去了198名战士，其中有169名男性和29名女性。妇女参与率达到15%，这是一个相当高的比例，因为在伊朗早期的抵抗运动中，妇女很少参与行动部分。相比之下，1971年至1976年间，人民圣战运动的伤亡人数不超过15人，其中只有一人是女性。这种显著的差异很可能要归因于新的意识形态的力量。只有在伊斯兰革命期间和之后，伴随着激进伊斯兰的声音越来越响亮，新的主义才变得更有吸引力，天平也开始向人民圣战运动倾斜。在革命后的第一个10年里，这两个组织遭受的可怕损失远远大于革命前。

第十二章

官方文化和抗议文化

20世纪六七十年代的伊朗经历了文化大发展，这个时代的艺术创造力非凡，新人才频繁崛起，也获得了更多的国际认可。在这个过程中，国家也投入了更多的资助。持不同政见的艺术家和知识分子的主张通常会通过符号化的艺术语言进行表达，出现在电影、诗歌和流行音乐中。这种努力得到了国家的承认，甚至得到了国家控制的媒体以及政府和半政府文化机构的赞助。这被视为知识分子异见者的出口，也是文化方面必要的安全阀。这一时期的文化领域也出现了赞美巴列维统治及其创建大帝国宏愿的新动向。奇怪的是，这两种本应对立的潮流却平静地并存，甚至相互促进。正如作家和评论家贾拉尔·阿尔·艾哈迈德（Jalal Al-e Ahmad）所说的那样，伊朗政府成功地将所有知识分子异见者纳入了其稳定的文化格局之中。这种复杂的局面在1979年革命期间和之后产生了重要的影响。

雅利安人之光

1965年4月，当国王从一场暗杀——由大理石宫的一位皇家卫兵实施——

中侥幸逃生时，他更加确信自己受到了上天的庇佑。这次暗杀是由一小部分知识分子策划的，他们被审判，并被判处死刑，但后来又被赦免。同一年，巴列维国王获得了"雅利安人之光"（Aryamehr）的称号，这也许并非巧合。伊朗国民议会授予国王这一称号，无疑是因为国王自己的鼓动。由德黑兰大学研究古代伊朗的一位教授创造出的这个称号是对波斯"皇家荣耀"（farr）概念的致敬，也是对国王给伊朗雅利安民族带来的福祉的认可，即宣扬在国王庇护下完成的"国王和人民的革命"。

两年后的1967年，即继承王位的26年后，巴列维国王决定在一个精心设计的仪式上正式举行他与法拉赫王后的加冕典礼，这种自吹自擂的情形变得益发明显。国王和王后坐在一辆马车上，穿过金光闪闪的德黑兰街道，来到了戈莱斯坦宫（图12.1）。在那里，巴列维穿上了比他父亲当年加冕时更加隆重的全套礼服。他先是戴上了象征巴列维王朝统治的王冠，又拿起了象征王权的权杖；然后，他将一项由纽约珠宝商哈利·温斯顿设计的新皇冠戴到了他的王后的头上。虽然整个仪式奢侈得如同童话里的一般，但这一事件并没有被视为一场闹剧，至少对大多数伊朗人来说不是。他们可能很喜欢在电视上观看这种热闹场面，并乐于看到他们的国王在阳光下享受这样的时刻。

图12.1　1967年10月，加冕典礼纪念仪式上的皇家仪仗队

R.塔拉维第编，《国王的土地》，第4页。

然而，国王对庆祝活动几乎到了上瘾甚至是疯狂的程度。1971年，他以更奢侈的方式庆祝了伊朗君主制2500年。这次庆祝从一开始就被设想在隆重程度上超过他此前的加冕仪式，并将巴列维君主制和国王统治置于一个宏大的帝国叙事中，一直追溯到古代阿契美尼德帝国时期。这一想法由在欧洲的伊朗民族主义者于1950年代首次提出，并在1960年代中期不断成熟。它不仅是为了纪念波斯帝国的建立（大概是从公元前530年居鲁士的死亡算起，而不是公元前539年对巴比伦的征服），还是为了纪念具有历史延续性的伊朗帝国在巴列维时代达到巅峰，以及伊朗力量和荣耀的回归。

纪念活动的潜台词很明确，即伊朗的"永垂不朽"，这样一场为宣传而进行的庆祝活动旨在向外国宾客展示巴列维国王如同先知一般的形象，表明他是居鲁士的当代继承人，而这将被写入整个伊朗的历史。正因如此，在纪念仪式开始时，这位"雅利安人之光"站在波斯波利斯（位于法尔斯省）附近的帕扎尔加德（Pazargad）的居鲁士陵墓前，并向这位波斯帝国的创始人致敬，庄严地宣布："居鲁士大帝！安息吧，我们醒来了。"（Kurosh-e bozorg! Asudeh bekhab，ma bidarim）考虑到摧毁巴列维政权的革命进程的速度以及在伊朗看上去永远结束了的君主制，不出10年，在那代人听来，这些话一定是如此煞有介事，却又如此荒谬可笑。

这些庆典给许多伊朗人和外国人心中都留下了稀奇古怪的印象，成了许多有关当代伊朗历史命运的报道的主题，对外国宾客的招待过度豪奢被视为最终导致巴列维政权垮台的导火索之一。1971年10月，大约600名外国王室成员、国家元首和其他政要及其随行人员前往设拉子，他们被安置在一个占地160英亩的豪华帐篷营地，该营地建在马夫达沙特（Marvdasht）的平原上，对面是巨大的波斯波利斯遗迹。这些宾客在一个200英尺长的宴会厅用餐，使用的是专门定制的利摩日（Limoges）餐具，他们围坐华丽的桌子旁，桌子上装饰着50只带着尾翼的烤孔雀，尾羽被镶嵌在鹅肝中。他们吃着来自里海金光闪闪的鱼子酱以及从巴黎空运而来的、由马克西姆餐厅名厨烹饪的美味佳肴，喝的则是拉菲·罗斯柴尔德酒庄1945年出产的珍品红酒。在近六小时的正式晚宴之后，伴随着伊安尼斯·泽那奇斯（Iannis Xenakis）的音乐作品《波斯波利斯》，晚间进行的是一场带烟火表演的视觉秀。这一切都被载入了吉尼斯世界纪录，成为现代最奢华的官方宴会。考虑到主办国的巨大开销以及主办国和宾客们表现出的轻松愉快的傲慢态度，这是一项非常可疑的荣誉。

第二天，在波斯波利斯的台阶下，外国客人目睹了从阿契美尼德王朝到巴列维王朝的历代伊朗帝国军队的游行，表演者穿着五颜六色的古装，佩带着各种武器和军事装备。甚至阿契美尼德时期的海军舰艇和攻城塔也按全尺寸模型被完全复原了，所有编排都不亚于好莱坞史诗巨作，品位和专业知识也不比好莱坞工作室差。然而，在几乎所有这些庆祝活动中，甚至是色彩缤纷的帝国军队的游行中，伊朗公众都被排除在外，好像这些事件只是为了给外国客人留下深刻印象，并使一个长期受到自卑感困扰的王室实现自我满足。巴列维满心想证明自己与欧洲同行相比并不逊色。

安全问题、民众对国王及其客人的抗议以及对武装袭击的恐惧始终都在。伊丽莎白女王和尼克松总统都拒绝了邀请，选择派代表前往，这显然是出于安全考虑。多达250辆红色的梅赛德斯–奔驰豪华轿车被用于接送客人，大规模的安保措施从波斯波利斯一直延伸到整个伊朗。在精心设计的行动中，萨瓦克逮捕了数百名政治异见人士，还封锁了道路，监控了机场，并对邻近街区实行戒严。

该活动至少花费了2100万美元，其中延续最久的是雅利安人之光国王纪念塔（Shahyad Aryamehr）。它被修建于德黑兰的门户，采用了新的艺术风格，同时融合了波斯建筑传统。它由毕业于德黑兰大学的侯赛因·阿玛纳特（Hossein Amanat，生于1942年）设计，其中心广阔的广场和纪念碑展示了伊朗的文化连续性，同时传达了复兴的概念。四个呈上升之势的巨大柱子使代表萨珊和伊斯兰时代的两个拱门交织在一个由石头和马赛克组成的双曲线网格状观察塔下，让人联想起塞尔柱时代的图戈里尔塔（Toghrel Tower）。这是一幢148英尺高的混凝土结构建筑，被大理石制成的白色石块包裹着，具有复杂的几何形状、现代主义的轮廓和先进的建筑技术，反映了对于永恒的乐观态度，但没什么具体功能（图12.2）。

图12.2　国王纪念塔建于1971年，1979年更名为阿扎迪塔（Azadi Tower）
作者个人收藏。

在接下来的几十年里，纪念塔在1979年激烈的反君主制革命中经受住了考验，该塔的拱门下举办过一些令人难忘的集会，数百万人曾拿着革命旗帜参加集会。革命后，它被改名为阿扎迪塔（也称自由塔）。在之后的岁月里，它超越了君主和革命，成为伊朗最受欢迎的标志，并于2009年6月成为绿色运动大规模纪念活动的集会场所。

在接下来的几年里，国王越来越相信自己是天命之子，要带领伊朗跨越障碍，进入他所谓的伟大文明。1971年2月，宫廷大臣阿萨多拉·阿拉姆在自己的秘密日记中记录了与国王的私人谈话：

> 国王陛下提到了一些奇怪的事，主要关于他坚信真主对他的支
> 持。"我注意到所有反对我的人后来都被消灭了，无论是在国内还是
> 在国外。"他举了肯尼迪兄弟的例子。（美国）总统和他的两个担任

参议员的兄弟并不喜欢国王。"约翰·肯尼迪被暗杀，参议员罗伯特也遭到了暗杀。爱德华因一个女孩的诡异死亡而卷入了丑闻之中，现在他的光芒正在消散。埃及总统纳赛尔也被消灭了。"苏联总理赫鲁晓夫也不赞同陛下，他也被清除了。在伊朗，反对国王的人也遭到了罢免，例如摩萨台，某种程度上，卡瓦姆·萨尔塔内赫也是如此。我确信，拉兹马拉对国王怀有不臣之心，他也被暗杀了。"曼苏尔，一个明显的美国傀儡，一个肆无忌惮的野心家，也遭到了暗杀。"[1]

从阿拉姆的秘密日记以及国王自己的公开声明中可以看出，伊朗渐渐地变成了一个被国王用来建成乌托邦的对象，一个需要被组装的机械装置，一个等待被装饰的大厦，而不是一个复杂的社会。现实却是社会陷入混乱，民众被剥夺言论自由，并对国王的雄心深表怀疑。从最善意的角度揣测，国王要求民众服从和感恩，以换取一片想象中的乐土，他认为这片乐土已处在自己的统治之下。然而，自我膨胀、对国际和国内政治的阴谋论看法、不必要的自尊心和过于自信的判断，模糊了巴列维国王的视线，使他无法看到即将到来的麻烦。事实上，在每一次国际事件中，国王都认为背后藏着大国的影子。从越南战争到阿以冲突，到邻国伊拉克、沙特阿拉伯、阿富汗和巴基斯坦的政治动荡，他都认为是英国、美国或苏联在背后捣鬼。在国内，国王也将对他政策的任何批评或想独立于他的倾向归结为幕后的外国势力，这可能反映了他自己的不安全感。尽管努力控制或消灭反对力量，但巴列维国王没有意识到在他统治的最后10年里逐渐形成的愤世嫉俗和漠不关心的社会氛围。

政府的资助和文化的复兴

到1960年代中期，巴列维开始更多地用资助文化事业的方式来建立自身的合法性以及吸引伊朗人中更多族群的支持。法拉赫王后和她的小圈子通过媒体、音乐、建筑、文学和视觉艺术，将巴列维政权的形象营造得更为温和和精

致。曾经的异见知识分子、艺术家以及中产阶级中潜在的年轻异见人士，享受
了更为宽松的文化氛围，这对他们来说极具吸引力。只要不跨越政治异议的界
限，艺术家和知识分子就可以通过电视制作、电影、戏剧、绘画和音乐来探索
新的甚至是含蓄的颠覆性主题。虽然没能完全免受萨瓦克的骚扰，但资金充足
的国家媒体和文化机构仍然提供了大量的就业机会。法拉赫·巴列维经常前往
伊朗偏远的城镇和村庄，展现出一个愿意深入了解国家现状、帮助改善普通民
众生活、关心民间疾苦的王后的新形象（图12.3）。

　　图12.3　1977年，法拉赫王后在波斯湾的基什岛听取儿童的声音。非洲裔
伊朗人是历史上奴隶贸易的后代

　　法拉赫·巴列维，《王后的游记》（*Safarnameh-e Shahbanu*），M. 皮尔
尼亚编，（波斯历1371年／公元1992年），第64页。

　　文化政策的转变源于伊朗社会的实际变化。除统治圈以外，20世纪六七十年代的伊朗社会经历了社会文化和人口的整合，这反过来又提出了新的社会文化需求。虽然各地区、民族、宗教和阶级之间的区别仍然存在，但公共教育、全国市场的发展以及媒体和娱乐的增长提升了彼此的同质性。公共媒体，特别是广播和电视，尽管完全受政府控制，却能够资助伊朗的艺术、音乐和电影，这与前几十年的西化观念形成了鲜明对比。部分乌莱玛及其追随者排斥新媒体，理由是它传播音乐等离经叛道的东西，但大多数伊朗人对广播、电视以及越来越常见的国内外电影持欢迎态度。到1960年代，电池供电的晶体管收音机的引入和地方无线电广播网络的发展使得来自城镇和村庄的观众大增。在咖啡馆里，电视也很快取代了传统的说书。在社区咖啡馆墙上的临时架子上，高高地摆放着一台电视机，顾客观看着低成本的好莱坞制作。电视机的显眼位置象征着这个国家以新的手段控制了民众，代价则是来自地方的声音不复存在。

　　一个较早的国家赞助高质量节目的例子，是伊朗广播电台制作的著名的《鲜花》（Golha）节目，该节目旨在通过制作更为成熟的传统波斯音乐来吸引中产阶级。节目始于1950年代中期，这是阿里-纳奇·瓦兹里（Ali-Naqi Vaziri，1887—1979）和他于1923年成立的音乐学院此前不懈努力的结果。该节目的音乐混合了管弦乐、声乐和独奏表演，并在传统波斯乐器塔尔（tar）、簧管（reed pipe）、通巴克鼓（tunbak）和波斯扬琴（santur）中点缀了西方乐器，如钢琴、小提琴和单簧管等，创作的音乐既忠于波斯传统，又有文化上的自信，在采用西方作曲以及充满浪漫低音的编排外，还保留了波斯音乐的味道和质地。这种音乐很对伊朗资产阶级的口味，能引起他们情感上的共鸣。瓦兹里在这种波斯音乐的复兴过程中具有很大的影响力。

　　瓦兹里的父亲是一位哥萨克军官，母亲比比-哈奴·阿斯塔拉巴迪（Bibi-khanum Astarabadi，1859—1921）是著名的女权活动家。瓦兹里年轻时曾在德国接受军事教育，他成长于立宪时代，无疑深受当时现代化潮流的影响。在建立伊朗第一所音乐学院后，他于1924年成立了伊朗第一个国家管弦乐团，并且是第一批运用西方音乐技术改良波斯音乐的人。在他的音乐学院中，他教授作曲、编曲和音乐理论，培养优秀的音乐人才，并为波斯乐器创作新作品，开发新的塔尔表演技巧。尽管偶尔有人批评瓦兹里试图训练可能无法练成的波斯四分音（rob'-e pardeh），但他的贡献不仅在于推动技术的进步以及使波斯古典音乐适应管弦乐队的要求，他还让波斯古典音乐获得了与西方文化同等的地位，并将音乐纳入了学校课程。

《鲜花》节目出自达乌德·皮尔尼阿（Davud Pirnia）的构想，他是一个属于文化精英阶层的恺加家族的后裔，并吸引了其他文化世家的后裔以及新涌现的人才参与该节目的制作。其中包括阿博勒–哈桑·萨巴（Abol-Hasan Saba，1902—1957），他是一位有影响力的作曲家和音乐教师，出自卡尚的一个盛产诗人和画家的家族，该家族的起源可以追溯到18世纪。他是波斯风格的小提琴大师，也是波斯传统作曲家。他的学生精通波斯风格的音乐，并主导了当时伊朗的音乐舞台。格拉姆–侯赛因·巴南（Gholam-Hosain Banan，1911—1986）是一位极具创意的歌手，也来自一个恺加时代的家族。莫特萨·马约比（Mortaza Mahjubi，1900—1965）是一位具有独特波斯风格的钢琴演奏家，他将欧洲乐器应用于一种完全不同的音乐风格中。玛茨雅（Marziyeh，1924—2010）是一位年轻而有才华的女性塔斯尼夫（tasnif，一种波斯音乐类型）歌手，她出身卑微，具有宽广的音域和细腻的声线。她唱着恺加时代的古老音乐塔斯尼夫，并因《鲜花》而广受欢迎。然而，最有影响力的是鲁霍拉·哈勒齐（Ruhollah Khaleqi，1906—1965），他是一位天才作曲家，也是鲜花管弦乐团的音乐总监，作为瓦兹里的学生和萨巴的崇拜者，他为《鲜花》节目的成功做出了巨大的贡献，在他短暂的生命中，他于1950年代和1960年代初创作了许多令人难忘的作品。从各方面来看，《鲜花》节目已将波斯音乐从公式化的乏味和沉闷的重复中拯救了出来。

早在1944年盟军占领伊朗期间，哈勒齐就因其谱写的爱国歌曲《啊，伊朗》（*Ey Iran*）而闻名，该歌曲来源于一首吉兰的民歌（被称为"Zard-malicheh"，意为"黄麻雀"）。原本的调子比较平淡，而哈勒齐则将它改编得更为活泼（图12.4）。

图12.4 哈勒齐指挥着波斯国家音乐协会管弦乐团，在1948年的波斯电影《生活的暴风雨》（*Tufan-e Zendegi*）中演出。管弦乐团的首席歌唱家是格拉姆-侯赛因·巴南，首席小提琴家是阿博勒-哈桑·萨巴，钢琴则由莫特萨·马约比演奏。西化的着装和西式乐器占主导地位，反映了当时音乐文化的混合特性。后来，随着鲜花管弦乐团的流行，波斯乐器也慢慢加入乐团中

来自1948年的电影《生活的暴风雨》，贾马尔·奥米德，《伊朗电影史》（*Tarikh-e Sinema-ye Iran*），（德黑兰，波斯历1374年／公元1995年），第1279—1357页。由简·刘易森提供。

而由侯赛因·戈尔格拉布（Hosein Golgolab，1895—1984）所作的歌词则反映了伊朗人民在占领时期的受伤情绪，在歌词中，伊朗被赞誉为"宝石之地"和"人类礼物的源泉"，并希望它"永世长存，免受邪恶的侵害"。这首爱国歌曲首次被演唱是在巴南的一场公开演唱会上，并很快就被用作伊朗真正的国歌和抵抗歌曲，而1933年礼萨·汗委托创作的皇家国歌则被人民忽视。不同于官方赞美国王和王权的国歌，《啊，伊朗》强调了伊朗的土地和人民，而没有提到国王或国家。在整个巴列维时代以及后来的伊斯兰共和国时期，

《啊，伊朗》都受到了人民的欢迎。直到2009年绿色运动期间，年轻人还会在街头集会和乘坐德黑兰地铁时高唱这首歌曲。

伊朗国家广播电视台（NIRT）于1967年成立，由国家资助和控制，几乎是强制性地合并了自1928年以来一直在运行的全国无线电网络和国家保护下的其他地方广播电台，以及由企业家哈比卜·萨比特于1958年创立的、由私人控制的伊朗国家电视台——后者主要为首都地区服务，覆盖约200万观众，后来扩展到阿巴丹。到1971年，伊朗国家广播电视台迅速将其覆盖范围扩大了好几倍，到1976年，得益于来自政府的充足资金，尤其是法拉赫王后的支持以及礼萨·古特比（Reza Qotbi）的积极领导，它实现了对全国的广播覆盖以及近70%地区的电视报道，拥有超过2000万的观众。

伊朗国家广播电视台的快速发展为巴列维政权提供了强大的支持，它不仅可以传达其公开的政治信息，还可以通过潜移默化的方式传达一种世俗民族主义。电视机此时开始成为家庭必需品，首先是大城市的富裕中产阶级，然后很快地扩展到许多小城镇和村庄，各个年龄段的观众人数都在增加。国内制造的电视机使得更多家庭能够买得起，此外，还有多频道的广播（包括1972年开播的英语国际频道，它取代了早期的美国陆军广播），以及民间音乐和一些用当地方言制作的区域电台，这些广播有助于扩大新媒体的吸引力，是国家手中最有效的武器之一。

国家媒体的发展吸引了知识分子和心怀不满的大学毕业生，艺术、文学人才以及其他具有技术和媒体专业知识的人，并成长为一个不断发展的组织，其组织文化与国家官僚机构有明显差异。作为一种将对当局的异见转移到令人兴奋的良性政治活动的有效手段，只要伊朗国家广播电视台向国王表达了足够的敬意，它就可以在节目制作和内部管理方面保持相对独立。然而，国家对新媒体的垄断意味着它会为国家勾勒出一个美好的未来，而缺少实质性的批评，因而，这是一种经过"消毒"的叙事。这也意味着伊朗国家广播电视台需要播放大量对巴列维的宣传，比如国王的演说，与各国领导人的交往，或是帮助推动他的白色革命。伊朗国家广播电视台还不时上演萨瓦克赞助的"秀"，甚至让公众见证军事法庭对马克思主义知识分子的审判。

　　然而，除了宣传国家和国王，伊朗国家广播电视台还传达了一些不同的信息。凭借连续剧、音乐、综艺节目和纪录片，电视很快成为最有影响力的媒体以及信息和娱乐的来源。国产作品取代了诸如《佩顿广场》（*Peyton Place*）这样受欢迎的美国连续剧，伊朗电视观众开始通过这些国产片了解自己的国家及其社会问题，了解普通人和他们的生存斗争。这些作品经过了"消毒"，因而在政治上无害，且多是描述贫困社区生活的连续喜剧，展现了过度拥挤的出租房、为生存而挣扎的流动劳工、被城市改变了面貌的村庄、不断增长的城市犯罪，以及法律和秩序问题、传统精英的冷漠和排外心理，在一定程度上促进了社会觉醒。

　　由纳赛尔·塔可维（Nasser Taghvai）导演的迷你剧《拿破仑叔叔》（*Da'i-jan Napoleon*）是伊朗国家广播电视台于1976年播出的一部非常成功的作品。这部剧根据伊拉杰·佩兹格扎德（Iraj Pezeshgzad）的讽刺小说改编而成，讲述了一个小男孩在二战盟军占领伊朗期间的成长故事。故事的中心角色是一名退休的哥萨克军官，他是一个名为"Qajaresque"的大家庭的家长，这个大家庭内部的争斗制造了这个故事欢闹的情节以及许多次要情节。这位"亲爱的叔叔"对英国恶作剧的偏执恐惧以及他对过去战争的假想式胜利，无疑是对老精英们阴谋论焦虑的拙劣模仿。

　　伊朗国家广播电视台的文化赞助与其他跟法拉赫·巴列维文化办公室相关的赞助行动相辅相成。赞助的对象包括波斯音乐、现代绘画、新博物馆、文化中心、艺术节、电影、戏剧、儿童文学和创新电视制作。法拉赫·巴列维对建筑的兴趣使得更多现代风格的实验得以进行，这些建筑常伴有一些波斯元素，远比1960年代引进的粗劣现代主义建筑更为精致。艺术和建筑项目的首要目标是为巴列维时代歌功颂德，尽管实际情况要复杂得多。然而，他们对艺术家、表演者、电影制作人、建筑师的视野和训练产生了不容小觑的影响。整整一代的艺术家、电影制作人和演员后来成为1979年后伊朗独立文化繁荣发展的代表，他们最初都是在巴列维治下的机构中学习，并获得了某种形式的国家支持。

　　设拉子艺术节（Jashn-e Honar）是一个让西方和伊朗艺术界都感到兴奋

的明显例子。它由一位具有开创精神的电影制作人法鲁克·哈法里（Farrokh Ghaffari，1921—2006）发起，他是另一个杰出的恺加时代艺术家族的继承人。这个艺术节注定成为联结从欧洲、美洲到日本及东南亚的各种传统艺术的桥梁。这也是一种有意识的努力，目的是重新找回波斯音乐和表演艺术的本真，并可以坦然地在舞台上进行表演，使它们不再陷入几十年前的那种生存危机。艺术节成立于1967年，邀请了一长串名人，包括阿瑟·鲁宾斯坦（Arthur Rubinstein）、拉维·香卡（Ravi Shankar）、耶胡迪·梅纽因（Yehudi Menuhin）、剧作家奥古斯特·威尔逊（August Wilson）和剧院导演彼特·布鲁克（Peter Brook）。他们带来了令人眼花缭乱的表演和前卫的制作，他们的表演中穿插着伊朗大师音乐家的表演，如塔尔演奏大师贾利勒·沙赫纳兹（Jalil Shahnaz，1921—2013）和伟大的通巴克鼓鼓手侯赛因·德黑兰尼（Hosain Tehrani，1912—1974）的表演。他们在波斯花园中间的诗人的坟墓上（一个由法国建筑师安德烈·戈达尔于1930年代设计的波斯化的"爱情殿堂"）吟唱了哈菲兹的颂歌，伴随着烛光表演，为在场的人带来了一种新奇的艺术体验（彩图12.1）。

在连续10年耗资巨大地举办这个节日后，它带来了多重影响。最重要的是，它有助于促进传统波斯音乐在未来几十年的保存和发展。正是在这里，伟大的歌手穆罕默德·礼萨·沙贾里安（Mohammad Reza Shajarian）发现比起主流的广播节目听众，现场观众更加热情，要求也更高。凭借出色的音域、乐感以及技术和艺术的统一，他经设拉子艺术节的磨砺而成了20世纪下半叶伊朗最伟大的艺术家之一。帕里萨（Parisa，即法特梅·瓦伊兹）是另一位兼具高水平和优雅台风的歌手，她在音乐节上演唱波斯古典音乐，如同表演恺加及早期巴列维塔斯尼夫音乐一样轻松，也是在设拉子艺术节上开启自己音乐生涯的那一代演唱家和作曲家的代表。除此以外，西方音乐和戏剧，或经典或前卫，以及其他民族表演在艺术节中的影响则很有限。

故事之城

剧院成为不同政见者传递信息的渠道，这是其他任何受国家安全部门监控的场所无法比拟的。早在19世纪后半叶，现代戏剧作为教育公众和唤醒社会意识的手段，开始在波斯文化环境中扎根。在伊朗以外，剧作家法特赫·阿里·阿赫德扎赫和宰恩·阿贝丁·马拉盖希创作的戏剧批判了腐朽的社会风俗、迷信和道德弊病。1875年，米尔扎·哈比布·伊斯法罕尼（Mirza Habib Isfahani，1835—1893）翻译的莫里哀著名戏剧《愤世嫉俗》（*Misanthrope*）在伊斯坦布尔出版，这是一个了不起的突破。尽管这部剧作和其他来自国外的作品只获得了有限的读者，也只在小范围上演，然而，就像19世纪晚期梦幻般的旅行记录、中篇小说和其他改革文学一样，这部早期戏剧在立宪革命的社会文化环境中产生了一些回响。

从1920年代中期开始，剧院在伊朗城市中产阶级中获得了更广泛的认可，特别是在德黑兰。随着休闲时间的增多，德黑兰和地方中心城市建造了许多现代化的剧场，并且新的戏剧（主要是对法国戏剧进行改编）经常会巡回演出。这满足了世俗化知识分子的娱乐需求，也符合巴列维的现代化改革计划。诸如萨义德·阿里·纳赛尔（Sayyed 'Ali Nasr，1891—1959）的戏剧所传达的道德信息是不容置疑的，即强调用家庭价值观来对抗衰老，重视酗酒及其他上瘾的顽疾，强调理性、反对迷信，当然还有爱国主义和为祖国牺牲。女演员最初多是俄罗斯流亡者或亚美尼亚及亚述的半职业演员，她们在舞台上的出现引起了一些社会恐慌。与欧洲19世纪的戏剧不同，荣誉和耻辱的主题得到了尤为多的关注，甚至连社会自然主义也产生了一些影响。

到了1940年代和1950年代初，伊朗艺术环境中左翼力量的优势也体现在戏剧的创作中。这一时期的戏剧往往带有温和的社会政治信息。一些有才华的图德党导演、演员参与的西方戏剧与早年以说教为主的戏剧截然不同。然而，这一时期很少出现有实质内容的波斯原创戏剧。1950年代的少数例外之一是萨德克·希达亚特创作的《临时丈夫》（*Mohallel*，根据什叶派法律，基于特定婚姻的临时丈夫可取消，这样，双方就可以恢复原先的婚姻关系）。该剧对过时的伊斯兰教法及其对伊朗社会的控制进行了尖锐的批评，引发争议也就在意料之中了。虽然伊朗戏剧一度很繁荣，充满希望，但1953年后的审查力度和恐怖气氛使它的发展突然止步。不断增长的电影院主要播放好莱坞电影，成功地与戏剧舞台展开竞争，并在1960年代初期成功地成为民众最主要的娱乐场所。

伊朗戏剧生涯的新机会出现在1960年代后期，这次，它发出了对现有社会秩序的更精致的评论。随着让·保罗·萨特（Jean Paul Sartre）的戏剧，甚至荒诞派戏剧逐渐为人所知，伊朗戏剧与欧洲戏剧在寓意上越来越一致，虽然伊朗观众的人数变少了，但他们对戏剧的投入程度更高了。像格拉姆-侯赛因·赛迪（Gholam-Hosain Sa'edi）这样的剧作家在巴列维当局建造的剧场上演了新作品，剧院名为"第二十五个六月"（25th of Shahrivar）。具有讽刺意味的是，该剧院的建成和命名是为了纪念1967年国王的加冕典礼，也是为了纪念法拉赫王后的赞助。王后呼吁建立一个更加开放的文化空间，这有时会与审查压力及萨瓦克的要求不一致。尽管它们表面无害，但这些新戏剧主要是对巴列维政权吹嘘的"荣耀"以及白色革命投下一个怀疑论的——有时是超现实主义的——阴影。

一个值得注意的例子是1968年由比斯汗·莫菲德（Bizhan Mofid，1935—1984）创作的《故事之城》（*Shahr-e Qesseh*），这是一部音乐剧，采用波斯动物寓言和民间儿童故事来表达对巴列维政权、社会和观念的讽刺。在他洋溢着工人阶级文化的家乡德黑兰，莫菲德用街头俚语、流行谚语以及波斯音乐描绘了一个富有寓意的画面。哑剧、动物面具以及含有讽刺和嘲弄意味的对话的混合，创造了富有童趣的气氛，同时也反映了现代伊朗的现实状况（图12.5）。"寓言中的故事之城"（fabulous City of Tales）看起来像是"欧洲之城"（city of Farang），是伊朗城市图景快速变化的风貌的参照，也是对西方的拙劣模仿。

图12.5　1968年的设拉子艺术节，《故事之城》首次上演
瓦利·马卢吉提供。

　　该剧的角色即这个城市的居民，包括一个伪装成狐狸的狡猾毛拉，一个伪装成熊的好色的算命先生，一个伪装成鹦鹉的阿谀奉承的诗人，以及一个伪装成猴子的愤世嫉俗的知识分子。前两者讽刺了乌莱玛阶层的什叶派信仰和贫穷阶层的民间宗教，鹦鹉则暗示了文学群体及其对巴列维政权的吹捧，而猴子则嘲笑了知识分子的边缘地位。伪装成驴子的车工代表着工人阶级，他是一个木制家用器具制造商，他的技艺因塑料的入侵而毁灭。在一幕动人的独白中，他表达了对过去时代的怀念以及一个普通伊朗人所感受到的深刻的变化。大象，一个来自波斯儿歌的角色，是这个闪闪发光的城市里富有好奇心的新人。在剧情开始时，他滑倒了，牙齿被磕碎了。疼痛的他向居民寻求帮助，但没有受过教育的他在面对复杂的城市时不知该如何是好，只遭到嘲笑和作弄。最后，他痛苦地意识到，他不仅失去了自己的象牙——他身份中最珍贵的象征，而且也成了各种悲惨状况的集合，成了一座摇摇欲坠的"故事之城"。

《故事之城》最先是在设拉子艺术节受到了欢迎，此后又在"第二十五个六月"剧院上受到追捧，是伊朗严肃戏剧史上演出时间最长的剧目。它的叙事节奏和人物刻画富有娱乐性，因而成功地将自己的受众延伸到德黑兰知识分子以外的人群中，即使是非精英人士，也能接收到它所要传递的尖锐信息。阿尔·艾哈迈德此前曾在他的《西方化的毒害》（*Gharbzadehgi*）中用挑衅的姿态表达了这种观点，莫菲德在这里则以一种与时代相协调的隐喻传达了观点。该剧是一个著名的例子，说明表达异议的微妙信息是如何通过戏剧、电影和电视向更广泛的受众传达的。这是巴列维努力扩大其影响力并吸纳实际或潜在不同政见者过程里的一点疏漏，但也可能是无法避免的结果。即使是通过国家控制的媒体，充满寓言和典故的暗喻也得到了传播，并在很大程度上增加了人们对国家及其特权精英的冷嘲热讽。

新的艺术动向

除莫菲德之外，这一时期只有极少数艺术人物能够超越巴列维时代晚期占统治地位的、带有政治意味的文化。索赫拉博·赛佩赫里（Sohrab Sepehri，1928—1980）就是一个例外，他的绘画和诗歌中的极简主义风格提供了对大自然的新的神秘主义解读。他的诗歌描绘了水、森林和鸟类，描绘了孤独和宁静的田园风光，作为一位绘画艺术家，他痛苦地描绘着一个即将被现代性力量所征服的、正在快速消失的空间。他1967年的诗集《绿地辽阔》（*Hajm-e Sabz*）中有一首诗，名为《水》，他写道：

> 我们不要搅浑河水，
> 在下游，也许有只鸽子正在饮水，
> 或者在远方的树林，有只雀儿正在整理羽毛，
> 或者在小村庄里，有只泥罐被盛满了水，
> 让我们不要搅浑河水，

也许溪流正去浇灌杨树，

去为一颗心解渴，一颗悲伤欲绝的心，

也许一个乞丐正在用他的手搠水，浸泡干巴巴的面包。

上游的人呀，体恤河水，

他们不要搅浑河水，

我们

也不应该。[2]

这种极为简单的想象力把读者带入赛佩赫里的沉思空间中，这个世界脱离了周围环境的琐碎现实。对佛教的浓厚兴趣无疑塑造了他世界观和诗歌里的各种意象。在诗中，他提到的轻风、黎明和光可以被解读为难以理解的象征，呼吁着解脱时刻的来临。他对年青一代伊朗人的大部分吸引力不仅在于他诗意的朴素，也在于他渴望体验真实的自我。

帕尔维兹·塔纳沃利（Parviz Tanavoli，生于1937年）是另一位有着类似思想的艺术家，他渴望打破时代的陈规陋习，寻求艺术的真实性。他是一位雕塑家，以其60多年来对艺术的坚持而声名鹊起。他甚至超越了赛佩赫里，从1960年代艺术的窠臼中脱离出来，尝试了新的概念和手段。作为"喷泉"[1]（saqqa khaneh）艺术派别的创始人之一，塔纳沃利从什叶派流行的符号和仪式中为他的抽象雕塑寻求灵感。他的探索之旅包括对哀悼符号和神圣的象征主义的解读，并将波斯史诗中的悲剧英雄法哈德（Farhad）塑造为另一个自我。最终，他实现了自身的存在主义追求。一系列以虚无为主题的雕塑传达了一种看起来令人感到困惑的信息。人们可以从他的雕塑中看到"虚无"（heech）这个概念衍生出的许多变体，反映了他在文化上的怀疑论，而这也体现在他所营造的文化环境中（图12.6）。与赛佩赫里相似，塔纳沃利的艺术信息是如此新奇，他脱离了意识形态，并远离当时流行的政治异见人士的思想。但他的存在主义追求伴随审美品质

---

[1] 1963年，这个词被艺术评论家卡里姆·艾玛米（Karim Emami）用于描述1962年第三届德黑兰双年展中涌现出的一批伊朗艺术家的新兴风格。波斯语中的"saqqa khana"指的是一座用于纪念在卡尔巴拉战役中失去水源的什叶派烈士的公共喷泉。

和大师手艺，经历了时间的考验，万古永存。他的"虚无"雕像依然满怀自信，毫不妥协，光彩夺目的外表映射出周围环境转瞬即逝的无常本性。

图12.6　帕尔维兹·塔纳沃利的雕塑作品《虚无》（Heech），1972年被安放于尼亚瓦兰皇宫（现为尼亚瓦兰宫博物馆，德黑兰），尖锐地展现了权力的短暂性

P. 塔纳沃利（P. Tanavoli），同名书《虚无》（德黑兰：邦加出版社），2011年，第35页。

大众文化及其偶像

作为补充，电视还提供一些纯粹的娱乐，其中比较重要的是当代波斯音乐，这些音乐受到了观众的热烈欢迎，甚至超越了阶级的藩篱。其中最著名的也许是天才歌手兼女演员古古什（Googoosh，本名Faegheh Atashin，生于1950年），自1950年代后期以来，她首先是作为一个天才童星出道，后来成了一名成功的流行歌手。她的嗓音和她的私生活一样，都极富戏剧性，后者尤其受到媒体的高度关注。作为男性主导的娱乐业的受害者，她的大部分成功歌曲都带有悲伤的旋律和阴郁的歌词。这些歌曲讲述了她的个人故事，并把她的情绪带给了听众，这也导致人们对她的负面看法越来越多。她发行于1971年的歌曲《两条鱼的故事》（*Qesseh-ye Do Mahi*）描述了两条鱼在一片阴暗的海洋中因亲密的爱情而忘记了前方的危险，并最终走向悲惨结局的故事（图12.7）。

图12.7　1971年，《两条鱼的故事》音乐专辑封面上的古古什
唱片封面，SARE-1009，（德黑兰，阿航鲁兹唱片公司，1971年）。

一条鱼被翠鸟捕获，另一条鱼为此哀悼，并等待自己生命的终结。这显然是影射年轻的游击队员在与街头安全部队的冲突中战斗和死亡。

我们咬着大泡泡，
直到翠鸟杀害了我的伴侣。

也许它该被诅咒，这个爱巢的破坏者，

现在轮到我了，它的阴影投射在水面上。

在我们之后，它将转向其他情侣，

其他人伤心的日子即将到来。

我不再希望成为海中的鱼，

但在故事中，希望将长存。

在另一位著名流行歌手达瑞什（Dariush，也称Eqbali，生于1951年）的歌曲中，激动人心的寓意流露出的是窒息和绝望的潜意识信息。他那首非常受欢迎的、发表于1971年的歌曲《新鲜的小麦气味》（*Bu-ye Khosh-e Gandom*）由沙赫雅尔·伽巴里（Shahryar Ghanbari，生于1950年）填词，由伊朗天才作曲家、亚美尼亚人瓦鲁扬·哈霍班迪安（Varoujan Hakhbandian）谱曲，反映了被剥夺者的命运。这些人被强者夺走了所有财物，只希望保留自己赖以谋生的一小块土地。像歌词所描绘的，他们的皮肤如夜晚一般黑，他们来自有着金色穹顶的祈祷者之城，渴望着小麦的香味。而那些强者的皮肤由黎明的天鹅绒制成，他们是来自国外的游客，他们的目标是建造一座钢铁铸成的摩天大楼。这首歌想向那些掌握着权力和财富的人发起呼吁。但同时，这首歌也发出了质疑："可否聆听失败者的哀号？"这一次，一无所有者大声呼喊，他们要的不仅是小麦的香气，还要得到属于自己的土地和庄稼。

我要的是小麦的香味，

你要的是我的所有。

我想要的是一小块土地，

你想要的是我所有的收获。

我来自这个瘟疫横行的东方部落，

你来自闪耀着光芒的异乡。

我的皮肤是夜晚的颜色，你的则是红色天鹅绒，

我满身脓疮，你身披豹皮长袍……

你正在考虑建设摩天丛林，

我只想要一片立锥之地。

我的身体由泥土组成，你的则是由小麦秸秆组成，

我们的身体比以往任何时候都更渴望一滴水。

你的人民穿着刺绣的丝绸，

我的城市是一个有金色穹顶的祈祷者之城。

你的身体像斧头；我是一个垂死的根，

雕刻在树干上的一颗心仍在悸动……

许多人对我发出哀叹，

我生于斯长于斯，你只不过是路过。

我不希望被你伤害，

无论是否有人在场，我都要大声疾呼：

"我想要田野的气味，

"我想守护所有的一切。

"我想保留自己的一小块土地，

"无论它能带给我多少收获。"

　　歌词不仅指向土地改革带来的后果以及那些流离失所的农民的命运，还反映了幽怨焦虑的公众情绪以及重新拥有失去的文化遗产的渴望。在诗中，"夜晚"被用来指代无所不包的政治高压，从卖弄才学的新诗歌到早年的流行歌曲，这种比喻到处都是。然而，令人震惊的是诗中提到了有金色穹顶的祈祷者之城。如同芙茹弗后期的诗歌，达瑞什的诗歌想象也已超出了世俗范畴。当时已经出现半遮半掩的、让什叶派回归的要求，这首歌最后呼吁无家可归者夺回土地，正是反映了不断增长的反抗精神。不出所料，这首歌的演唱者、词曲作者最后都被萨瓦克逮捕并拘禁。

　　最著名的积极分子是法哈德·麦赫拉德（Farhad Mehrad，1944—2002），他的作品表达了相同的情绪，但是包含着更明显的革命意识。他也被萨瓦克拘禁了。他于1971年发行歌曲《星期五》（Jom'eh，即周五，是伊斯兰教国

家的休假日），由沙赫雅尔·伽巴里作词，伊斯法迪亚尔·蒙法里德扎德赫
（Esfandiyar Monfaredzadeh）谱曲，这首歌反映了对惨淡未来的绝望。天才作曲
家蒙法里德扎德赫通过这首歌隐晦地表达了对西亚卡事件的看法。

> 通过湿透了的窗户框，
> 我看到星期五黯淡的画面。
> 她的黑色丧服多么黯淡，
> 在她的眼里，我看到，乌云渐浓……
> 鲜血从那些黑色的乌云中滴落，
> 星期五，落下的是鲜血，而不是雨滴……
> 星期五持续了快一千年，
> 每到星期五，悲伤就会袭来，
> 对自己深感厌倦，
> 一个人闭着嘴大声呐喊……
> “星期五是出发的时刻，是离开的季节。”
> 但是我的同路人，
> 在我的背上刺了一刀。

　　在这里，黑色（siah）是一个再明白不过的文字游戏，实际指的是西亚卡
（Siahkal），作者在哀悼西亚卡事件，并暗示事件如何恶化，并最终演变成了
一场灾难。“在背上刺了一刀”，指的是一个敢死队战士的背叛，这首歌完成
了对该事件的英雄叙事，整整一代人都将缅怀这些革命先驱。正如人们所知，
“西亚卡风格”简单而易懂，要传达的信息可通过这首单曲有效释放出来，并
受到中产阶级青年的欢迎。它将一代人的武装叛乱浪漫化，将革命理想化为前
进的唯一途径。正如法哈德想提醒他的听众的，在“星期五”千百年来的压抑
历史中，人们只能“闭嘴大声呐喊”，这是一种无声抗议的悖论，它定义了这
个时代的精神。

伊朗流行电影以及失而复得的荣耀

在20世纪六七十年代，伊朗流行电影业产生了大量的劣质产品，这些电影主要针对工薪阶层的观众和地方市场。尽管这些电影主要是为了娱乐，但也有一些表现社会不公和阶级分化的内容，它们被一些电影评论家称为"大杂烩"电影。从1930年代末开始，伊朗流行电影被称为"filmfarsi"，就像它们的印度和埃及伙伴一样，经常遵循一个简单的情节：一个来自贫穷的城市或乡村地区的正义的男人（偶尔会是一个女人），他们面对大城市里金钱、性和坏公司的诱惑，陷入了危险或无助的生活中，他们只有通过某种形式的道德觉悟才能实现自救，并最终拥有一个幸福的结局，而这通常是靠与一个纯洁女人的结合而实现的。影片有许多歌舞场景，同时伴有因饮酒恶行而引发的在小酒馆斗殴的场景（这是从西方影片借鉴来的）。相比之下，洗心革面后的英雄富有牺牲精神，慷慨而重情义，关心父母，还具备强烈的荣誉感。尽管影片中的富裕阶层并不总是被妖魔化，但仍然充满许多邪恶的资本家、土地投机者和其他巧取豪夺者的形象（彩图12.2）。

靠着全国各地被这类电影所俘获而涌入电影院的观众，电影公司得以和好莱坞以及印度制作的电影展开竞争，并为伊朗大众提供专属的娱乐和道德观念。由影星穆罕默德·阿里·法尔丁（Mohammad 'Ali Fardin，1931—2000）主演的《卡鲁的宝藏》（*Ganj-e Qarun*，1965年）和《心灵之王》（*Soltane Qalbha*，1968年）就属于这类影片，法尔丁是一名自由式摔跤奥运会银牌得主，后来成为电影明星。他扮演的主角通常风度翩翩、体格健壮、出身贫寒，最终却取得了事业的成功，往往还为人谦和，且极为重视荣誉和友谊，又能够保持乐观和进取精神。影片开头，他总是穷困潦倒，喜欢招惹是非。法尔丁的强壮体格、能歌善舞以及坏男人气质使他在电影中吸引了富裕和美丽的女孩，并为他打开了特权和财富的大门，但他始终不忘初心，观众尤为认可这一点，即和蔼可亲的英雄就是他们中的某个人。

1965年，《卡鲁的宝藏》中有首知名歌曲是由伊拉杰（即Hosain Khwajeh-Amiri，生于1933年）演唱的。影片中，身无分文的英雄放弃了传说中的卡鲁宝藏以及其他象征权力和财富的事物，选择了节俭而平静的生活。正如他所唱的那样，生命太短暂，不值得为积累财富而陷入麻烦，这是一条长期潜藏在英雄精神中的信息。在影片最后，他击败了富有的恶棍，由于他的骑士精神、亲和力和街头智慧，他不仅得到了女主角的青睐，还得到了他那悔改了的父亲卡鲁先生的财富。这不仅是一个人人都能猜到的、很可能是由艾哈迈德·沙姆鲁创造的大团圆结局，还反映了劳动人民的美好愿望，他们希望谦虚和重视荣誉的价值观能够长存，同时能友好地与富人分享他们的成功和快乐。1965年，超过200万观众观看了这部电影，并带来了5300多万里亚尔（约750万美元）的收入，这是伊朗电影史上的一个里程碑。

1969年的影片《恺撒》（*Qaysar*）由马苏德·吉米亚伊（Mas'ud Kimia'i）导演，在这部电影中，工人阶级的道德观念发生了翻天覆地的变化。凭借更专业的导演和更复杂的情节，故事打动人的不仅是一个幸福的结局，而是为被玷污的家族荣誉而展开的复仇。中心人物并不是一个流氓，而是包装在现代外衣下的侠义人物，他虽然愤怒，却忠于自己的行为准则；他别无选择，只能对侮辱他妹妹并杀死他哥哥的恶毒敌人采取暴力行动。这场命运的斗争以家族荣誉得到恢复而告终，其中不仅有恶人的鲜血，还有英雄的悲惨结局。这部非常成功的电影是大众电影和艺术电影的混合体，影片没有唱歌跳舞的场面，也没有大团圆结局，这也许反映了观众的某种情绪变化。这一点在导演后来的电影中得到了更清楚的反映，《恺撒》这部作品呼唤着传统价值观，同时伴随着宗教象征主义。为了拯救社会，使之免受坏人的破坏，应当不惜流血牺牲，这一观点巧妙地谴责了巴列维对现代化的盲目乐观，也预示着暴力的到来。

达瑞什·麦赫瑞导演的《搪瓷圈》（*Dayereh-ye Mina*，英文版名为*Cycle*）于1975年上映。在这部作品里，英雄的形象不再像《恺撒》中那么理想化，该片是对伊朗医疗行业的尖锐批评，剧本由当时伊朗最重要的剧作家格拉姆-侯赛因·赛迪撰写。作为一名专业的精神科医生，赛迪长期在他的戏剧和短篇小说中构建一个颠覆而又离奇的伊朗下层世界：鬼怪缠身的村民、被遗忘的渔民社区、皮条客和年华老去的妓女以及乞丐。作为一名多产作家，他早年的激进主义在1960年代和1970年代初转变为想象力，他的文学作品伴随着隐秘的象征主义，有时令人感到不安。专业的血液销售员的可怕世界就是这样一种设定。

这部电影是对德黑兰南部街区大多数贫困吸毒成瘾者的研究，他们以卖血为生，而一个黑手党般的网络垄断了这种交易。这就是少年阿里的世界，他在德黑兰成长。他的转变使他从一个无害的流亡者变成了一个从事血液交易的冷酷中间商。阿里是一个在这个过程中出卖了自己的反英雄人物，他抛弃了患有绝症的父亲，并且在对金钱和快乐的无情追求中失去了所有的美德。毫无疑问，血液交易网络象征着残酷势力对伊朗社会，尤其是对年轻人的侵害，它是如此赤裸裸，且让人无法回避。这部电影对医院管理的描绘一开始就被伊朗医学协会禁止，后来被审查机构认为是对伊朗社会的负面描述。

尽管伊朗电影和电视业不断发展，但在20世纪六七十年代，来自国外的流行电影、艺术电影及连续剧，特别是好莱坞影片，继续在伊朗银幕上占主导地位。除娱乐价值外，在这些电影中，好莱坞影片在许多方面为普通伊朗人展示了西方社会、生活方式和性别角色的图景，并在这一过程中强化了刻板印象。通过电影，伊朗人认为美国尽管未能免于暴力，但仍是一个令人兴奋的机会之地。狂野的西部牛仔、在大城市街头开战的黑手党、大量种族主义以及军国主义和滥交的形象，都使非西方观众了解到了越南战争、民权运动和政治暗杀以外的美国。

可以预见的是，《圣经》史诗故事成了所有阶级的最爱，因为它们在新颖的语境中描绘了熟悉的古代先知的故事。从《暴君焚城录》（Quo Vadis，1951年）和《圣袍千秋》（The Robe，1953年）这样的大制作开始，一系列带有《圣经》内容的电影涌现——塞西尔·B. 戴米尔（Cecil B. DeMille）于1956年重拍的《十诫》（The Ten Commandments）、威廉·韦尔德（William Wilder）于1959年拍摄的《宾虚》（Ben-Hur）以及1961年的《众王之王》（King of Kings，该片在伊朗以《永远的光荣》为名发行，据推测是为了回避巴列维国王的皇家头衔"众王之王"）。对于伊朗电影观众，特别是在大城市，这些关于犹太教和基督教起源的道德化叙述是对伊斯兰教中摩西和耶稣形象的补充，但在许多方面又有所不同。且不说《古兰经》中的叙述，几个世纪以来，《旧约》中的先知，特别是约瑟和摩西，以及耶稣和玛利亚的故事，在波斯文学中备受尊崇。好莱坞还展示了美国的形象，透过这些影片，美国不仅是《圣经》故事的传播者或将世界从纳粹德国魔爪中拯救出来以及后来抵抗苏联侵略的解放力量，同时也是一片繁荣之地，工业和技术都在进步中。大制作的史诗片以及探险电影、早期的荒诞剧和后来的轻喜剧、惊悚片和黑帮电影，都以自己的方式，如场面、光影、技术特效和表演来吸引了观众（图12.8）。

图12.8 1950年电影《所罗门国王的宝藏》的波斯语海报，这是好莱坞大片典型的宣传手法

M. 梅拉比（M. Mehrabi），《百年来的伊朗广告和电影海报》（*Sadd va Panj Sal E'lan va Poster-e Film dar Iran*），（德黑兰：纳扎尔出版社，波斯历1393年／公元2014年），第480页。

美国电影明星变得家喻户晓，除了美国总统，他们几乎是公众所知晓的仅有的美国人。明星的魅力、体格以及电影中大胆的特技吸引了年轻观众。对于一些人——主要是城市世俗中产阶级——来说，电影中的诸多元素成了时尚和装扮的模仿对象；对于其他人（主要是虔诚的男性教徒）而言却并非如此，这些人愤怒地展开了示威活动。在20世纪六七十年代，随着更多的电影院在伊朗各个小城市开张，且经常放映质量不高的伊朗电影和外国电影，电影院吸引了越来越多的伊朗人，他们不仅是为了娱乐，也是为了将伊朗和国外的社会文化进行对照——一个可以或羡慕或鄙视或追寻或逃避的想象中的世界，很多时候，渴望和拒绝的感情交织在一起。从1970年代中期开始，电影院成为激进伊斯兰主义袭击的主要目标，这并不是没有原因的，许多电影院被当作外来弊病的象征，而被夷为平地，尤其是在较小和更宗教化的城市。

塔克蒂，人民的英雄

电影以及电影里的英雄和反英雄的最大竞争对手是体育，这是伊朗工人阶级可以参与并偶尔能取得成功的另一个领域。在所有伊朗体育项目中，传统摔跤（koshti）最成功地实现了向现代体育的过渡，成了今天的自由式摔跤。作为传统"力量之家"的一部分，摔跤是对勇士（pahlavan）的身体测试，勇士们也正因此而在"力量之家"中获得崇高的地位。"力量之家"通常是一座根植于波斯骑士文化（javanmardi）的宏伟体育馆，仅限男性进入，可能是穷人最容易去的地方，且通常和遥远过去的苏菲教团有关。在现实中，"力量之家"一般是附近的路提斯及其新手的场地。这些"力量之家"在巴列维时代走向衰落，此前，它们存在于大多数社区中——一个外观端庄的圆顶结构，中间是一个下陷的竞技场，教练坐在一旁高处的凳子上组织集体训练，旁边还会响起激动人心的波斯鼓声以及朗诵《列王纪》和苏菲主义诗歌的声音。

随着巴列维政府通过学校、工厂和现代体育馆开始鼓励和赞助现代体育运动，"力量之家"大部分人才和功能开始被转移到新的体育舞台上。自由式摔跤以及举重、足球很快成为广为流行的运动。伊朗最早参加的是1948年伦敦奥运会，而在1952年的赫尔辛基奥运会上，伊朗获得了奖牌。对于伊朗公众而言，在石油国有化的时代，奥运会的佳绩让他们感到兴奋和自豪。

格拉姆-礼萨·塔克蒂（Gholam-Reza Takhti，1930—1968）是现代伊朗最著名的运动员，他的悲惨结局使他得到公众更多的尊重。他是一位伟大的摔跤手，拥有强壮的体格，曾三次在奥运会上获得奖牌：1952年在赫尔辛基赢得银牌，1956年在墨尔本获得金牌，1960年在罗马赢得另一枚银牌。他在长达12年的时间里保持着良好的竞技状态，这是伊朗摔跤的黄金时代，国家队两度获得世界冠军。然而，除了在竞技上的成功，他和蔼可亲的个性、羞涩而谦逊的举止以及后来的独立政治观点也是他受到爱戴的重要原因。作为摩萨台的坚定支持者和第二民族阵线的成员，他的行动堪称侠义人物的现代典范：在公众眼中他是一位恢复了"力量之家"侠义传统并坚守其价值观的人。在赢得传统摔跤冠军的过程中，他获得了世界冠军（jahan pahlavan）的称号，巴列维国王亲自授予他勋章（图12.9）。

图12.9 1960年代早期，作为波斯传统摔跤运动的冠军，塔克蒂从国王手中接受荣誉勋章

当代伊朗摄影，https://www.tumblr.com/search/gholamreza%20takhti.

1968年，塔克蒂在德黑兰一个酒店的房间里自杀，可能是由于严重的抑郁症，但也有传言说他的死是萨瓦克犯下的肮脏勾当，是几起针对反对派杰出人士的事件之一（包括1969年的贾拉勒·艾哈迈德事件和1977年的阿里·沙里亚蒂事件），但没有任何可信的证据可以证明塔克蒂的死可归咎于安全部门。塔克蒂的死亡有着巨大的象征意义。对于他的崇拜者来说，他是国王专制统治的受害者；他也是一位悲剧英雄，让人联想起萨德克·希达亚特创作于1932年的短篇小说的主人公达什·阿克尔，阿克尔为了挽救自己的名誉，与一个邪恶对手战斗而死。1979年以后，塔克蒂成了少数几位在革命后继续维持影响力的英雄之一，伊朗全国有许多体育场馆以他的名字命名。

随着20世纪六七十年代足球的日益普及以及媒体定期播出足球比赛，摔跤和举重成了受欢迎程度仅次于足球的集体项目。与拉丁美洲、东欧、非洲等缺少非官方政治场所的社会一样，在伊朗，足球比赛的场地很快成为反映集体愿望的另类公共空间。体育场内聚集了大批人群和比赛带来的高涨热情，特别是与外国队的比赛，通常会极具民族主义感召力。对于在现场或在全国电视直播中观看比赛的绝大多数伊朗球迷来说，这是感受民族团结的共同体验。以1968年伊朗和以色列在德黑兰亚洲杯期间的比赛为例，尽管当时伊朗队取得了胜利，但随后，德黑兰民众在街头的庆祝活动很快转变为反以色列——以及含蓄抗议政府当局——的示威游行。由于担心未来再度出现这种情况，政府出台了严格的安全措施。躁动不安的人群有着明显的意识形态诉求，表明了人民对政府的不满，这种不满将在10年后的大众革命中爆发。

西方的瘟疫和对真相的探索

来自音乐、电影和体育运动的异见充实了对伊朗文化的重新思考，最终引发了对宗教神话和价值观的重新评估。这股修正主义潮流的核心在于超越了自1950年代（特别是后立宪时代）以来伊朗知识分子创作的诗歌和音乐中反映出来的沮丧和绝望情绪，并对以现代化和西方化为代表的关键问题进行了再思考。为此，贾拉勒·艾哈迈德于1962年提出"西化病"的观点，主张基于本土话语，回归"真正的"文化，进而扩展到探索真实本身，他的这种主张产生了极大的影响力。在1970年代的动荡时期，艾哈迈德关于何为文化真实性的论述演变成了重新发现"真正的伊斯兰教"的旅程。"西方化的毒害"在1979年革命之前及期间成为一个极为关键的问题，后来成了为伊斯兰共和国服务的舆论工具和支撑。

无论从哪个方面来看，艾哈迈德都是当之无愧的伊斯兰烈士，在他过早死亡以后，他的地位得到了进一步提升。他是一个戴着贝雷帽，吸烟、酗酒的知识分子，并坚持这种生活方式。他英俊而诙谐，具有批判性的眼光，言辞尖锐。在德黑兰最时髦的咖啡馆里，他是万众瞩目的焦点，在那里，他讨论法国最新的严肃小说，评论他的追随者的作品。在1965年访问美国后，作为亨利·基辛格管理的哈佛大学外国知识分子项目的研究员的他穿上了牛仔裤，还成了爵士乐爱好者。他与一位在美国接受教育的艺术史教授西敏·达内希瓦尔（Simin Daneshvar）结婚，后者凭借自己的努力成为著名的小说家，有人甚至认为她比艾哈迈德更优秀（图12.10）。艾哈迈德还翻译了纪德、加缪和萨特的作品，并读过斯坦贝克和福克纳的作品（读的是法语和波斯语译本），他的散文风格独特，明显是受到了法国作家费迪南·塞利纳的影响。他还是一位文学评论家，评论小说、戏剧以及绘画展览；是一位深刻缅怀伊朗农村旧世界及其行将消逝的文化的民族志学者；还是一位访问过苏联、美国和以色列等地的旅行作家，并以他典型的带着偏见的讽刺和左派的自负进行写作。

图12.10　西敏·达内希瓦尔和她的丈夫贾拉勒·艾哈迈德，德黑兰，
1955年

私人收藏。

　　然而，关于艾哈迈德的故事远不止于此。他父亲是一位来自塔莱坎地区
的乡村毛拉，在1920年代搬到德黑兰。艾哈迈德少年时期曾在德黑兰市场做兼
职学徒，同时准备进入经学院，成为一名毛拉。当他为了现代教育而放弃成为
什叶派教士的计划，并最终成为一位讲授波斯文学的高中教师时，他父亲的希
望破灭了。像大多数战后受过教育的年轻人一样，他早年就加入了图德党。
但很快，在目睹图德党领导层的两面派做法、在阿塞拜疆危机期间对苏联野
心的顺从以及在里海石油特许经营权问题上的拙劣表现后，他就对苏联式的
共产主义感到失望了。对安德烈·纪德1937年的《访苏联归来》（*Return from
the USSR*，他把这本书从法语翻译成波斯语）一书的阅读，坚定了他对斯大林
主义的厌恶，尽管它没有削弱他对社会主义的信仰。1948年，艾哈迈德和他
的导师哈里里·马利基一起与图德党分道扬镳，并于1952年共同创立了"第
三方力量"，这是法国第三势力（Troisième Force）的伊朗版，也是民族阵线

的附属机构。1960年，第三方力量在民族运动社会主义者协会（Society of the Socialists of the National Movement）的新名称下，吸引了许多独立的社会主义者、知识分子和年轻活动家。尽管协会内部关系紧张，甚至马利基和艾哈迈德之间也是如此，当局还将其视为眼中钉，但该协会仍延续了十年之久。

艾哈迈德一直未能摆脱自己的过去，特别是早先接受的伊斯兰宗教教育，好像他从未在父亲的长袍下面走出来。艾哈迈德在什叶派中发现了"真实"的品质，发现了能够使自己免于被异化的力量。"西方"文化霸权将非西方社会变成了西方低劣的仿制品，这些仿制品还满怀感激地拜倒在他们无所不能的霸主面前。这种看法与20世纪五六十年代广泛传播于法国存在主义思想家群体内的新马克思主义中关于异化的观点以及当时流行的关于机械主义（machinisme）的辩论基本一致，当然也与伊斯兰文化相关。

然而，"西化病"原本只是艾哈迈德偶然间在咖啡馆的谈话，后来，这一观点被他匆匆忙忙地扩展为一个宏大的文化理论，而未经深思熟虑。该观点的目的是将非西方社会（如伊朗）的文化、政治和社会问题归咎于西方带来的现代性，尤其是归咎于20世纪西方主义的错误经历。在这一点上，"西化病"被证明已脱离了作者最初的设想，或已成为一种缺乏明晰定义的、自以为是的本土主义理论。这种话语很适合什叶派对于自身受迫害的宏大叙事，它把所有责任归咎于邪恶的他者。艾哈迈德最初想摆脱宗教精英盲目的保守主义，但他却带着1953年后的一代知识分子在什叶派抵抗文化（而不是在马克思主义）中寻求救赎的办法。

无须多言，艾哈迈德的"西化病"理论是对后立宪时代，特别是巴列维统治时期的盲目欧洲化（mostafrang）的明显反动，欧洲化主导了后立宪时代的政治舞台，巴列维时代的这一代人对于西方有一种与生俱来的自卑感。这些西方"文明"圣殿里的礼拜者塑造了一战后的中东（从土耳其到阿拉伯世界）和南亚。他们往往对欧洲疯狂的军国主义、种族灭绝、奴隶制、殖民主义以及其他一系列使欧洲和美国历史蒙上阴影的邪恶行径视而不见，或者充其量只是以人们熟知的"强权即公理"为理由，来进行辩护。

艾哈迈德最初是通过阅读其他伊朗学者（如卡斯拉维）对西方主义的批

评文章而产生了这种想法，对他影响更大的是创造了"西化病"一词的艾哈迈德·法尔迪德（Ahmad Fardid，1909—1994）。法尔迪德是德黑兰大学的哲学教授，艾哈迈德有一段时间对他非常关注，"西化病"也成为他文化价值取向的核心。和艾哈迈德一样，法尔迪德也曾接受过伊斯兰学校教育，此后，他的思想经历了很大的转变。法尔迪德是海德格尔哲学的拥戴者，有一些零星的伊斯兰哲学和神秘主义知识，二战后，他曾在德国、法国和瑞士待了几年。在那里，法尔迪德不太系统地学习了一些德国唯心主义哲学，更重要的是，他受到了后纳粹时代欧洲依然强大的反犹太主义和反现代主义文化的深刻影响。1955年，法尔迪德回到伊朗后，听了由法国学者、德黑兰法兰西学院负责人亨利·科尔宾（Henry Corbin，1903—1978）所做的伊朗什叶派哲学演说。科尔宾也曾是海德格尔哲学的拥戴者，他对照明哲学（maktab-e eshraq）以及伊斯法罕所谓的神智学的浓厚兴趣，影响了他那个时代相当一部分学习哲学的伊朗学生和知识分子。科尔宾也是欧洲反现代主义知识分子圈子中的一员，这些知识分子与海德格尔学说一起，在20世纪早期的法国和德国得到了蓬勃发展。

法尔迪德对伊朗现代化的看法有些偏执，并引发了不少争议，而艾哈迈德继承了这种偏执。法尔迪德对伊斯兰思想史持有一种非历史的观点，这让他认为，伊斯兰哲学长期受后苏格拉底希腊哲学，特别是亚里士多德哲学的影响，实际上已变得不够纯正了。他先是将这种情况称为"希腊病"（Yunan-zadehgi），后来又提出"西化病"的主张。受海德格尔"再定位"（reorientation）观念以及德国哲学家对前苏格拉底时代哲人的关注的影响，法尔迪德试图用"回归"（return）观点，来对波斯神秘主义、神秘诗歌以及伊斯兰哲学做出新的解释，以超越现存的占优势地位的西方"现实"。

艾哈迈德借用了法尔迪德"西化病"概念，并通过注入大量的第三世界主义理论（third worldism），来对它进行推广。他还接受了法尔迪德的反现代主义立场，尤其是对20世纪伊朗现代化进程进行了批判，从立宪革命到巴列维时代，几乎涉及所有的方面。这是一种对现代性的反抗，而法尔迪德和艾哈迈德本身都是由现代化所塑造的。根据艾哈迈德的理解，在伊朗，"西方主义"已造成普遍的痛苦，就像在所有非西方社会一样。它如同霍乱或瘟疫一般，影响着伊朗社会和文化的所有方面，包括教育、文化、生活方式、经济发展和社会关系，反映了一种"缺乏任何可以依赖的传统、缺乏历史连续性、缺乏评估及变革的手段，只知道机械地接受"的症状。艾哈迈德相信"西化病"表现出了"我们所处的历史时代的一个重要特征，即当时的我们尚未真正掌握西方化，也不理解其结构或是知道该如何运用它"。换句话说，"我们还没有完全了解（现代）科学和技术"[3]。他暗示，巴列维的现代化服从于西方的经济和地缘政治利益，这也是伊朗依附性及异化的主要原因。尽管审查人员禁止《西化病》正式发行，但艾哈迈德的观点使他赢得了越来越多的读者。

《西化病》最大的问题是对伊朗历史有许多错误的解读，而且有明显的倾向性。艾哈迈德的论点不够严谨，而且有很强的意识形态色彩，他对伊朗的政治遗产总体上持蔑视态度，并影响了好几代热切且天真的读者。《西化病》因此被认为可能是20世纪最具破坏性的波斯语文本之一。在20世纪六七十年代的社会风气中，当所有其他公开和冷静的政治辩论，甚至社会批评的途径都被叫停时，艾哈迈德的小册子提供了一种新的选择。《西化病》的历史阴谋论将东方出现的所有问题都归咎于西方（这是另一个有疑义的文化命题）。前现代的东方被怀旧地描绘成一个淳朴而"真实的"过去，在他看来，过去的东方如同田园诗一般，具有内在的连贯性和一致性。

在艾哈迈德的阴谋论世界观中，除伊斯兰教的神圣历史和什叶派乌莱玛群体外，很少有历史力量和参与者是没有受到过伤害的。罪魁祸首包括从阿拉穆特的伊斯玛仪派到苏菲派、努克塔维派的异见运动，还包括17世纪萨法维哲学家的新思想学派、犹太人和巴哈伊教徒等宗教少数派。自伊斯兰教诞生以来，从阿拔斯王朝到伊斯兰中世纪的突厥王朝、埃及的马穆鲁克王朝、奥斯曼帝国、萨法维王朝和恺加王朝，甚至伊朗内陆的游牧民族政权，都被视为基督教势力的受害者。基督教势力一直在策划针对穆斯林——尤其是针对伊朗人民和文化——的阴谋。参与者包括拜占庭人、十字军、梵蒂冈人、威尼斯人及热那亚人、欧洲的贸易公司、基督教传教士、欧洲旅行者，以及更明显的对手，如19世纪的殖民帝国、石油公司、美国间谍机构，此外还有美帝国主义的经济和文化工具。

在这种邪恶对正义的攻击中，即使是处在戈壁沙漠的蒙古人和回鹘人也没能幸免。欧洲基督教徒不仅挑起了十字军东征和蒙古人的入侵，还以某种方式煽动了奥斯曼人和萨法维人之间的逊尼派-什叶派冲突。在20世纪后期，泛伊斯兰主义的失败也被认为是欧洲阴谋的结果。这些阴谋想摧毁穆斯林之间的团结，玷污他们"纯洁"的文化，夺走他们的物质资源。在艾哈迈德习惯性的、自以为是的语气以及言简意赅的写作风格中，这一连串的断言吸引了那些年轻且不熟悉历史的读者，并抚慰了他们受伤的情绪。他对伊斯兰过去的渲染引发了一种什叶派历史叙事中固有的受害者心态，并且顺利地将穆斯林"堕落"的错误归咎于敌对的他者身上。

把艾哈迈德对历史偏执解读放在一旁，他的《西化病》在许多方面虽然不够完善，且有很强的争议性，但这不仅预示着1970年代的东方主义批评，还预示着1980年代的世界体系及其从属理论。在书中，他强调西方物质文化和思想的大量进口依赖的是廉价的石油经济，这是一种新奇的观点。该书对巴列维现代化项目提出了质疑，并在其鼎盛时期对现代化理论提出了反驳。当时世界银行之类的机构要求"欠发达"国家开展重工业化，实行计划经济以及对其农业经济展开大规模改革。与之对应，艾哈迈德质疑那种匆忙的"进步"，之后展开的白色革命就具备这种"进步"的所有主要特征。艾哈迈德看到的是农村经济和村庄共同体被摧毁、人口过度增长、城市发展缺少良好规划、传统生活方式和身份认同即将成为历史。尽管提倡文化本性和真实性，艾哈迈德也认为社会发展所带来的这些弊病并非无解，只是需要对现代化有更深刻的理解。他仍然认可现代化理论是将非西方社会从西方经济和文化霸权中解放出来的手段。

艾哈迈德的《西化病》中存在着对异质入侵的深刻恐惧，他担心伊朗将陷入"纯洁"本土与被"污染"的外国代理人之间的对立。就好像魔鬼玷污了信徒的纯洁信仰。这就是艾哈迈德和那一代志同道合的知识分子选择了伊斯兰教的原因。在革命时代，曾有一个流行的口号："不要东方，不要西方，只要伊斯兰。"（na sharghi, na gharbi, jomhuri-ye Islami）这一口号引起了强烈的反响，这也是艾哈迈德给伊斯兰革命留下的持久影响。然而，令人好奇的是，艾哈迈德本人是怎么在革命初期活下来的。

沙里亚蒂的革命伊斯兰主义

在伊斯兰本土话语形成过程中与艾哈迈德持相似立场的是阿里·沙里亚蒂（1933—1977），他有一种折中的世界观，是稍晚一代人的偶像。在1960年代后期，他开展了热情洋溢的布道行动，无数的流行书籍、小册子和录音带使他成为革命什叶派的新先知。就像早期对他影响很大的艾哈迈德一样，沙里亚蒂出身于一个宗教家庭，来自什叶派重镇萨卜泽瓦尔附近的一个村庄，后来到了马什哈德。他的父亲作为一位世俗宣教者，在马什哈德赢得了一些声誉，并管理着一座宗教中心。与艾哈迈德一样，1950年代初的民族运动以及此后1960年代的异见文化也塑造了沙里亚蒂的思想，他同时也是一名高中教师和民族阵线支持者。然而，在他拿到政府奖学金前往法国后，他的人生道路发生了转变。在那里，他获得了索邦大学的宗教社会学博士学位。这个学位的含金量并不是很高，并不需要在学术研究上多么努力，但这也足以让他在马什哈德大学获得教职。他的论文是对波斯神秘主义文本的分析，并没什么重要的学术价值。

在法国，沙里亚蒂对左翼政治产生了兴趣，特别是对阿尔及利亚革命。1950年代后期，革命进行得如火如荼。他支持阿尔及利亚革命中反对法国的伊斯兰派别，并同情其反殖民主义目标。他一直试图用宗教社会学来对伊斯兰教进行新的解读。乔治·古尔维奇（George Gurvitch，1894—1965）是一位出生于俄国的法国社会学家，也是阿尔及利亚独立的坚定拥护者，他给沙里亚蒂留下了深刻印象，并帮助其认识到伊斯兰教不仅是一套信仰和仪式，还是一种社会宗教运动。沙里亚蒂也可能受到了路易斯·马西尼翁（Louis Massignon，1883—1962）写于1922年的《哈拉杰的受难》（La passion d'al Hallaj）一书的启发，这是一项关于早期什叶派苏菲派殉道者的生平的开创性研究。年轻的沙里亚蒂对马西尼翁的个人经历以及他鼓舞人心的新天主教教义也非常感兴趣，在这一过程中，他对伊斯兰教教义以及什叶派殉难神话越来越着迷。

然而，对沙里亚蒂有着最大影响的是出生于加勒比地区的弗朗茨·法农（Frantz Fanon，1925—1961）以及他此后流行于左翼知识分子中的革命反殖民主义观点。法农是一位讲法语的知识分子，几乎成了沙里亚蒂的道德榜样，沙里亚蒂在法农1961年出版《世界上受苦受难的人们》（*Les damnés de la Terre*）一书后不久，就将其翻译成波斯语。通过法农，他对反殖民主义斗争有了更多的认识。而阿尔及利亚革命成了这种斗争的缩影，这是一场关乎人类解放的存在主义斗争，在这种斗争中，被压迫者之所以忍受痛苦和牺牲，不仅是为了恢复政治自由，还是为了恢复作为人的尊严和道德责任。法农在这一时期成了所谓的第三世界热情知识分子和积极分子的代言人。法农的反殖民主义仍然以社会主义为核心，却超越了马克思主义的阶级斗争，强调民族、文化、种族和宗教关系。法农认为这些至关重要的斗争工具，甚至武装斗争工具，是为了摆脱全球分裂状况下双方不相容的意识形态。沙里亚蒂吸收了这个观点，但对它进行了重新设计，以适应他自己对什叶派的神话-历史解读。

沙里亚蒂于1964年回到伊朗后，不可避免地受到萨瓦克的骚扰，并因在国外期间的异见活动而遭到拘留，但可能是因为做出保证，他很快便被允许继续在马什哈德大学教授宗教和历史社会学。他对伊斯兰历史有着激进看法，并将其纳入一个新的时代背景之下进行解读，这使他很快就声名鹊起，来听他的课的人也越来越多。他在授课时很擅长打"擦边球"，当局也对他表示容忍。几年后他前往德黑兰，并很快成为侯赛因讲堂（Hosainiyeh-e Ershad）[1]最著名的公共知识分子，在那里，他被看作是一位理解伊朗年轻人的、鼓舞人心的演讲者。

侯赛因讲堂是一所坐落于德黑兰北部的现代宗教机构，成立于1964年，旨在推动伊斯兰教的与时俱进，主要面对的是大学生和受过教育的专业人士。侯赛因讲堂让人联想到法国的天主教机构或美国的福音堂，或是德黑兰的前巴哈伊中心，而与传统的伊斯兰教环境完全不同。它有着圆顶结构，宽敞的大厅里铺着波斯瓷砖，配有观众席、空调、音响系统、图书馆和展览室，描绘着《古兰经》经文的彩色瓷砖装饰了大厅的中心舞台。对于沙里亚蒂来说，这里提供了他想要的氛围。在近10年的时间里，他用一种克制的隐喻语言来讲述他对伊斯兰的再发现以及什叶派的行动主义。对于成群结队地听他讲话的观众

---

[1] "Hosainiyeh-e"是什叶派特有的宗教场所，专门用于为哀悼伊玛目侯赛因而举行的仪式；"Ershad"意为"指导"。

来说，侯赛因讲堂的周围环境呈现出一种现代、明亮、有尊严的特征，而对于一位迷人的演讲者（英俊，西装革履，胡须刮得干干净净，常以微笑示人）来说，这里的环境正合适。他是一个新奇之人，即使是已经世俗化了的伊朗中产阶级也不能对他熟视无睹。

沙里亚蒂的授课风格是情绪化的，甚至是戏剧性的，同时也是激烈的。他喜欢说教，了解自己的听众，并知道如何去打动他们。虽然讲课时间很长，但他的讲课并不乏味，至少对他那些年轻而专注的追随者来说是如此，他们经常参加他的讲座，听他的录音带，并积极地购买他的作品。沙里亚蒂的写作风格同样是漫无边际、情绪化且激烈的，适合他所讲述的准神秘主义的和完全非历史化的内容。耸人听闻的神话化的历史正是他受欢迎的关键。

作为一个有神论的存在主义者，沙里亚蒂在《古兰经》和什叶派历史中寻找解放问题的办法。他对伊斯兰教实际发生的历史并不感兴趣，他认为这些都是由高压统治者和西方人炮制出来的，没什么用，甚至还会让人误入歧途；相反，他在早期什叶派被神化了的历史中为反抗政治和宗教压迫的主张寻找依据。他把法农、萨特和马西尼翁，以及马克思、摩萨台、阿尔及利亚民族解放阵线和艾哈迈德的主张强行整合在一起，更不必说他父亲对于何为"真正的"伊斯兰教的教诲了。这些要素在沙里亚蒂的脑海中综合起来，构成了他早期关于伊斯兰英雄的演说，并借这些英雄之口传递革命思想。这些英雄包括阿里、侯赛因、法蒂玛以及先知早期的同伴。在沙里亚蒂用语言和文字构建的世界中，他们变成了维护社会正义、自我牺牲（ithar）和反抗压迫者的英雄，先知早期的反对者——古莱什[1]（Quraysh）部落及其倭马亚后裔、穆阿维亚[2]（Mu'awiya）及其子耶齐德则成了恶棍。在现实中，这些反对者指代的是巴列维政权。

沙里亚蒂将早期信徒时代的神圣历史想象成纯洁、相信平等和勇于自我牺牲的伊玛目及其同伴积极抵制腐败压迫者的过程。在他称为"红色什叶派"

---

[1] 在伊斯兰教兴起前占据着麦加城的阿拉伯部落，伊斯兰教先知穆罕默德即出生于这一部落。
[2] 伊斯兰教第五代哈里发，也是倭马亚王朝的建立者。

（'Alid Red Shi'ism）的时代，先知带领自己的忠诚支持者，寻求建立"反抗的宗教"。在对什叶派的这种革命化叙述中，沙里亚蒂是一个现代的"推广者"（maddah）和"苦难的背诵者"，他的任务是传颂"受委屈的"英雄们反抗恶棍统治的历史。作为对照，他的"萨法维黑色什叶派"（Safavid Black Shi'ism）代表了乌莱玛的保守主义，他将其总结为妥协、迂腐和贪婪。这种二分法并无坚实的史实依据。此外，他认为萨法维帝国的什叶派之所以对抗奥斯曼帝国的逊尼派，并实现了自身的崛起，其实是阴谋分裂伊斯兰的结果。这是他与艾哈迈德都坚持的阴谋论观点。然而，沙里亚蒂的历史神话让他的观众充满了兴趣。沙里亚蒂以及他描绘的勇敢而充满活力的伊斯兰教与当下停滞不前的什叶派世界形成了鲜明的对比。

沙里亚蒂对巴列维政权的批评比较隐晦，但也不是完全遮掩的。因此，萨瓦克特工经常监视他的活动，有时还会骚扰他。尽管受到了萨瓦克的干扰以及来自库姆的乌莱玛的打断，并与莫尔塔扎·莫塔哈里（Mortaza Motahhari，1919—1979）决裂——他是库姆不那么僵化的教士的代表，活跃于侯赛因讲堂，沙里亚蒂还是继续他的讲授和出版工作，直到1972年侯赛因讲堂关闭。他的作品大量出版，各行各业的人都能看到，引起了当局的焦虑。然而，他并没有完全被禁止发声，人们猜测这是因为该政权认为他可以被用来平衡库姆的政治上快速激进化的反对派教士。只有在1972年城市游击冲突的高峰期，沙里亚蒂才被视为严重威胁。他被指控与人民圣战运动参与者合作，后来还被单独监禁了18个月，在得到国王的批准后，才获得释放。国际舆论要求释放他的声音大到足以让国王认识到关押这样一位著名人物实际上是弊远大于利。在他被释放后的两年里，他一直遭到软禁，健康状况也严重恶化。1977年初，在萨瓦克强迫他发表或伪造一份赞美白色革命的声明之后，他被允许离开伊朗。当他3月到达英国时，正在承受抑郁症和其他疾病的折磨。很快，他在南安普敦的一家医院因严重的心脏病发作而去世。奇怪的是，他死亡的情况并没有引起英国当局足够的重视，也没有进行验尸。无论如何，沙里亚蒂因作为萨瓦克的另一个受害者而被伊朗反对派悼念，尽管沙里亚蒂或许像艾哈迈德一样，其过早死亡主要是由于自身身体原因，很可能和大量吸烟有关。

文化领域的混乱

巴列维政府将近20年的资助使伊朗的文化领域变得更开阔、更活跃。媒体，尤其是电视、艺术场所、新闻和图书出版业的发展，以及不断增长的收视率和读者群，为知识分子和艺术家提供了更广阔的市场和更高的社会认可。这是在政治空间越来越小，国家强制各种异见人士保持缄默并竭力吸引志愿合作者的背景下取得的成就。然而，在国家主导的广播网络、电影院以及各种文化和公共机构中，不同意见仍旧存在，只是选择了半遮半掩的方式。如果能让伊朗民众确立更强烈的身份认同，当局就能够收获他们更多的支持。虽然国家仍然更关注物质进步和西方化标准下的现代化，但也开始了对"真实本我性"和文化自主权的追求。在许多方面，作家、诗人和电影制作人都可以感受到，回归真实自我是一种不可抗拒的诱惑。以流行音乐领域为例，从业者的成功应当归功于巴列维统治带来的中产阶级的稳定生活，尽管这些从业者有时也会唱反调，创作一些关于英雄堕落、异化和殉道的民谣。

仍然处于国家掌控之外的知识分子和积极分子有权按照他们想要的方式进行思考和创作。只要避免触犯禁忌，艾哈迈德、沙姆鲁及后来的沙里亚蒂等人物就可以在自己的圈子自由地发表言论、写作、翻译和出版作品。公开批评当局是不可能的，但尽管有审查和恐吓，各种政治象征主义以及对政治压迫和社会弊病的隐喻并未完全失声（图12.11）。隐喻、暗示和文学上的"擦边球"在波斯文化环境中屡见不鲜。毫不意外，在1953年后，这些已成为文化创作者的第二天性。在审查制度下，发表异议的各种策略不断涌现，以确保更大空间的原创性和创新性。观众也对表达异见的秘密语言进行了分享，并以解读文学密码和政治线索为乐。由知识分子和艺术家掌握的一种普遍的怨怼文化非常适用于充满暗喻和象征的语言，也适用于新激进主义者重新使用什叶派旧日的宣传。

图12.11　天才的讽刺艺术家阿德什尔·莫哈萨斯（Ardeshir Mohassess）的作品，讽刺了巴列维国王与其政治家之间的关系。在这幅1977年公开发表的作品中，戴着凯亚尼德王冠的穆罕默德·阿里·沙赫·恺加在他统治的末期被穆罕默德·礼萨·沙赫·巴列维取而代之

《向国王报告了可疑的内阁大臣的存在》（The Existence of a Suspicious Cabinet Minster was Reportet to the king），摘自画集《伊朗的生活》（*Life in Iran*），美国国会图书馆，CD 1—Mohassess，第34页。

高度发达但经过"消毒"的文化的目的只有一个：释放由蓬勃发展的经济及专制统治带来的过度的社会压力。虽然世俗化的中产阶级能够且事实上确实有部分被吸纳进现有的文化环境里，但中产阶级、城市移民和伊朗社会的传统部门基本上都不在国家的掌控之中。国家的文化政策主要是为了吸收左派知识分子，而不是宗教异见人士。前者可以有许多表达异议的方式，但也期盼能过上更好的生活；而后者的表达途径有限，不得不主要依靠自己的传统渠道。具有讽刺意味的是，侯赛因讲堂的关闭导致更多的力量和关注点被转移到了清真寺和《古兰经》研究课程以及由不受国家庇护的宗教积极分子主持的激情洋溢的布道上。

第四部分
众说纷纭的革命和伊斯兰共和国的建立

导致1979年革命爆发以及伊朗伊斯兰共和国建立的一系列动荡事件是现代大众革命的典型例子。对当局不满的各方势力短暂汇聚，依靠动员城市中下层阶级和基层巴扎商人，成功地摧毁了巴列维政权，并瓦解了它的权力结构。由大阿亚图拉霍梅尼领导的激进派教士集团在由伊斯兰各派势力组成的广泛联盟中脱颖而出。在接下来的10年中，霍梅尼在构建伊斯兰共和国及意识形态和制度方面发挥了决定性作用。尽管革命的根源在于伊朗过去70年的经历，但新政权的兴起和巩固却引起了巨大的争论和冲突。

伊朗伊斯兰共和国主要通过强制和暴力压倒了国内的反对者，尽管在对邻国伊拉克的长期战争中遭遇挫折，但到1989年大阿亚图拉霍梅尼去世时，伊斯兰政权显然已经站稳了脚跟。然而，伊斯兰共和国内部的意识形态对立和政治紧张在随后的时间里展现了出来，与之相呼应的是年青一代伊朗人对社会自由、民主以及结束国际孤立的要求。虽然存在伊斯兰政权的裙带关系、意识形态盲区和社会经济停滞不前的问题，但伊朗社会确实取得了很大的发展。它创造了自己的空间、文化和艺术想象力。在伊斯兰革命胜利的30年后，2009年的绿色运动揭示了伊朗人民强烈的不满以及幻想的破灭。

第十三章
伊斯兰革命的形成（1977—1979）

1978年8月至1979年2月间，伊朗在不到七个月的时间里经历了一场革命。这场革命摧毁了巴列维政权，推翻了君主制度，废除了巴列维精英的特权，并极大地削弱了世俗化的中产阶级。取而代之的是大阿亚图拉霍梅尼及其同伴创建的伊斯兰共和国，他们创建伊斯兰共和国旨在建立"法基赫监护／教法学家统治"，并将之作为唯一合法的统治。伊斯兰革命很快就被伊朗国内外的人们所熟知，并得到了伊斯兰积极分子的支持，其中有许多是激进分子、城市贫民和巴扎商人，在一段时间里，革命还得到了青年、大学生、低级政府雇员和城市平民的支持。至少在一开始，来自德黑兰和其他主要城市的巴扎社区同情者以及有宗教倾向的人们还对革命给予了经济支持，他们通过向地方上的穆智台希德或霍梅尼代表缴纳税费的方式提供资金。

在意识形态层面，这场革命是一种奇怪的混合：对原始伊斯兰教的回归、霍梅尼及其库姆同伴们的教法学家世界观、伊斯兰现代性的概念（如像马赫迪·巴扎尔甘这样打着领结的伊斯兰主义者的理解）、什叶派潜藏的对救世主的期待、拉希德·里达（Rashid Rida）和赛义德·库特卜等人长期倡导的萨拉菲主义、飞速蔓延的反西方主义和反巴列维情绪。在早期阶段，革命表现出了对民主、言论自由和人权的真正渴望，但也表现出了左派思想的阴影，这在世俗主义者、伊斯兰游击队组织及其同情者，以及此后复兴的图德党同情者身上都能看到。在20世纪俄国和中国发生重大革命之后，伊斯兰革命既受到第三世界后殖民话语的影响，也受到了古巴革命、越南战争和巴勒斯坦解放运动的激进经验的影响。它很快演变成一场教科书般的革命，并在国内和国际上引起了重大反响。

在这种历史语境下，伊斯兰革命证明自己比70年前的立宪革命更具包容性，尽管它的目的不是那么"纯粹"。事实证明，与立宪革命相比，伊斯兰革命做出的民主和自由化承诺的可靠性要低得多。它也是摩萨台时代民族运动的继承者。它不仅继承了比那个时代更大规模的街头政治，还继承了对超级大国的蔑视。它的社会参与度也比立宪革命和民族运动高得多，并且试图完成这二者未实现的愿望。抛开历史目的论，人们可以从立宪革命时期的宪政要求到战后伊斯兰敢死队的极端主义、伊斯兰革命的意识形态中，总结出一条曲折、破碎却有迹可寻的线索。

在伊朗漫长的历史上，伊斯兰革命就其造成的影响而言，足以与萨法维国家的崛起以及什叶派成为官方信仰相提并论。短期来说，它可能不像巴列维王朝半个世纪前的崛起那样具有决定性作用；然而，它在长期的社会和人口方面的影响更大。伊斯兰革命将伊朗社会边缘人口的能动性释放了出来。就其区域和全球影响而言，伊斯兰革命是伊斯兰世界中的第一个，也是迄今为止唯一一个成功延续下来，并继续朝其意识形态目标前进的大众运动。可以说，伊斯兰共和国的建立重振了整个穆斯林世界的伊斯兰激进主义，并推动它超越了后殖民时期的民族主义和几十年前的社会主义。正是这种政治化的伊斯兰力量以及它的什叶派基础，将伊朗各式各样的反对派联合起来，展开了庞大而单调的革命。此外，它还影响了1980年代初邻国伊拉克以及阿富汗、巴基斯坦、黎巴嫩、叙利亚的伊斯兰运动。

像任何大型革命一样，关于伊斯兰革命的真正起点及其影响存在着很多争议。我们可以确定巴列维时代晚期，特别是从1970年代中期开始，伊朗政权就存在许多系统性问题，这是早期抗议活动和革命的根源。巴列维时代晚期的社会经济、人口和文化变迁加剧了社会分裂，助长了公众的不满情绪。到1976年，伊朗石油收入的下降和随后的预算短缺已经使国王过于激进的发展计划难以为继。与此同时，多年来的镇压行动削弱了中产阶级对他的支持，甚至连精英阶层也与国王疏远起来。

然而，这些问题虽然能够激起某些社会抗议，但还不足以解释即将到来的革命的影响，以及革命为何能够迅速成功。在1970年代中期，至迟到1977年，只有伊朗左翼，如人民敢死队和人民圣战者才有较为激进的思想，才渴望进行革命。即使是当时最精明的观察者，都无法预料前景如何。毫无疑问，在伊朗年青一代中广泛存在着对当局的不满，但到1970年代中期，城市游击队组织陷入溃败，其政治理想也几乎不可能实现。然而，通往革命的道路不是靠游击战来铺就的，而是依靠对一位先知式人物的群众支持，这在伊朗现代历史上非常罕见。大阿亚图拉霍梅尼和他的同伴们因数十年来人民对社会的不满情绪而受益，并借由这样一个特殊的机遇建立起对权力的垄断。

最初的火花

随着国际形势的变化，政治抗议迹象的出现相当出人意料。在1976年秋季美国总统竞选期间，民主党候选人吉米·卡特将人权和言论自由作为其外交政策的主要关注点。全世界的呼声很快传到了伊朗，并带来了新的希望。虽然卡特的倡议主要针对的是苏联和东方集团，但也向伊朗自由反对派，包括前民族阵线的退伍军人以及律师、知识分子、记者和沉寂的旧日革命者发出了积极的信号，即使是在他1977年1月上任之前。卡特的倡议实际是对尼克松支持全世界亲美独裁者的政策的反转，在这一倡议下，1977年初，一些个人和小团体开始向首相胡韦达和国王写公开信，批评侵犯人权的行为，并要求加强问责制。他们还对国家有缺陷的经济政策、浪费严重和管理不善的发展项目、高官显贵的裙带关系和腐败、效率低下的官僚系统、服从和媚上的文化、造成社会离间的政策以及国王专制统治的不良影响表示担忧。在长期崇拜和服从王室的气氛中，这种已沉寂多年的声音犹如一缕清风。在经历了13年沉闷的任期后，胡韦达的首相职位看上去已经变得脆弱。国王开始以其惯有的方式指责下属，尽管他本人才是造成诸多国家政策失败的根本原因。胡韦达首相则首当其冲。

当时，公开信通过复印和口耳相传在知识界、宗教界广为流传。这些信不仅指向胡韦达，而且还暗指国王本人。这是第一个没有遭到萨瓦克报复的公开批评，至少是没有遭到公开的报复。此时尚未成形的反对派必然会将萨瓦克的这种反应解释为国王在重新调整政策，以适应美国新政府。1977年6月12日，当卡里姆·桑贾比、达瑞什·法鲁哈（Dariush Foruhar）和沙普尔·巴赫蒂亚尔向国王寄出一封公开信时，作者、收件人或读者都没有意识到，18个月后出现的一场巨变将会把巴列维政权打翻在地。作者们警告说：

> 在我们提交这封信的这个时刻，国家正处于深渊的边缘，所有努力都走进了死胡同，公共必需品——尤其是食品和住房的价格——大幅上涨，并且短缺；农业和畜牧业已经快完了；新兴的民族产业和人力资源正处于危机中，摇摇欲坠；贸易的不平衡反映了进出口之间令人瞠目的差异。石油（收入），这个真主赐予的祝福，存在严重的管理不善，在改革及（白色）革命名义下提出的目标仍未实现。最糟糕的是对人权、个人自由和社会自由的无视，对宪政根基的破坏，再加上恐怖气氛、不断增长的腐败、社会衰退以及阿谀奉承的社会风气，国民士气低落，已降到了最低点。

这种直率的口气很不寻常，反映了当时社会的愤怒之情。这封信还请求国王尽快做出政策调整，以免为时太晚：

> 目前面临的困难和陷阱已经威胁到伊朗的未来，解决这些问题的唯一途径是放弃独裁统治，并完全遵守宪政制度的价值观，恢复人民的权利，真正尊重宪法和《世界人权宣言》，允许新闻自由和

结社自由，释放政治犯以及恢复政治流亡者的自由，建立一个以民
选代表为基础的政权，依据宪法执政，并对政府的行为负责。[1]

认为卡特总统对人权的倡导是引起这种呼声或是使国王拥有了更大自由
度的唯一原因，这种观点是错误的。到1977年，管理不善、国家项目腐败和不
受欢迎的价格稳定措施的影响足以引发社会抗议。石油市场供过于求，导致了
全球经济衰退，随之而来的收入下降进一步延缓了政府项目的推进。国际人权
组织，特别是大赦国际对军事法庭、不透明审判和政治犯待遇的长期批评，使
巴列维政权的形象变得更加糟糕。因而，卡特总统的人权政策更多地起到了推
动作用，而非主要原因，社会不满情绪的暗流由此公开化，继而导致了革命的
爆发。

国王的健康状况也对政治局势的迅速变化产生了影响。在1970年代早
期，国王被诊断出患有轻微的淋巴瘤，他的病情多年来一直处于保密状态。在
最初几年，他并未制订切实可行的权力交接计划。他确实授予了法拉赫王后摄
政头衔，以指导小王储礼萨，但在很大程度上，这只是一种形式。在男权至上
的巴列维宫廷中，所有重大事项都取决于王室的批准，即使是一些军事事务和
民事事务的细节。国王难以忍受自己被视为癌症病人或垂死者，他那决断和自
信的形象是整个政治体系的根基。

然而，这一点看起来正在消逝。到1977年，当他的病症继续恶化时，疾
病似乎已削弱了国王做出关键决定的能力。虽然他的宫廷大臣兼密友阿萨多
拉·阿拉姆在自己的秘密日记中指出国王依旧热衷于男女之事。此时的国王仍
然向他的人民承诺说伊朗即将迈入"伟大文明的大门"，尽管他的语气比以前
更加柔和，但他的行为反映出明显的焦虑。国王预测，如果人们被所谓的"红
色和黑色反动派联盟"，即激进左派和神职人员反对派所诱惑，那么，"黑暗
的日子"即将到来。

不久之后，国家项目中管理不善的官员被撤职。1977年8月7日，贾姆希
德·阿穆泽加（Jamshid Amuzegar，1923—2016）被任命为新首相，这被视为
巴列维政权对民众不满情绪的明确回应。回想起来，这也是国王在一系列严重

的、或许是无法挽回的错误判断中的第一个。阿穆泽加是一位在美国接受教育的经济学家，拥有康奈尔大学的博士学位。他有着良好的职业操守，并未参与到当时猖獗的腐败活动，曾长时间担任财政部长以及伊朗驻石油输出国组织的首席谈判代表。尽管如此，持怀疑态度的普通公众还是将他视为国王忠诚的仆人和执行者，这种观点因他还是伊朗复兴党中进步派的领导人而得到了进一步确认。除少数几个例外，他对内阁部长人选的选择也仅仅是为了装饰门面。这些人选都是可以预见的，完全遵从了国王的意愿，并且是不加批判地、盲目地遵循。阿穆泽加的公开表态也充满了对国王的顺从。在批评政权的现象兴起之际，他将公众的不满归咎于"烦琐的官僚主义"和"缺乏协调"。阿穆泽加在被任命为首相的同时，还被任命为伊朗复兴党的总书记，该党当时已经摇摇欲坠，事实证明，这个精心设计的"进步"党形象是一种更大的负担。

　　总的来说，延续了一年的阿穆泽加政府加剧了本已高涨的革命形势。阿穆泽加设法为新闻和政治活动确保了有限的、名义上的自由，他甚至设法限制了萨瓦克一些最令人震惊的非法逮捕和酷刑。然而，从他执政伊始的释放政治犯，到关闭将大批异见者送进监狱的秘密军事法庭、降低国家震耳欲聋的宣传声音，这一切无疑是将政府的虚弱，甚至是绝望，暴露在了斗志昂扬的公众面前。这种和解的姿态引起了大学里进一步的抗议行动，此后不久，激进派积极分子开始主宰公共场所。到1978年9月，很明显地，公众抗议开始转向了革命。如果阿穆泽加政府确实曾有一丝希望将濒临绝境的政权从革命边缘拯救出来的话，此时，这一希望也被频繁的大规模示威、伊斯兰极端主义分子的破坏，以及公共部门、石油产业的工人罢工所粉碎了。

　　1977年6月19日，阿里·沙里亚蒂的死亡被许多支持者看作是对抗政府暴政的结果。三个月后，公众对大阿亚图拉霍梅尼的大儿子穆斯塔法·霍梅尼（Mostafa Khomeini，1930—1977）的死亡抱有同样的看法，认为这相当于伊斯兰教法中的殉教。尽管穆斯塔法实际死于疾病，但不知为何，他的死仍被认为是邪恶政权导致的。在一个封闭的社会中，国家领导人、多数政治精英成员和一些主要知识分子公然接受了阴谋论，很多非精英人士也会有类似的想法，这很合理。沙里亚蒂的追随者在德黑兰大学组织的示威活动不断壮大，与此同时，各方都向霍梅尼表示沉痛哀悼，他们一致认为，当局应对两个人的死亡负责。

在纳杰夫流亡14年之后，霍梅尼再次成为巴列维政权最无情的批评者。他不仅得到了教士和普通信徒的支持，而且得到了广大公众的力挺，这些人称赞他是一位不屈的英雄。然而，他绝没有被视为抗议运动的唯一领导者，甚至没有被视为抗议运动中最重要的人物。他耐心地在社会的荒野中等待了数年，也许再也没有回到伊朗的盼头，更不用说领导一场革命了。事实上，霍梅尼虽遭流放，但并未被遗忘。对于年青一代的伊朗人来说，大阿亚图拉霍梅尼是过去的反对派重返政治舞台的象征。适当的时机奇迹般地将他推到了反抗运动的前列，甚至超出了他自己的最大期望，他的形象很快就会被神圣的光环所包围。

1977年9月14日，在卡塔里耶（Qaytariyeh）附近，成千上万的信徒参加了斋月结束之际的开斋节宴会聚礼，这次聚礼的地点位于首都北部的一个开阔空间，是由霍梅尼的支持者挑选的。这次有序的集会第一次展示出了伊斯兰激进分子的组织能力。此后不久，一大群鲜为人知的积极分子——"伊朗战斗的教士"（Ruhaniun-e Mobarez-e Iran），全由霍梅尼从前的学生组成，他们继续宣称，伊朗这个"穆斯林国家"不会停止斗争，直到现在政权摇摇欲坠的基础被伊斯兰"一神论社会"取而代之。这是对国王和他的政府的公开挑战，也是对还在流亡的霍梅尼的明确声援。

1977年10月，当时著名的伊朗文学人物（主要是持不同政见的知识分子和一些图德党的同情者）在德黑兰的歌德学院举办了共有十晚的诗歌朗诵会，这与伊斯兰情感的表达相匹配。其中包括诗人马赫迪·阿哈万·塞勒和侯尚·埃贝塔赫（Hushang Ebtehaj）、小说家西明·达内什瓦尔（Simin Daneshvar）、剧作家格拉姆-侯赛因·赛迪。开幕式估计有几千人参加。聆听现代波斯重要诗人的诗歌，特别是朗诵那些对压抑、反抗和叛乱经历进行隐喻的诗篇，极大地激发了观众的热情。这次活动的潜台词以及参加诗歌之夜的人群的激动情绪，可以预见是反巴列维主义的，但几乎不是亲伊斯兰的。长期压抑的不满情绪得以通过强大的诗歌媒介表达出来，这是令人振奋的，尤其是在担心当局报复的气氛下。尽管对激进的神职人员和他们的野心感到忧虑，但知识分子和听众仍努力团结包括霍梅尼支持者在内的其他反对声音。

为"稳定之岛"落泪

到1977年秋天，抗议运动已经超出了城市范围，并让外部世界感受到了它的存在。伊朗国王访问美国期间，持不同政见的伊朗学生举行的集会暴露了反巴列维情绪的程度之深。自1960年代初以来，成千上万的伊朗留学生（当时是欧洲和美国最大的外国留学生群体之一）对国王提出了强烈的反对，并抗议他的独裁统治，这主要是在伊朗学生联盟（Confederation of Iranian Students）的领导下进行的。图德党的同情者组成了这个联盟中一支颇具影响力的小分队，独立的马克思主义者也很活跃，其他人则隶属民族阵线，或是没有政治派别，还有一小部分成员是由伊斯兰学生协会组成的。除反对国王的统治外，各派别的政治理想和意识形态存在着很大分歧，伊朗学生联盟在1970年代初获得了更大的知名度。通过小册子、大学校园内的公共运动、示威、静坐、与其他学生组织展开团结演出以及偶尔占领伊朗在欧洲的领事馆，伊朗学生联盟已成为不容忽视的力量。该联盟既是拥护伊朗的一支力量，也是巴列维王朝从容、显赫的话语中的一根刺，虽然其中有些人投靠了巴列维王朝，但联盟依然大胆地发出了反抗之声。

在1977年11月巴列维国王对美国进行国事访问时，白宫前面发生了一次暴力示威活动，这更加明显地证明了他在国外不受欢迎的程度。伊朗学生联盟虽然分成了多个分支，但仍设法召集了约1000名成员进行集会。与此同时，伊朗驻华盛顿大使馆在大使阿德希尔·扎赫迪的统领下，安排了近5000名来自北美各地的亲政权学生。他们的旅费和零用钱将获得报销。对于卡特总统和他的王室客人来说，这并不是国王的支持者与反对者进行摊牌的好时机。反对国王的示威者对伊朗国内大学里的罢课学生表示同情，他们越过了警戒线，在白宫附近袭击对手，并与警察发生了冲突。

　　在白宫南侧草坪几百米远处，国王和卡特总统在法拉赫王后和罗莎琳·卡特的陪同下，站在特为此次会面而建立的高台上（图13.1）。他们向公众展示了两国之间的牢固联盟。然而，背景中响亮的反巴列维口号使得他们在公共广播中的讲话几乎很难被听到。示威者称国王为"凶恶的独裁者""美国的傀儡"和"腐败的国家财富挥霍者"。更糟糕的是，华盛顿警方部署的用于驱散人群的催泪瓦斯所散发的烟雾意外地飘散到了王室贵宾及其东道主那里，欢迎仪式的时间不得不缩短。在电视摄像机前，泪水从他们的脸颊上流了下来，愤愤不平的国王把手伸进口袋，掏出了手帕。意外的眼泪不仅是此刻的丢人现眼，它们还预示了未来几个月里局势的恶性发展。

　　图13.1　1977年11月，卡特总统、巴列维国王以及法拉赫王后、罗莎琳·卡特在白宫南草坪上

　　吉米·卡特总统图书馆提供。

巴列维国王在新一届美国政府就任之际（卡特是1949年以来的第七任总统），前往华盛顿进行例行拜访，尽管人们对国王的国内政策产生了前所未有的质疑，但他仍想接受美国对其作为"重要战略盟友"的身份的认可。在卡特政府看来，即使是考虑到令人不安的关于伊朗动乱和学生集会的报道，国王也仍是美国极其重要的盟友，不能仅仅因为他的人权记录以及对内高压统治，就迅速将他抛弃。在最初的冷淡后，美国政府开始想让国王感到温暖，并试图满足他对军事装备的无限渴望。为了弥补国王作为美国支持的独裁君主的不良形象，他在华盛顿的朋友和支持者已经发起了一场修复活动。前副总统纳尔逊·洛克菲勒以及长期支持巴列维王室的亨利·基辛格不久后访问了德黑兰，以舒缓王室的焦虑，并保证共和党阵营将坚决支持国王。

在1977年国王访美前夕，为了显示对伊朗的诚意，美国国会批准出售带有机载预警与控制系统（AWACS）的飞机，价值高达12亿美元，此后还有侦察的最前沿技术。此次出售旨在为伊朗配备武器，实际上是为了提高伊朗获取情报的能力——伊朗与苏联拥有共同边界，进而使美国受益。这也是为了在埃及和以色列进行和平谈判的前夕与巴列维国王冰释前嫌。在这一进程中，巴列维国王一直是以色列总理果尔达·梅厄（Golda Meir）和埃及总统之间的重要调解人。在国王访问华盛顿的三天后，埃及总统安瓦尔·阿尔-萨达特抵达耶路撒冷，与以色列领导人进行了第一轮面对面会谈。

在动荡地区的另一侧，穆罕默德·齐亚·哈克（Mohammad Zia-ul-Haq）将军于1977年7月发动军事政变，推翻了巴基斯坦总统佐勒菲卡尔·阿里·布托（Zulfikar Ali Bhutto），这一事件给华盛顿和德黑兰敲响了警钟。多年来，国王一直向布托提供军事和财政支持，以期他可以继续掌权，保持友好的世俗盟友和邻居关系。另一方面，齐亚将军对美国的利益做出了顺从的反应，对巴基斯坦的伊斯兰政党则表示了安抚。他的掌权是令人担忧的向伊斯兰主义转变的第一个表现，这种转变很快将成为巴基斯坦政治的标志，而巴列维国王必然会成为美国稳定巴基斯坦的代理人。此外，世界市场上石油需求的减少引起了双方的严重关切。国王呼吁进一步稳定价格，以便为雄心勃勃的军事和民用项目争取资金，并为伊朗停滞不前的经济注入活力。

国王在得到美国的道义和物质支持后回到了伊朗，不久就开始展示自己的权威。尽管萨瓦克的作用受到了阿穆泽加政府的限制，并最终于1978年6月任命了一位新负责人，以代替纳斯里将军，并对该组织进行了改革，但萨瓦克受到的限制仍然不够，它还是可以对全国各地零星出现的麻烦展开报复行动。萨瓦克特工在德黑兰附近、靠近卡拉季的一个私人花园里，对刚刚复苏且正召开会议的民族阵线发动了袭击，数百人遭到不分青红皂白的殴打和逮捕，这些人主要是世俗知识分子和大学生。对大学生的后续镇压旨在消除数月以来的抗议以及与警察的冲突。这次镇压反映了明显的误判，这是安全部队在一系列错误战术中的第一个，因为它只会巩固反对派的力量。

然而，1978年新年前夕，在卡特总统短暂停留德黑兰期间，他在一个为他举办的宴会上向国王敬酒，并宣布伊朗是动荡的中东地区的"稳定之岛"。这种表态注定要成为笑柄。官方报道配了一张卡特总统手持香槟，与阿什拉芙公主站在一起的照片，阿什拉芙公主当时可能是巴列维家族中最不受欢迎的成员。就在卡特总统（在国务卿赛勒斯·万斯和国家安全顾问兹比格涅夫·布热津斯基的陪同下）抵达前的两天，位于德黑兰的美国-伊朗文化中心大楼——美国赞助的文化活动和英语学习中心遭到了人民敢死队的爆炸袭击。反对派谴责美国的错误表态是对伊朗人民的冒犯，美国政府对伊朗局势的严峻程度显然还不够敏感。

走向革命

到了1977年底，当局对街头抗议活动的反应是利用自由化的媒体为自己谋利。早在8月，就出现了一篇抨击摩萨台的文章，这是在1953年政变的周年纪念日发表的，大概是为了制衡亲民族阵线的不断高涨的情绪。卡特离开后一周，伊朗复兴党在德黑兰举行了一次大会，大会接待了来自全国各地的一万名权势人物。会议宣布将全面反对"殖民主义"，这是巴列维语境中对政治化的什叶派教士以及他们在殖民时代与英国的联系的委婉称呼。这也是一种可预测的、毫无根据的阴谋，该阴谋源于英国当局在奥斯曼帝国统治伊拉克时期以及后来的英国委任统治期间，曾将阿瓦德基金[1]（Awadh Endowment）以及来自印度的捐赠分配给了什叶派穆智台希德。

接下来的一次宣传活动被证明是一场彻底的灾难。1978年1月8日，巴列维政权的喉舌报刊《消息日报》（Ettela'at）发表了一篇恶意攻击大阿亚图拉霍梅尼的文章。显而易见，这是宫廷大臣违背该报编辑的意愿，用化名发表的。该文章谴责"红色和黑色反动派的联盟"，并谴责霍梅尼及什叶派教士领导层是坚持反动世界观和腐败文化的包着头巾的殖民主义仆人。霍梅尼还被指控为鸦片上瘾者，他煽动叛乱，使伊朗脱离了进步的轨道。这篇极富煽动性的文章说道："他是一个冒险家，一个与殖民势力息息相关的不忠实和野心勃勃的人……一个有着神秘过去的人，与最反动的殖民主义分子息息相关。因为没能获得最高级神职人员的地位——他得到的支持也是值得怀疑的——便寻机通过煽动政治冒险，来为自己谋取声誉。"[2]第二天，即1978年1月9日，被这篇文章激怒的霍梅尼支持者（主要是经学院学生）在库姆集会，并与安全部队发生冲突。有六名抗议者遭到杀害，更多人则是受了伤。库姆暴动成了引发伊斯兰革命的转折点，因为它开启了整整一年的集会、罢工和暴力，导致国家在所有主要城市的权力逐步减弱。1978年1月，伴随着战栗和恐怖，革命的步伐已开始大踏步前进，好战的教士则将成为引领者和舵手。

此外，革命的进程也迫使更多的高级教士不情愿，但又不得不宣布支持大阿亚图拉霍梅尼。库姆的"效仿源泉"一个接一个地发表声明，颁布他们的教令，并谴责安全部队的镇压行动。在那之前，大多数"效仿源泉"都将霍梅尼视作麻烦制造者，并担心他会威胁到自己的权威。甚至像穆罕默德–卡齐姆·沙里亚特马达里（Mohammad-Kazem Shari'atmadari，1905—1986）这样的温和的阿亚图拉也不再能保持中立。霍梅尼早年的学生们——包括侯赛

---

[1] 是1850—1903年间，从阿瓦德陆续转移到什叶派圣城纳杰夫及卡尔巴拉的一笔宗教捐赠，这笔捐赠高达600多万卢比，分别由来自纳杰夫和卡尔巴拉的两位穆智台希德负责分配。后来，英国人接管了这笔捐赠。阿瓦德是印度历史上的一个土邦，也称奥德土邦。

因·阿里·蒙塔泽里（Hosain 'Ali Montazeri，1922—2009）——也帮助提升了霍梅尼的地位，使其高于"效仿源泉"。尽管当时尚未完全得到阐明，但"法基赫监护"的概念开始让霍梅尼的地位远远超出了他的同辈，他不仅是一名法学家，还成了国家的救星。

到1月18日，当时伊朗第二大城市大不里士爆发了为期两天的暴力起义，并造成众多人员伤亡，愤怒的人群烧毁了银行、政府大楼、伊朗复兴党的省总部、电影院和百事可乐瓶装厂。当骚乱持续到第二天时，政府宣布大不里士戒严，并派军队前往街头。这是自1963年6月起义以来第一次宣布戒严令，公众更加焦虑，并担心情况会变得更糟。阿瓦士、马什哈德、亚兹德和伊斯法罕的进一步冲突将这场危机变成了全国性的动乱，并使其前景看起来堪忧。

1978年，有多场纪念在前一轮冲突中牺牲的"烈士"的哀悼活动，这些活动再次引发了示威行动。示威始于库姆和大不里士的遇难者纪念活动，并将这里的遇难者与什叶派在卡尔巴拉遭遇的悲剧联系起来。受害人数不断被夸大，同时，政府的镇压行动也被夸大了。全国各地的集会引发了与警察以及不久后的武装部队的新冲突，此时，公共部门开始禁止罢工，教师、学生、政府雇员、工厂工人、公用事业人员，甚至武装部队的文职干部，都包括在内。结果，在大学和政府办公室里，静坐和集体绝食（称为政治禁食）的现象随处可见。

示威者列出的要求从切实的抱怨、现实的目标（例如提高薪资、工作福利和住房需求），一直到政治上的诉求——这一诉求根植于数十年来的不满情绪——他们要求无条件释放所有政治犯、结束新闻审查、起诉腐败官员以及倡导左派的理想主义。而左派的这种理想主义呼吁实际包括终止掠夺伊朗的自然资源，将伊朗货币从以美元为代表的美国金融霸权中解脱出来，关闭所有所谓的蒙太奇式产业。后者指的是组装厂，大多是指经许可的生产西方消费品的组装厂，这些企业被不切实际的革命家所轻视，他们可能读了太多艾哈迈德的作品，因而认为这些企业是虚伪和无用的。激进的教士在清真寺、讲经台、工厂、政府机关、大学、学校和私人公司中仓促建立"伊斯兰协会"，并展开布道，一夜之间出现的激进主义者要求迅速行使"伊斯兰正义"，将国王的代理人撤职，他们还用《古兰经》中的一个词语"偶像"（taghut）[1]，来委婉指代国王及其巴列维精英。

在大学集会上，左派占了上风，他们呼吁争取伊朗人民的胜利，终结对"人民的剥削"。在青年中发展得最快的政治运动是人民圣战运动，该组织呼吁建立"无阶级"的伊斯兰社会。一种从阿里·沙里亚蒂这类人那里继承来的政治化伊斯兰语言迅速塑造了革命话语。需求的清单以及随之而来的激进口号迅速地从一个抗议营地转移到了另一个抗议营地，这使许多人兴奋不已，他们被抑制的情绪经过多年的沉默，终于得以散播。

在斋月期间，抗议运动获得了新的动力。1978年8月11日，在伊斯法罕，愤怒的人群与警察发生了冲突，后又放火烧了电影院、卖酒的商店、银行、政府大楼和伊朗复兴党总部。连历史悠久的查赫巴格大道旁的树木也被连根拔起，以阻挡不断前进的安全部队。作为回应，阿穆泽加政府宣布对该市实行戒严。这似乎还不够，九天后的8月19日，恰逢1953年政变的周年纪念日，阿巴丹发生了一起可怕的悲剧，扭转了抗议活动的进程，局势变得有利于伊斯兰激进分子。当时，雷克斯电影院发生了纵火事件，事件导致377名男女老幼的死亡。他们被锁在了放映厅，然后被烧死，或是死于窒息。具有讽刺意味的是，当天上映的电影是由伊朗电影人马苏德·吉米亚伊（Mas'ud Kimiya'i）导演的《驯鹿》（Gavazn-ha），这部电影几乎预见了这场革命的到来。电影讲述的是下层阶级的团结，描绘了一个小偷和一个瘾君子的故事，对社会不公的绝望和反抗，使得他们与安全部队发生了暴力冲突。这部电影几经修改，才获得萨瓦克的放映许可。

可以确认的是，雷克斯电影院的出口是被故意锁上的。当时广泛谣传着萨瓦克及亲政府特工应当对此负责的言论。然而，此次纵火案实际与伊斯兰激进分子在后来十余年里放火烧电影院以及其他被认为是西方堕落场所的行为如出一辙。正如许多烧毁电影院的纵火案一样，案件首先是出现在库姆，后来又

---

[1] "taghut"一词是伊斯兰宗教用语，在传统神学中，指除安拉外的其他崇拜对象。这个词后来被引入现代政治话语中，可用于指控任何西方帝国主义或反伊斯兰的个人、集体。

发生在其他城市。雷克斯电影院事件表明，肇事者完全没有道德上的顾虑，这在几个月后的审判过程中变得很明显。然而，在普遍猜疑和愤怒的环境中，伊斯兰反对派将从悲剧中获得巨大的宣传优势。

阿穆泽加政府因对伊斯法罕骚乱和雷克斯电影院事件的处理不力而遭到严厉批评。批评不仅来自公众，还来自议会，这些有着严重信誉问题的议员，努力表现得像是人民的真正代表。阿穆泽加于8月27日辞职，这对希望稳定局势的巴列维当局造成了沉重打击。他的辞职证明了巴列维选定的技术官僚们所推行的平稳改革无法弥补多年专制统治带来的恶劣影响，改革来得太晚，程度也不够。国王陷入了更深的信任危机，被任命为新首相的贾法尔·谢里夫–艾玛米在1950年代后期曾两次担任这一职务。事实证明，这是国王的又一次失误，此次任命的后果比一年前对阿穆泽加的任命还要严重。

参议院主席谢里夫–艾玛米（兼任巴列维基金会负责人和各种私营企业董事会成员）是一个典型的"自己人"，他与国王以及巴列维精英上层的关系太紧密，以至于没有任何机会抵抗席卷全国的革命风暴。在国王及其顾问眼中，谢里夫–艾玛米身上最值得期待的一点是他的出身背景，他来自一个知名的教士家庭，是一个虔诚的穆斯林，且和教士群体保持着广泛的联系。他喜欢把他的政府称为"民族和解"政府，可以预料的是，这个政府由巴列维信任的官员组成，他们旨在通过劝说和安抚的手段，修补与温和派神职人员之间的关系。他希望能通过这种做法，孤立霍梅尼及其支持者，并至少部分地开放政治空间。

当时的国王没有从政治老手中挑选一位更可信的人物，这表明即使是到了1978年8月，他也未能把握革命的实际状况。他仍然对霍梅尼以及围绕在霍梅尼周围的激进派教士持有一种阴谋论观点，他继续称呼他们为"黑色反动派"，就好像他们是英国的阴谋，甚至是美国中央情报局的产物。从自由反对派中选择温和派人士，可能是切实维护君主立宪制的唯一希望。当然，这需要国王将权力几乎完全委派给一个合理可信的政府，并举行一次自由公正的选举，甚至还需要国王和平退位，将王位传给他的儿子或其他继承人。这对国王来说，是个非常困难的决定，对军队的高级将领或国王建立的安全机构来说也是如此。他在位37年的记录中，没有任何证据能够表明他愿意做出这样的让步。

尽管如此，谢里夫–艾玛米仍强调自己的独立性，并呼吁结束王室对政府事务的干预，他开始了一系列补救措施和道德重建运动，以安抚公众舆论。他废除了两年前由国王发起的帝国历法（Shahanshahi），并恢复传统的波斯太阳历。他关闭了夜总会和赌场，并采取了反腐败和经济紧缩措施。他提高了心怀不满的政府雇员的工资待遇，并释放了一些被关押的激进派教士，解除了对一些人的国内流放，还迫使十几个名声不佳的高级军官退休。他放松了对新闻媒体的审查，接受了多个政党的存在，并通过这种方式有效地终结了伊朗复兴党。甚至连被放逐了25年后的图德党也重新开始活动。

作为回应，阿亚图拉沙里亚特马达里对艾玛米政府采取的措施表示了谨慎的欢迎，并给予了三个月的窗口期，以落实其他的公共要求。刚刚重组的民族阵线发表了12点声明，要求恢复宪法、新闻自由、自由选举以及解散萨瓦克。然而，艾玛米政府的政策实际上产生了相反的效果。它激起了反对派的勇气，并在民众的压力下迫使库姆的"效仿源泉"们进一步支持霍梅尼以及他随后在纳杰夫和巴黎发表的越来越激进的言论。霍梅尼称政府的措施不过是"伪善"。数十万人在首都举行大规模集会，随后在公共广场上举行了集体礼拜。公众以令人印象深刻的纪律表达了对霍梅尼及其同伴的声援。

1978年9月4日，仅仅三天后，伊斯兰反对派再度展示了其组织能力。当时，德黑兰有20万游行者举着数千张贴着霍梅尼肖像和口号的标语牌，公开抗议现政权。他们在国王纪念广场——不久后被更名为自由广场——举行集会，大声疾呼"处死国王"，并呼吁"主权、自由和伊斯兰政府"。示威者还将玫瑰和康乃馨放在部队的步枪枪管中，这显然是受1974年葡萄牙康乃馨革命的启发。这个动作很快就变得流行起来。空中弥漫着各式口号："我穿着军装的兄弟，为什么要自相残杀？"（Baradar-e arteshi! Chera baradarkoshi?）大多数士兵都是为了服兵役而应征入伍，许多士兵对抗议者的诉求表示同情。

黑色星期五及其后续

艾玛米政府因大规模抗议活动以及那些让社会、政府陷入瘫痪的罢工而深感不安，并担心情况会进一步恶化，因此将戒严令的范围扩大到了德黑兰和其他11个主要城市。此举得到了军方支持，而且肯定也得到了国王的许可，经常向国王提出建议的美国和英国特使也知晓此事。效忠于巴列维的陆军总司令格拉姆·阿里·奥瓦西（Gholam 'Ali Ovaysi，1918—1984）将军被任命为首都军事指挥官。这些严厉的措施是为了把革命扼杀于萌芽之中。事实证明，这最后的努力反而锁定了国王和巴列维王朝的命运。

1978年9月8日，宣布戒严的第二天，大批群众聚集在德黑兰市中心东部一个宗教中产阶级社区的核心区贾莱赫广场（Jaleh Square）上，自动乱开始以来，这里发生过多次示威行动。示威者甚至可能不知道刚刚宣布的戒严令，他们发出挑衅，并无视重复发出的驱散警告。人群中潜藏着的左派狙击手发动了枪击，他们显然是前游击组织成员，这进一步引发了安全部队的不安。在这紧张时刻，安全部队向着慌乱的人群开火。随后两小时的街头战斗导致了包括妇女、儿童在内的多达95人的死亡，另有多人受伤。首都周围的其他冲突则导致了更多的人员伤亡。

这一事件对民众情绪产生了巨大影响，甚至很快就在伊斯兰革命的日历上被标记为"黑色星期五"，其影响远不止于人员的伤亡。它使民众进一步疏远了巴列维政权，使革命之势不可逆转。如果原本世俗反对派成员中还有人希望结束国王的独裁统治，但又希望维持君主立宪制，到了此时，这种希望也几乎消失了。在库姆的"效仿源泉"的支持下，活跃的教士们利用贾莱赫广场的大屠杀，将现政权描述为野蛮的和非法的。在可靠媒体和新闻报道缺席的情况下，谣言传播工具得以全面运作。致力于实现伊斯兰道路的"烈士"数量被鼓吹为数千人，向他们开火的安全部队则被贴上了"镇压革命的以色列雇佣军"的标签。军官和士兵都丧失了信心。他们被无奈地卷入了一场革命斗争，被要求捍卫一个不受欢迎的政权，并向那些跟他们一样的普通伊朗人开枪。接下来七个月里发生的事件清楚地表明了安全部队的道德困境以及他们不断降低的拯救巴列维政权的意愿，特别是在缺少一个有决断的王室主人的情况下。

面对街头暴力以及军队未能有效执行戒严令，艾玛米政府开始通过其他途径寻求帮助。霍梅尼通过走私的磁带号召伊朗人民起来反抗并驱逐国王，而伊朗政府只能恳求萨达姆·侯赛因把霍梅尼从纳杰夫赶走。伊朗政府天真地以为这位麻烦的教士被赶出大本营后，就会失去与伊朗支持者的联系，并最终被遗忘。萨达姆·侯赛因也这样认为，他在1978年担任副总统之前就已经巩固了对伊拉克复兴党的控制权，对他来说，霍梅尼看起来更像是伊拉克内部的麻烦，而不是一个可用于对付伊朗的筹码。虽然萨达姆痛恨巴列维国王和伊朗人，但由于伊拉克复兴党对于桀骜不驯的伊拉克什叶派怀有敌意，这个要求也不是萨达姆可以轻易拒绝的。萨达姆担心霍梅尼是伊拉克激进派教士的危险榜样，如穆罕默德·巴克尔·萨德尔（Mohammad Baqer Sadr，1935—1980），霍梅尼和萨德尔一直保持着密切联系。

在萨达姆的命令下，霍梅尼被迫离开纳杰夫，并被毫不客气地丢在了科威特边境。被科威特拒绝入境后，他考虑了黎巴嫩、利比亚和阿尔及利亚，但由于担心这些地区的内战和独裁统治，他否定了这些选项。后来，霍梅尼的一些助手说服他前往法国。作为长期的激进主义者以及霍梅尼的拥护者，萨德克·格特布扎德（Sadeq Qotbzadeh，1936—1982）在选择逃亡的国度时发挥了作用。即使对于坚定的什叶派法学家来说，法国也是一个避风港，这不仅是因为伊斯兰教法允许信徒在危险时期避难于不信者之地，而且还因为霍梅尼可以在法国不受骚扰地恢复斗争。1978年10月6日，霍梅尼飞往巴黎，不久后，他在巴黎郊区的一栋小别墅里住了下来。租用的红色平房十分简朴，与巴黎相距甚近，便于访客前来。他的周围有许多助手和支持者，其中大多是普通信徒，还有一些伊朗反对派成员，他曾经的学生以及热心的学者、知识分子也纷纷前来向他致敬，来自欧洲和美国各地的电视制作人、新闻记者和自由撰稿人也开始造访这里。

在巴黎逗留的三个月为霍梅尼提供了自由地向世界媒体和同情者开放的机会，他和他的助手为此欢欣鼓舞，而伊朗政府则心烦意乱。来访者对霍梅尼报以敬畏的态度，他们盘腿而坐，靠着他住所小院里的一棵苹果树。苹果树下变成了一个开放的公共空间，供他和访客们进行日常礼拜。大阿亚图拉穿着传统的什叶派教士服装——黑色头巾、黑色长袍——大多数伊朗访客把胡须斑白但仍然十分强健的霍梅尼看作父亲般的人物和国家的救世主（彩图13.1）。作为一个来自遥远异乡的政治异见者，大多数西方人也对他充满好奇心。

霍梅尼严厉的举止、犀利的目光传达了对团结和反抗的坚定信念。面对媒体的问题，霍梅尼巧妙而谨慎地做了回答。电视主持人、《纽约时报》《世界报》和《卫报》的记者，以及自由职业者，试图透过霍梅尼苦行僧般的外表和简短的回答来读懂他，但常常会陷入困惑。对于这样一个坚决反抗国王专制统治的人，他们通常的做法是送上含蓄的赞誉，然后默默走开。

面对伊朗世俗反对派成员以及西方记者，霍梅尼将此次针对巴列维政权的起义描绘为一场伊斯兰教旗帜下的解放运动，而对他眼中的伊斯兰乌托邦却故意含糊其辞。他在描绘"伊斯兰共和国"下正义与平等的美好画面的同时，指出伊朗人民有权决定未来秩序的形式。他进一步强调，他设想的伊斯兰共和国会平等对待所有公民，包括犹太人、基督徒和其他"合法"少数民族。教士阶层肩负着向国家提供道德指导的崇高任务，将避免政治野心和垄断权力。伊斯兰伊朗的未来将是所有族群和各种观念的共存体，同时把伊斯兰作为主权和宗教身份的核心。这些话到底是出自真心，还是只是公开辞令，抑或是为了减少伊朗国内和国际上对伊斯兰神权共和国的焦虑情绪，而采取欺骗性策略，取决于每个人的判断。然而，很明显的是，霍梅尼的挑衅语气和反抗信息在伊朗引起了广泛的欢迎，并得到了国外的认可，这与伊朗政府的希望大相径庭。

艾玛米政府剩下的几个月任期内发生了更多的暴力冲突和愤怒的示威游行。令人沮丧的罢工在整个公共部门中蔓延，从油田、炼油厂到银行、广播电台、电视台，再到天然气和电力供应部门。当政府寄希望于通过提高工资和年金来平息反对派的呼声时，国库马上就感受到了压力。政府也试图安抚库姆和纳杰夫较为保守的阿亚图拉们，以对抗霍梅尼，但收效甚微。在压力之下，政府还解雇了一些声誉不佳的高级政府雇员，拘留了部分前部长和高级官员，并对他们提出了腐败指控。还有一些人被列入黑名单，且被禁止出国旅行。政府对资本的外流也实施了严格的规定，但实际上，这很难执行。可以预见的是，能源行业的罢工导致了电力和燃料短缺，这进一步加剧了民众的不满。

反腐败措施和政府的安抚姿态反而鼓舞了反对派，后者成功地通过清真寺和穆哈兰姆社团动员了新的追随者。人民圣战者和人民敢死队等组织的成员也对即将展开的武装斗争提供了支持，左派人士帮助霍梅尼展开了宣传。许多有图德党背景的人和其他亲左派人士认为霍梅尼和伊斯兰热潮的兴起是一个过渡阶段，将为人民统治铺平道路。自由民族主义阵营中的其他人则认为伊斯兰主义者会通过某种形式分享权力，他们希望霍梅尼的领导层能拥护一个自由、公正的宪政体制——当然可以披着一层伊斯兰教法的外衣。事实证明，左派人士和自由派人士都严重低估了霍梅尼的精明策略以及他所赢得的民众支持的程度。

1978年11月5日，首都街道上发生的大规模骚乱使这场危机达到了沸点。暴乱分子纵火烧毁了至少400家银行的分支机构，并摧毁了许多政府大楼、电影院、酒馆、饭店、企业以及其他象征巴列维时代经济繁荣的场所。安全部队没有出现在大街上，示威者因此没有受到任何约束。这场骚乱究竟是萨瓦克还是伊斯兰激进分子发起的，目前仍无定论。可以确定的是，骚乱成功地使摇摇欲坠的艾玛米政府垮台了。

1978年11月6日，在接受首相辞职的第二天，处于绝望中的国王成立了一个由参谋长联席会议主席格拉姆-礼萨·阿扎里（Gholam-Reza Azhari，1912—2001）领导的军管政府，他是一名谦虚的将军，也是一位虔诚的穆斯林，但几乎没有政治或战略头脑。国王对阿扎里的任命仿佛是出于幻觉，他天真地认为任命一个完全处于自己控制之下的首相就可以和平结束罢工，并使经济恢复正常。阿扎里上任时，对如何管理一个几乎失控的国家完全束手无策，这是可以预见的。以布热津斯基为首的卡特政府积极分子支持阿德希尔·扎赫迪——他是伊朗国王的密友，也是伊朗驻美国大使。美国人坚信只有采取强硬的军事行动才能结束革命，拯救该政权。但不幸的是，这似乎是1953年政变的重演，正如马克思的名言所说，这是一场"第二次闹剧"。面对成千上万的街头民众，阿扎里并不愿意扮演这样的角色。

基于形势的严重性以及巨大的心理压力，国王对军管政府取得成功的可能性并无把握。他的矛盾心理毫无疑问地影响到了军队指挥的上层。由于事件的快速发展，王朝前景变得不明朗，加上来自华盛顿的相互矛盾的信息，国王不愿意采取任何可能引发另一场贾莱赫广场大屠杀的严厉措施。值得称赞的是，尽管国王感到困惑和沮丧，但他已经认识到，仅凭武力无法平息一场由一位坚定而有魅力的领导人领导的、数百万街头民众支持的民众起义。

在阿扎里之前，国王邀请阿里·阿米尼担任首相，但阿里·阿米尼明智地拒绝了，主要原因是国王拒绝放弃对军队的控制。军队保护了他的整个君主生涯，因此即使在革命即将到来的危险时刻，他也不愿把军队交给不信任的人。国王还拒绝了阿米尼的其他条件，即他马上离开伊朗，并让他的儿子继承王位，这与摩萨台在1953年提出的要求如出一辙。显然，他仍在考虑采取进一步的措施，以恢复权力。

军队很快就暴露了他们既缺乏民政事务的经验，在面对失去耐心的公众时，也缺乏足够的决断力。国王和他的父亲一直牢牢控制着军队，要求所有军事人员，特别是高级军官，要无条件服从君主，以换取物质特权和军事预算。他在军队中建立了秩序和纪律，并使军人以穿军装为荣。即使是强硬派将军，如从动乱之初就要求进行系统镇压的奥瓦西，也很快被迫退役，但这些人和他们的同僚对此没有太多的抱怨。除盲目服从的军队文化外，国王还把高级军官之间的小规模竞争作为有效控制的手段，并完全依照个人的喜好和意愿行事。他的做法使军队丧失了组织上和身份上的独立性。

阻碍军队像一个军事集团那样行事的另一个系统性因素是基层士兵的忠诚问题。在街头执法和维持秩序方面，军官们主要依靠的是服役期为两年的义务兵，这些士兵通常是村民和城市移民，尽管在军营中受到了足够的规训，但他们并没有准备好去面对愤怒的人群。他们也不愿意向挥舞着伊斯兰和国家旗帜的抗议人群开枪，他们认为这些人本质上和自己是一样的。

到1978年10月，部队中已经出现了缺勤和叛逃的现象，这是一个警报信号。到年底，这种现象恶化成了不服从。12月14日，驻扎于德黑兰以北拉维赞（Lavizan）军营的几个帝国卫队里发生了一起严重兵变，士兵开枪杀死了12名指挥官，以此作为对他们反革命情绪的报复。被称为霍马法尔斯（Homafars）的空军学员是伊朗空军的地面支援力量，是最早打破等级并公开支持革命的群体之一。他们最初要求的是更高的工资以及更好的就业条件，但很快，他们于1979年2月8日率先举事。在革命成功前夕，空军学员走上首都街头，与革命者并肩作战，这与1917年布尔什维克革命期间的喀琅施塔得（Kronstadt）水兵[1]多少有些相似。

阿扎里政府开局不利，并且因自我怀疑而继续受到削弱，最后以悔恨而告终。任命阿扎里将军的同一天，国王亲自出面，在电视上宣布"伊朗人民的革命得到了作为伊朗君主的我的支持，因此不会失败"，而且他已经"听到了革命的呼声"，从而破坏了阿扎里政府的威信。他保证，作为"君主立宪制的捍卫者"——这份神圣的"人民托付给国王的礼物"——"不会允许过去错误的再犯，或违法行为、压迫和腐败的再次发生"。他不可思议地表示军管政府只是临时的，只是因为他未能成功组建代表民众意愿的联合政府，才被迫任命的。[3]

公众已经习惯了数十年来自诩为"雅利安人之光"的国王的自吹自擂，因此，这番发言令人震惊。这简直就是临死前的告解，国王现在要拿宪法为幌子，而过去，他完全不把它当回事。强调军管政府的过渡性质，实际上严重削弱了其存续的机会。新政府起初完全由将军组成，不久之后任命了一些行政官员，但不出所料，都是一些国王的人。几个星期以来，它设法让街上恢复了平静，结束了大多数罢工，甚至试图对霍梅尼满怀激情的录音带声明进行限制。为了继续实施安抚政策，新政府还在国王的首肯下，于11月9日拘留60名官员，包括前首相胡韦达、萨瓦克前负责人纳斯里将军以及胡韦达政府的一些部长，他们因腐败、挪用公款甚至隐晦的叛国罪罪名而被拘留。逮捕行动立即破坏了巴列维精英的信心，在那以前，他们一直把希望寄托在国王个人和军队的支持上。如果国王不再能保护自己忠诚的首相和首席安全部长，并愿意为了自己的生存而牺牲他们，那么其他精英成员很可能成为下一个被扔进革命洞穴里的受害者。长期以来将巴列维政权绑在一起的忠诚纽带即将迅速瓦解。

---

[1] 喀琅施塔得是圣彼得堡出海口上的一个要塞，喀琅施塔得水兵是1917年二月革命及十月革命中的先锋。在十月革命中，他们曾开着阿芙乐尔号巡洋舰炮击冬宫。

寻找一位可行的首相人选

到1978年12月，空有其名的阿扎里军管政府由于无法恢复秩序而成为公众嘲笑的对象。在给伊朗参议院的一份报告中，阿扎里声称，在夜深人静的城市屋顶上，人们反复听到的"安拉至大"（Allah'u akbar）的呼喊只是录音带。不久，成千上万的德黑兰街头游行者大喊"安拉至大"，并用口号壮大他们的声威："噢，可怜的阿扎里！敢再说一遍这是录音带吗？磁带没有手，磁带没有腿。"游行者提供的证据是成千上万的革命涂鸦标语，其中包括针对国王、阿扎里和他的政府滥用权力行为的控诉，标语散落在国王纪念塔的巨大底座上，并一直延伸到塔上。

示威者与安全部队之间的血腥冲突使前者变得更加坚决，而后者则是疲惫不堪。在整个国家范围内，即使是在较小的城镇，双方死伤人数的增加也导致了令人震惊的戒严状态，这也不可避免地导致国际社会对伊朗人民困境的关注。迄今为止，革命的四个中心——巴扎、清真寺和穆哈兰姆社团、大学校园以及石油工业——已经一致地公开抨击了巴列维统治。值得注意的是，他们对于霍梅尼领导权的看法仍然存在分歧，只是在否定现状这一点上达成了一致。这种不祥的意识形态鸿沟导致反对派出现了分裂。

1978年12月是伊斯兰历1399年穆哈兰姆月，这一年的卡尔巴拉殉教者纪念活动注定要比往年承载更多的情感。伊斯兰历法即将进入第15个世纪，民众期待出现一位"世纪之交的复兴者（mojadded）"，这隐含着一种弥赛亚的意蕴，也是伊斯兰教自身的一个隐匿特征，它已经找到了一个合适的候选人，就是大阿亚图拉霍梅尼。而阿亚图拉马哈茂德·塔莱加尼（Mahmud Taleqani，1911—1979）的获释进一步增强了教士集团的领导权，他是一位资深的政治活动家、一位思想相对独立的教士，与有宗教倾向的伊斯兰自由运动关系密切。他呼吁在阿舒拉节（1978年12月11日）当天举行一次集会，以纪念革命殉难者。殉难者人数可能不超过数百人，但前来国王纪念广场参加集会的人数据说高达百万。示威者提出了17项要求，包括解散巴列维政权和在霍梅尼的领导下建立伊斯兰秩序。他们还呼吁政治自由、公民权利、社会正义和结束帝国主义霸权（大概是美国霸权）。国王被示威者斥责为叛徒，霍梅尼则作为救世主受到了欢迎，这是对伊朗政治文化的可悲讽刺，即只能通过欢迎另一位独裁者，来清除现在的独裁者，即使新的独裁者尚在形成之中。

国际社会对巴列维政权的支持正在迅速减少。而美国资深共和党人仍坚定不移地支持国王，这点可以从亨利·基辛格以及美国前总统杰拉德·福特和理查德·尼克松发表的声明中看出。但无论是出于权宜之计还是出于道德信念，卡特政府至少在表面上不再对国王无条件支持。12月7日，当卡特总统被问及巴列维政权的生存机会时，他说："我不知道，我希望如此，但这是伊朗人民的事。"矛盾和混乱持续存在。在赛勒斯·万斯领导下的美国国务院谨慎地接受了现实，即革命虽令人不快，但无法避免。根据美国驻德黑兰大使威廉·沙利文（William Sullivan，1922—2013）的想法，与伊朗革命的宗教领袖、世俗领袖建立联系，是无可避免的。沙利文将自由运动的负责人马赫迪·巴扎尔甘以及激进派教士组织中有影响力的成员穆罕默德·贝赫什蒂（Mohammad Beheshti，1928—1981）确定为最佳人选。然而，以布热津斯基为首的美国国家安全委员会强硬派人士并没有完全放弃伊朗军队，尽管他们现在认为伊朗国王是多余的。他们甚至在考虑发起独立于国王的军事接管行动，以遏制革命的进程，保留巴列维统治的外壳，并最终恢复社会秩序。由于受到苏联的威胁，伊朗在美国的战略视野中显得过于关键，因而无法任由它落入激进派毛拉领导的革命群众手中。沙利文在1978年12月下旬见到阿扎里将军后，更加确定了自己的看法。他发现对方非常沮丧，而且精疲力竭，几乎不可能满员布热津斯基和华盛顿其他人对他的期望。他刚刚向国王提出了辞职，并同意担任看守首相，直到任命新首相。

到了12月中旬，国王意识到，他唯一可行的选择是召集那群资深民族主义者组成新政府。数十年来，国王一直视他们如无物，并在政治上将其边缘化，他此时的这种要求即使不是完全荒谬的，也至少充满了讽刺意味。卡里姆·桑贾比是摩萨台时代的政治家，也是复兴的民族阵线的领导人，已于一周前从萨瓦克的临时拘留所中获释，他毫不犹豫地拒绝了国王的提议。桑贾比要求国王必须无限期地离开伊朗，并将国家的所有事务委派给一个由可信赖人士组成的枢密院，这反映出革命对温和派人士都已产生了巨大的压迫感。在动荡的环境中，桑贾比希望能利用他可支配的有限资源，以确保能在逐渐衰弱的巴列维统治以及来势汹汹的伊斯兰革命之间，维持一种宪政的中间道路。就像他先前与阿里·阿米尼谈判的结果一样，国王也不想接受这种选择。到了这个时候，国王担心的已不仅是自己统治的结束，还有巴列维君主制的结束。

桑贾比于11月3日，即与国王会面前的一个多月，飞往巴黎与霍梅尼进行会面，并试图就革命的未来进程与霍梅尼达成共识。尽管进行了礼貌的交流，但霍梅尼显然并不愿意接纳一位世俗的民族主义者。霍梅尼警告说，他将谴责与国王进行谈判的任何人，并"将他们驱逐出革命运动"。桑贾比在会面结束时发表的三点宣言反映了权力的天平正朝着有利于阿亚图拉以及他的伊斯兰议程的方向倾斜。宣言谴责国王的独裁统治违反宪法，破坏个人自由，因此缺乏合法性，从伊斯兰角度来看，也缺少正当性；假如巴列维政权继续不民主地采取行动，宣言将进一步谴责任何与该政权的合作；最后，宣言呼吁举行全民公决，来决定伊朗未来的政治秩序。

在这种情况下，桑贾比的巴黎访问以及广为宣传的三点宣言被认为是成功的，并受到了赞誉，因为它给人以一种自由民族主义者和伊斯兰主义者之间相互团结的印象，而且未对后者做出太大让步。尽管保皇党在此后的几年里进行了许多虚假的宣传，并将该宣言贬低为对霍梅尼的一次出卖，缺乏关于伊斯兰的实质性内容，但该宣言实际只是重申了桑贾比等人长期以来在声明和讲话中所宣传的民族阵线立场。它也表达了所有长期以来对国王的独裁行为持批评态度的人的愿望，这些人希望能够恢复宪政秩序。然而，与霍梅尼寻求公开结盟的举动是个不祥的预兆，因为它表明世俗反对派失去了力量。霍梅尼收到了桑贾比签署的宣言，但并未在宣言中签上自己的名字，而是将它扔到了自己坐的毯子下面。阿亚图拉的这种做法让痛苦的现实变得更加明显了。

与桑贾比举行不成功的会晤后的第二天，国王被迫意识到他在王位上的日子已经屈指可数了。此时的国王已无法确定美国是否支持自己的统治，为了寻求解决方案，他接触了摩萨台时代的另一位资深政治人物格拉姆·侯赛因·萨蒂奇，后者与新民族阵线已经没有联系。萨蒂奇也迅速拒绝了国王的提议，但原因有所不同。反对派人士已预先警告他，在这种情况下接受首相职位，将严重破坏革命团结。国王还拒绝了萨蒂奇的条件，即要求他继续留在国内，而不是出国；放弃一切权力，包括对武装部队的控制。萨蒂奇之所以提出这样的要求，大概是因为他有理由担心，一旦国王离开伊朗，军队将在革命的重压下崩溃。萨蒂奇的看法被证明是正确的。然而，在迷茫的心态下，离开或留下的提议都被国王拒绝了，这种犹豫不决对经历过摩萨台时代的老将桑贾比和萨蒂奇来说，意味着国王怀有一些不可告人的目的，也许他是想为军事政变争取时间和空间。

1978年12月下旬，国王在收到了两次否定的回应后，开始与另一名民族阵线成员、刚刚重生的伊朗党领袖沙普尔·巴赫蒂亚尔进行秘密谈判。巴赫蒂亚尔于1978年12月29日接受了首相的任命，而与他长期共事的同僚对此几乎并不知情，这也违背了桑贾比的承诺，即绝不破坏反对派正勉强维持着的统一立场。巴赫蒂亚尔身处险局，当时任何世俗主义者若没能获得霍梅尼的默许，其政治前景显然一片漆黑。由于远离自己的同僚——实际上是走到了他们的对立面，巴赫蒂亚尔让自己陷入了政治死角。他还破坏了统一的世俗阵线恢复君主立宪制的机会，以及抵御霍梅尼及其激进追随者的可能。尽管在其他人看来，此举是利欲熏心的表现；但在巴赫蒂亚尔看来，他接受首相职位是爱国主义的英勇行为，是为了抵制伊斯兰狂热分子的威胁以及他们将带给伊朗的黑暗未来。

对他的批评者来说，巴赫蒂亚尔之所以这么做，显然是为了满足个人野心。他立刻被民族阵线以及自己所在的伊朗党开除，当时，他对此并不在意，但到了后来，他声称这是造成自身垮台的因素之一。此后，大多数民族主义者除遵循革命的伊斯兰路线外，再无他途，而像萨蒂奇这样的人则宁愿完全置身事外。巴赫蒂亚尔和他内阁中少数几个不那么三心二意的成员坚信，通过与军队结盟，他们能够把握那获胜可能性极小的机会。他曾对国王做出了要求，国王也向他保证自己会暂时离开伊朗，萨瓦克也会被解散，而巴赫蒂亚尔将会负责军事和外交事务。

对于巴赫蒂亚尔来说，不幸的是，抗议运动明显变得更加激进和更加伊斯兰化。呼吁废除巴列维"独裁政权"的要求不再是为了恢复1906年的宪法，而是为了结束"专制"的君主制，并返回"伊斯兰公正"。不久之后，这种呼声又变为建立"伊斯兰政府"（hokumat-e eslami），最后是伊斯兰共和国（jomhuri-ye eslami）。从政治改革到伊斯兰秩序的转变，意味着对自由民主方案的坚决拒绝。从许多集会中的口号和海报上可以看出，革命舆论越来越倾向于支持霍梅尼及其建立新的伊斯兰秩序的想法。

对这种伊斯兰秩序的普遍热情主要出于自发，且极具感染力。长达半个世纪的巴列维王朝统治以及国家主导一切所带来的单调，使人们对新面孔和新主张更加渴望。对于许多伊朗人而言，这种理想化、政治化的激进伊斯兰教——经过几十年的构建孕育而成——变得越来越有吸引力，尤其是在披上了革命的外衣后。霍梅尼和他的承诺不仅使巴扎商人、贫穷的城市居民以及正在经历城市化的伊朗人，还有那些在世俗或半世俗环境中长大的人，尤其是青年人，都为之振奋。伊朗青年早年经常把教士看作反对世俗价值观的反动派，并疏远他们，但他们现在已经做好了革命"伊玛目"将取代巴列维国王及其暴行的准备。

巴赫蒂亚尔的艰难探索

对于仍然希望在霍梅尼和巴列维政权之间保持中立的人们来说，巴赫蒂亚尔的首相任期充满不幸。1979年1月1日，当美国宣布支持巴赫蒂亚尔政府时，新首相已被霍梅尼和他自己任命的革命临时政府宣布为非法，随后遭到抵制。在头几个关键的日子里，随着国王的态度越来越不确定，巴赫蒂亚尔政府似乎已经没什么机会了。卡特政府对伊朗事务的处理不善则进一步降低了阻止霍梅尼崛起的可能性。像1917年俄罗斯克伦斯基的临时政府一样，巴赫蒂亚尔的插曲似乎是现政权最终垮台的催化剂。

巴赫蒂亚尔就任后的第二天，为了遏制（也可能是迎合）军队，奥瓦西将军辞去了陆军总司令和德黑兰军事指挥部总指挥的职务，仓促地离开了伊朗。他徒劳地等待着美国的支持，而最终得到支持的却是巴赫蒂亚尔。即使背靠美国，奥瓦西也不太可能成功。参谋长联席会议主席阿巴斯·卡拉巴希将军（Abbas Qarabaghi，1918—2000）是一名受过法国教育的职业军官，也是一位虔诚的穆斯林，他的主张是不干涉政治事务。美国人说服他与巴赫蒂亚尔的"虚拟"政府合作，执行一条不可能行得通的政治路线，以使国王离开后的伊朗恢复秩序。出于同样目的，民族阵线及其下属的世俗盟友也被剥夺了阻止霍梅尼迅速崛起的宝贵手段。如果奥瓦西仍然在职的话，民族阵线的领导人希望可以通过提前告知霍梅尼发生军事政变的可能性，说服这些裹着头巾的革命者继续认同民族战线在解决伊朗危机中的调解人角色。但巴赫蒂亚尔的举动显然剥夺了民族阵线的机会。

巴赫蒂亚尔是一位有教养的法国文化倾慕者，是一位出身部落贵族的、政治上的特立独行者，几十年来，一直受到巴列维的排斥。他曾在西班牙内战中与佛朗哥作战，后来在二战期间，他自愿在法国抵抗军中服役。巴赫蒂亚尔希望国王离开伊朗，从而利用军队来驾驭革命，并恢复伊朗的宪政体制。通过实施激烈的改革并开展反腐败运动，他希望可以解除霍梅尼的武装，并迫使他进行谈判。然而，在接下来的几周里，尽管巴赫蒂亚尔履行了他的一些诺言，例如取消了对新闻界的所有限制，但巴赫蒂亚尔政府被证明完全没有能力恢复现状。民众的抗议以及让社会陷入瘫痪的罢工的爆发，加上首相本身微不足道的权力基础，这些因素扫除了他最后的权威。在向议会发表讲话时——议会自身也将很快变得不再重要——巴赫蒂亚尔宣布了自己的14点计划，并极富诗意地把自己比作准备面对革命风暴的雷鸟（morgh-e tufan）。仿佛他看到前面有一场巨大的冒险，他所有的政治信誉甚至生命，都会受到威胁，他背诵了诗人尼玛的诗句：

> 我是雷鸟，我不怕暴风雨，
> 我是波浪，但不愿回到大海。

1979年1月16日上午，国王终于离开伊朗，前往埃及进行长期的"休假"。在法拉赫王后和少量随行人员的陪同下，他留下了几乎所有财产，也给伊朗人留下了复杂的回忆。在穿过停机坪走向他的私人飞机时，他被抓拍到了一张令人难忘的照片。泪水从国王的脸颊流下，他向前弯腰，以阻止穿制服的不死军军官低头亲吻他的脚——当整个国家都在拒绝他们的国王时，这是最后的忠诚展示。当天的报纸标题以巨大的字体印刷，简单地写着："国王走了。"（shah raft）这两个词表达了成千上万伊朗人内心的欢欣鼓舞，到处都是欢呼、舞蹈和汽车鸣笛声。商店前面放着成盒的糖果，路人传递鲜花，人们互相打招呼。好像一个美好时代的大门终于大开了。

在1953年8月秘密前往罗马的四分之一个世纪后，国王的这次离开预示着一个不同的结局，这是一段悲伤的旅程，直到走进坟墓。看来他的结局似乎是对《列王纪》中贾姆希德传奇以及他因荣耀和虚荣而失去王室荣耀经历的复制。经1909年、1979年两次革命以及1921年、1953年两次政变，国王的此次流亡是20世纪伊朗统治者的第四次流亡。从更广泛的历史跨度来看，从17、18世纪之交——萨法维王朝的苏莱曼沙赫于1694年去世——开始此后超过285年的伊朗政治历史中，经历了13位主要统治者。其中只有4人是在王座上自然死亡的。其余的9人中，有1人遭到了处决，4人被暗杀，4人被放逐。在恺加王朝的穆罕默德·阿里·沙赫被迫退位并遭流放的70年之后，穆罕默德·礼萨·巴列维也走上了流亡的道路，这也预示着自由民主时代的发展。具有讽刺意味的是，国王的离任实际上终结了波斯的君主制。而仅仅在七年前，他庆祝了波斯君主制2500周年。短短几年内，公众的情绪几乎完全掉转了过来（彩图13.2）。

随着国王的离开，整个巴列维统治秩序的迅速瓦解是不可避免的。为了安抚公众，巴赫蒂亚尔很快主持了萨瓦克的解散工作，当时萨瓦克的军官和特工处于守势，无法承受革命的压力。枢密院主席希望能飞往巴黎与霍梅尼进行谈判，但后者拒绝与他会面。在遭拒绝后，枢密院立刻召开了会议，主席极不光彩地选择了辞职。更令他感到绝望的是，巴赫蒂亚尔政府的一些官员甚至在就职之前就已经辞职了。那些冒险就职的人则被其执掌部门的工作人员拒绝入内。

尽管遇到了挫折，巴赫蒂亚尔仍然在坚持，对工作的热情仿佛使他看不到黯淡的前景。他宣布结束审查制度，并宣布新闻和政党自由，释放了其余的政治犯。然而，他那摇摇欲坠的根基从未得到巩固。即使是在1979年1月25日，当时的巴哈里斯坦广场上有成千上万的宪法支持者参与了集会，大多数世俗中产阶级成员都对霍梅尼的神权统治感到恐惧，也无法使局面向着有利于巴赫蒂亚尔的方向倾斜。尽管他付出了所有努力，但公众关注的焦点仍是期待已久的霍梅尼的到来。巴赫蒂亚尔的黯淡前景以及军队的前途未卜促使霍梅尼决定于1月26日返回伊朗。这使定期参加集会的支持者感到振奋（图13.2和图13.3）。

图13.2　频繁的集会，如1979年1月的这次。这次抗议针对的是已经摇摇欲坠的巴赫蒂亚尔政府。横幅反映了各种意识形态和政治诉求

玛利亚姆·赞迪（Maryam Zandi），《57年革命》[1]（*Enqlab-e 57*），（德黑兰：纳扎尔出版社，波斯历1393年／公元2014年），第83页。

---

[1] 此处的"57年"指波斯历1357年。

图13.3　1979年1月，在经过几个月的关闭后，德黑兰大学重新开放，这进一步激发了群众的斗志。不断增长的示威人数反映了革命的加速，没有标语则暗示示威者暂时达成了一致

玛利亚姆·赞迪，《57年革命》，第34页。

卡特政府对伊朗局势的快速变化进行了艰难的政策调整，这使局面变得更加复杂。1月8日，国王仍在伊朗时，白宫派美国欧洲司令部副司令罗伯特·胡塞尔（Robert Huyser, 1924—1997）将军访问伊朗（尽管他的上级亚历山大·黑格将军提出了愤怒的反对意见），目的是在国王可能离开伊朗的情况下，促进军方与巴赫蒂亚尔政府之间的合作。实际上，如果说胡塞尔将军有什么明确任务的话，那就是在巴赫蒂亚尔倒台的情况下，准备好让军队接管局面，并发动一场"准军事政变"。

　　胡塞尔面对的是一个士气低落的军官团，低级军官的忠诚在迅速消失，而高级军官也不愿与革命群众面对面。他足够明智地认识到不再有进行1953年那种冒险的可能性了。不管卡特的安全顾问以及他的盟友阿德希尔·扎赫迪（此时正被放逐，担任伊朗驻华盛顿大使）的希望有多么迫切、多么强烈，与另一位扎赫迪将军一起举事的机会仍微乎其微。这个想法不切实际，而且为时已晚。正如胡塞尔所说的那样，外交使命"从绝望和分歧开始，以灾难告终"，巴赫蒂亚尔的努力注定要失败。胡塞尔此行唯一的结果就是说服了军队首领们不要卷入革命的麻烦中去，在与霍梅尼任命的临时政府总理马赫迪·巴扎尔甘以及霍梅尼的教士代表谈判后，他最终返回军营。

巴列维王朝的垮台

　　1979年1月26日，发生在德黑兰和其他城市的另一次大规模集会表明了军事行动的徒劳无功。霍梅尼和他在巴黎的小圈子正在讨论他回归的适当时间，他们对可能会出现的军事政变保持警惕。但很明显，从根本上讲，没有什么事情能够破坏他的机会，哪怕是巴赫蒂亚尔暂时关闭了德黑兰的梅赫拉巴德机场。机场的关闭是因为霍梅尼强硬地拒绝了巴赫蒂亚尔的提议。巴赫蒂亚尔表示自己愿意在四个月内辞职，在此期间，他将举行全民公决，让伊朗人民在君主制与共和制之间做出选择。在经历了14年的流亡后，77岁的霍梅尼成了革命的胜利者，这是确定无疑的——而就在几个月前，他自己可能都无法想象这一点。

　　1979年2月1日，当他走上法航包机的舷梯，带着他的助手和许多记者前往德黑兰时，他仍然对未卜的前程保持警惕。到达德黑兰后，他们前往德黑兰以南的贝赫什提·扎哈拉（Behesht Zahra）公共墓地，向革命烈士致敬。数百万革命支持者站了好几个小时，只为看一眼他的车队。他乘坐的越野车为了穿过拥挤的人群而开得很慢，有些人还试着去触摸车的保险杠。他有些疲倦，面无表情，凝视着热情的人群，尴尬地从副驾驶座位上挥了挥手。在将他带回家的飞机上，他被一位西方记者问到在这历史性一刻的"感觉"。他的回答是"没有"。可以预见，这正是像他这样完全摆脱了资产阶级式多愁善感的人会给出的回答。

霍梅尼在墓地做了激情洋溢的布道，这一幕在此后的十余年中将经常见到，他表示巴赫蒂亚尔政府、议会和参议院都是非法的。他称礼萨·汗为非法上台的篡夺者，而穆罕默德·礼萨·沙赫则是外国势力的傀儡。他还指责巴列维政权的腐败及其出卖灵魂的行为，呼吁人民授予他权力，并以烈士的鲜血起誓，承诺任命一个合法的伊斯兰政府，以铲除压迫的种子。他向将军们发起呼吁：

> 我们呼吁尚未参加（革命）的人跟随着其他人（军事人员）。对你来说，伊斯兰教要好过无信仰；伊朗要好过外国……抛弃他（国王），不要以为你抛弃了他，我们就会处决你。这些是你们或他人捏造的东西（即谣言）……我们希望这个国家强大。我们希望国家拥有一支强大的军队。我们无意为难军队。我们希望军队继续存在下去，但是这支军队将扎根于国家，为国家服务……我将任命（新）政府！我将把这个政府（即巴赫蒂亚尔政府）一脚踢开！在你们这些人的支持下，我将任命一个（新）政府！[4]

大约两周后，事情变得十分清楚，对军队首脑和高级军官摆出的温和姿态只不过是一种伎俩，目的是破坏军队仅存的一点团结以及对国王的忠诚。

在接下来的10天里，即1979年2月1日至11日，革命对垂死的巴列维政权发起了最后的打击，并宣告了新政权的诞生。借用约翰·里德（John Reed）对布尔什维克革命的著名叙述："震撼世界的10天。"考虑到军事政变的可能性，霍梅尼于1月12日（在他返回伊朗前不到三周）任命了一个秘密的伊斯兰革命委员会（shura'-ye enqelab），成员身份未公开。它的成立主要是为了对抗由国王任命的摇摇欲坠的枢密院和伊朗立法机关。革命委员会是这场尚未完结的革命诞生的第一个机构，后来人们才知道，其成员包括激进派教士和霍梅尼的忠实拥护者，还有一些旧时代的人物以及一夜间就伊斯兰化了的投机分子。

2月5日，即霍梅尼抵达后五天——巴赫蒂亚尔政府仍在任，霍梅尼任命马赫迪·巴扎尔甘为临时政府首脑。巴扎尔甘曾是摩萨台时代的民族阵线成员，也是由他在1961年参与创立的伊斯兰自由运动的长期领导人，1960年代初，他因反对国王统治以及支持霍梅尼，而被判入狱五年。正如革命委员会的非正式发言人所说，按照霍梅尼的"命令"，巴扎尔甘的任务不仅是组建政府和监督国家事务，而且还要举行全民公决，以确定新政权的性质。事实证明，此举的目的是通过正式的程序，公开将伊斯兰共和国的诞生神圣化。临时政府还受命监督制宪会议的选举，并制定新宪法。最后，它还将监督新政权第一次国民议会的选举（图13.4和图13.5）

图13.4　1979年2月3日，阿拉维学校，德黑兰民众寻求霍梅尼的祝福
玛利亚姆·赞迪，《57年革命》，第126页。

图13.5 1979年2月3日，阿拉维学校，霍梅尼在助手陪伴下参加了在德黑兰的首场新闻发布会。右边是萨德克·格特布扎德，左边是易卜拉欣·雅兹迪（Ibrahim Yazdi）

玛利亚姆·赞迪，《57年革命》，第122页。

在有序过渡的庄严表面下，涌动着复杂而动荡的暗流。在彻底的革命精神的驱动下，大街上的众多游行者似乎不愿回家，他们不仅仅满足于文官政府的过渡。随着国王统治的结束和旧政权的终止，对权力的争夺才刚刚开始。在最高层，群龙无首的军队中的高级军官很快因巴赫蒂亚尔无法兑现的承诺而感到沮丧，军队接管政权的可能性也变得很渺茫。大多数指挥官都认为与革命群众的暴力冲突无疑是自杀行为。相反，他们希望在武装部队不受影响的前提下与霍梅尼临时政府达成和解。巴扎尔甘和革命委员会，甚至霍梅尼本人也有这样的期望。从军队总司令和霍梅尼临时政府发表的声明来看，在2月的第一周，双方都准备为了实现不流血的权力交接而进行妥协。

为保护军队力量，美国特使胡塞尔将军与伊朗同僚进行了为期一个月的谈判，但谈判未果，他于2月6日离任，这是朝当前革命方向迈出的一大步，也是对任命巴扎尔甘政府的认可。华盛顿当局的犹豫不决以及卡特政府中鹰派、鸽派之间的较劲，最终似乎不仅导致了巴列维国王的被弃，也使军事政变变得不可能。华盛顿当局及其大部分欧洲盟国似乎已经对人民革命的粗暴现实达成了共识。一个月前在加勒比海瓜德罗普岛（Guadeloupe）上举行的包括美国、英国、法国和联邦德国在内的西方领导人峰会上，当面对伊朗革命可能导致全球石油供应剧烈波动以及随之而来的物价上涨的可能性时，各国领导人强调必须与未来的伊朗政权保持外交和经济联系。当国王飞离首都，奔向一个不确定的未来时，他迅速变成了帝国过去的无冕之魂。如果不是因为需要用他来对抗革命真实的和想象中的敌人，那么，他很快就会被革命的浪潮所淹没。

尽管英国外交大臣戴维·欧文（David Owen）做出了令人沮丧的预测，其他零星的声音也都警告称未来的日子将更加黑暗，但西方世界对伊朗势不可挡的革命进程已无可奈何。出乎人们意料的是，苏联当局对在其南部边界发生的由一个激进派阿亚图拉领导的伊斯兰革命持保留态度。当革命群众火烧英国驻德黑兰大使馆时，英国政府选择了一种不置可否的态度，这种低调的姿态很快就会转变为对新政权事实上的接受。以色列人派遣了自己的便衣特使来劝说巴赫蒂亚尔坚持下去，但收效甚微。巴赫蒂亚尔不再否认自己与老朋友巴扎尔甘进行过秘密接触，以期达成可接受的退出方式。但在公开场合，即使是到了2月10日，巴赫蒂亚尔都坚称无论是巴扎尔甘对他辞职的呼吁，还是革命者几乎完成对警察和军营的接管，都不会对自己产生任何影响。

尽管本有实现和平过渡的希望，但在2月9日，焦躁不安的空军学员（霍马法尔斯）将全部忠诚转向了霍梅尼和革命。兵变打乱了巴扎尔甘临时政府与军方之间脆弱的协议。第二天，当帝国卫队的一个营被派去平息首都东郊法拉哈巴德空军基地的叛乱分子时，军官们的意图——至少是高级军官的意图——是保持军队的完整性，而不是去击溃霍梅尼的忠实拥护者。街上无处不在的抗议者将军方的矛盾心理视为军事政变的可憎序曲。

人群几乎是自发地冲到营房里，袭击并占领了警察局，并很快与被派来支援帝国卫队的辅助部队对峙。人民敢死队以及他们的伊斯兰同伴人民圣战者发起了与安全部队的冲突，对他们来说，这是实现他们期盼已久的瓦解巴列维政权的绝佳机会。比起其他任何党派，他们在推动军队的最终瓦解上起到了更重要的作用。这是左派美化暴力并诱使霍梅尼支持者走向极端的不祥之兆。

在第一场街头冲突爆发后，连锁反应接踵而至，并带来了意想不到的后果。2月10日，德黑兰军事司令部在绝望之下发布了一份公报，将戒严时间延长到几乎整个白天，直至深夜。愤怒的人群将这一举动视为军事政变的开始。几乎在同时，霍梅尼发表了一份措辞强硬的声明，敦促公众忽视戒严法，"拥入街头"。这也许是霍梅尼革命生涯中最具决定性的决策之一，尽管声明没有呼吁占领警察局和军事设施，但它的大胆语气还是让民众采取了更激进的行动。

2月11日，安全部队在街头、临时路障以及对警察局的袭击中面临着更剧烈的抵抗。作为回应，由三军司令和参谋长组成的军事最高委员会迅速发表了另一份公报，宣布军队在持续的危机中保持中立。它还进一步宣布军队会站在人民和革命的一边，而对革命进程产生最大影响的是它呼吁所有军事单位撤离街道，返回军营。军队领导层有一种错误的认识，即认为撤军将有助于实现从巴赫蒂亚尔政府到巴扎尔甘临时政府的过渡。

然而，和解的姿态被证明不利于军队——这个巴列维政权中最强大和最具象征意义的部分——的生存。军队撤退后，示威者欣喜若狂，几乎立即冲入了整个首都的军营。群众不仅抢走了轻型武器，还有坦克、装甲车和重型机枪（图13.6和图13.7）。帝国军队立刻变得极为顺从，而且再也没能从震惊中恢复过来。而令他们大为困惑的是，成群的将军从办公室中被逮捕，其他人则在穿着便服逃跑时被捕。同一天，巴赫蒂亚尔辞职，并躲了起来。据报道，在马赫迪·巴扎尔甘的帮助下，巴赫蒂亚尔在几个月后逃出伊朗，并在巴黎露面。巴扎尔甘临时政府正式接管了政权，它混合了霍梅尼的同情者、民族阵线领导人以及具有一定伊斯兰背景的独立反对派人士。然而，几乎立即就可以看出，有序的权力转移更多的只是美好的愿望，而并非现实。

图13.6　1979年2月12日，革命青年手拿抢劫来的步枪，保卫德黑兰的街头

玛利亚姆·赞迪，《57年革命》，第163页。

图13.7　1979年2月17日，胜利的革命者爬上了萨尔塔纳塔巴德军营的坦克

玛利亚姆·赞迪，《57年革命》，第161页。

值得注意的是，1979年2月11日（波斯历1357年11月22日）革命的"胜利"并非如临时政府所希望的那样，是通过权力的平稳过渡实现的，而是伴随着喧闹和民众的暴动。对霍梅尼及其信徒来说，这是个惊喜；但对于游击组织及其残余的同情者而言，或许并非如此。霍梅尼成功驾驭了动荡的局势，带领革命走过了动荡的道路，而不是跟在左派和愤怒的群众的后面——他们接管了军营并击败了警察，这初步证明了他的政治智慧。这次事件以及接下来的岁月中，他每次都选择了最为激进的道路，并迅速地使这种激进成为自己的政治资源。为了保持这一势头，他往往以牺牲革命温和派为代价，这使他不仅得到了日渐激进的教士群体的支持，而且也获得了渴望领导者的弱势群体的青睐。

革命是不可避免的吗

对于那些将自己视为伊斯兰革命受害者的世俗中产阶级、那些很快对革命感到幻灭并被抛弃的人们以及许多希望革命能朝着更好方向发展的观察家们来说，仍然存在一个问题：革命，或者伊斯兰革命及其展开方式，是可以避免的吗？对这个看似非历史问题的简短回答是谨慎的否定。可以说，1978年8月谢里夫–艾玛米政府的任命使巴列维政权丧失了实行改革路线而非革命路线的最后机会。不需要对革命的实际进程做太多讨论，可以说，改革道路在当时已经完全不可行了，这不仅是因为反对派力量的强大和国王对民主进程的厌恶，还因为革命已经存在长期的动力。

自1953年以来，四分之一个世纪的独裁统治有效地摧毁了建立民主政权和健全的公民社会的基础政治结构。哪怕到了1975年，如果巴列维当局不是选择建立虚假的伊朗复兴党，而是选择允许某种程度的自由化，并允许温和的、真正的政党存在，那么巴列维政权仍然是有机会的。如果国王允许某种程度的言论自由和新闻自由，而不是代之以震耳欲聋的"雅利安人之光"的宣传运动，那么改革的道路仍然是可行的。如果萨瓦克没有造成恐惧气氛，实施逮捕和酷刑，召开军事法庭，屡屡压制学生的抗议活动并完全压制任何独立的声音，那么可能会产生不同的政治结果。

事实上，国王的独裁统治反而无意中为大众革命铺平了道路，革命成为唯一可行的道路，尤其是到了1970年代。由于缺少真正的政党组织，以及不断发展的中产阶级缺少政治代表，像霍梅尼这样的民粹主义半先知的崛起是可以理解的。尽管在其他方面与巴列维王朝的统治者不同，但在霍梅尼的非民主主义观点中，自己是另一位国王。多年来，巴列维政权不顾一切地消除了所有政治温和派，实际上促进了左翼极端主义和激进派教士的发展。而激进的左派不仅受到了巴列维政权的迫害，而且也成了自身天真、意识形态的疏离以及狂热殉道行为的受害者。它几乎没能获得大众的支持。相比之下，库姆的教士运动被证明适应力强，且相当机敏，能够获得基层的支持。

从更长的历史跨度看，局势朝着革命的道路前进是始于1953年，当时，民主进程的最后机会丧失了，也可以说是被剥夺了，这取决于我们如何看待它。人们甚至可以继续追溯革命的起源，一直追溯到立宪革命之后以及巴列维王朝主导的现代化的兴起。然而，对1979年的革命来说，1960年代的发展甚至比1921年或1953年的经历更重要，此时，土地改革已将几代被绑定在土地之上的农民从农村中解放出来，并将他们带入城市。这些新来者推动了一场大众革命，而革命之所以得以实现，很大程度上是因为他们有人数优势。

1979年的革命是否注定要以"伊斯兰"的形式展开，则是另一个有争议的问题。众所周知，伊斯兰化并不仅仅意味着在世俗的宪法结构中尊重伊斯兰道德价值观。当然，伊斯兰化也不是指把大阿亚图拉霍梅尼当作整个国家的偶像。随着革命的发展，伊朗成为一个伊斯兰共和国，人们痛苦而清楚地意识到，伊斯兰化意味着更多的东西：一个以神权统治为基础的国家，或者更准确地说，一个由威权主义教法学家领导的、以激进派教士为核心的寡头政体。共和国的教士精英和下属组织充分利用现代控制技术，迅速部署了恐吓和暴力的武器。他们在这种政治体制中加入了大量反西方主义和伊斯兰理想主义意识形态，前者在很大程度上是像艾哈迈德这样的人的遗产，而后者则是像沙里亚蒂那样的伊斯兰主义者的遗产。

除这些思考外，人们还可以确认几个世纪以来帮助塑造什叶派伊朗的基础结构。巴列维的世俗计划最终让位于宗教主导的革命，要认识这一点，必须把国家和什叶派势力之间长达一个世纪的裂痕联系起来。伊朗世俗观念与宗教世界观之间不断扩大的分歧也不能被忽视，这种分歧是国家主导和资助的现代性无法成功弥合的。此外，还必须考虑到埋藏在伊朗什叶派深处的弥赛亚特征，这使伊朗什叶派周期性地反抗国家和宗教机构。只有这样，我们才能完全理解这场革命。1979年革命的特点与上述这些特点有着惊人的相似之处，但其发展轨迹却几乎完全不同，这一点在革命后的10年中表现得更加明显。

第十四章

教法学家监护制度及其支持者

阿亚图拉霍梅尼和他的支持者在伊斯兰革命中留下了自己的烙印，这不仅仅是历史的偶然。至少从1961年开始，什叶派教士就已探索意识形态化的伊斯兰教，并考虑以教法学家的权威来替代世俗权力，1970年后又更进一步。尽管参与政治活动已经是老生常谈，但对于教士集团来说，构建一套政治理论——或许不是一致的——仍然是一种新的尝试。而大部分什叶派教法学家仍然坚持不干预政治的理念。

政治环境的变换需要一套新的方法和说辞。为了确保其追随者的忠诚，并与不断变化的社会保持联系，教士们不再仅坚持推动信仰行为和复杂的教法细节。他们动员城市群众，甚至巴扎选民，扮演着更积极的角色。与世俗的伊斯兰主义者，比如沙里亚蒂以及人民圣战者组织的竞争，更加剧了这种紧迫性，更不用说和世俗左派之间的竞争了。即使在库姆，为了维护核心教士群体的忠诚，领导层也不能再对外界保持冷漠，尤其是对于更广阔的伊斯兰世界中的反殖民斗争以及后殖民话语问题。与世隔绝的、专注于教士教育的经学院的影响力在变弱，作为反对巴列维统治的激进异见者，霍梅尼和他的学生及支持者开始取而代之。

伊斯兰国家的监护者

　　1969年，霍梅尼在纳杰夫进行了一系列关于教法学家治理国家的演讲，这是一个定义革命意识形态的关键概念。"维拉亚特"（即"监护"）是一个宽泛而复杂的术语，具有多种法律、神秘主义和历史意义上的细微差别。作为什叶派法学的一项法律原则，它指委托教法学家（法基赫）承担一系列法律监督的职责，以担任监护人、保管人、受遗赠者或公共辩护人。从广义上讲，这些职责与现代法律体系中首席检察官或公共辩护人的职责大致相同，尽管在很大程度上，它们缺乏后者的集权控制和等级制度。教法学家的职责包括监护未成年人、孤儿、精神上无行为能力的人，这些人被认为无能力照顾自己的事务，并且缺乏其他监护人；教法学家还担任缺乏指定受托人的慈善捐赠托管人，并对无人认领的遗产进行公平分配。无论从何种标准来衡量，维拉亚特问题都被法理学书籍视为一场枯燥的学术辩论。自10世纪以来，它一直保持着晦涩难懂的特征，几乎从未改变。

　　从理论上说，萨法维时期的少数教法学家认为，教法学家的监护权可能意味着超出信托职责的范围。更具体地说，他们认为教法学家在代表穆斯林社团与国家打交道时，应承担公共责任。但是，什叶派主流教法学家顶多就是偶尔提到维拉亚特具有一定公共性，而从未就此建立过讨论框架。值得注意的是，它不构成任何形式的政治行动的法律依据，也不是恺加或巴列维时代教士反对国家的工具。关于教法学家监护权问题引用最多的史料主要来自19世纪早期卡尚的乌苏勒派法学家毛拉艾哈迈德·纳拉奇（Ahmad Naraqi，1772—1829），与通常所认为的相反，他从来没有明确宣称维拉亚特是教法学家政治权威的基础。相反，他因对恺加国家的坚定支持以及提倡将教士与世俗职务分离而闻名。同样，纳拉奇同时代的另一位权威人物赛义德·穆罕默德·巴克尔·沙夫提也清楚地遵守了这种分离。

　　霍梅尼认为教法学家监护概念是唯一可以合法取代"不公正的"统治的办法，这种新解读与传统什叶派对政治权力的厌恶以及避开政府机构、在大多数情况下避免参与政府事务（除在主要城市中担任星期五聚礼领拜人这样的继承性职位外）的态度相矛盾。什叶派法律通常认为，在"时代伊玛目"隐遁的情况下，任何形式的政府，甚至可能是由教法学家领导的政府，从根本上来说都是"不公正的"，因此在理论上是非法的。只有救世主马赫迪——在十二伊玛目派中被认为是神秘中的第十一位伊玛目——在时间终结的过程之初重返物质世界，才能带着神圣的祝福，恢复正义和公平，并建立因伊斯兰先知之死而失去的乌托邦社会（或反乌托邦社会，如果我们考虑世界末日大结局的话）。当第十二任伊玛目未到来时（即隐遁），包括王权在内的任何形式的暂时性权力本质上都是非神圣的，因此是"暴政"。

除导致这种如此激烈、几乎是无政府主义的立场的历史环境外，实际上，什叶派法学家一般都能够适应临时统治者，即使苏丹和沙赫的信仰不够虔诚，或对臣民不够公正。他们确立了一种符合古代波斯王权和"良善宗教"之间友好关系的模式，这一模式在波斯世界中已经存续了超过一千年。就萨法维王朝的国王来说，他们的私生活严重地违背了沙里亚法的规定，但什叶派仍旧与他们结盟，而这种古老的联盟对于看似虔诚的恺加王朝统治者一样适用。即使是不合法的统治者，只要他们承认自己是穆斯林，也应当得到服从。对于在避难所中避险的大多数像绵羊一样的教法学家来说，抵制"压迫性"统治者的思想仅仅是一种陌生的哲学理念。

甚至连统治者在捍卫伊斯兰国家免受外来入侵、维护共同体的安全与秩序以及执行伊斯兰教法方面的基本职责，也得到了极大的宽容。什叶派法学家几乎对任何形式的临时权力都感到满意，只要他们时刻谨记保护教士特权和伊斯兰教法。他们通常会对萨法维和恺加国王表示赞赏，因为这些统治者尊重世俗统治者与教法学家之间的分工，即世俗统治者的统治权威（wilayat-e hokm）和教法学家的审判权威（wilayat-e qada）。尽管在事实上，审判权威会被国家限制，它本身也无力取缔统治者的权力。什叶派的塔基亚原则始终允许教法学家以自我保护为理由，躲避国家最严厉的打击。即使是在巴列维时代，当国家削减或夺取教士的权力和特权时，霍梅尼之前的教士集团尽管对此怀有深切的怨恨，也没有考虑过伊斯兰的替代方案，更不用说教法学家的政治监护了。

在立宪革命期间，谢赫·法兹洛拉·努里及其支持者提出的"mashru'eh"

（即符合沙里亚原则的政府体系）概念可能是将教士权威概念化的最强先驱。最终，努里放弃了"mashru'eh"，并成为巴列维国王反宪法政权的坚定支持者，他至多要求在构建宪法时遵守伊斯兰教法，同时坚持由穆智台希德担任议会的监督人。努里被送上绞刑架的下场使他的支持者缄默，尽管他恢复教士权力的野心从未被抛弃。霍梅尼的教法学家监护可以看作是努里"mashru'eh"概念的间接后裔。

相比之下，努里的同时代人穆罕默德·侯赛因·纳伊尼提供了一种新的伊斯兰教法解读，即在"时代伊玛目"隐遁的情况下，人民代表制和民主宪政体制（即mashruteh）可以被视为合法的、权宜的政府形式。纳杰夫及伊朗的少数穆智台希德支持了他一段时间。但在立宪革命之后，高级教法学家对革命结果感到沮丧，甚至纳伊尼本人也是如此，他们完全拒绝了人民代表制和民主宪政体制，本质上是因为这些制度并未考虑教士集团的权威。一旦宪政秩序内部的分歧变得更加明显，教士集团想创造一种基于伊斯兰教义的替代方案，即"mashru'eh"的意愿也就减弱了。剩下的是一些激进主义者对巴列维政权消极但非理论性的抵抗。

因此，霍梅尼的"教法学家统治"是对什叶派教法学家政治上的清静无为主张的重大偏离。与保守派及亲政权教法学家的传统观点相反，他认为在"时代伊玛目"隐遁的情况下，建立一个相对公正的伊斯兰政府是教法学家不可推卸的责任。他强调教法学家拥有与先知和什叶派伊玛目类似的"委托监护权"（welayat-e e'tebari），这是捍卫伊斯兰堡垒、防御外国入侵者所必需的公共职责。这个观点存在许多争议，因为它实际上是用人的代理替代了神的命令。他坚持认为"相信建立（伊斯兰）政府的必要性以及创造其管理和行政部门，本身就是'维拉亚特'的组成部分；而努力实现'维拉亚特'的前提就是必须信仰它"：

> 请记住，你们有义务建立伊斯兰政府。要相信自己，明白自己能够做到。殖民者打下基础已有三四百年；他们从零开始，直到达成目标。我们也将从零开始。不要被一小部分让西方吓破了胆的人

以及殖民主义奴仆引发的骚动所吓倒……如果你们不干涉殖民者的计划，（反而）只把伊斯兰教理解为和（奉献）行为有关，那么你们（即传统法学家）将只是夸夸其谈，并且永远不会超越殖民者，他们也会乐于看到你们永远这样。你们可以随心所欲地礼拜，（但是）他们想要你们的石油。他们在乎你的祷告吗？他们想要你们的矿产，他们希望我们的国家成为其产品的市场。正是基于这种理由，他们（顺从的）代理人阻止了我们工业化，代之以组装工厂和依附性产业。他们不希望把我们视为人类，因为他们害怕人类。

霍梅尼的语调变得更加尖锐，仿佛在表达自己对保守派教士和国王政府的蔑视："他们会说这个阿訇（akhund）是政治人士，（伊斯兰教的）先知也是。这些捏造来自殖民主义的政治代理人，目的是使你们脱离政治，并阻止你们参与社会问题，防止你们与叛国政府及（其）反民族主义、反伊斯兰主义的图谋做斗争，从而使他们能够毫无阻碍地做任何希望做的事情以及实现一切令人讨厌的目标。"[1]

在霍梅尼看来，西方殖民大国（在他眼中，这些殖民大国与他所谓的当代西方超级大国没有什么不同）采用阴谋诡计，从文化、经济和政治领域来征服所有穆斯林。他认为，在这个过程中，殖民大国打算摧毁伊斯兰的本质（bayzeh，或"种子"）。他断言，由于世俗权力的持有者是这种霸权主义计划的推动者，他们已不再有能力履行捍卫穆斯林共同体的传统职责。他还称这些当权者与异教徒合作掠夺伊斯兰国家，特别是伊朗的财富，并侵犯了伊斯兰的贞洁和荣誉（navamis），对西方主子卑躬屈膝，因而他们都是有罪的。他们还纵容了世界上的不道义行为，以及反宗教和腐败行为，削弱了教士集团的根基，而后者是真正的伊斯兰价值观的最后堡垒。

霍梅尼的煽动语气还出现在他的《伊斯兰政府》（*Hokumat-e Islami*）一书中，且伴有阴谋论世界观和反现代的焦虑。这部著作是他神权统治理论的中心。该书的内容最初源自在纳杰夫的教士及世俗忠实拥护者的要求下进行的一系列有关什叶派监护主题的波斯语讲座，于1970年在贝鲁特首次结集成册出

版，并秘密分发至伊拉克和伊朗。霍梅尼的观点主要表明了对礼萨·汗和他的
继任者日积月累的愤怒和怨恨，后来，这种愤怒在其流亡纳杰夫期间爆发了出
来（图14.1）。在这部书中，他描绘了巴列维统治下的伊朗的悲惨景象，同时
表现出了受迫害的心态，并对那些破坏教士集团团结的行为表示蔑视。他主要
依靠的是《古兰经》经文、先知圣训以及什叶派伊玛目和中世纪什叶派学者的
著作，且大多不考虑语境，目的是强调教法学家在捍卫共同体免受外来侵害方
面的责任。他毫不掩饰地宣称，教法学家具有最高的德行，因此，他们最有资
格来维护正义以及共同体道德标准。他强调，从法律上说教法学家是共同体中最
合格的领导人，因此，他们也必须是最坚定地要求建立伊斯兰政府的人。

图14.1　1976年，霍梅尼在纳杰夫

当代照片，http://www.jamaran.ir/ PhotoNews-gid_72547–id_80875.aspx.

毫无疑问，霍梅尼对来自教士集团内部的批评做出了回应，阐明必须由教法学家来监护伊斯兰政府。"为进一步澄清，我要问这个问题"：

> 从（什叶派第十二任伊玛目的）小隐遁时期起，已经过去了十几个世纪，而他（马赫迪）再返回还需要十万年。在这么长的时间里，伊斯兰教义是否应该被忽略和不加执行？人们是否应当被允许随心所欲地做自己想做的事？这是否会导致混乱状态？……这种信念比承认伊斯兰会被消灭更加糟糕。（但）没有人可以说捍卫伊斯兰祖国的边境及其领土完整是全无必要的，也没人可以说人头税（jiziya，对非伊斯兰信徒）、土地税、五分之一税（即khoms）等税收以及宗教捐献，或者（说）伊斯兰惩罚性法律和义务，都是应当放弃的。任何声称没必要成立伊斯兰政府的行为，（实质上）都是在拒绝执行伊斯兰法律，都是在否认伊斯兰教义的普遍性和永恒性。[2]

在霍梅尼看来，世俗统治者不太可能是执行伊斯兰法律的合适人选，因为：

> 如果统治者对（伊斯兰）法律事务一无所知，那么他就不适合统治，因为他只会追随教法学家，他的权威将会受到侵害。如果他不遵循（教法学家的）指导，那他将无法执行伊斯兰法律。（因此，）"教法学家是苏丹之上的统治者"，这是一个明显的事实。如果苏丹服从伊斯兰教，那他们将必须遵从教法学家的指导，向他们询问法律和禁令，以便执行。在那种情况下，教法学家才是真正的统治者，因此，被正式授予统治（hakemiyat）的权威的必须是教法学家本人，而不是那些因对（伊斯兰）法律的无知而必须遵守教法学家统治的人。[3]

这样的世界观认为，每个角落都潜伏着许多邪恶的敌人。这些敌人不仅包括腐败的统治者——除名字以外，一切都指向了巴列维政权——也包括他们假定的主人。美国和英国是最明显的，此外还有犹太人、基督教传教士以及共济会成员和巴哈伊教徒。他所谴责的"犹太人"，其实是"犹太复国主义者"毫无差异的同义语。他认为犹太人阴谋夺取世界霸权，这与反犹太主义文学相呼应，例如20世纪初俄国的《锡安长老议定书》（*Protocol of the Elders of Zion*）。传统的长篇大论也并不少见，"愿真主诅咒他们"，这就是霍梅尼对犹太人的看法。以色列的建立可能是犹太人霸权殖民大计划的序幕。在1967年阿拉伯国家与以色列的战争后，霍梅尼对犹太霸权的指控暗示了人们的广泛关注和焦虑。他认为整个伊斯兰世界都处于危险之中，因而什叶派和逊尼派之间的界限即使不能被完全跨越，也将会降低。

《伊斯兰政府》的开篇说道："从一开始，伊斯兰运动就遇到了犹太人，他们是最先传播反伊斯兰宣言以及孵化知识分子阴谋的人。如你所见，这些一直延续到现在，然后轮到那些比犹太人更加邪恶的人。从三百年前或更早以前起，这些人就以殖民者的名义渗透到伊斯兰国家，并实现其殖民目标，他们发现有必要为破坏伊斯兰做准备……他们意识到，伊斯兰教的教义以及人们对伊斯兰的信仰，会与他们的既得利益和政治统治背道而驰。因此，他们通过不同的方式传播并阴谋反对伊斯兰教。"[4]

霍梅尼的《伊斯兰政府》一书尤其将美国视为大敌，后来更是将其比作"大撒旦"。透过这种称呼，人们不仅可以感觉到第三世界理论意识形态的阴影以及1953年和1963年事件留下的苦涩回忆，还可以感觉到美国对以色列的无条件支持以及以色列对被占领土地上的巴勒斯坦人的压迫。无疑，在纳杰夫时，阿拉伯媒体对巴勒斯坦人困境的描述以及对1967年灾难的后续报道引起了霍梅尼的注意。他对当时阿拉伯世界领导人的言论感到失望，尤其是纳赛尔的阿拉伯民族主义；与此同时，伊朗左派知识分子中反西方主义的情绪日益增强，他们对政治化伊斯兰的认识也逐渐提高，这些都影响了霍梅尼的政治主张，特别是他关于伊斯兰政府的理论。同样地，在整个1960年代，美国在伊朗的存在感不断加强，成为霍梅尼主要的批评对象，这也对他意识形态的形成起了作用。

《伊斯兰政府》一书将伊斯兰世界和其他地区的悲惨境况归咎于美国，

为不到10年后的伊斯兰革命描绘了一幅蓝图。在这里，"监护的教法学家"被描绘为教士金字塔的最高一级，教士集团则被授权集体处理伊斯兰国家的事务。尤为醒目的是，原文中没有提及"效仿源泉"以及其他常用的教士头衔，似乎是绕过了什叶派非正式等级制度，并设想出一个与生俱来的、囊括一切的权威职位，这一职位超越了由协商产生的"效仿源泉"的权威。此外，霍梅尼的宣言预示了后来在革命中流行的大部分政治主张以及未来伊斯兰共和国的关键概念和机构。从招募伊斯兰军队到指责国王和统治精英为偶像崇拜者，再到在军事法庭上给这片土地上的腐败分子定罪，所有这些都在这本书中预先提及了。

在此书中，霍梅尼从多方面呼吁重返"真正的伊斯兰"，这显示出他与逊尼派萨拉菲主义之间存在着微妙的关系，后者在他之前已经传播了至少两个世纪。尽管霍梅尼在早期著作中对瓦哈比教义以及那些打着什叶派幌子回应这些教义的人——如沙里亚特·桑格拉吉——进行了猛烈抨击，但作为一个什叶派穆斯林，霍梅尼基本上还是认可了伊斯兰激进派旨在复制早期伊斯兰共同体的主张。关于这一点，他的理念是非历史的，在政治上则是激进的。这位伊斯兰激进派教士以哈里发阿里为模板设想了神权统治，而这种统治将由教法学家来主持。他可能不仅熟悉同胞贾马尔·丁·阿萨达巴迪（即阿富汗尼）等人的生活和作品，而且还熟悉有影响力的叙利亚作家及神学家拉希德·里达（1865—1935）和埃及穆斯林兄弟会创始人哈桑·班纳（1906—1949）的作品。在霍梅尼的成长过程中，激进的穆斯林兄弟会理论家赛义德·库特卜以及巴基斯坦伊斯兰主义者、伊斯兰促进会（Jamaat-e Islami）创始人阿布尔·阿拉·毛杜迪（Abul 'Ala Mawdudi，1903—1979）都影响了他，并帮助他将关于伊斯兰革命和伊斯兰政府的设想清晰化。

值得注意的是，建立伊斯兰政府甚至否定世俗政权的想法在霍梅尼的思想历程中形成得很晚。直到1970年代，他仍然谨遵什叶派教义，即在没有"时代伊玛目"的情况下，共同体会对压迫的统治者保持忍耐，或者最多只是提供劝告和告诫。在1960年代初期，霍梅尼仍在这样做，他斥责巴列维国王不听取教士（在巴列维时代被称为"ruhaniyun"，意为"精神权威"）的劝诫，并指责他与伊斯兰的西方敌人合作。霍梅尼的一位早期的、关系密切的学生侯赛因·阿里·蒙塔泽里回忆说,大概在1960年代初,自己和霍梅尼的另一名早期学生莫尔塔扎·莫塔哈里曾辩论过在"时代伊玛目"隐遁的情况下共同体的领导权问题:"我们最终得出结论,在隐遁时代,共同体的领导将取决于人民的选择,但要遵循伊斯兰教义所定义的原则和价值观。这并非违背什叶派的教义。"当他们向霍梅尼提出这一问题,并强调他们认为"当选的伊玛目应是一个无所不知的获得穆智台希德资格的人"时,他进一步恳求霍梅尼予以指点:"在什叶派教义中,伊玛目必须是绝对正确的,并被(另一个伊玛目)指定。但由于人类的错误,伊玛目隐遁了,世界进入隐遁时代……因为我们不够虔诚恭敬,所以伊玛目选择隐遁;而即将到来的"时代伊玛目",又需要我们为此做好准备。"当他们提出这一隐遁期同时也是一个混乱时代,伊玛目为何还会到来时,霍梅尼回答道:"这是人们自己的错。安拉给了我们(神圣的)恩惠,我们应该恭迎伊玛目重返人间。"蒙塔泽里回忆说,当时霍梅尼"没有提及教法学家的监护权"。[5]

从1970年起,霍梅尼开始接受有关伊斯兰政府的想法,部分是为了迎合自己阵营中的激进趋势。他还因自己所称的"亲爱的伊斯兰教"被巴列维世俗主义挫败而感到沮丧。霍梅尼也总是与许多伊斯兰思想家一样,因社会的衰落、道德的沦丧、外来势力的入侵以及重建伊斯兰国家而有强烈的紧迫感。如同他在伊斯兰世界其他地方的同行一样,霍梅尼拒绝世俗权力,认为它们是软弱和不道德的,无法捍卫伊斯兰教,无法使其免受国内腐败和外国侵略的伤害;他还激进地想打破世俗国家和西方政治的变革模式。然而,与逊尼派伊斯兰主义倾向的共同之处并没有降低霍梅尼计划的价值,也没有减少什叶派关于伊斯兰受难历史的叙述,例如第一任伊玛目哈里发阿里的故事以及第三任伊玛目侯赛因·伊本·阿里的起义。此外,他严格遵循什叶派历经千年的法律传统。然而,对霍梅尼而言,这些理念与库姆保守的什叶派教法学家的观点截然相反,更不用说他所抵制的巴列维世俗价值观了。革命的来临强化了霍梅尼的政治信念,这使他在《伊斯兰政府》一书中描绘的希望第一次有了实现的可能性。在多年流亡的过程中,霍梅尼一直与自己的学生和世俗支持者保持联系,并维持了一个资助和思想交流的网络,这也使他理想的实现有了更多的保障。

革命毛拉的形成

在整个1970年代，霍梅尼教过的许多学生确实在组织支持和思想传播方面至关重要，其中最尽力的是伊斯兰哲学教师、多产的宗教作家莫尔塔扎·莫塔哈里。多年来，他改进了什叶派神学，将其披上了一层现代主义的面纱，并被库姆的经学院所认可。他借助侯赛因讲堂，通过强调伊斯兰教"真正"的人道主义价值观及其作为解决现代主义弊病的方法，像沙里亚蒂那样努力"教化"年轻人，尽管他没有后者那么强大的民粹主义号召力。莫塔哈里与霍梅尼的教法学家监护学说保持距离，至少在表面上是这样，他赞成和平地将伊斯兰价值观纳入伊朗文化，而不是推翻巴列维政权，并用伊斯兰教取而代之。作为潜在的伊斯兰异见者，他得到了巴列维政权部分的容忍，因为他与巴列维时代后期具有伊斯兰倾向的文化人物保持着密切的联系。

然而在1977年之前，莫塔哈里（在库姆宗教等级制度中居于中间阶层的典型的霍梅尼学生）受到了革命势头的影响，更加倾向于激进的伊斯兰道路。他主导的研究小组以系列讲座和会议记录的形式创作了大量教义学、伦理学和其他伊斯兰主题的半学术著作，这代表了一种将伊斯兰教理性化的路径，对有宗教倾向的年轻受众很有吸引力。他以现代形式提供了一个更容易被接受的伊斯兰教，从西方哲学和社会科学中借用了概念和术语，从而吸引了世俗的现代主义者，成为沟通库姆经学院文化与像沙里亚蒂和马赫迪·巴扎尔甘这样的世俗伊斯兰主义者之间的桥梁。

莫塔哈里不是唯一一个向激进伊斯兰转变的人。在霍梅尼的学生中，最典型的是穆罕默德·贝赫什蒂，他可以说是革命力量中教士派的首席战略家。他也曾接触过库姆保守圈子之外的世界，并获得了某种现代主义的眼光。1960年代初期，他在德国居住了五年，并担任什叶派机构汉堡伊斯兰中心的常驻教士。像莫塔哈里一样，他获得了德黑兰大学宗教科学学院的博士学位，但比他的同伴更倾向于政治激进派，并被萨瓦克拘留过好多次。在霍梅尼被流放期间，他一直与其保持联系，1977年动乱开始后则变成了定期联系，且更加频繁。同样，另一位出身库姆经学院，拥有德黑兰大学哲学博士学位的穆罕默德·莫法特赫（Mohammad Mofatteh，1928—1979）在1970年代后期成为亲霍梅尼主义者的代表。莫法特赫在德黑兰清真寺宣讲反巴列维政权的思想，并于1978年被判处国内流放，但很快就获释了，获释后与他的两个著名同伴一起在抗议活动前期发挥作用。

这三个人站在了1977年伊斯兰抗议运动的最前沿，而其他多数亲霍梅尼神职人员或被拘留，或被流放。三人都受过良好教育，又有着细微差别，给政治化的伊斯兰教投射出一种诱人的形象：亲切、包容，本质上是伊朗民族主义者。他们还通过各种暗示，为霍梅尼勾勒出了一个精神导师的可亲形象——他不愿掌握政治权力，并且宽容大多数（即使不是全部）政治观点。很明显的是，这三人作为革命后动乱的早期受害者，在革命胜利后的头25个月内都遭到暗杀。也许有人会说，如果他们能幸免于难，那么革命本可以沿一条不同的轨道继续发展，尽管考虑到霍梅尼本人的崇高地位以及他坚定的、几乎是与生俱来的激进倾向，这种前景依旧黯淡。而在革命后的两年里，贝赫什蒂本人的行为也很难称得上温和，正如有人经常指出的那样，他表现得很狡猾。

除此以外，大量教士和世俗支持者（主要由霍梅尼曾经的学生组成）传播了革命的信息。他们主要受到了库姆时期（而非纳杰夫时期）的霍梅尼的影响。这些人中还包括部分与霍梅尼的伊斯兰标签结盟的投机分子，其中最著名的是反巴列维的激进分子，他们因言辞激烈的宣传而受到了萨瓦克的骚扰。但直到革命开始前，仍有一些人并不对政治表态，选择与巴列维政权和平共处。虽然有些激进派教士被关进监狱，或是遭到了流放，但巴列维当局对待他们并不像对待马克思主义游击队或巴列维政权的世俗批评者那样残酷。

教士阶层在伊朗社会固有的豁免权保护了他们，即使是在巴列维政权的鼎盛时期也是如此。哪怕是在被流放国内期间，许多人的社会地位也得以保留，甚至在萨瓦克放宽了对他们的限制后，其地位进一步上升了。流放到伊朗的偏远城镇似乎在无意中成了一种变相的祝福，他们能够借此机会接触原本不受宗教异见信息影响的受众。其中几个典型的例子是伊斯兰共和国未来的总统阿克巴尔·哈什米·拉夫桑贾尼（Akbar Hashemi Rafsanjani，1934—2017）、伊斯兰革命法院首席法官萨德克·卡哈卡利（Sadegh Khalkhali，1926—2003）以及伊斯兰共和国的未来领导人赛义德·阿里·哈梅内伊（Sayyed 'Ali Khamenei），比起前面提到的那些人，他们更加年轻，在意识形态方面也更加极端。

霍梅尼的那些裹着头巾的拥护者大多来自农村，或者是具有城市背景的低收入人群。他们通常既接受过世俗的公共教育，也受过宗教训练。老一辈人可能只接受过宗教教育，但他们多少也受到了巴列维世俗教育的影响。这些人并不希望用现代政治手段实现其激进目标。资历最深者之一的博鲁杰尔迪曾目睹1950年代初期摩萨台领导下的斗争，并留有对战后困难时光的记忆。作为民族运动警惕的旁观者，霍梅尼以及经学院中许多像他一样的人都是卡沙尼的支持者，并支持他与摩萨台决裂。只有少数教士仍然站在摩萨台这一边，其中包括赛义德·礼萨·莫萨维·桑贾尼（Sayyed Reza Mowsavi Zanjani，1902—1983）和年轻的马哈茂德·塔莱加尼，他们后来与巴扎尔甘共同创立了自由运动。但即便是他们，也不完全拥护民族运动所主张的自由民族主义。

从1960年代初开始，教士中的激进主义者逐渐认同摩萨台时代的反帝国主义主张，并把自己视为巴列维政权的受害者。大多数教士收益于国王统治下的经济增长，只有少数人被剥夺了社交网络和物质利益。双重教育的背景为他们提供了超越宗教的物质生活条件，也使他们更好地了解国内和国际事务、左派意识形态以及各种反殖民斗争——包括苏伊士危机、阿尔及利亚革命以及最持久的巴勒斯坦斗争。

这些事件有助于塑造教士们的反西方信念。作为埃及总统的纳赛尔尽管推行独裁统治，并对穆斯林兄弟会抱有敌意，但他因对巴列维国王的公开攻击和反西方姿态而受到了认可。同样地，越南战争对于加强教士的反美情绪也至关重要。通过伊朗和阿拉伯媒体、阿拉伯世界的激进文学（尤其是穆斯林兄弟会的出版物）以及莫斯科广播电台的波斯语广播、伊斯兰游击队的秘密出版物，教士们获得了对国际事务更为成熟和激进的观点，甚至连早年的利比亚卡扎菲上校都被尊为反殖民英雄。卡扎菲对包括人民圣战者组织以及库姆地区一些激进派经学院学生在内的激进伊斯兰运动的支持，使得他的个人怪癖、他在《绿皮书》（Green Book）中对伊斯兰教的非传统解释以及他对国内批评者的无情镇压，都被忽略了。

霍梅尼的学生在外表和风格上都展现出了新特点。较之大多数讲着粗劣难懂、不合语法的波斯语的上一代毛拉——通常被严重阿拉伯化了，新一代乌莱玛应当感谢他们在巴列维时代的国立学校中学到的波斯语，这使他们可以更熟练地与听众交流。他们在清真寺和集会中通过口头及书面形式进行激情四射的布道，讲述政治化的教义学，很容易就能获得年轻听众的认可和接受。他们更加轻松自如，起初是激进伊斯兰主义者的拥护者，最终成了革命运动的领导者。与沙里亚蒂这样的世俗伊斯兰主义者的相遇以及参加侯赛因讲堂和其他论坛辩论的经历，增强了他们对公共活动的掌控力，并磨炼了他们的演讲能力。世俗和宗教的双重训练以及低下的出身背景，使新一代的毛拉比左派的意识形态竞争者和经验丰富的自由派老兵更有优势。而比起被游击运动所吸引的中产阶级家庭出身的人，这些年轻教士的行动显得更有效率，他们能够在清真寺的讲台上分享已修饰过的、关于遭到剥夺的故事，以及对巴列维政权的批评、对社会正义的呼唤。

在1960年代，随着城市人口的增长，清真寺的礼拜人数稳步增长。而油价上涨带来的繁荣使高级教士获得了更高的经济收益，他们通过收集天课和其他宗教捐赠活动扩大了自己的活动网络。在贫困街区，新的清真寺被建立起来，旧的也得到扩建和修缮。推广采用了伊斯兰教课程的学校网络后，追随者数量进一步增加。而那时的萨瓦克正忙着骚扰知识分子和大学生。生活在区域中心城市的高级教士经常招揽政治上激进的信徒，同时与政府及其机构维持一种不稳定的共存关系。尽管大多数人都对当局不满，但只有少数教士会对政府大肆批评，安全部队也主要是冲着他们去的。

霍梅尼的得意门生侯赛因·阿里·蒙塔泽里来自伊斯法罕以西19英里的小镇纳杰法巴德。他出身于一个农民家庭，在伊斯法罕学习教法学及教法原理，后来，他到了库姆，并在博鲁杰尔迪的指导下学习；在那以后，他被霍梅尼所吸引。像他的许多同伴一样，蒙塔泽里受训于库姆经学院（Howzeh-ye 'Elmiyeh Qom），经学院由七个教学圈组成，由霍梅尼的老师兼保护人阿卜杜勒·卡里姆·哈耶里创立。菲兹耶是建于萨法维早期的宗教学校，二战后，它在博鲁杰尔迪的领导下蓬勃发展，成为什叶派研究的核心场所，仅次于纳杰夫

（彩图14.1）。库姆经学院是什叶派在伊朗的一个新概念，旨在把原本四处分散的什叶派宗教学校及课程集中起来，并增强其学术性。从本质上讲，它类似于大学的最初概念，主要由独立的学院组成。但实际上，哈耶里和博鲁杰尔迪领导下的经学院仅在使库姆和其他城市的教士教育趋向同质化上取得了部分成功。

随着家乡纳杰法巴德的反巴哈伊教派运动兴起，蒙塔泽里从1950年代开始走向激进。在博鲁杰尔迪的要求下，蒙塔泽里一再呼吁纳杰法巴德的信徒对巴哈伊"异教徒"实施制裁，并要求伊斯法罕及其他地方采取一致的反巴哈伊教行动。就像那个时代的许多毛拉一样，反巴哈伊运动是蒙塔泽里激进主义的出发点。如同库姆的许多学生那样，蒙塔泽里最初所受的训练主要集中在复杂的伊斯兰教法方面。也许是因为霍梅尼的影响，他后来对一种"改良的"神学产生了兴趣，这种神学更多地依赖于伊斯兰哲学，主要目的是支持那个时代已经瘫痪的什叶派经院哲学。1940年代初，蒙塔泽里加入了霍梅尼在库姆的教学圈子：

> 对我们来说，他的课堂具有极大的吸引力……当然，在他的伦理学教学中，有很多关于神秘主义的内容。他讨论了哈瓦吉赫·阿卜杜拉·安萨里（Khwajeh'Abdollah Ansari，11世纪赫拉特的苏菲派信徒）的一些思想，他的讲述令人着迷。他详细阐述了悔过、祈祷和隐遁伊玛目复临等主题，他的风度使许多人哭泣。对我们来说，他的课程很吸引人，也很有建设性。我和他的相识始于此。他还教哲学，但我没有参加那堂课……那时，他已不再教授教法学和教法原理。他的伦理学课程是为公众准备的，很多著名的巴扎商人和库姆宣教者都来聆听这门课。[6]

在后来的几年中，反巴列维的激进主义——而非伦理学或对什叶派教法学的详细讨论——成了蒙塔泽里最在意的事。对他以及他的许多同伴来说，有意义的事是对伊斯兰教进行政治解读，而不是重新审视伊斯兰法的宗旨及其面对现代挑战时的不足之处，而这通常应该是教法学家的专业领域。对于那些参与政治活动的学生来说，霍梅尼对巴列维国王和政权的批评，对其暴行和所谓的反伊斯兰立场的批评，远比冷静地研究伊斯兰法律在现代社会中的适用性更具吸引力。作为巴列维政权的批评者和霍梅尼的支持者，蒙塔泽里多次被捕，并被判处流放和监禁。1966—1975年间，他分别被流放到伊朗的五个不同地区：胡齐斯坦省的马斯吉德苏莱曼、伊斯法罕的纳杰法巴德、伊朗中部沙漠地带的塔巴斯（Tabas）、吉兰省西部边缘的哈勒哈勒、伊朗库尔德斯坦的萨盖兹（Saqqez）。在革命爆发的几个月前，他终于从四年刑期中获释。

在1979年之前，蒙塔泽里几乎所有的作品都是关于宗教捐献、宗教税、宗教惩罚和非法收益的什叶派教法。他完全遵守他的老师阿亚图拉博鲁杰尔迪以及阿亚图拉霍梅尼讲授的法理学原理，如星期五礼拜和旅行者的捐献义务。他还发表了反巴哈伊教论辩集，表明了他强烈的反巴哈伊教情绪。无论是否出版，这些作品都无关政治。革命前，他的政治激进主义主要是通过讲台而不是写作传播。直到伊斯兰革命的那几年，他和他这一代志同道合的教法学家才充分参与了政治伊斯兰话语的讨论。他关于教法学家监护学说的法律基础的讲义是用阿拉伯语写成的，后来被翻译成波斯语，是革命后最重要的基本政治著作之一。他对《辞章之道》（Nahj al-Balagha）进行了广泛评论，这些内容成为另一本重要著作，《辞章之道》记载了第一任伊玛目阿里布道时的一系列演讲。这些著作反映出蒙塔泽里的注意力已从以前的教法学研究转向了什叶派伊斯兰教的仪式方面。

作为1979年宪法的制定者之一以及"伊玛目霍梅尼"的指定继任者，蒙塔泽里在伊斯兰共和国的早期巩固过程中发挥了重要作用。1988—1989年蒙塔泽里与霍梅尼争吵闹翻，之后的几年他身处孤立境地，再加上强硬派对他的骚扰，蒙塔泽里形成了与当时库姆激进派教士完全不同的更加宽容的法律和道德观念。

与蒙塔泽里同一时代的马哈茂德·塔莱加尼在早期巩固伊斯兰政权的过程中发挥了同样重要的作用。他是一个有着激进信念的教士，但他的视野比其同伴更加宽广。他对撰写带有政治道德意味的《古兰经》评论的兴趣，使人联想起赛义德·库特卜。塔莱加尼出身于伊朗西北部塔莱加（Taleqan）地区的一个乡村毛拉家庭，也在宗教学校中接受教育。他曾是伊斯兰敢死队的支持者，1953年，他藏匿了敢死队领导人纳瓦布·萨法维；1965年，他还为暗杀首相哈桑·阿里·曼苏尔提供了资金帮助。作为马赫迪·巴扎尔甘自由运动的活跃分子，他曾被拘留，并被军事法庭定罪，在监狱中服刑多年。塔莱加尼更像是霍梅尼的合作者，而非追随者，同时，他对和自己一起被关押的人民圣战者组织表示同情。他在革命后的相对独立的立场，使其短暂地成为温和派伊斯兰主义者的拥护者和人民圣战者组织的守护者。

塔莱加尼关于伊斯兰教财产概念的研究显示出他对社会主义的淡淡同情，这一点把他跟库姆的主流权威区分开来。革命胜利后，塔莱加尼提倡多元路径、对不同的解读伊斯兰的方式以及世俗意识形态保持宽容态度，这与霍梅尼排他性的做法起了越来越多的冲突。在革命后的激烈斗争中，他于1979年9月因心脏病发作去世，这是伊斯兰共和国失去的几位相对温和而胸襟宽广的领导人中的第一位。如果塔莱加尼幸免于难，他有可能对霍梅尼的激进路线形成制衡，虽然在第一次与革命领袖的公开对峙中——当时，霍梅尼批评并逮捕了一些人民圣战运动的同情者——他很快就屈服于霍梅尼的决定。

霍梅尼忠诚的学生中的第二梯队包括阿克巴尔·哈什米·拉夫桑贾尼和赛义德·阿里·哈梅内伊。这一梯队人数最多不超过六个，但他们构成了获得教士集团内外更广泛支持的核心。拉夫桑贾尼出身于巴赫里曼（Bahreman）一个种植开心果的地主家庭，巴赫里曼是克尔曼省拉夫桑詹（Rafsanjan）以北45英里处的一个小村庄，14岁之前他从未走出过村庄附近。1948年秋天，他第一次去库姆，并接受教士培训。"没听过广播……在离开故乡的村庄之前，我从未见过收音机，"拉夫桑贾尼回忆道，"这是我第一次到村外旅行。在那之前，我只到过离村子4英里远的地方。我们骑着驴，从村子骑到了主干道，我们村没有汽车……我们（在靠近主路的另一个村庄）等了三天，才看到一辆卡车……我们坐在货物上面。"[7]

在库姆，年轻的拉夫桑贾尼被反当局的异见者所吸引，并成为杂志《什叶派学校》（*Maktab-e Tashayyu*）的创始人之一。《什叶派学校》后来成为库姆的最重要的两份杂志之一，自1959年以来，它就从伊斯兰的角度对现代主题进行了辩论，希望吸引库姆以外更多有宗教信仰的读者。《什叶派学校》与更知名的《伊斯兰学校》（*Maktab-e Islam*）杂志形成了鲜明的对比，后者自1958年起就作为经学院体系的组成部分而出现，并受到了博鲁杰尔迪和后来的阿亚图拉沙里亚特马达里的赞助。当拉夫桑贾尼和他的同事们向霍梅尼求助并遭到拒绝时，他们不禁大失所望，他们中的许多人后来还成了霍梅尼的拥护者，并积极参加革命。数十年后，拉夫桑贾尼竭力为霍梅尼的不作为辩护：

> 总而言之，我们对伊玛目（霍梅尼）有一个全面的了解。我们无法发现他有任何弱点或缺点。即使存在一些与我们的预期相悖的地方，例如他隐居的倾向，不愿露面，并在诸如石油（国有化）运动和（支持）伊斯兰敢死队等政治事件中表明立场，事态的后续发展总会证明他是正确的。如果他按照我们的意愿行事，也许会给其他人留下不良的印象。此外，在阿亚图拉博鲁杰尔迪的时代，履行他的愿望是必要的。未经他的同意，库姆的任何运动都不会完全成功。[8]

像蒙塔泽里一样，拉夫桑贾尼对霍梅尼的描述伴着敬意，但也表明自己不愿介入政治。此外，两位作者都将霍梅尼选择在政治上不作为的原因归于他当时在库姆地区所受到的来自保守派的攻击，这些人反对他在哲学和神秘主义方面的兴趣，尤其是对13世纪安达卢西亚神秘主义者伊本·阿拉比的兴趣。直到博鲁杰尔迪死后的几年里，随着库姆和纳杰夫的温和派大阿亚图拉结束掌权，霍梅尼才开始获得像蒙塔泽里、拉夫桑贾尼、莫塔哈里和贝赫什蒂这样的激进派教士的支持，并成为库姆唯一直言不讳地批评巴列维政权的人。

与蒙塔泽里和拉夫桑贾尼出生于小镇或农村不同，霍梅尼的另一名学生赛义德·阿里·哈梅内伊于1939年出生在马什哈德的一个中等教士家庭。他在那里接受了大部分的神学教育，之后又在纳杰夫短暂住了一段时间。1958年，哈梅内伊前往库姆，并在博鲁杰尔迪和霍梅尼的指导下开展学习。几年后，他回到了马什哈德，并在那里担任了一段时间的教职。1963年起义爆发后，哈梅内伊的激进主义使他于1966年先后在呼罗珊中部的比尔詹德及德黑兰被短暂拘留。哈梅内伊并不以其学术成就而闻名，他出名的功绩是他把许多重要作品从阿拉伯语翻译为波斯语，其中包括赛义德·库特卜的许多作品，库特卜对哈梅内伊的世界观形成产生了巨大影响。哈梅内伊的业余爱好是阅读波斯诗歌，他不仅对穆罕默德·伊克巴尔的波斯诗歌感兴趣，也喜欢一些伊朗新浪潮诗人的作品。然而，就在伊斯兰革命爆发前的几个月，哈梅内伊成了霍梅尼核心圈的一员，作为一位训练有素的演说家，他能够充分表达其导师的想法。

霍梅尼的这些学生以不同形式表达了伊斯兰学校的边缘地位。教士打扮在巴列维世俗主义时代是很不光彩的，他们与社会主流区分开来。尽管教士很少会受到讯问、流放和拘留，但这也让他们团结了起来。这些经历还使他们能够在监禁和流亡过程中与其他政治派系建立联系，并帮助他们在与各种政治反对派的交往中提高自己的宣传技巧，同时吸收反对派提出的主题和论点，使之成为自己观点的一部分。

在1979年革命之前，霍梅尼的革命队伍就包括了一部分中上层教士。即使是在流亡纳杰夫期间，霍梅尼在伊朗的城镇中也保留了许多代理人。这再次证明了萨瓦克错误地把注意力集中在左派，而不是激进的教士群体上。这些代理人代表霍梅尼征收宗教税捐，并通过口头、印刷品和录音带等形式，传播他的言论。他们经常站在抗议集会的最前沿，为革命事业招募世俗追随者。这些教士活动家中有越来越多的人很快成了伊斯兰共和国革命机构的骨干。

伊玛目的巴扎追随者

除了教士，霍梅尼获得道义、财政支持以及培养自己的革命队伍，主要是依靠巴扎。在20世纪六七十年代的城市经济中，大规模商业和国际贸易逐渐从巴扎转移到了街头。经营大型企业的新中产阶级与巴扎之间几乎再无传统的联系。巴扎巨头的经济实力被剥夺了，但各地巴扎的大部分小商贩和批发商得以幸存，偶尔也有兴旺起来的。巴扎还保留了一些传统功能，包括波斯地毯、纺织品和日用品的出口以及国内消费品、进口消费品的批发和零售，小型作坊以及许多依然为中产阶级和城市贫民服务的本票中介人和交易商依旧存在。巴扎商人在巴扎商店和商队旅馆里经营着批发业务及小微企业，商店和旅馆通常位于盖有屋顶的四处延伸的回廊里，或者一直延伸到附近中低收入的街区。这些巴扎商人依然保持着职业忠诚度。巴扎商人还与教士机构保持联系，有时会慷慨地进行供奉。他们是清真寺信众的重要组成部分，为穆哈兰姆月的各种哀悼团体提供资助，而巴扎的普通成员则包揽了穆哈兰姆月和斋月的活动。

巴扎内外的邻里协会通常被称为"侯赛因哀悼者协会"，或是以什叶派其他神圣庇护人或""时代伊玛目"陛下"来命名，这些协会是当地民间组织的代表。它们由邻里长者提供资金，并经常受其监督，这些长者还会组织穆哈兰姆游行（dasteh），并负责维护剧院和清真寺。协会使男人，尤其是青年男子保持了集体认同，并为伊斯兰激进主义的产生提供了沃土。对革命的新奇感、大规模游行带来的震撼、分发秘密文件以及与警察和军队的街头冲突，这些都刺激了年轻人，特别是当它们引发了根植于伊朗什叶派文化的牺牲和殉难范式时。

许多小商贩和零售商都因巴列维多年来对巴扎的蔑视而感到不满，他们在革命中寻求解放和社会流动的信息。对于那些在紧密团结、宗教意识强烈的巴扎环境中长大的人，或那些在与巴扎相关的贫穷社区长大的人来说，巴列维为经济带来了相对的繁荣，但并没能使他们对当局产生忠诚。他们与清真寺以及管理清真寺的毛拉之间的联系，是通过后者征收宗教税捐以及从集市小商贩的孩子中招募新教士而建立起来的。尽管巴扎影响城市经济活动的能力比以前要弱得多，但巴扎仍是一个足以挑战国家的强大政治力量。

"悼念协会联盟"（Hay'atha-ye Mow'talefeh）在动员群众方面起着至关重要的作用，该联盟于1960年代初在德黑兰巴扎及其附近社区成立。后来，库姆、卡尚、伊斯法罕和亚兹德等宗教中心城市也纷纷成立了这一机构。自1940年代以来，联盟中一些活跃分子一直是阿亚图拉阿布-卡西姆·卡沙尼和伊斯兰敢死队的支持者，并在1960年代后期成为霍梅尼抗议运动的动员工具。1960年，他们支持霍梅尼的领导权，并鼓励霍梅尼对教法学的复杂细节进行"总结"，这也是霍梅尼掌握什叶派领导权的先决条件。尽管他们渴望将像霍梅尼这样的神秘哲学家转变为主流教法学家，但联盟的领导人也渴望加强霍梅尼的政治影响力。联盟领导人主要是来自德黑兰巴扎的小商人，例如哈比布拉·阿斯卡罗拉迪（Habibollah 'Askarawladi，1932—2013）和马赫迪·伊拉奇（Mahdi 'Eraqi，1930—1979），他俩因与伊斯兰敢死队有密切联系，并涉入1965年暗杀首相曼苏尔的事件，而被判定罪和监禁。在1963年的起义中——就像在1979年时那样，他们帮助组织集会，制作标语牌、海报和小册子，传播霍梅尼的录音带。在霍梅尼流亡期间，阿斯卡罗拉迪也是霍梅尼的代理人，向他的追随者收取宗教税捐。巴扎作为保留了宗教–政治忠诚的隐秘之地而存在，鼓舞了霍梅尼及其助手的士气，并在整个反抗和革命过程中给他们提供了充足的资金支持。

伊斯兰温和派的消亡

霍梅尼的言论吸引了各种各样的世俗伊斯兰主义者，他们在革命初期曾为他服务，但不久之后，大部分人都感到幻想的破灭。他们认为自己被霍梅尼利用了，还受到了其教士集团的苛待。对于霍梅尼和他裹着头巾的追随者来说，这些打领带的革命拥护者最终都会成为外人，因此随时准备好抛弃他们，即使他们为霍梅尼铺平了道路，即使他们将霍梅尼理想化为民族解放者，并努力使他成为被中产阶级接受的革命"精神之父"。

霍梅尼于1979年2月任命马赫迪·巴扎尔甘为临时政府总理，这位总理及其"自由运动"的同事就是标榜伊斯兰现代主义的典型例子，他们以理性化的宗教性和实证主义外观装饰门面。自由运动是一个独立于霍梅尼及其同伴的联盟，一度在伊朗大显身手。巴扎尔甘长期倡导对伊斯兰的新解读，并支持用伊斯兰元素来装点宪政民主。1908年，巴扎尔甘出生在德黑兰一个虔诚的巴扎商人家庭，他是1927年第一批获得礼萨·汗奖学金的学生，因此得以继续他在法国的高等教育。1934年，他在巴黎完成了热力学研究，而后加入新成立的德黑兰大学工程学院。尽管巴扎尔甘在学术和行政管理方面有骄人的成绩，但在

1953年政变后，他因与摩萨台的密切合作而首次遭到逮捕，1963年起义后，又与自由运动的其他成员一起再次被捕，并被判处五年监禁和国内流放。除自由运动外，他在德黑兰大学成立了伊斯兰协会，在为教师、工程师和医师等建立伊斯兰社团方面，也发挥了关键作用。

　　巴扎尔甘对伊斯兰教义和实践的"科学"解读很可能缘于他在两次世界大战期间接触到的法国新天主教复兴。在世俗人士看来，巴扎尔甘及其思想流派试图用"科学"证据来证明伊斯兰的真实性、持久性及其在满足现代社会需求方面的适用性，是对伊斯兰信仰的一种古怪理解。他基于量子物理学定律而展开的对上帝的存在的表述，以及他提倡的每天进行五次礼拜可以起到类似做有氧运动的效果的主张，只是其中两个例子。早在1936年，他就出版了讨论伊斯兰教中每天礼拜的科学功能的著作，并且有多个版本。要确保那些有相似思想的人将伊斯兰视为一种包括信仰和实践的综合系统，巴扎尔甘的此类合理化举动无疑会起到很大作用。作为一位多产的作家，巴扎尔甘出版了230多本书籍和小册子，内容远远超出他自己的专业领域。这些书籍和小册子从伊斯兰的角度探讨了各种宗教、社会和政治话题，包括1942年出版的《欧洲宗教》（*Religion in Europe*）、1943年出版的《唯物主义与灵性之间的转换率》（*Conversion Ratio between Materialism and Spirituality*）、1949年出版的《伊斯兰教和实用主义》（*Islam and Pragmatism*）、1953年出版的《爱、崇拜或人类热力学》（*Love and Worship or Human Thermodynamics*）、1959—1964年间出版的关于《古兰经》研究的指导书籍（六卷本）以及1962年出版的《宗教与政治之间的界限》（*Boundaries between Religion and Politics*）。

　　作为摩萨台时代民族运动的老兵，巴扎尔甘利用自己过去的人脉以及国王统治时期的抵抗和被捕的记录，使煽动者霍梅尼的形象更适合摇摆不定的中产阶级。然而，巴扎尔甘和他的同事是第一批退场的人。巴扎尔甘虽然尊重霍梅尼，但还是批评了革命后的过激行为。他与霍梅尼及其追随者的动荡关系导致他就职八个月后就宣布辞职，这也就不足为奇了。

　　巴扎尔甘的同事易卜拉欣·雅兹迪（生于1931年）是自由运动的成员，也是霍梅尼的另一位早期助手，他最初是在美国大学中的伊斯兰协会开启自己的事业。在巴黎时，他曾是霍梅尼重要的非正式发言人，尤其是在霍梅尼与英语媒体打交道时。在卡里姆·桑贾比用辞职以示抗议后，雅兹迪于1980年4月出任外交部长，但在伊朗人质危机爆发的七个月后，他与巴扎尔甘内阁的其他成员一起被迫辞职。在随后的动荡岁月中，他被边缘化，且和巴扎尔甘一道被贴上了"妥协的自由主义者"（liberal-e sazeshkar）的标签。

伊斯兰共和国的第一任总统阿博勒–哈桑·巴尼萨德尔（Abol-Hasan Banisadr，生于1933年）此前曾在巴黎招待过霍梅尼，并帮助他在法语圈子展开活动，但巴尼萨德尔的境遇也不尽如人意。巴尼萨德尔来自哈马丹的一个古老教士家庭，获得了德黑兰大学的法律学位，并活跃于第二民族阵线。他的伊斯兰倾向很快使他在1963年及之后成为霍梅尼的拥护者。他认为经济和社会是一体的，这植根于他对伊斯兰教义的社会主义解读，这一思想在伊斯兰左派中很流行。由于得到了霍梅尼的暗中支持，1980年2月，他当选为伊斯兰共和国第一任总统，但16个月后，他被不体面地赶下台，并遭驱逐出境，流亡法国。

萨德克·格特布扎德是伊朗学生联合会的早期活动家（据说曾是乔治敦大学外交学院的一名学生），他对政治伊斯兰具有一种理想化观点，并蔑视保守派教士。作为霍梅尼的长期拥护者以及为霍梅尼在西方媒体中营造开明时尚形象的代表人物，格特布扎德在革命后担任伊朗广播电台的负责人，后来又担任外交部长一职；但很快地，他也见证了自己的垮台。1982年9月，他因密谋发动政变而被送上了绞刑架。

流亡欧洲和美国的过程中，这些人及霍梅尼的许多其他世俗支持者在半世俗环境中完善了自身对伊斯兰的理解。尽管他们之间存在着严重的分歧，但这些革命拥护者都对阿訇——是对某些教士的轻蔑称呼[1]——存在着不同程度的厌恶。他们还批评了教士的民粹主义，用通俗的语言称之为"阿訇的把戏"（akhund-bazi）。世俗的伊朗人把这些世俗的伊斯兰事业拥护者视为投机取巧分子，这些人在阳光下找到了自己的位置——虽然不稳固，却是从毛拉手中挽救革命的唯一机会。然而，这些人与教士阵营之间并没有完全失去友爱，尽管

[1] 在1979年伊斯兰革命后，伊朗形成了一个较为独特的现象，即"阿訇"成为政权腐败的代名词，往往带有贬义。但在中国该词仍是一种尊称。

教士急于看到他们的迅速垮台。毛拉将伊斯兰现代主义者视为登上权力顶峰的便捷阶梯，或者是企图借助革命上位的机会主义者。

重要的不仅是为争取民众支持而展开的斗争，而且还有意识形态世界观的交锋。激进派教士及其盟友占据了上风，现在被他们的批评者定义为霍梅尼主义者。与毛拉相反，以巴扎尔甘为首的伊斯兰反对派相信循序渐进的改革，但他们很少能保持内部的凝聚力，这反过来又使他们容易受到霍梅尼异想天开的愿望的影响，并依赖于霍梅尼不断减少的支持。毫无疑问，这些人在过渡时期至关重要，在伊斯兰共和国成立初期就被认为是必不可少的。他们调和了霍梅尼的形象，执掌了临时政府，给了没有经验的教士及其盟友一些时间，来激发他们的政治欲望，并了解国家机器。这些人的悲惨命运清楚地表明了他们对霍梅尼来说只是工具，无论他们曾多么频繁地在公共场合进行礼拜，多么刻意地表现对革命伊玛目的宗教忠诚，他们最后都出局了。

忠于霍梅尼阵营的许多其他世俗伊斯兰主义者也部分导致了"妥协的自由主义者"的垮台。作为教士们的技术专家和顾问，这些世俗伊斯兰主义者填补了世俗温和派人士的位置。穆罕默德·阿里·拉贾伊（Mohammad Ali Raja'i, 1933—1981）是一名高中教师和伊斯兰激进主义者，也是霍梅尼主义者中与革命温和派发生冲突的典型代表，结果，他被迅速推上了伊斯兰共和国第二任总统的宝座。米尔·侯赛因·穆萨维（Mir Hosein Musavi, 生于1942年）曾在德黑兰设计学院学习室内设计，并在英国继续攻读该学科，在两伊战争的艰难岁月里，他于1980年代初长期担任总理一职。穆斯塔法·查姆兰（Mostafa Chamran, 1932—1981）曾经是巴扎尔甘自由运动的成员，是一名在加州大学伯克利分校接受过教育的电气工程师，1960年代，他曾在美国多家研究机构工作。他是另一个例子。

在古巴革命的成功以及这一时期的革命精神的推动下，查姆兰于1960年代初移居古巴，此后又移居纳赛尔治下的埃及，接受游击战训练。1971年，在黎巴嫩内战爆发之初，他移居贝鲁特。在那时，他已经成为伊斯兰"国际旅"事实上的领导人，在纳赛尔的资助下，"国际旅"帮助把叙利亚和巴勒斯坦的不同政见者组织起来。在黎巴嫩，查姆兰和出生于伊朗的教士、黎巴嫩什叶派魅力超凡的领袖穆萨·萨德尔合作，并在什叶派阿迈勒运动（其激进派后来演变为黎巴嫩真主党）的组织中发挥了作用。革命之初，他回到伊朗，后被任命为革命卫队的早期领导人和伊斯兰共和国第一任国防部长。1981年，即两伊战争初期，他率领革命卫队上场作战，并死于弹片伤。作为对抗伊拉克侵略者的"神圣防卫"的烈士，查姆兰在伊斯兰革命叙事中占据着举足轻重的地位。作为一名身着军装的革命忠诚战士，他和其他教士出身的烈士一起出现在了伊朗城市巨型壁画中，大概是在强调世俗人士与教士之间的精诚团结。

查姆兰和其他世俗激进派不同于巴扎尔甘和巴尼萨德尔，这种差异不仅在于前者愿意服从霍梅尼领导下的教士统治，并遵循其激进路线，而且还在于两者之间的代沟。巴扎尔甘及其同伴是由20世纪四五十年代的民族运动塑造的；而年轻激进主义者大多记得的是1960年代霍梅尼领导的起义，并将之理想化，此外，他们还受到了1960年代的游击战和阿拉伯世界激进趋势的激励。

被剥夺者的伊玛目

除了具有类似世界观的助手和支持者圈子外，霍梅尼的吸引力还扩展到了城市的中下层阶级以及大城市和小城镇里的穷人社区。他们中很大一部分人是土地的"被剥夺者"（mostaz'afin），这些人开始将霍梅尼视为解放者，认为霍梅尼将在瞬息万变的社会中改变他们的命运。尽管遇到很多困难，但正是这些为数众多的"被剥夺者"以及他们的力量，使霍梅尼排除万难，继续掌权。

"被剥夺了土地的人"（disinherited of the earth）这个最初源自《古兰经》的概念，成为霍梅尼演讲和伊斯兰革命拥护者中流行的主题，他们有意识地用它取代了左派偏爱的口号"劳苦大众"（deprived masses）。在阿里·沙里亚蒂首次使用"被剥夺了土地的人"来重新诠释弗朗茨·法农的"大地上的可怜人"（wretched of the earth）后，这个术语就经历了一次形变。而法农本人可能是从《国际歌》的第一行——"起来，全世界受苦的人！"——中得到的灵感。在1970年代初期，"被剥夺了土地的人"很快就被塞入了大阿亚图拉霍梅尼的词典中，此后，它流行了好多年。经法农、沙里亚蒂和霍梅尼之后，《古兰经》和社会主义实现了融合，并很快成为阶级的标志，适用于那些生活在德黑兰南部贫民窟以及伊朗迅速发展的地方城市边缘的贫民。这是为了定义那些贫困潦倒的农村移民，包括缺乏专业技能的建筑工人、工厂工人和小作坊的学徒，巴扎的下层群体，可怜的工薪阶层，还有规模不断扩大的年轻失业者。除受压迫者之外，该术语还包括经济状况还不错但仍然对现状不满的中产阶级下层，包括店主、公立学校教师、技术人员和低薪的政府雇员。

受到清真寺和哀悼协会激励的男男女女被引导信仰伊斯兰教，尤其是什叶派伊斯兰教，它被包装为能治愈伊朗所有疾病的意识形态上的灵丹妙药，是针对压迫、剥削、君主专制及其全球盟友采取抗议和政治行动的宗教，而不仅是一套关于一神论的信仰、奉献行为或道德信条的集合，也不仅是对先知的忠诚以及关于马赫迪降临的信念。正是从这些觉醒的人群中，霍梅尼精明地为他的革命事业聚集了能量。他一再对他所谓的"我们英勇的伊斯兰国家"表示敬意，并一直把代表"被剥夺者"作为他"亲爱的伊斯兰"下一步的"真正"（rastin）目标。

"自大者"（mostakbarin）与霍梅尼主义者新兴革命宇宙中"被剥夺了土地的人"以及随着革命而爆发的躁狂修辞相反，这是二元对立中的另一个词语，源于《古兰经》提到的"未被注意的"特权阶层，他们往往屈从于盲目崇拜的暴君。《古兰经》里的"恶魔"（即taghut）是偶像崇拜者，他们反抗安拉，暗示所有的罪人都不用害怕安拉最终的报复。在伊朗的革命话语中，"恶魔"成为对巴列维政权及其相关精英的称呼。他们是真正的伊斯兰的敌人，他们将在革命的惩罚性地狱中被净化，以便恢复正义统治，并使被剥夺者收回属于自己的东西。革命不仅废黜"恶魔"及其国内党羽，它还承诺阻止"全世界的傲慢力量"（estekbar-e jahani），这是超级大国及其全球霸权的代称。

一系列新表述的产生使人们对善恶斗争的理解浮出水面，这也许是伊朗文化固有的古老二元对立的模糊体现。通过强调这种二元对立，霍梅尼和他的支持者有意识地消除了马克思主义表达政治异议的用词，而左派认为革命必然会造就这些新的词语。与左派的阶级斗争观点相反，霍梅尼主义者主张沿着安拉的道路进行道德斗争，这是一场塑造人类历史的斗争，是由信仰和"奉献"（ta'ahhod）驱动的神圣运动。

当然，"被剥夺者的希望"就是"伊玛目霍梅尼"，他在到达巴黎后数周便迅速成了知名人物。他的学说结合了什叶派的法理学、希腊-伊斯兰哲学戒律，具有新柏拉图式特征的神秘外观以及受左派意识形态影响，并融合进伊斯兰纲领中的激进政治观点，这些在他长久的领导权中得以体现。他是一个精明甚至有些狡猾的人，在发现和把握机会方面享有非凡的天赋。他果断而善用威慑，是一个快速的学习者，能适应新的现实，在情况需要时进行谈判，并通过胁迫、阴谋和魅力说服他人。看起来遥不可及，但他实际上很有吸引力；虽然年纪很大了，他仍是一个决断、自信且决不妥协的人。在需要时，他会保持谨慎以及情感上的疏离和冷酷，他让拥护者着迷，似乎毫不费力地就可以赢得认可。

除此以外，霍梅尼的教士着装展现出了严厉的外表和有气魄的举止。在七十好几的时候，他戴着黑色头巾，留着白色的胡须。对于大多数几十年来从未见过缠头巾的掌权者的伊朗人来说，霍梅尼显得很独特。他不苟言笑，皱着眉头，露出锐利的目光，他的声音单调而庄重——是一种阿拉伯化的毛拉语调，背弃了伊朗中部的乡村口音——造就了一个来自过去时代的德尔维希形象。对于他的许多同胞来说，这种非常规的做法令人振奋，甚至令人恐惧，但仍然具有吸引力。他的朴素、果敢、无所畏惧与巴列维时代徒具形式的军国主义，特别是与国王的奢华风格形成鲜明对比。与国王穿着军装、配有流苏及其他装饰的耀眼外表形成了鲜明对照的是霍梅尼朴素的斗篷。

阿亚图拉的小圈子很聪明，懂得利用这种形象，而霍梅尼也很明智地允许他们这样做。似乎没有人能够抵抗如新星一般冉冉升起的新政治先知。自欺欺人的自由民族主义者、理性的知识分子、手持卡拉什尼科夫步枪的激进左派和游击队、怯懦的亲巴列维中产阶级、国王的军队和萨瓦克，甚至是同属伊斯兰的自由运动，他们都没能做到。霍梅尼倾听着来自伊朗街头的情绪，并巧妙地通过他面前的那扇特别的机会之窗，强调用民族团结和伊斯兰团结来对抗"腐败的和压迫的"巴列维偶像，以及为实现"偶像崇拜"而存在的王权制度自身。

很快，霍梅尼的许多声明和公开讲话就开始提及新的政治秩序（伊斯兰共和国）。短短几个月内，在1978年年中明确要求建立伊斯兰共和国——"主权，自由，伊斯兰共和国"（esteqlal，azadi，jomhuri-e Islami）——成为街头口号和革命集会的组成部分。游行群众热切的双眼仿佛看到了一个理想国，他们呼唤伊玛目、"救世主"解除暴政，并将他们带到应许之地。什叶派救世主的装饰图像被列在霍梅尼的推翻之后，他被明白无误地当作"民族的伊玛目"（imam-e ommat）——成千上万的群众盼望他来拯救国家和世界。

另一方面，主权意识唤起了人们对战后民族运动争取收回伊朗石油资源的记忆，在革命式的想象中，四分之一个世纪后的伊朗已重获新生。革命者开始把美国而非英国，视为造成伊朗的经济依附和假定的从属地位的罪魁祸首。半个世纪以来，自由（azadi）的概念备受关注，这些关注者要求开放政治空间，并渴望建立一个公正和宽容的社会。霍梅尼和他的同伴们一直利用这些理想，以推动伊斯兰共和国的计划，并将其注入尚未定型的革命本身。伊斯兰政府的性质是模糊不清的，对于要求实现它的大多数人，甚至它的主要鼓吹者来说，都是如此。

霍梅尼的伊斯兰主张在多大程度上是自发的，这点仍有争议。毫无疑问的是，从纳杰夫到巴黎，再到德黑兰，他的以伊斯兰为革命基本原则的想法发生了重大变化。比起其他典型革命，伊朗的大众运动从一开始就不是由某个人或某种意识形态所驱动的，它更像是一系列动荡的拉锯战的结果。在很大程度上，霍梅尼具有适应不同情况、结合多种概念、采用各种战略以及利用各种政治工具的才能，这使他能够从各个方面收集最新的思想和词语——来自左派激进分子、异见知识分子、伊斯兰激进派、媒体，甚至是军队的行话——以修补自己的意识形态。

可以合理推测，根据霍梅尼的言论和行为，他在1977年初曾希望开放政治空间，并恢复伊朗的宪法秩序。当时，他可能对库姆在伊朗国家事务中的更大发言权以及保守派伊斯兰价值观获得的更多尊重表示满意。受革命形势迅速发展的鼓舞，他在那年的晚些时候可能已经开始预见国王的离开以及君主立宪制的势弱，尽管他几乎没预测到巴列维统治秩序的全面崩溃。

然而，到了1978年初，霍梅尼开始考虑扮演更重要的角色，成为由伊朗人民授权、受伊斯兰原则统治的革命的主要推动者。在那时，高级教士几乎也都加入了革命阵线，并跟在他身后，随心所欲地展开行动。早些时候，霍梅尼提到的是运动（nahzat），而非革命（enqelab），后者是仍然与他的保守品位不相称的现代观念。毫无疑问，他有过犹豫的时刻，但他足够坚决，快速确定了他的眼前目标。"他必须离开"（Bayad beravad）是他要求国王退位时的呼吁，尽管他自己的顾问提出过许多告诫，但他仍冷酷地提出了这一要求。为此，他呼吁所有大众力量之间的团结。"所有人在一起"（hamah ba-ham）成为霍梅尼的口号，他要求一个统一阵线，包括自由民族主义者、伊斯兰改良主义者、不同的教士派系、心怀不满的知识分子、世俗或伊斯兰知识分子、人民圣战者组织成员，甚至还有各种各样马克思主义组织的残余。对于如此多样的派别，他谨慎地传达了普通人也能轻易理解的、极具诱惑力的团结信息。经过多年沉寂，数十万（如果不是数百万的话）民众的呼喊声响起："不要东方，不要西方，只要伊斯兰。"这样的场景令人沉醉，然而，即使是霍梅尼最亲近的盟友，此时都还不了解伊斯兰共和国到底是什么。

霍梅尼成了伊斯兰革命的伊玛目及其"监护人"（wali），考虑到这两个术语在什叶派弥赛亚语境中的含义，这点尤其引人注目。在什叶派的历史上，没有其他穆智台希德或任何主流人物曾获得过"伊玛目"的称号，或被他们的追随者称为伊玛目。在什叶派十二伊玛目派中，伊玛目专为十二个伊玛目保留，伊玛目被什叶派认为是神的旨意的体现，是伊斯兰先知的真正继承者。实际上，霍梅尼不再仅仅是一位教法学家或"效仿源泉"，他成为什叶派伊玛目马赫迪的"代理人"。从理论上讲，他被认为是"伊玛目的代理人"（na'eb-e Imam），但在日常用语中，他经常被称呼为伊玛目，这在革命环境中至关重要。称呼某人为""时代伊玛目""（即反对穆智台希德的集体权威），是一件新奇的事。自公元9世纪以来，没有任何权威曾宣称自己是伊玛目的代表。甚至在16世纪，阿卜杜勒·阿利·卡拉奇的主张都是以审慎的法律用语讲解的，这种用语限制了教法学家代理权的含义。具有讽刺意味的是，穆智台希德谴责任何此类救世主的主张,如19世纪的赛义德·阿里·穆罕默德(即巴布)。

同样地,"wali"和"welayat"两个术语在历史上是指阿里·伊本·阿比–塔利卜(Ali ibn Abi-Talib),即第四任哈里发和第一任什叶派伊玛目,象征着承担监护责任的教法学家的政治–道德权威以及他们在共同体中的真正地位。在苏菲派中——特别是什叶派苏菲派中——"welayat"概念带着自身的神秘基调,将神圣的元素注入了原本世俗的进程当中。实际上可以这么说,这场革命最终使什叶派内部的弥赛亚进程达到了顶峰。马赫迪范式没有被像萨法维王朝创始人伊斯玛仪一世那样具有超凡魅力的勇士君王所采用,努克塔维派的卡兰达尔以及赛义德·阿里·穆罕默德也未宣称这一点;相反,一位正统的教法学家群体代表,一位穆智台希德和"效仿源泉",跨越了长期以来什叶派规范的弥赛亚式的边界,披上了先知的斗篷,成为伊斯兰革命的救世主。

第十五章
巩固伊斯兰共和国（1979—1984）

1979年2月，在革命胜利后不到一年的时间里，新政权设法巩固了自己的基础，建立了新的机构，消除了争夺权力的对手。它举行了关于将政体更迭为伊斯兰共和国的全民投票，批准了新宪法，建立了议会和选举了总统，并设立了革命法院、革命卫队、监护委员会和专家会议。新成立的共和国长期以来都面临着威胁自身生存的重大国内和国际危机。在1979年2月至1980年9月的这18个月中，它面临着来自左派的严峻挑战，其中很大的挑战来自人民圣战者组织和人民敢死队组织；并与库尔德斯坦、胡齐斯坦和东北部土库曼地区的自治运动发生了短暂而血腥的对抗，与敌对的穆斯林人民共和党（Muslim People's Republican Party）进行了强有力的对峙。在一场持续了近15个月的人质危机中，它与美国起了重大国际争端；此外，它还经历了一场军事政变，经历了阴暗的伊斯兰富尔坎集团（Forqan Group）对革命领袖的暗杀；最后，伊拉克入侵伊朗，导致一场持续了八年之久的毁灭性战争。

而革命温和派和激进派之间的内部分歧导致了辞职、冲突、逮捕和叛逃。伊斯兰共和国成立七个多月后，霍梅尼解除了马赫迪·巴扎尔甘临时政府总理一职，巴扎尔甘曾为新政权的诞生提供了便利。不到两年后，霍梅尼的强硬支持者不仅赶走了相对温和的共和国第一任总统阿博勒-哈桑·巴尼萨德尔及其盟友，还消灭了几乎所有左派力量。此外，共和国禁止或边缘化所有温和教士以及世俗者声音，并对旧政权的支持者——无论是真实的还是想象的——予以清除，这些人或被监禁，或被处决。它迫使成千上万的中产阶级自我流放。该政权还进行了文化上的革命，从大学和研究机构中清除了成千上万人，并试图以自己的方式重新定义教育和文化话语。总而言之，这些举措造成了压迫和暴力的后果，令人印象深刻。

伊斯兰共和国取得这些显而易见的成功的原因是什么？更具体地说，霍梅尼及其支持者是如何保持自己的影响力的？与巴列维政权同情者、左翼知识分子和其他早期乐观主义者的如意算盘相反，霍梅尼和他的同僚设法构筑了一个新秩序，将其置于适当的位置，并在各种困难中尽力维持它。鉴于20世纪伊朗的早期经验，支持霍梅尼的民意很有可能在达到顶峰后就消失了，革命的伊斯兰狂热也可能消退。而伊斯兰革命的倒退特征一旦充分展现出来，它们就会很容易受到批评甚至嘲笑，至少以传统的标准来看是如此。尽管革命宣传鼓吹"伊玛目"作为伊斯兰国家监护人的"半先知"（payambar-guneh）特质，但霍梅尼那通常被视为与生俱来的财富的超凡领导力也可能已经消散或淡化。然而，他的民众支持率仍然很高，他的个人吸引力也并没有下降。毫无疑问，强大的什叶派神圣领导模式正在发挥作用。然而，与这一模式的基本前提相反，霍梅尼既没有殉教也没有受到迫害。相反，他的经历被证明是一个无与伦比的成功故事。也许伊朗宗教史上的其他先知人物，甚至连萨法维王朝的创始人伊斯玛仪一世都没有那么成功。

关于这场成功的令人信服的解释，也许可以从革命的动力以及其以强力爆发的方式解决霍梅尼及共和国面临的巨大争议中找到。人质危机为新政权提供了急需的宣传工具，以宣称要战胜此时被标记为"普遍傲慢"和"大撒旦"之源的超级大国。相比之下，伊拉克的入侵将政权背后的伊朗公众集结起来，并发动了一场爱国战争，至少在早期是如此。伊斯兰共和国也一直通过与国内竞争者的对抗而蓬勃发展，特别是当它的"忠诚的"（mote'ahhed）队伍中出现了烈士时。对莫塔哈里和贝赫什蒂这样的著名人物的暗杀，为该政权提供了一个机会，使它有机会把自己打扮成受害者，同时被授予更激烈的行动许可。

粉碎巴列维偶像

最早面对革命暴力的是巴列维政权的"合作者"。这些"偶像崇拜者"包括大量前大臣、高级军官、国会议员、参议员、巴列维宫廷和政府高级官员，以及著名的商人、工业家和与前政权有联系的专业人员，他们都遭到了围捕，并被送上伊斯兰革命法院。尽管没有可靠的数字，但到1983年，即革命爆发的第四年，仅首都就有六万多名囚犯。

在革命后的混乱时期，任何富裕的世俗社会成员都是潜在的嫌疑人。"涉嫌"与"指控"仅一纸之隔，离"逮捕"和"监禁"也不远，这种"监禁"往往是未经审判的长期监禁。留一撮浓密的"伊斯兰"胡须，甚至留一个星期的胡茬儿，都可以帮助掩盖过去的"非伊斯兰"生活方式，尤其是在搭配破旧的白衬衫、破烂的裤子、蓬乱的头发和塑料拖鞋时。对于女性来说，整个社会一夜之间就变了，而且是强制性的，并伴随着可怕的后果。不久，街上"要么遮盖，要么受罚"（ya rusari ya tusari）的叫喊迫使妇女穿上了"伊斯兰服装"，即在下巴下系一条大围巾，外面套一件长及脚踝的、看不出款式的外衣，颜色是"恰当"的黑色。抵抗之人会被骚扰、逮捕和处以鞭刑（图15.1）。

图15.1　1979年3月，在德黑兰大学，妇女们抗议强制穿着伊斯兰服饰
玛利亚姆·赞迪，《57年革命》，第206页。

　　不久，各地的革命委员会、革命法院及其成员侵入了私人生活，并将范围扩大至大量房屋和财产、个人资产——甚至是女性内衣——家庭传家宝、书籍。所有东西都变成无主的了，若是被认为站在了革命的对立面，这一切都将成为背叛的证据。很快地，每个社区、政府部门、机场、工厂和商业机构都出现了革命委员会，它们自称承担了"保卫"革命的任务。实际上，这些都是为了简单粗暴的革命正义甚至是更粗略的财富再分配而设置的机构。除了地方毛拉，来自各行各业的革命委员会其他成员几乎不用对任何人负责。

　　一些革命委员会成员，比如年轻的经学院学生和喜欢冒险的青年，对革命怀有责任感，并满足于持有卡拉什尼科夫步枪和穿着风衣带来的快感。革命赋予了他们权力，并容忍他们的鲁莽。也有暴徒和骗子寻找着控制革命委员会的机会。这也许是过去路提斯风气的残留，但其中肯定不包括路提斯的骑士精神。革命委员会成员很快就开始充当警察和安全部队的角色，在这二者缺位的情况下，他们以革命正义的名义控制了社区，代表"被剥夺者"展开没收行动和巧取豪夺，这一过程往往伴随着逮捕和殴打。

从被骚扰、拘留、没收财产的受害者的角度来看，革命委员会成了恐怖和威吓的代名词。有谣言说，革命委员会的领导人借此收取回扣。惩罚行为普遍存在，包括鞭打、重殴和勒索，通常用于那些未经证实的指控，例如没有戴上合适的头巾、喝酒或身上有酒味、看起来像富人或"反革命"分子。当然，革命领导人对革命委员会的行为并非一无所知，尽管他们很快就发现自己不可能完全监控这些不守规矩的行为，且这样做也不利于教士集团不断增长的革命领导权。在当时动荡的环境中，任何试图遏制革命委员会活动的尝试，甚至是对其行为的严厉批评，都可能危及领导人的革命威信。这些基层组织提升了教士集团的影响力，并成为革命法庭手中的武器。革命委员会恶行的背后能够看到某些毛拉的影子，另一些毛拉甚至直接参与其中。很快，这些革命委员会开始能够为革命提供有组织的力量。为了打击温和派，霍梅尼毫不犹豫地表达了对革命委员会的支持。

1979年5月，伊斯兰革命卫队（Sepah-e Pasdaran-e Enqelab-e Islami）成立，这是一个明智的决定，目的是利用革命所激发的年轻人的力量，尤其是利用当时仍处于分散管理状态下的革命委员会。革命卫队的成立不仅是为了清除革命委员会中不受欢迎的成员，如左派分子，更重要的是制衡伊朗常规武装力量。掌权的霍梅尼主义者并不信任军队，还担心会发生政变，因而需要一支忠诚可靠的力量，来对抗保皇党的潜在威胁以及左派控制下的武装民兵。

新成立的革命卫队组织结构粗糙，训练也不足。但到了1981年末，它在最早的首都冲突中成功地压制了反对派，从而证明了自己的价值。到1983年，有数百名年轻的人民圣战者组织成员被杀，另外数千人被关押在伊斯兰共和国的监狱中，遭受酷刑和处决。毛拉与革命卫队的共生关系在两伊战争中也发挥了很好的作用，后者与正规军成了并存的力量，尽管他们仍不够专业。作为回报，工业"国有化"带来的巨额财富以及没收来的巴列维政权及其精英的土地、财产很快落入了革命卫队之手。巨大的农业庄园和其他经济资源使他们心甘情愿地服从毛拉们的领导。即使是到了两伊战争后，革命卫队仍然是伊朗伊斯兰政权维持存在的最有效保证。

伊斯兰革命法庭（dadgahha-ye enqelab-e Islami）与革命卫队并立，并对后者打击所谓反革命势力的任务形成了补充。在1979年2月革命胜利后，它立即就被组建起来。在大多数情况下，教士法官由霍梅尼直接任命，并在其教士同盟的密切监督下行使职能。革命法院以极其凶猛的态度行使了他们对伊斯兰司法制度的理解。无论案件有多复杂抑或完全缺乏可靠的证据，"真主的复仇"都是使他们的判决合法化的理由，它既清晰又简单。革命法院独立于巴扎尔甘临时政府，它的任务是用监禁、没收财产、恐吓、镇压的手段消除"敌人"以及"反革命"势力，即任何被视为反对该政权霸权的声音或力量。

在几乎所有的案件中，法官都是检察官。陪审团、辩护律师或正规的诉讼程序，都是不存在的，整个程序充满混乱，判决往往是最终的且不可更改的，至少在革命后的前几年是如此。指控往往含混不清，缺少事实依据，很多由"革命"党或"被剥夺者"提出的指控都很可疑。判决通常很随意，完全基于法官自己对神秘的、未经编纂的什叶派法令的理解。巴列维时代精心设计的民法和刑法被彻底抛弃，取而代之的是"原始正义"（没准能一直追溯到哈里发阿里时代）。如果连同情心——传统上与阿里作为正义统治者的形象联系在一起——也在法庭上消失了，那么愚蠢和报复会使法官的判决成为伊斯兰共和国最残酷的一面。如果其他无法无天的暴力行为可以归因于革命后混乱的环境，那么，革命法庭的判决就成了使暴力合法化以及维持该政权高压统治的有意为之的手段。

革命法庭的受害者形形色色，而法官则是一个整体。最先被带到临时法庭的是巴列维军队的一些高级军官。在革命结束的几周时间里，他们和其他许多受害者站在阿拉维学校附近一栋建筑——霍梅尼回国后的最早住处兼司令部的屋顶上，被行刑队开枪打死。几乎同时，霍梅尼的命令迫使在1979年2月期间伊朗武装部队所有中将以上的高级军官（大约有300人）被迫退役。许多人后来被关进伊斯兰共和国的监狱里。到1980年8月，大约有7500名军事人员被清除，到两伊战争开始时，据报道这一数字已超过1.2万。

在认识到革命法庭的真面目前，有成千上万的人在随后的几个月和几年中希望通过革命法庭寻求正义。对担任首相一职长达13年的阿米尔·阿巴斯·胡韦达的简易审判就是一个例子。在阿扎里政府时期，他曾遭拘留；在巴列维统治垮台后的混乱时刻，据报道，他曾拒绝逃离。1979年4月，胡韦达出现在革命法庭上，他似乎把对革命正义的信仰放错了地方。法庭由法官兼革命法院院长萨德克·哈勒哈利（Sadeq Khalkhali，1926—2003）掌管。针对包括叛国、腐败、管理不善和镇压行为在内的一系列指控，胡韦达甚至还准备了相当详细的辩护。他宣称自己是清白的，自己只是一个勤奋的政治家，对由国王管控的安全警察的镇压行为不应承担任何责任。他的辩护甚至没有得到法官简单的回应。经过几天的聆讯——这对哈勒哈利统领下的法院来说是不同寻常的，法院做出了执行死刑的判决，但这一判决不为公众所知。据说在行刑队到达之前，一个名叫哈迪·加法里（Hadi Ghaffari，生于1950年）的教士——他以煽动性的言论和对机枪的热爱而闻名——从后面接近了胡韦达，拿着左轮手枪，向他的头部开了两枪。

胡韦达的人生以一个讽刺性的结局告终。作为一名文学爱好者、萨德克·希达亚特朋友圈子的曾经一员，他的旅程始于20世纪四五十年代贝鲁特的法国中学和巴黎知识分子圈子，经历了20世纪六七十年代的巴列维政治的核心圈子，终结于萨德克·哈勒哈利的法庭，没有比这更能说明问题的了。哈勒哈利是典型的激进派毛拉，来自伊朗社会阶层的另一端。他曾是霍梅尼的学生，出生于偏远的村庄，后来成了霍梅尼的支持者，是库姆典型的激进政治环境的产物（图15.2）。与胡韦达不同，他从未涉猎安德烈·纪德和安德烈·马尔罗，满脑子都是教法学和阿拉伯文法。他的政治资历包括曾加入人民敢死队以及被萨瓦克处以几年国内流放。抛开他的个人状况不谈，他实际象征着革命已迅速转向了系统性暴力。

图15.2　萨德克·哈勒哈利在他位于伊斯兰革命法庭的办公室里

萨德克·哈勒哈利，《回忆》（*Khaterat*），第2版，（德黑兰：赛耶出版社，波斯历1369年／公历1990年），第528页。

哈勒哈利的受害者范围极广，包括被他称为"尘世间腐败分子"的巴列维时期的军官和官员，还有左翼各派别、世俗民族主义者、种族民族主义者、巴哈伊教徒以及其他非政治受害者。在革命的头22个月里，他把数百名寻求自治的库尔德和土库曼激进分子送到了行刑队面前，罪名是源自《古兰经》的"玷污了大地，与安拉为敌"。当一名来自库尔德地区的受害者的妻子向哈勒哈利抱怨她的丈夫完全无辜时，他嘲弄地回应道："如果他有罪，他会下地狱；如果他是无辜的，那他就会上天园。"这名受害者和另外七人于1979年8月28日在总医院前被处决。

哈勒哈利的管辖范围很快超越了"政治犯"，涉及真正的毒贩、性工作者、同性恋者以及其他"离经叛道"的人，他的做法是把这些人通通交给行刑队或绞刑架。任何了解他的所作所为的人，都会对此感到震惊和恐惧。他晚年的回忆录中多次表示针对革命的敌人的判决，包括处决高级军官和胡韦达，都是在没有得到大阿亚图拉霍梅尼完全批准的情况下做出的，这简直令人难以置信。

哈勒哈利在文化领域同样活跃。在他庞大的"尘世间腐败分子"目录

中，他为伊斯兰之前的伊朗统治者保留了位置。他写了一篇文章，谴责公元前
5世纪阿契美尼德帝国的建立者居鲁士大帝，指责他不仅是个专横、善于撒谎
的人，而且还是一个性变态。在革命初期，哈勒哈利打算铲除波斯波利斯和伊
斯兰时代前的其他伊朗古代历史遗迹。由于当地的抵抗，他的行动被终止了。
据说，甚至连菲尔多西的墓都曾上了哈勒哈利的拆迁清单。然而，哈勒哈利还
是设法获得了足够多的暴民支持，并在霍梅尼的支持下摧毁了其宿敌礼萨·汗
的陵墓。礼萨·汗的陵墓位于德黑兰南部，靠近阿卜杜勒·阿齐姆圣陵，于
1950年完工，规模宏大，采用了现代设计风格，是伊朗当代建筑的典范。它给
人以一种非宗教性质的壮观和宏伟之感。在陵墓中心，礼萨·汗的遗体被涂上
防腐药剂，存放在一具玻璃棺椁中。在炸药和马力巨大的推土机的作用下，这
座建筑被夷为平地。哈勒哈利原本想在原地修建一座公共厕所，但最终建起了
一座伊斯兰经学院，成为附近圣殿建筑群的一部分。

构建伊斯兰宪法

到了1979年夏天，由于混乱和冲突的不断加剧，四种相互关联的趋势开
始显现，并最终塑造了革命的伊朗。首先，也最重要的是亲霍梅尼教士及其世
俗支持者登上了革命金字塔的顶峰，这种格局随后被伊斯兰化的宪法所确认。
霍梅尼集团建立在个人崇拜的基础上，得到了新成立的革命卫队的支持，且与
巴扎及其他地方的亲霍梅尼势力结成同盟。革命卫队有着强烈的生存危机意
识，愿意为此付出任何代价。其次，一种朝着越来越激进的方向发展的趋势出
现了，这种趋势是决定性的，伊斯兰政权以及包括前游击队组织、已恢复元气
的图德党在内的左翼激进力量对此产生了很大影响，而温和派被排斥在政治进
程之外，新兴的新闻出版行业被关闭，大多数政治党派也被解散。再者，反西
方情绪的爆发最终导致人质危机以及美国被蔑称为"大撒旦"，这既是伊斯
兰政权所需要的革命话语，同时也塑造了它对外的行为。最后，通过征用和
国有化建立一个不断发展的、由国家主导的经济体，革命政权的力量获得了

绝对优势。

伊斯兰宪法（qanun-e asasi）的制定从制度方面提高了该政权的稳定性，并使其在更大程度上实现了对权力的垄断，尽管在一开始，这种意图并不十分清晰。共和国成立初期，霍梅尼还记得早先的诺言，对巴扎尔甘的助手们制定的宪法草案感到满意。据报道，他只修改了其中两点。而经修改，妇女被禁止担任法官和总统。其余的大部分则是对1906—1907年宪法的修订，还有一些是受到法国总统模式启发而出现的变化，一开始，这部宪法草案并没有受到霍梅尼的过多审查。人们对伊斯兰教及其监护原则表示出了极大的敬意，这也使这份本质上来说是世俗文件的宪法草案更容易获得通过。

霍梅尼的两位有影响力的顾问更喜欢以全民投票的方式获得人民的授权，倡导平等伊斯兰主义的巴尼萨德尔和教士集团背后的智囊贝赫什蒂暂时结成了同盟。然而，全民公决的想法遭到了巴扎尔甘政府及其盟友的抵制，后者坚持召开制宪会议。而激进左派因自身对现代化认识的盲区，把宪法草案看成了资产阶级自由派的产物，认为草案本质上是"落后的"，他们要求通过选举而建立一个制宪会议，并天真地希望通过民众投票来控制这个会议，再按照自己的喜好来重新制订宪法草案，并把这看作"群众的意志"。

伊斯兰宪法是一个相对新的概念，尤其是在什叶派政治环境中。例如，立宪革命时期"mashru'eh"理念的倡导者就把沙里亚法看作一个受人类立法约束的、无所不包的集合。在20世纪五六十年代，伊斯兰宪法的主张引起了一些教士的兴趣，他们常常从先知的"麦地那宪法"和"阿里给于公元657年任命的埃及总督马利克·阿什塔尔·纳哈卡（Malik al-Ashtar al-Nakha'i）的指示信"等文件中追溯其起源。然而在什叶派历史上，从来没有追随者意识到要选举穆智台希德，以组成一个集体。霍梅尼的著作也没有预料到伊斯兰宪法或制宪会议的建立。

尽管存在最初的不确定性，专家会议（Majles Khebrehgan）还是于1979年8月11日召开，并开始起草新宪法。尽管巴扎尔甘政府承诺进行自由和公正的选举，但选举过程仍存在争议，左派和自由派中的许多候选人实际上被禁止竞选，此外，约有20个政党和团体完全抵制了此次选举。在总共73个议席中，有

60席为霍梅尼主义者所占据，其中18席是阿亚图拉，另有20席是等级稍低的教士（图15.3）。早些时候，宪法草案初稿承认霍梅尼是革命的领导者，但没有提到拥有监护权力的教法学家是一个固定职务，更不用说确认教士的神权统治。最高权威归属民选总统，行政权力则被授予总理。然而，由新成立的伊斯兰共和党候选人主导的专家会议采取了一种截然不同的思路，制定了实质上比初稿更具威权主义色彩的文件，语言表述上全面伊斯兰化，并以父权制为导向。它承认了监护的教法学家的最高权威，并实际上确认了教士凌驾于所有其他权力之上的地位（图15.4）。

图15.3　亲图德党的讽刺杂志《铁匠》（*Ahangar*）上的一张漫画，公开嘲讽了专家会议的选举。巴尼萨德尔连同格特布扎德、雅兹迪，站在真主党暴徒前，忙着给左派贴上"反革命"和"伪善"的标签。巴扎尔甘在一旁伤感地围观，而教士则全体缺席

波斯历1350年5月9日／公元1979年8月1日，第15期。西亚沃什·兰贾巴尔·达米收藏。

图15.4　1979年夏，未来的总统阿博勒-哈桑·巴尼萨德尔（左）和马哈茂德·塔莱加尼坐在过去伊朗参议院的地板上，专家会议在此召开。两位温和派不情愿地接受了宪法中关于监护的教法学家为最高权威的条款

帕尔斯新闻社（现已解散），德黑兰，伊朗。https://commons.wikimedia. org/wiki/ File:Banisadr_and_Taleghani.jpg.

　　该草案于11月获得批准，并于1979年12月3日在公民投票中获得了压倒性的多数票。新草案的核心是确立监护的教法学家为最高权威，其地位凌驾于总统和伊斯兰议会（Islamic Consultative Assembly）之上。尽管监护的教法学家将由教士占主导地位的专家会议来任命，但他不需要对任何其他民选机构负责——他被认为获得了真主的授权，可以自由行事。宪法第5条声称，在"隐遁伊玛目"缺位的情况下，"在伊斯兰共和国，对（安拉的）事业的监护（即维拉亚特）和对共同体的领导权将由正义、正直、英勇、能力卓著、机敏的教法学家承担"[1]。宪法第57条最初授予监护的教法学家对政府三个分支机构的监督权，同时将三个分支机构之间的"协调"工作留给共和国总统。这种模糊的分工也体现在宪法的其他条款中，与1906年宪法对君主特权的规定有类似之处。霍梅尼死后，宪法于1989年经历了修订，授予监护的教法学家在协调政府三方权力、解决它们的分歧时拥有"绝对监护权"（welayat-e motlaqeh）。

宪法第110条还授予监护的教法学家任命监护委员会（shura-ye negahban）的权力。该委员会负责监督议会立法，使之符合沙里亚法，并监督司法机构的负责人。作为武装部队总司令，监护的教法学家还将任命三军、警察和革命卫队的首脑。他被进一步授权宣布战争与媾和，批准共和国总统的当选，并在必要时根据自己的意愿解除总统的职务。1989年修订的宪法的第110条进一步授予监护的教法学家解释、监督伊朗伊斯兰共和国所有重大政策的权力（从任命政府首脑到控制广播机构）。

宪法的序言毫无疑问地体现了其神权统治的基础：国家的所有机构，即整个伊朗"共同体"，在意识形态上都是伊斯兰的。在宪法中，"伊朗共同体"（ommat-e Iran）一词有着明显的伊斯兰普世主义口气，已经取代了"伊朗国家"（mellat-e Iran）的表述方式。新宪法以"伊玛目"为中心，断言由"战斗的教士"领导的伊斯兰运动在1963年6月第一次被点燃，该运动是为了对抗"美国阴谋"，即"白色革命"。它还宣称伊斯兰革命产生了6万名烈士，以及至少有10万人因此而受伤或残疾（当然，这些数字都存在着极大的夸张成分）。新宪法序言声称牺牲的目的是建立一个由"被剥夺者"组成的"统一的世界共同体"，通过重新拥抱伊斯兰教，"被剥夺者"将消灭"傲慢的"全球霸权力量。在"通向真主的运动"中，他们将创建一个"模范社会"，并将革命伊斯兰原则落到实处，为全世界伊斯兰运动提供支持。在这种社会中，只有那些道德高尚的人才可以在监护的教法学家和"公正的教法学家"严格且持续的监督下参与公共事务，而教法学家是各种行为不背离伊斯兰职责的保证。

在这个高度威权且充满说教的宪法框架中，经济不是目标，而是工具："伊斯兰经济"寻求平等的工作机会和利益分配。宪法宣称，受到巴列维政权败坏的消费文化压榨的妇女将恢复其纯洁性，以便她们能够履行神圣的"母亲应尽的义务"。只有在这样的秩序中，人类的"崇高美德"才得以展现本身。

官僚主义的障碍将被抛开，恪尽职守的武装部队和革命卫队将在通往安拉的道路上履行圣战的意识形态使命，司法机构将避免任何的意识形态偏差，大众媒体则会在忠诚的官员的不断监督下，倡导蓬勃发展的伊斯兰文化，避免"非伊斯兰"瑕疵。

尽管由教士主导的专家会议确认了宪法的神权统治基础，但其中仍存在大量自相矛盾之处。例如，宪法第4条勉强实现了期盼已久的、对伊斯兰议会所有立法进行伊斯兰监督："所有平民、金融、经济、行政、文化、军事、政治和其他法律法规，都必须以伊斯兰为基础原则……这一问题（即是否符合伊斯兰原则）的确认，由监护委员会的法学家负责。"该委员会有权否决任何它认为是非伊斯兰的以及违反伊斯兰教义的立法。这意味着监护委员会可以对什叶派不成文的观点进行随意解释，以批准或拒绝任何立法。其他条款进一步支持了监护的教法学家和监护委员会对权力的垄断。

宪法第6条认可的伊斯兰议会，代替过去的国民会议（即Majles），作为一个民选机构，其成员将代表全体人民，它制定的法律也代表国家和所有国民的意愿。第3条和第9条允许"法律之下的政治自由""法律前的人人平等"和不可让渡的"法律授予的自由"。在任何情况下，都不得暂停或取消这些自由。但实际上，鉴于伊斯兰议会不能通过任何与监护的教法学家和监护委员会的意愿相抵触的法律，这种崇高的言论似乎完全是空洞的。

宪法的神权特征和民主特征之间的对立是不可否认的，也许还是无法调和的。教士的权威明显位于立法机关、人身自由和政治自由之上，这是宪法框架所不容忽视的特点。更有可能的是，它反映了长期以来无法满足民主愿望的伊朗人民和信奉神权威权主义的新精英阶层之间存在着革命的内在张力。那些在库姆接受过训练的政治人物深受以"伊智提哈德"为基础的教法学文化的影响，或是坚持从伊斯兰法律原理中演绎出法律见解，认为自己对宪法的理解要优于公众。

什叶派的优势地位也可以从宪法的其他方面看出。例如，宪法第12条与1906年宪法保持一致，宣布什叶派"永远"是伊朗的官方信仰，进而承认什叶派至高无上的地位："伊朗的官方信仰永远是什叶派，这一点永远不会改变。"虽然这一条款承认了逊尼派，但宪法第13条仅认可了三个宗教少数派的"官方"地位，即琐罗亚斯德教、犹太教和基督教，而将巴哈伊教这一伊朗最重要的宗教少数派排除在外。伊朗最大的非穆斯林族群注定会保持"异端"和"卑鄙的宗派"（ferqah-ye zallah）的地位，并将面临可怕的后果。为了省事，以伊斯兰主义者为主的立法者继承了旧政权的歧视性立法。例如，改革后的1911年选举法同样只承认了三种官方少数派宗教，但这是以牺牲其他宗教为代价的。

宪法第14条规定社会应当对所有非穆斯林表现出"高尚的行为"，表现出公正和正义，并尊重他们的"人权"（hoquq-e ensani）。同样，当成千上万人遭到非法逮捕，并被送往革命法庭时，关于所有族群享有平等权利、在法律面前受到平等保护以及保护所有公民生命财产免受非法侵害的保证（第19、20和22条），被证明只是说说而已。库尔德人、土库曼人和阿拉伯人等少数民族受到了骚扰，许多人还遭受迫害，当局也拒绝满足他们的合理需求。

妇女的权利在整个宪法草案中得到了一定关注，同时也反映出了典型的男女不平等，特别是在教士中间。宪法草案序言中有专门针对妇女的部分，其中承诺："因为在进行偶像崇拜的旧政权中，妇女承受着更大的压迫，因而她们的权利将得到优先重视。"它进一步明确规定在家庭中"妇女将不再是传播消费主义和被剥削的对象或工具"。通过"重新发现她们最重要的、作为母亲的职责，妇女将成为（生育）领域的带头人，与她们的勇士伴侣共同生育在意识形态上忠诚的人类"。"从伊斯兰的观点来看"，履行这一职责"将享有最高的价值和祝福"。把时髦的革命话语放到一边，负责制定宪法的教士们对于妇女"职能"的定义从本质上来说与传统什叶派法学并无二致，即认为妇女的首要职责是繁育后代。草案第21条还规定，国家有义务"根据伊斯兰教义"在各个方面为实现妇女权利提供适当的基础。在这些权利中，对子女的监护权只有在无法指定其他"合法监护人"的情况下，才会授予"合格"的妇女，以避免妇女的精神痛苦。在现实中，这项监护权总是优先考虑离婚的男方或已故丈夫的男性亲属。

宪法草案的许多条款（第23、24、26和27条）也旨在维护公民以及公民的政治自由、言论自由，但前提是遵守"伊斯兰价值观"（第26条）。不久后，即使遵守了伊斯兰价值观，也不能保证公民可以免于国家长期且高压的管控。

同样，禁止酷刑的规定（第38条）要求对所有被拘留者和囚犯提供人道主义待遇（第39条）。但实际上，从一开始，这些规定在伊斯兰共和国庞大的监狱和秘密拘留所中就经常遭到违反。真实或模拟的处决、对囚犯各种形式的酷刑和强奸、缺乏可靠指控的长期拘留、通过政治和意识形态上的施压迫使政治犯"坦白"和"忏悔"、对审判进行电视直播以及要求悔过者进行公开忏悔——所有这些使得宪法成了笑话。制定宪法的"专家们"对这些行为一清二楚，但这并不妨碍他们继续就宪法相关条款进行高谈阔论。

真正对伊朗未来比较重要的是有关伊斯兰共和国经济模式的条款。最为明显的是一种尚未解决的紧张关系，一方面是中央集权的、由官僚化的国家主导的经济，并带有准社会主义特征；另一方面是所谓的遵守伊斯兰法律原则的自由市场经济。即使左派候选人大多被排挤出制宪会议，左派的影响及其要求也得到了明显的体现。宪法第43条禁止任何形式的经济"垄断"，与此形成鲜明对比的是第44条，该条款要求所有重工业和外贸、矿业、银行业、保险业、能源、水坝、灌溉、大众传媒、通信、航空、航运和铁路都归国家所有。在1970年代后期，国家控制的经济在很多地方都已经被证明是效率低下和过时的，但在伊朗，它仍然获得了广泛而不受制约的垄断地位。除了国家垄断外，"合作社"控制着公共部门的其余部分。私营部门是宪法规定的经济组成中第三大部门，地位最为低下，主要包括农业、畜牧业、小型工业、贸易和服务业。为了加强对经济的控制，宪法还允许对"剥夺者"——例如高利贷者和腐败承包商——的所有财产进行"征收"（mosadereh），此外征收的范围还包括未开垦的或无主的土地。实际上，与大多数极权主义政权一样，伊朗政府通过宪法获得了巨大权力，这意味着可以征用其希望占有的任何财产，包括工业、商业和住宅地产。

总体而言，伊斯兰共和国的宪法在意识形态上负荷过重，在概念上存在许多自相矛盾之处，实际上，它在指导、监督和规范新生国家机器方面并不称职。可以说，它是失败的。正如第56条所强调的那样，人类对自己的社会命运拥有主权，与此同时，这项不可剥夺的权利只能通过伊玛目霍梅尼对神圣事业的"绝对监护权"才能得到实施（第57条）。可见，这些只不过是文字游戏。值得注意的是，经过修订的宪法（1989年）第57条通过授予监护的教法学家对国家所有事务的"绝对监护权"以及由此确立的对宪法所有条款的解释权，消除了所有可能产生的误解。

经济问题的解决

关于宪法的辩论伴随着国内动荡而展开，并产生了至关重要的国际反响。巴扎尔甘政府在压力下采取了一项重大举措，对疲软的伊朗经济产生了持久且具有重大灾难性的影响。为了响应当时的激进情绪和左翼激进派的一再要求，在本质上要求发展国有经济的宪法的支持以及1979年7月的一时冲动中，临时政府对伊朗最大的51家私营企业和农业集团实行了"国有化"（更恰当地说是没收），并同时宣布所有银行和保险公司也将被国有化。巴扎尔甘政府的做法与其说是出于信念，倒不如说是一种绝望无助的行为。这些大企业的所有者要么离开了伊朗，要么在监狱中挣扎，要么因担心与工人对抗或害怕遭革命委员会逮捕而放弃了自己的产业。罢工和劳资冲突，对管理层的恐吓和威胁，原材料、零配件和电力的短缺以及生产网络的崩溃，使许多行业即使还没有完全倒闭，也已经处于停产状态了。早些年的弊病，如价格稳定运动、石油产量过剩以及对外国技术和技能的过度依赖，进一步加剧了革命后的危机。

工人们要求更高的工资、更好的福利和工作条件。由于缺乏真正的工会和专业的组织，车间和办公场所很快变成了人民敢死队、人民圣战者、重建后的图德党以及各种伊斯兰协会的招募处。"集体"管理委员会（shura'i）和共同所有权的诱惑到处弥漫。管理委员会授权技术人员和低级管理者管理大型工厂，特别是在劳动力密集的纺织厂和中型作坊，这在巴列维时代是无法想象的。然而，集体管理转瞬即逝，尤其是因为革命政权对这种有潜在危险的实验并不认可。政府很快就加入其中，各种相互竞争的伊斯兰协会获得了优势地位，并任命了所谓的伊斯兰管理人员。尽管这些管理人员通常缺少经验，而且能力有限，但他们背后都有被剥夺者基金会（Mostaz'afan Foundation）或类似的各种革命机构的支持。

被剥夺者基金会由霍梅尼于1979年3月发布法令而成立，逐步成长为一家大型企业，负责掌管数百处公共和私人资产，从已垮台的巴列维基金会和巴列维家族资产，到国家管控的行业、私有的制造业和工业实体，再到商业、农业、交通运输业、保险业、通信业、房产业、私有土地行业、银行业和金融机构，还包括银行存款、债券和股票以及任何其他大大小小由革命法院没收或由革命委员会划拨的资产。一夜之间，该基金会变成了伊朗第二大经济实体（仅次于伊朗国家石油公司），并很快成为中东最大的企业之一。到1989年，至少有1024家企业实体处于它的"监督"之下，估值达200亿美元。其控制的公司包括约140家工厂、470家农业企业和农场、100家建筑公司、64座矿山和250家商业公司。尽管其收益被指定用于援助"被剥夺者"，但实际上，它为新政权及其同伴，尤其是革命卫队提供了重要的财政支持。

该基金会几乎是一夜之间就被赋予了这笔巨额财富，显然，它同时也背上了沉重的负担。该基金会以浪费、管理水平低下和裙带关系闻名，革命后的几年里，许多受其监管的制造业和大型农业机构陷入了衰败，或是完全垮掉。管理不善、腐败横行和效率低下还导致无数工厂被荒废，机械设备被废弃，房屋残旧不堪，基础设施陈旧，员工心怀不满，管理者玩忽职守。尤其是在人口众多的城市附近，工业很快就沦为土地投机和临时住房项目的受害者，这些项目旨在适应人口的飞速增长，同时也满足了新政权的要求。新兴的精英阶层主要包括阿亚图拉们的子嗣和亲属、部长和高官们的亲戚、依附于政权的巴扎激进分子，不久后，两伊战争的老兵以及表现得足够虔诚的伊斯兰信徒也加入其中。

即使已对伊斯兰法的相关规定或伊斯兰共和国宪法做了激进的解释，巴列维时代的私人财富转变为国家所有，或是向半公共实体以及与该政权有联系的个人大规模转移，也是令人难以接受的。而本应坚持伊斯兰法律精神和原则的革命法院，几乎懒得用什叶派法理学的文本证据来证实自己的裁决。考虑到伊斯兰法律中所有权的神圣性，这样的任务确实是艰巨的，但或许不是不可能完成的。什叶派几个世纪以来的法理学以及对财产法细节的审查，都遭到革命法官的忽视和违反。革命的热情和意识形态的扭曲很快使人们不再努力克制（ehtiyat），而克制是伊斯兰法中经常强调的原则，尤其是在人们的生活和财产方面。

尽管在名义上，累积的新财富是为了帮助弱势群体和穷人，但其直接的效果却是使教士在财务上摆脱了传统收入来源的束缚。这样一来，教士集团与其主要经济来源巴扎之间的旧有联系开始变得松弛。在接下来的几十年中，巴扎继续衰败，并进一步地被边缘化，它的经济活动也发生了变化，成了主要由批发商和小型零售商构成的商业网络。但伊斯兰政权进入了经济舞台的中心，它不仅干预国民经济，而且比其前任巴列维政权更加彻底地塑造了伊朗经济。在此后的一二十年时间里，巴扎底层群体继续为伊斯兰共和国庞大的官僚机构提供可靠的人力，但作为一个充满活力的经济空间，它不再对该国的新主人产生任何重大影响。

公共部门不仅控制着所有基础设施和服务业，包括能源、水、通信和运输，而且还以中央集权经济的方式控制从钢铁、石化到食品的各行各业，还控制着分销网络和零售业。可以预见的是，作为回报，伊斯兰共和国向社会贫困群体承诺了一系列服务和福利计划，但很多计划并未能够实现。一个典型的例子是国家曾向伊朗所有公民承诺提供免费的便利设施，包括电力、水和天然气，这是伊玛目在革命初期就许诺的，但不久后，这一承诺便被收回。如此慷慨的福利的成本以及可能的后果是显而易见的。然而，对汽油和基本食品的补贴仍然持续了数十年，这给国家造成了沉重负担，并使依赖补贴的国民经济的发展受到了严重挫折。

伊斯兰共和国承诺为穷人提供免费住房，这是对1970年代在首都和区域中心城市不断扩大的棚户区的一种补救措施，但这对于控制城市的扩张极为不利。革命初期，在两个热情高涨的毛拉的领导下，两个自封的住房组织将他们的手伸向了各大城市的大量私有房屋、公寓和土地。没有任何法律依据，大量地产就这样落入了他们手中。他们邀请"被剥夺者"提出申请，随后，数十万居民住进了这些被充公的房产。免费住房政策刺激大量穷人和社会中下阶层迁往大城市。申请者数量之多远远超出了实际可以容纳的程度，以至于免费住房计划彻底失败，甚至连革命卫队也担心该如何维持秩序和安全。大量不幸的申请者不得不在人口迅速膨胀的首都和省会的贫困社区安顿下来。在很短的时间内，过度招生的学校、公用事业的重压、交通拥堵和空气污染成为革命后城市生活的基本状况。建筑许可证被随意发放给各种投机建筑师，使得形势进一步恶化。

然而，摧毁巴列维的商人和实业家阶级以及相关世俗、半世俗中产阶级并没有立即催生出具有相同规模和经济头脑的新阶级。在未来的很多年里，国家仍然是经济活动最强大的参与者，私营部门继续受到侵害，在低效率的经济夹缝中生存。新的商业部门还受到国家异想天开的愿望以及反复无常的经济行为的影响，这种行为经常围绕裙带关系或勒索而展开，其程度更甚于巴列维时代。

除了坚持对民生和关键经济部门的控制外，新政权开始逐步进行极其混乱的私有化，将一些有利可图的资产以非常优惠的条件分配给与其关系密切的人们，以奖励他们的忠诚；部分个人和家族被伊斯兰政权视为"自己人"（khodi），其中首要的就是阿亚图拉的子嗣及其亲属。距离权力中心越近，建立新商业帝国的机会就越大，这些商业帝国涵盖了从制成品、纺织品、食品工业到银行、航运、重工业、汽车制造和进出口等行业。受到青睐的还有革命卫队的前成员、对伊斯兰政权绝对忠诚的两伊战争的退伍军人以及受到阿亚图拉关照的烈士家庭。而暗地里把财富从政府转移到私人手中的行为，有时是因为政府管理能力低下，无法处理从巴列维精英手中没收的巨额财富，于是采取了一种简单的解决方案。然而，资源的重新分配主要是一种奖励忠诚的非正式手段，而不是基于管理技能和经济利益的考虑，特别是在1989年之后。

巴尼萨德尔的考验

尽管到1980年初，伊斯兰政权得以巩固，但经济的动荡和革命的混乱并未平息。在1979年11月开始的人质危机中，革命学生将美国留在德黑兰的66名外交官及工作人员扣留了15个月（他们随后分两个阶段获释），这是压垮临时政府的最后一根稻草。临时政府于1979年11月3日下台，这是伊朗革命的转折点。它标志着自由伊斯兰主义者（几十年前的民族运动的遗产）的失败，他们未能驾驭革命中各股有争议的力量。在当时动荡的环境中，这些力量即将爆发，引起了该政权内外的冲突。1980年1月25日，阿博勒-哈桑·巴尼萨德尔当选伊斯兰共和国第一任总统，这似乎是朝着稳定迈出的一步。然而，随之而来的直接权力斗争却证明了事实是相反的。在8个月后的1980年9月，伊拉克对伊朗边界发动了猛烈进攻，并突破了伊朗的防线，使新生的伊斯兰共和国措手不及。人质危机、该政权正在经历的权力斗争以及伊拉克的入侵，是对这个已经遭受国际孤立的初生政权的重大考验。回过头看，这些危机进一步巩固了强硬派对革命及其刚组建的强力部门的控制。

巴尼萨德尔在大选中得到了1100万张选票，超过选票总数的75%，再加上霍梅尼的支持——后者当时因轻度心脏病发作而住院，并刚刚康复——巴尼萨德尔的总统任期似乎将一帆风顺。但从一开始，他就面临着来自教俗两界的霍梅尼主义者的反对，尤其是刚成立的伊斯兰共和党。该党由贝赫什蒂、拉夫桑贾尼等人创立，其目标是巩固伊斯兰共和国的基层统治。它也得到了霍梅尼的支持。然而，在当局支持下成立的伊斯兰共和党必然会与并未得到强硬集团支持的总统发生冲突。尽管霍梅尼一开始曾努力调和对立双方，但两者对革命的理解不同，他们之间的冲突也很快就浮出水面。实际上，这表明强硬派，特别是伊斯兰共和党内部的教士集团有足够的影响力，他们能够对抗民选总统，甚至违背革命领袖的意愿。

尽管巴尼萨德尔长期以来一直是霍梅尼的支持者，但就他个人而言，他还倡导一种特殊的乌托邦主义，这一主义介于伊斯兰激进主义和带有一点社会主义色彩的自由民族主义之间。巴尼萨德尔出身于一个教士家庭，年轻时曾历经民族运动的动荡岁月，并受到了摩萨台斗争的启发。到后来的1960年代初，他作为一名活跃于第二民族阵线的大学生，在1963年6月的起义中被捕，并遭到了短暂监禁。在自愿流亡巴黎时，他加入了伊朗学生联合会，开始对巴列维政权进行积极的批评。他在索邦大学修读了经济学博士学位，但从未完成过博士课程，而是花了很多时间待在自己的公寓里，努力论述他所定义的"一元论"经济学主张（eqtesad-e tawhidi）。他尝试将伊斯兰教以及1960年代流行的社会主义经济理论相结合，他的核心观点是拒绝将利润作为人类经济活动的主要动力。

1979年2月，他与霍梅尼一起返回德黑兰，霍梅尼身边的激进派小集团从一开始就把他视作追求权力的外来者，并对他表示怀疑。而霍梅尼对他则要友善得多。作为对巴扎尔甘已不复存在的、循序渐进的改革方式的替代，巴尼萨德尔承诺将以民主的面貌进行革命性的改变，但同时也要披上一层伊斯兰教的外衣。作为一个能够清楚地表达自身观点的非宗教人士，巴尼萨德尔被霍梅尼认为是一个合适的人选，但霍梅尼仍旧关注着革命的走向，并担心公众对教士垄断权力的抵制（彩图15.1）。

在频繁的公开演讲、新闻发布会和采访中，巴尼萨德尔表现得真诚而隐忍，同时又坦率而自满。多年来，他在政治上独来独往，观点自成一派。他鼓吹建立一个伊斯兰社会，在这个社会中，"有奉献精神的"公民为了真主，而不是为了自己的个人利益而努力，以增进他人的福祉。他认为，经济活动是实现救赎和供奉真主之路，全世界的现代社会经济困境只能通过伊斯兰教中对他人的奉献和自我牺牲来解决。他表达观点时模棱两可，但又自信满满，他痴迷于分门别类（通常会过于夸张），也痴迷于一切大小事件（从失业到军事战略、从西方意识形态到伊斯兰教历史）的解决方案。他反对他的教士对手那无节制的野心，有时甚至不愿对监护的教法学家表现出无条件的认可。他很乐意在电视辩论和报纸专栏上同左派对手交锋。他更像是一个具有伊斯兰倾向的知识分子，而不是一个拥有虔诚支持者网络的库姆教士集团的"自己人"。

巴尼萨德尔未能利用好总统就职前两个月的大好势头，当时，他仍然有机会利用民众来对付政敌；但结果，他成了许多合理或不合理攻击的目标。很快地，巴尼萨德尔看上去更像是一个喧闹而又不满的反对党领导人，而不是共和国总统。他有太多紧急问题亟须解决，如库尔德斯坦和阿塞拜疆的动乱几乎演变成了内战，来自车间、大学和政府机关的左派的挑衅，革命法院反对任何形式的政府控制，满足革命经济的要求也需要敏锐和决心，而成功的机会是十分渺茫的。由于缺乏组织和基层支持，除了霍梅尼不可靠的支持外，巴尼萨德尔只能依靠冗长的公开演讲以及少量忠诚的助手和顾问团队——其数量和对手比起来不值一提。

在1980年3月15日举行的第一届伊斯兰议会选举中，多数代表都不是站在总统这一边的，这加深了巴尼萨德尔与强硬派之间的分歧。在得到确认的253名代表（总共有270名）中，有115名是独立派人士，有85名属于霍梅尼主义者的大联盟，有33名是巴尼萨德尔的支持者，还有20名来自自由运动联盟。世俗政党被故意边缘化了。而民族阵线只占了3%的名额，图德党占了4%，人民圣战者组织的支持者则被完全排除在外。经过竞争激烈的选举后，革命委员会成立了一个选举审查委员会，以应对这些政党和候选人对选举中广泛存在的欺诈行为展开的抗议。该委员会审查了173个案件中的40个，取消了其中24个选举结果。然而，由于担心局势会失去控制，革命委员会的教士们向霍梅尼寻求帮助。霍梅尼颁布法令，把对选举过程进行投诉的权利交给议会本身，"迄今为止，大多数当选议员都是得到了真主的赞美，是伊斯兰的，是坚定的"。因此，这个选举审查委员会被解散，抗议被忽略，抱怨被搁置了。

在与新当选的代表进行会晤后不久，霍梅尼试图修补伊斯兰共和党强硬派（多数派）与巴尼萨德尔支持者（少数派）之间的对立。他警告说："如果我们要为我们的国家和伊斯兰教赢得胜利，就应该停止争吵。我们都应该以同一个声音发声。监督是一回事，在背后捅刀子则是另一回事……如果总统破坏了议会，他会比议会更早垮台；如果议会中的某些人想削弱总统，那么，行政部门中的某些人也将受到削弱。如今，这已不是小事情……如今，这成了一项重大罪行。"他转而对"民族主义者"——也就是民族阵线的成员——展开尖锐的批评，他继续说道："在这些民族主义者（melliyun）身上，我们什么都看不到，除了破坏活动。在我看来，他们中没有一个人是正确的，是伊斯兰的。"[2]这是对民族阵线提出抗议的不祥回应，民族阵线仅有的几名议员被议会强硬派取消了资格。这也警告巴尼萨德尔要远离民族阵线，回归霍梅尼主义者的阵营。民族阵线的前途看上去已越来越黯淡了。

议会召开后，双方争执的焦点落到了总理人选上。根据宪法，总理由总统任命，并由议会批准。在随后的几个月中，双方之间的拉锯战显示出了意识形态的鸿沟，最终演变为一场全面的宪法危机，而霍梅尼敏锐地结束了双方的争执。一个突出的问题是宪法中并没有关于总统对总理的权限以及议会监督权的层级的明确规定。伊斯兰共和党在议会的代表将总理作为政府首席执行官的职能及其任命部长的自决程度解释为可以独立于总统，而总统几乎被当成了象征性的国家元首。巴尼萨德尔对此提出了异议，认为总统不仅应当是总理和部长人选的决定者，还应当是政府政策的大致轮廓的勾勒者，或是最后的批准者。在关于宪法的争论下，意识形态分歧的深层线索清晰可见。

经过数月的争论，到1980年8月，巴尼萨德尔屈服了。带着明显的不情愿，在拒绝了几个完全无法接受的候选人之后，他认可了穆罕默德·阿里·拉贾伊，拉贾伊是强硬的激进主义者，也是巴扎尔甘政府初期的教育部长。面对当时迅速分化的政治局面，他是个合适的人选：一个完全"忠诚"的霍梅尼主义者，成长经历和阶级地位使他与巴尼萨德尔形成了鲜明对比。拉贾伊出生于加兹温，最初是一名出身平凡的学校老师，曾遭受萨瓦克的监禁和酷刑。他的父亲是巴扎里的杂货工，也是马赫迪降临盼望者协会（Society of Expectants for the Advent of the Mahdi）的创始人之一，该协会致力于同社会主义者及巴哈伊教徒作战。年轻的穆罕默德·阿里·拉贾伊本人曾在穆哈拉姆月游行中念诵什叶派哀悼词（nawheh）。1940年代后期，他移居首都，在巴扎中当商店学徒，过着平淡无奇的生活，还在贫民区卖过一阵子廉价厨房用品。后来，他成了伊朗空军的文职人员。在1950年代初期的宗教活动全盛时期，他被一个伊斯兰协会招募，并受邀参加马哈茂德·塔莱加尼和马赫迪·巴扎尔甘的布道。不久，他加入了伊斯兰敢死队。1953年以后，他在德黑兰一个贫困街区的学校任教时，继续作为一名伊斯兰激进主义者与巴哈伊教徒进行宗教辩论。后来，他成了霍梅尼的拥护者，这也使他遭受了几年监禁。

与他四面楚歌的上级那优雅而沉闷的语气截然不同，拉贾伊的风格直率而激烈，并鼓吹反西方的言论。尽管随着伊朗与伊拉克的战争爆发，这种阴谋和争吵暂时消失了，但该政权内部的争吵并没有结束。显然，巴尼萨德尔的主张相对受限，他阵营中其他现代主义的思想，也必然会受到组织良好的教士集团的坚决抵抗。与此同时，德黑兰反对派造成的沮丧以及与伊拉克开战的迫在眉睫，使巴尼萨德尔的注意力和精力从首都转移到了前线。他经常去胡齐斯坦和其他饱受战争破坏的省份，试图在自己摇摇欲坠的总统任期内营造一个勇于担当的形象。在德黑兰，他已逐渐被边缘化，因而也没能在战争前线取得任何决定性的进展。前线战事以及巴尼萨德尔所青睐的防御策略遭到了挫折，尤其是在1981年1月的苏桑盖尔德（Susangerd）战役中，这进一步给他的教士对手提供了一个破坏其声誉的机会。他们使霍梅尼明显对总统的能力感到愤怒和不信任。巴尼萨德尔对革命法院滥用职权的批评以及关于和平结束人质危机的呼吁，并未改善他在伊玛目及强硬派追随者心中的印象。为了实现对伊斯兰共和党的制衡，巴尼萨德尔逐渐朝着人民圣战者阵营倾斜，该组织此时仍然是一支不可忽视的力量，并拥戴他的反教士立场，然而，这一举动对他的总统职位及政治生涯来说，都是致命的。

1981年3月5日是摩萨台逝世的周年纪念日，巴尼萨德尔在德黑兰大学的一次集会上的讲话更加清楚地揭示了他与霍梅尼主义阵营之间不可调和的裂痕。一支挥舞着棍棒的破坏者大军毁了这次集会，并与包括人民圣战者、民族阵线在内的反对派——他们作为巴尼萨德尔最后的倚仗，聚集在他身边——爆发了冲突。在冗长的演讲中，巴尼萨德尔多次被支持者和反对者的口号打断，他向摩萨台的伊斯兰原则表示了敬意，并对政府的效率低下表示了不满。他还谈到与伊拉克战争中的英勇抵抗和缺乏司法安全的问题，这一问题主要针对的是革命法院和人质事件。他继续说道：

> 总统的工作是揭露真相，提高人们的认识水平，努力维持国家的团结……我们必须进行调查，并对所有事情刨根问底，以便让我们的国家恢复安全。如果你们的总统（在这里）发表演讲，还能遭

遇拿着棍棒和枪支的武装人员，那么，这个国家就不是一个适合生存的共和国……如果他们不是拿着棍子，而是选择用头脑思考，那么社会的氛围就会得到改善和净化。靠着真主的恩典和你们无私的支持，我们将克服危险，并取得胜利。[3]

巴尼萨德尔的愿望被证明是一厢情愿。此次集会以及巴尼萨德尔支持者与反对者之间的冲突在强硬派控制的媒体和支持霍梅尼的圈子中遭到了广泛的负面报道，他们对于公开攻击总统再未做任何保留。紧接着的报复行动最终导致了巴尼萨德尔的下台。形势在几周之内逐渐明朗，巴尼萨德尔显然缺乏足够强大的民众支持，无法承受来自新闻界、广播节目和群众集会的指责，即称他是"妥协的自由派"，与国内外敌人勾结，并在与伊拉克的战争中处置失当。伊玛目的激进支持者，甚至伊玛目本人，似乎很难再接受巴尼萨德尔对新伊斯兰秩序的包容性解读。

清洗伊斯兰反对派

1981年6月，正值与伊拉克战争的关键时期，伊朗军队士气低落，民众对当局的热情也日渐下降，议会发起了对巴尼萨德尔的弹劾，罪名包括不胜任总统职责、心怀恶意、蔑视监护的教法学家，所有指控的潜台词都是叛国。在一次精心策划的行动中，霍梅尼适时地罢免了他的第一任总统。而就在15个月前，他还祝福巴尼萨德尔的当选。就在被解职前不久，巴尼萨德尔已经在霍梅尼的命令下，从武装部队总司令的职位上离职，这是伊玛目在战争初期赋予他的职位。而几周前，霍梅尼主义的新闻媒体已经加大了对总统及其支持者的攻击力度，指责他的妥协以及在革命道路上的偏离。

但实际的事态要复杂得多。由于担心即将到来的危险，巴尼萨德尔已经躲在了德黑兰人民圣战者组织领导人马苏德·拉贾维（Mas'ud Rajavi，生于1948年）的家中。很显然，政治气候正朝着有利于霍梅尼主义者的方向转变，激进分子在短时间内就积聚起了足够的敏锐度，他们既不愿把统治职位交给外人，也不愿容忍"妥协的自由主义者"鼓吹民主的辉煌或人民圣战者组织兜售他们的"阶级社会"理论。巴尼萨德尔下台后不久，拉贾伊赢得了新的总统选举，优势据说比巴尼萨德尔还要大。霍梅尼也敏锐地意识到，对他来说，强硬派的忠诚远比维持一个注定要失败的总统职位更为重要。

失踪43天后，巴尼萨德尔在一次戏剧性的逃亡中，与在反人民圣战者组织的清洗中幸存下来的马苏德·拉贾维一起，在巴黎重新露面。在乔装打扮后，他们登上了一架空军707飞机，该机由一名曾担任国王私人飞行员的上校驾驶。巴尼萨德尔剪掉了标志性的胡须，尽管到了巴黎，他很快又变回了过去的自己，当然，不包括伊斯兰共和国第一任总统的身份。尽管他对人民圣战者组织的依赖很大程度上是一种战术上的需要，但这不仅让他付出了代价，也殃及了人民圣战者组织的普通成员。巴尼萨德尔的倒台引发了"恐怖统治"，很快吞没了所有被伊斯兰政权认为存在竞争关系的革命与非革命政治组织，无论这是出于真实，还是想象。

除了作为镇压行动主要目标以及最大受害者的人民圣战者组织外，清洗行动还扩展到了人民敢死队，民族阵线和自由运动等温和派也未能幸免。到1983年2月，即进入伊斯兰共和国的第四个年头，迅速蔓延的火焰烧到了图德党身上，尽管图德党一直试图向霍梅尼示好，并称赞了伊斯兰革命的"进步"美德，但该党还是很快就遭到逮捕，并被最终消灭。因此，我们有理由将1981—1982年间长达10个月的政变视为革命的第三阶段。由于巴列维旧制度在1979年2月崩塌，此后的人质危机摧毁了"渐进的"巴扎尔甘模式，加上巴尼萨德尔政府垮台以及反对派遭到清洗，强硬派霍梅尼主义者得以包揽大权。而这一切和为与伊拉克开战而进行的大规模动员是一致的。

反巴尼萨德尔阵营的核心是穆罕默德·贝赫什蒂，他是司法部门负责人，也是伊斯兰共和党最有影响力的领导人。仅次于他的是拉夫桑贾尼，后者稍后成为议长，并且是教士权力得以扩大的推动者。党外的其他人，例如革命法院领导人哈勒哈利，也同样对巴尼萨德尔充满敌意，霍梅尼本人也几乎站在了他们这边。巴尼萨德尔与人民圣战者组织之间的默契已足够引起他们的反感了。自伊斯兰共和国成立之初起，霍梅尼和他的门徒就对人民圣战者组织充满了怀疑、恐惧和怨恨。在革命的最初几个月里，人民圣战者组织与"父亲塔莱加尼"（他们这样称呼这位假定的庇护人）合作，但这并没能帮助他们弥补与霍梅尼主义者在教义上的分歧，也没能掩饰他们的相互仇恨。人民圣战者组织还广泛招募了青年男女，主要是高中生和大学生，他们组织严密，训练有素，意识形态上的灌输计划使他们成了一支领先于其他所有反对派的强大力量。

人民圣战者组织融合了部分理想化的伊斯兰教义和阿里·沙里亚蒂对充满殉道崇拜的什叶派早期历史的浪漫化解读，以及经过淡化的阶级斗争理论，这对伊朗普通民众有很大的吸引力。尽管人民圣战者组织有些狂热，内部也存在着等级划分，在某种程度上还和法西斯主义政党有些类似，但该组织对年轻男女的吸引力在于他们传达了一种看似解放的信息，与霍梅尼主义者由男性主导的父权制作风形成了鲜明对比。实际上，人民圣战者组织已成为一个伊斯兰化的答案，能满足年青一代对国家代理人的要求。而问题的关键是要打破性别障碍，允许在伊斯兰道德规范下实现更多的性别融合。尽管该组织要求妇女戴头巾，而男人则需要穿带纽扣的衬衫，但它允许成员进行兄弟姐妹般的互动，并灌输了强烈的牺牲、武装斗争和英雄崇拜的精神。它为革命提出的复杂问题提供了一整套现成的教义答案。

甚至在巴尼萨德尔逃亡之前，亲当局的武装分子——他们很快被贴上了"真主党人"（Hezbollahis，来自《古兰经》里的"hizb-Allah"，意为"真主的政党"）的标签——就手持棍棒，打断了反对派的集会，特别是人民圣战者组织的集会。在短短的几周内，这种冲突演变成了革命卫队与人民圣战者组织武装干部之间血腥的街头战斗，并导致数百人丧生，数千人（也许多达五千）被捕。人民圣战者组织的支持者主要是具有宗教背景的城市中下阶层，他们的革命热情被点燃，并继承了该组织上一代领导人的遗愿，迫不及待地要展开武装斗争。在巴列维政权的监狱里，他们磨炼了自己的"辩证"观点，这使他们变得极为坚定，正如他们经常声称的那样，他们是唯一可以取代反动的霍梅尼主义者的力量。在拉贾维及其同伴穆萨·希阿巴尼（Musa Khiabani，

1943—1982）的领导下，人民圣战者组织逐渐成为一支强大的准军事力量，拥有广泛的关系网络、大量的藏身处以及从军营中洗劫来（在1979年2月）的大量武器，还拥有一支由具有一定城市作战经验的年轻男女组成的队伍。因此，当他们与所有其他反对力量一起被有效地从政治进程中排挤出来时，诉诸武装叛乱似乎是不可避免的。但事实上，这是一个致命的误判，他们为此付出了惨重的代价。

在1982年初持续的冲突中，人民圣战者组织在首都和省城的街头战里失去了大部分新成员。当某个人民圣战者组织的藏身处被发现时，成员们常常别无选择，只能进行战斗，一旦束手就擒，等待他们的是被酷刑折磨至死。他们大胆而勇敢，但很难和革命卫队抗衡。这让人有一种巴列维时代的即视感，人民圣战者组织本以为大胆的抵抗行动会奇迹般地触发公众反抗该政权，但这一想法被证明是完全错误的。

伴随武装冲突而来的是伊斯兰共和国一系列反对人民圣战者组织的宣传。人民圣战者组织由于自身主张的学说而在革命初期被打上了"折中主义"（elteqati）的标签，并很快就被降级为"伪君子"（monafeqin），这个评语引自《古兰经》，表示那些表面上接受了伊斯兰教，但内心仍然保留异教信仰的人。当对抗升级为武装冲突时，人民圣战者被宣布为彻头彻尾的异教徒（kafer），这使得伊斯兰政权能够以最严厉的方式对付他们。数百名人民圣战者组织及人民敢死队的成员、同情者一起接受了快速的审判，然后被送到行刑队面前，或被枪杀，或被吊死在埃文监狱和其他拘留中心里。

那些幸免于难者的监狱生活也并不容易。在革命法官穆罕默德·穆罕默迪·吉拉尼（Mohammad Mohammadi Gilani，1928—2014）和首席检察官兼监狱长、外号"埃文屠夫"的阿萨多拉·拉杰瓦尔迪（Asadollah Lajevardi，1935—1998）的注视下，男女囚犯遭受到系统的折磨和侮辱，他们长期被单独拘禁，还被迫在电视摄像机前承认自己的"罪过"。妇女被要求跪坐几个小时，以进行悔过，其间必须完全保持沉默。每个人都必须悔改和接受"再教育"，否则就将面临更多的酷刑或是可能的处决。所有人都要和他们原先的政治派别划清界限，都被贴上了悔改者（tawabin）的标签——在历史上，"tawabin"被用来指代那些在公元680年卡尔巴拉战役后宣布放弃效忠倭马亚家族的人。埃文监狱的犯人需要接受一个伊斯兰"康复"计划，以达到现实中的完整教化，并公开展示对伊玛目和伊斯兰政权的忠诚。而要实现这种"合作"，需要他们指认自己战友的身份以及藏身处的位置。即使到了那时，仍有一些嫌犯会被指控犯有不诚实行为，并在适当时被重审和处决。

革命法官吉拉尼已然超越了哈勒哈利，这不仅是因为他的冷血判决曾把数百人送上绞刑架，还因为他经常在电视节目中用性暗示——涉及临时婚姻和乱伦等——来表达什叶派法学的复杂观点。他那不带一丝感情的语调有时甚至会显得悠闲自在，与他的死刑判决形成了超现实的对比。死刑判决在1988年成了大规模谋杀的同义语。他在法官席上的冷漠无情以及近乎可笑的电视演说充分体现了库姆司法体系的普遍特征，即人道主义的缺失。1981年9月，他在接受《世界报》（*kayhan*）采访时宣称："那些在街头武装冲突中被捕的人可以靠墙排成一行，当场开枪行刑。受伤者也可以当场再被补上两枪。从宗教的角度来看，没有必要将这些人提上法庭，因为他们已向真主发动了战争。"[4]到10月，他在接受《消息日报》采访时感到有必要进一步澄清他的法律逻辑。他指出："根据伊斯兰教法，即使他们（即人民圣战者组织成员）在酷刑中死亡，也没有人需要承担责任。这是来自伊玛目的明确法令。"[5]穆罕默迪·吉拉尼的两个儿子早年曾加入人民圣战者组织，他们也是现政权的受害者。在逃亡至土耳其边境附近时，他们遭到了革命卫队的逮捕。由于预感到自己将被捕，他们吞服氰化物胶囊自杀了。他们的父亲证实，一旦他们被带到法院，就会被判处死刑。

霍梅尼主义者中的其他人表现出的狂热或许不及吉拉尼，但他们在执行正确路线方面并不落后。这些人分别担任了沙里亚法法官、检察官、典狱官和其他高级官职——司法机构负责人、情报和司法部长、由霍梅尼任命的星期五聚礼领拜人，以及霍梅尼在革命卫队、武装部队和政府其他敏感机构的代表，他们都遵守相同的准则。数千人因曾加入过反对派组织而遭到清洗、监禁和处决。许多左派同情者因轻微的罪名而被捕，例如与一个激进分子交朋友、拥有革命小册子或参加被怀疑有左派倾向的非正式集会。到1982年中期，即人民圣战者组织暴动失败时，现政权的严厉措施已成功制造了一种恐怖气氛，使得大众完全不敢对任何公共事务表示关心，更不用说那些由左翼分子发起的活动了。

　　人民圣战者组织及其同伴对当局摧毁他们的企图并非完全处于被动状态。1981年6月28日——巴尼萨德尔下台的一周后，一系列街头冲突开始爆发。当时，伊斯兰共和党总部发生了大规模爆炸，炸死了70多人，其中包括该党总书记穆罕默德·贝赫什蒂。政府部长、官员以及该党活跃人士的死亡，给当局领导层带来了自革命开始以来的最大打击。因此，波斯历1360年4月7日成为殉难日历上的一个新红点。尤其是被称为"天园郁金香"（laleh-ye behesht）的贝赫什蒂的去世，使教士集团失去了最精明的领导人之一。尽管他在建立伊斯兰共和党和罢免巴尼萨德尔的过程中起到了关键作用，但他对政治进程复杂性的理解，与许多霍梅尼主义者截然不同。

　　两个多月后，即1981年8月的最后几天，总统办公室内又发生了一起炸弹爆炸事件，在当选总统刚刚两周后，穆罕默德·阿里·拉贾伊即告死亡，他与新任命的总理、伊斯兰共和党创始成员兼第一位担任重要部长职务的教士穆罕默德·贾瓦德·巴霍纳尔（Mohammad Javad Bahonar，1933—1981）一起遇难。这两起轰动一时的爆炸事件间隔很短，显示出该政权安保工作的缺陷以及敌人的渗透。对亲政权分子的一系列暗杀和暗杀未遂加剧了民众的恐惧。1981年6月，未来的总统及最高领袖赛义德·阿里·哈梅内伊在德黑兰清真寺讲道时也成了炸弹攻击的目标。据推测，这些爆炸事件是由人民圣战者组织成员发起的，对当时的政治气氛产生了巨大的负面影响，因为它们使公众的同情心开始向霍梅尼主义者倾斜。它也提醒该政权注意那些影响自身生存的致命威胁，作为报复，它向反对派发动了迄今为止最严厉的镇压。

镇压世俗异见分子

粉碎人民圣战者组织的行动为消除所有其他形式的异见分子提供了借口。在经过几个月的反复思考后，霍梅尼在1981年6月的演讲中强烈谴责民族阵线的领导层为"叛教者"，因为该组织召集了一次集会，抗议议会通过的伊斯兰惩罚法（qesas）。作为巴列维时代刑法典的代替品，该法律实行了一系列古老的惩罚手段，如对出轨的已婚女性处以石刑、砍断盗窃者及其他严重犯罪者的四肢，以及经受害人亲属——新法律将其定义为"受害人的血亲监护人"（awliya-e damm）——的同意，来判定是否判处杀人者及其他罪犯死刑等。从一个更广的角度来看，民族阵线是因为要求霍梅尼对恐怖气氛负责而受到了惩罚。到1982年夏天，民族阵线的大多数领导人要么逃离伊朗，永久流亡，要么最终被关进了伊斯兰共和国的监狱。民族阵线虽然获得了少量中产阶级的暗中支持，但仍然无法抵御霍梅尼的愤怒，无法承受住挥舞着棍棒的真主党以及暴徒们所造成的恐惧。而自由运动则是通过宣布与其在民族阵线里的老同志划清界限才得以幸免。

对于30年来一直为国家主权和政治自由而抗争的民族阵线来说，这种命运太过屈辱。霍梅尼及其缠着头巾的信徒们从来没有真正信任或关心过那些打着领带的自由民族主义者，霍梅尼本人也从来没有承认过摩萨台是国家领导人，也不赞同他的路线。很大程度上，这源于自由民族主义者在革命初期的错误希望，那时的他们相信霍梅尼是自己的民主伙伴，但很快地，他们开始后悔。正如民族阵线领袖卡里姆·桑贾比曾经说过的："现在，毛拉的拖鞋已经取代了军靴。"由于担心自己的生命安全，1981年7月，桑贾比躲藏了起来，之后去往巴黎，不久后，他在美国退休。

同样地，忠于摩萨台道路的政治联盟民族民主阵线（National Democratic Front）也被标为异端。这一联盟是由知识分子和激进主义者于1979年3月成立的，它不认可民族阵线的老式自由主义，而是倡导世俗的社会主义观点。1979年8月8日，隶属民族民主阵线的《未来日报》（Ayandegan）被查禁后，大多数领导人遭到了骚扰，并被迫流亡。在巴黎，民族民主阵线的领导层与人民圣战者组织以及跟巴尼萨德尔有联系的其他反对派成员合作，成立了国民抵抗委员会（National Council of Resistance）。该委员会曾短暂地作为一个有前途的反对派而存在，尽管在实践中，它成了世俗知识分子的负担，因为这些人并不习惯人民圣战者组织的威权主义主张和准军事化管理。当它与伊拉克复兴党政权展开合作时，任何有自尊的伊朗民族主义者都无法接受这一点，该委员会实际上就解散了。

坚持到最后的政党是图德党。尽管该党领导层表现出谄媚的姿态，坚持他们是忠于人民革命的，宣称社会主义原则与革命的伊斯兰主义可以和谐相处，且尊称霍梅尼为反对帝国主义的英雄，但他们未能克服霍梅尼对左派的先天不信任。尽管它小心翼翼地在情报和安全问题上与当局展开合作，但也未能免于当局的愤怒。从革命初期开始，图德党就从老朋友以及在思想上认同他们的年青一代中招收成员。它还与人民敢死队的多数派（aksariyat）进行了合并。对于过去的历史，图德党领导层丝毫不后悔，继续坚定地遵循着亲苏联的政党路线。出于对未来的厚望，他们渗透进了现政权新生的安全和情报机构的中层，显然是指望着一旦"无能的毛拉"束手无策，将统治权拱手相让时，自己就可以取而代之。

图德党的主要领导人包括埃赫桑·塔巴里（Ehsan Tabari，1917—1989），他是该党一位受人尊敬的理论家，也是一位有一定影响力的历史学家；该党总书记努尔·丁·基亚努里（Nur al-Din Kianuri，1915—1999）因1953年之前摇摆的政治立场而臭名昭著；图德党中最杰出的女性玛丽亚姆·费鲁兹（Maryam Firuz，1913—2008）是1940年代末至1950年代初逃到苏联和东欧的该党干部中的幸存者。经过数十年的流亡，他们返回伊朗，带来了经验和纪律，同时也带来了一些教条式的思想，并为适应激进派教士的言论和他们的好战精神而费尽心思。像包括自由派知识分子在内的许多左派人士一样，图德党天真地认为毛拉的日子已经屈指可数；像许多"进步主义者"一样，图德党也认可对"堕落的"巴列维君主制进行革命的"历史必要性"，且常常嘲笑人权和民权等"资产阶级"价值观（除非对他们有利）。至少是在行动上，图德党所做的一切都是合法的，他们竭尽全力，以期有朝一日能够实现让群众摆脱宗教"迷信"的崇高梦想。

然而，当伊斯兰政权发起一场延续至1984年的大规模镇压行动时，图德党才开始意识到形势的严峻。尽管图德党在其出版物中和公开集会上毫无保留地支持伊斯兰革命，但当局对该党及其活动的诸多怀疑从未减少过。克格勃[1]（KGB）间谍主管弗拉基米尔·库齐奇金（Vladimir Kuzichkin）证实了这些担心。库齐奇金曾任克格勃驻德黑兰的负责人，他于1982年叛逃到英国。在接受美国中央情报局采访时，库齐奇金不仅披露了几乎整个图德党领导层的身份，而且还透露了该党在伊斯兰政权中的渗透者身份以及与克格勃的紧密联系。1983年初，中央情报局与伊朗情报部门秘密分享了这些细节，这是该机构负责人威廉·凯西（William Casey）的礼物，美国希望通过向伊朗示好来抵制苏联的影响力。这也是当时里根政府即将采取的一项政策，以抵消美国曾在两伊战争时期对伊拉克进行的大规模援助。时不时地向伊朗提供情报和武器装备构成了美国当局的一系列秘密措施，这些措施最终在1985年的"伊朗门事件"（Iran-Contra Affair）中达到顶峰。

在德黑兰和其他省份，数百名图德党成员被逮捕，随后遭到酷刑折磨，并被判处长期监禁和死刑。不久后，在1985年，一系列的"银幕访谈"——对被迫在电视上进行忏悔的委婉说法——将图德党领导人带到了摄像机前，他们对散布谎言以及屈从于外国势力的经历表示忏悔。他们称赞伊玛目具有真正的革命品质，表达了对伊斯兰的臣服，并承认革命是真正的救赎之路。恐吓、酷刑以及审讯给这些受采访者留下了长久的阴影。

值得注意的是意识形态世界观崩溃所带来的余震。此后还出现了包括塔巴里、基亚努里在内的图德党著名领袖们的"回忆"和更多的"访谈"，这些年迈的领导人在70多岁的时候，再次赞美了霍梅尼，并承认自己犯有政治错误。这些传播物的真实性令人深感怀疑，他们无疑都是在胁迫和进一步酷刑的威胁下录制的。而一些十恶不赦的审讯人本身就是前图德党成员和同情者。现在，他们成了萨瓦克的继任者，为现政权的情报部门工作。当受害者"崩

---

[1] 1954—1991年间苏联的情报机构，以高效率著称。

溃"，准备说出或写出任何让逮捕他们的人高兴的话时，就由这些人来负责酷刑后的审问工作。在革命后伊朗人民目睹的所有逆转中，图德党领导人的坦白可能是最发人深省的。

伴随着对巴尼萨德尔和人民圣战者组织的大规模镇压，安全部队于1982年4月逮捕了萨德克·格特布扎德，他曾经是霍梅尼阵营的资深成员，并担任外交部长一职。他被拘留，接受审判，并被迫在电视上忏悔。像巴尼萨德尔一样，他对霍梅尼的崛起起到了重要作用，且同样成了另一个在革命后被吞噬的对象。格特布扎德被控策划政变，暗杀大阿亚图拉霍梅尼，企图推翻教士政权。在经过26天的漫长审判后，在获得霍梅尼的同意下，1982年9月15日，军事革命法庭判定他犯有最高叛国罪，并将其送上了绞刑架。

据报道，格特布扎德"承认"了一个阴谋，该阴谋牵涉了伊朗境内外的阴谋者，包括中央情报局、巴黎的巴赫蒂亚尔反对派、流亡的保皇党、社会主义国际组织、军队官员、与阿亚图拉沙里亚特马达里相关的教俗人士以及穆斯林人民共和党（Muslim People's Republican Party）。如果克格勃军官库齐奇金的说法可靠，那么克格勃在一定程度上促成了格特布扎德的倒台。根据他的说法，克格勃特工在格特布扎德的房屋中有意藏匿了伪造的来自中央情报局的秘密信息，这暗示格特布扎德参与了一个虚假的反当局阴谋。无论事实如何，格特布扎德都是拒绝接受其政治命运的受害者。像许多革命家一样，他是个古怪的特立独行者，被一个团结的、观念一致的、无情的教士集团压倒，他认识到这一点，却无法接受。1979年2月，作为伊朗广播电台的负责人，当他用流行的贬义词"阿訇的把戏"来表达对教士的厌恶时，他可能从未想到过这种表达的可怕影响。

穆斯林人民共和党曾经是执政的伊斯兰共和党的强大对手，同时也是另一个受害者。其包含社会主义经济学要素的温和改革方案吸引了对霍梅尼主义者迅速崛起感到警惕的中产阶级。在来自阿塞拜疆的温和派"效仿源泉"、一度是库姆最受尊重的权威阿亚图拉穆罕默德·卡齐姆·沙里亚特马达里的支持下，该党希望能够创造出一个具有更广泛代表性的选举制度，但这引起了强硬派的公开敌意。当该党在大不里士和阿塞拜疆其他城市组织的大规模集会引起了当局的担忧时，一群挥舞着棍棒的暴民就会被派去破坏集会，并引发暴力冲突。与此同时，该党的领导层被污蔑为美国的代理人，党组织也随之被解散。

在格特布扎德被处决后不久，霍梅尼下令对沙里亚特马达里"剥夺圣职"（khal'-e lebas），并将其终身软禁（图15.5）。即使对霍梅尼来说，这也是一个不同寻常的措施，如此对待一个阿亚图拉同僚——特别是这个同僚曾于1962年代表霍梅尼与国王进行调停，并可能把霍梅尼从死亡中救了出来——反映该政权认为自身处境十分严峻。伊斯兰出版与教学中心——在沙里亚特马达里的关注下成立——是库姆最早的出版机构之一，这时也被关停了。沙里亚特马达里的家人被捕，并遭受酷刑折磨。年迈的沙里亚特马达里被指控与阴谋家合作，当时已77岁的他遭到了情报部长穆罕默德·雷沙赫里（Mohammad Rayshahri，1946年生）的殴打和推搡。沙里亚特马达里也被带到了电视摄像机前，阅读一份为自己的不当行为道歉的声明，公开受辱。

图15.5　1979年，霍梅尼和沙里亚特马达里在库姆会面，因为两位"效仿源泉"所走的道路截然不同，他们的关系很快恶化

伊玛目霍梅尼，http://www.imam-khomeini.ir/fa/c201_30173.

剥夺一位德高望重的"效仿源泉"的圣职，显然是受到了梵蒂冈的启发，此举是对公认的高级穆智台希德安全空间的前所未有的侵犯。它的目的是展现霍梅尼相对于其他"效仿源泉"的优势地位，尤其是当他们不公开屈服于他的伊玛目地位以及监护的教法学家地位时。这是什叶派历史上第一次建立起制度性的等级制度以及相关的惩罚措施，其他"效仿源泉"则只敢适时地服从。除了霍梅尼的首席副手、指定接班人阿亚图拉侯赛因·阿里·蒙塔泽里（在1989年面临与沙里亚特马达里同样的命运）外，库姆或其他主要什叶派中心很少发出反对的声音。

这次大清洗的另一个受害者是于1953年政变后成立的反巴哈伊教协会（anjoman-e zedd-e Baha'iyat，又称霍贾蒂耶协会）。霍梅尼在宗教学校的同伴谢赫·马哈茂德·哈拉比建立了这一协会，并成为其领导人，他认为反巴哈伊教活动（包括骚扰巴哈伊教徒和破坏他们的聚会）是忠诚的穆斯林为了预先迎接"隐遁伊玛目"或真主的凭证（Hojjat）降临而履行的责任。该协会潜在的弥赛亚主义是对巴哈伊教的后伊斯兰信仰的回应。从革命前夕一直到革命后，反巴哈伊教协会作为一个将非教士团结在一起的网络，用一种弥赛亚主义的主张，把伊斯兰革命解读成"时代伊玛目"降临前的筹备阶段。反巴哈伊教协会最喜欢的口号是"直到马赫迪革命"，意味着伊斯兰革命是"时代伊玛目"来临的前奏。作为回应，那些支持伊玛目霍梅尼的人喊道："霍梅尼！霍梅尼！您是（时代）伊玛目的体现。"这明确强调了监护的教法学家作为"隐遁伊玛目"的"代理人"的权威。反巴哈伊教协会一度得到了对手的容忍，但在1983年的一次演讲中，因霍梅尼担心该协会在新精英群体中的影响力不断扩大，而最终禁止了该协会的活动。伊斯兰共和国许多"信仰坚定"的骨干都曾是反巴哈伊教协会的成员，即使在霍梅尼发出禁令后，他们仍默默保持着对该协会记忆和目标的忠诚。

伊斯兰文化革命

清除巴列维政权的残余以及打击当局在左翼以及伊斯兰教派内部的意识形态对手（这是更为紧迫的），不仅需要仰赖政治上的权力，而且还需要关闭世俗反对派经营的报纸和出版物。像"左"倾的《未来日报》这样的独立报纸必须被封，该报纸有着令人印象深刻的吸引力，并提高了当时报道和编辑的水准。该报始创于1967年，以左翼知识分子的角度报道了革命前和革命时期的各项事务。对于将革命视为社会开放和新闻自由的模范的一代自由左派积极分子来说，该报的被关停是一个不祥的预兆。在伊斯兰共和国总检察长签发的命令下，该报办公场所被充公。1979年8月，伊斯兰议会通过了极为严格的新闻法。很明显，伊斯兰政权甚至无法容忍对当局暴政的温和批评。

《未来日报》被关停之后，其他的报纸和杂志要么在接下来的几个月或几年里保持沉默，要么被霍梅尼支持者完全接管。如果来自伊斯兰指导部（Ministry of Islamic Guidance）的严格监视仍不足以吓退记者，并迫使他们保持沉默，那么就轮到真主党的暴徒和革命委员会的"突击部队"出场了。革命开始时，两份主要的国家日报被直接接管并国有化。在对人员做彻底清理后，这些报纸的控制权落入了霍梅尼的助手或最臭名昭著的强硬派之手，伊斯兰共和党的官方机构以及其他资金充裕的政府期刊、报纸也参与了新闻出版的伊斯兰化。伊朗在1980年已拥有超过100种期刊，到1983年，几乎所有独立报纸和期刊都被迫关闭，原本迅速发展的伊朗新闻界遭受了灭顶之灾（图15.6）。

图15.6　1979年10月制作的这张谜一般的海报很明显地反映了在机关枪的阴影下，发展新闻自由处于两难境地

由库罗什·希什格兰（Kurosh Shishehgran）设计，《艺术革命：57年革命的57张海报》（*Honar-e Enqlab, 57 Poster az Enqlab-e 57*），拉苏尔·贾法里安编（德黑兰：伊斯兰议会图书馆、博物馆与文献中心，波斯历1390年／公历2011年），第24页。

与新闻界一样，教育和文化机构显然也成了当局的目标。从各级高等教育机构中清除所有"不受约束"的教职员工和学生，实行教育机构的伊斯兰化，很快成为伊斯兰共和国的主要任务。这场被称为"文化革命"（Enqelab-e Farhangi）的运动的核心推动力是对自20世纪初以来出现的世俗教育体系的深深不满。这样的报复心态也许是一种对巴列维时代轻视和否定伊斯兰教育的反动，也呼应了库姆和纳杰夫的什叶派教徒圈子中的崇敬态度。尽管在大多数方面，激进的教士阵营及其世俗同僚认为现代技术、科学和医学教育与伊斯兰教义是相一致的，但他们仍认为传统的伊斯兰教知识，尤其是法理学，受到了不公正的忽视，甚至是嘲弄。

更重要的是，他们感到大学环境已被道德上的放纵以及各种西方堕落思想所玷污，尤其是自1960年代以来；此外，巴列维文化精英长期以来对与传统什叶派教育有关的一切都怀有深深的怨恨。这就是伊斯兰共和国当局及其工作人员想扭转的局面。阿尔·艾哈迈德的思想遗产——关于"西化病"的论述，以及沙里亚蒂理想化的伊斯兰激进主义，都助长了阿亚图拉霍梅尼和他的文化革命委员们的道德愤慨，他们经常将大学描述为无信者的老巢，认为大学培养了学生对伊斯兰教及其教义的轻视。阶级差距也有一定影响。出身于社会地位较低的家庭的革命分子怀着明显的怨恨，他们对庄严的教育机构进行了清洗，这象征着对旧式教育精英的胜利。在对德黑兰大学的清洗中，这一点体现得尤为明显。与其他大学和高等教育机构一样，德黑兰大学在革命初期已成为人民敢死队和人民圣战者进行组织和招募的大本营，这是当局接管全国所有大学校园的另一个动机，即在全国范围内清除学生和教职员工中的敌对元素（图15.7和图15.8）

图15.7　1979年3月德黑兰大学文学院前的菲尔多西雕像

人民敢死队和人民圣战者的招贴画、涂鸦、通知，包括阿拉尼的肖像画，被贴得满满当当。

玛利亚姆·赞迪，《57年革命》，第103页。

图15.8　革命前夕的德黑兰大学里，路边书商出售着政府长期设限的书籍、小册子和照片，其中最受欢迎的是左派作品

玛利亚姆·赞迪，《57年革命》，第90页。

革命胜利后，每周都有成千上万的政权支持者占领德黑兰大学校园中心的足球场，参加周五的聚礼。领拜人手里拿着G3步枪，做着象征性的布道（khotbeh）手势，并谴责伊斯兰的国内外敌人，他的目的是在一个庄严的现代教育中心强调当局的伊斯兰主权。参与者仿佛是在进行一种仪式，先是向先知和他的后代致敬，然后是各种口号，如"美国去死""偶像崇拜者去死""伪善者去死"，口号还包括该周的其他诅咒对象。

半个世纪以来，德黑兰大学一直是培养伊朗职业精英的基地，也是表达政治异见的中心，在这里举行周五聚礼活动，实际包含了多种意图。正如霍梅尼经常强调的那样，它展示了库姆经学院将异教世界的大学进行"伊斯兰化"的渴望。"将大学和经学院融合起来"成为当局的优先事项。星期五的聚礼还意在以纯粹的人数优势（和扬声器）击败所有其他声音，尤其是左派的声音，自革命胜利以来，这些声音就藏身于大学校园内。尽管有更大的场地可供使用，但是周五聚礼此后在德黑兰大学中持续了30多年，这表明了伊斯兰共和国的生存焦虑。实际上，撤出德黑兰大学校园将表明革命的伊斯兰化进程的退缩，这是伊斯兰共和国当局过去、现在及将来一直不愿意面对，甚至是不惜一切代价要避免的。

随后又出现了其他象征性事件，它们在开始时可能是良性的。霍梅尼于1980年6月发布法令，发起了伊朗文化革命，从小学到大学，革命广泛清算（paksazi，字面意为"净化"）了各个层面的可疑分子。这场文化革命主要关注对各级教育的控制，并对伊朗的教育、专业领域、技术技能以及最重要的人文学科构成了强烈的破坏。由霍梅尼任命的、主要由强硬派分子组成的文化革命最高委员会从监护的教法学家的指示以及愤怒的公开演讲中寻找线索，而霍梅尼也一再敦促委员会不惜一切代价剔除大学中的所有非伊斯兰元素。到1981年年中，在驱逐巴尼萨德尔和粉碎人民圣战者组织的行动的同时，德黑兰和其他省份的暴民随机袭击了各个大学的校园，殴打并伤害学生，将左派赶出了他们的办公室和准军事基地，进而占领了校园。为了达成目标，委员会于1980年6月4日下令关闭全国的大学。在接下来的三年中，它们一直保持关闭状态，以便让委员会有足够的时间系统地剔除不良元素。几天后，霍梅尼的指令确认了大学的关闭：

> 有时，人们已经认识到对文化革命的需要，这是一个伊斯兰问题，也是伊斯兰国家的需要……伊斯兰国家感到担心，因为真主不允许我们错过机会，不允许我们不采取任何积极行动，现在的文化领域仍与腐败政权时期的情况别无二致，没有受过正确教育的官员将这些重要的中心置于殖民者的控制之下。不幸的是，外国利益集团想让这种灾难性的局面继续下去，这将给伊斯兰革命和伊斯兰共和国带来沉重打击，对这个重要问题的漠不关心是对伊斯兰教和伊斯兰国家的背叛。[6]

1984年秋天，大学重新开放后，被录取的学生多是退伍军人或受偏袒的内部人士，他们主要靠着热情和人脉入学，而非学术成绩。在新制度下受过训练的"坚定的"骨干逐渐取代了老一代的讲师和大学教授，尽管大学中异见者和怀疑论者的精神并没有完全消失，且新一代学者的成熟也令人惊讶。虽然表面上看似服从于该制度的意识形态指示，但许多人仍对加诸高等教育之上的狭隘、浅薄措施展开了批评，有时还勇敢地对主流观念提出质疑。

更为激烈的是学校课程的伊斯兰化，这是文化革命的另一项紧迫任务。相当一部分强制性的"伊斯兰"教育被注入教育系统的各个层面，包括虔诚行为、基本的什叶派法学和神学。另一项系统性工程是对人文学科，尤其是历史、哲学和文学的教科书展开大幅的修订和改写。

在现代伊朗的故事中，最大的歪曲是对于伊斯兰革命前奏的描述。伊斯兰共和国的历史教科书将恺加王朝统治者描绘为无知、压迫民众和耽于享乐之徒，并应对伊朗被欧洲列强掠夺了领土的历史负责。除少数几个例外，恺加王朝的政治家都被描述为摇摆在英俄之间的贪得无厌的傀儡，这些教科书也没有任何关于政治结构的描写。可以预见的是，它们用一种遮遮掩掩的扩张主义情结的腔调哀叹了珍贵的高加索各省以及赫拉特、梅尔夫的丧失。在哀悼立宪革命的命运时，新的伊斯兰叙事指责世俗立宪主义者将正直的伊斯兰理想出卖给了外来的自由主义意识形态，它把那个时期的政治家描绘成背离传统的西方主义者。相比之下，谢赫·法兹洛拉·努里被誉为立宪革命真正的拥护者，他是一名坚持伊斯兰信仰的受害者，也是一位伊斯兰运动的先驱，该运动最终在霍梅尼的领导下结出了硕果。恺加时代早期的唯一一个英雄是米尔扎·塔奇·汗·阿米尔·卡比尔，他受到了同样理想化的描绘，这种描绘是从几十年前的民族主义叙事中继承而来的。他被想象成一个完美无瑕的反帝国主义英雄，他的被杀使伊朗丧失了改革和进步的唯一机会。

而伊斯兰共和国宏大叙事中的最大反派人物是礼萨·汗，他在伊斯兰革命的话语中被轻蔑地提及。他被当成英国倒行逆施下的傀儡，关于他掌权经过的阴谋论观点备受推崇，对他——当然也还有巴列维改革——的描绘总是带有一种报复性的意味。好像整个巴列维时代都充斥着对真正伊斯兰教和什叶派教士精神的严重背叛，对伊朗国家和社会来说都是没有任何积极价值的。可以预见，这种叙事由哈桑·莫德雷斯建立，他后来被提升为阿亚图拉。他并不长于政治，而是成了与巴列维反伊斯兰暴政进行抗争的烈士。他是伊斯兰革命的另一个先驱。伊斯兰共和国教育部的叙述是为了确保学生们认识到礼萨·汗时代是没有带来过任何好处的，反而使伊朗受过良好教育的中产阶级偏离了伊斯兰的道路。具有讽刺意味的是，这些教科书的作者以及激进的霍梅尼主义者都是同一批中产阶级的忘恩负义的副产品。

出于同样的原因，穆罕默德·礼萨·沙赫时代受到了彻底的摩尼教式二元对立的对待，在大阿亚图拉霍梅尼支持下的伊斯兰正义力量与"犯有叛国罪的"巴列维国王的邪恶以及他留给伊朗的贪婪、压迫和谄媚形成了鲜明对比。毫不奇怪，穆罕默德·摩萨台（通常用他的恺加头衔"Mosaddeq al-Saltaneh"来称呼他，以强调他的贵族血统）不是石油国有化运动的英雄，而是以偶然的领导人的身份出现在这一叙述中。就像他之前的自由立宪主义者一样，一旦他与当时真正的伊斯兰领导人、伊斯兰革命神圣家谱中另一个缠着头巾的先驱阿亚图拉卡沙尼分道扬镳，他也将注定失败。教士激进主义和世俗现代性之间发生的一系列事件总是充斥着腐败和离经叛道，成了强调天意注定的什叶派哀悼剧（即塔兹耶）的现代版本，而大阿亚图拉霍梅尼也将注定来到这个舞台上，成为将教士集团从连续几个世纪的奉献和牺牲中解救出来的最终救世主。

确立完全的统治权

到1983年底，伊斯兰政权几乎成功地消灭了所有政治反对派的声音，仅仅在四年前，这些声音还曾帮助它上台。而伊朗所有寻求民族自治的声音——包括库尔德人、阿塞拜疆人、土库曼人和胡齐斯坦的逊尼派阿拉伯人的声音——都得到了有效控制。当我们考虑到伊朗在1982年和1983年成功击退伊拉克的攻势时，这种镇压的规模就显得更加惊人了。与欧洲和其他地区早期革命政权的经历相比，伊斯兰共和国的成功令人印象深刻。1789年法国大革命爆发，在恐怖统治时期[1]（the Reign of Terror）之前的两年，法国的革命进程基本上没有得到巩固，革命政权的命运也未定。到1921年，俄国革命仍有很长的路要走，需要通过一场广泛的内战来消除人们对布尔什维克存续的怀疑。

伊斯兰革命成功的关键可能要归功于霍梅尼作为革命先知的至关重要的存在。首先，他借用伊本·赫勒敦（Ibn Khaldun）著名的"帝国兴衰过程中的'团结'（asabiyya）理论"，以坚定而冷酷的敏锐态度，在教俗两界追随者中塑造了高度的团队凝聚力。必要时，他对自己最亲密的助手或最高等级的教士对手也毫不留情。他主持的教士群体对于谁是自己人、谁不是自己人没有一丝怀疑，且革命期间的诸多变故使这种区别更加明显了。保存"自我"和清除"他者"很快成为事关生存的重大问题。尽管"旧政权"几乎被彻底消灭，但革命的参加者却因其对教义的忠诚而迅速地通过了筛选。

而强大的国家在组织和领导方面帮助提高了教士群体的团队凝聚力。尽管革命机构混乱无序，教士的领导权分散，甚至是存在缺陷，但因1980年代初油价飞涨带来的收入，新政权仍有足够的组织资源、财政资源以巩固自身。通过反复试验，霍梅尼和霍梅尼主义的精英们学会了生存的艺术，也学会了随之而来的对"他者"的胁迫和控制。"库姆化的"政治风格很快教会了他们群众政治的复杂性，磨炼了他们进行恐吓和控制的才能，也丰富了他们激进的修辞和宣传技巧。他们对新技术——大多源自"大撒旦之国"——的迷恋，则增强了他们应对国际孤立的能力，最重要的是，这也使他们相信，现在是按照他们自己的想法和观念来塑造社会的时候了。

这是一种堪称库姆风格的统治方式，因为这种统治建立在几个世纪以来的宗教团结以及数十年来被政治权力源头孤立的基础之上，它充满了内部竞争和派系主义，但又能联合起来反对共同的敌人巴列维世俗主义。库姆既是一种精神状态，又是一个物理空间。它是一个复杂的多面迷宫，有自己的道德经济学，其基础是宗教学校的节俭生活以及教士通过清真寺、圣地、布道、穆哈兰姆哀悼仪式与更广泛的信徒群体建立起的联系。这种文化现在被投射到更大的

---

[1] 也称雅各宾专政，是法国大革命的一段充满暴力的时期（1793—1794），当时，罗伯斯庇尔领导的雅各宾派统治了法国，大力镇压所谓的反革命势力。

政治舞台上。

　　无论是在应变能力还是在精明程度上，这个教士共同体都没有对手，甚至连培养起不容怀疑的组织忠诚度以及对教义的信仰的人民圣者组织也难出其右。人民圣战者及人民敢死队的领导层在思想上过于幼稚，在政治上也显得过于粗糙，而图德党则屈从于自己的偶像。经验丰富的自由民族主义者——无论是伊斯兰主义者还是世俗主义者，对于政治的理解仍然停留在摩萨台时代。他们从未有能力真正了解霍梅尼以及他周围的新式激进教士，更不要说与之进行竞争了。他们之间不安的伙伴关系完全是基于一种过时的假设，即在革命后的新秩序中实现宗教和政治两者的分工。毛拉们的首要任务是借助他们掌握政权，除此以外，这些温文尔雅、具有民主倾向的上一代人几乎没有任何用处。当这些政治老兵选择不去适应权力阶层时，就为时已晚了。

　　除了团结和操纵外，新政权还得益于公众支持以及两伊战争引发的爱国同情。霍梅尼主义者毫不避讳地承认人质危机和与伊拉克的战争确实是帮助他们得以维系统治的机遇，当时，对战争过程充满同情的伊朗人选择将保卫国家置于政治秩序的选择之前。民众的心态仍不够成熟，对前政权的不满情绪又太强烈，以至于无法做出冷静的政治判断，尤其是大多数伊朗人认为霍梅尼是唯一合法领导人，可以带领自己的国家走过险滩，战胜来势汹汹的伊拉克入侵者及其西方支持者，无论是出于真实还是想象。

第十六章

面对敌人：人质危机、两伊战争及其后果

专家会议一直在审议伊斯兰宪法的条款和监护的教法学家的最高权力，尽管此刻一场巨大的危机正在进行。这场危机动摇了伊朗与外界的关系，引起了伊朗与美国的对抗，奠定了两国未来数十年的关系基础。发生于1979年11月的这次人质危机使国际社会为之震动，在接下来的14个月里，它将激怒美国，成为全世界媒体关注的焦点，并震惊全球舆论，无可挽回地损害伊斯兰共和国的形象。与邻国伊拉克的复兴党政权的毁灭性冲突恶化了伊朗的对外关系。虽然人质危机事件给了伊斯兰政权一个象征性地与超级大国交战的机会，但与伊拉克的长期战争被证明是一场灾难，它对伊朗人和伊拉克人的生活造成了不利影响。与大多数革命一样，国内动荡超出了国界，尽管人质危机或伊拉克入侵这两个事件都不是完全无法避免的。

然而，这两个事件都强化了霍梅尼的坚定立场，并以牺牲竞争者为代价巩固了他的伊斯兰秩序。他自豪地标记为"第二次革命"的行动不仅是为了消灭其阵营所称的"保皇派暴动"，也是为了消灭"妥协的自由主义者"。霍梅尼主义者利用人质危机以及美国"毁灭世界"（emrika-ye jahan-khawar）的威胁，从左派手中抢得先机，第一个"揭露"（efshagari）了超级大国的"邪恶

帝国主义阴谋"。与之相对应，战争帮助掌握最高权力的教士集团以"叛国"的名义压制了所有争执。此外，捍卫"伊斯兰家园"的经历赋予了该政权新的合法性，它沐浴在爱国主义的光芒下，并通过牺牲和鲜血帮助培养了一代与伊斯兰共和国紧密相连的政治老兵。

驱逐大撒旦

1979年11月4日，一群自称"遵循伊玛目路线的学生"（Daneshjuyan-e Payro-e Khatt-e Imam）的年轻强硬派人士以戏剧性的举动接管了美国驻伊朗大使馆。他们扣押了66名美国外交官及工作人员作为人质，大概提出了让美国把巴列维国王遣返伊朗的要求，以便在革命法庭上审判他。一周前，即1979年10月下旬，国王抵达纽约，接受了癌症紧急治疗。国王抵达纽约后，与亨利·基辛格、纳尔逊·洛克菲勒等有影响力的美国朋友进行了接触，这在以阴谋论为中心的伊朗革命氛围中引起了进一步的怀疑。对1953年8月政变中美国干涉的痛苦记忆使人们非常担心历史的重现，这对任何想利用这种情绪的人来说都是极好的机会。

历时444天的人质危机损害了伊朗的国际地位，但被证明对霍梅尼阵营有利。被扣押之后，立即有几名美国大使馆工作人员在摄影机的拍摄下被迫游街。这是一个大胆的公开举动，世界媒体对此进行了大量报道。被蒙住眼睛、害怕不已的美国人（其中一些人是在大使馆办公桌的后面被拍摄的，他们曾坐在这里，向那些想定居美国的惊恐的伊朗人发放签证）的照片很快变成了复仇狂热者手中羞辱美国的标志。

"遵循伊玛目路线的学生"的要求逐步为人所知，除了继续要求国王回国，他们还声称美国大使馆是密谋反对革命、支持"偶像崇拜者"的"间谍老巢"（laneh-ye jasusi），还妄想以某种方式发动政变，试图恢复国王的权力。毫无疑问，在伊朗的革命气氛中，这种行为"暴露"了激烈的民众情绪。临时政府成员与美国外交官、政治家之间的会议很容易就会成为他们阴谋论的进一步借口，左派和伊斯兰强硬派媒体已经将巴扎尔甘与美国驻德黑兰大使威廉·沙利文之间的偶尔会见描述成妥协和可疑之事。易卜拉欣·雅兹迪与当时的美国国务卿赛勒斯·万斯于纽约联合国大会期间举行的会议加剧了阴谋指控。1979年10月下旬举行的阿尔及利亚独立周年纪念活动期间，巴扎尔甘与美国国家安全顾问兹比格涅夫·布热津斯基之间的一次会议为偏执的氛围再添了一把火。尽管所有谈判都围绕双方共同关心的问题以及革命后改善美伊关系的需要，甚至还为巴列维时代的苛政寻求补救办法，但在激进派批评家看来，这显然不足以为巴扎尔甘辩护。不久，这些接触成为人质劫持者抹黑临时政府的主要内容。

这不是左翼激进派第一次想占据大使馆，他们早前就曾经尝试过，但未能成功。在"遵循伊玛目路线的学生"接管前，美国大使馆至少三次遭到过左派民兵的袭击，第一次是在1978年的圣诞节，第二次是在革命胜利后的1979年2月13日。而易卜拉欣·雅兹迪与临时政府的合作阻止了人民敢死队的第二次进攻。后来，一个自封的革命委员会驻扎在使馆内。人民圣战者组织的进一步尝试是在1979年11月之前的几周进行的。所有尝试显然都是象征性的，肇事者主要是出于宣传目的。但伊斯兰替补队很快就从左翼激进派的这些行动中为后来劫持人质的举动汲取了经验教训。

人质危机产生的术语也是革命初期人们广泛使用的新术语的一部分，是左派和霍梅尼主义者的联合产物。表示意识形态派系的"路线"（khatt）一词在当时渴望将一个"立场"与另一个"立场"进行区分的语境中迅速传播。意识形态上的差异使马克思主义者与伊斯兰–马克思主义者彼此分离，也使得这两者都与伊斯兰主义激进派相区别。"表明您的立场！"成了一个常见的警告口号。占领美国大使馆是"遵循伊玛目路线的学生"的一项大胆举措，目的是在瞬息万变的革命舞台上取得竞争先机。他们是"伊玛目路线"的成员，这暗示了对革命领袖的某种个人忠诚，尽管事实证明，他们并不完全都是围绕伊玛目的教俗两界的霍梅尼主义者。这些学生并不从属于某一派系，他们大多是出身于中下阶层的年轻理想主义者，受到了反帝国主义话语的鼓舞，并因世界解放运动而团结在一起。这种情绪在大学的伊斯兰协会中普遍存在，且常常与左派宣传竞争。剧烈的甚至是戏剧性的紧张情绪导致扣押使馆人员事件的发生。

在整个危机中，愤慨的道德表达是"遵循伊玛目路线的学生"手中有力的宣传武器，并鼓励其他所有革命者跃跃欲试。这次扣押变成了前所未有的危机。使包括巴扎尔甘在内的许多人感到惊讶的是，霍梅尼毫不掩饰地支持占领使馆，这不仅是为了支持坚定的伊斯兰青年的英勇举动，还是一项先发制人的措施，目的是将伪装成外交官的"间谍"手中的美国"邪恶"阴谋"暴露"出来。霍梅尼仍然居住在库姆，表面上不愿干预临时政府的事务，但实际上，他经常公开地破坏临时政府的决策，且常常丝毫不加掩饰。他在国际媒体的采访中煽动性地呼吁全世界的伊斯兰激进分子与正在吞噬世界的超级大国抗衡。他任命批评巴扎尔甘的激进派教士担任行政和司法职务，并任命每座城市的聚礼领拜人赞扬煽动暴徒聚众闹事的行动。如果他借口需要用法令来进行统治，那么宪法就会授予他相应的权力。很快，对于所有希望迅速结束人质危机和革命混乱的人来说，他不断升级的好战特征变得更加明显了。正如巴扎尔甘曾经指出的那样，伊玛目本人被证明是混乱最强大的根源。他把伊朗变成了"一个有数百名市长的城市"，而他自己的政府就像是"没有柄的刀"。

不出所料，临时政府成为人质危机的第一个受害者。它于11月5日，即扣押人质的第二天宣布解散，霍梅尼最终在几天后接受了这次辞职。不过在10月下旬时，它就已经基本瘫痪，等着出局了。临时政府受到了由霍梅尼主义者和革命法院支持的不守规矩的伊斯兰革命委员会的骚扰，这一半秘密组织的成员正不断增加。该委员会是由霍梅尼成立的，是几乎与临时政府平行的权力机构，似乎从一开始，他就打算剥夺政府的权威，并把所有混乱和争执的责任推到政府的身上。巴扎尔甘遭到马克思主义者和伊斯兰左派的攻击，后者指控他庇护"依附的"（vabasteh）资本家，并积极与美国及其代理人进行合作。巴扎尔甘"循序渐进"的过渡政策显然已经搁浅了。

在认真地深挖了使馆残存的文件之后，"遵循伊玛目路线的学生"的"揭秘"（efsha-gari）并没有发掘出惊天动地的间谍故事来。尽管在当时，临时政府已瘫痪，他们仍以与美国大使馆合作的罪名把政府发言人阿巴斯·阿米尔·恩特扎姆（Abbas Amir Entezam，生于1933年）关押入狱，但对美国干预伊朗内政的指控却没有什么实质证据。使馆工作人员进行过例行的情报收集工作，但由于缺乏可靠的消息来源而受到阻碍，然而在这些学生看来，这是美国旨在破坏伊斯兰革命的不可否认的证据。凭着充满热情的劲头，学生们仔细检查了成千上万份使馆档案，寻找特工和间谍，寻找暗杀和颠覆阴谋的证据以及其中的敌人。尽管听起来难以置信，但他们甚至把在使馆被完全占领之前的几分钟里被美国工作人员匆匆粉碎的数千封机密文件，重新粘贴在一起。然而，这桩壮举并未能揪出大阴谋。

在这场揭露"帝国主义阴谋"的疯狂行动中，最终被揭晓的不过是许多早已出版的《来自间谍巢穴的文件》（Asnad-e Laneh-ye Jasusi），这表明美国多年来密切监视着伊朗的内政和区域发展。这是全世界任何国家或地区的使馆情报部门的常规工作，但对"遵循伊玛目路线的学生"来说，这些都是美国间谍活动不可否认的证据。这些文件显示出美国方面对细节的高度关注，但也表明了美国对大局以及巴列维政权光彩照人的外表下不断累积的潜在革命压力的疏忽。

就后革命时期而言，除了那些人际关系格局以及如何与新政权建立联系，美国的外交和情报收集似乎不太关心革命政权和伊斯兰激进派的构成；相反，美国大使馆主要关注新政权在国内的镇压行动以及对地区事务造成的影响：苏联将从巴列维的倒台中获得怎样的好处，波斯湾的安全问题，伊朗图德党和其他各种派系的复兴的后果。霍梅尼被看作暴民的煽动者，而不是强力对手，而巴扎尔甘则被视为外交正常化道路上的潜在同伴。几乎没有人承认过去的错误，甚至没有什么办法能够弥补像巴列维这样有价值的盟友陨落而带来的损失。伊斯兰革命被视为地区性麻烦，需要找出解决办法。

对于学生以及被迷惑住的伊朗公众来说，人质事件首先被看作一场胜利，是为了避免1953年政变的重演而采取的先发制人的措施，这似乎要归功于年轻而单纯的学生的革命警觉。但从一开始，随着学生们成功地借用左派的言论和技巧，这场危机就使政治话语变得更加富有攻击性了。临时政府的垮台不仅赋予了他们权力，而且还说服霍梅尼及其同盟在意识形态方面下了更大的赌注。口号"不要东方，不要西方，只要伊斯兰"被作了修改，体现出更强烈的"反帝国主义"色彩。现在，人们经常在集会上喊出"美国去死"（marg bar Amrika）的口号，这是1950年代图德党口号的残留，而霍梅尼激情四射地谴责美国为"大撒旦"（shaytan-e bozorg）。

将美国指斥为撒旦，最初源自霍梅尼于1979年11月针对美国的例行控诉，它可能源自冷战时的宣传，而不是伊斯兰的撒旦概念。可以肯定的是，《古兰经》中确实有大撒旦领导着一支由小恶魔组成的军队的记述。然而，在充满世俗诱惑和个人谴责的环境中，撒旦几乎从未被人察觉。他是一个堕落的天使，能够作恶和欺骗，但没有黑暗的破坏力。用"撒旦"来形容美国，把这个恶魔般的超级大国作为世界末日的同义语，似乎更多的是受到了世俗世界的启发。在新的伊斯兰化叙事中，对美国的妖魔化超越了冷战期间的谩骂。它预示着"他者"的终极行动，伊斯兰革命领导着善良的力量对抗霸权和堕落的邪恶军队，如同在漫画中一般。这正是曾经培育了琐罗亚斯德教徒所拥有的善恶之间永恒战争观念的国度会接受的二元对立叙事。

但从更广阔的伊朗历史经验来看，与之相类似的只有萨法维什叶派教义，对哈里发的诅咒以及对逊尼派象征的各种亵渎都源自新的什叶派国家无力抗衡16、17世纪奥斯曼帝国的军事力量。反逊尼派的宣传不仅反映了对奥斯曼帝国霸权主义的焦虑，而且还为新的萨法维政权带来了合法性。它巩固了萨法维的社会基础，并使其能够消除现实的和潜在的竞争对手。对最初三位正统哈里发的"诅咒与责备"（sabb va la'n），对先知的妻子、第一次伊斯兰内战期间反阿里叛乱的领导者阿伊莎（'Aisha）的诽谤，仪式性地烧毁第二任哈里发欧麦尔（'Umar）的雕像，诅咒倭马亚王朝哈里发穆阿维亚、他的儿子耶齐德和早期伊斯兰历史上的著名人物，以及对伊朗逊尼派和秘密逊尼派人口的持续骚扰，都帮助巩固了萨法维王朝的统治根基，尤其是在难以驾驭的红头军中。几个世纪以来，什叶派的宣传造就了对逊尼派历史的针对性叙事，也对伊朗的身份认同产生了持久影响。

从某些历史维度看，现代"遵循伊玛目路线的学生"对伊玛目的赞美与萨法维时期的"红头军"并无不同。对美国恶魔的诅咒也并非不同于对奥斯曼逊尼派的诅咒。霍梅尼是伊斯兰革命的先知，就像伊斯玛仪是萨法维革命的先知一样。这种类比是非历史的，但有着正面的社会意义。为了在危急关头确定自己的身份，什叶派依靠那些能够增强社会凝聚力的元素，魅力超凡的领袖、迫害叙事以及真实或想象中的外部他者都在此列。在伊斯兰革命中，被妖魔化的美国作为异质的他者再次出现，使得什叶派教士群体确立了政治合法性，并确保其优势地位。因此，"遵循伊玛目路线的学生"将伊斯兰共和国与巴列维时代做了切割，使之跨向国际仇恨的新时代。

为了实现这一目的，伊朗当局投入了极大的热情。大使馆前的罗斯福大街（后更名为莫法特赫大街）上，每天都有成千上万的人参加反美和反以色列的集会，或是来见证这一壮观的景象。"坚定的"涂鸦艺术家在大使馆的外墙上刻画着描绘美国罪行的特殊场景以及用图画展示革命胜利的景象。受人敬爱的伊玛目的讲道场景被画得非常大，上面还写着"Emrika hich ghalati nemitavanad bekonad"（大致意思是说"美国不能再作恶了"）。霍尔梅尼保证尽管媒体进行了很多讨论，但美国不可能对伊朗采取任何军事行动。有一些摊贩出售商品：烤玉米、新鲜的核桃和烤箱烤的甜菜。所有的穷人的美味佳肴现在都被引入德黑兰北部的富裕社区。在《戴维营协定》（*Camp David Accords*）以及随后1979年3月《埃及-以色列和平条约》（*Egypt-Israeli Peace Treaty*）签署之后，美国大使馆前的小贩开始出售名为"三个腐败分子：卡特、萨达特和贝京"的粗制木偶。图德党为了彰显其存在感，每天早晨将一大束鲜花送到大使馆的正门，以表达图德党对学生的英勇精神的赞赏。

人质危机期间的街头文化也将街头书商带到了美国大使馆（被更名为"间谍之巢"）前的大街小巷里，出售包有"空白封面"的马克思列宁主义小册子的秘密译本以及有关伊斯兰意识形态的流行著作，艾哈迈德、沙里亚蒂和塔莱加尼的作品，匆忙翻译的有关美国在越南的罪行、国际犹太复国主义以及以色列针对巴勒斯坦人的犯罪的通俗历史著作，人民敢死队和人民圣战者组织出版的小册子以及摩萨台、米尔扎·库查克·汗（Mirza Khuchak Khan）和伊斯兰革命烈士的画像。这些书籍和海报是革命文化的反映，它的来源多种多样，而读者的好奇则反映出了他们对政治身份的探寻。

霍梅尼仿佛能够预知未来一般，他对美国无力伤害伊朗的保证于1980年4月24日被证实。当时，美国陆军三角洲部队与美军其他部队合作实施的鹰爪行动试图展开对人质的营救，但该行动彻底失败了。在精心设计的多阶段军事计划中，美军首先要降落在伊朗中部沙漠中心一个空无一人的简易机场上，然后乘坐直升机，向北飞行约400英里，到达德黑兰附近的安全基地，然后冲入使馆大院。在解救人质后，把他们带到德黑兰附近的简易机场，然后带着他们安全返航。

然而，由于后勤问题，该行动在中途就夭折了。当时，营救部队正在绿洲城镇塔巴斯南部环境恶劣的卢特沙漠着陆。在返回基地的过程中，三架美国直升机与一架大型C-130军用运输机相撞，导致8名士兵丧生。这次失败当然不是一次《圣经》式（更确切地说是《古兰经》式）灾难，而是由临时的沙尘暴引起的。回过头来看，卡特总统及其政府在决定及时终止行动时表现出了良好的判断力，但这对他们来说仍旧是巨大的声誉损失。神圣干涉的观感给霍梅尼的形象投射出了一种不可战胜的感觉，并大大提高了他的革命决心。不久之后，当哈勒哈利赶到坠机现场时，遇难者被烧焦的尸体仍然暴露在外面，他在空旷沙漠背景下发出得意的笑声，这一幕显得极为超现实。在伊朗电视摄影机前，他极为不敬地用自己的鞋子踢了他们的遗体，仿佛他正在穿越一个失落帝国的废墟。对于许多伊朗革命者来说，这场灾难是"美国不能再作恶"的生动见证。

来自伊拉克复兴党的再次威胁

1980年9月，伊拉克对伊朗的入侵打醒了伊斯兰共和国，人质劫持时期的空洞言论以及"使美国屈膝"的自负被一扫而空。这让人联想起伊朗漫长历史上的早期事件，在过去，伊朗中心地带的动荡也曾招致脆弱的边境被入侵。在萨法维时代结束时，伊朗的西部边境被奥斯曼帝国的军队所占领，而北方的边境地区则被俄罗斯军队占领；而在后宪政时代，德黑兰的动荡也曾导致边境各个方向被入侵。这两个事实提醒人们，伊朗长久以来的脆弱可以追溯到过去的罗马-帕提亚时代和拜占庭-萨珊时代。然而，伊拉克当局的侵略为扎格罗斯山脉沿线边界自古以来的紧张局势增加了意识形态的一面。

对于萨达姆·侯赛因和他的伊拉克复兴党成员来说，意识形态也是一个新增的考虑因素。大马士革以东复兴党阵营中的阿拉伯民族主义者已经感受到了伊朗带来的不安全感，伊拉克自身宗教和民族的复杂性则加剧了这种不安全感（萨达姆的成为阿拉伯英雄的野心是重要成因）。复兴党民族主义的后殖民情结势必会在这附近创造出自己的恶魔。萨达姆手下的提克里特（Tikrit）派系尤其对"波斯人"（'Ajam）充满了种族和文化仇恨。"波斯人"被视为"阿拉伯人"的历史敌人。根据复兴党的叙述，尽管"波斯人"在伊斯兰时代初期曾遭到挫败和侮辱，但他们仍然坚持了数百年，并侵犯了伊拉克的阿拉伯霸权。是时候把敌人打回原形了，不是通过停留在宣传层面上的战争，而是直接通过枪管。通过援引伊斯兰早期的征服（al-Futuh）以及阿拉伯军队在连续战斗中越过萨珊防线的历史，萨达姆希望速胜。他以公元636年发生于幼发拉底河西岸卡迪西亚（Qadisiya）的一场决定性战争为伊拉克的进攻方案命名，对伊朗而言，这是一个不祥的预兆。在那场战争中，伊朗的失败使美索不达米亚向伊斯兰军队敞开了大门，不久之后，萨珊帝国首都泰西封（位于今天的巴格达北部）陷落，帝国也开始迅速衰退。

伊朗对什叶派圣地以及伊拉克什叶派共同体的历史主张加剧了复兴党的反感。历史上，萨法维王朝曾两度占领巴格达；在1743年，纳迪尔·沙赫占领了伊拉克的几座圣城；而在1775年，卡里姆·汗曾占领了巴士拉。尽管这些事件时间久远，但现代伊拉克并没有完全忽略这些历史。另一方面，伊拉克南部激烈的瓦哈比反什叶派运动使什叶派圣城卡尔巴拉于1802年遭到洗劫，这激怒了伊朗人。1821年，伊朗西部的恺加王子总督穆罕默德·阿里·米尔扎·道莱沙赫发起过一场失败的运动，部分原因是想保护什叶派共同体。尽管1823年和1847年的《埃尔祖鲁姆条约》的缔结稳定了边界，并动摇了奥斯曼帝国对伊朗领土的野心，但恺加王朝对什叶派伊拉克人的道德权威在整个19世纪仍然存在。

伊拉克的马穆鲁克王朝于1831年被奥斯曼帝国的直接统治取代后，什叶派共同体受到的苛刻待遇重新引起了伊朗的怨恨。然而，纳赛尔·丁·沙赫1871年的访问以及奥斯曼帝国的热烈欢迎只是伊朗国家试图象征性地重新确立其权威的一个例子。在纳杰夫和卡尔巴拉的教学圈中，伊朗出身的乌莱玛和学生占据了优势地位，实际上使这些中心成了伊朗宗教组织不可分割的一部分。即使是在现代伊拉克形成后，伊朗朝圣者向伊拉克南部源源不断的流动以及在圣城的伊朗永久定居者形成的庞大共同体仍将两国捆绑在一起。到20世纪六七十年代，成千上万具有伊朗-伊拉克双重国籍的什叶派人士居住在伊拉克南部的圣城，这进一步伤害了伊拉克复兴党脆弱的心灵。

在英国托管下已经凝聚在一起的伊拉克不同民族的人口现在不得不被一个拥有丰富石油资源的警察国家捆绑起来。萨达姆将饱受革命打击的伊朗视为威胁和机遇。在1975年的阿拉伯河航道划界问题上，伊拉克向巴列维国王妥协了，这使萨达姆的自尊受到了伤害，并激起了他的扩张欲望。1980年，在巴列维国王于开罗医院去世后，萨达姆出现在了巴格达电视台，宣布废除早前与伊朗达成的和解，并撕碎了《阿尔及尔协议》。他声称整条阿拉伯河都是伊拉克领土。实现对这条长达200英里的水路通道的单独控制，不仅将为伊拉克提供有极强战略意义的通往波斯湾的安全通道，而且还能严重打击伊朗的商业运输以及伊朗东南部地区经由胡齐斯坦省进入波斯湾的通道。

萨达姆还怀有其他野心。革命后，伊朗武装部队遭到了清洗，随之而来的是伊朗国防的混乱，他看到了千载难逢的机会：可以将伊朗石油资源丰富的胡齐斯坦省（伊拉克当局称为阿拉伯斯坦）并入"阿拉伯祖国"。这是复兴党梦想中的"德奥合并"[1]（Anschluss）。萨达姆认为，胡齐斯坦省约有40%的人口是以阿拉伯方言或某种阿拉伯语的变体进行交流的，因此，他相信自己在伊朗境内拥有一个受欢迎的大本营。尽管在革命的前几个月，一场由伊拉克赞助的左翼分离主义运动"解放阵线"（Jibhat al-Tahrir）曾短暂地活跃过，但实际上，胡齐斯坦内部并没有萨达姆或伊拉克复兴党的支持者，即使当地的逊尼派也是如此。

革命胜利仅几周后，亲复兴党的解放阵线及其"左"倾同伴领导的霍拉姆沙赫尔地区的阿拉伯积极分子提出了三个要求。他们要求文化自治，将阿拉

---

[1] 指1938年3月11日纳粹德国与奥地利第一共和国的合并，这一事件使奥地利失去了独立国家的地位，直到1955年，奥地利才正式恢复主权。

伯语作为胡齐斯坦省的官方语言，石油收入优先用于本地，由专门讲阿拉伯语的同伴来管理该省。然而，与临时政府代表以及霍梅尼及其助手进行的长达几个月的谈判陷入了僵局，并最终导致1979年5月29日爆发于霍拉姆沙赫尔的武装冲突。伊朗海军司令艾哈迈德·马达尼（Ahmad Madani，1928—2006）领导政府军对分裂主义者的叛乱进行了镇压，至少造成55人死亡，并有许多人受伤。霍拉姆沙赫尔事件是发生于几个省份的一系列民族叛乱中的第一起，表明了伊斯兰共和国将致力于建立一个强大的集权国家。而在巴格达看来，这是对巴列维时代伊朗霸权的重申。

除了霍拉姆沙赫尔事件，萨达姆对伊朗什叶派革命有着根深蒂固的恐惧。尽管在1979年初，他对霍梅尼革命的成功表示了祝贺，甚至邀请巴扎尔甘到巴格达访问，但在霍梅尼及其强硬派支持者呼吁将伊斯兰革命"出口"到邻国伊拉克之后，他转而采取了敌对姿态。伊拉克境内自1960年代以来就很活跃的、由教士领导的什叶派革命组织伊斯兰达瓦党（Islamic Da'wa Party）成了伊朗热心的伙伴。达瓦党组织了1977年的纳杰夫什叶派起义，该起义遭到伊拉克复兴党政权的残酷镇压。在缺乏世俗政党的情况下，达瓦党成为伊拉克什叶派多年来因遭受压迫、酷刑和杀戮而强烈不满的政党的代表。

伊朗的革命信息不仅通过无线电波和教士网络得到了传播，还通过挑衅行为传播，这使萨达姆更加关注伊拉克南部一再发生的什叶派叛乱，而当时北部爆发第二次库尔德叛乱的可能性很大。在连续两次发生针对伊拉克复兴党高级官员的暗杀行动后，1980年4月，萨达姆急切地拘留并处决了达瓦党最著名的公开领导人穆罕默德·巴基尔·萨德尔（Mohammad Baqir al-Sadr，1935—1980），指控他支持伊斯兰革命，并试图在伊拉克复制它。他的妹妹阿米娜·宾特·胡达·萨德尔（Amina Bint Huda al-Sadr，1937—1980）在他的面前遭到了酷刑和杀害。穆罕默德·巴基尔·萨德尔是一位备受尊敬的神学家，他著有一本三部曲著作，从政治、经济和哲学三方面详细论述了他理解的伊斯兰秩序。在被杀害前，他就已经因煽动叛乱的罪名而在萨达姆的监狱里度过了很长时间。

这些处决，再加上后续更多的逮捕和行刑，向霍梅尼和他的伊拉克同情者发出了警告信号。霍梅尼在纳杰夫的流放岁月使伊拉克什叶派教士领导层对其很熟悉，他们怀着敬畏与恐惧的心情看待他。巴格达的极端措施产生了反效果，因为它使伊朗人中反伊拉克复兴主义的情绪进一步高涨，并进一步加强了萨达姆的野蛮暴君形象。事实证明，伊拉克什叶派并不完全认可霍梅尼革命。尽管他们对伊斯兰革命表示同情，但他们中还是有许多人加入了伊拉克军队，选择与伊朗开战，为自己的国家而牺牲。然而，伊拉克什叶派对萨达姆和伊拉克复兴党政权的仇恨依然存在。这种仇恨是如此深刻，即使是与伊朗之间八年战争的恐怖经历也无法消除。什叶派继续受到歧视，他们遭到恐吓，并被排除在伊拉克的统治集团之外。这些情况使伊拉克什叶派重新思考教士集团的领导地位以及寻找政治方面合适的伊斯兰替代者。

　　萨达姆的忧虑与扩张野心的交融还得到了伊朗反对派流亡人士的支持，这是革命历史上一个非常熟悉的现象。随着国王的逝世，流亡的巴列维高级军官——例如格拉姆·阿里·奥瓦西将军——将萨达姆视为潜在的盟友。他们显然已与沙普尔·巴赫蒂亚尔合谋，然后流亡巴黎，巴赫蒂亚尔并不在意伊拉克复兴党的野心，而是将萨达姆视为抵制霍梅尼带来的伤害的宝贵工具。人质危机、巴扎尔甘临时政府的垮台以及巴列维国王的去世，巩固了伊斯兰共和国的统治地位。甚至在战争的前几个月，伊斯兰政权的反对者们都曾含糊地希望伊拉克的入侵能够削弱霍梅尼的力量，并为恢复巴列维王朝开辟道路。1981年1月，即两伊战争爆发后的第四个月，人质危机仍未解除，这为伊朗革命的未来增加了不确定性。这是伊斯兰政权的反对者们介入冲突的诱因，即希望伊朗的反美斗争以及西方普遍的反伊朗氛围可以对自己有利。

神圣防御

　　尽管已经通过无线电波和边境哨所进行了几个月的对峙敌视，伊拉克的全面入侵还是令人感到惊讶。1980年9月22日，伊拉克针对伊朗内陆的空军基地发起了空袭（地图16.1）。同时，伊拉克步兵和两栖部队也越过阿拉伯河，突破伊朗西南和西部边界，深入伊朗境内的战略区域。侵略军毫不掩饰自己的渴望，他们的目的是占领石油资源丰富的胡齐斯坦省。在冲突的头几周，伊拉克人迅速取得了重要的胜利。伊拉克主张对整个阿拉伯河水道的主权，包围了伊朗在波斯湾的最重要商业港口霍拉姆沙赫尔，且几乎摧毁了邻近的阿巴丹——伊朗最重要的炼油厂所在地，对伊朗的国防、经济和士气造成了沉重打击。此外，伊拉克控制了洛雷斯坦和库尔德斯坦边界沿线的扎格罗斯高地，这意味着伊朗失去了关键的自然战略优势，而这一战略优势多年来一直保护着伊朗。

地图16.1　两伊战争，1980—1988

然而，伊拉克的战果被证明只是暂时的。入侵的第一波冲击过去后，伊朗的抵抗力量和重组后的防御力量有效地阻止了伊拉克的前进。在短短几周内，伊朗武装部队——或者说是武装部队的剩余力量——与革命卫队联合起来，虽然他们组织混乱、经验不足，但坚定不移。不久后，伊朗军队在巴斯基（Basij）志愿民兵的帮助下，使伊拉克武装力量几乎停止了前进。不到一年后，萨达姆的军队开始撤退。革命期间的外国入侵使大多数伊朗人选择支持伊斯兰政权，尽管伊朗国内存在许多矛盾，但战争很快成为所有伊朗人共同的事业。事实证明，所谓的"神圣防御"（defa'-e moqaddas）给伊朗当局带来了好运，那时它正与人民圣战者及其他反对派力量斗得你死我活。数十万年轻的伊朗人在前线激战中死去，这令人难以置信的牺牲触动了整个伊朗社会。尽管伊朗历史上经历了多次内战和王位继承战争，还曾被欧洲列强两次占领，但这还是自19世纪初期俄伊战争以来伊朗经历的第一次大规模入侵。值得注意的是，除了1986年托庇于萨达姆之下的人民圣战者组织，在整个冲突过程中，都没有与敌人合作或叛逃到伊拉克一方的案例，甚至对萨达姆的胜利寄予希望的前巴列维军队中的少数军官也很快放弃了。

到1980年11月下旬，伊朗已在其西南战线聚集了约20万正规军以及10万革命卫队和志愿兵。此外，伊朗特种部队在海军和空军支援下，袭击了法奥半岛南端的伊拉克石油出口码头。伊拉克的防御姿态改变了战争的进程，并迫使入侵的军队沿其行进路线修筑防御工事。于是，持续了近八年的战壕战开始了，双方都付出了巨大的人力成本。1981年1月，发生于胡齐斯坦省首府阿瓦士西北40英里的苏桑盖尔德战役是伊朗此后众多反攻行动中的第一次（地图16.1），时任伊朗武装部队总司令的巴尼萨德尔亲临前线。然而，此次行动被证明是无效的，并且造成了大量人员伤亡。当时，巴尼萨德尔对充斥于德黑兰的怨恚情绪感到沮丧和厌倦，于是将大部分时间都花在了前线，全神贯注于战争的进程，因此，相较于对手，他在首都失去了更多的基础（图16.1）。也许把伊朗第一次反攻失败归咎于他是不公正的。常规武装部队与革命卫队之间的对抗以及德黑兰政治争执加剧的后遗症使这次行动受到了影响。指挥官和普通士兵都必须适应新的现实：革命动荡、政权内部权力的多头来源以及关于全面战争的强制规定。

图16.1　1981年1月，巴尼萨德尔视察前线（苏桑盖尔德）

卡维赫·戈莱斯坦（Kaveh Golestan）、阿尔弗雷德·亚格布扎德（Alfred Yaghoubzadeh），《战争：伊朗–伊拉克战争的两则报道，波斯历1359》（*Jang: Do Gozaresh az Jang-e Iran-Iraq, 1359*），（德黑兰，波斯历1360年／公元1981年），第50页，照片由阿尔弗雷德·亚格布扎德拍摄。

　　在1981年6月巴尼萨德尔被罢免后，霍梅尼任命他的两个高级教士助手阿克巴尔·哈什米·拉夫桑贾尼和阿里·哈梅内伊共同领导最高国防委员会，该委员会接管了军队，不同武装力量之间的协调性也得到了改善。革命卫队曾在1980年9月号召与伊朗武装部队一起作战，为赶走敌人而学会变得更加务实。战争的考验塑造了革命卫队的精气神，加强了他们的凝聚力，并提高了他们的声望，有时甚至是以不公平地牺牲正规军为代价的。伊斯兰共和国的宣传机器在报道中对革命卫队更为偏爱，对他们所取得的成就予以更高的认可。革命卫队很快成为伊斯兰政权手中的强大力量，它依靠其勇武的精神、组织上的自发性、广泛的思想灌输以及国家慷慨的资金投入来弥补新兵的经验和训练的不足。在胡齐斯坦，革命卫队与巴斯基民兵一起坚决抵抗伊拉克的进攻，并在与正规军的联合行动中成功地将伊拉克人赶出边界。在西南战线上，特别是在1980年秋天的霍拉姆沙赫尔战役中，革命卫队英勇作战，遭受了巨大损失。

到1981年9月，伊朗军队迫使伊拉克解除了对阿巴丹的包围；到12月，伊朗正规军已沿着西部和西北部边界将伊拉克军队赶回了自己的国境。经过激烈的战斗，在1982年5月，伊朗革命卫队和巴斯基民兵部队终于以巨大的人员伤亡数为代价，重新夺回了被毁的霍拉姆沙赫尔港（地图16.1）。霍拉姆沙赫尔战役——该城被称为"浴血之城"（Khunin-shahr）——夺走了数千名伊朗年轻人的生命。这是一场充满了血腥和牺牲的戏剧性事件，它提高了伊朗的士气，但并不具备巨大的战略价值。伊拉克撤离胡齐斯坦边界后，又从其他大多数被占领的伊朗领土撤退，这对伊朗来说是不可否认的胜利。尽管伊朗在军事和经济上处于不利地位，而且面临着地区和国际孤立，但经过近两年的屠杀和破坏后，终于迎来了战争的转折点。伊朗已挽回损失，占据了明显的优势地位，可以按照自己希望的条件结束战争。然而，除了为保卫伊朗媒体所称的"伊斯兰祖国"，战争仍在有理由地继续进行。

战争文化

靠着正规军新兵英勇抵抗的故事以及被清洗的军官回到了自己岗位的故事（其中一些人是直接从伊斯兰共和国的监狱出来的），革命卫队和巴斯基志愿兵发动了数百万同胞。这种"人浪"——愤世嫉俗的人称之为"炮灰"——主要是由年轻志愿者组成的，他们率先发动了反击，或者更确切地说，是革命卫队指挥官和低级教士驱赶他们执行自杀式任务，这些低级教士担任了这支队伍的"为意识形态牺牲"的委员职务（图16.2）。一些志愿者以惊人的胆识越过伊拉克战线，拿着手榴弹卧倒在伊拉克坦克的下方。伊斯兰政权将这种牺牲视为革命教育的成果。战争使整个社会为抵御外国入侵者而联合了起来，赋予其前所未有的韧性。1980年9月和10月对霍拉姆沙赫尔的包围尤其如此。尽管伊朗的抵抗失败了，这座被毁的城市落入伊拉克的手中，但坚持抵抗的行为仍提高了伊朗人民的士气，预示着他们最终将战胜伊拉克人。

图16.2　引诱儿童上前线是国家支持下的牺牲狂热情绪的目标之一。被推上山坡的场景极具象征性

卡维赫·戈莱斯坦、阿尔弗雷德·亚格布扎德，《战争：伊朗-伊拉克战争的两则报道，波斯历1359》，照片由卡维赫·戈莱斯坦拍摄。

年轻的志愿者大多是1970年代初开始的伊朗人口革命的副产品。这些少年有时不顾父母的意愿离家出走，购买了去前线的城际巴士单程票。其他人则把自己的学校教科书带上了前线，以便在空闲时间学习。还有一些人则是在家人的祝福中走上前线，他们带着地毯、床上用品和茶炊，仿佛是要进行户外游览。到达前线后，只有少数人获得了足够的军事装备或防护服，但通常，他们只能接受很少的训练，甚至完全没有经过训练。每次军事行动后，就有成千上万具尸体腐烂在胡齐斯坦干燥的平原上，在尘土、污泥和高温中，有的尸体被坦克碾压，或是被飞溅的弹片炸成了碎片。

那些可以识别出来的尸体则被送回了家。当地公墓中满是一排排不起眼的坟墓。每个城镇和村庄很快都有了自己的烈士区（或被称为"烈士花园"），墓碑上装饰着年轻的肖像和令人心碎的悼词。这些人是霍梅尼所谓的2000万军队的成员。德黑兰贝赫什提·扎哈拉公墓中安葬的战争牺牲者数量最多，展示了当局对殉难崇拜的利用。红色的水从喷口处落到了经装饰的大水池中，这使人们回想起烈士的鲜血，同时也是在欢迎来访者。这里保存着伊朗的民族记忆。在宗教节日期间，烈士区的一排排不断扩大的新坟墓正等待着亲友的到来，这些人前来聆听为死者举行的祈祷、为赞美殉道举行的布道。

除了电视和广播报道以及军事公报，随处可见的牺牲象征也增强了共同的情感。在年轻的未婚战争牺牲者生活的地方——通常是低收入社区，数以百计的婚礼帐篷（hejleh）被搭建了起来。镜子、灯、羽毛和花朵（通常是塑料的）组成了一个闪闪发光的结构，上面还有写着《古兰经》经文及什叶派殉难诗歌的羊皮纸，这些帐篷旨在庆祝陨落的战士的象征性婚礼，这是对什叶派传统的动人引用。传说中第二任伊玛目哈桑·伊本·阿里（Hasan ibn 'Ali）的小儿子卡西姆（Qasim）于公元680年在卡尔巴拉战役中丧生，于是就举行了这样的象征性婚礼。战争带来的牺牲被笼罩在悲痛的葬礼仪式中，这在海报、电影和宣传文学中随处可见。

随着战争变得更加血腥，人员伤亡越来越多，情绪的倾斜也进一步加剧。肉眼可见的战争痕迹强化了人们对这场战争是什叶派早期历史重演的看法。在大街上、公共场所以及前线营房中，巨大的临时壁画描绘了卡尔巴拉的场景，其中包括侯赛因·伊本·阿里及其同伴的尸体，还包括他忠实的双翼马达尔金纳（Dhul-Janah）的尸体。这些绘画有着戏剧性的环境和明亮的色彩，让人联想起流行的叙事画以及革命前电影院为低价影片制作的宣传壁画。然而，在其他壁画中，什叶派过去的悲剧经历与当下的牺牲巧妙地融合，有时还带着弥赛亚式的意蕴。

盛开的红色郁金香和玫瑰象征着烈士花园里阵亡英雄的鲜血，这是什叶派哀悼图像中一个熟悉的主题。灿烂的地平线让人联想起卡尔巴拉式的斗争以及侯赛因式的牺牲，战士头带和旗帜上的绿色暗示着他们的神圣。画上的题注进一步提醒我们这些神圣化的叙事。位于最显眼位置的画面是陨落的侯赛因·伊本·阿里和他受重伤的马匹，这一场景发生在阿舒拉节当天——这是什叶派教历中最神圣的一天——的卡尔巴拉战役结束之时。背景展现出了一个现代化的战场，似乎就是两伊战争的景象。阿拉伯语的题注为这动人的图像做了补充说明："每个地方都是卡尔巴拉，每一天都是阿舒拉。"

另一幅壁画在首都的街道上重复出现，画上是一个遮着脸、发着光的圣洁人物，遮着脸——大概是侯赛因·伊本·阿里，他怀抱着一个年轻的身着军装的英雄，毫无疑问，是革命卫队或巴斯基民兵。好像"烈士之王"正在向他的当代模仿者送上祝福，标题中写着"牺牲是一种荣耀，由追随者自先知和监护之家继承而来"。在描绘"监护"及其当代继承人的主题时，许多壁画都嵌入了霍梅尼的肖像，并引用他的话语来支持"神圣防御"。

除了这些壁画，战争宣传还将牺牲提升到了新的末世论层面。为进一步戏剧化"善与恶之战"的弥赛亚寓意，有报道称在大反攻之后，勇士们曾在地平线上看到身穿白色衣服的"时代伊玛目"马赫迪正骑在一匹白马上。即使这仅仅是一个战时神话，但它通过口口相传的方式广泛传播，也暗示了将战争提升到弥赛亚事业的含蓄愿望，这很快会成为冲突第二阶段的特征。

烈士的"遗嘱"（vasiyat-namehs）是这种情绪下的常见情形，它往往出现在伊斯兰共和国的报纸和宣传出版物中。它们几乎成了民间文学的一种，遵循固定的模式，带有可预见的流行语、戏剧化的叙事风格和普通人的语法水平。多年来，这些遗嘱的频繁发布使它们的内容更具可预测性，就好像它们是作为常规义务而产生的一样。尽管它们本应由作者的家庭成员，特别是母亲和父亲来进行阅读，但它们经常会变成面向公众的话语，并把公众称为穆斯林兄弟姐妹。这些遗嘱将出现在报纸上，或是由当局收集和保存，这增加了它们的生产动力。它们大多由20来岁的巴斯基新兵撰写，这些人既纯真，又对战场着了迷。

作者通常在奔赴前线或身处前线时写下这些遗嘱，按照惯例，他们要证明自己对真主、伊斯兰教先知以及《古兰经》的信仰，同时也会表示自己将全力以赴地投入革命和"神圣防御"的事业中去。他们也几乎总是夸大其词地向霍梅尼致敬，称呼他为先知般的伊玛目，是真主之光、真主之精神——后者是关于霍梅尼名字鲁霍拉的文字游戏。对他光芒四射的面孔、坚韧的意志力和令人着迷的话语的提及也并不少见。他们始终坚定地相信作为烈士之王的第三任伊玛目侯赛因，对侯赛因的崇拜也无处不在。一些作者表达了对真主或霍梅尼的感激，感谢他们批准自己为伊斯兰的事业献身，而另一些作者则向侯赛因和卡尔巴拉的英雄故事致敬。人们对血腥、牺牲和殉难的关注常常笼罩在一种神秘的语言中，其口号是希望"升入天园"和"看到神的容貌"。作者恳求父母宽恕的原因常常是不确定的，也许是因为自己没有尽到义务，或是因为其他过错，同时，他们也会感谢父母的无私付出。他们为拒绝任何物质依恋而感到自豪，并经常向同袍和公众提出一个建议，即绝对服从伊玛目和崇高的革命目标。其他常见建议包括行善、保持诚实和善良。对于经常被称为"穆斯林姐妹"的妇女，他们的主要建议是过纯洁的生活，并遵守戴头巾制度。向在"善与恶的战争"中阵亡的士兵致敬也很常见，这也许是为了掩饰因即将到来的未知挑战而产生的焦虑。

从卡尔巴拉到圣城

1982年6月，战争的第一阶段结束，伊朗占据了上风。尽管具有政治和战略上的优势，伊朗方面还是坚决拒绝了许多得到萨达姆·侯赛因认可的调解人提出的停火协议。成千上万人因战争丧生，还有更多的人受伤，再加上数十亿美元的物资及军事损失，幼发拉底河的暴君显然恢复了理智。他意识到吞并胡齐斯坦将是一场可怕而代价高昂的噩梦，更不要说让伊斯兰共和国崩溃了。被对手称为"贾马兰（Jamaran）的伊玛目"的霍梅尼拒绝了和平提议。从库姆回到德黑兰后，霍梅尼就住在贾马兰（位于首都北部富裕的设米兰郊区，是厄尔布尔士山脉中心区山坡上的一个小村庄），在这里，他继续号召他的革命战士征服入侵的敌人和撒旦的支持者。他还呼吁"贫民窟居民"（kukh-neshinan）对"豪宅居民"（kakh-neshinan）进行革命性报复。征服敌人和采取报复的两种呼声交织在一起。

伊朗拒绝停火，并以新的进攻姿态开启了战争的第二阶段。这种势头是在伊拉克人退却后由普遍的狂喜所驱动的，并成为霍梅尼将自己的革命观投射到他祖国以外地区的工具。在1982年7月的斋月攻势（Operation Ramadan）中，成千上万缺乏训练和装备的志愿兵被派去面对伊拉克装甲部队，这是"人浪"的加强版，伤亡人数令人震惊。到1983年2月，大约有20万"最后预备队"的革命卫队成员和巴斯基民兵沿着阿马拉（Amara）附近底格里斯河沿岸的一段25英里长的伊拉克防线，进入伊拉克领土35英里。在短短的一天之内，至少有6000人被杀，却未能占领多少领土。

到1983年底，估计有12万伊朗人和6万伊拉克人在战斗中丧生，两国的损失都很惨重。这也反映出伊朗不惜一切代价向前推进的决心。伊拉克的巨大优势包括来自保守阿拉伯国家的财政支持，这些国家对伊斯兰革命的威胁保持高度警惕。沙特阿拉伯为萨达姆的军事行动贡献了多达300亿美元，而科威特和阿联酋则各捐助了80亿美元。此外，伊拉克军队还从美国、法国、英国和联邦德国获得了大量的军事装备。整个战争期间，伊拉克复兴党政权得到了西方集团国家的普遍支持，这与只能依仗好战精神的伊朗形成了鲜明对比。然而，大量的财政、军事和道义支持仍然只能使伊拉克勉强保持守势。到1984年初，伊朗通过派遣更多的部队或采取更高明的战略，以及高昂的士气和纯粹的牺牲而取得了优势。然而，伊朗领导层——尤其是霍梅尼——被一时的胜利冲昏了头脑。很快，随着伊拉克人抵抗精神的恢复，伊朗在伊拉克境内的多次进攻都被挡住了。伊朗领导层不得不面对严酷的现实。军人和平民的伤亡人数也迅速增加。

随着伊朗由防御转向进攻，战争变得更加血腥，伤亡也更加惨重了。1984年初，伊克克人第一次对伊朗部队使用了化学武器，随后又用在了伊拉克北部的库尔德平民身上。使用芥子气和神经毒气是对1925年《日内瓦议定书》（*Geneva Protocol*）关于禁用化学和生物武器的规定的公然违反。然而，西方国家并没有谴责萨达姆的犯罪行为。美国政府及其欧洲盟友反而装模作样地指责伊朗即便不是罪魁祸首，至少也是触犯禁令的共犯。里根政府和撒切尔夫人的保守党政府都秘密地通过直接或经由第三方的方式，向伊拉克出售了用于生产化学武器的材料，其中包括一家制造氯的工厂，这是化学武器生产的主要成分。数以千计的伊朗士兵暴露在有毒烟雾中，随后丧生，或是遭受了痛苦的折磨。虽然化学武器的使用有限，但它们对伊朗士气的影响是持久的，并减缓了部队的机动行动。遭受毒气袭击的受害者皮肤烧伤严重，出现了致命的呼吸系统疾病以及完全或部分失明，这些可怕的场景令人不禁联想起第一次世界大战时的化学战。然而，致命毒气的使用并没有真正改变伊朗人继续进攻的决心。

对化学武器使用的无视，是西方持续偏向伊拉克的一个例子，尤其是在1984年以后，西方对萨达姆是发动战争的侵略者这一事实漠不关心。随着伊朗在伊拉克境内攻势的加强，西方对萨达姆——作为反对伊朗输出伊斯兰革命的战术盟友——也越发支持。哪怕伊拉克政权存在着侵犯人权、扩张主义以及领导层行为近乎精神错乱的这些黑暗记录，也没有关系。西方与伊拉克关系的升温时期正值伊拉克复兴党政权开始代号为"安法尔"（al-Anfal，字面意思为战争的"奖品"，广义来说是指"敌人的全面灭绝"）的种族灭绝行动。经过五年的长时间行动，伊拉克部队摧毁了伊朗边界及其他目标地区附近的数千个伊拉克村庄，强行遣散了库尔德人和土库曼人。他们还重新安置了讲阿拉伯语的库尔德人的城市和村庄，多次杀害大多数无辜的库尔德村民。在1984年至1989年间，安法尔行动至少导致10万伊拉克库尔德人和土库曼人的死亡，并摧毁了约4000个村庄及其相关机构、学校和公共设施。这让人想起第一次世界大战期间的亚美尼亚大屠杀，尽管规模没这么大；也让人回想起斯大林时代将车臣和高加索地区其他民族大规模迁往中亚和西伯利亚的运动。在当时，安法尔行动很少受到西方媒体的关注，甚至在人权界也是如此。

1988年3月，伊拉克政权将化学武器的使用范围扩大到了本国平民。靠近伊朗边界的伊拉克库尔德斯坦的哈拉卜贾镇（Halabja）成为主要目标。库尔德人被认定与敌人进行合作，而神经毒气则被用作惩罚手段，它至少导致4000人丧生，8000人——包括妇女和儿童——严重受伤（地图16.1）。尽管所有证据都表明伊拉克犯下了这一罪行，但西方媒体和美国政府对这一悲剧的始作俑者的真实身份提出了怀疑。伊朗的声明，即否认它在整个战争时期都没有使用过化学武器，遭到了深深怀疑，而伊拉克险恶的沉默却从未被视作对罪行的承认。

贯穿1984年至1985年初的八次连续进攻——被称为黎明攻势（wa'l Fajr）——将大约20万伊朗军队、革命卫队和志愿兵带到了巴士拉-巴格达公路附近，伊拉克南部什叶派圣城就近在眼前。1984年3月上旬爆发了整个战争中规模最大的一次冲突，据说造成了2.5万人伤亡，而伊朗未能取得明显的优势。他们设法占领了马季农群岛（Majnoon Islands）的部分油田，该岛位于靠近波斯湾北部的伊拉克南部沼泽地带，但伊拉克的空中和地面防御力量展开了报复行动，给伊朗造成严重的人员伤亡（地图16.1）。在另一次攻势中，据说至少有五个伊朗旅、总共1.5万人在行动中丧生。双方都进展甚微，被迫返回战壕。持续四年的消耗战使两军陷入僵局：徒劳的行动，随之而来的似乎是无休止的伤亡。而伊拉克为第二次停火协商而进行的努力再次失败了，1984年4月，霍梅尼彻底拒绝了与萨达姆的会晤。

即使到了1984年底，以保卫祖国和惩罚侵略者为由，伊朗的战争努力似乎都是正当的；但也是从那时起，再没有接受这种努力的理由了。霍梅尼彻底铲除伊拉克复兴党政权的愿景成为此后战争行动的主要驱动力。至少到1987年，霍梅尼圈子里的强硬派人士完全遵从了这一目标，他们仿佛也在期待着能够推翻萨达姆统治的奇迹的出现，就像早前推翻巴列维统治那样。到1984年底，伊朗延长战争的企图再不具备可行性基础——从战略上、政治上或道义上，除了霍梅尼号召从"无神"的伊拉克复兴党人的枷锁下"解放"什叶派心脏地带。他的弥赛亚式观点也许呼吁向更广阔的土地推进，以期将穆斯林熟知的圣地古都斯（Quds）[1]从犹太复国主义者的占领中解放出来。尽管这从来都不是伊朗官方的战争目标或战争宣传的一部分，但这种渴望却一直流传着，许多前线的战争壁画、海报和路标上都写着"从卡尔巴拉到古都斯"。

尽管萨达姆的阿拉伯支持者——科威特、沙特阿拉伯和阿联酋提出要向伊朗支付沉重的战争赔偿金，此举实际是在承认伊拉克有罪，但伊朗拒绝谈判。虽然这一示好并不够坚定，但当时的环境绝对有利于伊朗争取经济赔偿和边界修正。然而，在霍梅尼及其顾问看来，伊朗已为战争投入了太多，以至于即使不是不可能，伊朗也很难接受停火协议——哪怕协议是有利于伊朗的。烈士的鲜血、崇高的伊斯兰理想以及西南大部领土上的物质损失，是其中一个问题；反萨达姆宣传——他是为大撒旦服务的"小撒旦"——则是另一个。

在霍梅尼看来，他的革命征程有很大概率获得胜利，而他的"亲爱的伊斯兰教"获胜的可能性也很大。对他而言，尽管遭受了许多挫折，但消灭伊拉克政权仍是一项不可避免的任务，哪怕是以成千上万人的伤亡以及更多的物质损失为代价。在他的叙述中，伊斯兰革命不断发展的命运已经预示了这样的奇迹。过去五年的每一个历程都是一部神圣戏剧中的章节：从离群索居于纳杰夫，到居住在巴黎郊区，再到凯旋伊朗；强大的巴列维政权的瓦解以及国王悲惨地退位和流亡；使大撒旦绝望的人质危机；镇压国内的众多对手以及成功逆转伊拉克侵略。因此，最终的比赛结果不可能是与敌人达成非决定性的和平；相反，应当是占领卡尔巴拉、库费（Kufa）和纳杰夫等什叶派圣地，这是什叶派神话–历史叙事的最初构想。随着1984年初伊朗军队已离这些城市近在咫尺，比起征服一个邪恶的敌人——哪怕有个超级大国在后面支持它，人的生命又算得了什么？

甚至在1987年3月19日，即战争爆发六年多之后，当时的伊朗部队发动了代号为"黎明10号"的行动，但没有形成决定性的战果，霍梅尼在给革命卫队总指挥的信中仍继续号召进一步地牺牲。"在全能真主的祝福和他伟大使者的支持下"，他"为他们伟大的胜利，向坚韧而富于牺牲精神的国家以及英勇的

---

[1] "Quds"为阿拉伯语，意为"圣地"，穆斯林把耶路撒冷称为古都斯。

伊斯兰战士致敬"：

> 当然，这个神圣的礼物……是（《古兰经》经文中的）"支持
> 真主，真主就会援助你们，并稳定你的步伐"的实现。这是这个伟
> 大国家对（萨达姆的）胆怯的进攻以及他轰炸（伊朗）城市的行为
> 展开独一无二的抵抗的结果。伊斯兰勇士取得史诗般胜利的消息不
> 仅振奋了我们人民的心灵，而且使所有被剥夺者感同身受。这也使
> 萨达姆……以及他的保护者和主人——尤其是美国和以色列——感到
> 痛苦。

霍梅尼向被解放的伊拉克城市的人民致敬，并毫无疑问地提到了哈拉卜
贾镇，霍梅尼敦促他们直视"萨达姆如何疯狂地把你们和你们的城市当作化学
炸弹和集束炸弹的攻击目标，这个世界如何在有害的宣传中吞噬（力量），忽
略我们的伟大胜利，却对萨达姆军队犯下的罪行视而不见"。他随后敦促"伊
斯兰共和国引以为豪的勇敢青年冲上前线"，并"制伏被击溃的、陷入绝望
的"[1]萨达姆军队。

美国与战争的走向

尽管霍梅尼表示了崇高的愿望，但战争的走向再次变得有利于伊拉克一
方。1985年至1988年，在战争的第三阶段，同时也是最后阶段，萨达姆发动了
自1982年以来的首次进攻。他并不是孤军作战，而是继续从石油资源丰富的波
斯湾国家以及西方列强和苏联集团那里获得了慷慨的资助。苏联过去是伊拉克
主要的武器供应国，最初遵守武器禁运的规定，这也许是为了鼓励伊朗在日益
麻烦的阿富汗问题上即使不能合作，起码也要保持中立；同时，苏联也关注图
德党对伊朗政权的支持。但是从1986年起，苏联重新开始为伊拉克这个老盟友
提供武器。经过整编的伊拉克部队开始以恐怖的频率向伊朗城市发射由苏联制

造的"飞毛腿"导弹，而伊朗人则以朝鲜版本的"飞毛腿"导弹进行报复，尽管他们的数量要少得多。具有讽刺意味的是，双方都在使用苏联和美国武器进行对抗，这些硬件上没有意识形态标签，对供应商也没有什么顾忌。

在所谓的"袭城战"中，双方都有数千人死亡，另有成千上万的人成为国内流离失所的难民（地图16.1）。通过购自法国的幻影战斗轰炸机，伊拉克人可以抵达伊朗深处内陆的目标，而美国制造的武装直升机则为他们提供了战场上的视觉优势。在这场日益残酷的战争中，双方都肆无忌惮地伤害着平民。在战争过程中，伊拉克向伊朗的目标城市发射了300多枚飞毛腿导弹及其他导弹，而作为报复，伊朗人也发射了70多枚导弹。这种互相报复行为的军事意义很有限，但对公众的心理影响是巨大的。自战争初期以来，普通百姓首次感觉到战争不再是遥不可及的，而是一种实实在在的现实。

伊朗人开始疯狂地寻找购买武器的渠道，他们不仅以高昂的价格在危险的黑市上采购武器，而且还通过朝鲜、利比亚等供应商（他们向伊朗出售购自苏联的飞毛腿导弹）与美国及其盟国——包括以色列在内——进行包括零部件和反坦克武器的后门交易。尽管伊朗武器购买的规模要小得多，所买武器的效力也不强，但事实证明，在里根政府的批准下经以色列运输的以色列和美国武器，或是直接通过中央情报局运来的武器，都引起了严重的后果。以色列的动机很简单，它认为萨达姆的胜利会促进萨达姆领导下的阿拉伯人的团结。鉴于亚西尔·阿拉法特领导下的巴勒斯坦领导层已经从革命初期的赞赏霍梅尼的立场转变为战争后期对萨达姆的颂扬，以色列对安全的关注也越来越迫切了。此外，不难从以色列的举动中看出它希望双方——伊拉克和伊朗——耗尽军事力量并走向破产。

但是，美国因支持萨达姆战争行径而造成的问题则要大得多。这可能是美国支持邪恶独裁者的历史中最令人震惊的事件之一。当时，人质危机仍在继续，卡特政府暗示要解冻与伊拉克的外交关系，这是多年来将伊拉克复兴党政府视为"无赖"的政策的反转。从一开始，这似乎就是一条在善意地回应伊朗反美主义的同时还能制约伊朗取得胜利的可行路线。然而，美国对伊拉克复兴党的支持并不仅限于外交层面。尽管里根政府在两伊战争中宣布中立，但很快又变得积极起来，尤其是在1984年以后。当时，美国政府开始认为伊朗的推进将危及美国在该地区的利益。美国对伊拉克的援助包括直接、间接出售武器，出口用于制造化学和生物武器的原材料，广泛共享军事情报，提供中央情报局和五角大楼在战场上的行动支持，训练伊拉克军事人员，为伊拉克购买武器、农业产品和其他必需品提供大量贷款，在联合国和其他国际论坛上对伊拉克的行为保持默许或是公开支持。

在1983年底和1984年3月，由于担心伊拉克政权的崩溃，当时的美国驻中东特使唐纳德·拉姆斯菲尔德（Donald Rwmsfeld）曾先后率领两个代表团访问巴格达，以促进两国关系正常化，并为伊拉克的战争努力提供帮助。就在两国关系开始升温时，伊拉克对伊朗部队大量使用了芥子气和神经毒气。华盛顿所谓的伊拉克"生存斗争"很快就促使美国国防情报局的官员向伊拉克提供卫星以及空中预警机，以便了解伊朗部队的动向，美国甚至还直接助其开展军事行动。实际上，美国工作人员每天都在帮助伊拉克制订计划和实施战争行为，并为其空袭和炮击伊朗的目标提供建议。事实证明，美国的帮助对于摧毁伊朗的大部分军事力量是至关重要的，后者是巴列维国王在美国硬件和技术的支持下精心打造的。对伊拉克政权可能垮台的忧虑甚至促使美国将伊拉克工作人员带到北卡罗来纳州的布拉格堡，在那里，这些人除了参加各种课程，还须接受战术训练，以便在伊朗胜利后发起暴动。

最具争议的是美国在促成伊拉克化学武器和生物武器计划中所起到的作用。据报道，在1984年至1987年间，至少有70批美国化学和生物武器原材料被运到伊拉克。除此之外，还有从联邦德国、英国的私人和政府渠道购买的相同材料。很难确定伊拉克制造的化学武器中有多少原材料来自美国，但毫无疑问，美国认为要对抗伊朗军队，违禁武器的使用是不可避免的。1984年3月，美国驻联合国代表团甚至与伊拉克相勾结，否决了伊朗在安理会上提出的谴责伊拉克在战场上使用化学武器的决议。后来，在1988年哈拉卜贾镇大规模屠杀事件发生之后，里根政府"悲痛地"将怀疑的手指指向了伊朗，想来里根其实完全了解萨达姆下决定实施的安法尔行动的规模以及他对库尔德人的报复行动。

在冲突的后期，美国在所谓的1984—1988年油轮袭击战中也起了关键作用，其目的是护送挂着美国国旗的科威特（以及后来的沙特和伊拉克）船只，使之免受伊朗的袭击。利用国际公认的保持航道畅通的理由，确保通过霍尔木兹海峡的石油供应不间断，美国想在两伊战争期间确保伊拉克及其地区盟国可以通过出售石油获得收入。与此同时，伊拉克空军在美国及其盟国的帮助下不断对哈尔克岛（Kharg Island）上的伊朗石油出口码头发起攻击。1987年5月17日，伊拉克误炸"史塔克"号护卫舰，造成37名美国水手丧生，但在伊拉克正式道歉并承认错误后，美国也克制住了自己的怒火。

到1988年4月，美国对萨达姆的支持已经有效地扭转了战争的局面，使战局朝着有利于伊拉克的方向发展，也使战争接近了尾声。有人认为，如果不是美国及其欧洲盟国的话，战争可能会在1984年或1985年结束，而伊拉克复兴党政权将会受到严重削弱，甚至是瓦解。在某种程度上，美国的国家利益被证明可能对扩张主义者与公开反美的革命政权之间的激烈斗争起到了平衡作用。然而，任何人都无法以现实政治为理由，来证明美国对伊拉克使用化学武器的宽容，或与一个双手沾满了本国人民鲜血的独裁者的合作反攻是正确的。

很难得出八年战争时期的实际伤亡数字。到1988年初，伊朗方面估计有30万人死于战争，伊拉克方面则为25万人。两伊战争是20世纪以来历时最长、最残酷的战争之一，另有数十万人在战场上受伤或致残。精疲力竭、士气低落，再加上国际孤立，伊朗逐渐意识到自己再也无法在承受巨大的人员伤亡及经济代价的同时保证国内不出现新的异议。伊拉克对伊朗城市的导弹袭击加剧了公众的困扰，特别是当加上石油收入损失、内部难民数量激增以及部队耗尽等因素。同样令人担忧的是1988年初油轮战升级后，伊朗与美国在波斯湾发生严重对抗的可能性。或是霍梅尼本人，或是他负责战争的顾问——其中最重要的是拉夫桑贾尼，已经意识到了超级大国的介入可能会引发长期的风险。

1988年7月3日，"文森内斯"号导弹巡洋舰击落了一架伊朗航空客机，造成290人丧生，这是一个不祥的信号。这起事件可能是因美国巡洋舰将客机误判为一架正在逼近的伊朗喷气式战斗机而引起的。这或许是一个存疑的判断，因为当时伊朗的空军能力很差，而"文森内斯"号拥有先进的雷达和情报设备。这次事件是伊朗与美国首次直接的军事接触，反映出自人质危机以来两国间日益紧张的局势。美国对此事件几乎没有表示过歉意，反而归咎于伊朗航空公司飞行员的恶劣行为。八年后，当美国同意只向受害者的亲属支付最低赔偿时，这被解读为美国试图侮辱伊朗的又一标志。

1988年7月20日，在客机被击落后不久，伊朗终于接受了联合国安理会的第598号决议，该决议最初于1987年7月20日获得通过，旨在呼吁伊拉克与伊朗结束两国之间的敌对行动，并要求所有部队撤回"国际公认边界，不得拖延"。尽管该决议要求联合国秘书长"委托公正机构调查冲突责任的问题"，并以最强烈的言辞谴责了"重大生命损失和物质损坏"，但它没有要求交战双方进行任何形式的战争赔偿或罪责认定。决议只表达了坚定的信念，即"伊朗与伊拉克之间应达成全面、公正、光荣和持久的协定"。基于"专家一致认为伊拉克军方曾多次对伊朗部队使用化学武器"，并且"伊朗平民也受到了化学武器的伤害，伊拉克军事人员本身也是化学战的受害者"[2]，该决议文本后所附的一项决案表达了深深的沮丧。

到1988年8月20日，尽管两国在各条战线都实现了停火，但伊拉克拒绝撤离其在战争最后几年中占领的边境领土。这显然违反了该决议要求的双方"立即将所有部队撤回国际公认的边界"。该决议的其他条款，例如双方呼吁释放所有战俘以及要求联合国秘书长促成两国之间达成持久协定，仍未得到实现。事实证明，伊拉克政权没有遵守该决议的任何附加条款。到1988年，伊朗由于受到国际孤立，在战场上失去了对伊拉克的任何战略优势，无法有效地为自己辩护，这迫使伊朗在弱势地位上接受停火，同时也未能得到联合国对于伊拉克首先发起战争的任何确认。

霍梅尼极少表示过后悔，他宣布自己是被迫停火的，仿佛在喝"一杯毒药"（jam-e zahr），这是引用被雅典法庭判处死刑时的苏格拉底的典故。作为一位曾在库姆教授哲学且对希腊哲学家怀有浓厚热情的老师，他使用的这个词包含着细微的差别。接受停火协议等同于承认一种屈辱性的失败，同时也违背了希腊哲学家所说的"强权即正义"的道德观。对伊朗来说，八年的痛苦和人员伤亡的总和不仅换来了其西部边界领土被伊拉克占据，更重要的是，还换来了与一个伊拉克暴君的停火协议，这个暴君靠着超级大国的军事支持赢得了战争。霍梅尼强调说，他的决定是在与他值得信赖的顾问协商后，考虑到国家和革命的最大利益而做出的。"真主在上。"他接着说：

> 如果不是因为此事关乎我们的伊斯兰事业的所有荣誉和利益，我将永远不会宽恕这一行为，因为死亡和殉教对我来说是更甜蜜的。但是，除了遵循真主的旨意，我们还有什么选择呢？毫无疑问，我们的勇敢的英雄国度已经遵循了它，并且还将继续遵循……将来，有些人可能会有意或无意地对所有由鲜血和牺牲结成的果实产生疑问。他们显然没有意识到隐藏（在此之后）的世界和殉教哲学……毫无疑问，烈士的鲜血是革命和伊斯兰的保证……祝福这个国家！祝福你们这些男人和女人！祝福你，烈士和俘虏，那些在战争中死去的人，以及光荣的烈士家属！我还活着，饮下这杯名为决议的毒药，我感到痛苦。在这个伟大国家的一切牺牲和荣耀面前，我感到卑微。[3]

然而，再多的言语、诡辩和情感操纵都不足以掩盖这一在很大程度上由伊斯兰共和国监护的教法学家造成的灾难的严重性。

从更长的历史跨度看，两伊战争可被视为两种意识形态的冲突，这两种思想都反映了现代中东的不断演进。作为一种极端泛阿拉伯主义，萨达姆的伊拉克复兴党的所有问题都源自历史，包括第一次世界大战后的领土安排、未得到满足的民族理想、伊拉克政体内部的动荡、与伊拉克内部的什叶派及库尔德人的紧张关系、与邻国伊朗的冲突。相比之下，伊斯兰革命是基于革命意识形态的，属于新伊斯兰教的较晚阶段，这场革命至少在表面上拒绝了世俗的民族主义模式，而一个多世纪以来，这种民族主义模式在很大程度上改变了该地区。从伊朗方面来说，这些革命情绪蕴含着深刻的爱国情感，在其历史边界内重申了民族身份。然而，一旦这些情绪呈现出一种攻击性的姿态，超出伊朗的传统边界，并越过扎格罗斯山脉，到达美索不达米亚平原，它们就不再起作用了，尽管两国共同拥有什叶派的宗教遗产。就像过去那样，伊斯兰共和国的这种雄心并没有结出硕果，也可能无法结出硕果。

民族忠诚和集体记忆在两伊冲突中发挥了作用，但真正推动了这场战争并使双方保持长时间艰苦战斗的是主要由石油收入带来的经济资源，尽管两国的石油设施都遭到了破坏。两个政权也都能够平息反对派，并加强自身对权力的垄断。实际上，世界范围内的能源需求以及随之而来的西方大国的战略关注，都促进了对两伊冲突的干预，尽管这些干预都是秘密进行的。干预措施首先确保了石油能经波斯湾输出，但同时也旨在保持西方大国在该地区的优势，以抵抗潜在的苏联威胁，尤其是在苏联占领阿富汗之后。然而，战争并未解决那些导致长期冲突的领土问题。至少在官方层面，阿拉伯河的主权问题并未得到解决。而战争的屈辱性结局并没有使伊朗政权垮台，甚至没有削弱其领导层的革命热情。在某种程度上，这可以通过在整个战争期间及那之后对伊朗政治异见者的有效清洗来解释。尽管这一行动从未达到萨达姆统治下伊拉克警察所实施的迫害的规模和残酷程度，但以优先解决安全和战争问题为借口压制伊朗国内反对派，确保了即使是以耻辱性方式结束战争，该政权也能够继续维持下去。实际上，战争极大地帮助了伊斯兰共和国加强自身军事、宣传和治安力量，消除宪法漏洞，也增强了对社会意识形态和经济的控制。从这方面来看，尽管战争造成了大量人员伤亡、物资破坏和暂时的领土损失，是一场彻底的惨败，但它本身也成了变相的"祝福"，正如该政权的领导层多次承认的那样。不管当局如何宣称人民赋予了它权力，战争的经历、对牺牲的记忆、战壕中的生活、城市受到的轰炸以及配给制度和经济的困难，都是对它的艰难考验，这些考验对革命后伊朗的塑造产生了很大影响。

在伊拉克方面，复兴党的狂热很快在一场新的灾难中结束。如同后来看到的那样，这场灾难自萨达姆军队在卡迪西亚胜利之剑下游行后不久就开始了。卡迪西亚胜利之剑的设计令人毛骨悚然，上面用死去的伊朗军人的头盔装饰着。两伊战争结束不久，萨达姆就被阿拉伯世界的媒体誉为英雄，而他的扩张主义野心引起了另一场冒险。1990年8月，伊拉克以另一个领土借口入侵科威特，这在一定程度上可以归因于美国同萨达姆长达六年的友善关系及其对萨达姆野心的包容。甚至在萨达姆对科威特——伊拉克在两伊战争期间的经济支持者——发动猛烈攻击的前几周，他仍然得到的是美国国务院还在犹豫的消息，这很可能使他相信自己的这次冒险将不会有任何麻烦。

对国内反对派的报复

已经86岁的伊玛目承认了相对的失败，伴随而来的是对国内现存或潜在对手的严厉报复。在战争的最后阶段，不可预见的事态发展加深了该政权对民众不满、公众骚动和武装叛乱的恐惧。战争的耻辱性结局为展开新一轮清洗增加了近乎病态的紧迫感。从1988年7月停火到1989年6月霍梅尼去世之间的不到一年的时间里，发生了一系列事件，这为理解他的动机提供了线索。1988年下半年，至少有4500名政治犯被有计划地秘密处决，反映了该政权的不安和暴虐。

1988年7月26日，即伊朗接受停火协议的几天后，驻扎在伊拉克境内的大约7000名人民圣战者组织成员装备着伊拉克提供的重型武器，突袭数十英里，对伊朗西部的克尔曼沙阿省发起攻击。在伊拉克的空中力量和后勤保障的支持下，人民圣战者组织发起的这次名为"永恒的荣耀"（Forugh-e Javidan）的行动旨在将伊朗从教士政权中解放出来。在经历了1982年的挫败和在法国的短暂停留后，人民圣战者组织领导人及其忠实战友托庇于萨达姆统治下的伊拉克，驻扎在一个被他们称为阿什拉夫营地的军事基地中，该军事基地位于巴格达以北67英里、伊朗边境以西110英里处。就这样，绝望的人民圣战者组织变成了萨达姆手中的棋子，即第五纵队，这种合作的合理性通过文化灌输和铁腕压制得到了证明。萨达姆希望自己能在伊朗政权倒台之时获得更多优势，便让人民圣战者组织在停火协议生效后发起进攻。

然而，人民圣战者组织发起的行动既不永恒也没有荣耀。它犯了大错。在国际压力下，萨达姆很快就被迫撤回空中掩护，人民圣战者组织被暴露在了伊朗战机和革命卫队的空降部队面前。被切断了和基地之间的联系后，火力有限、战斗经验也有限的人民圣战者组织的部队在发起攻击四天后就被彻底击溃了。在行动中，至少有2000名人民圣战者组织成员被击毙。据报道，伊朗军队和革命卫队也有400多人丧生。即使是人民圣战者组织在伊朗境内有限的推进范围里，当地平民也没有把他们看作解放者。鉴于他们对西沙哈巴德（Shahabad Gharb，现名为"Islamabad Gharb"）——他们在伊朗西部边境唯一占领的城镇造成的大规模破坏，他们也不会受到热烈欢迎。而人民圣战者组织的残余分子以及那些设法逃回伊拉克营地的人也因可悲的自满情绪而遭到了惨败。

除了在战场上击溃他们，伊朗当局对人民圣战者组织的仇恨情绪也在伊斯兰共和国监狱内的大规模处决行动中得到反映。在1988年7月19日，也就是人民圣战者组织发起行动的前几天，霍梅尼发布了类似教法指令的行政命令，宣布那些已经被关押在伊斯兰共和国监狱中的人民圣战者组织成员是"反伊斯兰的好斗者（mohareb），（因此）应判处死刑"。他认为这是一种非凡的判决，因为这些"伪君子"不是伊斯兰的信徒，犯有叛教罪（ertedad）。他们沿着伊朗边境积极地参与了这场"经典之战"，与伊拉克复兴党政权相勾结，为之打探情报，以对抗"我们的伊斯兰国家"，还与"全世界的傲慢力量"——美国及其盟友保持联系。尽管从沙里亚法的角度看，判决的理由很充分，但霍梅尼的指示针对的主要不是战场上的战斗人员，而是他在指示中所蔑视的"坚持其伪善"的数以千计的政治犯。《古兰经》中提到的"伪君子"概念为进行大规模报复性杀戮打开了方便之门。[4]

霍梅尼的这个裁定当然是经过了很长时间的思考，而人民圣战者组织的行动再次确认了这一判决，这次行动也为霍梅尼主义强硬派处决数千名政治犯提供了一个理想的借口。接下来，霍梅尼任命了一个由三名教士组成的法庭，该法庭在他最信任的助手的协助下，仔细审核了包括埃文监狱在内的德黑兰及各省监狱和拘留所的名册，挑选并隔离了数千名"嫌疑人"，男人和女人都有。这些人被单独带到法庭，并回答一系列问题，尽管这一行动似乎符合伊斯兰教叛教法律，但实际上是一种消除几乎所有受害者无罪释放可能性的险恶手段。

嫌疑人中有许多还是少年，或是刚过20岁，他们在几年前就已经被捕，受到了审判，并被判处有期徒刑。他们最初被指控犯有以下罪行：加入人民圣战者组织或人民敢死队、散发政治宣传册、参加示威游行、对左派表示"同情"、反伊斯兰教或者是与敌人勾结。即使是一些最热切的"悔过者"也未能幸免，他们曾在监狱中被"重新教育"，并在监狱的"意识形态及宗教委员"或已结束刑期（或即将结束刑期）的囚犯的注视下，积极地实践伊斯兰仪式。

被告人不知道自己为何会被带上法庭，也不清楚自己受到的指控，因此，他们不得不确认或干脆否认对伊斯兰的信仰。他们还须回答这样的问题：是否在服从穆斯林的规范？是否准备揭发其他"伪君子"、反对派同情者和假装悔过者的身份？是否愿意在电视摄像机前表示悔过？是否准备好在前线战斗，并越过地雷区？通常在第一个或第二个问题之后，法庭就有了判决。然后，法庭会要求受害者写下他们的遗嘱，并立即以六人为一组，把他们送上绞刑架。根据伊斯兰法律，在大多数情况下，受害者将被慢慢绞死，而不是送到行刑队那里。

大多数受害者是人民圣战者组织成员及其同情者，其次是人民敢死队、图德党及其他左翼政党成员。人民圣战者和其他政党的女性成员被迫忏悔，遭到严重殴打及鞭刑，并被单独监禁。一些人被处决，或是在酷刑中死亡。在1988年7月至12月的近六个月时间里，秘密处决夜以继日地进行。当局只有在受到焦急而恐惧的家庭的恳求时才会偶尔暂停处决行动，家属甚至被禁止在监狱大门前集会。遇害者的尸体也没有被归还其亲人，这与伊斯兰共和国惯常的做法并不符，即用被处决的尸体换取子弹费用。在埃文监狱中被处决的那些人被秘密地扔在了首都附近一个未公开地点的万人冢里。当局称之为"叛逆之地"（Kofrabad）或"天谴之地"（La'nat-abad）。一年后，家属才知道坟墓的位置。只有在他们同意完全不进行任何形式的纪念集会的情况下，才会被允许探访。在德黑兰西南部的墓地中，1988年遇难者的万人冢与伊斯兰共和国另一批"异教徒"——巴哈伊教徒的坟墓安置在一起。即使到了2009年，该政权的焦虑仍未完全消除。这片墓地被推土机碾平，以便清除死者家属做的临时标记，这成为伊朗历史记忆中被有意掩盖和忽略的一部分。

这些处决行动几乎没有引起该政权内部人士的任何批评，除仅有的一个重要例外，即阿亚图拉侯赛因·阿里·蒙塔泽里。他为此付出了高昂的代价。大多数高级毛拉及其同伴在接下来的几个月里了解到了这些大规模的屠杀行动，他们要么赞成这种残暴行径，要么不敢提出异议。众所周知，由"处决委员会"的轮换成员组成的三人法庭，其中包括伊斯兰共和国一些最臭名昭著的革命法官以及政治犯罪的实施者。他们的判决基于对霍梅尼指令的精心阅读，显示出了与霍梅尼作为革命良心之父的理想形象不符的残酷文化。霍梅尼喜欢回忆7世纪麦地那的巴努-古莱扎（Banu-Qurayza）大屠杀，他认为这是处理叛教者的典范，所以法官们既不关心宽恕，也不在意公平。

作为"他者"的巴哈伊教

除了镇压政治反对派，伊斯兰共和国的统治者们——尤其是其反巴哈伊积极分子——持续骚扰和迫害巴哈伊教徒。在革命胜利后的几个月中，其他非穆斯林族群——犹太人、亚美尼亚人以及琐罗亚斯德教徒、逊尼派穆斯林受到了新政府严格的隔离政策的影响。非穆斯林被禁止担任政府雇员，他们的社区学校课程被伊斯兰化，社区活动也受到控制，有段时间，犹太人甚至被禁止出国旅行。然而，这种系统迫害的矛头直接指向的是"偏离正道的教派"（ferqah-ye zalleh），众所周知，这是对巴哈伊教的委婉说法。

这次迫害行动是巴哈伊教自19世纪中叶出现以来伊朗社会普遍存在的反巴哈伊教徒情绪高涨的顶点。在伊斯兰共和国成立的头10年中，就有200多名巴哈伊教徒被处决，不仅包括国家和地方管理机构中的哈伊教徒，还包括伊朗城镇和乡村中的普通巴哈伊教徒。他们仅仅因自己巴哈伊教徒的身份而遭到处决。此外，还有一些巴哈伊教徒遭到了绑架和秘密杀害。德黑兰大学哲学教授、以研究笛卡儿而闻名的阿里·莫拉德·达乌蒂（Ali-Morad Davudi，1922—1979）在对反巴哈伊教宣传做出简洁回应后，于1979年11月被绑架和杀害。德黑兰大学医学教授、免费医疗诊所的先驱马努切赫尔·哈基姆

（Manuchehr Hakim，1910—1981）则在他的办公室里遭到袭击和杀害。在1980年2月到1981年6月间，由革命法院下达命令或未经任何法院程序而遭到处决的巴哈伊教徒包括伊朗气象学院院长兹希努斯·马赫穆迪（Zhinus Mahmudi，1925—1981），她的丈夫、著名儿童节目电视演员胡尚·马赫穆迪（Hushang Mahmudi），以及许多律师、医师、职业工程师、承包商、军官和家庭主妇。

　　革命法院判定的众多死刑案件中有一起涉及设拉子的巴哈伊教妇女。1983年6月，10名设拉子的巴哈伊教妇女（大部分20多岁）遭到逮捕，她们被控在巴哈伊教徒住所里的星期五礼拜上向巴哈伊儿童传授信仰原则。这些妇女受到了短暂的审讯，尽管她们承受了巨大的压力，但还是拒绝悔改自己的信仰。她们被谴责为"犹太复国主义者的代理人"，并遭到处决。据报道，在处决前，她们中的一些人在监狱中遭到侵犯。按照革命法官的解释，什叶派沙里亚法要求处女在处决前必须被"夺去贞洁"，以防止她们在来世得救。设拉子革命法院院长霍贾特·伊斯兰·卡扎伊（Hujjat al-Islam Qaza'i）后来在报纸采访中暗示自己曾判处22名巴哈伊教男女死刑，因为他们坚守自己的信仰。他威胁说，如果巴哈伊教徒想逃避穆斯林摧毁所有异教徒的"宗教义务"，他们就必须悔改。

　　除了有200多名巴哈伊教徒在伊斯兰共和国的头10年里被处决，整个伊朗城市和农村社区中遭到监禁和酷刑折磨的教徒也达到了数千人。此外，还有数以万计的人受到了骚扰、洗劫，他们或从政府职位上被清洗，或被禁止进入大学就读，或被革命法院没收其财产，或被迫在胁迫下悔改，或是失去退休金，或被迫离开自己的城镇和村子。作为伊朗最大的非穆斯林族群，巴哈伊教徒遍布全国范围内的各个地区，囊括了各个社会阶层，其中包括村民（这些人建立巴哈伊信仰的历史可以追溯至偏远地区巴布运动的兴起时期）、小城镇居民、大城市的工人阶级、教师、官员、小企业主、专业人士和富裕的中产阶级成员。

　　伊斯兰革命对整个巴哈伊教徒群体造成了重大打击。尽管包括最富裕的教徒在内的许多人很快移居到了欧洲和北美，但其他人（大多是收入较低的巴哈伊教徒）却被留了下来，独自面临越来越多的限制和屈辱。新闻媒体中的反巴哈伊运动进行得如火如荼，历史教科书里充斥着谎言和捏造，经济损失和社会地位的下降也随着年青一代教育机会的丧失而出现。未经认证的德黑兰巴哈伊教高等教育学院是一家半秘密机构，它有效地抵御了官方禁止巴哈伊教徒接受高等教育的规定，但遭到了安全部队的反复袭击。禁止巴哈伊教徒在行政管理部门任职，禁止他们举行公共集会和出版活动，在伊朗各地摧毁巴哈伊教徒墓地以及亵渎、拆除巴哈伊教圣地及其历史悠久的文化遗址，包括伊朗国内保存最完好的恺加时代的建筑，这些都成为巴哈伊教徒生活经历的常态。这些行动表明了一个旨在剿灭被伊斯兰共和国认定为异端和叛逆的群体的计划，充满了不宽容和恐吓行为。尽管面临种种压力，伊朗巴哈伊教徒中很少有人否认自己的宗教身份。

巴哈伊教徒并未对伊斯兰共和国构成政治威胁。但他们越来越被视为强大的内部敌人，尤其是在其他政治竞争者被有效地消除时。对他们的指控沿袭了熟悉的历史模式。在早期，主要的指控是异端和叛教；而到了20世纪中叶，这些指控已变得极为政治化或涉及阴谋论。早期，性狂欢的古老指控，尤其是秘密性犯罪（abaha）的指控，主要针对的就是巴哈伊教徒，这种抹黑的手法可一直追溯到古代对犹太人、基督教徒和摩尼教徒等少数群体的迫害。早期的伊斯兰社会也会指责不遵从伊斯兰教规的教徒是性犯罪者。此类抹黑手法在反巴哈伊辩论家的丰富想象中获得了新生。然而，对不道德行为的指控已慢慢消失，逐渐被不忠、间谍和叛国罪等指控所取代。

政治指控是充斥着偏执恐惧和阴谋论的氛围的副产品，这种执着是对欧洲殖民主义"隐藏黑手"的执着。在这种表述中，巴哈伊教徒被视为西方邪恶势力的傀儡，其身份随着时间而不断进化。一种起源于1930年代的流行叙事是以俄国外交官多尔格鲁基王子（Prince Dolgrouki）的虚拟"回忆录"形式出现的，甚至连多尔格鲁基王子本人也是虚构的人物，巴哈伊"伪宗教"的"创造"被归因于19世纪俄国的帝国野心。但在后来，这一叙事又以新的结尾做了修正：俄国帝国主义者一旦不再需要巴哈伊教徒，便将对他们的控制权慷慨地移交给了英国殖民主义者。至于英国人在伊朗大众心目中的"隐形黑手"形象，这种形象在整个20世纪五六十年代都产生了严重的后果。然而，这个进化着的骗局并没有随英国人的形象一同结束。在1960年代，巴哈伊教徒不仅被指控为"英国佬的仆人"，同时还被指控为美帝国主义和中央情报局的特工，不久后，随着伊斯兰革命进程以及反犹太复国主义情绪的上升，巴哈伊教徒又被指责为世界犹太复国主义的间谍。

后一个指控把许多巴哈伊教徒——无论男女——送上了甚至是偏远城镇和乡村里的革命法庭，并在革命的头10年及之后被判处死刑或长期监禁。巴哈伊教中心及巴哈伊圣地位于今天以色列的海法（Haifa）和阿卡（Akka），这是巴哈欧拉（Baha'ullah，巴哈伊教创始人）在以色列建国前70年被长期流放到奥斯曼帝国治下的巴勒斯坦的结果，而在针对巴哈伊教徒勾结英国、美国和犹太复国主义的指控中，这些成了再充分不过的证据。无论如何，他们都是邪恶的"殖民主义者"的工具，是"全世界傲慢者"孵化出来摧毁整个伊斯兰共和国及伊斯兰教的全球阴谋执行者。

如果需要进一步的证据，控告者总是可以诉诸巴哈伊教领导人米尔扎·阿巴斯·努里（Mirza 'Abbas Nuri）的名字，他更为人熟知的名字是阿博都–巴哈（'Abdul-Baha）。阿博都–巴哈于1921年接受英国骑士勋章，大概是因为在青年土耳其党政权垮台并结束在叙利亚和巴勒斯坦的残暴统治后，他曾帮助协约国在巴勒斯坦的行动中取得胜利。在伊斯兰共和国眼里，这等同于巴哈伊教派向英帝国主义以及后来的"犹太复国主义实体"——伊斯兰共和国通常以此指代以色列——屈服。

巴列维时代巴哈伊教徒的经历暴露了他们自身的缺点，即无法有效地与整个伊朗社会进行沟通。在整个后立宪时代以及巴列维统治前期，巴哈伊教徒在社会经济方面的活动中表现出色，部分原因是骚扰和歧视的减少。而他们之所以能获得发展，是因为他们在早期巴列维现代化进程中乐于构建良性的伙伴关系，且拥有一批虔诚的中产阶级教徒。但随着时间的流逝，巴哈伊教逐渐丧失了作为宗教现代性先驱的吸引力。相对的繁荣导致整个社会对他们的孤立。教育和资本给巴哈伊教徒带来了成功，但也扩大了他们与传统穆斯林群体之间的鸿沟，加大了他们与伊斯兰反对派的差异。乌莱玛和反巴哈伊分子都对巴哈伊教徒获得的传教自由感到不满，尽管这种自由是有限制的。实际上，巴哈伊教的敌人把他们视为对伊斯兰教优势地位的新挑战。反巴哈伊教协会差不多是革命前最大的伊斯兰组织，几乎完全致力于反巴哈伊教的活动。

然而，随着伊斯兰教士和世俗激进分子积极发展神学理论和救世主预言，巴哈伊教派的理论就显得不够与时俱进了，他们的做法有些过时，想法也不够大胆。由于巴哈伊教派自19世纪以来就坚持不干涉政治，他们因而受到了不公正的怀疑，被认为是在讨好甚至勾结巴列维政权。到1970年代中期，像其他任何一个处于专制政权统治下的被孤立的少数群体一样，巴哈伊教徒被指控垄断了巴列维政权中的"关键职位"。尤其是有传言称首相阿米尔·阿巴斯·胡韦达是巴哈伊教徒，只因为他父亲——一位伊朗外交官曾是巴哈伊教徒共同体的成员，尽管他后来放弃了这一身份。巴哈伊教徒被指控操纵萨瓦克，折磨受害者，通过自身与权力来源的密切关系而垄断财富和特权，还与英国情报机构、中央情报局、以色列人进行肮脏的交易。诸如此类的恶毒谣言在巴列维时代晚期盛行，而当时的巴哈伊教派则是谨慎地试图远离革命运动的熊熊烈火。在伊斯兰共和国统治时期，这些谣言迅速升级为毋庸置疑的事实，并成为他们叛国和阴谋指控的证据。

然而，对巴哈伊教徒的仇恨远比教义分歧或阴谋论要深得多，这不仅是伊斯兰主义者的共同遗产，而且也是左派知识分子、学者以及公众的共同遗产。寻找一个隐藏在内部的敌人，将过去的所有错误和对未来的所有恐惧都放在他的肩膀上，这是"受害者文化"所熟悉且享受的一种做法。巴哈伊教徒具有凝聚力和韧性，但越来越内向。坚守自己的立场并拒绝教义同化使他们成为被怀疑和仇恨的对象。如果革命政权在其堂·吉诃德式的战斗中无法击败大撒旦的话，就会转而去骚扰一个在其内部的脆弱敌人。

与大撒旦的交易

伊朗与美国之间以以色列为中介的武器交易于1986年11月被披露，引爆了1985年8月至1987年3月发生于华盛顿的被称为"伊朗门事件"（Iran-Contra Affair）的政治丑闻，这一事件对里根政府产生了严重影响。事件的过程表明尽管美国与伊朗长期敌对，但美国还是准备通过向伊朗提供武器和备件来与之进行交易，尽管这是为了实现美国自身的目的。更令人不安的是，尽管伊斯兰共和国公开咒骂以色列，但它在利用以色列充当中间人而进行武器交易，以及指控城镇、村庄中的巴哈伊教徒是大撒旦和"犹太复国主义实体"的间谍并对他们进行迫害时，全无心理负担。

在伊朗门事件发生之前的几年里，伊朗被美国列为资助恐怖主义的"流氓"国家，并受到武器禁运和其他制裁。因此，这一秘密的武器交易有望为伊朗提供与小撒旦（也就是萨达姆）开战的急需物资。无论里根政府用何种理由来证明与伊朗的武器交易的正当性——包括筹集针对尼加拉瓜秘密行动所需的资金、促进释放被黎巴嫩真主党拘留的美国人质，以及怀着渺茫的希望摆出善意姿态，尝试重新拉近与革命伊朗之间的关系——最终都事与愿违。这一交易因多种原因而陷入了严重的尴尬境地，并在全球范围内被广泛宣传。除了违反对伊朗的武器制裁，白宫安全顾问还被指控违反了国会的一项禁令，即禁止援助与尼加拉瓜革命政权作战的反政府势力。

伊朗方面出面的是一位名叫马努切赫尔·戈尔巴尼法尔的军火商，他曾经是萨瓦克的代理人，也是一家以色列-伊朗联合运输公司的合伙人。他声称自己与伊朗政权中有影响力的"温和派"有联系。代表美国的是国家安全委员会的奥利弗·诺斯（Oliver North）中校。重新打开与伊朗关系的前景吸引了美国政府。不仅是国家安全顾问罗伯特·麦克法兰（Robert McFarlane），还有中央情报局局长威廉·凯西和其他白宫高级官员，甚至还有里根总统本人，都很乐观地在两年时间里向伊朗方面批准出售了2500多枚美国制造的陶氏反坦克导弹。以色列方面在删除了追踪码和希伯来文后，就将早先几批导弹和零件运往伊朗，这也避免了伊朗当局在"善与恶的战场"——这是伊朗官方给两伊战争打上的标签——中向其战士发放以色列装备的尴尬。从一开始，伊朗方面就很清楚武器的来源以及需要付出的代价。到后来，武器就直接从美国运出了。

在伊朗的调解下，被扣押在黎巴嫩的部分人质得到释放，里根政府激动不已，于1986年5月派遣了一个由麦克法兰率领的代表团前往伊朗，其中包括诺斯和其他美国官员以及负责交易的以色列首席特工艾米拉姆·尼尔（Amiram Nir，1950—1988）。他们乘坐一架以色列飞机前往伊朗，该飞机还满载导弹和武器零件。抵达德黑兰后，这批不速之客很快就意识到自己并不受欢迎。由美国总统签字的《圣经》和钥匙形状的蛋糕原本是用来表达善意的，但完全没有达到效果。很快，代表团就灰溜溜地返回了美国。

整个事件的值得注意之处是白宫在评估伊朗局势复杂性及其困境时表现出的天真。如此手段显然是为了诱使伊朗实现与美国关系的正常化，奇怪的是，美国人认为伊朗人看不出自己的用心；而与此同时，美国政府还在向萨达姆的军事行动提供援助和侦察技术。在这种情况下，伊朗人——即便是军火销售中间人虚构出来的"温和派"，不太可能冒险花几年时间来调整伊朗对美国的态度。这是伊斯兰共和国国际事务立场的基石，而这种调整显然会违背他们根本的意识形态。他们愿意从美国和以色列购买武器，但也仅限于此。

同样值得注意的是，伊斯兰共和国领导人如何精明地利用了伊朗门事件的后续影响。在每个周五都发出"美国去死"和"以色列去死"的祈祷的情况下，伊朗与大撒旦甚至与"犹太复国主义实体"达成了秘密交易，这可不是一件小事。这种冒进是伊朗政权政治文化的典型特征。可以说，在遭受战争致命的阵痛的情况下，任何政权都会与能够提供必要武器的势力达成协议。就在几年前的1982年，以色列入侵黎巴嫩，并夺走了8万名什叶派黎巴嫩人、巴勒斯坦人的生命。为了与穆斯林邻国交战，而从美国和以色列购买武器，这势必会导致伊朗当局被民众吞噬，除非能够找到让人信服的借口。

考虑到军火交易曝光可能造成的损害，伊朗安全部队于1987年9月以叛国罪的名义逮捕了蒙塔泽里的亲信梅赫迪·哈什米（Mehdi Hashemi，1946—1987），并控制了忠于他的民兵。哈什米是一名激进的经学院学生，一直追随蒙塔泽里。1977年，他曾在巴列维法院受审，并因暗杀伊斯法罕著名的阿亚图拉而被判处无期徒刑。哈什米暗中控制着一个名为哈达菲斯（Hadafis）的恐怖组织（该组织相信什叶派的政治目标），灵感来自一部名为《永恒的烈士》（Shahid-e Javid）的颇受争议的著作。该书认为什叶派第三任伊玛目侯赛因是因政治事业而牺牲自己，而非纯粹的道德原因。

革命胜利后，哈什米从狱中获释，他被输出革命，尤其是向海外什叶派群体输出革命的想法所吸引，这反过来又将他吸引到了后来演变出黎巴嫩真主党的派系政治中去。由于反对通过释放被扣押在黎巴嫩的美国人质而与美国达成秘密的武器买卖，哈什米向黎巴嫩的《什拉》（al-Shira）周刊披露了此次交易。1986年10月，因消息走漏而暴怒的伊朗安全部队逮捕了哈什米及其40名同伴。经过长时间的拘留、酷刑以及被迫在电视采访中"坦白"自己与大撒旦勾结的罪行，哈什米最终在教士特别法庭受到了审判，并于1987年11月被处决。镇压哈什米，然后使蒙塔泽里保持沉默，只是部分转移了伊朗公众的疑惑，还需要其他理由来转移民众的注意力。

因此，在伊朗门事件结束以及哈什米被处决后不久，霍梅尼陷入了一场看似不必要的危机，而这不仅仅是巧合。这一后来被称为"拉什迪事件"（Rushdie affair）的危机进一步损害了伊朗在国外本已遭受重创的形象，但回报颇丰，挽救了霍梅尼不妥协的伊斯兰先锋的国内形象。1989年2月14日，他发布了著名的教法指令，指控印度裔英国穆斯林作家、《撒旦诗篇》（The Satanic Verses）的作者萨尔曼·拉什迪（Salman Rushdie）亵渎神灵。教法指令号召"所有英勇的穆斯林"杀掉作者以及所有知道小说内容的编辑和出版者，无论是在哪里发现他们，都应当刻不容缓。"只有这样，才不会有人敢侮辱穆斯林的神圣信仰。而因这一行动被杀的人将成为殉难者。"[5]教法指令在把战后伊朗内部动荡升级到新高度的同时，也引发了西方世界对霍梅尼及其伊斯兰政权的谴责浪潮。霍梅尼及其官员、助手在教法指令发布后，又宣布杀死拉什迪的人将获得600万美元的奖励，此举有助于在伊斯兰激进主义快速增长的国际环境中维持伊朗当局的影响力，哪怕这将破坏伊朗与拉什迪居住地英国的外交关系，但这样的代价是可以承担的。

当时，霍梅尼已经被诊断为癌症晚期，并在不到四个月后就去世了。一般认为，他此时激起拉什迪争议主要是为了留下不屈不挠的好战传统。战争的悲惨结局和他输出革命想法的失败可能给他留下了这样的印象，即谴责拉什迪将确保自己遗产的安全。通过在这场从英国一直蔓延到巴基斯坦的反拉什迪运动中扮演首要角色，霍梅尼实现了这一点。正如他所认为的那样，随着事态的发展，发布教法指令是一项宗教义务，对于伊斯兰共和国监护的教法学家来说，更是如此。毫无疑问，这场掀翻拉什迪的浪潮也在国内获得了预期的宣传效果。为拉什迪的性命支付大笔奖金，也给这一事件增加了赏金正义的意味。

无论小说《撒旦诗篇》的内容如何令人反感，这一教法指令都构成了对具有强烈文化敏感性的天才作家的严重困扰。它还破坏了伊斯兰法中关于亵渎案件的规定以及发表法律意见时的证据和程序依据。可以说，一部风格魔幻、具有像故事中穆罕默德那样的角色的小说，几乎不能被视为亵渎神灵的证据，否则许多苏菲派格言以及波斯文集、阿拉伯诗歌中的一些格言就都是异端了。伊斯兰教法的刑法条款是否对伊斯兰教地区以外的人具有约束力，这点也存在争议，如果没有其他原因，被告首先必须被送交由一位或多位法学家主持的伊斯兰法法庭。通过呼唤"世界上勇敢的穆斯林"，霍梅尼仿佛在瞬间就将"伊斯兰地区"扩展到了全球，这一点很快被各地的穆斯林激进分子所效仿。然而，人们差不多可以达成共识，即在对被告人进行盘问，确认或否认他的渎神罪指控前，伊斯兰法院不能发表任何意见。大多数伊斯兰教法学家认为，该文本本身不足以让法庭发布亵渎罪教令，更不用说判处死刑了。无论如何，死刑判决的执行都不能委派给匿名人士。绝大多数伊斯兰教法学家都认为即使是在严重亵渎神灵的情况下，初犯者的悔改也能成为撤回死刑判决的充分理由。然而，作者的道歉或"悔改"并没能改变霍梅尼或他的教士追随者的看法。

鉴于霍梅尼及其同伴显然知道这是对伊斯兰法律的违背，这一教法指令看起来不仅用于履行法律义务，还出于其他目的。此外，伊朗媒体大肆宣传《撒旦诗篇》的出版是西方对伊斯兰教的阴谋，这表明霍梅尼巧妙地掩盖了战后时代的现实。这一令人沮丧的战后现实包括数十万幻灭、残疾的退伍军人返回家园，拥挤不堪的"烈士陵园"中成排的坟墓，数以万计被关押在可怕的伊拉克战俘营中的伊朗士兵，以及在兑现给烈士家属的承诺时所遭遇到的困难。在霍梅尼之死隐约可见的紧要关头，反拉什迪运动也减轻了领导层之间的争执。下一代监护的教法学家的任命看起来也是一个麻烦。

废黜指定继承人

由伊朗政府发起的追杀拉什迪的喧嚣声太大，以至于蒙塔泽里要求改革的温和呼声完全被掩盖了。在对伟大领导人阿谀奉承的气氛中，在想象西方亵渎和嘲弄伊斯兰教的阴谋中，蒙塔泽里大胆地说道："全世界人民都认为伊朗不过是在进行杀人的勾当。"至少在公开场合，没有一个其他高级教士敢对霍梅尼教法指令的正当性提出任何异议，更不会谈及言论自由或表达对伊朗海外形象的担忧。就像1988年的处决行动一样，对监护的教法学家的盲目服从成为伊斯兰共和国的通行准则，这在什叶派历史上是从未有过的。出现这种局面不是没有原因的，正如蒙塔泽里的命运很快就将展现的那样。

作为伊玛目的指定继承人（janeshin），蒙塔泽里可能是霍梅尼核心集团中最杰出的教法学家，也是"教法学家统治"的早期拥护者，他与那些内部争吵或有争议的决定保持着恰当的距离。早些时候，他曾批评强硬派人士排斥巴扎尔甘以及他的那些被称为"妥协的自由主义者"的同事，1981年，他甚至尝试与人民圣战者组织之间实现和平共处，但未能成功。他用朴素的语言偶尔提及伊朗政权对待对手时的严苛，有时也能打动霍梅尼。然而，这也使他逐渐远离了围绕在革命伊玛目身边的决策圈。同样令人不安的是，当局担心国内会出现与左派民兵相似的政治异见者，这些异见者会和人民圣战者组织一样坚持反教士统治的立场，尤其是当他们得到蒙塔泽里等宗教权威的认可和支持时。而蒙塔泽里的革命理想已随着高层经济腐败的增长以及广泛的政治压迫而受到损害，他与霍梅尼之间的裂痕加深了。

蒙塔泽里早已对哈什米的被处决感到不安，在1988年年中，他还对当局大规模处决政治犯表示不满。在致霍梅尼的一些谏言中，他认为这种杀戮既不符合沙里亚法，也不符合人权标准。蒙塔泽里公开重申了他先前要求的重新评估革命中的失误以及开放政治空间，然而霍梅尼几乎没有表现出一点认可。这是来自伊朗最高领导层的对大规模处决行动的第一次公开确认，也是唯一的一次。在反拉什迪运动开展的同时，1988年8月1日，蒙塔泽里在给霍梅尼的公开信中极力劝诫不要以伊斯兰教和人权为由，判处囚犯死刑。"关于您最近的要求处决已被关押在监狱中的'伪君子'（即人民圣战者组织成员）的命令。"蒙塔泽里写道：

> 对在最近事件中（即1988年7月人民圣战者组织在伊朗西部发起的进攻）被抓捕之人判以死刑，国家和社会都会接受，且显然不会有负面影响。但处决那些（在此之前）已被关押在监狱中的人，在当前情况下，这些处决首先会被解读为报复行动……迄今为止，除了增加对自己的不利宣传，增加"伪君子"和反革命分子的吸引力，我们从杀戮和暴力中获得了什么？是时候展示我们的同情心和慈悲了。[6]

到1989年初，蒙塔泽里甚至在公开场合暗中批评霍梅尼剥夺人民的权利并无视革命的真正价值。他呼吁"领导人"对政治和意识形态进行重新评估。按照伊斯兰共和国的标准，这是对霍梅尼及其激进盟友前所未有的谴责。可以预料的是，蒙塔泽里对监护的教法学家的批评进一步激怒了霍梅尼及其同伴，其中包括自1981年以来担任伊斯兰共和国总统，不久将成为共和国最高领袖的赛义德·阿里·哈梅内伊。他是霍梅尼心血来潮的念头的实施者，也是霍梅尼战争战略的主要执行人，他在发动对蒙塔泽里的致命一击的过程中发挥了重要作用。

完全由忠于霍梅尼的毛拉组成的专家会议此时已经开始重新研究伊斯兰共和国宪法中监护的教法学家的资格问题，同时考虑下一任领导人的人选。1989年3月，霍梅尼公开指责曾经的亲密伙伴蒙塔泽里。他的指责主要是面向公众，而不是警告专家会议蒙塔泽里已不被认可。3月28日，在霍梅尼发表嘲讽言论的两天后，蒙塔泽里平静地选择了辞职。他还有尊严地接受了生命后20年里政府对自己施加的限制。他住在库姆的家中，继续对少数学生进行教导，并偶尔接受采访。但后来，他的声明为他带来了被软禁的命运，采访也完全被禁止了。不久后，在公众视野和官方革命叙事中，他已被完全抹去了。

穆罕默德·哈塔米（Mohammad Khatami）担任总统期间（1997—2005），蒙塔泽里被部分解禁，但他仍是一个局外人，没有公开演讲、旅行和发表任何政治声明的权利。顽疾缠身的他仍然与这些限制进行了抗争，他表达的观点和发表的意见与当局的一些镇压政策背道而驰，这也反映了他温和的世界观。为了回应伊朗当局对巴哈伊教徒的新一轮迫害，他于2008年5月重新发布了教法指令，这反映了蒙塔泽里的勇气。他强调说，"巴哈伊教派"的成员"没有神圣的经文"，也"不是宗教少数派，但他们是伊朗公民，享有固有的权利（haqq-e ab va gel）以及公民权。此外，他们应该从《古兰经》以及（我们）信仰的监护人所强调的伊斯兰同情心中受益"[7]。他于2009年12月19日去世，引起了德黑兰、库姆、伊斯法罕和其他地方的广泛悼念活动。尽管自2009年6月的绿色运动以来，伊朗政府几乎禁止了所有的纪念性集会。

蒙塔泽里的倒台是霍梅尼时代最后的清洗，并且象征着伊斯兰共和国对组织团结一致的不懈要求。教士集团在这一点上几乎完全支持霍梅尼，很少有例外，这不仅是因为高压统治的氛围以及对集体忠诚的需要。通过让渡其固有的司法和学术自治权，掌握统治权的教士集团换取了共和国等级制下的新特权。他们以弱化作为司法独立工具的"伊智提哈德"为代价，实现了对政治权力的垄断，并巩固了自身的特权，对"教法学家统治"奴隶般的服从甚至取代了"效仿源泉"制度本身。

一个时代的终结

1989年6月3日，霍梅尼死于癌症晚期，享年87岁。他的墓地位于德黑兰以南15英里的通往库姆的道路上。成千上万的哀悼者自发拥入首都街头，并挤满了通往他墓地的道路。这是伊斯兰革命史上一个难忘的事件，哀悼者的人数之多只有10年前流亡海外的霍梅尼回归时迎接他的人数才能相比。实际上，这两个事件分别标志着伊斯兰革命第一阶段的开始和结束，在此期间，霍梅尼的领导处于中心地位，并且经久不衰。

哀悼者情绪激动，悲恸欲绝，葬礼的程序屡被打断，进而陷入僵局。他们竭力想靠近霍梅尼的棺椁，并触碰霍梅尼的裹尸布。此后的局面越发混乱，并持续了一段时间。情绪的宣泄传达了一个潜在的信息。公众似乎不仅是在哀悼伊玛目的逝去，而且还把对革命的热情同霍梅尼的遗体一并埋葬，这种革命热情激励了一代人，把人们带上街头，并永远改变了伊朗社会。精疲力竭的公众发出了一个微妙的信息，即把抗议集会和战场上的牺牲抛在身后，朝着常态社会迈进。

甚至连匆忙设计和建造的霍梅尼陵墓似乎也传达出终结的信息。镀金的穹顶、宣礼塔、内部栏框和壁龛（mehrab），显然象征着对什叶派神圣历史的回归。位于德黑兰地铁线终点站的"伊玛目陵墓"似乎在象征性地强调这里是革命精神旅程的终点。这座建筑物的本意是表达对霍梅尼的赞美，要比附近的阿卜杜勒·阿齐姆圣陵更为壮观，可与库姆甚至马什哈德的圣陵比肩。不远处的另一座象征性建筑，即已被拆除的礼萨·汗的陵墓，偶尔也会被提及，尽管是以相反的口气。

陵墓内部入口上方的铭文引用了一小段霍梅尼"神圣的政治遗嘱"。它向来访者保证："依靠真主的恩典，我带着宁静的灵魂、自信的心、兴高采烈的精神和充满希望的心情告别了我的兄弟姐妹们，前往我永恒的安息之地。"[8]这段文字似乎表达了这位监护的教法学家的愿景。

事后看来，革命的超凡魅力阶段显然在1989年就已经结束了。在霍梅尼统治的10年中，革命不仅有效地摧毁了巴列维时代的政治精英和技术官僚精英，还摧毁了巴列维时代的大部分中产阶级。在同一时期，新政权有效地镇压了互相竞争的各个反对派，包括左翼激进分子、自由派教士、温和派教士以及地区和民族反抗者。在与美国这个超级大国展开一场激烈的——虽然很大程度上是象征性的——对抗的同时，它震慑了邻国伊拉克这个强大的侵略者，尽管也曾遭遇严重的挫折。经人质危机、与伊拉克的战争以及许多其他的挑战，霍梅尼领导下的伊斯兰共和国巩固了自己的基础，建立了政治和安全机构，以维护自身的经济和金融垄断地位。

霍梅尼在塑造群众革命的过程中起到了至关重要的作用。但他先知般的敏锐既不是对过去革命和救世主的完全照搬，也并非仅是现代意识形态及后殖民主义回响的副产品。他依靠的是伊斯兰教法原则以及代表它的伊斯兰教士集团。霍梅尼无情而果断，成功地将以沙里亚法为基础的教士集团转变为一种强大的工具，在动员社会较低阶层民众的同时，无须完全摆脱传统的伊斯兰价值观或提供内在一致的社会经济及文化变革计划。尽管霍梅尼并未完全摒弃现代性元素，但他对理想化了的、在很大程度上是非历史的"真正伊斯兰"的迷恋，仍能反映在其观点和行动上。

然而，霍梅尼最实际和最持久的贡献在于他成功地将长期以来处于构想之中的政治伊斯兰思想付诸实践。他建立的伊斯兰共和国是第一个从意识形态革命中崛起的伊斯兰国家，这种思想也许只有在什叶派伊朗才会出现。作为一名激进分子以及倡导伊斯兰国家范式的革命分子，自1980年代以来，霍梅尼在整个伊斯兰世界中的影响力是显而易见的。至少在这方面，没有其他现代穆斯林思想家、激进主义者或革命者能与之相提并论。不论他们的伊斯兰激进主义思想是怎样的，可以说，就区域或全球影响力而言，没有任何现代穆斯林思想家和革命者——从18世纪的穆罕默德·伊本·阿卜杜勒·瓦哈比到19世纪的贾马尔·丁·阿萨达巴迪和穆罕默德·阿卜杜，再到20世纪的拉希德·里达、哈桑·班纳、赛义德·库特卜和阿布尔·阿拉·毛杜迪——可以和霍梅尼相比。

至少有三个特质促使伊朗的伊斯兰革命成为一场重要的现代革命运动。首先，它基于群众动员以及大规模的民众参与。这场革命不仅是中东历史上前所未有的，而且其参加者的数量也非以往所能及——这也许是现代历史上参与者数量最多的革命之一。革命运动在推翻旧的政治秩序，摧毁其相关政治精英、经济精英方面，具有广泛而决定性的力量。其次，尽管经历了严峻的国内外挑战，伊斯兰革命在很短的时间内就建立了新的政治秩序，培养了新的社会政治精英，并使教士统治制度化。伊斯兰共和国刚一成立，就猛烈地压倒了所有其他真实或潜在的竞争者。在这方面，它展示了朝着更高程度权力垄断发展的始终如一的动力。如同大多数极权主义政权一样，它不能容忍政治异议，即使对于自己内部领导层也是如此。战争对促进伊斯兰共和国取得基层支持以及镇压反对派尤为重要。再次，伊斯兰革命提供了一套文化纲领，这是一种囊括了强硬保守主义、反帝国主义话语、有选择的现代性和有意识的反世俗主义的组合。在实践中，它毫不犹豫地采用了现代手段进行控制和宣传行动。在采用现代方式促进经济发展和改善社会福利时，它也没有丝毫犹豫，只要这些方式可以安全地进行伊斯兰化处理就行。在这方面，伊斯兰共和国将社会发展方案付诸实践，并取得了持久的成果。

第十七章

伊斯兰共和国时期的社会和文化

　　革命在带来了新政权和新政体的同时，也给伊朗的社会、经济和文化留下了深刻的烙印。到革命的第一个10年结束时，巴列维时代享有特权的上层人士和中产阶级已被驱逐出政治进程，他们在经济领域的地位也逐渐被取代。数十万人被解职或强制退休，失去了对权力和资本的控制。即使是那些未受到革命第一波影响的人，也不得不重塑自己的经济活动和生活方式，并常常试图与政权就其财富和企业的控制权进行重新谈判，而这往往以失败告终。诚然，这些中上阶层在20世纪七八十年代的伊朗社会中只占很少一部分，但他们在巴列维时代的教育、经济和技术官僚体系中占主导地位，因此也至关重要。数十万人移居北美、西欧和澳大利亚，开始新的生活。

　　新政权主要依靠忠于革命的"传统"中产阶级和中低阶层来取代旧的精英。他们主要来自有教士或巴扎背景的信仰宗教的家庭，尤其是小零售商家庭以及德黑兰和地方中心城市的第一代、第二代农村移民家庭。逐渐地，新政权开始从小城镇和农村、城市工人阶级或低收入政府工作人员家庭中招募或提拔更多人。这些人在公立学校接受教育，其中包括大批中年教士（他们也接受现代教育，或是在进入宗教学校前，或是与库姆经学院教育同时）。一些来自过去中产阶级家庭的成员以政府雇员的身份幸存下来，继续履行公职，但再也不能掌握实际权力。还有一小部分"回归信仰"的伊斯兰主义者，尽管从未得到政权的完全信任或被授予机要职位，但仍在政府部门任职。在整个1980年代，广泛的清洗和恐怖气氛使许多中产阶级脱离了政府工作，并将他们带去了私营企业。

在流亡期间，霍梅尼及其同僚设法于20世纪六七十年代建立了一个网络，大多数新政权的精英都来自这里。对这些精英的崛起至关重要的是新社会阶层的流动性，这种流动性推动他们向前进，而他们快速的学习能力以及群体归属感马上就换来了回报，即高级职位和适当的经济特权。处在新等级制度顶端的是霍梅尼主义教士及其身边的世俗人士。尽管这是一个相对较小且经常争吵的团体，但他们意识到自己的权势，并决心保卫它。他们担任高级职务，例如议会议长、司法和安全机构负责人、革命法院的法官、地方中心城市的领拜人、监护委员会的教士以及霍梅尼在军队和安全部门、经济和教育机构、国营基金会下辖子公司的代表等。这个等级结构的下层人员由可信赖的教俗两界人士组成，他们担任技术和行政官员的职位，对二级部门、银行和金融机构以及各省省长进行监督，他们也担任军官和革命卫队高官，统领着武装部队。伊斯兰议会议员是单独的一类，一些议员曾在政府、革命卫队和政府关联机构中任过职。其他人则是来自大城市低收入社区或小城镇的伊斯兰激进主义者，他们以自己退伍军人的身份，或是作为本选区有影响力的霍梅尼主义者的委托人，而攀上了政治阶梯。

新精英阶层中有一个特权群体，尽管他们常常隐藏在幕后。这个群体包括各阿亚图拉家族的孩子和近亲，他们作为终极的"自己人"，获得了巨大的政治和经济利益。这些人被讽刺地称为"教士的后代"（aqazadeh），他们通常是一些受过少量教育的典型门外汉，负责掌管其父亲或岳父的"机构"（bayt），担任类似办公室主任的角色。可以预见的是，他们的管理工作涉及各种活动，从交易、游说、以权谋私到对宗教著作、捐赠以及已获得财富（大多来自没收）的投资和财务管理，而这些通常都是有利可图的；他们的这些行为损害了阿亚图拉作为远离世俗事务的"真主之人"的公共形象。一些教士垄断了重要岗位，他们仿佛已经获得了终身任命，这进一步增加了他们子女的权势，因为随着年龄渐长，阿亚图拉们会严重依赖子女的建议，并受到他们的影响。

　　与"教士的后代"争夺特权的是一些新来者，这些人通过革命经历获得了"自己人"的地位。他们大多属于城市工人阶级，来自农村地区，是两伊战争的退伍军人。他们通常担任革命卫队和巴斯基民兵的指挥官，或者曾在革命年代证明过自己的功绩以及对政权的忠诚。正是这些退伍军人、前革命者和烈士家族为伊斯兰共和国不断扩大的官僚机构提供了储备人才，并在较小程度上补充其领导阶层。要成为一名成功的候选人，首先必须表现出对伊斯兰的"献身"（ta'ahud），也就是对领导者及其政治目标的热切忠诚。这个群体中只有一小部分人听取了后革命时代的话语，觉得有必要通过某种形式的大学教育来获得一定水准的"专长"（takhassos）。从1980年代后期开始，伊斯兰共和国就为退伍军人提供了高等教育配额，在实践中，这使得他们和烈士亲属进入大学时的学术水平大大低于公认的标准。革命后的伊朗社会仍对大学文凭保持恭敬，这反过来使人们对医学和工程学学位更加渴望，有时甚至忽略了获得学位需要经过怎样严格的训练。

　　尽管该政权在塑造具有排他思维模式的新精英方面取得了成功，但没能成功地用经典模式创造出一个极权国家。在某种程度上，这可以归因于新精英的内在复杂性，特别是教士的政治技巧、不断转变的社会纽带以及修辞技巧，而所有这些都来自库姆经学院的教师训练及宗教政治。他们将这种"库姆化"的政治文化投射到了国家机器的高层中，并产生了可预见的结果，即持续的内部对立，甚至是圈子内部以及不同部门之间的混乱。同时，这种文化也表现出了对监护的教法学家和该政权核心意识形态的忠诚。在革命形成时期，威胁到伊斯兰共和国生存的那些危险挑战无疑帮助该政权巩固了自身忠诚的纽带和反抗的手段。该政权的内在复杂性及其对垄断权力的渴望须等到霍梅尼时代之后才会完全显现出来。在霍梅尼去世几十年后，该政权内部——主要是高层领导人之间——的关系趋于紧张，一方是忠于最高领袖阿里·哈梅内伊的强硬派，一方是希望实施更包容政策的"改革派"。

　　新精英的组成及其等级制度清楚地表明，伊斯兰共和国并不愿通过自由、人民代表以及不受限的民主机构来扩大政治的范围。与革命的承诺相反，按大多数标准来看，政治统治仍然是寡头制的；为确保整个政治系统的凝聚力，诸如监护委员会之类的机构会对进入该系统的人员进行审查。尽管有时统治精英内部的意识形态和派系之间的紧张关系会带来令人惊讶的结果，但从总体上看，内部人与外部人之间的隔离状态仍未改变。可以说，与巴列维时代相比，伊斯兰共和国的政体更封闭、更僵化，尽管它和基层的联系也更为紧密。

一场人口统计革命

除新兴的政治秩序，革命后的第一个10年见证了人口爆炸带来的持久影响。自1960年代开始，伊朗人口发展进入快速增长的最新阶段，也是20世纪后期整个中东地区人口变化模式的一部分，在1976—1986年间，伊朗总人口从3370万增长到了4940万，年增长率是现代伊朗历史上最高的。在20世纪初，伊朗的人口数约为800万，到1956年，人口数已达到1890万。值得注意的是，到21世纪初，这一数字已超过了6800万。2010年，官方的出生率为1.8%，远低于1980年代的4.2%。

在1975—1985年间，伊朗是该地区年轻人口占比最大的国家之一，年龄不到20岁的伊朗人占总人口的50%以上。这种情况持续了10年，直到21世纪初，这个数字下降到了35%以下。同样值得一提的是，在1966年白色革命和土地改革的高峰时期，城市人口占总人口的37%，这与1950年代中期城市人口占比不足25%相比已经有了很大的增长。到1976年，即伊斯兰革命开始之前，城市人口占比增长到46%，10年后达到了54%，此后一直在继续增长。到2012年，在7800万伊朗总人口中，城市人口占到了71%；而这些城市人口中，有30%居住在五个主要城市（包括德黑兰和其他四个主要地方中心城市）。城市化不可避免地提高了识字率，同时也降低了出生率。1976年，6岁以上的人口中只有44%的人是有读写能力的；到1986年，识字率已达到54%；到2015年，多达97%的青年具备读写能力，这远远高于中东其他地区的65%。

人口增长和城市化是塑造伊斯兰革命以及影响革命在最初10年的巩固阶段里如何演变的重要力量。用集会方式来抗议国王和后来的伊斯兰共和国（以及反伊斯兰政权的激进左派）的群众大多不到25岁。参与两伊战争的大多数军队、革命卫队和巴斯基武装士兵也主要来自25岁以下的人群。在革命开始时，人口的年轻化被证明是必不可少的条件，这是因为他们头脑灵活，愿意为意识形态献身，渴望更多的政治权利以及更公平、更多样的财富和特权分配方式。对于绝大多数伊朗人来说，这些理想几乎都没能实现。然而，从中受益的少数人却一直坚定地效忠伊朗政权的领导层。

重要的是，从更广的范围看，伊朗在过去500年中从未出现过如此有利于革命性变革的人口结构，即拥有一个准备投入某项事业的精力充沛的城市人口储备库。无论是16世纪伊斯玛仪一世时代的大不里士，还是立宪时代的德黑兰和大不里士，或者是1950年代初民族运动期间的德黑兰和其他地方中心城市，都没有出现过这样一种人口集中并渴望政治参与的情况。在整个20世纪七八十年代，大量移民从农村和小城市迁往德黑兰和地方中心城市，随之而来的是他们的"多生育、多存活"文化，这在大家庭中比较常见。这些因素可以解释1970年代及以后城市人口的快速增长。这种新的城市人口至少花了一代人的时间才采用核心家庭模式——这类家庭子女较少，主要依靠父母中某个人的收入，且在一定程度上独立于以祖父母为首的多代同堂家庭。从长远来看，伊斯兰共和国成立后新兴的中产阶级如何迅速摆脱传统的家庭模式，代之以新的价值观和生活方式，但又保持自己的需求和动力，这是很值得关注的。

伊斯兰政权在很大程度上依靠青年一代及其对成功的渴望，但它在很大程度上也拒绝了他们的政治要求。它未能满足他们对一个多元化和更包容的社会的渴望。伊斯兰化是一个由意识形态驱动的过程，得到了革命精英——他们具有截然不同的生活方式、生活经历——的认可和贯彻，并有自身独特的观点，对各种事务有不同的优先排序。新政权试图在某种程度上解决社会自由、性别平等、宗教宽容问题以及伊朗新社会的其他非政治需求，如教育、卫生、就业和住房，但长期以来的结果充其量只能说是喜忧参半，甚至可以说糟糕透顶。

霍梅尼去世后的伊朗社会

一开始，尽管存在国际孤立和国内高压统治，伊斯兰共和国的发展计划还是取得了相对成功。在阿克巴尔·哈什米·拉夫桑贾尼担任总统期间（1989—1997），伊朗开启了一系列令人印象深刻的基础设施、城市、教育和工业项目。在战后被称为"建设时代"（dowran-e sazandegi）的这段时间里，伊朗见证了大规模道路和通信网络、新机场、水坝、灌溉系统、发电厂和能源利用项目的建立，也见证了重工业、轻工业、汽车制造业以及食品行业、化学产业的发展。在日益发展的公共经济中，这些企业主要是由国家所有和经营的，而私营企业主要承担一些不太重要的项目。其中一些是前政权尚未完成的项目，另一些项目则是基于巴列维时代的模型和蓝图而展开的，还有一些项目则是因冲动和冒进而强行推进的。而伊朗的就业人数也增长迅速，特别是在工业、半工业和服务业中。

1979年6月成立的建设圣战组织（Jihad-e Sazandegi）是一个革命性的组织，旨在利用大学教职员工和学生的工程和技术专长，让他们参与那些伊朗偏远、贫困的城镇和村庄里的公共建设项目。这一组织在某种程度上是受到了巴列维时代的白色革命的启发，但带有一些理想主义色彩。它展开了一场英勇的运动，但缺少周密的计划和对资源的调用。但在两伊战争期间，通过满足迫切的军事工程需求，它很快在前线找到了自己的位置。长期的战争经验逐渐改变了建设圣战组织的任务和结构，这段经历使它在战后被纳入国家机器中。这是革命发展模式的一个清晰示例——短暂，自上而下，专注于现代化。事实证明，建设圣战组织通过修建道路和加强通信，实际上为加快人口从农村到城市的流动铺平了道路。

随着城市的不断发展，新的住房项目和更好的城市设施使伊朗的城市变得更加繁荣，也吸收了那些受过高等教育、不愿也无法在不发达小城镇工作的人。到1990年代中期，农业产量增长，使伊朗近乎实现了小麦和其他主要谷物的自给，短暂地践行了革命的诺言之一。粮食生产方法的改善以及农业几乎完全机械化，将更多的剩余农村人口赶进了城市。

国家几乎垄断了所有资源，也垄断了石油和天然气收入，再加上中央集权经济模式、严重的官僚主义政府结构以及糟糕的政策制定，这些都让人联想到20世纪五六十年代的计划经济。伊斯兰共和国实际上继承和加剧了巴列维晚期经济不景气的状况。尽管伊朗实现了工业化，但跟以前相比，其经济甚至更加依赖石油收入，这进一步增加了掌握在国家及其附属机构手里的资本和决策的集中程度。自1980年代以来，随着国际市场上石油价格的上涨，伊朗政府的收入暴增。由国家资本投资的公共项目变成了徇私、腐败和积累财富的渠道，巨额财富顺着裙带关系流向了私人手中。在拉夫桑贾尼担任总统期间，他的亲属、盟友都获得了巨大的经济利益。

穆罕默德·哈塔米（1943年生）于1997年6月当选为总统，他关于公民社会、法治、宽容和社会文化开放的承诺实际上是对年轻伊朗人的愿望做出的回应，这些年轻人对伊朗领导层的言论及社会现实感到失望。哈塔米的胜利对来自伊朗政权的内部候选人来说是一个巨大的打击，这位候选人是由最高领袖哈梅内伊指定的。许多为哈塔米而战的人——后来被称为"3月2日之人"（Dovvom-e Khordadi，指1997年5月23日的选举日，在伊朗太阳历中为1376年3月2日）——都是些清醒的革命者。他们因当局的过分行为而深感挫败，并对拉夫桑贾尼集团的金钱政治不满。

这些"宗教改革者"——他们给自己下的定义——享受着当下的福利，他们是修正主义者，认为伊斯兰共和国可能是一个宽容和多元化的空间，强调法治、社会自由和更健全的治理。作为革命的意外产物，他们是革命队伍出现危机的表现。他们通常出身宗教家庭，积极参与了革命，形成了新的利益关系，还接触过不同的思想和文化潮流，超越了单调的意识形态限制。他们试图通过哈塔米来寻找一座桥梁，将已经历的伊斯兰革命理想与更加多元的现代化现实联系起来。哈塔米身上的知识分子元素和友善性格与教士寡头皱着眉头、单调沉闷的形象有着天壤之别。在国内事务中，他似乎开辟了新时代，摆脱了前些年人人自危的局面。在外交事务中，他也倾向于结束孤立和对抗。他的改革方案虽然有些含糊和优柔寡断，但足以立即引起大众对他的广泛支持。他令人耳目一新，尤其是在他首届任期的第一年里。那时，保守派暂时退却，哈塔米努力实现选民的愿望。1997年的这次选举将80%的合格选民带到了投票站，哈塔米以70%的得票率当选。即使是在诸如库姆这样的保守派选区，他的出色表现也开创了一个新的政治时代。

有那么一刻，似乎强硬派的时代已经过去了。哈塔米的成功很快就体现在了一系列智力和文化活动上。具有批判性观点的自由派报纸出现在了报摊上，被长期推迟或禁止出版的书籍看到了曙光，描绘社会弊端并对革命做出隐晦批评的新电影也在上映和制作中，总体政治气氛明显改善。然而，哈塔米的胜利却如同海市蜃楼。面对这种极富感染力的开放精神，那些强硬派——无论是缠着头巾的，还是没缠的——在最高领袖和诸如阿亚图拉穆罕默德-塔奇·梅斯巴-雅兹迪（Mohammad-Taqi Mesbah-Yazdi，1935年生）这样的保守主义者的支持下，举行了集会。不久，反动之风全力吹起。为了限制躁动不安的公众并平息其民主要求，议会在强硬派的控制下弹劾了哈塔米的内政部长阿卜杜拉·努里（Abdollah Nuri，生于1950年），此后不久，还以反伊斯兰教的罪名起诉他，并判他入狱五年。努里也许是伊斯兰共和国最直言不讳的内部人，早年是霍梅尼的亲密助手。作为一名教士，他对教士集团的暴政提出了批评，还为蒙塔泽里辩护，并批评了个人自由和政治自由令人窒息的缺乏以及监护的教法学家看上去完全不受制约的权力。他甚至质疑伊斯兰作为政治秩序唯一来源的正当性。

到2005年第二任期结束时，哈塔米已在很大程度上被孤立了，他的改革计划受到阻挠，他的助手和支持者也受到审查。尽管在他担任总统的八年里，伊朗社会的压力得到某种程度的缓解，但他一直遭到对手的攻击。尽管哈塔米为人正直且学识渊博，但他在总统任期内并未能实现最初的目标，这或许是16年前巴尼萨德尔任职经历的再现。这可能应当归因于哈塔米在战术上不够坚决或者在政治上缺乏敏锐性，从一开始，他就无法利用民众的支持来对抗强硬派对手。然而，他在实施法治道路上遇到的障碍、他最喜欢的口号以及对人权和公民权利的"制度化"尊重，都可以归因于他的对手与生俱来的巨大权力。哈塔米虽得到民众的支持，但他手中的权力并不够坚实，他的总统职位更多是象征性的。保守反对派控制了除总统以外的大多数权力机构。哈梅内伊不仅愿意而且能够行使其作为最高领袖的宪法特权，以削减总统手中的权力，或完全绕开总统；议会，甚至监护委员会和司法机构都掌握在保守派手中。革命卫队、媒体、警察和武装部队领导以及包括聚礼领拜人在内的教士集团的大多数人，也坚定地站在保守派阵营一方。

对大多数伊朗人，特别是中产阶级来说，尽管哈塔米的失败可以被看作是一个重大的挫折，但并不是一个毁灭性的结局。现代伊朗历史上充斥着政治动荡，进而导致长期的政治缄默。比起1911年的关闭议会、1953年的政变或1979年的革命，在哈塔米领导下进行的这次实验还远未终结。尽管如此，2005年8月，马哈茂德·艾哈迈迪内贾德（Mahmud Ahmadinejad，生于1956年）当选为总统，他旨在扭转哈塔米时代的自由化趋势，改革派也将越来越深刻地感受到这一点。这是强硬派新一轮的胜利，无论这一胜利是靠着投票箱还是支持者集会，或者恐吓和欺诈手段取得的。哈塔米领导下的政治进程及其在外交领域的和解进程遭到了彻底的逆转。就个性而言，艾哈迈迪内贾德及其同伴与哈塔米及其盟友也形成了鲜明对比。

一开始，艾哈迈迪内贾德就展现出了民粹主义的吸引力，尤其是在那些对哈塔米时代的经济表现感到失望的特权阶层中。艾哈迈迪内贾德低调的举止、朴素的衣着、犀利的言辞、带有欺骗性的诺言、特立独行的举动以及对外交政策敏感问题的鲁莽吹嘘，无不证明这一点。他重申了革命初期的激进精神，希望将伊朗的政治带回激进路线。实际上，艾哈迈迪内贾德是想让伊朗回到伟大的革命时代。他对即将来临的"时代伊玛目"的弥赛亚式向往旨在煽动民众的情绪，加上激烈的言论，他试图在下层青年中建立稳固的权力基础的愿望至少在一段时间内收到了成效。

在弥赛亚愿望之外，他的政府充斥着浪费、无能和腐败。在坚持"伊斯兰革命正义"的幌子下，艾哈迈迪内贾德和他的同伙浪费了数百亿美元的石油收入（这可能是现代伊朗历史上最大的一笔收入），并把伊朗经济推到破产边缘。在"受爱戴的最高领袖"的全力支持下，艾哈迈迪内贾德政府使数百万伊朗人成了"现金接受者"（yaraneh），这些人依靠国家发放的少量现金而维持生活。由于这种悲剧性的依赖文化，甚至连部分中产阶级也开始陷入前所未有的贫困中了。

艾哈迈迪内贾德还将原本不活跃的巴斯基民兵重新组建为准军事力量。受到灌输的青年被武器以及对国内外敌人的共同仇恨所迷惑，这带来了新的威胁。伊斯兰革命近30年后，伊斯兰激进主义仍旧保持着吸引力。至少在2009年总统大选中，当明显的选举操纵使艾哈迈迪内贾德上台时，巴斯基对于年轻人仍有吸引力。即使这些年轻人不是完全出于信念，至少也是为了获得经济特权。艾哈迈迪内贾德的荒唐行为和他政府的无能甚至对政权内部人士来说也是显而易见的。

哈梅内伊对艾哈迈迪内贾德的支持至少持续到了2010年，但当时，他们之间已经出现严重裂痕。哈梅内伊对艾哈迈迪内贾德的支持或许可被视为霍梅尼选择最激进者策略的延续。最高领袖自1989年以来就采取了类似的做法，这对伊斯兰共和国的各个方面都产生了不利影响。他是当着伊朗公众的面这样做的，而伊朗公众不止一次地拒绝了他所鼓吹的激进主义和孤立主义。尽管遭受过挫折，例如在1997年6月穆罕默德·哈塔米首次赢得总统大选之后，或在2009年6月的绿色运动期间，但最高领袖仍顽强地想重新确立自己的权威，即使是通过胁迫和阴谋手段。

为了坚持自己的强硬路线，哈梅内伊必须确保革命卫队、国家控制的媒体、监护委员会、教士集团以及伊斯兰议会中各强硬派的忠诚。通过物质和精神上的支持，他至少能够临时获得库姆和其他地区宗教学校、迅速在基层兴起的伊斯兰宣传组织以及强硬派新闻编辑的效忠。这些机构和个人接受了他的祝福以及慷慨的经济赠予，作为回报，他们推进了他的思想路线和政治主张。最高领袖还包庇他的核心团体成员的腐败和渎职行为。出现在伊朗经济领域的暴发户行事肆无忌惮，特别是在艾哈迈迪内贾德担任总统期间，这种行为得到了持久的庇护。众所周知，很多和"领袖办公室"关系密切的人都是高油价和国际制裁带来的金融繁荣的受益者。

革命卫队在国防、安全和经济活动领域的稳定发展，体现了哈梅内伊的刻意支持。1989年，在战后建设时期，革命卫队中一个被称为哈塔姆·安比亚建筑指挥部（Qarargah-e Sazandegi-e Khatam al-Anbiya）的新经济部门逐渐接管了最有利可图的国家发展项目。在随后的几十年中，它发展成为一个拥有众多子公司的指挥部，并几乎实现了对大型工程、能源输送、油气、水文和电信项目的垄断。作为革命卫队指挥结构不可或缺的一部分，它以军事模式运作，可以与埃及、泰国、缅甸及其他地方的类似军事经济集团相提并论。在伊斯兰共和国，以最高领袖为首的教士集团领导层与作为政权军事保障的革命卫队之间的互动不容忽视。为了换取在政治领域的不被干涉，革命卫队被授予广泛的经济垄断权，其经济特权得到了制度层面的保障，相关人员的福利也有了保证。

艾哈迈迪内贾德时代的过头行为和冒险主义是如此严重，超出了哈梅内伊能接受的程度。哈梅内伊和监护委员会隐晦地同意在2013年举行一次相对公平的总统选举，这使得主张中间路线的内部人士哈桑·鲁哈尼（Hasan Rouhani，1948年生）上台，反映了哈梅内伊对政治进程的调和。这主要是权宜之计，而非出于激进的意识形态。另一个例子是两年后，哈梅内伊同意与"五加一"（联合国安全理事会常任理事国加欧洲联盟）达成核协议，他将这一决定称为"英雄般的灵活性"。对哈梅内伊来说，2015年7月14日签字批准拆除伊朗核设施的协议条款，即所谓的《联合全面行动计划》（*Joint Comprehensive Plan of Action*，简称JCPOA，即"伊核协议"；波斯语的首字母缩写为barjam），标志着外交政策的转向，堪比霍梅尼饮下的"一杯毒药"。该协议对伊朗施加了高度限制性和干预性的检查及核查措施，这是伊朗在漫长而多变的现代历史中从未经历过的。对于一个"与全世界傲慢者的侵略做斗争"超过30年的政权而言，接受"伊核协议"的条款是一种特别屈辱的经历。然而，与霍梅尼至少接受了1988年停火的屈辱条款相反，哈梅内伊并不认为伊朗有需要承认其核政策的彻底更改。

值得称赞的是，伊斯兰共和国成立至今已有40余年的时间，尽管面临着国内和国际挑战，但它仍然能够为伊朗提供边界安全和相当程度的内部稳定。当时，整个地区——从巴基斯坦、阿富汗到伊拉克、叙利亚和巴勒斯坦——都经历了国内冲突、国内战乱、超级大国的军事入侵以及长期的压迫性占领。尽管所有敌对言论都指责伊朗是"对该地区安全的威胁"和"最大的恐怖主义赞助者"，但要指出的是，在卡特总统表示伊朗是"世界上最动荡地区的一个稳定岛"的40多年后，他的话仍然具有一定的道理。然而，这种稳定是以国内高压统治以及社会鸿沟和不满情绪的周期性爆发为代价的，而这种不满情绪很可能会再次爆发。但正如著名的伊朗思想家穆罕默德·安萨里（Mohammad Ghazzali，1058—1111）所说的那样，"一百年的压迫总好过一天的混乱"。

转变中的社会

随着道路和通信条件的改善以及农业格局的变化，城乡关系的变化也随之而来。乡村生活开始发生变化——其速度比革命前还要快，遍布伊朗平原、沙漠、山坡、河谷、森林和沿海地区的村庄和绿洲的数量及其人口都在减少。这些村庄、绿洲都是宝贵的栖息地的一部分，这块栖息地历经数千年的地震、干旱、战争，并在国家和在外地主的虐待中幸存了下来。然而，巴列维时代及伊斯兰共和国的现代化都对它造成了严重的伤害。随着伊朗基本的农村社会结构的缓慢消亡，田园诗般的乡村环境及其独特的建筑也开始逐渐消失，取而代之的是具有西方特点的建筑，其建筑和环境卫生条件较好，但往往不太适应伊朗的生态或气候。坎儿井、灌溉池塘和伊朗景观中固有的带围墙的花园，还有驮畜、各种植物和灌木，甚至成群的绵羊和山羊，也消失了。被更快遗忘的是乡村手工艺和技能、地方方言、民间故事、典礼和仪式，以及来自不同地区的人们着装的多样性。伊朗以惊人的速度锻造了一条通往一致性的道路，这条道路充满了热情，破坏了该国许多自然资源、野生动植物、多样化的栖息地以及田园风光。具有讽刺意味的是，这种情况发生在一个要求"真实性"以及保护伊朗未受破坏的伊斯兰遗产的革命政权之下。

在伊朗沙漠的边缘，随着偏远村庄人口和耕种的减少，土壤侵蚀带来了更大规模的沙漠化。许多绿洲也随着自身古老功能的丧失而消失了。这是为商队贸易的消亡和维持生计的乡村经济的结束所付出的代价，这一过程早在几十年前就已开始。旧灌溉技术的变化也加速了村庄的消亡。最值得注意的是，新的深井抽水的方式在伊朗中部平原的机械化农业中得到广泛使用，增加了农业产量，但代价很大。深井不仅会使地下水水位降低，而且还会加剧水资源的短缺，引发国家危机。特别是那些位于不断发展的城市附近的村庄及其农业腹地，正遭受着土地投机者和开发商零星的吞噬。它们成为劣质住房项目的受害者，这些项目为来自附近城镇的农村移民提供了住房。

伊朗的主要城市开始遭受现代化进程的影响，其程度甚于巴列维时代，且几乎没有例外。它们杂乱扩张，缺少便利设施，易受地震以及其他自然和人为灾害的影响，有些还受到了极其严重的空气污染。无效的环境控制，城市及其周围地区绿色空间的大量损失，尤其是对汽车的狂热崇拜，导致城市生活环境的恶化。特别是轿车和小型货车，它们以牺牲个人自由及隐私为代价，侵入所有公共场所和大多数私人场所，甚至吞噬了人行道、房屋前院、街道和林荫大道上大多数绿色隔离带以及任何可通行或潜在可通行的道路。对于许多人来说，车辆不仅是运输工具，而且是在个人自由受到限制或完全被剥夺的情况下，赋予自身权利的工具。

从1990年代初开始盛行的一连串社会弊端，补充说明了伊朗政府社会政策的失败。广泛的药物成瘾、卖淫网络、被虐待和遗弃的孩子、离家出走的青少年、受虐妇女和被谋杀的配偶，共同削弱了社会的道德结构。巨大的贫富差距、高失业率以及健康和环境问题，则进一步加剧了这些问题。伊斯兰共和国统治下的新一代城市伊朗人，对政治自由和社会自由的被剥夺感到沮丧，他们厌倦了伊斯兰共和国过时的激进主义和持续不断的、几乎是狂躁的宣传，采取了在外合规、在家进行非法休闲活动的双重生活方式。

药物成瘾问题在城市中产阶级中尤为普遍。在巴列维时代，抽烟是一种逐渐减少的娱乐习惯，但它在伊斯兰共和国统治下获得了新的生机。更令人担忧的是，海洛因成瘾成了青少年中一种很危险的现象。禁止种植鸦片和1950年代的反成瘾运动是巴列维时代的成就之一，有助于控制鸦片吸食。但随着伊斯兰共和国的崛起，这些行为似乎不再是可耻的，所有的道德障碍都瓦解了。伊斯兰共和国政府继续执行禁毒令，并建立了一支强大的武装力量，打击与阿富汗、巴基斯坦接壤的东南边界的毒品贩运。尽管革命卫队经常与武装贩毒者发生冲突，但鸦片和提纯的海洛因仍然穿过俾路支边界被大量走私。

到1990年代，海洛因不仅便宜，而且很容易就能买到——在街上，或者在高中和大学里。男女受害者和各个社会阶层的年轻受害者数量成倍增加，毒品成瘾成为未成年人卖淫（无论男女）、少年犯罪、轻微犯罪和有组织犯罪增长的主要原因。伊朗的毒品成瘾具有深刻的历史根源，尽管也许并没有比其他遭受快速城市变革的社会更普遍。然而，毒品上瘾标志着革命政权未能履行其宣扬的通过提倡伊斯兰贞洁观以及改变巴列维时代颓废生活方式来消除"道德败坏"的使命。

毒品的诱惑在于——而且现在仍然在于——它可以暂时帮助摆脱革命后伊朗糟糕的现实生活。这也许是一种受限制的秘密亚文化最极端的体现，这种文化从1980年代开始在因幻灭而变得愤世嫉俗的中等和中下阶层年轻人中盛行。这些人着迷于西方风格的时尚，尤其是在大城市和较富裕的人群中。西方风格展现在服装和发型、过多的派对、古怪的用语以及新的中产阶级"讨好孩子"的文化上，这种文化是因怀着负罪感的父母焦虑地想弥补国家施加在孩子身上的社会和道德限制而形成的。1990年代及以后的后革命时代青年甚至创造了专门的术语——"燃烧的一代"（nasl-e sukhteh），总结了他们未实现的志向和失去的机会，这在伊朗的地下音乐和伊朗说唱歌手的歌词中都可以听到。

对伊斯兰共和国反乌托邦的无声拒绝的一个更明显特征是许多人——尤其是受过教育的阶层——开始有一种传染性的冲动，这种冲动使他们离开伊朗，前往其他地方定居。他们在本国时总会觉得受到束缚，加上对现实世界不切实际的看法，于是成千上万的伊朗人离开伊朗，走向了不确定的未来。伊朗移民越来越多地徘徊在伊斯坦布尔和伊兹密尔（Izmir）的低收入社区中，等待着前往美国和欧洲国家的入境签证；或是在迪拜和阿联酋的购物中心中；或是在靠近港口的希腊城市里，准备前往其他欧洲目的地；或是在马来西亚、印度尼西亚、澳大利亚和新几内亚的拘留中心；或是在其他地区的拘留中心和难民营，无证的移民可谓无处不在。在伊朗近代历史上，从来没有过如此绝望的人口流动。与之最接近的是20世纪最初几十年里前往巴库油田或1960年代前往科威特的移民工人，这些临时客居工人的数量很少，而且只限于来自伊朗农村的非熟练工人。

伊斯兰共和国总体上仍对这种大规模的人才流失无动于衷。无法在家乡找到赚钱的工作的或不愿屈服于社会压力的大学毕业生和专业人员数量越来越多，对伊朗政权而言，这些伊朗人口革命的副产品更多的是潜在的负担，而不是建立伊朗未来所需的宝贵劳动力。好像伊斯兰共和国国内"我者"与"他者"之间的界限是以保护那些忠于政权，但教育水平低下、技能不佳的少数精英的方式划定的，代价则是牺牲那些受过良好教育、技能娴熟，但在意识形态上没有对新兴伊斯兰秩序尽忠的大多数。"'奉献'比'专长'更重要"是一个深受伊斯兰共和国认可的口号，但它使伊朗经济付出了沉重的代价。

监管性别角色

伊斯兰共和国社会和道德使命的重点是对性别角色进行监督。尽管伊斯兰共和国宪法在口头上提高了妇女地位，"恢复妇女崇高的母性地位"的言论也广为人知，但实质上还是以重男轻女的眼光看待妇女，并以相应的方式对待她们，或者至少是设法这么做。该政权及其教法学家解释说，强制执行的沙里亚法中偏袒男性的标准有意识地抵制性别平等。这些标准不受女性主义话语的影响，不但决定了妇女的外在，而且决定了妇女的社会和家庭角色、法律地位以及公民权利。可以预见的是，新的伊斯兰性别的最终标准是强制使用头巾以及对贞洁标准的强迫执行。

由于受到了侮辱性逮捕、拘留、鞭打和罚款的威胁，女性——尤其是年青一代的女性——被迫遵守已重新定义的伊斯兰端庄标准。大街上以及商店和饭店里的壁画、横幅都在警告市民，戴头巾是"一项宗教义务，是伊斯兰革命的基础"。在"恢复妇女的尊严"和"将她们的尊严从巴列维伪现代性的肤浅外表下拯救出来"的红色标语下，该政权的反现代主义言论经常流露出一系列陈词滥调，旨在将世俗化女性与不得体的着装、华丽的妆容、性放纵联系起来。在这种固化的观念下，性成为任何男女关系的基石。女性的头发因头巾的些许后退而暴露出来，"伊斯兰"罩衫（rupush）的长度变短，一抹亮色，任何自然的女性轮廓的显现，化妆品甚至是指甲油的使用，都被认为是引发男性无法控制的性行为的有效媒介。因此，她们受到严格的治安监管。

在共和国的头20年里，道德警察——"安拉的复仇巡逻队"（Gasht-e Sar-Allah）——使首都和几个大城市中的妇女感到恐惧。他们详细列出了一系列道德违规行为，包括指甲过长、鞋跟过高和头发挑染的色度不合适。永无止境的贞洁控制运动不仅显示出对女性身体的物化痴迷，而且还揭示了阶级冲突的元素，因为该行动塑造了穷人检查并纠正世俗中产阶级的"罪恶"宗教的倾向。这些贞操警察在面对被吓坏了的被拘留者时会明显地感觉自己受到了鼓舞。尽管如此，许多男女仍选择不遵守伊斯兰共和国的道德准则。他们在屈辱和惩罚面前顽强不屈，将消极抵抗视为对抗伊斯兰政权荒谬做法的信条。

对人体特别是女性身体的痴迷在什叶派教法学中有着悠久的历史，而伊斯兰共和国及其法院、学校、办公场所和监狱中实施的常规法则，如强制戴头巾、性别隔离和其他控制措施，都是以它为原则制定的。什叶派法学认为，阴道（rahem）是亲属关系、家庭忠诚和合法权利的起点，家庭和家族的男性成员都需要对它进行保护。阿亚图拉在他们"阐释问题"（tawdih al-masa'il）的书中进行了详细说明，部分阐明了这种防御的复杂规则，20世纪获得"效仿源泉"头衔的教士也提出过类似的论文式要求。对于一般公众而言，这些是来自库姆和纳杰夫宗教学校的最容易接触到的法学作品。这些作品是为了规范"追随者"的生活，同时也毫无疑问地反映了在仅有男性的公共环境中形成的男性性别优势。这些说明性书籍首先对女性生殖器官、童贞、月经周期、性交行为等提供了详尽的说明，关注男女的着装规范和头饰、性行为规则、与异性的合法交往、性别界限、隔离规则以及在住所内和室外收容妇女的方法。总而言之，这些"解释"揭示了人们对身体的深切忧虑以及让身体变得无序的危险。它提出的道德规范是"安拉的复仇巡逻队"以及类似受到沙里亚法启发的道德监控背后的指导原则。

除了强制执行伊斯兰教法规定的身体规范，库姆本质上厌恶女性的教士文化还着手系统地重写了伊斯兰共和国妇女的公民权利和法律权利。这种文化摧毁了巴列维时代后期的许多成就。沿袭古老的父权制，婚姻法和家庭法被彻底地改写。根据沙里亚法的规定，不受限制的一夫多妻制被重新实行了，女性的结婚年龄也降低了。在大多数情况下，离婚被重新定义为丈夫单方面的特权，而子女的监护权则主要授予丈夫和父亲的亲属。服从（tamkin）丈夫的性欲并遵从他的优势地位，这是得到立法机构和沙里亚法支持的规则，至少在表面上，妇女成为男性控制的对象和享乐的工具。

尽管对男女社会生活的限制很严厉，但这种限制很快就会因伊朗更深层的社会潮流和新世代的反抗而被打破。也许最引人注目的是高等教育的发展及其变得更加民主，就伊斯兰共和国而言，这是20世纪七八十年代人口变化的意外结果。建立新的大学、高等教育机构以及医学和职业学校是伊斯兰共和国优先考虑的事项。男男女女都比巴列维时代更容易接受高等教育，这造就了受过大学教育的新一代。尽管他们充满朝气，雄心壮志，但无法立即实现就业。虽然在选择专业领域的方面受到限制，但妇女在高等教育方面表现出色。相比之下，男子被期望进入工作市场，并对家庭提供帮助；而女性尽管有时会面临早婚的压力，但仍然能够继续接受教育。无论是公立、半私立还是私立，大学的迅速发展增加了入学的机会。"自由大学系统"是获得伊朗政府非正式支持的私人机构，它倡导了教育发展的新趋势。它的分支机构遍布全国的大城市和小城镇，它的校园通常很小，预算很少，设备也不太理想，但它使数十万学生接受了高等教育，否则这些学生几乎没有机会进入比较成熟的大学。这些私立大学通过采用灵活的课程和临时的人员配置，带来了空前的地域和社会流动性。

青年男女离开家，在远离家乡的大学就读，学会了与来自其他城镇和省份的同伴一起独立生活。与家庭的分离以及较晚就业帮助他们摆脱偏狭的观念和行为束缚，尤其是对女性而言，她们得以摆脱父权的约束。知识视野的拓宽创造了新的生活方式以及对职业和婚姻的新期望。在较大的城市中，随着出生率下降，结婚年龄逐渐上升，新兴的中产阶级面临的就业形势更加严峻。到1986年，只有约6%的女性离开家工作，而女性的识字率达到了65%，这一差异在1990年代中期更为明显，当时伊朗大学中的女性比例超过了学生总数的50%（然后稳步增长）。后革命时代的这一代年轻女性更加显眼、更加自信，成了一种无声的但可以明显感觉到的社会不满的来源，这与伊斯兰共和国男性主导的精英阶层以及他们希望让妇女处于公共空间边缘（甚至是把她们完全排除在外）的渴望相悖。在某些方面，后革命时代的社会动力给予年轻女性更大的自主权，远远超过了教士精英的预期。

来自异见者的声音和观点

稳定但压抑的秩序并没有消除异议的声音。后革命时代的新兴文化作为一种表达反抗情绪的空间，在某种程度上，人们可以发现它是对20世纪六七十年代文化的延续。尽管伊朗政府通过审查制度进行了严格的干预、限制和操纵——中性的说法叫伊斯兰的指导，文化和艺术仍然成为伊朗个人主义的堡垒。音乐、电影、诗歌和小说不仅在伊斯兰化的浪潮中幸存下来，而且还奇迹般地蓬勃发展。这些文化和艺术形式常常用象征主义的语言设法绕开国家文化官僚机构顽固的蒙昧主义及意识形态障碍，以微妙的方式表达了他们急切的受众无处诉说的情绪。在这个多事之秋，正是这种肉眼可见的蓬勃生命力对推动哈塔米上台的改革精神做了补充，但它有着更深刻的根源。

在革命的初期，人们对新时代寄予厚望的时候，一大批伊朗年轻人以及一些早年参与过政治斗争的老兵为短暂的自由"曙光"而庆祝。1979年10月，绰号"阴影"（sayeh）的波斯抒情诗人侯尚·埃贝塔赫创作了一首题为《黎明》（Sepideh）的颂歌，被波斯古典音乐大师穆罕默德·礼萨·沙贾里安用欢快的玛胡尔（mahur）调进行吟诵。这首歌在有数千人参加的公开音乐会上演出，并很快在全国发行了磁带，歌词和音乐捕捉了当时民众的心情。这是沙贾里安在漫长的歌唱生涯中达到的新高度，在作曲家兼塔尔（tar）演奏大师穆罕默德·礼萨·卢特菲（Mohammad Reza Lotfi，1947—2014）的指挥下，他和当时的一些最好的乐器演奏家将埃贝塔赫对过去时光的怀念传达给了新一代（彩图17.1）。这位诗人强调了现在与过去的连续性，并强调革命的成功应当归功于前几代人的长期痛苦的奋斗：

时间把你的名字拉进了新的命运,

要快乐! 世界正转向对你有利的方向。

哦,在这种空气中,呼吸是如此火热,又充满欢乐!

因为这是我们内心的芬芳,弥漫着您的鼻腔。

记住我们火炉般燃烧的胸膛!

在我们内心的火中,你生涩的肉体变得滚烫。

一颗钻石在我们内心的宝盒中闪耀,

清晨的阳光照在你的屋顶上。

穿过有着镜子般美德的清晨起床的人,

太阳的光辉投射在你的夜空之上。

时间把命运交到你的手上,

因为你被智慧之手所驾驭。

逃离尘世的幸运之鸟,

它已着陆,并在安全地啄食种子。

你正坐在命运之马的鞍鞯上,

因为你像对待地上的野兽那样驯服了天堂。

现在,伴随着阴影的歌声,尽情畅游自由的快乐殿堂,

你的杯子也倒满了欢乐的酒浆![1]

令听众失望的是,大多数伊朗人几乎没有"欢乐的酒浆",也没有"自由的快乐殿堂",当然也没有飞翔的"命运之鸟"。"有着镜子般美德的清晨起床的人"是对霍梅尼和革命的宗教信息的隐晦提及,被证明是一厢情愿。仍有许多"燃烧的胸膛"可用来烘烤伊朗新一代的"生涩的肉体"。

然而,以埃贝塔赫新古典主义流派为代表的现代波斯诗歌,其作为艺术表达主要媒介的地位已经被忽略了。在这过程中,对救赎革命的弥赛亚式渴望也随之消逝。自尼玛时代以来的现代诗歌尽管进行了精巧的改进,但似乎已经达到了极限,即使20世纪60年代的伟大诗人——芙茹弗、阿哈万·塞勒、沙姆鲁、赛佩赫里和穆罕默德·礼萨·萨菲·卡德卡尼(Mohammad-Reza Shafi'i

Kadkani，1939年生）——创作了许多伟大的诗歌，也无法改变这种趋势。阿哈万·塞勒曾用经典的颂诗（qasideh）风格创作了一首长诗，开场白是"如果在这个荒谬的世界中有什么是我所爱的，那么，你，我的故土，就是我所爱的"，标志着新古典主义风格的新高度。在革命后的岁月中，这首诗展现了阿哈万风格的复杂程度，他精巧却通俗易懂的语言，他对祖国的过去及其日新月异的文化和自然环境的迷恋之情，是超越沙文主义和意识形态的成熟诗意。但有着千年传统的波斯诗歌——无论是现代的还是古典的——似乎都将被一种新的图像媒介所取代。尽管精心挑选的现代主义和古典主义作品（如菲尔多西和哈菲兹的作品）仍然能够得到强烈的赞赏，但形式多种多样的"口头革命"却逐渐使诗歌的创造力枯竭。

取而代之的是后革命时代对电影影像的迷恋，这反映了一种新的艺术活力。伊朗电影业早在20世纪30年代以来就建立了，但向电影语言的新转变反映了人们对超越以诗歌或散文为代表的口头表达形式的渴望。对电影的迷恋也反映在了早期外国电影的吸引力中，包括新现实主义的意大利电影、曲高和寡的印度和日本电影，以及好莱坞大片。尽管"腐败"的外国电影被严格禁止，但热心的电影制作者和电影爱好者仍然着迷于电影，这是一种有效的文化联系方式。从80年代中期开始，盒式录像带的广泛使用和强大的地下销售网络使这种文化联系成为可能。然而，伊朗艺术电影制作者的关注点与伊朗以外地区的当代潮流有所不同。年轻的电影人对文化充满了新的信心，这使得内生的电影语言得以发展。伊朗独立电影人做出了艰苦的努力，以应对伊斯兰强制性的表演艺术守则，并试图通过荒谬的审查制度，以传达他们尖锐的社会批评或哲学沉思。

电影人的摄影机以令人耳目一新的诚实感表现出了伊朗电影"新浪潮"的大部分特征，并巧妙但毫不客气地审视了从前伊朗电影或任何其他媒体几乎未曾提及的禁忌。诸如父权制社会中妇女的困境、儿童的贫困、暴力和社会种族偏见、吸毒、卖淫和黑社会等问题，以及阶级鸿沟和贫穷、日常生活的烦闷、双重标准和道德混乱、宗教狂热、知识分子的绝望和探索，甚至还有教士的伪善，这些都反击了伊朗当局把伊斯兰共和国描绘成如同天堂般的虔诚生活景象的骗局。

新现实主义在20世纪八九十年代的伊朗电影人中占据了绝对优势，尽管他们大多被迫从事儿童电影的工作，以确保资金的充裕以及通过审查。"儿童和青少年智力开发组织"的电影部门是1965年在法拉赫王后支持下成立的较成功的机构之一，对下一代电影制片人产生了深远的影响。《芭舒》（*Bashu*，于1989年发行）一片由天才剧作家兼电影制片人巴赫拉姆·贝扎伊（Bahram Bayzai，生于1938年）以及"儿童和青少年智力开发组织"制作，是后革命时代第一部讨论民族多样性和全国大团结问题的影片，当时，两伊战争还未停止。

正如副标题"一个小陌生人"告诉我们的，主角芭舒是一个来自饱受战火摧残的波斯湾沿岸省份的皮肤黝黑的阿拉伯–伊朗少年难民，因伊拉克的突袭而与他的家庭失散了。在危难中，他爬进了一辆路过的卡车的拖斗，被带到里海附近的吉兰省一个宁静但陌生的村庄。尽管心存顾虑，但一个可怜他的女村民奈伊还是向他提供了庇护。芭舒不懂伊朗北部的吉拉基（Gilaki）方言，而奈伊也不懂南部的阿拉伯语，他们几乎无法交流。奈伊的丈夫回来后，这部戏达到了高潮。他是一位残疾的退伍军人（他被描绘成是从城市找工作失败而返回的，这显然是遵循了电影审查的规定），是一个男性象征，在整个故事中都没有出场，最后却以一个讨厌鬼的身份现身，他抵制这种母子般的感情，而两位主角一位来自北方、一位来自南方，历经重重困难才建立了这种感情。

尽管波斯语是唯一的交流手段，但电影隐约流露出的爱国信息没有任何伊斯兰成分，也没有以德黑兰为中心的情绪。这部电影的统一信息是：伊朗人是超越民族、语言和种族（大概是指宗教派别，如果芭舒是逊尼派的话）的。这可能是贝扎伊对伊朗新兴社会的远见，即战后时代的人口大熔炉会消除地区壁垒，消除空洞、无灵魂但又可怕的权威象征。在最后一幕中，芭舒与其他乡村男孩一起穿过稻田，刺杀了黑色的稻草人，后者贯穿整部电影，象征这个国家令人生畏的男性权势。

1970年代的另一位电影人阿巴斯·基亚罗斯塔米（'Abbas Kiarostami，1940—2016）从儿童电影起步，在革命后的电影史中留下了持久的印记，成为那个时期重要的文化人物。一种诗–哲学的取向使得他在电影主题和技术上都提供了一种内向的观点。他带着幽默感进行存在主义的灵魂探索，即使是在对待社会主题电影时也是如此。随后的其他电影人也受到了他谜一般的风格的启发。他把波斯神秘诗歌图像化，用平静的眼光描绘城镇和乡村中人民的日常生活，而这些生活节奏正在迅速消失。他提醒观众，这种生活存在一种微妙的忍耐力，而这种忍耐力正是成熟的中产阶级和苦闷的知识分子痛苦生活中所缺乏的。

在《特写》（Close-Up，1990年）一片中，他对年青一代迷恋电影的现象做出了有力的陈述，我们可以发现一种已经迷失的纯真。这部电影的主角侯赛因·萨布赞是个骗子，他因假装成当时著名的电影导演莫森·玛克玛尔巴夫（Mohsen Makhmalbaf，生于1957年）而受到审判。萨布赞本人出身寒微，善于与人交谈，甚至说服了一个富裕但天真的中产阶级家庭为他的下一个虚拟的电影项目提供资金。他还激励了这个家中梦想成为一名电影人的小儿子。在剖析故事时，阿巴斯与观众一同分享了萨布赞思想的真知灼见。冒名顶替者并不是为了钱和权力，甚至也不是为了名声；相反，他渴望获得一种文化上的历练，这会让他像自己的英雄一般，通过电影来传达自己的观点。萨布赞的追求象征着一代人对电影的迷恋，因为它使他们摆脱了后革命时代严酷的、几乎是超现实的现实。

在贾法尔·帕纳西（Ja'far Panahi，1960年生）的《生命的圆圈》（The Circle，2000年）中，对日常生活恶性循环的无能为力变得越来越明显，尤其是对那些社会严酷和不公现实的年轻受害者来说，更是如此。它描绘了1990年代德黑兰六名年轻妇女的生活以及与她们所面临的厌女习俗、家暴以及国家无处不在的管控。电影中的女性角色代表了被压垮的生活的横截面，因为她们的同路人也在忍受着同样的恐惧和否定。这是一个意外的姐妹会，她们了解对方不想要的、不应该承受的命运。值得注意的是，她们并不缺乏来自内心的力量，也不仅仅是社会或当局强加给她们的不公正待遇的被动接受者。然而，当她们为了寻找自由的生活而逃离家园时，却遭受了可怕的绝望——被迫卖淫、不可避免的堕胎、孩子被夺和入狱（多次遭遇）。正如《生命的圆圈》极力强调的，这是30年来道德警察和伊斯兰化进程带来的结果。

　　女性导演以赤裸裸的现实主义和明显的愤怒态度对待女性的困境。泰米妮·米兰妮（Tahmineh Milani，1960年生）的《两个女人》（Two Women，1999年）是她以女性主义为主题拍摄的几部电影之一，讲述了革命开始后两个年轻女人14年间的生活。由于经济上的绝望和家庭的压力，才华横溢但贫困的主角在文化革命期间辍学，并在压力下结了婚，把自己暴露于丈夫的暴行和虐待之下。伊斯兰法律法规完全偏向丈夫一边，导致悲剧性结局。米兰妮以此谴责了男性主导的社会及其失败。与《生命的圆圈》中的人物相似，这些女性的抵制有些具象化和消极。她们的抵抗也许是出于一种渴望，而不是出于现实。尽管并非每个层面的女性意识都有这种变化，但它们仍然具有象征意义。

　　另一位才华横溢的女导演拉赫尚·巴尼·埃特玛（Rakhshan Bani Etemad，1954年生）在《在城市的皮肤下》（Under the Skin of the City，2000年）中，描绘了一个谦卑的纺织工人的苦难。她除了有一个令人难以忍受的丈夫，还屈从于她无法控制的破坏性力量。在这里，一个不快乐的女儿和一个虐待她的丈夫，一个持不同政见的、正在逃亡的儿子，另一个儿子则不惜一切代价，甚至不惜把家里的房子拿去抵押，后来在绝望中走私海洛因并离开了伊朗，这让他的母亲彻底地绝望。如此之多的麻烦集中于一个家庭，这看起来当然有些不真实，但重要的是我们要看到巴尼·埃特玛试图通过这些象征性的内容所要传递的紧迫感。

　　新一波的伊朗电影反映了社会弊端和个人痛苦，它还指出伊朗社会正在形成的身份认同是和国家理想完全分离的。这些电影大多受到了高水准的观众和国际电影节的欢迎，并在国际电影节上获得了许多奖项和赞誉，表明公众希望看到社会的真实面目被揭露，即使审查制度不允许其全面曝光，他们的痛苦也会随之浮出水面。这样的集体愿望将伊朗电影的作用从娱乐和休闲提升为表达异议的有力手段，其范围和影响力是文学或其他文化表现形式所无法比拟的。将电影当作表达异议的手段——这早在20世纪60年代就开始了，自伊斯兰革命以来变得更加深刻——有助于提升伊朗电影的品位，并使伊朗电影得到了广泛的国际认可。阿斯哈·法哈蒂（Asghar Farhadi）的作品《一次别离》（A Separation，2011年）清楚地向国内外观众传达了这样的信息。

　　《一次别离》讲述了德黑兰一对年轻中产阶级夫妇纳德和西敏正处在痛苦的离婚阶段，同时又陷入了对女儿的监护权争夺中。西敏希望离开伊朗并定居国外，而纳德不想切断与他的国家在情感和家庭上的联系。法哈蒂明确暗示，夫妻分开的动机更多是社会的而非个人的。好像他们别无选择，只能分开。为了照顾患有老年痴呆症的年迈父亲，纳德雇用了一名看护人。父亲的处境是非常真实的，但他也是一个隐喻——一个迅速消失的过去的负担。看护人是一位工人阶级妇女，外表受传统的什叶派行为准则影响，这些准则还得到了伊斯兰共和国的祝福。复杂的情节围绕对盗窃的怀疑而展开，看护人因此受到了纳德的语言暴力。事件还涉及看护人的丈夫，他是一名失业者，举止紧张，想保护妻子以及维护自己的尊严。这个故事很好地描绘了当今伊朗代际、阶级、文化和性别之间的紧张关系，同时也描绘了现实的多样性和人际关系的不确定性。这部电影的最重要特征之一是它能够把伊朗社会的困境和紧张局势还原为人本身的问题。这部电影引起了世界范围的热烈反响（获得了柏林国际电影节金熊奖、第69届金球奖最佳外语片奖以及2011年奥斯卡最佳外语片奖），这表明了它的普遍吸引力，因为它不是从伊朗的特殊角度来看这对伊朗夫妇，而是将其看作全球现象的缩影。

　　尽管电影吸引了年轻的伊朗人，但波斯古典音乐及其在后革命时代的非凡复兴，也预示着寻求文化自治的另一面。在伊斯兰国家最初拒绝的情况下恢复波斯的音乐传统，这不仅是一种反抗之举，而且还打开了一扇通往迷人世界的窗口。在这个世界中，音乐和诗歌相融合，把几个世纪以来的集体记忆重新带回了当下。波斯抒情诗与立宪时期和巴列维早期的歌曲，以及库尔德语、卢里语和其他田园旋律相结合，为这种文化复兴提供了基础。

　　革命之前的时代已为音乐的繁荣做出了贡献。除了巴列维时代的艺术大家，年轻的艺术家侯赛因·阿里扎德（Hossein Alizadeh，生于1951年）在伊朗音乐现代发展过程中延续了一条常见的道路，即采用波斯的旋律来创作出色的合奏音乐和电影音乐。他的作品堪与世界上最好的当代古典音乐相提并论。他于1983年创作了《内纳瓦》（*Naynava*），这是一首为波斯簧管和管弦乐所作的协奏曲，由五首相互关联的乐曲组成，这些乐曲以纳瓦（nava）模式的旋律（gushehs）为基础，结合了波斯和西方的弦乐器，是一种吸收了外来音乐风格和技术上极其复杂的作品，让人联想起鲁米著名的《玛斯纳维》的开篇。《内纳瓦》是一段旋律性的对话，管弦乐的声音代表振动的人类声带，簧管的声音代表灵感的旋律，按照苏菲派的想法，这些旋律神圣地嵌入了人类的胸腔。该曲有着引人入胜的结尾，"Raqs o Sama"（舞蹈和音乐）的灵感来自苏菲派聚会上狂喜的舞蹈和音乐。

阿里扎德是一位高产的艺术家，1989年他还创作了《托卡曼》（Torkaman），这是一首为波斯塞塔尔琴设计的作品。在构成《托卡曼》的14个即兴作品中，阿里扎德使用了波斯古典音乐体系来捕捉伊朗东北边境的托卡曼沙漠（Terkaman Sahra）地区的旋律、声音和风景。他以罕见的技术能力，探索塞塔尔琴创造各种音乐观感——从奔跑的草原上的马匹到土库曼哀悼者的哀号，的可能性。阿里扎德广泛利用来自伊朗各地的民间旋律和地方乐器，这一特点使他的音乐大胆创新。就像贝扎伊的《芭舒》或阿巴斯关于伊朗乡村生活的三部曲以及阿哈万·塞勒赞扬伊朗的颂诗一样，阿里扎德的许多作品都是在对伊朗正消失的民族和地区多样性的致敬，这是一种基于潜意识的努力，也许也是为了承受文化同质化的力量。

穆罕默德·礼萨·卢特菲和帕尔维兹·梅什卡蒂安（Parviz Meshkatian，1955—2009）还利用乡村音乐和游牧音乐来捕捉时代的革命精神，并创作了该时代最令人难忘的歌曲。然而，由于伊斯兰共和国禁止女性在公共场合表演，女性表演者和歌手的明显缺席成为一个严重缺陷。然而，这项禁令并没有阻止女性私下参加波斯音乐的表演。帕里萨是她这一代中最好的歌手之一，掌握了经典的乐曲并对恺加时代的歌曲进行重新创作和表演。她在设拉子艺术节上举办的一些早期音乐会中采用了波斯古典音乐体系进行演奏，这是半个世纪前由卡马尔·穆鲁克·瓦兹里开创的，她是20世纪二三十年代最早录制波斯古典音乐的女性之一。

然而，自1970年代以来，波斯音乐复兴最杰出的人物也许是穆罕默德·礼萨·沙贾里安，他是一位具有杰出音色和音域的歌唱大师。多年来，大众对他的欢迎使他成为伊朗音乐的标志性人物。他不受国家的支持，也不受其侵犯。

他出身于马什哈德的一个宗教家庭，他的父亲是教授《古兰经》的老师，也是一位专业诵经者（qari）。沙贾里安长大后成了一位了不起的诵经者，曾在呼罗珊北部的一个村庄里当过小学老师，还认真研究过波斯古典音乐体系。沙贾里安最初是一名自学成才的歌手，在接受系统培训之前，他主要靠听广播和音乐唱片学习。克服了伊朗传统对歌手的不认可后，他成了一名职业歌手。他首先是在马什哈德广播电台演出，并从1966年开始在伊朗广播电台著名的《鲜花》节目中演出，这是他第一次在全国范围内露面。40多年的职业生涯使他成为无可争议的波斯音乐大师和艺术品格的象征，在革命前和革命期间，以及后来的伊斯兰政权下，他的音乐创作和演出在官方渠道之外继续举行。他从当时许多演唱大师那里收集了大量旋律和演唱技巧、丰富的细节、伊朗多种多样的民间音乐（尤其是呼罗珊语）以及什叶派哀悼仪式的音乐。

在为演唱会和专辑挑选波斯诗歌时，沙贾里安表现出了很好的品位，他用精心创作的表演传达了自己的观点。为了抗议对自己音乐的不当使用，他拒绝在伊斯兰共和国的广播和电视网络中演出，并在1982年的一场音乐会中吟诵了著名诗人哈菲兹的一首诗。1986年，这场音乐会以专辑形式发行，起名为《不公》（Bidad）。哈菲兹的颂诗充满了对过去田园诗般生活的怀念，这恰恰契合了因革命命运的奇怪转折而灰心丧气的沙贾里安的听众的心情：

> 我看到友情不再，我的朋友们，发生了什么事？
>
> 感情何时消逝？恋人们发生了什么事？
>
> 多年来，友情之矿中从未发现过任何宝石，
>
> 太阳的热量，风和雨的力量，都怎么了？
>
> 我们的土地也属于同伴（shahr-e yaran）和太阳祭司（mehr-banan），
>
> 友情（mehrbani）何时结束？王国（shahryaran）的王子们在哪里？
>
> 数十万朵花开了，却没有一只鸟在唱歌，
>
> 夜莺发生了什么，歌唱家在哪里？

> 一片寂静，哦，哈菲兹！没有人知道天意的奥秘，
>
> 当时间轮转之时，您会向谁询问？[2]

从友情不再，到曾经属于太阳祭司的荒芜土地（暗示法尔斯省古老的琐罗亚斯德教徒），到王国的王子们（对诗人尊贵的赞助者的另一暗示），再到无声的夜莺（可能是诗人兼歌手的哈菲兹本人），神秘命运的最终转变深深地引起了听众的共鸣，听众可能已经认同哈菲兹对当前时代"不公正"的预示，也认可了革命进程中的不幸。

沙贾里安在他1999年发行的专辑《忠实之歌》（Ahang-e Vafa）中收录了一首古老的歌曲，歌词是立宪革命时期的诗人巴哈尔的作品，并由著名的格拉姆-侯赛因·达尔维希（Gholam-Hosain Darvish，1872—1926）大约在1915年作曲，当时伊朗正被俄国和英国占领。80年后，这首歌曲激起了沙贾里安的听众的共鸣：

> 到处都是忧郁与厄运，
>
> 我们的夜晚会迎来黎明的绽放吗？
>
> 我们的祖国别无他法，
>
> 只有等待和忍耐。
>
> 可怜的巴哈尔停止悲叹，
>
> 因为抽泣和叹息没有用。

大概是应伊斯兰指导部门的要求，沙贾里安必须在专辑的说明中添加注释，强调这首歌"是在恺加时代结束时创作的，反映了当时的状况"。他还放弃了巴哈尔原本歌词中的最后一句：

> 他们从两个方向打她的头（即伊朗），
>
> 而她手里并没有一把双刃之剑。[3]

绿色运动

2009年6月，绿色运动（jonbesh-e sabz）的爆发使得城市中产阶级中潜在的对伊斯兰共和国及其暴政的不满情绪浮出水面。在两位反对派候选人米尔·侯赛因·穆萨维（Mir Hosein Musav，1942年生）和马赫迪·卡鲁比（Mahdi Karrubi，1937年生）——他们反对现任总统艾哈迈迪内贾德——的总统竞选活动的推动下，绿色运动使数百万人拥入德黑兰和其他大城市的街头。这是30年前的革命初期以来，伊朗出现的最大规模的示威活动。两位候选人都是该政权的内部人士——穆萨维在1981—1989年之间担任总理，而卡鲁比是一位多次担任议长的高级教士。他们受到了公众的欢迎，并被视为代替艾哈迈迪内贾德担任总统一职的现实选择。促使竞选集会转变为大规模抗议运动的因素，不仅来自反对派候选人本身，还包括艾哈迈迪内贾德灾难般的总统任期、哈梅内伊错误的判断以及伊斯兰共和国忧心忡忡的精英们。

艾哈迈迪内贾德靠着操纵选举再度赢得大选，在最高领袖认可了选举结果后，他继续担任总统职务。在监护委员会同样充满漏洞的询问后，他的任命被批准，这证明了伊朗当局的胆大妄为。随后，对集会的镇压、对示威者的大规模逮捕、在拘留中心实施的野蛮酷刑以及对被拘留者的秘密谋杀，进一步表明了一种意愿，即可以使用任何手段来压制反对的声音。在电视摄像机前进行的大规模审判，对大量"煽动叛乱的领导人"（saran-e fetneh）进行审判并判以重刑，这让人联想起斯大林时代的苏联式审判。绿色运动以抗议者采用的绿色命名，最重要的是，它显示了人们对自由化、民主和责任政府的渴求，向伊斯兰政权、国际社会以及成千上万聚集在德黑兰自由塔、伊斯法罕世界典范广场和伊朗其他地方的人们揭示了年轻中产阶级中普遍存在的异议（彩图17.2）。在伊朗当局实行了30年的伊斯兰化改革后，经济政策失败、国际孤立以及民族、宗教和文化压迫的局面已经浮现了，但人们并没有屈服。尽管绿色运动被镇压了，但要求变革的希望却丝毫没有减弱，即呼吁出现一个更加开放和包容的国家，这个国家允许公民蓬勃发展，摆脱数十年的孤立状态，让革命结出没有变质的果实。

　　不久后，当局将绿色运动标记为"煽动叛乱"（fetneh，阿拉伯语称为"fitna"），以便在公众中抹黑它，把它形容为对伊斯兰政府正义事业的背叛。然而，伊朗政权似乎并不知道伊斯兰历史上的"fetneh"概念，以及这一概念在伊朗历史经验中引起的更大共鸣，这种共鸣带有复杂的潜在含义。"fetneh"不仅拥有可以谴责和消灭异议者的权利，其本身也传达了一种反抗不公正规则的意识，这一概念或许与现代大众革命的概念最为接近。即使在什叶派世界末日的预言中，时代之主马赫迪的到来也是以"fetneh"为先导的——"fetneh"最终推翻了魔鬼统治的黑暗时代，即所谓的"达杰勒"（Dajjal），为建立马赫迪的"公正和公平秩序"铺平道路。在执政30年之后，伊斯兰共和国当局好像不仅忘记了1979年革命是一场"fetneh"，还忘记了他们曾研究过的，或者应该在库姆的宗教学校学习过的什叶派预言。

后　记

　　1979年爆发的伊斯兰革命及其余温不仅推翻了巴列维政权，摧毁了巴列维精英阶层，还使什叶派教士在伊朗悠久历史中首次掌握了政权。当我们把伊斯兰革命置入过去五个世纪更广泛的政治和文化背景下进行考察时，这种范式转换的规模以及什叶派由保守宗教势力向激进异见者的转变就显得更引人注目了。

　　宗教与国家之间的古老契约是这个具有保守世界观的古老社会维持自身秩序的支柱，它的瓦解主要是受到了外界的影响。如本书第三部分所讨论的，这是巴列维统治下的伊朗世俗现代化历程所导致的。在这个过程中，巴列维当局通过实施自上而下的世俗化措施以及中央集权改革，获得了更强大的经济和政治自主性，并使得巴扎和教士集团开始边缘化，伊朗原本微妙的社会-文化平衡也逐渐被打破了。20世纪中叶，寻求经济主权的行动以及摩萨台领导下的石油国有化运动都未能成功地推翻巴列维王朝的统治，部分原因在于外国的干涉，但更重要的原因在于国家与宗教的联系经受住了考验。实际上，什叶派教士集团是巴列维王朝复兴的受益者，它的地位得到了巩固，却无须向国家政权效忠。

　　为了理解巴列维时代的国家现代化计划是如何在既不依赖宗教信仰又不依赖基层民主的前提下得以实施的，我们必须回顾第二部分讨论的19世纪的情况。有选择地进行改革也成了一项艰巨的任务，这是由许多因素造成的，其中包括政府可支配经济资源的有限性。来自邻国长期的地缘政治压力、对地方性改革和革新观念的镇压（例如在巴布运动中），以及由国家支持的、阿米尔·卡比尔领导下的改革的失败，都阻碍了伊朗的现代化进程。立宪革命的进程清楚地反映了建立宪法制度所面临的国内外障碍。虽然地方上的异见教士及其巴扎支持者成功地挑战了恺加王朝和保守派教士的权威，但礼萨·汗及其军事集团最终在土地贵族和帝国既得利益集团的支持下，抓住机会，掌握了国家政权。

尽管恺加王朝时期，伊朗在人口和经济方面存在着巨大劣势，政治改革收效甚微，且没能抵抗欧洲的入侵，但地缘政治平衡的需要使得伊朗幸免于邻国的直接占领。欧洲诸帝国旨在将伊朗设计成缓冲国，而对波斯君主制度以及萨法维帝国时代的记忆构成了新时代社会纽带和政治文化的基础。如第一部分所述，萨法维和后萨法维时代的历史使什叶派伊斯兰教成为国家的基本特征，也成为伊朗社会凝聚力和民族认同的来源。为对抗边境上的敌对力量以及与外界建立新的商业、外交的联系，萨法维帝国与伊朗高原绑定在一起，而高原也隔开了帝国东西两翼的逊尼派敌人。为了将众多地区纳入"伊朗的戍卫领地"，萨法维帝国还与齐兹尔巴什部落结成同盟，但长期看来，这种政治结构使得帝国政治中心与其外围之间产生了新的紧张关系。在萨法维帝国崩溃后，至少有两次试图恢复其统治秩序的尝试也遭到了失败，这主要是因为阿夫沙尔人以及（某种程度上）赞德人想用其他方式取代什叶派，重建国家政权和宗教之间的关系。

除了这些粗略的描述外，要在萨法维王朝兴起到伊斯兰共和国成立之间的近500年历史中找到一些普遍适用的模式是很难的，而且很有可能是一种危险的尝试。长时段的历史趋势在时间和空间上都有许多例外，然而，它有助于将看似零散的事件置于相对统一的叙事中。自16世纪以来，伊朗尽管经历了许多国内动荡和边境地区的领土丧失，但大体维持了领土完整。同样地，虽然困难重重，它的政治主权也得以维持。来自强大邻国的军事威胁以及沿其边界的游牧、半游牧部落的入侵并不罕见。"伊朗的戍卫领地"之所以得以保存，部分原因是中央权力沿其区域、族裔、社区和语言有着一定程度上的分散。伊朗的国家和社会秩序较为脆弱，边远地区势力经常抵抗中央统治。然而，它们仍然为文化和宗教的内核做出了贡献。在波斯政治文化中，保持"内地与边界"（bum va bar）间的平衡是"伊朗的戍卫领地"安全与繁荣的关键。稳定的中心区和变动的边缘地区之间的微妙平衡取决于"公正"原则（波斯语"dad"；阿拉伯语"'adl"），这是一种古老的统治原则，也是什叶派五种基本信仰之一。正如《列王纪》经常提到的，"不公正"（bidad）会同时摧毁中心和边缘地区。而现代民族主义加强了中央集权，增强了社会凝聚力。与后殖民时代经历了内战或分裂的其他地区相比，伊朗自20世纪初以来较少出现种族敌对的局面，这促使国家实现了更强的同质化。打个不太完美却很形象的比方，伊朗像一座老房子，坐落在一个重建的社区中，那里的地块未能得到有效规划，它的邻居们过去一直对自己的生活环境感到不满，现在仍然如此。

伊朗继续依靠对帝国历史的回忆以及声称自己是伊斯兰国家，是什叶派教义的捍卫者，来寻求合法性。精心设计的宫廷、王室威严、惩罚措施、展现慷慨，以及对宗教机构、艺术和诗歌的支持，延续了国家的存在。土地贵族占据了关键职位，享有半自治权力的部落掌权者也在一定程度上继续维持着自己的地位。然而，在19世纪初期，战争失败和领土沦丧使恺加王朝的威望下降、形象受损。通过妥协或偶尔的胁迫，国家不得不与城市贵族、乌莱玛、土地贵族和部落首领进行谈判，以维持不稳定的平衡。然而，最关键的障碍是宫廷与政府之间缺乏合理的分工。尽管反复尝试体制改革，但王室与官僚精英之间未能实现良性互动，大臣们也很难在确保自己职位的前提下与国王之间维持恰当的距离，且常常因自己身处高位而感到不安。改革首先从调整王室与官僚机构之间不正常的关系开始。恺加王朝中少数西化的精英观察到了19世纪末国家的衰败之相，尤其是伊朗与西方在物质文明方面的巨大差距以及伊朗国内经济的明显疲软，他们对此忧心忡忡，想彻底改变这个国家。

包括政府官员在内的城市精英和部落首领控制着伊朗大部分的农业经济，在20世纪之前，这是伊朗最重要的财富和国家收入来源。租佃制度受国家保护，但是在19世纪末和20世纪初，政府官员、富裕商人甚至富裕的乌莱玛拥有私有土地的情况并不少见。自17世纪以来，经济作物的引入对伊朗自给自足的农业经济形成了补充，改变了伊朗的对外贸易模式。作为出口产品的丝绸、棉花以及恺加时期的鸦片、烟草换回了收入，用以购买来自邻国以及海外其他地区的产品。

尽管伊朗处于欧亚大陆人口迁移以及商业和文化交流的十字路口，但中亚商路的变化、乌兹别克帝国的崛起和其他游牧部族造成的阻碍，以及通往中国新的海上路线的开辟，使得伊朗与东亚之间的古老贸易几乎陷入停滞。由于奥斯曼帝国的崛起以及此后什叶派与逊尼派的冲突，伊朗进入地中海和黑海的通道虽然从未被完全废止，但也受到了限制。反过来，地中海路线和中亚路线的衰落导致伊朗经济在18世纪走向孤立，并直接导致财富的减少和城市的衰落。然而到了19世纪，波斯湾以及里海、黑海沿线的贸易开始复兴，且带来了更大的繁荣。从古典时代晚期开始，伊朗一直是印度洋贸易的积极参与者。自17世纪开始，伊朗通过南方海路进入欧洲和东亚市场，出口各种商品，包括丝绸、鸦片、烟草和地毯；到20世纪，石油成为重要的出口商品。由于地理原因（复杂的地形使得进入伊朗内地成了一件难事），波斯湾和里海的港口很少能像阿勒颇、亚历山大、伊斯坦布尔或孟买那样，获得强势的商业地位。在现代历史上，伊朗从未能真正成为一个航海国家，部分原因是其南部地区缺乏可为造船业提供木材的森林。作为一个陆上强国，伊朗的海军力量不值一提，它对海上贸易或殖民事务也没有过任何想法。

在20世纪中叶之前，伊朗尚未真正开始实行工业化。像其他非西方国家一样，伊朗在19世纪后期被进一步卷入了世界市场。它为欧洲工业强国提供经济作物，同时逐渐成为西方工业品的销售市场。在19世纪，伊朗的国际贸易使相关群体大为受益，其代价是牺牲了本地制造业的利益。最重要的出口商品是石油，它是由英国在20世纪开发的，几乎就像英国殖民地种植园里的商品作物一样，除了非技术工人外，石油的生产过程几乎和伊朗没什么关系。总体而言，城市化的商业阶级主要进行的是商品贸易，而不介入工业生产，但在政治方面，巴扎继续承担了主要政治抗议场所的功能。

萨法维帝国及其后继者依赖于臣民的忠诚，这种忠诚主要是借助国家强制推行的信条实现的。最晚到18世纪中叶，什叶派在伊朗国家与社会中获得了主导地位。纳迪尔·沙赫未能恢复逊尼派的势力（甚至未能将什叶派信仰纳入逊尼派公认的信条中），证明了伊朗人对什叶派的坚定信仰。大多数伊朗人变得更加忠于自己的信仰，甚至早在16世纪中叶，他们的逊尼派邻国就坚持将他们视作异端的"他者"。什叶派信仰被证明是一种巨大的统一力量，它将伊朗统治阶级的诸多关键要素，如王权、贵族、政府、宗教机构、大地主、城市名流甚至部落首领，维系在了一起。什叶派也是将城市和农村的大多数人口与国家及其统治精英联系起来的最重要因素。萨法维和恺加，以及处于它们之间较为弱小的王朝，都以"信仰的捍卫者"自居。

实际上，这意味着国家权力结构中必须容纳一个乌莱玛阶层。到了19世纪，该阶层获得了半自治地位。至少从萨珊时代开始，宗教和世俗政权（din va dowlat）之间的伴生关系就一直是波斯政治文化的核心，在萨法维时代，这种关系获得重生，并再次出现在恺加王朝。直到20世纪中叶，乌莱玛一直与王朝政权、贵族保持着至少是隐性的伙伴关系。这种关系存在着内在的紧张性，但仍得以维系。作为国家信仰的什叶派在避免过度介入政治的同时，加强了族群的认同感。司法权威并不由乌莱玛或国家单独掌握。伊斯兰教法与习惯法之间的界限很模糊，直到立宪革命期间以及后来巴列维统治时期实施了现代法律法规后才得以理清。

在什叶派信仰和权力观中，马赫迪是一种双重存在，即他被认为是活着的，但又是隐遁的。这种存在被证明是现世合法性的一个主要障碍。除了潜在地挑战了当前政权的合法性以及关于建立公正、公平统治的任何理论上的可能性外，马赫迪的存在还赋予了乌莱玛代表"时代伊玛目"的集体权威。在20世纪下半叶以前，什叶派从来没有提出过一个可以将世俗政权与马赫迪的乌托邦王国协调起来的可行的政府理论，也从来没有明确否认过王权制度的正当性。乌莱玛一直得益于国家的支持和资助。此外，他们总是把反教权者和救世主运动贴上异端的标签，并帮助压制这些运动，尽管他们并不能完全消灭之，也不能阻止那些直接或间接受到伊朗历史文化中固有的救世主遗产启发的预言。我们可以借用一个韦伯式的概念，即教士与先知的动态关系将长期延续，来阐明这一现象。乌莱玛从未完全消除先知的、预言的、哲学的和神秘主义的趋势，也没能完全掌控民间什叶派或大众信仰。这类大众信仰源于伊朗的传统，且通常是孕育救世主理想的温床。尽管这种互不宽容的氛围一直存在，但正式宗教与非正式宗教仍能因某种脆弱的平衡而共存，甚至获得繁荣发展。

抗议运动仍然是宗教图景中不可或缺的一部分，反映了19世纪、20世纪社会经济领域中不断增长的不满情绪。15世纪的萨法维教团以及此后的努克塔维派、尼玛图拉希苏菲主义、谢赫派和后来的巴布教运动、什叶派的马赫迪崇拜者，都对乌莱玛的权威及其过度从法律角度理解宗教的做法提出了异议。所有这些运动中根深蒂固的唯信仰论思想都含蓄地——有时也明确地——试图对沙里亚法做出决定性的终结。"时代伊玛目"的双重存在和他复临的可能性在什叶派内部形成了一种独特的张力，这种张力超越了纯粹的神学。尽管这些救世主运动能够吸引那些对现实感到失望的人、普通民众以及处在宗教边缘的群体，但很少能抵抗得了世俗政权与乌莱玛的联手打击。尽管它们在伊朗存在了几个世纪，但只能转为秘密活动。在20世纪初，作为世俗弥赛亚主义的一种表现形式的立宪革命成了例外，但它也算不上成功。

尽管国家与乌莱玛的共生关系给恺加时代带来了稳定，但伊朗政治体系的结构性缺陷仍为新的外来挑战铺平了道路。历史上，伊朗的边界——有时甚至是伊朗政权自身的存在——都遭受过地缘政治的威胁和外国的入侵。直到18世纪中叶，奥斯曼人和乌兹别克人的双重威胁迫使伊朗采取了双线防御战略。而任何超越伊朗疆域的帝国扩张，例如纳迪尔·沙赫远征伊拉克和印度斯坦，都被证明是短暂的、不可持续的。从19世纪初期开始，俄英这两大欧洲帝国的地区竞争战略分别由南北两个方向展开，伊朗则成为"缓冲国"。

两个欧洲大国干涉了伊朗的内政，损害了伊朗的主权。然而，他们的策略并未导致伊朗国家完全丧失政治控制权。可以说，伊朗利用自身缓冲国的地位实现了稳定，并从18世纪政治冲突造成的破坏中恢复过来。尽管伊朗失去了领土和威望，但从长远来看，它还是通过使欧洲帝国承认其主权国家地位而成功地实现了战略目标。伊朗人并不是通过在战场上与强大的军队进行对抗而保障自己的生存的，而是借助谈判、秘密协议，甚至是利用欧洲大国之间的敌对关系。尽管在巴列维时代之前，伊朗缺乏明确的外交战略，也缺少政治和经济资源，但它并没有完全屈服于欧洲国家的非正式殖民主义。19世纪末外交领域中所谓的波斯问题可以被视为瓜分伊朗的序幕，正如1907年俄国和英国缔结的条约所显示的那样。然而，这也可以看作是伊朗外交政策在阻止英俄介入伊朗方面取得的成功。

立宪革命期间，西方式的改革和本土的救世主运动相结合，形成了一个相对一致的主张，新兴的城市知识分子发出呼声，要求结束专制统治、开放政治空间、建立现代立法和司法机构。立宪革命应当被视作伊朗现代历史中的一个关键时刻，当时，西方创造的民主制度、分权思想、大众代议制和个人自由被纳入伊朗的政治生活，并融合了伊朗社会对正义与复兴的期望。此外，立宪主义被认为是物质进步、世俗主义、集权化以及国家改革的关键。具有讽刺意味的是，立宪革命虽然削弱了恺加王朝的专制统治，却使地主贵族以及他们的既得利益者获得了更多的权力，新的民主体制并没能变得更有效。这些地主贵族目睹礼萨·汗及其支持者建立了一个强大的国家，不过，这也是立宪革命的主要目标之一。在立宪革命之后以及第一次世界大战结束之时，大部分伊朗中产阶级及知识分子普遍默认独裁的巴列维现代主义是恢复伊朗受威胁的主权以及实施等待已久的改革的唯一选择。

巴列维王朝在1920年代的崛起改变了至少自萨法维时代以来的模式。国家的集权化削弱了部落的政治和军事力量，乌莱玛被边缘化，土地所有者对伊朗农村的控制也最终被消除了。在非部落的军队的帮助下，巴列维政权永久性地削弱了边缘地区的游牧民族，这实际终止了部落作为伊朗高原政治生活最强大参与者的地位。更重要的是，强制定居政策以及城市化的进程改变了此前高度流动的游牧人口。这与邻近的阿富汗、巴基斯坦、伊拉克、沙特阿拉伯以及部分中亚地区里部落与部落网络的继续存在形成了鲜明对比。至少自1960年代以来，通过强制或和平的手段，伊朗社会不同族群的人已经走向融合，部落再也无法实现复兴。

现代化像一柄双刃剑，它改变了伊朗经济和基础设施，造就了新的中产阶级，重申了伊朗的主权。这些都是立宪革命的非政治目标。然而，它还建立了压迫性的专制制度，在一支高效军队及警察的支持下，独裁政权能够摧毁立宪时代的政治成就。该政权在很大程度上依赖石油收入，虽然它只能获得英波石油公司总收入的一小部分，但这足以使巴列维政权推行的发展项目取得成功。意识形态也促进了巴列维政权的发展，通过回顾伊朗古代历史，它为自己找到了新的合法性来源。尽管伊朗的民族意识及其神话–历史的连续性从未消退，但巴列维时代的新民族主义叙事却极力将遥远过去的荣耀与恺加时代的颓败进行对比。这些荣耀和颓败的概念为民族记忆奠定了基础，并一直延续到今天。礼萨·汗坚毅的性格也促成了伊朗局势的这种变化，而这种变化是伊朗自恺加王朝崛起以来再也没有经历过的。

巴列维现代化的物质成功反映了石油作为一种关键商品的重要性。但与19世纪欧洲工业化中的煤炭不同，石油被证明是建立一个具有可开采经济资源的强大国家——而不是民族资产阶级——的有利条件。自1953年以来，石油收入——不论伊朗所占份额还是伊朗掌控自身自然资源的合法要求——进一步加强了国家的力量，但这是以牺牲公民的权利为代价的。几十年来，伊朗石油收入的垄断现象进一步加剧，这给了国家实施自上而下的现代化计划的机会，但也破坏了过去的政治格局与平衡。石油收入还为国家提供了更多的镇压和控制工具。伊斯兰共和国只不过是重申了巴列维统治期间制定的高压统治模式。

人口的增长、城市化、世俗教育、现代通信以及一定程度上的工业化，创造了新的社会政治动力机制。第二次世界大战后，对经济主权和石油工业国有化的要求呼应了关于衰落和复兴的讨论，也呼应了立宪时代的政治要求。1953年摩萨台的倒台是伊朗社会集体记忆中的关键时刻，不仅使西方国家对地缘政治和经济的野心昭然若揭，而且还反映出内阁和国王之间的古老斗争。至少在其主要推动者看来，石油国有化运动的失败进一步加剧了伊朗集体记忆中的创伤，因为这次失败向伊朗知识分子表明了外国势力和国内势力相互勾结，试图压制伊朗的合法要求。国有化运动发生在冷战的背景下，美国是巴列维政权的主要支持者，它的失败使整整一代知识分子和左派同情者感到幻灭。对自然资源的控制继续侵蚀着国家的责任感，使其忽视人民的政治需求，并在事实上创造出了一个依赖石油收入和自身特权阶层的食利国家。

从某种意义上说，伊斯兰革命是一个历史进程的最后阶段，这一进程由立宪革命开启，一直持续到二战后时代的国有化运动，后来在1960年代的土地改革中得到了重新定义。除了意识形态上的作为外，伊斯兰革命还完成了对旧有土地精英的瓦解。更重要的是，革命使世俗中产阶级的规模变小、影响力降低，而后者是巴列维现代化的支柱。然而，伊斯兰共和国统治下出现的新兴中产阶级继续沿袭着前辈的道路。尽管伊斯兰政权有着意识形态上的姿态和阴谋论世界观，但即使是其统治集团内部，也基本上遵循着全球市场和全球沟通的要求。尽管在革命早期，它宣扬伊斯兰式的同情，但这场革命迅速地采用了所有现代的胁迫和控制手段，甚至更加具有侵入性。

随着伊斯兰革命的爆发，另一个长期的历史进程即将到来。乌莱玛在萨法维时期及其后继者时代得到了国家的培养和资助，但在后立宪时代和巴列维统治时期，乌莱玛的制度性特权和社会声望大多丧失。到了1960年代，由于思想上的落伍以及与社会的疏离，大多出身寒微的新一代乌莱玛主要通过对伊斯兰教进行政治化解释来吸引更多的信众。通过采取激进的意识形态，乌莱玛先是反对巴列维王朝，随后又转变为革命力量。大阿亚图拉霍梅尼和他好战的追随者借鉴了激进左派、伊斯兰民粹主义者和左翼知识分子的意识形态和修辞手法，并糅合了对什叶派叙事的政治化解读。然而，霍梅尼传达信息的力度以及他成功的关键，在于他有能力运用非什叶派正统的弥赛亚精神，并利用其殉教范式，为自己谋利。

尽管伊斯兰革命充斥着狂热和意识形态使命感，但它并没有从根本上改变国家与整个社会之间的互动关系。在理论和实践上，伊斯兰共和国都继承了其前任的许多威权主义特征，因而在制度层面，国家始终凌驾于社会。但它几乎在所有方面都超越了前任。它垄断权力，压制基本自由，进行宣传和灌输，同时伴随着严重的裙带关系和腐败，以及对经济和自然资源的控制，其程度是伊朗历史上前所未有的。它还鼓吹阴谋论，以证明其好战和权力垄断行为的正当性。通过对政治和历史进行阴谋式的解读，它向民众提供了一个轻松摆脱痛苦现实的出口，且不必为失败承担责任。其表现形式是把主要力量用于抨击邪恶的"他者"，也就是伊朗神话中所谓的"非伊朗人"，而非用于彰显完美的"我者"。只有成为牺牲者和殉难者的"我者"才能获得赞颂。1911年至1953年间一再发生的阴谋以及两次世界大战中伊朗面临的军事占领,无疑为这样狭隘而可怕的世界观提供了(并且仍在提供)充足的材料。

然而,革命后的伊朗社会似乎有着与国家不同的看法。伊朗年青一代朝气蓬勃,渴望进取,对外部世界有更多的了解,且基本上不受国家好战的意识形态所影响。伊朗进行了伊斯兰式重建,结果喜忧参半。尽管做出了不懈的努力,投资并浪费了数十亿金钱,但从意识形态层面上讲,伊朗社会并没有变成放大版的库姆,这种变化看起来也不太可能实现。伊斯兰象征物随处可见,伊斯兰化政策在学校、工作场所和其他公共空间中也得到了坚决实施。但在这种表象之下,对非官方身份认同的不懈追求刺激着广大伊朗人,尤其是城市青年。伊朗人对革命未兑现的承诺感到失望,对日常生活的严峻现实感到沮丧,大多数人都渴望找到替代的方案。无论是否含混不清,年轻伊朗人在后意识形态时代追求的理想似乎在文化上更为成熟,也更加多元化,这在2009年的绿色运动中得到了充分体现。

作为伊朗人口革命产物的新兴一代受到了更好的培养和教育,且少有不切实际的民族主义者。他们对当局的仇外心理及孤立主义政策普遍持嘲笑态度。"西化病"的时代以及想象东西方之间存在严格两极对立的时代似乎已经结束。对可能爆发一场意识形态上的乌托邦式革命的神秘向往,也已被安全地驱散了。然而,那些前途未卜的男男女女对于摆脱当局给他们套上的枷锁并不抱希望。他们会屈服于社会打造的模具,还是会成功地以自己的形象重新定义伊朗,使其成为一个开放和多元的社会,一切还有待观察。

不可否认的是,五个世纪以来伊朗的绘画、音乐、建筑、手工艺品、园艺、诗歌、哲学、历史、文学作品和现代戏剧、现代电影,都反映了国家控制下的残酷、不宽容和整齐划一,以及渴望摆脱这一控制的心理。尽管在过去,这些文化作品中最好的那部分都是在国家的资助下创作的,但它们是由复杂的文化遗产的主题和记忆所塑造的,这些文化遗产或是传奇的、抒情的,或是宗教的。民族意识有意识地形成于20世纪,并在巴列维和伊斯兰共和国时期由国家强制推广,这种推广的目的在于使过去的种族、语言、宗教和地区多样性整合起来，服从于国家所构建的统一民族。然而，世代相传的集体记忆仍然存在，并帮助定义（以及重新定义）不同于当局制定的民族身份认同。为了躲过审查和压力，政治上的不满情绪、乌托邦理想和异端意见常常采用隐喻的形式进行表达。人们对主流之外的价值观、文化真实和道德变迁的追求很少得到满足，至少没有按照其发起者所期望或理想的方式实现。然而，错过的良机、失败带来的幻灭和痛苦、对滥用权力的哀悼一直是伊朗知识创造力和艺术创造力的来源之一。尽管遭受了苦难和肉体折磨，这些声音仍然存在，并给伊朗人民带来力量。当芙茹弗·法洛克扎德写下"只剩下了声音"（tanha sedast keh mimand）时，她可能是在指这种漫长而复杂的文化，又或者是在指伊朗历史上所有美好文化的总和。这与近六个世纪前哈菲兹令人难忘的诗句形成了呼应：

> 我从未听到过比爱更甜美的声音。
> 它在旋转的穹顶留下了难忘的回荡。

在伊朗旋转的圆顶下，记忆之声仍在回响。

译后记

几十万字的《伊朗五百年》翻译工作已完成，笔者内心仍然为这部伟大且平实的作品深感震撼。这本书是一部很有思想深度的作品，作者精通波斯语和多种欧洲语言，在书中大量引用了多语种文献，用细致入微的历史事件串联出伊朗历史发展的主题，从而编织出了一张恢弘壮丽的"波斯地毯"。相较于以往的伊朗学著作，《伊朗五百年》更加全面具体，是当今具有前沿性的伊朗史研究代表作。无论是学术还是史料价值，《伊朗五百年》相较于国内出版的伊朗史著作而言均有新的突破。书中介绍了数百位鲜活的伊朗历史人物，有振衰起敝的时代英雄，也有辉煌一时的乱世枭雄，还有特立独行的宗教改革家、唯爱而生的女权主义者，他们的形象至今仍在我们的脑海中萦绕。古月照今尘，是他们的爱国之心、人性之光照亮了复杂沉重的历史，让这部跌宕起伏、迂回曲折的史书始终饱含着爱与温暖。虽然我们与这些历史人物既有时空之异、文化语言之别，也会间隔许多难以言表的神秘与情感，但文明交往跨越了中国与伊朗互不接壤的空间障碍，文明对话超越了时空与文化差异，在交往过程中我们感知到了中伊两大文明古国之间具有选择性的相似性。值得一提的是，阿巴斯·阿马纳特先生在书中阐释了伊朗现代性的起源以及哲学思维的历史传承。萨法维王朝将"伊朗沙赫尔"与伊斯兰教什叶派结合，再造了强而有力的波斯王权。在断裂与传承之间，王权、相权与教权被置于"正义循环"

的现代棋局之中。与中国传统哲学的中庸之道不同，伊朗哲学更倾向于二元对立，这种看似不可调和的二元性构成了伊朗文化与历史记忆不可或缺的一部分，也让伊朗五百年的历史演进显得独树一帜、与众不同。伊朗是思想之帝国。正因为如此，在漫长的翻译过程中，我们时常怀有渴望去理解和感悟这些思想家的所思所想，却还是为难以品味出其精髓而感到愧疚与遗憾。这份遗憾会激励我们在未来的研究道路继续探索前行。

这部译著既是西南大学伊朗研究中心系列成果之一，也是西南大学世界史学科的研究成果之一。感谢西南大学崔延强副校长、社科处邱江教授、徐中仁先生、吴淑爱先生的全程指导，感谢西南大学历史文化学院邹芙都教授、黄贤全教授、赵国壮教授、徐松岩教授、邓云清教授、王勇副教授、李晶副教授的理解与支持。感谢西北大学中东研究所彭树智先生、王铁铮教授、黄民兴教授、韩志斌教授、李福泉教授、蒋真教授、闫伟教授、王猛教授，以及郑州大学张倩红教授、陈天社教授、谢志恒副教授、姜静副教授、孔妍副教授，合肥工业大学马克思主义学院牛小侠教授、尉德芳书记、魏荣教授、潘莉教授、焦陈丰副书记、陈殿林教授、房彬副教授在本书出版过程中的帮助与指导。艾森（伊朗）、杜全齐、王港伟、王威猛亦为本书翻译做出贡献，一并感谢！

本书翻译分工如下：冀开运负责翻译前言，并负责全书的审校、通读，邢文海负责翻译第一章到第八章，李昕负责翻译第九章到第十七章。译者水平有限，难免有纰漏、谬误之处，恳请读者批评指正！

冀开运　邢文海　李昕

2021年7月于重庆

尾　注

第一章　什叶派与萨法维革命（1501—1588）

1. Hasan Rumlu, *Ahsan al-Tawarikh*, ed. C. N. Seddon (Baroda, India: Oriental Institute, 1931), 1:60–61 (in Persian).
2. V. Minorsky, "The Poetry of Shah Isma'il I," *Bulletin of the School of the Oriental and African Studies* 10, no. 4 (1942): 1031a and English translation at 1042–43 (with my modifications).
3. Tahmasp's farman (firman) is cited in Mirza 'Abdollah Afandi Isfahani, *Riyad al- 'ulama wa hayaz al-fudala*, 5 vols. (Qom, AH 1401/1980 CE), 3:455–60. "AH," for Anno Hegirae, refers to the year in the Islamic lunar calendar.
4. Rumlu, *Ahsan al-Tawarikh*, 353.
5. Iskandar-beg Munshi Turkaman, *'Alamara-ye 'Abbasi*, ed. I. Afshar, 2 vols. (Tehran and Isfahan: Amir Kabir and Ketabforushi-ye Ta'id, 1335/1956), 1:228 (I have simplified and summarized the passage).

第二章　阿巴斯一世的时代与萨法维帝国的形成 （1588—1666）

1. Pietro Della Valle, *Viaggi di Pietro Della Valle il pellegrino, descritti da lui medesimo in lettere familiari all'erudito suo amico Mario Schipano, divisi in tre parti cioè: La Turchia, la Persia e l'India* (Torino, 1843), letter 4, vol. 1; translated into Persian by M. Behforuzi, 2 vols. (Tehran, 1380/1991), vol. 1, 651–52, 667–68.

第三章 萨法维王朝的覆灭与动荡的空窗期 （1666—1797）

1. Mohammad Hashem Asaf, Rostam al-Hokama, *Rostam al-Tawarikh*, ed. Mohammad Moshiri, 2nd ed. (Tehran: Taban, 1352/1973), 307–17, 342.

2. Shaykh Mohammad 'Ali Hazin, *Tarikh va Safarnameh*, ed. 'Ali Davani (Tehran: Markaz-e Asnad, 1375/1996), 240–41.

3. Shaykh Mohammad 'Ali Hazin, *Divan*, ed. Z. Sahebkar (Tehran: Nashr-e Sayeh, 1374/1995), 724.

4. 'Abbas Eqbal, ed., *Ruznameh-e Mirza Mohammad Kalantar-e Fars* (Tehran: Yadegar, 1325/1946), 89–90.

第四章 恺加时代的形成（1797—1852）

1. J. Malcolm, *Sketches of Persia*, 2nd ed. (London: John Murray, 1845), 222–23.

2. J. C. Hurewitz, *The Middle East and North Africa in the World Politics*, 2 vols., 2nd ed. (New Haven, CT: Yale University Press, 1975), 1:200.

3. A. Amanat, ed., *Cities and Trade: Consul Abbott on the Economy and Society of Iran, 1847–1866* (London: Ithaca Press, 1984), xv–xvi; see also C. Issawi, ed., *The Economic History of Iran, 1800–1914* (Chicago: University of Chicago Press, 1971), 259.

4. Amanat, *Cities and Trade*, xv.

第五章 纳赛尔·丁·沙赫与维持脆弱的平衡 （1848—1896）

1. Statistics are based on data collected by Justin Sheil and published as "Additional Notes" to Lady Mary Sheil, *Glimpses of Life and Manners in Persia* (London, 1856), 380–402.

2. Mirza Malkom Khan, "Resaleh-ye Ghaybiyeh," *Rasalehha-ye Mirza Malkom Khan Nazem al-Dowleh, ed. Hojjatollah Asil* (Tehran: Nashr-e Nay, 1381/2002), 27; also cited in translation in A. Amanat, *Pivot of the Universe: Nasir al-Din Shah Qajar and the Iranian Monarchy, 1931–1896* (Berkeley: University of California Press, 1997), 360.

3. Nasir al-Din Shah Qajar, *The Diary of H.M. The Shah of Persia during His Tour through Europe in A.D. 1873*, trans. J. W. Redhouse (London: John Murray, 1874), 199–200.

4. Iraj Afshar, ed., *Ruznameh-e Khaterat-e E'temad al-Saltaneh* (Tehran: Amir Kabir, 1345/1966), 141.

第六章 立宪革命：一条通往多元的现代化之路 （1905—1911）

1. Edward Granville Browne, *The Persian Revolution of 1905–1909* (Cambridge: Cam- bridge

University Press, 1910), 354.

2. Ibid., 373.

3. William Morgan Shuster, *The Strangling of Persia* (New York: Century Co., 1912), xiv.

4. *Divan-e Mirza Abolqasem 'Aref Qazvini*, ed. Sayf Azad (Berlin: Sharqi, 1924), supplement (songs), 20–21. For an earlier English translation, see Edward Granville Browne, *The Press and Poetry of Modern Persia* (Cambridge: Cambridge University Press, 1914), 250–52.

5. Shuster, *Strangling of Persia*, 204.

6. Ibid.

7. Mohammad Taqi Bahar Malek al-Sho'ara, *Divan-e Ash'ar*, ed. M. Bahar, 5th ed. (Tehran: Entesharat Tus, 1368/1984) 1:261–62.

8. 'Aref Qazvini, *Divan*, 14–25.

9. Ibid., 176–77.

10. Browne, *Press and Poetry*, 195–96.

11. Edward Granville Browne, *A Literary History of Persia* (Cambridge: Cambridge University Press, 1959), 4:472–74.

第七章 第一次世界大战与礼萨·汗的崛起 （1914—1925）

1. 'A. Mostawfi, *Sharh-e Zendegani-ye Man ya Tarikh-e Ejtema'i va Edari-ye Dowreh-ye Qajariyeh*, 3 vols., 2nd ed. (Tehran: Zavvar, 1343/1964), 3:215, published in English as A. Mustawfi, *The Administrative and Social History of the Qajar Period*, trans. N. Mostofi-Glenn, 3 vols. (Costa Mesa, CA, 1977).

2. "Agreement: Great Britain and Persia, 9 August 1919," in Hurewitz, *The Middle East*, 2:182–83.

3. Ibid., 2:240–45.

4. *Divan-e 'Eshqi va Sharh-e Hal-e Sha'er*, ed. 'A. Salimi (Tehran: Shafaq, 1308/1929), 197–98.

5. Mostawfi, *Sharh-e Zendegani-ye Man*, 3:601.

6. Bahar, *Divan-e Ash'ar*, 1:356–58.

第八章 礼萨·汗与巴列维王朝的建立 （1925—1941）

1. *Kolliyat-e Divan-e Iraj Mirza* (Tehran: Mozaffari, n.d.), 166–67.

第九章 混乱的民主、石油国有化以及破灭的希望

1. Manucher Farmanfarmaian, *Blood and Oil: Inside the Shah's Iran* (New York: Random House, 1997), 184–85.

2. Mostafa Fateh, *Pajah Sal Naft-e Iran* (Tehran: Chehr, 1335/1956), 525.

3. W. O. Douglas, *The Douglas Letters: Selections from the Private Papers of Justice William O. Douglas*, ed. M. Urofsky (Bethesda, MD: Adler and Adler, 1987), 282.

第十章 白色革命和它的反对者（1953—1963）

1. "Letter From President Kennedy to the Shah of Iran," August 1, 1962, in *Foreign Relations of the United States*, 1961–1963, vol. 18, *Near East*, 1962–1963 (Washington, DC: Government Printing Office, 1995–1996), 11.

2. "Special National Intelligence Estimate," September 7, 1962, in *Foreign Relations of the United States*, 1961–1963, vol. 18, *Near East*, 1962–1963 (Washington, DC: Government Printing Office, 1995–1996), 35.

3. "Payam beh Mellat-e Iran," Ordibehesht 2, 1323/April 22, 1944, in Ruhollah Khomeini, *Sahifeh-e Imam: Majmu'eh-e Asar-e Imam Khomeini*, 5th ed. (Tehran: Moasseseh-e Tanzim va Nashr-e Asar-e Imam Khomeini, 1389/2010), 1:21–23.

4. Qom, Farvardin 26, 1343/April 16, 1964, in Khomeini, *Sahifeh-e Imam*, 1:415–23.

5. Qom, Aban 4, 1343/November 26, 1964, in Khomeini, *Sahifeh-e Imam*, 1:415–23.

6. Syrus Tahbaz, ed., *Majmu'eh-e Asar-e Nima Yushij: Daftar-e Avval, She'r* (Tehran: Nasher, 1364/1985), 555.

7. Mahdi Akhavan-Sales (M. Omid), Akir-e Shahnameh: Majmu'eh-e She'r (Tehran: Zaman, 1338/1959), 19–25. Composed in April 1956.

8. Ibid., 79–86. Composed in October 1957.

9. Forugh Farrokhzad, *'Esyan* (Tehran, 1336/1957), 8–28.

10. Forugh Farrokhzad, *Tavallodi Digar* (Tehran: Morvarid, 1342/1963), 148–57.

11. Forugh Farrokhzad, *ImanBiavarimbeAghaz-eFasl-eSard* (Tehran: Morvarid, 1352/1973), 30–35.

12. Ahmad Shamlu, *Ayda, Derakht, Khanjar va Khatereh*, 2nd ed. (Tehran: Morvarid, 1344/1965), 125–37. Composed in February 1965.

第十一章 发展、混乱和不满（1963—1977）

1. *Telegram from the Department of State to the Embassy in Iran*, US National Archives, RG 59, Central Foreign Policy Files, P850017-2033.

2. Memorandum from Vernon Walters, acting director of Central Intelligence, to Henry Kissinger, the president's assistant for national security affairs, October 7, 1974. Library of Congress, Manuscript Division, Kissinger Papers, Box CL-152, Iran, Chronological File, 6 October–30 December 1974, Secret. The CIA agent is not identified.

第十二章 官方文化和抗议文化

1. Monday 27 Bahman 1349/February 15, 1971, *Yaddashtha-ye 'Alam*, ed. 'Ali-Naqi 'Alikhani (Bethesda, MD: Iranbooks, 1993), 2:168.
2. *Hajm-e Sabz* (Tehran: Rowzan, 1346/1967), 20–23.
3. *Gharbzadehgi* (Tehran, 1341/1962), 16.

第十三章 伊斯兰革命的形成（1977—1979）

1. Cited in Karim Sanjabi, *Omidha va Naomidiha* [Hopes and despairs] (London: Nashre Ketab, 1368/1989), 441–42.
2. *Ettela'at*, no. 15506, 17 Day 1356.
3. 14 Aban 1357/November 6, 1978, cited at http://jamejamonline.ir/ayam/1709458624 889167071.
4. Speech in Behesht-e Zahra, February 1, 1979, available at http://imam-khomeini.com/web1/persian/showitem.aspx?cid=957&pid=1042.

第十四章 教法学家监护制度及其支持者

1. Ruhollah Khomeini, *Welayat-e Faqih: Hokumat-e Islami* (Tehran: Amir Kabir, 1357/1978), 23–25.
2. Ibid., 30–31.
3. Ibid., 60.
4. Ibid., 6–7.
5. *Khaterat-e Ayatollah Montazeri* (Essen, Germany: Entesharat-e Enqlab-e Islami, 2001), 86.
6. Ibid., 30.
7. Akbar Hashemi Rafsanjani, *Dowran-e Mobarezeh* ed. Mohsen Hashemi (Tehran: Daftar-e Nashr-e Ma'aref-e Enqlab, 1376/1997), 1:62–64.
8. Ibid., 105.

第十五章 巩固伊斯兰共和国（1979—1984）

1. "Qanun-e Asasi-ye Jomhuri-e Islami-e Iran," Markaz-e Pazhuheshha-ye Majles-e Shura-ye Islami, http://rc.majlis.ir/fa/content/iran constitution. All future references are to this source.
2. Ruhollah Khomeini, "Speech to the Deputies on the Occasion of the First Session of the Islamic Consultative Assembly," Jamaran, 3 Khordad 1359/May 25, 1980, *Sahifeh-e Imam*, 12:347.

3. *Enqlab-e Islami*, 14 Esfand 1359/March 5, 1981.

4. *Kayhan*, 29 Shahrivar 1360/September 20, 1981, p. 4.

5. *Ettela'at*, 10 Mehr 1360/October 3, 1981, p. 2.

6. Ruhollah Khomeini, "Decree Establishing the Executive Committee of the Cultural Revolution," Jamaran, 23 Khordad 1359/June 12, 1980, *Sahifeh-e Imam*, 12:431.

第十六章 面对敌人：人质危机、两伊战争及其后果

1. Letter to Mohsen Reza'i, Jamaran, Ruhollah Khomeini, *Sahifeh-e Imam*, 20:501–2.

2. "Security Council Resolution 598: Iraq-Islamic Republic of Iran," July 20, 1987, cited in United Nations Peace Agreements Database, at peacemaker.un.org/iraqiran-resolution598.

3. "Message to the Nation on the Occasion of the Anniversary of the Bloody Massacre of Mecca," 29 Tir 1367/July 20, 1988, Jamaran, Khomeini, *Sahifeh-e Imam*, vol. 21 (in http://www.jamaran.ir).

4. Hosain-'Ali Montazeri, *Khaterat*, p. 302, suppl. 152 (and facs. no. 152-1).

5. Jamaran, 25 Bahman 1367/February 14, 1988, Khomeini, *Sahifeh-e Imam*, 21:263.

6. Montazeri, *Khaterat*, 303–4.

7. Fereydun Vahman, *Yeksad va shast sal mobarezeh ba diyanat-e Baha'i* (Darmstadt, Germany: Asr-e Jadid, 2009), 657.

8. Ruhollah Khomeini, "Vasiyat-nameh-e siyasi-elahi," Jamaran, 19 Azar 1366/December 11, 1987, *Sahifeh-e Imam*, 21:391–451 (399).

第十七章 伊斯兰共和国时期的社会和文化

1. Hushang Ebtehaj (H. A. Sayeh), *Siah Mashq* (Tehran: Nashr-e Karnameh, 1378/1999), 11–12. The title of the ghazal in this collection is "Beh nam-e shoma" (In your name). The musical album *Sepideh* (Tehran: Ava-ye Shayda, n.d.) is a recording of the original concert in Iran National University (renamed Shahid Beheshti University) in December 1979.

2. Hafez, *Divan*, ed. Parviz Natel Khanlari, 3rd ed. (Tehran: Khwarazmi, 1362/1983), 1:344–45, no. 164. On the album *Bidad* by 'Aref and Shayda Ensembles (Tehran: Del Avaz, 1364/1985), Shajarian is accompanied by Lotfi and Meshkatian, among others.

3. Bahar, *Divan*, 2:1322. On the album *Ahang-e Vafa* (Tehran: Del Avaz, 1999), Mohammad Reza Shajarian and Homayun Shajarian are accompanied by the Ava Ensemble.

马上扫二维码，关注"**熊猫君**"

和千万读者一起成长吧！